O POVO SEMI-SOBERANO

PARTIDOS POLÍTICOS
E RECRUTAMENTO PARLAMENTAR
EM PORTUGAL
(1990-2003)

MARIA DA CONCEIÇÃO PEQUITO TEIXEIRA

O POVO SEMI-SOBERANO

PARTIDOS POLÍTICOS E RECRUTAMENTO PARLAMENTAR EM PORTUGAL (1990-2003)

O POVO SEMI-SOBERANO
PARTIDOS POLÍTICOS
E RECRUTAMENTO PARLAMENTAR EM PORTUGAL
(1990-2003)

AUTOR
MARIA DA CONCEIÇÃO PEQUITO TEIXEIRA

EDITOR
EDIÇÕES ALMEDINA, SA
Av. Fernão Magalhães, n.º 584, 5.º Andar
3000-174 Coimbra
Tel.: 239 851 904
Fax: 239 851 901
www.almedina.net
editora@almedina.net

PRÉ-IMPRESSÃO | IMPRESSÃO | ACABAMENTO
G.C. – GRÁFICA DE COIMBRA, LDA.
Palheira – Assafarge
3001-453 Coimbra
producao@graficadecoimbra.pt

Março, 2009

DEPÓSITO LEGAL
287363/09

Os dados e as opiniões inseridos na presente publicação
são da exclusiva responsabilidade do(s) seu(s) autor(es).

Toda a reprodução desta obra, por fotocópia ou outro qualquer
processo, sem prévia autorização escrita do Editor, é ilícita
e passível de procedimento judicial contra o infractor.

Biblioteca Nacional de Portugal – Catalogação na Publicação

TEIXEIRA, Maria da Conceição Pequito

O povo semi-soberano : partidos políticos e recrutamento
parlamentar em Portugal (1990-2003)
ISBN 978-972-40-3565-9

CDU 328
    329

*Para os meus pais,
por tudo e para sempre.*

*Para o João, Pedro e Mariana,
pelo amor e alegria incondicionais.*

*Para o Professor Adriano Moreira,
sem cuja amizade, ensino exemplar, compreensão
e espírito crítico, este trabalho não teria sido possível.*

Prefácio

Este excelente livro vem relançar um tema fundamental da democracia representativa, que é o da salvaguarda da soberania do povo, fonte da legitimidade do poder, face às derivas dos aparelhos organizados para, em seu nome, governar.

A premissa, relembrada por vigilantes dos fundamentos em todas as línguas do Ocidente, e, na entrada deste milénio, mundializada pelo anúncio teórico do fim da história, teve esta formulação, repetidamente invocada, por Jean-Jacques Rousseau: «se tivesse podido escolher o lugar do meu nascimento, teria escolhido um país onde o direito de legislar fosse comum a todos os cidadãos; porque, quem melhor que eles pode saber as condições sob as quais lhes convém viverem juntos numa mesma sociedade? Teria querido nascer sob um governo democrático.»

Quando caiu o Muro de Berlim, no ambiente em que eram celebrados os duzentos anos da Revolução Francesa (1789-1989), foram retomados, nos discursos de acolhimento dos satélites libertados, os anúncios fundamentais daquela rotura histórica, que se resumiam na efectiva união entre o ideal democrático e a sua vigência assegurada pelo sufrágio universal, com respeito pelas divergências de opinião.

Ora, a longa análise a que a autora se dedicou, meditando sobre os textos dos experientes e dos observadores, dos doutrinadores e dos cépticos, dos analistas e dos cidadãos perplexos, procurando escutar a voz da mão invisível que fala pelas estatísticas, termina com esta pergunta de algum modo angustiada: «Não podendo deixar de aceitar os partidos políticos como instituições essenciais da democracia representativa moderna, como fazer para ultrapassar as suas falhas e ineficiências por meios de novas estratégias de democratização?»

Uma pergunta à qual, no seu diálogo com Konrad Lorenz sobre o futuro (1983), Karl Popper deu esta formulação, rejeitando que a questão fosse, como para Platão, para Mussolini e Hitler, ou ainda para Marx, saber quem deve governar: «Como é que podemos organizar o Estado e o governo de um modo que nem sequer os governantes possam causar males excessivamente grandes? A resposta a este problema é a democracia, que nos permite destituir um governo sem derramamento de sangue.» Mas de facto não aborda no diálogo a questão da degenerescência que permitiu aos totalitarismos europeus, que desencadearam a guerra de 1939-1945, usar a via democrática e os partidos para ocupar o poder. É a degenerescência que inspira a pergunta.

Este livro concretiza assim o objectivo da proposta indagação, que é evitar que o povo seja tratado como um «agente semi-soberano», «quando a democracia deixa de ser uma forma de poder delegado *pelo povo*, para se converter numa forma do poder exercido pelos partidos e pelos políticos profissionais *sobre o povo*». A arte de saber perguntar tem aqui uma oportuna exemplificação, designadamente por colocar todos os interrogados perante a consciente dificuldade de conseguir responder.

De todos os factos que se inscrevem na teoria da crise da democracia representativa desenvolvida ao longo do texto, o mais alarmante, e demonstrado pela história recente de vários regimes de todas as latitudes, é aquela que Jean-François Revel chamou – *Le pourrissement par la tête*, que é a corrupção. Diz o autor: «Dans le monde entier, L'État, énorme machine à ponper de l'argent, pille et appauvrit les peuples... C'est plus grave pour les démocraties, puis que cela démontre la détérioration d'un de leurs rouages essentiales, presque leur raison d'être: le contrôle par les citoyens de la gestion des finances publiques et de la probité des dirigeants.»

Tendo sempre presente esta causa primeira da degenerescência dos regimes, e tentando apoiar, na longa e profunda análise que o livro documenta, uma síntese dos pontos críticos da evolução, talvez possam definir-se alguns dos patamares que antecedem a inquietante pergunta final da investigadora. Lembramos em primeiro lugar a lúcida previsão de Alexis de Tocqueville (1835-1840) ao considerar inútil qualquer tentativa de impedir a afirmação da igualdade, salientando que a soberania do povo é a conclusão natural do processo iniciado pela emancipação liberal afirmada em Filadélfia.

E por isso Kelsen, numa data (1929) em que o autoritarismo abria caminho numa Europa destinada ao desastre, explicava que «a própria minoria, porque não está absolutamente errada nem sem direitos, possa a qualquer momento tornar-se maioria», «é o sentido verdadeiro deste sistema político que chamamos democracia, e que não estamos habilitados a opor ao absolutismo político senão porque é a expressão de um relativismo político.»

A dialéctica entre a representação dos melhores e a representação da maioria (*brains, not numbers*) foi geralmente resolvida a favor da segunda, salvo tendencialmente nos Estados federais, fazendo da *democracia dos partidos* o modelo de referência geral.

Max Weber explicaria o facto pela evidência de que as massas necessitam de enquadramento para circularem pelos meandros da complexidade jurídica do Estado, que no concreto esquece as diversidades dos interesses e das condições de vida, para as quais o Estado nacional procurou na Europa encontrar soluções pacificamente aceites.

Tal necessidade de enquadramento, em regimes democráticos, nos quais as diferenças reais de condição não asseguravam o debate esclarecido e igual dos cidadãos, levou a perspectivar os partidos como a energia dinamizadora do governo, com o resultado final de fazer da investidura de um governo o objectivo mais geral das consultas eleitorais, e, em mais de um caso, concentrar na escolha do chefe de governo toda a problemática das eleições: em Portugal, a evolução para um *Presidencialismo do Primeiro-Ministro* pareceu-me uma consequência, não prevista, talvez não programada, das *maiorias absolutas*, que inscreveram a realidade no modelo do *chanceler*.

Uma evolução que, entre as duas guerras, levou James Bryce a sublinhar que a denuncia feita das derivas dos partidos políticos não eram acompanhadas, em regime democrático, pela demonstração de que era possível dispensá-los, em geral considerando os analistas que qualquer das formas de autoritarismo seria um castigo excessivo.

São os defeitos das virtudes que tornam pesadas as fundadas críticas que a análise desenvolvida no presente trabalho vai conduzindo à evidência da quebra de confiança entre o eleitorado e o sistema político, ao abstencionismo, à recusa dos melhores assumirem responsabilidades de gestão política ou administrativa, à transferência da esperança para a criatividade da sociedade civil, para o juízo de ineficácia da pilotagem política no sentido de tornar habitável a circunstância de cada país, e em geral dos Estados, factos que os grandes clássicos da democracia não anteciparam.

Do seu ponto de observação no secretariado da ONU, Boutros Boutros-Gali anunciou que «realidade do poder mundial escapa largamente aos Estados. Tudo porque é exacto que a globalização implica a emergência de novos poderes que transcendem as estruturas eleitorais.»

Foi tendo esta conclusão presente que Ramonet avançou uma síntese a que chamou *O sistema PPII*, que considerou ser estruturante do ameaçador pensamento único em progresso de um modelo de sociedade baseado no economicismo, no liberalismo integral, no totalitarismo dos mercados, e na tirania da mundialização. É um sistema assente em dois paradigmas – *comunicação e mercado* – que «estimula todas as actividades (políticas, financeiras, comerciais, culturais, mediáticas) tendo quatro qualidades principais: planetária, permanente, imediata, imaterial». Por isso sublinha que os cidadãos desconfiam das elites, e interroga-se sobre «que reforma política seria necessário empreender, *à escala internacional*, para impor um controlo democrático a estes novos senhores do mundo».

Não se trata de uma proposta que forneça um instrumento de análise com horizontes seguros, mas abriu-lhe caminho para o desânimo de verificar que, pelo menos nas sociedades ocidentais, a política, as finanças, o comércio, os *media*, conheceram uma tal explosão que são realmente os meios de comunicação social de massas que finalmente definem o que os destinatários entendem por mundialização e globalização, em sociedades cada vez menos, ou pelo menos, diferentemente, politizadas: o dinheiro no coração do sistema, as pessoas classificadas entre *solventes* e *insolventes*, todas a lutar com os desafios e os embaraços do mundo virtual que as cerca, tornando-lhes difícil o acesso ao conhecimento da realidade que o espectáculo mediático envolveu.

As concentrações sem limites das empresas que dominam o mundo da informação e da comunicação, o qual visam organizar sem fronteiras, e pôr a funcionar em tempo real e sem interrupção, fazem temer que a sociedade civil transnacional, mas também nacional e democrática, sonhada pelos doutrinadores e projectistas da igual dignidade dos povos e culturas, venha a ter uma versão muito difícil de compaginar com tal projecto.

Para uma defesa activa da concordância entre a imagem do ideal propagado e a realidade, quando o predomínio dos meios de informação e da comunicação acompanha a hierarquia real dos poderes em exercício, nem sempre coincidentes com a definição formal das soberanias que se vão redefinindo para sobreviver, não se encontraram, e, como tal, tardarão as respostas institucionais.

Em tão anárquica circunstância, as intervenções das sedes políticas formais, estaduais ou internacionais, foram condenadas a provocar, em regra, ressonâncias múltiplas, porque mesmo a origem identificada das comunicações não garante a coincidência das leituras, da interpretação, das distorções, das conclusões, do imaginado e do acreditado. Os desmentidos, os esclarecimentos que garantem a manutenção dos temas e das incertezas na opinião publicada, passam por igual risco, sem contribuírem necessariamente para uma aproximação da realidade.

As ressonâncias das intervenções tem maior e mais duradoira procura nas tarefas destinadas a captar os consumidores da informação, do que as próprias intervenções, ainda que preocupadas estas em transmitir um levantamento convicto da realidade, e não uma manipulação interesseira e favorável dos factos.

Na hierarquia, que se reorganiza mas não desaparece, dos poderes políticos e das comunidades, as mais frágeis e mais submissas à imposição do mundo virtual com que os novos poderes rodeiam de opacidade o processamento dos seus conceitos estratégicos, como que institucionalizam *Parlamentos dos Murmúrios*, que criam um tecido social de supostas certezas sobre o sentido das intervenções vindas de todos os centros de decisão, ou, ainda mais complexa e modestamente, das versões que se vão multiplicando de patamar em patamar.

Uma deriva que não distingue entre o que se receberá como efeitos colaterais dos centros de decisão, em que as presenças são selectivas e distantes, e os incidentes domésticos de importância inflacionada, tudo a confirmar que «*a realidade do poder mundial escapa largamente aos Estados*», ou pelo menos a uma crescente maioria de Estados.

Talvez mereça atenção inquieta, no sentido de avaliar em que medida a exiguidade do Estado se acentua, a relação entre a actualidade dos temas, até dos simples comentários, dos responsáveis pela gestão política e administrativa doméstica, e o volume da ressonância que provocam. Esta multiplicação atípica dos centros de decisão, a emergência dos espaços políticos integradores dos velhos Estados, a convergente alteração dos conceitos e valores das fronteiras, o invocado multiculturalismo de todas as velhas sociedades nacionais, a transformação das questões internas em questões internacionais, tudo isto aponta para a busca da redefinição do paradigma democrático representativo, que não dispensa os partidos, mas seguramente exige, na lógica do sistema, a definição de partidos transnacionais enquadrados pela cultura transfronteiriça em formação, e a limitação do horizonte de intervenção e da área de responsabilidades dos partidos domésticos.

É no portal deste futuro pressentido, e de conceitos mal definidos, que se inscreve a pergunta angustiada com que termina a longa e notável caminhada da autora deste livro, que seguramente não deixará de atravessar essa fronteira da incerteza. Isto porque, voltando a Popper: «Nunca se acaba com nada. Esta ideia tem uma importância transcendental para qualquer democracia. No momento em que se acredita ter colocado um ponto final num problema, está tudo perdido. Nunca acabaremos com nada, os novos problemas seguirão sempre em frente».

Recordando a metáfora do cisne negro, cada passo em frente, como acontece seguramente com este trabalho, alimenta e reforça a decisão de continuar, porque um simples cisne branco garante que nem todos os cisnes são pretos.

Lisboa, 21 de Novembro de 2008.

ADRIANO MOREIRA

Agradecimentos

Mantendo a conhecida tradição de tornar públicos, nesta ocasião, os agradecimentos que são devidos, começarei por referir, em primeiro lugar, o próprio Instituto Superior de Ciências Sociais e Políticas, onde me licenciei e no qual lecciono há já longo tempo, dirigindo, assim, uma palavra de especial apreço e de reconhecimento ao Magnífico Reitor da Universidade Técnica de Lisboa, Professor Catedrático Fernando Ramôa Ribeiro, bem como aos representantes dos seus órgãos de gestão, designadamente ao Presidente do Conselho Científico, Professor Catedrático Doutor António de Albuquerque de Sousa Lara, ao Presidente do Conselho Directivo, Professor Catedrático Doutor João Abreu de Faria Bilhim, ao Presidente da Assembleia de Representantes, Professor Catedrático Doutor João Bettencourt da Câmara, e ainda ao Presidente do Conselho Pedagógico, Professor Catedrático Doutor António Marques Bessa.

Entre aqueles que tornaram possível este trabalho e a sua respectiva apresentação, cumpre-me agradecer, muito em especial, ao Professor Doutor Julían Santamaria Ossorio, meu co-orientador, e ao Professor Doutor João Bettencourt da Câmara, com quem tive a oportunidade discutir as mais diferentes questões, num diálogo sempre estimulante e enriquecedor, e que nunca me faltaram com palavras de apoio e de incentivo. Mas importa manifestar igualmente o reconhecimento devido ao Professor Doutor Manuel Meirinho Martins e ao Professor Doutor Jaime Nogueira Pinto, pela amizade e pelo modo atencioso e diligente com que acompanharam desde o início este trabalho.

Devo também referir outros docentes e colegas do ISCSP e de outras Instituições Universitárias, de quem recebi atenção, apoio e muitas manifestações de estima e de incentivo. Assim, e entre os primeiros, quero destacar os Professores Doutores Catedráticos Jubilados Óscar Soares Barata e Narana Coissoró, o Professor Marcos Farias Ferreira, a Professora Sónia Frias, a Professora Lurdes Fonseca, a Mestre Francisca Saraiva, e, muito em particular, a Mestre Maria da Luz Ramos, o Doutor António Cipriano e o Doutor José Jácome de Abreu e Silva. Já entre os segundos, as minhas palavras de gratidão e de amizade, mas também de admiração intelectual e académica, dirigem-se ao Professor Doutor Catedrático Manuel Braga da Cruz, ao Professor Doutor Pedro Tavares de Almeida, à Professora Doutora Maria José Stock, ao Professor Doutor António Costa Pinto, ao Professor Doutor Dieter Nohlen, ao Professor Doutor José Ramón Montero, ao Professor Doutor Mariano Torcal e à Professora Doutora Miki Kittilson, e, por último, mas não menos importante, ao Professor Doutor João Cunha e Serra. Devo ainda salientar aqui os contributos dos Professores André Freire, Marina Costa Lobo, Pedro Magalhães e Raquel Vaz Pinto, não podendo esquecer, contudo, porque seria de todo impensável, a colaboração crucial e amiga do Professor Filipe Montargil, do Mestre António Revez e do Doutor Filipe Charters de Azevedo.

Importa lembrar que este trabalho deve muito à compreensão e às diversas formas de apoio da Universidade Aberta, onde tenho a honra de leccionar, sendo-me, por isso, igualmente devida uma palavra de agradecimento ao seu Magnífico Reitor, Professor Catedrático Doutor Carlos Reis, bem como aos antigos e distintos directores do Departamento de Ciências Sociais e Políticas, designadamente ao Professor Doutor Hermano Duarte de Almeida e Carmo e à Professora Doutora Teresa Joaquim, que tanto me aconselharam e ajudaram ao longo deste período, mas também à sua actual directora, Professora Doutora Fátima Goulão.

Aproveito para referir aqui o papel determinante que, no decurso deste trabalho, coube ao pessoal competente e qualificado da Biblioteca da Universidad Complutense de Madrid, do Instituto Juan March, do Centro de Investigaciones Sociológicas e da Biblioteca do Instituto Superior de Ciências Sociais e Políticas (ISCSP). Finalmente, permitam-me que saliente a atenção, o carinho e o acompanhamento, com que sempre pude contar, de todos os funcionários, sem quaisquer excepções, do Instituto Superior de Ciências Sociais e Políticas, da Univeridade Técnica de Lisboa.

Chegados aqui, há que reconhecer que esta lista de agradecimentos ficaria incompleta e perderia o seu verdadeiro sentido se não mencionasse a minha imensa dívida de gratidão para com todos os meus Alunos e Amigos, junto dos quais tentei formular e debater muitos dos temas que integram a presente tese de doutoramento, e sem os quais não teria tido, seguramente, a força e a determinação necessárias para prosseguir as minhas aspirações e os meus objectivos pessoais e académicos.

Índice geral

Prefácio IX

Agradecimentos XVII

Índice geral XXI

Índice de quadros XXVII

Índice de figuras XXXVII

Introdução 1

Enquadramento teórico e metodológico 3
1. Sobre o objecto de estudo e o quadro teórico 5
2. Sobre o objecto de estudo e o processo de investigação . 18

Capítulo I 27
1. Sistema eleitoral: definição e perspectivas de análise . 29
2. Os elementos do sistema eleitoral e os seus efeitos sobre
   o recrutamento parlamentar 31
   2.1 Princípios de representação política e recrutamento parlamentar ... 32
   2.2 Círculos, fórmulas eleitorais e recrutamento parlamentar 39
   2.3 Tipos de sufrágio e recrutamento parlamentar 46
3. O sistema eleitoral para a Assembleia da República 53
   3.1 A génese e a estrutura do sistema eleitoral: o triunfo do proporcional 53
   3.2 Sistema eleitoral, recrutamento e representação parlamentar:
       a teoria posta em causa? 63
       3.2.1 Quem nos representa melhor: um ou mais deputados? ... 64
       3.2.2 Magnitude dos círculos, sufrágio de lista e recrutamento
             parlamentar 79
   3.3 O debate político sobre a reforma do sistema eleitoral:
       uma controvérsia antiga e recorrente 112
       3.3.1 Da representatividade à governabilidade 114
       3.3.2 Personalizar e responsabilizar: eis a questão? ... 122

3.3.3 Do anteprojecto do governo socialista: a representação
proporcional personalizada como «o melhor de dois mundos»? 124
3.3.4 Mais limites do que possibilidades... 132
3.4 Da «miragem» da representação proporcional personalizada
à «revolução» das primárias?............................. 157

Capítulo II 189
1. Estudo da organização dos partidos: a visão dos «clássicos».......... 191
   1.1 Mosei Ostrogorski: os efeitos perversos da «máquina partidária» .. 193
   1.2 Robert Michels: *A Lei de Ferro da Oligarquia* 201
   1.3 Max Weber: os perigos da burocracia e do profissionalismo político 212
2. Estudo da organização dos partidos: a visão dos «contemporâneos».... 219
   2.1 Maurice Duverger: para uma teoria organizacional dos partidos ... 219
   2.2 Angelo Panebianco: para uma teoria institucional dos partidos 233
   2.3 Richard Katz e Peter Mair: para uma teoria sociológica dos partidos 257
3. Perfil organizacional dos partidos portugueses e recrutamento parlamentar 267
   3.1 A génese e a institucionalização dos partidos portugueses:
       uma breve referência histórica........................... 273
   3.2 Os partidos portugueses e os modelos teóricos tradicionais 295
       3.2.1 Organização partidária extraparlamentar: burocracia,
             estruturas de base e membros 295
       3.2.2 Organização partidária extraparlamentar e organizações
             exteriores afins................................. 315
       3.2.3 Organização partidária extraparlamentar: uma estrutura centralizada e coesa ou uma estrutura descentralizada e dividida? 319
       3.2.4 Organização partidária extraparlamentar, grupo parlamentar e
             governo: Que tipo de relação?...................... 339
4. Organização partidária e modelos de recrutamento parlamentar:
   entre a teoria e a prática 353
   4.1 As regras formais e informais do recrutamento parlamentar....... 354
   4.2 Os actores do processo de recrutamento 361
       4.2.1 Os candidatos à Assembleia da República — quem pode ser
             escolhido? 361
       4.2.2 Estruturas responsáveis pelo recrutamento — quem pode
             escolher? 367
       4.2.3 Modelos de recrutamento parlamentar: a teoria............ 381
       4.2.4 Modelos de recrutamento parlamentar: a prática........... 387

Capítulo III 403
1. Os «efeitos da oferta» sobre o recrutamento parlamentar 405
   1.1 A desconfiança em relação aos partidos políticos em Portugal 410
   1.2 As determinantes individuais da desconfiança face aos partidos.... 421
   1.3 As consequências políticas da desconfiança face aos partidos 429
2. Os sentimentos antipartidários em Portugal 455
   2.1 Dimensões e tipos de sentimentos antipartidários 461
   2.2 As causas dos sentimentos antipartidários: culturais, sociais
       e políticas 482
   2.3 As consequências políticas dos sentimentos antipartidários:
       correlatos atitudinais e comportamentais..................... 492
3. A identificação partidária em Portugal 506
   3.1 Quais os preditores da identificação partidária? 513
   3.2 As consequências da identificação partidária: relação politicamente
       mobilizadora?.. 522
4. Filiação e activismo partidário em Portugal 532
   4.1 Quem está incluído e excluído da filiação e do activismo partidário? 544
   4.2 Consequências da filiação partidária: os filiados ainda interessam? 557

Capítulo IV 567
1. Critérios e estratégias de recrutamento parlamentar:
   uma perspectiva diacrónica..................................... 569
   1.1 Critérios de recrutamento dos candidatos à Assembleia da República:
       a sub-representação feminina............................... 570
       1.1.1 A presença das mulheres nos partidos políticos: os números
             contam.. 591
       1.1.2 O distanciamento das mulheres da vida política:
             uma falsa questão?.................................. 605
   1.2 Critérios de recrutamento dos candidatos à Assembleia da República:
       a idade conta?.. 611
   1.3 Critérios de recrutamento dos candidatos à Assembleia da República:
       o triunfo das profissões liberais? 618
   1.4 Critérios de recrutamento dos candidatos à Assembleia da República:
       o «pára-quedismo» é ou não importante? 632
   1.5 Critérios de recrutamento dos candidatos à Assembleia da República:
       as vantagens da sobrevivência e da titularidade................. 636
   1.6 Uma «classe política» de extracção exclusivamente partidária?.... 656

1.7 Quais os preditores do posicionamento dos candidatos em lugares
   elegíveis? 658
2. Critérios e estratégias de recrutamento parlamentar:
   uma perspectiva sincrónica 693
   2.1 Origens sociais e familiares dos candidatos às eleições legislativas
       de 2002 695
   2.2 Perfil partidário dos candidatos às eleições legislativas de 2002 704
   2.3 Perfil político dos candidatos às eleições legislativas de 2002 722
   2.4 As motivações dos candidatos às eleições legislativas de 2002:
       a política como vocação ou como profissão? 726

Considerações finais 751

Bibliografia 765

Apêndices 829

Índice de quadros

Capítulo I
1. Princípios de representação e fórmulas eleitorais 33
2. Princípio de representação e sistema eleitoral em 11 países da Europa Ocidental 37
3. Evolução da magnitude média dos círculos eleitorais, em Portugal 65
4. Descrição e codificação das variáveis independentes utilizadas na regressão logística, 2002 72
5. Magnitude dos círculos eleitorais e conhecimento dos candidatos à AR, em 2002 (coeficientes β de regressão logística) 73
6. Magnitude dos círculos eleitorais e personalização do voto, em 2002 (coeficientes β de regressão logística) 74
7. Magnitude dos círculos eleitorais e contacto com os representantes eleitos, em 2002 (coeficientes β de regressão logística) 78
8. Relevância política do conhecimento dos candidatos, da personalização do voto e do contacto com os representantes eleitos, em 2002 78
9. Magnitude dos círculos eleitorais e estratégias de recrutamento parlamentar (1991 a 2002)..................................... 84
Magnitude dos círculos eleitorais e estratégias de recrutamento parlamentar (1991 a 2002)..................................... 85
10. Evolução da taxa de reeleição dos deputados, segundo a magnitude do círculo eleitoral (1976 a 2002) 86
11. Avaliação que os candidatos fazem do processo de recrutamento parlamentar, segundo a magnitude do círculo 89
12. Atitudes dos candidatos relativamente ao foco da representação, segundo a magnitude do círculo 93
13. Atitudes dos candidatos relativamente ao estilo da representação, segundo a magnitude do círculo 95
14. Grau de concordância dos candidatos com as práticas destinadas a assegurar a disciplina de voto no Parlamento 97
15. Listas fechadas e bloqueadas e estratégias de recrutamento parlamentar (1991-2002) 103
Listas fechadas e bloqueadas e estratégias de recrutamento parlamentar (1991 a 2002)... 105

16. Avaliação que os candidatos fazem do processo de recrutamento parlamentar, segundo o lugar na lista........................... 107
17. Atitudes dos candidatos relativamente ao foco da representação, segundo o lugar na lista...................................... 109
18. Atitudes dos candidatos relativamente ao estilo da representação, segundo o lugar na lista...................................... 110
19. Grau de concordância dos candidatos com as práticas dos partidos destinadas a assegurar a disciplina de voto no Parlamento........... 112
20. Contacto, conhecimento e satisfação com os representantes eleitos e com a democracia, de 1996 a 2000........................... 151
21. Evolução do sistema partidário em Portugal, de 1975 a 2002......... 173
22. Opinião dos candidatos sobre o sistema eleitoral para a Assembleia da República... 175
23. Opinião dos candidatos sobre as medidas para promover a personalização do voto e a responsabilização do mandato parlamentar.............. 177

Capítulo II
1. Tipologia dos partidos políticos, segundo Maurice Duverger......... 230
2. Partidos políticos e dilemas organizativos....................... 238
3. Dimensões de análise dos partidos políticos, segundo Angelo Panebianco 247
4. Tipologia do pessoal político, segundo Angelo Panebianco.......... 256
5. Distribuição de pastas nos seis governos provisórios............... 279
6. Escala de integração democrática 286
7. Evolução da taxa de filiação dos principais partidos portugueses em relação ao seu eleitorado 301
8. Evolução do número de filiados dos principais partidos portugueses ... 304
9. Evolução da filiação partidária nos países da Europa Ocidental, entre 1980 e 2000.. 305
10. Financiamento dos partidos políticos e das campanhas eleitorais. O que mudou? 321
11. Composição dos secretariados dos principais partidos políticos portugueses 346
12. Idade mínima para eleger e ser eleito em alguns países da Europa Ocidental 362
13. Obrigatoriedade de residência no território nacional................ 363
14. Quem pode ser candidato(/a) segundo a lei e segundo os estatutos dos partidos políticos? 366

15. Quem escolhe os candidatos à Assembleia da República, segundo o grau de inclusão e o grau de centralização? O que dizem os estatutos dos partidos políticos? 371
16. Os poderes do *party selectorate* numa perspectiva comparada 376
17. Quem escolhe os candidatos(as), segundo o grau de centralização? 381
18. Tipologia dos modelos de recrutamento parlamentar, segundo Norris e Lovenduski 385
19. Os modelos de recrutamento parlamentar nos principais partidos portugueses... 386
20. Avaliação que os candidatos fazem do processo de recrutamento parlamentar 389
21. Qual o grau de influência dos diferentes órgãos partidários na selecção dos candidatos à Assembleia da República? 391
22. Apoios à (re) candidatura à Assembleia da República, segundo o partido político 392
23. Quais os objectivos a ter em conta pelo *party selectorate* na escolha dos candidatos à Assembleia da República? 400
24. Grau de importância atribuído ao processo de selecção dos candidatos na vida partidária 402

Capítulo III
1. Descrição e codificação das variáveis independentes utilizadas na regressão logística, 2002 421
2. Determinantes da desconfiança em relação aos partidos políticos em Portugal, 2002 (coeficientes β de regressão logística)............ 424
3. Correlatos atitudinais da desconfiança em relação aos partidos em Portugal, 2002 436
4. Correlatos atitudinais da desconfiança em relação aos partidos em Portugal, 2002 438
5. Correlatos comportamentais da desconfiança em relação aos partidos em Portugal, 2002 441
6. Correlatos comportamentais da desconfiança em relação aos partidos em Portugal, 2002 443
7. Correlatos comportamentais da desconfiança em relação aos partidos em Portugal, 2002 444
8. Correlatos atitudinais da desconfiança em relação aos partidos em Portugal, 2002 445

9. Níveis médios de satisfação com a democracia na Europa Ocidental, 1985-1999 451
10. Índices de legitimidade, descontentamento e desafeição em relação ao sistema político, 2002 (valores percentuais) 460
11. Descrição e codificação das variáveis independentes utilizadas na regressão logística, 2002 485
12. Determinantes do antipartidarismo cultural e reactivo em Portugal, 2002 (coeficientes β de regressão linear) 488
13. Correlatos atitudinais do antipartidarismo cultural e reactivo em Portugal, 2002 495
14. Correlatos atitudinais do antipartidarismo cultural e reactivo em Portugal, 2002 496
15. Correlatos comportamentais do antipartidarismo cultural e reactivo em Portugal, 2002 498
16. Correlatos comportamentais do antipartidarismo cultural e reactivo em Portugal, 2002 500
17. Correlatos comportamentais do antipartidarismo cultural e reactivo em Portugal, 2002 503
18. Correlatos atitudinais do antipartidarismo cultural e reactivo em Portugal, 2002 504
19. Eficácia política externa em Portugal e no resto da Europa, 2002-2003 505
20. Tendências da identificação partidária (IP) ao longo do tempo 509
21. Descrição e codificação das variáveis independentes utilizadas na regressão linear 516
22. Preditores da identificação partidária em Portugal, 2002 (coeficientes β de regressão linear) 517
23. Associativismo em Portugal e no resto da Europa, 2002-2003 519
24. Correlatos atitudinais da identificação partidária em Portugal, 2002 ... 523
25. Correlatos atitudinais da identificação partidária em Portugal, 2002 ... 524
26. Correlatos comportamentais da identificação partidária em Portugal, 2002 526
27. Correlatos comportamentais da identificação partidária em Portugal, 2002 527
28. Correlatos comportamentais da identificação partidária em Portugal, 2002 529
29. Correlatos atitudinais da identificação partidária em Portugal, 2002 ... 530
30. Determinantes da filiação e activismo partidário (potenciais) (coeficientes β de regressão logística) 553
31. Correlatos atitudinais da filiação e activismo partidário (potenciais) ... 558
32. Correlatos atitudinais da filiação e activismo partidário (potenciais) ... 559

33. Correlatos comportamentais da filiação e activismo partidário (potenciais) 561
34. Correlatos comportamentais da filiação e activismo partidário (potenciais) 562
35. Correlatos comportamentais da filiação e activismo partidário (potenciais) 564
36. Correlatos atitudinais da filiação e activismo partidário (potenciais) ... 565

Capítulo IV
1. Sexo dos candidatos à Assembleia da República, por partido político e por lugar nas listas 571
2. Taxa de sobrevivência dos candidatos à Assembleia da República, por partido 587
3. Titularidade dos candidatos à Assembleia da República, por partido ... 588
4. Tempo de filiação partidária dos candidatos(/as) à Assembleia da República, 2002 588
5. Participação na vida partidária dos candidatos(/as) à Assembleia da República, 2002 589
6. Atitudes dos portugueses em relação à escolha dos candidatos à Assembleia da República 590
7. Atitudes dos portugueses em relação à escolha dos candidatos à Assembleia da República 591
8. Evolução da representação das mulheres na estrutura de filiados do CDS-PP 594
9. Representação das mulheres na estrutura de filiados do PSD 595
10. Evolução da representação das mulheres na estrutura de filiados do PS 595
11. Representação das mulheres na estrutura de filiados do PCP 596
12. Representação das mulheres nos órgãos nacionais do PS, entre 1990 e 2002 597
13. Evolução da taxa de reeleição das mulheres nos órgãos nacionais do PS, 1990 e 2002 598
14. Representação das mulheres nos órgãos nacionais do PCP, entre 1990 e 2000 599
15. Evolução da taxa de reeleição das mulheres no PCP 600
16. Representação das mulheres nos órgãos nacionais do CDS-PP, entre 1990 e 2002 600
17. Representação das mulheres nos órgãos nacionais do PSD, entre 1990 e 2002 601
18. Evolução da taxa de reeleição das mulheres nos órgãos nacionais do CDS-PP 602

19. Evolução da taxa de reeleição das mulheres nos órgãos nacionais do PSD ... 602
20. Representação das mulheres nos órgãos nacionais do BE, 2000 e 2002 ... 603
21. Atitudes dos portugueses sobre as práticas de recrutamento no interior dos partidos políticos ... 604
22. Atitudes dos portugueses sobre as práticas de recrutamento no interior dos partidos políticos ... 604
23. Desigualdades de género na participação política, 2002 ... 608
24. Desigualdades de género no associativismo social e político, 2002 ... 609
25. Desigualdades de género nas atitudes face à política, 2002 ... 610
26. Idade dos candidatos à Assembleia da República, por partido político e por lugar nas listas ... 613
27. Profissão dos candidatos à Assembleia da República, segundo o lugar ocupado nas listas ... 619
28. Profissão dos candidatos do CDS-PP à Assembleia da República, segundo o lugar nas listas ... 624
29. Profissão dos candidatos do PSD à Assembleia da República, segundo o lugar nas listas ... 625
30. Profissão dos candidatos do PS à Assembleia da República, segundo o lugar nas listas ... 627
31. Profissão dos candidatos da CDU à Assembleia da República, segundo o lugar nas listas ... 629
32. Profissão dos candidatos do BE à Assembleia da República, segundo o lugar nas listas ... 630
33. Ligação ao círculo dos candidatos à Assembleia da República, por partido e por lugar nas listas ... 633
34. Mobilidade de círculo dos candidatos «sobreviventes» à Assembleia da República, por partido e por lugar nas listas ... 634
35. Continuidade e renovação das candidaturas à Assembleia da República, por partido e por lugar ocupado nas listas ... 643
36. Titularidade dos candidatos à Assembleia da República, por partido e por lugar nas listas ... 645
37. Evolução das taxas de reeleição e de renovação parlamentar (1976-2002) ... 646
38. Substituição de deputados da Assembleia da República ... 647
39. Evolução das taxas de reeleição e de renovação parlamentar, para o conjunto dos deputados (1976-2002) ... 650
40. Evolução da reeleição e renovação parlamentar no CDS-PP (1976-2002) ... 651
41. Evolução da reeleição e renovação parlamentar no PPD-PSD (1976-2002) ... 651
42. Evolução da reeleição e renovação parlamentar no PS (1976-2002) ... 652

43. Evolução da reeleição e renovação parlamentar no PCP (1976-2002)... 652
44. Vínculos partidários dos candidatos à Assembleia da República,
    por partido e por lugar nas listas 656
45. Nível de escolaridade dos candidatos à AR, por partido e lugar nas listas 696
46. Formação académica dos candidatos à AR, por partido e lugar nas listas 698
47. Classe social actual dos candidatos à AR, por partido e lugar nas listas 700
48. Classe social do núcleo familiar dos candidatos à AR, por partido
    e lugar nas listas... 701
49. Nível de politização do núcleo familiar dos candidatos e deputados
    à AR, por partido e lugar nas listas 702
50. Interesse pela política no meio familiar dos candidatos à AR,
    por partido e lugar nas listas 703
51. Mobilização cognitiva no meio familiar dos candidatos à AR, por partido
    e lugar nas listas... 704
52. Interesse pela política dos candidatos à AR, por partido e lugar nas listas 605
53. Vínculos partidários dos candidatos à AR, por partido e lugar nas listas 706
54. Média de anos de filiação partidária dos candidatos à AR, por partido e
    lugar nas listas 707
55. Número de horas por mês dedicadas à actividade partidária, por partido
    e lugar nas listas... 709
56. Exercício de cargos partidários antes da candidatura à AR, por partido e
    lugar nas listas 713
57. Exercício de cargos partidários no momento da candidatura à AR, por
    partido e lugar nas listas..................................... 714
58. Grau de concordância com as práticas destinadas a assegurar a disciplina
    de voto no Parlamento... 717
59. Motivações para a filiação partidária, por partido político 721
60. Exercício de cargos políticos antes da candidatura à AR, por partido e por
    lugar nas listas 724
61. Percepção dos candidatos sobre a imagem que a opinião pública tem
    dos partidos 730
62. Percepção dos candidatos sobre a imagem que a opinião pública tem
    do Parlamento 731
63. Percepção dos candidatos sobre a imagem que a opinião pública tem
    dos deputados... 732
64. O estatuto remuneratório dos deputados à Assembleia da República ... 733
65. Opinião dos candidatos sobre o estatuto remuneratório dos deputados,
    por partido e lugar nas listas 740

66. Opinião dos candidatos sobre a profissionalização da actividade parlamentar, por partido e lugar nas listas 742
67. Motivações para a (re)candidatura à Assembleia da República, por partido político 746
68. Objectivos políticos dos candidatos à AR, por partido e por lugar nas listas 748

Índice de figuras

Capítulo I
1. Os efeitos dos círculos eleitorais de pequena magnitude. 68
2. O voto dividido e o voto estratégico de coligação nas eleições
   da Alemanha, de 1957 a 1998 144

Capítulo II
1. Reforma dos estatutos do Partido Socialista 311
2. Reforma dos estatutos do Partido Socialista 312
3. Principais apoios à candidatura à Assembleia da República 393
4. Principais objectivos a ter em conta pelo *party selectorate* na escolha
   dos candidatos à Assembleia da República 401

Capítulo III
1. Modelo de análise do recrutamento parlamentar: os efeitos da oferta e
   da procura. 406
2. Evolução do grau de confiança nas instituições em Portugal, de 1997
   a 2003. 411
3. Grau de confiança dos portugueses nos partidos políticos, 2002. 412
4. Evolução da satisfação com a democracia em Portugal, 1990-2002. . . . 450
5. Confiança em relação aos políticos na Europa, 2002 e 2003. 454
6. As atitudes dos portugueses em relação aos partidos políticos, 2002 . . . 456
7. Operacionalização do antipartidarismo cultural e do antipartidarismo
   reactivo. 464
8. Atitudes dos cidadãos em relação aos partidos políticos em Portugal,
   2002 (dimensão cultural) 465
9. Atitudes dos cidadãos em relação aos partidos políticos em Portugal,
   2002 (dimensão reactiva). . . . . ???
10. Evolução da frequência com que se discute política em Portugal,1990-
    -2002 497
11. Identificação com os partidos na Europa, 1976-2002 512
12. Identificação forte e razoável com os partidos na Europa, 1990-2002. . . 513
13. Identificação partidária em Portugal, 2002 515
14. Confiança interpessoal em Portugal e no resto da Europa, 2002-2003. . . 518

15. Interesse pela política e identificação partidária em Portugal e no resto da Europa, 2002-2003 521
16. Atitudes dos cidadãos em relação a uma eventual filiação e participação activa num grupo político 545
17. O associativismo em Portugal e no resto da Europa, 2002-2003 550
18. Confiança interpessoal em Portugal e no resto da Europa, 2002-2003 .. 551

Capítulo IV
1. Mulheres nas câmaras baixas dos parlamentos nacionais 572
2. Candidatos da CDU à Assembleia da República, entre 1991 e 2002 ... 575
3. Candidatos do PS à Assembleia da República, entre 1991 e 2002 577
4. Candidatos do PSD à Assembleia da República, entre 1991 e 2002 582
5. Candidatos do CDS-PP à Assembleia da República, entre 1991 e 2002   584
6. Candidatos do BE à Assembleia da República, entre 1999 e 2002 586
7. Experiência parlamentar dos deputados eleitos à Assembleia da República   653
8. Experiência parlamentar dos deputados do CDS-PP 654
9. Experiência parlamentar dos deputados do PSD 654
10. Experiência parlamentar dos deputados do PS 655
11. Experiência parlamentar dos deputados da CDU................... 655
12. Recrutamento parlamentar: factores relacionados com a «procura» 694
13. Número de diplomados no ensino superior, segundo a natureza institucional do estabelecimento de ensino 697
14. Principais motivações para a filiação partidária................... 722
15. Experiência partidária e política dos candidatos à AR 725
16. Principais motivações para a (re)candidatura à Assembleia da República   747

Introdução

Todo o processo científico começa por uma ou várias perguntas sobre o objecto de estudo, e prossegue, com o contributo do método científico, por fornecer respostas no domínio do acessível. As nossas perguntas constituem interrogações que são, ainda hoje, frequentes e recorrentes no domínio do dever ser e da análise da realidade política, tal como esta se configura de facto.

É assim que, deste modo, e porque são actores fundamentais na área do poder, as perguntas relacionadas com: Quem são os candidatos aos Parlamentos nacionais? Como são seleccionados e porquê? Quais são as suas credenciais pessoais e políticas e qual o seu perfil social? Como são escolhidos e qual a trajectória política que percorrem na sua ascensão ao cargo de deputados?, percorrem todo o pensamento político significativo, quer em termos de dever ser, quer em termos do estudo científico da realidade política.

A estas perguntas, e no que ao recrutamento do pessoal político parlamentar diz respeito, procurámos responder, através do recurso a uma perspectiva teórica plural e sincrética, o *novo institucionalismo*, mas também mediante o uso das técnicas de recolha de dados mais adequadas à inquirição do fenómeno em análise. A presente tese de doutoramento encontra-se, desta forma, organizada em quatro capítulos fundamentais. No primeiro, trata-se de averiguar qual a influência do sistema eleitoral e dos seus principais elementos constitutivos sobre os modelos e as estratégias de recrutamento parlamentar adoptados pelos diferentes partidos políticos, atendendo sobretudo aos princípios de representação política, às fórmulas de conversão de votos em mandatos, ao desenho e à magnitude dos círculos eleitorais e, ainda, aos tipos e modalidades de sufrágio — e isso sem esquecer, bem pelo contrário, o debate antigo e recorrente em Portugal sobre a reforma do sistema eleitoral, e os efeitos que uma tal reforma, a verificar-se, implicaria nas modalidades e nos padrões de recrutamento parlamentar.

No segundo capítulo, e considerando a influência do contexto partidário sobre as formas e os critérios de recrutamento parlamentar, decidimos, num primeiro momento, trazer ao conhecimento do leitor, mais ou menos leigo, mais ou menos versado, nestas matérias, a visão dos autores clássicos e dos autores contemporâneos, na certeza de que dos seus trabalhos resultam considerações teóricas e hipóteses de trabalho que devem ser tidas necessariamente em linha de conta num estudo sobre o recrutamento parlamentar nos maiores partidos políticos portugueses.

E se com alguma facilidade nos apercebemos que as lições dos clássicos não só foram recuperadas, como foram ainda enriquecidas pelos autores contemporâneos, também se tornou de imediato claro, o peso explicativo assumido pela ideologia, pelas regras formais e informais e sobretudo pela estrutura organizacional dos diferentes partidos no modo como estes definem a sua oferta eleitoral.

Num terceiro capítulo, e porque entre os factores individuais, que explicam as oportunidades e os constrangimentos em termos de recrutamento parlamentar, se encontram as atitudes e os comportamentos dos cidadãos face à política, em geral, e à política partidária, em particular, não quisemos deixar de analisar o modo como o fenómeno do antipartidarismo, tanto na sua vertente cultural como reactiva, mas também a identificação e a filiação partidária podem constituir incentivos importantes ou constrangimentos inultrapassáveis na selecção dos candidatos ao Parlamento.

Já o quarto capítulo é dedicado à análise dos factores relacionados com a «procura», adoptando, para tal, tanto uma perspectiva diacrónica, mediante a análise das listas de candidatura apresentadas pelos partidos com representação parlamentar — num arco temporal que vai de 1990 a 2003 — como uma perspectiva sincrónica, que teve por principal suporte a aplicação de um inquérito por questionário aos candidatos às eleições legislativas de 2002, nos seis meses imediatamente subsequentes ao acto eleitoral em questão. Nesta parte do trabalho, foi nosso objectivo identificar quais os verdadeiros critérios e estratégias de recrutamento adoptados pelo *party selectorate*, diferenciando, para tal, o perfil dos candidatos colocados em lugar elegível com o perfil dos candidatos posicionados em lugares não elegíveis ou dificilmente elegíveis. A existir um perfil diferenciado entre uns e outros, tal não pode senão significar que o *party selectorate* tem e aplica estratégias de recrutamento bem definidas, e que determinam, em última análise, quem pode aceder ou não ao Parlamento.

ENQUADRAMENTO TEÓRICO
E
METODOLÓGICO

1. Sobre o objecto de estudo e o quadro teórico

O recrutamento político tende a ser apresentado, invariavelmente, como uma função desempenhada, essencialmente, pelos partidos políticos nas democracias industriais avançadas, sendo largamente reconhecidos e debatidos os seus efeitos sobre a competição eleitoral, a composição e a actuação das elites políticas, a estrutura e os tipos de carreiras políticas, a distribuição do poder no interior das instituições, em particular, e da sociedade, em geral.

Embora consideremos tratar-se de um sério e estimulante desafio, não é porém nossa intenção desenvolver um estudo sobre os processos de recrutamento das elites políticas portuguesas no seu conjunto — seja de um ponto de vista diacrónico, seja de uma perspectiva sincrónica — direccionando antes a nossa atenção e os nossos propósitos de investigação para aquela que é uma das suas componentes mais visíveis e também mais fundamentais: a parlamentar.

Em Portugal, o estudo e as investigações acerca do recrutamento parlamentar, embora não tenham uma tradição forte e consolidada na disciplina de Ciência Política, têm-se concentrado, essencialmente, e na maioria dos casos, no perfil sociodemográfico e político dos deputados eleitos, e têm-no feito seguindo duas perspectivas teóricas fundamentais: a teoria das elites e a teoria institucionalista. No primeiro caso, a preocupação central tem sido a de proceder à caracterização do perfil social e político dos deputados portugueses, adoptando para o efeito uma abordagem longitudinal e, sublinhando, na esteira dos autores elitistas clássicos, a separação e a autonomia dos representantes face aos representados. Com efeito, neste tipo de estudos assume particular relevância a determinação dos recursos ou capitais que favorecem ou condicionam as possibilidades de acesso ao Parlamento, e que acabam por traduzir as diferenças existentes entre aqueles que integram a classe política parlamentar e o conjunto da população em geral, do ponto de vista das suas características estritamente tipológicas.[1]

---

[1] André Freire *et al.*, (2001), *Recrutamento Parlamentar: Os Deputados Portugueses da Constituinte à VIII Legislatura*, Lisboa, STAPE/MAI; André Freire (2003) «Recruta-

Já no segundo caso, e na linha das teorias do desenvolvimento e da modernização políticas de Nelson Polsby e de Samuel Huntington[2], com estudo do recrutamento parlamentar tem-se procurado chegar a uma compreensão mais estrutural e sistémica das relações que se estabelecem entre o Parlamento e as outras instituições do sistema político português, designadamente os partidos políticos. Assim, e tendo como referência os critérios e as dimensões de análise inerentes ao conceito de institucionalização política — autonomia, formalidade, uniformidade e complexidade — este tipo de estudos tem sublinhado a coexistência de duas tendências fundamentais: por um lado, a débil institucionalização parlamentar, resultante da existência de uma «partidocracia» eleitoral, disciplinar e integral, a qual constitui a característica dominante da vida política portuguesa; por outro lado, o reforço da institucionalização parlamentar, resultante da crescente profissionalização política e especialização técnica dos deputados portugueses.

Só muito recentemente, alguns aspectos essenciais do processo de recrutamento parlamentar, para além da composição sociopolítica do Parlamento e do seu maior ou menor grau de institucionalização, começaram a ganhar a atenção de alguns investigadores. Assim, negando a «absorção do social pelo político», inerente à teoria elitista clássica, mas também o excessivo formalismo, estruturalismo e holismo da abordagem de pendor institucionalista clássica, André Freire procurou analisar o modo como se traduzem em sede parlamentar as desigualdades encontradas no espaço social, identificando para o efeito os tipos de capital social, político e cultural que caracterizam os deputados dos principais partidos políticos portugueses.[3]

---

mento e reforma das instituições», *in* António Costa Pinto e André Freire (orgs.), *Elites, Sociedade e Mudança Política*, Oeiras, Celta, pp. 181-217.

[2] Nelson Polsby (1968), «The institutionalization of the U.S. House of the Representatives», *in American Political Science Review*, (52), pp. 144-168; Nelson Polsby (1975), «Legislatures», *in* Fred I. Greenstei e Nelson W. Polsby (orgs.), *Handbook of Political Science*, vol. 5, Reading, Mass., Addison-Wesley, pp. 257-319; Samuel P. Huntington (1968), *The Third Wave: Democratization in the Late Twentieth Century*, Norman, Okla., University of Oklahoma Press; Samuel P. Huntington (1996), *Political Order in Changing Societies*, New Haven, Yale Universty Press.

[3] Luís Sá, (1996), *O Lugar da Assembleia da República no Sistema Político*, Lisboa, Caminho; Manuel Braga da Cruz (1988), «Sobre o parlamento português partidarização parlamentar e parlamentarização partidária», *in Análise Social*, vol. XXIV, (100), Lisboa, ICS; Manuel Braga da Cruz e Miguel Lobo Antunes (1989), «Parlamento, partidos e

Porém, centrada quase exclusivamente na composição do Parlamento e nas carreiras políticas dos deputados, este tipo de investigação pouco ou nada nos diz sobre os processos de recrutamento parlamentar propriamente ditos, ou seja, sobre as regras e os procedimentos formais e informais através dos quais são escolhidos os membros da classe política parlamentar no interior das organizações partidárias, que constituem os principais *gatekeeper's* em matéria de acesso ao Parlamento.

Também a análise da estrutura de oportunidades e de constrangimentos, que resulta do quadro institucional no qual os actores políticos, individuais ou colectivos, desenvolvem a sua acção, e que condiciona necessariamente os processos intrapartidários de selecção dos candidatos ao Parlamento, ou se encontra pura e simplesmente ausente das investigações desenvolvidas, ou assume nelas um papel manifestamente secundário, o que limita o alcance teórico e explicativo desses estudos.

Reconhecendo tais limitações, propomo-nos desenvolver um estudo do recrutamento parlamentar que permita, por um lado, perceber se, e em que medida, os factores institucionais, e muito em particular o sistema eleitoral, condicionam as opções das estruturas de recrutamento parlamentar; por outro, interessa-nos também conhecer de que modo as regras do jogo — tanto formais como informais — estabelecidas pelos partidos políticos, bem como a sua estrutura organizacional e as sua lógicas de funcionamento interno, determinam a oferta eleitoral. Isso explica que, neste estudo, a questão: «Quem são os candidatos?» apareça associada a uma outra — que lhe é prévia, mas igualmente crucial para a compreensão dos processos de recrutamento parlamentar — que pode ser formulada assim: «Quem selecciona e como são seleccionados os candidatos?»

Ao estudar os padrões e as estratégias de recrutamento parlamentar, interessa-nos sobretudo indagar o modo como se processa a selecção dos candidatos no interior dos partidos — que constituem, na maioria dos países, e também em Portugal, as principais estruturas de recrutamento. Interessa-nos, pois, entrar naquele que é um espaço relativamente secreto e obscuro da vida partidária, e procurar saber quem controla de facto o processo de escolha dos candidatos e de elaboração das listas eleitorais, quais as regras formais e informais que regem tal processo e, enfim, qual

---

governo: acerca da institucionalização política», *in* Mário Baptista Coelho (org.), *Portugal: O Sistema Político e Constitucional, 1974-1987*, Lisboa, ICS.

o grau dispersão do poder e de democraticidade interna. Nestas circunstâncias, é de sublinhar que a nossa investigação, a ter que ser inscrita ou filiada em qualquer uma das múltiplas áreas e subáreas disciplinares que integram a Ciência Política contemporânea, ela caberia melhor naquela que tem na organização e nos processos de mudança dos partidos políticos o seu objecto de estudo central.

Mas, note-se ainda que, sendo o processo de recrutamento parlamentar uma função essencial dos partidos e um momento crucial da sua vida interna, isso faz com que o seu estudo nos coloque, desde logo, diante de um dilema fundamental: em que medida a «constituição formal», ou seja, as regras e os procedimentos mais ou menos formalizados e estabelecidos pelos partidos políticos nesta matéria, ao alcance de qualquer cidadão comum ou observador externo, coincidem, e com que nível de intensidade, com a «constituição real», isto é, com as práticas e procedimentos realmente desenvolvidos pelos responsáveis partidários no processo que leva à escolha dos candidatos ao Parlamento, que são de difícil observação e de delicado escrutínio, dado o seu carácter mais ou menos fechado, secreto e pouco transparente.

Se é verdade que este dilema é consubstancial à Ciência Política — pois, e como bem observa Adriano Moreira, o que preocupa a investigação política não é o sistema de normas e regras formais em que se traduz o direito positivo, mas é sobretudo a diferença ou a falta de coincidência frequentes entre o modelo normativo de conduta que a lei proclama e o modelo de conduta que o Poder adopta — o facto é que ele adquire no estudo empírico dos processos intrapartidários de recrutamento parlamentar a sua máxima expressão, na medida em que a falta de autenticidade do Poder é aqui a regra e não a excepção.[4]

Esta simultaneidade de modelos, o formal e o real, e a necessidade de saber onde começa um e acaba o outro, levou-nos também a ter em linha de conta os factores individuais no estudo dos processos de recrutamento parlamentar em Portugal, procurando saber se, e em que medida, as estratégias dos agentes responsáveis pela selecção da oferta eleitoral em cada partido são condicionadas pelos recursos, as motivações, os interesses e as atitudes dos eleitorado, em geral, e dos potenciais candidatos a conquistar um assento no Parlamento, em particular.

---

[4] Adriano Moreira (1979), *Ciência Política*, Coimbra, Almedina, pp 29-39.

Em função dos objectivos e propósitos da nossa investigação, e procurando não cair em qualquer tipo de exclusivismo metodológico, decidimos optar por uma perspectiva teórica, que é na sua essência, e como iremos ver em seguida, fundamentalmente plural e integradora. Trata-se, pois, do chamado «novo institucionalismo».

Como é sabido, a Ciência Política tem as suas raízes no estudo das instituições. Com efeito, se recuarmos à Antiguidade Clássica e tivermos em conta os primeiros estudos sistemáticos sobre a vida política, facilmente nos apercebemos que as perguntas fundamentais que os estudiosos formulavam referiam-se à natureza das instituições que estruturavam o comportamento dos indivíduos — tanto dos governantes como dos governados. Se avançarmos rapidamente no tempo e nos reportarmos aos últimos anos do século XIX, período em que a Ciência Política começa a diferenciar-se e autonomizar-se como disciplina académica, constatamos que, para além das lições do passado e dos ideais normativos[5], as questões fundamentais da disciplina continuam a ser institucionais, sendo que as suas fortes preocupações com as instituições formais de governo acabariam por ditar, nessa época, a transformação da Ciência Política na ciência que estuda sobretudo o Estado.[6]

Durante a segunda Guerra Mundial, a disciplina afastar-se-ia das suas raízes preponderantemente normativas e institucionais, assistindo-se, então, à afirmação de perspectivas teóricas baseadas em pressupostos mais individualistas e empiricistas, referimo-nos, pois, ao comportamentalismo e à teoria da escolha racional.[7] Ambas as perspectivas consideram que os indivíduos actuam autonomamente, de acordo com as suas características sociopsicológicas ou tendo em conta o cálculo do seu possível benefício pessoal. Pelo que em ambas as perspectivas teóricas, os indivíduos não se encontram condicionados por instituições formais ou informais, limitando-se a fazer, livre e autonomamente, as suas próprias escolhas.

---

[5] Darly Glaser (1995), «La teoría normativa», in David Marsh e Gerry Stocker, (orgs.) (1995), Teoría e Métodos na Ciencia Política, Madrid, Alianza Editorial, pp. 53-67.

[6] R. A. W. Rhodes (1995), «El institucionalismo», in David Marsh e Gerry Stocker, (orgs.) (1995), Teoría e Métodos na Ciencia Política, op. cit., pp. 33-52.

[7] David Sanders (1995), «El análisis conductista», in David Marsh e Gerry Stocker, (orgs.) (1995), Teoría e Métodos na Ciencia Política, op. cit., pp. 69-95; Hug Hard (1995), «La teoria de la elección racional», in David Marsh e Gerry Stocker, (orgs.) (1995), Teoría e Métodos na Ciencia Política, op. cit., pp. 85-103.

Uma bem sucedida contra-reforma, iniciada no final da década de 1980 e no início da década de 1990, foi responsável de certo modo pelo «retorno» das instituições, ou seja, pelo reconhecimento do papel crucial que estas tendem a desempenhar no comportamento dos actores políticos, individuais e colectivos.

Surge assim o chamado «novo institucionalismo», o qual contém, como teremos oportunidade de demonstrar mais à frente, muitas características da sua «velha» versão de entender e estudar a política, mas que nem por isso deixa de enriquecer a disciplina com novos contributos teóricos e empíricos. Por outro lado, é preciso desde já salientar que o novo-institucionalismo não constitui uma perspectiva teórica — entendida como uma forma específica de entender os fenómenos políticos, capaz de orientar os cientistas políticos no que se refere à definição do objecto de estudo, ao método a usar na obtenção de dados e à natureza do processo de teorização a desenvolver — coesa e unificada, contendo diversos tipos e subtipos, que devem ser considerados de forma complementar e não exclusívista.[8]

Mas mais do que dissertar sobre a diversidade interna do neo-institucionalismo, interessa-nos antes proceder à sua caracterização, no que esta pode ter de essencial e original, demarcando-o de outras perspectivas e correntes teóricas, que o antecederam e que, de certa forma, acabaram por justificar o seu desenvolvimento e a sua afirmação no campo da Ciência Política.

A primeira característica determinante, que se acha associada à perspectiva do «velho» institucionalismo, prende-se, desde logo, com o papel central das leis e das normas como base para o conhecimento do fenómeno político, na medida em que se entende que o desenho formal e institucional dos sistemas políticos determina o comportamento dos seus principais agentes, tanto individuais como colectivos. Deste pressuposto teórico resultam tanto o estruturalismo como o holismo inerentes ao «velho» institucionalismo: o primeiro, sublinhando o papel das estruturas na determinação do comportamento individual, e o segundo, concentrando-se no estudo dos sistemas políticos em termos globais, em vez de examinar separadamente as várias instituições que o integram. Uma outra característica

---

[8] Repare-se como Guy Peters, entre outros autores, distingue diferentes perspectivas dentro do novo institucionalismo, designadamente o sociológico, o histórico e o da escolha racional.

determinante do «velho» institucionalismo encontra-se relacionada com a sua forte fundamentação histórica, a que não é alheia a defesa — muitas vezes implícita e não assumida — de uma concepção desenvolvimentista da política, que sublinha a interacção entre a esfera política e o ambiente socioeconómico e cultural, mas também o reforço do etnocentrismo, responsável pelo facto de as democracias ocidentais constituírem, para vários estudiosos, uma espécie de referência legal e normativa no estudo do fenómeno político em outras latitudes.[9]

As inúmeras críticas dirigidas ao institucionalismo, como pilar da Ciência Política, e que visaram não só o objecto de estudo como também o método e a teoria, estiveram na base daquela que é, seguramente, uma das correntes mais expressivas e influentes da disciplina. Referimo-nos, pois, à abordagem comportamentalista, que conheceu o seu auge nas décadas de 1950 e 1960, e que transformou por completo a disciplina de Ciência Política. Esta verdadeira «revolução» fez com que os politólogos passassem, a partir dessa data, a concentrar-se quase exclusivamente no comportamento observado e observável, tanto a nível individual como a nível colectivo, insistindo sobretudo na observação empírica e na comprovação das suas teorias.[10]

Uma das preocupações dos comportametalistas — talvez a menos discutível — consistia, pois, na pretensão de utilizar todos os dados empíricos relevantes, em vez de se apoiarem num conjunto limitado de exemplos ilustrativos. Foi com base nesta pretensão que os comportamentalistas justificaram o uso e o desenvolvimento das técnicas estatísticas como um meio necessário para analisar uma grande quantidade de «dados empíricos relevantes». Porém, importa sublinhar, desde já, que tal pretensão não pode ser considerada — a exemplo do que alguns críticos um tanto ou quanto incautos desta abordagem pretendem — como sinónimo de quantificação nem de desvalorização da investigação qualitativa. Como, a este propósito, bem salienta David Sanders: «É certo que os comportamentalistas utilizaram, com frequência, técnicas quantitativas como instrumentos heurísticos fundamentais para tratar a informação empírica que tinham à sua disposição, porém, e do ponto de vista epistemológico, o comportamentalismo

---

[9] Guy Peters (1999, 2003), *El Nuevo Institucionalismo. Teoria Institucional en Ciência Política*, Barcelona, Guedisa Editorial, pp. 20-27.

[10] *Idem, ibidem*, pp. 27-28.

não é *intrinsecamente quantitativo*, na medida em que admite, abordagens quantitativas mas também qualitativas».[11]

A segunda característica determinante do comportamentalismo (ou *behaviorism*) tem consequências um pouco mais subtis, mas nem por isso menos importantes. Trata-se, pois, do princípio de que todas as teorias e/ou explicações devem ser, em princípio falsificáveis, o que reflecte a aceitação por parte da abordagem comportamentalista da revisão do positivismo «tradicional», levada a cabo por Karl Popper, que, como é largamente conhecido, propôs não só a substituição do princípio da verificação pelo princípio da falsificação, como estabeleceu também o critério da falsificação como linha divisória entre a investigação cientifica e a investigação pseudo-científica. Importa sublinhar que estamos a falar de teorias «científicas», e não meramente «empíricas» ou «explicativas». Tal pressuposto, pressupõe que só se considerem como científicas, as teorias que produzam prognósticos científicos susceptíveis de ser falsificados.

As teorias que não produzem este tipo de prognósticos mais não são do que tautologias, que, por mais elaboradas e elegantes que possam parecer, traduzem apenas meros e simples exercícios tautológicos, que, independentemente da sua aparente sofisticação e complexidade, nada ou quase nada explicam sobre os fenómenos políticos. É precisamente para evitar tais equívocos que a abordagem comportamentalista insiste em dois princípios básicos e inseparáveis: por um lado, o de que as teorias devem procurar explicar algo; segundo, o de que as teorias devem poder ser confrontadas com o mundo real.

Se a abordagem comportamentalista constituiu uma mudança fundamental no modo de estudar os fenómenos políticos, nem por isso deixou de ser alvo de inúmeras críticas, de que se destacam a tendência para um empirismo cego, segundo o qual os factos submetidos à observação empírica deveriam ser rigorosamente separados dos valores, isto é, das digressões a-factuais sobre a realidade política, privilegiando apenas o estudo dos fenómenos susceptíveis de ser quantificáveis, e minimizando, por conseguinte, o estudo dos fenómenos que não se adequassem *a priori* aos pressupostos da analise comportamentalista; mas também a tendência para que

---

[11] David Sanders (1995), «El análisis conductista», *in* David Marsh e Gerry Stocker, (orgs.) (1995), *Teoría e Métodos na Ciencia Política, op. cit.,* p.71.

a Ciência Política se concentrasse apenas nos comportamentos individuais, deixando de lado o tradicional inquérito sobre os factores institucionais.

Uma das tentativas de resposta e de redimensionamento da abordagem comportamentalista teve por base as fortes críticas que lhe foram dirigidas, desde o reducionismo e da tirania metodológica, passando pelo preconceito positivista e pelo monismo em termos de investigação científica, abrindo o caminho à afirmação de um novo tipo de abordagem: o «novo-institucionalismo». Podemos, pois, afirmar que o êxito, mas também as críticas à revolução comportamentalista na Ciência Política, constituíram, na verdade, o pano de fundo, a partir do qual nasceu e se desenvolveu o «novo-institucionalismo».

A expressão do «novo-institucionalismo», e grande parte do impulso de mudança ocorrido na Ciência Política, na década de 1990, deve muito à obra de James March e de Johan P. Olsen.[12] Em primeiro lugar, estes autores defendem que a análise institucional, depois de ter sido quase abandonada pela disciplina de Ciência Política, deve ser retomada, já que os agentes individuais não podem ser considerados na sua actuação como estando desvinculados dos seus laços organizacionais e institucionais, pois são estes que, em última análise, condicionam as suas expectativas, interesses e modos de actuação. O que significa, antes de mais, que as preferências e os objectivos dos actores políticos, individuais ou colectivos, não são exógenos ao processo político, mas, bem pelo contrário, são moldados pelo contexto institucional no qual desenvolvem as suas acções e definem as suas metas políticas. Porém, chegados aqui, e dada a multiplicidade de abordagens, impõe-se a questão de saber o que entendemos por instituições, uma vez que dentro da perspectiva do neo-institucionalismo são múltiplas as suas definições. Por isso, e porque nos parece ser a abordagem mais bem conseguida, decidimos adoptar a perspectiva sugerida por Scott, que faz uma distinção entre três diferentes dimensões ou pilares das instituições: o regulativo, o normativo e o cognitivo.[13]

---

[12] James March e Johan Olses (1997), *El Redescubrimiento de las Instituciones. La Base Organizativa de la Política*, México, Fondo de Cultura Económica; James G. March, Johan P. Olsen (1984), «The new institutionalism: organizational factors in political life», in *The American Political Science Review*, 78, (3), pp. 734-749.

[13] Richard W. Scott (1995) *Institutions and Organizations*, California, Sage Foundations.

O primeiro é definido por Scott como envolvendo os processos sociais pelos quais são estabelecidas as regras e os comportamentos, sendo efectuada aqui tanto a monitorização do seu cumprimento como introduzidas sanções — na forma de recompensas e de punições — de maneira a influenciar as condutas dos agentes individuais e colectivos numa determinada direcção. Esta dimensão das instituições pressupõe alguma forma de racionalidade nas decisões dos actores, na medida em que estas são orientadas, em última instância, pela busca do interesse próprio.

Por seu turno, o pilar normativo está associado a regras que introduzem uma dimensão relacionada com as prescrições, as avaliações e as obrigações na vida política, e que, portanto, podem aplicar-se a todos os membros da sociedade ou apenas a alguns indivíduos e grupos, assumindo um carácter especializado que permite a definição de papéis sociais, entendidos como «acções apropriadas para indivíduos particulares ou posições específicas. A dimensão normativa das instituições — que se materializa por meio de valores e de normas sobre o que é preferível ou desejável em determinado contexto social e político, definindo meios legítimos para perseguir fins legítimos — pode ser facilmente distinguida da dimensão regulativa pelo facto essencial de que não se encontra vinculada a comportamentos que emergem da procura do interesse próprio dos actores, guiados por uma racionalidade instrumental, resultando antes de mecanismos que fazem com que as condutas prosseguidas decorram de uma tendência dos indivíduos e dos grupos para agirem de acordo com o que é esperado deles, conformando-se, desta forma, ao que é social e politicamente adequado em cada situação.

Enfim, o pilar cognitivo das instituições compreende os sistemas de símbolos, de representações e de crenças através dos quais os actores percebem e interpretam o mundo social e político, e a partir dos quais concebem as linhas de acção possíveis. Dito de outro modo, a dimensão cognitiva traduz as «estruturas comuns de significado», que caracterizam a cultura em sentido mais amplo, e que conferem à acção individual, mas também colectiva, regularidade, significado e estabilidade.

A partir destes três pilares, Scott oferece-nos pois uma definição abrangente de instituição, que é precisamente aquela que adoptaremos no decurso deste trabalho, e que pode ser definida nos seguintes termos: «As instituições consistem em estruturas cognitivas, normativas e regulativas, que conferem sentido e proporcionam estabilidade ao comportamento social e político».

A opção por uma definição ampla do conceito de instituição tem como consequência directa assumir que as instituições envolvem, portanto, valores, normas, regras formais e informais, rotinas tradicionais, padrões de comportamento e papéis sociais que estruturam e/ou constrangem o comportamento dos indivíduos e dos grupos e, como tal, tendem a reduzir (mas não a eliminar) a incerteza que domina grande parte da vida social e política.

Mas, a adopção de uma definição *omnibus* de instituição implica bem mais do que isso. Ou seja, trata-se de reconhecer também, como aliás o fazem todas as suas diversas correntes disciplinares, que as instituições conformam e definem estruturas de oportunidades e de constrangimentos que têm normalmente raízes históricas mais ou menos profundas e estáveis, o que significa que aquelas não mudam ou se substituem facilmente, pelo que a «inércia histórica» não deve ser nunca negligenciável na interacção entre os indivíduos e as instituições, fazendo-se sentir não só antes, mas também depois de eventuais reformas no desenho institucional em causa.

Pelo que ficou dito até aqui, e não sendo nosso propósito proceder a um exame detalhado e exaustivo das similitudes e das diferenças existentes entre as várias versões do «novo institucionalismo» — e procurar contribuir, dessa forma, para responder à questão oportunamente formulada por Guy Peters: «será o novo institucionalismo um corpo teórico comparável a uma das obras musicais mais conhecidas e com mais êxito de Elgar, *Variations on an Original Theme* (Enigma), aparentemente diferentes mas vinculadas a um tema comum, ou, tratar-se-á antes de um série de interessantes «solos» com pouco ou nada em comum?» — queremos, contudo, deixar aqui fixados os pressupostos teóricos que nortearam e conduziram a nossa investigação desde o seu momento inicial, os quais, como acabámos de ver, são inteiramente tributários de uma determinada perspectiva teórica: o «novo institucionalismo». Dito isto, vale a pena acrescentar que esta perspectiva teórica tem para nós a vantagem de ultrapassar as conhecidas limitações do «velho» institucionalismo, sem com isso deixar de sublinhar o papel central das instituições na vida política, e de redimensionar a abordagem comportamentalista, libertando-a dos seus criticáveis excessos, nomeadamente do seu empirismo e hiperfactualismo não só ingénuos como sobretudo pedestres, sem com isso deixar de sublinhar a importância do comportamento político dos actores individuais e colectivos.

Contrariando o exclusivismo metodológico e abrindo caminho ao sincretismo de abordagens diferenciadas, o «novo institucionalismo» permitiu-nos chegar à formulação de um modelo de análise, que não sendo nem novo nem original — na medida em que já foi aplicado e testado por outros autores, nomeadamente por Pippa Norris[14] —, serviu de base ao enquadramento teórico e ao tratamento empírico do nosso objecto de estudo, permitindo a identificação da variável dependente ou explicada — no caso concreto, os processos de recrutamento parlamentar, traduzidos aqui na escolha intrapartidária dos candidatos e na ordenação das listas eleitorais — bem como a enumeração das variáveis independentes ou explicativas, designadamente as estruturas institucionais, que nas suas dimensões normativas, regulativas e cognitivas modelam e influenciam as atitudes e os comportamentos dos actores envolvidos no processo de recrutamento: os partidos políticos, por um lado, e os candidatos elegíveis e não elegíveis, por outro.

Neste sentido, e atendendo ao modelo de análise delineado, atender-se-á, num primeiro momento, à estrutura de oportunidades e de constrangimentos definida pelo quadro institucional que tem servido de pano de fundo aos processos de recrutamento Parlamento em Portugal — nomeadamente o sistema legal e o sistema eleitoral — no período compreendido entre 1990 e 2003, o qual corresponde à fase de pós-consolidação da nossa democracia.

Num segundo momento, ter-se-á em conta a influência exercida pelo contexto partidário, destacando aqui o modo como a ideologia, a estrutura organizacional e as lógicas de funcionamento interno influenciam os modelos e as estratégias de recrutamento desenvolvidos pelos agentes responsáveis pela definição da oferta eleitoral nos cinco maiores partidos portugueses, procurando, desta forma, definir as suas atitudes, preferências e objectivos.

Num terceiro, e último momento, tratar-se-á de determinar o peso explicativo dos factores individuais nos processos de recrutamento parlamentar. Por um lado, atender-se-á aos incentivos e aos constrangimentos colocados pelos factores relacionados com a «oferta», constituída aqui pelas atitudes e pelos comportamentos dos eleitores — enquanto potenciais candidatos — em relação à vida política, em geral, e à vida partidária, em particular. Por outro lado, procurar-se-á identificar o peso explicativo dos

---

[14] Pippa Norris (org.) (1997), *Passages to Power: Legislative Recruitment in Advanced Democracies*, Cambridge, Cambridge University Press.

factores relacionados com a «procura», ditados pelos critérios de escolha e pelas estratégias de recrutamento *realmente* adoptados pelas estruturas partidárias de recrutamento, procedendo para tal à diferenciação em termos de perfil de dois tipos de candidatos: os elegíveis e os não elegíveis.

Em suma, o estudo do recrutamento parlamentar, entendido como variável independente ou explicada, seguirá um desenho de investigação que pode ser sumariado através do seguinte **modelo de análise**, o qual deve ser interpretado, nos termos propostos por Pippa Norris e Joni Lovenduski, como um «funil de causalidade», e que passamos a reproduzir na figura seguinte:

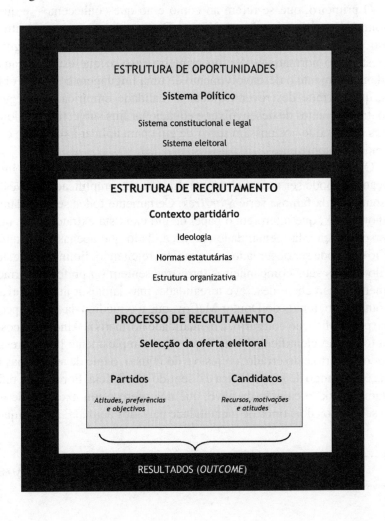

2. Sobre o objecto de estudo e o processo de investigação

Uma vez determinada a perspectiva teórica que serve de base ao presente trabalho, interessa agora ver de que modo, em face do objecto de estudo e dos pressupostos teóricos a que nos encontramos vinculados, se desenvolveu o processo de investigação propriamente dito. A este propósito, não encontramos melhor forma de começar a nossa exposição do que a aquela que nos é sugerida por Jarol B. Manheim e Richard C. Rich no sentido de desmistificar os termos grandiloquentes com que usualmente os académicos distinguem entre dois tipos de investigação.[15]

O primeiro, que se refere ao como e ao que conhecemos, e que se denomina de «investigação empírica». O segundo, que se concentra no modo como devemos usar o nosso conhecimento e que se designa de «investigação normativa». Se, no primeiro caso, o que está em causa é fundamentalmente o desenvolvimento de uma linguagem comum e objectiva, que permite descrever explicar a realidade empírica. No segundo caso, trata-se antes de desenvolver e equacionar fins subjectivos, valores e regras morais que nos possam servir de guia para aplicar à realidade o que aprendemos sobre ela.

Ora, a melhor ilustração da diferença entre estes dois tipos de investigação não pode ser mais fielmente retratada e exemplificada através das personagens da famosa série *Star Trek*. Certamente todos se recordam do Senhor Spock, que interpreta o papel de um cientista extraterrestre, que é a personificação da mentalidade empírica, dado que apenas lhe interessa aquilo que pode ser observado ou deduzido, rejeitando, liminarmente, tudo aquilo que os seus companheiros terrestres sentem ou preferem «irracionalmente»: percebe e descreve a realidade, mas jamais a julga ou avalia. Do outro lado, temos do Doutor McCoy, que é o médico da nave especial, e que personifica, ao contrário, a mentalidade normativa. Ainda que possua uma formação científica, o facto é que a ele simplesmente lhe interessa o sentido do certo e do errado, do justo e do injusto, o que dever ser mas não o que é, deixando de lado a lógica e o sentido da eficácia. Por último, refira-se James Kirk, o capitão da nave, que nos oferece um exemplo de uma síntese entre os dois tipos de mentalidade narrados acima. E isto porque se

---

[15] Jarol B. Manheim e Richard C. Rich (1999), *Análisis Político Empírico. Métodos de Investigación en Ciência Politica*, Madrid, Alianza.

Kirk recorre ao conhecimento e à capacidade de raciocínio de Spock, nem por isso rejeita a sensibilidade moral de MacCoy.

Ora, esta posição, ilustrada aqui pelo famoso capitão Kirk, encerra quanto a nós uma primeira lição fundamental no que diz respeito ao processo de investigação científica. E que é a seguinte: se, por um lado, a análise normativa sem a respectiva fundamentação empírica pode levar a juízos de valor que se afastam, quando não deturpam, a realidade que se pretende conhecer e estudar. Por outro, a análise empírica sem a necessária sensibilidade normativa pode levar à construção de uma estrutura factual vazia, ou seja, a um conjunto de observações cujo significado não poderemos compreender plenamente.

Por tudo isto, o objectivo a que nos propomos é aqui o de uma espécie de compromisso ou de *via média* entre ambos os tipos de análise — a empírica e a normativa — não só para adquirir o máximo de conhecimento sobre a realidade que pretendemos estudar, através da adopção, tão criteriosa quanto possível, do método científico, mas também para avaliar e problematizar essa realidade da maneira mais completa possível.

Esclarecido que está este ponto, importa salientar ainda que trataremos o contexto teórico da nossa investigação à luz de dois aspectos fundamentais: o da *descoberta*, através da qual definiremos e especificaremos os conceitos e formularemos as hipóteses de trabalho, deduzidas a partir de diversas teorias; e o da *prova*, que coloca o problemas dos procedimentos metodológicos, das técnicas de recolha dos dados, da verificação ou refutação de hipóteses, para assim chegarmos, indutivamente, e de novo, à construção teórica.

Assim, e ao nível do **pólo teórico** da investigação, foram formuladas seguintes hipóteses de trabalho, algumas das quais compreendem sub-hipóteses, referindo-se, em ambos os casos, às dimensões de análise que resultam do desenho de investigação aprioristicamente definido.

Desta forma, dentro do quadro institucional que serve de base aos processos de recrutamento parlamentar, e quanto à influência dos diferentes elementos estruturantes dos sistemas eleitorais, temos que:

Hipótese 1	A magnitude dos círculos eleitorais influencia o processo de recrutamento parlamentar.
Sub-hipótese 1.1	A magnitude dos círculos eleitorais influencia o grau de centralização do processo de recrutamento parlamentar.

Sub-hipótese 1.2	A magnitude dos círculos eleitorais influencia os critérios e as estratégias de recrutamento parlamentar.

Hipótese 2	Os critérios e as estratégias de recrutamento variam em função do lugar que os candidatos ocupam nas listas eleitorais.
Sub-hipótese 2.1	O *curriculum* partidário e político dos candidatos assume uma maior relevância entre os lugares elegíveis do que entre os lugares não elegíveis.
Sub-hipótese 2.2	A representatividade sociológica das listas é mais visível nos lugares não elegíveis do que nos lugares elegíveis.

Seguindo ainda o nosso desenho de investigação, mas atendendo agora à influência do contexto partidário sobre os processos de recrutamento parlamentar, apresentam-se, em abaixo, as seguintes hipóteses de trabalho.

Hipótese 3	Aos diferentes modelos de partido tendem a corresponder modelos de recrutamento parlamentar distintos.
Hipótese 4	A ideologia, as modalidades de formação e o tipo de organização dos partidos políticos influenciam os seus padrões e as suas estratégias de recrutamento parlamentar.

Já quanto à interacção entre «oferta» e «procura», as nossas hipóteses de investigação são, pois, as seguintes:

Hipótese 5	Os factores relacionados com a «oferta», ou seja, as atitudes e os comportamentos dos eleitores face à vida política, em geral, impõem vários tipos de constrangimento à selecção dos candidatos definida pelos partidos.
Hipótese 6	Os factores relacionados com a «procura», ou seja, as escolhas feitas pelas estruturas partidárias tendem a ser fechadas, autoreferenciais, elitistas e pouco representativas da população em geral.

É fácil perceber que a formulação destas hipóteses e sub-hipóteses, ao pressupor a conversão ou redefinição de conceitos e de teorias sobre o objecto de estudo, relativamente abstractas, em termos concretos, explicativos, plausíveis e verificáveis, revela-se essencial para a selecção dos métodos de recolha e análise dos dados. Entramos, assim, no **pólo técnico** da nossa investigação, em que é preciso escolher, entre as diferentes operações técnicas de recolha de dados usadas nas Ciências Sociais, aquelas que melhor servem e se adequam à «abordagem do real», ou seja, à obtenção da informação empírica, que será depois convertida em dados pertinentes face ao problema que se pretende aqui investigar.

A este propósito, importa começar por dizer que o objecto central da nossa investigação é concebido essencialmente em termos de *comportamento* — já que se trata de determinar, por um lado, quais as estratégias e os critérios de recrutamento parlamentar adoptados pelos agentes partidários na definição da oferta eleitoral, e, por outro, de procurar caracterizar o perfil social e político, os objectivos e os interesses dos candidatos ao Parlamento —, inscrevendo-se, assim, se bem que de forma crítica e vigilante, no chamado «paradigma positivista ou behaviorista».

E isto porque este é utilizado aqui fora do seu contexto de origem, na medida em que é integrado na perspectiva do «novo institucionalismo», mas nem por isso deixa de se reconhecer, em termos de postulados e de programa metodológicos, que: *a)* o mundo dos factos é cientificamente analisável (fenomenalismo; *b)* o mundo subjectivo, o da consciência e o dos valores escapa, em grande medida, à ciência (objectivismo); *c)* a observação exterior, o teste empírico objectivo, são os principais guias das teorias científicas, dando-se prioridade à explicação, muitas vezes, em detrimento da compreensão (empirismo); *d)* a essência do conhecimento científico verdadeiro è a sua natureza explícita, sistemática e controlável ou falsificável e, como tal, correctora e em contínuo progresso (ensaio e erro).

Se análise comportamental, aliada à institucional, é ditada pelas nossas escolhas teóricas e metodológicas, mas também, pela própria natureza do nosso objecto de estudo e das hipóteses que pretendemos testar — confirmando-as ou infirmando-as —, uma coisa é certa e deve ser aqui salientada: a aplicação que fizemos das técnicas quantitativas na recolha dos dados, nomeadamente do inquérito por questionário, tentou ter sempre em linha de conta os critérios de cientificidade que devem orientar todo e qualquer tipo de metodologia, seja ela quantitativa ou qualitativa. E são eles: *a)* a clarificação dos critérios utilizados, pois só assim é possível correr o risco intelectual — estimulante, aliás — da refutação; *b)* a validade ou a coerência interna, que permite ligar de uma forma lógica as diversas componentes de uma pesquisa entre si, desde a formulação da intenção e dos objectivos da investigação, passando pela recolha, análise e tratamento dos dados, culminando na explicação, na interpretação e na verificação dos resultados; por fim, c) a fidelidade, que se baseia essencialmente em procedimentos de investigação explícitos, e que, tal como a validade, só adquire sentido quando por referência a um dado quadro teórico.

Autores há, que para além destes critérios que devem orientar todo e qualquer tipo de metodologia em Ciências Sociais, se referem, e quanto a nós oportuna e necessariamente, à «responsabilidade ética» que deve andar a par e passo com a preocupação científica numa investigação. Se o investigador procura obter dados sobre percepções, atitudes e comportamentos, manifestados de uma forma mais ou menos explicita pelos indivíduos, a validade da sua investigação depende também da colaboração e relação de confiança que estabeleça com os seus inquiridos, e aqui há pelo menos dois critérios éticos que devem ser tidos em conta: a neutralidade de juízos face aos indivíduos e a confidencialidade no decurso do seu trabalho e na apresentação dos resultados.[16]

Ainda quanto ao pólo técnico da nossa investigação, e depois das considerações de natureza mais epistemológica, torna-se necessário referir que a pesquisa empírica privilegiou, no estudo do comportamento dos actores — eleitores, candidatos e partidos — o inquérito por questionário. Se nos foi possível conhecer as atitudes e os comportamentos dos eleitores em relação à vida política, em geral, mediante do recurso ao Primeiro Estudo Eleitoral Nacional, realizado logo após as eleições legislativas de 2002, já a inquirição das atitudes, das percepções e dos comportamentos dos candidatos ao Parlamento resultou da aplicação de um inquérito por questionário — aplicado por via postal, depois de devidamente pré-testado — realizado nos seis meses imediatamente subsequentes ao acto eleitoral.

Dito isto, parece-nos imperativo dar a conhecer aos leitores, alguns pontos importantes relativos tanto à elaboração como à aplicação do inquérito por questionário, que constituiu, de facto, o mais importante método de recolha da informação empírica necessária à concretização do presente estudo.

Em primeiro lugar, há que sublinhar que se habitualmente um processo completo de inquirição deve começar por uma fase qualitativa, sob a forma de um conjunto de entrevistas não directivas ou estruturadas, para que assim seja possível construir um questionário em que se saiba

---

[16] Michelle Lessard, Hébert Gabriel Goyette et al. (1994), A Investigação Qualitativa. Fundamentos e Práticas, Lisboa, Instituto Piaget.

com exactidão aquilo que se procura, garantindo que as questões tenham o mesmo significado para todos, que os diferentes aspectos das questões tenham sido devidamente abordados, o facto é que dispensámos esta fase qualitativa prévia, enquanto etapa de preparação à elaboração do questionário. E se o fizemos não foi, por certo, por considerá-la irrelevante ou pouco importante, mas antes porque, no nosso caso, havíamos desenvolvido previamente uma tão vasta e exaustiva revisão da literatura existente, tanto teórica como empírica, a qual nos proporcionou um profundo conhecimento do problema a estudar, do vocabulário a usar e das hipóteses a formular.

Esclarecido que está este ponto, refira-se de imediato que o nosso questionário, que pode e deve ser consultado em Anexo, visou, essencialmente, dois grandes propósitos:

- *Descrever uma população ou subpopulação*: nomeadamente determinar as características sociais, políticas e motivacionais dos candidatos ao Parlamento.

- *Verificar hipóteses* sob a forma de relações entre duas ou mais variáveis, usando para o efeito os testes estatísticos, de índole descritiva e de natureza inferencial, disponibilizados pelo programa informático *SPSS 15*. Pelo que a redacção do questionário foi condicionada — ainda que não determinada — pela exploração estatística que para ele foi prevista.

Resta-nos, finalmente, até porque não queremos expandir-nos demasiado neste ponto, pois a literatura é quanto a ele vastíssima mas também muitíssimo repetitiva, tecer algumas considerações sobre aquilo que julgamos ser determinante na redacção de um questionário, nomeadamente a *forma* e o *conteúdo* das questões. Quando ao *conteúdo*, há que distinguir entre aquelas que *a)* se debruçam sobre factos, em princípio susceptíveis de serem conhecidos de outra forma sem ser através de um inquérito, e *b)* aquelas que se acham relacionadas com opiniões, atitudes, preferências, etc., que têm em comum o facto de não poderem ser conhecidas de outra forma, não sendo por acaso que são, usualmente, designadas por questões «psicológicas» ou, mais do nosso agrado, «subjectivas».

Já quanto à *forma* das questões podemos contrapor *a)* as questões abertas, às quais os inquiridos ou entrevistados respondem como querem, utilizando o seu próprio vocabulário; *b)* as questões fechadas, onde se apresenta ao inquirido, depois de se lhe ter sido colocada a questão, uma resposta única, à qual pode responder afirmativa ou negativamente, ou pura e simplesmente não responder; ou, em alternativa, se lhe apresenta uma lista preestabelecida de respostas possíveis de entre as quais lhe é solicitado que indique a que melhor corresponde à sua opinião, seja ela qual for.

Como uma leitura atenta do nosso questionário evidencia, optámos claramente por questões fechadas, o que pode levar a pensar, se bem que erradamente, que uma tal opção se ficou a dever à comodidade que as questões fechadas oferecem do ponto de vista da análise das respostas. Se isto é de facto verdade, não foi porém o que orientou a nossa opção no que à *forma* das questões diz respeito. E porquê? Precisamente porque estamos em crer que ao oferecer aos inquiridos indicações precisas acerca do campo das respostas que consideramos aceitáveis, conseguimos, em teoria, duas coisas essenciais: 1) oferecer aos inquiridos um conjunto de respostas que, de outra forma, poderiam não ter coragem de dar por pudor ou por receio de parecerem inconvenientes ou politicamente incorrectos; 2) obter respostas menos vagas e, em certo sentido, até mais racionais.

Claro está que não desconhecemos os *riscos* inerentes às perguntas fechadas que indicam várias opções de resposta, sendo livre o número de respostas possíveis, pois se tal estratégia pode alargar, aos olhos do inquirido, o campo do aceitável, pode também restringi-lo, encontrando-se aí uma fonte de enviesamento muito frequente. Para evitar tal risco, decidimos acrescentar, no fim das listas de resposta aceitáveis, a rubrica «outras respostas», pedindo-se ao inquirido que transcrevesse na íntegra a resposta não prevista. Mas, como tivemos oportunidade de confirmar, os limites deste «mecanismo corrector» revelaram-se muito evidentes, na medida em que poucos foram aqueles que dele fizeram uso.

Se o escasso recurso a questões abertas, pode parecer uma vulnerabilidade na redacção do nosso questionário, queremos, contudo, lembrar que não é pouco frequente que a opção deliberada deste tipo de questões resulte mais do facto de não se ter tido tempo de elaborar uma lista suficientemente completa e abrangente de respostas a propor à população inquirida — quer porque os pré-testes do questionário foram insuficientes, quer porque as respostas as esses pré-testes pareceram ao investigador demasiado complexas para poder ser resumidas numa listas de tamanho aceitável —, mas também para desmistificar de, certo modo, a ideia de que as perguntas abertas, ao respeitarem a riqueza de pensamento os entrevistados, permitem recolher uma informação empírica mais rica e profunda do que aquela que obteríamos se as questões fossem fechadas. Até porque a ser isto verdadeiro, e prática mostra que o não é, há ainda que sublinhar que a codificação das respostas a questões abertas não pode fugir às imposições da exploração estatística dos dados, que obriga necessariamente, como todos devem saber, a reduzir a diversidade de respostas individuais a um pequeno número de categorias.

A parte que dedicamos ao objecto de estudo e ao processo de investigação científica ficaria incompleta, se não se referisse que a *análise sincrónica* das estratégias de recrutamento parlamentar em Portugal, que constitui o objecto de estudo desta dissertação, foi acompanhada e complementada por uma *análise diacrónica*, que resultou da recolha de dados empíricos e não empíricos, usando sobretudo a análise documental, através do exame detalhado e exaustivo de documentos de uma mesma fonte ou de fontes diversas, de uma forma directa ou indirecta. Em suma: um tipo de investigação tão comum e transversal a todos os domínios das Ciências Sociais, em geral, e da Ciência Política, em particular.

CAPÍTULO I

Sistema Eleitoral e Recrutamento Parlamentar

1. Sistema eleitoral: definição e perspectivas de análise

O sistema eleitoral constitui um dos principais factores que definem a «estrutura de oportunidades» na qual se desenvolve o recrutamento parlamentar, na medida em que integra um conjunto de normas, de procedimentos e de práticas que concorrem para a definição da oferta eleitoral apresentada pelos partidos ao eleitorado, criando incentivos e impondo constrangimentos no acesso ao Parlamento. Por conseguinte, torna-se imperativo oferecer, no âmbito do presente estudo, uma visão detalhada e informada das características dos sistemas eleitorais e dos seus eventuais efeitos sobre os modelos, as estratégias e os critérios de recrutamento parlamentar, por um lado, e sobre a própria função de representação parlamentar, por outro.

Para estudarmos cientificamente os sistemas eleitorais — como uma variável independente ou dependente inserida numa estrutura de análise causal — importa começar por clarificar a sua definição. Em termos gerais, os sistemas eleitorais podem conceber-se num sentido amplo e num sentido restrito, o que equivale à distinção usual entre «direito eleitoral» e «sistema eleitoral». Em sentido amplo, o sistema eleitoral diz respeito ao conjunto de normas e procedimentos jurídicos que regulam todo o processo eleitoral, desde os mais gerais aos mais específicos. Ou seja: as normas e os processos que definem a capacidade eleitoral activa e passiva, que regulam a marcação das eleições e a apresentação de candidaturas, que presidem ao desenvolvimento das campanhas eleitorais e à divulgação de sondagens, que determinam a transformação de votos em mandatos, e que, por fim, ditam os resultados finais de uma eleição.[17] Em sentido restrito, o sistema eleitoral diz respeito ao conjunto de elementos normativos e sociopolíticos que configuram a transformação de votos em mandatos, no processo de eleição de representantes para cargos políticos, tendo por base a expres-

---

[17] Dieter Nohlen (2007), *Os Sistemas Eleitorais: O Contexto faz a Diferença*, Lisboa, Livros Horizonte, p. 15; David Farrell (1997), *Comparing Electoral Systems*, Londres, Prentice Hall, p. 3.

são das preferências dos eleitores.[18] Esta definição mais restrita do sistema eleitoral parece-nos ser a mais adequada, tanto no que se refere ao tipo de abordagem a desenvolver no estudo científico dos sistemas eleitorais, como no que diz respeito à análise dos seus elementos constitutivos e dos seus efeitos políticos e institucionais. E isso pelas duas razões fundamentais que a seguir se apresentam.

Primeira: de acordo com aquela definição, o sistema eleitoral é concebido como uma síntese, mais ou menos harmoniosa, de elementos jurídico-legais e de elementos resultantes da realidade histórica e sociopolítica de cada país em concreto, bem como da sua respectiva evolução ao longo do tempo. Um tal entendimento chama a atenção para o facto de os sistemas eleitorais não serem apenas o produto isolado de uma série de actos legislativos determinados por factores políticos e partidários mais ou menos conjunturais, mas também — e principalmente — o resultado complexo de contextos históricos, sociopolíticos e culturais estruturalmente determinados. Que é assim, prova-o o facto de normas eleitorais semelhantes não desempenharem as mesmas funções nem conduzirem aos mesmos resultados em situações históricas e contextos sociopolíticos diferentes.[19]

Segunda: daquela definição facilmente se deduz que, para proceder ao estudo científico dos sistemas eleitorais, se torna necessário adoptar uma perspectiva de análise *multidimensional*. Por um lado, impõe-se a adopção de uma perspectiva jurídica ou normativa que permita identificar os elementos formais do sistema eleitoral, ou seja, que observe as diferentes disposições legais que se relacionam directamente com a determinação final de quem é eleito, a partir da expressão das preferências políticas dos eleitores. Por outro lado, é preciso reconhecer que essa abordagem jurídica e formal — que atende exclusivamente à definição das «regras do jogo» — não abrange nem esgota o conteúdo de um sistema eleitoral. Há outros elementos dos sistemas eleitorais que dificilmente podem ser estudados e compreendidos sem o recurso a uma perspectiva politológica, e que dizem

---

[18] Dieter Nohlen (2007), *Os Sistemas Eleitorais: O Contexto faz a Diferença, op. cit.*, pp. 15-16; David Farrell (1997), *Comparing Electoral Systems, op. cit.*, p. 6; Josep M. Vallés e Agustí Bosch (1997), *Sistemas Electorales y Gobierno Representativo*, Barcelona, Ariel, pp. 33 e 191-192.

[19] Dieter Nohlen (2007), *Os Sistemas Eleitorais: O Contexto faz a Diferença, op. cit.*, pp. 53-54; Josep M. Vallés e Agustí Bosch (1997), *Sistemas Electorales y Gobierno Representativo, op. cit.*, pp. 191-192.

respeito, sobretudo, ao contexto sociopolítico e cultural em que um dado sistema eleitoral actua, bem como à experiência acumulada pelos actores que intervêm na arena eleitoral — partidos, candidatos e eleitores —, os quais tendem a desenvolver padrões comportamentais relativamente estáveis ao longo do tempo, condicionados pela própria acção das normas eleitorais e pela influência de outros factores (o tipo de sistema social; a existência de clivagens sociais e linhas de conflito politicamente relevantes; o sistema e a forma de governo adoptados; o grau de institucionalização, o formato e a dinâmica do sistema de partidos; a cultura política dominante e as suas respectivas subculturas; a distribuição dos recursos — financeiros e organizativos — necessários para participar nas eleições; o uso específico dos meios de comunicação social; etc.).[20]

Uma vez que a definição estritamente formal ou legal do sistema eleitoral é não só contingente, porque extremamente variável no tempo e no espaço, como também insuficiente do ponto de vista teórico e empírico, optamos aqui por uma *dupla perspectiva que* considera não apenas os elementos normativos do sistema eleitoral, mas que atende também ao quadro histórico e sociopolítico em que este opera.

2. Os elementos do sistema eleitoral e os seus efeitos sobre o recrutamento parlamentar

Definida que está a nossa opção no que se refere à definição de sistema eleitoral — que o separa claramente da noção de «direito eleitoral» — e ao tipo de abordagem a desenvolver no estudo desta variável institucional — que deve ser necessariamente «multidimensional» — importa agora determo-nos na análise detalhada dos elementos básicos do sistema eleitoral. A este propósito, será conveniente notar que os sistemas eleitorais constituem estruturas complexas, compostas por diferentes elementos normativos, que se acham relacionados, quer com a expressão das preferências dos eleitores, quer com o processo de transformação de votos em

---

[20] André Freire, (2002) «Sistemas eleitorais: questões preliminares», *in* Fernando Farelo Lopes e André Freire, *Partidos Políticos e Sistemas Eleitorais. Uma Introdução*, Oeiras, Celta Editora, pp. 91-91; Josep M. Vallés e Agustí Bosch (1997), *Sistemas Electorales y Gobierno Representativo*, *op. cit.*, pp. 34-35.

mandatos, e cujos efeitos políticos e institucionais podem ser reforçados, atenuados ou neutralizados através de múltiplas e diferenciadas combinações.[21] De entre esses elementos normativos, interessa-nos tratar aqui apenas aqueles que podem ter uma influência directa ou indirecta sobre o recrutamento parlamentar, a saber:

– princípios de representação política;
– fórmulas de conversão de votos em mandatos;
– desenho e magnitude dos círculos eleitorais;
– tipos ou modalidades de sufrágio.

2.1 Princípios de representação política e recrutamento parlamentar

Embora esta não seja a abordagem adoptada pela maior parte dos estudiosos dos sistemas eleitorais, Dieter Nohlen sugere uma distinção que nos parece fundamental, e que passa por diferenciar teórica e conceptualmente os princípios de representação das fórmulas de conversão de votos em mandatos: se os primeiros se referem aos objectivos ou lógicas de representação política adoptados à escala nacional, as segundas dizem respeito aos métodos de transformação de votos em mandatos, que determinam quem perde ou quem ganha a eleição em cada círculo eleitoral.[22]

Segundo o mesmo autor, e como se pode ver no quadro n.º 1, os princípios de representação visam objectivos políticos distintos, ao mesmo tempo que remetem para lógicas de representação alternativas e contrapostas: *a)* o princípio de representação por maioria tem como objectivo fundamental a formação de maiorias parlamentares em que um único partido controla o poder executivo nacional, o que torna mais fácil a responsabilização do seu desempenho governativo, encontrando-se, por isso, vinculado a uma ideia de representação entendida, acima de tudo, como «mandato»; *b)* o princípio de representação proporcional tem como função principal reflectir com a maior fidelidade possível todos os interesses e opiniões políticas

---

[21] Dieter Nohlen (2007), *Os Sistemas Eleitorais: O Contexto faz a Diferença*, op. cit., p. 15.

[22] *Idem, ibidem*, pp. 23-24 e 28-29; Dieter Nohlen (1994), *Sistemas Electorales y Partidos Políticos*, México, Fondo de Cultura Económica, pp. 98-100.

no Parlamento tendo em conta o seu peso relativo na sociedade, pelo que se fundamenta numa ideia de representação entendida, fundamentalmente, como «amostra representativa».

Princípios de representação e fórmulas eleitorais

[QUADRO N.º 1]

Princípios de representação	Fórmulas eleitorais	Objectivos da representação	Lógicas de representação
Representação por maioria	Ganha a maioria	Formação de maiorias no Parlamento	Representação Mandato
Representação proporcional	A percentagem de votos de cada partido define a sua percentagem de mandatos	Representar fielmente o eleitorado	Representação Amostra

Fonte: quadro elaborado pela autora.

Já no que respeita às fórmulas eleitorais, que constituem os «meios» através dos quais é possível atingir, de forma mais ou menos aproximada, com maior ou menor eficácia, os «fins» inerentes aos princípios de representação política adoptados, há que distingui-las segundo o método ou a técnica usados na conversão de votos em mandatos nos respectivos círculos ou circunscrições eleitorais. Assim, nas fórmulas maioritárias, ganha o mandato quem tiver obtido a maioria dos votos no círculo eleitoral, não cabendo nenhuma representação às forças políticas vencidas, pelo que os eleitores que não votaram no partido ou candidato vencedor vêem o seu voto desperdiçado.

No que respeita às fórmulas maioritárias, historicamente mais antigas, e que permitem a distinção clara entre ganhadores e perdedores numa dada eleição, importa diferenciar, sobretudo, a fórmula de maioria relativa ou simples e a fórmula de maioria absoluta. De uma forma breve, pode dizer-se que, na fórmula de maioria relativa ou simples — denominada no mundo anglo-saxónico como *fist-past-the-post*, o mandato em disputa pertence ao candidato ou partido mais votado no círculo eleitoral, independentemente do número de votos obtidos pelos demais concorrentes. Tal significa que, quando transposta para a escala nacional, esta fórmula tende a reproduzir as chamadas maiorias «construídas» ou «artificiais»: maiorias absolutas de lugares no Parlamento que correspondem, muitas vezes, a maiorias relativas de votos. Por seu turno, ao reforçar o apoio eleitoral exigido a um candidato ou partido, para que este possa obter o mandato em disputa no círculo, a fórmula de maioria absoluta reduz o número de votos «desperdiçados» — ou seja, os votos que não têm qualquer efeito sobre a eleição — contribuindo, desta forma, para aumentar a eficácia do voto.[23]

Nas fórmulas proporcionais, adoptadas e vulgarizadas no final do século XIX e princípio do século XX, os mandatos são atribuídos pelos vários concorrentes de acordo com as percentagens de votos obtidas nos círculos. As fórmulas proporcionais apresentam alguma variabilidade interna, sendo possível distinguir dois grandes grupos:

1) As fórmulas da média mais alta, que têm em comum o facto de se basearem na divisão do número de votos obtidos por cada partido por uma série de divisores, distribuindo-se os mandatos segundo as médias mais altas. De notar que a série contínua de números (divisores) varia consoante o método adoptado e a sua aplicação conduz a resultados diversos, na medida em que afecta de modo diferente a proporcionalidade e bonifica de forma desigual os partidos mais votados.

2) As fórmulas dos maiores restos, em que a conversão de votos em mandatos se faz a partir da determinação preliminar do número de votos necessário para a obtenção de um lugar ou assento parlamentar (quota). Numa primeiro momento, atribuem-se a cada um dos partidos políticos tantos mandatos quanto os números inteiros correspondentes à quota fixada, sendo, posteriormente, os restantes lugares em disputa no círculo atribuídos aos partidos que ficaram com os maiores restos.[24]

---

[23] André Freire, (2002) «Princípio de representação, fórmulas e sistemas eleitorais», in Fernando Farelo Lopes e André Freire, *Partidos Políticos e Sistemas Eleitorais. Uma Introdução*, op. cit., pp. 105-114; Josep M. Vallés e Agustí Bosch (1997), *Sistemas Electorales y Gobierno Representativo*, op. cit., pp. 84; André Blais e Louis Massicotte (1996), «Electoral systems», in Lawrence LeDuc, Richard G. Niemi e Pippa Norris (orgs.), *Comparing Democracies. Elections and Voting in Global Perspective*, Londres, Sage Publications, p. 52; António Lopes Cardoso (1993), *Os Sistemas Eleitorais*, Lisboa, Salamandra, pp. 21-25.

[24] Josep M. Vallés e Agustí Bosch (1997), *Sistemas Electorales y Gobierno Representativo*, op. cit., pp. 89-99; António Lopes Cardoso (1993), *Os Sistemas Eleitorais*, op. cit., pp. 25- 32.

Segundo a abordagem proposta por Dieter Nohlen, que temos vindo a seguir até aqui, as fórmulas eleitorais não só se distinguem dos princípios de representação — referindo-se estes aos objectivos políticos para o todo nacional e aquelas às técnicas de conversão de votos em mandatos que se aplicam ao nível dos círculos —, como devem ser também consideradas secundárias no que respeita à definição e classificação dos sistemas eleitorais, na medida em que não determinam o seu perfil global.[25]

Se é verdade que, empiricamente, as fórmulas eleitorais aparecem geralmente associadas aos princípios de representação, o facto é que uma tal associação está longe de ser linear. Em alguns casos, as fórmulas proporcionais podem afastar-se do princípio de representação proporcional; basta, para tal, que sejam aplicadas em círculos eleitorais de pequena magnitude e de acordo com cláusulas-barreira legais relativamente elevadas, como acontece, por exemplo, no sistema eleitoral vigente na Grécia.[26] Noutros casos, as fórmulas maioritárias, quando aplicadas juntamente com certos mecanismos destinados a assegurar a representação de minorias, podem aproximar-se do princípio de representação proporcional, como sucedeu no Japão sob o sistema de voto limitado, em 1946, e sob o sistema de voto único não transferível, entre 1947 e 1990.[27]

É assim que, atendendo os princípios de representação política, Dieter Nohlen defende a existência de apenas dois tipos ideais de sistemas eleitorais — os sistemas de representação por maioria e os sistemas de representação proporcional. E reconhece também, dentro destes dois tipos básicos, a possibilidade de existirem sistemas eleitorais que tenham uma maior ou menor correspondência com os princípios acima referidos, o que retira toda a relevância teórica e empírica à categoria dos chamados «sistemas mistos».[28] Com efeito, e ainda segundo Nohlen, os «sistemas mistos» limitam-se a traduzir uma de duas situações: ou a combinação de círculos

---

[25] Dieter Nohlen (2007), *Os Sistemas Eleitorais: O Contexto faz a Diferença*, op. cit., p. 22-31.
[26] Arend Lijphart (1994, 1995), *Sistemas Electorales y Sistemas de Partidos*, Madrid, Centro de Estudios Constitucionales, pp. 81-89.
[27] Dieter Nohlen (1994), *Sistemas Electorales y Partidos Políticos*, op., cit, pp. 94-97.
[28] Dieter Nohlen (2007), *Os Sistemas Eleitorais: O Contexto faz a Diferença*, op. cit., pp. 28-29; Dieter Nohlen (1994), *Sistemas Electorales y Partidos Políticos*, op., cit, pp. 103-104.

uninominais com uma fórmula eleitoral distributiva, num sistema eleitoral que continua a ser de representação proporcional quanto aos seus efeitos, como acontece na «representação proporcional personalizada» (Alemanha e Nova Zelândia); ou a combinação, na conversão de votos em mandatos, de dois tipos de fórmulas eleitorais e de dois tipos de círculos — em que, numa das componentes do sistema, os representantes são eleitos por sufrágio unipessoal e em círculos uninominais, e, na outra, por sufrágio de lista e em círculos plurinominais de diferente magnitude — em sistemas eleitorais que tanto podem ser maioritários como proporcionais no que toca aos seus efeitos globais, dependendo do peso de cada uma das suas componentes ou segmentos, da estrutura do sistema de partidos e da distribuição do voto, como sucede nos sistemas «paralelos» ou «segmentados» (Japão, Itália e Rússia).[29] Em suma, e aceitando esta linha de argumentação, há que reconhecer que os sistemas eleitorais chamados «mistos» não são rigorosamente «mistos»: ou são predominantemente proporcionais ou predominantemente maioritários.

Que o princípio de representação política, e não a fórmula de conversão de votos em mandatos, constitui o critério mais relevante para a classificação dos sistemas eleitorais, prova-o ainda o facto de aquele se encontrar frequentemente fixado na ordem constitucional (cf. quadro n.º 2), ao passo que os outros elementos constitutivos do sistema eleitoral tendem a ser apenas objecto de legislação ordinária. Como escreve Nohlen: «A decisão política mais importante relaciona-se com o princípio de representação, o qual inclui, necessariamente, a opção por um conceito específico da representação parlamentar.»[30] Resulta daqui que os sistemas eleitorais devem ser avaliados ou julgados de acordo com os princípios de representação que perseguem, os quais, como ficou dito atrás, visam objectivos políticos diferentes e remetem para lógicas de representação alternativas, ao mesmo tempo que se acham vinculados a modelos diametralmente opostos da democracia: a «democracia maioritária», baseada no bipartidarismo, na formação de governos de um único partido e no domínio do executivo sobre o parlamento, por um lado, e a «democracia consensual», assente no

---

[29] Dieter Nohlen (2007), *Os Sistemas Eleitorais: O Contexto faz a Diferença*, op. cit., p. 73.
[30] *Idem, ibidem*, pp. 28-29.

multipartidarismo, na formação de governos de coligação e no equilíbrio entre poder executivo e legislativo, por outro.

**Princípio de representação e sistema eleitoral
em 11 países da Europa Ocidental**

[QUADRO N.º 2]

Países nos quais o princípio de representação se encontra especificado na Constituição	Artigo da Constituição
Áustria	art. 26, parágrafo 1
Bélgica	art. 48, parágrafo 2
Dinamarca	art. 31, parágrafo 2
Espanha	art. 68, parágrafo 3
Holanda	art. 92, parágrafo 2
Irlanda	art. 12, parágrafo 3
Islândia	art. 31, parágrafo 1
Luxemburgo	art. 51, parágrafos 5 e 6
Noruega	art. 59, parágrafo 3
Portugal	art.os 151 e 155
Suíça	art. º 73
Países nos quais o sistema eleitoral é regulado por legislação ordinária	
Alemanha	—
Finlândia	—
França	—
Grã-Bretanha	—
Grécia	—
Itália	—
Suécia	—

Fonte: Dieter Nohlen (2007: 29-30).

Tendo como ponto de partida a classificação dicotómica proposta por Dieter Nohlen, que atende exclusivamente aos princípios de representação, é frequente sugerir-se que os sistemas de representação proporcional e os sistemas de representação por maioria têm efeitos tendencialmente distintos sobre o recrutamento parlamentar, os quais se acham ligados às características intrínsecas de cada tipo de sistema. Em termos gerais, pode dizer--se que os dois tipos básicos de sistemas eleitorais exercem uma influência directa sobre a estrutura interna dos partidos, que, por sua vez, se reflecte nos modelos e estratégias de recrutamento parlamentar adoptados.[31]

Se o sistema de representação proporcional reforça o papel dos partidos, promove a sua centralização organizativa e valoriza a sua função programática, é de admitir que contribua também para o desenvolvimento de modelos de recrutamento mais centralizados e pouco participados, conferindo aos «estados-maiores» dos partidos um papel decisivo na selecção dos candidatos ao Parlamento, os quais tendem a ser escolhidos mais pela sua identificação e credenciais partidárias do que pelas suas qualidades pessoais e políticas, deixando, uma vez eleitos, de ser individualmente independentes, já que a sua carreira política depende menos daqueles que os elegeram do que dos órgãos centrais do partido.

Por sua vez, na medida em que conduz a uma maior descentralização organizativa dos partidos e acentua o papel dos candidatos a deputados nas disputas eleitorais, a representação por maioria tende a favorecer o desenvolvimento de modelos de recrutamento mais descentralizados e participados, reforçando a influência dos órgãos regionais e locais do partido e, em certos casos, proporcionando até o envolvimento directo dos militantes de base na selecção dos candidatos, a qual atende mais a critérios subjectivos do que a critérios objectivos relacionados com *ticket* e com o serviço partidário.

Observe-se, porém, que a influência dos sistemas eleitorais sobre o recrutamento parlamentar é bastante mais complexa do que as tendências gerais acima enunciadas fazem supor, tornando-se necessário examinar, separadamente, cada elemento do sistema eleitoral.[32] Centremo-nos, então, na análise dos elementos básicos dos sistemas eleitorais e no estudo dos seus eventuais efeitos sobre os modelos e sobre as estratégias de recrutamento. Tal procedimento, permitir-nos-á, num primeiro momento, formu-

---

[31] Angelo Panebianco (1995), *Modelos de Partido*, Madrid, Alianza Universidad, pp. 392-393; Maurice Duverger (1951, 1987), *Os Partidos Políticos*, Rio de Janeiro, Editora Guanabara, pp. 229-230.

[32] Pippa Norris (1996), «Legislative recruitment», *in* Lawrence LeDuc, Richard G. Niemi e Pippa Norris (orgs.), *Comparing Democracies. Elections and Voting in a Global Perspective*, *op. cit.*, pp.198-201.

lar um conjunto de hipóteses teóricas, que, depois, procuraremos testar empiricamente, recorrendo aos dados disponíveis para o caso português e à informação conhecida para outros países.

2.2 Círculos, fórmulas eleitorais e recrutamento parlamentar

É hoje largamente consensual na literatura especializada que o círculo, ou a circunscrição eleitoral, constitui um elemento central em todos os sistemas eleitorais, dado que é aí que são apresentadas as candidaturas e convertidos em mandatos os votos expressos pelos eleitores, sendo este elemento susceptível das mais variadas manipulações ou distorções em benefício dos detentores do poder político.

Assim, um dos primeiros aspectos que ressalta da análise dos sistemas eleitorais prende-se com a delimitação territorial dos círculos[33], a qual pode corresponder a divisões político-administrativas preexistentes ou implicar a criação de divisões eleitorais específicas, sendo esta opção ditada geralmente por razões históricas, geográficas, demográficas ou administrativas, sem esquecer o peso das motivações de carácter estritamente político. Não admira, pois, que esta última solução surja usualmente associada a manipulações levadas a cabo por determinados partidos ou candidatos, com vista a obterem proveitos próprios com a delimitação territorial dos círculos eleitorais. O *gerrymandering* refere-se precisamente à delimitação territorial dos círculos e à modificação dos seus limites com o objectivo de gerar vantagens para determinados candidatos ou forças políticas e desvantagens para outros (*gerrymandering* negativo), podendo também ser usado para facilitar ou reforçar a representação de certos grupos sociais, étnicos, religiosos, etc., considerados historicamente desfavorecidos ou politicamente marginalizados (*gerrymandering* positivo).[34]

---

[33] André Freire, (2002) «Círculos eleitorais, cláusulas barreira e limiares de representação», *in* Fernando Farelo Lopes e André Freire, *Partidos Políticos e Sistemas Eleitorais. Uma Introdução*, op. cit., pp. 136-137 e Josep M. Vallés e Agustí Bosch (1997), *Sistemas Electorales y Gobierno Representativo*, op. cit., pp. 77-81.

[34] Josep M. Vallés e Agustí Bosch (1997), *Sistemas Electorales y Gobierno Representativo*, op. cit., pp. 131-133 e Rein Taagepera e Matthew S. Sughart (1989), «Designing electoral systems», *in* Rein Taagepera e Mathew S. Sughart (orgs.) *Seats and Votes: The Effects and Determinants of Electoral Systems*, New Haven, Yale University Press, pp. 218-237.

Tendo em conta que é preciso acomodar as mudanças resultantes das dinâmicas populacionais e migratórias, e sabendo que o redesenho dos círculos eleitorais (*redistricting*) pode ser objecto de manipulações e distorções a favor de determinado grupo político e/ou social, este processo tende a ser confiado a organismos independentes, que asseguram a sua imparcialidade, procurando evitar desvios excessivos no que toca à representatividade e à igualdade do voto. Em todo o caso, há que reconhecer que os problemas ligados às distorções e manipulações no desenho dos círculos eleitorais tendem a ser bastante mais frequentes em sistemas que usem círculos uninominais — como acontece, por exemplo, nos EUA —, embora não seja de excluir a sua ocorrência em sistemas de representação proporcional com círculos plurinominais.

Com efeito, e como sublinha Arend Lijphart: «A tentação do *gerrymandering* é particularmente forte em sistemas com círculos uninominais, mas torna-se rapidamente mais difícil à medida que a magnitude do círculo aumenta e pode dizer-se que se torna impraticável num círculo nacional único.»[35] Percebe-se que o problema da manipulação no desenho dos círculos assuma uma maior importância nos sistemas maioritários baseados em círculos uninominais, já que, neste caso, estes constituem os únicos círculos de apuramento — ou seja, é aí que se faz a conversão de votos expressos pelos eleitores em mandatos ou assentos parlamentares.

Para além dos efeitos que tem na proporcionalidade e na igualdade do voto, cuja análise transcende o objectivo da nossa pesquisa, a delimitação territorial dos círculos eleitorais reflecte-se igualmente na estrutura interna dos partidos políticos, na medida em que tende a verificar-se uma correspondência entre os diferentes níveis ou escalões da organização partidária e os marcos territoriais que servem de base ao desenho dos círculos eleitorais. Será de notar que, uma vez que exerce uma influência directa sobre a distribuição do poder no interior dos partidos, contribuindo para uma maior ou menor centralização da sua estrutura organizativa e das suas atribuições funcionais, o desenho territorial dos círculos acaba por con-

---

[35] Arend Lijphart (1994), «Electoral engineering: limits and possibilities», *in* Arend Lijphart, *Electoral Systems and Party Systems. Study of Twenty-Seven Democracies*, 1945-1990, Oxford University Press, Oxford, pp. 146-147.

dicionar, de forma mais ou menos visível, os modelos e as estratégias de recrutamento parlamentar.[36]

A opção, em termos de desenho territorial dos círculos eleitorais, acha-se associada a uma outra não menos importante, nomeadamente à determinação do número de mandatos a eleger em cada círculo, colocando-se aqui o problema de assegurar uma representação política equitativa, ou seja, que cada voto tenha o mesmo peso para eleger um deputado, qualquer que seja o círculo do território nacional. Deste modo, e no sentido de respeitar o princípio democrático «um homem igual a um voto», recorre-se geralmente ao critério do número de habitantes ou do número de eleitores, para determinar quantos representantes deverão ser eleitos em cada círculo eleitoral, excepto quando se trate de um círculo nacional único.

Percebe-se, assim, que a distribuição do número de mandatos a eleger pelos círculos de uma forma não proporcional ao número de eleitores tenda a produzir uma «representação desigual» — também designada de *malapportionment* —, a qual não pode deixar de ter consequências políticas graves, dado que prejudica determinados partidos ou candidatos e beneficia outros.[37] Porém, convirá notar que a «representação desigual», que ocorre sempre que se observam grandes variações na relação entre o número de eleitores e o número de representantes a eleger em cada círculo eleitoral, pode ter também objectivos políticos positivos — isto é, ditados não pelas estratégias de manipulação encetadas por determinado candidato ou força política em seu próprio benefício, mas antes pela necessidade de garantir, tanto quanto possível, uma representação mais justa e equilibrada.[38]

Se é certo que os aspectos acima mencionados são relevantes para caracterizar a estrutura dos círculos num dado sistema eleitoral, certo é também que eles não têm senão uma influência indirecta sobre o recrutamento parlamentar. De facto, o elemento central para análise dos efeitos dos círculos eleitorais sobre a selecção dos candidatos ao Parlamento diz

---

[36] Angelo Panebianco (1995), *Modelos de Partido*, *op. cit.*, pp. 392-393; Maurice Duverger (1951, 1987), *Os Partidos Políticos*, *op. cit.*, pp. 229-230.

[37] Josep M. Vallés e Agustí Bosch (1997), *Sistemas Electorales y Gobierno Representativo*, *op. cit.*, pp. 79-81; Arend Lijphart (1994), «Electoral engineering: limits and possibilities», in Arend Lijphart, *Electoral Systems and Party Systems. Study of Twenty-Seven Democracies*, 1945-1990, pp. 15, 124, 128-130 e 146-147.

[38] Arend Lijphart (1984, 1989), *As Democracias Contemporâneas*, Lisboa, Gradiva, pp. 139-140 e 227-230.

respeito à sua magnitude.[39] Repare-se que a magnitude se refere ao número de representantes que é eleito em cada círculo eleitoral e não à sua dimensão geográfica ou populacional. Assim, de acordo com a sua magnitude, os círculos eleitorais dividem-se em dois grandes grupos: círculos uninominais (nos quais se elege um só deputado) e círculos plurinominais (nos quais se elegem mais do que um deputado), quaisquer deles compatíveis, quer com sistemas maioritários quer com sistemas de representação proporcional, muito embora os últimos exijam, em regra, círculos plurinominais e os primeiros surjam, na maioria das vezes, associados a círculos uninominais.[40]

Para além do reconhecido impacto que tem sobre a proporcionalidade eleitoral — ou seja, sobre a relação entre votos e mandatos — e, como tal, sobre as oportunidades de representação das diferentes forças políticas —, a magnitude do círculo eleitoral reflecte-se também no papel que os partidos políticos assumem no recrutamento dos candidatos parlamentares. Como sublinha Duverger, poder-se-ia, aqui, sugerir uma fórmula quase

---

[39] Pippa Norris (1996), «Legislative recruitment», in Lawrence LeDuc, Richard G. Niemi e Pippa Norris (orgs.), *Comparing Democracies. Elections and Voting in Global Perspective*, op. cit., p. 201.

[40] André Freire, (2002) «Círculos eleitorais, cláusulas barreira e limiares de representação», in Fernando Farelo Lopes e André Freire, *Partidos Políticos e Sistemas Eleitorais. Uma Introdução*, op. cit., pp. 1401-141 e Josep M. Vallés e Agustí Bosch (1997), *Sistemas Electorales y Gobierno Representativo*, op. cit., pp. 81-83. É de salientar aqui que a magnitude do círculo tem também um impacto significativo sobre a proporcionalidade global do sistema eleitoral e, por isso, sobre o formato e a dinâmica do sistema de partidos. Os efeitos da magnitude dos círculos sobre o nível de proporcionalidade na conversão de votos em mandatos e sobre a competição partidária resultam dos limiares de representação. Noutros termos, a magnitude de um círculo implica uma determinada percentagem mínima de votos para que um partido consiga obter representação nesse círculo eleitoral. Assim, quanto menor for a magnitude do círculo, maior é o limiar de representação, ou seja, maior é a percentagem mínima de votos exigida para um partido político conseguir obter representação parlamentar. Porém, é de sublinhar que a influência da magnitude do círculo sobre o nível de proporcionalidade não é independente do nível de competição partidária: quando a competição entre os partidos ou candidatos é forte, o limiar de representação é mais baixo; quando a competição entre eles é menos intensa, o limiar aumenta. Cf., por todos, André Freire (2002) «Sistemas eleitorais e sistemas partidários», in Fernando Farelo Lopes e André Freire, *Partidos Políticos e Sistemas Eleitorais. Uma Introdução*, op. cit., pp. 151-158; e ainda Josep M. Vallés e Agustí Bosch (1997), *Sistemas Electorales y Gobierno Representativo*, op. cit., pp. 129-131.

matemática: a influência dos partidos na escolha dos candidatos varia na razão directa da magnitude dos círculos eleitorais. Ou seja: quanto maior é a magnitude dos círculos, tanto maior é a influência dos partidos; quanto menor é a magnitude do círculo, tanto mais limitada é a intervenção dos partidos na escolha dos candidatos.[41]

Do ponto de vista teórico, associa-se aos círculos uninominais, e também aos círculos plurinominais de pequena magnitude, uma relação mais estreita entre os eleitores e eleitos. Se neste tipo de círculos, dada a sua dimensão territorial e demográfica, os eleitores têm mais possibilidades de conhecer e contactar pessoalmente com os eleitos, responsabilizando-os pelo seu trabalho parlamentar e pela forma como servem os seus interesses e os do círculo eleitoral que representam, também os eleitos têm um maior incentivo para actuar como intermediários ou defensores dos eleitores, ou mesmo da comunidade local no seu conjunto, perante os responsáveis do governo ou de qualquer sector da administração pública — já que a defesa eficaz dos interesses locais lhes permitirá obter, no momento das eleições, um «voto pessoal» que poderá ajudar à sua reeleição.[42]

O mesmo não se pode dizer a respeito dos círculos eleitorais de grande magnitude, onde só muito dificilmente os eleitores conhecem ou contactam com os eleitos, cujo destino (leia-se, reeleição) depende muito mais da sua fidelidade face às orientações da direcção do partido e da sua capacidade de manter um lugar elegível nas listas do que da sua capacidade de assegurar os votos dos eleitores do seu círculo. Com efeito, os círculos de grande magnitude contribuem para que o eleitorado desconheça quase por completo os candidatos que lhe solicitam o voto, o que, por sua vez, tende a criar, nos deputados eleitos, o desinteresse face aos próprios eleitores, de quem só muito indirectamente depende a sua reeleição. Mas não é só: os círculos de grande magnitude tendem também a reforçar as tendências centralizadoras, quer no funcionamento geral dos partidos, quer nos modelos e nas estratégias de recrutamento parlamentar que estes adoptam.[43]

---

[41] Maurice Duverger (1951, 1987), *Os Partidos Políticos*, op. cit., p. 391.

[42] John Curtice e Phillips Shiveley (2003), «Quem nos representa melhor? Um deputado ou vários», in *Análise Social*, vol. XXXVIII, n.º 167, pp. 363 e 368.

[43] Krister Lundell (2004), «Determinants of candidate selection: the degree of centralization in comparative perspective», in *Party Politics*, vol. 10, n.º 1, pp. 25-47; Michael Gallagher e Michael Marsh (1988), *Candidate Selection in Comparative Perspective. The Secret Garden of Politics*, Sage, Londres, pp. 259-260.

O facto de, nos círculos uninominais ou de pequena magnitude, a eleição dos candidatos depender da sua capacidade de convencer os eleitores do respectivo círculo a votarem em si, faz com que os deputados tenham uma maior independência perante as direcções centrais dos partidos, e também que, na sua escolha, sejam valorizadas as suas qualidades pessoais e políticas — muito em particular a sua origem e notoriedade locais — em detrimento da sua trajectória e das suas credenciais partidárias.[44] Em sentido contrário, o facto de, nos círculos plurinominais de grande e média magnitude, a vitória de determinado candidato depender mais do lugar que ocupa nas listas do seu partido do que do apoio eleitoral dos eleitores do seu círculo, tende a originar uma maior dependência do representante eleito face à direcção do partido, que o terá escolhido não tanto em função dos seus atributos «subjectivos», mas atendendo, antes, às suas qualidades «objectivas», ou seja, à sua lealdade e serviço partidários.[45]

Os efeitos da magnitude dos círculos sobre o recrutamento parlamentar devem ser entendidos também do ponto de vista da «representatividade sociológica», aferida segundo certas características sociodemográficas e políticas dos representantes eleitos. Quanto a este ponto, a literatura mostra que os círculos uninominais ou de pequena magnitude tendem a ser bastante mais penalizantes do que os círculos de média e grande magnitude, para os grupos socialmente subrepresentados ou politicamente menos activos: mulheres, minorias étnicas, trabalhadores manuais, candidatos independentes e não profissionais da política, etc.[46]

Dado que, nos círculos eleitorais plurinominais, associados em regra ao escrutínio de lista, há mais lugares em disputa e a competitividade é menor, o *party selectorate* tende a optar por uma estratégia de recrutamento que promove o «equilíbrio» das candidaturas, integrando representantes dos grupos socialmente mais subrepresentados na esfera política e partidariamente menos activos, de forma a atrair o voto de subsectores

---

[44] Jean Marie Cotteret e Claude Emeri (1973), *Los Sistemas Electorales*, Barcelona, Ediciones Oikos-tau, p. 70.

[45] *Idem, ibidem*, pp. 94-95.

[46] Josep M. Vallés e Agustí Bosch (1997), *Sistemas Electorales y Gobierno Representativo*, *op. cit.*, pp. 146-147; Pippa Norris (1996), «Legislative recruitment», *in* Lawrence LeDuc, Richard G. Niemi e Pippa Norris (orgs.), *Comparing Democracies. Elections and Voting in Global Perspective*, *op. cit.*, p. 201.

específicos do eleitorado («*balanced ticket*»).[47] Por sua vez, e no que à «representatividade sociológica» dos candidatos diz respeito, os estudos eleitorais comparados revelam que os círculos uninominais tendem a reforçar o peso das candidaturas masculinas e das profissões liberais, ao mesmo tempo que favorecem as candidaturas de personalidades mais carismáticas, de celebridades nacionais sem qualquer ligação ao círculo eleitoral, e até alheias ao universo partidário, as quais tendem a beneficiar dos mecanismos actuais do *star system*.

Contudo, há que salientar que os círculos uninominais ou de pequena magnitude aparecem geralmente associados a um maior «enraizamento local» dos candidatos, que é exibido como um sinal distintivo em relação aos candidatos eleitos em círculos plurinominais de grande e média magnitude. Naquele tipo de círculos, a natureza mais imediata da relação entre eleito e eleitor faz com que o *party selectorate* opte por candidatos que, pela sua inserção local ou pelas suas qualidades individuais, garantam maiores probabilidades de sucesso eleitoral, sobrepondo-se tais atributos muitas vezes às intenções das estruturas locais ou aos interesses dos órgãos nacionais do partido, sobretudo quando a disputa eleitoral se desenvolve em círculos marginais ou pouco seguros.[48]

A influência da magnitude do círculo eleitoral faz-se sentir ainda ao nível dos modelos de recrutamento, que tendem a assumir um carácter mais centralizador nos sistemas eleitorais com círculos plurinominais de grande magnitude, já que, aqui, a escolha dos candidatos pertence, geralmente, aos líderes e às estruturas centrais dos respectivos partidos — nem que seja por uma questão de mera eficiência organizacional. Já nos sistemas eleitorais com círculos uninominais, onde a organização de base dos partidos está mais próxima dos eleitores e pode ser mais eficazmente controlada por eles, é de supor que o recrutamento seja mais descentralizado e, também, mais participado.[49]

---

[47] Josep M. Vallés e Agustí Bosch (1997), *Sistemas Electorales y Gobierno Representativo*, *op. cit.*, pp. 146-148.

[48] Pippa Norris e Joni Lowenduski (1997), «United Kingdom», *in Passages to Power: Legislative Recruitment in Advanced Democracies*, Cambridge, Cambridge University Press, pp. 185-196.

[49] Krister Lundell (2004), «Determinants of candidate selection: the degree of centralization in comparative perspective», *in Party Politics*, vol. 10, n.º 1, pp. 25-47; Michael Gallagher e Michael Marsh (1988), *Candidate Selection in Comparative Perspective. The Secret Garden of Politics*, Sage, Londres, pp. 259-260.

Finalmente, e no que se refere às fórmulas eleitorais — que, repita-se, não devem ser confundidas, como sublinha Nohlen, com os princípios de representação, pois se estes remetem para as lógicas de representação a nível nacional, aquelas reportam-se aos métodos usados na conversão dos votos em mandatos ao nível dos círculos de apuramento —, há que mencionar que as fórmulas maioritárias se acham geralmente associadas à eleição de candidatos em círculos uninominais (sufrágio unipessoal), enquanto nas fórmulas proporcionais se elegem usualmente listas de candidatos em círculos plurinominais (sufrágio de lista). Por isso mesmo, os efeitos dos métodos de conversão de votos em mandatos sobre as estratégias de recrutamento e sobre a relação entre eleitos e eleitores tendem a coincidir, em grande medida, com os já enunciados para os diferentes tipos de círculo eleitoral. Ou seja, se as fórmulas proporcionais aplicadas em círculos plurinominais de grande e média magnitude reforçam o papel dos partidos na selecção dos candidatos e tendem a promover uma relação de maior dependência dos deputados face aos directórios partidários, já as fórmulas maioritárias usadas em círculos uninominais não só conferem um maior protagonismo aos candidatos individuais, como contribuem também para uma relação mais estreita entre eleitos e eleitores, justamente porque num círculo pequeno é mais fácil ao eleitor conhecer o seu representante, tornando, também, a sua responsabilização política muito mais clara e directa.[50]

2.3 Tipos de sufrágio e recrutamento parlamentar

Dissemos já que a magnitude dos círculos não é o único elemento a ter em conta quando se analisam os efeitos dos sistemas eleitorais sobre a estrutura de oportunidades na qual se desenvolve o processo de selecção dos candidatos a deputados. Com efeito, há que considerar também, e fundamentalmente, as «modalidades de voto» que dizem respeito à natureza e ao grau de autonomia que é concedido aos eleitores na escolha dos seus representantes.[51]

---

[50] Josep M. Vallés e Agustí Bosch (1997), *Sistemas Electorales y Gobierno Representativo*, *op. cit.*, pp. 134-142; Dieter Nohlen (1994), *Sistemas Electorales y Partidos Políticos*, *op., cit*, pp.118-122.

[51] Josep M. Vallés e Agustí Bosch (1997), *Sistemas Electorales y Gobierno Representativo*, *op. cit.*, pp. 147-148;

Nesta matéria, torna-se necessário distinguir entre o «voto categórico» e o «voto preferencial» ou «ordinal», por um lado, e entre o «sufrágio nominal» e o «sufrágio de lista», por outro. No primeiro caso, o que está em causa é o modo como se expressa o apoio a um candidato ou partido político, o qual se pode traduzir: *a*) numa decisão categórica, exclusiva e indivisível, tal como se verifica nos sistemas de maioria relativa, em círculos uninominais, no sistema de voto único não transferível e em sistemas de lista fechada e bloqueada; *b*) ou, em alternativa, numa decisão preferencial, ordinal e divisível, como sucede nos sistemas de voto alternativo, de voto único transferível e em sistemas de lista não fechadas. [52] Já no segundo caso, o que está em causa é o destinatário do voto: quando os eleitores votam nominalmente em candidatos individuais, ainda que formalmente associados a partidos políticos, fala-se em sufrágio nominal ou unipessoal; quando os eleitores votam em listas de candidatos propostas pelos partidos e cuja ordenação — pelo menos inicial — depende das decisões dos respectivos partidos, estamos perante o sufrágio de lista.[53]

Observe-se que esta distinção tende a tornar-se menos nítida quando as listas são semifechadas ou abertas, isto é, quando se procura compatibilizar, de alguma forma, o sufrágio de lista com a personalização do voto. Isto porque nas listas fechadas não bloqueadas o eleitor pode (ou deve) expressar as suas preferências pelos candidatos que integram a lista do seu partido, o que lhe permite alterar ou determinar a ordem dos candidatos previamente estabelecida. Por seu turno, nas listas abertas, a ordem dos candidatos apresentada pelos partidos pode ser igualmente modificada pelas preferências expressas pelos eleitores, com a diferença de que estes podem escolher candidatos de vários partidos, «confeccionando» a sua própria lista; ou seja, os eleitores têm vários votos e podem usá-los para escolher candidatos de vários partidos (*panachage*).[54] De qualquer modo, e no que ao sufrágio de lista diz respeito, prevalece a ideia de uma lista

---

[52] David Farrell (1997), *Comparing Electoral Systems*, op. cit., pp. 73-77 e 169; Josep M. Vallés e Agustí Bosch (1997), *Sistemas Electorales y Gobierno Representativo*, op. cit., pp. 110-113.

[53] Josep M. Vallés e Agustí Bosch (1997), *Sistemas Electorales y Gobierno Representativo*, op. cit., pp. 108-109.

[54] Maurice Duverger (1951, 1987), *Os Partidos Políticos*, op. cit., pp. 392-393; Josep M. Vallés e Agustí Bosch (1997), *Sistemas Electorales y Gobierno Representativo*, op. cit., pp. 110-111.

proposta e ordenada pelos partidos políticos, ainda que os eleitores possam posteriormente interferir na respectiva ordenação dos candidatos (listas semifechadas) ou até mesmo escolher candidatos de várias listas (listas abertas).[55]

Dado que o sufrágio nominal ou unipessoal se encontra geralmente associado a sistemas eleitorais com círculos uninominais ou com círculos plurinominais de pequena magnitude, considera-se, teoricamente, que a sua influência sobre o recrutamento parlamentar actua no mesmo sentido. Entende-se, assim, que este tipo de sufrágio tende a conferir um maior relevo à figura do candidato individual em detrimento do partido ao qual pertence, na medida em que a sua eleição fica mais dependente das suas próprias qualidades pessoais e políticas do que da «etiqueta» do partido, bem como da sua capacidade de convencer os eleitores a votarem nele.[56] Por isso, e segundo vários autores, o sufrágio nominal conduz a uma maior independência dos candidatos perante as direcções partidárias, já que a sua eleição (e eventual reeleição) depende menos da vontade discricionária dos dirigentes do seu partido do que da confiança e do capital político conquistados junto do eleitores; os candidatos tendem a actuar, deste modo, como seus intermediários junto do Estado.[57]

Se, no caso do sufrágio uninominal, a escolha dos candidatos continua a pertencer aos partidos, e as escolhas dos eleitores podem ser ditadas mais pela identificação partidária do que pela avaliação que fazem das qualidades pessoais e da actuação dos candidatos, o facto é que, aqui, o processo de recrutamento tende a ser mais descentralizado, competitivo e participado, envolvendo, frequentemente, as estruturas locais e os membros de base dos partidos. Por tudo isto, o sufrágio nominal parece pressupor uma relação mais estreita e um maior contacto entre eleitos e eleitores: na medida em que precisam de assegurar um apoio eleitoral suficiente entre os eleitores do seu círculo, e que são mais facilmente responsabilizados pelo exercício do seu mandato parlamentar, é de admitir que os representantes

---

[55] Dieter Nohlen (2007), *Os Sistemas Eleitorais: O Contexto faz a Diferença, op. cit.,* pp. 17-18 ; André Freire, (2002) «Tipos de sufrágio e procedimentos de votação», *in* Fernando Farelo Lopes e André Freire, *Partidos Políticos e Sistemas Eleitorais. Uma Introdução*, op. cit., pp. 145-146.

[56] Maurice Duverger (1951, 1987), *Os Partidos Políticos, op. cit.,* p. 392.

[57] John Curtice e Phillips Shiveley (2003), «Quem nos representa melhor? Um deputado ou vários», *in Análise Social, op. cit.,* p. 363.

eleitos se mostrem também mais receptivos às opiniões e aos interesses dos seus eleitores, tornando-se numa espécie de «provedores» ou «curadores» dos mesmos junto das autoridades centrais.[58]

Do ponto de vista teórico, os efeitos tendenciais do «sufrágio de lista» sobre o recrutamento parlamentar tendem a ser diametralmente opostos aos que acabámos de enunciar para o «sufrágio nominal» ou «unipessoal». Desde logo, estando geralmente associado a sistemas com círculos plurinominais, o escrutínio de lista tende a favorecer o papel dos partidos políticos em detrimento dos candidatos individuais[59], já que, neste caso, os eleitores votam em partidos caracterizados por uma determinada orientação ideológica e linha programática, que constituem, indiscutivelmente, o cerne da política de massas moderna. Ou seja, e como sublinham Jean-Marie Cotteret e Claude Emeri, no escrutínio de lista fechada e bloqueada, em círculos plurinominais de média e grande magnitude, vota-se em «ideias» e não em «pessoas»[60], o que torna difícil qualquer identificação entre os eleitores e os candidatos apresentados pelos directórios partidários, bem como uma efectiva responsabilidade dos eleitos junto dos seus eleitores, já que aquela tende a ser transferida para os próprios partidos.

Com efeito, o voto em partidos e não em pessoas faz com que cada eleitor deixe de votar no candidato que melhor o representaria, para escolher um de entre vários programas políticos. Por isso mesmo, o Parlamento passa a ser composto por partidos cujos programas políticos foram objecto de sufrágio popular, sendo quase total o apagamento da figura do candidato junto do eleitorado, em benefício da imagem do partido, e perfeitamente fungível a identidade dos deputados eleitos, que tendem a comportar-se como meros porta-vozes das posições e como executores diligentes das orientações dos «estados-maiores» dos respectivos partidos. E isto porque o escrutínio de lista faz depender a carreira dos deputados mais das cúpulas dos partidos do que dos eleitores: como é que estes podem sobreviver politicamente sem conseguirem conquistar um lugar elegível nas listas do partido? Eis a questão.

Todavia, como ficou dito atrás, o sistema de listas conhece alguma variabilidade interna, pelo que a análise dos seus efeitos sobre o recruta-

---

[58] *Idem, ibidem.*
[59] Maurice Duverger (1951, 1987), *Os Partidos Políticos, op. cit.*, p. 392.
[60] Jean Marie Cotteret e Claude Emeri (1973), *Los Sistemas Electorales, op. cit.*, p. 94.

mento parlamentar não pode ignorar ou subestimar esse facto. Importa, pois, separar aqui as listas fechadas e bloqueadas — em que o eleitor, ao votar num partido, aceita a ordem dos candidatos que foi determinada por esse partido — das listas semifechadas — em que o eleitor, ao votar em determinado partido, tem a possibilidade de manifestar a sua preferência por um ou mais candidatos da lista partidária em que decidiu votar — e também das listas abertas — em que o eleitor tem vários votos e pode usá-los para escolher candidatos de vários partidos, confeccionando, de forma autónoma e independente, a sua própria lista.[61]

Como facilmente se depreende daqui, o papel assumido pelos partidos políticos tende a sair reforçado, se for utilizado o sistema de listas fechadas e bloqueadas, não só porque os eleitores não têm a possibilidade de votar em candidatos específicos, mas também porque este sistema não permite qualquer tipo de discriminação: os eleitores ou votam a favor de toda a lista ou têm de votar numa outra lista, sendo a sua intervenção, na escolha dos candidatos propostos pelo partido, mínima ou praticamente nula. As listas fechadas e bloqueadas não se limitam a fortalecer os partidos políticos e a subtrair o poder ao eleitorado em geral, como parecem contribuir também para a centralização e para a falta de democraticidade do processo de selecção dos candidatos, já que estes tendem a ser escolhidos pelos órgãos centrais do partido, segundo a sua ortodoxia, o seu grau de militantismo e o seu *curriculum* partidário, no sentido de assegurar a coesão interna e a mais estreita disciplina de voto no Parlamento.

Dado que a recandidatura e a eventual reeleição dependem mais do lugar que os candidatos ocupam nas listas — sendo esse lugar, em regra, determinado pelas «oligarquias internas», que impõem as suas preferências às bases do partido, num processo que é usualmente pouco formalizado, plural e transparente —, os representantes eleitos tendem a privilegiar o «serviço ao partido» em detrimento do «serviço aos eleitores», para quem são, na maioria das vezes, absolutos desconhecidos, sendo improvável que este tipo de sufrágio resvale para o localismo e para a personalização das candidaturas.[62] Por um lado, sabendo que irá candidatar-se à reeleição e

---

[61] Dieter Nohlen (2007), *Os Sistemas Eleitorais: O Contexto faz a Diferença*, op. cit., p. 17.

[62] O facto de a lista presente a sufrágio ser fechada e bloqueada não significa que o eleitor desconheça completamente os candidatos à AR, pois, importa lembrar aqui, que

que precisará novamente do apoio do *party selectorate*, a posição do representante eleito no sistema de lista fechada e bloqueada não pode deixar de ser pouco independente e autónoma face aos aparelhos partidários.

Com efeito, este tem consciência de que a sua reeleição irá depender do facto de ser colocado mais acima ou mas abaixo nas futuras listas, e isso, resultará, fundamentalmente, dos «jogos de poder» no interior do seu partido, muitas vezes decididos por negociações e compromissos pouco ou nada transparentes, em reuniões que envolvem apenas um reduzido número de pessoas. Por outro lado, sendo conhecedores deste facto, os dirigentes do partido podem sempre usar de persuasão e de outros expedientes mais ou menos lícitos — sem terem a necessidade de recorrer a sanções disciplinares — relativamente aos membros do grupo parlamentar que se mostrem mais recalcitrantes.

Mas há que acrescentar aqui um outro aspecto. Esta falta de autonomia e de independência dos representantes eleitos perante os dirigentes do partido tende a ser acompanhada também, e consequentemente, pelo seu alheamento e desinteresse face aos interesses e às solicitações dos eleitores do seu círculo, em particular, e do eleitorado, em geral, o que tende a contribuir para a desresponsabilização do exercício do mandato parlamentar.[63] Todavia, a primazia dos aparelhos partidários sobre os representantes eleitos e a despersonalização das relações entre estes e os seus eleitores, fenómenos comummente associados às listas fechadas e bloqueadas, parecem ser compensados pelo facto de este tipo de sufrágio permitir uma «representação mais equilibrada» do que o sufrágio nominal ou unipessoal. De facto, revela-se um factor importante no aumento da percentagem de mulheres e de representantes de sectores socialmente minoritários nas listas de candidatura e na arena parlamentar.[64]

---

estes são afinal os protagonistas das mais variadas actividades de campanha eleitoral — a que acresce também a circunstância de os seus nomes serem publicitados junto dos eleitores através de editais afixados à porta e no interior das assembleias de voto.

[63] John Curtice e Phillips Shiveley (2003), «Quem nos representa melhor? Um deputado ou vários», in *Análise Social*, op. cit., pp. 362-363; André Freire, (2002) «Tipos de sufrágio e procedimentos de votação», *in* Fernando Farelo Lopes e André Freire, *Partidos Políticos e Sistemas Eleitorais. Uma Introdução*, op. cit., p. 146.

[64] Pippa Norris (1996), «Legislative recruitment», *in* Lawrence LeDuc, Richard G. Niemi e Pippa Norris (orgs.), *Comparing Democracies. Elections and Voting in Global Perspective*, op. cit., p. 201.

É pois de admitir que, com o objectivo de atrair o voto de todos os sectores ou segmentos do eleitorado, e de reflectir tanto quanto possível a pluralidade de correntes e facções internas, o *party selectorate* procure assegurar uma representação mais justa e equilibrada, nem que seja do ponto de vista meramente simbólico, contando, para o efeito, e fundamentalmente, com os lugares não elegíveis. E isto porque é sobretudo a este nível que se verifica a entrada nas listas de candidatura dos jovens, das mulheres e dos representantes de grupos socialmente minoritários, bem como dos candidatos sem filiação partidária, com pouca experiência política, associados a certas correntes ou facções internas, ou oriundos das organizações sectoriais que integram os diferentes partidos — não sendo de esquecer aqui o fenómeno do «contágio das estruturas»[65], de que fala Maurice Duverger, e ao qual regressaremos mais adiante, quando tratarmos especificamente da representação parlamentar das mulheres em Portugal, entre 1991 e 2002.

Se um dos efeitos atribuídos ao sufrágio de lista fechada e bloqueada se prende, como foi dito acima, com o fortalecimento do papel dos partidos na função de representação parlamentar, esse efeito tende a ser atenuado no caso das listas semifechadas e das listas abertas, onde é possível o «voto preferencial». Por um lado, ao permitirem uma maior intervenção dos eleitores na escolha dos candidatos propostos pelos partidos, os sistemas de lista mais flexíveis tendem a favorecer a personalização do voto e a autonomia dos deputados eleitos perante os dirigentes partidários. Por outro lado, e em contrapartida, ao permitir a concorrência intrapartidária, este tipo de lista pode estimular o fraccionalismo interno e prejudicar a coesão dos partidos políticos.[66]

Em todo o caso, e no que ao recrutamento parlamentar diz respeito, este tipo de sufrágio parece implicar uma selecção mais descentralizada e mais participada dos candidatos; a sua força reside mais nas suas qualidades individuais do que na fidelidade e na trajectória partidárias ou na apetência para aceitar, de forma incondicional, a disciplina de voto no Parlamento. Isto porque, uma vez eleitos, os candidatos podem ser levados, com o objectivo de fidelizarem os seus eleitores, a cultivar uma ligação de

---

[65] Maurice Duverger (1951, 1987), *Os Partidos Políticos*, op. cit., p. 60.
[66] Carmen Ortega (2004), *Los Sistemas de Voto Preferencial: Un Estudio de 16 Democracias*, Madrid, Centro de Investigaciones Sociológicas.

maior proximidade em relação ao seu círculo, atendendo de modo directo às solicitações e aos interesses específicos dos seus habitantes. Em suma, e em termos estritamente teóricos, é de admitir que as listas semifechadas e as listas abertas introduzam uma dinâmica distinta na elaboração das listas de candidatura apresentadas pelos partidos, aconselhando à sua descentralização e impondo critérios de escolha que extravasem o limitado universo da vida interna de cada partido, o que representa, em certa medida, um impulso que pode contribuir para uma efectiva democracia intrapartidária. [67]

3. O sistema eleitoral para a Assembleia da República

Se, até aqui, abordámos em termos genéricos os *efeitos tendenciais* dos elementos constitutivos dos sistemas eleitorais sobre os modelos e as estratégias de recrutamento parlamentar — sem atender, por enquanto, aos resultados da investigação empírica mais recente — é chegado o momento de olharmos especificamente para o caso português. Adoptaremos, primeiro, uma perspectiva teórica e formal, para nos deslocarmos, depois, para o terreno da evidência empírica, procurando confirmar ou infirmar as nossas hipóteses de trabalho.

3.1 *A génese e a estrutura do sistema eleitoral: o triunfo do proporcional*

Embora não seja nosso objectivo estudar aqui, de forma aprofundada e detalhada, a génese do actual sistema eleitoral para a Assembleia da República, não é possível, contudo, ignorar a importância das circunstâncias históricas em que o sistema eleitoral surgiu e se desenvolveu, por um lado, e a influência das opções institucionais e dos objectivos políticos, mais ou menos confessáveis, assumidos pelos seus «pais fundadores», por outro. Só assim estaremos em condições de saber em que medida o funcionamento do sistema eleitoral se aproximou ou se afastou dos objectivos políticos que lhe foram inicialmente atribuídos e, consequentemente, perceber qual o sentido e o alcance das intenções e propostas reformistas em jogo, das mais longínquas até às mais actuais.

---

[67] *Idem, ibidem.*

No que respeita à sua génese, há que começar por lembrar que o sistema eleitoral para a Assembleia da República antecedeu a própria Constituição de 1976, podendo, pois, afirmar-se que ele esteve na base do sistema político democrático, não apenas por tê-lo condicionado estruturalmente, mas também geneticamente.[68] Na verdade, e antecipando já parte do nosso argumento central, a origem pré-constitucional e o papel politicamente fundador do sistema eleitoral ajudam a explicar que, entre nós, o debate sobre a reforma do sistema político seja essencialmente uma discussão em torno da reforma do sistema eleitoral. Este tende a ser responsabilizado por todas as disfunções da democracia representativa em Portugal, ao mesmo tempo que é usualmente considerado fora de um quadro que questione as normas e as práticas que definem o funcionamento das instituições políticas, e é encarado como um instrumento de «engenharia política», destinado a «perpetuar hegemonias partidárias», pela manipulação, mais ou menos complexa, dos seus diferentes elementos definidores.

Seja como for, o que mais importa notar, por agora, é que a primeira legislação eleitoral — que permitiu não apenas a escolha da Assembleia Constituinte, em 25 de Abril de 1974, mas também da primeira Assembleia Legislativa, um ano depois — surgiu num período de transição de um regime autoritário para um regime democrático, razão pela qual, e como sublinham vários autores, terá funcionado, acima de tudo, como um instrumento de legitimação do novo poder emergente — um poder que surgiu de um acto revolucionário, de um golpe de Estado, o qual vai definir as regras do jogo democrático para começar por se legitimar a si próprio e para garantir a legitimidade futura do regime que pretende instaurar.[69]

Ora, esta circunstância histórica e política ajuda a explicar que as opções dos «pais fundadores» do actual sistema eleitoral tivessem privilegiado, de forma clara e inequívoca, os critérios de legitimidade e de representatividade, em detrimento dos de estabilidade e de eficácia governativa,

---

[68] Manuel Braga da Cruz (1998), *Sistema Eleitoral Português. Debate Político e Parlamentar*, Lisboa, Imprensa Casa Nacional da Moeda, pp. 8-9; Manuel Braga da Cruz (1995), «A reforma do sistema eleitoral: a evolução de uma controvérsia actual», *in* Manuel Braga da Cruz, *Instituições Políticas e Processos Sociais*, Venda-Nova, Betrand Editora, pp. 270-271.

[69] Paulo Otero (1998), «Sistema eleitoral e modelo político-constitucional», *in* Manuel Braga da Cruz (org.), *Sistema Eleitoral Português. Debate Político e Parlamentar*, *op. cit.*, pp. 293-298.

pois estava ainda bastante presente em toda a sociedade a memória de mais de quarenta anos de um regime autoritário, sustentado por um único partido. Assim, sem ter conhecido qualquer espécie de oposição, a novidade desta primeira legislação provisória consistiu na adopção do sistema de representação proporcional segundo o método da média mais alta de Hondt, por um lado, e na introdução real do direito de sufrágio universal, sem as limitações decorrentes do sexo, do grau de instrução e do nível de rendimentos, por outro. Abandonava-se, desta forma, alguns dos elementos institucionais que distinguiram o Estado Novo, nomeadamente, o sistema eleitoral de representação maioritária, na sua versão plurinominal ou de lista, que o regime herdara do constitucionalismo monárquico, mas também o sufrágio censitário e capacitário que de facto vigorava até então em Portugal.[70]

A adopção do princípio de representação proporcional, como princípio estruturante do sistema eleitoral para a Assembleia da República, e a opção pelo método da média mais alta de Hondt, na conversão de votos em mandatos, justificavam-se pela dupla necessidade de garantir a representação parlamentar das várias forças políticas e partidárias e de assegurar a formação e a consolidação de partidos consistentes e disciplinados. Se, por um lado, se impunha conhecer a fisionomia política de um país saído de um longo período de ditadura e dar liberdade de expressão às diferentes tendências políticas organizadas ou organizáveis, por outro lado, havia que afastar a possibilidade de se cair na «balbúrdia» e nos «excessos» da I República.[71]

Privilegiando os critérios de legitimidade e de representatividade, em prejuízo dos de estabilidade e de eficácia governativa, pensou-se, deste modo, que o sistema eleitoral proporcional com o método da média mais alta de Hondt — uma das fórmulas distributivas tendencialmente menos proporcional[72] — era o que melhor poderia responder a esse duplo desa-

---

[70] Manuel Braga da Cruz (1998), *Sistema Eleitoral Português. Debate Político e Parlamentar*, op. cit., p. 271.

[71] Fernando Farelo Lopes (1994), *Poder Político e Caciquismo na I República Portuguesa*, Lisboa, Editorial Estampa; Pedro Tavares de Almeida (1987), *Eleições e Caciquismo no Portugal Oitocentista, 1868-1890*, Lisboa, Difel.

[72] Se é verdade que todos os sistemas eleitorais têm uma fórmula de conversão de votos em mandatos que, de maneira mais ou menos acentuada, perverte a proporcionalidade, o facto é que o método da média mais alta de Hondt é, de entre as várias fórmulas eleitorais aplicadas nos sistemas de representação proporcional, a que garante um menor equilíbrio na distribuição dos mandatos em função dos votos contados.

fio, na medida em que facilitaria a representação de todos os interesses e opiniões políticas no Parlamento, tendo em conta o seu peso relativo no eleitorado, e que, por isso, impediria a formação de maiorias parlamentares demasiado «artificiais», que servissem de apoio a governos monopartidários e duradouros. Como, a este propósito, escreveu Braga da Cruz:

> O que dominava era o desejo de conhecer o real desenho político do país, e não qualquer necessidade de adoptar sistemas que produzissem maiorias sólidas que governassem de forma duradoura. Preferia-se a partilha à estabilidade do poder. Pretendia-se que o sistema eleitoral favorecesse antes soluções governativas minoritárias ou consociativas, feitas de coligações interpartidárias ou de negociações de apoios parlamentares, e não que produzisse, como o sistema maioritário de lista do anterior regime, a exclusividade da representação do partido único e a longa permanência no poder.[73]

Para que este ponto se torne claro, convém sublinhar que, nesta fase de transição democrática, os partidos políticos ignoravam qual seria a sua representação parlamentar futura e, como tal, confrontavam-se com duas opções fundamentais: ou optavam por um sistema eleitoral de tipo maioritário, onde em cada eleição há um só grande vencedor e, em regra, um grande vencido; ou optavam por um sistema que fosse mais aberto e que permitisse mais vencedores num mesmo acto eleitoral, o que reforçaria a eficácia do voto e facilitaria a formação de governos minoritários e de coligação. Reeditando, entre nós, o debate clássico travado no final do século XIX entre John Stuart Mill e Walter Bagehot, sobre as vantagens e desvantagens dos dois grandes princípios de representação alternativos — ou opostos — o da representação maioritária e o da representação proporcional[74], o legislador português optou claramente pelo último, justamente

---

[73] Manuel Braga da Cruz (1998), «Debate político sobre o sistema eleitoral em Portugal», in Manuel Braga da Cruz (org.), *Sistema Eleitoral Português. Debate Político e Parlamentar*, op. cit., p. 9.

[74] John Stuart Mill (1861,1998) «Da democracia verdadeira e falsa: representação de todos ou somente da maioria», in Manuel Braga da Cruz (org.), *Sistemas Eleitorais: O Debate Científico*, Lisboa, Instituto de Ciências Sociais e Políticas, pp. 37-54; Walter Bagehot (1869, 1998), «Círculos obrigatórios e círculos voluntários», in Manuel Braga da Cruz (org.), *Sistemas Eleitorais: O Debate Científico*, op. cit., pp. 55-62.

porque este permitia que cada partido ganhasse na medida da sua efectiva representatividade, a qual, à data, era completamente desconhecida.

Além disso, o sistema proporcional com o método da média mais alta de Hondt parecia ser aquele que melhor garantia a unidade e a coesão dos partidos emergentes, tal como a disciplina dos seus grupos parlamentares, contribuindo, assim, para reforçar o seu papel na transição e consolidação democrática e, por conseguinte, para afirmar a legitimidade eleitoral sobre a legitimidade revolucionária, num momento crucial da transição do regime. Tratava-se, pois, de um objectivo extremamente importante, num período de transição democrática que foi marcado, em certos momentos, por uma dinâmica revolucionária subjacente ao Movimento das Forças Armadas, a qual chegou a fazer perigar o pluralismo partidário, tendo mesmo imposto, aos partidos políticos, a celebração de plataformas constitucionais, que condicionaram (e, em boa verdade, possibilitaram) a realização das eleições constituintes de 1975.

Se é verdade que o sistema proporcional parecia ir ao encontro das expectativas e dos interesses de todos os partidos, na medida em que facilitava a sua entrada no Parlamento e assegurava que nenhum deles poderia alcançar a maioria absoluta — o que os forçaria, necessariamente, a futuros compromissos e entendimentos governativos —, o facto é que se tratava também de um sistema eleitoral que estava longe de ser contrário aos interesses dos grupos políticos mais radicais, tanto de natureza militar como partidária.

Entre os primeiros prevalecia a ideia de que o multipartidarismo parlamentar seria uma fonte certa de instabilidade política, originando um clima favorável a um reforço do papel do Conselho da Revolução e, como tal, à continuidade de uma democracia militarmente tutelada e politicamente pactuada. Já entre os segundos, achava-se que, ao reforçar a eficácia do voto, um tal sistema eleitoral evitaria, necessariamente, a subalternização de quaisquer forças partidárias, tivessem elas ou não expressão parlamentar.[75]

Estas primeiras disposições legislativas, ao consagrarem o sistema proporcional e o método de Hondt, a par do distrito administrativo como

---

[75] Paulo Otero (1998), «Sistema eleitoral e modelo político-constitucional», in Manuel Braga da Cruz (org.), *Sistema Eleitoral Português. Debate Político e Parlamentar*, op. cit., pp. 293-305.

circunscrição eleitoral — o que terá enormes repercussões na configuração do sistema político, a começar pela organização do sistema partidário em bases distritais —, constituíram um primeiro e decisivo passo para o entendimento entre os partidos políticos e para a afirmação do seu papel no contexto da organização política da Constituição, contribuindo, em grande medida, para o progressivo esvaziamento da «dinâmica revolucionária» e para o enfraquecimento da legitimidade militar, bem como para o primado dos partidos sobre quaisquer outras possíveis formas de organização e de expressão da vontade popular.

É assim que, em nome da proporcionalidade e da representatividade, a legislação eleitoral que presidiu à escolha da Assembleia Constituinte viria a ser, em boa parte, integrada no texto constitucional de 1976, no qual se estipula abertamente que os deputados são eleitos não apenas segundo o «sistema de representação proporcional», mas também pelo «método da média mais alta de Hondt» (art. 155.º, n.º 2 da CRP). Mas, o que é mais, o princípio de representação proporcional não pode sofrer quaisquer alterações por via ordinária, na medida em que constitui um limite material de revisão constitucional (art. n.º 288.º alínea h da CRP), e só com a obtenção dos votos de dois terços dos deputados em efectividade de funções será possível abandonar o método de Hondt para consagrar outra qualquer fórmula de conversão dos votos em mandatos (art. 286.º, n.º 1 da CRP).

Parece absolutamente claro que, de entre os vários factores estruturantes que condicionam significativamente as condições do exercício do poder político, o legislador constituinte atribuiu um relevo muito especial à caracterização do sistema eleitoral, chegando, por vezes, à minúcia regulamentar. Esta opção institucional, que considera o sistema eleitoral como um elemento essencial do sistema político, explica-se, em grande medida, pelo trauma provocado pela negação sistemática do valor do sufrágio no regime anterior ao 25 de Abril e pelo objectivo deliberado de estabilizar, tanto quanto possível, as «regras do jogo» eleitoral, contribuindo, deste modo, para reforçar e consolidar o próprio regime democrático, assente no princípio da alternância no poder. Neste sentido, pensou-se que a maior estabilidade neste plano implicava alargar as matérias de índole eleitoral com assento constitucional, uma opção que seria seguida, de muito perto, na primeira revisão de 1982, que passou a condicionar a aprovação das leis eleitorais a uma maioria qualificada no Parlamento.

Em suma, a Constituição de 1976 filia-se no grupo de textos fundamentais que escolheram constitucionalizar o sistema eleitoral em sentido restrito, fazendo-o, porém, de um modo particularmente intenso, dado que aquela estendeu o seu domínio regulador aos seus principais elementos constitutivos, nomeadamente: *i*) ao número total de deputados a eleger para o órgão parlamentar, estabelecendo, para o efeito, um limite mínimo e máximo; *ii*) à subdivisão do território nacional em círculos eleitorais plurinominais coincidentes com as áreas dos distritos administrativos, aos quais acrescem, fora do território nacional, dois círculos para as regiões autónomas dos Açores e da Madeira e dois círculos para os eleitores residentes no estrangeiro[76]; *iii*) ao número de deputados atribuído a cada círculo, que deve ser proporcional ao número de eleitores nele inscritos; *iv*) à proibição do estabelecimento de qualquer cláusula-barreira na conversão dos votos em mandatos, ou seja, a necessidade de existir uma percentagem de votos nacional mínima para aceder à representação parlamentar; *v*) à forma de apresentação das candidaturas, que deve ser feita pelos partidos políticos, isoladamente ou em coligação, podendo, contudo, integrar cidadãos independentes nas respectivas listas, o que equivale a consagrar a mediação partidária exclusiva na representação política[77], já que cabe aos partidos enquadrar, ao mesmo tempo, eleitores e eleitos, não sendo admitidas outras formas de acesso ao cargo de deputado à Assembleia da República.[78]

---

[76] Sublinhe-se que a delimitação da área geográfica dos círculos é o único dos elementos do sistema eleitoral para a Assembleia da República que não encontra assento no texto constitucional, tendo tal matéria sido deixada para o legislador ordinário. Diga-se, também, que as revisões constitucionais de 1989, e sobretudo de 1997, concederam maior liberdade quanto às opções neste domínio: se, no primeiro caso, foi admitida a possibilidade de criação de um círculo nacional, a par dos círculos plurinominais já existentes, já no segundo, foi reconhecida a possibilidade de os deputados serem eleitos por três tipos de círculos, complementares entre si (nacional, plurinominais e uninominais). Sublinhe-se, todavia, que esta maior liberdade não implica o afastamento de duas condições essenciais: 1) a delimitação dos círculos para efeitos eleitorais deve ter uma base territorial e a magnitude ou tamanho dos círculos deve respeitar a proporcionalidade e o método da média mais alta de Hondt; 2) a divisão do território em círculos eleitorais deve basear-se em critérios objectivos, evitando-se, assim, construções políticas artificiais (*gerrymandering*).

[77] Deve sublinhar-se que, ao contrário do que sucede noutros países, não se exige, em Portugal, um apoio expresso de um determinado número de cidadãos às listas apresentadas pelos partidos políticos, bastando a prova de que mantém devidamente regular o registo no Tribunal Constitucional

[78] As eleições dos órgãos das autarquias locais (obviamente, para além das eleições presidenciais), constituem actualmente a única excepção ao monopólio partidário da apresentação de candidaturas. De facto, a recente lei ordinária, na sequência do consagrado na

Este quadro constitucional fortemente restritivo condicionou a elaboração da primeira (e única) lei eleitoral, a qual, para além de concretizar as disposições do legislador constituinte, se limitou a prever as candidaturas de lista, fechadas e bloqueadas, em que a sequência dos candidatos definida pelos partidos não pode ser alterada[79], e a atribuir ao eleitor um voto singular de lista[80] — elementos do sistema eleitoral que não tinham sido contemplados na Constituição de 1976. Para além disso, importa realçar que a lei ordinária é mais precisa do que o texto constitucional, ao estipular que a apresentação de candidaturas à Assembleia da República é da responsabilidade dos órgãos dos partidos políticos, sendo os seus estatutos de funcionamento interno a determinar quais as estruturas dirigentes com competências nesta matéria.

E é-o também, de um ponto de vista técnico, quando define que o critério a usar na distribuição do número de deputados a eleger por círculo no território nacional deve ser encontrado, não pela aplicação da regra da pro-

---

revisão da Constituição, de 1997, veio determinar, sem ambiguidades, o direito de grupos de cidadãos eleitores a apresentar candidaturas não apenas à assembleia de freguesia, o que desde sempre estivera contemplado, mas também aos restantes órgãos autárquicos, nomeadamente, à assembleia e câmara municipais.

[79] Note-se que a ordem de sequência dos candidatos é de primordial importância, devendo ser sempre respeitada, quer no período que antecede a eleição, pelo que não é indiferente ao problema das substituições, quer no dia da eleição, por altura do apuramento para a distribuição dos mandatos, quer ainda no momento posterior à eleição, face às vagas que entretanto surgirem na Assembleia da República. Quanto a este último ponto, importa sublinhar que, devido às causas que determinam a vagatura de lugares na AR ou a substituição temporária de deputados por suspensão do mandato, a composição efectiva do órgão parlamentar pode variar muito ao longo do tempo, nunca se sabendo ao certo quais os deputados que nele exercem funções, em determinado momento.

[80] É de frisar que o eleitor dispõe apenas de um único voto, que incide globalmente sobre toda a lista, e não sobre o nome deste ou daquele candidato. Até porque no boletim de voto não aparece a composição das listas partidárias — isto é, os nomes próprios dos candidatos —, o que inviabiliza a prática do voto preferencial, que permitiria ao eleitor ordenar a lista de acordo com as suas preferências. Aliás, e como ficou dito noutro lugar, a par do voto preferencial, existem outros sistemas de voto que permitem uma escolha personalizada, tais como: o *voto múltiplo*, em que cada eleitor tem vários votos ou tantos votos quantos os deputados a eleger; o *voto alternativo*, em que o eleitor pode indicar duas, três ou quatro preferências; o voto cumulativo, em que o eleitor dispõe de vários votos, juntando-os num na escolha de um só candidato; o *voto duplo*, em que o eleitor tem dois votos, um para o seu círculo eleitoral, e outro para o círculo nacional.

porcionalidade simples relativamente ao número de eleitores de cada círculo, mas pela aplicação do método da média mais alta de Hondt, evitando, assim, os problemas de *malapportionment* ou de representação desigual. Esta regra da proporcionalidade não se aplica, contudo, aos dois círculos eleitorais do estrangeiro, cujos colégios eleitorais são constituídos pelos cidadãos, inscritos no recenseamento, não residentes no território nacional. A razão de ser desta excepção é, aparentemente, óbvia: dado o número elevado de cidadãos a residir no estrangeiro não podia deixar de ser ponderado o número de deputados que estes viessem a eleger, caso contrário, a maioria parlamentar e até a maioria governamental poderiam acabar por ser determinadas pelos emigrantes.

Por outro lado, a lei ordinária estabelece ainda que o número de deputados a atribuir em cada círculo deve ser periodicamente revisto (antes de cada eleição), por forma acomodar as eventuais variações demográficas. É, pois, à Comissão Nacional de Eleições (CNE) que compete elaborar o mapa com o número de deputados e a sua distribuição pelos círculos eleitorais — exceptuando o caso dos círculos da emigração, cuja distribuição é fixa — devendo fazê-lo entre os 60 e os 55 dias anteriores à data marcada para a eleição, sempre que se complete uma legislatura, ou entre os 55 e os 53 dias, em caso de dissolução. Para elaborar esse mapa, a CNE necessita de conhecer o número de eleitores inscritos no recenseamento eleitoral, em cada círculo, baseando-se, para o efeito, nos dados mais recentes que disponibilizados pelo Secretariado Técnico dos Assuntos para o Processo Eleitoral (STAPE).

Dito tudo isto, deve acrescentar-se que, na esteira do texto constitucional, a Lei n.º 14/79 de 16 de Maio foi, também ela, desenhada para ser uma lei que favorecesse a proporcionalidade e a representatividade, que não permitisse maiorias de um só partido e que obrigasse à formação de governos de coligação ou, até mesmo, à formação de governos minoritários. Porém, e como é sabido, os objectivos que estiveram na origem do sistema eleitoral para a AR vieram a ser contrariados pela evolução política posterior.

Estamos, pois, perante um sistema eleitoral que, sendo largamente proporcional[81], já gerou parlamentos que tiveram maiorias relativas e

---

[81] Vários estudos têm demonstrado que o nível de desproporcionalidade do sistema eleitoral nas eleições legislativas portuguesas (ou seja, o nível de distorção na conversão de votos em mandatos) se situa a um nível intermédio quando comparado com os sistemas de

maiorias absolutas, inclusivamente, maiorias absolutas de um só partido. E tudo isto no quadro do mesmíssimo sistema eleitoral, o qual, apesar das muitas mudanças por que passou o ambiente político envolvente, e de ser generalizada e partilhada por grande parte dos partidos com representação parlamentar a convicção da necessidade da sua reforma, não sofreu qualquer alteração importante e de fundo ao longo de trinta e tal anos, sendo, por isso, um notável exemplo de continuidade e de estabilidade.

Com efeito, se é verdade que a contestação ao sistema eleitoral da Assembleia da República foi praticamente constante desde a sua instituição, sendo o tema da sua reforma retomado ciclicamente pelos diferentes partidos políticos, o facto é que as únicas alterações que o sistema eleitoral em vigor conheceu até hoje se limitaram à redução do número de deputados, de 250 para 230, na sequência da revisão constitucional de 1989, a qual consagrou também a possibilidade de criação de um círculo nacional, a par dos círculos regionais.

Uma possibilidade que não veio a ser concretizada pela legislação eleitoral ordinária, o mesmo acontecendo com as alterações introduzidas em matéria eleitoral pela revisão constitucional de 1997, tanto no que se refere ao número de deputados, cujo intervalo foi fixado entre 230 e 180, como no que respeita à possibilidade de criar círculos uninominais, a par do círculo nacional e dos círculos plurinominais de base regional — desde que o apuramento do número de deputados de cada partido continue a ser efectuado de acordo com o método da média mais alta de Hondt, de forma a manter inalterado o sistema de representação proporcional, o qual, como já se disse, constitui um limite material à revisão da Constituição.

Como facilmente se percebe, tais imperativos constitucionais — a par do forte «conservadorismo institucional» que caracteriza a classe política portuguesa — constituem um elemento fundamental a ter em conta no processo de reforma do actual sistema eleitoral. De facto, estes são o seu principal alicerce, mas também o seu mais importante limite, já que da sua interpretação depende, em larga medida, o número de alternativas possíveis à disposição do legislador parlamentar. Mas a este assunto haverá ocasião de adiante regressar.

---

representação proporcional das democracias consolidadas, sendo bastante mais elevado se comparado com as novas democracias da Europa do Sul, nomeadamente, com a Espanha e a Grécia

3.2 Sistema eleitoral, recrutamento e representação parlamentar: a teoria posta em causa?

Será agora boa altura para tratar dos efeitos do sistema eleitoral sobre o recrutamento e sobre a representação parlamentares em Portugal, já que ambos os aspectos se encontram indissociavelmente ligados: os modelos e as estratégias de selecção dos candidatos não são, nem poderiam ser, indiferentes ao papel que se atribui ao deputado individual e ao que se espera deste na sua relação com o partido, mas também com os eleitores. Desta forma, tendo em conta as características do sistema eleitoral da Assembleia da República, que acabámos de enunciar de forma mais ou menos detalhada, é nosso objectivo testar dois aspectos que consideramos centrais na nossa pesquisa.

Primeiro: procurar determinar qual o impacto que a magnitude do círculo tem sobre a relação entre eleitores e eleitos, utilizando para o efeito os dados do Estudo Eleitoral Nacional de 2002 (o primeiro estudo desta natureza), e replicando, num certo sentido, o trabalho de John Curtice e Phillips Shively.[82] Segundo: tentar estabelecer quais os efeitos da magnitude do círculo e do sufrágio de lista sobre os modelos, os critérios de recrutamento parlamentar e a função de representação, através da formulação de um conjunto de hipóteses de trabalho, deduzidas a partir do quadro teórico inicialmente apresentado. Aqui, e numa perspectiva diacrónica, iremos recorrer aos dados resultantes da análise das listas de candidatura apresentadas pelos partidos com representação parlamentar, entre 1991 e 2002.

Já em termos sincrónicos, faremos uso da informação disponibilizada com o inquérito aplicado junto dos candidatos às eleições legislativas de 2002. Não se trata de fazer um exercício empírico exaustivo, mas sim de procurar ver até que ponto o tipo de círculo (magnitude) e de sufrágio (lista fechada e bloqueada) podem ou não ser determinantes, quando em causa estão os processos de recrutamento e de representação parlamentares — um tema bastante menos abordado pela vasta literatura dedicada ao estudo dos sistemas eleitorais numa perspectiva comparada.

---

[82] John Curtice e Phillips Shiveley (2003), «Quem nos representa melhor? Um deputado ou vários», *op. cit.*, pp. 361-386.

3.2.1 Quem nos representa melhor: um ou mais deputados?

Em Portugal, como se pode ver no quadro n.º 3, a magnitude média dos círculos eleitorais, se bem que tenha vindo a decrescer ao longo do tempo, continua a ser relativamente elevada, quando comparada com a de outros sistemas eleitorais que adoptam o método de Hondt em círculos de nível único, ultrapassando os dez pontos percentuais. Porém, convém notar que a magnitude média para os círculos do território nacional esconde uma variação relativamente ampla, já que duas circunscrições muito grandes (Lisboa e Porto) coexistem com dois grupos de círculos bastante homogéneos: um com uma magnitude média razoável, que compreende os distritos de Aveiro, Braga, Coimbra, Faro, Leiria, Santarém, Setúbal e Viseu; e outro com uma magnitude média extremamente baixa, que corresponde aos distritos de Beja, Bragança, Castelo Branco, Évora, Guarda, Portalegre, Viana do Castelo e Vila Real. Ora, tal facto aconselha a que não se façam asserções demasiado gerais acerca dos efeitos da magnitude dos círculos, quer sobre a proporcionalidade do sistema eleitoral português, quer sobre os processos de recrutamento parlamentar.

Seja como for, é de admitir que nos círculos grandes, como acontece com Lisboa e Porto, mas também com Braga e Setúbal, os eleitores desconheçam por completo a maioria dos candidatos em quem votam, tanto mais que o seu nome não consta do boletim de voto. E raros serão aqueles que, mesmo no fim da legislatura, conhecem o nome de mais do que um dos respectivos deputados ou que estabeleceram com algum deles qualquer tipo de contacto. O facto de a elevada magnitude dos círculos eleitorais, juntamente com as listas fechadas e bloqueadas, contribuir para o apagamento da figura dos candidatos em benefício das «etiquetas» dos partidos leva a que os deputados não se sintam motivados para estabelecer uma relação directa e permanente com os eleitores do seu círculo eleitoral — actuando como seus intermediários junto do poder central. E explica também que, em regra, estes não se preocupem em manter uma reputação de eficiência junto daqueles que os elegeram, já que sabem que o seu «destino» em nada depende da sanção democrática dos eleitores do seu círculo.

Evolução da magnitude média dos círculos eleitorais, em Portugal

[QUADRO N.º 3]

Legislaturas / Círculos	1976-1979	1979-1980	1980-1983	1983-1985	1985-1987	1987-1991	1991-1995	1995-1999	1999-2002	2002-	Média
Aveiro	15	15	15	15	15	15	14	14	15	15	15
Beja	6	5	5	5	5	5	4	4	3	3	5
Braga	15	15	15	16	16	17	16	116	17	18	26
Bragança	5	4	4	4	4	4	4	4	4	4	4
Castelo Branco	7	6	6	6	6	6	5	5	5	5	6
Coimbra	12	12	12	11	11	11	10	10	10	10	11
Évora	6	5	5	5	5	4	4	4	4	3	5
Faro	9	9	9	9	9	9	8	8	8	8	9
Guarda	6	5	5	5	5	5	4	4	4	4	5
Leiria	11	11	11	11	11	11	10	10	10	10	11
Lisboa	58	56	56	56	56	56	50	50	49	48	54
Portalegre	4	4	4	4	3	3	3	3	3	3	3
Porto	38	38	38	38	39	39	37	37	37	38	38
Santarém	13	12	12	12	12	12	10	10	10	10	11
Setúbal	17	17	17	17	17	17	16	17	17	17	17
Viana do Castelo	7	6	6	6	6	6	6	6	6	6	6
Vila Real	7	6	6	6	6	6	6	5	5	5	6
Viseu	11	10	10	10	10	10	9	9	9	9	10
Açores	6	5	5	5	5	5	5	5	5	5	5
Madeira	6	5	5	5	5	5	5	5	5	5	5
País	259	246	246	246	246	246	226	226	226	226	239
Europa	2	2	2	2	2	2	2	2	2	2	2
Fora da Europa	2	2	2	2	2	2	2	2	2	2	2
Total	263	250	250	250	250	250	230	230	230	230	243
Magnitude média (MM)	11,9	11,4	11,4	11,4	11,4	11,4	10,4	10,4	10,4	10,4	-

Fonte: Atlas Eleitoral. Eleições para a Assembleia da República 2002, STAPE, Lisboa, 2002.

Com efeito, num sistema eleitoral como o nosso, a reeleição de um representante parlamentar dependerá mais da sua capacidade de manter uma posição elevada nas listas do partido do que da sua capacidade de assegurar os votos dos eleitores, o que tende a fazer com que o «serviço ao partido» se sobreponha ao «serviço aos eleitores». O que conta não é tanto o prestígio angariado pelo deputado no círculo, nem tão-pouco a avaliação positiva do seu desempenho por parte dos eleitores, mas antes o apoio da direcção do partido, que é necessário para a colocação na lista num lugar elegível. Tal não pode deixar de reforçar as tendências centralizadoras no funcionamento interno dos partidos e contribuir também para a imagem negativa que o Parlamento e os deputados têm junto da opinião pública.[83]

Por outro lado, e não obstante os efeitos atribuíveis ao sistema de representação proporcional com listas fechadas e bloqueadas, é de admitir que nos círculos de pequena magnitude — de que são exemplo Évora, Beja e Portalegre —, os eleitores tenham mais probabilidades de conhecer e até de contactar os representantes eleitos, partindo do pressuposto de que estes estão dispostos a resolver os seus problemas ou a agir em seu nome junto dos responsáveis do Governo ou de qualquer sector da Administração Pública. E se é verdade que os deputados eleitos por círculos de pequena magnitude sabem que a sua futura reeleição dependerá, essencialmente, das opções do *party selectorate* e não tanto do voto do eleitorado, o facto é que podem, deliberadamente, fazer do trabalho ao círculo e da notoriedade local um factor adicional a ter em conta no momento da elaboração das listas. Valerá a pena dizer, até porque tende a ser por vezes ignorado, que os argumentos que sublinham o facto de os sistemas maioritários com círculos uninominais incentivarem a relação de proximidade e de responsabilidade entre eleito e eleitor podem ser igualmente aplicados aos sistemas eleitorais com listas fechadas e bloqueadas.

E isto porque se os eleitores valorizam os representantes eleitos que não só tomam em consideração as suas opiniões como se mostram disponíveis para actuar como seus intermediários, então é de supor que os partidos políticos têm toda a vantagem em colocar no topo das suas listas aqueles

---

[83] André Freire, António de Araújo, Cristina Leston Bandeira, Marina Costa Lobo e Pedro Magalhães (2002), «A imagem da Assembleia da República na opinião pública portuguesa», *in* André Freire, António de Araújo *et al.*, *O Parlamento Português: Uma Reforma Necessária*, Lisboa, Instituto de Ciências Sociais, pp. 133-156.

candidatos que gozam de uma reputação de eficiência no desempenho do seu mandato junto dos eleitores do respectivo círculo. Caso contrário, e como bem sublinham John Curtice e Phillips Shively, os partidos arriscam-se a que os eleitores prefiram apoiar outra lista. E, sendo assim, há que sublinhar bastante menos os argumentos normativos e as justificações teóricas que opõem, no que a este ponto diz respeito, os sistemas plurinominais aos sistemas uninominais.[84]

Da nossa exposição decorrem, pois, as seguintes hipóteses de trabalho:

- **Hipótese 1.** Quanto maior é a magnitude do círculo eleitoral, menor é o *conhecimento* que os eleitores têm dos candidatos à Assembleia da República.

- **Hipótese 2.** Quanto maior é a magnitude do círculo eleitoral, menor é o *contacto* dos eleitores com os deputados eleitos.

- **Hipótese 3.** Quanto maior é a magnitude do círculo eleitoral, menor é a *personalização* do voto.

- **Hipótese 4.** Quanto maior é a *interacção* entre eleitores e eleitos, mais positiva é a *avaliação* que os cidadãos fazem dos deputados e do Parlamento, em particular, e do funcionamento da democracia, em geral.

A figura n.º 1 traça o modelo completo dos supostos efeitos dos círculos eleitorais de pequena magnitude, no que respeita à interacção entre eleitores e eleitos — entendida na dupla acepção do conhecimento e do contacto —, bem como à personalização do voto nas eleições. Ao mesmo tempo mostra os efeitos da interacção sobre o modo como os cidadãos percepcionam e avaliam o processo político, tanto ao nível dos seus actores institucionais, como ao nível do funcionamento do sistema democrático.

Uma vez que, como referem John Curtice e Phillips Shively, tendo em conta os argumentos teóricos apresentados em defesa dos círculos uninominais, o conhecimento dos candidatos e o contacto com os deputados têm consequências positivas na avaliação que os eleitores fazem dos seus representantes, no grau de confiança que depositam na instituição parlamentar, e, por fim, no grau de satisfação que revelam relativamente ao

---

[84] John Curtice e Phillips Shiveley (2003), «Quem nos representa melhor? Um deputado ou vários», *op. cit.*, p. 366.

funcionamento da democracia, contribuindo, desta forma, para fomentar a legitimidade do sistema político no seu todo.

Mas será que, na prática, os círculos de pequena magnitude se revelam mais eficazes do que os círculos de média e grande magnitude, no que respeita à visibilidade dos candidatos à AR e à personalização do voto? E será também que estes incentivam o contacto entre eleitores e eleitos? E será, por fim, que isso tem um impacto favorável na avaliação que os eleitores fazem do processo político?

Os efeitos dos círculos eleitorais de pequena magnitude

[FIGURA N.º 1]

Fonte: modelo elaborado a partir de John Curticee Phillips Shively (2003: 373).

O Estudo Eleitoral Nacional de 2002, integrado, como é sabido, no projecto internacional *Comparative Study of Electoral Systems*, permite-nos responder a todas estas questões, na medida em que compreende um conjunto de indicadores que tornam possível testar empiricamente os argumentos teóricos e as hipóteses de trabalho apresentados anteriormente.

Comecemos por notar que o EENP nos fornece dois indicadores do grau de interacção entre os eleitores e os seus representantes. O primeiro, permite-nos saber se os eleitores conhecem, de facto, os nomes de alguns dos candidatos que concorreram pelo seu círculo eleitoral, e tem por base a seguinte questão:

> Lembra-se do nome de qualquer um dos candidatos que tenha concorrido pelo seu círculo eleitoral nas últimas eleições para Assembleia da República?

Posteriormente, foi pedido aos inquiridos que responderam afirmativamente a esta questão que indicassem pelo menos dois nomes dos candidatos eleitos, cuja exactidão foi confirmada mediante a consulta da lista oficial dos candidatos à AR. O objectivo é aqui, recorde-se, o de saber se é menos provável que os eleitores que residem em círculos de grande magnitude indiquem correctamente o nome dos candidatos que concorreram pelo seu círculo às eleições legislativas de 2002, do que os que vivem em círculos de média ou pequena magnitude. Desta forma, poderemos estabelecer se a magnitude do círculo exerce, de facto, uma influência significativa na visibilidade dos candidatos junto dos eleitores, o que nos ajudará a perceber se esse facto poderá ser tido em conta nas opções do *party selectorate*.

O segundo indicador que nos interessa analisar refere-se ao grau de contacto dos eleitores com um representante eleito, e tem por base a seguinte pergunta:

> Nos últimos doze meses, teve qualquer tipo de contacto com um deputado?

Note-se que aqui, e como foi sugerido atrás, o que interessa saber é se nos círculos de grande magnitude a probabilidade de os cidadãos contactarem com um representante eleito é menor do que nos círculos de média e pequena magnitude, dado que os primeiros, como ensina a literatura especializada, tendem a desencorajar uma relação representativa pautada pela proximidade e pela interacção entre eleitores e eleitos.

Para além da interacção entre eleitores e eleitos, e complementando, neste ponto, o modelo de análise proposto por John Curtice e Phillips Shively, integrámos na nossa pesquisa um terceiro indicador relativo à eventual personalização do voto, o qual resulta do autoposicionamento dos inquiridos na seguinte escala:

> Há quem diga que em quem as pessoas votam não faz qualquer diferença no curso dos acontecimentos. Mas há também quem diga que em quem as pessoas votam pode fazer uma grande diferença no curso dos acontecimentos. Utilizando a seguinte escala, em que 1 significa que em quem as pessoas votam não faz qualquer diferença e 5 significa que em quem as pessoas votam pode fazer uma grande diferença, onde é que se posicionaria?

Com a introdução deste terceiro indicador, procurámos saber se os círculos de grande magnitude contribuem para a despersonalização do voto, que, como é conhecido, é um dos traços distintivos dos sistemas de representação proporcional com listas fechadas e bloqueadas, e que se encontra, como a seu tempo veremos, na origem das propostas de reforma do actual sistema eleitoral. Mas, como resulta do modelo de análise adoptado e das hipóteses de investigação formuladas, uma coisa é testar a influência da magnitude dos círculos eleitorais na interacção entre eleitores e eleitos e na personalização do voto; outra coisa, bem distinta, mas igualmente importante do ponto de vista dos nossos objectivos, é procurar determinar a *relevância política* da interacção entre eleitos e eleitores.

Para isso, será necessário demonstrar que esses aspectos têm consequências benéficas para o sistema político, na medida em que se acham associados a uma avaliação positiva do papel dos representantes, a uma maior confiança na Assembleia da República e a um elevado nível de satisfação com o funcionamento concreto do sistema democrático. Para além disso, teremos também de descobrir se mesmo aqueles que não conhecem os candidatos à AR, que não contactaram com um deputado eleito e que atribuem pouco ou nenhum significado a uma escolha eleitoral personalizada revelam atitudes diferenciadas no que diz respeito à avaliação que fazem do comportamento dos representantes eleitos, à confiança que depositam na instituição parlamentar e, por último, ao grau de satisfação que revelam com o desempenho do sistema democrático.

Neste sentido, e com o objectivo de averiguar a relevância política da interacção entre eleitores e eleitos, usámos quatro indicadores. Os dois primeiros referem-se à avaliação que os eleitores fazem dos seus representantes:

> Há quem diga que os deputados da Assembleia da República sabem bem o que o cidadão comum pensa. Outras pessoas dizem que eles não sabem nada do que o cidadão comum pensa. Utilizando uma escala de 1 a 5, em que um significa que os deputados sabem bem o que cidadão comum pensa e 5 significa que os deputados não sabem nada do que o cidadão comum pensa, onde é que se posicionaria?

E ainda:

> Tendo em conta o funcionamento das eleições em Portugal, em que medida acha que as opiniões dos deputados reflectem as opiniões dos votantes? Acha que reflectem muito bem, bem, mal ou muito mal?

Os outros dois indicadores dizem respeito ao grau de confiança na Assembleia da República e ao grau de satisfação com o funcionamento da democracia, e resultam da resposta às seguintes questões:

> Diga-nos se confia bastante, muito, pouco ou nada na Assembleia da República?

E também:

> De um modo geral, está muito satisfeito, razoavelmente satisfeito, não muito satisfeito, ou nada satisfeito com o modo como funciona a democracia em Portugal?

Num primeiro momento, e para determinar qual o impacto da magnitude do círculo eleitoral sobre a interacção entre eleitos e eleitores, por um lado, e a personalização do voto, por outro, procedemos a uma análise de regressão, na qual, como se pode ver no quadro n.º 4, considerámos não apenas a magnitude do círculo eleitoral como variável independente, como incluímos também — ao contrário do modelo de Curtice e Shively, e à semelhança do modelo de Norris — algumas variáveis sociodemográficas de controlo, nomeadamente, o sexo, a idade, o grau de instrução e o rendimento.[85]

---

[85] Pippa Norris (2001), «The twilight of Westminster? Electoral Reform and its consequences», in Political Studies, 49 (4), pp. 877-900.

**Descrição e codificação das variáveis independentes
utilizadas na regressão logística, 2002**

[QUADRO N.º 4]

Variáveis independentes	Codificação das variáveis
Sexo .... (perg. d2)	0: Feminino 1: Masculino
Idade .... (perg. d1)	1: 18-29 anos 5: 66-74 anos
Grau de instrução .... (perg. d3)	1: Nenhum 11: Pós-graduação completa
Rendimento familiar mensal .... (perg. d18)	1: Menos de 300 euros (menos de 60 contos) 5: Mais de 2 500 euros (mais de 500 contos)
Magnitude do círculo .... (perg. 2r)	1: Pequena 2: Média 3: Grande

Fonte: António Barreto, André Freire, Marina Costa Lobo e Pedro M. Magalhães (orgs.) (2002), *Comportamento Eleitoral e Atitudes Políticas dos Portugueses — Base de Dados*, Lisboa, Instituto de Ciências Sociais.

Nos quadros seguintes apresentam-se os resultados relativos à análise efectuada, e o que imediatamente sobressai da sua leitura é a existência de uma relação forte e estatisticamente significativa entre a magnitude dos círculos eleitorais e o conhecimento que os cidadãos têm dos candidatos eleitos à AR. Simplesmente, e de forma inesperada, essa associação estatística assume um sentido positivo — ou seja, quanto maior é a magnitude do círculo, maior é grau de conhecimento dos candidatos —, o que parece contrariar a hipótese de que nos círculos grandes é muito difícil aos eleitores conhecerem os seus representantes na Assembleia da República e, portanto, de os responsabilizarem pelo exercício do seu mandato. E assim sendo, torna-se igualmente questionável a tese de que nos círculos de grande dimensão não há qualquer tipo de incentivos para que os deputados desenvolvam uma relação mais directa e estreita com os seus eleitores — seja por razões que se prendem com a extensão territorial dos círculos, seja pelo papel secundário que o voto dos eleitores tem no seu acesso à carreira parlamentar, que se encontra dependente dos «aparelhos» partidários.

Magnitude dos círculos eleitorais e conhecimento dos candidatos à AR, em 2002 (coeficientes β de regressão logística)

[QUADRO N.º 5]

Variáveis independentes	Conhecimento dos candidatos			
	Conhecimento (1)		Conhecimento (2)	
	β	Wald	β	Wald
Sexo	0,997(***)	22,588	1,325(***)	19,233
Idade	0,013(*)	3,131	0,009	0,843
Instrução	0,368(***)	38,962	0,403(***)	26,511
Rendimento	0,185	2,007	0,105	0,348
Magnitude do círculo	0,704(***)	13,895	1,317(***)	16,287
Constante	-6,778	69,953	-9,449	59,428
Cox & Snell R^2	0,136		0,112	
Nagelkerke R	0,223		0,250	
N	1 303		1 303	
Casos estimados correctamente	83,5 %		91,3 %	

Fonte: *Idem, ibidem.*

Notas: **1.** Variável dependente (conhecimento: avaliação geral) tem por base a pergunta c3_4b, a qual foi tratada, para efeitos de regressão, da seguinte forma: 1 = indicação correcta do nome do candidato, 0 = indicação incorrecta do nome do candidato. **2.** Variável dependente (conhecimento: número de candidatos mencionados correctamente), tem por base a pergunta c3_4a, a qual foi tratada, para efeitos de regressão, da seguinte forma: 1 = indicação correcta dos nomes de pelo menos dois candidatos eleitos; 0 = outros casos. **3.** Nível de significância de rejeição da hipótese nula: (*) $p \leq 10\%$; (**) $p \leq 5\%$; (***) $p \leq 1\%$. **4.** As respostas «Não sabe» / «Não responde» (NS/NR) foram incluídas na análise e tratadas estatisticamente recorrendo-se, para tal, ao método *regression imputation*.

É interessante observar ainda que os dados sobre o conhecimento que os eleitores têm dos candidatos são reforçados pelo facto de se verificar uma associação estatisticamente significativa, se bem que mais modesta, entre a magnitude dos círculos eleitorais e a importância que os eleitores atribuem à escolha personalizada dos seus representantes. Quer isto significar que são os eleitores que residem em círculos de grande magnitude aqueles que mais valorizam o «elemento pessoal» nas suas escolhas políticas, o que faz supor que a sua opção de voto seja orientada não apenas pela identificação ou simpatia por um determinado partido, mas também pelas qualidades pessoais dos candidatos a cargos públicos — entre estes, os candidatos à AR.

**Magnitude dos círculos eleitorais e personalização do voto, em 2002
(coeficientes β de regressão logística)**

[QUADRO N.º 6]

Variáveis independentes	Personalização do voto	
	β	Wald
Sexo	0,085	0,239
Idade	0,009	1,660
Instrução	0,142(**)	6,512
Rendimento	0,031	0,078
Magnitude do círculo	0,224(**)	3,688
Constante	-0,498	0,573
Cox & Snell R^2	0,016	
Nagelkerke R	0,024	
N	1 303	
Casos estimados correctamente	76,7 %	

Fonte: Idem, ibidem.

Notas: **1.** Variável dependente (personalização do voto) tem por base a pergunta n.º 16, a qual foi tratada, para efeitos de regressão, da seguinte forma: 1 = o voto em pessoas é importante, 0 = o voto em pessoas não é importante. **2.** Nível de significância de rejeição da hipótese nula: (*) $p \leq 10$ %; (**) $p \leq 5$ %; (***) $p \leq 1$ %. **3.** As respostas «Não sabe» / «Não responde» (NS/NR) foram incluídas na análise de regressão e tratadas estatisticamente recorrendo-se, para tal, ao método *regression imputation*.

Importa dizer que estes dados empíricos, não obstante contrariarem os argumentos teóricos dos defensores dos círculos uninominais, no que à relação entre eleitores e eleitos diz respeito, não se afastam das conclusões avançadas num estudo realizado há já alguns anos por José Montero e Richard Gunther sobre a realidade espanhola, no qual se demonstra que a personalização do voto é maior nos círculos grandes do que nos círculos pequenos. E tal assim é num sistema eleitoral em que a fórmula proporcional — a média mais alta de Hondt — se encontra associada a uma reduzida dimensão dos círculos eleitorais e a limiares de representação elevados, tornando o sistema «quase maioritário» ou «pseudo-proporcional».[86]

---

[86] José Ramón Montero e Richard Gunther (1994), «Sistemas 'cerrados? e listas 'abiertas': sobre algumas propuestas de reforma del sistema electoral en España», *in*

Ora a explicação para estes dados — que, de forma aparentemente paradoxal, associam a personalização do voto aos círculos de grande magnitude, tanto em Portugal como Espanha — deve ser procurada nos modernos processos de comunicação política, nomeadamente nos que são conduzidos através da Televisão, na medida em que estes contribuem para a maior visibilidade dos candidatos com notoriedade nacional, especialmente os candidatos a primeiro-ministro. Com efeito, é nos grandes círculos que os dirigentes nacionais disputam as eleições para a Assembleia da República, e é também neles que se assiste ao uso de técnicas de campanha «modernas», que passam pelo recurso intensivo aos meios de comunicação de massas, em especial à televisão, em detrimento da mobilização de militantes de base e de organizações aliadas, bem como pelo recurso aos «novos profissionais da política», que as desenvolvem de forma eficaz. Estes, importando do *marketing* comercial as técnicas que privilegiam os atributos pessoais e os apelos emocionais, e relegando para segundo plano os programas e as propostas políticas dos próprios partidos, acabam por impor o visível ao inteligível, em sociedades que são cada vez mais «espectacularizadas».

Se acrescentarmos ao que acabámos de dizer, a forte bipolarização resultante do voto «útil» nos dois maiores partidos, percebe-se, pois, que nos círculos de grande magnitude a aposta nas qualidades pessoais dos candidatos em lugares elegíveis seja um critério de recrutamento cada vez mais importante — a par de outros critérios, tais como o tempo de serviço no partido ou a posição que se detém na organização. E que assim é, confirma-o o facto de os cabeças-de-lista nos círculos de média e pequena magnitude serem geralmente figuras nacionais dos partidos, que para aí são «deslocadas» não só para garantir a sua eleição — e, com isso, assegurar a qualificação política e técnica dos grupos parlamentares — mas também para procurar «mediatizar» campanhas que têm um cunho regional ou local, e onde a maior parte dos candidatos acaba por ser desconhecida dos eleitores; subverte-se, assim, o princípio formalmente vigente da «representatividade territorial», em listas em que figuram não poucos «pára-quedistas» de Lisboa. Por outro lado, e de acordo com os dados da regressão logística efectuada, parece haver razões sufi-

---

AA.VV. (1994) *La Reforma del Régimen Electoral*, Madrid, Centro de Estudios Constitucionales, pp. 13-88.

cientes para afirmar que a instrução tende a condicionar a ligação dos eleitores ao universo da política e, consequentemente, o conhecimento dos candidatos. Há que concluir, assim, que nos grandes círculos urbanos, sendo maior o índice de mobilização cognitiva dos eleitores, isso se traduza necessariamente numa maior informação a respeito dos candidatos à Assembleia da República.

Ainda a propósito da personalização do voto, valerá a pena acrescentar aqui que o estudo comparativo de Curtice e Shively demonstra que o grau de conhecimento dos candidatos por parte dos eleitores não é maior nos sistemas com círculos uninominais do que nos sistemas com círculos plurinominais — com ou sem voto preferencial —, e que a diferença entre uns e outros apenas se torna ligeiramente significativa quando em causa está o «contacto» com os representantes eleitos. Mas também aqui, e como sustentam os autores acima mencionados, parece não haver muito para escolher entre círculos uninominais e círculos plurinominais, dado que o facto de se ter estabelecido um contacto directo com um representante eleito parece ser muito pouco relevante em termos políticos. E porquê?

Porque os dados empíricos mostram que se há uma maior probabilidade de os eleitores que experimentaram um tal «contacto» pensarem que os eleitos conhecem e avaliam bem as suas opiniões e os seus interesses, a verdade é que isso não contribui necessariamente para a formação de uma opinião pública mais favorável aos deputados, e muito menos para uma maior satisfação com o funcionamento da democracia. Em vez disso, os dados revelam que são os eleitores que vivem em países com sistemas que adoptam círculos plurinominais, e em que é permitido o «voto preferencial» em candidatos individuais, que apresentam um nível mais elevado de satisfação com a actuação do sistema democrático.

Tal facto contraria a tese de que o uso de círculos uninominais e a defesa eficaz dos interesses locais beneficiam não só os representantes individuais — permitindo-lhes obter, no momento das eleições, «um voto pessoal», que poderá ajudar à sua reeleição —, como têm também consequências vantajosas para o próprio funcionamento do sistema democrático, reforçando a sua legitimidade. Dado que, e segundo os argumentos dos defensores dos círculos uninominais, a função de intermediação dos representantes eleitos constitui um mecanismo vital para supervisionar e ultrapassar as dificuldades que possam surgir no desenvolvimento de certas políticas públicas. Pois se, por um lado, os representantes eleitos, ao tomarem conhecimento da impopularidade de uma determinada política junto dos eleitores do seu círculo, podem sempre informar e até pressionar os decisores políticos para que estes procedam à sua revisão ou alteração; por outro, os cidadãos, que sentem que foram vítimas de uma prestação pública pouco aceitável ou susceptível de ser contestada, sabem que podem recorrer aos seus representantes para que estes intercedam em seu nome junto dos órgãos da administração central, o que impede que estes se tornem arbitrários ou discricionários nas suas decisões.

Em Portugal, e como ficou dito atrás, os dados empíricos contrariam claramente a ideia de que a personalização do voto é maior nos círculos de pequena magnitude; não existirá aí um melhor nível de informação sobre quem são os candidatos nem uma escolha mais personalizada no momento da eleição. Mas não mostram apenas isto; revelam, também, que não existe uma relação estatisticamente significativa, seja de sinal positivo ou negativo, entre o «contacto» com os representantes eleitos e a magnitude do círculo eleitoral, afastando a hipótese de que nos círculos pequenos há efectivamente uma relação de maior proximidade entre eleitos e eleitores, e contrariando, igualmente, a ideia de que tal «contacto» tem um impacto político positivo — ou seja, que contribui para uma maior confiança no Parlamento, em particular, e para uma maior satisfação com a democracia, em geral.

A análise dos dados permite confirmar, se bem que parcialmente, aquilo que ficou dito a propósito do estudo de Curtice e Shively, e que é o seguinte: a experiência directa de «contacto» com um representante eleito não é determinada pela magnitude dos círculos eleitorais, sendo que os eleitores que experimentam um tal «contacto» tendem a fazer uma avaliação mais positiva do papel dos representantes individuais, no que se refere ao modo como estes reflectem e traduzem as opiniões do eleitorado. Para além disso, uma outra questão deve ser aqui realçada. Como se pode constatar no quadro n.º 8, existe uma associação estatisticamente significativa, e de sinal negativo, entre o conhecimento e a personalização do voto e o grau confiança na Assembleia da República, por um lado, e o grau de satisfação com o funcionamento da democracia, por outro. O que parece sugerir que o conhecimento dos candidatos eleitos e a personalização do voto reduzem, em vez de aumentarem, a confiança institucional e a satisfação com democracia.

Magnitude dos círculos eleitorais e contacto com os representantes eleitos, em 2002 (coeficientes β de regressão logística)

[QUADRO N.º 7]

Variáveis independentes	Contacto com os representantes eleitos	
	B	Wald
Sexo	0,393	1,718
Idade	-0,017	2,233
Instrução	0,003	0,001
Rendimento	0,452(**)	6,146
Magnitude do círculo	0,054	0,048
Constante	-3,521	11,242
Cox & Snell R^2	0,021	
Nagelkerke R	0,056	
N	1 303	
Casos estimados correctamente	93,6 %	

Fonte: Idem, ibidem.
Notas: 1. Variável dependente (contacto) tem por base a pergunta n.º 14, a qual foi tratada, para efeitos de regressão, da seguinte forma: 1= contactou com um deputado, 0 = não contactou com um deputado. 2. Nível de significância de rejeição da hipótese nula: (*) $p \leq 10$ %; (**) $p \leq 5$ %; (***) $p \leq 1$ %. 3. As respostas «Não sabe» / «Não responde» (NS/NR) foram incluídas na análise de regressão e tratadas estatisticamente recorrendo-se, para tal, ao método *regression imputation*.

Relevância política do conhecimento dos candidatos, da personalização do voto e do contacto com os representantes eleitos, em 2002

[QUADRO N.º 8]

Coeficientes de correlação *Kendall's tau-b*	Conhecimento	Personalização	Contacto
Os deputados sabem o que o cidadão comum pensa	0,045	0,012	0,054(*)
As opiniões dos deputados reflectem as opiniões dos eleitores	0,037	0,035	0,076(*)
Grau de confiança no Parlamento	-0,043(*)	-0,067(*)	0,042
Grau de satisfação com a democracia	-0,055(*)	-0,089(*)	0,034

Fonte: Idem, ibidem.
Notas: 1. Nível de significância de rejeição da hipótese nula: (*) $p \leq 0,05$; (**) $p \leq 0,01$. 2. Para testar a relevância política do conhecimento dos candidatos à AR por parte dos eleitores, utilizámos aqui as respostas à pergunta c3_4a.

Apesar de contrariarem as nossas expectativas iniciais, estes resultados não constituem uma novidade e muito menos uma singularidade do caso português, já que a própria pesquisa de Curtice e Shiveley, e outros estudos comparativos, têm sugerido que se reflicta sobre um possível *trade-off* introduzido por uma maior personalização do voto, o qual se traduz basicamente no seguinte: quanto maiores as oportunidades institucionais de identificar e responsabilizar os deputados a nível individual menor a capacidade de identificar e responsabilizar as instituições, em particular, e o sistema político, em geral.

Desta forma, os dados aconselham que se tenha em conta alguns dos possíveis «efeitos perversos» associados a uma maior personalização do voto, na medida em que estes podem levar a uma menor capacidade de responsabilização das instituições políticas como um todo. Referimo-nos, pois, ao aumento da competição no interior das organizações partidárias, à quebra da disciplina de voto na arena parlamentar, ao aumento do peso dos aparelhos e dos particularismos locais, mas também, e sobretudo, à maior visibilidade dos desempenhos individuais dos deputados — tudo factores que, podendo contribuir para uma maior responsabilização destes perante o eleitorado, dificultam também a responsabilização eleitoral dos partidos e do Parlamento no seu conjunto.

3.2.2 *Magnitude dos círculos, sufrágio de lista e recrutamento parlamentar*

Se até aqui vimos em que medida a magnitude dos círculos eleitorais influencia a relação entre eleitores e eleitos, o exercício que se propõe a partir daqui, e que se acha mais directamente relacionado com o objecto da nossa investigação, é o de saber até que ponto este elemento central no estudo de qualquer sistema eleitoral ajuda explicar os modelos, as estratégias e os critérios de recrutamento parlamentar em Portugal.

Para tal, adoptaremos dois tipos de abordagem: uma diacrónica e uma sincrónica. A primeira, tem por base os dados individuais resultantes da análise longitudinal das listas de candidatura apresentadas pelos partidos com representação parlamentar, a qual totaliza 4 132 registos e fornece informação sobre o sexo, a idade, a profissão, a origem local, a ligação ao partido, a sobrevivência, a titularidade e a mobilidade de círculo dos candidatos à Assembleia da República, entre 1991 e 2002. A segunda, tem por base os dados disponibilizados pelo inquérito por questionário aplicado aos candidatos às eleições legislativas de 2002, e colige informação empírica sobre a concepção do mandato representativo — atendendo à relação entre eleito e eleitores, e também à relação entre eleito e partido — bem como sobre a avaliação dos modelos de recrutamento parlamentar.

Se o leitor está recordado, na secção 2 do presente capítulo tivemos oportunidade de tratar, de forma mais ou menos aprofundada, as implicações que a magnitude dos círculos eleitorais pode ter no processo de selecção e de elaboração das listas de candidatura, pelo que é com base nessas considerações teóricas, e também nas características do sistema eleitoral para a Assembleia da República, que passamos a formular as seguintes hipóteses de trabalho:

- **Hipótese 1.** Quanto maior é a magnitude dos círculos eleitorais, maior é a representação dos grupos sociais geralmente subrepresentados: mulheres e jovens.
- **Hipótese 2.** Quanto maior é a magnitude dos círculos eleitorais, maior é a representação de candidatos política e partidariamente menos activos: independentes, não sobreviventes e não titulares.
- **Hipótese 3.** Quanto maior é a magnitude dos círculos eleitorais, menor é o a origem e o enraizamento local dos candidatos em relação ao seu círculo.
- **Hipótese 4.** Quanto maior é a magnitude dos círculos eleitorais, maior é o grau de centralização, de competitividade e de conflitualidade do processo de selecção dos candidatos e de elaboração das listas.
- **Hipótese 5.** Quanto maior é a magnitude dos círculos eleitorais, menor é o grau de democraticidade do processo de selecção do candidatos e de elaboração das listas.
- **Hipótese 6.** Quanto maior é a magnitude dos círculos eleitorais, maior é a aceitação da disciplina partidária.
- **Hipótese 7.** Quanto maior é magnitude dos círculos eleitorais, maior é a adesão à concepção «partidarizada» do mandato, tanto no que se refere ao «foco» como ao «estilo» da representação.

Vejamos, então, o que nos dizem os dados e de que forma permitem confirmar as hipóteses que acabamos de enunciar.

Se olharmos para os dados apresentados nos quadros que se seguem, verificamos de imediato que existe uma correlação estatisticamente significativa, e de sinal positivo, entre a magnitude dos círculos eleitorais e alguns dos atributos sociodemográficos dos candidatos à Assembleia da República. Em primeiro lugar, há uma maior percentagem de candidatos do sexo feminino nos círculos de grande magnitude do que nos círculos de média e pequena magnitude, a qual é, aliás, superior à percentagem para a amostra total.

Tal facto parece comprovar a hipótese de que este tipo de círculo tende a favorecer a inclusão das mulheres nas listas dos partidos e a favorecer a sua entrada no Parlamento, na medida em que o *party selectorate* procura aí equilibrar a competência técnica e a sensibilidade política com a carreira nos aparelhos partidários — uma estratégia de recrutamento que se adequa melhor ao perfil de candidatura feminina, e que é ditada, muitas vezes, mais por razões simbólicas do que por motivos de natureza política.[87] Poder-se-á também explicar esta tendência pelo facto de nos círculos de média e pequena dimensão existir geralmente um número de «lugares reservados» para os dirigentes partidários de topo que, não sendo colocados em posição elegível nos círculos grandes, asseguram aí a sua eleição — o que tende, naturalmente, a aumentar competitividade do processo de selecção e a dificultar ainda mais as hipóteses de as mulheres serem propostas a sufrágio por essas circunscrições. De igual modo, não podemos esquecer a circunstância de os pequenos círculos eleitorais corresponderem a segmentos territoriais onde predomina uma visão mais tradicionalista do papel da mulher, o que, como facilmente se depreende, tende a restringir as oportunidades de acesso feminino aos jogos e aos lugares de poder.[88]

Ainda no que à representação feminina diz respeito, estes dados revelam que — ao contrário do que acontece, por exemplo, em Espanha — a magnitude do círculo eleitoral não assume um valor explicativo muito significativo, pois a diferença percentual entre os círculos de grande magnitude e os demais é bastante reduzida (cerca de 3 pontos), apresentando os círculos de média e pequena magnitude valores praticamente idênticos.[89]

---

[87] Pippa Norris (1996), «Legislative recruitment», *in* Lawrence LeDuc, Richard G. Niemi e Pippa Norris (orgs.), *Comparing Democracies. Elections and Voting in a Global Perspective, op. cit.*, pp.198-201.

[88] José Manuel Leite Viegas e Sérgio Faria (2001), *As Mulheres na Política*, Oeiras, Celta Editora, pp. 33-36.

[89] Braulio Gómez Fortes (2003), «Elites parlamentares de Espanha e Portugal. Estrutura de oportunidades, formas e efeitos de recrutamento», *in* António Costa Pinto e André Freire (orgs.), *Elites, Sociedade e Mudança Política*, Oeiras, Celta Editora, p. 228.

Em segundo lugar, verifica-se que os círculos de grande magnitude tendem a ser mais favoráveis à inclusão de candidatos com profissões menos propícias ao exercício da actividade política a título permanente e que, por isso, se encontram geralmente subrepresentados, quando olhamos para a composição profissional dos Parlamentos nas democracias industriais avançadas. São, disso exemplo, os trabalhadores oriundos do sector privado da economia — seja por razões relacionadas com um sistema rígido de incompatibilidades, seja por razões de natureza estritamente salarial —, mas também os trabalhadores provenientes do sector primário e secundário. Em terceiro lugar, e contrariando a nossa expectativa teórica, não se verifica uma correlação estatisticamente significativa, nem em sentido positivo nem negativo, entre os círculos de grande magnitude e a entrada de candidatos mais jovens (até 35 anos) nas listas dos diferentes partidos, se bem que, e em termos de mera distribuição de frequências, a percentagem de jovens neste tipo de círculo seja ligeiramente superior quando comparada, quer com a observada nos círculos de média e de pequena magnitude, quer com a verificada na amostra total. Tal significa que, nos círculos mais pequenos, nos quais há poucos lugares que garantem o acesso ao Parlamento, as direcções partidárias têm muita dificuldade em colocar jovens com menor peso político no partido em lugares acima dos notáveis nacionais e regionais.

Por último, e no que respeita à origem local dos candidatos, os dados, reproduzidos no quadro n.º 9, evidenciam duas situações interessantes, do ponto de vista da nossa análise. Por um lado, a percentagem de candidatos que declaram que são naturais e/ou residem no círculo pelo qual se candidataram à Assembleia da República é extremamente elevada (cerca de 94 %), e é-o em qualquer dos três tipos de círculos eleitorais. Perante isto, é essencial notar-se que muitos dos candidatos, ao preencherem as suas fichas de candidatura, e eventualmente com o intuito de «comprovar» a proximidade em relação ao seu círculo, fornecem não o seu actual e verdadeiro endereço, mas antes a morada de familiares, de amigos e até de meros conhecidos. Ora, esta prática não pode deixar de contribuir para inflacionar consideravelmente a percentagem de «candidatos locais», ao mesmo tempo que minimiza substancialmente o fenómeno, bastante bem conhecido, do «pára-quedismo» nas eleições legislativas — ou seja, a deslocação territorial de dirigentes nacionais para círculos de média e pequena magnitude, a que são mais ou menos estranhos e distantes, a fim de assegurar a sua eleição e de garantir também a constituição de um grupo parlamentar mais qualificado e eficaz.

Os resultados obtidos vão exactamente nesse sentido, na medida em que, descontados os condicionalismos atrás referidos, se constata que a percentagem de candidatos «pára-quedistas» é superior nos círculos de pequena magnitude (10 %) do que nos círculos de média (6 %) e de grande magnitude (4 %). Fica a ideia de que o actual sistema eleitoral não favorece o «enraizamento local» dos candidatos nem a relação de proximidade entre eleitos e eleitores, permitindo, antes, como afirmava há uns anos, em tom irónico e acutilante, Vasco Pulido Valente, «encaixar à força» nos círculos pequenos as denominadas «personalidades de Lisboa», em prejuízo das «personalidades locais» — embora os dados disponíveis, sendo em grande medida «enganadores», pelas razões já aduzidas atrás, não nos permitam subscrever na íntegra esta afirmação.

Mas que é assim, parece sugeri-lo também o facto de a «mobilidade de círculo», para aqueles que se voltam a candidatar à Assembleia da República, ser mais elevada nos círculos de pequena magnitude (12 %) do que nos de média (10 %) e de grande (9 %) magnitude, como se pode ver no quadro n.º 9.

A magnitude ou dimensão do círculo eleitoral influi também na «sobrevivência» dos candidatos à Assembleia da República, sendo esta relativamente mais elevada nos círculos grandes (32,6 %) do que nos círculos médios (28,6 %) e pequenos (21,7 %). Isto significa que a renovação das listas se faz sobretudo neste último tipo de círculos, infirmando-se, assim, a hipótese de que os círculos de grande magnitude tendem a ser mais permeáveis aos candidatos menos activos política e partidariamente, ou seja, aos políticos não profissionais. Esta conclusão é reforçada pelo facto de não se verificar qualquer correlação estatisticamente significativa entre os círculos grandes e a presença de candidatos ditos «independentes» nas listas dos respectivos partidos, distribuindo-se estes de forma muito uniforme pelos três tipos de círculos. Não deixa de ser também importante notar que a percentagem de candidatos não titulares de um mandato parlamentar na legislatura anterior é ligeiramente superior nos círculos pequenos, ainda que não se possa falar de uma correlação estatisticamente significativa.

O que estes dados parecem indicar é que se os círculos de grande magnitude têm as consequências esperadas no que toca à composição social das listas, beneficiando as mulheres e as profissões menos predispostas ao exercício da actividade política, tal já não acontece quando em causa está a composição política das listas. Aqui, e de forma algo inesperada, são os círculos pequenos e médios, e não os grandes, que asseguram a

**Magnitude dos círculos eleitorais e estratégias
de recrutamento parlamentar de 1991 a 2002**
(valores em %)

[QUADRO N.º 9]

Variáveis independentes	Indicadores	Magnitude do círculo eleitoral [1]			
		Grande	Média	Pequena	Total
Sexo	Masculino	77,2	80,5	80,4	78,7
	Feminino	22,8	19,5	19,6	21,3
	(N)	(2 158)	(1 396)	(567)	(4 121)
	Pearson's R		-0,037[*]		
	Kendall's tau-b		-0,036[*]		
Idade	Até 35 anos	26,4	23,4	19,4	24,5
	Entre 36 e 49 anos	44,9	49,6	53,3	47,6
	50 e mais anos	28,7	27,0	27,3	27,9
	(N)	(2 118)	(1 376)	(542)	(4 036)
	Pearson's R		0,014		
	Kendall's tau-b		0,015		
Origem local [2]	Insider [*]	95,6	93,8	89,9	94,2
	Outsider [**]	4,4	6,2	10,1	5,8
	(N)	(2 158)	(1 396)	(567)	(4 121)
	Pearson's R		0,017[**]		
	Kendall's tau-b		0,016[**]		
Tipo de profissão	Menos propícia à act. política	37,3	32,6	31,5	35,0
	Mais propícia à act. política	62,7	67,4	68,5	65,0
	(N)	(2 129)	(1 329)	(559)	(4 017)
	Pearson's R		0,016[**]		
	Kendall's tau-b		0,015[**]		

Fonte: Listas de candidatura do CDS-PP, PPD-PSD, PS, CDU e BE depositadas na Comissão Nacional de Eleições (de 1987 a 2002).

Notas: Nível de significância de rejeição da hipótese nula: [*] $p \leq 0,05$; [**] $p \leq 0,01$. **1.** [1] Os círculos de grande magnitude correspondem àqueles que elegem acima de 15 deputados. Os círculos de média magnitude correspondem àqueles que elegem entre 6 a 15 deputados. Os círculos de pequena magnitude correspondem àqueles que elegem entre 2 a 6 deputados. **2.** [*] Candidatos que são naturais do seu círculo de candidatura e que nele residem. [**] Candidatos que não são naturais do seu círculo de candidatura nem nele residem.

Magnitude dos círculos eleitorais e estratégias de recrutamento parlamentar de 1991 a 2002
(valores em %)

[QUADRO N.º 9a]

Variáveis independentes	Indicadores	Magnitude do círculo eleitoral[1]			
		Grande	Média	Pequena	Total
Ligação ao partido	Filiado	95,3	96,6	95,9	95,9
	Independente	4,7	3,4	4,1	4,1
	(N)	(2 158)	(1 396)	(567)	(4 121)
	Pearson's R		0,016		
	Kendall's tau-b		0,015		
Candidatura na eleição legislativa imediatamente anterior [2]	Sobrevivente [*]	32,6	28,6	21,7	29,7
	Não sobrevivente [**]	67,4	71,4	78,3	70,3
	(N)	(2 038)	(1 317)	(535)	(3 890)
	Pearson's R		0,015[**]		
	Kendall's tau-b		0,015[**]		
Mandato parlamentar na legislatura imediatamente anterior [3]	Titular [*]	13,3	13,4	10,7	13,0
	Não titular [**]	86,7	86,6	89,3	87,0
	(N)	(2 038)	(1 315)	(535)	(3 888)
	Pearson's R		0,015		
	Kendall's tau-b		0,15		
Círculo eleitoral pelo qual se recandidatou	No mesmo círculo	91,3	89,9	87,9	90,5
	Em círculo diferente	8,7	10,1	12,1	9,5
	(N)	(664)	(378)	(116)	(1 158)
	Pearson's R		0,031[*]		
	Kendall's tau-b		0,029[*]		

Fonte: Idem, ibidem.

Notas: Nível de significância de rejeição da hipótese nula: [*] $p \leq 0,05$; [**] $p \leq 0,01$. **1.** [1] Os círculos de grande magnitude correspondem àqueles que elegem acima de 15 deputados. Os círculos de média magnitude correspondem àqueles que elegem entre 6 a 15 deputados. Os círculos de pequena magnitude correspondem àqueles que elegem entre 2 a 6 deputados. **2.** [*] Sobrevivente = Candidatos que integraram as listas do partido nas eleições legislativas imediatamente anteriores. [*] Não sobreviventes = Candidatos que não integraram as listas do partido nas eleições legislativas imediatamente anteriores. **3.** [*] Titular = Candidatos que foram detentores de um mandato parlamentar na legislatura imediatamente anterior. [**] Não titular = Candidatos que não foram detentores de um mandato parlamentar na legislatura imediatamente anterior.

renovação das listas à Assembleia da República, na medida em que é neles que tem maior relevância o número de candidatos não sobreviventes e não titulares, ou seja, é através deles que se processa a «abertura» do sistema político à renovação das elites dirigentes. Numa perspectiva longitudinal mais alargada, e tendo em conta não já os candidatos, mas os deputados efectivamente eleitos à AR, os resultados mantêm-se quase inalterados, ou seja, a taxa de reeleição parlamentar atinge os seus valores mais baixos nos círculos de pequena magnitude — ainda que, tal como o observado a respeito da titularidade dos candidatos, as diferenças percentuais entre os três tipos de círculos sejam muito pouco significativas.

Evolução da taxa de reeleição dos deputados, segundo a magnitude do círculo eleitoral (1976 a 2002)

[QUADRO N.º 10]

Legislaturas Magnitude	1976-1979	1979-1980	1980-1983	1983-1985	1985-1987	1987-1991	1991-1995	1995-1999	1999-2002	2002-	Média
Círculos grandes (em percentagem)	43	55	71	51	53	50	61	43	47	56	53
Círculos médios (em percentagem)	45	46	63	41	42	47	53	44	45	58	48
Círculos pequenos (em percentagem)	43	32	65	32	58	43	58	49	41	52	47

Fonte: Diário da República, I Série, n.º 122, de 25 de Maio de 1976 – Mapa oficial com os resultados das eleições para a AR (lista dos candidatos eleitos); Diário da República, I Série, n.º 295, de 24 de Dezembro de 1979 – Mapa oficial com os resultados das eleições intercalares realizadas a 2 de Dezembro de 1979(lista de candidatos eleitos); Diário da República, I Série, n.º254, de 3 de Novembro de 1980 – Relação dos deputados eleitos na eleição para a AR nas eleições de 5 de Outubro de 1980; Diário da República, I Série, n.º 121, de 26 de Maio de 1983 – Relação dos deputados eleitos para a AR, nas eleições de 25 de Abril de 1983; Diário da República, I Série, n.º 250, de 30 de Outubro de 1985 – Relação dos deputados eleitos para a AR, nas eleições de 6 de Outubro de 1985; Diário da República, I Série, n.º 182, de 10 de Agosto de 1985 – Relação dos deputados eleitos para a AR, nas eleições de 19 de Julho de 1987; Diário da República, I Série-A, n.º 249, de 29 de Outubro de 1991 – Relação dos deputados eleitos para a AR, nas eleições de 6 de Outubro de 1991; Diário da República, I Série-A, n.º 246/95, de 24 de Outubro de 1995 – Relação dos deputados eleitos para a AR, nas eleições de 1 de Outubro de 1995; Diário da República, I Série-A, n.º 247, de 22 de Outubro de 1999 – Relação dos deputados eleitos para a AR, nas eleições de 10 de Outubro de 1999; Diário da República, I Série-A, n.º 77, de 2 de Abril de 2002 – Relação dos deputados eleitos para a AR, nas eleições de 17 de Março de 2002.

Notas: **1.** Os círculos de grande magnitude correspondem àqueles que elegem acima de 15 deputados. Os círculos de média magnitude correspondem àqueles que elegem 6 a 15 deputados. Os círculos de pequena magnitude correspondem àqueles que elegem 2 a 6 deputados.

Interessa proceder agora à análise dos dados individuais resultantes da aplicação do inquérito aos candidatos às eleições legislativas de 2002.

Esta análise é tanto ou mais relevante quanto permite abordar, do ponto de vista empírico, os efeitos da magnitude dos círculos eleitorais sobre a avaliação que os candidatos fazem do processo de recrutamento e a concepção que têm do mandato representativo, na sua «vertente triangular», ou seja, atendendo, quer à relação entre eleitos e eleitores, quer à relação entre eleitos e partidos.

Se olharmos para o quadro n.º 11, os coeficientes de correlação mostram que a avaliação do grau de democraticidade e de conflitualidade do processo de selecção dos candidatos e de elaboração das listas à AR não é alheia ao tipo de círculo eleitoral. E não o é no seguinte sentido: se, por um lado, os candidatos que concorrem por círculos grandes tendem a considerar que o processo de selecção é menos democrático, por outro, julgam-no também mais conflitual. Estes resultados são, pois, conformes com as nossas expectativas teóricas, na medida em que nos círculos de grande magnitude é razoável supor que a concorrência entre os eventuais candidatos para obter um lugar elegível ou potencialmente elegível nas listas seja maior do que nos círculos de média e pequena magnitude, dado que aí a disputa envolve sobretudo aqueles que integram a elite nacional dos respectivos partidos.

Por outro lado, e também por essa mesma razão, é de admitir que o *trade-off* entre as estruturas nacionais, regionais e locais, quanto aos candidatos a escolher e à sua respectiva ordenação nas listas, seja bastante menos expressivo nos círculos grandes, já que aqui tendem, naturalmente, a prevalecer as decisões dos órgãos centrais, o que compromete (ainda mais) a democraticidade do processo em causa.

Embora não se verifique uma correlação estatisticamente significativa entre os tipos de círculo e os demais critérios de avaliação do processo de selecção dos candidatos à AR, não podemos, contudo, deixar de atentar na mera distribuição percentual dos dados. E porquê? Justamente porque esta parece ir ao encontro daquilo que a teoria e a observação ensinam acerca dos efeitos da magnitude dos círculos sobre a selecção dos candidatos, e que é, muito sumariamente, o seguinte: a escolha tende a ser mais centralizada e a assumir um carácter mais competitivo nos círculos grandes do que nos círculos médios e pequenos.

No que se refere à centralização, certamente devido ao facto de a decisão sobre quem integra as listas nos respectivos círculos pertencer, quase exclusivamente, aos órgãos centrais dos partidos; no que respeita à competitividade, porque, existindo um maior número de mandatos ou assentos em disputa, é expectável que o processo de recrutamento parlamentar implique uma maior disputa intrapartidária, traduzida aqui numa «oferta» mais alargada de aspirantes a candidatos e numa «contenda» mais diligente e acesa pela selecção e pelo posicionamento em lugar elegível, num círculo eleitoral seguro, o mesmo é dizer: de grande magnitude, de preferência.

Numa tentativa de averiguar os efeitos da magnitude dos círculos eleitorais sobre as atitudes dos candidatos em relação ao mandato parlamentar, integrámos, no nosso questionário, algumas perguntas que nos permitem abordar empiricamente esta temática. Tratemos, primeiro, da concepção do mandato representativo, considerando, para o efeito, duas dimensões de análise: o «foco» da representação e o «estilo» da representação. Sobre estes conceitos, introduzidos na literatura especializada por Eulau, Wahlke, Buchanon e Ferguson[90], impõem-se alguns comentários.

O «foco» da representação refere-se ao tipo de interesses que os representantes defendem e promovem durante a sua actividade parlamentar — e que podem ser os de toda a nação, os dos eleitores do seu círculo eleitoral, os do partido pelo qual se candidataram e em nome do qual foram eleitos, ou ainda os de certos grupos ou segmentos sociais específicos. Já o conceito de «estilo» de representação diz respeito ao tipo de relação que se estabelece entre representantes e representados ou, mais concretamente, ao grau de independência dos primeiros em relação aos segundos. A este nível, e seguindo de perto a classificação proposta pelos autores acima mencionados, e a sua aplicação aos sistemas políticos europeus, há que distinguir quatro tipos ideais de representantes, a saber: o «fiduciário», o «delegado dos eleitores», o «delegado do partido» e o «político».[91]

Nas democracias representativas modernas, onde o papel de mediação dos partidos não pode ser ignorado, o «fiduciário» é aquele que reserva para si um espaço maior de liberdade e de autonomia, quer em relação aos eleitores do seu círculo, quer face ao partido que representa, assumindo posições políticas e fazendo opções de voto de acordo com os seus próprios critérios — um pouco na esteira do que, na «época de ouro» do parlamentarismo, Edmund Burke sugeria no seu famoso discurso aos eleitores de Bristol (1774).

---

[90] John Wahlke, Heinz Eulau, William Buchnanon, Le Roy Ferguson (orgs.) (1962), *The Legislative System. Explorations in Legislative Behavior*, Nova Iorque, Wiley and Sons.

[91] Wolfang C. Müller e Thomas Saalfeld (1997), *Members of Parliament in Western Europe. Roles and Behaviour*, Londres, Frank Cass.

Avaliação que os candidatos fazem do processo de recrutamento parlamentar, segundo a magnitude do círculo

[QUADRO N.º 11]

Critérios (valores percentuais)	Indicadores	Magnitude do círculo eleitoral[1]			
		Grande	Média	Pequena	Total
Competitividade	Pouco competitivo	36,9	31,2	37,0	34,9
	Razoavelmente competitivo	22,3	30,1	28,3	26,0
	Muito competitivo	40,8	38,7	34,7	39,1
	(N)	(130)	(93)	(46)	(269)
	Pearson's R		-0,061		
	Kendall's tau-b		-0,055		
Conflitualidade	Pouco conflitual	45,3	40,8	45,0	43,6
	Razoavelmente conflitual	21,9	34,7	35,0	28,6
	Muito conflitual	32,8	24,5	20,0	27,8
	(N)	(128)	(98)	(40)	(266)
	Pearson's R		-0,049[*]		
	Kendall's tau-b		-0,034[*]		
Centralização	Pouco centralizado	28,1	34,7	33,3	31,4
	Razoavelmente centralizado	35,2	38,8	35,6	36,5
	Muito centralizado	36,7	26,5	31,1	32,1
	(N)	(128)	(98)	(45)	(271)
	Pearson's R		-0,071		
	Kendall's tau-b		-0,072		
Democraticidade	Pouco democrático	13,8	8,6	5,9	10,5
	Razoavelmente democrático	36,2	30,5	25,5	32,3
	Muito democrático	50,0	61,0	68,6	57,1
	(N)	(138)	(105)	(51)	(294)
	Pearson's R		0,152[*]		
	Kendall's tau-b		0,141[*]		

Fonte: Dados do inquérito por questionário aplicado junto dos candidatos à AR nas eleições de 2002.

Notas: Nível de significância de rejeição da hipótese nula: [*] $p \leq 0,05$; [**] $p \leq 0,01$. **1.** [1] Os círculos de grande magnitude correspondem àqueles que elegem acima de 15 deputados. Os círculos de média magnitude correspondem àqueles que elegem entre 6 a 15 deputados. Os círculos de pequena magnitude correspondem àqueles que elegem entre 2 a 6 deputados.

O «delegado dos eleitores», embora não esteja formalmente obrigado por um mandato imperativo e revogável — o que o tornaria num mero «embaixador» do seu círculo no Parlamento —, na prática, mostra-se mais receptivo e atento às opiniões e aos interesses dos seus eleitores. E isto porque considera que, de alguma forma, o *constituency service* — entendido em termos de políticas, de prestação de serviços e de afectação de recursos e símbolos — pode «fazer a diferença» no momento da sua recandidatura e eventual reeleição. Assim sendo, e no caso da receptividade em termos de políticas, o «delegado» moderno tende a encarar os grandes temas políticos e a propor soluções gerais, conforme a sua interpretação das preferências dos seus eleitores.

Por sua vez, a receptividade em termos de serviços implica que o delegado procure obter vantagens ou benefícios particulares para os eleitores da sua circunscrição, nomeadamente, resolvendo-lhes problemas de natureza não legislativa, ligados a obrigações, a prestações e a práticas burocráticas de vários tipos. E se aqui o que está em causa é, sobretudo, o serviço *ad personam*, no caso da afectação de recursos trata-se, antes, de proteger e promover o interesse geral do seu círculo eleitoral, através, por exemplo, da canalização de fundos, de investimentos diversos, de obras públicas, etc. Finalmente, a receptividade em termos simbólicos traduz as tentativas de o «delegado» construir uma relação de confiança, de apoio e, no limite, de identificação com os eleitores do seu círculo, designadamente através do estabelecimento e do funcionamento efectivo dos «gabinetes de atendimento», através dos quais possa estabelecer contactos formais com os seus eleitores.

Em sistemas partidários fortemente estruturados, pese embora o reconhecimento formal da titularidade individual do mandato, o facto é que a prática política tende a impor um estilo de representação onde a autonomia do deputado face ao partido pelo qual se candidatou e foi eleito é muito reduzida, estando aquele sujeito à mais estrita disciplina de voto no Parlamento, e agindo mais como um «delegado do partido» — o qual, afinal, decidirá se o volta ou não a integrar nas listas e em que lugar — do que como um representante dotado de um amplo grau de autonomia para a proceder à formação da vontade do Estado.

Sabendo de antemão que o controlo periódico das eleições não visará directamente o seu desempenho parlamentar, mas incidirá antes sobre a actuação concreta do partido a que pertence e sobre a credibilidade dos seus dirigentes de topo, o «delegado do partido» teme mais a sanção do *party selectorate* do que a do eleitorado em geral, razão pela qual se encontra disponível para abdicar dos seus critérios pessoais em nome dos do partido, sob pena de ter de o abandonar ou de comprometer «irremediavelmente» a sua carreira política.

Pode mesmo dizer-se que, do ponto de vista dos partidos, há uma tendência geral para conceber o exercício das funções de deputado como um «mandato imperativo», de acordo com a qual as instruções partidárias equivalem, em certo sentido, aos antigos *cahiers d'instructions* do Antigo Regime, e a relação hierárquica entre partido (leia-se, direcção nacional) e eleito se sobrepõe, de forma clara e inequívoca, à relação fiduciária entre eleito e eleitores. Com efeito, e como se verá mais à frente, a análise dos estatutos dos partidos, no que se refere ao recrutamento parlamentar e à disciplina partidária, mostra, sem quaisquer ambiguidades, que em nenhum dos partidos com assento parlamentar os órgãos centrais dispensam a decisão final de ratificar as listas a apresentar à Assembleia da República — intervindo, aliás, de forma mais ou menos directa, na sua respectiva composição e ordenação — como não dispensam também o rigor da disciplina partidária, em nome da coesão interna, da operacionalidade e da eficácia do funcionamento dos grupos parlamentares, ou ainda em nome de razões circunstanciais ditadas pela conjuntura política.

Como bem sublinhou Luís Sá, referindo-se à hegemonia dos aparelhos partidários e à confiscação, por estes, da titularidade individual do mandato representativo dos deputados:

> «Inconstitucionais ou não, os estatutos dos partidos são claros: o mandato é património do partido e são os seus órgãos dirigentes que devem orientar o seu exercício. E a prática política está conforme com os estatutos partidários. Mesmo que não houvesse a consagração de sanções, haveria certamente deveres de lealdade partidária e projectos de carreira política que se sobreporiam à observância da Constituição. Este é, pois, mais um exemplo do desfasamento entre o 'mundo do direito' e o 'mundo dos factos', campo em que se move prioritariamente a Ciência Política.»[92]

Finalmente, temos o estilo do «político» que se traduz na procura de um ponto de equilíbrio entre o cumprimento das orientações e instruções do partido a que pertence, a receptividade perante as opiniões e os interes-

---

[92] Luís Sá (1994), *O Lugar da Assembleia da República no Sistema Político*, Lisboa, Caminho, pp. 350-351.

ses dos eleitores do seu círculo e a preservação de uma certa autonomia de julgamento político, em assuntos que remetem essencialmente para matérias de «consciência». Tal conduz, necessariamente, a uma interpretação ambígua e, por vezes, contraditória do próprio mandato parlamentar.

Tendo por base o enquadramento teórico que acabamos de expor, procurámos saber se as atitudes dos candidatos à AR relativamente ao «foco» de representação variam em função do tipo de círculo eleitoral, formulando para tal a seguinte questão:

> Qual a prioridade que os deputados conferem aos seguintes grupos durante o exercício do seu mandato parlamentar?

Os resultados apresentados no quadro n.º 12 mostram que não existe uma associação estatisticamente significativa entre o modo como os candidatos concebem o «foco» da representação e o tipo de círculo pelo qual disputam a eleição. Contudo, é de assinalar, em termos meramente percentuais, que a maior parte de entre eles tende a considerar que o foco da actividade representativa abrange um espaço social e territorial bastante amplo (o da Nação), superando o âmbito limitado dos interesses locais e sectoriais de cada círculo eleitoral.

Atendendo ainda à mera distribuição percentual dos dados, não deixa de ser interessante notar que é entre os candidatos que concorrem à AR por círculos de média e pequena magnitude que a ideia segundo a qual no exercício do seu mandato o representante deve ter em conta os interesses do seu círculo eleitoral é mais expressiva, entendendo-se, pois, que o mandato tem não só uma dimensão nacional como também regional ou local, como, aliás, o confirmam as atitudes dos candidatos relativamente ao «estilo» da representação.

Como se pode ver por aqui, e disso falaremos em detalhe mais à frente, estes dados devem ser tidos em conta quando se defende que a reforma do actual sistema eleitoral para a Assembleia da República deve passar, fundamentalmente, pela introdução de círculos uninominais de candidatura, assumindo-se que estes contribuem para a personalização do voto e para a proximidade entre eleitos e eleitores e esquecendo-se, com demasiada frequência, o seu efeito de «regionalização» da representação política nacional. Não podemos, pois, deixar de notar que se em certos países os círculos uninominais e os círculos plurinominais de pequena magnitude podem contribuir para promover a «centralidade» dos candidatos e dos representantes eleitos, o facto é que podem levar também a um certo «localismo» da política; ou seja, as questões de âmbito local poderão sobrepor-se às questões de âmbito nacional, na discussão política e parlamentar.

Por outro lado, e consequentemente, o maior relevo dos interesses locais na esfera da representação poderá gerar ou reforçar o «caciquismo», uma das outras desvantagens geralmente associadas aos círculos pequenos: candidatos seleccionados e eleitos para o Parlamento em função do seu prestígio ou notoriedade local podem confundir, muito facilmente, os interesses do seu círculo com os interesses nacionais, e fazê-lo movidos, sobretudo, pela necessidade de angariar votos junto dos seus eleitores ou de obterem o apoio político das estruturas de base do seu partido, procurando, assim, condicionar as opções do *party selectorate* a nível nacional.

Atitudes dos candidatos relativamente ao foco da representação, segundo a magnitude do círculo

[QUADRO N.º 12]

(Valores percentuais)	Magnitude do círculo eleitoral [2]			
	Grande	Média	Pequena	Total
Todos os portugueses	56,0	60,4	56,9	57,7
O partido a que pertence	19,1	6,6	7,8	12,7
Os eleitores do seu círculo	24,1	33,0	31,4	28,5
Certos grupos sociais	0,8	0,0	3,9	1,1
(N)	(142)	(107)	(51)	(300)
Qui-Quadrado [1]		n. s.		
Phi		n. s.		
V de Cramer		n. s.		

Fonte: Dados do inquérito por questionário aplicado junto dos candidatos à AR nas eleições de 2002.

Notas: Nível de significância: (*)$p \leq 0,05$; (**)$p \leq 0,01$; (***)$p \leq 0,001$; n. s. = não significativo. **1.** Medidas de associação baseadas no teste do Qui-Quadrado (X^2). **2.** Os círculos de grande magnitude correspondem àqueles que elegem acima de 15 deputados. Os círculos de média magnitude correspondem àqueles que elegem 6 a 15 deputados. Os círculos de pequena magnitude correspondem àqueles que elegem 2 a 6 deputados.

Tendo em conta a informação empírica de que dispomos, e se o leitor está lembrado, tínhamos avançado também a hipótese de uma eventual influência da magnitude do círculo eleitoral sobre as atitudes dos candidatos, no que respeita ao «estilo» da representação. Para o efeito, foram formuladas duas perguntas que colocam os candidatos perante dilemas distintos, a saber:

[Dilema 1]

Em caso de divergência de opiniões entre o deputado e o seu partido, este deverá votar de acordo com as suas próprias opiniões, de acordo com as opiniões do partido a que pertence, ou a sua opção num ou noutro sentido deve depender acima de tudo do tema em causa?

E ainda:

[Dilema 2]

Em caso de divergência de opiniões entre o deputado e os eleitores do seu círculo, este deverá votar de acordo com as suas próprias opiniões, de acordo com as opiniões dos eleitores do seu círculo, ou a sua opção num ou noutro sentido deve depender essencialmente do assunto em causa?

A análise combinatória das respostas dadas a estas duas questões, permitiu-nos, num primeiro momento, identificar os tipos ideais de representantes a que nos referimos acima, e, num segundo momento, determinar qual a influência que a magnitude do círculo tem sobre a concepção que os candidatos à AR fazem do «estilo» da representação. Para além da prevalência, muito significativa e transversal, do estilo de representação mais híbrido e ambíguo, que é naturalmente o do «político» — na medida em que implica a procura de um compromisso, nem sempre fácil, entre as orientações e as instruções do partido, as solicitações e os interesses dos seus eleitores e a autonomia do seu próprio julgamento político —, o que sobressai da análise do quadro n.º 13 é o facto de existir uma associação estatisticamente forte e significativa entre o «estilo» de representação e a magnitude dos círculos eleitorais. A figura do «delegado dos eleitores» tende a impor-se nos círculos pequenos, ao passo que a do «delegado do partido» é mais expressiva nos círculos grandes, sendo os valores destes dois grupos sub-amostrais superiores aos encontrados para a amostra total. Mas, e relativamente aos resultados apurados para esta, convirá notar-se algo mais.

Por um lado, os dados revelam a clara a predominância do estilo de representação do «político» sobre os demais, a qual é sintomática da «ambiguidade» com que é concebido o mandato parlamentar por parte dos candidatos, mas também de uma inequívoca «indefinição» sobre o conteúdo do papel político do deputado — que não pode deixar de afectar o grau de autonomia do Parlamento relativamente aos outros subsistemas políticos. Por outro lado, os dados mostram igualmente que estamos, de certo modo, perante dois tipos de representação política, uma nacional e outra local, e, por conseguinte, perante duas atitudes diferenciadas quanto à concepção do mandato parlamentar: uma, em que o deputado é concebido fundamentalmente como um «delegado dos eleitores», encontrando-se vinculado aos interesses e às exigências dos eleitores do seu círculo, agindo em seu lugar e em vez deles, o que sugere a existência de um «mandato imperativo de círculo»; outra, em que o deputado é visto como um «fiduciário», na medida em que não se encontra vinculado à vontade dos eleitores do seu círculo e detém ampla liberdade nos seus actos e decisões, contribuindo, desta forma, para a formulação e para expressão da vontade nacional, o que acentua o carácter individual e livre do mandato representativo, tal como consagrado constitucionalmente.

Atitudes dos candidatos relativamente ao estilo da representação, segundo a magnitude do círculo

[QUADRO N.º 13]

(Valores percentuais)	Magnitude do círculo eleitoral [2]			
	Grande	Média	Pequena	Total
Delegado dos eleitores	9,8	9,0	20,8	11,4
Delegado do partido	13,6	4,0	4,2	8,6
Fiduciário	18,2	12,0	14,6	15,4
Político	58,4	75,0	60,4	64,6
(N)	(142)	(107)	(51)	(300)
Qui-Quadrado [1]		17,933(**)		
Phi		0,253(**)		
V de Cramer		0,179(**)		

Fonte: Dados do inquérito por questionário aplicado junto dos candidatos à AR nas eleições de 2002.

Notas: Nível de significância: $^{(*)}p \le 0,05$; $^{(**)}p \le 0,01$; $^{(***)}p \le 0,001$; n. s. = não significativo. **1.** Medidas de associação baseadas no teste do Qui-Quadrado (X^2). **2.** Os círculos de grande magnitude correspondem àqueles que elegem acima de 15 deputados. Os círculos de média magnitude correspondem àqueles que elegem 6 a 15 deputados. Os círculos de pequena magnitude correspondem àqueles que elegem 2 a 6 deputados.

Importante é também considerar que, não obstante a sua maior relevância nos círculos de grande magnitude, a figura do «delegado do partido» assume um peso muito pouco significativo em termos totais, facto que parece contrariar o que se disse acima sobre o primado do «mandato do partido» sobre o «mandato representativo» e sobre a dependência hierárquica do deputado em relação ao partido como «sucedâneo funcional do mandato imperativo».[93] Porém, e quanto a este ponto, será conveniente não nos apressarmos nas conclusões. E porquê? Justamente porque quando interrogados sobre as práticas partidárias destinadas a assegurar a disciplina de voto no Parlamento e sobre a necessidade dessa mesma disciplina, os candidatos revelam atitudes bastante mais próximas da concepção estatutária do «mandato imperativo de partido» do que do reconhecimento constitucional do «mandato livre e individual», decorrente do modelo liberal.

Com efeito, cerca de 43 % dos candidatos à AR declara concordar com as práticas destinadas a assegurar uma relação vinculativa e até revogável entre o deputado e o partido, designadamente: (1) a demissão em branco, assinada antes da assunção do mandato; (2) o contrato inominado e a disposição antecipada do mandato, em que o deputado se obriga a pedir a demissão quando o partido o solicita; (3) a demissão em caso de abandono do partido, como norma consuetudinária ou de «cortesia»; (4) as normas estatutárias e regimentais sobre obrigatoriedade da disciplina de voto.

Vale a pena, antes de olharmos para os dados, sublinhar que se a disciplina partidária de voto e a existência de instruções partidárias conduzem à possibilidade de sanções internas dos partidos contra os deputados, tal não pode obrigar o legislador ordinário a estabelecer sanções que pressuponham a existência de um «mandato imperativo»; tanto assim é que o texto constitucional dispõe, de forma clara e sem quaisquer ambiguidades, que «os deputados exercem livremente o seu mandato» (art. 155.º, n.º 1 da CRP). O que é mais: mesmo no caso de abandono do partido pelo deputado, este não está constitucionalmente obrigado a demitir-se do seu cargo, podendo continuar no Parlamento como «deputado independente», se e enquanto não se inscrever noutro partido (art. 160.º, n.º 1 da CRP).

Dito isto, e regressando à nossa hipótese de trabalho, o que nos mostram os dados empíricos, no que toca à influência da magnitude do círculo

---

[93] Luís Sá (1994), *O Lugar da Assembleia da República no Sistema Político*, op. cit., pp. 350-351.

eleitoral no desenvolvimento de uma relação hierárquica e subordinada entre deputado e partido?

Grau de concordância dos candidatos com as práticas destinadas a assegurar a disciplina de voto no Parlamento

[QUADRO N.º 14]

(Valores percentuais)	Magnitude do círculo eleitoral [2]			
	Grande	Média	Pequena	Total
Concorda totalmente	9,9	8,5	7,8	9,0
Concorda	37,3	30,2	31,4	33,8
Não concorda nem discorda	25,4	23,6	13,7	22,7
Discorda	17,6	30,2	25,5	23,4
Discorda totalmente	9,9	7,5	21,6	11,0
(N)	(142)	(107)	(51)	(300)
Qui-Quadrado [1]		14,215[**]		
Phi		0,218[**]		
V de Cramer		0,154[**]		

Fonte: Dados do inquérito por questionário aplicado junto dos candidatos à AR nas eleições de 2002.
Notas: Nível de significância: [*] $p \leq 0,05$; [**] $p \leq 0,01$; [***] $p \leq 0,001$; n. s. = não significativo. **1.** Medidas de associação baseadas no teste do Qui-Quadrado (X^2). **2.** Os círculos de grande magnitude correspondem àqueles que elegem acima de 15 deputados. Os círculos de média magnitude correspondem àqueles que elegem 6 a 15 deputados. Os círculos de pequena magnitude correspondem àqueles que elegem 2 a 6 deputados.

Os dados evidenciam, pois, que existe uma relação estatisticamente significativa entre a magnitude dos círculos eleitorais e o grau de concordância com práticas formais e informais dos partidos, no sentido de assegurar a coesão interna e a disciplina de voto no Parlamento, sendo que, nos círculos pequenos, a oposição a tais práticas tende a ser maior (47 %) do que nos círculos médios (38 %) e grandes (28 %). Esta associação parece, assim, sugerir que os candidatos que concorrem à AR por círculos de pequena magnitude se mostram mais críticos em relação aos «efeitos perversos» do actual sistema, o qual tende a promover não só a hegemonia dos partidos na definição da oferta eleitoral, mas também, e consequentemente, a excessiva dependência dos deputados face aos aparelhos partidários, dos quais depende a sua futura recandidatura ao órgão parlamentar e eventual reeleição.

É bem verdade — como, aliás, está patente no quadro n.º 14 — que se numa óptica jurídica e formalista o partido não é tudo, porém, e do ponto de vista das atitudes de grande parte dos candidatos à AR, a tendência é para que o partido seja tudo ou quase tudo. Citando, uma vez mais, Luís Sá:

> Nas grandes questões, nas mais decisivas, é inquestionável que é aos partidos e grupos parlamentares e, sobretudo, às direcções partidárias, que cabe a iniciativa e a última palavra. Na definição de orientações nesses casos, em geral, o deputado vale o que valer dentro do seu próprio partido e grupo parlamentar: o seu papel fundamental traduz-se em procurar influenciar as decisões colectivas no seio dos órgãos do partido e no próprio grupo (...) Se a sua opinião ou iniciativa não prevalecerem, resta-lhe a disciplina, ou então usar os poderes jurídicos de que dispõe, mas com a violação de outras 'fidelidades' e da 'legalidade' partidária[94]

O facto de a oposição a uma estrita e rígida disciplina partidária ser tendencialmente maior nos círculos pequenos do que nos círculos médios e grandes parece ir ao encontro das mais recentes propostas de reforma do actual sistema eleitoral, dado que todas elas se centram — pelo menos do ponto de vista das intenções declaradas — no objectivo da autonomia e da revalorização do papel do deputado individual face aos aparelhos partidários. Tem sido sugerido, para tal, o redesenho dos círculos e a redefinição da sua magnitude através: *a*) da redução significativa dos círculos grandes e médios de base distrital, a par da criação de um círculo nacional capaz de compensar os desvios à proporcionalidade; *b*) da introdução de círculos eleitorais uninominais, que teriam de ser compatibilizados com a representação proporcional, o que poderia ser feito com a diferenciação de círculos de candidatura e círculos de apuramento, à dinamarquesa, levando os partidos a escolher os candidatos tendo em linha de conta a capacidade concreta que aqueles têm de captar votos junto do eleitorado, e não atendendo apenas a critérios estritamente partidários; *c*) da representação proporcional personalizada, segundo o modelo alemão, que passaria pela complementaridade entre círculos de dois ou mais níveis, de membros mistos ou não, conciliando-se, desta forma, a proporcionalidade inerente aos

---

[94] Luís Sá (1994), *O Lugar da Assembleia da República no Sistema Político Português*, op. cit., p. 183.

grandes círculos com a qualidade da representação atribuída aos círculos pequenos.[95]

Mas não nos entusiasmemos com esta questão, já que ela será retomada mais à frente, quando tratarmos especificamente do tema da reforma do sistema eleitoral para a Assembleia da República. Dêmos, antes, e por agora, continuidade ao tratamento empírico das hipóteses relativas ao impacto do sufrágio de lista sobre o recrutamento, as quais, se o leitor está recordado, se referem aos critérios e às estratégias adoptados pelo *party selectorate* na escolha dos candidatos e na elaboração das listas, bem como à avaliação do processo de recrutamento parlamentar e à concepção que os candidatos fazem do mandato representativo.

Recuperando, aqui, as considerações teóricas expostas na secção 2 do presente capítulo, na qual ficou bem claro que as listas fechadas e bloqueadas tendem a fortalecer o papel dos partidos políticos — dado que, neste tipo de sistema, os eleitores atribuem mais importância ao *ticket* partidário do que às qualidades dos candidatos — e a reforçar a importância das direcções partidárias no processo de recrutamento, ficando o papel dos eleitores reduzido a um mero acto de ratificação, importa agora formular as seguintes hipóteses de trabalho:

- **Hipótese 1.** No sistema de listas fechadas e bloqueadas, o *party selectorate* tende a promover uma representação «equilibrada», através da inclusão nas listas de candidatos provenientes de grupos socioprofissionais geralmente subrepresentados ou política e partidariamente menos activos.
- **Hipótese 2.** No sistema de listas fechadas e bloqueadas, o *party selectorate* tende a privilegiar os critérios políticos e partidários na escolha dos candidatos em detrimento das suas qualidades pessoais e competências técnicas e profissionais, contribuindo, deste modo, para o estabelecimento de uma classe política profissionalizada.
- **Hipótese 3.** No sistema de listas fechadas e bloqueadas, o *party selectorate* valoriza pouco a origem local dos candidatos e a sua proximidade ao círculo eleitoral, sendo frequente o fenómeno do «pára-quedismo».

---

[95] AA.VV (1998), *Pareceres sobre o Anteprojecto de Reforma da Lei Eleitoral para a Assembleia da República*, Presidência do Conselho de Ministros, Ministério da Ciência e Tecnologia e Faculdade de Direito da Universidade de Coimbra.

- **Hipótese 4.** No sistema de listas fechadas e bloqueadas, o processo de recrutamento parlamentar tende a ser muito centralizado, competitivo e conflitual, ao mesmo tempo que é também pouco democrático.
- **Hipótese 5.** O sistema de listas fechadas e bloqueadas tende impor uma concepção «partidocrática» do mandato parlamentar, tanto no que se refere ao «foco» como ao «estilo» da representação.
- **Hipótese 6.** O sistema de listas fechadas e bloqueadas tende a reforçar a disciplina partidária dos representantes eleitos, e, como tal, a aumentar a sua dependência face aos órgãos centrais dos respectivos partidos.

Num primeiro momento, e em termos diacrónicos, a diferenciação dos atributos socioprofissionais, políticos e partidários dos candidatos à AR situados em lugar elegível e não elegível nas listas dos respectivos partidos permitiu-nos testar empiricamente as três primeiras hipóteses. Já num segundo momento, e numa perspectiva sincrónica, essa mesma distinção tornou possível saber se, e em que medida, o sistema de listas, fechadas e bloqueadas, exerce qualquer tipo de influência nas atitudes dos candidatos em relação ao processo de recrutamento e à concepção que estes têm do exercício do mandato parlamentar.

Vejamos, pois, de que forma os dados de que dispomos nos permitem confirmar as hipóteses acima formuladas.

Os dados constantes dos quadros que a seguir se apresentam revelam-se bastante elucidativos quanto à preocupação dos dirigentes partidários em apresentar ao eleitorado «listas equilibradas», do ponto de vista sociológico e também político, reservando os lugares não elegíveis para tal efeito. Já assim não é quando estamos perante os lugares elegíveis, onde os imperativos de ordem política e eleitoral, que justificam que a elaboração das listas de candidatura se faça de acordo com os princípios do «sociologicamente correcto», deixam de ser atendidos pelo *party selectorate* no sentido de garantir a formação de uma classe política profissional — que se distancia nos seus atributos e características da sociedade em geral, confirmando-se, assim, a ideia de que nas democracias actuais o profissionalismo político se expressa e se exerce a partir das organizações partidárias.

Tendo em conta, como se disse acima, os dados apresentados no quadro n.º 15 podemos verificar, desde logo, a existência de uma relação estatisticamente significativa, e de sentido positivo, entre o sexo dos candidatos à AR e o seu posicionamento nas listas, sendo a representação feminina consideravelmente mais elevada nos lugares não elegíveis (23%) do que nos lugares elegíveis (15%), o que ajuda explicar o desfasamento que existe entre a taxa de feminização das candidaturas e a dos eleitos — em favor, claro está, da primeira. Em suma, torna-se evidente que as mulheres tendem a ser mais afectadas pela ordenação das listas do que os homens, uma vez que tendem a ser remetidas para posições não elegíveis, protagonizando, na maior parte das vezes, candidaturas meramente «simbólicas», com o propósito oportunista de captar o voto do eleitorado feminino, que constitui, actualmente, mais de metade da população portuguesa recenseada.

Por outro lado, a probabilidade de os jovens chegarem ao Parlamento é igualmente mais reduzida, já que, como evidenciam os dados, estes tendem a ser colocados, maioritariamente, em lugares não elegíveis (27 % contra 15%). Tal facto significa que, também aqui, a renovação em termos etários se faz sobretudo às custas das posições não elegíveis, sendo, por isso, mais aparente do que efectiva. O sistema de listas contribui ainda para promover uma certa diversidade em termos socioprofissionais, pois se as ocupações liberais e, particularmente, do sector público, estão em melhores condições de estar representadas no Parlamento, dado que tendem a ser mais preponderantes nos lugares elegíveis, o facto é que os lugares não elegíveis servem para fazer entrar nas listas candidatos com profissões geralmente subrepresentadas, porque menos propícias ao exercício da actividade política a título permanente.

E o que dizer da origem e do «enraizamento» local dos candidatos? A este respeito, parece evidente que o sistema de representação proporcional com listas fechadas e bloqueadas, ao contrário do que supostamente acontece nos sistemas maioritários em círculos uninominais, não favorece o «localismo» e a fixação dos candidatos ao seu círculo eleitoral, na eventualidade de uma recandidatura ao órgão parlamentar. É, pois importante notar, sem esquecer os condicionalismos referidos em momento anterior, que se, por um lado, há uma maior número de candidatos «pára-quedistas» em lugares elegíveis, por outro, os candidatos que protagonizam uma nova candidatura ao Parlamento por círculo diferente tendem, também eles, a ser colocados em lugares elegíveis.

Quer isto significar que, como ensina a teoria, em sistemas de representação com sufrágio de lista, como é o nosso, mais do que valorizar a relação estreita entre os eleitos e os eleitores, o *party selectorate* se preocupa acima de tudo em «assegurar» a eleição de certas figuras proeminentes do partido, deslocando-as, caso seja necessário, para círculos relativamente aos quais são e se mantêm alheios. Desta forma, e através da prática do «pára-quedismo», favorecida pelo sufrágio de lista, os diversos partidos garantem a presença no Parlamento de um conjunto de quadros políticos mais qualificados e considerados indispensáveis ao seu grupo parlamentar, prevenindo o risco da sua não eleição ou não reeleição. Perante isto, impõe-se, obviamente, a questão de saber como garantir a personalização e a aproximação entre o candidato e uma base eleitoral relativamente à qual é quase um estranho? Parece que só através de campanhas eleitorais dedicadas ao efeito, o que levanta, como a seu tempo se verá, sérios problemas à autenticidade do sistema político.

Mas, se deixarmos os dados relativos aos atributos sociológicos dos candidatos que integram as listas eleitorais, e passarmos à análise dos seus atributos políticos e partidários, verificamos que o impacto do sufrágio de lista não é menos significativo. E não o é porque tende a favorecer claramente os candidatos filiados nos respectivos partidos, bem como os candidatos com experiência em termos de recrutamento e os titulares de um mandato parlamentar na legislatura imediatamente anterior. Justifica-se, por conseguinte, uma das críticas que visa as classes políticas actuais, e que se prende com a sua separação e isolamento relativamente à sociedade em geral.

Ou seja, e de forma mais simples, mas também mais incisiva: censura-se a escassa renovação das elites dirigentes e a sua continuada autoreprodução, no sentido fixado pela teoria da «classe política», de Rousseau a Mosca. A conclusão geral a retirar-se daqui é que o *party selectorate* opta, claramente, por estratégias de recrutamento muito distintas, consoante se trate de lugares elegíveis ou de lugares não elegíveis: nos primeiros, privilegia, essencialmente, o critério da profissionalização política, já que escolhe os candidatos segundo a sua experiência política anterior em cargos dentro e fora do partido, contribuindo, assim, para o crescente isolamento e fechamento da classe política; nos segundos, tende a dar prioridade ao critério do «equilíbrio» das listas e à aparente «renovação» do pessoal parlamentar, fazendo entrar nas listas (mas não no Parlamento) políticos não profissionais, ao mesmo tempo que abre algum espaço para eventuais carreiras políticas horizontais.

Listas fechadas e bloqueadas e estratégias de recrutamento parlamentar, de 1991 a 2002
(valores em %)

[QUADRO N.º 15]

Variáveis independentes	Indicadores	Lugar elegível	Lugar não elegível	Total
Sexo	Masculino	85,1	76,9	78,7
	Feminino	14,9	23,1	21,3
	(N)	(936)	(3 185)	(4 121)
	Pearson's R		0,085(**)	
	Kendall's tau-b		0,085(**)	
Idade	Até 35 anos	14,5	27,4	24,5
	Entre 36 e 49 anos	49,8	47,0	47,6
	50 e mais anos	35,7	25,6	27,9
	(N)	(913)	(3 123)	(4 036)
	Pearson's R		-0,126(**)	
	Kendall's tau-b		-0,133(**)	
Origem local (*)	Insider	82,6	97,6	94,2
	Outsider	17,4	2,4	5,8
	(N)	(936)	(3 185)	(4 121)
	Pearson's R		-0,270(**)	
	Kendall's tau-b		-0,270(**)	
Tipo de profissão	Mais favorável à act. política	81,7	60,2	65,0
	Menos favorável à act. política	18,3	39,8	35,0
	(N)	(902)	(3 115)	(4 017)
	Pearson's R		0,188(**)	
	Kendall's tau-b		0,188(**)	

Lugar na lista do partido (1)

Fonte: Listas de candidatura do CDS-PP, PPD-PSD, PS, CDU e BE depositadas na Comissão Nacional de Eleições (de 1987 a 2002).

Legenda: (*) Insider = Candidatos que são naturais do seu círculo de candidatura e que nele residem. Ousider = Candidatos que não são naturais do seu círculo de candidatura nem nele residem.

Notas: Nível de significância de rejeição da hipótese nula: (*) $p \leq 0,05$; (**) $p \leq 0,01$. 1. A posição dos candidatos nas listas é determinada em função dos resultados eleitorais obtidos pelos partidos nos diferentes círculos, na eleição imediatamente anterior.

Deste modo, e confirmando as nossas expectativas teóricas, o sistema de listas permite, do ponto vista simbólico — o que não é de somenos importância — integrar os imperativos democráticos de maior inclusividade, na medida em que tende a reservar os lugares não elegíveis para candidatos com o estatuto de independente face aos partidos e com uma menor experiência em termos parlamentares. A leitura dos resultados do quadro n.º 15a mostra precisamente isso: a percentagem de candidatos ditos independentes, mas fundamentalmente a de candidatos não sobreviventes e não titulares, é superior nos lugares não elegíveis do que nos lugares elegíveis, assegurando-se, desta forma, o «equilíbrio» em termos de composição política das listas eleitorais. O que não implica, como facilmente se deduz, a composição de um Parlamento sociológica e politicamente mais representativo, o que, aliás, e como bem sublinha Gianfranco Pasquino, constitui uma solução não só dificilmente praticável, como uma resposta ilusória, para o tão propalado problema da distância e da separação dos eleitos face aos eleitores.[96] Esta realidade não deve, porém, fazer com que a «classe política» se desinteresse, pura e simplesmente, do problema da sua representatividade. E que o não faz, parece demonstrá-lo o facto de procurar, por razões simbólicas ou de mero cálculo político, apresentar ao eleitorado listas mais ou menos equilibradas — ainda que às custas, sublinhe-se uma vez mais, dos lugares não elegíveis.

Procedendo agora à análise da avaliação que os candidatos fazem do processo de selecção e de elaboração das listas, com base nos dados do inquérito aplicado junto dos candidatos às eleições legislativas de 2002, podemos constatar, conforme o esperado, que o grau de competitividade e de conflitualidade tende a decrescer à medida que se passa dos lugares elegíveis para os lugares não elegíveis, não se observando, porém, diferenças estaticamente significativas entre estes dois grupos sub-amostrais e a amostra total, no que respeita ao carácter democrático e ao grau de centralização do respectivo processo.

Em face do que se disse atrás acerca das estratégias de recrutamento adoptadas pelo *party selectorate* na distribuição dos candidatos por lugares elegíveis e não elegíveis, não é difícil explicar a correlação estatística, de sinal negativo, entre o lugar ocupado nas listas e o grau de conflitualidade

---

[96] Gianfranco Pasquino (1999, 2000), *La Classe Política*, Madrid, Avento Editorial, pp. 42-49.

Listas fechadas e bloqueadas e estratégias de recrutamento parlamentar, de 1991 a 2002
(valores em %)

[QUADRO N.º 15a]

Variáveis independentes	Indicadores	Lugar na lista do partido [1]		
		Lugar elegível	Lugar não elegível	Total
Ligação ao partido	Filiado	97,4	95,4	95,9
	Independente	2,6	4,6	4,1
	(N)	(936)	(3 185)	(4 121)
	Pearson's R		0,043[*]	
	Kendall's tau-b		0,043[*]	
Candidatura na eleição legislativa imediatamente anterior [*]	Sobrevivente	58,4	20,7	29,7
	Não sobrevivente	41,6	79,3	70,3
	(N)	(934)	(2 956)	(3 890)
	Pearson's R		0,017[**]	
	Kendall's tau-b		0,017[**]	
Mandato parlamentar na legislatura imediatamente anterior [**]	Titular	41,6	3,9	13,0
	Não titular	58,4	96,1	87,0
	(N)	(934)	(2 954)	(3 888)
	Pearson's R		0,037[**]	
	Kendall's tau-b		0,037[**]	
Círculo eleitoral pelo qual se recandidatou	No mesmo círculo	84,8	95,6	90,5
	Em círculo diferente	15,2	4,4	9,5
	(N)	(546)	(612)	(1 158)
	Pearson's R		-0,027[**]	
	Kendall's tau-b		-0,027[**]	

Fonte: Listas de candidatura do CDS-PP, PPD-PSD, PS, CDU e BE depositadas na Comissão Nacional de Eleições (de 1987 a 2002).

Legenda: [*] Sobrevivente = Candidatos que integraram as listas do partido nas eleições legislativas imediatamente anteriores. Não sobrevivente = Candidatos que não integraram as listas do partido nas eleições legislativas imediatamente anteriores. [**] Titular = Candidatos que foram detenrores de um mandato parlamentar na legislatura imediatamente anterior. Não titular = Candidatos que não foram detentores de um mandato parlamentar na legislatura imediatamente anterior.

Notas: Nível de significância de rejeição da hipótese nula: [*] $p \leq 0,05$; [**] $p \leq 0,01$. 1. A posição dos candidatos nas listas é determinada em função dos resultados eleitorais obtidos pelos partidos nos diferentes círculos, na eleição imediatamente anterior. 2. Os dados omissos foram excluídos da análise.

e de competitividade atribuído pelos candidatos ao processo de definição da oferta eleitoral. Pois, se é relativamente fácil ser escolhido para os lugares não elegíveis — já que o índice de rotatividade é aqui extremamente elevado, sendo o principal objectivo do *party selectorate* assegurar uma composição «equilibrada» das listas, que lhe seja vantajosa em termos de conquista do voto e de gestão dos jogos políticos internos —, o mesmo não se pode dizer em relação aos lugares elegíveis, onde a disputa por uma «posição segura» é certamente bastante mais intensa e aguerrida, na medida em que envolve os quadros dirigentes dos partidos, os quais fornecem o núcleo de deputados à Assembleia da República.

Neste mesmo sentido, e quando olhamos para os dados apresentados no quadro n.º 16, podemos verificar que são os candidatos que ocupam lugares não elegíveis aqueles que consideram o processo de recrutamento mais inclusivo, o que parece confirmar a ideia, já sustentada antes, de que a «representatividade sociológica» das listas eleitorais é assegurada às custas destes lugares, o que constitui uma das vantagens comummente atribuídas ao «sufrágio de lista» em círculos plurinominais, quando comparado com o sufrágio unipessoal em círculos uninominais. Se, no último caso, o objectivo da identificação entre eleitos e eleitores passa essencialmente pela proximidade física e pela responsabilização efectiva dos primeiros perante os segundos, já no caso do sufrágio de lista, fechada e bloqueada, tal desiderato acha-se associado fundamentalmente à representação política, entendida como semelhança, como espelho, do corpo eleitoral.

Tal facto é tanto ou mais relevante quanto em algumas democracias ocidentais tende a afirmar-se a ideia de que a composição dos parlamentos nacionais, ou seja, as características pessoais e as pertenças de grupo dos seus membros individuais contam mais do que acção política que estes desenvolvem — como se, e citando aqui Hanna Pitkin, a superação da denunciada e criticada distância entre a «classe política» e a sociedade em geral pudesse passar por privilegiar a representação entendida como *standing for* (ou seja, aquilo que os representantes são ou reflectem) em detrimento da representação concebida como *acting for* (ou seja, aquilo que os representantes propõem e fazem). Preferindo-se, pois, os atributos pessoais dos candidatos propostos pelos partidos aos seus programas e à sua acção política, ou seja, fazendo equivaler a «representatividade sociológica» a uma representação não só mais funcional como também mais competente e eficaz, logo mais legitima.[97] Retomaremos, porém, esta discussão mais à frente.

Avaliação que os candidatos fazem do processo de recrutamento parlamentar, segundo o lugar na lista

[QUADRO N.º 16]

Critérios (valores percentuais)	Indicadores	Lugar na lista do partido [1]		
		Lugar elegível	Lugar não elegível	Total
Democraticidade	Pouco democrático	15,0	8,9	10,5
	Razoavelmente democrático	27,5	34,1	32,3
	Muito democrático	57,5	57,0	57,1
	(N)	(80)	(214)	(294)
	Pearson's R		0,037	
	Kendall's tau-b		0,018	
Inclusividade	Pouco inclusivo	19,0	17,3	17,7
	Razoavelmente inclusivo	43,0	36,4	38,3
	Muito inclusivo	38,0	46,3	44,0
	(N)	(79)	(214)	(293)
	Pearson's R		0,061(*)	
	Kendall's tau-b		0,060(*)	
Competitividade	Pouco competitivo	20,0	48,1	40,5
	Razoavelmente competitivo	28,8	22,0	23,8
	Muito competitivo	51,2	29,9	35,7
	(N)	(80)	(214)	(294)
	Pearson's R		-0,253(**)	
	Kendall's tau-b		-0,240(**)	

Fonte: Dados do inquérito por questionário aplicado junto dos candidatos à AR nas eleições de 2002.

Notas: Nível de significância de rejeição da hipótese nula: (*)$p \leq 0,05$; (**)$p \leq 0,01$. **1.** A posição dos candidatos nas listas é determinada em função dos resultados eleitorais obtidos pelos partidos nos diferentes círculos, na eleição imediatamente anterior. **2.** Os dados omissos foram excluídos da análise.

---

[97] Hanna F. Pitkin (1967, 1985), *El Concepto de Representación*, Madrid, Centro de Estudios Constitucionales.

Avaliação que os candidatos fazem do processo de recrutamento parlamentar, segundo o lugar na lista

[QUADRO N.º 16a]

Critérios (valores percentuais)	Indicadores	Lugar elegível	Lugar não elegível	Total
Conflitualidade	Pouco conflitual	32,5	55,3	49,2
	Razoavelmente conflitual	37,5	21,4	25,8
	Muito conflitual	30,0	23,3	25,0
	(N)	(80)	(215)	(295)
	Pearson's R		-0,159(*)	
	Kendall's tau-b		-0,163(*)	
Centralização	Pouco centralizado	34,2	37,4	36,5
	Razoavelmente centralizado	39,2	31,8	33,8
	Muito centralizado	26,6	30,8	29,7
	(N)	(79)	(214)	(293)
	Pearson's R		0,057	
	Kendall's tau-b		0,054	

(Lugar na lista do partido [1])

Fonte: Dados do inquérito por questionário aplicado junto dos candidatos à AR nas eleições de 2002.

Notas: Nível de significância de rejeição da hipótese nula: (*) $p \leq 0,05$; (**) $p \leq 0,01$. **1.** A posição dos candidatos nas listas é determinada em função dos resultados eleitorais obtidos pelos partidos nos diferentes círculos, na eleição imediatamente anterior. **2.** Os dados omissos foram excluídos da análise.

Por agora, e recuperando uma das nossas hipóteses de trabalho, interessa-nos determinar até que ponto o lugar que os candidatos ocupam nas listas dos respectivos partidos pode influenciar a forma como estes concebem o exercício do mandato parlamentar. A este respeito, é importante notar que os dados apresentados nos quadros n.º 17 e n.º 18 revelam que não existe uma associação estatisticamente significativa entre o lugar ocupado nas listas eleitorais, o «foco» e o «estilo» da representação, o que, aparentemente, aponta no sentido da existência de um largo consenso entre os candidatos quanto às regras e aos procedimentos que presidem à função parlamentar. Em termos organizacionais, e de acordo com a abordagem teórica, e já clássica, de Polsby, Loewenberg e Huntington, este facto traduz um dos atributos que definem a institucionalização de um Parlamento: o «universalismo».[98]

Mas a utilização que fazemos do advérbio «aparentemente» não é aqui irrelevante, ou uma simples questão de estilo. Isto porque, considerando a distribuição percentual dos dados, impõem-se duas considerações que, em certo sentido, contrariam o que acabámos de afirmar. Veja-se, pois, como entre os candidatos à Assembleia da República, o entendimento de que os deputados devem representar «toda a nação», se bem que largamente maioritário, não deixa, ainda assim, de coexistir com a ideia de que os deputados devem atender, no exercício da sua actividade parlamentar, aos interesses dos eleitores do seu círculo eleitoral, comportando-se, desta feita, como representantes «locais», não devendo igualmente negligenciar as suas obrigações para com o partido que os fez eleger — e a quem devem, por isso, lealdade e obediência.

Atitudes dos candidatos relativamente ao foco da representação, segundo o lugar na lista

[QUADRO N.º 17]

(Valores percentuais)	Lugar na lista do partido [1]		
	Elegível	Não elegível	Total
Todos os portugueses	56,8	58,1	57,7
O partido a que pertence	14,8	12,0	12,7
Os eleitores do seu círculo	28,4	28,4	28,5
Certos grupos sociais	0,0	1,5	1,1
(N)	(81)	(217)	(298)
Qui-Quadrado		n. s.	
Phi		n. s.	
V de Cramer		n. s.	

Fonte: Dados do inquérito por questionário aplicado junto dos candidatos à AR nas eleições de 2002.

Notas: Nível de significância de rejeição da hipótese nula: $^{(*)}p \leq 0,05$; $^{(**)}p \leq 0,01$; $^{(***)}{}^{(*)}p \leq 0,001$; n. s. = não significativo. Medidas de associação baseadas no teste do Qui-Quadrado (X^2). **1.** A posição dos candidatos nas listas é determinada em função dos resultados eleitorais obtidos pelos partidos nos diferentes círculos, na eleição imediatamente anterior. **2.** Os dados omissos foram excluídos da análise.

---

[98] Gerhard Loewenberg (1973), «The institucionalization of Parliament and public orientations to the political system», *in* Allan Kornberg (org.), *Legislatures in Comparative*

Que o «consenso» quanto ao entendimento do papel político dos deputados é mais aparente do que real, prova-o também o facto de a esmagadora maioria dos candidatos parlamentares, e, uma vez mais, independentemente do lugar ocupado nas listas eleitorais, se identificar com um estilo de representação que é, por definição, extremamente ambíguo e indefinido: o do «político». E isto porque, de acordo com este tipo ideal, se considera que o deputado deve agir sobretudo em função das circunstâncias de cada momento, as quais podem impor-lhe que se comporte ora como um «delgado dos eleitores», ora como um «delgado do partido», ou que, em alternativa, opte pela liberdade de agir individualmente, actuando como um verdadeiro «fiduciário».

Atitudes dos candidatos relativamente ao estilo da representação, segundo o lugar na lista

[QUADRO N.º 18]

(Valores percentuais)	Lugar na lista do partido [1]		
	Elegível	Não elegível	Total
Delegado dos eleitores	13,9	10,4	11,4
Delegado do partido	10,1	8,0	8,6
Fiduciário	6,4	18,9	15,4
Político	69,6	62,7	64,6
(N)	(79)	(201)	(280)
Qui-Quadrado		n. s.	
Phi		n. s.	
V de Cramer		n. s.	

Fonte: Dados do inquérito por questionário aplicado junto dos candidatos à AR nas eleições de 2002.

Notas: Nível de significância de rejeição da hipótese nula: [*]$p \le 0,05$; [**]$p \le 0,01$; [***]$p \le 0,001$; n. s. = não significativo. Medidas de associação baseadas no teste do Qui-Quadrado (X^2). **1.** A posição dos candidatos nas listas é determinada em função dos resultados eleitorais obtidos pelos partidos nos diferentes círculos, na eleição imediatamente anterior. **2.** Os dados omissos foram excluídos da análise.

Perspective, Nova Iorque, McKay; Samuel Huntington (1969), *Political Order in Changing Societies*, New Haven, Yale University Press; Nelson W. Polsby (1968), «The institucionalization of the U. S. House of Representatives», *in American Political Science Review*, n.º 52, pp. 144-168.

Que o consenso em torno do estilo de representação é mais aparente do que real — o que resulta, talvez, de os inquiridos tenderem a repensarem as suas atitudes de forma a ajustá-las ao que julgam ser as concepções política e socialmente mais valorizadas — revela-o o facto de o comportamento dos legisladores portugueses, como é conhecido, estar fortemente vinculado ao partido, já que estes seguem, invariavelmente, as orientações do seu grupo parlamentar, as quais são definidas, na maioria das vezes, pelos órgãos centrais dos partidos.

E, como é óbvio, esta tendência para votar em bloco com os respectivos grupos parlamentares — sendo raríssimos os casos em que os deputados assumem posições contrárias às do seu grupo — não pode deixar de significar, de forma muito clara, que as chefias dos partidos controlam, mais ou menos directamente, os comportamentos individuais dos deputados, sendo que a ideia do deputado livre e independente tem pouco significado e é substancialmente estranha ao contexto político português. Como escreveu, há alguns anos, Walter Opello:

> Os deputados portugueses consideram-se responsáveis perante os partidos, e não perante o Parlamento ou os seus constituintes. O eleitorado não é para eles, essencialmente, senão a arraia-miúda do partido a nível local, e é o partido que confere estrutura e unidade às necessidades e exigências dos seus constituintes (...) Os deputados de todos os grupos parlamentares mostram que, na sua grande maioria, se sentem sobretudo *delegados* dos partidos políticos, aos quais devem, em última análise, total lealdade. A função de cada deputado é promover os interesses do seu partido e, ao votar, o deputado eleito segue exclusivamente as indicações e determinações do seu grupo parlamentar[99]

Estas afirmações sobre a dependência do deputado face ao partido encontram suporte empírico nos dados de que dispomos. Basta ver que a cerca de 43 % dos candidatos à AR diz concordar com as práticas partidárias destinadas a promover a coesão interna e a disciplina de voto no Parlamento, sendo que esta percentagem cresce ligeiramente entre os candidatos que se encontram em lugares elegíveis nas listas dos respectivos partidos, como se pode constatar no quadro n.º 19.

---

[99] Walter C. Opello (1985), *Portugal's Political Development*, Londres, Westview.

Grau de concordância dos candidatos com as práticas dos partidos destinadas a assegurar a disciplina de voto no Parlamento

[QUADRO N.º 19]

(Valores percentuais)	Lugar na lista do partido [1]		
	Elegível	Não elegível	Total
Concorda totalmente	6,1	10,1	9,0
Concorda	39,0	31,8	33,8
Não concorda nem discorda	15,8	25,3	22,7
Discorda	29,3	21,2	23,4
Discorda totalmente	9,8	11,6	11,1
(N)	(82)	(217)	(299)
Qui-Quadrado		n. s.	
Phi		n. s.	
V de Cramer		n. s.	

Fonte: Dados do inquérito por questionário aplicado junto dos candidatos à AR nas eleições de 2002.

Notas: Nível de significância de rejeição da hipótese nula: [*]$p \leq 0,05$; [**]$p \leq 0,01$; [***]$p \leq 0,001$; n. s. = não significativo. Medidas de associação baseadas no teste do Qui-Quadrado (X^2). **1.** A posição dos candidatos nas listas é determinada em função dos resultados eleitorais obtidos pelos partidos nos diferentes círculos, na eleição imediatamente anterior. **2.** Os dados omissos foram excluídos da análise.

3.3 O debate político sobre a reforma do sistema eleitoral: uma controvérsia antiga e recorrente

Em Portugal, o debate político sobre a reforma do sistema eleitoral para a Assembleia da República singularizou-se, desde logo, pelo facto de este se ter iniciado aquando da própria elaboração da primeira (e única) lei eleitoral pós-revolucionária, a qual, na observância da Constituição da República de 1976, consagrou: o sistema de representação proporcional segundo o método de apuramento da média mais alta de Hondt; instituiu os círculos eleitorais de base distrital e regional; proibiu a previsão de cláusulas-barreira, mediante a exigência de uma percentagem de votos nacional mínima; e, por fim, mas não menos importante, garantiu aos partidos o exclusivo da apresentação de candidaturas ao órgão parlamentar.

Mas, se a Lei n.º 14/79 de 16 de Maio acolheu na íntegra as disposições provisórias da primeira e fundadora legislação eleitoral — que presidiu à eleição da Assembleia Constituinte, e que veio depois a ser incorporada no texto fundamental, estando igualmente na base das primeiras eleições livres em Portugal —, a verdade é que com ela foi definitivamente posto em causa o vasto consenso que até aí tinha existido em torno do sistema eleitoral para AR.[100] Com efeito, no momento que antecedeu a sua elaboração e durante a sua discussão surgiram as primeiras críticas e divergências políticas quanto à avaliação do funcionamento do sistema eleitoral, as quais não deixaram de crescer ao longo do tempo, a ponto de a sua reforma se ter tornado numa exigência partilhada por grande parte dos partidos com representação parlamentar, não obstante as diferenças, quer quanto às motivações, quer quanto às alternativas ou soluções apresentadas.

E se é verdade que, inicialmente, as propostas de reforma do sistema eleitoral tiveram nos partidos de direita e centro-direita os seus principais proponentes, cabendo às forças de centro-esquerda, e especialmente de esquerda, a defesa irredutível do sistema vigente, o facto é que, muito rapidamente, as intenções e as propostas reformistas foram igualmente assumidas, de uma forma aberta e recorrente, pelos sectores de centro-esquerda, nomeadamente, pelo Partido Socialista.[101]

É necessário dizer que não é nossa intenção apresentar aqui, de forma aprofundada, a evolução do debate político em torno da reforma do sistema eleitoral para a AR, o que implicaria uma análise cronológica e exaustiva de todos os principais diplomas legais de alteração do sistema apresentados pelos diferentes partidos políticos com assento parlamentar. Interessa-nos antes, e tão-somente, acompanhar esse debate em alguns dos seus principais momentos, procurando identificar se, e em que medida, as alternativas

---

[100] Manuel Braga da Cruz (1995), «A reforma do sistema eleitoral: evolução de uma controvérsia actual», *in* Manuel Braga da Cruz, *Instituições Políticas e Processos Sociais*, *op. cit.*, pp. 273-274; Manuel Braga da Cruz (1998), «O debate político sobre o sistema eleitoral em Portugal», *in* Manuel Braga da Cruz (org.), *Sistema Eleitoral Português. Debate Político e Parlamentar*, *op. cit.*, pp. 10-11; AA.VV. (1998), «Parecer da Universidade Católica», *in Pareceres sobre o Anteprojecto de Reforma da Lei Eleitoral para a Assembleia da República*, *op. cit.*, pp. 685-886.

[101] Manuel Braga da Cruz (1998), «O debate político sobre o sistema eleitoral em Portugal», *in* Manuel Braga da Cruz (org.), *Sistema Eleitoral Português. Debate Político e Parlamentar*, *op. cit.*, pp. 10-11.

de reforma se relacionam directa ou indirectamente com os problemas do recrutamento e da representação parlamentares, que constituem, afinal, o objecto central da nossa investigação.

3.3.1 *Da representatividade à governabilidade*

Entre o final da década de 1970 e o final da década de 1980, e depois da clara prioridade dada pelos «pais fundadores» da legislação eleitoral para a AR aos critérios de representatividade e de legitimidade[102] — justificada pela longa permanência no poder, não legitimada pelo voto, do regime autoritário —, as primeiras propostas de reforma do sistema eleitoral foram no sentido de promover e de reforçar a estabilidade e a eficácia governativa. Objectivo, este, considerado premente e imposto pelo clima de forte instabilidade governativa que marcou a evolução do sistema político português até às maiorias absolutas do Partido Social Democrata, em 1987 e 1991.

Assim, com a finalidade de promover a formação de governos maioritários e duradouros, e atendendo aos fortes constrangimentos constitucionais em matéria eleitoral — que não permitiam (e não permitem) ensaiar quaisquer tentativas legislativas tendentes a consagrar um sistema maioritário (a uma ou duas voltas) ou a estabelecer formal ou nominalmente um sistema proporcional que funcionasse na prática como um sistema maioritário através de mecanismos de «engenharia eleitoral» —, as propostas de revisão do sistema eleitoral incidiram fundamentalmente na redução do número de deputados a eleger para a Assembleia da República e na reorganização dos círculos eleitorais — alterações que, sendo previstas, primeiro, em sede constitucional e concretizadas, depois, pelo legislador ordinário, permitiriam uma compressão da excessiva proporcionalidade do sistema eleitoral.

Conhecido que estava o desenho político do Portugal democrático, a intenção dominante era agora a de fazer com que o sistema eleitoral favorecesse a formação de maiorias sólidas para governar duradouramente,

---

[102] Manuel Braga da Cruz (1995), «A reforma do sistema eleitoral: evolução de uma controvérsia actual», *in* Manuel Braga da Cruz, *Instituições Políticas e Processos Sociais*, *op. cit.*, p. 272.

sem que, contudo, fosse posto em causa o objectivo da representatividade política e ideológica, continuando a assegurar-se que todas as forças politicamente relevantes teriam uma representação parlamentar proporcional ao seu peso relativo junto do eleitorado, sem distorções significativas. Deve dizer-se ainda que, a par da preocupação com a «governabilidade», se bem que de forma bastante mais tímida, as primeiras propostas de alteração do sistema eleitoral não foram indiferentes ao problema da «qualidade da representação» nem optaram por ignorá-lo. A este propósito, é interessante notar que, na sua proposta alternativa à Lei 14/79, e dentro dos limites impostos pelo sistema proporcional em vigor, o CDS defendeu a criação de um círculo nacional que fizesse eleger metade dos deputados, o qual garantiria a selecção de um grupo parlamentar politicamente mais preparado e tecnicamente mais qualificado. E isto porque, como se pode ler no articulado da sua proposta: «Na escolha dos deputados a integrarem o círculo nacional, as direcções dos partidos políticos estariam, certamente, mais libertadas das naturais pressões das suas comissões distritais, as quais, em contrapartida, poderiam escolher, de forma mais independente, os seus deputados locais.»[103]

Também o PSD, na sua proposta alternativa à Lei 14/79, se manifestou sensível ao objectivo da «qualidade da representação», mas fê-lo em termos bastante distintos: tal propósito passaria, fundamentalmente, pela aproximação dos eleitos aos eleitores, quer através da redução dos círculos eleitorais de base distrital, transformados em «agrupamentos de concelhos», quer por intermédio da sua homogeneização, de acordo com os problemas e as aspirações económicas, sociais e culturais das respectivas populações — procurando contribuir, desta forma, e confessadamente, para a «implantação gradual do regionalismo político que a Constituição consagra».[104]

Se estas intenções reformistas foram duramente contestadas pelos dirigentes do Partido Comunista — que acusaram as forças de direita de tentarem, através da manipulação dos círculos eleitorais, e com o «falso» pretexto de promover a qualidade política e a preparação técnica dos eleitos à AR, subverter ou, pelo menos, desvirtuar, o sistema de representação

---

[103] *Lei Eleitoral para a Assembleia da República. Comissão Nacional de Eleições, Anexos*, Lisboa, 1979, pp. 179-180, 265 e 426.
[104] *Idem, ibidem*, p. 487.

proporcional, em proveito e benefício próprios —, elas conheceram, contudo, alguma receptividade da parte do Partido Socialista, o qual admitiu a possibilidade de repensar a sua posição sobre o sistema eleitoral em vigor, nomeadamente no que respeita a uma nova organização dos círculos eleitorais. É, pois, de sublinhar que se o Partido Socialista se mostrou inicialmente relutante e até crítico perante a alteração do sistema eleitoral[105], a verdade é que as suas posições oficiais foram evoluindo ao longo do tempo até convergirem no essencial com as do Partido Social Democrata, separando-os, como adiante se tornará mais claro, não os objectivos visados com a alteração do actual sistema eleitoral, mas antes as soluções técnicas propostas para a sua viabilização. Neste domínio, como aliás em muitos outros que se prendem com a reforma do sistema político em geral, há, portanto, boas razões para se falar da existência de um «bloco central de interesses».

Não há dúvida de que os factos revelam que a clivagem entre direita e esquerda foi ainda claramente determinante aquando da primeira revisão constitucional, pois se o objectivo perseguido pelos partidos políticos que formavam a Aliança Democrática passava por desconstitucionalizar o sistema eleitoral, de modo a tornar mais fácil a sua reforma, tal propósito seria, contudo, categórica e firmemente rejeitado não só pelo Partido Comunista, mas também pelo Partido Socialista, mostrando-se ambos intransigentes na defesa do princípio constitucional da proporcionalidade. Um tal contraste de posições acabaria por fazer com que o debate até aí desenvolvido não se tivesse traduzido, na prática, em qualquer mudança importante no sistema eleitoral.[106] Mas, e ainda atendendo aos factos, estes mostram também que, a partir desta data, a clivagem ideológica, que opunha os partidos de direita e centro-direita aos partidos de esquerda e de centro-esquerda, foi dando progressivamente lugar a uma outra, nomeadamente, a que opõe os partidos com vocação de poder aos partidos da oposição, ou, de uma forma mais lapidar, os partidos grandes aos pequenos.

Com efeito, a convergência, no que se refere aos objectivos da reforma do sistema eleitoral, e a oposição, no que toca aos meios de concretizá-la,

---

[105] Idem, ibidem, pp. 428-429.
[106] Manuel Braga da Cruz (1998), «O debate político sobre o sistema eleitoral em Portugal», in Manuel Braga da Cruz (org.), Sistema Eleitoral Português. Debate Político e Parlamentar, op. cit., p. 11.

de que falámos acima, começam a tornar-se evidentes já em 1986/1987, quando, no âmbito das propostas saídas da comissão técnica, nomeada pelo governo da altura, para proceder à revisão da Lei Eleitoral para a Assembleia da República, tanto o Partido Socialista como o Partido Social Democrata insistiram na redução tendencial do número de deputados e no reforço da estabilidade e eficácia governativa, sem deixar de atender também, mas ainda de forma pouco incisiva, à necessidade do estabelecimento de uma ligação mais estreita e próxima entre eleitos e eleitores e de uma maior responsabilização dos primeiros face aos segundos.[107] A separá-los estavam agora — e apenas — as soluções ou alternativas apresentadas pela referida comissão para concretizar tais objectivos, as quais devem ser aqui descritas. E porquê? Precisamente porque elas abriram o caminho para uma reflexão e um debate sobre o sistema eleitoral, que se intensificou nos anos subsequentes, dentro dos partidos e também fora deles — nomeadamente entre académicos, comentadores e analistas políticos; mas igualmente porque essas alternativas coincidem, no essencial, e como adiante se verá, com as posições actualmente defendidas pelo Partido Social Democrata e pelo Partido Socialista.

Uma primeira alternativa, avançada pela comissão, consistia na criação de um círculo eleitoral nacional — que permitiria fazer eleger candidatos com habilitações, capacidades e competências consideradas necessárias e úteis no contexto parlamentar, contribuindo, desta forma, para qualificar e valorizar a função de deputado — e de círculos eleitorais parciais, os quais, com o objectivo de promover a ligação e a proximidade entre eleitos e eleitores, seriam divididos em tantos círculos uninominais de candidatura quantos os mandatos que lhes coubessem, dispondo o eleitor de dois votos, um para cada tipo de círculo. Convém referir que, nesta alternativa, apesar do apuramento dos resultados eleitorais se fazer nos círculos eleitorais parciais segundo o método da média mais alta de Hondt, os mandatos parlamentares seriam, contudo, atribuídos não segundo a ordem previamente estabelecida nas listas apresentadas pelos partidos, mas antes de acordo com os resultados obtidos nos círculos uninominais de candidatura, por

---

[107] AA.VV. (1998), «Parecer da Universidade Católica», in *Pareceres sobre o Anteprojecto de Reforma da Lei Eleitoral para a Assembleia da República*, op. cit., p. 687; Manuel Braga da Cruz (1998), «O debate político sobre o sistema eleitoral em Portugal», in Manuel Braga da Cruz (org.), *Sistema Eleitoral Português. Debate Político e Parlamentar*, op. cit., pp. 12-13.

maioria simples, concretizando-se, desta maneira, o pretendido efeito de personalização do voto.[108]

Numa segunda alternativa, a comissão propunha também a criação de um círculo eleitoral nacional, se bem que de maior dimensão, o qual coexistiria com diversos círculos locais, correspondentes a autarquias ou agrupamentos de autarquias. De notar, porém que, e em contraste com a outra alternativa, os círculos locais funcionariam aqui não apenas como círculos de candidatura, mas também de apuramento, já que neles os mandatos seriam obtidos por maioria relativa, não podendo, porém, exceder o número de mandatos que caberiam a cada partido no círculo eleitoral nacional através da aplicação do método da média mais alta de Hondt. É de sublinhar que, nesta segunda alternativa, era igualmente admitida a possibilidade do duplo voto, um nacional e outro local, tudo isto contribuindo para reduzir o peso excessivo dos partidos políticos — sobretudo das suas direcções nacionais — na selecção dos candidatos a deputados e para devolver ao eleitores uma maior e mais activa participação na escolha daqueles que os representam no Parlamento, podendo, também, responsabilizá-los de forma mais directa pelo exercício do seu mandato.[109]

Se primeira alternativa de alteração do sistema, inspirada claramente no sistema eleitoral dinamarquês[110], viria a estar na base das propostas de revisão apresentadas posteriormente pelo Partido Socialista; já a segunda alternativa, bastante mais próxima da «representação proporcional personalizada», tal como praticada na República Federal da Alemanha[111], serviria de base às propostas de reforma do Partido Social Democrata.

---

[108] AA.VV. (1998), «Parecer da Universidade Católica», in Pareceres sobre o Anteprojecto de Reforma da Lei Eleitoral para a Assembleia da República, op. cit., pp. 687-688.

[109] Idem, ibidem, p. 688

[110] No sistema dinamarquês, a personalização do voto é conseguida através da divisão dos círculos territoriais de apuramento em círculos uninominais de candidatura, os quais, como o próprio nome indica, não servem para determinar o número total de mandatos ganhos por cada partido, mas sim para determinar a quem são conferidos os respectivos mandatos, apurados proporcionalmente, dentro das listas partidárias. De forma mais simples: a uninominalidade não serve aqui para determinar a relação entre votos e mandatos, mas tão-somente para seleccionar os candidatos que serão titulares dos mandatos conquistados pelos respectivos partidos. Cf. Leis Eleitorais para os Parlamentos dos Países da União Europeia (1998), Presidência do Conselho de Ministros, Imprensa Nacional – Casa da Moeda, pp. 215-243.

[111] Pois aqui tanto os círculos plurinominais como os uninominais revestem a natureza de círculos de apuramento. Se nos primeiros, a conversão de votos em mandatos se

Seja como for, e não obstante o seu rigor técnico e o seu inegável contributo para o alargamento do debate sobre a reforma do sistema eleitoral em Portugal, a verdade é que o «Projecto de Código Eleitoral», resultante da comissão nomeada pelo primeiro governo maioritário de Cavaco Silva, acabaria por não ter qualquer sequência legislativa.[112] Porém, e não podemos deixar de sublinhá-lo, os termos do debate político sobre reforma do sistema eleitoral ficavam no essencial definidos. Não é pois abusivo afirmar-se que, a partir daqui, os objectivos da representatividade política e eleitoral, da eficácia e estabilidade governativa e da proximidade e responsabilidade dos eleitos em relação aos eleitores passam a ser encarados já não como sendo mutuamente exclusivos, mas como complementares entre si. Deste modo, o «equilíbrio» entre estas diferentes exigências ou objectivos funcionais tenderá a ser procurado pelos «reformistas» através de soluções ou procedimentos técnicos que apontam, cada vez menos, para a «clássica» dicotomia entre sistemas proporcionais e sistemas maioritários, e se concentram, cada vez mais, nas possibilidades oferecidas pelos «sistemas eleitorais mistos», os quais, e seguindo aqui a tipologia proposta por Dieter Nohlen, integram os sistemas de representação proporcional personalizada, os sistemas segmentados ou paralelos e os sistemas compensatórios — se bem que, dada a sua enorme complexidade, isso possa comprometer, muitas vezes, os critérios da simplicidade e da transparência.[113]

Percebe-se, assim, que a avaliação do funcionamento do sistema eleitoral para a Assembleia da República se faça atendendo não só aos tradicionais critérios da proporcionalidade e da governabilidade, mas conside-

---

faz segundo o método dos restos maiores de Niemeyer; nos segundos, os deputados são escolhidos através do sistema maioritário a uma volta. Dito de outro modo: os círculos uninominais de um *Land* elegem por si os candidatos que nele obtenham a maioria dos votos, sem ter de esperar pelos resultados do partido nos círculos plurinominais. Cf. Susan E. Scarrow (2003), «The mixed-member system as a political compromise», *in* Matthew S. Shugart e Martin P. Wattenberg (orgs.), *Mixed-Member Electoral Systems. The Best of Both Worlds?*, Oxford, Oxford University Press, pp. 55-70; Dieter Nohlen (1995), *Sistemas Electorles y Partidos Políticos*, *op. cit.*, pp. 255-280; *Leis Eleitorais para os Parlamentos dos Países da União Europeia* (1998), *op. cit.*, pp. 19-41.

[112] Manuel Braga da Cruz (1998), «O debate político sobre o sistema eleitoral em Portugal», *in* Manuel Braga da Cruz (org.), *Sistema Eleitoral Português. Debate Político e Parlamentar*, *op. cit.*, p. 15.

[113] Dieter Nohlen (2007), *Os Sistemas Eleitorais: O Contexto faz a Diferença*, *op. cit.*, pp. 125-126.

rando também os critérios da proximidade entre eleitos e eleitores, o que acaba por implicar que o debate se afaste do plano meramente normativo — que, como é sabido, contrapõe, essencialmente, a representação maioritária à representação proporcional — para se situar no campo operacional e nas possibilidades oferecidas pela moderna «engenharia eleitoral».

É essencial notar-se que, à medida que nos aproximamos do final da década de 1980 e início da década de 1990, as críticas ao funcionamento do actual sistema eleitoral para a AR ganham uma redobrada intensidade, sendo constante e ciclicamente invocados os seus «efeitos perversos», nomeadamente: a preponderância dos partidos políticos na selecção dos candidatos e dos deputados e a excessiva dependência destes em relação aos «directórios partidários» que os escolhem e fazem eleger; o anonimato e o apagamento da figura dos candidatos, em benefício da imagem dos partidos nas eleições, resultante, em grande parte, do sistema de listas fechadas e bloqueadas; a crescente distância e a desresponsabilização dos eleitos perante os eleitores e o consequente desprestígio da acção parlamentar.[114]

Este ambiente, marcado por uma crítica persistente e generalizada ao sistema eleitoral para a AR, mas também pela obtenção de uma primeira maioria absoluta pelo Partido Social Democrata nas eleições legislativas de 1987 — contrariando a própria tendência do sistema eleitoral proporcional — viria a facilitar, e de forma aparentemente paradoxal, um entendimento entre o PS e o PSD, o qual se concretizaria na revisão constitucional de 1989. Nesta, proceder-se-ia a uma redução do número de deputados, de um máximo de 250 para 235 e de um mínimo de 240 para 230, sendo igualmente prevista a possibilidade da criação de um círculo eleitoral nacional, sem prejuízo dos círculos eleitorais de âmbito distrital, e cuja instituição dependeria da discricionariedade do legislador ordinário. Continuando, contudo, a exigir-se, nesta matéria, um consenso político necessário a uma revisão constitucional — ou seja, a aprovação por maioria de dois terços

---

[114] José Pacheco Pereira (1992, 1998), «Aumentar o poder do eleitor em relação ao eleito», *in* Manuel Braga da Cruz (org.), *Sistema Eleitoral Português. Debate Político e Parlamentar*, op. cit., p. 209; António Barreto (1992, 1998), «Sou já um veterano desta luta», *in* Manuel Braga da Cruz (org.), *Sistema Eleitoral Português. Debate Político e Parlamentar*, op. cit., pp. 207-208; Luís Sá (1992,1998), «Reformar ou degradar o sistema político», *in* Manuel Braga da Cruz (org.), *Sistema Eleitoral Português. Debate Político e Parlamentar*, op. cit., pp. 210-213.

dos deputados presentes, desde que superior à maioria absoluta dos deputados em efectividade de funções.[115]

Tais medidas, haviam sido acordadas pelo PSD e pelo PS com a clara de intenção de, por um lado, corrigir a excessiva proporcionalidade do sistema eleitoral e favorecer a maior governabilidade e eficácia do sistema político e de, por outro lado, qualificar a representação parlamentar, permitindo que os partidos escolhessem, no círculo eleitoral nacional, os candidatos considerados indispensáveis a uma composição competente dos respectivos grupos parlamentares nos vários domínios sectoriais, deixando para os círculos de base distrital uma representação orientada sobretudo por critérios de recrutamento preponderantemente localistas, o que conduziria a uma «desejável» diferenciação das carreiras políticas.

E se é um facto que a instituição do círculo eleitoral nacional não foi concretizada até hoje pelo legislador ordinário, que se limitou a efectivar a redução do número total de deputados prevista na revisão constitucional de 1989, não pode deixar de se referir que a revisão constitucional do sistema eleitoral foi alvo de uma forte contestação por parte dos partidos políticos mais pequenos, nomeadamente, pelo Partido Comunista, para quem a redução do número total de lugares na Assembleia da República e a criação de uma círculo eleitoral nacional, a par das tendências demográficas e migratórias, só poderiam agravar ainda mais as distorções à proporcionalidade já verificadas nos círculos de média e, especialmente, de pequena magnitude, reforçando a força eleitoral dos dois maiores partidos. Com efeito, e de acordo com as posições oficiais assumidas pelo PCP, a redução do número de deputados, associada à criação de um círculo eleitoral nacional, ao implicar a redução dos círculos eleitorais de base distrital, contribuiria, necessariamente, para esvaziar a proporcionalidade do actual sistema eleitoral — mais do que outros factores, tais como as cláusulas-barreira legais ou as fórmulas de conversão dos votos em mandatos —, pondo mesmo em causa a conquista democrática traduzida na conhecida fórmula *«one man, one vote, on value»*. Em suma, quer isto dizer que a criação de um círculo eleitoral nacional, sem o aumento da dimensão do órgão parlamentar, agravaria inevitavelmente as distorções à proporcionalidade nos círculos

---

[115] Braulio Gómez Fortes (2003), «La segunda reforma constitucional», *in* António Barreto, Braulio Gómez Fortes e Pedro Magalhães (orgs.), *Portugal: Democracia y Sistema Político*, Madrid, Siglo Veintiuno, pp. 68-70.

distritais, o que conduziria, em termos práticos, à redução da expressão eleitoral dos pequenos partidos e à impossibilidade do aparecimento de novas formações partidárias no sistema político português.[116]

De então para cá, as propostas de reforma do sistema eleitoral para a AR concentrar-se-iam, cada vez mais, na questão do reforço do poder dos eleitores sobre os eleitos, através da adopção de mecanismos que permitissem a escolha personalizada dos deputados à AR, devolvendo aos cidadãos o poder apropriado monopolisticamente pelos partidos políticos — e, acima de tudo, pelas suas direcções nacionais — na escolha dos deputados.

3.3.2 Personalizar e responsabilizar: eis a questão?

É assim que, entre o final da década de 1980 e o final da década de 1990, o debate político em torno da reforma do sistema eleitoral deixa de visar, pelo menos formalmente, o objectivo do reforço da estabilidade governativa e da eficácia do sistema político — a que não foram indiferentes as consecutivas maiorias absolutas ou quase absolutas de um só partido, produzidas por um sistema eleitoral que não foi originariamente desenhado para esse efeito — para se centrar, quase exclusivamente, no problema da «qualidade da representação política».

Esta questão tende a assumir uma formulação bem menos superficial e bastante mais abrangente, na medida em que passa agora não só pelo reconhecimento da necessidade de aumentar o poder do eleitor em relação ao eleito — através de uma maior e mais directa participação na escolha dos deputados à AR —, mas também da indispensabilidade de reforçar o poder de representação do eleito e a sua capacidade de o exercer numa base de relativa independência política e de competência própria; acresce ainda a exigência de diminuir a «capacidade impositiva» das direcções partidárias, em termos de definição da oferta eleitoral, já que, sendo estas responsáveis pela composição e ordenação das listas — ou seja, pela escolha dos futuros representantes —, isso não pode deixar de significar que a vontade dos eleitores se encontra aqui totalmente submetida à vontade partidária.

---

[116] Manuel Braga da Cruz (1998), «O debate político sobre o sistema eleitoral em Portugal», *in* Manuel Braga da Cruz (org.), *Sistema Eleitoral Português. Debate Político e Parlamentar*, op. cit., p. 17.

Na verdade, se é aparentemente consensual que o sistema eleitoral para Assembleia da República garante a representatividade das principais correntes de opinião política, e não é ele próprio um obstáculo à estabilidade e eficácia governativa — na medida em que tem respondido, de forma flexível, às mudanças do sentido de voto dos eleitores e permitido governos de legislatura[117] —, não é menos consensual a ideia de que ele contribui, se bem que não isoladamente, para o monopólio partidário da representação política e para o distanciamento entre eleitos e eleitores e, desta forma, para a desresponsabilização política dos primeiros perante os segundos.

Este consenso quanto ao *défice de personalização do voto* e de responsabilização dos eleitos face aos eleitores, assacado sobretudo ao funcionamento do actual sistema eleitoral para a Assembleia da República, tornou-se bastante claro aquando do acordo político de revisão constitucional entre o PS e o PSD, em 1997, já que através desta se procurou responder ao sentimento, mais ou menos difundido, da existência de uma «crise da democracia representativa» em Portugal, tentando-se contrabalançar a intensa mediação partidária entre eleitores e eleitos com outros mecanismos de mediação política. Desta forma, abriram-se novas vias institucionais para participação directa e activa dos cidadãos na vida política — nomeadamente através do referendo e da iniciativa legislativa popular — e introduziram-se, também, e no mesmo sentido, alterações no próprio sistema eleitoral para a AR.[118] E que alterações foram essas? E quais as suas reais implicações?

---

[117] Note-se que o desempenho do actual sistema eleitoral no que toca à possibilidade de gerar governos maioritários resulta sobretudo da conjugação de dois factores: primeiro, da compressão da proporcionalidade do sistema em consequência da redução do número de deputados depois da revisão constitucional de 1989 e da desertificação de alguns distritos do interior, que se traduz na existência de círculos eleitorais de apuramento de pequena magnitude; segundo, da tendência para uma forte bipolarização eleitoral, resultante da progressiva transformação das eleições legislativas em eleições que visam essencialmente a «escolha» do primeiro-ministro, o que reforça a estratégia do «voto útil» ou do «voto estratégico». Com efeito, e como tem sido largamente sublinhado, as eleições parlamentares tendem a transformar-se, através da personalização das escolhas, num processo quase plebiscitário, onde o eleitorado se pronuncia não sobre aqueles o deverão representar no Parlamento, mas sim sobre aquele que será investido como primeiro-ministro.

[118] Braulio Gómez Fortes (2003), «La cuarta reforma constitucional», *in* António Barreto, Braulio Gómez Fortes e Pedro Magalhães (orgs.), *Portugal: Democracia y Sistema Político*, *op. cit.*, pp. 72-75.

Em matéria eleitoral, o reconhecimento da necessidade de compatibilizar, em termos constitucionais e práticos, a mediação partidária com uma outra que apela para o exercício de uma participação mais activa e directa dos cidadãos na vida política, traduzir-se-ia na introdução de mecanismos que visam sobretudo a personalização do voto, procurando conciliar as vantagens da representação proporcional com as do escrutínio uninominal.

Parece razoável dizer-se que a revisão constitucional de 1997, que voltou a merecer a crítica contundente do Partido Comunista, prolongou e aprofundou algumas das mudanças já introduzidas na revisão de 1989, determinando uma nova redução do número de deputados — que passou de um máximo de 235 para 230 e de um mínimo de 230 para 180 — prevendo a admissibilidade de um círculo eleitoral nacional, e também a possibilidade de criação de círculos uninominais em complementaridade com os círculos plurinominais já existentes, no respeito, porém, do sistema de representação proporcional e do método da média mais alta de Hondt na conversão dos votos em mandatos.

3.3.3 Do anteprojecto do governo socialista: a representação proporcional personalizada como «o melhor de dois mundos»?

Assim, e se, em teoria, num sistema eleitoral como o nosso, fundamentalmente proporcional, o objectivo da personalização do voto poderia ser procurado de diferentes modos e por diferentes vias, o facto é que na quarta revisão constitucional optou-se claramente pela «representação proporcional personalizada», através da combinação e articulação de círculos uninominais de candidatura e de círculos plurinominais de apuramento. Resulta daqui que a alternativa prevista em sede constitucional — na nova redacção do n.º 1 do art. 149.º — constitui não só um elemento fundamental a ter em conta na reforma do sistema eleitoral, como é também o seu principal móbil e o seu mais importante limite.

Embora os preceitos constitucionais modificados não impusessem uma revisão imediata da legislação eleitoral ordinária, a verdade é que, na sequência da revisão constitucional de 1997, o governo socialista apressou-se a aprovar um «anteprojecto» de reforma do actual sistema[119], no

---

[119] *Revisão da Lei Eleitoral para a Assembleia da República — Anteprojecto de Articulado e Relatório*, Lisboa, Presidência do Conselho de Ministros, Setembro de 1997.

sentido de concretizar as possibilidades então abertas, além de que decidiu também submetê-lo a uma discussão pública alargada, solicitando a sua avaliação crítica e a sua apreciação técnica a diversas universidades.

Da leitura atenta do «anteprojecto» do governo, e sobretudo do seu texto introdutório, resulta claro que os objectivos que se pretendem atingir com a reforma estão longe de ser novos ou originais, de tão repetidos e debatidos que têm sido pelos principais dirigentes e analistas políticos ao longo das duas últimas décadas. Mas resulta igualmente claro que não se pretende introduzir qualquer «ruptura» com os princípios e regras que estruturam o sistema eleitoral em vigor — o que seria, aliás, extremamente difícil, dadas as fortes limitações constitucionais nesta matéria —, procurando-se tão-só «aperfeiçoar» o sistema eleitoral no que toca à «qualidade da representação».[120] Este objectivo implicaria, fundamentalmente, promover uma maior aproximação e responsabilização dos eleitos perante os eleitores, sem prejuízo da proporcionalidade e mantendo inalteradas as condições de estabilidade e eficácia governativa alcançadas desde finais da década de 1980. O mesmo é dizer — e não está dito, nem poderia — no articulado do «anteprojecto» do governo; mas foi, contudo, referido expressa e reiteradamente em alguns dos pareceres académicos: reforçando ainda mais «o papel dominante dos dois principais partidos sobre o conjunto do sistema, instituindo-se formalmente a bipartidarização que, presentemente, só de facto existe», como bem sublinhou João Bettencourt da Câmara.[121]

Mas seria errado anteciparmo-nos na apreciação do «anteprojecto» sem antes expormos e analisarmos as soluções que este apresenta para concretizar os objectivos acima formulados, atendendo aqui, acima de tudo, ao problema do recrutamento e da representação parlamentares. Portanto,

---

[120] António Vitorino, «Por uma representação proporcional personalizada», in *Revisão da Lei Eleitoral para a Assembleia da República — Anteprojecto de Articulado e Relatório, doc. cit.*, p. II, onde se pode ler: «(...) não se pretende introduzir qualquer ruptura com aqueles princípios e valores do nosso sistema eleitoral que provaram adequadamente ao longo dos anos, mas antes melhorá-lo na vertente da qualidade da representação dos cidadãos, promovendo uma mais estreita ligação dos eleitos e dos eleitores e uma responsabilização política mais directa do deputado perante os seus eleitores, mediante a introdução de uma modalidade de personalização do voto.»

[121] João Bettencourt da Câmara e Manuel Meirinho Martins (1998), *Parecer sobre a Revisão da Lei Eleitoral*, in *Pareceres sobre o Anteprojecto de Reforma da Lei Eleitoral para a Assembleia da República, op. cit.*, p. 349.

e dito isto, regressemos de imediato ao texto introdutório que lhe serve de justificação, para fazer notar que este aparente propósito de «mudar sem nada ou quase nada alterar» seria conseguido através da adopção de medidas que permitiriam a «personalização do voto mas também das relações entre eleitores e eleitos», o que implicaria, consequentemente, a redução da «capacidade impositiva» das direcções partidárias, tanto na composição das listas eleitorais como na «forma de exercício do direito de sufrágio». Mas o que é mais: tornaria possível «a abertura a novos e mais vastos espaços de participação dos eleitores na escolha dos seus representantes», como no documento se afirma. É dessas medidas que trataremos de seguida.[122]

Em termos gerais, há que notar que o «anteprojecto» de reforma do actual sistema eleitoral, que estará na base da proposta de lei que o governo socialista apresentará na Assembleia da República, em Janeiro de 1998 — introduzindo nesta, contudo, algumas das sugestões avançadas e sustentadas em sede académica — visava, fundamentalmente, a criação de «círculos uninominais de candidatura», a par de «círculos plurinominais de apuramento» coincidentes com os distritos administrativos, com as regiões autónomas insulares e com os círculos especiais da emigração, e de um «círculo nacional», sem, contudo, reduzir o número de deputados para o limite mínimo previsto na quarta revisão constitucional. E isto porque — ao contrário do que então defendia o Partido Social Democrata — uma tal redução iria comprimir ainda mais a proporcionalidade do sistema, em prejuízo, claro está, dos pequenos partidos.

Interessa-nos analisar aqui, ainda que de forma breve, a mecânica inerente ao «novo» sistema eleitoral, tal como concebido pela proposta do governo, pois só assim estaremos em condições de apreciar o seu potencial impacto sobre o recrutamento e a representação parlamentares. Para isso é preciso responder às seguintes questões: Qual a complementaridade entre os diferentes tipos de círculos? Como se processa a conversão dos votos em número de mandatos? Qual a estrutura do voto e o procedimento de votação? Enfim, como se compatibiliza o princípio da proporcionalidade com o escrutínio uninominal?

Em termos concretos, importa começar por dizer que na proposta do governo se propunha a criação de um círculo nacional que elegeria 35 dos

---

[122] *Revisão da Lei Eleitoral para a Assembleia da República — Anteprojecto de Articulado e Relatório*, doc. cit. pp. I-XI.

230 deputados, círculos parciais de apuramento que elegeriam os restantes 195 deputados, sendo estes divididos em círculos uninominais de candidatura em número igual a metade dos mandatos que caberiam a cada um, num total de 94. De salientar que, por motivos de exiguidade e/ou dispersão territorial, optava-se na proposta por não constituir círculos uninominais nos círculos da Europa e Fora da Europa, bem como nas regiões autónomas dos Açores e da Madeira, ficando, portanto, a reforma limitada ao território nacional continental.[123]

Se a criação do círculo nacional — já introduzida na revisão constitucional de 1989, embora a lei eleitoral nunca tenha concretizado tal hipótese — continuava a ser justificada, sobretudo, pela necessidade de qualificar a representação parlamentar, permitindo aos partidos políticos integrar, nesse círculo, candidatos considerados indispensáveis a uma composição competente e tecnicamente qualificada dos respectivos grupos parlamentares, nos mais variados domínios políticos sectoriais; o facto é que a criação deste círculo resultava agora, também, da necessidade de «acomodar» os candidatos eleitos em «excesso» por via dos círculos uninominais — ou seja, os candidatos que ganhassem no círculo uninominal sem que o respectivo partido tivesse conseguido elegê-los no correspondente círculo parcial distrital. Donde, a magnitude proposta para o círculo nacional era ditada pela exigência de prejudicar o menos possível a proporcionalidade do sistema no seu conjunto, já que uma dimensão maior significaria, necessariamente, subtrair mais mandatos aos restantes círculos.

Ao mesmo tempo, a proposta do governo estabelecia, o apuramento ao nível dos círculos eleitorais parciais, correspondentes aos distritos administrativos, e não ao nível do círculo eleitoral nacional, procurando-se, desta forma, manter inalterado o índice de proporcionalidade do sistema em geral, garantir a representatividade regional do Parlamento e articular o princípio de representação proporcional com os círculos uninominais. Uma opção que se percebe, pois o apuramento a nível nacional, tal como acontece na Alemanha, na Holanda ou em Israel, provocaria, naturalmente, um acréscimo da proporcionalidade, eliminando o «bónus de maioria» que o actual sistema confere aos partidos mais votados (especialmente ao primeiro), em detrimento dos partidos menos votados, o que dificultaria

---

[123] *Revisão da Lei Eleitoral para a Assembleia da República — Anteprojecto de Articulado e Relatório, doc. cit.*

a formação de maiorias parlamentares e poderia comprometer o «milagre português», como se lhe refere João Bettencourt da Câmara. Ou seja: assegurar a estabilidade governativa num sistema eleitoral originariamente desenhado contra o aparecimento de maiorias sólidas de um só partido, privilegiando a estabilidade muito mais do que a proporcionalidade.[124]

Por outro lado, a manutenção dos círculos parciais distritais permitiria que a maior parte dos deputados tivesse uma proveniência e uma afinidade regionais, o que não sucederia se metade deles fosse eleita por uma lista nacional, já que, se assim fosse, seria de esperar que os órgãos centrais dos partidos tendessem a privilegiar outros critérios de recrutamento que não o do «equilíbrio» regional das listas, contrariando o que agora sucede. Por último, existindo círculos plurinominais de base distrital, seria a esse nível que se faria a articulação entre a fórmula de apuramento proporcional e a eleição dos candidatos nos círculos uninominais.

Quanto aos círculos uninominais, e dados os constrangimentos constitucionais, o «anteprojecto» estabelecia, muito claramente, que estes seriam apenas círculos de candidatura, o que significa que funcionariam como um *método de selecção dos deputados* que coubessem proporcionalmente a cada partido e não como um método independente de conversão dos votos em mandatos. O que permitiria, por um lado, uma maior proximidade e conhecimento dos eleitos, e, por outro, uma maior e mais activa intervenção dos eleitores na escolha dos deputados à AR, flexibilizando-se, assim, e em certa medida, o actual sistema de listas fechadas e bloqueadas — que, como referimos atrás, não permite ao eleitor expressar qualquer preferência pelos candidatos escolhidos e ordenados nas listas, por decisão exclusiva do respectivo *party selectorate*.

Assim, e do ponto de vista da dinâmica do sistema eleitoral, a proposta do governo socialista — inspirando-se mais no sistema eleitoral dinamarquês do que no alemão, ao contrário do que muitos afirmam — parece assentar sobretudo na conjugação de dois elementos até há algum tempo considerados incompatíveis, a saber: a proporcionalidade, que remete, por definição, para o apuramento em círculos plurinominais; e a uninominalidade, que aparece, geralmente, associada aos sistemas maioritários, de

---

[124] João Bettencourt da Câmara e Manuel Meirinho Martins (1998), *Parecer sobre a Revisão da Lei Eleitoral*, in *Pareceres sobre o Anteprojecto de Reforma da Lei Eleitoral para a Assembleia da República*, op. cit., p. 125.

maioria simples ou absoluta. No caso vertente, o escrutínio uninominal e o princípio maioritário apareciam subordinados e integrados num sistema de representação proporcional, visto que aquele não serve para determinar o número de mandatos obtidos por cada partido, mas sim para designar a quem serão conferidos os referidos mandatos, apurados proporcionalmente. Insista-se, pois, no facto de, segundo o «anteprojecto» de reforma do sistema eleitoral, e em sentido diferente do que acontece no sistema alemão, a *uninominalidade* não servir aqui para determinar a relação entre votos e mandatos, mas tão-somente para *seleccionar*, dentro das listas partidárias apresentadas nos círculos parciais, os candidatos que hão-de ser titulares de uma parte dos mandatos obtidos por cada partido, compatibilizando-se, assim, o escrutínio uninominal com o princípio da representação proporcional.[125]

Este aspecto torna-se mais claro se tivermos em conta que, segundo a proposta do governo socialista, o método de conversão de votos expressos pelos eleitores em mandatos ou assentos parlamentares se manteria inalterado, visto que cada partido teria direito a tantos mandatos quantos os obtidos em cada círculo de apuramento, pela aplicação do método da média mais alta de Hondt. O que mudaria, porém, e é isso que constitui no essencial a novidade da proposta então avançada, e por isso merece a pena ser sublinhado, seria a ordenação dos candidatos dentro de cada lista: se, no regime actual, existe a total impossibilidade de o eleitor influir na ordenação das listas apresentadas pelos partidos — dado que estamos perante listas fechadas e bloqueadas —, a ser aprovado o novo regime, passaria a ser possível, pelos menos em teoria, uma intervenção mais personalizada do eleitor na composição da lista apresentada pelo partido que escolheu no seu círculo eleitoral, já que aí se considerariam eleitos em primeiro lugar os candidatos que, no respectivo círculo uninominal de candidatura, tivessem obtido o maior número de votos de entre todos os candidatos concorrentes.

Importa dizer ainda que, no que se refere ao tipo de sufrágio e ao procedimento de votação, estes se mantêm inalterados na proposta de reforma do sistema eleitoral para a AR apresentada pelo governo socialista. Com

---

[125] Dieter Nohlen (1995), *Sistemas Electorles y Partidos Políticos*, *op. cit.*, pp. 255--280; *Leis Eleitorais para os Parlamentos dos Países da União Europeia* (1998), *op. cit.*, pp. 19-41.

efeito, no que respeita ao primeiro aspecto, continuaria a caber aos partidos a exclusiva responsabilidade da composição e ordenação das listas a apresentar no círculo nacional e nos círculos distritais, e também a escolha dos candidatos individuais a propor nos círculos uninominais, devendo as listas para os três tipos de círculos ser apresentadas conjuntamente, devido às relações de complementaridade entre os três tipos de círculos. Ainda assim, deva sublinhar-se que os partidos não seriam obrigados a concorrer aos três níveis, até porque uma tal exigência seria difícil de cumprir por parte dos partidos com uma débil implantação no território nacional.[126]

Por outro lado, e ainda no que respeita às listas, deve ser referida a possibilidade de, nos termos da proposta governamental, o mesmo candidato poder concorrer a um círculo uninominal e constar simultaneamente das listas partidárias, tanto a nível distrital como nacional, uma possibilidade que, como se pode ler no documento em apreço — e que não deixa de gerar uma certa perplexidade face aos objectivos confessos da reforma — visa encorajar a candidatura uninominal de quadros políticos qualificados que resistiriam a fazê-lo se não tivessem a sua eleição assegurada através da candidatura de lista. Procura-se, também, com a acumulação de candidaturas, e aqui de forma um tanto mais compreensível, evitar os conflitos intrapartidários entre os candidatos uninominais e os candidatos de lista, impedindo que os últimos pudessem ter algum interesse na não eleição dos primeiros.

No que toca ao sufrágio, e ao contrário do que sucede no sistema eleitoral alemão, que de alguma forma serviu de inspiração ao «anteprojecto» do governo socialista, o eleitor continuaria a dispor de um voto singular de lista, que utilizaria para escolher o candidato do círculo uninominal, a lista partidária a nível distrital e a lista partidária de âmbito nacional, invocando o governo o impedimento constitucional para adoptar o duplo voto. E isto porque, no seu entendimento, este converteria o actual sistema eleitoral num «sistema misto», em que os mandatos nos círculos uninominais seriam atribuídos por um sistema maioritário simples, o que subverteria não só o sistema de representação proporcional e o método de Hondt consagrados no texto constitucional, como afastaria a pretendida reforma do sistema eleitoral em vigor dos pressupostos proporcionais que a inspi-

---

[126] *Revisão da Lei Eleitoral para a Assembleia da República — Anteprojecto de Articulado e Relatório*, doc. cit.

ram e servem de base. Porém, a proposta governamental parece esquecer, senão mesmo ignorar, aquele que é o seu traço mais distintivo e original, a saber: a distinção entre círculos uninominais de candidatura e círculos plurinominais de apuramento. De acordo com a proposta, o voto uninominal funcionaria sempre e tão-só para escolher quem são os candidatos que iriam assumir a titularidade do mandato e não para determinar quantos deputados cabem a cada partido, o que continuaria a depender, como atrás se disse, do voto de lista e do apuramento proporcional segundo o método da média mais alta de Hondt.

Um último aspecto que vale a pena referir — já que um dos propósitos do governo socialista passava, como se escreveu acima, por diminuir a capacidade impositiva das direcções nacionais dos partidos na escolha dos candidatos à AR e de abrir novos espaços de participação dos eleitores na escolha dos seus representantes — é que o «anteprojecto» manteve inalterado o monopólio dos partidos na apresentação de candidaturas à Assembleia da República, excluindo a possibilidade de candidaturas independentes às eleições legislativas. Como bem sublinham João Bettencourt da Câmara e Manuel Meirinho Martins, a criação de círculos uninominais de candidatura justificava, em termos de princípios, e impunha, em termos práticos, que se admitissem tais candidaturas, pois, através delas, seria possível reforçar a liberdade de escolha e a participação dos eleitores, e combater também os males da «partidocracia», tanto em termos eleitorais como parlamentares. Neste aspecto, há que se concordar com o tom pessimista — ou melhor realista — dos autores acima citados, quando afirmam que, dada proibição de candidaturas independentes, os novos espaços abertos à participação política dos cidadãos, a que o «anteprojecto» expressamente se referia, mais não eram do que os espaços já existentes e há muito experimentados, só que formalmente reconfigurados — como, aliás, seria de esperar — em proveito dos tradicionais ocupantes: leia-se, os partidos políticos.[127]

Neste sentido, o sistema proposto em nada alteraria a situação existente, no que se refere à escolha dos candidatos à AR pelo *party selectorate*, que continuaria a ser feita em circuito totalmente fechado. Por outras

---

[127] João Bettencourt da Câmara e Manuel Meirinho Martins (1998), *Parecer sobre a Revisão da Lei Eleitoral*, in *Pareceres sobre o Anteprojecto de Reforma da Lei Eleitoral para a Assembleia da República, op. cit.*, pp. 309-310, 351 e 363-364.

palavras: manter-se-ia a presença de «independentes» integrados em listas partidárias, mas excluir-se-ia a possibilidade da «competição política independente», com critérios de recrutamento distintos e listas próprias, nos círculos uninominais de candidatura — o que, a ser aceite, poderia facilitar a personalização do voto, admitindo-se na arena eleitoral a presença de candidatos puramente locais e localmente conhecidos e apoiados. Mas o facto é que, a este propósito, o «anteprojecto» do então governo socialista nem sequer equaciona a possibilidade de serem introduzidos mecanismos que pudessem evitar os «efeitos perversos» da abertura do sistema a candidaturas de grupos de cidadãos independentes — mecanismos que estabelecessem e exigissem, como acontece noutros países, um número mínimo de assinaturas para que estes novos actores pudessem habilitar-se a concorrer com os partidos.

Descritos que estão, nos seus aspectos essenciais, os objectivos perseguidos e as soluções propostas no «anteprojecto» do governo socialista sobre a reforma do sistema eleitoral para a Assembleia da República, interessa-nos questionar aqui se quer uns quer outros correspondem, como se pretende fazer crer, «ao melhor de dois mundos» — indo buscar ao escrutínio uninominal a pretendida personalização do voto e também a proximidade entre eleitos e eleitores, e à proporcionalidade o irrenunciável pluralismo político e partidário.

Mas vejamo-lo, atendendo, sobretudo, aos efeitos da projectada reforma sobre o recrutamento e a representação parlamentares, que constituem, afinal, o nosso objecto de investigação. Procuraremos mostrar que, pelo menos a este nível, tanto os seus pressupostos como os seus propósitos estão longe de ser congruentes e até convincentes.

3.3.4 *Mais limites do que possibilidades...*

Para uma melhor compreensão do impacto das medidas reformadoras do sistema eleitoral para a AR sobre as estratégias e os modelos de recrutamento parlamentar, confrontá-las-emos com os objectivos formalmente proclamados no «anteprojecto» do governo socialista e os efeitos efectivamente esperados.

Assim, e num primeiro momento, importa referir aqui que a criação de três tipos de círculos eleitorais, ditos complementares entre si, reflectir-se-ia, teoricamente, quer nos critérios e estratégias de selecção dos candidatos à AR, quer nos modelos ou padrões de recrutamento parlamentar, promovendo, por um lado, uma diferenciação de carreiras políticas e, por outro, levando a uma redefinição dos poderes de selecção das estruturas partidárias. Vejamos como e em que sentido.

É, pois, de admitir que a criação de círculos uninominais de candidatura alteraria os critérios de recrutamento adoptados pelo *party selectorate*, que passaria, no que toca a este tipo de círculo, a privilegiar a escolha de candidatos atendendo não só à sua pertença partidária, mas sobretudo à sua origem e afinidades locais. Ou seja, a escolha interna passaria a recair em candidatos que fossem conhecidos e prestigiados no respectivo círculo eleitoral, no pressuposto de que estes funcionariam, em certa medida, como «provedores» dos interesses e das necessidades das respectivas populações.[128] Sendo ainda provável que, como, aliás, acontece na Alemanha — e como sucede também em Portugal nos círculos de pequena magnitude — certos dirigentes partidários de topo façam questão, por razões de estatuto e de prestígio político, de disputar as eleições legislativas em círculos uninominais, fazendo-se deslocar para «círculos seguros» com os quais não têm qualquer tipo de afinidade ou proximidade ou então disputando a eleição em círculos de que são naturais, mas nos quais há muito não residem ou trabalham, reforçando, neste sentido, o fenómeno do «pára-quedismo».

E não é ainda de se excluir que, dados os mecanismos do actual *star system*, as estruturas partidárias optassem por escolher personalidades mediáticas sem qualquer ligação ao círculo uninominal pelo qual se candidatam e se pretendem fazer eleger, não sendo de espantar, como oportunamente adverte João Bettencourt da Câmara — «forçando» o paralelismo com a selecção dos candidatos a presidente de câmara — que depois das «autarquias-espectáculo» surgissem também alguns «círculos-espectáculo», com campanhas articuladas em torno de celebridades nacionais ou regionais, que poderiam obter resultados que os partidos, de outro modo, não alcançariam.[129]

---

[128] John Curtice e Phillips Shiveley (2003), «Quem nos representa melhor? Um deputado ou vários», *in Análise Social, op. cit.*, p. 363.

[129] João Bettencourt da Câmara e Manuel Meirinho Martins (1998*), Parecer sobre a Revisão da Lei Eleitoral, in Pareceres sobre o Anteprojecto de Reforma da Lei Eleitoral para a Assembleia da República, op. cit.*, p. 360.

Mas mais importante do que isso é que um processo de selecção dos candidatos que desse prioridade a tais critérios conduziria necessariamente à sobreposição de dois fenómenos, que não podem senão contribuir para a crescente despolitização da vida política, em geral, e das eleições legislativas, em particular: por um lado, e em termos nacionais, as eleições para a Assembleia da República centrar-se-iam, como já acontece, não nos candidatos a deputados mas na figura de quem é ou se propõe a ser primeiro-ministro; por outro, e em termos locais, assistir-se-ia à multiplicação de campanhas locais excessivamente personalizadas e fulanizadas, com o aparato propagandístico adequado à situação — o que justificaria a realização de tantas campanhas quantos os círculos uninominais a criar, em que a imagem dos candidatos se sobreporia seguramente à discussão dos programas eleitorais e, talvez mesmo, à campanha nacional desenhada pelos próprios partidos.[130]

Importa, pois, não esquecer que a competição eleitoral em círculos uninominais se traduz, frequentemente, numa disputa de personalidades ou de notáveis locais, com interesses e objectivos específicos, que elegem, por isso, temas de debate que se afastam dos que podem ser considerados de interesse geral. A este respeito, cumpre sublinhar que uma das desvantagens geralmente atribuídas aos círculos uninominais consiste, justamente, no facto de estes contribuírem para uma excessiva personalização da política. Ou seja, e como refere André Freire: «Aquilo que deveriam ser as opções dos eleitores entre diferentes programas políticos para conduzir o rumo da governação do país poderá redundar numa mera escolha de personalidades. O que pode levar a um afastamento dos cidadãos da política, pois as diferenças entre os partidos passam a ser encaradas como meras diferenças entre personalidades, e reduzir a possibilidade de se responsabilizar globalmente os partidos pelo seu desempenho governativo, dado que o controlo da direcção do partido sobre os deputados pode ser substancialmente reduzido.»[131]

A este mesmo propósito, não podemos ignorar também o que nos dizem os dados empíricos tratados na secção 3.2. do presente capítulo, e

---

[130] *Idem, ibidem*, pp. 359-360.
[131] André Freire (2002) «Tipos de sufrágio e procedimentos de votação», *in* Fernando Farelo Lopes e André Freire, *Partidos Políticos e Sistemas Eleitorais. Uma Introdução*, *op. cit.*, p. 147.

que é, basicamente, o seguinte: é nos círculos de grande magnitude, e não nos de média e pequena magnitude, ao contrário do que ensina a teoria mais convencional, que o grau de conhecimento dos candidatos à Assembleia da República por parte dos eleitores, e o nível de personalização do voto, se tornam estatisticamente significativos. Tal explica-se, seguramente, pelo facto de os dirigentes mais destacados dos partidos, e mais conhecidos entre a opinião pública — dada a sua maior visibilidade e exposição mediática —, disputarem as eleições legislativas nos círculos grandes e não nos pequenos. Mas também se explica pela circunstância de as campanhas eleitorais serem hoje cada vez mais centralizadas e profissionalizadas, dado que se concentram fundamentalmente na figura dos líderes partidários e dos cabeças-de-lista pelos principais distritos do país, ao mesmo tempo que procuram capitalizar o mais possível os efeitos mediáticos e propagandísticos em torno daqueles.

Em contrapartida, só em situações excepcionais, e por motivos mais acessórios do que substanciais, os candidatos locais que disputam as eleições em círculos de pequena magnitude gozam de uma cobertura mediática equivalente, e daí o seu aparente anonimato junto do eleitorado — sobretudo se os círculos forem territorialmente extensos ou heterogéneos. Neste sentido, embora estes dados se reportem exclusivamente às eleições legislativas de 2002, eles sugerem que a introdução de círculos uninominais não traria consigo, necessariamente, a pretendida personalização do voto, porque esta já existe de facto ao nível dos círculos de grande magnitude, contribuindo, quanto muito, para afunilar ainda mais os protagonismos políticos.

Por outro lado, e tendo presentes as razões apontadas para a criação de um círculo eleitoral nacional, seria de esperar que aqui os critérios de recrutamento do pessoal político parlamentar fossem bem distintos, já que, e segundo resulta claro da leitura do «anteprojecto» do governo socialista, este serviria para assegurar a qualificação dos respectivos grupos parlamentares: quer técnica, fazendo eleger deputados reputados e especializados nos vários domínios políticos sectoriais; quer política, assegurando a eleição de dirigentes nacionais e de quadros políticos mais activos, sem ser necessário fazê-los deslocar para círculos com os quais não têm particular afinidade ou ligação, e evitando, deste modo, sujeitá-los ao risco da não eleição inerente ao confronto directo com o eleitorado.

Posto tudo isto, a questão que se coloca é a de saber se a criação de três círculos eleitorais complementares implicaria, de facto, o desenvolvimento de estratégias e de critérios de recrutamento diferenciados por parte do *party selectorate*? Ora, a resposta a esta questão é negativa. E isto porque, segundo o «anteprojecto» do governo socialista, um candidato pode integrar simultaneamente as listas concorrentes ao círculo nacional, a um círculo parcial e a um dos círculos uninominais em que este se divide, uma possibilidade que não pode deixar de «neutralizar» os efeitos diferenciadores sobre os critérios e estratégias de recrutamento, que passam a ser os de sempre: *o da fidelidade e o da longa e dedicada trajectória partidária*. Parece evidente que, reconhecida a possibilidade da «tripla candidatura»[132], cada candidato procuraria, de forma a assegurar a sua eleição, ser candidato pelo círculo uninominal, pelo círculo parcial e, se possível, também pelo nacional. Assim, se perdesse no círculo uninominal ainda poderia vir a ser eleito, desde que tivesse previamente reservado um lugar elegível no círculo parcial, o mesmo sendo válido para o círculo nacional. Ora, isto significaria não só a possibilidade de um candidato aceder ao Parlamento por três vias diferentes, mas também, e naquilo que nos interessa, de ser escolhido pelo *party selectorate* de acordo com os mesmos critérios para todos os círculos. Ou seja, um pequeno número de dirigentes partidários acabararia por dar o rosto ao combate eleitoral, deixando na sombra e apagados, como até agora acontece, muitos outros rostos. É certo que uns e outros conseguiriam chegar ao Parlamento, mas, mais do que actualmente, haveria entre uns e outros uma distância formal e ostensiva.

Se, na prática, a criação de três tipos de círculos eleitorais dificilmente conduziria à aplicação de diferentes critérios e estratégias de recrutamento parlamentar, resta saber se a existência de círculos eleitorais de diferentes níveis poderia implicar realmente uma alteração na definição dos poderes do próprio *party selectorate*, no sentido de contribuir para que as relações de poder entre as várias «faces» da organização partidária se tornassem mais «estratárquicas» e menos «hierárquicas»: cada «face» tornar-se-ia mais autónoma relativamente às demais, no que respeita ao processo de selecção dos candidatos a deputados.

---

[132] AA.VV. (1998), «Parecer da Faculdade de Direito da Universidade de Coimbra», in *Pareceres sobre o Anteprojecto de Reforma da Lei Eleitoral para a Assembleia da República*, op. cit., pp. 39; João Bettencourt da Câmara e Manuel Meirinho Martins (1998*)*, *Parecer sobre a Revisão da Lei Eleitoral*, in *Pareceres sobre o Anteprojecto de Reforma da Lei Eleitoral para a Assembleia da República*, op. cit., p. 358.

Existem poucas dúvidas sobre o facto de os partidos políticos, em Portugal, se encontrarem estruturados numa base essencialmente distrital — por ser essa, desde sempre, a circunscrição eleitoral de apuramento — e também está longe de ser desconhecido o papel e a influência dos órgãos dirigentes distritais na selecção dos candidatos, a par dos órgãos centrais que detêm, nesta matéria, uma total capacidade de veto — segundo uma «lógica» que tende a privilegiar o «equilíbrio» político e territorial no processo de elaboração das listas, a qual está, como é sabido, na base de um tenso, complexo e nem sempre transparente *trade-off* entre as estruturas nacionais e os órgãos distritais dos partidos.

Neste sentido, a criação dos círculos uninominais de candidatura — e a necessidade de escolher candidatos «à sua medida», favorecendo, acima de tudo, aqueles que sobressaem pela sua capacidade de angariar votos junto do eleitorado local — tornaria teoricamente admissível uma certa «repartição» dos poderes de selecção com as estruturas partidárias de nível distrital e sub-distrital, as quais passariam a dar apoio logístico aos novos círculos eleitorais e aos seus respectivos candidatos, o que levaria a uma certa descentralização e até democratização dos mecanismos de recrutamento parlamentar. Nestas novas circunstâncias de «complementaridade» e de «articulação» entre diferentes tipos de círculos eleitorais, é de admitir o reforço da «autonomia mútua» entre as distintas «faces» dos partidos, tornando-se as estruturas a nível local responsáveis pela selecção dos candidatos uninominais, crescentemente «indiferentes» às exigências dos órgãos a nível nacional ou aos condicionamentos por eles impostos, e vice-versa.

Dito isto, deve prontamente acrescentar-se que um tal sistema eleitoral, ao contribuir para a redefinição dos poderes do *party selectorate*, promovendo a sua descentralização e até democratização, poderia implicar igualmente uma divisão dos deputados à AR em duas «classes» ou «categorias», caracterizadas por motivações, atitudes e comportamentos visivelmente diferenciados.[133] Por um lado, teríamos os deputados eleitos por sufrágio de lista no círculo nacional e nos círculos parciais — escolhidos pelos órgãos centrais e também pelas estruturas distritais, quase sem

---

[133] AA.VV. (1998), «Parecer da Faculdade de Direito da Universidade de Coimbra», in *Pareceres sobre o Anteprojecto de Reforma da Lei Eleitoral para a Assembleia da República*, *op. cit.*, pp. 56-57.

a influência dos membros de base partido —, que passariam a integrar uma espécie de «classe política profissional», indiferente ou pouco interessada no contacto directo com o eleitorado, e cuja acção parlamentar seria pautada por uma estrita e rígida disciplina perante a direcção nacional do partido e pelo objectivo mais ou menos imediato da reeleição, a qual dependeria fundamentalmente do seu posicionamento face às sensibilidades, às correntes e às hierarquias internas e não tanto da avaliação da sua actividade pelo eleitorado.

Por outro lado, há que considerar os deputados eleitos pelos círculos uninominais — escolhidos pelas estruturas territoriais de base, em grande medida, graças ao seu «capital eleitoral local» — que no Parlamento actuariam de modo a não perder o apoio, o contacto e a confiança dos eleitores do seu círculo, o que lhes poderia garantir uma independência e autonomia acrescidas face às direcções nacionais dos respectivos partidos e, até mesmo, face aos deputados eleitos por sufrágio de lista. Perante tal cenário, a questão fundamental está em saber se, na perspectiva dos defensores da «uninominalidade», seria politicamente saudável, e parlamentarmente viável, estabelecer uma diferenciação estrutural dos tipos de legitimidade dos deputados?

Curiosamente, e embora o «anteprojecto» pareça responder afirmativamente a esta pergunta, contrapondo, em certo sentido, o que, ironicamente, João Bettencourt da Câmara designa de «deputados remotos sem controlo próximo» e «deputados próximos sem controlo remoto»[134], o facto é que os efeitos pretendidos com uma solução deste tipo são bastante mais aparentes do que reais. E porquê? Seguramente porque, não desejando enveredar, de facto, por uma repartição de poderes do *party selectorate*, por um lado, e, por outro, não ignorando a possibilidade de fragmentar o estatuto formal e funcional dos deputados — o que poderia enfraquecer a coesão e a unidade dos grupos parlamentares, e contribuir, assim, para gerar uma certa «ingovernabilidade» — os redactores do «anteprojecto» não se limitaram a reconhecer como a encorajar também a possibilidade de um mesmo candidato se apresentar simultaneamente no círculo uninominal, no círculo distrital e no círculo nacional.

---

[134] João Bettencourt da Câmara e Manuel Meirinho Martins (1998), *Parecer sobre a Revisão da Lei Eleitoral*, in *Pareceres sobre o Anteprojecto de Reforma da Lei Eleitoral para a Assembleia da República*, op. cit., pp. 356-357.

Como está bom de ver, o reconhecimento da dupla e da tripla candidatura, previsto no «anteprojecto socialista», acaba por contrariar a diferenciação em termos de perfis de candidatura e a pluralidade de modelos de recrutamento, de que falámos acima, fazendo prevalecer o controlo firme dos órgãos centrais dos partidos sobre a escolha dos candidatos, a elaboração das listas e a sua ordenação, que é vital para a determinação de quem é efectivamente eleito. Estes procuram garantir, o mais possível, a eleição segura dos seus dirigentes nacionais e dos seus quadros políticos mais activos, apresentando-os no círculo nacional, parcial e uninominal: assim, um candidato derrotado no círculo uninominal pode ser eleito no círculo parcial e se derrotado neste pode ainda ser eleito no círculo nacional. E não parece possível, ou sequer provável, que um tal desdobramento dos candidatos por esses três níveis resulte das orientações ou imposições das estruturas de base dos partidos contra as respectivas direcções nacionais, o que pode contribuir para uma ainda maior agudização dos conflitos partidários internos, nomeadamente, entre notáveis locais e quadros nacionais — reforçados, agora, pelas *diferentes legitimidades* que decorrem de como são eleitos os deputados de um mesmo partido. Mas esta solução pode contribuir também, e compreensivelmente, para o descrédito do significado e do alcance do próprio acto eleitoral, onde os derrotados acabam por ser, forçosamente, eleitos.

Isto explica o tom algo jocoso, mas também certeiro, com que Bettencourt da Câmara se refere aos «efeitos perversos» do modelo então proposto que, em vez de promover a responsabilização do deputado através da sanção directa do eleitor — que poderia sempre não voltar a elegê-lo — acaba, em sentido oposto, por subtraí-lo quase por completo a tal sanção. Escreve este autor:

> Na verdade, além de semear quadros políticos pelos círculos uninominais para prevenir o risco da sua não eleição [aumentando, ainda mais, a prática já conhecida do «pára-quedismo»], a proposta do governo avança com uma medida complementar, que consistiria na possibilidade da dupla e da tripla candidatura, o que quer dizer que o mesmo candidato poderia concorrer simultaneamente em dois ou três círculos. O que, como é bom dever, duplicaria ou triplicaria as suas perspectivas de sucesso. Se rejeitado pela ingratidão pacóvia de um eleitorado local, poderia passar a um julgamento mais amplo e esclarecido por via do círculo parcial, mas, se incompreendido aí também, restar-lhe-ia ainda a hipótese do círculo nacional, onde o êxito

seria praticamente garantido pelos fulgores da inteligência colectiva. Eleito a bem ou a mal, o tríplice candidato teria a vitória assegurada, pela selectiva mão dos fazedores de listas partidárias.[135]

Daqui se vê que a possibilidade prática de duplas e triplas candidaturas, mais não faria do que tornar a eleição no círculo uninominal uma mera formalidade, jogando a complexidade do sistema a favor dos partidos e da classe política, e não da personalização do voto. Pois, como bem notam Rein Taagepera e Matthew Shugart: «Nos sistemas eleitorais, tal com nas leis fiscais e outras, a complexidade introduz sempre uma desigualdade *elitista*, mesmo que o objectivo seja o de aumentar a justiça: quanto mais complexo se torna um sistema, menor o número de indivíduos que o compreendem e que podem fazer uso das suas eventuais potencialidades.»[136]

Mas, retomando o articulado do «anteprojecto», o realmente importante continuaria a ser a obtenção de um lugar elegível ou, na pior das hipóteses, potencialmente elegível, na lista nacional ou nas listas parciais, pouco interessando a vitória ou a derrota no círculo uninominal de candidatura. Nestes termos, pouco admira, o documentado e tão incessantemente discutido alheamento dos eleitores em relação à política, em geral, e à vida partidária, em particular, na medida em que estes sabem, ou pelo menos pressentem, o que de pouco decisivo têm para escolher nas eleições: de facto, optam entre partidos que, no seu interior, escolhem os eleitos, muitas vezes, mais pelo princípio da mera cooptação do que pelas regras da participação e do pluralismo democrático.

O que é mais, se atendermos ao tipo de sufrágio ou de candidatura, o que parece resultar do «anteprojecto» é que os «aparelhos partidários», e as suas direcções nacionais, continuariam a reservar para si uma zona largamente imune aos efeitos da personalização do voto[137], mas também, e por isso, o «novo» sistema não teria qualquer efeito significativo sobre a parti-

---

[135] João Bettencourt da Câmara e Manuel Meirinho Martins (1998), *Parecer sobre a Revisão da Lei Eleitoral*, in *Pareceres sobre o Anteprojecto de Reforma da Lei Eleitoral para a Assembleia da República*, op. cit., p. 358.

[136] Rein Taagepera e Matthew S. Shugart (1989, 1998), «A conpeção dos sistemas eleitorais», in Manuel Braga da Cruz (org.), *Sistemas Eleitorais: O Debate Científico*, op. cit., pp. 278-279.

[137] AA.VV. (1998), «Parecer da Universidade Católica», in *Pareceres sobre o Anteprojecto de Reforma da Lei Eleitoral para a Assembleia da República*, op. cit., p. 707.

cipação dos eleitores nas escolhas dos deputados à AR, porque continuaria a sobrepor-se sempre, e em todos os casos, o controlo quase absoluto da «classe política» partidária.[138] E isto porque, continuando as listas a ser fechadas e bloqueadas, só que a agora reproduzidas a dois níveis distintos, os eleitores apenas poderiam escolher entre partidos, não lhes sendo possível manifestar qualquer preferência quanto aos candidatos que a «classe política» escolhe e apresenta às eleições.

Assim sendo, com ou sem a reforma eleitoral à vista, a situação manter-se-ia, neste aspecto, inteiramente inalterada, senão mesmo reforçada. Citando uma vez mais Bettencourt da Câmara, há que reconhecer-se que com «listas elaboradas pelos partidos, com candidatos escolhidos pelos partidos, de acordo com os critérios definidos pelos partidos, os eleitores não podem manifestar qualquer preferência em qualquer círculo, excepto... entre partidos».[139] De facto, os partidos políticos continuariam, num sistema eleitoral que se quer de «representação proporcional personalizada», a decidir quem é eleito, em que tipo de círculo, quando e onde. Sendo que nos círculos uninominais a diferença está em que o controlo do partido se exerce apenas sobre um candidato efectivo e respectivo suplente, mas nem por isso as «regras do jogo» se alterariam: o eleitor continuaria a escolher exclusivamente entre partidos e não entre pessoas.

E se a manutenção de listas fechadas e bloqueadas, apresentadas nos diferentes tipos de círculos, está longe de diminuir a «capacidade impositiva» dos partidos, constituindo um dos mais importantes limites e obstáculos à escolha personalizada dos deputados e à sua responsabilização directa perante o eleitorado — objectivos, aparentemente, perseguidos pelos pretensos «reformadores» —, o que dizer então do procedimento de votação? Também aqui, e antecipando, desde já, o que passaremos a explicar, a proposta do governo nada muda, não porque nada pudesse ser mudado — como, aliás, chega a ser sustentado no articulado do relatório —, mas porque, e paradoxalmente, se torna visível e até obsessiva a intenção de limitar ao máximo os eventuais e sempre difíceis ganhos da «uninominalidade».

---

[138] João Bettencourt da Câmara e Manuel Meirinho Martins (1998), *Parecer sobre a Revisão da Lei Eleitoral*, in *Pareceres sobre o Anteprojecto de Reforma da Lei Eleitoral para a Assembleia da República*, op. cit., pp. 348-349.

[139] *Idem, ibidem*, p. 254.

Ao contrário do modelo alemão, que consagra a possibilidade do voto duplo, também conhecido por «voto dividido»[140] — e que, sublinhe-se, serviu de fonte de inspiração à reforma do actual sistema eleitoral desenhada em 1997 e 1998 —, o facto é que os «reformadores» optaram por nada alterar também aqui, mantendo o voto singular. No modelo alemão, os eleitores têm dois tipos de votos: um voto para escolher os deputados nas circunscrições uninominais, através de escrutínio maioritário de uma volta (*Erststimme*); e um outro voto para escolher a lista do partido concorrente às eleições no seu respectivo *Land* (*Zweitstimme*), o qual irá determinar o número de mandatos obtido por cada lista, através da aplicação do método de Hare.[141] No modelo então proposto pelo governo socialista, o eleitor disporia apenas de um único voto, com o qual escolheria simultaneamente o candidato do círculo uninominal, a lista partidária distrital e a lista partidária nacional. Deste modo, atendendo ao procedimento de votação proposto, que é o voto singular de lista, e como sublinha Manuel Braga da Cruz, a liberdade de escolha dos eleitores não pode deixar de se traduzir num dilema. E isto porque no caso de conflito entre o voto no partido e o voto no candidato, o eleitor terá de fazer uma opção que será sempre contraditória.

Ou bem que opta por votar no seu candidato preferido, e com isso sacrifica não só a sua simpatia partidária, como contribui para eleger deputados de outro partido nas listas a nível distrital e nacional; ou bem que privilegia a sua simpatia partidária em detrimento da sua preferência uninominal, e com isso contribui para eleger um deputado local com qual não se identifica. Em suma, candidatos e partidos são apresentados aos eleitores, mas impede-se que estes dissociem uns de outros, já que em caso de conflito é expectável que prevaleça o critério partidário sobre a escolha personalizada.[142]

---

[140] Dieter Nohlen (1995), *Sistemas Electorles y Partidos Políticos*, op. cit., pp. 255-280; *Leis Eleitorais para os Parlamentos dos Países da União Europeia* (1998), op. cit., pp. 19-41.
[141] Dieter Nohlen (1984, 1998), «Os Sistemas eleitorais entre a ciência e a ficção. Requisitos históricos e teóricos para uma discussão racional», *in* Manuel Braga da Cruz (org.), *Sistemas Eleitorais: O Debate Científico*, op. cit., p. 257.
[142] AA.VV. (1998), «Parecer da Universidade Católica», *in Pareceres sobre o Anteprojecto de Reforma da Lei Eleitoral para a Assembleia da República*, op. cit., pp. 702-703.

Em todo o caso, e também aqui, tudo acabaria por ficar na mesma, pois, como os estudos mostram e a realidade reforça, em caso de conflito de preferências, a generalidade dos eleitores tende a sobrepor o voto no partido ao voto no candidato. E porquê? Precisamente porque não renuncia a contribuir com o seu voto para a escolha do primeiro-ministro, dada a actual transformação das eleições legislativas em eleições indirectas do chefe do executivo — de tal modo que podemos, como o fez, judiciosa e acertadamente, Adriano Moreira, definir o nosso sistema de governo como um «presidencialismo de primeiro-ministro». Como anota e faz lembrar Manuel Braga da Cruz:

> Votar no partido A ou no partido B é uma decisão condicionada pelos candidatos a primeiro-ministro que cada um apresenta. E poucos eleitores, por muito que apreciem as qualidades de um determinado candidato local, deixarão de votar no seu partido e no seu candidato a primeiro-ministro, tanto mais que isso implicaria, necessariamente, contribuir para a eleição de um primeiro-ministro indesejado. [143]

Posto isto, torna-se bastante evidente que, nas situações de conflito de preferências entre partido e candidato, a personalização do voto — tal como a entende, pelo menos, formalmente, o «anteprojecto» socialista — só seria possível se o eleitor estivesse disposto a pagar um preço demasiado elevado. Donde, a liberdade acrescida dos eleitores, de que tanto se fala no texto introdutório e no relatório do «anteprojecto», passaria por reconhecer a possibilidade voto duplo ou dividido, tal como praticado na Alemanha, o que permitiria ao eleitor votar simultaneamente no partido da sua simpatia e no candidato uninominal proposto, ou optar, antes, por uma solução diferenciada, votando num determinado partido e num candidato uninominal proposto por outro partido. E mesmo sabendo que, na Alemanha, o «voto dividido», ainda que tendencialmente crescente, é pouco generalizado e se explica essencialmente por razões de estratégia partidária, a verdade é que, sem a consagração desta possibilidade, o efeito de personalização que os círculos uninominais de candidatura poderiam gerar ficar-se-ia apenas pela possibilidade de o eleitor influenciar a ordenação das listas «confec-

---

[143] *Idem, ibidem*, p. 703.

cionadas» pelos partidos, as quais continuariam, assim, a ser zelosamente fechadas, sem serem, no entanto, bloqueadas.

**O voto dividido e o voto estratégico de coligação
nas eleições da Alemanha, de 1957 a 1998**

[FIGURA N.º 2]

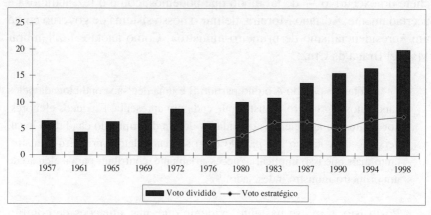

Fonte: Klingemann e Wessels (2001: 288).

Para uma reforma que visava introduzir, entre nós, uma efectiva «representação proporcional personalizada», concebida para diminuir a capacidade impositiva das direcções partidárias e para aproximar e estreitar a relação entre eleitores e eleitos, esta seria segura e manifestamente insuficiente. E sê-lo-ia tanto ou mais quanto o «anteprojecto» do governo socialista se limita a propor que sejam eleitos em círculos uninominais apenas 40 % dos deputados à Assembleia da República, o que, em termos comparados, constitui uma percentagem modestíssima: por exemplo, na Alemanha essa percentagem atinge os 50 % e na Nova Zelândia é mais de metade do número total de deputados.[144] Com efeito, e no caso vertente, as «virtudes» do novo método de atribuição de mandatos, os «méritos» dos círculos uninominais, limitar-se-iam a legitimar e a responsabilizar apenas 94 dos 230 deputados eleitos à Assembleia da República. O que significa que, se este

---

[144] AA.VV. (1998), «Parecer da Faculdade de Direito da Universidade de Coimbra», in *Pareceres sobre o Anteprojecto de Reforma da Lei Eleitoral para a Assembleia da República*, op. cit., pp. 36-37.

sistema chegasse a ser implantado, só muito dificilmente contribuiria para o reforço da convicção pública quanto aos ganhos de legitimidade e de participação gerados pela uninominalidade, em pouco ou nada contribuindo para «desagravar» os elevados níveis de alheamento dos eleitores em relação à vida política, em geral, e à vida partidária, em particular.

A este facto acresce um outro que contribuiria para frustrar ou neutralizar ainda mais o pretendido efeito da personalização, e que passa pela «não eleição» dos candidatos uninominais dos partidos que não conseguiram alcançar a percentagem de votos necessária para os eleger, de acordo com a fórmula de repartição proporcional, nem no círculo eleitoral distrital nem no círculo nacional. Uma das soluções desse impasse poderia passar, como acontece na Alemanha, pela possibilidade de variação do número total de deputados, mas esta opção não é sequer considerada no «anteprojecto» porque considerada incompatível com o estatuído na nossa Constituição, contrariando-se, deste modo, a ideia de que o objectivo da personalização do mandato deve pressupor que um vencedor num círculo uninominal seja sempre eleito.

Parece não existirem dúvidas de que uma das singularidades do sistema eleitoral alemão consiste, precisamente, na possibilidade de existirem mandatos «excedentários» (os *Überhangmandate*): assim, se num *Land* o número de lugares obtidos por um partido exceder o número de lugares a que tem direito com base no segundo voto, este pode manter os ditos lugares, aumentando-se, para tal, o número total de deputados, de forma provisória e temporária. Este mecanismo, que introduz no sistema um efeito maioritário, repousa no pressuposto de que os deputados eleitos no círculo local não podem ser desprovidos do seu mandato parlamentar, pelo que o *Bundestag* tem um número variável de membros.[145]

No que se refere à proposta do governo, no caso de um candidato ganhar no círculo uninominal sem que o respectivo partido consiga elegê-lo no correspondente círculo distrital, o seu mandato será imputado ao número de deputados que caibam ao partido no círculo nacional, que tem necessariamente de funcionar como um círculo de compensação nestes casos, dado que o número de deputados da Assembleia da República é

---

[145] Dieter Nohlen (1984, 1998), «Os Sistemas eleitorais entre a ciência e a ficção. Requisitos históricos e teóricos para uma discussão racional», *in* Manuel Braga da Cruz (org.), *Sistemas Eleitorais: O Debate Científico*, *op., cit.*, pp. 257-258.

fixo. Portanto, há boas razões para dizer que lá se iria também por aqui a «pretendida» e «desenhada» personalização do sistema eleitoral, que virá a ser nos anos subsequentes várias vezes reposta na agenda parlamentar, tanto pelo Partido Socialista como pelo Partido Social Democrata.

Mas voltando à reforma do sistema eleitoral, tal como gizada pelo governo socialista em 1997, o facto é que a criação de um tão reduzido número de círculos uninominais — implicando um grande número de eleitores por círculo, uma grande extensão territorial e uma não menor heterogeneidade social dos mesmos — só dificilmente poderia contribuir para facilitar uma maior proximidade entre eleitores e eleitos, que favorecesse o desenvolvimento de campanhas eleitorais junto das comunidades locais, bem como a eleição de representantes que estabelecessem com o seu círculo e com os seus eleitores uma relação de contacto directo e permanente, sujeitando-se, nas eleições subsequentes, a ser avaliados e responsabilizados pelos seus actos, através da respectiva sanção democrática.

Do itinerário seguido até aqui, e tendo em linha de conta os vários pareceres académicos elaborados a partir do «anteprojecto» do governo socialista, é fácil constatar que os objectivos que se pretendiam alcançar com a reforma do actual sistema eleitoral para a AR assentam numa excessiva «crença» nos efeitos dos círculos uninominais sobre a relação entre eleitores e eleitos, chegando mesmo cair-se numa certa «mistificação».

E tanto é assim que, e de forma aparentemente paradoxal, ao mesmo tempo que se procuram mecanismos que promovam as vantagens teoricamente atribuídas aos círculos uninominais nem por isso se deixam de invocar pretextos formais — resultantes do enquadramento constitucional — para, na prática, limitá-las tanto quanto possível. Parece, pois, não se prestar a suficiente e necessária atenção ao que os estudos eleitorais comparados ensinam, quer quanto à proximidade e ao contacto entre eleitos e eleitores, quer quanto à independência dos eleitos perante os partidos políticos, tanto em sistemas maioritários como em sistemas proporcionais ou mistos. Neste sentido, merece a pena sublinhar que os sistemas eleitorais — sejam eles de que tipo forem — não «agem» isoladamente, na medida em que os seus efeitos dependem do contexto sociopolítico e cultural em que operam.[146] É a esta luz que devem ser entendidas as palavras de Die-

---

[146] Dieter Nohlen (2007), *Os Sistemas Eleitorais: O Contexto faz a Diferença*, op. cit., pp. 53-70 e pp. 94, 113 e 130.

ter Nohlen, quando refere que as vantagens e as desvantagens, ligadas às características intrínsecas de cada tipo de sistema eleitoral, são de carácter estritamente teórico, pois os seus efeitos práticos dependem largamente das condições históricas e sociopolíticas nas quais se inscrevem.[147]

Tal afirmação é igualmente válida quando em causa estão os efeitos das várias componentes que integram os sistemas eleitorais, nomeadamente, a magnitude dos círculos, os tipos de sufrágio e os procedimentos de votação. Só assim se compreende que os círculos uninominais tenham efeitos práticos tão diversos em países onde o sistema de governo, a natureza e a organização dos partidos e as tradições históricas e culturais são substancialmente diferentes. Pelo que é lícito concluir-se que aquilo que faz a diferença não é tanto o sistema eleitoral em si, mas antes, e sobretudo, o contexto social, o arranjo institucional e a cultura política que caracteriza e individualiza cada país.

Veja-se, por exemplo, no caso dos Estados Unidos, como a separação entre legislativo e executivo confere aos representantes eleitos um poder de influência bastante significativo, apesar da disciplina partidária e de voto praticadas no Congresso. Ao mesmo tempo, a presença de partidos pouco estruturados, em que a escolha dos candidatos é feita através de eleições primárias (abertas ou fechadas), tende a transformar os congressistas em verdadeiros «empresários políticos», na medida em que tendem a privilegiar na sua acção legislativa não só as causas do seu círculo eleitoral mas também as de certos grupos de interesses, aos quais devem parte significativa do financiamento das suas campanhas eleitorais e, ao fim ao cabo, a sua própria eleição ou reeleição para o Congresso.

Já no caso britânico, onde se usam, desde sempre, os círculos uninominais, a fusão entre o legislativo e o executivo reduz substancialmente a autonomia e os poderes dos representantes eleitos, que se encontram sujeitos a uma estrita e severa disciplina de voto no Parlamento, a qual é reforçada pelo facto de os partidos terem um papel muito importante na determinação de quais os candidatos que terão maiores probabilidades de ser eleitos, colocando-os em círculos seguros ou marginais. Assim sendo, e como bem sublinha Ivor Crewe, nada mais errado do que a ideia de que independência perante os «aparelhos partidários» constitui o apanágio dos parlamentares britânicos. E porquê? Justamente porque, como sublinha o autor:

---

[147] Idem, ibidem.

O duelo entre dois candidatos, próprio do sistema britânico, pela mecânica do voto útil, conduz inevitavelmente ao duelo entre dois partidos, de tal sorte que quem não obtiver o apoio de um dos grandes partidos não tem qualquer hipótese de ser eleito, o que logo reduz ao mínimo a liberdade de voto dos deputados no Parlamento — quem for indisciplinado não obterá a recandidatura do respectivo partido nas eleições posteriores. Dir-se-á que, dada a ligação pessoal aos eleitores, o partido não se pode dar ao luxo de dispensar os serviços dos deputados indisciplinados. Nada menos seguro, porém. Já que a referida maximização do voto útil penaliza fortemente qualquer tentativa de cisão ou de apresentação de candidatura independente, sendo raros — contam-se generosamente pelos dedos de uma mão — os dissidentes que conseguem ser eleitos contra o candidato do seu antigo partido. [148]

Donde, pelo que acima fica dito, e pelo que se poderia reiterar — atendendo aos inúmeros estudos sobre o sistema eleitoral britânico — há que concluir que nos «círculos marginais» perder o apoio do partido significa, quase necessariamente, perder qualquer possibilidade de reeleição, sendo que, nos «círculos seguros», a força do aparelho partidário é ainda maior, inviabilizando qualquer veleidade de independência por parte do deputado eleito. E se, em França, poder-se-ia contra-argumentar, a situação se afigura substancialmente diferente, isso deve-se mais à possibilidade de acumulação de mandatos parlamentares e autárquicos — ou seja, à consagração da figura do *député-maire* — e não tanto à existência de círculos uninominais.

Portanto, nos sistemas maioritários uninominais, como é o caso do sistema inglês, o papel dos partidos para «assegurar» a eleição dos candidatos não é mais reduzido do que nos sistemas eleitorais proporcionais com sufrágio de lista fechada em círculos plurinominais de média e grande magnitude, nem tão-pouco a autonomia e a independência dos deputados perante os aparelhos partidários é menos acentuada, só que, naquele caso, tende a deslocar-se do «centro» para a «periferia», ou seja, dos órgãos partidários de nível central para os órgãos de nível local. Perante isto, temos que concordar com António Lopes Cardoso, quando escreve que:

---

[148] Ivor Crewe (1974) «Studying elites in Britain», *in* Ivor Crewe (org.), *British Political Sociology Yearbook,* vol. 1 Londres, Croom Helm., pp. 9-55.

A ideia de que o escrutínio uninominal maioritário conduz a uma maior ligação entre eleitos e eleitores e a uma maior autonomia dos deputados em relação às direcções partidárias (...) é mais uma daquelas falsas verdades que, à força de serem repetidas, se tornam incontroversas. Tão falsa quanto a de que o escrutínio uninominal maioritário é um factor de reforço do peso dos notáveis locais e de que a pequena dimensão do círculo facilitaria os fenómenos de corrupção dos representantes pelo poder económico.

Pois, como acrescenta:

Se o escrutínio de lista faz depender a carreira dos deputados mais dos partidos do que dos eleitores — como sobreviver politicamente se não se consegue um lugar vantajoso nas listas dos partidos? A verdade é que a situação não é substancialmente diferente na eleição uninominal. [Dado que, também aqui cabe perguntar:] Quantos sobrevivem politicamente, no escrutínio maioritário uninominal, se não estiverem integrados e se não forem apoiados pelos partidos e, sendo assim, quantos se podem afirmar como efectivamente independentes das estruturas partidárias?[149]

Parece-nos que aquilo que António Lopes Cardoso procura demonstrar, como o fazem aliás muitos outros autores, é que quer a relação entre eleitores e eleitos quer a relação entre eleitos e partidos é bastante mais complexa do que fazem crer as leituras que se centram exclusivamente nos efeitos dos sistemas eleitorais, na medida em que é preciso atender a outros factores tão ou mais importantes e que são hoje transversais à generalidade democracias ocidentais. Referimo-nos à crise do mandato individual dos parlamentares e à sua subalternização perante os partidos a que pertencem, que resultam fundamentalmente da crescente profissionalização política, da acumulação de cargos públicos e partidários e também da focalização das campanhas eleitorais nos «candidatos a primeiro-ministro».

A estes factores acrescem ainda, no caso concreto da democracia portuguesa, e como bem salienta André Freire: «a centralização do recrutamento parlamentar, a ausência de democratização no processo de selecção dos candidatos a deputados, as insuficientes condições de trabalho na AR e nos respectivos círculos eleitorais, a elevada rotação dos deputados resul-

---

[149] António Lopes Cardoso (1993), *Os Sistemas Eleitorais*, Lisboa, Salamandra, pp. 134-135.

tante do regime de substituições em vigor, a secundarização dos deputados perante os grupos parlamentares, etc.»[150]

Ora, o que nos importa aqui sublinhar, para terminar a longa secção que dedicámos ao debate político sobre a reforma do actual sistema eleitoral para a AR — e sobretudo ao «anteprojecto» apresentado, pelo governo socialista, a debate público, em 1997 —, é que as vantagens teoricamente atribuídas aos círculos uninominais, e que se traduzem essencialmente na valorização da figura dos candidatos a deputados, na diminuição da capacidade impositiva dos partidos políticos, tanto no que se refere à definição da oferta eleitoral como no que respeita à determinação da acção individual dos deputados, e ainda no estabelecimento de uma relação directa e estreita entre eleitos e eleitores, estão longe de ser confirmadas empiricamente, pelo menos de uma forma incontroversa.

Basta trazer aqui, uma vez mais, as conclusões do estudo comparativo desenvolvido por Curtice e Shively, no qual se demonstra que, ao contrário do que é sustentado pela teoria convencional, os sistemas com círculos uninominais, em comparação com os sistemas eleitorais com círculos plurinominais, parecem não oferecer um incentivo adicional aos representantes eleitos para agirem como intermediários dos cidadãos junto do Estado, desenvolvendo com eles uma relação de maior proximidade, pautada pelo conhecimento e pelo contacto.[151]

Em termos percentuais, é verdade que os indivíduos que vivem em países que usam apenas círculos uninominais têm uma probabilidade ligeiramente maior de estabelecer qualquer contacto significativo — desde uma entrevista pessoal a uma carta directa — com os seus representantes eleitos, quando comparados com os indivíduos que vivem em países com outros tipos de sistemas eleitorais. Contudo, não é menos verdade que, nos países que utilizam círculos uninominais, os eleitores nem por isso se mostram mais bem informados sobre os candidatos a quem atribuem o seu voto, na medida em que a percentagem daqueles que conseguem indicar correctamente o nome de alguns dos candidatos eleitos pelo círculo em que residem é apenas ligeira-

---

[150] André Freire, (2002) «Tipos de sufrágio e procedimentos de votação», *in* Fernando Farelo Lopes e André Freire, *Partidos Políticos e Sistemas Eleitorais. Uma Introdução*, op. *cit.*, p. 146.

[151] John Curtice e Phillips Shiveley (2003), «Quem nos representa melhor? Um deputado ou vários», *op. cit.*, pp. 361-386.

mente superior à observada no caso dos países que adoptam sistemas eleitorais plurinominais com listas fechadas e bloqueadas (47 % contra 40 %).

**Contacto, conhecimento e satisfação com os representantes eleitos
e com a democracia, de 1996 a 2000**

[QUADRO N.º 20]

Valores percentuais	Contacto com os deputados	Conhecimento dos candidatos	Deputados conhecem a opinião pública	Satisfação com a democracia
Círculos uninominais				
Todos os círculos uninominais:				
Austrália	16	58	15	78
Bielorússia	9	16	33	47
Canadá	22	32	19	74
Grã-bretanha	13	60	19	75
Nova Zelândia (*)	24	79	19	69
Ucrânia (*)	8	39	53	9
EUA	12	48	23	80
Média	**15**	**47**	**26**	**62**
Sistema misto:				
Alemanha	12	44	21	68
Hungria	7	62	30	42
Lituânia	13	-	23	37
México	10	18	26	52
Rússia	3	71	35	19
Coreia do Sul	16	92	14	41
Média	**10**	**57**	**25**	**43**
Círculos plurinominais				
Sem escolha de candidatos:				
Israel	16	-	31	53
Noruega	15	69	32	90
Roménia	7	30	43	44
Eslovénia	-	-	38	32
Espanha	3	26	33	74
Suécia (**)	11	33	24	71
Média	**10**	**40**	**34**	**61**

Valores percentuais	Contacto com os deputados	Conhecimento dos candidatos	Deputados conhecem a opinião pública	Satisfação com a democracia
Com escolha de candidatos:				
Bélgica	-	-	20	59
Chile	12	-	32	-
República Checa	8	58	26	61
Dinamarca	19	-	41	89
Japão [*]	8	94	15	63
Holanda	5	-	28	88
Peru	9	71	31	-
Polónia	6	38	29	63
Suíça	20	50	34	76
Taiwan	8	40	19	47
Tailândia	17	93	40	77
Média	**11**	**63**	**28**	**69**

Fonte: John Curtice e Phillips Shively, *op. cit.*, p. 376.

Legenda: Contacto com os deputados = Percentagem dos inquiridos que declaram ter tido algum tipo de contacto com um representante eleito nos últimos doze meses. Conhecimento dos candidatos = Percentagem dos inquiridos que indicam correctamente o nome de, pelo menos, dois candidato em funções no seu círculo. Deputados conhecem a opinião pública = Percentagem dos inquiridos que apresentam pontuações de 1 ou 2 na escala que visa determinar se os representantes eleitos conhecem as opiniões das pessoas comuns.

Notas: 1. [*] O país adoptou o sistema misto de círculos uninominais e plurinominais nas eleições em que foram recolhidos os dados. [**] O país mudou de listas fechadas para listas flexíveis nas eleições em que foram recolhidos os dados.

Atendendo a estes dados empíricos, só dificilmente se pode sustentar a tese de que, nos círculos uninominais ou nos círculos plurinominais de pequena magnitude, se torna mais fácil para o eleitor conhecer o seu representante, sendo, por isso, também mais fácil dirigir-lhe as suas solicitações, bem como responsabilizá-lo pelo exercício do seu mandato. Se tal não acontece, é igualmente difícil sustentar que, nos círculos uninominais, os eleitores têm em consideração as características pessoais e políticas dos candidatos no momento de fazerem a sua opção de voto, em detrimento da identificação partidária.

Os resultados apresentados por Curtice e Shively são, aliás, confirmados — e até reforçados — pela nossa investigação, já que, como tivemos oportunidade de demonstrar na secção 3.2 do presente capítulo, os dados do Estudo Eleitoral Nacional de 2002 sugerem que, tanto o grau de conhecimento dos candidatos por parte dos eleitores, como o nível de personalização do voto são tendencialmente maiores nos círculos de grande magnitude do que nos círculos de média e pequena magnitude, não se observando também qualquer tipo de associação estatisticamente significativa entre estes e o contacto com os representantes eleitos.

Por outro lado, e face ao modelo de análise seguido por Curtice e Shively, poder-se-ia ainda perguntar se o facto de, nos países com círculos uninominais, os eleitores terem mais probabilidades de estabelecer qualquer tipo de contacto significativo com um representante eleito influencia a percepção que têm do papel dos parlamentares, por um lado, e, por outro, a confiança que depositam no Parlamento e a satisfação que revelam com o funcionamento da democracia. Ora, também aqui, os dados empíricos se distanciam, de certo modo, dos argumentos sustentados pelos defensores dos círculos uninominais: se o contacto entre os eleitores e os eleitos pode ser ligeiramente mais elevado nos países que têm sistemas com círculos uninominais do que nos países com círculos plurinominais, e se tal contacto parece contribuir para que os eleitores considerem que os representantes eleitos têm em linha de conta as opiniões do cidadão comum no decurso da sua acção legislativa, o facto é que tal contacto em nada contribui para reforçar a sua confiança na instituição parlamentar ou para aumentar o seu grau de satisfação com o funcionamento da democracia.

No entanto, e entre nós, os resultados são, nesta matéria, ligeiramente diferentes, o que confirma a necessidade de desenvolver estudos empíricos de sistemas eleitorais concretos: se o «conhecimento» dos candidatos à AR não contribui para que os eleitores façam uma avaliação mais positiva do papel dos representantes efectivamente eleitos, considerando que estes se preocupam e têm em conta as suas opiniões e procuram reflecti-las em sede parlamentar, ou para que depositem uma maior confiança no Parlamento, tal já não acontece com os eleitores que estabeleceram um «contacto» directo e recente com os deputados eleitos. Pelo menos, em Portugal, e embora não tenha como causa directa a magnitude do círculo eleitoral, o facto é que o «contacto» que os eleitores estabelecem com os representantes eleitos importa, dado que tem implicações estatisticamente significativas, e em sentido positivo, com o modo como os primeiros percepcionam as atitudes e avaliam os comportamentos dos segundos, quer a nível individual quer a nível colectivo.

Se concordamos com Curtice de Shively, quando afirmam que, no que respeita à relação entre eleitos e eleitores, nada parece haver a escolher entre círculos uninominais e círculos plurinominais[152], sendo, por isso, relativamente indiferente ser representado por um deputado ou por vários deputados; não podemos, porém, ignorar que a «qualidade da representação» não se afere exclusivamente pela interacção entre representantes e representados, sendo necessário considerar outros aspectos, designadamente, os relacionados com os modelos e as estratégias de recrutamento adoptados pelos partidos, já que é aí que é definida a oferta eleitoral e desenhada a futura composição do Parlamento.

E a este nível, como tivemos oportunidade de demonstrar, a magnitude dos círculos eleitorais não só é «politicamente» relevante, como algumas das «virtudes» associadas às circunscrições uninominais ganham alguma confirmação empírica. Desde logo, a ideia de que os círculos pequenos podem favorecer uma concepção e um desempenho mais «localizado» do mandato parlamentar, aumentando também a autonomia dos deputados em relação aos órgãos centrais dos partidos, e contribuindo ainda para uma certa descentralização e até democratização do processo de selecção dos candidatos à AR — a que não é alheio o facto de neste tipo de círculo ser mais fácil a entrada de «políticos não profissionais» e, como tal, uma certa «renovação» da classe política parlamentar.

Claro está que estes potenciais efeitos trazem consigo alguns «riscos», a que nos reportámos anteriormente, designadamente: o reforço do «localismo» da política, que pode contribuir para que as questões locais se sobreponham aos assuntos relacionados com a política nacional; a maior participação dos níveis inferiores dos partidos na elaboração das listas, promovendo o enraizamento e a notoriedade locais dos candidatos, mas comprometendo, eventualmente, a qualificação técnica e política dos grupos parlamentares; a quebra da disciplina partidária, que pode pôr em causa a coesão interna dos partidos e a necessária disciplina de voto no Parlamento; o acentuar da concorrência intrapartidária, que é susceptível de gerar divisões e conflitos internos, que não podem deixar de afectar negativamente a imagem dos partidos junto do eleitorado, penalizando-os em termos de opções de voto.

---

[152] *Idem, ibidem*, p. 384.

Por outro lado, e não obstante os resultados da nossa pesquisa, importa ter sempre presente que a maior autonomia dos deputados face aos aparelhos partidários, e a sua maior dependência em relação aos eleitores, não depende exclusiva e necessariamente da magnitude dos círculos eleitorais. Bastará lembrar aqui que os círculos uninominais tendem a produzir efeitos substancialmente diversos consoante os «arranjos» institucionais dos países onde se aplicam. Isso explica que, nos Estados Unidos, a disciplina partidária e de voto seja uma prática pouco relevante e a autonomia dos deputados uma realidade de facto, sendo o Congresso, por certo, o exemplo mais significativo de um «parlamento de deputados». Mas explica também que, na Grã-Bretanha, não obstante a eleição em círculos uninominais, o grau de disciplina partidária no Parlamento seja bastante forte, chegando alguns autores a sugerir a inutilidade de se estudar as atitudes e os comportamentos dos deputados individualmente considerados, já que estes se limitam a reproduzir as posições «oficiais» dos partidos, impostas e controladas pelas suas direcções nacionais.

Embora esta posição seja algo exagerada e extremada, ela mostra bem como o parlamento inglês é um excelente exemplo de um «parlamento de partidos», e é-o essencialmente porque tanto a selecção dos candidatos — confiada, em grande medida, às estruturas do partido ao nível da circunscrição — como o processo eleitoral propriamente dito são controlados pelas organizações partidárias, assumindo as qualidades pessoais e políticas dos candidatos uma importância menor. É, pois, a força de cada partido nos diferentes círculos eleitorais que determina a eleição e a reeleição dos deputados. Já no caso, dos Estados Unidos, e é aqui que reside a grande diferença, a selecção dos candidatos é feita através de «eleições primárias» impostas por lei, que podem ser fechadas ou abertas, nas quais os eleitores escolhem directa e previamente os candidatos oficiais dos partidos, sendo o papel destes, para assegurar a eleição ou reeleição dos representantes ao Congresso, bastante mais reduzido.

Com efeito, a adopção das «eleições primárias» faz com que os candidatos tenham uma forte autonomia em relação aos «aparelhos partidários», tanto na elaboração dos seus programas como na obtenção de apoios financeiros para desenvolver as suas campanhas eleitorais, comportando-se como verdadeiros «empresários políticos». O comportamento diferenciado dos representantes eleitos resulta pois do facto de existir, nos Estados Unidos, uma etapa prévia à eleição popular, que são as «eleições primárias», e não tanto da existência de círculos uninominais de apuramento.

No caso britânico, os aspirantes a candidatos — neófitos ou procurando a reeleição — necessitam mais da boa vontade e do apoio dos dirigentes partidários do que da simpatia dos eleitores para poderem serem eleitos num determinado círculo uninominal, sendo «premiados» os candidatos mais submissos, obedientes e disciplinados, segundo um «jogo de lealdades» que condiciona claramente a independência dos representantes eleitos, os quais conhecem as «regras do jogo» e actuam em total conformidade. Já no caso americano acontece precisamente o inverso, na medida em que as «eleições primárias» privam os partidos políticos daquele que é seguramente o mais importante mecanismo (ou sanção não escrita) de influenciar e condicionar a conduta dos representantes eleitos: a capacidade de impedir a recandidatura dos deputados indisciplinados, impossibilitando o seu acesso ao respectivo cargo.

Daqui resultam, como facilmente se pode depreender, modalidades diversas de relacionamento com os eleitores e de representação dos seus interesses. Para os deputados americanos, todos os assuntos são tratados pessoal e livremente através do *staff* de que dispõem, procurando ir ao encontro das necessidades e das solicitações dos eleitores do seu círculo, pois destes dependerá a sua reeleição. Para os deputados ingleses, os interesses dos eleitores devem ser «temperados» com a linha política e as orientações formais do partido, tal como estas são definidas e interpretadas pelos dirigentes e militantes do colégio uninominal em que se inserem, dado que são estes que decidem, afinal, a sua recandidatura e o seu eventual regresso a *Westminster*.

Importa, porém, relembrar que o grau de autonomia dos representantes eleitos face aos partidos resulta não só dos processos de selecção prévios ao acto eleitoral, mas também do sistema de governo em vigor nos diferentes países. Como é sabido, nos sistemas parlamentares, ao contrário do que acontece nos sistemas presidenciais, a disciplina partidária no Parlamento constitui uma necessidade objectiva, que traduz não apenas o controlo exercido pelos órgãos centrais dos partidos e pelos grupos parlamentares sobre os deputados individuais (disciplina forçada), como é também a expressão de interesses comuns, ou seja, o apoio ao partido do governo (disciplina racional). Com efeito, neste tipo de sistema, sempre que o governo tem por base uma maioria legislativa, a representação política tende a ser assegurada por uma elite profissional e ferreamente disciplinada, cuja função consiste em ratificar as políticas definidas em sede governamental e negociadas com os grupos de interesses visados, de forma mais ou menos casuística. E isto é tanto ou mais verdadeiro quanto os parlamentos parecem perder progressivamente a sua capacidade de iniciativa legislativa e capacidade de controlo sobre os governos — fenómeno que tem levado muitos autores e comentadores políticos a lamentar o suposto «declínio» dos Parlamentos contemporâneos.

Em sentido contrário, nos sistemas presidenciais, onde o chefe de governo é eleito directamente pelos cidadãos, tem uma forte legitimação própria e específica e não está dependente da confiança do Parlamento, a disciplina férrea dos deputados só poderia contribuir para dificultar a obtenção de maiorias necessárias à aprovação das leis, sobretudo se o chefe de governo e a maioria legislativa não são partidariamente coincidentes. Daí que, por exemplo, no caso dos Estados Unidos, quando o presidencialismo dá lugar àquilo que tem sido designado por «governo dividido», e apesar da disciplina partidária e de voto praticada no Congresso, se assista à formação de maiorias mutáveis, segundo os assuntos e as matérias políticas em causa.

Estas considerações, que já vão longas, sobre o caso dos Estados Unidos e da Grã-Bretanha, servem para mostrar que, quer a relação entre eleitos e partidos, quer a relação entre eleitos e eleitores dependem menos dos círculos uninominais do que dos procedimentos de selecção dos candidatos (eleições primárias *versus* designação partidária) e do sistema de governo (presidencial *versus* parlamentar) em vigor nos dois países. Por isso, se a magnitude dos círculos eleitorais é importante no modo como os candidatos percepcionam o seu mandato — como, aliás, o demonstram os dados apresentados neste estudo — nem por isso ela deve ser sobrevalorizada.

3.4 Da «miragem» da representação proporcional personalizada à «revolução» das primárias?

Concluída a quarta revisão constitucional, em Setembro de 1997, o governo socialista logo se apressou a apresentar a debate público um «anteprojecto» de reforma do sistema eleitoral — contendo um articulado e um relatório onde se expunham as fragilidades do actual sistema e se apresentavam as alternativas consideradas, e se justificavam também as soluções adoptadas —, tendo sido solicitado às universidades uma apreciação da reforma aí desenhada e uma avaliação dos seus efeitos no funcionamento do sistema político.[153]

Assim, e depois de um debate participado, informado e tecnicamente qualificado, de que demos conta na secção anterior, em Abril de 1998, o governo socialista apresentou ao Parlamento a sua proposta de lei, na qual foram introduzidas algumas das sugestões e dos pareceres resultantes das críticas feitas, em sede académica, ao seu «anteprojecto».[154] No essencial, mantinha-se inalterada a defesa de um sistema de «representação proporcional personalizada», baseado no modelo alemão, só que agora reconhecendo a possibilidade do «voto duplo»: um para o eleitor escolher o partido em que vota e outro para escolher o deputado do seu círculo uninominal. O primeiro voto é contado ao nível dos círculos distritais e nacional e determina o número de mandatos a atribuir a cada partido; o segundo voto estabelece qual o deputado de cada círculo uninominal a ser eleito nas listas fechadas e bloqueadas elaboradas pelos respectivos partidos.

Por outro lado, a proposta de lei do governo socialista, embora mantendo o círculo nacional e os círculos parciais de apuramento, aumentava o número de círculos uninominais de candidatura, que passavam de 94 para 103, e isto sem alterar o número total de deputados a eleger para o Parlamento, pelo que a proporcionalidade global do sistema passaria a ser procurada no recurso a uma fórmula eleitoral proporcional que reduzisse o «bónus maioritário» dos dois maiores partidos, em clara contradição com o estabelecido no art. 149.º da Constituição. No mesmo sentido, e para evitar distorções no índice de desproporcionalidade, propunha-se a agregação dos círculos eleitorais que elegessem menos de quatro deputados, procurando-se, desta forma, manter o equilíbrio entre as diferentes forças políticas.

Por fim, tendo em conta uma outra questão aberta com a revisão constitucional de 1997 — nomeadamente, a necessidade de se promover a igualdade no exercício dos direitos cívicos e políticos e a não discriminação em função do sexo no acesso a cargos públicos (art. 109.º) — a proposta do governo socialista previa ainda a obrigatoriedade de os partidos

---

[153] *Revisão da Lei Eleitoral para a Assembleia da República — Anteprojecto de Articulado e Relatório*, Lisboa, Presidência do Conselho de Ministros, Setembro de 1997.

[154] *Lei Eleitoral para a Assembleia da República* (Proposta de Lei n.º 169/VII), Lisboa, Presidência do Conselho de Ministros, 1998.

garantirem, na elaboração das suas listas, a eleição de pelo menos 25 % de candidatos de cada sexo; ou seja, e em termos práticos, estabelecia uma «quota» para as mulheres na composição futura do Parlamento. Tratava-se, pois, de associar aos objectivos da proximidade, personalização e responsabilização da relação entre eleito e eleitor, o reforço da igualdade de oportunidades de acesso ao mandato parlamentar.

Este objectivo, que seria alvo de acesa polémica e controvérsia aquando da discussão no Parlamento da proposta de lei n.º 194, de 26 de Junho de 1998, que visava o estabelecimento de uma percentagem máxima por sexo na composição das listas de candidatura para o Parlamento Europeu e para a Assembleia da República, a qual foi rejeitada devido à oposição dos dois partidos de direita e também do PCP — o que mostra bem a resistência da «classe política» a uma «cultura de paridade» e a medidas de «discriminação positiva», mesmo que temporárias ou transitórias. Mas a esta questão teremos oportunidade de voltar mais à frente.

A verdade é que, com as alterações introduzidas na proposta de lei, o governo socialista procurava dar resposta a algumas das críticas que se impuseram aquando do debate público e académico em torno do seu «anteprojecto».[155] Sublinhou-se, então, que a reforma do sistema eleitoral era pouco ambiciosa na aposta que fazia na personalização do voto, podendo mesmo gerar alguns «efeitos perversos» do ponto de vista dos objectivos pretendidos: porque o voto singular de lista colocava os eleitores perante opções dilemáticas, na medida em que não lhes permitia dissociar os candidatos dos partidos — prevalecendo o critério partidário em caso de conflito —, além de que mantinha inalterado o poder de estes últimos escolherem e ordenarem os candidatos e, assim, continuarem a condicionar o exercício do mandato dos deputados; porque o recurso aos círculos uninominais, para seleccionar os candidatos que seriam titulares de um mandato parlamentar, abrangia apenas 40 % dos deputados a eleger à AR, sendo por isso incapaz de contribuir para promover uma relação directa e mais estreita entre eleitos e eleitores; porque a dinâmica induzida pela sua introdução poderia contribuir para acentuar a tendência «bipolarizadora», aumentando a pressão do «voto útil» nos dois maiores partidos, em sentido semelhante ao que se observa para as eleições autárquicas.

---

[155] Manuel Braga da Cruz (2000), «A revisão falhada do sistema eleitoral», *in* AA.VV, *Portugal Político 25 anos Depois*, *Análise Social*, vol. XXXV, n.º 154-155, pp. 51-52.

Ainda a este propósito, não deixa de ser revelador o facto de o governo socialista se ter mostrado — compreensivelmente — insensível às críticas feitas à reforma do sistema eleitoral que punham em causa o seu verdadeiro alcance, nomeadamente o objectivo da diminuição do peso das estruturas partidárias na escolha dos candidatos e a autonomia dos deputados eleitos em face destas. Referimo-nos, em concreto, à possibilidade da dupla e da tripla candidatura, que faz com que os candidatos apostem e se batam acima de tudo por uma colocação favorável nas listas dos círculos parciais e do círculo nacional, sendo-lhes indiferente ganhar ou perder nas respectivas circunscrições uninominais, as quais passariam a ser encaradas como uma mera formalidade do acto eleitoral.

Mas referimo-nos também ao direito exclusivo, atribuído aos partidos políticos, de apresentação de candidaturas à AR, continuando a não ser permitida a iniciativa por parte de grupos de cidadãos independentes, o que não retira ao sistema o seu carácter de indisfarçável «partidocracia».[156] E se a isso acrescentarmos o facto de a proposta socialista ter mantido o actual regime de substituições dos deputados — em que se assume que os candidatos suplentes substituem de forma adequada os candidatos efectivos, sendo a suspensão do mandato por «motivo relevante» uma prática demasiado usual e recorrente —, torna-se claro que a reforma pretendida só muito dificilmente poderia alcançar um dos seus objectivos fundamentais: o da personalização do voto. Para isso seria importante — e importante é o mínimo a dizer — promover a não fungibilidade dos deputados, o que só pode ser conseguido com a criação de regras estabilizadoras da composição individual do Parlamento, impedindo a existência de «deputados de início de legislatura» ou de «deputados-relâmpago», sejam estes eleitos por círculos uninominais, parciais ou nacional.

Chegados aqui, importa referir que a defesa de um «sistema de representação proporcional personalizada», no final da década de noventa, não coube exclusivamente ao Partido Socialista, já que também o Partido Social Democrata, em resposta à iniciativa legislativa do governo, acabaria

---

[156] Veja-se, por exemplo, José Adelino Maltez (1998), *Para a Caracterização do Portugal Contemporâneo — Das Eleições Condicionadas à Revolta do Sufrágio Universal*, (policopiado), pp. 3-5. Comunicação apresentada no colóquio sobre a Reforma do Sistema Eleitoral, Coimbra, 22 de Março de 1998.

por propor uma opção semelhante[157], defendendo a criação de um círculo nacional, em que a conversão de votos em mandatos se faria de acordo com o método da média mais alta de Hondt, a par da divisão do território em círculos uninominais, que seriam de apuramento maioritário e não de mera candidatura, dispondo os eleitores de dois votos, tal como no modelo alemão.

Se esta alternativa de reforma parecia implicar o abandono da tradicional defesa da eficácia do sistema político, favorecendo os partidos mais pequenos e dificultando a obtenção de maiorias governativas, visava assegurar, porém, a personalização do voto, através da uninominalidade, bem como preservar a proporcionalidade, garantida pelo círculo nacional. As principais diferenças relativamente à proposta socialista passavam, fundamentalmente, pelo abandono dos círculos distritais de apuramento, o que, como alguns comentadores bem notaram, implicaria uma maior centralização do processo de selecção de candidatos e de elaboração da lista nacional, contribuindo para fragilizar ainda mais o princípio da representatividade territorial; e pela defesa intransigente da redução do número de deputados, em nome da operacionalidade e eficácia do Parlamento, bem como da sua credibilidade, o que estava longe de ser uma questão menor, na medida em que não só afectaria substancialmente a proporcionalidade da representação política dos diversos partidos — sobretudo dos mais pequenos — como retiraria todo o sentido à ideia dos círculos uninominais, cujo número ficaria abaixo de um mínimo relevante.

E se a referida perda da proporcionalidade poderia ser recuperada com a criação do círculo nacional e com a agregação de alguns círculos eleitorais actualmente existentes, com base nos quais se opera a atribuição dos mandatos que cabem a cada partido, já o número excessivamente reduzido de círculos uninominais comprometeria ou neutralizaria todo e qualquer efeito de personalização do voto que se pretendesse atingir com a dita reforma do sistema eleitoral para a AR.

Como seria de esperar, as propostas apresentadas, quer pelo Partido Socialista, quer pelo Partido Social Democrata conheceram a forte crítica e a firme oposição dos demais partidos com representação parlamentar,

---

[157] *Projecto de Lei n.º 509/VII do Partido Social Democrata*, Lisboa, Grupo Parlamentar do PSD, 18 de Março de 1998; Ver, a este propósito, Manuel Braga da Cruz (2000), «A revisão falhada do sistema eleitoral», in AA.VV. *Portugal Político 25 anos Depois, op. cit.*, pp. 51-52.

para os quais aquilo que estava efectivamente em causa não era o aperfeiçoamento do sistema eleitoral, mas sim a sua total subversão — pelo que, a serem concretizadas tais propostas reformadoras, isso significaria um «golpe contra a democracia», um «atentado à Constituição». Já que, e descontadas as hipérboles, aquilo que se procurava alcançar através do recurso a mecanismos de «engenharia eleitoral», complexos e contraditórios, não era a personalização do voto e a proximidade entre eleitos e eleitores, mas antes uma clara «discriminação» entre os partidos, conferindo aos maiores uma substancial vantagem sobre os mais pequenos, o que não poderia deixar de contribuir para reforçar a tendência de bipolarização do sistema político português, tornando-a, porventura, definitiva.[158]

Foi também sem surpresa que o diferendo quanto à questão da redução do número de deputados, considerada «inegociável» pelo PSD e «inaceitável» pelo PS, pôs fim a mais uma tentativa de reforma do sistema eleitoral, mostrando que, nesta matéria, os aspectos técnicos são inseparáveis dos objectivos políticos — e estes dos interesses partidários. E evidenciando, também, como sublinha Manuel Braga da Cruz, que a opção por um determinado sistema eleitoral é, antes de mais, uma questão política, ou pelo menos, politicamente condicionada[159]; e ainda que o vasto consenso quanto à apreciação crítica do sistema eleitoral e quanto aos objectivos visados com a sua reforma está longe de ser suficiente para que os dois maiores partidos cheguem a um acordo que permita proceder àquela que tem sido considerada a «reforma prioritária» do sistema político português. E porquê? Precisamente, porque, como escreve João Bettencourt da Câmara:

> Se nenhum sistema eleitoral é inocente, as suas reformas também não. O Partido Socialista sabe que não pode haver reforma sem o assentimento e a colaboração do Partido Social Democrata. E quer um quer outro, enquanto partidos concorrentes ao exercício do poder governativo, só podem ter um interesse comum: o de garantir a alternância no Governo e que essa alternância se faça exclusivamente entre eles, e de preferência com maiorias absolutas

---

[158] Manuel Meirinho Martins (2004), *Participação Política e Democracia. O Caso Português (1976-2000)*, Lisboa, Instituto Superior de Ciências Sociais e Políticas, pp. 341-345.

[159] Manuel Braga da Cruz (2000), «A revisão falhada do sistema eleitoral», in AA.VV, *Portugal Político 25 anos Depois*, op. cit., pp. 53.

ou, pelo menos, como maiorias quase absolutas, que afastem a instabilidade e dispensem os riscos e os custos das coligações — particularmente quando estas são indispensáveis à conservação do Poder. E a ser verdade, qualquer reforma do sistema eleitoral tenderá a assegurar esse resultado fundamental — afastando ou mesmo excluindo os partidos mais pequenos de qualquer intervenção significativa nos processos de decisão que contam.[160]

Mas se os estudos eleitorais revelam que qualquer reforma é sempre mais uma «questão táctica» do que uma «questão de princípio» — na medida em que aquilo que os maiores partidos efectivamente pretendem é ou minimizar os custos de uma eventual derrota eleitoral ou maximizar os benefícios de uma possível recuperação nas urnas — eles revelam também que as reformas eleitorais, resultado de relações de forças flutuantes, assumem, em alguns casos, as características de uma verdadeira «mistificação». E também aqui, como ficou demonstrado atrás, o caso português não constituiu uma excepção.

Com efeito, e contrariando o que hoje se sabe sobre a influência que os sistemas eleitorais exercem no funcionamento do sistema político, e também sobre as «falsas virtualidades» do sistema eleitoral alemão, tanto o Partido Socialista como o Partido Social Democrata levaram quase até ao limite os argumentos de que a reforma eleitoral conteria em si o «remédio» para o crescente distanciamento entre «classe política» e a maioria dos cidadãos, e de que o «sistema de representação proporcional personalizada» constituiria a «fórmula» que melhor serviria os objectivos da personalização do voto e da proximidade entre eleitos e eleitores, contribuindo para uma maior responsabilização dos primeiros face aos segundos e, reforçando, assim, a legitimidade parlamentar.

Se é inegável que as propostas de reforma do sistema eleitoral para a Assembleia da República, no final da década de noventa, não foram indiferentes à popularidade de que gozam actualmente os chamados «sistemas mistos» — que, ao combinarem o princípio de representação proporcional com as fórmulas eleitorais maioritárias, trazem consigo a «promessa» de se obter o «melhor dos dois mundos» —, certo é também que fizeram «tábua

---

[160] João Bettencourt da Câmara e Manuel Meirinho Martins (1998), *Parecer sobre a Revisão da Lei Eleitoral*, in *Pareceres sobre o Anteprojecto de Reforma da Lei Eleitoral para a Assembleia da República*, op. cit., p. 124.

rasa» dos estudos empíricos sobre o sistema eleitoral alemão em concreto, os quais mostram que tal sistema está longe de ser tão «personalizado» como aparentemente se julga.[161]

Em primeiro lugar, porque uma percentagem considerável dos eleitores não distingue claramente o «primeiro voto», relativo à eleição dos candidatos pelos círculos uninominais, do «segundo voto», que diz respeito às listas partidárias apresentadas a sufrágio no respectivo *Land*. Ou, noutros termos, não sabe se um deputado foi eleito pelo primeiro ou pelo segundo voto, como também não sabe exactamente qual destes votos determina o número de lugares obtido por cada partido. E, sendo assim, é difícil sustentar que existe uma legitimidade diferente consoante se trate de deputados eleitos através do voto pessoal ou de deputados eleitos em listas fechadas e bloqueadas — facto que é, seguramente, reforçado pela «dupla candidatura», que assegura a possibilidade de qualquer candidato sê-lo simultaneamente no círculo uninominal e nos círculos ao nível do *Land*.[162]

Pelo que, e em segundo lugar, a ideia de que o sistema eleitoral alemão produz dois tipos de deputados, o do círculo e o da lista, é empiricamente refutável, pois os eleitores não só não conhecem como não avaliam de forma diferente uns e outros, sendo a ligação pessoal entre eleitos e eleitores praticamente inexistente. Em terceiro, e último lugar, é de referir também que a prática do «voto dividido» é bastante pouco significativa, já que, em regra, o candidato que obtém mais votos no círculo uninominal pertence também ao partido que consegue mais votos no respectivo *Land*.

---

[161] Susan Scarrow (2003), «Germany: the mixed-member system as a political compromise», *in* Matthew S. Shugart e Martin P. Wattenberg (orgs.), *Mixed-Member Electoral Systems. The Best of Both Worlds?*, *op. cit.*, pp. 55-70; Tony Burkett (1999), «The West German Deputy», *in* Vernon Bogdanor (org.), *Representatives of the People? Parliaments and Constituents in Western Democracies*, Aldershot, Ashgate, pp. 117-134; Bernhard Wessels (1997), «Germany», *in* Pippa Norris (org.), *Passages to Power. Legislative Recruitment in Advanced Democracies*, *op. cit.*, pp. 76-98; Geoffrey Roberts (1988), «The German Federal Republic: the two-lane route to Bonn», *in* Michael Gallagher e Michael Marsh (orgs.), *Candidate Selection in Comparative Perspective. The Secret Garden of Politics*, *op. cit.*, pp. 94-117.

[162] Eckhard Jesse (1988), «The split-voting in the Federeal Republic of Germany: an analysis of te federal elections from 1953 to 1987», *in Electoral Studies*, 7, pp. 109-124; Max Kaase (1984), «Personalized proportional representation. The model of the West German electoral system», *in* Arend Lijphard e Bernard Grofman (orgs.), *Choosing an Electoral System*, Nova Iorque, Praeger, pp. 162-163.

E se é verdade que em eleições mais recentes este tipo de voto cresceu ligeiramente, tal tendência resulta menos da sofisticação e da maturidade do eleitorado do que da sua «ignorância» face à complexidade do sistema adoptado, como sustenta, aliás, Gordon Smith.[163]

Deve dizer-se que a clara «mistificação» em torno do «sistema de representação proporcional personalizada», tal como praticado na Alemanha, contribuiu, em grande medida, para que o debate sobre a reforma do sistema eleitoral se centrasse exclusivamente nas supostas vantagens dos círculos uninominais de candidatura, deixando de fora uma possível alteração de outros elementos que caracterizam o sistema eleitoral em vigor, nomeadamente as listas fechadas e bloqueadas. É verdade que, através daqueles, se pretendia, pelo menos formalmente, diminuir a capacidade impositiva dos aparelhos partidários na definição da oferta eleitoral e aumentar a intervenção do eleitorado na escolha dos candidatos à AR, contudo, não é menos verdade que a criação de círculos uninominais constitui, pelos motivos já antes enunciados, uma falsa e enganadora resposta para este problema.

É por isso — ou melhor, também por isso — que, em Espanha, o debate sobre a reforma do sistema eleitoral tem girado essencialmente em torno não da magnitude dos círculos eleitorais, mas da «forma de expressão do voto», ou seja, das listas fechadas e bloqueadas e dos seus «malefícios» para o funcionamento do sistema partidário, em particular, e do sistema político, em geral.[164] Se é consensual que as listas fechadas e bloqueadas tiveram um papel importante nas primeiras eleições democráticas, contri-

---

[163] Gordon Smith (1987), «The changing West Germany party system: consequences of the 1987 election», in *Government and Opposition*, 22, pp. 131-144.

[164] Carmen Ortega (2004), *Los Sistemas de Voto Preferencial: Un Estudio de 16 Democracias*, Madrid, Centro de Investigaciones Sociológicas, pp. 273-278; José Ramón Montero (1998a), «El debate sobre el sistema electoral: rendimientos, critérios y propuestas de reforma», in *Revista de Estudios Políticos*, 95, pp. 9-46; José Ramón Montero (1998b), «Sobre el sistema electoral español: rendimientos políticos y propuestas de reforma», in Montables Pereira (org.), *El Sistema Electoral a Debate. Veinte Años de Rendimientos del Sistema Electoral Español, 1977-1997*, Madrid, Centro de Investigaciones Sociológicas y Parlamento de Andalucía, pp. 37-70; Julián Santamaría Ossório (1996), «El debate sobre las listas electorales», in Porras Nadales (org.), *El Debate sobre la Crisis de la Representación Política, op. cit.*, pp. 231-263; José Ramón Montero e Richard Gunther (1994), «Sistemas 'cerrados' y listas 'abiertas': sobre algumas propuestas de reforma del sistema electoral en España», in VVAA, *La Reforma del Régimen Electoral, op. cit.*, pp. 36-76.

buindo para promover a institucionalização dos partidos políticos, facilitando as escolhas de um eleitorado pouco experiente e afastando da arena eleitoral os caciques locais — que poderiam ter utilizado as redes clientelares do antigo regime —, o facto é que elas parecem ter actualmente mais desvantagens do que vantagens, sendo, insistentemente, associadas aos «males» da «partidocracia» eleitoral e parlamentar em que se converteu a democracia representativa, tanto em Portugal como em Espanha.

Em primeiro lugar, um dos efeitos negativos atribuídos às listas fechadas e bloqueadas está no facto de estas serem pouco democráticas, na medida em que restringem as opções dos eleitores, privando-os do seu direito de eleger não só entre partidos mas também entre candidatos. A este respeito, entende-se que as listas fechadas e bloqueadas são incompatíveis com os mais elementares princípios democráticos, seja porque o seu processo de elaboração é pouco transparente, pouco participado e controlado pelos órgãos dirigentes dos partidos — cuja vontade acaba sempre por se impor às preferências das bases —, seja porque minimizam as opções de escolha dos eleitores que, se querem votar num determinado partido, se vêem obrigados a aceitar todos os candidatos da lista, segundo a ordem em que nela figuram. Por outro lado, e como notam alguns autores, as listas fechadas e bloqueadas contribuem para reforçar o poder das oligarquias partidárias internas, as quais eliminam, minimizam ou reduzem drasticamente a autonomia e independência dos deputados eleitos, e isto porque o escrutínio de lista deve ser entendido como um «voto num partido» e não como um voto em «candidatos individuais».[165]

Bastará referir, a este propósito, que as campanhas eleitorais são desenhadas pelos partidos, financiadas por eles, tendo por base um programa também por eles elaborado. E, assim sendo, a competição na arena eleitoral não é tanto entre candidatos mas entre opções políticas diferenciadas, o que faz com que o mandato pertença de *jure* aos deputados, ainda que corresponda *de facto* aos partidos, os quais, não raro, exigem que os seus eleitos o ponham formalmente à sua disposição, decidindo, em cada caso, o sentido da sua orientação de voto no Parlamento.

---

[165] Julían Santamaría Ossório (1996), «El debate sobre las listas electorales», *in* Porras Nadales (org.), *El Debate sobre la Crisis de la Representación Política*, *op. cit.*, pp. 243-244.

Ora, tal facto não pode deixar de afectar a natureza e a qualidade da representação, sendo legítimo dizer-se que o sistema de listas fechadas e bloqueadas origina, impulsiona — ou pelo menos não evita — a despersonalização das relações entre eleitos e eleitores, bem como o distanciamento e o desinteresse dos primeiros em relação aos problemas e aos interesses específicos dos círculos pelos quais foram eleitos. A forma quase anónima como são sufragados os deputados não pode deixar de contribuir para uma separação efectiva entre representantes e representados: se estes têm como principal referência os líderes nacionais, que são também os candidatos a primeiro-ministro, já aqueles assumem como preocupação fundamental a sua ligação aos «aparelhos» dos partidos, de que dependem afinal as suas carreiras políticas. Donde, as listas fechadas e bloqueadas parecem não criar incentivos particulares para que os eleitores se dirijam aos deputados nem para que estes se interessem pessoalmente pelos seus problemas e necessidades, acentuando-se o distanciamento entre uns e outros.

Esta visão pessimista — ou melhor, realista — sobre os efeitos das listas fechadas e bloqueadas, partilhada por inúmeros estudiosos, mas também por amplos segmentos da opinião pública, explica que, em Espanha, e noutros países da já vasta Europa, sejam muitos aqueles que defendem o seu desbloqueamento, podendo ou devendo os eleitores alterar a ordem dos candidatos apresentada pelos partidos[166], ou até mesmo a sua abertura, dispondo os eleitores de vários votos que podem usar para escolher candidatos de vários partidos.[167] Mas também aqui, e como bem sublinha Julían Santamaría Ossorio, não se podem ignorar as limitações quanto ao potencial reformador de tais medidas, nomeadamente no que toca à capacidade de intervenção dos eleitores e à limitação do poder das «máquinas» partidárias na escolha dos candidatos.[168] E isto porque os estudos empíricos têm demonstrado que o sistema de voto preferencial, adoptado em alguns

---

[166] Paul Mitchell (2000), «Voter and representatives: electoral institutions and delegation in parliamentary democracies», *in European Journal of Political Research*, 37, pp. 335-351; Fernando Santaolalla López (1986) «Problemas jurídico-políticos del voto bloqueado», *in Revista de Estudios Políticos*, 53, pp. 29-43.

[167] Garcia Cardenas (1992), *Crisis de Legitimidad y Democracia Interna de los Partidos Políticos*, México Fundo de Cultura Económica, p. 228.

[168] Julían Santamaría Ossorio (1996), «El debate sobre las listas electorales», *in* Porras Nadales (org.), *El Debate sobre la Crisis de la Representación Política, op. cit.*, pp. 249-250.

países da Europa Ocidental, tem uma eficácia política questionável, já que o número de eleitores que faz uso do voto preferencial é muito reduzido, sendo pouco frequentes os casos em que um deputado perde o seu mandato pelo facto de os eleitores expressarem uma inclinação por um outro candidato colocado em posição menos vantajosa nas listas do respectivo partido, salvo em círculos de grande magnitude.[169]

É questionável é igualmente a tese, sustentada por alguns autores, de que o efeito principal do voto preferencial não é tanto o de alterar o comportamento dos eleitores, mas antes o de provocar uma «reacção antecipada» por parte dos partidos, obrigando as suas respectivas «oligarquias» internas a ter em linha de conta as previsíveis inclinações dos eleitores, no momento da selecção e ordenação dos candidatos nas listas.[170] Ora, a este propósito, será suficiente citar aqui apenas um único exemplo. Como é bem sabido, o voto preferencial, utilizado de forma sistemática no sul da Itália, não constituiu nunca um elemento de pressão suficiente para levar os partidos a alterarem os seus critérios de recrutamento, além do que, estando também associado a níveis inferiores de educação e de riqueza, acabou por potenciar — e muito — os fenómenos de caciquismo e clientelismo políticos naquela zona daquele país.[171]

Mas já agora, e sem sair do contexto da Europa do Sul, note-se ainda como, na Grécia, o maior ou menor recurso ao voto preferencial não só não implica uma maior sensibilidade dos partidos perante as preferências dos eleitores no momento de proceder à elaboração das listas, como depende sobretudo da simplicidade do procedimento. Ou seja, o voto preferencial tende a ser mais usado nos círculos de pequena magnitude, onde os candidatos são conhecidos e o leque de opções é reduzido.[172] Já o caso da eleição para o Senado espanhol evidencia o mau uso que tende a ser feito do sistema de voto preferencial, uma vez que, sendo permitido aos eleitores

---

[169] Carmen Ortega (2004), *Los Sistemas de Voto Preferencial: Un Estudio de 16 Democracias*, *op. cit.*, pp. 194-195.

[170] VV.AA. (1994), *La Reforma del Régimen Electoral*, CESCO, Madrid, pp. 139-142.

[171] Carmen Ortega (2004), *Los Sistemas de Voto Preferencial: Un Estudio de 16 Democracias*, *op. cit.*, pp. 210-212.

[172] Julián Santamaría Ossorio (1996), «El debate sobre las listas electorales», *in* Porras Nadales (org.), *El Debate sobre la Crisis de la Representación Política*, *op. cit.*, pp. 254-255.

«confeccionarem» a sua própria lista, para lá das propostas dos partidos, estes se limitam a escolher os candidatos mais bem colocados alfabeticamente na lista de um único partido, agrupando-os e votando neles em bloco. Daí que os partidos políticos, tendo consciência dessa tendência, adaptem as suas estratégias de recrutamento não para corrigi-la, mas antes para reforçá-la, determinando, indirectamente, a ordem de preferências dos eleitores.[173]

Para além disso, importa notar que o efeito de personalização atribuído à abertura ou desbloqueamento das listas partidárias — que permitiria, a montante, aos eleitores um melhor conhecimento dos candidatos, possibilitando-lhes fazer uma escolha mais consciente e pessoal na altura da votação; e, que implicaria, a jusante, a existência de uma relação física e directa entre eleitores e eleitos — seria parcial ou totalmente neutralizado em países onde as tradições políticas locais são débeis e onde a crescente centralização e profissionalização das campanhas eleitorais, motivada pela intervenção dos meios de comunicação social — especialmente da Televisão — serve apenas para aumentar o protagonismo e a visibilidade das elites nacionais, em claro contraste com o quase apagamento e até anonimato das elites locais.

Por fim, os estudos empíricos revelam também que o sistema de voto preferencial, embora possa ser manipulado pelos partidos em seu próprio benefício, tende a produzir efeitos negativos sobre a sua coesão e solidez organizacional, quer aumentando a competição intrapartidária e o fraccionalismo interno, quer enfraquecendo a indispensável disciplina de voto no Parlamento.[174] É assim que, tendo por base a experiência empírica, Julián Santamária Ossorio não se limita a questionar a eficácia política do desbloqueamento e da abertura das listas em Espanha, como se interroga também quanto à suposta relação de causa e efeito entre a adopção das listas fechadas e bloqueadas e alguns dos fenómenos que são hoje transversais a

---

[173] Idem, ibidem, pp. 255-256.
[174] Julían Santamaría Ossorio (1996), «El debate sobre las listas electorales», *in* Porras Nadales (org.), *El Debate sobre la Crisis de la Representación Política, op. cit.*, p. 255; Scott Mainwaring (1994), «Electoral rules, institutional engineering and party discipline», *paper* apresentado na Conferência *Political Parties: Changing Roles in Modern Democracies*, Instituto Juan Mach, Dezembro de 1994; Richard Katz (1986), «Intraparty preference voting», *in* Bernard Grofman e Arend LIjphart (orgs.), *Electoral Laws and their Political Consequences*, Nova Iorque, Agathon Press, pp. 85-103

muitas das democracias europeias, os quais se traduzem na oligarquização do funcionamento interno dos partidos, na sua primazia sobre os representantes eleitos e na despersonalização das relações entre estes e os seus eleitores, sublinhando, e bem, que uma coisa é admitir os factos, e outra coisa bem distinta é determinar as suas causas.[175]

Deste modo, é necessário considerar que a tendência dos partidos para se organizarem de forma oligárquica é um fenómeno antigo, e aparentemente consubstancial a todo e qualquer partido político, como a seu tempo denunciaram Ostrogorski e Michels, e isso muito antes da introdução da representação proporcional e da substituição do voto uninominal pelo voto de lista. O que é mais: o facto de a escolha dos candidatos ser feita pelas estruturas de base dos partidos, em detrimento das suas estruturas nacionais, como tende a acontecer em sistemas maioritários com círculos uninominais, não assegura que o processo de escolha dos candidatos seja mais democrático, e o mesmo pode ser dito quanto ao facto de se aumentar, com a introdução do voto preferencial, o número de opções de que dispõem os eleitores.

Por outro lado, importa não esquecer o facto de que a ideia da despersonalização das relações entres eleitos e eleitores se impôs historicamente por duas razões bem distintas. Primeiro, devido à substituição do mandato imperativo pelo mandato representativo, que vinculava a capacidade de actuação dos eleitos às instruções concretas dos seus eleitores. Segundo, e como já se disse, a introdução do voto de lista foi uma exigência técnica do sistema eleitoral proporcional, ela traduziu também a vontade expressa de despersonalizar as relações entre eleitos e eleitores, de estabelecer a primazia dos partidos sobre os candidatos e de eliminar ou, pelo menos, reduzir as vantagens que a posição socio-económica e as redes de apoio locais conferiam os candidatos mais poderosos e influentes ou conhecidos nos círculos eleitorais pequenos de carácter rural.

Tratava-se, portanto, de limitar também o poder de patrocínio dos caciques locais, o clientelismo político e, em geral, a corrupção eleitoral. Pelo que despersonalizar e objectivar a relação de representação constituía

---

[175] Julían Santamaría Ossorio (1996), «El debate sobre las listas electorales», *in* Porras Nadales (org.), *El Debate sobre la Crisis de la Representación Política*, *op. cit.*, p. 252.

uma condição necessária, em termos de democratização da vida política, bem como uma exigência que foi favorecida pelo desenvolvimento de uma cultura preponderantemente urbana. Hoje, porém, e independentemente do tipo de sufrágio de lista adoptado, parece assistir-se a um movimento pendular em sentido contrário, muito em especial nos círculos de grande magnitude. Aqui, e sobretudo devido à forte «mediatização» das eleições gerais, dificilmente os «aparelhos» partidários podem ignorar, de forma sistemática, as preferências dos eleitores por determinados candidatos, esforçando-se, pois, por aliar à sua imagem, ao seu programa e ao seu discurso as vantagens de estarem integrados nas suas listas, em lugares cimeiros, candidatos ao parlamento que, pelas suas qualidades pessoais ou pela sua trajectória profissional e política, sejam conhecidos ou gozem de uma certa popularidade junto do eleitorado, o que ajudará, seguramente, a melhorar a sua prestação eleitoral.

Por fim, se é certo que as listas fechadas e bloqueadas não constituem um factor de compensação, mas antes de desequilíbrio entre as cúpulas do partidos e os grupos parlamentares, e entre estes e os deputados individuais, certo é também que estão longe de ser a causa que origina um tal fenómeno. Lembre-se que, em meados do século XIX, Walter Bagehot notava já que a primazia do grupo parlamentar sobre os seus membros individuais era uma condição indispensável para o bom funcionamento dos sistemas parlamentares.[176] E que também, em meados do século XX, Duverger entendia que o predomínio dos aparelhos partidários sobre os grupos parlamentares constituía o traço distintivo dos modernos partidos de massas, por comparação com os pré-modernos partidos de quadros.[177]

Se recuperamos aqui os ensinamentos destes autores clássicos, é para dizer que a falta de autonomia dos deputados é hoje um fenómeno quase universal, e é-o tanto com listas fechadas e bloqueadas como com listas semifechadas ou abertas, tanto com círculos uninominais como com círculos plurinominais, de maior ou menor magnitude. Pois o facto, absolutamente incontroverso, é que são os partidos políticos e não os candidatos que canalizam, expressam e articulam os interesses dos cidadãos e dos grupos em que estes se inserem, são eles que se apresentam perante a sociedade com uma oferta eleitoral específica, que os segundos se compro-

---

[176] Walter Bagehot (1867, 2007), *The English Constitution*, Londres, Cosimo Classics.
[177] Maurice Duverger (1951, 1987), *Os Partidos Políticos, op. cit.* pp. 219-238.

metem a desenvolver de forma disciplinada no Parlamento, dando prioridade às orientações partidárias em detrimento dos interesses locais do seu círculo — do mesmo modo que os eleitores quando votam o fazem atendendo não tanto aos apelos individuais deste ou daquele candidato, que figura de forma mais ou menos anónima numa determinada lista, mas ao programa e à imagem do partido e dos seus respectivos líderes nacionais.

Chegados aqui, importa desfazer uma outra «mistificação», relacionada com a sobrevalorização do sistema eleitoral e dos seus efeitos sobre os diferentes aspectos do funcionamento do sistema político, e que determina que a reforma deste apareça frequentemente associada — para não dizer reduzida — a uma alteração daquele. Esquecendo-se, assim, com demasiada frequência, que muitas das disfunções políticas que lhe são imputadas — e que justificariam a sua reforma — resultam das normas, das regras e das práticas que definem o actual funcionamento das instituições representativas em Portugal, nomeadamente do Parlamento e dos partidos políticos.

E é por isso que devem ser rejeitadas, do ponto de vista teórico, as teses deterministas que estabelecem uma «causalidade linear» entre o sistema eleitoral e as demais componentes do sistema político, de que são exemplo as famosas «leis sociológicas» de Duverger e de Sartori.[178] A este propósito, não podemos deixar de sublinhar aqui a «neutralidade» do sistema eleitoral para a Assembleia da República no que se refere ao formato e à dinâmica do sistema de partidos, por um lado, e à configuração do sistema de governo, por outro. Ao longo destes anos, e como já foi dito atrás, o sistema eleitoral sofreu apenas duas alterações: uma, decorrente da redução do número de deputados de 250 para 230, aquando da revisão constitucional de 1989; outra, decorrente do movimento demográfico, que reduziu o número de mandatos atribuídos aos círculos eleitorais do interior e aumentou o número de lugares atribuídos aos círculos do litoral, o que contribuiu para reduzir a magnitude média dos círculos e, por consequência, o índice de proporcionalidade do sistema. Porém, e não obstante a forte estabilidade do sistema eleitoral para a Assembleia da República ao longo de todo o período democrático, o certo é que este se revelou, no essencial, «neutral» — gerando soluções maioritárias, quando necessárias,

---

[178] Maurice Duverger (1951, 1987), *Os Partidos Políticos, op. cit.* pp. 242-314; Giovanni Sartori (1992, 1999), *Elementos de Teoria Política*, Madrid, Alianza, pp. 279-308.

e de coligação pré ou pós-eleitoral, quando convenientes. Ou seja, pode dizer-se que o mesmo sistema eleitoral permitiu várias soluções políticas e institucionais, em diferentes momentos do tempo: foi possível ter governos maioritários de um só partido, mas também governos de coligação e governos minoritários.

Se olharmos para os dados diacrónicos reproduzidos no quadro n.º 21, podemos constatar que Portugal é um exemplo paradigmático da influência limitada dos sistemas eleitorais sobre a vida política. Apesar da continuidade e da estabilidade do sistema eleitoral para a Assembleia da República, no período que vai de 1975 a 2002, a verdade é que o sistema de partidos conheceu importantes mutações, explicadas mais do que tudo pelas mudanças observadas nos níveis de desproporcionalidade, no número efectivo de partidos parlamentares e na concentração do voto nos dois maiores partidos.

Evolução do sistema partidário em Portugal, de 1975 a 2002

[QUADRO N.º 21]

Eleições	PE	NEPE	NEPP	DESPROP	V – 2PMV	M - 2PMV	VET
25/04/75	91,7	3,67	2,95	9,8	69,0	78,8	—
25/04/76	83,3	4,00	3,43	6,5	61,9	68,5	10,7
02/12/79	89,9	3,01	2,60	6,2	74,5	80,8	10,6
5/10/80	84,5	2,89	2,49	6,2	77,0	83,2	4,0
25/04/83	78,6	3,47	3,35	5,3	65,1	70,4	10,3
06/10/85	75,4	4,77	4,18	6,0	52,0	58,0	22,5
19/07/87	72,6	2,98	2,36	9,1	74,1	83,2	22,6
06/10/91	68,2	2,83	2,23	9,6	80,4	90,0	11,2
01/10/95	66,8	3,09	2,55	9,1	77,9	87,0	18,6
10/10/99	61,8	3,06	2,61	7,3	77,8	85,2	4,1
17/ 03/02	61,5	3,15	2,57	8,4	77,9	87,4	8,7

Fonte: Alan Siarof (2000), *Comparative European Party Systems*, Nova Iorque, Taylor & Francis, pp. 56-58.
(*) Os dados relativos às eleições legislativas de 2002 foram calculados pela autora.

Legenda: PE = Participação eleitoral; NEPE = Número efectivo de partidos eleitorais; NEPP = Número efectivo de partidos parlamentares; DESPROP = Nível de desproporcionalidade do sistema eleitoral, calculado segundo o índice de Loosemore-Haneby; V – 2PMV = Percentagem de votos dos dois partidos mais votados; M - 2PMV = Percentagem de mandatos dos dois partidos mais votados; VET = Votalidade eleitoral total.

É de assinalar que, desde 1987 para cá, a mudança mais notável no formato do sistema de partidos português se prende com o progressivo afastamento de uma fórmula multipartidária moderada rumo a uma claramente «bipartidarizante». Um padrão evolutivo cuja razão de ser, embora possa ser atribuída ao aumento do nível de desproporcionalidade do sistema e à concentração do voto popular nos dois maiores partidos, deve ser procurada, sobretudo, em factores exógenos ao sistema eleitoral, nomeadamente em factores de índole política e social.

Por um lado, e à direita do espectro partidário, a semelhança política e ideológica de eleitores e de partidos, aliada à forte instabilidade em termos de liderança e de linha política, ajudam a explicar o forte decréscimo das votações no CDS-PP. Por outro lado, e à esquerda, as transformações demográficas e socioeconómicas, mas também o colapso dos regimes comunistas, explicam o «desaparecimento» de uma parte considerável do eleitorado tradicional do PCP, bem como o enfraquecimento do grau de polarização ideológica existente na sociedade portuguesa — e isso não obstante o aparecimento de uma nova formação partidária à esquerda, no final da década de 1990.

Se, em termos teóricos, deve ser rejeitada a hipótese de uma relação linear e de teor nomológico de causa e efeito entre o sistema eleitoral e o sistema de partidos e de governo[179], em termos de «engenharia institucional» deve ser assumido que a reforma do sistema eleitoral não esgota — nem de perto nem de longe — a agenda relacionada com reforma do sistema político em Portugal, a qual deve assumir como prioridade a necessidade de reformar os métodos de funcionamento dos partidos políticos, onde avulta, designadamente, a questão da selecção interna dos candidatos a cargos públicos.

Com efeito, e se atendermos aos dados resultantes do inquérito por questionário aplicado aos candidatos às eleições legislativas de 2002 — o qual serve de suporte empírico à nossa investigação —, parece razoável afirmar que uma reforma prévia dos partidos em matéria de democracia interna, seria uma condição importante de uma reforma eleitoral verdadeiramente destinada à aproximação, responsabilização e personalização dos laços entre representantes e representados, a qual se torna ainda mais

---

[179] Dieter Nohlen (2007), *Os Sistemas Eleitorais: O Contexto faz a Diferença*, op. cit., pp. 42-52.

premente quando se assiste à perda da capacidade de fiscalização do Parlamento e ao reforço do poder normativo e executivo de outras instituições, nomeadamente do Governo e também das entidades supranacionais.[180]

Razoável é também sugerir que a alternativa é a submissão de ambos à arbitrariedade das hierarquias partidárias, as quais, ao controlarem os mecanismos de selecção dos candidatos à Assembleia da República, definem igualmente as «fronteiras» da livre escolha e da autonomia política. Repare-se como, quando interrogados sobre se o sistema eleitoral actualmente vigente favorece ou não a personalização do voto e a responsabilização do mandato parlamentar, a esmagadora maioria dos candidatos à AR é unânime na sua resposta: cerca de 60 % dos candidatos inquiridos declaram que o sistema eleitoral está longe de promover a desejada proximidade entre eleitos e eleitores, bem como a responsabilização dos primeiros face aos segundos, sendo esta opinião mais vincada entre os candidatos dos partidos com vocação de poder do que entre os candidatos dos partidos da oposição, que se revelam menos críticos em relação ao funcionamento do sistema eleitoral.

**Opinião dos candidatos sobre o sistema eleitoral
para a Assembleia da República**

(valores em %)

[QUADRO N.º 22]

Sistema eleitoral para a AR	CDS-PP	PSD	PS	CDU	BE	Média
O sistema eleitoral assegura uma relação de proximidade e de responsabilidade entre eleitos e eleitores	35	22	8	59	87	42
O sistema eleitoral não assegura uma relação de proximidade e de responsabilidade entre eleitos e eleitores	65	78	92	41	13	58

Fonte: Dados do inquérito por questionário aplicado junto dos candidatos à AR nas eleições de 2002.

---

[180] Fernando Santaolalla (1989), *El Parlamento en la Encrucijada*, Madrid, Eudema.

Esta forte insatisfação face ao sistema eleitoral ajuda a explicar que as propostas dos dois maiores partidos para implementar a sua reforma sejam tão recorrentes e insistentes, assumindo um carácter quase «ritualístico», na medida em que se repetem a cada nova legislatura. O que não deixa de ser paradoxal, já que este ímpeto reformista contrasta claramente com a enorme *estabilidade* e *inércia* que caracteriza o sistema eleitoral, o que, aliás, está longe de ser uma singularidade do nosso país. Pois, como refere Dieter Nohlen, não obstante o debate em torno das reforma do sistema eleitoral ser um tema que consta da agenda política de muitos países da Europa Ocidental, o facto é que raramente isso se tem traduzido em «mudanças substanciais» — ou seja, em mudanças que impliquem a substituição de um princípio de representação por outro.

De facto, se atendermos ao mapa internacional das reformas eleitorais, facilmente nos apercebemos de que, na maioria dos países europeus, e nos últimos cinquenta anos, as reformas se mantiveram dentro do âmbito do princípio de representação estabelecido, procurando-se sobretudo reforçar ou diminuir o grau de proporcionalidade dos respectivos sistemas eleitorais, através da reorganização dos círculos, da alteração dos procedimentos de distribuição de mandatos ou da introdução de cláusulas-barreira.[181]

Mas, regressando ao caso português, podemos verificar que tanto os candidatos do Partido Social Democrata como os do Partido Socialista, não se limitam a colocar o «ónus» da crise de confiança dos cidadãos nas instituições políticas no funcionamento do sistema eleitoral, como elegem também a criação de círculos uninominais como a principal medida capaz de promover uma maior proximidade entre eleitos e eleitores e uma maior personalização do voto — concordando, neste aspecto, com as posições oficiais assumidas por ambos os partidos, e às quais já tivemos oportunidade de nos referir anteriormente.

Contudo, é preciso sublinhá-lo, os candidatos sociais-democratas e socialistas parecem não ignorar que a democracia representativa não é indiferente ao modo como funcionam os partidos, e que não há reforma que avance no sentido de aprofundamento da primeira, sem antes haver uma reforma profunda dos segundos. Como se pode ver no quadro n.º 23, a necessidade de alteração das regras e dos procedimentos de selecção

---

[181] Dieter Nohlen (2007), *Os Sistemas Eleitorais: O Contexto faz a Diferença*, op. cit., pp. 112-147.

dos candidatos à AR, e a eventual introdução de «eleições primárias» para tal efeito, não é só amplamente defendida pelos candidatos do Bloco de Esquerda — o que não é surpreendente — como goza também de um apoio expressivo entre os candidatos dos dois maiores partidos, a par do reforço do trabalho dos deputados nos círculos pelos quais são eleitos.

Opinião dos candidatos sobre as medidas para promover a personalização do voto e a responsabilização do mandato parlamentar

[QUADRO N.º 23]

Valores percentuais	CDS	PSD	PS	CDU	BE	Média
Criar círculos uninominais de candidatura	15	24	39	-	-	15
Introduzir o voto preferencial	-	7	7	-	7	4
Abrir o sistema a candidaturas independentes	-	-	7	12	31	10
Reduzir o número de deputados	-	12	-	-	-	2
Reconfigurar os círculos eleitorais	28	10	7	11	5	12
Criar um círculo nacional único	-	-	-	10	6	3
Criar uma segunda câmara	13	15	-	-	-	6
Reforçar o trabalho dos deputados nos círculos	33	16	15	38	25	25
Reduzir as condições de substituição dos deputados	16	9	16	24	10	15
Alterar as regras de selecção dos candidatos (ex: eleições primárias)	20	26	31	8	35	24

Fonte: *Idem, ibidem*.
Notas: **1.** Os resultados totalizam mais de 100 %, porque se trata de uma pergunta cumulativa. **2.** Os casos omissos foram excluídos da análise.

Em alguns países europeus, e ao contrário do que acontece em Portugal, existe hoje um amplo debate teórico e político sobre a democratização dos mecanismos de recrutamento político, no qual têm sido sublinhadas as vantagens das «eleições primárias» na selecção dos líderes nacionais dos partidos e também dos seus candidatos a cargos públicos, à semelhança do que acontece nos Estados Unidos.[182]

---

[182] Oreste Massari (2004), «Selezione dei candidati e primarie», *in* Oreste Massari, *I*

Aqueles que defendem as «eleições primárias» — através da consulta directa dos militantes dos partidos (primárias fechadas) e até dos seus simpatizantes e eleitores declarados (primárias abertas) — consideram que se trata de um procedimento inovador e reformador do sistema político, na medida em que contribui: *a)* para diminuir o poder excessivo dos aparelhos partidários na definição da oferta eleitoral, conferindo às suas escolhas uma maior transparência, credibilidade e legitimidade; *b)* para democratizar um sistema tradicionalmente oligárquico e endôgamico de selecção dos candidatos a cargos públicos, permitindo, assim, superar o congelamento burocrático das elites políticas e impulsionar o seu processo de circulação e substituição, de acordo com os princípios da democracia participativa; *c)* para aumentar os níveis de filiação partidária, na medida em que a possibilidade de intervir directamente na selecção dos candidatos constitui um «incentivo selectivo» capaz de promover uma maior adesão aos partidos, já que, dentro destes, os membros de base teriam a oportunidade real de escolher as elites que ocupam cargos representativos; *d)* para aumentar o interesse dos cidadãos pela vida partidária, dado que estes seriam convocados não apenas para votar nas eleições gerais, ratificando as escolhas previamente feitas em sede partidária, mas participando activamente no processo de definição da oferta eleitoral; *e)* para reforçar a personalização não só dos candidatos — que passariam a ser conhecidos e avaliados objectivamente em função da sua trajectória pessoal, profissional e política, podendo, desta forma, dissociar-se os «méritos políticos» dos «méritos partidários» —, mas também dos eleitores — que deixariam de ser meros espectadores e apoiantes resignados das opções partidárias, para assumirem uma liberdade de escolha e uma responsabilidade próprias; *f)* para favorecer uma nova relação dialéctica entre os partidos políticos e a sociedade civil, baseada num método não puramente técnico mas significativamente político, capaz de garantir uma competição eleitoral genuína entre ideias, programas e pessoas.[183]

Partiti Politici nelle Democrazie Contemporanee, Bari, Laterza, pp. 121-149; Alan Ware (1996, 2004), «Selección de candidatos y líderes», *in* Alan Ware, *Partidos Políticos y Sistemas de Partidos*, Madrid, Istmo, pp. 396-440.

[183] Roberto Blanco Valdés (2001), «La revolución de las primarias», *in* Roberto Blanco Valdés, *Las Conexiones Políticas*, Madrid, Alianza, pp. 85-112; José Ignázio Navarro Méndez (1999), *Partidos Políticos y 'Democracia Interna'*, Madrid, Centro de Estudios Políticos y Constitucionales, pp. 464-472; Roberto Blanco Valdés (1996), «La

Mas se, aos olhos dos seus defensores, as «eleições primárias» aparecem como um dos instrumentos mais eficazes de abrir os partidos à sociedade e de submetê-los a um certo controlo por parte das suas bases, dando-lhes a oportunidade de participar no exercício das principais funções desenvolvidas pelos partidos no actual modelo democrático e representativo — e que é, fora de dúvida, a escolha dos candidatos a cargos públicos — o certo é que também aqui não podemos ser demasiado optimistas. E porquê?

Precisamente porque nos Estados Unidos, que constituem nesta matéria um exemplo paradigmático, as «eleições primárias» têm sido alvo de inúmeras críticas e objecções.[184] E nos países europeus que, aplicam um tal sistema, se bem que na sua modalidade mais restritiva — visando, sobretudo, a escolha de cargos internos — as «eleições primárias» parecem não só acarretar riscos para a organização e coesão interna dos partidos, produzindo também resultados ambíguos e até contraditórios. Para além das vantagens que teoricamente lhes são atribuídas, e às quais nos referimos acima, que tipos de incertezas e desvantagens podem gerar as «eleições primárias» quando aplicadas à escolha dos dirigentes dos partidos e também dos seus representantes públicos, tanto nos EUA como na Europa Ocidental?[185]

No primeiro caso, tem-se afirmado que as «eleições primárias», que constituem uma das características mais singulares e distintivas do sistema político norte-americano, não só não contribuem para uma participação generalizada ou massiva por parte dos membros de base e dos eleitores declarados dos partidos — que raramente ultrapassa os 40 % — como tam-

---

democracia y el poder de los partidos», *in Claves de Razón Práctica*, n.º 63, p. 34-43; Julían Santamaría Ossorio (1996), «El debate sobre las listas electorales», *in* Porras Nadales (org.), *El Debate sobre la Crisis de la Representación Política, op. cit.*, pp. 259-260; Ricardo Haro (1992), «Elecciones primarias abiertas. Aportes para uma maior democratización del sistema político», *in Revista de Estudios Políticos*, n.º 78, pp. 281-282; Roberto Blanco Valdés (1992), «Democracia de partidos y democracia en los partidos: la conveniência de las elecciones primarias», *in* González Encinar *et al., Derecho de Partidos*, Madrid, Espasa Universidad, pp. 170-171.

[184] Sobre as primárias nos EUA, veja-se, entre outros, Silvio Gambino (org.) (1995), *Elezioni Primarie e Rappresentanza Politica. Il Dibatito in Italia e L' Esperienza degli Stati Uniti*, Messina, Rubbetttino; Joaquin Molins Lopez-Rodo (1989), «El proceso de nominación de los candidatos en las elecciones presidenciales norteamericanas», *in Revista de Estudios Políticos*, n.º 65, pp. 87-123.

[185] *Idem, ibidem.*

bém não reduzem o controlo e a influência exercidos pelos aparelhos partidários e pelos políticos profissionais sobre a escolha dos candidatos aos mais variados cargos públicos, já que aqueles passaram a actuar na fase que antecede a designação dos candidatos a submeter à «eleição primária» — pelo que, segundo vários autores, o verdadeiro problema dos partidos norte-americanos é hoje o das «pré-primárias».

Por outro lado, as primárias conduzem a uma personalização excessiva da vida política, valorizando as qualidades pessoais dos candidatos em detrimento da ideologia, dos programas e das políticas dos partidos, sendo a influência dos diferentes meios de comunicação social, em especial da televisão, considerada decisiva e excessiva. Com efeito, os candidatos mostram-se mais preocupados em obter a atenção e a cobertura dos *media* — que se convertem, deste modo, em observadores e árbitros do processo de nomeação — do que em defender as posições ideológicas ou os conteúdos programáticos dos seus partidos.

Vale a pena assinalar que se, nos Estados Unidos, a introdução e a generalização das «eleições primárias» contribuíram para reduzir o papel dos «aparelhos partidários» no processo de selecção dos candidatos — que constituiu, como é sabido, uma das principais pretensões e reivindicações do movimento reformista e progressista do início do século XX — a verdade é que isso não se traduziu no reforço da influência e da vontade expressa pelos membros de base e pelos eleitores declarados dos maiores partidos, mas antes na entrada na arena eleitoral dos «novos profissionais da política», desvinculados das organizações partidárias, especializados no desenvolvimento de campanhas profissionalizadas e mediatizadas, bem como na angariação de fundos económicos necessários para fazer face aos elevados custos que aquelas envolvem.[186]

São estes, juntamente com os *media* e os grupos de interesses, os novos actores das eleições primárias, pelo que aquilo que está hoje em causa nos EUA é a independência económica dos candidatos face aos mais variados *lobbies*, bem como a devolução do poder de nomeação aos cidadãos comuns, o qual foi entretanto confiscado pelo protagonismo e mediatização dos meios de comunicação social, em especial, a televisão. São estes, e não os «aparelhos» dos partidos ou os seus membros de base e os

---

[186] Joaquin Molins Lopez-Rodo (1989), «El proceso de nominación de los candidatos en las elecciones presidenciales norteamericanas», *op. cit*, pp. 87-123.

seus eleitores fiéis, que decidem, de facto, quem ganha e quem perde a *horse race*, em que se converteram as consultas populares que antecedem os diferentes actos eleitorais.[187]

No caso da Europa Ocidental, se é certo que recentemente algumas reformas estatutárias têm consagrado — ou pelo menos discutido — a adopção de «primárias fechadas» na escolha os dirigentes de topo dos partidos e também dos seus representantes públicos, com o objectivo de democratizar a vida interna dos partidos e de redistribuir e requalificar a função de representação política, o facto é que tal procedimento acarreta não poucos riscos, incertezas e ambiguidades, que levam a que se questione a sua oportunidade, viabilidade e até eficácia.[188]

Em primeiro lugar, é preciso não esquecer a natureza competitiva das eleições primárias, mesmo quando estas envolvem apenas os militantes de base ou os simpatizantes dos partidos, o que levanta o problema da mobilização dos recursos por parte dos candidatos, mas também o problema do fraccionalismo e divisionismo interno, que é sempre penalizante para imagem pública dos partidos e prejudicial para os seus resultados nas urnas, já que os eleitores tendem a valorizar positivamente os partidos que apresentam líderes fortes, com programas definidos e sem especiais divisões internas.

Ora, uma situação de verdadeira competição interna exige dos candidatos, que disputam as eleições primárias individualmente ou integrados em listas, a mobilização do maior número possível de recursos financeiros e humanos, bem como a mobilização de apoios dos dirigentes de topo, dos quadros intermédios e dos militantes de base. Este facto não pode deixar de suscitar o seguinte dilema: dever-se-á conceder aos candidatos a possibilidade de obterem autonomamente os recursos políticos, humanos e materiais de que necessitam para vencer a consulta directa aos militantes — e, eventualmente, aos simpatizantes — que precede as eleições para os cargos internos ou públicos do partido? Ou, ao contrário, deverão ser os aparelhos partidários a assegurar o equilíbrio e a equidade no tratamento

---

[187] *Idem, ibidem.*

[188] Carles Boix (1998), «Las elecciones primarias en el PSOE: ventajas, ambiguiddaes y riesgos», *in Claves de Razón Práctica*, n.º 83, pp. 34-40; Ramon Vargas Machuca (1998), «A vueltas com las primarias del PSOE. Por qué cambian los partidos?, *in Claves de Razón Práctica*, n.º 86, pp. 11-21.

de todas as candidaturas, individuais ou colectivas, dotando-as de meios financeiros e humanos iguais e prevenindo as desigualdades que possam resultar da campanha desenvolvida no interior do partido e também dos excessos da sua mediatização pública?[189]

A primeira opção é aquela que caracteriza as eleições primárias norte-americanas, nas quais os candidatos mantêm uma forte autonomia face aos aparelhos dos partidos, tanto na elaboração dos seus programas políticos, como na obtenção dos apoios financeiros de que necessitam para as suas campanhas, comportando-se, desta forma, como autênticos «empresários políticos». Este tipo de primárias, em que os candidatos pouco ou nada dependem do apoio das estruturas partidárias, apelando directamente aos eleitores — que procuram mobilizar e convencer através de uma presença quase permanente nos meios de comunicação social, sobretudo na televisão, ao mesmo tempo que angariam avultados recursos financeiros junto dos grupos de interesses, dos grandes contribuintes privados e dos comités de acção política (PAC's) —, não pode deixar de contribuir para enfraquecer os partidos, entendidos, em sentido tradicional, como organizações estruturadas e destinadas à articulação e agregação de interesses, à mobilização política e eleitoral e à conquista e exercício do poder.

Além disso, as eleições primárias ditas «puras», isto é, plenamente competitivas com candidatos praticamente autónomos, contribuem, de forma quase inevitável, para fazer emergir, intensificar e tornar públicas as facções, as divisões e as tensões internas, o que pode ter um efeito demolidor sobre a organização e a coesão dos partidos.

Já assim não é quando estamos perante eleições primárias de tipo «misto», ou seja, sempre que os aparelhos dos partidos, para evitar os efeitos negativos de um excessivo fraccionamento interno, optam por uma distribuição equitativa e equilibrada dos recursos materiais e humanos entre as diferentes candidaturas. Tem sido, aliás, esta a estratégia adoptada pelos partidos europeus que escolheram o caminho das «eleições primárias» para proceder à democratização da definição da sua oferta eleitoral, reconhecendo a todos os candidatos iguais oportunidades e possibilidades no desenvolvimento das actividades de campanha interna, de comunicação com os militantes e simpatizantes, de utilização dos locais do partido e dos

---

[189] Carles Boix (1998), «Las elecciones primarias en el PSOE: ventajas, ambiguiddaes y riesgos», *op. cit.*, pp. 34-40.

seus órgãos de informação, ao mesmo tempo que exigem um comportamento de lealdade mútua, que implica a obrigação de todos os candidatos se comportarem de forma concordante com os princípios da organização, não podendo realizar campanhas pagas destinadas a promover a sua imagem, nem realizar manifestações que desqualifiquem os outros candidatos aos cargos internos ou públicos do partido.

Como é fácil de perceber, todos estes «condicionalismos», que exigem que a consulta directa aos militantes seja curta, igualitária, leal, garantida e controlada pelo «aparelho» partidário, têm como principal objectivo evitar que uma tal consulta contribua para debilitar a organização e a coesão interna dos partidos, enfraquecendo-os junto da opinião pública — o que constitui um risco «omnipresente» quando em causa está o sistema das primárias, mesmo que «fechadas».

Mas a competição interna que as «eleições primárias» sempre envolvem não só estimula e publicita os conflitos, as divisões e as tensões preexistentes, como projecta partidos divididos entre um «eleitorado interno» e um «eleitorado externo».[190] Expliquemo-nos melhor: na ausência de «eleições primárias», os partidos limitam-se a designar de forma mais ou menos oligárquica, mais ou menos endogâmica os seus candidatos, a elaborar um programa político e a desenvolver uma campanha eleitoral que seja capaz de convencer o maior número possível de eleitores. Com as «eleições primárias», os partidos vêem-se obrigados — no seu caminho até à sede do poder — a realizar duas campanhas políticas distintas, dirigidas a dois tipos de eleitorados, que podem ser pouco coincidentes entre si: um, constituído pelos militantes de base e, eventualmente, pelos simpatizantes do partido; e outro, formado pelos seus potenciais e fiéis eleitores.

O que levanta a seguinte questão: qual a estratégia de campanha a seguir pelos candidatos individuais ou listas de candidatos que disputam as eleições primárias se os militantes de base tiverem interesses muito distintos do eleitorado fiel ao partido? Imaginemos que os candidatos para conseguirem o voto de segmentos importantes da militância optam por um discurso ideológico mais extremado e por promessas políticas radicais. Ora, em caso de vitória nas eleições primárias, como dar seguimento a este tipo de propostas nas eleições gerais perante um eleitorado essencialmente centrista e moderado? A resposta a esta pergunta não se torna mais fácil

---

[190] *Idem, ibidem*, pp. 34-40.

se imaginarmos a situação inversa. Suponhamos, então, que os candidatos procuram desenvolver uma campanha moderada e sem promessas muito específicas e comprometedoras nas eleições primárias, no sentido de não alienar o voto do seu eleitorado externo, e de garantir assim a sua vitória nas eleições gerais. Neste caso, não lhes restará outra alternativa senão depurar previamente os sectores mais radicais do partido, se quiserem vencer as eleições primárias internas, o que não se afigura tarefa simples.

Posto isto, e dados os riscos inerentes a uma campanha baseada em questões ideológicas e em promessas concretas aos militantes de base e aos simpatizantes, não é de admirar que os candidatos que disputam as «eleições primárias» — sejam elas para cargos internos ou para cargos públicos do partido — optem por uma estratégia eleitoral caracterizada deliberadamente pela «ambiguidade programática», pois só assim terão condições de não perder o voto dos militantes nem de alienar o voto dos eleitores. Isto levanta um outro problema, que leva a que se questione a eficácia das «eleições primárias», e que é o seguinte: na ausência de conteúdos ideológicos distintos e de propostas políticas diferenciadoras para optar por um ou outro candidato, por uma ou outra lista de candidatos, quais os critérios que devem servir de base ao sentido de voto dos militantes?

Ora, a resposta a esta questão, especialmente, nas eleições primárias de tipo «misto», em que a competição interna é «controlada» pelos aparelhos partidários — que asseguram, pelos menos teoricamente, a igualdade de oportunidades entre as candidaturas — só pode ser esta: o que orienta o sentido de voto dos militantes tende a ser, primeiramente, a capacidade de liderança e as habilidades retóricas dos candidatos, a que se juntam, secundariamente, os interesses territoriais e sectoriais, as facções, as correntes e as tendências internas — formadas mais em torno de pessoas ou subgrupos do que de ideias ou de políticas — e ainda as redes clientelares preexistentes.

E é aqui que, segundo vários autores, residem as desvantagens e os riscos da consulta directa aos militantes na eleição para cargos internos ou para cargos públicos dos partidos, já que uma tal consulta parece conduzir, inevitavelmente, a um de dois caminhos: ou à excessiva personalização da vida partidária, na medida em que as qualidades pessoais e retóricas dos candidatos se sobrepõem claramente às ideologias, às políticas e aos conteúdos programáticos, convertendo-se as «eleições primárias» em verdadeiros «plebiscitos» internos, para que muito contribui a sua mediatização através da televisão; ou à fragmentação política, na medida em que contribuem para intensificar e publicitar os conflitos e as divisões internas, pondo em causa a coesão organizacional e política dos partidos, e provocando, como tal, a sua eventual penalização na arena eleitoral.

Os riscos, as desvantagens e as incertezas associados às «eleições primárias»[191] explicam, como adiante se verá, a atitude defensiva e reticente da generalidade dos partidos europeus quando em causa está a adopção deste tipo de mecanismo electivo interno, não obstante o reconhecimento do seu potencial reformador e democratizador. De facto, e ao contrário do que sucede nos EUA — onde as «eleições primárias» são uma prática generalizada e consolidada, imposta por via legal —, nos países da Europa Ocidental, as «eleições primárias» constituem mais a excepção que a regra, já que cabe aos partidos, por via estatutária, optar ou não por introduzir um tal mecanismo na escolha dos seus dirigentes internos e dos seus representantes públicos, procurando, através deste, superar a distância que os separa das suas bases, em particular, e da sociedade civil, em geral.

Porém, também aqui não há razões para grande optimismo, pois o que a prática recente de muitos partidos evidencia é que o recurso às eleições primárias está longe de constituir uma reforma estatutária «revolucionária», no sentido de promover a participação efectiva dos militantes de base na selecção dos candidatos, e de assim qualificar, prestigiar e credibilizar a oferta eleitoral, servindo antes para «referendar» as opções e as escolhas prévias das oligarquias tradicionais. E, como tal, os efeitos das eleições primárias, quando adoptadas, são bastante mais aparentes do que reais, na medida em que traduzem sobretudo uma estratégia oportunista ou uma saída *in extremis*, desenvolvidas pelos líderes e pelos aparelhos orgânicos dos partidos para se relegitimarem, tanto interna como externamente.[192]

Importa, contudo, sublinhar que se, até há algum tempo, as críticas à falta de democracia interna e à mediocridade do pessoal político não produziam junto dos dirigentes partidários senão um sentimento de relativa indiferença, uma vez que as pressões reformistas por parte dos eleitores — mais preocupados com a política global do governo e da oposição do que com as práticas internas dos partidos — e dos militantes de base — mais interessados nos benefícios simbólicos e nas recompensas mate-

---

[191] *Idem, ibidem*, pp. 34-40.
[192] Roberto Blanco Valdés (2001), «La revolución de las primarias», *in* Roberto Blanco Valdés, *Las Conexiones Políticas, op. cit.*, pp. 85-112.

riais do que na participação efectiva no processo de tomada de decisão no interior dos partidos — eram pouco significativas e podiam, como tal, ser largamente ignoradas pelas cúpulas partidárias. O certo é que, hoje, quer uns quer outros — muito por força do aumento dos níveis de instrução e da maior mobilização cognitiva, resultante do consumo de informação política através dos *media* — se mostram cada vez mais exigentes e críticos relativamente ao funcionamento e às práticas internas dos partidos políticos, tornando-se as pressões reformistas crescentes: aos olhos dos eleitores, mas também dos próprios militantes, a imagem de uma democracia baseada na competição entre organizações fechadas, oligárquicas e fortemente burocratizadas é cada vez menos compatível com a reivindicação de uma reforma do sistema político que deixe de fora, ou que «poupe», os seus actores fundamentais.

E tal assim é, mesmo que se saiba que os partidos políticos são, em virtude da sua natureza competitiva, organizações refractárias à democratização interna. Ou seja, organizações que, só muito dificilmente conseguem compatibilizar dois objectivos antagónicos e em tensão constante entre si: o objectivo da *eficácia política*, que se prende com a necessidade de garantirem a sua própria sobrevivência num mercado tão competitivo como o eleitoral, o que justifica a prática — e também o abuso — da disciplina interna e do mandato de partido; e o objectivo da *democracia interna*, que implica o reconhecimento *de jure* e *de facto* da liberdade de expressão, do pluralismo de opiniões e da participação activa dos membros nos processos de deliberação e de decisão internos, contribuindo, deste modo, para a formação da vontade partidária de baixo para cima.[193]

Não admira, pois, que actuando, acima de tudo, como organizações que competem pela obtenção de cargos públicos através de eleições, em condições de concorrência imperfeitas, os partidos revelem uma escassa capacidade para se organizarem e funcionarem de acordo com princípios e critérios mais ou menos democráticos — facto, este, que se tem mantido substancialmente inalterado ao longo do tempo, tendo sido denunciado

---

[193] Angelo Panebianco (1995), *Modelos de Partido*, *op. cit.*, p. 50; José Ignázio Navarro Méndez (1999), *Partidos Políticos y 'Democracia Interna'*, Madrid, Centro de Estudios Políticos y Constitucionales, pp. 47 e 52; Julián Santamaría Ossorio (1996), «El debate sobre las listas electorales», *in* Porras Nadales (org.), *El Debate sobre la Crisis de la Representación Política*, *op. cit.*, pp. 262-263.

tanto por autores clássicos como por autores contemporâneos. Por outro lado, é de notar que a falta de flexibilidade dos partidos políticos em termos de organização e de funcionamento interno, contrasta claramente com a sua notável versatilidade em termos de «adaptação externa», ou seja, de reacção às transformações, profundas e graduais, ocorridas na estrutura social, nos cenários institucionais e nos processos de comunicação social e política, e que, directa ou indirectamente, condicionaram as lógicas inerentes à concorrência eleitoral.

Que é assim, prova-o a transição dos clássicos «partidos de massas» para os modernos *catch-all parties*, no período imediatamente subsequente à Segunda Guerra Mundial; e, mais recentemente, a afirmação de um novo modelo ou tipo de partido, o chamado «partido cartel», que tende a desvincular-se da sociedade civil para se confundir com o próprio aparelho de Estado. Mas, da organização e dos padrões evolutivos dos partidos, e também das suas implicações sobre os modelos de recrutamento do pessoal político parlamentar, ocupar-nos-emos em seguida, convocando, para tal, um extenso e rico *corpus* teórico que remonta ao início do século XX, e que nos levará até ao início do século XXI. *Eppur si muove*. Ou neste contexto: a narrativa prossegue.

CAPÍTULO II

**Partidos Políticos
e Recrutamento Parlamentar**

1. Estudo da organização dos partidos: a visão dos «clássicos»

Em meados da década de noventa, Panebianco, passando em revista a literatura sobre os partidos políticos, escrevia que a sua análise organizativa constituía um dos temas mais antigos na investigação politológica e também um dos mais frustrantes, pois passados mais de oitenta anos da publicação da *Sociologia dos Partidos Políticos* de Robert Michels[194] e quarenta anos após a edição dos *Partidos Políticos* de Maurice Duverger[195] — e não obstante o crescimento exponencial dos estudos dedicados aos partidos —, a verdade é que, na maioria dos casos, somos obrigados a constatar que é ainda naqueles velhos textos que se encontram as observações mais inteligentes e mais convincentes sobre a temática.[196] Facto que, e ainda segundo o mesmo autor, se pode explicar pela resistência, da maior parte das pesquisas contemporâneas em estudar os partidos precisamente naquilo que eles têm de mais característico: a sua condição de organizações.[197]

Ora, estas considerações de Panebianco parecem-nos suficientes para justificar, no âmbito deste estudo, o interesse conferido aos trabalhos pioneiros, e aparentemente intemporais, de Mosei Ostrogorski, Robert Michels e Max Weber sobre a organização dos partidos políticos[198], tanto mais que estes contribuíram para que a jovem Ciência Política se afirmasse como disciplina autónoma e encontrasse um espaço que lhe permitiu demar-

---

[194] Robert Michels (1911, 2001), *Para uma Sociologia dos Partidos Políticos na Democracia Moderna*, Lisboa, Edições Antígona.

[195] Maurice Duverger (1951, 1987), *Os Partidos Políticos*, Rio de Janeiro, Editora Guanabara.

[196] Angelo Panebianco (1995), *Modelos de Partido. Organización y Poder en los Partidos Políticos*, Madrid, Alianza Editorial, p. 27.

[197] *Idem, ibidem*, p. 28.

[198] Mosei Ostrogorski (1903, 1979), *La Démocratie et les Partis Politiques*, Paris, Éditions du Seuil; Robert Michels (1911, 2001), *Para uma Sociologia dos Partidos Políticos na Democracia Moderna*, Lisboa, Edições Antígona; Max Weber (1918, 2000), *A Política como Profissão*, Lisboa, Edições Universitárias Lusófonas.

car-se das disciplinas afins, nomeadamente do Direito, da Filosofia e da História.

Porém, por mais pertinentes e valiosos que continuem a ser os estudos dos «clássicos», e daí a atenção que lhe dedicaremos no contexto do presente estudo, não podemos deixar de reconhecer que neles é ainda largamente indistinta a fronteira que separa a descrição dos factos da sua avaliação normativa. Percebe-se, assim, que a análise dos partidos que neles é feita seja indissociável da percepção que os autores têm do momento histórico em que vivem e pensam, o qual se traduz na passagem do regime parlamentar, que é olhado com assumida «nostalgia» e descrito de forma algo «mistificadora», para a democracia de massas, em que os partidos de notáveis e debilmente organizados, cedem o seu lugar aos partidos de massas marcadamente ideológicos e solidamente organizados, os quais acabam por se tornar nos elementos cruciais do processo de representação política, inaugurando um novo tipo de relação entre a esfera política e a sociedade civil, chamando-se, por conseguinte, a atenção para os perigos da oligarquia e do profissionalismo político no interior dos partidos e para os seus efeitos negativos sobre o funcionamento da democracia enquanto regime.[199]

Não obstante, será preciso esperar pelo período subsequente à Segunda Guerra Mundial para que o estudo dos partidos políticos, enquanto organizações centrais e endémicas à democracia, vá perdendo a sua vertente mais normativa e avaliativa, para assumir um carácter preponderantemente objectivo e científico. Para tal, muito contribuíram os trabalhos de Maurice Duverger, de Otto Kirchheimer, e, mais recentemente, de Angelo Panebianco, Peter Mair e Richard Katz[200], que nos oferecem perspectivas de análise das organizações partidárias não só inovadoras como extremamente úteis no plano empírico e no plano da construção teórica, e que, por isso, merecem também a nossa particular atenção.

---

[199] Bernard Manin (1998), *Los Princípios del Gobierno Representativo*, Madrid, Alianza Editorial, pp. 237-266.

[200] Maurice Duverger (1951, 1987), *Os Partidos Políticos*, Rio de Janeiro, Editora Guanabara; Otto Kirchheimer (1966), «The transformation of the Western European party systems», *in* J. LaPalombara e M. Weiner (orgs.), *Political Parties and Political Development*, Princeton, Princeton University Press; Angelo Panebianco (1995), *Modelos de Partido. Organización y Poder en los Partidos Políticos*, Madrid, Alianza Editorial; Richard Katz e Peter Mair (1994), *Party Organizations. A Data Handbook*, Londres, Sage Publications.

1.1 Mosei Ostrogorski: os efeitos perversos da «máquina partidária»

Adoptando uma abordagem teorizante e explicativa, e aplicando o método de observação ao estudo da acção política[201], Mosei Ostrogorski é o primeiro autor a proceder a uma análise sociológica do funcionamento dos partidos modernos e do seu papel central e deletério na organização da democracia[202], sendo a sua obra um clássico na literatura sobre partidos políticos.

Em *La Démocratie et les Partis Politiques*, obra publicada no início do século XX, Ostrogorski escolhe como campos de investigação a Inglaterra e os Estados Unidos, países em que a maturidade dos fenómenos políticos lhe parece mais evidente[203], e assume como ponto de observação privilegiado a constituição material dos partidos.[204] Distanciando-se dos trabalhos realizados anteriormente, que prestam particular atenção aos problemas das «formas», o autor russo procede à análise dos partidos moder-

---

[201] Mosei Ostrogorski (1903, 1979), *La Démocratie et les Partis Politiques*, Paris, Éditions du Seuil, p. 28.

[202] A primeira tentativa de análise do papel e do funcionamento dos partidos políticos modernos pertence a James Bryce, que dedica o terceiro volume da sua obra *The American Commonwealth* (1888) ao estudo do sistema de partidos nos EUA. Não obstante, há que concordar com Pierre Rosanvallon que sustenta que a abordagem daquele autor é mais descritiva e ideológica do que propriamente sociológica; a este facto não serão indiferentes funções políticas exercidas por Bryce na qualidade de político e estadista do Partido Liberal inglês, primeiro, e depois como embaixador de Inglaterra nos EUA. Cf. James Bryce (1913, 1995), *The American Commonwealth*, 2 vols., Indianapolis, Liberty Fund; Pierre Rosanvallon (1979), «Lire Ostrogorski», prefácio a Mosei Ostrogorski, *La Démocratie et les Partis Politiques*, *op. cit.*, pp. 7-21.

[203] A escolha dos Estados Unidos e da Inglaterra como campos privilegiados de investigação do funcionamento dos partidos políticos e da sua influência sobre a organização da democracia deve-se também ao facto de estes dois países representarem estádios diferentes de democratização do sistema político. O facto de a «Velha Inglaterra» não ter conseguido subtrair-se aos efeitos deletérios dos partidos modernos, típicos da «Nova América», justificava a estratégia de investigação comparada adoptada por Ostrogorski; além disso confirmava também a sua convicção de que as circunstâncias históricas e institucionais podiam retardar os efeitos perversos da organização partidária, mas jamais anulá-los ou suprimi-los, já que estes se encontravam estreitamente associados à democratização do direito de sufrágio. Cf. Mosei Ostrogorski (1903, 1979), *La Démocratie et les Partis Politiques*, *op. cit.*, p. 30.

[204] *Idem, ibidem*, p. 29.

nos enquanto «forças políticas» e, por isso, como instrumentos destinados à conquista e à conservação do poder político.[205]

Na viagem que faz aos EUA e ao Reino Unido, no final do século XIX, Mosei Ostrogorski rapidamente se apercebe de que os partidos constituem uma realidade política nova, organizada e estruturada de um modo permanente, e reclamando um corpo estável de «políticos profissionais», que têm no seu horizonte imediato a vitória eleitoral e a ocupação de cargos públicos electivos e de nomeação. Com efeito, os partidos, na sua acepção moderna, nada têm que ver com as facções políticas tradicionais, que, como esclarece David Hume, se encontravam fundadas em interesses, princípios ou sentimentos, tendo uma duração precária.[206] Com a generalização do sufrágio universal e com a afirmação dos regimes representativos, os partidos surgem, fundamentalmente, como poderosas organizações permanentes que controlam a competição eleitoral e se interpõem entre os eleitos e os eleitores, sujeitando os primeiros à mais estrita ortodoxia e disciplina partidária, e cultivando, nos segundos, a apatia, o conformismo e a irresponsabilidade perante os assuntos públicos.

Ostrogorski explica longa e detalhadamente como é que as transformações do sistema político provocadas pela introdução do sufrágio universal levaram à formação dos partidos modernos, tanto em Inglaterra como nos EUA. No primeiro caso, mostra como cada alargamento do corpo eleitoral a camadas sociais mais modestas, cada reforma no modo de escrutínio — 1832, 1867, 1884 — marcaram uma etapa na evolução ou na transformação dos partidos políticos.[207] A reforma eleitoral de 1832, ao alargar o sufrágio a todos os habitantes das cidades que usufruíssem de um certo nível de rendimentos, fez com que se desenvolvessem associações especializadas no recenseamento dos eleitores recém-chegados à «arena política», as chamadas *Registration Societies*.

Para além de se ocuparem do recenseamento, as associações de registo assumiram, desde cedo, um papel central no enquadramento dos novos eleitores, dedicando-se a actividades menos lícitas, como a «caça ao voto» — para tal exerciam pressões de diversa ordem sobre os eleitores

---

[205] *Idem, ibidem*, pp. 27-28.
[206] David Hume (1972), *Essais Politiques*, Paris, Vrin, pp. 118-161.
[207] Pierre Rosanvallon (1979), «Lire Ostrogorski», prefácio a *La Démocratie et les Partis Politiques*, *op. cit.*, pp. 11-12.

e perturbavam a livre expressão da opinião pública. Como observa Ostrogorski, as associações de registo, apoiadas na autoridade pública, constituem uma «brecha» pela qual os partidos políticos, até então confinados ao Parlamento, se introduzem nas circunscrições locais e estendem, pouco a pouco, a rede da sua organização sobre todo o país.[208]

As reformas eleitorais de 1867 e de 1884 ampliam consideravelmente o número de eleitores, impondo uma profunda transformação nas associações de registo, que se convertem em comités eleitorais locais, monopolizados por políticos profissionais e destinados a canalizar e a organizar os eleitores (*caucus*). Como escreve Ostrogorski: «O *caucus* agrupa em seu redor apenas os oportunistas e os agitadores do partido. De fora, fica a grande massa popular mergulhada na sua apatia e na sua indiferença. Para arrastá-la, o *caucus* não encontrará nada melhor do que a *organização*, que chega quase a confundir com *educação* política.»[209] E acrescenta, uns passos mais à frente: «O *caucus* dedica-se a manter os seus membros unidos por uma *conformity* exterior e convencional, apelando mais aos sentimentos do que à razão, e excitando, de preferência, as emoções que toldam o julgamento e aprisionam a vontade. A adesão ao partido torna-se, em larga medida, um objecto de devoção, uma ortodoxia e quase um culto (...). Toda a tentativa de afirmar a liberdade e a independência de pensamento político é, doravante, reprimida, porque toda a diversidade de opiniões constitui um atentado à unidade do partido e uma ameaça contra o *caucus*, guardião permanente desta unidade.»[210]

Esta nova forma de organização das forças políticas, adoptada, primeiro, nas eleições de Birmingham, em 1868, e, depois, em todo o país, não tardou a monopolizar toda a vida partidária significativa — desde a selecção dos candidatos às eleições até à actuação dos representantes eleitos para o Parlamento — gerindo-a consoante os seus próprios interesses e «apetites» mesquinhos. Escolher candidatos adequados à sobrevivência da «máquina» torna-se numa tarefa de grande importância para as direcções dos *caucus*, que, como Ostrogorski salienta em tom acentuadamente pessimista, tendem a privilegiar os homens da organização e os seus protegidos, premiando, acima de tudo, a mediocridade, o seguidismo e a obediência

---

[208] Mosei Ostrogorski (1903, 1979), *La Démocratie et les Partis Politiques*, op. cit.
[209] Idem, ibidem, p. 45.
[210] Idem, ibidem, pp. 45-46.

servil aos chefes políticos. Como se pode ler em *La Démocratie et les Partis Politiques*:

> O *maquinismo* e o *conformismo*, resultantes da acção do *caucus*, esgotam o pensamento político e conduzem ao apagamento da individualidade na vida política, em todos os seus graus, até mesmo na esfera da liderança. As qualidades que o homem político deve possuir nada têm que ver com a força do carácter e com a originalidade intelectual, tornando-se a adesão sem reservas ao credo oficial do partido na virtude política suprema de que aquele necessita para ganhar a confiança dos seus concidadãos.»[211]

Graças à intervenção do *caucus,* os chefes políticos assumem, tanto interna como externamente, uma posição política de relevo, tornando-se nos protagonistas absolutos das eleições, as quais se convertem em autênticos «plebiscitos pessoais» e transformam os deputados do seu partido num «rebanho obediente». A este propósito, observa Ostrogorski: «O elemento pessoal e local deixou de ser predominante nas relações dos deputados com as suas circunscrições. O deputado é, na maioria das vezes, estranho à circunscrição e à região. As suas qualidades pessoais, até mesmo o seu carácter, deixaram de ser o seu atributo principal. Para além da bolsa recheada, ao deputado é exigido o apoio sem reservas à política do partido, aos seus chefes supremos e a todas as medidas que são ou virão a ser propostas por estes (...). Foi o *caucus* que o escolheu, que lhe deu vida política e que, por isso, não o perderá de vista na sua actuação parlamentar (...). As suas obrigações dirigem-se exclusivamente ao *caucus* e ao partido que o escolheu e que o fez eleger (...). Em lugar de um *representante*, o deputado é acima de tudo um *delegado*, um comissário às ordens do partido, ou, para ser mais exacto, dos seus líderes.»[212] A necessidade de uma forte disciplina concorre, assim, para a hegemonia dos chefes, tanto nas campanhas eleitorais como nas situações de negociação no interior dos parlamentos.

Ora, se no caso de Inglaterra o sistema do *caucus* é, como vimos, o resultado do alargamento do sufrágio universal — que torna necessário o enquadramento de novos eleitores, e conduz a uma espécie de «cesa-

---

[211] *Idem, ibidem*, p. 47
[212] *Idem, ibidem*, pp. 73-76.

rismo popular»[213] — no caso dos Estados Unidos, o sistema do *caucus* resulta de circunstâncias particulares e conduz a um governo oligárquico de tipo «plutocrático».[214] Dado que, neste país, um grande número de funções públicas tem um carácter electivo, o sufrágio universal tornar-se-ia impraticável sem a intervenção da organização do partido, que simplifica as escolhas e reduz ao mínimo a responsabilidade dos eleitores.[215]

Por outro lado, e como afirma Ostrogorski, este sistema constitui também um poderoso instrumento de integração dos novos imigrantes na vida política americana: era preciso que os seus votos fossem canalizados para os candidatos sobre os quais ignoravam tudo, ou que fossem recomendados pelo comité.[216] Mas se o *caucus* não surgiu espontaneamente, o facto é que ele foi encorajado e acelerado pelo *spoils system*, aplicado de forma sistemática a partir de 1968, com a presidência de Andrew Jackson. Segundo Ostrogorski, o facto de todos os cargos federais ficarem à disposição do candidato vitorioso nas eleições presidenciais leva a que a política americana se torne num «negócio», e determina que os partidos se apresentem como organizações de «caçadores de lugares» e prebendas oficiais, sendo inteiramente dominados pelos interesses dos *bosses* que controlam votantes, nexos eleitorais e empregos federais e estaduais.

Como esclarece Ostrogorski, o *boss* é indispensável à organização do partido — não só porque é capaz de controlar um determinado número de votos, como também, e sobretudo, porque lhe fornece os recursos materiais de que necessita, uma vez que é ele quem recebe directamente o dinheiro doado pelos grandes magnatas.[217] A vida política americana é, assim, dominada por «políticos profissionais», que afastam os amadores e que restringem a acção daqueles que, não fazendo parte do comité executivo do *caucus*, se dedicam à política por devoção e não agem em função de um cargo nem das vantagens a ele associadas. A actividade política fica, pois, abandonada a políticos profissionais de segunda extracção, que estruturam o enquadramento das massas eleitorais segundo os seus próprios interes-

---

[213] *Idem, ibidem*, pp. 73-78.
[214] *Idem, ibidem*, pp. 133-136.
[215] *Idem, ibidem*, pp. 105-106.
[216] *Idem, ibidem*, p. 106.
[217] *Idem, ibidem*, pp. 133-135.

ses, e que procuram o poder não apenas como fonte de rendimentos, mas também pelo seu valor intrínseco. Como escreve Ostrogorski:

> Sob o regime do *caucus*, as ideias, as convicções, o carácter, desqualificam o indivíduo para a vida pública, e tornam-no, segundo uma expressão consagrada, *unavailable*. A organização do partido dá sempre preferência a indivíduos incolores, medíocres, fáceis de manejar. Em todos os casos é preciso o seu consentimento, o seu aval, para entrar na vida pública (...). Por outro lado, os indivíduos que entram na esfera oficial da vida pública abstêm-se de afirmar a sua personalidade política; tais indivíduos não têm a coragem das suas convicções, caso as possuam; evitam tomar uma posição clara nos conflitos de opinião; apresentam-se sempre como não mandatados (...). A cega disciplina de partido, bem como os mil compromissos e as mil humilhações por que têm de passar todos os aspirantes a um cargo público, enfraquecem nos homens políticos a vontade, destroem a coragem e a independência de espírito (...). Quando os poderosos interesses privados não levam a melhor, a bandeira do partido torna-se a sua consciência e as oscilações do sentimento popular a sua bússola.[218]

Mas, importa sublinhá-lo, Ostrogorski não se limita a estudar o modo de funcionamento dos partidos políticos em Inglaterra e nos EUA; procura também determinar qual o seu impacto sobre a organização da democracia enquanto regime político. Com efeito, a análise da organização partidária moderna termina no reconhecimento da incompatibilidade existente entre a prática democrática e as lógicas de funcionamento impostas pelas «máquinas de partido», responsáveis pela estereotipação da opinião pública, pela ortodoxia partidária e pelo conformismo político e social — numa palavra, pelo «formalismo democrático». De facto, o confronto entre «máquinas partidárias» concorrentes não só simplifica a diversidade da opinião pública, como se revela incapaz de dar uma resposta adequada aos problemas das sociedades modernas, que se renovam e reelaboram.[219]

As relações de autoridade e de dependência estabelecidas pela ortodoxia do partido, representado pelo *caucus*, contribuem para que os eleitores vejam a nova forma de organização partidária como a única depositária

---

[218] *Idem, ibidem*, pp. 125-127.
[219] *Idem, ibidem*, pp. 48-50.

da sua fé política.[220] A falta de consciência cívica e de cultura política não permitem aos eleitores aperceberem-se de que o «maquinismo» partidário e a «ortodoxia» por ele promovida contrariam o desenvolvimento da democracia. O *caucus* centraliza o exercício do poder político, impõe um espírito de ortodoxia e hipoteca as esperanças de participação que a democracia prometera.

Para Ostrogorski, não restam quaisquer dúvidas: eleitos e eleitores são peças da «máquina partidária» que os visa enquadrar e normalizar dentro das crenças que ela defende e promove. Nascidos do sufrágio universal, constitutivos, por isso, da democracia representativa, e instrumentos necessários à sua realização, os partidos cedo se convertem na sua real limitação, ao promoverem a burocratização e oligarquização da vida política e o declínio da democracia, entendida, principalmente, como poder de intimidação social.[221] Em suma, e de acordo com Ostrogorski, o governo dos partidos assenta num mecanismo formal que elimina a vontade e a independência dos cidadãos; daí a sua incapacidade para criar uma elite democrática e a sua tendência para gerar um governo mecânico que debilita o Estado e anestesia a sociedade civil.[222]

O que, fundamentalmente, sobressai da leitura da obra de Ostrogorski é que as organizações partidárias permanentes constituem uma resposta formal e estéril para os problemas suscitados pela democratização dos sistemas políticos no início do século XX[223], contribuindo mais para o seu agravamento do que para a sua solução, na medida em que são responsáveis: *a)* pela marginalização do indivíduo, subtraindo-lhe toda e qualquer iniciativa; *b)* pelo empobrecimento e descrédito da classe política, constituída por políticos profissionais que vivem desta actividade; *c)* pelo reforço da obediência e do servilismo em detrimento da consciência e da responsabilidade políticas; *d)* pela padronização dos programas partidários, que

---

[220] *Idem, ibidem*, pp. 53-59.
[221] *Idem, ibidem*, pp. 180-185.
[222] *Idem, ibidem*, pp. 195-197.
[223] De entre esses desafios, Ostrogorski destaca sobretudo a necessidade de *a)* reforçar o espírito público, na ausência de uma elite natural que assuma as funções de governo; *b)* estimular a responsabilidade moral das massas, sem a qual o poder de intimidação social se torna mais aparente do que real; *c)* temperar o despotismo da opinião pública, protegendo as minorias contra as maiorias, e, sobretudo, o indivíduo face à multidão soberana. *Idem, ibidem*, p. 198.

veiculam projectos de sociedade idênticos e que depressa se convertem em ortodoxias; *e*) pelo desenvolvimento generalizado da fraude e da corrupção políticas; *f*) pela apatia e pela decomposição moral da sociedade civil; *g*) enfim, pela total degradação e subversão dos ideais que conformam o governo democrático.[224]

Depois de demonstrar, com evidente pessimismo, que os partidos permanentes, com pesados programas *omnibus*, são mais um problema do que uma solução para a democracia, Ostrogorski propõe a sua substituição por «agrupamentos *ad hoc*», justificando demoradamente a sua posição. Se os métodos usados pelos partidos permanentes encorajam, e até mesmo forçam, os cidadãos a abdicarem da sua independência e do seu juízo[225] — entregando-se cegamente à ortodoxia partidária — os agrupamentos ocasionais e temporários, baseados na união livre e na responsabilidade pessoal, e orientados para objectivos bem concretos, estimulariam a liberdade e a responsabilidade individual, promovendo a prática política consciente e reflectida.

Como nos diz Ostrogorski:

> (…) O novo método fará com que o cidadão assuma um papel menos passivo no governo, levará a que cumpra de uma maneira mais consciente os seus deveres cívicos. Em vez de aderir em bloco e por antecipação a uma organização única e à solução que esta dará a todos os problemas políticos que entretanto surgirem, o cidadão será orientado e intimado a pronunciar-se sobre cada uma das grandes questões que dividirão a opinião pública (…). A responsabilidade individual estimulada pelo novo método político aumentará de forma incomparável a liberdade moral do cidadão.[226]

Contrariando o formalismo partidário, que se apoia na «aparência da liberdade» e se escuda na «força da organização», isto é, na sua disciplina e nos seus quadros rígidos[227], o «novo método político» conduziria à emergência de uma «nova categoria de políticos», escolhidos com base no «critério do mérito pessoal».[228] Por esta razão, a constituição de agrupamentos *ad hoc*, numerosos, abertos, dinâmicos e participados, contribuiria para a

---

[224] *Idem, ibidem*, pp. 198-199.
[225] *Idem, ibidem*, p. 212.
[226] *Idem, ibidem*, pp. 211-212.
[227] *Idem, ibidem*, pp. 197, 202, 219-218, 226-232, 261, 270, 278 e 281.
[228] *Idem, ibidem*, pp. 214-218.

elevação da cultura política das massas e promoveria também uma verdadeira liderança. Em suma, de instrumentos de luta pelo poder, os partidos ocasionais e temporários converter-se-iam em agências e instrumentos de socialização e democratização políticas.

Terá de entender-se a proposta de Ostrogorski como um projecto eventualmente generoso, animado e enformado por elevados ideais de liberdade, e tributário de uma concepção neo-rousseauniana da democracia, com a intenção de oferecer uma solução para as «dificuldades do governo democrático», numa época marcada pela transição do sufrágio restrito para o sufrágio universal e pela passagem dos partidos de quadros para os partidos de integração de massas. Embora reconheça que a sua proposta é susceptível de inúmeras objecções, Ostrogorski esquece-se, porém, de um facto essencial: a constituição de agrupamentos *ad hoc* pode conduzir a novas formas de organização igualmente burocráticas, bem como à formação de uma classe política pelo menos tão centralizada e oligárquica como a anterior; assim o demonstram experiências mais recentes.

Seja como for, e apesar do forte contraste entre a acuidade do observador da vida política anglo-saxónica e a fragilidade dos seus prognósticos, há que reconhecer que as teses de Ostrogorski relativas à capacidade manipuladora da organização dos partidos sobre o eleitorado e sobre os representantes eleitos, bem como os pontos mais importantes do seu programa político, mantêm hoje toda a actualidade.[229] Mas a este ponto voltaremos mais à frente, quando se proceder ao balanço do contributo dos «clássicos» para o estudo dos partidos políticos.

1.2 *Robert Michels: A Lei de Ferro da Oligarquia*

Alguns anos mais tarde, Robert Michels, num ensaio que constitui um «clássico» da Ciência Política moderna, faz uma análise realista e empírica das formações partidárias em muitos aspectos concordante com a do autor russo, e cujos conteúdos essenciais importa aqui salientar.

---

[229] Sobre este ponto, veja-se, entre outros, António Marques Bessa (1993), *Quem Governa? Uma Análise Histórico Política do Tema da Elite*, Lisboa, ISCSP, pp. 258-275; Gaetano Quagliariello (1993), *La Politica Senza Partiti. Ostrogorski e L'Organizzazione della Politica tra 800 e 900*, Roma-Bari, Laterza, pp. 139, 142, 146, 156 e 168.

A demonstração do argumento central da sua obra — sumariado na passagem: «A organização é a mãe da *dominação dos eleitos sobre os eleitores*, dos mandatados sobre os que lhes conferem o mandato, dos delegados sobre os que neles delegam»[230] — assenta em dois pressupostos básicos e desenvolve-se ao longo de quatro etapas fundamentais. Quanto aos pressupostos, Robert Michels reconhece que se, por um lado, a organização é indispensável ao funcionamento do sistema político democrático, por outro ela traz consigo sérios perigos para a democracia intra e inter partidária.

Desta forma, e num primeiro momento, Michels procura demonstrar como, para alcançar os seus objectivos políticos e conduzir a luta social das massas, os partidos socialistas-revolucionários têm de se dotar de uma organização desenvolvida e complexa. Escreve, a este propósito: «A *organização*, baseando-se no princípio da economia de forças (...) é a arma de que dispõem os fracos no combate contra os fortes.» [231]

Ora, sendo o proletariado o elo mais fraco da sociedade de massas, a organização torna-se assim no «princípio vital da condição operária, sem o qual quaisquer sucessos tácticos ficam, *a priori*, excluídos», já que, na ausência da organização, é impossível conferir às classes trabalhadoras o peso político e a dignidade social decorrentes da sua superioridade numérica: «É, pois, necessário encarar o princípio da organização como uma *conditio sine qua non* da condução social das massas.»[232] Por outro lado, a impossibilidade mecânica e técnica do governo directo das massas, resultante, antes de mais, do seu número, mas também das leis da psicologia das massas[233], faz com que a conversão dos partidos democráticos modernos em grandes e complexas organizações seja acompanhada do recurso a um sistema de representação: «Nos partidos democráticos modernos não há maneira de conseguir que a totalidade dos membros se possa pronunciar directamente sobre as disputas emergentes no seu seio. Nasce assim a necessidade dos *delegados*, com a incumbência de representar a massa e de facilitar a execução da respectiva vontade.»[234]

---

[230] Robert Michels (1911, 2001), *Para uma Sociologia dos Partidos Políticos na Democracia Moderna*, Lisboa, Edições Antígona, p. 422.
[231] *Idem, ibidem*, p. 53.
[232] *Idem, ibidem*, p. 54.
[233] *Idem, ibidem*, pp. 58-59.
[234] *Idem, ibidem*, p. 61.

Mas se, como aponta Robert Michels, a massa dos membros do partido é inicialmente omnipotente em relação aos seus representantes — a quem apenas cabe o papel secundário de executar a sua vontade — o facto é que, com o passar do tempo, e como resultado da crescente diferenciação funcional e da especialização técnica, esses representantes se tornam numa casta de funcionários pagos e dedicados a tempo inteiro às tarefas políticas e organizativas do partido, cujos interesses e expectativas se identificam agora com a manutenção e o crescimento da própria organização enquanto tal. É desta forma que a organização deixa de ser um meio para passar a ser um fim, e que o diletantismo dá lugar ao profissionalismo político. Os dirigentes ocasionais são substituídos por políticos profissionais, que centralizam o poder e se autonomizam das massas partidariamente organizadas, contraindo-se progressivamente a esfera do controlo democrático a círculos cada vez mais restritos. Diz-nos Michels: «Todo o aparelho partidário que tenha ultrapassado uma certa dimensão precisa de ter um número de pessoas que se dedicam exclusivamente ao seu serviço. As bases delegam plenos poderes num pequeno conjunto de indivíduos que as representam de modo continuado e que tratam dos seus assuntos (...). Os membros da organização vêem-se obrigados a prescindir cada vez mais de participar directamente na solução dos assuntos administrativos ou mesmo de exercer vigilância sobre as soluções adoptadas. Entregarão essa responsabilidade aos funcionários pagos, em quem depositam confiança.» [235]

Se a familiarização com todos os aspectos técnicos da condução dos assuntos políticos contribui para a superioridade intelectual dos dirigentes em relação à massa dos membros — acentuando consideravelmente as diferenças de formação entre os dois grupos — já as possibilidades de carreira oferecidas pelo aparelho partidário conduzem a que os operários, elevados à qualidade de funcionários ou dirigentes do partido, assumam condições de vida «pequeno-burguesas», distanciando-se socialmente da sua classe de origem.

Como escreve Michels:

O movimento operário tem para o operariado alemão um significado idêntico ao que a Igreja Católica tem para certos sectores da pequena burgue-

---

[235] *Idem, ibidem*, pp. 112-113.

sia e do campesinato. Ambos servem de alavanca para a ascensão social das camadas mais inteligentes de uma ou outra classe social (...). De facto, para um operário inteligente, dificilmente haverá outro caminho mais rapidamente conducente à possibilidade de melhorar constantemente a sua posição do que o de fazer a sua inscrição ao serviço da social-democracia (...). Assim, a social-democracia serve a certas camadas de assalariados de máquina de elevação de classe e, de facto, tal acontece exactamente na medida em que se vai alargando e ramificando a sua organização burocrática. Coube-lhe, pois, a tarefa histórica de desproletarizar elementos do proletariado, precisamente os mais aptos e os mais inteligentes.[236]

Prosseguindo a investigação das causas das tendências oligárquicas no seio dos partidos democráticos, o autor esclarece como, por via da familiarização com os pormenores da vida partidária e parlamentar, dificilmente acessíveis — ou de todo inacessíveis às bases —, os dirigentes se tornam imprescindíveis e insubstituíveis aos olhos dos dirigidos, o que determina que se perpetuem por tempo indeterminado nos cargos que ocupam.

Observa, desta forma, que: «A incompetência das massas, que os dirigentes em última análise acabam sempre por reconhecer, passa a ser utilizada para justificar no plano teórico o domínio efectivo dos chefes sobre as bases.» Alguns passos à frente, e citando os socialistas britânicos, acrescenta: «(...) em todas as situações em que sejam requeridos conhecimentos especializados para poder ser tomada uma decisão e em que a execução das decisões exija autoridade, será necessário um certo grau de *ditadura*, isto é, um certo grau de desvio dos princípios da democracia. De um ponto de vista democrático, poderá parecer um mal, mas trata-se de um mal politicamente necessário.» [237]

A competência dos dirigentes aliada à incompetência das bases conduz a que a estabilidade da liderança seja um fenómeno inevitável, e isso apesar dos perigos que acarreta para a democracia; pois quanto maior é a permanência nos cargos, maior se torna a influência e a independência dos dirigentes sobre as massas. Contudo, e como sublinha Michels, a estabilidade do «círculo» de indivíduos que exercem a direcção dos partidos democráticos não se deve apenas aos factores organizativos, mas também,

---

[236] *Idem, ibidem*, pp. 114-116, 305-306, 308, 312-313, 334-336 e 338-339.
[237] *Idem, ibidem*, p. 122.

e sobretudo, à lealdade das bases para com os dirigentes, o que torna o mecanismo electivo inoperante e o sistema de cooptação algo de normal e até desejável. Como se pode ler na *Sociologia dos Partidos Políticos*:

> As chefias são reconduzidas pelas bases, não porque sejam a expressão palpável da correlação de forças dentro do partido em cada momento, mas pura e simplesmente porque já são chefias. É a lei da inércia (...) que faz prolongar o mandato do dirigente, muitas vezes, vitaliciamente (...). Em simultâneo, surge a inclinação dos dirigentes para preencherem as eventuais vagas dos órgãos a que pertencem, não por intermédio de eleições, mas pela via da cooptação. Em certas ocasiões, a cooptação poderá inclusivamente servir apenas para ampliar o círculo de dirigentes, sem que tenham surgido quaisquer vagas. Apodera-se, portanto, dos dirigentes a tendência para fecharem o seu círculo e para, por via de um comportamento de cartel, edificarem à sua volta uma muralha que só pode ser transposta por elementos que lhes são favoráveis. Em vez de deixarem que as massas determinem, pelos meios eleitorais, a qualidade do sangue novo da organização, tratam eles mesmos de fazer a escolha e de se complementar directa ou indirectamente a si próprios por um acto da sua exclusiva vontade.[238]

O facto de os dirigentes deterem o monopólio dos recursos organizativos contribui também para a sua continuidade e eventual inamovibilidade à frente do partido. O controlo das finanças partidárias e da estrutura das oportunidades de carreira faz com que nas «relações de troca» com os dirigentes do partido, os funcionários se comportem como «beneficiários», o que explica o seu elevado nível de conformismo e a sua enorme subordinação perante as decisões daqueles: «A dependência financeira em relação ao partido, ou seja, em relação aos dirigentes que dentro do partido representam a minoria, cria, em vários sentidos, uma cadeia de ferro à volta da organização (...). O elevado grau de dependência económica chega com frequência a ser decisivo no que respeita aos próprios sentimentos dos militantes.»[239] Por seu turno, a instrumentalização da imprensa periódica, por parte dos dirigentes partidários, constitui um poderoso meio para a conquista, manutenção e reforço do domínio sobre as massas, já que

---

[238] *Idem, ibidem*, pp. 133, 201-202.
[239] *Idem, ibidem*, pp. 154-158.

esta se revela um meio particularmente apropriado para «propagar a fama do dirigente entre as massas e para tornar popular o seu nome.»[240]

Para a emergência da oligarquia e para a afirmação do seu poder autocrático concorrem causas organizativas e intelectuais, mas também causas psicológicas, relacionadas quer com a psicologia peculiar das massas (isto é, das bases do partido), quer com as transformações psicológicas que o exercício do poder provoca no grupo dirigente, as quais tendem a consolidar e a perpetuar a sua posição de privilégio dentro do partido. Assim, e num segundo momento da sua obra, Michels procura demonstrar que a indiferença da maioria dos membros do partido pelos assuntos que afectam a vida interna da organização, aliada à sua fé quase ilimitada na autoridade, contribuem para o aparecimento de lideranças fortes e profissionalizadas, associadas muitas vezes a um exacerbado «culto dos heróis».[241]

Para além da apatia inerente às massas e da necessidade de liderança, há um outro elemento de ordem psicológica que participa na génese do fenómeno oligárquico. Trata-se da gratidão que as massas sentem face aos líderes que supostamente fazem a defesa dos seus interesses, e que se manifesta na reeleição contínua daqueles e, como tal, na perpetuação da classe dirigente: «As bases costumam mostrar-se solenemente pródigas em gratidão para com os seus dirigentes, considerando aliás essa atitude como uma espécie de dever sagrado. Ora, este dever sagrado, na prática, traduz-se sempre no facto de as bases irem prolongando o mandato dos dirigentes para com quem se sentem em dívida, muitas vezes até o transformarem em mandato vitalício».[242]

Mas não é tudo. Para lá dos factores que acabámos de assinalar, as bases do partido manifestam ainda uma profunda tendência para venerar e idolatrar os dirigentes, que encontram na aceitação entusiástica por parte das massas um novo elemento do exercício do poder. Michels afirma, deste modo, que: «O poder dos dirigentes partidários sobre a massas dos correligionários assenta (...) numa veneração supersticiosa, amplamente espalhada, que recai sobre os dirigentes partidários, independentemente da formação e cultura que possam ter.» E, citando Pareto, conclui: «As massas contemporâneas evidenciam, em relação aos seus dirigentes, a

---

[240] *Idem, ibidem*, pp. 166-170.
[241] *Idem, ibidem*, pp. 83-88.
[242] *Idem, ibidem*, pp. 90-91.

mesma submissão que as classes mais baixas manifestavam pelas classes superiores nos tempos do *Ancien Regime*.»[243] Importa ainda sublinhar que esta tendência das massas para a veneração dos chefes que lideram o movimento operário não é alheia às qualidades pessoais dos últimos, de entre as quais Michels destaca, acima de tudo, a capacidade oratória, a energia da vontade, a autoconfiança e o carisma.[244]

Como ficou dito acima, o fenómeno oligárquico resulta não apenas das características psicológicas inerentes às massas, mas também, e complementarmente, das transformações que o exercício do poder provoca na liderança dos partidos democráticos modernos. Michels faz notar, a este propósito, que os dirigentes eleitos várias vezes para um cargo acabam por reivindicar esse cargo como se ele fosse propriedade sua. É assim que da *delegação* nasce o direito moral à delegação: «Aqueles a quem, em dado momento, foi entregue uma delegação de poderes continuam ininterruptamente a exercer essas funções, desde que não haja determinações estatutárias em contrário ou que não ocorram acontecimentos extraordinários que o impeçam. Aquilo que fora o resultado da eleição de um indivíduo para uma finalidade específica, transforma-se num cargo vitalício.»[245]

Posto isto, Michels reconhece que a estabilidade, ou mesmo a inamovibilidade, nas funções de direcção tem, a prazo, uma «influência substancialmente desfavorável sobre o carácter dos líderes».[246] Ao desejo de poder, inerente à natureza humana, junta-se o *apego ao cargo*, ditado por razões estritamente económicas, o que leva a que os idealistas passem a ser oportunistas, os crentes se transformem em descrentes, os altruístas, que apenas pensavam em dar o seu melhor ao movimento operário, se convertam em egoístas, sendo os seus actos comandados pelo mais frio calculismo.[247] Michels é bem claro quando escreve:

> Se os líderes não têm riqueza pessoal ou quaisquer fontes de rendimento substancial, estão dependentes dos seus lugares também por razões de ordem económica (…). Naqueles que eram operários antes de assumirem funções partidárias a tempo inteiro, o fenómeno é ainda mais nítido: o único *curricu-*

---

[243] *Idem, ibidem*, pp. 92-99.
[244] *Idem, ibidem*, pp. 100-108.
[245] *Idem, ibidem*, pp. 75-78.
[246] *Idem, ibidem*, p. 243.
[247] *Idem, ibidem*, pp. 245-246.

lum que podem apresentar é como dirigentes operários. Perder o posto que ocupam significaria simplesmente a ruína económica. Na maior parte dos casos, o regresso ao passado é impossível. De um ponto de vista psíquico, sentir-se-iam deslocados no seu antigo meio, depois de terem gozado dos privilégios da sua condição de detentores de algum poder. De um ponto de vista técnico, teriam perdido as qualidades requeridas pela sua antiga profissão. Não são capazes de exercer uma profissão fora da organização partidária. [Em suma] Estão amarrados para o resto da vida ao partido socialista, ao mesmo tempo que perderam completamente a fé no socialismo.[248]

A metamorfose psicológica dos líderes faz-se sentir não apenas no seu *apego ao cargo*, mas também no *modo como exercem o poder* no interior do partido, que assume traços marcadamente *bonapartistas*.[249] Os líderes consideram-se a si mesmos como uma emanação da vontade colectiva e, por isso, reclamam uma obediência cega e uma submissão total à sua vontade pessoal. Não admira, portanto, que estes comecem a identificar como seus não apenas os mecanismos, mas também os interesses da organização que lideram.[250]

Depois de indagar longa e exaustivamente a génese das tendências oligárquicas nos partidos democráticos modernos, isto é, nos partidos socialistas e revolucionários que ofereciam o mais apropriado e mais eficaz campo de análise para a clarificação dessas tendências — já que tanto o seu discurso como a sua prática política se orientavam, sobretudo, para o combate contra a oligarquia em todas as suas formas[251] —, Michels conclui que o desenvolvimento da burocracia e da liderança profissional constituem o «início do fim da democracia» no interior de todo e qualquer partido político: «Os dirigentes, que numa fase inicial surgem espontaneamente e desenvolvem as suas actividades sem salário e paralelamente à sua vida profissional, tornam-se funcionários. A este primeiro passo segue-se o segundo, já que a criação de uma liderança profissionalizada é apenas o prelúdio para o aparecimento de uma classe dirigente e inamovível.»[252]

---

[248] *Idem, ibidem*, p. 246.
[249] *Idem, ibidem*, pp. 252-259.
[250] *Idem, ibidem*, pp. 260-263.
[251] *Idem, ibidem*, p. 37.
[252] *Idem, ibidem*, p. 422.

Com efeito, a dinâmica inerente à própria organização torna impossível instituir no partido, como aliás no Estado, um sistema de efectiva representação política, pois a função de representação, quando prolongada no tempo, impõe inevitavelmente uma dominação dos representantes sobre os representados.[253] Para demonstrar os limites do sistema representativo, Michels recupera, entre outros, os ensinamentos de Jean-Jacques Rousseau, sublinhando que: «Quando a massa delega a sua soberania, ou seja, quando a entrega a uma minoria dos seus membros, abdica dessa mesma soberania; e isto porque a vontade popular não é transmissível, como aliás nem sequer a vontade de um indivíduo o pode ser. O acto eleitoral é em simultâneo expressão e aniquilamento da soberania de massas.» [254]

Num terceiro momento da sua obra, e já na posse daquela que é a conclusão mais importante da *Sociologia dos Partidos Políticos* — que «toda e qualquer organização partidária produz uma poderosa oligarquia, assente sobre um pedestal democrático» —, o autor examina aturadamente algumas «profilaxias» susceptíveis de prevenir os malefícios da «doença oligárquica» produzidos pela organização; declara, porém, a ineficácia e a impotência de todas elas.

Assim, o referendo, enquanto meio de expressão permanente da vontade popular, e não obstante a capacidade democratizadora que lhe é reconhecida, está longe de promover o ideal democrático do autogoverno. Uma vez que na democracia moderna o «factor pessoal» tem grande importância, este procedimento tende a favorecer a dominação de aventureiros hábeis, que, contando com a incompetência e credulidade das massas, as conduzem a seu bel-prazer. Além disso, ao acto referendário «falta a força demonstrativa que decorre da discussão».[255]

Também o sindicalismo, que constituía, segundo muitos, o terreno mais propício para o desenvolvimento da política democrática, não consegue escapar à corrupção oligárquica. E isto porque os sindicatos, tal como os partidos, assentam na organização e no princípio da representação, padecendo, como tal, dos vícios e dos perigos que lhes são inerentes. Nuns e noutros, inevitavelmente, constituem-se oligarquias que colocam o poder nas mãos de um pequeno número de homens. E até «a greve, essa espécie

---

[253] *Idem, ibidem*, p. 175.
[254] *Idem, ibidem*, p. 171.
[255] *Idem, ibidem*, pp. 368-369.

de panaceia que os sindicalistas vêem como forma privilegiada da acção directa, oferece aos indivíduos vocacionados para a política oportunidades excepcionais de mostrarem os seus talentos organizativos e as suas capacidades de comando.»[256]

Nem mesmo os partidários do anarquismo, a quem cabe «o mérito de terem sido os primeiros a apontar, incansavelmente, as consequências hierárquicas e oligárquicas da organização partidária», conseguiram eliminar a necessidade de direcção e de disciplina, com todos os prejuízos que delas decorrem. Por isso, também o anarquismo, movimento baseado no «inalienável direito do homem a dispor de si próprio», acaba por sucumbir «à mesma lei do autoritarismo que rege a social-democracia», a partir do momento em que «abandona o campo do pensamento livre e os seus apóstolos se associam com a finalidade de levar a cabo a actividade política».[257]

Finalmente, se os partidos não asseguram o desenvolvimento de uma prática democrática conforme aos seus ideais e princípios, seria de perguntar se existem outras formações políticas capazes de alcançar tal desígnio. Há que referir aqui que Michels equaciona a proposta de Ostrogorski, no sentido da substituição das organizações partidárias permanentes por agrupamentos *ad hoc* — isto é, associações ocasionais e temporárias formadas tendo em vista a realização de um determinado fim e dissolvidas após a sua realização. Esta seria, pois, uma forma de ultrapassar os vícios inerentes aos partidos modernos, que conduzem sempre a formas organizativas não democráticas. Porém, a eficácia de uma tal solução é igualmente posta em causa pelo autor, já que, em seu entender, nem mesmo este tipo de agrupamentos conseguiria escapar à implacável «lei de ferro da oligarquia».[258] Anos mais tarde, e de uma forma aparentemente paradoxal, Michels encontrará no *fascismo* italiano a *profilaxia* certa para combater os males da oligarquia: a relação directa entre o chefe carismático e as massas populares, sem a mediação das organizações partidárias, promoveria, em seu entender, a plena integração daquelas na vida política, permitindo que os governados conquistassem novos graus de emancipação face aos governantes.[259]

---

[256] *Idem, ibidem*, p. 379.
[257] *Idem, ibidem*, p. 389.
[258] *Idem, ibidem*, p. 390.
[259] Para uma análise detalhada da trajectória política e da evolução do pensamento de Robert Michels, ver Conceição Pequito Teixeira (2001), *Robert Michels, A Teoria e a*

Já na parte final do seu ensaio, Michels não só reitera a impossibilidade prática da democracia intrapartidária, como sugere também a inexequibilidade da democracia interpartidária. E isto porque a «lei de ferro da oligarquia», que se impõe inexoravelmente no interior de todos os partidos políticos, determina que a organização se torne o seu único eixo de vitalidade, obrigando-os a renunciar aos fins originais e a alargar a base de apoio muito para lá das fronteiras traçadas pela ideologia fundadora: «A contradição com os partidos da classe dominante deixa de ser considerada fundamental para passar a ser vista em termos concorrenciais, ou seja, os partidos revolucionários concorrem com os partidos burgueses pelo poder.» E mais à frente: «O ódio do partido já não aparece em primeira linha contra o inimigo que tem uma outra 'visão do mundo', mas sim contra o temido concorrente que rivaliza pelo mesmo objectivo, a conquista do poder.» [260] A conclusão final da *Sociologia dos Partidos Políticos* não pode ser senão esta: de instrumentos privilegiados de democratização, os partidos modernos rapidamente se transformam em organizações de direcção autocrática, que tudo fazem para conquistar e exercer o poder político. Mas, como adverte Michels, a participação no poder produz sempre conservadorismo; e é exactamente por isso que, em seu entender, um partido político democrático dirigido em moldes oligárquicos só dificilmente pode ter uma influência democratizadora sobre o Estado e sobre a sociedade.[261]

Muitos autores reconhecem a validade e a actualidade das teses centrais de Robert Michels; no entanto, nem por isso deixam de criticar o seu excessivo determinismo, que faz com que este autor se centre exclusivamente na análise das tendências centralizadoras, burocráticas e oligárquicas que caracterizam a vida dos partidos modernos, sem que considere os efeitos que o contexto legal e institucional e a dinâmica da competição eleitoral têm sobre a sua estrutura organizativa e o seu funcionamento interno.[262] Também o pessimismo antropológico, o humanismo negativo,

---

Política da Democracia, Lisboa, ISCSP. E também António Marques Bessa (1993), *Quem Governa? Uma Análise Histórico-Política do Tema da Elite, op. cit.*, pp. 237-253.

[260] Robert Michels (1911, 2000), *Para uma Sociologia dos Partidos Políticos na Democracia Moderna, op. cit.*, pp. 399-400.

[261] *Idem, ibidem*, pp. 393-402.

[262] Para uma visão global das críticas dirigidas à *Sociologia dos Partidos Políticos na Democracia Moderna*, ver Conceição Pequito Teixeira (2001), *Robert Michels. A Teoria e a Política da Democracia, op. cit.*, pp. 138-146.

a concepção paternalista com que retrata as massas partidariamente organizadas, e a perspectiva economicista de que os líderes procuram sempre maximizar os seus próprios interesses — estritamente materiais — parecem não passar despercebidos à maioria dos seus críticos.[263]

Seja como for, e independentemente das críticas que lhe possam ser dirigidas, o certo é que a obra de Robert Michels conhece hoje um novo e redobrado interesse, já que muito autores recuperam algumas das suas observações fundamentais para explicar a imagem negativa que os cidadãos têm dos partidos nas democracias actuais. Efectivamente, e como teremos oportunidade de ver mais adiante, entre os elementos que melhor definem os sentimentos antipartidários dos cidadãos encontram-se a ideia generalizada de que o funcionamento interno dos partidos não é suficientemente democrático e a convicção de que este facto contribui para debilitar seriamente a legitimidade do sistema democrático.

1.3 Max Weber: os perigos da burocracia e do profissionalismo político

Se, para Ostrogorski, a característica principal dos partidos modernos é a «ortodoxia», e se para Michels esta se encontra na «oligarquia», para Weber ela reside, seguramente, na «burocracia». Lembremos aqui que, para Weber, a burocracia, cujos pilares básicos assentam na subordinação, na divisão do trabalho, na especialização e na obediência a regras fixas, constitui não só a forma típica de dominação política «num Estado moderno», como também a configuração organizacional própria dos partidos seus contemporâneos, os «partidos de massas».

Escreve Weber que «num Estado moderno, o poder real, que não se manifesta nos discursos parlamentares nem nas proclamações dos monarcas, mas sim na actuação administrativa quotidiana, reside necessária e inevitavelmente nas mãos da burocracia»; então o mesmo pode ser dito em relação aos partidos políticos, dado que também nestes o poder se concen-

---

[263] Cf. Juan. J. Linz (2002), «Parties in Contemporary Democracies: Problems and Paradoxes», *in* R. Gunther, J. R. Montero e J. J. Linz (orgs.), *Political Parties. Old Concepts and New Challenges*, Oxford, Oxford University Press, pp. 291-318. Mariano Torcal, Richard Gunther e José Ramón Montero, «Anti-Party Sentiments in Southern Europe», *in* R. Gunther, J. R. Montero e J. J. Linz (orgs.), *Political Parties. Old Concepts and New Challenges*, *op. cit.*, pp. 257-291.

tra nas mãos do «aparelho burocrático», formado por políticos profissionais a tempo inteiro e constituído em torno de um grupo de dirigentes, que se encarrega da elaboração dos programas e da designação dos candidatos.[264] Mas quem são estes políticos profissionais e quais as consequências da sua actuação para a vida partidária?

Na resposta a esta questão, Weber começa por fazer notar que se nos «partidos de notáveis» (associações políticas nascidas com o advento do poder da burguesia) era escasso o número dos que tinham a política como ocupação principal — e que, em regra, só se dedicavam aos assuntos políticos em caso de necessidade, não fazendo disso «a sua vida», nem no plano material, nem no plano espiritual[265] —, já nos partidos de massas, «filhos da democracia e do direito de voto extensivo às massas», a empresa política deixa de ser uma «profissão acessória» para se tornar numa «profissão principal», tal como acontece com a actividade económica.[266] Importa, porém, distinguir dois tipos de políticos profissionais a tempo inteiro, na medida em que da presença de um ou de outro tipo no seio dos partidos modernos dependem a sua organização e a sua forma de actuação política. Assim sendo, o político profissional pode ser alguém que vive somente *da* política e do seu exercício, bem como das suas influências e oportunidades; ou alguém que vive *para* a política, e que faz da defesa de uma causa um ideal para a sua vida. Escreve Weber:

> Há duas maneiras de se fazer da política uma profissão: ou se vive para a política (...) ou, então, da política. A oposição não é, de modo algum, exclusiva. Regra geral, pelo contrário, faz-se ambas as coisas, pelo menos idealmente, mas também materialmente. Quem vive para a política faz disso a sua vida, num sentido interior: ou goza da mera posse do poder que exerce ou sustenta o seu equilíbrio interior e a sua dignidade própria com a consciência de dar um sentido à sua vida, graças ao serviço prestado a uma causa (...). Vive da política como profissão quem trata de fazer daí uma fonte permanente de rendimentos, vive para a política quem não está nesse caso.[267]

---

[264] Max Weber (1917, 1991), *O Parlamento e o Governo numa Alemanha Reorganizada*, Madrid, Alianza Editorial, p. 132.
[265] Max Weber (1918⁻, 2000), *A Política como Profissão*, Lisboa, Edições Universitárias Lusófonas, pp. 25 e 54-58.
[266] *Idem, ibidem*, p. 58.
[267] *Idem, ibidem*, pp. 27-28.

Porém, e como aponta Weber, para que uma pessoa viva exclusivamente *para* a política, e não *da* política, é preciso que seja «economicamente independente» das receitas que esta lhe possa trazer, mas também «economicamente disponível» para que possa colocar-se por inteiro ao seu serviço. Ora, estas condições prévias, que estão longe de ser triviais, só podem ser asseguradas através de um «recrutamento plutocrático» das camadas dirigentes, só assim os políticos profissionais não seriam obrigados a procurar uma remuneração pelo seu trabalho político, como o têm de fazer todos aqueles que não possuem recursos financeiros próprios.[268]

É claro que esta hipótese é contrariada pela prática dos partidos políticos modernos que, ao dotarem-se de um forte aparelho burocrático e de uma base de apoio massiva, optam claramente por um «recrutamento não plutocrático» dos interessados na política. Este facto está longe de ser irrelevante, pois, como sublinha Weber, um tal recrutamento não pode deixar de se encontrar condicionado pelo evidente pressuposto de que a actividade política proporcionará, a esses interessados, proventos regulares e seguros.[269] Donde, ao contribuírem para a emergência do político profissional que faz da política a sua principal fonte de rendimentos — como acontece com o *boss* americano ou com funcionário assalariado — os partidos modernos levam a que a política se transforme, fundamentalmente, numa «empresa de interessados». Como observa, na conferência proferida na Universidade de Munique, dedicada ao tema da política como profissão:

> O que entendemos nós por política? A 'política' significa a ambição de participar no poder ou de influenciar a partilha do poder, quer seja entre Estados, quer seja no seio de um Estado entre os grupos que este abrange (...). Quem faz política aspira ao poder, quer como meio ao serviço de outros fins (ideais ou egoístas), quer ao poder 'pelo poder', para gozar do sentimento de prestígio que ele dá.[270]

E acrescenta mais à frente:

> Em todos os partidos (...) a empresa política é, necessariamente, uma *empresa de interessados*. Isto é, um pequeno número de indivíduos funda-

---

[268] *Idem, ibidem*, pp. 29-30.
[269] *Idem, ibidem*, p. 30.
[270] *Idem, ibidem*, pp. 15-17.

mentalmente interessados na vida política — por conseguinte, em participar no poder político — recrutam livremente os seus partidários, apresentam-se a si e aos seus protegidos como candidatos às eleições, reúnem os recursos financeiros e tratam de angariar votos. Em termos práticos, ela significa a divisão dos cidadãos com direito a voto em elementos politicamente activos e politicamente passivos.[271]

É assim que, sob o impulso irrevogável da burocracia, os «partidos de princípios», baseados numa determinada concepção do mundo e sustentando a sua acção em princípios abstractos ou em fins objectivos[272], estão destinados a converter-se em meros «partidos de patrocinato», ou seja, partidos sem compromissos morais fortes nem objectivos claramente definidos, orientados para a aquisição e ocupação de cargos públicos e, como tal, dispostos a adaptar constantemente os seus programas aos caprichos do eleitorado. Neste sentido, Weber observa:

> Todas as lutas partidárias são não só lutas por objectivos concretos, mas também e acima de tudo pelo patrocínio dos cargos (...). Com o número crescente de cargos, em consequência da burocratização geral, e com a crescente apetência para eles, enquanto forma de aprovisionamento especialmente assegurado, acentua-se em todos os partidos essa tendência, e estes tornam-se cada vez mais para os respectivos adeptos um meio de alcançar tal fim: garantir dessa maneira o próprio futuro.[273]

No entender de Weber, os partidos políticos modernos, ao alterarem a sua forma de organização, transformando-se em aparelhos burocráticos servidos por funcionários permanentes com ordenado fixo, «despolitizam-se», na medida em que impedem a emergência de homens políticos com capacidade de liderança. De facto, o funcionário e o político são, para Weber, essencialmente diferentes. O primeiro é treinado para cumprir ordens superiores de uma forma honrada, disciplinada e eficaz, agindo sem preconceito nem paixão. O segundo, pelo contrário, é treinado na luta pelo poder e na controvérsia política, assumindo a responsabilidade pes-

---

[271] *Idem, ibidem*, pp. 52-53.
[272] *Idem, ibidem*, p. 74
[273] *Idem, ibidem*, pp. 31 e 33.

soal inerente ao cargo que ocupa. Resulta daqui que se os funcionários são o produto inevitável da racionalização e da especialização no interior dos partidos de massas, eles não podem nem devem substituir os líderes políticos enquanto fonte última do poder sem que isso ponha em risco a própria democracia. Assim o afirma Weber:

> Em conformidade com a sua verdadeira vocação, o verdadeiro funcionário não deve fazer política (...) mas sim administrar e, acima de tudo, *imparcialmente* (...). É sem *ira et studio* («sem ódio e sem favor») que ele deve desempenhar o seu cargo. Não deve, portanto, fazer precisamente aquilo que o político (...) tem sempre e necessariamente de fazer: *lutar*. Pois parcialidade, luta e paixão, *ira et studio*, são os atributos do político. E, sobretudo, do dirigente político, cuja actuação está sujeita a um princípio de responsabilidade completamente diferente, até mesmo oposto, ao que rege a actividade do funcionário. A honra do funcionário está na capacidade de executar tão conscienciosa e rigorosamente como se correspondesse à sua própria convicção uma ordem de uma autoridade superior que se lhe afigura errada, mas na qual — apesar das suas advertências — o superior insiste (...). A honra do político reside precisamente na exclusiva responsabilidade pessoal por aquilo que faz, responsabilidade que ele não pode nem deve rejeitar ou declinar.[274]

O perigo de a «máquina partidária» cair sob o domínio dos funcionários, em cujas mãos se encontra o trabalho regular, e a incapacidade de os partidos modernos proverem uma verdadeira liderança, protagonizada por políticos que vivam *para* a política e não à custa *da* política, ajudam a explicar a defesa que o sociólogo alemão faz do parlamentarismo como escola de formação e de selecção de dirigentes políticos. Só um Parlamento fortalecido, que chamasse a si a função legislativa e o controlo do governo, e que deixasse de ser uma mera caixa de ressonância dos partidos, poderia constituir um terreno adequado para o surgimento das qualidades de chefia necessárias ao exercício do poder. Só nestas circunstâncias seria possível desenvolver uma «selecção positiva» do pessoal político, ou seja, atrair para a vida política todos aqueles que possuíssem verdadeiras qualidades de comando. E isto porque, como observa Weber, referindo-se à Alemanha Guilhermina:

---

[274] *Idem, ibidem*, pp. 45-46.

Dada a impotência do Parlamento e o carácter puramente burocrático dos cargos ministeriais, um homem com vincados dotes políticos teria de estar realmente louco para ingressar numa tal engrenagem de ressentimento colegial, e para se mover num terreno escorregadio de intrigas palacianas, quando a sua inteligência e vontade podem ser postas ao serviço das grandes empresas, dos bancos e das sociedades mercantis importantes (…). Para uma actividade ao serviço dos interesses capitalistas, é para onde são empurrados todos os homens da nação com dotes de liderança, por obra dessa *selecção negativa* levada a cabo pelo nosso 'governo monárquico'.[275]

É verdade que Weber enaltece as virtualidades do sistema parlamentar para fazer face aos avanços da burocratização partidária, mas certo é também que defende, de forma aparentemente contraditória, uma outra alternativa institucional para a selecção da liderança política. Referimo-nos, pois, à aclamação plebiscitária dos líderes com base no reconhecimento e na confiança das massas. De acordo com o autor, a democratização do direito de sufrágio era responsável pela introdução do princípio «cesarista-plebiscitário» na vida política, já que as «máquinas partidárias» para conseguirem triunfar no «mercado dos votos» necessitavam de ser guiadas por líderes que suscitassem nas massas um forte apelo demagógico, sujeitando-se por isso com relativa facilidade à sua direcção:

O significado da democratização activa das massas está em que o líder político deixa de ser nomeado com base no reconhecimento dos seus méritos por um círculo mais ou menos restrito de notáveis (…) para obter antes a fé e a confiança das massas (…). Isto significa, atendendo à natureza do fenómeno, uma viragem cesarista na selecção dos líderes.[276]

Ou, por outras palavras:

Entra em cena o ditador do campo de batalha eleitoral (…). Assim, acima do Parlamento, encontra-se, pois, o efectivo ditador plebiscitário, que, por intermédio da 'máquina', leva as massas atrás de si, e para quem os parlamentares são apenas prebendeiros políticos que se acham ao seu serviço.[277]

---

[275] Max Weber (1917,1991), *O Parlamento e o Governo numa Alemanha Reorganizada*, op. cit., pp. 154, 164, 166-167, 171.
[276] *Idem, ibidem*, p. 232.
[277] Max Weber, *A Política como Profissão* (1918, 2000), op. cit., pp. 64-66.

É importante frisar que Max Weber não encara esta «viragem» como algo de negativo, bem pelo contrário. Em seu entender, a aclamação plebiscitária dos líderes conduziria não só ao aparecimento de políticos carismáticos capazes de suscitar nas massas a crença no «conteúdo ético da sua política e, sobretudo, no carácter ético da sua personalidade»[278], como permitiria também que estes transcendessem todos os constrangimentos inerentes ao poder exercido pelos funcionários do partido, baseados no controlo da informação e nos seus conhecimentos técnicos. Isso mesmo resulta da seguinte passagem:

> Para que o chefe os possa utilizar como aparelho político, eles [os funcionários] têm de obedecer cegamente, têm de ser uma máquina, no sentido americano, que não seja perturbada pela vaidade dos notáveis nem por pretensões de defender ideias próprias (...). É esse, precisamente o preço que se tem de pagar pela direcção exercida por *dirigentes* políticos (...). Mas só há esta alternativa: ou democracia com chefes, com a respectiva *máquina*, ou democracia sem chefes, isto é, o domínio dos *políticos profissionais* sem vocação, sem as qualidades interiores, carismáticas, que, justamente, fazem de alguém um chefe.[279]

Em suma: quer quando enaltece a selecção dos líderes através da luta parlamentar, insistindo na necessidade de o Parlamento desenvolver uma «política positiva», quer quando realça os méritos de uma liderança carismática e plebiscitária, defendendo a eleição directa do Presidente do *Reich*, Weber não se limita a apresentar soluções institucionais capazes de compensar e até de contrariar o domínio burocrático dentro e fora dos partidos, como expressa também, e especialmente, as suas inquietações em relação à qualidade do recrutamento democrático. E é neste particular que a sua análise ganha toda a actualidade, pois, como escreve Raymond Aron, na introdução que faz a um dos seus ensaios: «Em todos os regimes políticos, e na democracia mais do que em qualquer outro, o recrutamento dos líderes constitui um problema decisivo, pois é este que determina o seu êxito ou o seu fracasso.» [280]

---

[278] *Idem, ibidem*, p. 64.
[279] *Idem, ibidem*, p. 77.
[280] Raymond Aron, «Introdução» a Max Weber (1918, 2004), *O Político e o Científico*, Alianza Editorial, Madrid, p. 41.

2. Estudo da organização dos partidos: a visão dos «contemporâneos»

2.1 Maurice Duverger: para uma teoria organizacional dos partidos

Tendo por base a caracterização da estrutura organizativa dos «partidos de quadros», nascidos na primeira metade do século XIX, num período marcado pelo sufrágio restrito, e dos «partidos de massas», nascidos na segunda metade do século, numa época caracterizada pelo alargamento do direito de voto aos sectores inferiores da sociedade, Maurice Duverger oferece-nos uma verdadeira teoria geral dos partidos políticos, tornando-se a sua obra numa referência obrigatória para os estudiosos do fenómeno partidário.

Em *Os Partidos Políticos* (1951), Duverger começa por demonstrar a influência que a génese dos partidos tem sobre o respectivo desenvolvimento organizativo, distinguindo entre partidos de «criação interna» — que aparecem no quadro eleitoral e parlamentar, e que resultam da ligação permanente entre os grupos parlamentares, constituídos com base em afinidades ideológicas ou locais, e os comités eleitorais, criados para canalizar a confiança dos novos eleitores e tornar conhecidas as novas elites[281] — e partidos de «criação externa», que surgem fora do quadro parlamentar e eleitoral, e que têm por base numerosas e variadas organizações da sociedade civil, de que são exemplo os sindicatos operários, as cooperativas agrícolas, as sociedades de pensamento, entre outras.[282]

Segundo Duverger, os factores genéticos têm um impacto profundo e prolongado na vida dos partidos políticos. Neste sentido, não é expectável que os partidos de «criação externa» apresentem as mesmas características organizativas e funcionais que os partidos de «criação interna». Com efeito, os primeiros são geralmente mais centralizados, mais coesos e mais disciplinados do que os segundos; e se estes se caracterizam pela sua vocação fundamentalmente «societária», já aqueles têm na intervenção eleitoral e parlamentar a sua única razão de ser.[283] Se os partidos de «criação interna» correspondem a um tipo antigo, que se impôs com a extensão

---

[281] Maurice Duverger (1951, 1987), *Os Partidos Políticos*, Rio de Janeiro, Editora Guanabara, pp. 20-24.
[282] *Idem, ibidem*, pp. 26-30.
[283] *Idem, ibidem*, pp. 31-32.

progressiva do sufrágio popular e das prerrogativas parlamentares — o «partido de quadros» —, os partidos de «criação externa» correspondem a um tipo moderno, fruto da universalização do sufrágio e da entrada na cena política das classes trabalhadoras — o «partido de massas».[284]

A distinção entre «partidos de quadros» e «partidos de massas», que constitui o principal intento da obra de Duverger, atende sobretudo à sua estrutura organizativa e não tanto às doutrinas que veiculam ou à base social que mobilizam. Escreve a este propósito: «Os partidos actuais definem-se muito menos pelo seu programa ou pela classe social dos seus membros do que pela natureza da sua organização (...) Os partidos modernos caracterizam-se, antes de mais, pela sua anatomia.»[285] Encarando os partidos políticos como organizações complexas dotadas de uma estrutura original, Duverger traça o perfil dos «partidos de quadros» e dos «partidos de massas», considerando para tal os seus elementos de base.

O «comité», que constitui a organização normal dos «partidos de quadros», caracteriza-se pela sua natureza restrita e fechada, dado que nele se desenvolve um recrutamento «selectivo» dos membros, os quais se destacam pelo seu prestígio social, pelos seus recursos económicos ou pela importância que assumem na manipulação dos eleitores e na organização das campanhas eleitorais. O «comité» caracteriza-se ainda por uma existência semipermanente e efémera, já que a sua actividade política se resume aos períodos eleitorais, extinguindo-se por completo nos períodos que intermedeiam as eleições — o que sugere a irrelevância do trabalho partidário.[286] Neste sentido, o «comité» é, essencialmente, um organismo eleitoral e parlamentar, um instrumento adaptado à conquista de eleitores e à pressão sobre os eleitos.[287]

A «secção» constitui o elemento de base próprio dos «partidos de massas», possuindo, em comparação com o «comité», uma estrutura organizativa mais aberta, territorialmente menos abrangente e socialmente mais heterogénea. De acordo com Duverger, a «secção» procurou conseguir pela via dos números o que o «comité» conseguia pela via da selecção, desenvolvendo um recrutamento em «quantidade» e não em «qualidade».

---

[284] *Idem, ibidem*, p. 33.
[285] *Idem, ibidem*, pp. 15-16.
[286] *Idem, ibidem*, pp. 53-58.
[287] *Idem, ibidem*, p. 70.

De facto, o recrutamento de novos membros era a actividade fundamental da «secção», tanto do ponto de vista político como do financeiro. Do ponto de vista político, porque só através de uma comunidade partidária alargada era possível à «secção» corresponder ao triplo requisito socialista de organizar as massas, fornecer-lhes educação política e formar elites capazes de representar o partido na esfera política e institucional. Do ponto de vista financeiro, o recrutamento em «quantidade» permitia substituir o financiamento «capitalista» das campanhas eleitorais através de doadores privados pelo financiamento «democrático» assente fundamentalmente num sistema de quotização dos membros.[288]

Em face do exposto, não surpreende que as organizações de base dos «partidos de massas» especializados, as «secções», tenham um carácter permanente, fruto da regularidade das suas actividades, o que sugere a relevância do trabalho partidário, tanto nos intervalos das eleições como nos períodos eleitorais. E não surpreende também que as «secções» correspondam a uma área territorial menos abrangente, o que denota o esforço no sentido de enquadrar e de mobilizar os membros e vai ao encontro dos seus objectivos integradores.[289] A principal novidade da «secção» reside, assim, no facto de o essencial da sua actividade se realizar ao nível da sociedade civil, não se esgotando na busca de votos e na acção parlamentar.

Se a «secção» foi uma invenção socialista, a «célula» é uma invenção comunista, mais precisamente uma invenção do Partido Comunista da ex--URSS, que deveu a sua promoção à III Internacional (*Comintern*), que, por sua vez, impôs esta estrutura organizativa a todos os partidos operários ocidentais que lhe eram afectos. A «célula» distingue-se da «secção», acima de tudo, pela sua natureza funcional, já que reúne todos os membros do partido que têm o mesmo local de trabalho. Neste sentido, a «célula» apresenta uma dimensão numérica e territorial mais reduzida do que a «secção» e, a menos que seja dissolvida, caracteriza-se por uma actividade permanente. Tais características fazem com que a «célula» se adapte perfeitamente à acção clandestina, a qual explica, aliás, a sua origem: recorde-se que a «célula» foi criada nas fábricas russas, antes de 1917, visando precisamente este tipo de acção. A base funcional e a dimensão da «célula» comunista asseguram-lhe um poder sobre os membros muito

---
[288] *Idem, ibidem*, p. 100.
[289] *Idem, ibidem*, pp. 58-62.

maior do que o exercido pela «secção» socialista, e isto por duas ordens de razões: primeiro, os membros da «célula» conhecem-se bem, pelo que a solidariedade partidária é mais forte; segundo, os membros da «célula» são objecto de uma sólida educação política, baseada nos problemas concretos da empresa e nas condições de trabalho, o que favorece a ligação da doutrina com as realidades quotidianas e ajuda a fortalecer os laços com o partido.[290]

A escolha da «célula de empresa» como organização de base pressupõe uma mudança profunda na noção de partido político: este passa a ser concebido não como um organismo que luta pela conquista de votos, mas como um instrumento de agitação e de propaganda, que desvaloriza as eleições e a intervenção parlamentar como métodos de acção política.[291] A ruptura com a acção eleitoral e parlamentar torna-se ainda mais pronunciada nos partidos fascistas europeus, que adoptaram a «milícia» como organismo de base. Esta adaptava-se às metas políticas do fascismo, que visava o derrube do regime democrático e a criação de um sistema autoritário, recorrendo para tal à mobilização das massas e à sua integração, às manifestações públicas, à agitação e propaganda, bem como à acção clandestina e subversiva.[292] Daí a reprodução do modelo militar em termos organizativos: os seus membros eram enquadrados militarmente, estando submetidos ao treino e à disciplina próprios de um exército e a uma simbólica militarista de uniformes e insígnias. A «milícia» caracterizava-se, pelo menos em termos teóricos, pelo seu elitismo organizativo, o qual pressupunha um recrutamento «selectivo» dos membros conforme com a defesa doutrinária da predominância das elites e das minorias actuantes. Por outro lado, ao assentar em grupos de base muito pequenos, a «milícia fascista» favorecia, à semelhança da «célula comunista», a proximidade dos membros, possibilitando a mobilização instantânea destes e uma acção continuada.[293]

---

[290] *Idem, ibidem*, pp. 63-67.
[291] *Idem, ibidem*, p. 71.
[292] *Idem, ibidem*, p. 74
[293] *Idem, ibidem*, pp. 71-72 e 75.

Duverger não se limita a definir os elementos de base dos «partidos de quadros» e dos «partidos de massas», pois atende também à sua «articulação geral»[294].

Pode dizer-se, portanto, que os «partidos de quadros» se caracterizam por uma articulação débil, pois os seus estatutos são vagos ou omissos no que se refere à estrutura e ao funcionamento das organizações de base, facto que é atribuível ao individualismo profundo e à política de personalidades que domina o sistema de «comités».[295] Neste tipo de partido, a articulação débil é acompanhada, quer por ligações horizontais, sendo frequentes os contactos entre órgãos do mesmo nível hierárquico, quer por uma forte descentralização local.[296] Recorde-se, a este propósito, que o «comité» constituía uma realidade autónoma, capaz de viver por si só. Em primeiro lugar, porque cada eleito dirigia os comités locais à sua maneira, o que só podia redundar numa estrutura organizativa muito descentralizada. Em segundo lugar, os recursos requeridos para as eleições — prestígio social, recursos económicos e contactos pessoais — eram gerados maioritariamente a nível local.

A coesão e a disciplina internas que distinguem os «partidos de massas» especializados pressupõem a existência de uma articulação rígida, de ligações preponderantemente verticais e de uma centralização mais acentuada.[297] Com efeito, os partidos baseados na «secção» apresentam uma regulamentação rigorosa e precisa no que se refere à estrutura organizativa e às funções que desempenham os organismos de base, ao mesmo tempo que desenvolvem um sistema de ligações verticais, no qual os organismos do mesmo nível não comunicam directamente entre si, mas através dos seus delegados no nível superior da organização — o que constitui uma forma eficaz de impedir o desenvolvimento de facções e de oposições internas, e de reforçar a unidade e a homogeneidade do partido.

Quanto ao grau de centralização, existem diferenças assinaláveis entre os partidos baseados na «secção», dado que este depende de variáveis relacionadas com a organização territorial do Estado, o sistema eleito-

---

[294] Idem, ibidem, p. 76
[295] Idem, ibidem, p. 82.
[296] Idem, ibidem, pp. 76-77, 86-87 e 88-89.
[297] Idem, ibidem, pp. 78-79, 83-86.

ral e o sistema de financiamento dos partidos.[298] Os «partidos de massas» totalitários, baseados na «célula» e na «milícia», possuem uma articulação rígida e um sistema de ligações totalmente verticalizado, os quais são assegurados e reforçados por uma forte centralização na distribuição dos poderes entre os vários níveis de direcção do partido. Aqui, a rigidez da articulação dos elementos de base acha-se associada a um sistema de ligações estritamente verticais, que se traduz numa estrutura hierárquica coesa e disciplinada, que impede a formação de facções e de oposições internas localizadas e que põe em causa a própria liberdade de discussão à medida que se caminha para os níveis superiores da organização. Por fim, e considerando o grau de centralização, refira-se que os partidos comunistas se caracterizam pela prática do centralismo democrático, enquanto os partidos fascistas desenvolvem um centralismo de tipo autocrático.

No primeiro caso, o sistema é «democrático», pois, embora os órgãos centrais sejam responsáveis pelas decisões fundamentais e pela designação dos dirigentes locais, o facto é que procuram sempre o apoio das bases, sendo a discussão livre uma realidade no interior das «células», pelo menos até ao momento final da decisão. No segundo caso, o sistema é «autocrático», na medida em que todas as decisões vêm de cima e a sua aplicação é controlada a nível local por representantes do topo. Trata-se, aqui, de fazer prevalecer a decisão da autoridade superior sobre os pontos de vista das bases do partido.[299]

Duverger sugere que se diferenciem os «partidos de quadros» dos «partidos de massas», considerando também os níveis e a natureza da participação. Assim, nos «partidos de quadros» é possível identificar três níveis de participação: *a)* os «eleitores», que participam com o seu voto na escolha dos candidatos apresentados pelo partido nos actos eleitorais; *b)* os «simpatizantes», que, embora não pertençam formalmente ao partido, o aprovam no plano das ideias e também no plano financeiro; *c)* os «militantes», que são responsáveis pelo funcionamento quotidiano do partido e pela prossecução dos seus objectivos e metas gerais. No «partidos de massas» destaca-se um quarto nível de participação, ao mesmo tempo mais abrangente que o dos «militantes» e mais restrito que o dos «simpatizantes». Referimo-nos aos «membros», que estabelecem um compromisso

---

[298] *Idem, ibidem*, pp. 94-96.
[299] *Idem, ibidem*, pp. 92-93.

formal com o partido, o qual se materializa na assumpção de certos direitos e deveres, de entre os quais se destaca o pagamento de uma quota regular e a subscrição da imprensa do partido.[300]

Duverger faz notar que no interior dos partidos, e no que aos níveis de participação diz respeito, tende a formar-se uma «oligarquia espontânea», uma vez que a massa dos membros se deixa conduzir passivamente pelo «núcleo» de militantes que assistem às reuniões e aos congressos, que participam nas eleições dos órgãos dirigentes e que ocupam cargos de direcção. Pelo que não constitui exagero dizer-se que os partidos constituem uma comunidade complexa e hierarquizada, na qual os militantes dirigem os membros, os membros dirigem os simpatizantes, e os simpatizantes dirigem os eleitores. Já no que se refere à natureza da participação, o autor distingue entre «partidos especializados» e «partidos totalitários».[301] Nos primeiros, a participação na vida do partido conserva um carácter ocasional e puramente político — sem ultrapassar esse domínio muito limitado —; nos segundos, o partido exige aos seus membros uma participação muito mais intensa, procurando enquadrar todas as suas actividades através de uma complexa rede de organismos anexos destinados a multiplicar e a reforçar os vínculos partidários. Note-se que este tipo de partido não se limita a controlar a vida pessoal, familiar e profissional dos seus membros; promove também o seu «enquadramento espiritual», oferecendo-lhes um sistema total de explicação do mundo. Percebe-se, deste modo, que a distinção entre vida pública e vida privada seja quase inexistente, havendo apenas uma «vida dedicada ao partido».

Os partidos «totalitários» são fechados, homogéneos e sagrados, na medida em que: *a*) preservam a coesão e a unidade internas, combatendo todas as tendências ou facções mais ou menos organizadas; *b*) promovem uma adesão estritamente regulamentada, sendo a «ortodoxia» uma exigência natural; *c*) exaltam o partido como um fim em si mesmo, assumindo a participação um carácter religioso. Pelo contrário, os «partidos especializados» são: *a*) abertos, heterogéneos e profanos, já que a doutrina não tem uma importância fundamental, sendo secundárias as divergências ideológicas ou tácticas; *b*) ao mesmo tempo, as diferenças dos pontos de vista pessoais são amplamente admitidas, sendo habitual a formação de facções

---

[300] *Idem, ibidem*, pp. 127-151.
[301] *Idem, ibidem*, pp. 152-160.

e de tendências internas; *c*) a participação assume aqui uma natureza laica, e o partido é encarado como um meio e não como um fim.

A distinção entre participação «especializada» e participação «totalitária» torna-se ainda mais compreensível se atendermos ao uso que Duverger faz dos conceitos de «sociedade», «comunidade» e «ordem» para caracterizar os laços de solidariedade que se desenvolvem no interior dos diferentes tipos de partido. Os «partidos de quadros» são um bom exemplo de «partidos societários», pois neles os interesses materiais constituem o fundamento essencial da participação, a que acresce, por vezes, o gosto pela acção política ou um impulso moral ou idealista. Já os «partidos de massas» especializados podem ser definidos como «partidos comunitários», na medida em que a adesão ao partido é determinada pela pertença a uma classe social. Por fim, os partidos comunistas e fascistas correspondem à noção de «partido-ordem», dado que exigem dos seus membros um envolvimento total, um espírito de comunhão e de abnegação tipicamente característicos das ordens e, neste sentido, podem ser designados de «partidos de fiéis».[302]

Um último aspecto que Duverger considera, e que nos interessa aqui abordar, prende-se com a «estrutura do poder» no interior dos diferentes tipos de partido. Aqui, e na esteira de Michels, o politólogo francês reconhece que a natureza da luta política faz com que a direcção dos partidos assuma, naturalmente, uma forma oligárquica, constituindo-se um «círculo interior» de difícil acesso e renovação.[303] Se nos «partidos de quadros» é possível falar de uma «oligarquia dos notáveis»[304], pois eram estes que dirigiam e controlavam a «máquina» do partido — o que lhes permitia estabelecer e conservar a sua influência —, nos «partidos de massas», a importância assumida pelos funcionários permite falar de uma «oligarquia institucional» que dá pelo nome de «burocracia». Atentemos às palavras de Duverger, a este propósito:

> Os 'permanentes' desempenhavam um papel predominante: colocados, em virtude das suas funções, em contacto quotidiano com as bases, obtinham facilmente delegações aos congressos, através dos quais podiam exercer uma

---

[302] *Idem, ibidem*, pp. 160-169.
[303] *Idem, ibidem*, pp. 171-172 e 188-189.
[304] *Idem, ibidem*, pp. 190-191.

influência determinante sobre a composição dos organismos dirigentes. Por outro lado, o seu papel no seio do partido dava-lhes uma autoridade imediata sobre os membros. Por esse duplo mecanismo, via-se criar uma burocracia no sentido preciso do termo (...). Se os postos dos funcionários do partido fossem rigorosamente electivos, a burocracia poderia coincidir com a democracia. Mas não é isso que ocorre, nem assim poderia ser: os militantes que são capazes de ocupar um posto permanente e que aceitam fazê-lo não são numerosos; a direcção do partido faz questão de exercer sobre eles um controlo estrito, de forma a se assegurar da sua capacidade técnica e da sua fidelidade política — essa direcção assenta grandemente nos funcionários já colocados. Surge, assim, uma oligarquia autêntica, que exerce o poder, conserva-o e transmite-o pelo mecanismo da cooptação.[305]

Maurice Duverger observa ainda que os partidos se esforçam por conservar uma «aparência democrática» que assegure a legitimação do seu poder junto dos membros e dos eleitores, desenvolvendo-se os processos oligárquicos ou autocráticos à margem dos estatutos oficiais, através de uma série de processos indirectos, de que são exemplo as manipulações eleitorais na escolha dos dirigentes e a constituição de um «segundo poder» não eleito mas cooptado.[306] Escapam a esta tendência os partidos fascistas, já que praticam uma «autocracia confessa», a qual se traduz na mais «absoluta autoridade e liberdade para baixo e na mais completa obediência para cima». De acordo com o *Führerprinzip*, a legitimidade do poder provinha inteiramente do chefe e jamais das eleições, entendendo-se que o chefe se investira na direcção suprema do partido em razão da sua personalidade ou das circunstâncias.[307]

Relativamente às relações entre os órgãos dirigentes, Duverger distingue três fases na evolução dos partidos políticos. Uma primeira fase, que corresponde à afirmação dos «partidos de quadros», e que se distingue não só pela supremacia dos deputados eleitos, como também pela independência da sua actuação na arena parlamentar, sendo comuns as oposições e as divergências individuais. Com efeito, os parlamentares estavam longe de ser meros «porta-vozes» dos interesses dos seus eleitores, tal como defen-

---

[305] *Idem, ibidem*, pp. 191-192.
[306] *Idem, ibidem*, pp. 175-179 e 183-185.
[307] *Idem, ibidem*, pp. 172-174.

dia a doutrina do «mandato livre e absoluto» vigente nessa época, segundo a qual os deputados eram responsáveis exclusivamente perante a sua própria consciência.[308]

Numa segunda fase, assiste-se ao predomínio dos dirigentes internos sobre os parlamentares, que dependiam do partido por razões eleitorais, financeiras e outras, constituindo a disciplina de voto no Parlamento um sinal inequívoco da sua dependência: cada deputado devia votar segundo a decisão acordada pelo respectivo grupo parlamentar, o qual, por sua vez, devia ajustar a sua conduta à política geral do partido definida pelos seus congressos e órgãos dirigentes. Desta forma, e em termos de mapa do poder, as bases delegam o poder no congresso e, através deste, no executivo, cabendo a estes dois órgãos controlar as actividades dos representantes públicos do partido. Dito de outro modo: se no «partido de massas» especializado é atribuído um papel preponderante ao aparelho central, é porque este é visto como o defensor da vontade das bases e como o instrumento mediante o qual se garante a responsabilidade dos deputados perante os membros do partido. Duverger reconhece, porém, que em alguns partidos socialistas e democratas cristãos os parlamentares conservam uma margem de manobra bastante grande, podendo gerar-se um certo equilíbrio entre os dois braços do partido.[309]

Numa terceira fase, que coincide com a ascensão dos partidos comunistas e fascistas, os dirigentes internos ganham uma clara preponderância sobre os parlamentares, que se convertem em meros «assalariados» do partido, sujeitando-se assim ao controlo e à vigilância dos agentes do aparelho central. Nestes partidos, o deputado é visto com desconfiança, encontrando-se submetido à mais rígida disciplina de voto no Parlamento. Não é, pois, de admirar que os dirigentes do partido, que formam o «círculo interior», seleccionem os candidatos entre indivíduos fiéis, submissos e sem notoriedade pessoal.[310]

O tipo de organização de base, a natureza da participação e a estrutura de poder que caracterizam os «partidos de quadros» e os «partidos de massas» têm, naturalmente, repercussões nos processos de recrutamento parlamentar. Os «partidos de quadros» praticam um recrutamento fortemente

---

[308] Idem, ibidem, pp. 220-226.
[309] Idem, ibidem, pp. 226-233.
[310] Idem, ibidem, pp. 233-238.

descentralizado e privilegiam, acima de tudo, as capacidades pré-políticas dos candidatos, que resultam do seu prestígio social, da sua riqueza e dos seus contactos pessoais (os notáveis). Já os «partidos de massas» especializados promovem um recrutamento centralizado, seleccionando os seus candidatos entre os funcionários e os dirigentes do partido, que fazem da política a sua actividade principal. Isso explica que a militância e as capacidades organizativas sejam aqui qualidades extremamente valorizadas, e também que as carreiras no interior do partido impliquem geralmente a frequência de «escolas de quadros», destinadas à formação de uma elite política no seio da classe operária.

Em consonância com o que Michels salientara, referindo-se ao caso concreto do SPD alemão, também Duverger chama a atenção para o facto de os «partidos de massas» contribuírem para a emergência de uma «elite desproletarizada», constituída pelos elementos mais «escolarizados» e mais «ambiciosos» da classe trabalhadora que, mediante formação dentro do partido, têm a possibilidade de ascender a posições cimeiras sem terem de seguir o longo *cursus honorum* apreciado pelos membros de base e cultivado pelos dirigentes de topo. Na verdade, o que Michels e Duverger nos dizem é que o auge do «partido de massas» não significou o «desaparecimento dos notáveis» nem pôs fim ao «elitismo» que caracterizou o regime parlamentar, contribuindo antes para a afirmação de um novo tipo de elite: se o parlamentarismo tinha sido o «governo dos notáveis», a democracia de partidos aparecia agora como o «governo do activista» e do «burocrata do partido». Neste sentido, o ideal da similitude e da proximidade entre os líderes e as bases do partido está longe de ser um dos traços distintivos dos «partidos de massas» especializados.[311]

Quanto aos «partidos de massas» totalitários, é de referir que se nos partidos comunistas a designação dos candidatos surge como uma prerrogativa exclusiva do «aparelho central» — que impõe as suas escolhas perante as organizações intermédias e periféricas, em conformidade com os métodos do «centralismo democrático»[312] —, no caso dos partidos fascistas é ao líder, enquanto fundador e intérprete indiscutível das metas ideológicas do partido, que compete a cooptação dos candidatos, os quais só têm acesso ao «círculo interior» porque contam com o seu apoio e gozam

---

[311] *Idem, ibidem*, pp. 191-192.
[312] *Idem, ibidem*, pp. 92-93.

da sua confiança. Além disso, dada a natureza totalitária dos partidos comunistas e fascistas — que pressupõe o enquadramento material e moral dos membros —, a ortodoxia ideológica, a devoção total à causa e a força da militância tendem a impor-se como critérios únicos de que dependem as possibilidades de carreira política no seu seio.[313]

Chegados aqui, importa notar que em *Les Partis Politiques*, Duverger não se limita a oferecer uma teoria geral dos partidos; defende também a tese da superioridade do «partido de massas» especializado sobre todas as formas de organização partidária presentes e até futuras. Em seu entender, o «partido de massas» especializado, que tem nos partidos socialistas o seu protótipo, é o modelo de partido que melhor se adapta às condições da competição eleitoral impostas pelo sufrágio universal e pela massificação da política. Isto explica que Duverger apresente o «partido de quadros» como um «tipo arcaico», correspondendo à vigência do sufrágio censitário ou à fase inicial do sufrágio universal, enquanto o «partido de massas» baseado na «secção» é descrito como o único tipo de partido capaz de responder às condições eleitorais e à forma de legitimação próprias das sociedades de massas, o que conduziria naturalmente a um «contágio de esquerda».

Tipologia dos partidos políticos, segundo Maurice Duverger

[QUADRO N.º 1]

Dimensões	Partidos de quadros	Partidos de massas especializados	Partidos de massas totalitários — Partidos comunistas	Partidos de massas totalitários — Partidos fascistas
1. Organização				
Origem	Interna	Externa	Externa	Externa
Organização de base	Comité	Secção	Célula	Milícia
Articulação	Fraca	Forte	Muito forte	Muito forte
Ligações	Horizontais	Verticais	Estritamente verticais	Estritamente verticais
Centralização	Descentralização	Descentralização relativa	Centralismo democrático	Centralismo autocrático

---

[313] *Idem, ibidem*, pp. 154-160 e 193-194.

2. Participação				
Actividade	Semipermanente	Regular	Permanente	Permanente
Nível de participação	Eleitores e simpatizantes	Militantes / membros	Militantes	Militantes
Natureza da participação	Especializada-societária	Especializada-comunitária	Totalitária (partido-ordem)	Totalitária (partido-ordem)
3. Direcção				
Escolha dos dirigentes	Autocracia dissimulada	Autocracia dissimulada	Forte autocracia dissimulada	Forte autocracia declarada
Renovação dos dirigentes	Excepcional	Difícil	Controlada	Controlada
Relação entre os órgãos dirigentes	Supremacia dos parlamentares	Supremacia dos dirigentes internos	Subordinação dos parlamentares	Subordinação dos parlamentares
Padrão de recrutamento	Descentralizado e exógeno	Centralizado e endógeno	Muito centralizado e endógeno	Muito centralizado e endógeno
Tipo partido	Partidos burgueses (séc. XIX)	Partidos socialistas (início do séc. XX)	Partido comunista da ex-URSS	Partidos fascistas (entre guerras)

Fonte: Elaborado a partir da obra de Maurice Duverger (1951, 1987), *Os Partidos Políticos*, Rio de Janeiro, Editora Guanabara.

Duverger sugere, assim, o declínio do «comité» e a necessidade de actualização ou flexibilização organizativa do «partido de quadros», tendo em vista uma abertura a sectores mais numerosos da população. A este respeito, Duverger lembra que experiências como o sistema de *closed primaries* nos partidos norte-americanos, o sistema do *caucus* de Birmingham no Partido Liberal britânico e a *Primrose League* no Partido Conservador, mais não foram do que tentativas no sentido de atrair as massas através de métodos idênticos ao dos partidos operários, levando em certos casos à substituição dos «comités» por «secções», enquanto elementos base da organização partidária.

A seguinte passagem resume, no essencial, a tese do «contágio de esquerda» defendida por Duverger:

> Em numerosos países, os partidos de centro e mesmo de direita transformaram assim a sua estrutura, substituindo o comité pela secção, como elemento de base. Quase todos os novos partidos seguiram essa táctica, mas, do mesmo modo, também muitos partidos antigos: trata-se de um exemplo interessante de contágio das estruturas.

E mais à frente:

> O empréstimo do sistema da secção pelos partidos conservadores e centristas não deixa de ter um significado sociológico interessante. Se forem postas de lado as preocupações de eficácia política que o inspiram e a esperança de conseguir enquadrar assim uma parcela mais ou menos importante das classes operárias, o seu objectivo mais profundo parece ser a vontade de 'democratizar' o partido, de lhe proporcionar uma estrutura mais conforme às doutrinas políticas da época. O comité, enquanto grupo fechado, composto por notáveis semicooptados, apresenta um carácter oligárquico evidente. Pelo contrário, a secção, aberta a todos, onde os dirigentes são eleitos pelos membros (pelo menos teoricamente), corresponde às exigências da democracia política. Assim, a secção constitui a estrutura 'legítima' dos partidos no sentido sociológico do termo: é legítima uma instituição que corresponde às doutrinas dominantes de uma época, às crenças mais difundidas sobre a natureza e a forma de poder.[314]

A convicção de que o partido baseado numa filiação de massas é superior ao partido de notáveis, na medida em que oferece mais possibilidades de obter os recursos necessários à competição eleitoral nas sociedades modernas, torna-se particularmente evidente na forma como Maurice Duverger trata os partidos norte-americanos, considerando-os estruturas profundamente «arcaicas»: se estes mantiveram inalterado o sistema de «comité» e se se demonstraram indiferentes aos padrões de desenvolvimento partidário observados na Europa Ocidental é porque não tiveram de enfrentar o desafio eleitoral dos partidos socialistas, já que nos EUA o sufrágio universal e o ingresso das massas na vida política não provocaram o nascimento de um partido de esquerda de estrutura moderna.[315]

---

[314] *Idem, ibidem*, pp. 60-62.

[315] *Idem, ibidem*, pp. 57-58. Contrariando a tese do «contágio de esquerda» defendida por Duverger, Leon Epstein considera os grandes partidos dos Estados Unidos como os mais bem adaptados às condições eleitorais das sociedades contemporâneas. Numa época em que as campanhas eleitorais modernas se fazem sobretudo através da televisão e com recurso às sondagens, os partidos precisam muito mais de recursos financeiros do que de membros para mobilizar os eleitores. E na medida em que tais recursos se obtêm junto dos grupos de interesses e dos doadores individuais, os partidos não têm porque desenvolver uma filiação de massas. Assim, em vez de um «contágio de esquerda», Epstein fala antes

Como teremos oportunidade de ver mais à frente, a evolução concreta dos sistemas partidários ocidentais não confirmou as previsões de Duverger, uma vez que o «partido de massas» baseado na «secção» não provou ser o modelo de organização dominante, não se tendo verificado o «contágio de esquerda» generalizado sobre os outros tipos de organização partidária. Com efeito, os «partidos de quadros» não desapareceram com o advento da sociedade de massas, continuando a marcar presença nas democracias ocidentais ao longo do século XX. É verdade que os desafios lançados pelo «partido de massas», e pelo modelo de democracia correspondente, obrigaram os «partidos de quadros» a empreender uma certa actualização organizativa; contudo, o facto é que essa actualização não os transformou em «partidos de massas»: no decurso do século XX, nomeadamente depois da II Guerra Mundial, os partidos conservadores e liberais, representantes por excelência do modelo do «partido de quadros», ou bem que se flexibilizaram, adoptando algumas características próprias do «partido de massas», ou bem que se transformaram em partidos de tipo *catch-all*.[316]

2.2 Angelo Panebianco: para uma teoria institucional dos partidos

Logo a seguir à de Duverger, a contribuição de Panebianco para o estudo dos partidos políticos é tida como uma das mais importantes, e, tal como aquela, também esta suscita uma série de questões que se relacionam directamente com o nosso objecto de estudo. Retomando os trabalhos pioneiros de Ostrogorski, Weber e Michels[317], e recorrendo aos instrumentos de análise próprios da sociologia das organizações[318], Panebianco propõe-se estudar a estrutura e o desenvolvimento organizativo dos partidos, destacando, sobretudo, as relações de poder que se estabelecem no seu inte-

---

de um «contágio de direita», tendo por referência o Partido Republicano dos Estados Unidos. Leon Epstein (1982), *Political Parties in Western Democracies*, Transaction Books, Londres, pp. 257-260.

[316] Percy Allum (1995), *State and Society in Western Europe*, Cambridge, Polity Press, pp. 209-210.

[317] Angelo Panebianco (1995), *Modelos de Partido*, Madrid, Alianza Universidad, p. 14.

[318] *Idem, ibidem*, pp. 17 e 21.

rior.[319] Em seu entender, e na linha das teorias de Michels sobre a «lei de ferro da oligarquia», de Pareto sobre a «circulação das elites» e de Mosca sobre o «domínio da classe política»[320], a estrutura e o funcionamento dos partidos políticos só podem ser compreendidos em termos de alianças e de conflitos pelo poder gerados entre os actores que os integram. Afirma, a este propósito: «A conquista ou a defesa do poder é uma componente importante dos conflitos que se produzem continuamente em *todas* as organizações, seja qual for o tipo a que pertençam e as funções que desempenhem no sistema social (...). Adoptar uma perspectiva deste género significa, evidentemente, vincularmo-nos à teoria do partido como instrumento de manutenção ou reforço do poder de alguns homens sobre outros.»[321]

Partindo do pressuposto teórico de que os partidos são, fundamentalmente, «lugares de luta pelo poder», Panebianco desenvolve dois tipos de análise, a saber: 1) uma análise estática de tipo lógico-dedutivo, através da qual procura caracterizar o «sistema organizativo» dos partidos; 2) uma análise dinâmica de tipo histórico-indutivo, em que aborda a questão do desenvolvimento e da mudança partidária. No que respeita ao «sistema organizativo», Panebianco começa por referir que os partidos políticos, enquanto organizações complexas, enfrentam certos «dilemas organizativos», isto é, exigências contraditórias que devem ser equilibradas num ou noutro sentido, sendo que da resposta a tais dilemas depende a sua fisionomia e o seu modo de funcionamento. Cabe, então, perguntar: a que dilemas se refere Panebianco?

Em primeiro lugar, trata-se de conceber os partidos ou como «instrumentos racionais» para a realização de fins específicos, sendo a sua estrutura interna e as suas actividades compreensíveis à luz dos seus fins organizativos (modelo racional); ou como «sistemas naturais», que respondem e que se adaptam continuamente a uma multiplicidade de exigências, tentando equilibrar os interesses dos diversos actores que integram a organização (modelo do sistema natural). No que respeita ao problema dos «fins organizativos», e como esclarece Panebianco, esta última alternativa pressupõe que *i)* os «fins oficiais» são, na maioria das vezes, uma «fachada» atrás da qual se escondem os fins efectivos da organização; *ii)*

---

[319] *Idem, ibidem*, p. 15.
[320] *Idem, ibidem*, pp. 16-17.
[321] *Idem, ibidem*, p. 16.

os fins efectivos são o resultado dos equilíbrios, sempre instáveis, alcançados entre os diversos actores; *iii)* o único fim que é partilhado por todos é o da sobrevivência da organização.

Se é certo que, na sua fase nascente, os partidos tendem para a realização de certos fins compartilhados por todos os actores — o que implica a existência de uma causa comum e forja a fisionomia da organização —, certo é também que à medida que se consolidam, se assiste à diversificação dos fins e ao reforço do objectivo de sobrevivência da organização.

Quer isto significar que, a partir de um certo limiar de desenvolvimento, os fins oficiais se convertem realmente numa mera «fachada» ou, na melhor das hipóteses, se tornam no produto contingente dos equilíbrios organizativos? Panebianco responde negativamente a esta questão, na medida em que considera que, mesmo num partido consolidado, os fins oficiais continuam a ter uma influência decisiva sobre a sua organização e o seu funcionamento, tanto interno como externo.[322] Percebe-se, assim, que o autor rejeite a teoria de Michels da «substituição dos fins» — segundo a qual o desenvolvimento organizativo de um partido implica o abandono dos seus fins oficiais, tornando-se a sobrevivência da organização o único fim real — e proponha, em alternativa — a teoria da «articulação dos fins», a qual pressupõe que os fins oficiais, que contribuíram para forjar a organização numa fase inicial, não são abandonados nem se convertem numa mera «fachada», adaptando-se antes às exigências organizativas de cada momento. Isto implica que:

> Com o processo de articulação, os fins originais tornam-se, relativamente à fase originária do partido, mais vagos e imprecisos. Frequentemente, ainda que nem sempre, isso leva à transformação da ideologia organizativa que passa de manifesta (objectivos explícitos e coerentes) a latente (objectivos implícitos, contraditórios). E o que é mais importante, estabelece-se uma espécie de *décalage* permanente entre os fins oficiais e os comportamentos da organização. A relação entre os fins e os comportamentos não desaparece de todo, mas atenua-se: os líderes reafirmam constantemente a coerência entre os comportamentos do partido e os seus fins oficiais, mas, entre os

---

[322] *Idem, ibidem*, p. 39.

muitos caminhos possíveis na realização dos mesmos, seleccionarão apenas aqueles compatíveis com a estabilidade da organização.[323]

Em segundo lugar, Panebianco sublinha que os partidos políticos não devem ser encarados apenas como associações voluntárias, cuja sobrevivência depende de uma participação não coerciva e não remunerada, mas também como *burocracias* que implicam a continuidade da organização e a estabilidade das hierarquias internas. Resulta daqui que os partidos devem distribuir, simultaneamente, e de forma equilibrada, «incentivos colectivos» e «incentivos selectivos». No primeiro caso, trata-se de benefícios ou de promessas de benefícios que o partido deve distribuir de forma igual por todos os participantes, sendo possível distinguir entre incentivos de «identidade» (se a participação resulta da identificação com o partido), de «solidariedade» (se a participação resulta de razões de solidariedade para com os demais participantes) e «ideológicos» (se a participação resulta da identificação com as causas do partido).

No segundo caso, trata-se de benefícios que o partido distribui apenas entre alguns participantes e de forma desigual, encontrando-se entre eles os incentivos relacionados com o poder, o *status* e os privilégios materiais. O comportamento das elites (que competem entre si pelo controlo dos cargos) e de certos sectores da militância (que pretendem fazer carreira no partido) pode ser explicado pela teoria utilitarista dos «incentivos selectivos»; já as actividades de muitos militantes de base ou as opções de voto do «eleitorado fiel» tornam-se bastante mais compreensíveis através da teoria dos «incentivos colectivos», que sublinha a adesão aos fins oficiais e o desenvolvimento de laços de identificação e de solidariedade para com o partido.

Mas o que mais interessa notar aqui é que o dilema que se coloca aos partidos resulta do facto de os «incentivos colectivos» e de os «incentivos selectivos» serem reciprocamente contraditórios. Assim sendo, se o partido distribui demasiados «incentivos selectivos», e de uma forma demasiado visível, pode comprometer a sua credibilidade enquanto instrumento que visa a prossecução de certas causas. Por outro lado, se o partido se concentra na distribuição de «incentivos colectivos» pode colocar em risco a continuidade e a eificácia da organização. Donde, e como observa Panebianco,

---

[323] *Idem, ibidem*, p. 52.

qualquer partido deve procurar o equilíbrio entre a exigência de satisfazer «interesses» individuais através dos «incentivos selectivos» e a de fomentar «lealdades» organizativas através de «incentivos colectivos».

Por isso, a ideologia desempenha aqui um papel fundamental: se, por um lado, contribui para manter a identidade da organização aos olhos dos seus partidários, convertendo-se na fonte principal dos «incentivos colectivos», por outro, permite «ocultar» a distribuição dos «incentivos selectivos» não só perante aqueles que não beneficiam deles como também perante os próprios beneficiários. Esta «função de ocultação» da ideologia é, na verdade, essencial, dado que, como ficou dito atrás, a excessiva visibilidade dos «incentivos selectivos» tende a comprometer a imagem do partido como organização dedicada à luta por uma causa, debilitando a sua capacidade para distribuir «incentivos colectivos» de identidade.

Em terceiro lugar, importa saber se os partidos políticos, enquanto organizações complexas e destinadas à conquista do poder, se adaptam mais ou menos passivamente ao ambiente em que actuam, ou, se pelo contrário, o dominam e o moldam às suas necessidades organizativas. Segundo Panebianco, a opção dos partidos por uma estratégia de adaptação ou de domínio não se encontra estabelecida *a priori*, dependendo, antes, das características do ambiente em que aqueles se movem e da forma como resolvem outros dilemas organizativos, além do que tais estratégias não são mutuamente exclusivas. Isso mesmo resulta da seguinte passagem:

> A história de alguns partidos socialistas, por exemplo do SPD entre o final do século XIX e início do século XX, ilustra muito claramente esta possibilidade. Enquanto partidos de 'integração social', estas formações procuraram dominar a própria *classe gardée*. As relações com a sua base eleitoral não eram de adaptação passiva. Tratava-se, pelo contrário, de uma relação activa de enquadramento, de doutrinação e de mobilização. Mas, simultaneamente, estes partidos desenvolveram estratégias de adaptação no domínio parlamentar, estabelecendo um *modus vivendi*, por mais precário que fosse, com o sistema institucional existente.[324]

---

[324] *Idem, ibidem*, p. 45.

Os partidos políticos têm de enfrentar ainda um outro dilema, que passa por reconhecer a liberdade de acção dos líderes, ou, ao invés, condicionar a sua actuação às exigências impostas pela organização. No primeiro caso, considera-se que a autonomia dos líderes é muito ampla, cabendo-lhes todas as decisões-chave que afectam a vida do partido; no segundo, admite-se que a sua liberdade de escolha é mais aparente do que real, dado que as suas possibilidades de acção se encontram determinadas, quer pelas características da organização, quer pelos constrangimentos ambientais. Assim formulada, esta alternativa constitui, uma vez mais, um falso problema. E isto porque, como sublinha Panebianco, as decisões organizativas são geralmente o produto de negociações no interior do partido, de influências recíprocas entre os actores que o integram, achando-se condicionadas pela necessidade de manter o «equilíbrio» entre interesses divergentes e por jogos de poder diversificados.

Partidos políticos e dilemas organizativos

[QUADRO N.º 2]

Dilemas organizativos		
Fase I	Fase II	Fase III
1. Modelo racional: o objectivo é a realização da causa comum. Ideologia manifesta.	Institucionalização	1. Modelo do sistema natural: o objectivo é a sobrevivência da organização e o equilíbrio dos interesses particulares. Ideologia latente.
2. Predomínio dos incentivos colectivos (participação do tipo movimento social).		2. Predomínio dos incentivos selectivos (participação de tipo profissional).
3. Ampla liberdade de acção dos líderes.		3. Liberdade de acção restrita.
4. Estratégia de domínio sobre o ambiente.		4. Estratégia de adaptação ao ambiente.

Fonte: Angelo Panebianco (1995: 57).

A análise do «sistema organizativo» dos partidos políticos implica não só ter em consideração os dilemas que estes devem enfrentar, como também, e principalmente, saber como se estruturam as relações de poder no seu interior. Definindo o poder organizativo não como uma «relação unidireccional» do tipo «dominantes-dominados», mas como uma «relação de troca», que se manifesta numa «negociação desequilibrada» na qual um actor ganha mais do que os outros, Panebianco procura explicar como se processam os «jogos de poder verticais» no interior das organizações partidárias, recorrendo, uma vez mais, à «teoria dos incentivos». Segundo o autor, os líderes distribuem incentivos organizativos (colectivos e/ou selectivos) em troca de uma «participação adequada», ou seja, de uma participação que além de garantir o funcionamento da organização, assegure também à liderança de topo a máxima liberdade de acção possível.

O carácter desigual, assimétrico, da «relação de troca» resulta precisamente do facto de aos líderes «interessar uma participação que sirva, simultaneamente, para fazer funcionar a organização e que se expresse também na forma de um *consenso* o mais parecido possível a um *mandato em branco*», que lhes permita manter a estabilidade da ordem organizativa do partido. Por outras palavras, a liberdade de acção que os líderes obtêm, através da participação dos liderados, é sempre maior do que aquela que estes conquistam através dos incentivos organizativos, e nisto consiste o carácter «desigual» da «relação de troca» que se estabelece entre estes actores. De acordo com Panebianco, esta assimetria é mais ou menos acentuada, em função das possibilidades de substituição dos incentivos organizativos: «Quanto mais o partido se configure como uma *community of fate* — uma comunidade definida por uma identidade concreta que não tem correspondência no mercado 'externo' — tanto mais forte será a posição dos líderes nos jogos de poder verticais» e, por conseguinte, nos «jogos de poder horizontais».[325]

É nestes termos, por exemplo, que devem ser entendidas as teses de Michels sobre a «participação deferente» dos militantes do SPD, no início do século XX. Com efeito, para o operário e militante social-democrata não existiam alternativas externas ao partido — nem em termos de identidade, nem em termos de serviços assistenciais ou de oportunidades de mobilidade social ascendente —, pelo que os líderes podiam exercer de facto um poder oligárquico, ou seja, podiam desequilibrar a seu favor as relações de troca com os militantes de base. Esta interpretação é igualmente válida para o caso dos «incentivos selectivos» e permite explicar, por exemplo, o «conformismo» dos funcionários do partido: na medida em que a sua «carreira» depende exclusivamente das directrizes do centro, e que os conhecimentos adquiridos dentro do partido não podem ser usados

---

[325] *Idem, ibidem*, p. 79.

no âmbito extrapolítico, é expectável que os funcionários desenvolvam atitudes fortemente conformistas e deferentes em relação aos dirigentes que em cada momento lideram a organização.[326]

Para melhor compreender como se processam os «jogos de poder verticais» no interior dos partidos políticos, torna-se necessário identificar os destinatários dos «incentivos organizativos». Para tal, Panebianco recorre à imagem dos «círculos concêntricos», já usada por Duverger. No círculo mais afastado do centro encontramos o «eleitorado fiel», ou seja, um eleitorado que participa estavelmente na subcultura do partido, e cuja identificação com este é independente das oscilações políticas conjunturais, estando a sua mobilização associada predominantemente a «incentivos colectivos» de identidade, mas também a «incentivos selectivos» relacionados com o desenvolvimento de actividades de patrocínio.

Numa zona mais próxima do centro estão os «filiados», ou seja, os inscritos no partido que se limitam a pagar as quotas e a participar ocasional, e na maioria dos casos, silenciosamente em algumas reuniões do partido. Não sendo o «filiado», na maioria das vezes, um membro activo da organização, a sua participação acha-se associada sobretudo à distribuição de «incentivos colectivos» de identidade, beneficiando também das «redes de solidariedade» que se desenvolvem em torno do partido e que têm como objectivo principal reforçar a identificação com este.

A seguir vêm os «militantes», ou seja, aqueles que participam efectiva e continuadamente (se bem que com intensidade variável) nas actividades do partido, garantindo assim a continuidade do seu funcionamento. Entre estes, é possível distinguir um tipo de militante cuja participação depende, predominantemente, de «incentivos colectivos» (os «crentes»), e um tipo de militante cuja participação se acha ligada, essencialmente, a «incentivos selectivos» (os «arrivistas»).

Os «crentes», que constituem geralmente a maioria dos militantes, visam, principalmente, a prossecução dos fins oficiais do partido, opondo-se a qualquer mudança por parte da liderança que comprometa ou desvie a organização dos seus fins declarados. É a presença dos «crentes», associada à distribuição de «incentivos colectivos» de identidade, que faz com que os líderes sejam obrigados a tutelar com «referência ritual e constante» as metas ideológicas do partido e que ajam com cautela no momento de esco-

---

[326] *Idem, ibidem*, pp. 80 e 169.

lher alianças heterodoxas do ponto de vista da ideologia organizativa. Isso explica que, mesmo nos partidos já consolidados, os fins oficiais não sejam totalmente abandonados, como pretendia Michels, mas apenas articulados de acordo com as exigências organizativas de cada momento, como sugere Panebianco.[327]

As relações de troca que os líderes mantêm com os «arrivistas» têm consequências ainda mais relevantes para o «sistema organizativo» dos partidos, dado que é deste grupo que surgem as elites minoritárias que podem desafiar o poder dos líderes. De facto, os «arrivistas», interessados, acima de tudo, em «incentivos selectivos», que se encontram ligados à existência de um sistema hierárquico interno e de um sistema de *status* diferenciado, representam uma ameaça potencial para a estrutura organizativa estabelecida, tendo os líderes apenas uma de duas opções: ou cooptá-los dentro da escala hierárquica do partido, ou estimular de um modo ou de outro a sua saída do partido.

Ora, o facto de apenas uma parte dos «arrivistas» poder ser cooptada, dada a escassez dos incentivos de poder e de *status* susceptíveis de serem distribuídos num determinado momento, justifica, em grande parte, o carácter praticamente «endémico» dos conflitos intrapartidários.[328] E explica também a constante atenção dada pelos líderes à identidade colectiva e ao desenvolvimento de actividades de patrocínio e/ou de uma rede de laços extrapolíticos (actividades de assistência, recreativas, etc.) que permitam distribuir incentivos selectivos «adicionais» ou «compensatórios» entre aqueles militantes para quem o acesso a cargos políticos mais elevados se encontra bloqueado.[329]

Chegados a este ponto, importa referir que os processos de distribuição dos incentivos, colectivos e selectivos, contribuem não só para explicar como se formam e como se fomentam, quer as «lealdades» organizativas do eleitorado fiel, dos filiados ou dos militantes-crentes, quer os «interesses» organizativos dos militantes-arrivistas, mas também para perceber como se desenvolvem as negociações entre os líderes, ou seja, os «jogos de poder horizontais». Quanto a este aspecto, Panebianco salienta que os principais recursos de poder organizativo, cujo controlo permite a certos

---

[327] *Idem, ibidem*, pp. 51-53.
[328] *Idem, ibidem*, p. 78.
[329] *Idem, ibidem*, p. 75.

actores desequilibrar em seu favor os «jogos de poder», se encontram concentrados nas mãos de um grupo reduzido de pessoas, ou seja, de uma «coligação dominante» integrada pelos líderes nacionais e também por um certo número de líderes intermédios e/ou locais.[330] Entre os recursos vitais para o funcionamento do partido encontra-se, desde logo, a capacidade de distribuir incentivos organizativos, a que acrescem ainda: *a)* a posse do conhecimento técnico necessário para dirigir o partido e para desenvolver um trabalho político qualificado; *b)* a capacidade de estabelecer e desenvolver relações com outras organizações; *c)* o controlo dos canais de comunicação; *d)* o poder de definir e manipular as regras organizativas; *e)* o controlo dos canais de financiamento; e, por fim, *f)* a capacidade para definir a «estrutura de oportunidades» de carreira dos membros do partido.[331]

Como se afirmou no início, para além de uma análise estática centrada no «sistema organizativo», Panebianco desenvolve também uma análise dinâmica dos partidos, dedicando uma parte considerável da sua obra à questão do «desenvolvimento organizativo», e é precisamente desta que nos ocuparemos em seguida. A este propósito, importa, antes de mais, sublinhar que os factores decisivos para explicar a fisionomia, o funcionamento e os padrões de desenvolvimento dos partidos são a sua história organizativa (o seu passado) e as relações que estabelecem com o ambiente em que actuam. Assim, e no que se refere à história organizativa dos partidos, Panebianco desenvolve a sua análise em torno de dois conceitos fundamentais: o «modelo originário», ou seja, os factores que definem as características iniciais dos partidos e que condicionam a sua evolução posterior, por um lado; e, por outro, a «institucionalização», ou seja, a forma como os partidos se consolidam e atingem a fase de maturidade organizativa.[332]

Quanto ao «modelo originário», há que destacar três factores que contribuem para definir as modalidades de formação dos partidos políticos. Em primeiro lugar, temos o processo de construção da organização partidária, que pode efectuar-se por «penetração territorial» — quando uma elite central controla, estimula e dirige o desenvolvimento das estruturas intermédias e locais do partido — ou por «difusão territorial» — quando

---

[330] *Idem, ibidem*, p. 90.
[331] *Idem, ibidem*, pp. 84-89.
[332] *Idem, ibidem*, p. 108.

as elites locais estão na base da formação das estruturas locais e intermédias do partido, que em dado momento se integram numa organização política nacional. Se a formação por «penetração» contribui para emergência de uma elite partidária centralizada e coesa, já a formação por «difusão» tende a favorecer a descentralização organizativa e a divisão da elite dirigente.[333]

Em segundo lugar, há que considerar a ligação eventual a uma entidade patrocinadora exterior, que constitui também uma fonte de legitimação do partido. Assim, um partido patrocinado por uma organização exterior é um partido que nasce e é concebido como o «braço político» dessa organização, sendo esta o objecto preferencial das lealdades que se formam no interior do partido, bem como a principal fonte de legitimação dos seus dirigentes; já um partido não patrocinado por uma organização exterior goza de uma legitimidade própria, assente em factores internos como a identidade organizacional e a capacidade de distribuir incentivos pelos seus membros.[334]

Estabelecida a distinção entre partidos de «legitimação externa» e partidos de «legitimação interna», torna-se útil subdividir a primeira categoria segundo a origem intra ou extra-societária da organização patrocinadora. E isto porque se no caso da legitimação externa «nacional», os membros da organização promotora são também membros do partido — o que permite que aquela exerça uma influência directa sobre este (por exemplo, os trabalhistas britânicos, patrocinados pelos *trade unions*); no caso da legitimação externa «internacional», o fenómeno da dupla militância não se verifica, e o poder da organização exterior sobre a vida do partido exerce-se apenas de uma forma indirecta (por exemplo, os partidos comunistas patrocinados pelo *Comintern*).

Um terceiro factor a ter em conta na formação dos partidos políticos prende-se com a presença de uma liderança carismática: trata-se de saber se o partido é ou não uma criação ou um veículo de afirmação de um líder carismático. É certo que na fase de formação de um partido existem sempre componentes carismáticos, mais ou menos intensos, na relação entre líderes e liderados; contudo, isso não implica necessariamente a presença de um chefe carismático. Para que um partido político seja genuinamente

---
[333] *Idem, ibidem*, pp. 110-112.
[334] *Idem, ibidem*, p. 112.

«carismático» é necessário que a sua existência seja inconcebível sem referência ao respectivo líder, que surge assim como o fundador e o intérprete incontestável das suas metas ideológicas. Aqui, importa distinguir duas situações: a do «carisma puro», em que o partido não tem existência própria, sendo um mero instrumento ao serviço do chefe carismático, que impõe uma liderança de tipo messiânico; e a do «carisma de situação», em que face, a um estado de mal-estar social agudo, o líder carismático é visto como extraordinariamente qualificado, suscitando uma entusiástica lealdade, mas sem que o partido se converta no seu objecto pessoal, dado o relativo controlo exercido pelos outros actores.[335]

Explicadas que estão as diferentes modalidades de formação dos partidos, importa agora ver em que consiste a «institucionalização» dos partidos políticos. Para Panebianco, a institucionalização traduz o processo através do qual a organização partidária perde gradualmente o carácter de puro instrumento para realização de certos fins e adquire um valor em si mesma.[336] Ou, dito de outro modo: mediante o processo de institucionalização, os partidos políticos deixam de ser «sistemas de solidariedade» para se converterem em «sistemas de interesses», o que significa que muitos dos traços presentes na sua génese tendem a desaparecer, dando lugar a novas características organizacionais. Como nos diz Panebianco:

> Com a institucionalização, assistimos à passagem de uma fase na qual o partido, enquanto sistema de solidariedade orientado para a realização dos seus fins oficiais, se aproxima do modelo «racional», a outra na qual o partido se transforma num sistema de interesses e se assemelha a um «sistema natural», desenvolvendo interesses particulares e tendências oligárquicas. De uma fase em que prevalecem os incentivos colectivos relacionados com a formação da identidade colectiva (participação do tipo movimento social), a outra em que predominam os incentivos selectivos relacionados com o desenvolvimento de uma burocracia (participação de tipo profissional). De uma fase em que a ideologia organizativa é manifesta (objectivos explícitos e coerentes), a outra em que aquela se transforma em latente (objectivos vagos, implícitos e contraditórios). De uma fase em que a liberdade de acção dos líderes é muito ampla, pois é a estes que cabe a definição das metas

---

[335] Idem, ibidem, pp. 112-114.
[336] Idem, ibidem, p. 115.

ideológicas do partido e da sua base social de apoio, a outra em que a margem de manobra dos líderes se reduz drasticamente, sendo condicionada pelas exigências organizativas próprias de um partido já consolidado. Finalmente, de uma fase em que prevalece uma estratégia agressiva orientada para dominar/transformar o ambiente em que o partido actua, a outra em que predomina uma estratégia própria de uma organização que já, consolidada como sistema de interesses, tem demasiado a perder com uma política agressiva e aventureira.[337]

Posto isto, sublinhe-se que os partidos não se institucionalizam todos do mesmo modo e com a mesma intensidade, sendo possível colocá-los num *continuum* que vai desde um máximo até um mínimo de institucionalização organizativa. Segundo Panebianco, o grau de institucionalização de um partido pode ser aferido segundo duas dimensões: 1) o grau de autonomia relativamente ao ambiente em que actua; 2) o grau de coerência estrutural interna ou de sistematização, que se refere à interdependência das subunidades que o integram.[338] Teoricamente, quanto mais institucionalizado se encontrar um partido, maiores serão os seus graus de autonomia e de sistematização. Dessa forma, um partido «autónomo» é uma organização capaz de dominar os processos de troca com o ambiente, de exercer um forte controlo sobre este, de submetê-lo às suas exigências organizativas. Já um partido «dependente» é uma organização que exerce um escasso controlo sobre o ambiente, adaptando-se mais ou menos passivamente a este. Por outro lado, um partido «debilmente sistematizado» é uma organização cujos subsistemas internos controlam autonomamente — isto é, com independência perante o «centro» — os recursos necessários ao seu funcionamento e, por conseguinte, as suas trocas com o ambiente. Em sentido contrário, num partido «altamente sistematizado», o controlo centralizado dos recursos organizativos assegura uma forte interdependência entre as diversas subunidades.

Em termos práticos, e segundo Panebianco, é possível medir o grau de institucionalização dos partidos atendendo aos seguintes indicadores:

– O grau de desenvolvimento da organização extraparlamentar central. Um partido fortemente institucionalizado possui uma burocra-

---

[337] *Idem, ibidem*, pp. 56-57.
[338] *Idem, ibidem*, p. 118.

cia central desenvolvida, um aparelho nacional forte que se impõe perante as organizações intermédias e periféricas. Um partido debilmente institucionalizado é, ao contrário, uma organização pouco burocratizada e pouco centralizada.

– O grau de homogeneidade, de semelhança, entre as subunidades organizativas do mesmo nível hierárquico. Se a institucionalização é elevada, as estruturas locais ou sectoriais do partido tendem a organizar-se da mesma forma em todo o território nacional. Mas se a institucionalização é débil, as diferenças organizativas tendem a ser acentuadas.

– As modalidades de financiamento partidário, designadamente a regularidade dos fluxos e a diversidade das fontes. A regularidade e a diversidade de fontes pressupõem uma forte institucionalização, na medida em que garantem a ausência de um controlo financeiro externo; já a irregularidade e uniformidade das fontes tendem a produzir o efeito contrário.

– O tipo de relações que o partido estabelece com as organizações exteriores situadas na sua proximidade ideológica e política e, por conseguinte, com a sua base social de apoio. Os partidos fortemente institucionalizados tendem a controlar as organizações afins e, portanto, a *classe gardée*; por seu turno, os partidos debilmente institucionalizados tendem a desenvolver relações débeis e precárias com organizações exteriores, podendo, inclusive, tornar-se dependentes destas.

– O grau de correspondência entre as normas estabelecidas e a «constituição material do partido». Esta tende a ser maior nos partidos fortemente institucionalizados, pois nestes as posições dominantes encontram-se formalmente reconhecidas e as fronteiras da organização são claras e definidas.[339]

---

[339] *Idem, ibidem*, pp. 122-125.

Dimensões de análise dos partidos políticos, segundo Angelo Panebianco

[QUADRO N.º 3]

	Institucionalização forte	Institucionalização débil
Autonomia		
1. Organização central	Burocratização/centralização	Desburocratização/ descentralização
2. Financiamento	Regularidade/diversidade	Irregularidade/uniformidade
3. Relações c/ organizações externas	Predomínio do partido	Predomínio da organização
4. Subunidades	Homogeneidade	Heterogeneidade
	Organização forte	**Organização débil**
Sistematização		
1. Coligação dominante	Forte e coesa	Débil e dividida
2. Recrutamento das elites	Centrípeto	Centrífugo
3. Desigualdades internas	Origem interna	Origem externa
4. Integração das elites	Vertical	Horizontal

Fonte: elaborado a partir de Panebianco (1995).

Para além das dimensões e dos indicadores que permitem aferir o grau de institucionalização dos partidos, e que se revelam indispensáveis para a caracterização do seu perfil organizativo, Panebianco refere ainda as implicações que o grau de institucionalização partidária tem ao nível da configuração da «coligação dominante», da «estrutura de oportunidades» e do «sistema de desigualdades internas». Quanto à configuração da «coligação dominante», o autor reconhece que existe uma relação inversa entre o grau de institucionalização do partido e o grau de organização dos grupos que actuam no seu interior: quanto mais institucionalizado for um partido, menos organizados serão os grupos internos, que tendem a configurar-se como meras «tendências». E, correlativamente, quanto menos institucionalizado for um partido, mais organizados estarão os grupos internos, o que acarreta a formação de «facções» nacionais.[340]

O grau de institucionalização condiciona também a «estrutura das oportunidades», ou seja, as modalidades, os canais e as possibilidades

---

[340] *Idem, ibidem*, pp. 125-126.

mediante os quais se desenvolve a competição política interna.[341] Assim sendo, os modelos de «recrutamento das elites» tendem a variar segundo o grau de institucionalização: nos partidos fortemente institucionalizados, as elites são cooptadas por um «centro» forte e coeso («recrutamento centrípeto»), devendo todos aqueles que querem fazer carreira dentro do partido («os arrivistas») adaptar-se às directrizes centrais, ou, mais concretamente, gozar do favor da elite dirigente e conformar-se com as suas determinações; nos partidos debilmente institucionalizados, dada a inexistência de um centro forte e coeso, as elites tendem a ser recrutadas pelos grupos (facções) que controlam recursos de poder importantes, e que estão, portanto, em condições de distribuir incentivos organizativos («recrutamento centrífugo»).

O grau de institucionalização reflecte-se ainda no tipo de «integração das elites». Desta forma, nos partidos fortemente institucionalizados a actividade política tende a configurar-se como uma verdadeira «carreira»: entra-se no partido pelos níveis mais baixos, e sobe-se, depois de uma longa aprendizagem, aos níveis hierárquicos mais elevados («integração vertical»). Em sentido contrário, os partidos debilmente institucionalizados tendem a ser mais permeáveis à proliferação de carreiras rápidas, permitindo que pessoas exteriores à organização, e sem um alinhamento partidário mais ou menos longo, ingressem directamente nos níveis hierárquicos superiores («integração horizontal»).[342]

A partir daqui, percebe-se facilmente que os partidos fortemente institucionalizados criem no seu interior um sistema de desigualdades autónomo e independente do sistema de desigualdades sociais, assente em critérios «endógenos» resultantes da divisão do trabalho no seio da estrutura burocrática. E também que os partidos debilmente institucionalizados possuam um sistema de desigualdades internas menos autónomo, na medida em que tende a reflectir as desigualdades e as clivagens existentes na sociedade. No primeiro caso, a participação no interior do partido é de «tipo profissional», verificando-se o predomínio dos «profissionais» sobre os «notáveis», na hierarquia interna e nos cargos electivos; no segundo caso, a participação é de «tipo civil», podendo os cargos electivos ser ocupados

---

[341] *Idem, ibidem*, pp. 126-127.
[342] *Idem, ibidem*, pp. 128-129.

por *outsiders* que convertem em recursos políticos recursos de outro tipo, como é justamente o caso dos «notáveis» (independentes).[343]

Resta mencionar que o grau de institucionalização dos partidos, da mesma forma que a sua génese, depende, em grande medida, das características do ambiente em que estes actuam. De entre as características ambientais que podem pesar no processo de formação e consolidação dos partidos políticos, Panebianco destaca sobretudo os «constrangimentos institucionais».[344] Ou seja, aqueles factores, relativamente estáveis, que estruturam os «cenários» em que os partidos desenvolvem as suas actividades e que, por essa via, têm uma influência directa ou indirecta sobre a sua organização.

Neste sentido, Panebianco refere que o grau de centralização ou descentralização do Estado tende a reflectir-se na estrutura organizativa dos partidos, que é mais descentralizada em Estados federais com autogoverno local, e mais centralizada em Estados unitários muito centralizados.[345] Por outro lado, são muitos os aspectos do sistema político-institucional susceptíveis de influir sobre o modo de organização dos partidos. Por exemplo, as relações entre o executivo e o legislativo: onde existe uma separação de ambos os poderes, os grupos parlamentares tendem a ser pouco coesos e mais autónomos perante o governo e as direcções dos respectivos partidos, cuja institucionalização se vê assim debilitada.[346] Atente-se, também, na influência que o sistema eleitoral exerce sobre o perfil organizativo dos partidos: enquanto o sistema proporcional com escrutínio de lista facilita o controlo do centro na selecção dos candidatos a cargos públicos (com um efeito de *spill over*, isto é, reforçando a centralização dos processos de tomada de decisão também noutros âmbitos), os sistemas maioritários favorecem a descentralização na escolha dos candidatos, conferindo maior poder à periferia. Já os sistemas eleitorais ditos «mistos», que combinam a uninominalidade com a proporcionalidade na distribuição dos mandatos, permitem diversificar os actores que intervêm no processo de recrutamento, sendo os candidatos nos círculos uninominais escolhidos pelas

---

[343] *Idem, ibidem*, pp. 127-128.
[344] *Idem, ibidem*, p. 390.
[345] *Idem, ibidem*, pp. 390-391.
[346] *Idem, ibidem*, pp. 391-392.

estruturas locais do partido, e os candidatos das listas a apresentar nos círculos plurinominais uma escolha das instâncias centrais.[347]

A exposição que temos vindo a desenvolver em torno da obra de Panebianco ficaria incompleta se não fosse referida a parte dedicada à «mudança partidária», na qual o autor fala da passagem do «partido burocrático de massas» ao «partido profissional eleitoral».

No entender deste autor, as mudanças ocorridas na estrutura social das sociedades ocidentais do segundo pós-guerra — designadamente a transformação da fisionomia e das atitudes dos grupos socioprofissionais (o crescimento do terciário em detrimento do secundário), mas também a existência de um público mais instruído e mais diversificado (influenciado por ideias seculares e orientado para os bens de consumo de massas) — contribuíram não só para alterar o «território de caça» dos partidos, como também para debilitar as subculturas políticas tradicionais, reduzindo assim o eleitorado fiel, o sentimento de identificação partidária e, por conseguinte, a estabilidade e previsibilidade eleitorais.[348]

Além disso, o papel assumido pela televisão na comunicação política, ao permitir o contacto directo dos líderes com o eleitorado, sem a intermediação das organizações partidárias, contribuiu para o desenvolvimento de campanhas personalizadas, centradas tanto na figura ou imagem dos líderes e dos candidatos como em temas específicos de alto conteúdo técnico, exigindo cada vez mais o concurso de profissionais especializados, quer no uso dos meios de comunicação de massas, quer nos diversos domínios a que se estende a intervenção partidária. Tal facto explica a ascensão de novos políticos profissionais e o declínio dos funcionários e militantes de base no interior dos partidos.[349]

As mudanças estruturais acima mencionadas explicam a emergência e o desenvolvimento de um novo modelo de partido, o «partido profissional-eleitoral», o qual, apesar de se aproximar do *catch-all people's party*, apresenta, contudo, uma característica definidora que, só de um modo implícito, pode considerar-se presente na análise de Kirchheimer[350]: a pro-

---

[347] *Idem, ibidem*, pp. 392-293.
[348] *Idem, ibidem*, pp. 494-495.
[349] *Idem, ibidem*, pp. 495-497.
[350] Na formulação clássica de Kirchheimer, as características definidoras do partido *catch-all* incluem: 1) a marcada desideologização do partido, que visa evitar toda a confron-

gressiva profissionalização da organização partidária.[351] Note-se, porém, que a profissionalização a que Panebianco se refere se distingue claramente do processo de burocratização descrito por Weber, Michels e Duverger, o qual, vale a pena recordá-lo, consistiu na substituição dos notáveis, característicos dos «partidos de quadros», pelos funcionários típicos dos «partidos de massas».

Trata-se aqui de um processo de profissionalização intelectual, que se traduz ao nível dos partidos no aumento do número de profissionais (de *staff*) com competências especializadas, à margem da política e da vida partidária; e, ao nível dos Parlamentos, na substituição do pessoal de origem aristocrática ou empresarial (nos partidos conservadores ou liberais) ou de origem proletária (nos partidos socialistas ou comunistas), por um novo pessoal com um elevado nível de instrução, oriundo da classe média, e que tem nas profissões liberais ou nas profissões ligadas à expansão da intervenção do Estado a sua ocupação principal (advogados, professores, gestores de empresas públicas, etc.).[352]

Com efeito, e como esclarece Panebianco, à medida que aumenta o conteúdo técnico das decisões políticas e se alteram de forma radical, sob o impacto dos *mass media*, as condições em que se desenvolve a luta entre os partidos, a figura do «burocrata» com funções executivas ou representativas[353] tende a ser substituída pela do «especialista», encarregado de con-

---

tação susceptível de criar divisões irreconciliáveis, alienando uma parte importante do eleitorado, normalmente de centro; 2) o enfraquecimento dos laços com a velha *classe gardée*, em favor do recrutamento de eleitores entre a população em geral; 3) o reforço do poder organizativo dos líderes de topo, que controlam os processos de tomada de decisão no interior do partido; 4) o declínio do peso político dos filiados e dos militantes de base; (5) a maior abertura à do partido à influência dos grupos de interesses. Cf. Otto Kirchheimer (1966), «The transformation of the Western European party systems», *in* J. LaPalombara e M. Weiner (orgs.), *Political Parties and Political Development*, Princeton, Princeton University Press.

[351] Angelo Panebianco (1995), *Modelos de Partido*, Madrid, Alianza Editorial, p. 491.

[352] *Idem, ibidem*, pp. 420-421.

[353] Panebianco distingue dois tipos de burocracia no interior dos partidos políticos: *1)* a «burocracia executiva», que se encontra submetida a um único sistema de controlo, o da hierarquia; e *2)* a «burocracia representativa», que se acha submetida, quer ao controlo da hierarquia, quer ao controlo eleitoral. Este duplo controlo, isto é, o concurso simultâneo do requisito da funcionalidade e da legitimação, justifica-se pelo facto de o «burocrata representativo» não ser apenas um funcionário, mas também um dirigente político. *Idem, ibidem*, pp. 424-428.

vencer o eleitorado sobre a «bondade» técnica das soluções propostas pelo partido ou de desenvolver de forma eficaz novas políticas de campanha.

É importante notar que o processo de «profissionalização intelectual», que caracteriza o novo modelo de partido, e que se traduz no declínio das velhas burocracias e na inflação dos órgãos de *staff*, não pressupõe de modo algum que os «especialistas» substituam os «políticos» na direcção dos partidos (como pretende a utopia tecnocrática), mas antes que os primeiros se transformem em dirigentes políticos, ocupando progressivamente cargos electivos, sobretudo de carácter público.[354] Se a crescente complexidade dos problemas políticos permite aceder ao poder uma nova categoria de «homens políticos» — especialistas em sondagens, propangandistas, *public relations*, etc., que forjam valores, fabricam ideologias e modelam atitudes e comportamentos, e os difundem com a ajuda dos meios de comunicação social de massas (imprensa, rádio, televisão... e telefone!), isso não pode deixar de significar o desenvolvimento de uma via paralela de acesso aos centros de decisão política, e que é a «via tecnocrática»: ao longo *cursus honorum* dos partidos tradicionais, sucede agora a via rápida e paralela da tecnocracia.

Seja como for, o predomínio dos «especialistas», detentores de novas competências técnico-políticas ajustadas à acelerada complexidade da vida pública e aos desafios da competição eleitoral, e mais pragmaticamente empenhados na sua carreira pessoal do que em investimentos idealistas em prol da identidade colectiva — que, como vimos, constitui o traço distintivo do novo modelo de partido — não exclui a presença de outras figuras profissionais, de que são exemplo o «político semiprofissional» e o «político profissional camuflado».

O primeiro situa-se entre o «diletante» e o «profissional» da política e chega aos partidos e ao Parlamento em virtude de uma experiência profissional bem sucedida e socialmente reconhecida, destacando-se, acima de tudo, pela sua independência económica[355], associada a uma grande

---

[354] *Idem, ibidem*, pp. 491-492.

[355] Teoricamente, a existência de uma actividade económica segura e rentável permite aos «políticos semiprofissionais», caso o desejem, manter-se relativamente independentes no exercício da sua actividade política, de representação ou de governo, não estando submetidos aos dirigentes do partido. Porém, e como sublinha Panebianco, o facto de muitos «políticos semiprofissionais» decidirem permanecer na política faz com que estes acabem por demonstrar uma obediência, uma subalternidade e um servilismo em tudo idênticos aos

disponibilidade de tempo livre (advogados, professores universitários, jornalistas, etc.). Já o segundo é uma figura que aparece indissociavelmente ligada à expansão da intervenção do Estado e, sobretudo, à sua colonização por parte dos partidos políticos; processo, este, que tem uma dupla manifestação: *a)* a penetração dos partidos nas esferas superiores da administração pública, através das diversas práticas, mais ou menos atenuadas, do conhecido «sistema de despojos» (*spoils system*); *b)* a patrimonialização dos partidos dos altos cargos do Estado, que dependem de forma directa da configuração da maioria parlamentar e das suas relações com o governo, e que são ocupados por nomeação partidária. Trata-se, pois, de políticos que obtêm empregos em entidade estatais ou para-estatais, graças aos «bons ofícios» do partido a que pertencem e no qual militam. Mais do que empregos estamos perante «sinecuras», que permitem ao militante dedicar-se quase por completo à política, sem, contudo, agravar as despesas do partido com o seu salário.[356]

Do que até aqui foi dito, decorre que a burocratização e a profissionalização partidárias não só constituem processos diferentes, como têm implicações organizativas muito distintas. Nos «partidos burocráticos de massas», o predomínio dos funcionários e o facto de estes se encontrarem numa posição de clara desvantagem perante os líderes nacionais (pois os incentivos selectivos e de identidade que recebem são escassamente substituíveis) tendem a promover a centralização do poder, a gerar o conformismo dos aparelhos e a conferir à estrutura de oportunidades um carácter fortemente centrípeto. Nos «partidos profissionais-eleitorais», o predomínio dos «especialistas» e o facto de estes gozarem de uma maior independência política perante os líderes do partido (já que os incentivos selectivos que recebem são mais facilmente substituíveis) tendem a reduzir o grau de centralização da autoridade e a dar lugar ao recrutamento relativamente centrífugo das elites. Para que melhor se percebam as implicações organizativas da profissionalização das organizações partidárias na sua dupla acepção, vale a pena citar aqui Panebianco:

---

dos funcionários de partido. Com efeito, também eles se convertem em membros orgânicos da classe política, precisamente porque não tencionam regressar às suas profissões de origem. Angelo Panebianco (1995), *Modelos de Partido, op. cit.*, pp. 442-443.

[356] *Idem, ibidem*, pp. 441-442.

> Num partido fortemente burocratizado (...) os funcionários encontram-se numa posição de enorme desvantagem nas suas relações de troca com os líderes nacionais. Na maioria das vezes, a decisão de converter-se num funcionário de partido é uma opção irreversível, definitiva. O funcionário do partido não tem no mercado de trabalho ocupações equivalentes. Na medida em que os incentivos selectivos que recebe são escassamente substituíveis, o funcionário transforma-se numa pessoa facilmente chantageável: a 'segurança no emprego' desempenha um papel decisivo. O facto de a sua única saída profissional ser uma carreira dentro da organização, explica o elevado nível de conformismo dos funcionários e a sua enorme subordinação perante as decisões dos líderes (...). Mas o facto de os incentivos selectivos serem dificilmente substituíveis não é único factor que justifica o conformismo da burocracia do partido perante os líderes. Importa não esquecer que o funcionário é frequentemente um 'crente', beneficiando também de incentivos de identidade (...). A influência combinada dos incentivos selectivos e dos incentivos de identidade, juntamente com as escassas oportunidades que o mercado fora da organização oferece ao funcionário, explicam o 'conformismo' dos aparelhos, a sua ductilidade como instrumentos ao serviço da coligação dominante do partido.[357]

Mais à frente, e referindo-se ao «partido profissional-eleitoral», Panebianco escreve:

> Em contraste com as organizações de partido burocráticas, as organizações profissionais, ou aquelas onde a componente profissional é muito importante, tendem a ser organizações descentralizadas. Esta tendência para a descentralização está associada ao facto de os líderes terem maiores dificuldades em controlar os especialistas do que os burocratas. Por outro lado, o profissional que integra o *staff* do partido tem mais alternativas no mercado de trabalho do que o burocrata, sendo, portanto, menos susceptível a chantagens ou pressões. Donde, a substituição dos burocratas pelos profissionais deveria, em princípio, reduzir o grau de centralização política e dar lugar a processos de fragmentação da coligação dominante (...). Percebe-se, assim, que a profissionalização, acompanhada pelo declínio dos aparelhos burocrá-

---

[357] *Idem, ibidem*, pp. 429-430.

ticos, contribua inevitavelmente para reduzir o grau de institucionalização dos partidos.[358]

Em suma, pode dizer-se que os parâmetros comunicacionais impostos pelos meios de comunicação social de massas (especialmente pela televisão) e a progressiva complexidade e «tecnicização» da actividade política concorreram decisivamente para o declínio dos papéis burocráticos e para a ascensão dos especialistas (profissionais de *staff*) no interior dos partidos políticos. Por sua vez, este processo de «profissionalização» provocou alterações consideráveis, tanto nas relações de poder existentes dentro dos partidos, como nos modelos e estratégias de recrutamento adoptados por estes.

Se a posição de preeminência dos representantes públicos do partido (designadamente dos deputados eleitos) em relação à dos dirigentes internos[359], bem como o processo de marginalização dos filiados e dos militantes de base, que tendem a apresentar-se cada vez mais como uma «clientela» interna[360], ilustram o sentido da mudança organizativa ocorrida nos novos modelos de partido, já a relativa descentralização dos processos de recrutamento parlamentar, aliada ao desenvolvimento de critérios de selecção externos, parecem implicar possibilidades acrescidas de integração horizontal das elites.

---

[358] *Idem, ibidem*, pp. 437-438.
[359] *Idem, ibidem*, p. 496.
[360] Segundo Panebianco, uma das características do «partido profissional-eleitoral» consiste na transformação da militância em clientela: o novo modelo de partido não atrai «crentes» que desejam contribuir com o seu esforço desinteressado para realizar um ideal ou um projecto político próprio (que já não existe), mas antes filiados ambiciosos («arrivistas»), que vêem no partido um mecanismo de mobilidade social, e que trocam a obediência e a lealdade por prebendas e cargos políticos. *Idem, ibidem*, pp. 69-78.

Tipologia do pessoal político, segundo Angelo Panebianco
[QUADRO N.º 4]

Dimensões	Notável	Político de profissão (burocrata)	Profissional do staff (especialista)	Político semiprofissional	Político de profissão camuflado
1. Ingresso na política	Horizontal	Vertical	Horizontal	Horizontal	Vertical
2. Empenho (tempo)	Tempo parcial	Tempo inteiro	Tempo parcial ou inteiro	Tempo parcial ou inteiro	Tempo inteiro
3. Dependência económica da política	Não	Sim	Não	Não	Sim
4. Treino político	Nenhum	Partido	Nenhum	Nenhum	Partido, órgãos do poder local e central
5. Recursos de ingresso no Parlamento	Estatuto social	Lealdade e *curriculum* partidário	Qualificação profissional, visibilidade social	Qualificação profissional, visibilidade social	Confiança política, *curriculum* partidário e político
6. Relação com o partido	Simpatizante	Funcionário / dirigente político	Simpatizante	Simpatizante / filiado	Dirigente / militante
8. Ocupação extra-política	Sim	Não	Abandono temporário ou parcial	Abandono temporário ou parcial	Instrumental em relação à política
9. Depois da saída do Parlamento	Sociedade	Partido	Partido / sociedade	Sociedade	Partido / organismos estatais e para-estatais
10. Objectivos perseguidos	Prestígio, confirmação do próprio *status*	Interesses do partido (crente)	Promoção na carreira / mobilidade social (arrivista)	Promoção na carreira / mobilidade social (arrivista)	Promoção na carreira / mobilidade social (arrivista)
11. Padrões de recrutamento	Recrutamento centrífugo e exógeno	Recrutamento fortemente centrípeto e endógeno	Recrutamento relativamente centrífugo e exógeno	Recrutamento relativamente centrífugo e exógeno	Recrutamento centrípeto e endógeno
12. Tipos de profissionalização	-	Profissionalização (burocratização)	Profissionalização (especialização)	Profissionalização (especialização)	Profissionalização (carreira/colocação)
Modelos de partido	Partido de quadros	Partido burocrático de massas		Partido profissional-eleitoral	

Fonte: quadro elaborado a partir de Panebianco (1995: 438-443).

2.3 Richard Katz e Peter Mair: para uma teoria sociológica dos partidos

Em meados da década de 1990, Katz e Mair identificaram uma nova metamorfose na natureza da maioria dos partidos mais relevantes da Europa Ocidental, sugerindo um novo modelo de partido, o «partido-cartel». Segundo estes autores, a emergência e a consolidação deste novo modelo de partido resultam de duas tendências paralelas que ditam a transformação dos principais partidos nas democracias europeias nas duas últimas décadas: a aproximação dos partidos ao Estado, por um lado, e o distanciamento dos partidos da sociedade civil, por outro.[361]

Como vimos no ponto anterior, a passagem do «partido burocrático de massas» para o «partido profissional eleitoral» foi marcada pelo declínio dos partidos enquanto organizações de membros; a afirmação do «partido-cartel» não faz senão acentuar este padrão de desenvolvimento partidário: orientando-se mais para os eleitores do que para os filiados, e preocupando-se mais com o acesso aos recursos do Estado do que com a mobilização da sociedade civil, o «partido-cartel» caracteriza-se por um manifesto desinvestimento no recrutamento e integração de novos membros. Os dados mais recentes sobre a filiação partidária nas democracias da Europa Ocidental permitem a Katz e a Mair defender esta tese.

Efectivamente, se, entre o início da década de 1960 e final da década de 1980, o declínio do número de filiados nas democracias estabelecidas da Europa Ocidental parece ser apenas o resultado do crescimento dos eleitorados nacionais, ou seja, a incapacidade das organizações partidárias de acompanharem a entrada de novos eleitores no sistema político, no início da década de 1990 esta situação altera-se significativamente, verificando-se um decréscimo absoluto e relativo do número de filiados, o qual é por vezes muito substancial.[362] Se, como sublinham Katz e Mair, muitos par-

---

[361] Richard Katz e Peter Mair (orgs.) (1994), *How Parties Organize: Change and Adaptation in Party Organizations in Western Democracies*, Londres, Sage; Richard Katz e Peter Mair (2002), «The ascendency of the party in public office: Party organization change in twenthieth-century democracies», *in* Richard Gunther, José Ramón e Juan J. Linz (orgs.), *Political Parties. Old Concepts and New Challenges*, Oxford, Oxford University Press, pp. 113-135; Peter Mair (2003), «Os partidos políticos e a democracia», *in Análise Social*, 167, pp. 280-281.

[362] Com a excepção da Alemanha, nas democracias europeias bem estabelecidas assistiu-se em 1990 a um decréscimo do número bruto de filiados em pelo menos 25%

tidos continuam a considerar os membros como um recurso organizativo importante[363] — já que as suas quotas e donativos constituem uma significativa fonte de recursos, sendo aqueles igualmente indispensáveis para a provisão de cargos internos e para integração de listas de candidatos aos órgãos de governo nacional, regional e local, bem como para a ocupação de lugares de confiança nos aparelhos político e burocrático do Estado —, o facto é que as tentativas de conservação ou de aumento dos níveis de filiação ditadas, tanto por razões instrumentais como de legitimação popular, parecem não resistir ao crescente apartidarismo dos cidadãos.

Contudo, o declínio organizacional não atinge apenas os níveis de filiação partidária, estendendo-se igualmente aos níveis de activismo entre os filiados. Estes mostram-se cada vez mais relutantes em dedicar parte do seu tempo e em afectar os seus recursos individuais em prol dos partidos a que formalmente pertencem e a que parecem aderir movidos, sobretudo, por benefícios ou incentivos selectivos e não tanto por benefícios ou incentivos colectivos; são, assim, cada vez menos os sinais de um verdadeiro empenho nas actividades partidárias.[364]

E nem mesmo os esforços desenvolvidos recentemente por muitos partidos políticos europeus no sentido de conferir maiores poderes de participação aos membros de base — permitindo, por exemplo, que escolham directamente o presidente ou o líder do partido, participem sem intermediários na selecção dos candidatos a cargos públicos electivos ou aprovem os programas políticos e os manifestos eleitorais do partido —, parecem estar a contribuir de forma significativa para inverter os níveis sem precedentes de declínio de activismo partidário, como atestam as diversas descrições da vida interna dos partidos de diferentes países da Europa Ocidental.[365]

Mas os partidos não só não atraem novos membros para a sua organização formal como também as suas actividades convencionais já não con-

---

relativamente aos níveis observados em 1980. Cf. Peter Mair (2003), «Os partidos políticos e a democracia», *op. cit.*, p. 279.

[363] Richard Katz e Peter Mair (2002), «The ascendency of the party in public office: Party organization change in twenthieth-century democracies», *in* Richard Gunther, José Ramón e Juan J. Linz (orgs.), *Political Parties. Old Concepts and New Challenges*, *op. cit.*, pp. 127-128.

[364] Peter Mair (2003), «Os partidos políticos e a democracia», *op. cit.*, p. 279.

[365] Richard Katz e Peterm Mair (orgs.) (1994), *How Parties Organize: Change and Adaptation in Party Organizations in Western Democracies*, *op. cit.*, pp. 16-17.

seguem mobilizar e integrar os cidadãos no processo democrático como há algum tempo atrás, gozando aqueles de uma presença cada vez menos significativa no seio da sociedade civil. E a prová-lo está, desde logo, o facto de em todas as democracias estabelecidas da Europa Ocidental o número de eleitores que declaram uma forte identificação com os partidos ser cada vez mais reduzido, ao mesmo tempo que as formas mais fracas de identificação e simpatia partidárias parecem estar também a desaparecer.[366] Os crescentes níveis educacionais e o aumento dos recursos cognitivos dos cidadãos fazem com que estes se tornem politicamente auto-suficientes, ou seja, mais independentes e menos controláveis pelos partidos, que vêem assim enfraquecido o seu papel no processo democrático.

O apartidarismo crescente dos cidadãos não pode deixar de ter efeitos ao nível dos seus comportamentos políticos, designadamente do comportamento eleitoral. É assim que o «voto fiel», ou seja, o voto que obedece a uma identificação com o partido enquanto tal, tende a dar lugar ao «voto de opinião», ou seja, aquele que se pronuncia sobre temas e/ou candidatos, assistindo-se, consequentemente, ao crescimento dos níveis de volatilidade eleitoral[367] — e, com isso, a uma maior instabilidade dos resultados eleitorais e ao aparecimento de novos partidos e personalidades políticas, incluindo as demagógicas e populistas.[368] Por outro lado, e talvez mais significativamente ainda, a participação nas eleições nacionais, que se manteve notavelmente estável nas democracias europeias até aos anos 80,

---

[366] Russelll J. Dalton (1999), «Political support in advanced industrial democracies», in Pippa Norris (org.), *Critical Citizens: Global Support for Democratic Governance*, Oxford, Oxford University Press, pp. 57-77.

[367] Como demonstram alguns estudos empíricos recentes, na generalidade das democracias da Europa Ocidental, a volatilidade média cresceu ao longo da década de 1990, ao passo que o partidarismo declinou. Com efeito, nos anos 90 o valor da volatilidade eleitoral média (12,6%) quase que duplicou em relação ao valor registado nos anos 50 (8,9%). Cf. Russell. J. Dalton, Ian McAllister e Martin P. Wattenberg (2003), «Democracia e identificação partidária nas sociedades industriais avançadas», in *Análise Social*, 167, p. 306.

[368] A ascensão de novos partidos, que se verifica por toda a Europa Ocidental, é uma consequência do enfraquecimento das lealdades partidárias de outrora. Recorde-se que, ao longo das duas últimas décadas, a maioria dos sistemas partidários europeus enfrentaram novos desafios políticos com a emergência dos partidos verdes, à esquerda, e dos partidos nacionalistas e neoconservadores, à direita. Cf. Russell. J. Dalton, Ian McAllister e Martin P. Wattenberg (2003), «Democracia e identificação partidária nas sociedades industriais avançadas», *op. cit.*, pp. 306-307.

graças à influência dos laços que existiam entre os eleitores e os partidos políticos, regista actualmente «mínimos» sem precedentes.[369]

É verdade que as tendências que acabámos de referir não deixam dúvidas quanto ao declínio organizacional dos partidos e ao seu consequente distanciamento da sociedade civil; no entanto, o facto é que isso está longe de significar o fracasso dos partidos enquanto tal. De facto, o recuo dos partidos em termos de desenvolvimento organizativo tende a ser compensado pela sua crescente proximidade em relação ao Estado. Assim sendo, e como sugerem Katz e Mair, aquilo que verdadeiramente distingue o «partido-cartel» dos outros modelos de partido é a sua dependência dos recursos públicos. Para além das quotas e dos donativos dos membros, que constituem uma fonte de recursos cada vez menos importante, e das fontes de financiamento privadas, provenientes de empresas e grupos de interesses — muitas vezes associadas ao desenvolvimento de relações menos ortodoxas —, os partidos dependem cada vez mais, em termos de «sobrevivência corporativa», do financiamento público que recebem do Estado.

Tal circunstância torna pertinente recordar aqui, pela sua actualidade, as reflexões de Bluntschli sobre a relação entre os partidos e o Estado, em que o autor sublinha que o partido que procura subordinar os interesses do Estado aos seus interesses particulares, deixa de actuar como partido para assumir a função de facção. Em regra, a facção não tem por objectivo *servir* o Estado, mas, simplesmente, fazer com que o Estado *a sirva*. Isto é, a facção — tal como o actual partido cartel, poder-se-ia afirmar — não tem como finalidade servir os interesses comuns, mas somente os seus próprios interesses egoístas: «No conflito entre o bem do Estado e o interesse do partido, a facção prefere o segundo e sacrifica o primeiro.»[370]

Com efeito, e regressando ao momento actual, o aumento crescente dos custos da actividade política, devido, em grande parte, ao desenvolvimento de campanhas eleitorais sempre mais exigentes e profissionali-

---

[369] Durante os anos 90, a participação eleitoral média desceu para 77,6%, um valor substancialmente inferior ao de qualquer outro período do segundo pós-guerra e 4% inferior ao que se registou nos anos 80. Cf. Michael Gallagher, Michael Laver e Peter Mair (2000*), Representative Government in Modern England: Institutions, Parties, and Governments*, Nova Iorque, McGraw-Hill, pp. 259-260

[370] Johan Caspar Bluntschli (1869, 2002), «What is a political party?», *in* Susan E. Scarrow (org.), *Perspectives on Political Parties. Classing Readings*, Londres, Palgrave Macmillan.

zadas, aliado ao declínio mais ou menos acentuado dos níveis de filiação partidária, obrigou os partidos a procurar no Estado uma nova fonte de recursos materiais e de legitimação. É assim que na maioria dos países europeus, a principal fonte de financiamento dos partidos passou a ser o tesouro público; de tal modo que as actividades correntes relacionadas com o funcionamento permanente da organização e as actividades extraordinárias relacionadas com o desenvolvimento das campanhas eleitorais estão largamente dependentes das subvenções estatais, que se sobrepõem cada vez mais aos recursos gerados internamente ou oriundos de organizações afins, bem como aos recursos provenientes de fontes privadas. Segundo os dados disponibilizados por Katz e Mair, entre o final da década de 1960 e o final da década de 1980, ter-se-á verificado, na generalidade dos países europeus, um aumento muito significativo das receitas dos partidos a nível nacional e do *staff* dos partidos no Parlamento, ampla ou exclusivamente financiado pelos fundos públicos, que ultrapassam em muitos casos os montantes obtidos através de todas as outras fontes de financiamento.[371]

Perante isto, há que concluir que o Estado tende a assumir uma importância decisiva para a sobrevivência dos partidos, comportando-se estes como actores particularmente interessados em criar um ambiente institucional e normativo que favoreça as várias modalidades de ajuda estatal. Esta ajuda está bem patente no reforço da capacidade dos partidos em termos de provisão de pessoal e também no acesso privilegiado dos partidos detentores do poder aos *media* (televisão e rádio) controlados pelo Estado e na sua disposição para «comprar» ou «recompensar» os seus seguidores através dos recursos públicos, desenvolvendo-se, por conseguinte, um verdadeiro «patrocinato de Estado».[372]

Pode dizer-se, deste modo, que os partidos tendem a formar um «cartel» no seio do qual os recursos públicos são partilhados por todos, e todos sobrevivem, tendo-se reduzido substancialmente as diferenças materiais entre vencedores e vencidos. Se, por um lado, a participação no governo,

---

[371] Richard Katz e Peter Mair (2002), «The ascendency of the party in public office: Party organization change in twenthieth-century democracies», *in* Richard Gunther, José Ramón e Juan J. Linz (orgs.), *Political Parties. Old Concepts and New Challenges*, *op. cit.*, pp. 123-124.

[372] Richard Katz e Peter Mair (orgs.) (1994), *How Parties Organize: Change and Adaptation in Party Organizations in Western Democracies*, *op. cit.*, p. 6-11.

ainda que esporádica, constitui hoje uma experiência normal para a maioria dos partidos europeus, por outro, a permanência na oposição raramente implica o fim do seu acesso ao *spoils system* ou às diversas formas de clientelismo.[373] A formação de um «cartel» conduz a que a concorrência eleitoral se torne contida, já que os partidos competem entre si sabendo que partilham com os seus adversários um interesse essencial que diz respeito ao conjunto, e que passa essencialmente por assegurar a continuidade do fluxo de recursos públicos. Em certos casos, como sublinham Richard Katz e Peter Mair, o «incentivo limitado» para competir é substituído por um «incentivo positivo» para não competir, dado que os principais partidos têm interesse em adoptar estratégias eleitorais relativamente comedidas e moderadas que não afectem negativamente os parceiros mais relevantes, uma vez que isso poderia abrir espaço político a novos partidos, potencialmente menos cooperantes.[374]

Estabelece-se, assim, um padrão de *pro-wrestling politics*; ou seja, tal como acontece na luta livre americana, onde as lutas que parecem ser extremamente brutais e violentas são, na verdade, cuidadosamente encenadas, também os principais partidos apenas aparentam estar a competir duramente uns com os outros, ainda que, em termos de alguns indicadores, a disputa entre eles pareça ser mais intensa — por exemplo, através de campanhas eleitorais cada vez mais onerosas e profissionalizadas.[375]

O Estado, «colonizado» pelos partidos, tornou-se numa fonte de recursos através da qual os partidos não só asseguram a sua sobrevivência, mas também reforçam a sua capacidade de resistência aos desafios que surgem do exterior do «cartel», e que são protagonizados sobretudo por novas formações partidárias — nomeadamente pelos partidos verdes, à esquerda, e pelos partidos nacionalistas e neoconservadores, à direita —, cujas exigências *anti-establishment* incidem precisamente sobre as práticas auto-defensivas e os arranjos institucionais dos partidos estabelecidos. É assim frequente que os partidos que integram o «cartel» tentem dificultar o acesso dos neófitos ao sistema político mediante determinados entraves

---

[373] *Idem, ibidem*, p. 6.
[374] Richard Katz e Peter Mair (1995), «Changing models of party organization and party democracy», *in Party Politics*, (1), pp. 19-29.
[375] Richard Katz e Peter Mair (1996), «Cadre, catch-all or cartel? A Rejoinder», *in Party Politics*, 2, p. 530.

legais, de que são exemplo a atribuição de subvenções com base nos votos obtidos, a introdução de cláusulas-barreira que impõem a superação de uma certa percentagem de votos à escala nacional para se poder aceder ao Parlamento ou ainda a eleição de um mínimo de deputados nos círculos uninominais.

Neste sentido, e como sugerem Katz e Mair, o Estado tende a tornar-se numa estrutura institucional de suporte, apoiando os *insiders* e excluindo os *outsiders*. Por outro lado, ao minimizarem as consequências da concorrência no interior do «cartel» e ao protegerem-se dos efeitos da insatisfação que se exprime pela via eleitoral, os partidos estabelecidos impedem que as eleições realizem a função de retroacção que lhes é imputada pelo modelo democrático. As eleições tornam-se, pois, num «ritual pacífico», que visa promover a alternância dos partidos mais relevantes no poder, tendo por base não a mobilização das massas e a capacidade para transmitir exigências colectivas, mas as provas ou as promessas de talento gestionário e eficiência governativa.[376]

É compreensível que, ao fortalecerem a sua ligação ao Estado, os partidos confiram uma crescente prioridade ao seu papel como detentores de cargos públicos, sendo a conquista de um lugar no governo uma expectativa comum e cada vez mais um fim em si mesmo. Com efeito, poucos dos principais partidos europeus se vêem permanentemente excluídos da participação no governo, sendo que o acesso ao poder implica normalmente a formação de coligações que se caracterizam por uma crescente promiscuidade política: os padrões de formação de governo, há muito estabelecidos, são hoje facilmente abandonados; e é cada vez mais difícil prever ou antecipar quais as alianças partidárias que podem ser excluídas à partida. Como Mair escreve:

> Os partidos definem-se cada vez mais em termos dos cargos públicos que ocupam. Por outras palavras, o partido enquanto tal torna-se mais ou menos sinónimo de partido no Parlamento ou no Governo; fora do contexto destes cargos públicos, a identidade partidária tende a evaporar-se. É assim que os partidos se reduzem cada vez mais aos líderes que ocupam cargos públicos, tornando-se estes no recurso mais importante à disposição dos partidos. [377]

---

[376] *Idem, ibidem*.
[377] Peter Mair (2003), «Os partidos políticos e a democracia», *op. cit.*, pp. 281-282.

É verdade que os partidos tendem a apresentar hoje uma base organizacional cada vez mais débil; contudo, o facto é que a face pública aparece substancialmente reforçada, e é neste sentido que a tese contemporânea do declínio partidário é enganadora. Segundo Mair, com a consolidação do «partido-cartel», assiste-se a uma mudança do centro de gravidade do partido, que pressupõe a passagem do «partido no terreno» para o «partido nas instituições», e dita o fim da organização partidária na sua concepção tradicional, bem como do «partido de massas» enquanto tal.[378] Esta mudança, que acompanha o movimento dos partidos da sociedade civil para o Estado, faz com que estes privilegiem as funções de carácter processual em detrimento das suas funções representativas tradicionais, que se revelam historicamente contingentes. A este propósito, Peter Mair conclui:

> As funções representativas dos partidos estão em declínio e foram assumidas, pelo menos parcialmente, por outros organismos, ao passo que as suas funções processuais foram preservadas, chegando mesmo a adquirir uma maior relevância. Por outras palavras, assim como os partidos mudaram da sociedade para o Estado, as funções que estes desempenham, e se espera que desempenhem, mudaram de uma acção principalmente representativa para uma acção principalmente governativa (...). Assim, se bem que o papel representativo dos partidos possa estar em declínio, o seu papel procedimental continua a ser tão essencial como antes, sendo de facto indispensáveis na gestão da democracia.[379]

E mais à frente acrescenta:

> Esta mudança realça também um aspecto importante relativo ao suposto declínio dos partidos: de facto, os partidos enquanto tal não declinaram, mas modificaram-se e encontram-se hoje cada vez mais implantados nas instituições. Por outro lado, parece cada vez mais evidente a ocorrência de um acentuado declínio das organizações partidárias, pelo menos quando ava-

---

[378] *Idem, ibidem*, p. 282. Richard Katz e Peter Mair (2002), «The ascendency of the party in public office: Party organization change in twenthieth-century democracies», *in* Richard Gunther, José Ramón e Juan J. Linz (orgs.), *Political Parties. Old Concepts and New Challenges, op. cit.*, pp. 122- 123 e 125.
[379] Peter Mair (2003), «Os partidos políticos e a democracia», *op. cit.*, p. 285.

liadas em termos de dimensão, penetração e relevância social (...). Quando se criticam os partidos, é pelos seus fracassos representativos; quando são contestados por novos movimentos sociais ou por protagonistas de uma política alternativa é na sua qualidade de organizações. Daqui se conclui que o papel mais significativo que poderá restar aos partidos num futuro próximo, e seguramente o mais dominante, será de carácter processual. Assim, para os partidos, é o aspecto democrático da democracia representativa, mais do que o aspecto representativo, que provavelmente se tornará crucial.[380]

Tratando-se de organizações que visam principalmente a obtenção de cargos públicos, é de esperar que os partidos que integram o «cartel» promovam nos seus representantes uma atitude de tipo profissional e que transformem a política numa «carreira» a tempo completo.[381] Ou, dito de outro modo: em vez de serem «políticos profissionais», aqueles que detêm cargos públicos electivos tornam-se cada vez mais «profissionais da política», fazendo da sua actividade mais uma «carreira» do que uma «vocação», com o único objectivo de se manterem na política.

Para a maioria dos políticos, a ausência de uma profissão alternativa ou a impossibilidade de retorno à profissão de origem leva a que a reeleição ou a obtenção de um emprego no sector público do Estado se torne uma questão vital, contando, num e noutro caso, com os «bons ofícios» do partido. Ora, isto cria uma condição objectiva de dependência dos políticos face aos partidos, e abre o caminho à evolução «partidocrática» do sistema político, sobretudo nos países onde a ajuda e o apoio estatais são intensos e as oportunidades de patrocinato e controlo partidário são mais elevadas.

Por outro lado, e como observam Richard Katz e Peter Mair, o facto de os partidos estabelecidos partilharem um interesse essencial, que remete fundamentalmente para as exigências da «política enquanto profissão», explica não só a permissividade perante a formação de diferentes coligações governativas e o desenvolvimento de práticas consociativas (de que são exemplo os pactos de regime entre governo e oposição), mas também a

---

[380] Idem, ibidem, pp. 290-291.
[381] Richard Katz e Peter Mair (2002), «The ascendency of the party in public office: Party organization change in twentieth-century democracies», in Richard Gunther, José Ramón e Juan J. Linz (orgs.), Political Parties. Old Concepts and New Challenges, op. cit., pp. 133.

formação de uma «classe política» cada vez mais fechada, distante e auto-referencial, tudo isto contribuindo para reforçar a imagem negativa que os cidadãos têm dos partidos e dos políticos.[382]

Se o modelo do «partido-cartel» contribui para o isolamento crescente da «classe política» face às suas fontes de legitimidade, o facto é que nele coabitam diferentes padrões e critérios de recrutamento. Por um lado, ao colocar nas mãos dos dirigentes do partido recursos superiores aos que estão à disposição dos seus adversários internos, o financiamento público tende a promover a concentração do poder e também o recrutamento centrípeto e a integração vertical das elites. Acresce que a auto-suficiência do «partido-cartel», consequência da sua fusão com o Estado, reforça igualmente essa tendência, na medida em que implica uma menor exposição dos dirigentes máximos do partido às influências sociais.

Paradoxalmente, e na tentativa de se relegitimarem junto de uma opinião pública que apresenta elevados índices de desconfiança em relação à «classe política» e de conseguirem uma maior penetração na sociedade civil, os partidos estabelecidos parecem dispostos a transpor os seus limites organizacionais imediatos, recrutando para determinados cargos e funções apoiantes não filiados que se destacam, acima de tudo, pelas suas qualidades tecnocráticas e competências especializadas, o que contribui para ofuscar a distinção entre membros e não membros.[383]

No mesmo sentido, e como referem Katz e Mair, alguns partidos europeus têm desenvolvido processos de democratização interna que passam pelo envolvimento dos membros de base nos processos de tomada de decisão, de que são exemplo as «primárias fechadas» para eleição do líder do partido e para a selecção dos candidatos para os cargos públicos. Trata-se, porém, de uma democratização mais aparente do que real, já que, nos casos mencionados, a concessão de novos poderes às bases pressupõe a sua «atomização», ao mesmo tempo que implica a «castração» dos activistas e das elites intermédias; assim, este processo está longe de pôr em causa a autonomia dos líderes, bem como as tendências oligárquicas e

---

[382] Richard Katz e Peter Mair (1995), «Changing models of party organization and party democracy», *op. cit.*, pp. 19-20 e 22-23.

[383] Peter Mair (2003), «Os partidos políticos e a democracia», *op. cit.*, p. 284.

personalistas que caracterizam a vida interna dos partidos nas democracias ocidentais.[384]

3. Perfil organizacional dos partidos portugueses e recrutamento parlamentar

Existe uma vasta literatura sobre partidos políticos, mas o facto é que sabermos surpreendentemente pouco sobre a sua organização interna. Trata-se, pois, de uma lacuna que, sem excluir a existência de inúmeros estudos «teóricos» — os quais remontam aos trabalhos pioneiros de Ostrogorski, Michels e Weber —, do ponto de vista empírico se tem traduzido numa investigação limitada a estudos de caso ocasionais e frequentemente *ad hoc*, que se limitam a alguns partidos individuais e compreendem apenas alguns países, não existindo dados relevantes e comparáveis da sua vida interna.[385]

Há que reconhecer, pois, que o estudo da organização e dos processos internos representam, como já foi dito atrás, uma área obscura no estudo dos partidos políticos, na medida em que aquilo que verdadeiramente interessa ao investigador é conhecer não apenas a sua organização formal, mas também as linhas de conflito que determinam os processos de decisão interna, os quais, só de forma mais ou menos remota, podem ser reconduzidos à sua «constituição formal» — sendo, por isso, extremamente difícil confrontar os modelos formais com a prática organizativa real.[386]

A essas dificuldades objectivas, que se erguem contra a necessidade de *to get inside the parties*, há ainda que somar a relutância por parte dos

---

[384] Richard Katz e Peter Mair (1995), «Changing models of party organization and party democracy», *op. cit.*, pp. 20-21. Richard Katz e Peter Mair (2002), «The ascendency of the party in public office: Party organization change in twentieth-century democracies», in Richard Gunther, José Ramón e Juan J. Linz (orgs.), *Political Parties. Old Concepts and New Challenges*, *op. cit.*, pp. 128-129.

[385] Richard Katz e Peter Mair ((orgs.) 1994), *Party Organizations. A Data Handbook*, Londres, Sage Publications, pp-1-4; AA. VV (2003), *Curso de Partidos Políticos*, Madrid, Akal Universitaria, pp. 59-61.

[386] Michael Gallagher e Michael Marsh (1988), *Candidate Selection in Comparative Perspective*, *op. cit.*, pp. 1-17; Angelo Panebianco (1995), *Modelos de Partido*, *op. cit.*, 27-34.

polítólogos em adoptar uma estratégia de investigação que, de acordo com as premissas do velho institucionalismo[387], se ocupe exclusiva ou preferencialmente das regras formais e do seu papel central para o conhecimento político, neste caso, para o estudo da organização interna dos partidos. Isso mesmo explica que muitos autores continuem a subestimar, de forma quase deliberada, o facto de as normas e os estatutos dos partidos, tal como sucede com a Constituição dos países, oferecerem um guia fundamental e indispensável para estudar a sua organização interna. Claro está que, não obstante os estatutos, as normas e os procedimentos formais de um dado partido constituírem uma fonte importante para a análise da sua organização — oferecendo uma ferramenta indispensável para apreciar a natureza e a extensão real da sua mudança e adaptação organizativa — seria contudo insuficiente, e acima de tudo ingénuo, ver neles um reflexo inteiramente fiel da sua organização real.

O que se compreende muito facilmente, dado que existem relações de poder e de influência fora dos procedimentos documentados oficialmente e, tal como se sucede com as Constituições nacionais, muita da política real produz-se em contextos não formalizados e de acordo com práticas que diferem — e muito — da leitura mais ou menos fácil, mais ou menos simplista, das normas formais. Seja como for, é necessário assumir que estas conservam a sua importância, e que, no plano da investigação politológica, constituem a pré-condição ou o ponto de partida de qualquer estudo empírico.[388] Em primeiro lugar, porque os estatutos são, desde logo, um importante recurso nas lutas intra-organizativas, pois as normas que regem um determinado partido, tanto podem assegurar o controlo e a legitimidade dos seus dirigentes, como podem ameaçar o seu poder e abrir o caminho a elites rivais.

Em segundo lugar, as normas e os procedimentos formais de um partido representam a sua face essencialmente «pública», já que se encontram documentados e publicados, sendo acessíveis tanto dentro como fora do partido, e daí o extremo cuidado que é posto na sua redacção. Em terceiro lugar, e este é talvez o ponto mais relevante, o modelo oficial da orga-

---

[387] Guy Peters (1999, 2003), *El Nuevo Institucionalismo. Teoria Institucional en Ciência Política*, *op. cit.*, pp. 20-27.

[388] Richard Katz e Peter Mair (orgs.) (1994), *Party Organizations. A Data Handbook*, *op. cit.*, pp. 6-8; AA. VV (2003), *Curso de Partidos Políticos*, *op. cit.*, pp. 66-68.

nização do partido oferece uma referência útil para confrontar e analisar as divergências que se observam ao nível da organização real. Por outras palavras, saber como as coisas funcionam «na teoria» constitui um instrumento não só útil como necessário para começar a conhecer como elas funcionam realmente «na prática».

Por tudo isto, não é de todo surpreendente que a investigação empírica sobre a organização interna dos partidos tenha sido até hoje assaz limitada, mesmo quando na Ciência Política os partidos tendem a ser amplamente reconhecidos como elementos centrais dos sistemas políticos contemporâneos, sendo inclusivamente considerados como estruturas «endémicas» à democracia representativa, como elementos consubstanciais a este tipo de regime.[389] Porém, e mais recentemente, tem-se assistido a uma notável revitalização do interesse académico pelos partidos, bem como ao desenvolvimento de investigação empírica sobre as suas modalidades organizativas.[390] Em termos gerais, o que há de substancialmente novo na literatura mais recente sobre a organização dos partidos políticos prende-se sobretudo com facto de estes serem entendidos não já — e de uma forma simplista e holística — como actores colectivos monolíticos e unitários, com valores, percepções e objectivos bem definidos, mas antes como sistemas complexos e multiformes, que resultam das interacções entre diversas componentes, as quais competem ou cooperam entre si.[391]

Ou seja, tende cada vez mais a prevalecer o entendimento de que os partidos, enquanto organizações, actuam e se movem simultaneamente em diferentes arenas e contextos, os quais lhes impõem diferentes estruturas de constrangimentos e de oportunidades. E é precisamente esta diversidade de contextos — e o envolvimento em diversos jogos políticos — que produz diferenciações no interior dos partidos, provocando também tensões

---

[389] James Bryce (1921), *Modern Democracies*, Nova Iorque, The Macmillan Company, p. 119; E. E Schattschneider (1942), *Party Government*, Nova Iorque, Holt, Rinehart e Winston, p. 1; Susan C. Stokes (1999), «Political Parties and Democracy», *in Annual Review of Political Science*, 2, p. 245.

[390] José Ramón Montero e Richard Gunther (2002), «Los estudios sobre los partidos políticos: una revisión crítica», *in Revista de Estúdios Políticos*, 118, pp. 10-12.

[391] Richard Katz e Peter Mair (orgs.) (1994), *Party Organizations. A Data Handbook, op. cit.*, pp. 4-6; Maurizio Cotta (2007), «Repensar as definições de partido e de governo», *in* Maurizio Cotta *Democracia, Partidos e Elites Políticas*, Lisboa, Livros Horizonte, pp. 19-40.

entre as suas principais componentes, as quais podem inclusivamente ser consideradas como «partidos distintos». É deste modo que vários autores se referem, frequentemente, ao «partido-organização», «ao partido parlamentar», ao «partido no governo» e, até mesmo, ao «partido no eleitorado», procurando, desta forma, analisar a natureza e a relação entre essas diversas «faces» dos partidos.

Assim sendo, e da literatura mais recente dedicada aos diversos modelos organizacionais adoptados pelos partidos, sobressaem alguns pontos de convergência importantes, que devem ser aqui mencionados. Em primeiro lugar, a ideia de que o partido enquanto organização extraparlamentar deve ser entendido como um sistema no interior do qual actuam diversos actores.[392] Desde logo, os indivíduos que aderem ao partido, subscrevendo os seus princípios e pagando as quotas, e que constituem a comunidade de base do partido; sendo que, aqui, é possível distinguir aqueles que — geralmente a maioria — se pautam por um comportamento essencialmente passivo, daqueles que se envolvem de forma activa e empenhada nas actividades do partido durante e entre as campanhas eleitorais, assegurando assim o necessário funcionamento da organização.

Já no vértice do partido, encontramos um grupo relativamente restrito de dirigentes nacionais, que ocupam os cargos internos de topo, e que representam o «partido-organização» perante outros actores, constituindo-se assim, e sem surpresa, como os mais óbvios candidatos à ocupação de cargos fora do partido, como no Parlamento ou no Governo.[393] Resulta daqui que os dirigentes nacionais dos partidos tendam a afastar-se significativamente dos militantes, pois enquanto estes vêem no partido um fim em si mesmo, aqueles encaram-no mais como um instrumento utilizado num jogo disputado em torno de cargos institucionais, de políticas públicas e de recursos de patrocinato, em combinações variáveis.

De notar ainda que a selecção dos dirigentes partidários tende a resultar, regra geral, dos apoios conquistados não apenas entre os membros de base, mas também e fundamentalmente entre o grupo mais ou menos restrito das elites intermédias, que controlam as estruturas nacionais e subnacionais do partido, e que compõem frequentemente o quadro de funcioná-

---

[392] Maurizio Cotta (2007), «Repensar as definições de partido e de governo», in Maurizio Cotta *Democracia, Partidos e Elites Políticas*, op. cit., pp. 26-31.
[393] *Idem, ibidem*, p 27.

rios profissionais e remunerados que desenvolvem uma parte substancial das actividades da organização — o que significa que esta «burocracia» pode tornar-se muito significativa na vida do partido no seu conjunto, constituindo, por conseguinte, um recurso relevante para a componente do partido que a controla.[394]

Por sua vez, a relação entre o «partido-organização» e o «partido parlamentar» revela-se crucial, já que ambos não só comungam da mesma identidade política, como são também compostos, em larga medida, pelos mesmos membros, ou seja, é nestas duas esferas que os dirigentes partidários se movem ao mesmo tempo. O que não invalida, contudo, que estas duas componentes do partido sejam palco de jogos políticos com características diferentes, cada uma das quais com as suas estruturas de oportunidades e de constrangimentos, sendo de destacar o «jogo eleitoral» para o partido parlamentar e o «jogo organizacional» para o partido-organização. Como escreve Maurizio Cotta, cada uma destas faces do partido é, até certo ponto, encarada pela outra de uma forma essencialmente instrumental:

> Para o partido parlamentar, que tem na reeleição o seu objectivo central, o partido-organização será considerado um recurso, cujo apoio é de importância acrescida durante as campanhas eleitorais. Simultaneamente, para o partido-organização (e em particular para os militantes), o partido parlamentar e os seus sucessos eleitorais são instrumentos valiosos para ajudar a organização a fortalecer-se e a alcançar os seus objectivos. Através de um forte partido parlamentar, o partido-organização poderá garantir a adopção de algumas políticas do seu programa, a obtenção de cargos importantes para os seus membros e a distribuição de benesses. Mas, mais importante ainda, o partido-organização poderá conquistar o acesso ao governo, que tornará possível a prossecução de todos estes objectivos.[395]

Dito isto, importa notar que há mais do que um ponto de equilíbrio na relação entre estas duas componentes do partido, o qual é ditado, em grande medida, pelo sistema de governo, pelo sistema eleitoral e pelas características do processo eleitoral dominantes em cada país, que reforçam ou diminuem a autonomia recíproca de ambas as «faces» da organização par-

---

[394] Idem, ibidem, pp. 32-33.
[395] Idem, ibidem, pp. 29-31.

tidária. Num dos extremos, é o partido-organização que domina o grupo parlamentar. No extremo oposto, o partido-organização é reduzido a uma posição de subserviência. Assim, e como observa ainda Maurizio Cotta, o partido parlamentar tenderá a ficar na dependência do partido-organização se este controlar os recursos que determinam o sucesso eleitoral: ou porque controla o processo de selecção dos candidatos ao Parlamento, ou porque dispõe dos meios financeiros e humanos necessários para a realização das campanhas eleitorais, ou ainda porque desempenha um papel essencial na produção e na preservação dos valores e dos ideais políticos que mobilizam os eleitores e os induzem a votar no partido. Pelo contrário, se o processo eleitoral for controlado pelo partido parlamentar, este terá maior capacidade de fazer valer a sua autonomia em relação ao partido-organização. Ou seja, quanto mais os recursos eleitorais forem «propriedade» do grupo parlamentar e dos seus membros individuais, tanto mais independente será o partido parlamentar face às outras componentes do partido.[396]

A última «face» da organização partidária, que deve ser considerada tanto na análise teórica como empírica, é o «partido no governo». Como o próprio nome sugere, esta componente é composta pelos membros do partido que conquistaram um cargo no governo, sendo que a sua força política face às restantes componentes do partido depende, para além da estrutura institucional do sistema político, quer do período de tempo durante o qual o partido controla o governo, quer do controlo total ou parcial do governo pelo partido.[397] É de esperar que quando um partido permanece no governo por muito anos, os cargos de responsabilidade governativa acabem por se tornar, para um número considerável de membros, a actividade política mais importante, bem como um objectivo muito concreto que um grupo não menos significativo de membros procurará alcançar. Do mesmo modo, é de esperar que o peso desta componente do partido oscile entre o controlo total e parcial do governo (governo de um só partido ou de coligação), e que dessa oscilação resultem recursos e constrangimentos maiores ou menores para o «partido no governo».

Esta breve introdução ao estudo da organização interna dos partidos tem pois como objectivo central afirmar a necessidade de abandonar um concepção elementar e simplista dos partidos, entendidos como actores

---

[396] *Idem, ibidem*, pp. 29-30.
[397] *Idem, ibidem*, pp. 33-36.

colectivos unitários, procurando antes compreender a sua natureza essencialmente compósita, o que implica proceder à sua decomposição e analisar as interacções entre as suas principais componentes. Estamos, de facto, em crer que só assim será possível determinar até que ponto o perfil organizacional dos partidos pode condicionar, e em que sentido, os critérios e os modelos de recrutamento parlamentar em Portugal. É precisamente disso que nos ocuparemos, de forma detalhada, e tão exaustiva quanto possível, nas secções que se seguem, sem contudo deixar de começar pelo princípio, ou seja, pela análise do «modelo genético» dos principais partidos portugueses.

3.1 A génese e a institucionalização dos partidos portugueses: uma breve referência histórica

Quando do 25 de Abril de 1974, daqueles que viriam a ser os quatro maiores partidos políticos da democracia portuguesa, apenas existiam o Partido Comunista Português (PCP) e o Partido Socialista (PS), encontrando-se em situações muito distintas. Fundado em 1921, por iniciativa de elementos anarco-sindicalistas, o PCP foi o único partido político que sobreviveu aos quarenta e oito anos de ditadura, conduzindo de forma organizada, permanente e contínua a resistência antifascista entre o proletariado agrícola e industrial, nas zonas rurais e urbanas do país. Não surpreende, assim, que, no período imediatamente subsequente àquela data, o Partido Comunista se mostre superior aos restantes partidos, em termos de estrutura organizativa, de liderança política e de número de membros, impondo-se rapidamente como uma das principais forças políticas da revolução.[398]

Embora as origens do Partido Socialista possam ser traçadas em meados do século XIX, a sua vida não foi contínua. Durante o Estado Novo, os socialistas tiveram dificuldade em manter a clandestinidade, e o partido, já de si pouco forte, praticamente desapareceu. Diversos grupos e associações tentaram manter vivos os ideais socialistas, mas nunca conseguiram criar

---

[398] Carlos Cunha (1997), «The Portuguese Communist Party», *in* Thomas C. Bruneau (org.), *Political Parties and Democracy in Portugal. Organizations, Elections, and Public Opinion*, Boulder, Colorado, Westview Press, p. 24; Juan Carlos González Hernández (1999), *Desarrollo Político y Consolidación Democrática en Portugal (1974-1998)*, Madrid, Centro de Investigaciones Sociológicas, pp. 67-71.

uma estrutura organizativa duradoura e manter uma base de apoio representativa. Em 1964, Mário Soares, Francisco Ramos da Costa e Manuel Tito de Morais constituem a Acção Socialista Portuguesa (ASP), a qual representa mais um grupo de pessoas com visões políticas semelhantes do que um partido político, sendo que a maioria dos seus membros pertencia às classes médias e mantinha o desejo de democratizar o país. A modificação das condições políticas em Portugal, no final da década de sessenta, levou alguns membros da ASP a pugnarem pela criação de um partido político, reforçando a sua organização dentro do país e preparando-se para assumir o protagonismo no momento em que o regime mudasse.

Em 1973, é fundado o Partido Socialista, em Bad Münstereifel, na República Federal da Alemanha, num congresso da Acção Socialista Portuguesa, do qual saíram triunfantes os argumentos de Mário Soares e de outros delegados, segundo os quais o regime ditatorial estava esgotado — sendo, por isso, urgente construir uma alternativa ao Partido Comunista, que se identificasse com o socialismo democrático e que funcionasse como um pólo aglutinador de personalidades e correntes de esquerda não ligadas ao PCP. O facto é que, aquando da revolução de Abril de 1974, o Partido Socialista era pouco mais do que uma «facção elitista», possuindo uma organização muito deficiente e gozando de uma fraca implantação fora das maiores cidades do país, já para não falar da notória escassez de recursos económicos.[399]

Emergindo de diferentes alas críticas ao regime autoritário de Oliveira Salazar e de Marcelo Caetano, os partidos de direita formaram-se nos meses imediatamente subsequentes à Revolução de Abril, e enfrentaram, nos momentos iniciais da sua existência, inúmeras dificuldades e obstáculos, uma vez que careciam de estruturas internas coerentemente organizadas, de amplas redes de apoio implantadas a nível nacional e de uma ideologia e programa político claramente definidos. Fundado em Maio de

---

[399] Susana Martins (2005), «A fundação do Partido Socialista em 1973», in Vitalino Canas (org.), *O Partido Socialista e a Democracia*, Oeiras, Celta, pp. 29-51; António Reis (2005), «O Partido Socialista na revolução: da via portuguesa para o socialismo em liberdade à defesa da democracia pluralista», in Vitalino Canas (org.), *O Partido Socialista e a Democracia, op. cit.*, pp. 51-95. Juliet Antunes Sablosky (1997), «The Portuguese Socialist Party», in Thomas C. Bruneau (org.), *Political Parties and Democracy in Portugal. Organizations, Elections, and Public Opinion*, Westview Press, pp. 55-58; Juan Carlos González Hernández (1999), *Desarrollo Político y Consolidación Democrática en Portugal (1974-1998), op. cit.*, pp. 71-74.

1975, pela convergência de um vasto grupo de opinião, encabeçado por Francisco Sá Carneiro, Francisco Pinto Balsemão e Joaquim Magalhães Mota, e saído do que se convencionou chamar a «ala liberal» da Assembleia Nacional de Marcelo Caetano, o Partido Social Democrata (PSD) desenvolveu uma intensa actividade tendo em vista a respectiva consolidação na cena política nacional; fê-lo num período especialmente agitado e conturbado, dados os condicionalismos inerentes ao processo de transição democrática e as características específicas que se pretendiam imprimir ao partido, quer no plano ideológico, quer no plano programático.[400]

Também o Centro Democrático Social (CDS, e mais tarde CDS-PP), fundado em Julho do mesmo ano por iniciativa de algumas figuras ligadas à denominada «nova direita marcelista» — que representara, nos últimos anos do Estado Novo, a possibilidade de uma eventual abertura por «dentro» do próprio sistema — conheceria um período de formação particularmente tumultuoso.[401]

Seja como for, o que cabe referir aqui é o seguinte: no imediato pós-25 de Abril de 1974, à excepção do PCP, todos os partidos tiveram de desenvolver uma estrutura organizativa de âmbito nacional a partir do zero. No período de transição democrática, assistiu-se à rápida transformação do Partido Comunista Português numa verdadeira organização de massas, tornando-se a sua base de membros bastante alargada: contando, naquela data, com apenas 3 000 membros, o PCP reuniria, em 1975, mais de 100 000 militantes.[402] Este forte crescimento organizacional explica-se não só pela mobilização de base empreendida pelo Partido Comunista —

---

[400] Maria José Stock (1986), *Os Partidos do Poder. Dez Anos Depois do 25 de Abril*, Évora, Universidade de Évora, pp. 89-90; Maritheresa Frain (1997), «The right in Portugal: The PSD and CDS-PP», *in* Thomas C. Bruneau (org.), *Political Parties and Democracy in Portugal. Organizations, Elections, and Public Opinion*, op. cit., pp. 77-80; Juan Carlos González Hernández (1999), *Desarrollo Político y Consolidación Democrática en Portugal (1974-1998)*, op. cit., pp. 79-81.

[401] Maria José Stock (1986), *Os Partidos do Poder. Dez Anos Depois do 25 de Abril*, op. cit., pp. 155-160; Juan Carlos González Hernández (1999), *Desarrollo Político y Consolidación Democrática en Portugal (1974-1998)*, op. cit., pp. 82-83.

[402] Fernando Farelo Lopes e André Freire (2002), *Partidos Políticos e Sistemas Eleitorais. Uma Introdução*, Oeiras, Celta Editora, p. 43; Fernando Farelo Lopes (2004), *Os Partidos Políticos. Modelos e Realidades na Europa Ocidental e em Portugal*, Oeiras, Celta Editora, p. 87.

que procurou, desde logo, desenvolver uma função de socialização e de integração das massas, através da realização de manifestações, de comícios e de sessões de esclarecimento, ao mesmo tempo que estabelecia uma sólida ligação vertical com a própria base social de apoio —, como também pela implantação de topo, que se traduziu no controlo dos principais meios de comunicação social, do aparelho sindical e do aparelho de Estado, através do desenvolvimento de uma aliança privilegiada com o sector do Movimento das Forças Armadas (MFA) mais próximo das suas posições, que se agrupou em torno do primeiro-ministro Vasco Gonçalves.

É significativo notar-se que, quando é instaurado o regime democrático em Portugal, o PCP tem como objectivo principal pôr fim ao processo de marginalização que havia caracterizado a sua sobrevivência durante a fase autoritária — quando era considerado o principal adversário do regime — e integrar-se no novo arranjo democrático. Deste modo, nos meses que se sucederam ao golpe militar de 25 de Abril de 1974, o Partido Comunista Português (aliado do sector gonçalvista do Movimento das Forças Armadas) desenvolve com sucesso uma estratégia de ocupação institucional: participa em todos os seis governos provisórios; encontra-se bem implantado na administração local; controla a central sindical unitária (Confederação Geral dos Trabalhadores Portugueses — CGTP) e influencia diversos órgãos de comunicação social.

Depois do 11 de Março de 1975, com a aceleração do processo revolucionário de transformação das instituições políticas e das estruturas sociais — de que resultou a nacionalização de importantes sectores da vida económica e financeira do país, a institucionalização do MFA e o reforço do papel do Estado na sociedade —, o PCP acentua o seu protagonismo político e afirma-se como uma força política inigualável entre os partidos portugueses, exibindo uma organização de tipo marxista-leninista, uma liderança forte e uma cultura interna muito homogénea.

A liderança do Partido Comunista, que entre 1974 e 1975 vê realizados muitos dos objectivos inscritos no «Programa para a Revolução Democrática e Nacional», considera reunidas as condições para desenvolver uma democracia socialista no nosso país[403], opondo-se terminantemente à pos-

---

[403] *Programa do PCP aprovado pelo VI Congresso em 1965 — Para a Revolução Democrática e Nacional*, Lisboa, Edições Avante!, 1974; Álvaro Cunhal (1977), *As Tarefas do PCP para a Construção da Democracia Rumo ao Socialismo*, Lisboa, PCP, p. 29.

sibilidade de se consolidar em Portugal uma democracia liberal de tipo ocidental. Como é sabido, a rejeição da democracia liberal por parte do PCP, cujas posições encontram eco num sector crucial do MFA, acabou por transformar a transição democrática portuguesa num confronto entre projectos alternativos de regime político, num conflito entre «legitimidade revolucionária» e «legitimidade eleitoral» — uma disputa assinalada por importantes momentos negociais, de que são exemplo os pactos entre o MFA e os partidos políticos.[404]

Para o rápido crescimento organizacional do Partido Comunista muito terá contribuído a ajuda recebida da ex-URSS e de outros países do Pacto de Varsóvia. Se é verdade que a criação deste partido resultou de circunstâncias sociais e políticas eminentemente internas, tendo-se formado sem o apoio soviético, não é menos verdade que a sua história não é meramente «doméstica»: a partir do momento em que se juntou à Internacional Comunista (1921), o PCP perdeu uma parte significativa da sua autonomia, verificando-se uma interferência crescente desta estrutura na sua vida interna, designadamente no que respeita à imposição de orientações políticas, à manipulação da eleição de dirigentes internos e ao financiamento de actividades partidárias.[405] Ou seja, e nos termos propostos por Panebianco, o PCP passou a desenvolver-se como um partido patrocinado ou legitimado por uma organização exterior de carácter internacional (*Comintern*). É de sublinhar que a influência política do Partido Comunista começou a declinar em Novembro de 1975, aquando da viragem à direita do processo revolucionário, o qual deu lugar ao desmantelamento progressivo das «conquistas revolucionárias» e à institucionalização gradual de uma democracia parlamentar. O que não impediu, contudo, que o PCP crescesse ininterruptamente até 1983, registando-se, a partir daí, uma erosão contínua do número dos seus filiados e eleitores.[406]

---

[404] Manuel Braga da Cruz (1995), «Evolução das instituições políticas: Partidos Políticos e Forças Armadas na transição democrática», *in* Manuel Braga da Cruz, *Instituições Políticas e Processos Sociais*, Venda Nova, Bertrand Editora, pp. 107-119; Juan Carlos González Hernández (1999), *Desarrollo Político y Consolidación Democrática en Portugal (1974-1998)*, *op. cit.*, pp. 49-62.

[405] Carlos Cunha (1997), «The Portuguese Communist Party», *in* Thomas C. Bruneau (org.), *Political Parties and Democracy in Portugal. Organizations, Elections, and Public Opinion*, *op. cit.*, p. 27.

[406] Fernando Farelo Lopes (2004), *Os Partidos Políticos. Modelos e Realidades na Europa Ocidental e em Portugal*, *op. cit.*, p. 87.

Nos anos imediatamente subsequentes à Revolução de Abril, o Partido Socialista conheceria também um rápido desenvolvimento organizacional, tendo sido o partido mais votado nas eleições constituintes de 1975 e nas eleições legislativas de 1976, na medida em que conseguiu polarizar à sua volta todas as forças políticas que defendiam, para a sociedade portuguesa, uma democracia de tipo ocidental, e que se opunham ao projecto vanguardista do PCP e de amplos sectores do MFA. A este crescimento organizacional, bem patente no acréscimo de adesões ao partido entre 1974 e 1975, não foi alheia a participação maioritária e até dominante do Partido Socialista nos sucessivos governos provisórios, o que lhe permitiu uma implantação de topo, ou seja, a possibilidade de conquistar apoios sociais a partir «de cima», mediante práticas de patrocinato político, num quadro institucional pautado pela disponibilidade de lugares no aparelho de Estado e pela partidarização da burocracia estatal.[407]

De referir, também, a importância da ajuda internacional prestada ao PS pelos partidos, sindicatos e dirigentes da família socialista europeia — não obstante o seu afastamento programático inicial, ditado pela presença, no interior do partido, de uma retórica ideológica de inspiração essencialmente marxista.[408] Porém, é de sublinhar que a ajuda e os contactos partidários a nível internacional não implicavam que o Partido Socialista fosse um partido patrocinado por qualquer organização exterior ou funcionasse como um «braço político» dessa mesma organização; gozava, portanto, de uma «legitimidade própria».

Além de terem surgido posteriormente, os partidos de direita foram mais ou menos hostilizados pelas forças radicais durante o período revolucionário, não beneficiando das vantagens do acesso ao poder político e do seu exercício nos primeiros anos do novo regime. Embora o PSD tenha participado em alguns governos provisórios, ao lado dos socialistas e dos comunistas, o certo é que a sua debilidade estrutural — expressa na sua organização embrionária e no seu escasso número de militantes — tê-lo-á impedido de aproveitar devidamente os privilégios inerentes a essa participação, nomeadamente os privilégios de patrocinato. Já quanto ao CDS,

---

[407] Marcelo Rebelo de Sousa (1983), *Os Partidos Políticos no Direito Constitucional Português*, Braga, Livraria Cruz, pp. 242-243.
[408] Juliet Antunes Sablosky (2005), «The Portuguese Socialist Party», *in* Vitalino Canas (org.), *O Partido Socialista e a Democracia*, *op. cit.*, pp. 283-284.

a sua expansão organizacional, bem como o reforço da sua legitimidade, teve como limite relevante o facto de não ter participado nos governos provisórios, a que se deve adicionar também a sua criação relativamente tardia.[409]

Além do mais, as ligações internacionais destes partidos iniciaram-se com relativo atraso, já que só depois de Março de 1975 passaram a contar com apoios financeiros de forças políticas congéneres, designadamente do SPD e da CDU.

Distribuição de pastas nos seis governos provisórios

[QUADRO N.º 5]

	I GOV.	II GOV.	III GOV.	IV GOV.	V GOV.	VI GOV.	Total
Independentes	5	3	2	3	6	2	21
Militares	1	8	8	8	7	9	41
PS	3	4	4	2	-	4	19
PCP	2	1	1	2	1	1	8
PPD	2	1	1	2	-	2	8
MDP/CDE	1	-	-	2	4	-	7
Outras	1(*)	-	1(**)	-	-	-	2

Fonte: Juan González Hernández (1999), *Desarrollo Político y Consolidación Democrática en Portugal (1974-1998)*, Centro de Investigaciones Sociológicas, Madrid, p. 62.

Notas: 1. (*) SEDES (Sociedade de Estudos para o Desenvolvimento Económico e Social). (**) EX-MES (Movimento da Esquerda Socialista).

Não dispondo de uma organização que lhe permitisse retirar os dividendos políticos e os recursos de poder correspondentes à sua participação nos governos provisórios, nem podendo contar com ajudas internacionais relevantes, os líderes do PSD investiram, durante a fase inicial da transição democrática, no desenvolvimento de uma estrutura nacional organizada, que passou, em grande parte, pela assimilação de redes clientelares preexistentes no Norte e no Centro do país, e pela criação de delegações e

---

[409] Marcelo Rebelo de Sousa (1983), *Os Partidos Políticos no Direito Constitucional Português*, op. cit., pp. 244-245.

representações em todo o território nacional.[410] Na sequência desta estratégia de implantação nacional, o Partido Social Democrata passou de 10 785 filiados, em 1974, para cerca de 20 500, no ano seguinte, e conseguiu obter o segundo lugar nas eleições constituintes de 1975.[411] O CDS seguiu uma via de desenvolvimento semelhante, procurando implantar-se nas únicas zonas do país ao abrigo da dominação socialista e comunista; porém esteve longe de alcançar o sucesso do PSD.[412]

É de notar aqui que os partidos políticos portugueses exibem, desde logo, e de forma bastante vincada, traços próprios de um «sistema de interesses» e não de um «sistema de solidariedade», o que contraria a trajectória evolutiva proposta por Angelo Panebianco, e se explica quer pela sua ligação inicial ao governo quer pelos condicionalismos da fase de transição do regime. Recorde-se que, no ambiente tumultuoso e incerto que caracterizou o período de transição democrática, o Partido Socialista, temendo perder a corrida pela liderança do processo revolucionário, foi obrigado a adoptar um certo radicalismo de cunho marxista, expresso nalgumas partes do seu programa, na linguagem utilizada e nas posições adoptadas. E que também o PSD, criado com o objectivo declarado de ocupar, no espectro político, o lugar vazio à direita do PS, respondeu à transição radical adoptando um programa de «centro-esquerda», que lhe permitiu sobreviver numa conjuntura interna pouco favorável, chegando mesmo a apoiar a construção do socialismo em Portugal.

Um tal posicionamento assegurou-lhe, aliás, a participação nas estruturas esquerdistas do poder, apesar das objecções de alguns líderes do partido, e evitou a sua marginalização do processo político. O que é mais: o facto de o PSD ter sobrevivido, numa conjuntura em que as forças políticas de esquerda dominavam a cena política nacional e em que a sua vida interna registou vários confrontos, testemunha o sucesso da sua estratégia

---

[410] Maritheresa Frain (1997), «The right in Portugal: The PSD and CDS-PP», in Thomas C. Bruneau (org.), *Political Parties and Democracy in Portugal. Organizations, Elections, and Public Opinion*, op. cit., pp. 84-87; Maritheresa Frain (1998), *PPD/PSD e a Consolidação do Regime Democrático*, Lisboa, Editorial Notícias, pp. 36-45 e 45-51.

[411] Fernando Farelo Lopes (2002), «Os partidos portugueses numa perspectiva organizacional», in Fernando Farelo Lopes e André Freire, *Partidos Políticos e Sistemas Eleitorais. Uma Introdução*, op. cit., p. 44.

[412] Idem, ibidem.

pragmática e flexível.[413] O CDS, em resposta à linguagem e às propostas vindas das esquerdas, e indo ao encontro das exigências progressistas e gradualistas do MFA, apresentou-se ao eleitorado como um partido centrista e moderado, apoiando a participação dos operários na indústria, a expansão dos serviços de segurança social e a intervenção estatal na economia. Era manifesto o desfasamento entre o seu programa inicial e a sua base social de apoio: para grande parte dos eleitores, simpatizantes, filiados e militantes, o CDS era um partido de esquerda. Com efeito, a «inflexão à esquerda», dos partidos de direita, estava bem patente no facto de os seus programas iniciais se situarem à esquerda das respectivas lideranças e de os seus líderes se posicionarem, em geral, à esquerda das suas bases sociais de apoio e do seu eleitorado.[414]

Já quanto ao PCP, importa notar que, apesar de este partido ter desenvolvido uma implantação de topo paralela à mobilização de base, o certo é que se afastou dos demais partidos políticos na medida em que se constitui desde o início como um «sistema de solidariedade» orientado para a realização do socialismo — característica que se manterá inalterada muito para além da fase revolucionária. Efectivamente, a necessidade de assegurar a sobrevivência e a estabilidade organizativa no imediato pós-25 de Abril não fez com que a prática do PCP se distanciasse dos seus fins oficiais — o que teria posto em causa a sua identidade colectiva e os seus apoios sociais — nem tão pouco atenuou os laços de solidariedade entre os membros, a sua identificação com o partido e com a «causa» do partido; tal facto

---

[413] Maria José Stock (1986), *Os Partidos do Poder. Dez Anos Depois do 25 de Abril*, *op. cit.*, pp. 90-97; Maria José Stock (1985), «O centrismo político em Portugal: evolução do sistema de partidos, génese do Bloco Central e análise dos dois partidos da coligação», in *Análise Social*, vol. XXI (85), pp. 47 e 49; Richard Gunther (2004), «As eleições portuguesas em perspectiva comparada: partidos e comportamento eleitoral na Europa do Sul», in André Freire, Marina Costa Lobo e Pedro Magalhães (orgs.), *Portugal a Votos. As Eleições Legislativas de 2002*, Lisboa, ICS, pp. 76-77 e 118.

[414] Rui António Frederico (2001), «Evolução político-ideológica do CDS-PP: do centro-social, federalista e regionalizante à direita popular, intergovernamental e unitarista (1974-1998)», in Primeiro Encontro Nacional de Ciência Política (2001), *A Reforma do Estado em Portugal: Problemas e Perspectivas*, Lisboa, Bizâncio, pp. 385-386 e 393-394; Richard Gunther (2004), «As eleições portuguesas em perspectiva comparada: partidos e comportamento eleitoral na Europa do Sul», *in* André Freire, Marina Costa Lobo e Pedro Magalhães (orgs.), *Portugal a Votos. As Eleições Legislativas de 2002*, *op. cit.*, pp. 76-77 e 118.

explica-se, em grande parte, pelo seu longo historial de clandestinidade e pelos seus progressos organizacionais entre o período da ditadura e o da instauração da democracia.

Com a superação da fase revolucionária e o início da normalização do novo regime, assiste-se à progressiva institucionalização dos partidos à direita do PCP, os quais reforçam a sua condição originária de «sistema de interesses», conferindo total prioridade à conquista de votos e ao exercício do poder, e fazendo, assim, da arena eleitoral uma verdadeira «opção estratégica».[415] No caso do Partido Socialista, observa-se um reforço da «ideologia latente» e um crescente distanciamento entre os conteúdos programáticos e a prática concreta do partido, ao mesmo tempo que se tornam recorrentes as lutas internas pela obtenção de recursos organizativos, as polémicas em torno de pessoas muito mais do que de ideias ou programas políticos, e os benefícios particulares ou selectivos se sobrepõem aos benefícios colectivos enquanto estímulo à participação dos membros.

Com efeito, e como sublinham vários autores, a experiência governativa do PS, nos primeiros anos do novo regime, definiu um padrão comportamental, que iria estar presente em todos os momentos de viragem posteriores: a prática política no governo tende a afastar-se invariavelmente das linhas programáticas preestabelecidas, revelando uma postura de «maior moderação *ad extra* e de maior radicalidade *ad intra*».[416] É neste sentido que a saída de muitos filiados socialistas e as acusações por parte de alguns dirigentes e membros do partido aquando da aliança entre o PS e o CDS, em 1978, e da aliança entre o PS e o PSD, entre 1983 e 1985, podem ser interpretadas como uma reacção dos «crentes» ao desvirtuamento daquela que entendiam ser a identidade originária do Partido Socialista.

Passada a fase revolucionária, o PSD demarca-se, definitivamente, de quaisquer conotações marxistas, apelando aos segmentos mais conservadores das suas bases e do eleitorado; tal facto ficou a dever-se a uma campanha vigorosa e bem sucedida contra a «ala esquerda» do partido, e

---

[415] Ingrid van Biezen (1997), «Building party organizations and the relevance of past models: a comparaison of the communist and socialist parties in Spain and Portugal», texto apresentado nas *Joint Sessions* da ECPR, Berna, Fevereiro-Março de 1997, p. 11.

[416] Manuel Braga da Cruz (2005), «O Partido Socialista Português. Vinte anos de evolução (1973-1993)», *in* Vitalino Canas (org.), *O Partido Socialista e a Democracia*, *op. cit.*, pp. 169-179.

também contra os socialistas e os comunistas, levada a cabo pelo seu líder carismático, Francisco Sá Carneiro, a qual permitiu vencer o «complexo de direita» de que o partido ainda sofria.[417] A ênfase colocada, pelo dirigente máximo do partido, no esclarecimento das suas opções ideológicas constitui assim uma espécie de retorno à fase originária. Efectivamente, só após a sua morte as questões dominantes no partido deixam de corresponder à definição da sua identidade ideológica, passando então a dominar os assuntos respeitantes à conquista e à conservação do poder político. Neste sentido, se na fase de normalização do regime o PSD descobre a sua identidade colectiva e reencontra-se com uma parte significativa das suas bases de apoio «naturais», na fase de consolidação torna-se evidente a adopção de uma «estratégia política expansiva», que afasta qualquer dogmatismo ideológico e afirma o carácter popular do partido.

Assumindo como tarefa prioritária, a rápida captura dos votos de um eleitorado recém-constituído e relativamente disponível — dada a ausência de identidades e de alinhamentos partidários estáveis — o Partido Socialista e o Partido Social Democrata adoptaram imediatamente o estatuto de partidos eleitoralistas modernos.[418] Há que reconhecer que o eclectismo da sua ideologia política, a relativa indefinição e moderação dos seus programas eleitorais e a natureza interclassista das suas bases sociais de apoio permitiram, a ambos os partidos, prosseguir, de forma quase instantânea, uma estratégia eleitoral agressiva, necessariamente competitiva, mobilizando um eleitorado amplo e heterogéneo. Para tal, contribuiu também o facto de o período formativo crucial destes partidos se ter dado em plena era da política mediada pelos *mass media*, em geral, e pela televisão, em particular, o que conduziu à adopção de estratégias de comunicação com os eleitores típicas do partido *catch-all*, em que as qualidades dos líderes se sobrepõem claramente à própria organização partidária e às suas conexões sociais.

---

[417] Maritheresa Frain (1998), *PPD/PSD e a Consolidação do Regime Democrático*, op. cit., p. 130.

[418] Entre outros, veja-se Richard Gunther (2004), «As eleições portuguesas em perspectiva comparada: partidos e comportamento eleitoral na Europa do Sul», *in* André Freire, Marina Costa Lobo e Pedro Magalhães (orgs.), *Portugal a Votos. As Eleições Legislativas de 2002*, op. cit., pp. 75-79.

Se nos primeiros tempos da revolução, largamente dominados por forças da extrema esquerda, o CDS não pôde apresentar-se como uma força conservadora, pois arriscava-se a ser ligado ao regime de Salazar e de Caetano, com a normalização do regime este partido conquistou, finalmente, o seu espaço à direita do espectro político e assistiu ao «regresso a casa» do seu eleitorado natural, o que se traduziu numa notável recuperação nas eleições legislativas de 1976 e num alargamento substancial da sua base social de apoio. Entretanto, a sua decisão de participar na primeira coligação governamental, juntamente com o PS, é reveladora de uma nova estratégia de adaptação ao meio, visando a estabilidade e o crescimento organizacional do partido, em detrimento da manutenção das «barreiras ideológicas» e da realização dos «fins oficiais». Seja como for, com esta participação governativa, o CDS reforçou a sua institucionalização, na medida em que adquiriu maior experiência política e viu aumentar a sua respeitabilidade e legitimidade, e afirmou também o seu «potencial de coligação», através do qual procurará mudar, em momentos posteriores, a principal dimensão de competição do sistema partidário português: PS contra PSD.[419]

Esta tentativa de se tornar parte da principal dimensão de competição, reforçando o seu papel dentro do sistema, ajuda a explicar as sucessivas rupturas, em termos de liderança política e de conteúdos programáticos, que se conhecem no CDS: primeiro, com a passagem de um partido «centrista, social, federalista e de vocação regionalizante» para um partido de «direita popular, antifederalista e de vocação municipalista», protagonizada por Manuel Monteiro, em 1992; e, depois, com o desenvolvimento de uma curiosa síntese entre democracia cristã, liberalismo e conservadorismo, já sob a liderança de Paulo Portas.[420]

Durante o período de normalização e consolidação do regime democrático, o Partido Comunista Português distingue-se dos demais partidos políticos na medida em que mantém, na fase de maturidade, os traços típi-

---

[419] Carlos Jalali (2001), «A evolução do sistema de partidos de Portugal — Do pluralismo polarizado ao pluralismo moderado e bipolarização?», *in* Primeiro Encontro Nacional de Ciência Política (2001), *A Reforma do Estado em Portugal. Problemas e Perspectivas, op. cit.*, pp. 375-376.

[420] Rui António Frederico (2001), «Evolução político-ideológica do CDS-PP: do centro-social, federalista e regionalizante à direita popular, intergovernamental e unitarista (1974-1998)», *in* Primeiro Encontro Nacional de Ciência Política (2001), *A Reforma do Estado em Portugal. Problemas e Perspectivas, op. cit.*

cos da fase originária, continuando a apresentar-se mais como um «sistema de solidariedade» do que como um «sistema de interesses». Isto explica-se pelo facto de o PCP ter optado — quando afastado das posições de poder e numa situação de claro isolamento político — por uma estratégia de «integração sem adaptação democrática»[421], afirmando-se como um partido político «anti-regime», ou seja, um partido que não aceita as regras do jogo e as instituições-chave do regime democrático, tendo como objectivo declarado proceder à sua substituição num futuro mais ou menos próximo.[422] Como é sabido, os comunistas defendiam que somente através da manutenção e do reforço dos arranjos económicos (reforma agrária, nacionalizações) e institucionais (papel político das forças armadas, forma de governo semi-presidencial) saídos da Revolução de Abril de 1974 e consagrados na Constituição de 1976 seria possível caminhar rumo ao socialismo. Daí a sua oposição à revisão constitucional de 1982 e à entrada de Portugal na CEE, já que ambos comprometiam as «conquistas de Abril». Donde, o PCP apoia o regime democrático, mas apenas como ponto de partida para a sua transformação num sentido socialista; rejeitando, portanto, a perspectiva, partilhada pelas outras forças políticas, de transformar o regime numa democracia liberal clássica, com a desmilitarização das instituições políticas e a redução do intervencionismo estatal na economia.

De facto, entre 1976 e 1988, e como bem sugere Anna Bosco, o PCP não desenvolveu nenhuma forma de «adaptação democrática», mantendo praticamente inalterado o programa político adoptado no período autoritário: os documentos partidários continuam a declarar a fidelidade ao objectivo revolucionário e à construção de uma democracia socialista, evitando reconhecer a consolidação, em Portugal, de uma democracia liberal de tipo ocidental. Durante este período, o PCP encontra-se no nível zero da escala

---

[421] Anna Bosco, (2000), *Comunisti. Transformazioni di Partito in Italia, Spagna e Portogallo*, Bolonha, Il Mulino, pp. 51-52; Anna Bosco e Carlos Gaspar (2001), «Four actors in search of a role. The southern european communist parties», *in* Nikiforos Diamandouros e Richard Gunther (orgs.), *Parties, Politics, and Democracy in the New Southern Europe*, Baltimore, The Johns Hopkins University Press, pp. 331-333.

[422] Leonardo Morlino (1980), *Como Cambiano i Regimi Politici*, Milão, Franco Angeli, p. 169; Giovanni Sartori (1976), *Parties and Party Systems. A Framework for Analysis*, Cambridge, Cambridge University Press, pp. 133-134; Juan J. Linz (1978), «Crisis, breakdown and reequilibration», *in* Juan J. Linz e Alfred Stepan (orgs.), *The Breakdown of Democratic Regimes*, Baltimore, The Johns Hopkins University Press, pp. 27 e 29-31.

de integração reproduzida no quadro n.º 6, devendo ser classificado como um «partido anti-regime».

Escala de integração democrática

[QUADRO N.º 6]

Fases de integração democrática	Estratégias de integração	Indicadores
0. Partido anti-regime	Nenhuma	Mensagem anti-regime nos documentos partidários e nas declarações dos líderes
I. Partido subjectivamente pró-regime	Adaptação democrática	Modificação dos programas, estatutos, organização e linha política; declarações e comportamentos dos líderes partidários
II. Partido objectivamente pró-regime	Legitimação	Declarações de autoridade institucionais; alianças eleitorais com partidos pró-regime a nível nacional
III. Partido de governo	Modificação das estratégias de aliança dos partidos pró-regime; superação do sistema partidário interno	Participação, com ministros próprios, no governo

Fonte: Anna Bosco (2000: 5), *Comunisti. Transformazioni di Partito in Italia, Spagna e Portogallo*, Bolonha, Il Mulino.

Uma das consequências do «défice de integração democrática» do Partido Comunista Português foi a constituição de um «sistema partidário interno», ou seja, de um sistema de alianças políticas capaz de condicionar as oportunidades eleitorais e de impedir o acesso do partido considerado «anti-regime» aos processos de decisão.[423] Em Portugal, o «sistema par-

---

[423] Anna Bosco, (2000), *Comunisti. Transformazioni di Partito in Italia, Spagna e Portogallo, op. cit.*, pp. 51-52; Anna Bosco e Carlos Gaspar (2001), «Four actors in search of a role. The southern european communist parties», *in* Nikiforos Diamandouros e Richard Gunther (orgs.), *Parties, Politics, and Democracy in the New Southern Europe, op. cit.*, pp. 331-333.

tidário interno» forma-se durante os primeiros dez anos do novo regime, tornando definitiva a exclusão do PCP do Governo, depois do fim do período revolucionário, e tem como principal construtor o Partido Socialista liderado por Mário Soares. Com efeito, seja depois das eleições de 1976 seja depois das eleições de 1983 — isto é, em todas as ocasiões em que os socialistas e os comunistas detêm conjuntamente a maioria absoluta dos lugares no Parlamento — o PS recusa-se a formar governo com o PCP, justificando essa posição com a sua falta de credibilidade democrática e a sua relação estreita com a ex-URSS.

E isso não obstante o facto de o PCP procurar insistentemente um acordo com o PS, que define como a outra principal força democrática do sistema político português, por contraste com o PSD e o CDS, que considera partidos «anti-democráticos» e «reaccionários». Assim, em vez de viabilizar um governo com o PCP, a liderança socialista prefere formar executivos minoritários e estabelecer coligações com as formações de direita (CDS) e de centro-direita (PSD).

Além disso, o Partido Comunista Português, opondo-se à revisão constitucional de 1982 e à entrada de Portugal na CEE — consideradas incompatíveis com os arranjos políticos, económicos e sociais herdados da Revolução de Abril —, nada faz para evitar a sua marginalização e a sua perda de influência a nível institucional. Responsabilizando as forças de direita pelo seu isolamento político, e na tentativa de superar tal situação, a liderança comunista limita-se a estabelecer acordos eleitorais permanentes com alguns partidos menores: é assim que nascem a Frente Eleitoral do Povo Unido (FEPU), a Aliança do Povo Unido (APU) e, finalmente, a Coligação Democrática Unitária (CDU). Com estas coligações, o PCP procura, sobretudo, atrair uma parte do eleitorado que não se identifica directamente com o comunismo e não tanto agregar forças políticas diferenciadas: aquilo que parece ser um «processo de associação» é, na realidade, um «processo de desintegração progressiva».

O «sistema partidário interno» é, aparentemente, posto em causa depois das eleições legislativas de 1985, das quais resulta a formação de um governo minoritário do PSD, liderado por Aníbal Cavaco Silva. A inesperada afirmação do Partido Renovador Democrático (PRD), fundado por Ramalho Eanes, e o maior equilíbrio de mandatos entre PS e PCP, produzem, no Parlamento, uma «oposição a três vozes» (PS, PRD e PCP), que bloqueia as iniciativas do governo social-democrata e retira, de certa forma, os comunistas do seu isolamento político.[424] Mas esta colaboração dura pouco e não se traduz numa aliança governativa, muito embora os três partidos detivessem conjuntamente a maioria absoluta dos lugares no Parlamento.

Na verdade, as eleições antecipadas de 1987 assinalam, para os comunistas, o retorno às margens do sistema político. E isto porque as eleições de 1987 não só não confirmam nas urnas a maioria existente no Parlamento, como dão lugar à primeira maioria absoluta de um só partido e ao primeiro governo de legislatura desde 1976. Cabe aqui notar que os comunistas são fortemente penalizados nestas eleições, obtendo menos votos e menos mandatos do que em 1975, o que desencadeia um movimento de oposição interna, que contesta, pela primeira vez, a linha política de Álvaro Cunhal e que defende a necessidade de uma renovação do partido. E se Cunhal responde às propostas de mudança com a defesa intransigente do *status quo*, o facto é que a partir do XII Congresso, realizado em Dezembro de 1988, o Partido Comunista aprova um novo programa e aceita finalmente a democracia parlamentar, transformando-se, deste modo, num «partido subjectivamente pró-regime».[425]

No novo programa, a Revolução de Abril é definida, pela primeira vez, como uma revolução inacabada, enquanto o velho propósito da «revolução democrática e nacional» é substituído pela defesa de uma «democracia avançada para o século XXI», assente em cinco grandes objectivos: 1) a construção de um regime de liberdade, no qual o povo decida do seu destino, e de um Estado democrático representativo, participativo e moderno; 2) a promoção de um desenvolvimento económico baseado numa economia mista, moderna e dinâmica, ao serviço do povo e do país; 3) a adopção de uma política social, que garanta a melhoria generalizada das condições de vida do povo; 4) o desenvolvimento de uma política cultural que assegure o acesso generalizado à livre criação e fruição culturais; 5) a defesa de uma pátria independente e soberana, com uma política de paz, de amizade e de cooperação com todos os povos.

Com a adopção do novo programa, o PCP reconhece que a democracia tem um valor intrínseco e não meramente instrumental, e aceita,

---

[424] Anna Bosco, (2000), *Comunisti. Transformazioni di Partito in Italia, Spagna e Portogallo*, op. cit., pp. 112-113.

[425] *Idem, ibidem*, pp. 151-157.

formalmente, o regime democrático vigente em Portugal[426], superando, por conseguinte, o «limiar subjectivo da transformação em partido pró-regime».[427] Além disso, e depois de se ter oposto à entrada de Portugal na CEE, no XII Congresso, o PCP considera a adesão como um dado de facto que deve ser tido em conta na definição da política nacional, de modo a minimizar as suas repercussões negativas e, ao mesmo tempo, utilizar a favor do país todos os recursos e oportunidades criados com a integração europeia.[428]

Lembremos, aqui, que a transformação do PCP num «partido subjectivamente pró- regime» não implicou a superação do «sistema partidário interno», pois em nenhum momento este foi considerado pela liderança comunista como um obstáculo a ultrapassar mediante alterações profundas no modelo partidário existente; de facto, o modelo do PCP permaneceu inteiramente fiel ao ideal comunista, à ideologia marxista-leninista, à natureza de partido de classe e de vanguarda da classe operária e à estrutura orgânica e funcionamento assentes no centralismo democrático.[429] Neste sentido, e atendendo às reivindicações dos chamados «renovadores», as

---

[426] *XII Congresso do PCP. Porto, de 1 a 4 de Dezembro de 1988. Programa do PCP — Portugal uma Democracia Avançada no Limiar do Século XXI*, Lisboa, Edições Avante!, 1989, pp. 243-245.

[427] Como sublinha Anna Bosco, a integração democrática dos partidos «anti-regime» ou «anti-sistema» implica a superação de dois limiares: *1)* o «limiar subjectivo» de aceitação da democracia, que se traduz na adopção de um novo programa, na introdução de alterações estatutárias ou na definição de uma nova linha política por parte das forças anti-regime, que procuram, desta forma, dar provas da sua boa-fé democrática. *2)* O «limiar objectivo» de aceitação da democracia, que se traduz no reconhecimento da «adaptação democrática» levada a cabo pelas forças anti-regime, por parte das outras formações políticas e por parte do eleitorado. Assim, se para ultrapassar o «limiar subjectivo» é suficiente que o partido anti-regime opte pela «adaptação democrática», já para ultrapassar o «limiar objectivo» torna-se indispensável a legitimação por parte das forças políticas pró-regime. Cf. Anna Bosco, (2000), *Comunisti. Transformazioni di Partito in Italia, Spagna e Portogallo, op. cit.*, pp. 54-55; Anna Bosco e Carlos Gaspar (2001), «Four actors in search of a role. The southern european communist parties», *in* Nikiforos Diamandouros e Richard Gunther (orgs.), *Parties, Politics, and Democracy in the New Southern Europe, op. cit.*, p. 333.

[428] *XII Congresso do PCP. Porto, de 1 a 4 de Dezembro de 1988. Programa do PCP — Portugal uma Democracia Avançada no Limiar do Século XXI, op. cit.*, p. 242.

[429] Sobre a identidade ideológica e organizacional do PCP ver, por todos, Álvaro Cunhal (1985), *O Partido com Paredes de Vidro*, Lisboa, Edições Avante!

mudanças verificadas no XII Congresso foram muito limitadas; mais do que pôr fim ao «sistema partidário interno», estas alterações visaram, acima de tudo, resolver a «crise da organização».

Com efeito, o grupo dirigente rejeitou firmemente a ideia de que o PCP deveria abandonar as suas características essenciais e transformar--se numa força comunista moderna, fazendo uma escolha idêntica àquela que os partidos eurocomunistas haviam feito em meados dos anos setenta do século XX. Mas o que é mais: a liderança comunista não aceitou as teses de «renovação» nem em 1988, nem aquando do colapso dos regimes comunistas da Europa do Leste, optando, antes, pela conservação integral do modelo de partido já existente — tal facto desencadeou uma tensão interna entre «renovadores» e «ortodoxos» e levou à demissão e expulsão de destacados militantes do partido. De facto, o modo como a «coligação dominante» enfrenta os acontecimentos na Europa do Leste é bastante emblemático do imobilismo ideológico e da rigidez organizativa que caracterizam o Partido Comunista Português.

Se, no Congresso de 1988, o PCP encara a eleição de Gorbachev e o início da Perestroika sem excessivo entusiasmo — demarcando-se das «forças anti-socialistas que se desenvolvem à sua sombra e no seu próprio seio»[430] —, já nos Congressos de 1990 e 1992, afasta-se do modelo do «socialismo real», reconhecendo que os partidos no poder na Europa do Leste, bem como o Partido Comunista da União Soviética, haviam sido responsáveis por erros e deformações na realização dos ideais comunistas, o que terá voltado o povo contra si e acabado por ditar a sua derrocada final.[431]

Mas, se o PCP condena as orientações e práticas negativas que conduziram os partidos da Europa do Leste a crises e derrotas, nem por isso deixa de reiterar a validade dos ideais comunistas. Para a liderança comunista, o sistema socialista e os ideais em que este assenta mantêm-se inteira-

---

[430] *XII Congresso do PCP. Porto, de 1 a 4 de Dezembro de 1988. Programa do PCP — Portugal uma Democracia Avançada no Limiar do Século XXI*, op. cit.

[431] *XIII Congresso Extraordinário do PCP. Loures, 18, 19 e 20 de Maio de 1990*, Lisboa, Edições Avante!, pp. 180-181. *XIV Congresso do PCP. Almada, 4, 5 e 6 de Dezembro de 1992. Democracia e Socialismo. O Futuro de Portugal*, Lisboa, Edições Avante!, pp. 24-25.

mente válidos e actuais, pois como se pode ler na intervenção proferida por Álvaro Cunhal aquando da abertura do XIV Congresso:

> A dissolução da URSS e as derrotas do socialismo nos países do Leste da Europa não devem ser vistos como o fracasso do ideal comunista, mas sim de um «modelo» que se afastou do ideal comunista em aspectos essenciais relativos ao poder político, à democracia participativa e ao papel do partido. Ao contrário do que proclamam os teóricos e propagandistas do capitalismo (...) o comunismo não é um ideal que com a derrocada da URSS perdeu a sua razão de ser e como tal pertence ao passado (...). Mantém antes inteira validade como projecto de construção de uma nova sociedade e tem por isso o futuro à sua frente.[432]

Se é verdade que a persistência do marxismo ortodoxo e do modelo de organização leninista ajuda a explicar a continuidade do «sistema partidário interno» em Portugal, e a correspondente exclusão dos comunistas de qualquer solução governativa a nível nacional[433], não é menos verdade que, a partir do fim da década de 1980, há alguns sinais que apontam no sentido da existência de um processo de legitimação do PCP, o qual lhe permite ultrapassar o «limiar objectivo» da integração democrática.[434]

De entre esses sinais, importa destacar aqui a coligação entre socialistas e comunistas para a Câmara Municipal de Lisboa, levada a cabo nas eleições autárquicas de 1989 e repetida com sucesso em actos eleitorais posteriores. Pode dizer-se, sem grande margem para dúvida, que esta coligação constituiu um marco crucial para o Partido Comunista Português, porque este foi chamado a desempenhar funções executivas no principal

---

[432] *XIV Congresso do PCP. Almada, 4, 5 e 6 de Dezembro de 1992. Democracia e Socialismo. O Futuro de Portugal*, op. cit., pp. 24-25.

[433] Carlos Jalali (2001), «A evolução do sistema de partidos de Portugal — Do pluralismo polarizado ao pluralismo moderado e bipolarização?», in *Primeiro Encontro Nacional de Ciência Política* (2001), *A Reforma do Estado em Portugal. Problemas e Perspectivas*, op. cit., pp. 376-377.

[434] Anna Bosco, (2000), *Comunisti. Transformazioni di Partito in Italia, Spagna e Portogallo*, op. cit., pp. 277-282; Anna Bosco e Carlos Gaspar (2001), «Four actors in search of a role. The southern european communist parties», in Nikiforos Diamandouros e Richard Gunther (orgs.), *Parties, Politics, and Democracy in the New Southern Europe*, op. cit., p. 351.

município do país, e porque Lisboa se tornou o exemplo da «aliança de esquerda» perseguida desde sempre pelos comunistas[435], chegando mesmo a ser apontada por alguns destacados dirigentes socialistas e observadores políticos como uma «rampa de lançamento» para um eventual entendimento entre PCP e PS a nível nacional — uma pretensão que cairia por terra com a chegada de António Guterres à liderança do Partido Socialista em 1992.[436]

Quanto ao Bloco de Esquerda, o último dos partidos considerados neste estudo, ele é criado em Março de 1999, portanto, já na denominada fase de consolidação da nossa democracia. Ao contrário dos partidos já referidos, o BE não surge para dar expressão politicamente organizada a uma das famílias ou correntes ideológicas tradicionais e representá-las eleitoralmente. Muito menos surge como uma emanação dissidente dos partidos já existentes ou como forma associativa de identidade de uma classe ou de um estrato social específico.

O Bloco de Esquerda resultou antes da agregação de três forças políticas situadas no campo da extrema-esquerda: União Democrática Popular, Partido Socialista Revolucionário e Política XXI, a que se juntaram independentes, dirigentes de associações cívicas e culturais, dissidentes de outros partidos e líderes de grupos de intervenção política, tais como o colectivo Ruptura-Frente de Esquerda Revolucionária. Os partidos que integraram e constituíram o Bloco de Esquerda vieram posteriormente a extinguir-se, transformando-se em associações políticas, cada uma editando uma revista de reflexão e debate político-ideológico. Assim, a Associação Política Socialista Revolucionária (APSR) veicula as suas posições

---

[435] A leitura dos documentos oficiais do partido — nomeadamente, das teses aprovadas nos congressos e dos programas eleitorais apresentados nas eleições para a Assembleia da República — mostra, claramente, que os comunistas sempre procuraram, desde o 25 de Abril, um entendimento com o PS, que fosse a base política para formação de governos com um programa de esquerda. Com efeito, o PCP sempre demonstrou a sua disponibilidade e empenho para um diálogo à esquerda capaz de viabilizar um projecto de poder. Cf. João Amaral (2002), «As queixas do PS», *in* João Amaral, *Rumo à Mudança*, Lisboa, Campo da Comunicação, pp. 111-114.

[436] Carlos Jalali (2001), «A evolução do sistema de partidos de Portugal — Do pluralismo polarizado ao pluralismo moderado e bipolarização?», *in Primeiro Encontro Nacional de Ciência Política* (2001), *A Reforma do Estado em Portugal. Problemas e Perspectivas, op. cit.*, p. 376.

através da revista *Combate*, a Política XXI, agora Associação Fórum Manifesto (depois de já ter sido Associação Cívica Política XXI, constituída em 1995), é responsável pela revista *Manifesto*, estando a revista *A Comuna* a cargo da Associação UDP.

Aquando do nascimento do Bloco de Esquerda, a combinação de identidades ideológicas diferenciadas e percursos políticos distintos — muito embora UDP e PSR tivessem já concorrido coligados às eleições legislativas de 1983 — pareceu aos olhos de muitos observadores como improvável e condenada ao fracasso. De facto, não parecia promissor juntar num mesmo partido: 1) a UDP nascida nas jornadas populares de 1974-1975, que sempre se assumiu como um partido marxista-leninista, revolucionário, internacionalista e anti-capitalista[437], situando-se à esquerda do Partido Comunista, e que ao longo da sua existência esteve próxima ou apoiou um estilo de intervenção social e política popular e revolucionário, de inspiração claramente maoísta; 2) o PSR formado em 1978, de orientação claramente trotskista[438], o qual aprova no final dos anos 80 uma agenda fundamentalmente direccionada para os problemas sociais e da juventude: racismo, legalização das drogas leves, serviço militar obrigatório, multiculturalismo, direitos das minorias sexuais, etc.; e 3) a Política XXI criada no início dos anos 90, que funcionava fundamentalmente como um fórum de debate e discussão dos caminhos da esquerda em Portugal, da participação cívica e dos movimentos sociais, reunindo intelectuais com ligações ao MDP, activistas estudantis e um conjunto de ex-membros e ex-dirigentes do PCP, os quais, por sua vez, tinham entrado em rota de colisão com a Plataforma de Esquerda e com a sua política de acordos e alianças com o PS.

Contudo, apesar destas diferenças identitárias e congénitas, as correntes políticas e personalidades agregadas no Bloco de Esquerda dispuseram-se, desde o início, a um «diálogo de diferenças convergentes»[439] em torno de um denominador comum programático, que pode sintetizar-se assim: «uma nova unidade contra a globalização capitalista, o neoliberalismo e as suas expressões políticas, económicas, sociais e culturais.»[440]

---

[437] Declaração de Princípios da UDP.
[438] http://www.combate.info/
[439] Manifesto Fundador do Bloco de Esquerda, *Começar de Novo*.
[440] *Idem, ibidem*.

Foi com este compromisso de unidade plural e aberta que o BE se apresentou às eleições europeias e legislativas de 1999, explicitando o seu projecto político e objectivos programáticos em três textos fundamentais. O primeiro deles, «Começar de Novo», é uma espécie de declaração de princípios. Neste documento, o Bloco de Esquerda é considerado «formalmente» como um partido que concorre aos actos eleitorais, mas «na realidade é de um movimento que se trata, capaz de suscitar, pelas suas propostas, a adesão de quantos nelas se reconheçam e de associar a si o apoio e empenhamento de correntes organizadas de intervenção política ou social e de múltiplas outras opiniões.»[441]

O texto intitulado «Contrato pela Europa – Sete Compromissos Eleitorais do Bloco de Esquerda» constituiu o manifesto eleitoral do BE para as eleições europeias de Junho de 1999, e o texto «Tempo de ser exigente» serviu de manifesto eleitoral para as eleições legislativas do mesmo ano. Em todos estes documentos encontramos algumas preocupações e propostas que iriam definir esta nova formação partidária aos olhos da «classe política» estabelecida e da opinião pública, nomeadamente a prioridade dada às denominadas «causas fracturantes»[442], como a retirada de Portugal da NATO, a despenalização das drogas e do aborto, o fim do sigilo bancário, uma reforma fiscal radical, o aprofundamento da democracia participativa, etc.

A estes aspectos programáticos, associa-se ainda um estilo de intervenção não convencional, mais usual no activismo cívico e nos novos movimentos sociais, com recurso às acções de rua, às manifestações simbólicas, à incorporação de formas de arte nas manifestações políticas. Todas estas diferenças são condensadas numa imagem geral: a da novidade. Uma ideia que marcou os *slogans* de campanha e os depoimentos de apoiantes do BE para as eleições europeias e legislativas de 1999: «nova esquerda», «o novo voto», «começar de novo», «tudo o que é novo cresce», «novas propostas e novos políticos».[443]

---

[441] *Idem, ibidem*, p. 28
[442] Bloco de Esquerda, «Tempo de ser exigente», p. 101.
[443] António Revez (2001), «Formas alternativas de fazer política: o caso do Bloco de Esquerda» in *Primeiro Encontro Nacional de Ciência Política* (2001), *A Reforma do Estado em Portugal. Problemas e Perspectivas, op. cit.*, pp. 428-436.

3.2 Os partidos portugueses e os modelos teóricos tradicionais

Se, por um lado, o estudo do recrutamento parlamentar implica que se conheçam as características organizacionais dos principais partidos políticos portugueses — já que estas se reflectem necessariamente nos processos de selecção dos candidatos a deputados —, por outro, o estudo da organização partidária convoca a tentativa de classificar ou agrupar teoricamente os partidos políticos, tendo em conta os vários tipos ideais ou modelos existentes. É, pois, a partir desta «dupla perspectiva» que procuraremos abordar a influência que o perfil organizacional dos diferentes partidos exerce sobre os seus respectivos modelos e estratégias de recrutamento parlamentar.

3.2.1 *Organização partidária extraparlamentar: burocracia, estruturas de base e membros*

Com a excepção do Bloco de Esquerda — cuja estrutura organizacional é relativamente débil e incipiente[444] — os partidos políticos aqui abordados têm uma organização mais ou menos complexa, estruturada e estável, a qual reproduz no essencial a divisão político-administrativa do país. Assim, não só o poder interno se acha distribuído por diferentes níveis de decisão (nacional, regional, distrital e local), como estes são dotados de uma estrutura orgânica e funcional muito semelhante, assente numa efectiva separação de funções e de competências: órgãos deliberativos (função legislativa), órgãos directivos (função executiva) e órgãos de controlo (função jurisdicional).[445] Isto implica que os principais partidos portugueses apresentem uma burocracia relativamente desenvolvida, constituída por um corpo de funcionários permanentes dedicados a tarefas administrativas ou de manutenção da organização, a qual exibe certas características do tipo ideal weberiano, nomeadamente a divisão do trabalho e a hierarquia.

---

[444] Estatutos do Bloco de Esquerda (2000).

[445] Estatutos do Partido Social Democrata, aprovados no XXIII Congresso, Fevereiro de 2000; Estatutos do Partido Socialista, aprovados na Comissão Nacional de 11 de Janeiro de 2003; Estatutos do Partido Popular Partido Popular CDS-PP, aprovados em Março de 2000.

No que a este ponto diz respeito, os escassos estudos existentes sobre a burocracia partidária em Portugal reconhecem a clara superioridade do Partido Comunista Português, quanto ao número e percentagem de funcionários permanentes[446], e referem ainda o peso e a especificidade do seu aparelho burocrático. Por um lado, a maioria dos seus dirigentes eleitos desempenha não apenas funções de direcção política mas ocupa-se também de tarefas administrativas, uma vez que no PCP existe a prática de manter como funcionários quase todos os dirigentes com um certo grau de responsabilidade no interior da organização.[447]

O que significa, recuperando aqui a terminologia de Panebianco, que o aparelho burocrático do PCP se apoia bastante mais nos «burocratas representativos» do que os aparelhos do PSD, do PS ou do CDS-PP, sendo de notar também que estes «líderes funcionalizados» — quer pela natureza das funções que desempenham, quer pelo tipo de atitudes que desenvolvem — não diferem muito dos burocratas meramente «executivos», o que ajuda explicar o elevado nível de conformismo e de subordinação perante as decisões da elite dominante. Além do mais, e tal como sucede com o «partido burocrático de massas», há que reconhecer que a liderança do PCP tem uma vocação eminentemente político-administrativa, que a torna singular em relação aos restantes partidos, já que estes tendem a atribuir uma maior importância às «competências técnicas e especializadas», aspecto característico do «partido profissional eleitoral».

Como resulta da leitura dos estatutos e das teses aprovadas em Congresso, e não obstante a ofensiva dos «renovadores» contra a sua significativa presença no Comité Central e noutros organismos dirigentes, o Partido Comunista continua a atribuir aos funcionários um papel determinante na organização e na dinâmica da actividade partidária, reconhecendo que

---

[446] Fernando Farelo Lopes (2002), «Os partidos portugueses numa perspectiva organizacional», *in* Fernando Farelo Lopes e André Freire, *Partidos Políticos e Sistemas Eleitorais. Uma Introdução, op. cit.*, p. 60.

[447] Como ser funcionário do PCP está directamente ligado ao exercício de responsabilidades políticas nos organismos principais do partido, o afastamento do cargo implica, naturalmente, a perda do estatuto de funcionário. Importa não esquecer que a ligação dos funcionários ao partido não é apenas ideológica, mas também jurídica, já que pressupõe a celebração de um contrato de trabalho regulado por aquilo a que no PCP se chama o Estatuto Material dos Funcionários. Cf. Helena Pereira (2001), «O que são os funcionários do PCP?» , *in Público*, p. 9.

estes constituem um instrumento através do qual a liderança mantém laços estreitos com os militantes (os funcionários levam as informações de baixo para cima e trazem as orientações de cima para baixo) e, por intermédio destes, com os grupos sociais de apoio.

Nos documentos oficiais do PCP, pode ler-se que o elevado espírito de militância, a firmeza ideológica, a preparação e a capacidade de direcção fazem com que os funcionários sejam elementos indispensáveis e da mais alta importância para o reforço da natureza de classe e do papel revolucionário do partido; ou seja, a sua presença é considerada uma condição necessária para que o PCP continue a manter as características inerentes a um partido marxista-leninista. Daí a preocupação constante, da elite dominante, com o enquadramento dos funcionários do partido, através do conhecimento e acompanhamento sistemático da sua actividade, bem como com a sua formação política, ideológica, cultural e técnica, através da escola de quadros e da realização de iniciativas próprias, tais como debates, conferências e seminários.

Neste sentido, dificilmente podem passar despercebidas as medidas tomadas pela direcção de Carlos Carvalhas, no sentido de ampliar o núcleo de funcionários do partido e de proceder à sua renovação e rejuvenescimento, dando prioridade à «funcionalização» de novos quadros operários, designadamente de jovens e de mulheres que se tivessem destacado pela sua dedicação ao partido — medidas, estas, consideradas indispensáveis para o fortalecimento orgânico e para o desenvolvimento da intervenção política do Partido Comunista Português.[448]

Se, como dissemos atrás, os dados disponíveis acerca da burocracia nos restantes partidos portugueses apontam no sentido de um desenvolvimento burocrático bastante mais débil do que o verificado no Partido Comunista Português, a verdade é que, tanto no caso do Partido Social Democrata como no do Partido Socialista, esta conclusão deve ser, se não relativizada, pelo menos enunciada com alguma prudência. E isto porque,

---

[448] Uma dessas medidas tem passado pela revisão do Estatuto Material dos Funcionários, o qual prevê que o salário dos funcionários possa ser reforçado com o subsídio de função (que distingue, por exemplo, se a tarefa é administrativa ou se é de natureza política), com o subsídio de qualificação (que tem em conta o grau académico) e ainda com as ajudas de custo e as diuturnidades. Cf. Helena Pereira (2001), «O que são os funcionários do PCP?», *op. cit.*, p. 9.

como bem observa Marcelo Rebelo de Sousa, a relativa debilidade da burocracia tende aqui a ser compensada pelo exercício do poder político do Estado, o qual tem permitido a ambos os partidos manter e até multiplicar os «meios de desempenho» das diversas funções partidárias, nomeadamente através da «partidarização» do aparelho estatal e da prática do «patrocinato» político.[449]

Assim sendo, e segundo Fernando Farelo Lopes, é muito provável que o número efectivo de funcionários do PSD e do PS seja superior ao número de funcionários declarados, já que estes costumam ter nas suas fileiras não poucos membros que trabalham nominalmente em organismos estatais ou para-estatais, mas que são de facto funcionários «camuflados», ou seja, indivíduos que se dedicam amplamente à actividade política, mas sem agravar as despesas dos respectivos partidos com o seu salário.[450]

Seja como for, o desenvolvimento organizacional dos partidos portugueses não deve ser aferido apenas em função da dimensão da sua burocracia interna. É preciso também ter em conta a sua implantação organizativa e o seu número de membros, além do modo como os seus dirigentes encaram a participação interna. A este respeito, importa começar por observar que, com a excepção do PCP, a organização interna dos membros é de base essencialmente «territorial». Neste sentido, se em termos locais, o Partido Social Democrata tem como unidades de base a «secção», a nível municipal, e o «núcleo», a nível da freguesia[451]; já o Partido Socialista tem por base a «concelhia», a nível municipal, e a «secção de residência», a nível da freguesia, sendo de referir que os actuais estatutos prevêem também outras formas de organização dos membros, nomeadamente as «secções de base sectorial», as quais podem ser de empresa, temáticas ou de duração limitada.[452] Quanto ao CDS-PP, a sua organização local assenta nas «concelhias», que correspondem aos municípios, e nos «núcleos», que actuam no âmbito das freguesias.[453] Até 2003, data da III Convenção Nacional

---

[449] Marcelo Rebelo de Sousa (1983), *Os Partidos Políticos no Direito Constitucional Português*, op. cit., pp. 281.

[450] Fernando Farelo Lopes (2002), «Os partidos portugueses numa perspectiva organizacional», in Fernando Farelo Lopes e André Freire, *Partidos Políticos e Sistemas Eleitorais. Uma Introdução*, op. cit., p. 85.

[451] Estatutos do Partido Social Democrata, op. cit., art.os 48.º e 56.º.

[452] Estatutos do Partido Socialista, op. cit., art.os 22.º, 24.º e 25.º.

[453] Estatutos do Partido Popular CDS-PP, op. cit., art. 10.º.

do BE, este partido não possuiu órgãos locais ao nível da freguesia ou do concelho: os órgãos de âmbito geográfico são as Assembleias e Coordenadoras Distritais e Regionais. Os estatutos admitem ainda a constituição de Núcleos, sem que se precise o seu âmbito territorial específico, mas nos quais é concedida liberdade de organização e funcionamento, e onde se possibilita, inclusive, a participação de não aderentes, evidenciando-se uma aposta inclusiva, receptiva à integração de independentes ou até de pessoas com diferente filiação partidária (art. 11.º dos Estatutos do BE). A inexistência de estruturas locais no contexto da freguesia e do concelho justificam-se pelo facto de o Bloco de Esquerda, até 2003, ter ainda uma implantação territorial muito deficitária.

Nestes partidos, o nível seguinte da organização interna é constituído pelas estruturas distritais (escalão intermédio), que asseguram a coordenação da acção desenvolvida pelas organizações de base, e que se encontram, por sua vez, directamente dependentes dos órgãos nacionais (escalão superior). Resulta daqui que, nos principais partidos políticos portugueses, o «sentido de articulação» entre os diferentes níveis de decisão (nacional, distrital e local) é preponderantemente «vertical», sendo as ligações de tipo «horizontal» utilizadas sobretudo em relação às suas organizações «especiais» ou «autónomas».

Quanto ao PCP, importa sublinhar que se, teoricamente, a «célula de empresa» constitui a sua organização de base fundamental e prioritária, na prática não é certo que esta continue a ser o elemento essencial de ligação do partido com os trabalhadores e com as massas populares. Na verdade, as condições de trabalho da vida actual — nomeadamente, a diminuição, o envelhecimento e a desmobilização das bases operárias, a que se junta o progressivo crescimento do sector dos serviços e dos quadros técnicos e intelectuais — fizeram com que a célula comunista se transformasse, ou seja, que acabasse por perder o seu carácter eminentemente «funcional», reunindo hoje não apenas os membros do partido que trabalham num mesmo local, mas também aqueles que vivem na mesma área residencial ou pertencem a um mesmo sector socioprofissional ou sociocultural.[454]

Por outro lado, a transformação das funções e actividades do PCP, da ditadura para a democracia — de que são exemplo a renúncia à acção

---

[454] Estatutos do Partido Comunista Português, aprovados no XVII Congresso, em 26, 27 e 28 de Novembro de 2004, art.ºs 46.º e 47.º.

clandestina, o declínio da integração rígida das massas e a participação em eleições livres e competitivas —, reflectiu-se também no próprio funcionamento das «células», que perderam, em grande medida, a sua ambição e vocação «totalitárias» para se converterem em espaços privilegiados de aprendizagem do trabalho militante.[455]

Com a excepção do CDS-PP, que continua a ser um partido sem «estruturas locais», carecendo de representação eleita numa parte significativa dos distritos e em mais de metade dos concelhos[456]; e do Bloco de Esquerda que, por razões já anotadas, se encontra numa fase inicial de implantação territorial, todos os restantes partidos apresentam uma implantação territorial de âmbito de nacional, sendo de destacar, porém, a superioridade dos comunistas quanto ao número de organizações de base e quanto ao seu papel no enquadramento e participação dos membros. Com efeito, há que reconhecer que, no PCP, o objectivo de desenvolver uma «filiação de massas» foi acompanhado pela criação de estruturas de base mais numerosas e integradoras, através das quais o partido procura promover e reforçar a militância e a lealdade partidárias. Pelo contrário, tanto no PSD como no PS, o interesse em obter uma «filiação de massas» encontra-se sobretudo ligado às necessidades de recrutamento para as listas de candidatos a cargos públicos, bem como à capacidade legitimadora «intrínseca» a um elevado número de filiados[457], não pressupondo, como tal, o desenvolvimento de uma estrutura de membros integrados em organizações de base.[458]

Porém, o distanciamento dos sociais-democratas e dos socialistas em relação às formações de massas tradicionais é confirmado não apenas pelo facto de estes partidos não promoverem uma verdadeira organização dos membros em estruturas de base sólidas e integradoras, mas também pelas debilidades que revelam ao nível do número de filiados quando comparado

---

[455] *XV Congresso do PCP. Porto, 6, 7 e 8 de Dezembro de 1996. Um Partido mais forte para Portugal*, Lisboa, Edições Avante!, p. 304.

[456] Eunice Lourenço, «Portas quer organizar CDS», in *Público*, 20 de Março de 2002, p. 5.

[457] Richard Katz e Peter Mair (orgs.) (1994), *How Parties Organize: Change and Adaptation in Party organizations in Western Democracies*, op. cit., pp. 13-15.

[458] Ingrid van Biezen (1997), «Building party organizations and the relevance of past models: a comparaison of the communist and socialist parties in Spain and Portugal», *op. cit.*, pp. 18-19 e 26.

com o de eleitores, observando-se um desequilíbrio muito significativo a favor dos últimos — o que os aproxima, claramente, do modelo do *catch-all party*.

Como se pode observar no quadro n.º 7, a percentagem de membros dos principais partidos portugueses, em relação ao seu eleitorado, é muito reduzida, constituindo o PCP uma excepção apenas parcial. E isto porque o aumento da rácio entre filiados e eleitores, a partir de meados da década de 1980, não traduz um aumento do número de filiados, mas antes um declínio muito significativo do eleitorado fiel ao Partido Comunista.[459] Com efeito, a partir de meados da década de 1980, o PCP conheceu um decréscimo lento mas imparável, fazendo com que o partido tenha hoje pouco mais de metade dos membros que possuía naquela data (passou de 200 753 para 131 000 membros). Porém, e apesar desta evolução, o facto é que os comunistas continuam a ser superiores aos demais partidos políticos portugueses, em termos de filiação partidária.

Evolução da taxa de filiação dos principais partidos portugueses em relação ao seu eleitorado
(valores em %)

[QUADRO N.º 7]

F/E	1975	1976	1979	1983	1985	1987	1991	1995	1999	Média
CDS	-	-	-	5,6	3,6	10,2	10,5	-	8,9	7,8
PSD	1,4	1,9	-	5,5	3,9	3,6	4,8	9,1	4,3	4,3
PS	3,8	4,8	5,9	5,8	3,9	3,7	4,2	3,7	4,2	4,4
PCP	10,6	14,6	14,6	19,5	22,3	28,9	32,4	27,1	27,8	22,0

Fonte: Carlos Jalali (2003), «A Investigação do Comportamento Eleitoral em Portugal: História e Perspectivas Futuras», *Análise Social*, Lisboa, ICS, vol. XXXVIII (167), p. 555.
Legenda: F = Filiados; E = Eleitores.

Quanto ao PSD e ao PS, após o crescimento que se seguiu ao 25 de Abril de 1974, observa-se uma evolução algo oscilatória da taxa de filiação, a qual parece reflectir o desempenho governativo de ambos os partidos

---

[459] O PCP tem-se mostrado não só incapaz de atrair novos eleitores, como, o que é mais importante, também não tem conseguido manter o seu eleitorado do período entre 1975 e 1983, perdendo eleitores para o PS, para o abstencionismo ou em resultado da sua morte.

e a personalidade dos seus líderes, além da sua proximidade ao aparelho do Estado e da sua capacidade de distribuição de benesses públicas. Pois, como observa Fernando Farelo Lopes, não é tanto o aumento dos filiados e o desenvolvimento de uma base de massas que contribuem para o êxito eleitoral e para a ascensão ao Governo dos sociais-democratas e socialistas, mas sim o fenómeno inverso.[460]

É neste sentido que, a partir do início da década de 1990, o aumento substancial do número de membros do Partido Socialista pode ser explicado atendendo não apenas ao processo de «renovação organizacional» — iniciado com a eleição de Jorge Sampaio como secretário-geral e continuado com a liderança de António Guterres —, mas também ao desgaste do cavaquismo e à subida ao poder dos socialistas. Note-se que a maioria dos actuais membros, cerca de 70 % do total, entrou no PS nas décadas de 1990 e de 2000: o número de adesões cresceu primeiro com o movimento dos Estados Gerais (1994-1995) e depois com os governos de maioria quase absoluta de António Guterres (1995-2002). Este exemplo não evidencia, contudo, uma lógica causal com um sentido único, pois se há momentos em que o êxito eleitoral e o acesso ao Governo são susceptíveis de explicar o acréscimo de membros, outros há em que o aumento da filiação antecede o êxito eleitoral.

O crescimento ininterrupto do número de membros, entre 1974 e 2000, sugere que a natureza *catch-all* do PSD e do PS — que faz com que estes partidos assumam como objectivo principal a maximização dos votos, a vitória eleitoral e a governação, posicionando-se ao «centro» do espectro político e assumindo preferências e orientações políticas moderadas e ecléticas — não é incompatível com o propósito de manter uma «filiação de massas», que permita não só reforçar a sua presença e visibilidade no «terreno», mas também assegurar o funcionamento das suas estruturas permanentes, a elaboração das listas para as eleições a nível nacional, regional e local e a realização de inúmeras acções de campanha eleitoral que nenhuma estrutura profissional pode garantir.

---

[460] Fernando Farelo Lopes (2002), «Os partidos portugueses numa perspectiva organizacional», *in* Fernando Farelo Lopes e André Freire, *Partidos Políticos e Sistemas Eleitorais. Uma Introdução*, *op. cit.*, p. 58; Fernando Farelo Lopes (2005), «O perfil organizativo do Partido Socialista», *in* Vitalino Canas (org.), *O Partido Socialista e a Democracia*, *op. cit.*, p. 356.

De todos os partidos aqui tratados, o CDS-PP é aquele que apresenta um menor número de membros — para o que não deixará de ter contribuído o facto de este partido não possuir uma estrutura efectiva a nível da base capaz de promover a actividade partidária regular dos seus filiados e militantes —, podendo ser considerado, como tal, um «partido de quadros».[461] Parece evidente que no CDS-PP a centralidade dos órgãos nacionais na estrutura do partido, bem como a eventual excelência política e técnica dos seus dirigentes de topo, contrasta claramente com a debilidade das suas estruturas locais, pouco numerosas e integradoras, orientando-se a organização partidária e a actividade dos seus membros sobretudo para as eleições legislativas.

Finalmente, quanto ao BE, refira-se que os serviços do partido não forneceram números concretos relativos ao crescimento e à dimensão da filiação até 2003. De qualquer modo, muitos dos membros do Bloco confrontaram-se durante algum tempo com uma situação dúbia do ponto de vista legal, pois não sendo permitida a dupla filiação, o processo de extinção das forças políticas que constituíram o BE e a sua transformação em associações cívico-políticas foram concomitantes com a inscrição de muitos filiados no Bloco quando ainda eram também filiados noutro partido. Contudo, e ainda de acordo com o serviços do partido, é possível afirmar que o Bloco de Esquerda tem vindo a aumentar o seu número de filiados, especialmente nas zonas urbanas e densamente povoadas, contrariamente ao que sucede no interior do país, onde a sua penetração territorial tem sido mais lenta.

---

[461] R. Robison (1996), «Do CDS ao CDS-PP: o partido do centro democrático social e o seu papel na política portuguesa», *Análise Social*, vol. XXXI (138), p. 956. As dificuldades do CDS-PP, em termos da sua implantação a nível de todo o território nacional, e as suas implicações para a vida interna do partido, são referidas, por exemplo, na Moção *Voltar a Crescer* subscrita por Luís Nobre Guedes e apresentada no XVI Congresso do Partido Popular, realizado em Março de 1998. Aí diz-se: «Organicamente, o Partido Popular, pese embora o inegável esforço de implantação nacional, continua a ter uma vida interna que precisa de revitalização: continua a haver pouca abertura ao exterior, pouco hábito de debate, deficiente recrutamento e participação muito inferior à necessária.» (p. 2).

Evolução do número de filiados dos principais partidos portugueses

[QUADRO N.º 8]

Ano	CDS-PP	PSD	PS	PCP
1974	20	2 276	4 380	115 000
1975	23	3 383	9 622	
1976	48	4 882	11 855	
1977	584	5 369	12 764	
1978	1 710	5 867	13 369	
1979	3 272	6 811	14 718	164 713
1980	5 561	8 351	16 770	
1981	9 280	10 127	18 273	
1982	13 090	11 785	20 842	
1983	16 645	13 029	26 623	200 753
1984	17 938	14 390	29 322	
1985	20 932	16 550	34 193	
1986	22 378	19 134	41 124	
1987	23 295	21 709	45 535	
1988	24 525	23 518	48 351	199 275
1989	25 362	25 360	51 794	
1990	26 011	27 733	57 384	
1991	26 313	32 281	61 822	
1992	27 113	36 175	67 626	163 506
1993	27 883	39 237	70 767	
1994	29 095	42 737	76 438	
1995	30 905	47 174	83 855	
1996	33 327	51 545	92 785	140 000
1997	34 310	55 961	98 957	
1998	37 691	65 213	104 341	
1999	39 423	77 055	114 974	131 000
2000	40 482	87 290	124 611	

Fonte: Manuel Meirinho Martins (2004), *Participação Política e Democracia. O Caso Português (1976--2000)*, Lisboa, ISCSP, pp. 574-594.

Se é verdade que, entre o final da década de 1980 e o início da década de 2000, os partidos políticos em Portugal não acompanharam a tendência europeia para a diminuição mais ou menos acentuada dos níveis de filiação em termos absolutos e em termos relativos — já que o número de membros cresceu 17 % e a percentagem de membros em relação ao eleitorado nacional decresceu apenas 0,29 % — não é menos verdade que, em termos comparativos, os principais partidos portugueses são pouco desenvolvidos, possuindo bases organizacionais relativamente frágeis e evidenciando uma fraca penetração social.

Evolução da filiação partidária nos países da Europa Ocidental, entre 1980 e 2000

[QUADRO N.º 9]

Países	Percentagem de membros/eleitores em 1980	Percentagem de membros/eleitores em 2000	Mudança na percentagem de membros/eleitores	Mudança no número de membros
França	5,05	1,57	- 3,48	- 64,59
Itália	9,66	4,05	- 5,61	- 51,54
Reino Unido	4,12	1,92	- 2,20	- 50,39
Noruega	15,35	7,31	- 8,04	- 47,49
Finlândia	15,74	9,65	- 6,09	- 34,03
Holanda	4,29	2,51	- 1,78	- 31,67
Áustria	28,48	17,66	- 10,82	- 30,21
Suécia	8,41	5,54	- 2,87	- 28,05
Dinamarca	7,30	5,14	- 2,16	- 25,52
Irlanda	5,00	3,14	- 1,86	- 24,47
Bélgica	8,97	6,55	- 2,42	- 22,10
Alemanha	4,52	2,93	- 1,59	- 8,95
Portugal	*4,28*	*3,99*	*- 0,29*	*+ 17,01*
Grécia	3,19	6,77	+ 3,58	+ 166,67
Espanha	1,20	3,42	+ 2,22	+ 250,73

Fonte: Dados publicados por Peter Mair e Ingrid van Biezen (2001), «Party membership in Europe», *in Party Politics*, VII, pp. 5-21.

Como tem sido observado por vários autores, os partidos portugueses desenvolveram-se com mais êxito enquanto actores institucionais do que sociais, na medida em que a sua consolidação se processou mais cedo e mais eficazmente ao nível do Estado do que ao nível da sociedade. Importa, pois, começar por lembrar que, em Portugal, os partidos mais relevantes têm uma origem sobretudo institucional e não tanto social: em vez de terem nascido a partir de clivagens sociais articuladas e politizadas, os partidos formaram-se com base em diferenças atitudinais relativamente a uma questão institucional, nomeadamente a definição do tipo de regime político.

Neste quadro, o BE é uma excepção, pois surge já em plena consolidação democrática e emerge, em grande medida, das exigências políticas postas pelo activismo sindical, pelas lutas sociais e pelos movimentos cívicos de diversa índole, cujas lideranças mantinham ligações estreitas com as forças políticas que originaram a constituição do Bloco de Esquerda como «partido-movimento».

De facto, e como foi dito anteriormente, os partidos surgiram num período revolucionário complexo, em que o problema mais premente era a escolha do regime. Tal facto explica que — exceptuando, em parte, o PCP — tenham apostado numa mobilização eleitoral baseada num discurso institucional e não no estabelecimento de organizações de massas destinadas a representar os interesses de um segmento específico da sociedade, que constitui o percurso clássico do desenvolvimento dos partidos na Europa Ocidental. A clivagem em torno da escolha do regime político, que subsumiu as clivagens sociais tradicionais, ajuda também a explicar a indeterminação ideológica, a posição interclassista e a natureza *catch-all* dos dois maiores partidos portugueses (PSD e PS), bem como a criação de um eleitorado *marais*, cujo voto é influenciado por factores políticos de curto prazo em vez de ser determinado pela estrutura de clivagens existente.

Para além do mais, o facto de os partidos portugueses terem assumido, imediatamente, responsabilidades governativas e, logo depois, representação parlamentar, forçou-os a dispersar a sua atenção entre o desenvolvimento organizacional extraparlamentar e os assuntos parlamentares e governamentais (nomeadamente, os que se prendiam com construção da nova ordem institucional). Esta dispersão fez com que os principais partidos políticos dessem prioridade ao reforço da sua vertente pública em detrimento do seu desenvolvimento organizacional, apostando numa estratégia de mobilização eleitoral relativamente mais simples, menos morosa e menos trabalhosa, que consistiu em alargar, tanto quanto possível, a sua base social de apoio e que se centrou na construção de uma relação directa entre o partido no parlamento e/ou no governo e o eleitorado — facilitada pelo facto de os partidos terem emergido em plena era dos *mass media*, em geral, e da televisão, em particular.

Em suma, pode dizer-se que, na ausência das condições que proporcionaram o desenvolvimento dos «partidos de massas» europeus — isto é, de identidades partidárias estáveis e de eleitorados de pertença —, aos principais partidos portugueses não terá restado outra alternativa que não optar por uma «estratégia eleitoral expansiva» como via mais eficaz para mobilizar um eleitorado recém-constituído e altamente disponível e, desta forma, maximizar o número de votos e as possibilidades de acesso ao poder. Donde, a fraca penetração social dos partidos não é indissociável do *timing* tardio da democratização portuguesa, que se deu quando a crise dos partidos nas democracias da Europa Ocidental já estava amplamente diagnosticada — não havendo, por isso, muitas razões para as elites partidárias apostarem no desenvolvimento de modelos de partido que implicassem uma grande ancoragem na sociedade civil.[462]

Para a debilidade organizacional dos principais partidos portugueses terá contribuído também, na fase originária, e nas fases de normalização e consolidação democráticas, a possibilidade de conquista de apoios sociais (filiados e eleitores) a partir «de cima», mediante as práticas de patrocinato político, num quadro institucional marcado pela disponibilidade de lugares no aparelho do Estado e pela partidarização da burocracia estatal. É assim de admitir que, no caso do PSD e do PS, os recursos fornecidos pelo Estado desde cedo substituíram os fornecidos pelos seus membros, constituindo um desincentivo à expansão e ao desenvolvimento da organização extraparlamentar, o que parece aproximar estes partidos do modelo do «partido-cartel». Em sentido contrário, e não obstante a sua participação nos primeiros governos provisórios, a persistência do marxismo ortodoxo e da organização leninista ajuda a explicar o maior empenho, por parte dos comunistas, no desenvolvimento burocrático e organizacional, constituindo o PCP o exemplo nacional do «partido burocrático de massas».

---

[462] Marina Costa Lobo (2003), «A elite partidária em Portugal, 1976-2002. Dirigentes, deputados e membros do governo», *in* António Costa Pinto e André Freire (orgs.), *Elites, Sociedade e Mudança Política*, Oeiras, Celta Editora, p. 250.

Por outro lado, se atendermos à participação política dos filiados na vida interna dos principais partidos portugueses, é fácil concluir que apenas o PCP se apresenta como uma verdadeira «organização de militantes», não obstante a diminuição do número de membros e o enfraquecimento do activismo partidário verificados nas décadas de 1990 e 2000.[463] Seja como for, e ao contrário dos outros partidos — que tendem a conceber a militância mais como um «direito» do que como um «dever»[464] — no Partido Comunista Português o activismo é encarado (a par do pagamento da quotização) como um dever fundamental dos membros do partido e como um elemento decisivo para o seu reforço orgânico e para o alargamento da sua intervenção junto da sociedade civil.[465] Com efeito, os militantes comunistas realizam uma multiplicidade de tarefas, que vão desde a captação de novos membros até à distribuição de propaganda impressa, passando pela participação em inúmeras actividades de funcionamento interno, em campanhas de esclarecimento e de angariação de fundos, e pelo envolvimento em acções de massas preparadas e organizadas pelo partido. Como se pode ler na Resolução Política do XV Congresso do PCP:

> O militante é o sujeito essencial da organização do partido. Sem marginalizar ou pôr em causa a condição de membro do partido dos que, por razões diversas, não têm, em dado momento, disponibilidade para um maior e mais regular activismo, há que valorizar os que assumem plenamente a sua condição de militantes. Sem militantes não há Partido Comunista, nem a profunda democracia interna e participativa inscrita nos Estatutos poderá concretizar-se.

---

[463] *XIV Congresso do PCP. Almada, 4, 5 e 6 de Dezembro de 1992. Democracia e Socialismo. O Futuro de Portugal*, Lisboa, Edições Avante!. *XV Congresso do PCP. Porto, 6, 7 e 8 de Dezembro de 1996; Um Partido mais forte para Portugal*, *op. cit. XVI Congresso do PCP. Lisboa, 8, 9 e 10 de Dezembro de 2000. Democracia e Socialismo. Um Projecto para o Século XXI*, Lisboa, Edições Avante!

[464] Estatutos do Partido Socialista, *op. cit.*, art.ᵒˢ 14.º e 15.º, número 1, alínea a); Estatutos do Partido Social Democrata, *op. cit.*, art.ᵒˢ 6.º e 7.º, número 1, alínea a); Estatutos do Partido Popular CDS-PP, *op. cit.*, art. 6.º, número 2, alínea a) e art. 7.º, número 1, alínea a).

[465] Estatutos do Partido Comunista Português, *op. cit.*, art. 9.º.

E mais à frente:

> O militante contribui para fazer a diferença entre o PCP e os outros partidos. O partido começa, prolonga-se e realiza-se através do esforço militante e empenhado dos seus membros (...). O membro que reconhece em si «o partido» através da sua actividade militante adquire a compreensão da responsabilidade e importância da sua opção pessoal. O PCP contraria, assim, uma visão abstracta ou distanciada do partido («o partido são os outros»), ao mesmo tempo que rejeita a imagem negativa do militante partidário, resultante da perda de prestígio da «classe política» associada por muitos aos fenómenos conhecidos de corrupção, nepotismo e tráfico de influências.[466]

Mas se, como ficou dito atrás, nas formações políticas situadas à direita do PCP, os «deveres» de participação dos membros são formulados em termos «generalistas» — sugerindo uma certa proximidade aos novos modelos de partido —, o certo é que nos últimos anos tanto o PSD como o PS têm procurado compensar a fraca participação política dos membros na vida interna através da concessão de novos poderes às bases. O desenvolvimento de uma «democracia de bases», como forma de promover a militância activa, está bem patente nas reformas estatutárias empreendidas por estes dois partidos.

Assim, a revisão dos estatutos do PSD, realizada durante a liderança de Marcelo Rebelo de Sousa, consagrou o sistema de eleição directa para os órgãos distritais do partido (Estatutos do PSD, 1996)[467]; sendo que as revi-

---

[466] *XV Congresso do PCP. Porto, 6, 7 e 8 de Dezembro de 1996. Um Partido mais forte para Portugal*, op. cit., p. 304.

[467] Se os apelos à reorganização interna do partido e as reivindicações no sentido da devolução do poder às bases militantes ganham expressão durante a liderança de Marcelo Rebelo de Sousa, conduzindo à reforma dos estatutos aprovada no XIX Congresso do PSD (1996), elas sobem de tom durante a liderança de Durão Barroso. Com efeito, os congressos XXIII e XXIV dos sociais-democratas, realizados em 2000 e em 2002, são, em grande medida, marcados pela exigência de uma revisão estatutária que crie as condições para que o PSD volte a ser um partido eminentemente basista, sendo apresentadas moções de estratégia sectoriais que defendem, quer a eleição directa para a Comissão Política Nacional, quer a eleição directa do presidente do partido. (Cf. XXIII Congresso Nacional do PSD, 25, 26 e 27 de Fevereiro de 2000 e XXIV Congresso Nacional do PSD, 12, 13 e 14 de Julho de 2002, *in* Suplemento ao *Povo Livre*.) Contudo, as elites intermédias do PSD têm conseguido manter o Congresso como o principal órgão electivo do partido.

sões estatutárias no PS foram ainda mais longe, reconhecendo, primeiro, a eleição directa da Comissão Nacional (Estatutos do PS, 1992) e, depois, a escolha por sufrágio universal e directo do secretário-geral do partido, numa escrutínio realizado em simultâneo com a eleição para os delegados ao Congresso Nacional (Estatutos do PS, 1998).[468] Trata-se, pois, de uma tendência que, em termos organizacionais, afasta o Partido Socialista do «partido de massas» clássico e que o coloca na contiguidade do actual «partido-cartel», já que um dos traços distintivos deste modelo de partido reside precisamente no facto de promover uma participação de tipo «atomístico». Ou seja, uma participação não estruturada em colectividades organizadas, mobilizando directamente os filiados individuais, e tornando supérflua a presença dos quadros intermédios, cujos poderes formais e capacidade de actuação são deliberadamente subtraídos com o intuito de afastar qualquer tipo de constrangimento político ou desafio interno às decisões tomadas pelos líderes de topo — o que acaba por se traduzir, de forma paradoxal, numa maior centralização do processo interno de tomada de decisão.[469]

Contudo, e no sentido de contrariar o enfraquecimento da militância ao nível das suas diversas estruturas de base, o PSD e, acima de tudo, o PS têm-se empenhado, ultimamente, num processo de modernização organizacional, do qual se destacam: *i)* o gradual esbatimento da «fronteira» entre membros e simpatizantes, através do apelo à participação de todos os apoiantes do partido nas suas actividades deliberativas[470]; *ii)* a criação de

---

[468] Embora constitua uma inovação no contexto partidário português, a eleição directa para o líder nacional do partido é, desde há algum tempo, praticada em várias democracias da Europa Ocidental. Por exemplo, no Partido Democrata-Cristão Belga, em 1970; e no Partido Trabalhista Inglês que, em 1992, introduziu o método de «um membro, um voto», acabando assim com o voto qualitativo dos sindicatos para o líder do partido. Cf. Richard Katz e Peter Mair (orgs.) (1994), *How Parties Organize: Change and Adaptation in Party Organizations in Western Democracies, op. cit.*, p. 5.

[469] Richard Katz e Peter Mair (orgs.) (1994), *How Parties Organize: Change and Adaptation in Party Organizations in Western Democracies, op. cit.*, p. 14.

[470] A este propósito, veja-se o reconhecimento estatutário da figura do «simpatizante» no Partido Socialista. Como resulta da leitura dos estatutos, os «simpatizantes» são indivíduos que, sem pertencer formalmente ao partido, estão próximos das suas posições políticas e que, para além de votar regularmente no partido (o que os aproxima dos eleitores fiéis), preenchem dois requisitos fundamentais: por um lado, têm uma intervenção activa em algumas das actividades do partido, sem que isso signifique porém uma militância formal; por outro, encontram-se inscritos voluntariamente num registo de simpatizantes. Entre os direitos dos

novas estruturas organizativas, destinadas a fomentar o debate interno em torno de questões de interesse público e a dar voz a cidadãos independentes que, em função da sua especialização técnica ou profissional, têm um papel relevante na sociedade civil.[471]

Reforma dos estatutos do Partido Socialista

[FIGURA N.º 1]

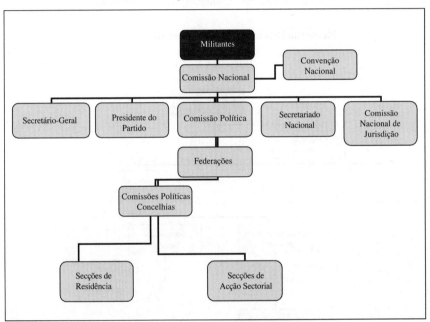

«simpatizantes» contam-se os seguintes: *a)* ser informado sobre as actividades do partido e participar naquelas que não estejam expressamente reservadas a militantes ou dependam de mandato electivo; *b)* participar em actividades das secções de base junto das quais se encontrem registados; *c)* exprimir livremente a sua opinião a todos os níveis da organização do partido e apresentar, aos respectivos órgãos, críticas, sugestões e propostas sobre a organização, a orientação e a actividade do partido; *d)* solicitar e receber apoio político e formativo. Cf. *Estatutos do Partido Socialista, op. cit.*, art. 13.º, número 2 e art. 14.º número 3.

[471] É de sublinhar, no Partido Social Democrata, a criação dos conselhos estratégicos, dos grupos temáticos e dos conselhos de opinião (art. 73.º), e, no Partido Socialista, a criação das secções temáticas, das secções de duração limitada, das secções de acção sectorial (art. 25.º), das ciber-secções (art. 36.º) e dos clubes políticos (art. 112.º).

É de salientar aqui que, durante a década de 1990, o esforço modernizador da liderança socialista se traduziu na criação de novas estruturas de base, as quais permitem que a actividade dos simpatizantes, filiados e militantes não se realize exclusivamente com base em critérios de pertença territorial — e de que são exemplo as «secções temáticas», as «secções de duração limitada», as «secções de acção sectorial», as «ciber-secções» e os os «clubes políticos» —, e no desenvolvimento de práticas de abertura ao exterior relativamente inéditas no espaço político português.

Reforma dos estatutos do Partido Socialista

[FIGURA N.º 2]

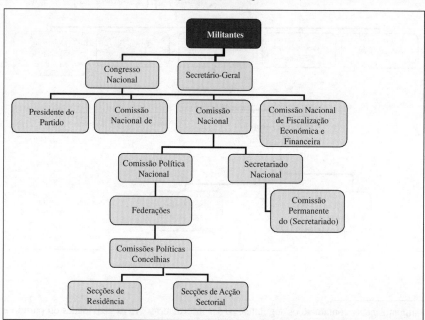

Fonte: Estatutos do Partido Socialista aprovados pela Comissão Nacional em 1992 e em 1998.

Referimo-nos, pois, à iniciativa dos Estados Gerais realizados sob a liderança de António Guterres, através dos quais o PS procurou promover um grande movimento de debate e de participação política — abrindo o partido a um vasto conjunto de personalidades não filiadas — e ultrapassar assim o fechamento político, social e cultural que caracteriza o tradicional «partido de militantes». Porém, há que reconhecer que os Estados Gerais constituíram, pela sua própria natureza, uma iniciativa delimitada no tempo e com evidentes limitações formais, reproduzindo, em grande medida, as insuficiências atribuídas aos próprios partidos políticos.

Com efeito, ao assentarem numa lógica de cooptação de independentes, os Estados Gerais reproduziram e potenciaram a lógica de relacionamento individualizado que domina a vida interna dos principais partidos portugueses (com a excepção do PCP), e que explica que a actividade militante assente cada vez mais em benefícios selectivos em detrimento de benefícios colectivos, como acontece nos novos modelos de partido.[472] O que, note-se, tende a tornar mais complexas as «relações de troca» entre a direcção dos partidos e os respectivos membros, já que estes fazem depender a sua adesão e o seu envolvimento nas actividades partidárias de expectativas de protagonismo político e de progressão profissional que nem sempre podem ser correspondidas — seja pela percepção de que o seu cumprimento pode desagradar às bases eleitorais, seja por limitações jurídicas, programáticas, estruturais ou outras.[473]

Pois bem, e em nosso entender, em vez de institucionalizar um diálogo aberto e permanente com o conjunto das associações e movimentos sociais, a opção dos Estados Gerais consistiu, antes, e acima de tudo, na cooptação de um conjunto de personalidades com relevância na sociedade civil. E, como tal, se foi uma estratégia modernizadora que trouxe, no imediato, algumas vantagens[474], foi, também, uma estratégia que não teve como fim produzir, no médio e longo prazos, um efeito de dinamização e de mudança da vida política portuguesa.

Independentemente destas inovações em termos organizacionais — com as quais se tem procurado promover a flexibilidade e a abertura dos partidos, de modo a torná-los mais atraentes a quem está de fora — não podemos deixar de reconhecer que a vida política portuguesa continua

---

[472] Angelo Panebianco, *Modelos de Partido*, *op. cit.*, pp. 491-492.

[473] Sobre a militância como um veículo de acesso aos vários escalões de poder, ver Vitalino Canas (2005), «O PS: que partido é?», *in* Vitalino Canas (org.), *O Partido Socialista e a Democracia*, *op. cit.*, pp. 23-24.

[474] Recorde-se que o número de adesões ao Partido Socialista cresceu significativamente com o movimento dos Estados Gerais. Cf. Augusto Santos Silva, (2005) «Os Socialistas portugueses à entrada do século XXI», *in* Vitalino Canas (org.), *O Partido Socialista e a Democracia*, *op. cit.*, p. 298.

«entrincheirada» dentro das sedes partidárias, as quais são utilizadas fundamentalmente para a realização de reuniões destinadas a escolher os candidatos para órgãos internos ou para cargos públicos electivos, não constituindo, assim, espaços privilegiados de discussão e de debate políticos ou de simples companheirismo. E daí resulta o que todos bem conhecemos e que tanto criticamos: uma separação, que já não é meramente funcional, entre o universo partidário e o espaço social e cívico.[475]

Vale a pena assinalar que a estrutura dos principais partidos portugueses inclui ainda algumas organizações «autónomas», designadamente as de trabalhadores, de autarcas, de mulheres e de jovens. Porém, como tem sido observado por vários estudiosos, dirigentes e membros partidários, embora estas organizações tenham uma função mobilizadora e integradora importante, o facto é que não parecem constituir alternativas aliciantes ao modo de funcionamento dos partidos. E isto porque tendem a reproduzir — e, por vezes, a potenciar — muitos dos seus defeitos, de que são exemplo as tendências oligárquicas, as lógicas de ascensão vertical e o relativo fechamento ao exterior, contribuindo, não raro, para o afastamento dos «crentes» e tornando-se um terreno propício para a afirmação dos «arrivistas».[476]

A este respeito, são bem conhecidas as acutilantes críticas de Jorge Miranda ao funcionamento das juventudes partidárias em Portugal; já que, segundo este autor, estas não só actuam como verdadeiras «corporações» no interior dos partidos como abrem caminho a «carreiras políticas pouco edificantes», estando longe de constituir espaços de formação cívica destinados à preparação de quadros qualificados — devendo, como tal, ser igualmente responsabilizadas pela alegada deterioração da nossa «classe política».[477]

---

[475] Mário Soares (1989), «Entrevista com o Presidente da República», *Risco*, 11, pp. 7-54; Vitalino Canas (2002), «A reforma dos partidos numa sociedade moderna», *in* Carlos Zorrinho [et al.], *10 Milhões de Razões*, Lisboa, Editorial Notícias, pp. 151-170.

[476] Vitalino Canas (2002), «A reforma dos partidos numa sociedade moderna», *in* Carlos Zorrinho [et al.], *10 Milhões de Razões*, *op. cit.*, 164-165; José Manuel Viegas e Sérgio Faria, *As Mulheres na Política*, Celta, Oeiras, p. 5.

[477] Intervenção de Jorge Miranda na Comissão Eventual para a Reforma do Sistema Político, criada no início da IX Legislatura (2002). Na origem desta Comissão, conforme consta na sua exposição de motivos, para além dos alertas do Presidente da República, está uma carta que o primeiro-ministro dirigiu ao Presidente da Assembleia da República, sugerindo o tratamento prioritário da questão da reforma e modernização do sistema político.

3.2.2 Organização partidária extraparlamentar e organizações exteriores afins

Para concluir o que temos vindo a dizer sobre o fraco desenvolvimento organizacional dos principais partidos portugueses, o qual se traduz numa forte presença institucional e numa escassa penetração social, há que referir ainda a relação que estes mantêm com organizações exteriores afins. Ora, a este respeito, importa começar por observar que se os partidos surgidos com o 25 de Abril de 1974 obtiveram alguns dos seus recursos e captaram alguns dos seus membros através de associações e de redes sociais preexistentes, isso não significa que tenham sido «patrocinados» por qualquer organização exterior. Bem pelo contrário, já que, em Portugal, os principais grupos de interesses nasceram por via política, o que marcou a sua actuação posterior. Porém, se exceptuarmos a relação do PCP com a CGTP, a «partidarização» das organizações exteriores esteve longe de implicar a sua «colonização», como se estas fossem meras «correias de transmissão» dos partidos. Tal é o caso da União Geral de Trabalhadores (UGT), criada em 1978 por iniciativa conjunta do PS e do PSD, tendo em vista contrabalançar o domínio da CGTP no mundo laboral.

Se é certo que durante a década de 1980, e depois das dúvidas iniciais sobre a estratégia a seguir para obter uma ligação efectiva e permanente ao sector sindical, o Partido Socialista adquiriu predomínio nos órgãos dirigentes da maior parte dos sindicatos filiados na UGT, a verdade é que tanto o PS como o PSD dificilmente podem ser acusados de um envolvimento oficial e de uma participação activa nos seus assuntos organizativos internos, dispondo esta estrutura sindical de relativa autonomia face aos seus «patrocinadores».[478] De facto, e como observa Biezen, a dupla ligação partidária da UGT e o relativo desinteresse do PS e do PSD em manter

---

No mesmo sentido, mas num tom mais moderado, veja-se, também, André Freire: embora considere que as juventudes partidárias podem funcionar como uma espécie de «laboratório de ideias», na medida em que assumem um papel de vanguarda de índole cultural e de costumes, este politólogo mostra-se relativamente céptico quanto ao investimento das chamadas «jotas» na formação de quadros. Cf. «As 'jotas' como laboratórios de ideias», in *Diário de Notícias*, 27 de Fevereiro de 2006.

[478] Fernando Farelo Lopes (2002), «Os partidos portugueses numa perspectiva organizacional», in Fernando Farelo Lopes e André Freire, *Partidos Políticos e Sistemas Eleitorais. Uma Introdução*, op. cit., pp. 69-70 e 74-75.

relações estreitas com a central sindical — incompatíveis com a adopção de estratégias *catch-all* de mobilização eleitoral — ajudam a explicar a relativa autonomia da UGT e o predomínio de uma «lógica de prestação de serviços limitados» bastante variável — consoante os partidos que a patrocinaram se encontram no governo ou na oposição.[479]

Como nota ainda Farelo Lopes: «Antes de subir ao governo, nos finais de 1995, o PS costumava acusar a UGT de não o ajudar. Dirigentes socialistas reagiam mal sempre que a central sindical estabelecia acordos com os governos do PSD. Quando os socialistas assumiram o governo, passa a ser o PSD que denuncia os favores que a central obtinha dos primeiros.»[480] Já para Braga da Cruz, as manifestações de autonomia política dos dirigentes da UGT, inclusivamente na arena parlamentar, contrastam claramente com a actuação dos quadros da CGTP de filiação comunista.[481]

A reduzida influência do Partido Socialista e do Partido Social Democrata no meio sindical — para o que seguramente contribuiu o seu afastamento inicial das estruturas organizadas de trabalhadores — é igualmente confirmada pelo facto de a actividade sindical estar longe de ser considerada pelos seus membros e dirigentes como um envolvimento inerente ao activismo político — e a confirmá-lo está a reduzida taxa de sindicalização verificada em ambos os partidos.[482]

Em suma, e no que a este ponto diz respeito, pode concluir-se que a natureza *catch-all* do PS e do PSD é, em grande parte, responsável pela debilidade e pelo carácter esporádico das suas ligações com as organizações afins. O que se percebe, já que, se por um lado, tais ligações ajudam a estabilizar o eleitorado e constituem uma fonte de legitimidade dos partidos, por outro, implicam também compromissos ou obrigações demasiado restritos, que dificultam ou até mesmo comprometem as estratégias expan-

---

[479] Ingrid van Biezen (1997), «Building party organizations and the relevance of past models: a comparaison of the communist and socialist parties in Spain and Portugal», *op. cit.*, p. 20.

[480] Fernando Farelo Lopes (2005), «O perfil organizativo do Partido Socialista», *in* Viltalino Canas (org.), *O Partido Socialista e a Democracia, op. cit.*, p. 362.

[481] Manuel Braga da Cruz (1988), «Sobre o parlamento português partidarização parlamentar e parlamentarização partidária», *Análise Social*, XXIV (100), p. 119.

[482] Cf. Augusto Santos Silva (2005), «Os Sociaistas portugueses à entrada do século XXI», *in* Vitalino Canas (org.), *O Partido Socialista e a Democracia, op. cit.*, pp. 306-308.

sionistas típicas dos partidos eleitoralistas. De facto, os laços explícitos e estreitos com organizações sociais afins podem afastar segmentos importantes do eleitorado, e criar pressões indesejáveis para que os partidos desenvolvam políticas favorecedoras das organizações aliadas, o que não é, de todo em todo, compatível com os objectivos dos partidos *catch-all*.

Pode dizer-se, desta forma, que o défice de ancoragem social tende a conferir, ao PSD e ao PS, uma maior liberdade em termos de estratégia eleitoral, o que se afigura especialmente importante num contexto caracterizado por padrões de competição interpartidária cada vez mais complexos — onde sobressaem a fragmentação do espaço social e a emergência de novos temas que, pelo menos potencialmente, cortam transversalmente as forças políticas tradicionais. Porém, e esse é o lado negativo da questão, a ausência de raízes sólidas e estáveis na sociedade torna o PSD e o PS muito mais permeáveis às oscilações de voto consoante as conjunturas eleitorais, o que explica os níveis elevados de volatilidade interbloco registados em Portugal desde meados dos anos 80, à medida que os eleitores abandonam um partido moderado de centro-direita em favor de um partido moderado de centro esquerda, e vice-versa.[483]

Quanto ao Partido Comunista Português, é de notar que a sua singularidade em termos organizacionais se revela não apenas no facto de ser superior a qualquer outro partido em número de membros, e de exibir uma burocratização e uma militância igualmente insuperáveis, mas também no tipo de relações que desenvolve com as organizações exteriores afins, nomeadamente com a mais poderosa confederação sindical do país (a CGTP). Como sublinha Leonardo Morlino, e reitera Farelo Lopes, a observação dessas relações permite inferir que o modelo de sindicato enquanto «correia de transmissão» do partido é uma realidade ainda bem visível em Portugal — talvez mais do que em qualquer outro país europeu.[484] Porém, admitindo que é verdade o facto de os comunistas continuarem a ser um

---

[483] André Freire (2005), «Geografia e sociologia do voto no Partido Socialista», *in* Vitalino Canas (org.), *O Partido Socialista e a Democracia, op. cit.*, p. 345; André Freire (2001), *Mudança Elleitoral em Portugal: Clivagens, Economia e Voto nas Eleições Legislativas*, 1983-1999, Oeiras, Celta Editora.

[484] Leonardo Morlino (1995), «Political parties and democratic consolidation in Southern Europe», *in* Richard Gunther, Hans-Jürgen e Nikiforos Diamandouros (orgs.) *The Politics of Democratic Consolidation. Southern Europe in Comparative Perspective*, Baltimore, The Johns Hopkins University Press, p. 357.

elemento fundamental da existência, da acção e da influência do movimento sindical organizado em torno da CGTP-IN, não é menos verdade que o seu protagonismo tem vindo a perder força junto dos sindicatos, em parte devido à afirmação de pontos de vista diferenciados perante o processo de modernização social e laboral ocorrido na sociedade portuguesa, nas últimas décadas.[485]

Seja como for, e enquanto partido de massas, compreende-se a importância que o PCP atribui, ainda hoje, às relações que mantém com as organizações exteriores aliadas, procurando, desta forma, penetrar em várias esferas da vida socioprofissional e conquistar apoios políticos aquando das eleições. Dito de outro modo: é através destas ligações que o PCP procura manter a sua hegemonia sobre a *classe gardée* e sobre os seus apoiantes em geral, isto é, pôr em prática uma estratégia competitiva não expansiva. Em face disto, não admira, pois, que alguns estudiosos atribuam a solidez organizacional do PCP ao tipo de relações que este desenvolve com as organizações afins: «Se a capacidade global de actuação do PCP não tem paralelo no sistema partidário português, é porque à superioridade do seu 'aparelho político central' se acrescentam os inúmeros aparelhos laterais a que o partido recorre frequentemente, tais como sindicatos, cooperativas e associações de todo o tipo.»[486]

A situação do CDS-PP contrasta, claramente, com a do PCP, e afasta-se também da descrita nos casos do PSD e do PS, já que as suas relações com os sindicatos são muito precárias ou praticamente inexistentes, sendo de destacar, em contrapartida, uma certa proximidade com as confederações patronais, o que faz com que este partido continue a ser conotado com «os sectores económica e socialmente menos 'populares' da sociedade portuguesa».[487] Inclusivamente, não será abusivo dizer-se que, em

---

[485] Carlos Cunha (1997), «The portuguese communist party», *in* C. Thomas Bruneau (org.), *Political Parties and Democracy in Portugal. Organizations, Elections, and Public Opinion*, op. cit, pp. 31-32.

[486] José Pacheco Pereira (1989), «O partido comunista português e a esquerda revolucionária», *in* Mário Baptista Coelho (org.), *Portugal: O Sistema Político e Constitucional, 1974-1987*, Lisboa, ICS, p. 86.

[487] Rui António Frederico (2001), «Evolução político-ideológica do CDS-PP: do centro-social, federalista e regionalizante à direita popular, intergovernamental e unitarista (1974-1998)», *in* Primeiro Encontro Nacional de Ciência Política (2001), *A Reforma do Estado em Portugal. Problemas e Perspectivas*, op. cit., pp. 403-404.

determinadas fases da vida do CDS-PP — mais por razões de captação de recursos financeiros do que por motivos de mobilização eleitoral —, esta proximidade chegou mesmo a confundir-se com a sua identidade, o que não é próprio de um partido que tem afirmado sempre o primado do político sobre o económico.[488]

No caso do BE, e como já foi referido anteriormente, observa-se uma singular e manifesta relação com as organizações exteriores afins (associações cívicas e culturais, movimentos sociais, sindicatos, comissões de moradores, etc.), que representam simultaneamente um espaço de recrutamento de membros e simpatizantes e de penetração e integração social e política, servindo também uma estratégia de disseminação do partido na sociedade civil, imbricando-se nela.

3.2.3 *Organização partidária extraparlamentar: uma estrutura centralizada e coesa ou uma estrutura descentralizada e dividida?*

Independentemente da natureza e do grau de desenvolvimento da organização extraparlamentar, a generalidade dos investigadores e dos analistas políticos admite que os principais partidos portugueses apresentam uma estrutura organizacional interna fortemente centralizada e hierarquizada — ou seja, que os órgãos centrais exercem um controlo mais ou menos estreito sobre as organizações intermédias e periféricas.

Entre os factores que contribuíram para esta forte centralização contam-se, desde logo, os aspectos do «modelo originário» que são comuns à generalidade dos partidos: por um lado, a formação territorial por «penetração», que pressupõe a existência inicial de uma elite partidária forte e coesa, de tal forma que cabe ao «centro» promover a formação das estruturas de base; por outro, a presença de uma liderança personalizada a nível nacional, que contribui para o reforço do poder dos órgãos centrais perante as estruturas e dirigentes locais. Além disso, e como ensina Duverger, os partidos tendem a adaptar as suas estruturas internas ao grau de centralização do Estado: os partidos que operam no quadro de um Estado unitário centralizado tendem a apresentar estruturas mais centralizadas do que os

---

[488] A este propósito, veja-se, Luís Nobres Guedes, Moção *Voltar a Crescer*, apresentada no XVI Congresso do CDS-PP, realizado em Março de 1998, p. 3.

partidos que operam em Estados federais ou Estados unitários com fortes tradições de autogoverno local.[489]

Uma vez que, em Portugal, às características do Estado unitário se somam também as do Estado centralizado — sendo inegável a tradição centralista do país —, facilmente se percebe a influência exercida pelo desenho territorial do Estado sobre a estrutura organizativa e o modo de funcionamento dos principais partidos portugueses.[490] Há que mencionar ainda que a centralização partidária é reforçada pelo sistema eleitoral que regula e condiciona a escolha dos candidatos ao Parlamento nacional, designadamente o sistema de representação proporcional e as listas partidárias fechadas e bloqueadas. A referência clássica é aqui, e uma vez mais, Maurice Duverger, que chamou a atenção para a relação existente entre os sistemas eleitorais e a centralização da autoridade dentro dos partidos políticos:

– O sistema proporcional com escrutínio de lista tende a ser pouco favorável para os escalões periféricos do partido em relação aos escalões superiores, no momento de selecção dos candidatos, relação que acaba por se alargar a outros processos de tomada de decisão.
– O escrutínio uninominal maioritário confere maior poder às estruturas partidárias periféricas, na medida em que favorece a descentralização da decisão no momento da escolha dos candidatos, que podem assim tornar-se independentes do centro.[491]

As modalidades de financiamento assumem também uma influência determinante no que respeita ao grau de centralização dos partidos políticos[492], pelo que é muito importante conhecer a repartição dos recursos entre o «centro» e a «periferia», dado que parece existir uma relação directa entre a capacidade financeira da direcção a nível nacional e a distribuição do poder dentro dos partidos.[493] Quanto a este ponto, em Portugal, são os

---

[489] Maurice Duverger, *Os Partidos Políticos*, *op. cit.*, pp. 90-91.
[490] De sublinhar que a Constituição portuguesa proíbe expressamente a formação de partidos políticos de âmbito regional ou local.
[491] Maurice Duverger, *Os Partidos Políticos, op. cit.*, p. 95.
[492] *Idem, ibidem*, p. 94.
[493] É significativo notar-se que Robert Michels foi um dos primeiros autores a estabelecer uma relação directa entre o controlo financeiro e controlo político das organizações

órgãos nacionais do partido extraparlamentar os beneficiários das subvenções estatais: quer da verba que todos os anos sai dos cofres públicos para os dos partidos representados no Parlamento, quer da verba atribuída para as campanhas eleitorais — o que não pode deixar de contribuir para a centralização das decisões ao nível da elite partidária nacional.[494]

Financiamento dos partidos políticos e das campanhas eleitorais. O que mudou?

[QUADRO N.º 10]

Lei n.º 23/2000, de 23 de Agosto	Lei 19/2003, de 20 de Junho
Origem	
— Receitas próprias, financiamento privado, subvenção pública e donativos singulares ou anónimos. — A subvenção estatal é de 1/125 do salário mínimo nacional por cada voto obtido	— Receitas próprias, rendimentos do património, contribuições dos filiados e eleitos e subvenção pública. Não são permitidos financiamentos anónimos — A subvenção estatal aumenta, a partir de 2005, para 2,5 euros por cada voto, os donativos privados titulados (por cheque ou por transferência) ficam limitados a 8 750 euros por ano
Fiscalização	
— Cabe ao Tribunal Constitucional, que cria uma entidade específica para tal fim. —A fiscalização efectiva pode ser feita no imediato	— Cabe à Comissão Nacional de Eleições, sendo as auditorias às contas dos partidos da competência do Tribunal Constitucional, que as entrega a uma empresa externa
Penas	
— Apenas estão previstas coimas	— Aumento das coimas, criminalização com pena de prisão de 1 a 3 anos, possibilidade de perda de mandato

---

partidárias, sublinhando a influência determinante — negativamente determinante — das fontes de financiamento provenientes do erário público sobre a vida interna dos partidos.

[494] Ingrid van Biezen (1998), «Sobre o equilíbrio interno do poder: as organizações partidárias nas novas democracias», in *Análise Social*, vol. XXXIII (148), pp. 699-706; Ingrid van Biezen (2000), «Party financing in new democracies: Spain and Portugal», in *Party Politics*, vol. 6 (3), pp. 329-342.

Além do mais, nos últimos anos, a limitação do financiamento privado, aliada ao aumento da subvenção estatal, têm contribuído para o reforço desta tendência centralizadora. Para termos uma ideia da dependência financeira dos partidos face ao Estado, basta referir que, na década de 1990, o peso das subvenções públicas nas receitas anuais do PS e do PSD ultrapassava, em termos médios, os 70 %, atingindo os 90 % no caso do CDS-PP.[495] Já a aparente capacidade de «autofinanciamento» do PCP — através das actividades de angariação de fundos, das contribuições dos seus eleitos e das quotas dos seus filiados, a que acresce ainda a gestão de um vasto património imobiliário — torna-o bastante mais independente da «muleta do Estado», quando comparado com os restantes partidos.

Seja como for, se é lícito afirmar que os principais partidos portugueses são, de um modo geral, fortemente «centralistas», o certo é que existem diferenças significativas entre eles que não podem ser omitidas ou ignoradas. Um dos elementos caracterizadores e diferenciadores do Partido Comunista Português, enquanto formação leninista, é a adopção dos princípios do «centralismo democrático», que faz com que o processo interno de tomada de decisão assuma um carácter extremamente centralizado, hierarquizado, autoritário e dirigista.

De acordo com os estatutos deste partido, o «desenvolvimento criativo do centralismo democrático» visa promover uma profunda democracia interna, uma única orientação geral e uma direcção central coesa[496], e estabelece como princípios orgânicos fundamentais: *a)* a eleição dos organismos dirigentes do partido, da base ao topo, e o direito de destituição de qualquer eleito pelo colectivo que o elegeu; *b)* a obrigatoriedade de os organismos dirigentes prestarem contas da sua actividade às organizações de base, e de considerarem atentamente as opiniões e críticas que estas exprimem como uma contribuição para a sua própria reflexão e respectivas decisões, bem como para a melhoria do trabalho colectivo; *c)* o carácter vinculativo, para todos os organismos, das decisões dos organismos de

---

[495] Veja-se, a este propósito, os dados compilados por Manuel Meirinho com base na informação disponibilizada pelo Tribunal Constitucional. Manuel Meirinho Martins (2004), *Participação Política e Democracia. O Caso Português (1976-2000)*, Lisboa, ISCSP, pp. 467-471.

[496] Cf. Estatutos do Partido Comunista Português, *op. cit.*, capítulo III, art. 16.º, números 1 e 2.

responsabilidade superior, tomadas no âmbito das suas respectivas atribuições e competências, e a obrigatoriedade de todos os organismos inferiores prestarem contas da sua actividade aos organismos com responsabilidades superiores; *d)* o cumprimento, por todos, das decisões tomadas por consenso ou por maioria; *e)* o direito dos membros de exporem franca e livremente as suas opiniões nos organismos e organizações a que pertencem, e nas reuniões e outras iniciativas do partido em que participem; *f)* o cumprimento dos princípios orgânicos e das disposições estatutárias do partido; *g)* a não admissão de fracções, entendidas como grupos ou tendências organizadas, que desenvolvem actividades em torno de propostas ou plataformas políticas próprias.

Segundo Ronald Tiersky e Maurice Duverger, e citando aqui apenas dois autores relevantes, entre as «leis» fundamentais do «centralismo democrático» contam-se sobretudo a liberdade de crítica e a unidade de acção, o que significa que no processo de decisão interna existe uma fase inicial, plural, e uma fase final, na qual a unidade e a unanimidade se tornam obrigatórias.[497] Como escreve Duverger: «o centralismo democrático supõe que se produzam discussões livres antes que a decisão seja adoptada, para esclarecer o centro das opiniões e reacções das bases, mas supõe igualmente que a disciplina mais rigorosa seja observada por todos depois que a decisão seja tomada. De facto, os testemunhos parecem confirmar que a discussão é real no interior das células (...) porém, a discussão deve cessar após a decisão».[498] Por outro lado, estes autores destacam também a proibição de fracções e de tendências organizadas como uma «regra de ouro» do «centralismo democrático», já que apenas se aceitam as diferenças de opinião, divergências e críticas face à orientação e às decisões aprovadas por maioria ou consenso quando devidamente inseridas no trabalho e acção colectivos. Como escreve José Casanova, membro da Comissão Política do Comité Central, aquando do XIII Congresso extraordinário do PCP:

> A defesa das tendências ou das fracções organizadas apoia-se num conceito de funcionamento do partido extremamente limitado na sua com-

---

[497] Ronald Tiersky (1985), *Ordinary Stalinism. Democratic Centralism and the Question of Communist Political Development*, Boston, Alen & Unwin, pp. 23 e 66; Maurice Duverger, *Os Partidos Políticos, op. cit.*, pp. 92-93.

[498] Maurice Duverger, *Os Partidos Políticos, op. cit.*, p. 93.

ponente democrática e numa concepção elitista e, logo, redutora do debate. A criação de fracções conduziria, de facto, ao conflito sistemático e à cristalização de ideias; ao confronto e nunca à integração de opiniões diferentes; ao abandono do trabalho colectivo; à fragilização de valores essenciais como a fraternidade, a camaradagem e a solidariedade; à redução da quase totalidade dos militantes à situação de simples espectadores; à quebra e unidade de acção; à redução drástica da capacidade de intervenção do partido na vida nacional; enfim, à negação de uma direcção central e de uma orientação geral colectivamente aceites.[499]

Também a seguinte passagem, constante da Resolução Final do XIII Congresso extraordinário do Partido Comunista, aponta no mesmo sentido:

> O abandono do centralismo democrático, na forma como o PCP o define e pratica, equivaleria à institucionalização dentro do partido do direito de tendência com a sua organização própria, ou seja, sob o ponto de vista orgânico, à institucionalização dentro do partido de fracções organizadas com direito a actividade política autónoma, mesmo que contrária à orientação do partido. O abandono do centralismo democrático conduziria à instalação no partido de uma vida caracterizada e absorvida por constantes conflitos e confrontos internos.[500]

No Partido Comunista Português são múltiplos os mecanismos que impedem a formação e o desenvolvimento de grupos organizados e a emergência de vozes dissidentes que defendam posições críticas em relação à linha oficial definida pela elite dirigente. Em primeiro lugar, torna-se obrigatório referir a circulação vertical da informação no interior do partido, que se traduz no facto de aos militantes ser reconhecido o direito de manifestarem as suas opiniões (eventualmente divergentes), de fazerem críticas e de adiantarem propostas, mas apenas no âmbito do organismo a que pertencem. Nada do que aí se diz deve, porém, ser levado ao conhe-

---

[499] *XIII Congresso Extraordinário do PCP. Loures, 18, 19, 20 de Maio de 1990*, Edições Avante!, p. 208.
[500] *Idem, ibidem*, pp. 39 e 81.

cimento de outros que não sejam os organismos imediatamente superiores do partido.[501]

Posto isto, pode dizer-se que os militantes do PCP podem, quando muito, expressar as suas opiniões em «surdina», ignorando as opiniões de todos os que não pertencem ao seu organismo. E todos aqueles que expressam opiniões divergentes, fora dos organismos respectivos, tendem a ser marginalizados ou excluídos dos órgãos de decisão política, sendo, como tal, acusados de promover actividades faccionárias que põem em causa a unidade e a coesão do partido.

Como alguns investigadores e comentadores políticos têm sublinhado, esta compartimentação rigorosa do debate de ideias e das discussões ergue «muralhas opacas» no interior do partido e à sua volta, contrariando a ideia do «partido com paredes de vidro» com que Cunhal quis enobrecer a imagem do PCP.[502] Percebe-se, assim, que a defesa do abandono do «centralismo democrático», por parte dos «renovadores», tenha em vista essencialmente combater a «anatemização do debate horizontal», no interior do partido, que obriga a que a informação seja difundida apenas para «cima» e pelos canais hierárquicos. Veja-se, pois, o que a este propósito escreveu João Amaral:

> O debate interno [no PCP] esbarra no modelo centralizado e compartimentado de funcionamento. De facto, não há possibilidade de colocar a debate e decisão de todo o partido as ideias e as propostas de cada militante, porque elas são filtradas pela estrutura hierarquizada do partido. Vedando a discussão aberta e horizontal em todo o partido e entre todos os militantes, o centralismo democrático traduz-se num 'seguro de sobrevivência' para a direcção e para as orientações que define, por mais erradas que sejam.[503]

Para concluir que:

> Quanto ao debate, a experiência já mostrou, de forma dolorosa, que uma intensa vida democrática é essencial aos partidos comunistas. Se queremos um partido dinâmico e capaz de responder aos desafios actuais, então é

---

[501] Cf. Estatutos do Partido Comunista Português, *op. cit.*, art. 15.º, alíneas a) e d).
[502] Álvaro Cunhal (1985), *O Partido com Paredes de Vidro*, *op. cit.*
[503] João Amaral (2002), *Rumo à mudança*, *op. cit.*, p. 220.

determinante que os militantes conheçam as questões, saibam as diferentes opiniões sobre elas e as discutam em profundidade. A informação tem de circular por todo o partido, também de forma horizontal. E os debates têm de ser abertos, de forma que as ideias e opiniões sejam conhecidas. A necessária unidade de acção não pode justificar os muros interiores do partido feitos para limitar o acesso à informação e impedir o debate. Esses muros significam um controlo ilegítimo da informação e, portanto, um poder excessivo para quem detém esse controlo.[504]

Em segundo lugar, há que referir a prática usual no PCP — considerada contrária ao método democrático — de voto de braço no ar na eleição dos organismos dirigentes e na aprovação de qualquer deliberação política, a qual permite identificar quem está contra a direcção e controlar as actividades faccionárias. A fidelidade em relação a esta prática permite, facilmente, perceber a resistência dos comunistas ao princípio do voto secreto, imposto pela nova Lei dos Partidos de 2003 — resultante do acordo entre PSD, PS e CDS-PP.[505] Com efeito, a imposição do voto secreto — que não se aplica a todas as deliberações internas, mas apenas à eleição de pessoas — foi considerada pelos dirigentes comunistas como uma ingerência «abusiva» e «intolerável» do Estado na auto-organização e no funcionamento interno dos partidos, na medida em determina os seus órgãos, as formas de votação e os procedimentos eleitorais e, como tal, invade um campo que deve estar reservado à decisão dos militantes de cada partido.

Na opinião dos comunistas, a nova Lei não traduz um aumento da transparência, mas antes o intuito deliberado de limitar a liberdade de actuação dos partidos, tratando-os como se todos devessem ser iguais e ter os mesmos estatutos. O PCP contesta a imposição de um modelo de organização partidária por via legal, afirmando os valores profundos da Revolução de Abril, como o direito à diferença, à liberdade de organização

---

[504] *Idem, ibidem*, p. 148.

[505] De salientar, também, a resistência do PCP face à nova lei do financiamento dos partidos e das campanhas eleitorais, nomeadamente, em relação à norma que limita as iniciativas de recolha de fundos dos partidos, o que, na prática, pode pôr em causa a tradicional Festa do «Avante!». Mas releve-se também a sua oposição perante o aumento substancial das subvenções públicas aos partidos, algo que beneficia sobretudo os dois maiores partidos (PS e PSD).

política e ao autogoverno dos partidos: ou seja, o direito, de cada partido organizar-se conforme a vontade dos seus militantes.[506]

Em terceiro lugar, o monolitismo que caracteriza o PCP — que se traduz numa orientação geral única e na coesão e unidade da direcção central — é ainda assegurado pela proibição de questionar, fora do partido, as decisões tomadas pelo colectivo partidário: o PCP não aceita que os seus membros defendam, *extra muros*, orientações contrárias às do partido, pelo que a oposição ou oposições internas não podem tornar públicas as suas posições e adquirir a visibilidade necessária para enfrentar a elite dirigente sem, ao mesmo tempo, violarem os estatutos.

É precisamente isto que tem acontecido no interior do PCP, onde os «ortodoxos» se recusam a discutir o mérito das propostas dos «renovadores», limitando-se a condenar os métodos e instrumentos que estes usam para contestar a linha oficial do partido — declarações e publicação de documentos nos *media* — os quais violam abertamente as regras do jogo interno. Os ataques públicos, dos «críticos», à orientação e à direcção do partido, em manifesta oposição às linhas ideológicas e programáticas aprovadas em Congresso, são encarados, pela elite dominante, como uma grave violação dos princípios e normas estatutários do PCP, que a todos obrigam, na acção militante interna e externa. Isto explica e «justifica» as medidas de natureza disciplinar determinadas pela Comissão Central de Quadros e aprovadas pelo Comité Central, que levaram à expulsão de alguns destacados membros do partido.

As restrições ao debate aberto e ao reexame crítico da orientação seguida pela direcção do PCP são também reforçadas pela prática prevalecente na organização dos seus Congressos, que consiste, essencialmente, em «assimilar» as orientações propostas pelo Comité Central, cabendo aos militantes «melhorá-las» e «enriquecê-las», mas sem nunca as questionar aprofundadamente. E isto porque, de acordo com os estatutos do PCP, não é possível a apresentação, em Congresso, de «moções alternativas», mas apenas de propostas de alteração às teses apresentadas pela direcção; as quais são, desta forma, apenas passíveis de pequenas emendas ou aditamentos pontuais.

---

[506] Bernardino Soares, «Zangam-se as comadres, escondem-se as verdades», in *A Capital*, de 30 de Abril de 2003, p. 19; Sofia Rainho, «PCP chuta para canto e para... Belém», in *Expresso*, 3 de Maio de 2003; Henrique Monteiro, «Uma reforma ridícula», in *Expresso*, de 10 de Maio de 2003, p. 13.

Por fim, e não menos importante, há que mencionar o facto de a designação dos membros dos organismos dirigentes do partido pertencer à elite dominante, na medida em que cabe ao Comité Central — e não ao Congresso, enquanto órgão supremo do partido — eleger de entre os seus membros a Comissão Política Central, o Secretariado, a Comissão Central de Controlo e também o Secretário-Geral.[507] Pelo que o «centralismo democrático» não só institui esta norma profundamente «centralizadora», como tolera uma prática bastante «resvaladiça» em termos democráticos, segundo a qual as candidaturas a cargos de direcção, pelo menos a partir de um certo nível, não resultam da iniciativa espontânea dos membros das organizações em que se realizam eleições, mas antes de indicações dadas pelos organismos superiores, através dos chamados «controleiros».

Lembremos, aqui, a tal «regra de ouro» do famoso livro de Álvaro Cunhal: «É bom princípio» — escreve o líder histórico do PCP — «serem os organismos dirigentes a propor os quadros a eleger para os cargos mais responsáveis do partido», já que «as qualidades e as possibilidades dos quadros (...) são, em regra, mais bem conhecidas pelos organismos superiores do que pelas bases no seu conjunto», assegurando-se, deste modo, «o bom fundamento e a correcção da escolha».[508] Daí as «comissões de candidatura» designadas superiormente ou, então, as instruções dadas aos militantes, pelos «responsáveis da organização», quanto aos quadros a eleger. É assim que, nas eleições para os cargos de direcção, as recomendações vindas de «cima» são tomadas em consideração, e todos votam numa lista única, mesmo aqueles que pensam que outros nomes seriam preferíveis aos que nela figuram.

Oficialmente, nada impede que outras listas se apresentem, mas é evidente que os seus promotores se tornam automaticamente suspeitos de se oporem à «orientação do partido» ou, pelo menos, à do «organismo superior». Ora, isto acaba por perverter o carácter democrático do mecanismo eleitoral.[509] Pode, por conseguinte, afirmar-se que os militantes comunistas

---

[507] Estatutos do Partido Comunista Português, *op. cit.*, art. 34.º.
[508] Álvaro Cunhal (1985), *O Partido com Paredes de Vidro*, *op. cit.*, pp. 106-107.
[509] É interessante verificar-se que nos documentos e textos oficiais do PCP, sempre que se fala de dirigentes, de responsáveis, de quadros, insiste-se não em métodos e processos eleitorais para a sua designação mas na «política de selecção e promoção de quadros».

votam mas não escolhem: a orientação é só uma, a da direcção; os candidatos são só uns, os da lista única, elaborada em «cima» e acatada em «baixo».

Vale a pena sublinhar que as normas estatutárias, cujo respeito é garantido pelo extenso corpo de funcionários, permitem à elite dirigente comunista exercer o controlo sobre todo o partido, de uma forma centralista, hierarquizada e dirigista. Por um lado, segundo os princípios do «centralismo democrático», não escritos mas aceites por tradição, a eleição do órgão supremo do partido é controlada de «cima para baixo», já que o Congresso é constituído por «delegados fiéis» à elite dirigente, sendo os seus nomes sugeridos pelos «controleiros» às várias organizações de base.[510] Os delegados, por sua vez, elegem os membros do Comité Central com base na proposta feita pelo Comité Central cessante, ou seja, com base numa lista única de candidatos.[511]

Além do mais, e como já foi dito anteriormente, ao Comité Central — órgão responsável pelo trabalho político, ideológico e de organização do partido — cabe eleger de entre os seus membros os restantes órgãos superiores do partido.[512] Ainda no que respeita à composição do Comité Central, não obstante o PCP reiterar o respeito pela «regra de ouro» da maioria operária em todos os seus organismos de direcção[513], o que os

---

[510] Como tem sido frequentemente observado, o centralismo democrático é posto em prática, no PCP, graças ao controlo exercido por um extenso corpo de funcionários (ou, como são informalmente designados pelos militantes comunistas, «controleiros»). Com efeito, estes desenvolvem um papel crucial de ligação entre a base e o vértice do partido, na medida em que permitem a comunicação com as instâncias superiores e, sobretudo, a passagem de directrizes de «cima para baixo». Cf. Alves da Costa e Sousa, «O Partido Comunista Português: subsídios para um estudo sobre os seus adeptos», in *Estudos Políticos e Sociais*, XI, pp. 495-543 e 529-530; Carlos Cunha (1997), «The Portuguese Communist Party», in Thomas C. Bruneau (org.), *Political Parties and Democracy in Portugal. Organizations, Elections, and Public Opinion*, op. cit., p. 33.

[511] Estatutos do Partido Comunista Português, *op. cit.*, art. 28.º, alínea e).

[512] *Idem, ibidem*, art. 34.º, número 1.

[513] Esta regra é formulada por Álvaro Cunhal nos seguintes termos: «A maioria operária nos organismos de direcção é uma importante garantia para que o partido se mantenha fiel a uma ideologia e a uma política de classe, seja capaz de analisar as situações e os problemas de um ponto de vista de classe, não sofra a influência ideológica da burguesia e mantenha firmemente os objectivos revolucionários da liquidação do capitalismo e da construção da sociedade socialista. (...) Considerando o colectivo da direcção, a origem

dados mostram é que a quase totalidade dos seus membros são funcionários a tempo inteiro pagos pelo partido. Tal circunstância torna-se particularmente importante porque, como bem sublinha Anna Bosco, significa que os membros do Comité Central dificilmente colocarão em causa as directivas oficiais definidas pelo vértice do partido, já que dessa conformidade depende a sua carreira política. Trata-se, portanto, de um recrutamento totalmente «centrípeto», uma vez que só têm entrada nos órgãos superiores do partido aqueles que revelam uma total conformidade em relação às posições e expectativas do «centro».[514]

Resulta claro que a aplicação rígida do «centralismo democrático», traduzida, entre outros aspectos, no controlo exercido pelos funcionários na escolha dos delegados ao Congresso e no sistema de recrutamento centrípeto, assegura que os opositores permaneçam fora dos órgãos deliberativos e executivos ou sejam deles afastados — o que tem contribuído para a coesão e a estabilidade da coligação dominante, aproximando organizacionalmente o PCP do partido de massas de tipo leninista. Consequentemente, aos «críticos» não resta senão desenvolver a sua oposição à elite dirigente a partir de fora do partido, com possibilidades de sucesso quase nulas. A incapacidade de formar uma oposição dotada de coerência interna — devido, em grande medida, aos constrangimentos organizacionais e à cultura política do PCP — tem permitido à elite dirigente, fortemente coesa e disciplinada, neutralizar com relativa facilidade os «críticos», acusados de violarem os estatutos ao divulgarem, junto dos meios de comunicação social, e «enquadrados em campanhas de manipulação anti-PCP», as suas divergências em relação às linhas e orientações oficiais do partido.[515]

É ainda necessário notar que a coesão e a estabilidade da «elite dominante» não resultam apenas dos traços organizacionais que caracterizam o PCP, sendo igualmente reforçadas pelo tipo de socialização política promovida no seu interior — quer dos dirigentes históricos do partido, que partilharam um longo período de clandestinidade; quer da nova geração

---

social proletária é a fonte natural e constantemente revivificadora da consciência de classe e da consciência política.». Cf. Álvaro Cunhal (1985), *O Partido com Paredes de Vidro*, *op. cit.*, p. 49.

[514] Anna Bosco (2000), *Comunisti. Transformazioni di Partito in Italia, Spagna e Portogallo*, *op. cit.*, pp. 219-221.

[515] *XIII Congresso Extraordinário do PCP. Loures, 18, 19 e 20 de Maio de 1990*, *op. cit.*, p. 21.

de dirigentes que, tendo sido cooptada e instruída por aqueles, interiorizou uma forte inibição face ao dissenso, a qual constitui um traço distintivo da cultura política do PCP.[516]

Passando agora à análise do grau de centralização da estrutura organizacional dos restantes partidos políticos, pode dizer-se que tanto o PSD como o PS ostentam uma relativa descentralização no que respeita quer à separação de poderes quer à tomada de decisões, além de admitirem um pluralismo interno jamais assimilado pelo PCP. Tal pluralismo manifesta-se, em termos estatutários, na possibilidade de os representantes das bases poderem apresentar documentos alternativos e listas concorrentes para os órgãos de direcção — eleitos por voto secreto e segundo o sistema de representação proporcional[517] — nos Congressos dos respectivos partidos; e, em termos de prática política, na existência de «facções» (PS) e de «baronatos» (PSD), organizados a partir das «cúpulas partidárias» e com fraca repercussão ao nível das bases.[518] Importa, pois, lembrar que estamos perante partidos caracterizados, desde as suas origens, pela divisão da elite dominante em «grupos ideológicos», em «grupos de oportunidade», clientelares e personificados.[519]

---

[516] A partir do XII Congresso (1988), assistiu-se a uma mudança geracional na coligação dominante do PCP, com a saída de muitos «históricos» do partido e com a preparação, na secretaria, da sucessão de Álvaro Cunhal. O grupo «histórico» do PCP foi, então, substituído por uma nova geração, que entrou no partido em meados dos anos sessenta e cuja carreira, graças à Revolução de Abril de 1974 e à expansão inicial do partido, foi muito rápida. Porém, o sistema de recrutamento «centrípeto» garantiu que essa substituição se fizesse sem divergências ou rupturas com o velho grupo dirigente, para o que muito terá contribuído, também, a liderança carismática de Cunhal. De salientar que só no XIV Congresso do PCP (1992) Carlos Carvalhas deixa de ser secretário-geral adjunto para assumir o cargo de secretário-geral do partido, passando Álvaro Cunhal a assegurar a presidência de um novo órgão do partido: o Conselho Nacional.

[517] Estatutos do Partido Socialista, *op. cit.*, art. 19.º, número 3; Estatutos do Partido Social Democrata, *op. cit.*, art. 67.º, número 6, alínea a).

[518] Maria José Stock (1985), «O centrismo político em Portugal: evolução do sistema de partidos, génese do Bloco Central e análise dos dois partidos da coligação», *op. cit.*, p. 63; Maritheresa Frain (1998), *PPD/PSD e a Consolidação do Regime Democrático*, *op. cit.*, p. 55.

[519] Fernando Farelo Lopes (2002), «Os partidos portugueses numa perspectiva organizacional», *in* Fernando Farelo Lopes e André Freire, *Partidos Políticos e Sistemas Eleitorais. Uma Introdução*, *op. cit.* p. 75.

Entre os factores que incentivaram a formação de grupos mais ou menos organizados e o desenvolvimento do facciosismo interno nestes dois partidos, contam-se: *a)* o eclectismo ideológico e a heterogeneidade social que marcou a génese do PSD e do PS, dado que ambos acolheram no seu seio uma relativa variedade de sensibilidades políticas e de elementos ligados a diversos grupos sociais, o que comportava fortes potencialidades conflituais a nível das respectivas elites dominantes[520]; *b)* a presença de estratégias conflituais no que se refere ao estabelecimento de alianças com outros partidos e às vias de acesso ao poder; *c)* a formação de grupos internos em torno não de uma ideologia ou projecto político, mas de sub-líderes, o que contribuiu para que os conflitos internos assumissem a forma de «lutas personificadas» pela obtenção de lugares e posições, tanto nos vários escalões do partido como no aparelho do Estado; *d)* a actuação pragmática dos líderes que, com o objectivo de controlarem o fraccionamento interno e o conflito entre elites rivais, tendem a integrar nas suas listas as diferentes «tendências», que assim ganham representação nos órgãos dirigentes, disputando, a partir daí, o poder dentro do partido.[521]

---

[520] Fernando Farelo Lopes (2002), «Os partidos portugueses numa perspectiva organizacional», *in* Fernando Farelo Lopes e André Freire, *Partidos Políticos e Sistemas Eleitorais. Uma Introdução, op. cit.* p. 75.
  Recorde-se que, no acto de fundação, o PS integrou as inúmeras sensibilidades e clivagens existentes na Associação Socialista Portuguesa (ASP, criada em 1964). De entre os seus membros fundadores contam-se não só os antigos republicanos e socialistas, como também *maçons*, católicos, progressistas, sindicalistas, neo-marxistas, entre outros. Já quanto ao PSD, a presença minoritária da componente republicana e maçónica foi compensada pela presença significativa de elementos progressistas ligados à SEDES e à Igreja Católica, a par de elementos conservadores receosos de serem confundidos com a «direita» declarada do CDS. Cf. Maria José Stock (1986), *Os Partidos do Poder. Dez Anos depois do 25 de Abril, op. cit.*, pp. 9-10 e 90-91; Susana Martins (2005), «A fundação do Partido Socialista em 1973», *in* Vitalino Canas (org.), *O Partido Socialista e a Democracia, op. cit.*, pp. 29-38; Maria José Stock (2005), «O Partido Socialista de 1973 a 1983», *in* Vitalino Canas (org.), *O Partido Socialista e a Democracia, op. cit.*, pp. 130-131 e 136-137; Juliet Antunes Sablosky (2005), «The Portuguese Socialist Party», *in* Vitalino Canas (org.), *O Partido Socialista e a Democracia, op. cit.*, pp. 273-274 e 276-277.
  [521] Maria José Stock (1985), «O centrismo político em Portugal: evolução do sistema de partidos, génese do Bloco Central e análise dos dois partidos da coligação», *op. cit.*, pp. 63-64; Juliet Antunes Sablosky (1997), «The Portuguese Socialist Party», *in* Thomas C. Bruneau (org.), *Political Parties and Democracy in Portugal: Organizations, Elections and*

Para além destes factores, que continuam presentes em ambos os partidos e que ganham significado nos momentos mais críticos, há que salientar outros aspectos que afectam a coesão da elite dominante e a organização e acção perturbadora dos grupos internos. Referimo-nos, pois, à presença de uma liderança nacional forte e personalizada, eventualmente carismática, que contribui para debilitar a organização e acção dos grupos internos, ao passo que uma liderança menos forte e «rotineira» tende a produzir um efeito oposto. De facto, Maritheresa Frein tem razão quando, tendo em conta o papel que a liderança personalizada assume na vida partidária portuguesa, escreve:

> A importância da liderança num partido político, seja ele novo ou velho, é bem conhecida. Porém, no contexto português, a liderança tem um significado adicional. A política portuguesa tem sido, historicamente, uma batalha entre individualidades e personalidades, mais do que entre ideais ou programas políticos (...). Na realidade, a herança política do sebastianismo e da personalização cedo tentou as elites portuguesas e deu origem, no pós-25 de Abril, a um sistema partidário que atribui maior relevo ao carisma e às virtudes dos seus líderes políticos do que às ideias que eles professam (...). Os líderes foram não só importantes, como vitalmente necessários, na medida em que serviram de ponto de referência comum [e de cimento aglutinador, acrescentar-se-ia] perante a grande diversidade da base social de apoio, a indefinição ideológica e programática e a flexibilidade de estratégias dos principais partidos (...). A atracção e o carisma dos líderes tornaram-se, assim, indispensáveis para congregar vontades e para aumentar as possibilidades de alcançar o poder.[522]

Por outro lado, e como sublinha Fernando Farelo Lopes, o êxito eleitoral e o acesso ao poder, actuais ou previsíveis, costumam atenuar o facciosismo e a acção dos grupos internos, enquanto o fracasso eleitoral e o afastamento do governo contribuem para incentivá-los, tornando-se frequentes os conflitos intrapartidários e as referências, nos meios de

---

Public Opinion, op. cit, pp. 58-60; Maritheresa Frain (1998), *PPD/PSD e a Consolidação do Regime Democrático, op. cit.*, pp. 87-90.

[522] Maritheresa Frain (1998), *PPD/PSD e a Consolidação do Regime Democrático, op. cit.*, pp. 36 e 52.

comunicação social, às tendências e facções internas.[523] Seja como for, o que sobressai, no período estudado, é a tendência para o enfraquecimento da instabilidade da «elite dominante» e do «faccionalismo» interno, tanto no PS como no PSD; principalmente, se tivermos em conta o período que antecedeu a década de 1990. Para tal, muito terá contribuído o acréscimo do financiamento público dos partidos, o qual permite aos líderes nacionais controlar um conjunto de recursos financeiros superiores aos de que dispõem os seus adversários internos — com tudo o que isso significa em termos de distribuição de «incentivos selectivos». Mas também a afirmação de um sistema de governo intrapartidário de cunho «presidencialista», que se traduz num reforço substancial da posição e dos poderes atribuídos aos líderes nacionais.[524]

O que se explica pelo facto de estes — enquanto candidatos ao cargo de primeiro-ministro, e dado o seu impacto sobre as preferências de voto dos eleitores[525] — serem considerados, pelos membros dos respectivos partidos, como o elemento-chave do seu sucesso ou fracasso eleitoral, caindo-se, não raro, no culto da personalidade do dirigente máximo.[526]

Independentemente da relativa descentralização, reconhecida nos estatutos dos dois maiores partidos portugueses, o facto é que tanto no

---

[523] Fernando Farelo Lopes (2002), «Os partidos portugueses numa perspectiva organizacional», in Fernando Farelo Lopes e André Freire, *Partidos Políticos e Sistemas Eleitorais. Uma Introdução*, op. cit. p. 82.

[524] Tanto no PS como no PSD existem dispositivos estatutários destinados a regular, ainda que de forma não muito detalhada, o *status* destes órgãos unipessoais. A explicação deste «laconismo» reside, eventualmente, na vontade de não limitar, mediante previsões estatutárias muito concretas, as competências dos líderes e garantir-lhes, dessa forma, uma maior margem de manobra na definição das estratégias e políticas dos respectivos partidos. Cf. Estatutos do Partido Socialista, *op. cit.*, art. 75.º e Estatutos do Partido Social Democrata, *op, cit.*, art. 24.º. De notar que a mediatização da política tem contribuído para valorizar desmedidamente o papel individual da liderança, em detrimento de órgãos colectivos dos partidos.

[525] Marina Costa Lobo (2004), «O impacto dos líderes partidários: uma escolha entre candidatos pouco populares», in André Freire, Marina Costa Lobo e Pedro Magalhães (orgs.), *Portugal a Votos. As Eleições Legislativas de 2002*, op. cit., p. 198.

[526] Marina Costa Lobo (2005), *Governar em Democracia*, Lisboa, ICS, pp. 222-223; Jorge Miranda (1998), «Por um direito eleitoral dos partidos», in Manuel Braga da Cruz (org.), *Sistema Eleitoral Português. Debate Político e Parlamentar*, Presidência do Conselho de Ministros, Imprensa Nacional-Casa da Moeda, p. 282.

PSD como no PS a decisão acaba por pertencer aos órgãos nacionais, dedicando-se os órgãos sub-nacionais, acima de tudo, à política local. Porém, tal circunstância não retira importância à dinâmica partidária sub-nacional, pois importa não esquecer que o poder local tem sido vital para o apoio popular aos partidos em Portugal, ajudando a compensar o seu reduzido impacto sobre a vida social: nas campanhas eleitorais, na organização de reuniões e comícios locais, mas também na angariação de fundos, cobrança de quotas, etc.[527] Seja como for, e como adiante se tornará mais claro, se os órgãos distritais e locais do PSD e do PS parecem preferir proteger os seus interesses periféricos a influenciar a orientação dos órgãos centrais, a verdade é que a sua intervenção nos assuntos nacionais está longe de ser irrelevante.[528]

E a confirmá-lo está o papel que os dirigentes das organizações intermédias e inferiores assumem no aparelho central destes partidos, bem como o protagonismo que têm na selecção dos candidatos locais ao Parlamento nacional — o que tem levado alguns autores e analistas políticos a falar de uma crescente «autarquização» da elite dominante.[529] Há mesmo quem defenda a crescente transformação do PSD e do PS em «máquinas» do poder local e regional, com aumento da influência dos autarcas em toda a vida partidária em detrimento da influência de outro tipo de instâncias mais próximas do nível nacional: deputados e órgãos centrais que detêm cada vez menor autonomia em relação ao partido local.[530]

De qualquer modo, torna-se evidente que a «balança de poder» entre o aparelho nacional e as unidades sub-nacionais depende da cultura de cada partido, e também do peso político das suas estruturas distritais e locais,

---

[527] Carlos Jalali (2003), «A investigação do comportamento eleitoral em Portugal: história e perspectivas futuras», *in Análise Social*, (167), p. 563.

[528] António Barreto (1998) «Sou já um veterano destas lutas», *in Sistema Eleitoral Português. Debate Político e Parlamentar*, Presidência do Conselho de Ministros, Imprensa Nacional-Casa da Moeda, pp. 207-208.

[529] Fernando Farelo Lopes (2002), «Os partidos portugueses numa perspectiva organizacional», *in* Fernando Farelo Lopes e André Freire, *Partidos Políticos e Sistemas Eleitorais. Uma Introdução, op. cit.*, pp. 63-64. Note-se que este fenómeno de «autarquização» é particularmente evidente no que toca aos deputados nacionais, não obstante as diferenças significativas existentes entre os diversos partidos.

[530] José Pacheco Pereira, «Onde é preciso mostrar vontade de mudar», *in Público*, de 24 de Fevereiro de 2006.

para além das oscilações conjunturais ao nível da coesão e da estabilidade das elites centrais — o que é particularmente perceptível no caso do PSD, já que, como refere Farelo Lopes, sempre que este partido se encontra privado de uma liderança forte e carismática, os «feudos» locais e distritais logo se apressam a reforçar o seu poder perante os órgãos nacionais.[531]

Por fim, e no que respeita ao CDS-PP, trata-se de um partido que, ao contrário do que é comum nos «partidos de quadros», apresenta um perfil fortemente centralizador; o qual não tem impedido, porém, que a coesão e a estabilidade da elite dominante sejam frequentemente abaladas pelas lutas entre grupos internos. Parece evidente que o facto de o CDS-PP ser uma organização partidária muito dependente dos seus «notáveis» — ou seja, figuras que converteram a sua posição social numa posição política — o torna particularmente propenso (e vulnerável) à formação de «facções individualizadas» que disputam entre si o poder no interior do partido. Isto explica, por exemplo, que a reorganização estatutária empreendida sob a liderança de Manuel Monteiro tenha tido como um dos principais objectivos limitar o mais possível a instituição de várias «facções» ao nível das «cúpulas», procurando, desta forma, reforçar a coesão da elite dominante — uma preocupação, aliás, igualmente presente na liderança de Paulo Portas.[532]

Finalmente, o Bloco de Esquerda, como «partido-movimento», propõe-se desenvolver uma relação descentralizada e dinâmica com a sociedade civil e os movimentos sociais, pelo que os seus estatutos evidenciam algumas singularidades no contexto do sistema partidário português, tanto ao nível da sua organização como do seu funcionamento interno.

Assim, a primeira versão dos estatutos aprovados na I Convenção Nacional do Bloco de Esquerda, a 29 e 30 de Janeiro de 2000 — versão que não sofreu alterações na II Convenção, realizada em Maio de 2001, e que conheceu apenas alguns acertos de pormenor na III Convenção, que teve lugar em Janeiro de 2003 — define o Bloco de Esquerda como um

---

[531] Fernando Farelo Lopes (2002), «Os partidos portugueses numa perspective organizacional», *in* Fernando Farelo Lopes e André Freire, *Partidos Políticos e Sistemas Eleitorais. Uma Introdução*, *op. cit.*, p. 63.

[532] Maritheresa Frain (1997), «The right in Portugal: the PSD and the CDS-PP», *in* Thomas C. Bruneau (org.), *Political Parties and Democracy in Portugal. Organizations, Elections, and Public Opinion*, *op. cit.*, p. 86.

«movimento político de cidadãs e cidadãos que assume a forma legal de partido político.»[533]

Mais relevante ainda é o facto de o Bloco de Esquerda estabelecer nos seus estatutos, como um dos direitos atribuídos aos seus membros, a possibilidade de estes «exercerem, se assim o entenderem, o direito de tendência no âmbito do Movimento.»[534] Na verdade, o reconhecimento estatutário do direito de tendência, que não a mera aceitação da constituição de correntes internas de opinião, permitindo a criação e existência efectiva de facções com organização e vida próprias, é uma originalidade do BE no contexto do sistema partidário português.

Desde o seu nascimento que o Bloco de Esquerda também foi sensível à democracia paritária, estipulando nos seus estatutos que as listas à Mesa Nacional ou à Comissão de Direitos devem «observar o critério da paridade entre os sexos.»[535] Desta forma, o partido procura estimular a participação e o envolvimento das mulheres na vida interna partidária e na constituição dos seus órgãos nacionais. Contudo, se tal desiderato foi reconhecido estatutariamente, na prática nem sempre se cumpriu com o disposto. Disso dá conta o jornal *Público* na sua edição de 1 de Junho de 2003, a propósito da primeira reunião da Mesa Nacional saída da III Convenção Nacional do BE: «Na Mesa Nacional que ontem se reuniu, estão inscritos os nomes de apenas 26 mulheres. Na Comissão de Direitos — o órgão que, supostamente, «fiscaliza a aplicação dos Estatutos a todos os níveis do movimento», incluindo os «conflitos relacionados com o cumprimento da matéria estatutária» — só 3 dos 9 membros são do sexo feminino.» Também na actual Comissão Permanente se está longe de conseguir a igualdade entre os sexos: dos 8 dirigentes que a compõem apenas 2 são mulheres: Ana Drago e Helena Pinto.»[536] Todavia, esta última dirigente não se mostrou, na altura, «insatisfeita» pelo facto de o movimento não cumprir os seus estatutos: «É preciso não esquecer que, desde que nasceu, o BE tem feito um esforço para se aproximar do limiar da paridade. Desde a fundação que se tem avançado nesse caminho.» Helena Pinto explica, ainda, que apesar do que está escrito nos estatutos «quando o Bloco fala de

---

[533] Estatutos do Bloco de Esquerda, art. 1.º
[534] *Idem, ibidem*, art. 5.º
[535] *Idem, ibidem*, art. 15.º número 4.
[536] *in* «Público», 1 de Junho de 2003.

paridade esta deve ser entendida como um conceito e uma meta política, e não como uma regra imperativa na composição dos órgãos dirigentes.»[537]

Pode assim dizer-se que os cálculos da paridade serão necessariamente diferentes se por esta se entender um maior equilíbrio entre ambos os sexos e não uma igualdade aritmética. Ou seja, em diversos documentos do BE, o critério da paridade é descrito como a representação de ambos os sexos em cada sequência de três candidatos, o que se traduz, na prática, na presença de pelo menos um terço de homens ou mulheres nas listas aos órgãos nacionais do partido.

Outra característica organizativa do Bloco de Esquerda, nos primeiros anos da sua existência legal como partido, tem sido a ausência de qualquer regulamentação sobre disciplina interna. De facto, e já contando com as alterações estatutárias introduzidas na III Convenção Nacional, os estatutos deste força política não prevêem quaisquer disposições disciplinares, comportamentos sancionáveis e tipos de sanções. Esta ausência de mecanismos disciplinadores compreende-se pela insipiência organizativa do Bloco de Esquerda, ainda em processo de «institucionalização» e estabilização da sua estrutura orgânica e funcionamento interno, mas também pelo facto de uma das marcas genéticas desta nova formação partidária se traduzir precisamente na confluência de diferentes correntes político-ideológicas e no direito dado a essas correntes de se constituírem como tendências — o que, numa fase inicial da vida do partido, não seria muito compatível com uma regulação disciplinar, por definição condicionadora ou inibidora da livre expressão de grupos, correntes e tendências organizadas.

De qualquer modo, apesar da inexistência de normas disciplinares, o BE não deixou de acusar, de dentro para fora e de fora para dentro, algumas insuficiências ao nível da democracia interna. Assim, no relatório de actividades que consta da moção de orientação para a II Convenção Nacional do Bloco de Esquerda, é o próprio partido a reconhecer que se colocaram «novos problemas de organização, de circulação de informação e de democracia que ainda não estão resolvidos» e que é preciso «um Bloco mais democrático e vivo, capaz de estimular a participação de todas e de todos os membros nas escolhas e orientações fundamentais. capaz de corrigir e

---

[537] *Idem, ibidem.*

melhorar a sua actuação e de estimular a sua vida interna e aprendizagem colectiva.»[538]

Não menos peculiar é a circunstância de o Bloco de Esquerda, mesmo depois da III Convenção Nacional, não ter consagrado nos seus estatutos a existência de um presidente, secretário-geral ou coordenador nacional do partido. O Bloco optou então por uma liderança colegial, e muito embora a sua representação externa em debates e entrevistas televisivas, em particular, e na imprensa, em geral, caber na maioria das vezes a Francisco Louçã, outras vezes houve em que, para ocasiões similares, foram figuras como Miguel Portas, Luís Fazenda ou Fernando Rosas a representar o partido.

A permanência, durante as três primeiras Convenções Nacionais do Bloco de Esquerda, de estatutos particularmente sucintos (apenas dezasseis artigos), com algumas das características atrás anotadas, justificar-se-á, quanto a nós, por razão de um compromisso delicado entre correntes internas com tradições organizativas e estatutárias substancialmente diversas, bem como pela existência de um elevado número de independentes recém-filiados no Bloco de Esquerda, os quais ofereceriam algumas resistências perante a adopção de normas disciplinares e de disposições formais que estabelecessem regras de organização e de conduta demasiado rígidas e tipificadas.

3.2.4 *Organização partidária extraparlamentar, grupo parlamentar e governo: Que tipo de relação?*

Do ponto de vista organizacional e das relações entre o partido extraparlamentar e o grupo parlamentar, os principais partidos portugueses não assumem as características modernas da família dos *catch-all-parties* europeus, aproximando-se, antes, do modelo clássico do partido de massas. E isto porque, como tem sido salientado por vários autores, os grupos parlamentares constituem um prolongamento dos partidos no Parlamento e não uma expressão partidária do Parlamento, dado que se encontram subordinados aos aparelhos nacionais dos partidos, controlando, por sua vez, a actuação dos representantes eleitos.[539]

---

[538] Moção de Orientação para a II Convenção Nacional do Bloco de Esquerda.

[539] Manuel Braga da Cruz (1988), «Sobre o parlamento português: partidarização parlamentar e parlamentarização partidária», *op. cit.*, pp. 107-110; Manuel Braga da Cruz

Para melhor se compreender este ponto, torna-se necessária uma análise breve dos estatutos dos principais partidos portugueses, com o objectivo de realçar a forma como concebem as suas relações com os grupos parlamentares e com os deputados eleitos nas suas listas. Pois bem, a leitura das disposições dos estatutos revela, claramente, a subordinação do grupo parlamentar em relação ao executivo partidário nacional, tanto nos partidos situados à esquerda como à direita do espectro político. Se, no caso do PCP, o grupo parlamentar constitui não uma organização autónoma, mas sim uma «frente de trabalho» que funciona junto da direcção do partido; já no caso do CDS-PP, do PSD e do PS, os grupos parlamentares constituem órgãos nacionais[540], cabendo-lhes aplicar as linhas de orientação política definidas pelas suas estruturas dirigentes, particularmente pelo executivo partidário nacional.

Ilustrativas disso mesmo são as disposições estatutárias, onde se afirma que os membros do grupo parlamentar são obrigados a obedecer às directivas que emanam dos órgãos executivos do partido, estando, como tal, sujeitos à disciplina de voto. Efectivamente, a «regra de ouro» de funcionamento de todos os grupos parlamentares é a disciplina interna, que se exerce em todas as actuações individuais dos deputados e que atinge o seu ponto mais sensível no momento da votação, e que tem como base substancial, quer o programa apresentado ao eleitorado, quer as orientações emanadas da direcção do partido, tendentes à sua concretização e à consecução dos seus objectivos políticos.

É assim que os estatutos do PSD determinam que os deputados eleitos em listas do partido se comprometem a conformar os seus votos no sentido decidido pelo grupo que integram, de acordo com as orientações políticas gerais fixadas pela Comissão Política Nacional, salvo prévia autorização

---

e Miguel Lobo Antunes (1989), «Parlamento, partidos e governo: acerca da institucionalização política», *in* Mário Baptista Coelho (org.), *Portugal: O Sistema Político e Constitucional, 1974-1987*, Lisboa, ICS; Ulrike Liebert (1990), «Parliaments in the consolidation of democracy: a comparative assessment of Southern European experiences», *in* Ulrike Liebert e Maurizio Cotta (orgs.), *Parliament and Democratic Consolidation in Southern Europe: Greece, Italy, Portugal, Spain, and Turkey*, Londres, Pinter, p. 253; Luís Sá (1994), *O Lugar da Assembleia da República no Sistema Político Português*, Lisboa, Caminho, pp.

[540] Estatutos do Partido Popular CDS-PP, *op. cit.*, art. 34.º, alínea i); Estatutos do Partido Social Democrata, *op. cit.*, art. 13.º, alínea f); Estatutos do Partido Socialista, *op. cit.*, art. 87.º, número 3.

de dispensa de voto por reserva de consciência.[541] No mesmo sentido, os estatutos do PS estabelecem que cabe à Comissão Política Nacional definir as linhas de orientação política a seguir pelos membros do grupo parlamentar[542], os quais se encontram sujeitos à disciplina de voto.[543] No regulamento interno do grupo parlamentar do PS pode ler-se ainda: a «indisciplina de voto», em matéria que envolva a aplicação da linha do partido e sobre a qual tenha sido previamente determinada orientação, constitui falta disciplinar — a qual deve ser comunicada pela direcção do grupo parlamentar aos órgãos competentes do partido sempre que a sua gravidade assim o justifique.[544] Tendo em vista assegurar a subordinação dos deputados perante o executivo nacional, e reforçar a disciplina de voto no Parlamento, o Partido Socialista faz ainda uso do chamado «compromisso de honra», ou seja, uma carta de demissão sem data assinada pelos seus representantes eleitos antes da assunção do mandato parlamentar.[545]

Também no CDS-PP, o domínio da organização partidária extraparlamentar e a disciplina de voto no Parlamento constituem a regra, ao estabelecer-se que o grupo parlamentar e cada um dos seus membros devem, em todas as questões políticas, conformar-se com a orientação fixada pelos órgãos deliberativos do partido, com as directrizes emanadas da Comissão Política Nacional, bem como com os acordos com eles estabelecidos.[546] Quanto ao PCP, o forte ascendente do executivo partidário sobre o grupo parlamentar não constitui surpresa, já que a estrutura deste partido corresponde a uma organização comunista típica, através da qual os detentores de cargos públicos se colocam, eles próprios e os respectivos cargos, completamente à disposição do partido. Tanto é assim que os estatutos do PCP determinam que os membros do partido eleitos para cargos públicos em listas promovidas ou apoiadas pelo partido conduzem, no exercício dos

---

[541] Estatutos do Partido Social Democrata, *op. cit.*, art. 7.º, número 2.
[542] Estatutos do Partido Socialista, *op. cit.*, art. 88.º.
[543] *Idem, ibidem*, art. 90.º
[544] Regulamento Interno do Grupo Parlamentar do Partido Socialista, aprovado na IX legislatura, art. 13.º. Cf., também, Estatutos do Partido Socialista, *op. cit.*, art. 94.º.
[545] Juliet Antunes Sablosky (1997), «The Portuguese Socialist Party», *in* Thomas C. Bruneau (org.), *Political Parties and Democracy in Portugal: Organizations, Elections and Public Opinion*, *op. cit*, p. 63.
[546] Estatutos do Partido Popular CDS-PP, aprovados no XIX Congresso, em 27 e 28 de Setembro de 2003, art.ᵒˢ 54.º, 55.º e 56.º.

seus cargos, uma actividade de acordo com a orientação política definida pelo Comité Central.[547] E, o que é mais importante ainda, têm o dever político e moral de prestar contas da sua actividade e de manter sempre os seus mandatos à disposição do partido, não devendo, no desempenho dos cargos para que foram eleitos, ser beneficiados nem prejudicados financeiramente.[548]

Este entendimento explica, aliás, a prática comum entre os comunistas de receber a remuneração correspondente à respectiva profissão de origem e de entregar o resto do seu vencimento de deputados ao partido; prática, esta, que é bem reveladora da postura deferente e subordinada dos representantes eleitos relativamente à direcção nacional do partido. Isto explica, também, que os deputados comunistas fiquem à total mercê da direcção do partido, a qual pode, dado o carácter revogável do mandato, substituí-los em função dos seus interesses conjunturais, nomeadamente através de «dispensas» justificadas com a necessidade de renovação do grupo parlamentar. Merece a pena notar que a possibilidade de revogação do mandato imposta pelo partido vai, de certa forma, ao encontro do pensamento político de inspiração marxista: como é sabido, foi o próprio Marx quem acentuou o facto de a Comuna de Paris ser composta por «conselheiros municipais eleitos por sufrágio universal nas diversas circunscrições da cidade, responsáveis e revogáveis a qualquer momento»[549], tendo sido a figura institucional do representante revogável retomada e reiterada diversas vezes por Lenine, em *O Estado e a Revolução*[550], e introduzida como princípio normativo pelas várias constituições soviéticas.

Para além disso, e ao contrário do que se passa com os outros partidos, o grupo parlamentar do PCP é o único que não dispõe de autonomia normativa e organizativa[551], sendo a sua organização interna e as suas regras

---

[547] Estatutos do Partido Comunista Português, *op. cit.*, art. 54.º, número 1.
[548] *Idem, ibidem*, art. 55.º, números 3 e 4.
[549] Karl Marx (1850, 1975), *La Guerra Civil en Francia*, Madrid, Ayuso, pp. 67-70.
[550] Vladímir Ilitch Lenine (1917, 1997), *El Estado y la Revolución*, Madrid, Fundación F. Engels.
[551] Tanto os Estatutos do PSD, como os do PS, e também os do CDS-PP, reconhecem a possibilidade de o grupo parlamentar definir as suas normas de funcionamento interno e proceder à eleição da sua direcção. Cf. Estatutos do Partido Social Democrata, *op, cit.*, art. 30.º; Estatutos do Partido Socialista, *op. cit.*, art. 87.º, número 3; Estatutos do Partido Popular CDS-PP, *op. cit.*, art.ºs 54.º e 55.º.

de funcionamento definidas pelo partido extraparlamentar — daí que, por exemplo, a liderança do grupo parlamentar seja indicada pela direcção do partido, em vez de eleita pelo próprio grupo, e não disponha de um mandato fixado regularmente.[552]

Se, no caso português, o dado mais saliente é, como acabamos de ver, o domínio do executivo partidário sobre o grupo parlamentar, tal não significa que a relação entre as duas vertentes da organização partidária se faça num único sentido. Com efeito, e no que a esta questão diz respeito, não devemos esquecer-nos da crescente parlamentarização dos principais partidos portugueses, fenómeno que se traduz não apenas na representação *ex officio* de detentores de cargos públicos nos órgãos partidários, mas também na significativa sobreposição entre elementos do grupo parlamentar e elementos do partido extraparlamentar.

Da leitura das normas oficiais dos partidos aqui estudados, e quanto à representação parlamentar nos órgãos partidários extraparlamentares, verifica-se, desde logo, um contraste significativo entre os partidos de direita e os partidos de esquerda, sendo aquela bastante mais pronunciada nos primeiros do que nos segundos. Tanto é assim que, estatutariamente, o Partido Comunista Português não reconhece aos detentores de cargos públicos qualquer representação *ex officio* nos órgãos executivos do partido. Já no Partido Socialista, o líder do grupo parlamentar é membro de pleno direito da Comissão Política Nacional[553], se bem que os detentores de cargos públicos estejam ausentes do Secretariado Nacional, o órgão executivo do partido.[554] À direita do espectro político, o CDS-PP inclui numerosas referências à representação *ex officio* dos detentores de cargos públicos nos órgãos dirigentes nacionais[555], alargando, inclusivamente, essa representação aos órgãos periféricos[556] — o que é revelador da importância que

---

[552] Manuel Braga da Cruz (1988), «Sobre o parlamento português: partidarização parlamentar e parlamentarização partidária», *op. cit.*, p. 107-110; Mário Ramos Pereira Silva (2006), *Grupos Parlamentares e Partidos Políticos: Da Autonomia à Integração*, Coimbra, Almedina, p. 80.

[553] Estatutos do Partido Socialista, *op. cit.*, art. 72.º, alínea e).

[554] *Idem, ibidem*, art. 77.º.

[555] Estatutos do Partido Popular CDS-PP, *op. cit.*, art. 36.º, alínea f); art. 41.º, alínea e); art. 47.º, alínea c); art. 50.º, alínea c).

[556] *Idem, ibidem*, art. 15.º, alínea g).

o partido atribui à sua face institucional.[557] De acordo com os estatutos do PSD, o líder do grupo parlamentar integra a Comissão Política Nacional e a Comissão Permanente Nacional[558], podendo a direcção do grupo parlamentar participar nas reuniões do Conselho Nacional, mas sem direito de voto.[559] Para além disso, é prevista a possibilidade de os deputados eleitos à AR pelos círculos eleitorais abrangidos por determinado distrito participarem nas reuniões da respectiva Assembleia Distrital, mas, também aqui, sem direito de voto.[560]

Se, como ficou demonstrado acima, as normas oficiais admitem a adesão simultânea a grupos parlamentares e a órgãos nacionais extraparlamentares — já que em nenhum dos partidos políticos analisados a função de detentor de cargo público é incompatível com o exercício de cargos partidários fora do Parlamento —, na prática, esta acumulação de funções torna-se ainda mais significativa. Na verdade, os partidos não limitam a presença de detentores de cargos públicos apenas a uma representação *ex officio*, não sendo difícil encontrar as mesmas pessoas que ocupam lugares no Parlamento em cargos nacionais nos respectivos aparelhos partidários, através de processos a que Maurice Duverger chamou de «absorção» ou de «união» pessoal. Os dados empíricos disponíveis apontam, deste modo, para uma considerável sobreposição entre o grupo parlamentar e o executivo nacional dos partidos políticos portugueses, tornando, por vezes, difícil, se não mesmo impossível, fazer a distinção entre as diferentes vertentes da organização partidária. É o que se sucede de forma declarada no Bloco de Esquerda, onde os primeiros candidatos dos círculos eleitorais mais importantes são todos membros dos órgãos nacionais do partido. No caso do Bloco, a actividade parlamentar e a actividade partidária, tal como o activismo social ou o militantismo sindical, são facetas da luta política e convergem no mesmo núcleo reduzido de dirigentes nacionais, que acumulam essas múltiplas funções e responsabilidades.

---

[557] Marina Costa Lobo (2003), «A elite partidária em Portugal, 1976-2002. Dirigentes, deputados e membros do governo», *in* António Costa Pinto e André Freire (orgs.), *Elites, Sociedade e Mudança Política, op. cit.*, p. 258.

[558] Estatutos do Partido Social Democrata, *op. cit.*, art. 22.º, alínea b) e art. 26.º, número 2.

[559] *Idem, ibidem*, art. 19.º, número 2, alínea a).

[560] *Idem, ibidem*, art. 38.º, número 2, alínea c).

Por forma a assegurar esta espécie de «polivalência» política e partidária, o Bloco de Esquerda inaugurou o «sistema de rotatividade» do seu grupo parlamentar, o qual se traduz na substituição regular dos membros que foram colocados nos lugares cimeiros das listas de candidatura dos círculos eleitorais por onde o partido elegeu deputados. Desta forma, o BE pode fazer ingressar no Parlamento, por via do mecanismo das substituições e da suspensão do mandato, candidatos não eleitos à data das eleições e proporcionar-lhes, por opção e orientação política do partido, um tempo útil de actividade parlamentar. Porém, há que notar que a rotatividade dos deputados por um círculo eleitoral é uma prática que existe em todos os partidos, ou por obrigações legais (regime de incompatibilidades) ou por força de pedidos de suspensão não previstos. A diferença em relação ao Bloco de Esquerda é que este partido assume a rotatividade dos membros do grupo parlamentar como um compromisso eleitoral, informando previamente os seus eleitores dessa situação.

O que se disse atrás é evidenciado pela análise que Ingrid van Biezen faz da composição dos secretariados nacionais dos principais partidos portugueses, e que comprova que o nível de acumulação de funções é particularmente elevado. O único partido que representa uma excepção a este padrão generalizado, tanto nos estatutos oficiais como na prática política, é o Partido Comunista Português; já que, como se poder ver no quadro abaixo reproduzido, o seu secretariado inclui apenas um membro do grupo parlamentar — à data, o secretário-geral do partido, Carlos Carvalhas. Esta posição excepcional do PCP pode ser explicada pela persistência de um modelo de organização partidária muito parecido com o «partido de massas» clássico, no qual o partido extraparlamentar e o grupo parlamentar são percepcionados como organismos distintos e com funções diferenciadas.[561]

Também os dados empíricos fornecidos por André Freire apontam claramente no sentido da crescente parlamentarização dos partidos portugueses, e permitem avançar a tese de uma «sobreposição» muito significativa entre elite partidária e elite parlamentar: se, na Assembleia Constituinte e na primeira legislatura, a percentagem de deputados sem cargos nos órgãos dirigentes dos partidos representava cerca de 75 % a 80 % do total

---

[561] Ingrid van Biezen (1998), «Sobre o equilíbrio interno do poder: as organizações partidárias nas novas democracias», in Análise Social, vol. XXXIII (148), pp. 696-699.

de representantes eleitos, já entre a II e a V legislaturas tais valores descem para aproximadamente 50 %, para se fixarem, nas legislaturas seguintes, em torno dos 40 %.[562] Quer isto significar que, ultrapassada a fase inicial de fraca institucionalização da democracia e dos partidos políticos, traduzida na reduzida expressão dos seus dirigentes nacionais no Parlamento, rapidamente se entrou numa fase marcada pela forte presença da hierarquia partidária na Assembleia da República.

Composição dos secretariados dos principais partidos políticos portugueses

[QUADRO N.º 11]

Partidos	Dimensão do secretariado	Membros do Parlamento (n)	Membros do Parlamento (%)
PCP	10	1	10
PS	28	7	25
PSD	9	7	78
CDS-PP	12	8	68

Fonte: Ingrid van Biezen (1998), «Sobre o equilíbrio interno do poder: as organizações partidárias nas novas democracias», *Análise Social*, vol. XXXIII (148), p. 697.

O caso português demonstra, pois, que a direcção dos grupos parlamentares tem sido assumida pelos mais destacados dirigentes dos partidos, chegando, algumas vezes, a ser exercida pelo seu próprio presidente ou secretário-geral. E daí a dificuldade, já referida atrás, de distinguir, do ponto de vista substancial, a organização partidária extraparlamentar dos grupos parlamentares — o que reforça a tese dos autores que consideram que estes últimos constituem verdadeiros órgãos partidários e que, por isso, mais não fazem do que manifestar, no Parlamento, a vontade dos partidos, dando expressão, assim, a uma verdadeira «partidocracia parlamentar».

---

[562] André Freire (org.) (2002), *Recrutamento Parlamentar. Os Deputados Portugueses da Constituinte à VIII Legislatura*, Lisboa, STAPE, pp. 107-108. Como o autor sublinha, no que se refere ao tipo de cargos dirigentes nos partidos políticos prevalecem claramente os de âmbito nacional (executivos e representativos) sobre os de âmbito não nacional (executivos e representativos), o que traduz um aumento do grau de centralização partidária.

Porém, deve ser notado aqui que a acumulação de funções não constitui tanto uma confirmação da crescente predominância e visibilidade do «partido no Parlamento»[563] — mudança organizacional recentemente observada em muitos países europeus ocidentais —, mas antes um mecanismo capaz de manter a unidade do partido como um todo e, desta forma, disciplinar o grupo parlamentar e os membros que o integram, evitando o efeito potencialmente destabilizador dos conflitos intrapartidários.

Pelo que, e como sugere Biezen, a incorporação de um número considerável de membros do Parlamento nos executivos nacionais dos principais partidos portugueses pode ser interpretada como um «dispositivo disciplinar destinado a aumentar a coesão do partido no parlamento (...) Ou dito de outro modo: ao garantir a supremacia das normas e directivas do partido sobre a autonomia do grupo parlamentar e do mandato constitucionalmente individual e livre dos seus membros, os partidos procuram contrabalançar a potencial falta de unidade parlamentar e estabelecer um grau de coesão que, de outra forma, poderia não ser alcançado, sobretudo num contexto político caracterizado por lealdades partidárias pouco desenvolvidas.»[564] Na verdade, esta situação de «dupla pertença», aliada à crescente profissionalização dos membros do Parlamento — que torna a «reeleição» na principal motivação para não fugir à disciplina de voto, prevista nos estatutos e regulamentos de todos os partidos políticos e na prática geralmente acatada — contribui mais para promover o controlo eficaz dos órgãos nacionais sobre o seu grupo parlamentar do que para reforçar o poder deste e dos deputados que o integram.[565]

Além do mais, tendo em conta as características do nosso sistema de governo, a preservação de um grupo parlamentar coeso e fortemente disciplinado não pode deixar de constituir uma mais-valia quando um partido passa a ocupar a sede do Governo. Com efeito, o desempenho de funções governativas torna mais complexa a organização interna do partido e, consequentemente, as relações entre as suas diferentes vertentes, na medida

---

[563] Ingrid van Biezen (1998), «Sobre o equilíbrio interno do poder: as organizações partidárias nas novas democracias», *in Análise Social*, vol. XXXIII (148), pp. 696-699.

[564] *Idem, ibidem*, p. 705.

[565] Marina Costa Lobo (2003), «A elite partidária em Portugal, 1976-2002. Dirigentes, deputados e membros do governo», *in* António Costa Pinto e André Freire (orgs.), *Elites, Sociedade e Mudança Política, op. cit.*, p. 265.

em que divide a vertente pública numa componente governamental e numa componente parlamentar. Donde, um partido parlamentar dócil e submisso pode contribuir — e muito — para reduzir as tensões entre as duas faces públicas da organização partidária e, desta forma, garantir ao partido no governo uma maior liberdade e autonomia.[566]

Seja como for, se dúvidas existissem quanto à supremacia e controlo do executivo nacional sobre o grupo parlamentar — o que aproxima inequivocamente os partidos portugueses do modelo do partido de massas clássico — bastaria olhar para um outro indicador, nomeadamente, para a prática do financiamento partidário. Como já tivemos oportunidade de referir, as subvenções estatais não só têm desempenhado um papel importante no financiamento dos partidos políticos portugueses — na medida em que foram introduzidas logo aquando da génese do regime democrático — como têm vindo a aumentar de forma considerável ao longo dos anos, reforçando, assim, a dependência partidária face ao Estado.[567]

A este propósito, e porque é importante saber quem controla os recursos financeiros, a fim de determinar quem controla o poder dentro dos partidos, merece a pena sublinhar que o financiamento público em Portugal compreende três tipos de contribuição atribuídas ao partido extraparlamentar e ao grupo parlamentar.[568] Em primeiro lugar, os partidos políticos têm direito a uma subvenção anual baseada na percentagem de votos obtidos nas eleições nacionais e no número de deputados no Parlamento, destinando-se esta verba a garantir o funcionamento normal das organizações partidárias e a financiar as suas actividades correntes. Em segundo lugar, os partidos têm direito a uma contribuição adicional, concedida nos anos de eleições, e destinada a custear as despesas decorrentes das campanhas eleitorais. Repare-se que é o partido extraparlamentar o principal beneficiário de ambas as subvenções; ou seja, são os órgãos dirigentes nacionais que gerem esses fundos com total autonomia. Por último, os grupos parlamentares recebem também uma subvenção anual; acontece, porém, que neste caso a verba é significativamente inferior à verba destinada ao

---

[566] Idem, ibidem.
[567] Manuel Meirinho Martins (2004), *Participação Política e Democracia. O Caso Português (1976-2000)*, op. cit., pp. 439-484.
[568] José Manuel Meirim (1994), *O Financiamento dos Partidos Políticos*, Lisboa, Diário de Notícias, p. 24.

partido extraparlamentar, o que faz com que a direcção nacional do partido detenha uma posição financeira bastante mais vantajosa.

Pelo que, não obstante o grupo parlamentar ser oficialmente independente, em relação ao partido extraparlamentar, o facto é que ambos se encontram ligados do ponto de vista dos recursos financeiros: ou porque o grupo parlamentar recebe geralmente apoio financeiro do partido extraparlamentar, ou porque uma parte das verbas do grupo parlamentar é frequentemente transferida para a direcção nacional do partido. Para além disso, há que referir ainda a prática, mais ou menos generalizada, da transferência de dinheiro dos detentores de cargos públicos para a direcção nacional do partido.

E se é verdade que nem todos os membros do Parlamento entregam uma percentagem do seu vencimento à direcção nacional do partido, é igualmente verdade que a subordinação dos detentores de cargos públicos ao partido extraparlamentar resulta não apenas das normas oficiais, como se manifesta ainda em termos financeiros. Temos, pois, de concordar com Ingrid van Biezen quando, a este respeito, escreve: «Embora as contribuições dos detentores de cargos públicos constituam apenas uma pequena percentagem do rendimento total dos partidos, o que importa não é tanto o seu peso relativo como a posição de dependência dos representantes eleitos para com o partido extraparlamentar, que constitui um claro indicador do equilíbrio de poder entre as duas vertentes da organização partidária.»[569]

Neste sentido, muito embora os principais partidos portugueses reproduzam o eleitoralismo e as técnicas de campanha eleitoral predominantes na generalidade das democracias ocidentais, a verdade é que os seus representantes eleitos não assumem a centralidade eleitoral e política que seria de esperar — o que os afasta claramente dos novos modelos de partido, nomeadamente do *catch-all party* e do partido-cartel. Entre os factores ambientais que contribuem para explicar este aparente «desvio» — ou seja, o facto de os órgãos dirigentes internos serem a «face» dominante dos partidos portugueses —, é necessário destacar, fundamentalmente, o sistema eleitoral de representação proporcional com listas fechadas e bloqueadas, em que os deputados são escolhidos pelos aparelhos partidários, que os submetem à ratificação do eleitorado em geral, bem como a fraca institucionalização da AR, que tem sido «presa fácil» dos partidos em luta

---

[569] *Idem, ibidem*, p. 701.

pelos cargos públicos — a que acresce ainda a sua relativa subalternização perante o governo, sobretudo quando este conta com o apoio de uma maioria parlamentar.[570]

Não será irrelevante notar-se aqui que a clara primazia do aparelho central extraparlamentar é apenas posta em causa quando o partido assume funções governativas, uma vez que, nesta circunstância, os dirigentes internos tendem a subordinar-se às exigências do Governo. Com efeito, estando o partido no poder, surge na dialéctica entre o partido extraparlamentar e o grupo parlamentar uma outra entidade — o Governo — que passa a ser o centro de decisão política: toda a agenda política é estabelecida a partir do Governo, e tanto o partido como o grupo parlamentar se tornam meros instrumentos de apoio ao governo no Parlamento e fora deste, originando o que, por vezes, se designa de «governamentalização» da elite partidária.[571] É neste sentido que Marina Costa Lobo sublinha que a permanência do PSD no poder, entre 1987 e 1995, e depois do PS, entre 1995 e 2002, significou uma clara subalternização dos órgãos dirigentes nacionais perante o Governo, o qual, ao identificar-se com o Estado, tende a afastar-se do partido e a funcionar como uma instituição com plena autonomia.

Esta deslocação do «epicentro» do partido para o Governo — com a consequente diminuição da capacidade interventiva das suas restantes «faces», nomeadamente a do «partido no terreno» e a ligação aos militantes — explica-se, em grande parte, pelo líder do partido ser também o primeiro-ministro e, como tal, poder usar os recursos disponibilizados pelo Estado para seu proveito dentro do partido, sobretudo se os membros do governo integrarem, na sua maioria, as estruturas dirigentes nacionais.[572]

---

[570] Manuel Braga da Cruz (1988), «Sobre o Parlamento português: partidarização parlamentar e parlamentarização partidária», *op. cit.*, 97-125; Adriano Moreira (1989), «Regime: Presidencialismo de Primeiro-Minsistro», *in* Mário Baptista Coelho (org.), *Portugal: O Sistema Político e Constitucional, 1975-1987*, Lisboa, ICS.

Fernando Farelo Lopes (2002), «Os partidos portugueses numa perspectiva organizacional», *in* Fernando Farelo Lopes e André Freire, *Partidos Políticos e Sistemas Eleitorais. Uma Introdução*, *op. cit.*, pp. 72-73.

[571] Marina Costa Lobo (2003), «A elite partidária em Portugal, 1976-2002. Dirigentes, deputados e membros do governo», *in* António Costa Pinto e André Freire (orgs.), *Elites, Sociedade e Mudança Política*, *op. cit.*, p. 268.

[572] Os dados empíricos disponibilizados por Marina Costa Lobo, relativos ao número e à percentagem de membros do Governo (Ministros e Secretários de Estado) que perten-

Para além da inegável da «governamentalização» dos órgãos executivos dos partidos que situam no centro do espectro político, acresce ainda que os membros do Governo têm acesso directo à comunicação social, o que lhes confere uma maior visibilidade e lhes permite estabelecer uma relação directa com os eleitores, em geral, passando por «cima» dos respectivos partidos.

Neste cenário, o grupo parlamentar tende a desempenhar um papel subsidiário, funcionando como uma espécie de «caixa de ressonância» do Governo, e as estruturas partidárias intermédias e locais só com dificuldade acompanham e influenciam a actividade governativa, o que tende a gerar um capital de queixa tendencialmente crescente. E a prová-lo estão as moções de estratégia sectoriais apresentadas nos Congressos do PSD e do PS, sempre que estes partidos se encontram no poder, nas quais avultam as críticas de destacados membros à excessiva «governamentalização» das estruturas nacionais e a exigência de devolução de competências às suas estruturas distritais e locais — o que justifica algumas propostas favoráveis à incompatibilidade entre o exercício de funções governamentivas e a ocupação de lugares na direcção do partido, de forma a promover a separação entre o núcleo duro do partido e o do Governo. Ou, dito de outro modo: no sentido de evitar que, quando no Governo, o partido se torne numa mera «correia de transmissão» deste, em vez de funcionar como a sua «consciência crítica».

Em jeito de conclusão, e tendo em conta a análise da génese e da estrutura organizacional dos principais partidos portugueses, desenvolvida ao longo destas páginas, bem como as tipologias de Duverger, Panebianco, Katz e Mair, apresentadas nas secções anteriores, podemos dizer que apenas o PCP corresponde a um único tipo ideal: trata-se, sem dúvida, de um «partido burocrático de massas» em qualquer um dos diversos *itens* contemplados. Já nos casos do PSD e do PS, estamos perante organizações

---

cem aos órgãos executivos nos dois principais partidos do centro, confirmam o aumento do grau de governamentalização das elites partidárias do PS e do PSD, entre 1976 e 1996. Cf. Marina Costa Lobo (2003), «A elite partidária em Portugal, 1976-2002. Dirigentes, deputados e membros do governo», in António Costa Pinto e André Freire (orgs.), *Elites, Sociedade e Mudança Política, op. cit.*, pp. 268-271; Marina Costa Lobo (2005), *Governar em Democracia, op. cit.*, pp. 170-175.

fundamentalmente híbridas, que combinam elementos de diferentes modelos partidários.

Assumindo-se que estes partidos apresentam algumas das características dos «partidos de massas» clássicos, o facto é que estas coexistem com as do *catch-all party* de Kirchheimer e do «partido profissional-eleitoral» de Panebianco, mas também com alguns dos traços distintivos do chamado «partido-cartel». Tal aproximação é perceptível não apenas no aumento do financiamento estatal dos partidos e na crescente utilização dos *mass media* electrónicos nas campanhas eleitorais, mas igualmente no «conluio» interpartidário com o objectivo de assegurar a continuidade do fluxo de recursos públicos, bem patente na difundida — e por vezes contestada — expressão de «bloco central de interesses».[573] Quanto ao CDS-PP, não obstante a intenção dos seus dirigentes em transformá-lo num partido de tipo *catch-all*[574], o certo é que este continua a apresentar afinidades óbvias com o «partido de quadros», apostando prioritariamente na «qualidade» dos seus dirigentes e orientando-se quase exclusivamente para a actividade parlamentar e eleitoral, através da valorização da sua face pública.

Finalmente, o BE escapa às tipologias tradicionais e enquadra-se no modelo emergente de «partido-movimento», já que é o resultado de contextos sociais com um elevado dinamismo cívico e associativo, tendo mantido, desde sempre, um contacto estreito e repetidamente assumido com os movimentos sociais mais activos e interventivos na sociedade portuguesa. Vão nesse sentido as palavras de um seu destacado dirigente: «o Bloco é um problema para a 'velha política', precisamente, porque dá expressão política a 'movimentos da sociedade' que os partidos tradicionais não entendem.»[575]

Mais uma vez, o reconhecimento explícito de um partido que se assume na prática como um movimento cívico e político que representa, por sua vez, movimentos sociais de diverso tipo e com diferentes lógicas de

---

[573] Fernando Farelo Lopes (2002), «Os partidos portugueses numa perspectiva organizacional», *in* Fernando Farelo Lopes e André Freire, *Partidos Políticos e Sistemas Eleitorais. Uma Introdução*, *op. cit.*, pp. 86-87.

[574] Rui António Frederico (2001), «Evolução político-ideológica do CDS-PP: do centro-social, federalista e regionalizante à direita popular, intergovernamental e unitarista (1974-1998)», *in* Primeiro Encontro Nacional de Ciência Política (2001), *A Reforma do Estado em Portugal. Problemas e Perspectivas*, *op. cit.*, pp. 404-405.

[575] Miguel Portas, *in Diário de Notícias* de 21 de Março de 2002.

actuação, demarcando-se dos partidos tradicionais e do modo como estes se autodefinem e actuam. A mesma ideia transparece na Resolução Política apresentada à III Convenção Nacional do BE: «Como corrente politicamente organizada na sociedade, os activistas do Bloco não se isolam da vida e da aprendizagem da experiência das lutas e dos movimentos sociais, de que são parte integrante. Pelo contrário, é nesses processos sociais que vivem, que defendem os seus pontos de vista, que procuram constituir formas de democracia viva que dêem corpo a uma cultura emancipatória.» E um pouco mais à frente: «No mesmo sentido em que os activistas dos partidos devem ser parte dos movimentos, estes transformam os partidos porque ampliam a sua concepção programática e desafiam-nos a novas formas de trabalho em rede e em cooperação com outras forças. Como força integrante desses movimentos sociais, o Bloco compromete-se com o seu desenvolvimento e com o seu carácter dinâmico, plural e aberto.»[576]

4. Organização partidária e modelos de recrutamento parlamentar: entre a teoria e a prática

Depois de definido o «perfil organizacional» dos principais partidos portugueses, e estabelecidas as suas eventuais implicações nos modelos e nas estratégias de recrutamento parlamentar, é chegada a altura de analisar as regras formais que regulam o processo de selecção dos candidatos a deputados. A este respeito, convém sublinhar, desde logo, que nem a Constituição, nem a Lei dos Partidos Políticos, nem tão pouco a Lei Eleitoral para a Assembleia da República[577], estabelecem regras formais sobre o modo como se deve processar a selecção dos candidatos parlamentares, que fica, assim, submetida à quase total discricionaridade de cada um dos partidos aqui considerados.

---

[576] Bloco de Esquerda (2003), *Debates*, pp. 40-41.

[577] Tal como acontece em Portugal, também na maioria dos países europeus o processo de selecção dos candidatos ao parlamento nacional não é regulado por lei, mas sim pelos estatutos dos respectivos partidos, de acordo com o princípio da sua liberdade de auto-organização interna. No entanto, existem algumas excepções, tais como a Alemanha, a Noruega ou a Finlândia, onde o processo de selecção dos candidatos é regulado detalhadamente pela Lei Fundamental.

4.1 As regras formais e informais do recrutamento parlamentar

Se o facto de os partidos políticos terem emergido num contexto revolucionário, terem antecedido o texto constitucional e terem participado na sua elaboração — e, em particular, o facto de terem tido a necessidade de assegurar a sua sobrevivência numa sociedade sem «cultura cívica» — foram determinantes para a sua extensa previsão e consagração constitucional (designadamente em sede de representação política), a verdade é que a Constituição de 1976 se limitou a estabelecer um controlo externo dos fins e das funções dos partidos políticos[578], ignorando, no extenso tratamento que lhes confere, a sua organização e funcionamento interno. É assim que o reconhecimento constitucional da «liberdade interna» dos partidos, resultante do seu estatuto privilegiado em relação ao direito geral de associação, excluía, até há bem pouco tempo, qualquer tipo de controlo ou de ingerência estadual sobre a sua democracia interna[579] — situação que veio a ser alterada com a revisão constitucional de 1997.

Com efeito, a quarta revisão da Constituição — quanto a nós, muito inspirada pelos diagnósticos assumidamente pessimistas quanto à «qualidade» da democracia representativa em Portugal [580] — consagrou, nesta matéria, uma norma inovadora: os partidos políticos devem (à semelhança de outras organizações sociais constitucionalmente relevantes) reger-se segundo os princípios da transparência, da organização e da gestão democráticas, bem como da participação de todos os seus membros (art. 51.º, n.º 5). A exigência constitucional de democracia interna nos partidos — pre-

---

[578] Note-se que a Constituição da República não consente associações de tipo militar ou paramilitar, organizações racistas ou que perfilhem ideologia fascista. Cf. art. 46.º, número 4. Só neste ponto, à semelhança do que se passou em Itália e na Alemanha após 1945, se encontra uma reserva em termos de institucionalização ideológico-programática.

[579] Até esta data, a «liberdade interna» dos partidos traduzia-se, fundamentalmente, em duas questões fundamentais: *a)* sobre os partidos não pode haver qualquer controlo ideológico-programático; *b)* não é admissível um controlo sobre a organização interna do partido. Cf. José Gomes Canotilho (2000), *Direito Constitucional e Teoria da Constituição*, Coimbra, Almedina, pp. 312-315.

[580] Veja-se, a este propósito, Braulio Gómez Fortes (2003), «La constitución contorsionista de Portugal», *in* António Barreto, Braulio Gómez Fortes e Pedro Magalhães (orgs.) (2003), *Portugal: Democracia e Sistema Político*, Madrid, Siglo Veintiuno, pp. 72-75. Consultem-se, igualmente, os relatórios das reuniões da Comissão eventual para a IV Revisão Constitucional: http://www.parlamento.pt/revisao/cerc.html.

vista igualmente em algumas constituições europeias [581] — deu guarida à ideia defendida por muitos autores de que a «democracia *de* partidos» postula a «democracia *nos* partidos». Ora, o facto é que a sua redacção é de tal modo vaga que não pode deixar de se questionar o seu pretendido alcance normativo, ou seja, os seus efeitos sobre o processo de hetero-regulação (por via legal) e de auto-regulação (por via partidária) dos mecanismos relativos à selecção dos candidatos ao Parlamento — e, logo, o seu impacto na forma de fazer política dentro dos partidos.[582]

Por outro lado, se é verdade que o mandato de democracia interna — introduzido pela quarta revisão constitucional — teve tradução na nova Lei dos Partidos Políticos[583], não é menos verdade que o legislador ordinário

---

[581] Por exemplo, a exigência de funcionamento democrático *ad intra* está prevista na Constituição da República Federal da Alemanha, de 1949 (art. 21.º), e na Constituição espanhola, de 1978 (art. 6.º). Já a Constituição italiana, de 1947, no seu art. 49.º, e a Constituição francesa, de 1958, no seu art. 4.º, limitam-se a reconhecer a exigência de funcionamento democrático *ad extra*. Veja-se, a este respeito, o que Fernando Gimenéz escreve sobre a exigência da democracia interna numa perspectiva comparada. Cf. Fernando Flores Gimenéz (1998), *La Democracia Interna de los Partidos Políticos*, Madrid, Congresso de los Diputados, pp. 35-80.

[582] De notar que as regras formais de recrutamento parlamentar — ou seja, todas as normas que vinculam a actuação dos partidos no processo de selecção dos candidatos ao Parlamento — podem ter a sua origem nos estatutos dos próprios partidos ou no poder legislativo do Estado. Se, no primeiro caso, podemos falar de «auto-regulação», no segundo referimo-nos, antes, à «hetero-regulação». Esta última pode ser, por sua vez, directa ou indirecta. Estamos perante uma situação de «hetero-regulação directa» sempre que o poder legislativo regule o processo de recrutamento parlamentar através de normas que incidam sobre os mecanismos partidários de selecção de candidatos, como acontece, por exemplo, no caso da Lei dos Partidos Políticos. Estaremos perante uma situação de «hetero-regulação indirecta» sempre que o poder legislativo crie um regime jurídico que não incide directamente sobre as regras formais de selecção dos candidatos, mas que, contudo, afecta o processo de recrutamento parlamentar. É este o caso do regime previsto pelo sistema eleitoral para a Assembleia da República.

[583] A Lei dos Partidos Políticos, de 22 de Agosto de 2003, veio revogar o Decreto-Lei n.º 595/74, que remonta ao período revolucionário e pré-constituinte, tendo sido aprovado pelo III Governo Provisório. A revogação do Decreto-Lei n.º 595/74 e a sua substituição por uma nova lei orgânica visou, no essencial, dois objectivos: por um lado, adequar a Lei dos Partidos às modificações introduzidas pela IV Revisão Constitucional, e, por outro, proceder à sua modernização e actualização, tendo em conta a presente realidade do regime democrático português, plenamente estabilizado e consolidado. Importa sublinhar aqui que, não obstante as alterações parcelares ou aditamentos que lhe foram introduzidos (pelos

não aprofundou o disposto na Constituição (art. 51.º, n.º 5), limitando-se a consagrar, em termos igualmente genéricos e meramente indicativos, os princípios da organização e da gestão democráticas (art. n.º 5). De facto, a nova Lei dos Partidos Políticos não contempla qualquer norma que vise directamente os mecanismos partidários de recrutamento parlamentar, pelo que não garante a adopção de regras formais que proporcionem aos cidadãos eleitores uma oferta justa, transparente e democrática de candidatos a deputados.

De facto, a actual Lei dos Partidos Políticos não integrou algumas das propostas formuladas e debatidas por vários autores quando da revisão do Decreto-Lei 595/74, as quais tinham em comum o seguinte pressuposto essencial: o associativismo político não justifica que os partidos possam, sem sujeição a quaisquer regras legais, escolher com total arbitrariedade os seus candidatos ao Parlamento, uma vez que essa escolha não revela necessariamente a vontade dos seus filiados e, muito menos, parece gozar da compreensão dos eleitores. O que tende a ser particularmente penalizante para a «qualidade» da democracia em Portugal, se atendermos ao facto de que partidos, filiados e eleitores se têm vindo a afastar e os mecanismos informais de relacionamento entre eles estar hoje longe de ser satisfatório.

---

decretos-lei n.º 692/754, de 5 de Dezembro, n.º 126/75, de 13 de Março e n.º 195/76, de 16 de Março), o Decreto-Lei n.º 595/74, de 7 de Novembro — genericamente designado por «Lei dos Partidos» — permaneceu substancialmente inalterado durante os 24 anos que sucederam à sua publicação, sendo flagrante o contraste com a volatilidade de tantas outras leis e a multiplicidade de revisões constitucionais. Assim, se, do ponto de vista estritamente jurídico, a longevidade da antiga Lei dos Partidos se explica, em grande parte, pela dispersão das normas relativas aos partidos por outros textos e diplomas (em particular a legislação relativa ao financiamento dos partidos e das campanhas eleitorais), já do ponto de vista político, tal longevidade resultou da dificuldade em encontrar consensos quanto à revisão das regras do jogo democrático, nomeadamente, quanto às regras de funcionamento interno dos partidos. Tanto é assim que, durante este longo período, não foi apresentada na Assembleia da República qualquer iniciativa de alteração ou revogação deste diploma, com a excepção do projecto de lei (n.º 74/VII) apresentado pelo grupo parlamentar do PSD, na sequência de um estudo realizado pela Faculdade de Direito da Universidade de Lisboa, da autoria do Professor Jorge Miranda (anexo ao referido projecto de lei). Contudo, é de salientar que este «silêncio» esteve longe de traduzir uma avaliação positiva em relação às lógicas de funcionamento dos partidos, e muito menos uma avaliação positiva da lei vigente, por parte da opinião especializada, tendo aquela sido objecto de inúmeras críticas e a sua mudança apresentada como uma condição fundamental de reforma do sistema político.

Daí a necessidade, defendida por alguns autores, de instituir um controlo legal «mínimo» sobre a selecção partidária dos candidatos ao Parlamento, procurando assegurar que os cidadãos, mesmo desconhecendo os candidatos, possam fazer uma escolha conformada pelos mesmos princípios e valores que tutelam a actividade política do Estado — mas também uma escolha baseada numa apreciação ampla e participada no interior de cada partido político, proporcionada, ou pelo menos facilitada, pela intervenção directa dos militantes de base. E isso, mesmo que esse «controlo legal mínimo» possa limitar, de alguma forma, a dimensão «negativa» ou «defensiva» dos partidos em relação às ingerências estatais — até porque, hoje em dia, só dificilmente se pode concordar com uma visão da liberdade de associação política que desvincule as organizações partidárias das responsabilidades acrescidas que estas devem assumir numa «democracia de partidos», como contrapeso aos privilégios resultantes da sua progressiva incorporação estatal.

Foi precisamente neste sentido que Jorge Miranda defendeu a necessidade de projectar, na Lei dos Partidos Políticos de 2003, os princípios constitucionais de funcionamento e exercício do poder dos órgãos de soberania, que deveriam ser, desta forma, consagrados e concretizados pelos estatutos partidários. E, mais importante ainda, propôs também a inclusão de uma norma que previsse a realização de eleições abertas aos filiados — e, porventura, mesmo aos simpatizantes de cada partido — na escolha dos candidatos a cargos públicos de carácter nacional, regional ou local.[584] Segundo este autor, e conhecido constitucionalista, embora um dispositivo deste tipo constituísse apenas um «norma de princípio», o certo é que não deixaria de ter um impacto significativo sobre a «qualidade» da democracia representativa — já que, como bem sublinha, a decisão de candidatura condiciona politicamente não só, e à *priori*, o acto eleitoral, mas também, e *a posteriori*, a actuação dos eleitos.»[585]

---

[584] Jorge Miranda (1998), «Por um direito eleitoral dos partidos», *in* Manuel Braga da Cruz (org.), *Sistema Eleitoral Português: Debate Político e Parlamentar*, op. cit., pp. 281-283.

[585] Jorge Miranda (1999), Estudo com vista a uma nova Lei dos Partidos Políticos», *in Revista da Faculdade de Direito de Lisboa*, vol XL (1-2), p. 564. Contém o articulado sugerido para uma nova Lei dos Partidos Políticos.

Reconhecendo que a moldura legal que enquadra o processo de recrutamento parlamentar em Portugal é praticamente inexistente, e tem uma escassa influência sobre actuação dos partidos políticos, Soares Farinho destaca as vantagens associadas a um «modelo» que fizesse a «síntese» entre a adopção de um sistema de hetero-regulação bastante mais inclusivo — que passaria pelo voto de todos os filiados na escolha dos candidatos a deputados — e a prática de um sistema de auto-regulação — que consagraria a iniciativa das estruturas dirigentes a nível nacional e regional, que lhes permitiria assegurar o controlo estratégico sobre a oferta eleitoral.[586]

Desde logo, e segundo este autor, é de admitir que uma maior participação de todos os membros num processo tão importante na vida interna dos partidos, mas também dotado de uma intensa projecção externa, na medida em que visa o acesso ao poder do Estado — como é, reconhecidamente, o caso do recrutamento parlamentar —, contribuiria para a valorização da Assembleia da República e dos deputados, quer pela autonomia que estes poderiam ganhar em relação às direcções partidárias, quer pela relação de proximidade que poderiam desenvolver com os filiados ou mesmo com os eleitores.

Além disso, a democratização dos mecanismos intrapartidários de selecção parlamentar contribuiria também para reforçar a possibilidade de responsabilização política e de controlo da actividade parlamentar por parte dos eleitores. Por fim, mas seguramente não menos significativo, uma tal democratização reflectir-se-ia na própria valorização dos partidos políticos, que, como sublinha o autor, se «credibilizariam com a apresentação de listas mais consensuais e, sobretudo, mais equilibradas e transparentes.»[587]

Em suma, e no que ao enquadramento legal do processo de recrutamento parlamentar diz respeito, os autores atrás mencionados sublinham a necessidade de encontrar uma «solução de compromisso», que não permita a escolha autónoma e autocrática dos candidatos pelas direcções partidárias — a lembrar a clássica «lei de ferro da oligarquia» de Robert Michels, segundo a qual a vontade formada no interior dos partidos é e será sempre

---

[586] Cf. Domingos Soares Farinho (2002-2003), «As regras de recrutamento parlamentar partidário em Portugal», relatório de seminário do Curso de Mestrado de Ciência Política. Obtido em 6 de Janeiro de 2003: http://www.fd.ul.pt/biblioteca/revista_fdl/XLVI, pp. 509-512.

[587] *Idem, ibidem*, p. 509.

uma «vontade oligárquica» —, mas que não comprometa também as linhas da estratégia eleitoral desenhadas pelos aparelhos dos partidos e pelos seus dirigentes máximos.

Se, como acabámos de ver, a influência da legislação sobre a organização e funcionamento dos partidos é praticamente nula, ficando muito aquém das propostas defendidas por vários autores, tal facto não permite ignorar que a exigência de democraticidade interna — se bem que formulada em termos bastante vagos e abstractos na Lei dos Partidos — implica que a estrutura de cada partido deva preencher alguns «requisitos mínimos», a saber:

- Nos partidos políticos devem existir, com âmbito nacional e com competências e composição definidas nos estatutos: *a)* uma assembleia representativa dos filiados; *b)* um órgão de direcção política; *c)* um órgão de jurisdição (art. 25.º);
- Os estatutos devem assegurar uma participação directa, activa e equilibrada de mulheres na actividade política e garantir a não discriminação em função do sexo no acesso aos órgãos partidários e nas candidaturas apresentadas pelos partidos políticos (art. 29.º);
- Os cargos partidários não podem ser vitalícios, pelo que os mandatos dos titulares de órgãos partidários têm a duração prevista nos estatutos, podendo estes fixar limites à sua renovação sucessiva (art. 30.º);
- Os estatutos podem prever a realização de referendos internos sobre questões políticas relevantes para o partido (art. 33.º);
- As eleições e os referendos partidários realizam-se por sufrágio pessoal e secreto (art. 34.º).

Como é possível constatar, nenhum dos «requisitos mínimos» definidos na Lei dos Partidos Políticos, que permitem qualificar a estrutura interna de um partido como «democrática», fazem uma referência directa e explícita à forma de selecção dos candidatos à AR. No entanto, há que reconhecer que alguns deles podem influenciar as regras estatutárias e a prática dos partidos nesta matéria. E porquê? Precisamente porque se alarga a hipótese da participação directa e activa de todos os filiados nos processos de tomada de decisão — o que pode vir a «abrir uma porta» para a realização de «primárias fechadas» na escolha dos candidatos a deputados —, ao mesmo tempo que se promove a igualdade de oportunidades entre homens e mulheres no acesso a cargos públicos, o que poderá implicar uma maior «feminização» do processo de recrutamento parlamentar.

Porém, sublinhe-se, uma vez mais, o que parece ser uma leitura e uma conclusão incontroversa: a análise dos dispositivos legais atrás mencionados demonstra a sua fraca influência na conformação e actuação dos partidos políticos em matéria de recrutamento parlamentar. Ou, dito de outro modo: no essencial, os principais partidos políticos portugueses continuam a poder definir a sua própria organização interna sem interferências exteriores, exceptuadas aquelas impostas por lei e que visam especialmente o cumprimento de importantes princípios constitucionais.

Dada a influência praticamente nula da legislação sobre os mecanismos de selecção dos candidatos às eleições legislativas, torna-se imperativo analisar os estatutos de cada partido para assim poder caracterizar, pelo menos do ponto de vista formal, um processo não só bastante complexo (pelo número de actores e interesses envolvidos), mas também extremamente fugidio (pela falta de transparência de que se reveste). Ou não fosse na escolha dos deputados à AR que os partidos procuram «esconder» do escrutínio público as práticas clientelares, o tráfico de influências e o carreirismo político, que tantas vezes dominam a sua vida interna.

Na análise dos estatutos dos partidos políticos aqui considerados pretende-se descrever, de forma tão pormenorizada quanto possível, um conjunto de aspectos que se prendem, quer com as candidaturas à AR, quer com os mecanismos de selecção intrapartidários. Neste sentido, procurar-se-á responder às seguintes questões:

a) Quem pode ser escolhido como candidato a deputado: todos os cidadãos eleitores, todos os filiados, ou apenas os filiados que preenchem alguns dos requisitos definidos estatutariamente por cada partido político? Quais os tipos de restrições existentes: serão estas de natureza intrapartidária ou encontrar-se-ão antes estabelecidas na lei?

b) Quem é responsável pela escolha dos candidatos à AR: os eleitores, todos os membros do partido, ou as suas estruturas dirigentes, tanto a nível nacional como sub-nacional? E, neste último caso, quais os órgãos do partido que intervêm na selecção dos candidatos (the *party selectorate*) e, em particular, qual o órgão que detém o controlo efectivo dos mecanismos de selecção?

4.2 Os actores do processo de recrutamento

Para responder às questões formuladas na alínea *a)* temos de saber o que dispõem a Constituição da República e a Lei Eleitoral no que se refere à elegibilidade dos deputados, por um lado, e o que, em conformidade com estas disposições legais, se encontra definido nos estatutos de cada partido acerca de quem pode ser candidato a deputado, por outro.

Se o princípio democrático radical pressupõe a identidade entre a condição de eleitor e de elegível — todo o cidadão é, a um tempo, capaz de eleger e de ser eleito —, o facto é que as leis eleitorais contemporâneas não consagram esta coincidência, reconhecendo a necessidade de uma definição mais estreita da elegibilidade ou capacidade eleitoral passiva: a possibilidade de ser eleito parece exigir uma maior responsabilidade do que a possibilidade de eleger. De qualquer modo, os «requisitos adicionais» exigidos a um eleitor para converter-se em elegível devem encontrar-se claramente definidos na legislação, para que não sejam alvo de uma interpretação arbitrária ou expansiva.

4.2.1 Os candidatos à Assembleia da República — quem pode ser escolhido?

Quanto à elegibilidade dos deputados à AR, o texto constitucional e a lei eleitoral estabelecem como critérios básicos: *a)* a inscrição no recenseamento eleitoral, já que se estabelece o princípio geral de que só é elegível quem é eleitor; *b)* a idade, que deve ser igual ou superior a 18 anos, não sendo requerida uma idade mínima diferente da fixada para a capacidade eleitoral activa[588]; *c)* a nacionalidade portuguesa, o que significa que se

---

[588] Ao contrário do que sucedeu nas eleições para a Assembleia Constituinte de 1975 e Assembleia Legislativa de 1976, em que a idade mínima para ser elegível foi fixada em 21 anos. Note-se que em vários países europeus há diferenças entre a idade mínima para eleger e a idade mínima para ser eleito, como por exemplo na Irlanda (18, no primeiro caso; 24, no segundo), em França (18, no primeiro caso; 23, no segundo) e em Itália (18, no primeiro caso; 25, no segundo). Mas note-se também que, em termos comparativos, a idade mínima para se ser deputado em Portugal é das mais baixas entre os países da OCDE. Cf. Pippa Norris e Joni Lovenduski (1995), *Political Recruitment. Gender, Race and Class in the British Parliament*, Cambridge, Cambridge University Press, pp. 189-190.

encontram excluídos do acesso ao Parlamento os cidadãos estrangeiros[589]; *d)* o gozo pleno dos direitos cívicos e políticos; *e)* a condição profissional, declarando inelegíveis aqueles que exercem profissões que podem comprometer o exercício imparcial das funções políticas associadas ao cargo de deputado.

Idade mínima para eleger e ser eleito, em alguns países da Europa Ocidental

[QUADRO N.º 12]

Países	Capacidade eleitoral activa Eleitores	Capacidade eleitoral passiva Deputados
Bélgica	18 anos	25 anos
Dinamarca	18 anos	18 anos
Espanha	18 anos	18 anos
França	18 anos	23 anos
Grécia	18 anos	25 anos
Holanda	18 anos	25 anos
Irlanda	18 anos	18 anos
Itália	18 anos	18 anos
Luxemburgo	18 anos	21 anos
Portugal	*18 anos*	*18 anos*
RFA	18 anos	18 anos
Reino Unido	18 anos	21 anos

Fonte: António Lopes Cardoso (1993: 93)

---

[589] Cf. art. 15.º, número 2 e art. 150.º da Constituição. De sublinhar que a capacidade eleitoral passiva é alargada aos emigrantes, dado que não é exigida a residência no país para se ser deputado, ao contrário do que se passa em vários outros países. Cf. Pippa Norris e Joni Lovenduski (1995), *Political Recruitment. Gender, Race and Class in the British Parliament*, op. cit., pp. 189-190.

Obrigatoriedade de residência no território nacional

[QUADRO N.º 13]

Países	Para eleger	Para ser eleito
Bélgica	Sim	Sim
Dinamarca	Sim	Sim
Espanha	-	Não
França	Não	Não
Grécia	-	
Holanda	Sim	Não
Irlanda	Não	Não
Itália	Não	Não
Luxemburgo	Sim	Sim
Portugal	*Não*	*Não*
RFA	Sim	Não
Reino Unido	Sim	Não

Fonte: António Lopes Cardoso (1993: 92)

Quanto a este último requisito, e no sentido de impedir a chamada *captatio benevolentiae* por parte dos titulares de determinados cargos ou funções públicas — garantindo não só a sua neutralidade e imparcialidade, mas defendendo também a independência e o prestígio de tais cargos ou funções —, a Lei Eleitoral para a AR estabelece que são inelegíveis para o cargo de deputado: o Presidente da República, os governadores civis e vice-governadores em exercício de funções; os magistrados judiciais ou do Ministério Público em efectividade de serviço; os juízes em exercício de funções; os militares e os elementos das forças militarizadas pertencentes aos quadros permanentes, enquanto prestarem serviço activo; os diplomatas de carreira em efectividade de serviço; aqueles que exerçam funções diplomáticas à data da apresentação das candidaturas; e, por fim, os membros da Comissão Nacional de Eleições (art. 5.º da LEAR).[590]

---

[590] Para além das inelegibilidades gerais previstas na Lei Eleitoral para a Assembleia da República, e que se traduzem na impossibilidade de apresentação de candidatura ao órgão parlamentar — implicando a perda de mandato caso alguma irregularidade seja

Se, teoricamente, as restrições legais de acesso à função parlamentar são mínimas — na medida em que quase todos os cidadãos portugueses com idade igual ou superior a 18 anos podem ser candidatos à Assembleia da República — na prática tal não é assim. De facto, entre nós, a possibilidade de apresentar uma candidatura depende não apenas da situação jurídica definida pela elegibilidade — ou capacidade eleitoral passiva — mas também, e sobretudo, de condições sociopolíticas muito concretas, nomeadamente da mediação e do apoio partidário: com efeito, dos partidos depende a passagem da condição virtual de elegível à condição efectiva de candidato. Isso explica que a falta de coincidência entre cidadãos elegíveis e candidatos a deputados seja bastante mais pronunciada do que aquela que existe em relação à capacidade eleitoral activa; ou seja, entre cidadãos eleitores e votantes. E explica também que, como teremos oportunidade de ver mais à frente, o perfil dos candidatos a deputados se afaste consideravelmente do perfil dos cidadãos elegíveis, o que tende a reflectir-se na aceitação do sistema democrático e, portanto, na sua legitimidade.

É pois preciso lembrar que, em Portugal, os partidos políticos detêm o exclusivo do direito de apresentação de candidaturas às eleições legislativas, facto que reduz as escolhas possíveis a um núcleo de candidatos pré-determinado pelos partidos, por um lado, e impede os cidadãos de exercer autónoma e livremente a sua capacidade eleitoral passiva, por outro.[591]

---

detectada posteriormente à eleição —, há que referir ainda as incompatibilidades entre a função de deputado e a detenção de outros cargos políticos ou funções no sector público, as quais, embora não determinem a possibilidade de apresentação de candidatura — e, portanto, a elegibilidade à AR — impedem, contudo, o exercício do mandato parlamentar em simultâneo com determinados cargos, ocupações ou funções. Cf. Art. 17.º, número 3 da Lei Eleitoral para a Assembleia da República, onde se diz: «a existência de incompatibilidade entre as funções desempenhadas pelo candidato e o exercício do cargo de deputado não impede a atribuição de mandato». Significa isto que quem estiver numa situação de incompatibilidade não pode exercer o mandato, pelo que deve suspendê-lo, sendo substituído pelo 1.º candidato não eleito na respectiva ordem de precedência da lista a que pertencia. Ver também os art.ºs 20.º e 21.º do Estatuto dos Deputados (Lei n.º 7/93, de 1 de Março com as alterações introduzidas pelas leis n.º 24/95, de 18 de Agosto, n.º 55/98, de 18 de Agosto, n.º 8/99, de 10 de Fevereiro, n.º 45/99, de 16 de Junho e n.º 3/2001, de 23 de Fevereiro).

[591] Recorde-se que, por altura da revisão constitucional de 1997, acabou por ser afastada a proposta, apresentada pelo Partido Socialista, no sentido da consagração da possibilidade de apresentação de listas compostas e propostas por cidadãos não filiados partidariamente.

Reconhecendo que este regime de exclusividade dos partidos tem consequências muito significativas no funcionamento do sistema político, em geral, e do sistema partidário, em particular, são vários os autores que não hesitam em caracterizar o regime político português como uma das manifestações mais acabadas do «Estado de Partidos», dado que não existe apenas um quase monopólio *de jure*, mas também um monopólio *de facto* das organizações partidárias em matéria de representação política.[592] Porém, cumpre sublinhar que se tanto a Constituição como Lei Eleitoral excluem — sem quaisquer ambiguidades — as candidaturas de listas de cidadãos independentes à eleição da Assembleia da República, admitem, contudo, que as listas apresentadas pelos partidos integrem, além dos seus filiados e militantes, cidadãos independentes, sem qualquer vínculo formal em relação a estes.[593]

Relativamente aos estatutos dos partidos aqui estudados, deve acrescentar-se que alguns deles — nomeadamente, o CDS-PP, o PSD e o PS — estabelecem certos requisitos internos no que se refere à capacidade eleitoral passiva dos seus membros, tais como o tempo de filiação e o pagamento actualizado de quotas. Estes requisitos formais, que estão longe de ser muito restritivos — quando comparados com os adoptados por alguns

---

[592] José Gomes Canotilho (2000), *Direito Constitucional e Teoria da Constituição*, *op. cit.*, pp. 313-314; Manuel Braga da Cruz (1988), «Sobre o parlamento português: partidarização parlamentar e parlamentarização partidária», *op. cit.*, pp. 102 e seguintes; António Lopes Cardoso (1993), *Os Sistemas Eleitorais*, Lisboa, Salamandra; José Adelino Maltez (1998), «Sistema eleitoral, sistema partidário, sistema político», *in* Universidade Moderna (org.), *Direito dos Eleitores*, Lisboa, Universidade Moderna, Centro de Estudos Jurídicos. Note-se que, actualmente, este exclusivo só conhece excepção — para além, obviamente, da eleição do Presidente da República — nas eleições dos órgãos das autarquias locais. Com efeito, a lei ordinária, na sequência do disposto na revisão da Constituição de 1997, estabeleceu o direito de grupos de cidadãos eleitores apresentarem candidaturas não só à assembleia de freguesia, o que desde sempre esteve consagrado, mas também à assembleia municipal e câmara municipal.

[593] Os estatutos de alguns partidos europeus estabelecem como requisitos para se poder ser candidato parlamentar não só o tempo de filiação (que pode variar consideravelmente) e o pagamento actualizado das quotas, mas também a observância de outras condições, tais como a subscrição regular do jornal do partido, a eleição anterior para outros cargos de representação popular, o exercício de cargos em algum órgão partidário interno, a participação em organizações femininas ou juvenis do partido, entre outras. Cf. Gideon Rahat e Reuven Y. Hazan (2001), «Candidate selection methods. An analytical framework», *in Party Politics*, vol. 7 (3), p. 301.

partidos políticos europeus — podem contudo contribuir para limitar o grau de inclusividade do processo de selecção dos candidatos parlamentares.[594]

**Quem pode ser candidato(/a) segundo a lei
e os estatutos dos partidos políticos?**

[QUADRO N.º 14]

	Maior inclusão ←		→ Maior exclusão
	Todos os cidadãos	Filiados	Filiados com restrições internas
Constituição da República	São elegíveis os cidadãos portugueses eleitores (art. 50.º) As candidaturas são apresentadas pelos partidos políticos (...) podendo as listas integrar cidadãos não inscritos nos respectivos partidos (art. 150.º)		
Lei eleitoral para a AR	São elegíveis para a AR os cidadãos portugueses eleitores (art. 4.º) As candidaturas são apresentadas pelos partidos políticos (...) e as listas podem integrar cidadãos não inscritos nos respectivos partidos (art. 21.º)		
CDS-PP		Sim	A capacidade eleitoral passiva resulta do pleno gozo dos direitos estatutários O direito de ser eleito depende do pagamento atempado das quotas

---

[594] Os estatutos de alguns partidos europeus estabelecem como requisitos para se poder ser candidato parlamentar não só o tempo de filiação (que pode variar consideravelmente) e o pagmanento actualizado das quotas, mas também a observância de outras condições, tais como a subscrição regular do jornal do partido; a eleição anterior para outros cargos de representação popular, o exercício de cargos em algum órgão partidáro interno, a participação em organizações femininas ou juvenis do partido, entre outras. Cf. Gideon Rahat e Reuven Y. Hazan (2001), «Candidate selection methods. An analytical framework», *in Party Politics*, p. 301.

	Maior inclusão		Maior exclusão
PSD		Sim	Só serão elegíveis para os órgãos do partido os militantes que, à data de eleição, estejam inscritos no partido há, pelo menos: a) um ano, no caso dos órgãos nacionais, regionais e distritais; b) seis meses, no caso dos órgãos das secções O exercício do direito de ser eleito depende do pagamento actualizado das quotas, nos termos do Regulamento aprovado pela Comissão Política Nacional
PS		Sim	A capacidade eleitoral passiva para os órgãos do PS adquire-se após um ano de inscrição, para as secções ou para os órgãos de âmbito concelhio, e após dezoito meses de inscrição, para os órgãos de âmbito federativo ou nacional. Os membros do partido, que não tiverem as suas quotas em dia, não podem ser eleitos para os órgãos do partido nem exercer o direito de voto
PCP		Sim	Não específica.
BE		Sim	Não específica.

Fonte: Constituição da República; Lei Eleitoral para Assembleia da República; Estatutos do PSD, Fevereiro de 2000, art.ᵒˢ 6.º e 68.º; Estatutos do PS, Março de 1998, art.ᵒˢ 14.º, 16.º e 18.º; Estatutos do PCP, Dezembro de 1992; Estatutos do CDS-PP, Março de 2000, art.ᵒˢ 6.º e 7.º; Estatutos do BE, 2000.

Notas: 1.[*] Nos casos em que se assinala o pagamento actualizado de quotas, não se sabe se essa exigência se cumpre na prática.

4.2.2 *Estruturas responsáveis pelo recrutamento — quem pode escolher?*

Para sabermos quais os órgãos responsáveis pela selecção dos candidatos à AR, é preciso analisar atentamente os estatutos de cada partido político — pois, como vimos atrás, é aos partidos que cabe desenhar, com total liberdade, o processo eleitoral interno que melhor se adapte às suas necessidades e interesses conjunturais —, sendo possível, a partir daí, determinar, quer o grau de inclusividade, quer o grau de centralização do processo de recrutamento parlamentar.

De uma primeira leitura das regras que se encontram definidas na «constituição formal» dos partidos que integram o nosso objecto de estudo, pode concluir-se, quase imediatamente, que o processo de selecção dos candidatos à Assembleia da República apresenta um reduzido grau de inclusão. E isto porque envolve apenas os órgãos nacionais, regionais e/ou locais dos respectivos partidos, afastando não só a participação de potenciais votantes («eleições primárias abertas») mas também a intervenção directa dos militantes de base («eleições primárias fechadas»), o que não deixa de ser revelador de uma democracia intrapartidária pouco desenvolvida. [595] Por outro lado, este processo afigura-se também fortemente centralizado, já que as direcções nacionais dispõem da capacidade de veto total sobre as listas de candidatos a apresentar nas eleições legislativas, tendo os órgãos locais um peso pouco significativo na decisão final — o que vai, sublinhe-se, ao encontro do forte centralismo que caracteriza as organizações partidárias em Portugal.

Porém, como se pode observar no quadro abaixo reproduzido, existem algumas diferenças interpartidárias que devem ser aqui salientadas. Temos, pois, que no caso do CDS-PP existe uma forte centralização *de jure* no processo de recrutamento parlamentar. Se, por um lado, a competência na escolha dos candidatos cabe ao Conselho Nacional — quer em termos de definição das normas para a elaboração das listas, quer em termos de aprovação das mesmas (Estatutos de 2000) —, por outro, o papel dos órgãos regionais não se encontra definido nos actuais estatutos do partido, sendo estabelecido, *casuisticamente*, segundo as normas emanadas do Conselho Nacional, antes de cada eleição.

---

[595] Nos EUA, onde se encontram mais generalizadas, dadas as peculiaridades do sistema político norte-americano, e constituindo uma alternativa ao sistema do *caucus*, as «eleições primárias» consistem na disputa eleitoral para escolher o candidato de um partido político a um determinado cargo público, e podem ser realizadas em todos os níveis do governo. Nas «eleições primárias fechadas» (*closed primaries*), apenas os cidadãos filiados ou que demonstrem um certo vínculo face aos respectivos partidos se podem pronunciar sobre a escolha dos seus candidatos, através de votação. Note-se que este sistema de selecção é aplicado não só nos EUA, mas também em alguns países europeus, sendo estabelecido aqui sobretudo por via de auto-regulação. Veja-se, a este propósito, Michael Gallagher e Michael Marsh (orgs.) (1988), *Candidate Selection in Comparative Perspective. The Secret Garden of Politics*, Londres, Sage; Pippa Norris (org.) (1997), *Passages to Power. Legislative Recruitment in Advanced Democracies*, Cambridge, Cambridge University Press. Já nas «eleições primárias abertas» (*open primaries*), qualquer cidadão que integre o corpo eleitoral, e sem que esteja necessariamente filiado no respectivo partido, pode participar no seu processo electivo interno.

Todavia, a centralização do processo de selecção dos candidatos não resulta apenas das normas estatutárias, mas também da prática política desenvolvida pelo CDS-PP, na medida em que, se compete às estruturas distritais indicar os candidatos a deputados — segundo as normas definidas pelo Conselho Nacional —, o facto é que cabe à direcção nacional, e em particular ao presidente do partido, escolher os cabeças-de-lista em todos os distritos eleitorais. O que é mais: no caso de Lisboa, o líder chega a indicar mesmo os primeiros cinco nomes e, no Porto, os primeiros três.[596] Sendo assim, e dada a reduzida dimensão do grupo parlamentar do CDS-PP, acaba por ser o seu dirigente máximo a escolher quem tem possibilidades efectivas de vir a ser eleito para a AR.[597] Como facilmente se depreende, este poder da direcção nacional — e nomeadamente do presidente — revela-se crucial num partido de pequena dimensão, em que os lugares a repartir são escassos e reservados em maior proporção para os dirigentes de topo, conferindo uma enorme relevância aos órgãos centrais no processo de escolha dos candidatos.[598]

No extremo oposto do espectro político, a centralização do processo de recrutamento parlamentar está longe de ser menos acentuada. Com efeito, no caso do PCP, os estatutos apontam igualmente no sentido de uma forte centralização no processo de selecção dos candidatos à AR. As listas são elaboradas e apresentadas pelo Comité Central, nomeadamente, pelos seus órgãos executivos (Comissão Política Nacional e Secretariado), tendo estes apenas a obrigação de «auscultar» as organizações regionais,

---

[596] Cf. Rosário Abreu e Lima, «Candidatos sem contestação», in *Diário de Notícias*, 1 de Agosto de 1999, p. 8; Eunice Lourenço, «Portas baralha e dá de novo», in *Público*, 4 de Fevereiro de 2002, p. 4.

[597] Cf. Helena Pereira e Eunice Lourenço, «Nobre Guedes coordena campanha eleitoral do CDS-PP», in *Público*, 25 de Janeiro de 2002, p. 16.

[598] Vejam-se, a este propósito, as entrevistas realizadas por André Freire junto dos dirigentes do CDS-PP, com o objectivo de esclarecer um pouco melhor o processo de selecção dos candidatos no interior deste partido. André Freire (org.) (2002), *Recrutamento Parlamentar. Os Deputados Portugueses da Constituinte à VIII Legislatura*, op. cit., pp. 48-49. Considere-se, ainda, os seguintes artigos publicados na imprensa nacional, aquando das eleições legislativas de 2002: Emília Caetano, «Senha de entrada», in *Visão*, 14 a 19 de Setembro de 2001, p. 104; Graça Henriques, «Partidos menos democráticos na escolha dos candidatos», in *Diário de Notícias*, 27 de Janeiro de 2002, p. 14; Eunice Lourenço, «Portas baralha e dá de novo», in *Diário de Notícias*, 4 de Fevereiro de 2002, p. 4; Martim Silva, «A caminho das eleições», in *Diário de Notícias*, 12 de Fevereiro de 2002, p. 6.

distritais e autónomas do partido.[599] Note-se que esta função meramente «consultiva» é, contudo, organizada de «cima para baixo», o que se explica atendendo ao papel que os chamados «controleiros» detêm no interior do PCP.[600] Com efeito, tendo assento no Comité Central e nos organismos de base do partido — por cuja ligação são responsáveis — os «controleiros» asseguram que as orientações da cúpula comunista tenham eco e se reflictam nas decisões das bases.[601]

Quanto ao PS, os seus estatutos indicam também uma significativa centralização do processo de recrutamento parlamentar, embora esta possa ser considerada menos acentuada, quando comparada com a observada no caso do PCP e mesmo do CDS-PP, em parte devido à dimensão do grupo parlamentar socialista.

Desta forma, e no que toca ao Partido Socialista, cabe à Comissão Política Nacional fazer a apresentação final dos candidatos, tendo o direito de designar 30 % dos candidatos de cada lista distrital[602], com a indicação exacta da posição que estes devem ocupar na respectiva lista — percen-

---

[599] Cf. André Freire (org.) (2002), *Recrutamento Parlamentar. Os Deputados Portugueses da Constituinte à VIII Legislatura*, op. cit., pp. 49-50.

[600] Este é, aliás, um traço comum a vários partidos comunistas da Europa Ocidental. Cf. Michael Gallagher e Michael Marsh (orgs.) (1988), *Candidate Selection in Comparative Perspective. The Secret Garden of Politics*, op. cit.; Pippa Norris e Joni Lovenduski (1995), *Political Recruitment. Gender, Race and Class in the British Parliament*, op. cit.; Pippa Norris (org.) (1997), *Passages to Power. Legislative Recruitment in Advanced Democracies*, op. cit.

[601] Cf. Helena Pereira, «Renovação na CDU afasta renovadores», in *Público*, 4 de Fevereiro de 2002, p. 4.

[602] Importa sublinhar que os Estatutos do PS, de 1998, não prevêem rigorosamente nada sobre os poderes próprios do secretário-geral em matéria de recrutamento parlamentar. No entanto, a prática tem mostrado que a quota da Comissão Política Nacional é preenchida por proposta do secretário-geral. Refira-se ainda que, nos círculos que elegem poucos deputados — os distritos do interior —, não se aplica a quota que atribui *de facto* ao secretário-geral a nomeação de 30 por cento dos candidatos, funcionando como uma espécie de círculo nacional. De qualquer forma, e segundo o acordado com as federações regionais, todos os cabeças-de-lista devem ter a anuência do secretário-geral do partido. Os restantes candidatos são escolhidos pelas federações. Cf. Luciano Alvarez, Raposo Antunes e São José Almeida, «Federações tentam impor escolhas do aparelho a Ferro», in *Público*, 30 de Janeiro de 2002, p. 11; São José Almeida, «Ferro defende mudança de critérios na elaboração das listas», in *Público*, 1 de Fevereiro de 2002, p. 12; João Pedro Henriques, «Ferro desafia aparelho do PS», in *Público*, 18 de Setembro de 2002.

Quem escolhe os candidatos à Assembleia da República, segundo o grau de inclusão e o grau de centralização? O que dizem os estatutos dos partidos políticos?

[QUADRO N.º 15]

Partidos	Maior inclusão/ Maior descentralização ◄────────				Maior exclusão / Maior centralização ────────►
	Eleitorado (internas abertas)	Membros do partido (internas fechadas)	Órgãos locais do partido / tipo de competências	Órgãos regionais do partido / tipo de competências	Órgãos nacionais do partido / tipo de competências
CDS-PP	--	--	--	(a) Comissões políticas regionais – CPR (1988) (b) elaborar propostas de listas de candidatos, segundo as normas definidas pelo Conselho Nacional(CN) (1988)	(a) Comissão Política Nacional – CPN (1988 e 2000) (b) apresentação formal de candidaturas; na ausência de convocação do CN pode escolher os candidatos; pode ainda delegar esta última competência nos órgãos regionais do partido (1988)
				(a) Comissões políticas distritais – CPD (1988) (b) por delegação da CPN podem apresentar formalmente listas de candidatos (1988)	(a) Conselho Nacional - CN (2000) (b) definição das normas para a elaboração das listas (1988 e 2000)
PSD	--		(a) Comissão política de secção - CPS (b) dar parecer sobre as listas	(a) Comissão Política Distrital – CPD (b) propor à CPN listas de candidatos (a) Assembleia distrital - AD (b) dar parecer sobre as listas	(a) Comissão Política Nacional - CPN (b) apresentar ao CN as propostas de listas de candidatos (a) Conselho Nacional – CN (b) aprovar as propostas de listas apresentadas pela CPN

	Maior inclusão/ Maior descentralização			Maior exclusão / Maior centralização	
PS	--	--	--	(a) Comissão política da federação – CPF (b) aprovar a constituição da lista para o respectivo círculo, observando os critérios definidos pela CPN	(a) Comissão Política Nacional – CPN (b) designar candidatos, com definição do seu lugar de ordem na lista, em número nunca superior a 30 % dos deputados eleitos na última eleição
PCP	--	--	--	(a) Direcções das organizações regionais, distritais e autónomas (b) auscultadas pelo Comité Central para a elaboração das listas	(a) Comité Central (órgãos executivos: Comissão Política Nacional e Secretariado) (b) elaboração e apresentação das listas (a) Congresso(b) apreciar e aprovar as propostas do Comité Central
BE	--	--	--	(a) Assembleias distritais e regionais – ADR (b) consultadas pela MN	(a) Mesa Nacional - MN (b) ratificação das listas de candidatura do movimento a cargos públicos electivos.

Fonte: Dados elaborados a partir dos Estatutos do CDS-PP, 1988 e 2000; PSD, 2000; PS, 1998; PCP, 1992, 1997; BE, 2000.

Notas: 1. (a) Órgãos com competências na elaboração das listas de candidatos à AR; (b) Tipo de competências dos órgãos que intervêm na elaboração das listas de candidatos à AR.

tagem esta que não é pouco significativa, sobretudo se considerarmos que pode corresponder aos primeiros lugares de cada lista; e com a qual, pelo menos teoricamente, se pretende garantir a inclusão de deputados prestigiados e com obra feita.[603]

---

[603] Note-se que a «quota nacional» pode, em determinadas circunstâncias, ser flexibilizada no sentido de acomodar as influências das federações regionais. No entanto, sob a liderança de Ferro Rodrigues, foi defendida a necessidade de rever os estatutos do PS para pôr fim às regras que dão às federações regionais um papel preponderante na elaboração das listas. E isto porque é prática comum em cada eleição as federações regionais elabora-

Por outro lado, as comissões políticas das federações devem aprovar, provisoriamente, as listas de candidatos a deputados para os respectivos distritos, não estando prevista qualquer intervenção dos órgãos de base local.[604] Na prática, pode afirmar-se que as federações compõem as listas já tendo em conta as preferências da direcção nacional do partido, na medida em que recebem orientações quanto ao tipo de candidatos que devem ser colocados em lugares elegíveis — como por exemplo, o número de mulheres, de jovens, etc. Pelo que o processo de recrutamento parlamentar, embora tenha início ao nível das federações, nem por isso deixa de se desenvolver de «cima para baixo». [605]

O PSD aparece como o partido político mais descentralizado em termos de recrutamento parlamentar, dado que os seus estatutos prevêem a participação dos órgãos locais do partido — nomeadamente, das comissões políticas das secções — no processo de elaboração das listas eleitorais. O que é mais, e a acreditar nos depoimentos de alguns dos dirigentes sociais-democratas com responsabilidades nesta matéria, pode mesmo acontecer que, em algumas secções, as listas propostas pelas respectivas comissões políticas sejam submetidas à votação directa dos militantes.[606] Por outro

---

rem as suas listas não indicando, propositadamente, os nomes que supõem que irão ser indicados pela quota do secretário-geral. Acontece que, e aí parece residir o problema, feitas as listas das federações, ficam de fora muitos dos nomes que seriam escolha «obrigatória» do secretário-geral, que apenas pode escolher 30 por cento dos candidatos. Assim sendo, a elaboração e ordenação das listas acabam por implicar, quase sempre, uma medição de forças entre a direcção nacional e as federações do partido, sendo muitas vezes evidentes as dificuldades do secretário-geral em conseguir moderar as pretensões das federações — o que faz com que, segundo alguns comentadores e analistas políticos, não haja listas mais discutidas na praça pública do que as do PS. Cf. São José de Almeida, «Ferro defende mudança de critérios na elaboração das listas», in *Público*, 1 de Fevereiro de 2002, p. 12; Eunice Lourenço, «As listas mais discutidas», in *Público*, 4 de Fevereiro de 2002, p. 3.

[604] Na prática, e como resulta das entrevistas realizadas por André Freire junto dos dirigentes socialistas, sobre o processo parlamentar, a consulta aos órgãos locais (concelhias) para o processo de elaboração das listas depende da iniciativa (que nem sempre se verifica) das federações. Cf. André Freire (coord.) (2002), *Recrutamento Parlamentar. Os Deputados Portugueses da Constituinte à VIII Legislatura, op. cit.*, pp. 50-51.

[605] Marina Costa Lobo (2003), «A elite partidária em Portugal, 1976-2002. Dirigentes, deputados e membros do governo», in António Costa Pinto e André Freire (orgs.), *Elites, Sociedade e Mudança Política, op. cit.*, p. 261.

[606] Como resulta das entrevistas realizadas por André Freire junto dos dirigentes sociais-democratas sobre o processo parlamentar. Cf. André Freire (org.)(2002), *Recru-*

lado, e ao contrário do que acontece no PS, embora a apresentação das listas pertença à Comissão Política Nacional, e a sua aprovação final ao Conselho Nacional — que dispõe de capacidade de veto total — os estatutos do PSD não incluem qualquer quota formal de candidatos para os órgãos nacionais do partido, embora esta acabe por se impor na prática.

É de salientar ainda que se todos os partidos aqui estudados contam com a intervenção dos órgãos distritais ou regionais no processo de selecção dos candidatos, é, contudo, no PSD que tal intervenção se torna claramente mais pronunciada, funcionando as comissões políticas distritais como um filtro efectivo na proposta das listas finais a apresentar à Comissão Política Nacional. Isto ajuda a explicar que, ao longo de todo o período democrático, o PSD tenha apresentado um maior número de dirigentes regionais e locais nas suas bancadas parlamentares, quando comparado com os demais partidos; o que constitui um indicador de um maior grau de descentralização do recrutamento parlamentar entre os sociais-democratas.[607]

Seja como for, e se atendermos não tanto às regras formais consagradas nos estatutos, mas, acima de tudo, à prática política deste partido, facilmente nos apercebemos que o papel dos órgãos centrais no processo de elaboração das listas eleitorais é, apesar de tudo, muitíssimo preponderante — o que explica que o número de deputados pertencentes à direcção nacional seja igual ou superior ao dos partidos políticos mais centralizados.[608] Basta verificar que apesar de não existir uma quota formal para a Comissão Política Nacional no que se refere à escolha dos candidatos, a verdade é que a necessidade de integrar elementos da direcção nacional nos lugares cimeiros das listas acaba por impor uma quota *de facto*, a qual resulta de negociações estabelecidas, caso a caso, entre a Comissão Política Nacional e os órgãos executivos distritais.[609] Além disso, é preciso sublinhar também o papel exercido pelo líder do partido, o qual, embora seja formalmente menos pronunciado do que no caso do PS e do CDS-PP, nem por isso deixa de ter uma enorme relevância em termos práticos.

---

tamento Parlamentar. Os Deputados Portugueses da Constituinte à VIII Legislatura, op. cit., p. 150.

[607] *Idem, ibidem*, p. 123.
[608] *Idem, ibidem*, p. 112.
[609] *Idem, ibidem*, pp. 52-53, 109 e 150.

Com efeito, o presidente do partido parece não se limitar a acompanhar o processo de selecção dos candidatos à AR, intervindo também, e de forma directa, nos seus resultados finais. A prová-lo estão, por exemplo, as declarações feitas por Cavaco Silva na sua *Autobiografia Política*, onde explica até que ponto conseguiu influenciar, de forma aparentemente significativa, a elaboração das listas do seu partido nas eleições legislativas de 1987. Para tal, terão concorrido, quer o reforço da sua autoridade no interior do PSD, quer a perspectiva de resultados eleitorais positivos — o que aumenta o número de lugares a distribuir, permitindo, por conseguinte, atenuar os conflitos intrapartidários em torno da elaboração das respectivas listas.[610] Que no PSD a influência do líder, embora contingente, pode ser determinante, prova-o também o facto de, nas eleições legislativas de 17 de Março de 2002, todos os cabeças-de-lista terem sido designados pelo então candidato a primeiro-ministro do partido, José Manuel Durão Barroso.[611]

Até às alterações estatutárias de 2003, os estatutos do Bloco de Esquerda são muito lacónicos quanto aos procedimentos relativos ao recrutamento parlamentar. Sobre este assunto encontramos apenas o art. 8.º, que no ponto 5, estabelece: «São competências da Mesa Nacional a ratificação das listas de candidatura do Movimento a cargos públicos electivos e as linhas de orientação política dos eleitos, após consulta às Assembleias Distritais e Regionais».[612] Ora, o disposto não elucida com clareza qual o órgão com competência prepositiva. Ou seja, o artigo 10.º, que diz respeito às competências das Assembleias Distritais e Regionais, nada prevê quanto às eventuais atribuições destas ao nível da constituição das listas de can-

---

[610] Aníbal Cavaco Silva (2002), *Autobiografia Política. 1. O Percurso até à Maioria Absoluta e a Primeira Fase da Coabitação*, Lisboa, Temas e Debates, p. 88. É importante notar que, sobretudo no PSD, onde os estatutos não consagram uma quota de candidatos para a direcção nacional do partido, a estabilidade da liderança partidária e a perspectiva de resultados eleitorais positivos são factores determinantes para definir a balança de poder entre a liderança e as estruturas distritais. Na ausência destes factores, o peso do aparelho pode ser suficientemente forte para que o líder não consiga impor a sua vontade a algumas distritais. Cf. Rui Flores, «Renovação à moda de Durão», *in Público*, 1 de Agosto de 1999, p. 10; Emília Monteiro e Álvaro Vieira, «Contestação alastra no PSD», *in Público*, 5 de Agosto de 1999, p. 5.

[611] Cf. Martim Silva e Paula Sá, «Cabeças-de-lista agradam a 'notáveis' do PSD», *in Diário de Notícias*, 27 de Janeiro de 2002, p. 6; Helena Pereira, «Processo gerido em segredo», *in Público*, 4 de Fevereiro de 2002, p. 3.

[612] Estatutos do Bloco de Esquerda (2003).

didatura. Do mesmo modo, o facto de caber à Mesa Nacional a ratificação das listas de candidatura, isto é, o poder de decidir em última instância, nada obsta, em princípio, a que a própria Mesa Nacional seja ela própria proponente de nomes para a formação das respectivas candidaturas aos cargos públicos electivos. Por isso mesmo, no caso do Bloco de Esquerda, só a observação da prática efectiva do processo de recrutamento poderia esclarecer se esta obedece verdadeiramente a uma lógica descentralizadora e participativa, ou se, ao invés, tal processo está, no essencial, centralizado na Mesa Nacional do partido.

Os poderes do *party selectorate* numa perspectiva comparada

[QUADRO N.º 16]

Países	Líderes e direcções nacionais	Líderes e direcções regionais	Líderes e direcções locais	Membros das estruturas locais
Irlanda	1,4	1,4	1,4	1,4
Reino Unido	1,7	2,5	3,9	6,8
Dinamarca	3,8	4,5	4,0	4,4
Alemanha	4,7	5,2	4,6	3,9
Holanda	5,5	4,1	3,1	2,9
Bélgica	5,6	3,9	2,6	2,6
Itália	5,8	5,3	4,4	3,9
Espanha	6,1	5,4	3,6	3,1
França	6,3	4,0	3,2	3,1
Luxemburgo	6,4	4,3	2,8	2,6

Fonte: *European Candidate Study* (1994).

Notas: 1. Escala varia entre 1 e 7, em que 1 = «não muito importante» e 7 = «muito importante».

Em suma, segundo as regras definidas nos estatutos dos partidos, e atendendo à sua prática política mais visível, pode concluir-se que a decisão final na escolha dos candidatos à AR pertence aos órgãos centrais e aos líderes nacionais, que dispõem do direito de veto, total ou parcial, podendo, desta forma, alterar ou rejeitar as escolhas efectuadas a outros níveis. Tal facto aproxima Portugal de países como Espanha, França, Luxemburgo ou

Itália, no que aos poderes do *party selectorate* diz respeito, pelo menos se considerarmos os dados disponibilizados pelo *Europe Candidate Study*.[613]

No entanto, não pode deixar de se reconhecer que a simples identificação da principal estrutura responsável pelo recrutamento no interior dos diferentes partidos (*the primary selecting agency*) constitui sempre, e inevitavelmente, um exercício algo redutor. E isto porque, na realidade, são muitos e variados os actores intrapartidários que acabam por influenciar, ainda que informalmente e à margem das disposições estatutárias, as diferentes etapas do processo de selecção, não sendo possível esquecer, também aqui, o que sempre sobressai na análise politológica da vida política: a frequente distância e falta de coincidência entre o que a «constituição formal» declara e o modelo de conduta que a «constituição real» impõe, dentro do esforço de compreender esse fenómeno constante e «maquiavélico» do afastamento entre o que o poder proclama e que o poder realmente faz.[614]

Para além do nível de inclusão e de centralização, no que se refere aos poderes do *party selectorate*, Pippa Norris e Joni Lovenduski chamam a atenção para uma outra dimensão de análise do processo de recrutamento, que remete igualmente para os estatutos dos diferentes partidos políticos e que se revela essencial na caracterização do fenómeno aqui estudado. Referimo-nos, pois, ao grau de formalização ou de institucionalização dos mecanismos de selecção intrapartidária.[615] Nos modelos de «recrutamento formais», as diferentes etapas e os actores intrapartidários que intervêm na selecção dos candidatos às eleições legislativas, bem como os critérios que devem presidir à sua escolha, encontram-se definidos de forma detalhada e explícita nas regras internas dos partidos — o processo de selecção assume,

---

[613] É importante sublinhar que estudos mais recentes mostram que o processo de democratização dos processos de selecção dos candidatos, observado em muitos países da Europa Ocidental, entre 1960 e 2000, não alterou significativamente a situação de alguns destes países em matéria de recrutamento parlamentar, nomeadamente da França. Cf. Reuven Y. Hazan (2002), «Candidate selection», *in* Lawrence LeDuc, Richard G. Niemi e Pippa Norris (orgs.), *Comparing Democracies 2. New Challenges in the Study of Elections and Voting*, Londres, Sage, p. 118.

[614] Adriano Moreira (1979), *Ciência Política*, Coimbra, Almedina, pp. 11, 64, 70 e segs.

[615] Pippa Norris e Joni Lovenduski (1995), *Political Recruitment. Gender, Race and Class in the British Parliament*, *op. cit.*, pp. 4-5.

deste modo, um carácter relativamente transparente, tanto interna como externamente, chegando mesmo a existir instâncias formais de recurso.

Em sentido contrário, nos modelos de «recrutamento informais», as regras definidas nos estatutos partidários são vagas, genéricas e, acima de tudo, pouco explícitas; assumindo, na maioria das vezes, um poder *de jure* mas não *de facto*; o que as torna pouco vinculativas, podendo variar muito significativamente de eleição para eleição, consoante as estratégias e os interesses conjunturais das estruturas intrapartidárias responsáveis pelo processo de recrutamento. Neste caso, os mecanismos de selecção dos candidatos e de elaboração das listas tendem a ser menos burocráticos e transparentes, revelando-se, também, bastante mais abertos ao sistema de patrocínio pessoal e político e a todo o tipo de clientelismo.[616]

Atendendo a esta dimensão de análise, e pelo estudo que já fizemos dos estatutos dos principais partidos portugueses, não será abusivo afirmar--se que, sendo o recrutamento parlamentar um dos domínios de decisão mais importantes da actividade partidária e política, os partidos tendem para uma abordagem bastante cautelosa que, ora contempla um quadro normativo pouco desenvolvido, ora ignora por completo o tratamento desta matéria.[617]

Não admira, assim, que em todos os partidos aqui estudados, as normas internas que regulam o processo de recrutamento parlamentar assumam um carácter muito vago, genérico e difuso, limitando-se a estabelecer a repartição orgânica de competências de iniciativa e de aprovação das listas de candidatos — sendo que, no caso do PCP, se verifica inclusive um silêncio normativo quase absoluto no que toca a este processo. Com efeito, e até à data deste estudo, não se encontram, nos estatutos dos partidos políticos com assento parlamentar, quaisquer normas internas que se refiram em concreto e de forma detalhada aos critérios e estratégias de recrutamento propriamente ditos — à excepção dos estatutos do PS que

---

[616] Pippa Norris e Joni Lovenduski (1995), *Political Recruitment. Gender, Race and Class in the British Parliament*, op. cit., pp. 3-4.

[617] Cf., Domingos Soares Farinho (2002-2003), «As regras de recrutamento parlamentar partidário em Portugal», relatório de seminário do Curso de Mestrado de Ciência Política. Obtido em 6 de Janeiro de 2003: http://www.fd.ul.pt/biblioteca/revista_fdl/XLVI, p. 498.

mencionam, sem contudo especificar, a observância dos «critérios objectivos» formulados pela Comissão Política Nacional.

A escassa auto-regulação, a par da inexistência de hetero-regulação, em termos de recrutamento parlamentar, confere uma forte flexibilidade e maleabilidade aos órgãos nacionais dos partidos, que gozam de uma ampla margem de manobra na elaboração de listas, as quais reflectem os seus interesses e os seus objectivos mais imediatos. Tal facto não pode deixar de contribuir para o visível «empobrecimento» da democracia interna de cada partido, na medida em que implica, em termos práticos, uma excessiva centralização das decisões sobre quem pode e tem possibilidades efectivas de aceder ao Parlamento, e, sendo assim, a sua futura subordinação a uma oligarquia partidária — tudo isto, claro está, à margem de qualquer mecanismo formal de ponderação da vontade maioritária dos militantes de base.

É por isso que uma auto-regulação que se limita à repartição de competências entre os vários órgãos partidários, quanto à iniciativa e à aprovação das listas de candidatos à AR, sem que existam quaisquer outras normas internas que condicionem de forma substantiva e aumentem o grau de inclusividade do processo de recrutamento parlamentar — admitindo, por exemplo, a participação directa de todos os filiados através de votação — se revela insuficiente para enquadrar, limitar e controlar a actividade partidária nesta matéria. E porquê?

Precisamente porque a actual situação não só permite como reforça o predomínio de mecanismos informais e pouco transparentes, segundo os quais os órgãos nacionais mas também as estruturas sub-nacionais de cada partido — muitas vezes, através de negociações e compromissos levados até ao «contorcionismo» — se encarregam de assegurar apenas a selecção dos «candidatos desejáveis» (o mesmo é dizer: leais e incondicionais); isto restringe, e muito, a qualidade da oferta dos partidos em termos de pessoal político parlamentar, em particular, e a credibilidade e a legitimidade do sistema partidário junto da opinião pública, em geral.

Quanto a este último ponto, e para que não restem dúvidas, basta referir aqui os resultados de um inquérito, realizado em 2004, no qual, quando interrogados sobre os processos intrapartidários de recrutamento parlamentar em Portugal, uma percentagem considerável dos inquiridos (cerca de 36 %) considerava que os critérios de selecção adoptados pelos principais partidos se aproximam bastante mais do «modelo de patrocinato» (onde predominam os contactos sociais e familiares, o patrocínio e o clientelismo político e a posição ocupada na hierarquia de cada partido) que do «modelo meritocrático» (onde prevalecem julgamentos objectivos quanto ao *curriculum* académico e ao prestígio profissional, à formação e à experiência política, às qualidades e aos atributos pessoais dos candidatos).

O papel atribuído pelos portugueses às relações de influência e aos jogos de poder, no interior de cada partido no momento da elaboração das listas para as eleições legislativas — muitas vezes decididos por processos ínvios, negociatas e apoios ocultos (*backstage negotiations*), em reuniões escassamente participadas — confirma a tese da aparente informalidade que caracteriza as regras estatutárias dos diferentes partidos neste domínio fundamental da sua actividade política. Facto que, naturalmente, tende a favorecer todo o tipo de patrocínios, pessoais e políticos, bem como os acordos e os compromissos feitos numa base meramente «aparelhística» e «clientelar», que visam, acima de tudo, e por todos os meios disponíveis, a conquista de um bem que é manifestamente escasso: um lugar elegível nas listas do partido.[618]

Tendo ainda em conta os resultados da pesquisa acima mencionada, não será menos significativo sublinhar o facto de uma percentagem assinalável de inquiridos (cerca de 33 %) não possuir uma opinião formulada sobre o fenómeno em causa, o que confirma a ideia, mais ou menos generalizada, de que a selecção dos candidatos para a Assembleia da República é um processo fechado e rodeado de um enorme secretismo — dificultando o escrutínio da opinião pública, em geral, e dos investigadores, em particular. Estes, para além dos aspectos essencialmente formais (leia-se: estatutários), apenas têm acesso aos episódios que envolvem uma maior disputa e conflitualidade interna — os quais são bastante usuais e recorrentes na elaboração das listas, e gozam de ampla cobertura mediática.[619] Voltaremos a este ponto mais à frente.

---

[618] Cf. Manuel Meirinho Martins e Conceição Pequito Teixeira (2005), *O Funcionamento dos Partidos e a Participação das Mulheres na Vida Política e Partidária em Portugal*, Lisboa, Comissão para a Igualdade e para os Direitos das Mulheres, Presidência do Conselho de Ministros, pp. 68-70.

[619] *Idem, ibidem*, p. 68. Repare-se, ainda a este propósito, nos títulos e subtítulos que avultam na imprensa escrita quando a questão em causa é, precisamente, a constituição das listas de candidatos no interior de cada um dos partidos políticos e, mais concretamente, as tensões e os conflitos que sempre desencadeia e o secretismo e opacidade que envolve. Da leitura da imprensa escrita diária e semanal, entre 1991 e 2002, cito aqui apenas alguns

4.2.3 Modelos de recrutamento parlamentar: a teoria

As estruturas de recrutamento no interior dos partidos políticos (*party selectorate*) podem variar consideravelmente segundo o grau de centralização, sendo possível distinguir, do ponto de vista teórico, quatro modelos distintos, tal como se observa no seguinte esquema.

Quem escolhe os candidatos (as), segundo o grau de centralização?

[QUADRO N.º 17]

Maior descentralização ◄──────────────────────── Maior centralização						
Eleitorado (internas abertas)	Membros do partido (internas fechadas)	Órgãos locais do partido		Órgãos nacionais do partido		Líder nacional
^	^	Colegial	Executivo	Colegial	Executivo	^

Numa primeira modalidade («*open primaries*»), temos que todos os membros da comunidade política com capacidade eleitoral activa podem propor e/ou eleger os candidatos de um determinando partido político, de entre um conjunto de candidatos apresentados por este. Assim, embora os partidos continuem a preservar uma ampla margem de liberdade na escolha dos candidatos, se atendermos à sua capacidade de iniciativa, a verdade é que a escolha final acaba por pertencer aos eleitores. Pelo que, neste caso concreto, os candidatos seleccionados devem ser considerados apenas como meros «aspirantes» a candidatos, na medida em que se encontram sujeitos à apreciação posterior do eleitorado. Pode dizer-se, pois, que esta é a modalidade de recrutamento mais democrática e inclusiva, precisamente porque os partidos submetem as suas escolhas internas ao controlo externo, independentemente de critérios de filiação partidária.

---

exemplos, com um propósito meramente ilustrativo: «A guerra das listas baralha partidos»; «a elaboração das listas para a AR: o pantanal»; «The *making of* das listas: vinganças e saneamentos»; «As benditas listas»; «A guerra das cadeiras»; «Começou o jogo das cadeiras nas listas»; «As listas de deputados agitam estruturas partidárias»; «Listas para a AR feitas à socapa»; «Escolha dos candidatos: processo gerido em segredo»; «As listas de candidatos: olhos que não vêem...».

Se esta é uma modalidade típica do sistema político norte-americano, no qual todos os eleitores (e não só os filiados) têm a possibilidade de intervir no processo de selecção dos candidatos propostos pelos partidos[620]; ela é também estranha à Europa Ocidental. Mesmo nos países em que o sistema eleitoral adoptado — através das listas semifechadas e das listas abertas — permite aos eleitores exprimir as suas preferências em relação aos candidatos escolhidos pelos partidos, ainda assim são estes — e não aqueles — os responsáveis pela definição da oferta eleitoral, de acordo com opções e critérios não controláveis pelos eleitores. O que é mais: quer as listas semifechadas quer as listas abertas, enquanto modalidades de voto adoptadas em diversos sistemas eleitorais europeus, estão longe de ter um papel equiparável ao das eleições primárias abertas, já que, como o demonstram vários estudos empíricos, apenas uma parte minoritária do eleitorado faz uso da opção preferencial, o que revela a sua ineficácia política no sentido de promover uma maior participação dos eleitores na escolha dos deputados.[621]

A outra razão fundamental da «estranheza» europeia em relação às «eleições primárias abertas» resulta, de forma aparentemente óbvia, da necessidade de salvaguardar a disciplina partidária indispensável à organização e ao funcionamento dos sistemas de governo parlamentares dominantes na Europa Ocidental; o que não pode deixar de implicar, senão mesmo de impor, que as decisões fundamentais, quanto ao recrutamento daqueles que irão integrar o órgão legislativo, sejam «minimamente» controladas e controláveis pelos partidos. Quer isto significar que os candidatos devem

---

[620] Joaquín Molins López-Rodó (1989), «El processo de nominación de los candidatos en las elecciones presidenciales norteamericanas», *in Revista de Estudios Políticos*, 65, pp. 87-123; Ricardo Haro (1992), «Elecciones primarias abiertas. Aportes para uma mayor democratización del sistema político», *in Revista de Estudios Políticos*, 78, pp. 273- 288. Ainda sobre as primárias nos EUA, pode ver-se Silvio Gambino (org.) (1997), *Elezioni Primarie*, Roma, Philos e Silvio Gambino (org.) (1995), *Elezioni Primarie e Rappresentanza Politica. Il Dibattito in Italia e L'Esperienza degli Stati Uniti*, Messina, Rubbettino.

[621] Carmen Ortega (2004), *Los Sistemas de Voto Preferencial: Un Estudio de 16 Democracias*, Madrid, Centro de Investigaciones Sociológicas, pp. 274-275; Julian Santamaría Osório (1996), «El debate sobre las listas electorales», *in* J. Porras Nadales (org.), *El Debate sobre la Crisis de la Representación Política*, Madrid, Tecnos, p. 283; José Ramón Montero e Richard Gunther (1994), «Sistemas 'cerrados' y listas 'abiertas': sobre algumas propuestas de reforma del sistema electoral en España», *in* VVAA, *La Reforma del Régimen Electoral*, Madrid, Centro de Estúdios Constitucionales, p. 62.

a sua escolha, acima de tudo, à filiação e à posição que ocupam no interior dos partidos; enquanto os eleitores, ao votar numa determinada lista, se limitam a «legitimar» a selecção efectuada por aqueles.

A segunda modalidade de recrutamento («*closed primaries*») implica a possibilidade de todos os filiados, que se encontrem no pleno gozo da sua capacidade eleitoral passiva — tal como definida nos estatutos dos diferentes partidos — se pronunciarem sobre a escolha dos candidatos ao Parlamento, quer através da apresentação de candidaturas, quer através da sua votação. Esta solução tende a materializar, na prática, os preceitos normativos quanto à exigência de democracia interna nos partidos políticos. E isto porque, embora uma tal solução permita aos órgãos nacionais — responsáveis pela definição da linha estratégica do partido — a iniciativa no que toca à constituição das listas; o facto é que estas serão, contudo, apreciadas e votadas por todos os filiados. O que permite, pelo menos teoricamente, contrabalançar a tendência oligárquica em matéria de iniciativa, com a tendência democratizadora em termos de votação final.

No que respeita à escolha dos candidatos a deputados pelas estruturas regionais e/ou locais dos partidos políticos[622], há que notar que a viabilidade e o alcance desta modalidade de recrutamento dependem da organização política do Estado e do sistema eleitoral adoptado nos diferentes países. Seja como for, o que mais importa observar aqui é que esta solução implica já não a intervenção directa dos militantes de base na propositura e aprovação final das listas de candidatos, mas sim a mediação de órgãos partidários de carácter colegial, com responsabilidades deliberativas e executivas, ao nível regional e/ou local. Este é um aspecto diferenciador em relação ao modelo de recrutamento anteriormente enunciado, tendo, como tal, consequências bem distintas para a vida intrapartidária e também para a relação entre eleitos, partidos e eleitores.

Expliquemo-nos melhor. Se a intervenção das estruturas partidárias sub-nacionais implica uma maior descentralização do processo de recrutamento, tal não significa que essa mediação assegure, necessariamente, uma maior democratização na escolha dos candidatos. E isto porque, como já

---

[622] A literatura comparada sobre este tema permite dizer que o envolvimento das estruturas regionais ou locais na selecção dos candidatos parlamentares, sem excluir a intervenção mais ou menos determinante dos órgãos nacionais, constitui a modalidade de recrutamento mais generalizada nos partidos da Europa Ocidental.

os autores clássicos faziam notar, as tendências oligárquicas, burocráticas e clientelares não constituem uma «patologia» que se manifesta exclusivamente ao nível das cúpulas nacionais, podendo assumir contornos bastante mais acentuados e difíceis de combater à medida que descemos na hierarquia partidária.

Por fim, temos uma modalidade de recrutamento em que a iniciativa e a aprovação das listas de candidatos é da exclusiva responsabilidade das direcções nacionais e/ou dos líderes de topo, a qual configura a solução internamente menos democrática de todas as já aqui enunciadas — o que é fácil de perceber, na medida em que exclui do processo os militantes de base e também as estruturas intermédias dos partidos. Porém, o reconhecimento da natureza mais centralizadora e menos democrática deste modelo não deve encobrir o papel fundamental que a direcção nacional deve ter na selecção dos candidatos, o qual é muito significativo em sistemas de governo de tipo parlamentar, pois do controlo das elites nacionais sobre o recrutamento parlamentar dependerá, em grande medida, a coesão e a coerência das linhas programáticas e políticas adoptadas pelos diferentes partidos.

Por sua vez, este facto não afasta a necessidade de se estabelecer princípios e regras formais que reforcem a democraticidade do processo de recrutamento parlamentar, no sentido de permitir um maior protagonismo e envolvimento de outros actores intrapartidários, tanto colectivos como individuais. Só, desta forma, será possível aliar a escolha de candidatos representativos da vontade do colectivo partidário, por um lado, com a selecção de candidatos que possuam o perfil desejado pelas direcções nacionais, por outro.

Já no que respeita ao grau de formalização do processo de recrutamento, uma das outras dimensões de análise aqui considerada, é possível distinguir entre «sistemas formais» — com regras detalhadas e explícitas definidas burocraticamente — e «sistemas informais» — em que vigoram normas vagas e difusas, cujo poder *de jure* e *de facto* é mínimo e a abertura ao patrocínio e clientelismo político assinalável.

Atendendo ao grau de centralização e de formalização na escolha dos candidatos a deputados, e tendo por referência a proposta teórica de Pippa Norris e Joni Lovenduski, que cruza ambas as dimensões de análise, podemos diferenciar seis modelos de recrutamento parlamentar — como, aliás, se pode ver no quadro abaixo reproduzido.

Tipologia dos modelos de recrutamento parlamentar, segundo Norris e Lovenduski

[QUADRO N.º 18]

Dimensões de análise		Grau de centralização do processo de recrutamento		
		Central	Regional	Local
Grau de formalização do processo de recrutamento	Formal	Modelo centralizado e formal	Modelo regionalizado e formal	Modelo localizado e formal
	Informal	Modelo centralizado e informal	Modelo regionalizado e informal	Modelo localizado e informal

Fonte: adaptado a partir de Pippa Norris e Joni Lovenduski (1995), *Political Recruitment. Gender, Race and the Class in the British Parliament*, Cambridge, Cambridge University Press, p. 4.

Assim, tendo por base a proposta de Pippa Norris e Joni Lovenduski, e considerando as características estatutárias, mas também alguns dos aspectos conhecidos da prática política dos principais partidos portugueses, como classificar então as suas modalidades de recrutamento parlamentar?

Depois de tudo o que ficou dito atrás, a resposta a esta pergunta afigura-se-nos relativamente fácil e aparentemente incontroversa. Por um lado, todos os partidos considerados apresentam uma débil institucionalização do processo de selecção dos seus candidatos à AR, dada a inexistência de regras formais que codifiquem de forma detalhada e explícita todas as fases do processo e as competências que cabem a cada um dos actores intrapartidários envolvidos — e que, além do mais, estabeleçam de forma objectiva os critérios de escolha que devem ser atendidos pelo *party selectorate*, no que toca à elaboração das listas. Por outro lado, em todos os partidos, apenas com a excepção do PSD, onde a intervenção das estruturas distritais é bastante significativa, a decisão final, em matéria de recrutamento parlamentar, pertence aos órgãos nacionais de cada partido, sendo reduzido o papel das suas estruturas regionais e locais, ao mesmo tempo que é inexistente a intervenção dos seus militantes de base.

Os modelos de recrutamento parlamentar nos principais partidos portugueses

[QUADRO N.º 19]

Dimensões de análise		Grau de centralização do recrutamento		
		Central	Regional	Local
Grau de formalização do recrutamento	Formal	—	—	—
	Informal	PCP CDS-PP PS BE	PSD	—

Fonte: De acordo com os estatutos dos partidos políticos estudados.

No primeiro caso, o problema principal que se coloca está relacionado com o predomínio de procedimentos informais, pouco transparentes e sempre contingentes — porque variáveis de eleição para eleição, de acordo com os interesses, na maioria das vezes «inconfessáveis», de quem é responsável pela escolha dos candidatos no interior de cada partido —, mas também com a impotência perante a presença de todo o tipo de influências e patrocínios, o que torna o processo de selecção não só muito conflitual, como pouco democrático e nada meritocrático. No segundo caso, o que está em causa é, acima de tudo, o excessivo controlo das direcções nacionais sobre os mecanismos de selecção dos candidatos — com todas as implicações negativas que isso tem para a democraticidade da vida interna dos partidos e para a sua eventual (re)legitimação social; mas também, e seguramente não menos importante, para a independência e valorização dos deputados na sua função de representação política e para a sua maior proximidade em relação aos eleitores.

4.2.4 *Modelos de recrutamento parlamentar: a prática*

Nas secções anteriores, através da análise das regras formais e informais, foi possível constatar que o processo de recrutamento parlamentar no interior dos principais partidos políticos portugueses se caracteriza fundamentalmente pela sua natureza profundamente centralizada e informal, dado que — em todos eles, sem excepções relevantes — a escolha dos candidatos à Assembleia da República cabe sobretudo aos órgãos nacionais, ainda que tal escolha seja partilhada de forma mais ou menos intensa com as estruturas regionais e locais, a que acresce o facto de os estatutos regulamentarem de um modo bastante vago e nem sempre explícito as normas que regem o modo de selecção dos candidatos.

Estabelecido isto, interessa-nos saber agora o modo como os candidatos — principais agentes do processo de recrutamento parlamentar — avaliam a forma como se desenrola a elaboração das listas de candidatura à AR, atendendo a diferentes dimensões de análise, a fim de detectar eventuais e significativos desvios entre a «constituição formal» e a «constituição real» no que a este processo diz respeito. E isto porque estamos em crer que tal procedimento metodológico é, como sempre sublinha Adriano Moreira, um dos aspectos distintivos e, por conseguinte, obrigatórios da análise politológica, principalmente quando em causa está a vida interna dos partidos — onde o conhecimento relativamente fácil dos aspectos normativos e formais contrasta claramente com as enormes dificuldades que qualquer investigador tem de enfrentar para aceder aos comportamentos reais e às práticas efectivas. Não é, assim, por acaso que Michael Gallagher e Michael Marsh se referem a esta dimensão da vida intrapartidária como o «jardim secreto da política».[623] Mas vejamos, então, o que nos dizem os dados empíricos quanto a esta matéria.

O primeiro aspecto a destacar prende-se, desde logo, com a opinião de que o recrutamento se faz de acordo com procedimentos fracamente institucionalizados ou formalizados: repare-se que apenas 11% dos candidatos considera que o processo através do qual foram seleccionados obedece a normas precisas e suficientemente detalhadas, uma percentagem que se torna ainda mais residual no caso da CDU e do BE — o que significa que,

---

[623] Michael Gallagher e Michael Marsh (1988), *Candidate Selection in Comparative Perspective. The Secret Garden of Politics*, op. cit.

pelo menos neste ponto, e aparentemente, a prática em nada se distancia da teoria. O mesmo acontece se atendermos ao que os candidatos pensam sobre o grau de centralização do processo de recrutamento parlamentar, pois aqui quase 60 % dos inquiridos não hesitam em declarar que o processo através do qual foram escolhidos e ordenados nas respectivas listas de candidatura segue um padrão fortemente centralizado, onde a intervenção dos órgãos nacionais não só é importante como manifestamente decisiva, sendo esta opinião partilhada fundamentalmente pelos candidatos dos partidos da velha — e curiosamente — da nova esquerda, mas também, e sem grande surpresa, pelos candidatos que ocupam posições elegíveis.

Um outro dado a ter em conta na avaliação do processo de recrutamento parlamentar está relacionado com o facto de quase 30 % dos candidatos considerar que este é um processo caracterizado por uma grande conflitualidade interna — que é, aliás, a imagem que transparece do acompanhamento que os meios de comunicação social fazem deste momento particular da vida interna dos partidos — uma opinião que é suportada sobretudo pelos candidatos dos dois maiores partidos, nomeadamente do PS e do PSD, mas que, ao contrário, não encontra praticamente eco entre os candidatos da CDU e do BE. O mesmo parece acontecer quando em causa está a competitividade inerente ao processo de recrutamento, já que também aqui são os candidatos dos partidos que integram o chamado «arco governativo» aqueles que consideram que o processo em causa é não só bastante conflitual, como é também muito disputado internamente — em especial quando em causa estão os lugares não elegíveis — em claro contraste, uma vez mais, com a opinião dos candidatos dos restantes partidos.

Já no que toca à democraticidade do recrutamento, os dados apresentados no quadro n.º 20 mostram que cerca de 40 % dos inquiridos considera que a escolha dos candidatos e a elaboração das listas ao Parlamento conformam um processo que é, nos seus aspectos essenciais, muito ou bastante democrático, sendo de ressalvar aqui que a concepção de democracia em presença será essencialmente a representativa, no sentido de que as decisões colectivas — neste caso, a definição da oferta eleitoral — são tomadas não directamente por todos os que fazem parte do partido, mas antes por certas pessoas eleitas para esse fim, e que, enquanto tal, integram os respectivos órgãos dirigentes.

Seja como for, os dados do quadro n.º 20 revelam-nos ainda que a avaliação da democraticidade do processo de recrutamento varia não só em função dos lugares ocupados nas listas, como varia igualmente de acordo com os partidos considerados. No primeiro caso, verifica-se que a opinião dos candidatos colocados em posição elegível — com a excepção do PS — é bastante mais favorável do que a manifestada pelos candidatos que ocupam os lugares não elegíveis, o que é inteiramente compreensível: se aos candidatos que constituem as escolhas secundárias dos partidos não é garantido — pelo menos à partida — um assento no Parlamento, é natural que sejam também eles a revelar uma opinião mais negativa do processo, considerando-o menos democrático e eventualmente mais oligárquico e clientelar.

Avaliação que os candidatos fazem do processo de recrutamento parlamentar

[QUADRO N.º 20]

% (Muito + bastante)		CDS-PP	PSD	PS	CDU	BE	Média
Formal / institucional	NE	28	17	25	4	-	19
	EL	30	22	15	0	-	17
	C	19	11	19	4	2	11
Competitivo	NE	39	44	46	21	-	38
	EL	13	33	28	0	-	19
	C	36	39	37	18	13	29
Democrático	NE	30	72	61	10	-	43
	EL	32	80	52	20	-	46
	C	24	76	47	24	35	41
Conflitual	NE	17	51	68	2	-	35
	EL	13	23	48	0	-	21
	C	16	39	57	2	4	27
Centralizado	NE	44	33	32	79	-	47
	EL	88	60	43	88	-	70
	C	50	45	38	80	81	59

Fonte: *ibidem.*
Legenda: NE = Candidatos em lugar não elegível. EL = Candidatos em lugar elegível. C = Candidatos.
Notas: 1. Os inquiridos responderam cumulativamente às múltiplas opções apresentadas para esta questão, pelo que o total é sempre superior a 100 %.

No segundo caso, constata-se que são os candidatos dos pequenos partidos, muito em particular do PCP e da coligação por ele integrada, os mais descontentes e os mais críticos em relação à democraticidade do processo conducente à eleição dos deputados à Assembleia da República. Com efeito, apenas cerca de um quarto dos candidatos, quer do PCP quer do CDS-PP, é da opinião de que a definição intrapartidária da oferta eleitoral pode ser considerada muito ou bastante democrática: e se, no caso dos comunistas, tal entendimento não é seguramente indiferente às práticas resultantes da estrita e diligente aplicação do centralismo democrático, já no caso dos centristas não pode ser ignorado a excessivo controlo do líder do partido sobre todo o processo, bem como a escassa participação das restantes estruturas dirigentes, tanto a nível nacional como local.

Isso mesmo parece resultar dos dados apresentados no quadro n.º 21, uma vez que, quando interrogados sobre o grau de influência dos diferentes órgãos partidários no processo de recrutamento parlamentar, a totalidade dos candidatos da CDU considera que as estruturas centrais do partido têm uma influência hegemónica — e, por isso, decisiva — no que respeita à definição da oferta eleitoral, uma opinião que é também partilhada por cerca de 80 % dos candidatos do CDS-Partido Popular.

É, pois, entre os candidatos do Partido Social Democrata, e aqui em inteira coincidência com o que ficou dito em sede teórica sobre os modelos de recrutamento, que prevalece a ideia de que a influência dos órgãos centrais, ainda que sendo bastante considerável, está longe de anular a necessária intervenção das estruturas regionais e locais do partido na escolha dos candidatos. O mesmo não acontecendo, por exemplo, no caso do Partido Socialista, onde apenas 32 % dos candidatos parece considerar que o padrão fortemente centralizado, em termos de modelo de recrutamento parlamentar, não constitui um obstáculo à intervenção dos órgãos sub--nacionais do partido, tanto a nível regional como local.

Os últimos comentários servem para sublinhar algo que já foi dito em sede teórica sobre os modelos de recrutamento parlamentar, e que os factos permitem confirmar agora de uma forma categórica e aparentemente incontroversa. Referimo-nos, pois, ao fraco grau de inclusividade que caracteriza a escolha dos candidatos à Assembleia da República, o qual se traduz na escassa participação e influência dos membros de base em todo este processo, uma tendência que sendo mais visível nos pequenos partidos não deixa de afectar também, e de forma igualmente significativa, os partidos com maior dimensão eleitoral.

Como se pode verificar no quadro n.º 21, apenas 10 % dos candidatos considera que os membros de base dos partidos têm uma voz activa e influente no processo recrutamento parlamentar, enquanto mais de 50 % partilha de uma opinião completamente contrária. Ora, isso ajuda a explicar que, no processo que leva à sua escolha e ordenação nas listas, os candidatos (e isso independentemente do partido a que pertencem) contem principalmente com o apoio das estruturas nacionais e locais dos respectivos partidos — que constituem, afinal, as principais agências de recrutamento —, sendo o apoio dos militantes de base puramente marginal ou secundário, como decorre dos dados apresentados no quadro n.º 22.

**Qual o grau de influência dos diferentes órgãos partidários
na selecção dos candidatos à Assembleia da República?**

[QUADRO N.º 21]

Candidatos (Muito + bastante)		CDS-PP	PSD	PS	CDU	BE	Média
Órgãos nacionais	Muito forte	20	37	27	67	0	30
	Forte	60	43	39	33	50	45
	Média	20	17	30	0	50	24
	Fraca	0	3	4	0	0	1
	Muito fraca	0	0	0	0	0	0
Órgãos regionais e/ou locais	Muito forte	0	10	14	0	0	5
	Forte	0	30	18	0	0	10
	Média	20	40	38	33	100	46
	Fraca	40	17	30	67	0	30
	Muito fraca	40	3	0	0	0	9
Militantes de base	Muito forte	0	0	0	0	0	0
	Forte	0	33	13	0	0	10
	Média	0	67	30	35	50	36
	Fraca	40	0	48	54	50	38
	Muito fraca	60	0	9	11	0	16

Fonte: *ibidem.*
Notas: 1. Os inquiridos responderam cumulativamente às múltiplas opções apresentadas para esta questão, pelo que o total é sempre superior a 100%.

A fraca descentralização dos processos de recrutamento parlamentar, bem como a escassa participação dos membros de base, impõem uma constatação sobre a qual todos deveremos estar de acordo: a exigência, tão frequente nos anos que correm, de mais democracia intrapartidária expressa-se na exigência de uma reforma dos partidos políticos que tenha necessariamente em conta uma distribuição mais equitativa do poder interno entre os diferentes níveis hierárquicos, por um lado, e o reforço da participação dos membros de base nos principais processos de decisão colectiva, nomeadamente na escolha dos candidatos ao Parlamento, por outro.

Apoios à (re) candidatura à Assembleia da República, segundo o partido político

[QUADRO N.º 22]

(Valores percentuais)	CDS	PSD	PS	CDU	BE	Média
Apoio da mulher / do marido	10	14	12	9	14	12
Apoio de outros membros da família	15	13	9	9	12	12
Apoio dos amigos, colegas e conhecidos	17	15	10	16	19	15
Apoio de certos grupos de interesses	5	7	7	6	7	6
Apoio de organizações juvenis	5	6	5	7	5	6
Apoio de organizações de mulheres	-	-	6	5	5	5
Apoio dos cidadãos do meu círculo	8	12	11	10	7	10
Apoio dos militantes do meu partido	12	15	14	12	13	13
Apoio das estruturas locais do partido	16	21	18	16	9	16
Apoio das estruturas nacionais do partido	24	19	25	28	27	25
Apoio da comunicação social de difusão nacional	-	-	2	-	-	1
Apoio da rádio e imprensa regionais	4	4	2	1	2	3

Fonte: *ibidem*.

Notas: **1.** Os inquiridos responderam cumulativamente às múltiplas opções apresentadas para esta questão, pelo que o total é sempre superior a 100 %. (cf. Anexo)

Que assim é, prova-o a defesa mais ou menos recorrente da necessidade de promover uma maior descentralização no interior das actuais formações partidárias, sendo sublinhadas as vantagens de atribuir mais poderes aos órgãos distritais e locais na selecção dos candidatos. A este objectivo não tem sido alheio o debate em torno do sistema eleitoral para a Assembleia da República: as soluções que apontam para uma redução significativa dos círculos de grande e média magnitude, ou, inclusivamente, para a criação de círculos uninominais, em nome da maior proximidade e responsabilidade dos eleitos face aos eleitores, prevêem quase sempre, e por consequência, uma devolução de poderes dos órgãos centrais em favor dos órgãos distritais e locais dos partidos, tornando-os, para usar os termos propostos por Peter Mair, em estruturas de poder menos hierárquicas e mais estratárquicas. Ou seja, em organizações que permitem uma ampla autonomia e um considerável reforço dos poderes dos seus subsistemas internos, mesmo que isso possa implicar o acentuar de tensões e de conflitos entre os níveis de direcção nacional e regional ou local, especialmente quando em causa estão os *inputs* sub-nacionais no partido nacional, os quais, orientados fundamentalmente para o congresso e para o aparelho central, passariam a fazer-se sentir também, e de forma decisiva, na selecção dos candidatos ao Parlamento.

Principais apoios à candidatura à Assembleia da República

FIGURA N.º 3]

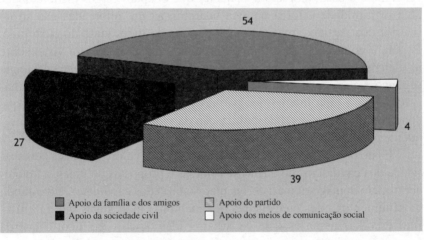

Por outro lado, muito por influência da adopção de eleições directas na escolha dos líderes partidários, em vez da eleição indirecta em congresso de delegados, de acordo com uma tendência que parece ser hoje comum a muitos partidos da Europa Ocidental — e que entre nós encontra acolhimento estatutário apenas no Partido Socialista — há também quem defenda que a democratização dos partidos políticos, em matéria de recrutamento parlamentar, não dispensa a intervenção directa dos membros de base, ou seja, a realização de eleições primárias, de preferência fechadas.

Na última secção do primeiro capítulo deste estudo, tivemos oportunidade de sublinhar, e também de problematizar, as vantagens e as desvantagens inerentes a tal procedimento electivo. Contudo, e ainda quanto a este ponto, importa deixar aqui as seguintes reflexões, as quais podem ser formuladas em termos interrogativos: Será que as eleições primárias contribuem, ainda que sendo fechadas, para uma maior democratização da vida interna dos partidos? E a sua adopção poderá fazer-se de uma forma genuína, credível e igualitária na ausência de mecanismos reguladores externos?

Quanto à primeira questão, poder-se-á sustentar que se entre as principais instituições políticas que caracterizam a democracia em «larga escala» se encontram as eleições universais, directas, iguais, secretas e periódicas, então, e por maioria de razão, também ao nível da vida interna dos partidos a realização de eleições directas e frequentes — como método de decisão colectiva — só poderia equivaler a mais democracia, ainda mais tratando-se, como é o caso, da escolha daqueles que ocupam cargos institucionais, cuja legitimidade e força política ficariam, assim, reforçadas não só no interior dos partidos, mas também, e acima de tudo, junto do eleitorado. Porém, e como já ficou dito anteriormente, existe uma outra visão sobre as eleições primárias na escolha dos candidatos ao Parlamento nacional, segundo a qual estas estão longe de constituir um «suplemento» de democracia para a vida interna dos partidos, sendo antes um mecanismo que conduz a uma inevitável despolitização da vida partidária e a uma consequente personificação do poder.

E isto porque as eleições primárias tendem a valorizar mais a personalidade dos candidatos do que as suas ideias e propostas políticas, a favorecer o apelo demagógico e a deriva plebiscitária dos candidatos, explorando os sentimentos mais elementares dos membros individuais que fazem as suas escolhas numa espécie de «vazio» ideológico e político, o que dá lugar não a uma democracia interna mais participada e mobilizadora, mas, isso sim, também «atomizada». Ao mesmo tempo, as eleições primárias contribuem para acentuar as clivagens preexistentes, tornando a luta pelos cargos públicos mais disputada e conflitual, podendo mesmo pôr em causa a imagem de unidade interna dos partidos, o que pode ser extremamente penalizante em termos de eleitorais.

Por outro lado, a escolha directa dos candidatos só dificilmente proporciona uma militância mais inclusiva, no sentido de garantir a todos o direito de concorrer a cargos electivos, pois sem o apoio do aparelho partidário será muito difícil a um candidato criar uma infra-estrutura e uma rede de apoio mínima indispensáveis ao sucesso de qualquer candidatura, a que acresce ainda a necessidade de recursos financeiros, mais ou menos avultados, para suportar uma campanha que implica viagens constantes, serviços de apoio e meios de propaganda.

Depois, e para os críticos desta forma de selecção dos candidatos aos parlamentos nacionais, que constitui a regra nos Estados Unidos, mas que continua a ser excepção no contexto das democracias da Europa Ocidental, há ainda a questão sistémica. Ou seja, se os partidos actuam em sistemas de governo de natureza essencialmente parlamentar, em que a escolha dos chefes de governo resulta indirectamente das eleições legislativas — e isso independentemente da tendência actual para o reforço e para a concentração dos poderes nos executivos e, sobretudo, na figura do primeiro-ministro — parece ser pouco congruente do ponto de vista institucional que os partidos políticos se governem internamente de acordo com um sistema de governo de tipo presidencialista, baseado na eleição directa dos líderes nacionais e dos candidatos a cargos públicos.

Por último, e respondendo à segunda questão, há que sublinhar que as eleições primárias colocam e tornam ainda mais manifesto um outro dilema, que se prende com o conflito sempre presente entre o princípio da liberdade de auto-organização interna dos partidos e a necessidade de regulação externa. Se os partidos políticos participam, mediante o exercício de certas funções públicas, no processo de formação da vontade estatal — o que lhes confere um estatuto diferenciado e qualificado perante as restantes associações de direito privado —, parece lógico que se lhes possa exigir ou impor, por via legal, um funcionamento interno democrático, na medida em que a ausência deste afecta não apenas a sua vida interna mas também o sistema político no seu conjunto.

Uma pretensão que se torna ainda mais premente quando em causa está a organização dos procedimentos eleitorais internos — e, muito em particular, das eleições primárias — pois só através de regras obrigatórias será possível assegurar que estas se encontram submetidas às mesmas garantias de transparência e de imparcialidade que são requeridas no caso das eleições para os órgãos do poder político, nomeadamente quanto ao financiamento dos candidatos, à organização dos cadernos eleitorais, às modalidades de escrutínio e ao apuramento dos resultados.

A este propósito, importa não esquecer que o volume de gastos em campanhas internas partidárias coloca um problema novo de transparência na vida pública, cuja solução terá que passar pela garantia de uma utilização equitativa dos meios dos partidos. Todavia, não podemos ignorar também que, contra a necessária regulação externa — que a «revolução» das primárias a afirmar-se parece impor — logo se levantarão os defensores da autonomia e da liberdade de organização dos partidos, mesmo que os seus argumentos não sejam procedentes.

Em suma: para uns, as eleições pelas bases dos candidatos ao Parlamento abre caminho a uma ainda maior erosão do princípio de representação democrática no interior dos partidos políticos, sem que, em contrapartida, se promova uma genuína democracia participativa; para outros, e em sentido contrário, a intervenção directa das bases na escolha dos candidatos constitui uma medida urgente no sentido de renovar as anquilosadas estruturas partidárias e acabar com o caciquismo de alguns dirigentes nacionais e também locais, que controlam há anos, por inércia e falta de oposição, o poder partidário. Seja como for, e independentemente das posições defendidas, o que parece ser mais ou menos consensual é o actual reconhecimento da necessidade de reformar os partidos, no sentido de os tornar estruturas mais democráticas, flexíveis, abertas e próximas da sociedade civil, capazes de atraírem todos aqueles que ainda se interessam pela política e queiram dedicar-se — em exclusivo ou em paralelo com a sua actividade profissional — à vida pública.

Mas também aqui parece continuar a impor-se com toda a acuidade a lição dos autores clássicos: os partidos políticos são, por natureza, refractários aos processos de democratização interna. Se é certo que, nas últimas décadas, as transformações ambientais têm sido responsáveis pela mudança organizacional dos partidos, que de estruturas burocráticas de massas se converteram progressivamente em organizações profissionalizadas, orientadas fundamentalmente para a captura do voto e para gestão do poder, é igualmente certo que essa mudança em nada alterou a sua natureza profundamente oligárquica. Muito pelo contrário, tê-la-á acentuado ainda mais.

Daí que não seja de estranhar que, em termos partidários, a exigência de mais democracia corresponda, cada vez mais, à exigência de que a democracia representativa seja completada ou mesmo substituída pela democracia directa, que funcionaria assim como um «antídoto» para os males da oligarquia. Não se trata de uma exigência nova: já a apresentara, como se sabe, o pai da democracia moderna, Jean-Jacques Rousseau, ao dizer que a soberania não pode ser representada. Porém, também ele estava convencido de que «uma verdadeira democracia nunca existiu nem existirá»[624], porque requeria um grande número de condições difíceis de realizar ao mesmo tempo. Lembremos, pois, a sua conclusão: «Se houvesse um povo de deuses, governar-se-ia democraticamente. Mas semelhante governo, tão perfeito, não foi feito para os homens». [625]

Caberia a Robert Michels fazer uso do pessimismo de Rousseau ao analisar a vida partidária, declarando a impossibilidade da democracia no interior dos partidos políticos, fosse qual fosse a sua ideologia, ideário político ou modalidade organizativa. Porém, e ao contrário de Rousseau, no final da sua análise, Michels contrapõe à aparente imutabilidade dos factos a função mobilizadora dos ideais, não desistindo, por conseguinte, do objectivo último de combater as tendências oligárquicas que sempre se erguem contra os propósitos democráticos, e isso tanto no sistema político como nos partidos. Os ideais, e no caso concreto o ideal da democracia pura, podem e devem ter uma função construtiva: a de desafiar permanentemente a realidade, procurando melhorá-la.

É o que resulta da história antiga lembrada por Michels no fecho da *Sociologia dos Partidos Políticos*, que mais não é do que a recuperação da «mentira senhorial» platónica, e que constitui uma espécie de «hino» à utilidade social do «mito da democracia». Dado o seu simbolismo e significado, recuperemo-la aqui. No seu leito de morte um velho lavrador faz aos seus filhos a seguinte revelação: «Na quinta, murmurou ele, há um tesouro escondido, que vos enriquecerá a todos. Procurem-no e encontrarão».[626] Morto o ancião, os filhos entregam-se de alma e coração à busca da prometida herança, lavrando ferozmente a terra. O tesouro, esse, jamais foi encontrado, porque ele nunca existiu. Porém, e essa é a primeira moral da história, o seu trabalho não terá sido inútil. Pois, os seus infatigáveis esforços para encontrar o presumível tesouro foram compensados com uma estável prosperidade.[627]

---

[624] Jean-Jacques Rousseau, (1762, 989), *O Contrato Social*, Lisboa, Europa América, pp. 7-72.

[625] *Idem, ibidem*,

[626] Robert Michels (1911, 2001), *Para uma Sociologia dos Partidos Políticos nas Democracias modernas, op. cit.*, p. 428.

[627] *Idem, ibidem*.

Ora, como observa Michels, «a democracia é, ela também um tesouro que jamais alguém poderá descobrir. Mas persistindo nas buscas e procurando infatigavelmente encontrar o que não pode ser encontrado, nem por isso se fará um trabalho menos proveitoso e fecundo pela democracia».[628] Por outras palavras, embora a democracia seja inalcançável no interior dos partidos políticos, tal não deve significar que não nos empenhemos — à semelhança do que fizeram os filhos do velho lavrador — na busca desse ideal, pois só assim estaremos em condições de contribuir para o gradual enfraquecimento das tendências oligárquicas que sempre irrompem e se afirmam no interior das formações partidárias.

Depois desta breve reflexão teórica sobre a necessidade e a viabilidade da reforma dos partidos no mundo actual, tendo em conta alguns dos ensinamentos clássicos, importa olhar agora para mais alguns dados empíricos, desta vez relativos aos objectivos que devem ser considerados como prioritários pelos órgãos partidários responsáveis pela escolha dos candidatos e pela elaboração das listas eleitorais. Como se pode verificar no quadro n.º 23, na opinião da esmagadora maioria dos inquiridos os objectivos que devem ter prioridade na selecção dos candidatos à Assembleia da República prendem-se principalmente com a qualificação técnica e política do grupo parlamentar e com a continuidade dos seus membros mais destacados e experientes, mas também com aspectos relacionados com o comportamento do grupo parlamentar e dos deputados que o integram. É assim sublinhada, quer a necessidade de assegurar uma estreita relação entre a face parlamentar e a face extraparlamentar dos partidos, quer a necessidade de garantir a disciplina de voto no Parlamento.

Aspectos que vão, pois, ao encontro do perfil organizacional dos partidos políticos em Portugal, nos quais, como já foi dito atrás, e os factos agora reiteram, o grupo parlamentar constitui mais um instrumento do partido no Parlamento do que um órgão autónomo de que falam os estatutos de alguns partidos e os regulamentos internos de alguns grupos parlamentares, ou seja, é mais a expressão parlamentar do partido do que a expressão partidária do Parlamento. E, sendo assim, não admira também que o entendimento estatutário do «mandato imperativo de partido», expresso na

---

[628] *Idem, ibidem.* Veja-se, a este propósito, João Bettencourt da Câmara (1997), *A Democracia, os Cidadãos e o Velho Lavrador*, Colecção Ciências Sociais e Políticas/Intervenções, Lisboa, Vega.

estrita disciplina de voto dos deputados no Parlamento, acabe por se impor ao preceito constitucional do «mandato livre e individual».

Com efeito, os cidadãos quando votam não elegem deputados considerados individualmente mas candidatos inseridos em listas elaboradas pelos partidos, o que significa que o seu mandato parlamentar não lhes é pois outorgado pelo povo, mas antes pelos partidos, aos quais pertence *de facto*, se bem que não *de jure*, a sua titularidade. E porque os candidatos a deputados são escolhidos pelos partidos — ou melhor, pelas suas direcções nacionais — que os submetem à ratificação do eleitorado, pode afirmar-se que a relação de representação real não é a que se estabelece entre eleitores e eleitos, mas sim entre eleitos e partidos, sendo que tal facto tem evidentes reflexos no comportamento dos deputados, designadamente no seu comportamento de voto no Parlamento, já que dele depende a sua reeleição, mais ainda tratando-se de um sistema eleitoral como o português, ou seja, de um sistema de representação proporcional com sufrágio de lista fechada e bloqueada em círculos plurinominais, o qual coloca naturalmente os parlamentares na dependência dos dirigentes internos que preparam as listas e determinam a sua ordenação.

O debate político e académico em torno da reforma do actual sistema eleitoral para a Assembleia da República tem insistido, precisamente, nos males da partidocracia eleitoral e parlamentar, resultantes do monopólio partidário da representação política, sublinhando a necessidade de aproximar e de responsabilizar os eleitos face aos eleitores — uma preocupação que, como se pode ver no quadro n.º 23, encontra manifesto eco na opinião de uma percentagem significativa de candidatos parlamentares.

Mas, e ainda de acordo com os dados apresentados no quadro n.º 23, os candidatos mostram-se não só sensíveis à questão da proximidade entre eleitos e eleitores, mas também ao problema da representatividade e da autenticidade das listas eleitorais, o que pode querer significar a defesa de uma maior diversificação do perfil sociodemográfico e profissional dos parlamentares, designadamente através da inclusão nas listas — e em lugares elegíveis — de mulheres, jovens e indivíduos de reconhecido mérito que não sejam políticos profissionais, e que estejam de facto dispostos a assumir o mandato para o qual são eleitos, restringindo, assim, o número claramente excessivo de substituições que se seguem à eleição e que ocorrem também no decurso da legislatura.

Já a necessidade de combater as práticas clientelares e de reduzir a conflitualidade interna inerentes ao processo de recrutamento parlamentar constituem objectivos a ter em conta especialmente para os candidatos dos dois maiores partidos, que têm assumido, em alternância, responsabilidade governativas — talvez porque, ao fortalecerem a sua ligação ao Estado, tanto o Partido Social Democrata como o Partido Socialista confiram uma crescente prioridade ao seu papel enquanto detentores de cargos públicos, definindo-se cada vez mais em função dos cargos que ocupam e não das ideologias ou programas políticos que defendem.

Quais os objectivos a ter em conta pelo *party selectorate* na escolha dos candidatos à Assembleia da República?

[QUADRO N.º 23]

(Valores percentuais)	CDS	PSD	PS	CDU	BE	Média
Promover o equilíbrio das listas, assegurando a sua representatividade	10	19	23	20	18	18
Promover a autenticidade das candidaturas, evitando os candidatos «virtuais»	13	15	13	12	10	13
Evitar as «guerras das listas», preservando a unidade do partido	10	27	23	-	-	12
Reduzir as lógicas «clientelares» na selecção dos candidatos	10	23	17	-	-	10
Assegurar a qualidade política e técnica dos grupos parlamentares	25	24	29	26	24	26
Promover a continuidade do pessoal parlamentar com maior experiência	7	20	26	6	15	15
Assegurar uma estreita relação entre o grupo parlamentar e o partido fora do Parlamento	20	28	27	42	10	25
Garantir a disciplina partidária no Parlamento	10	15	12	20	-	14
Evitar a lógica do «pára-quedismo», promovendo a ligação dos candidatos ao seu círculo	9	24	20	15	10	16
Assegurar a relação de proximidade dos eleitos face aos eleitores	10	17	28	20	24	20

Fonte: *ibidem*.

Notas: 1.Os inquiridos responderam cumulativamente às múltiplas opções apresentadas para esta questão, pelo que o total é sempre superior a 100 %. (cf. Anexo)

Principais objectivos a ter em conta pelo *party selectorate* na escolha dos candidatos à Assembleia da República

[FIGURA N.º 4]

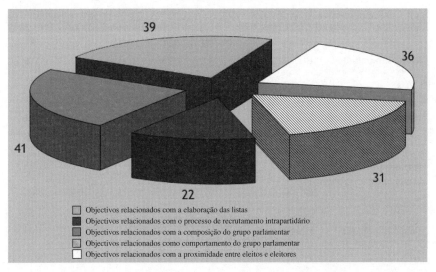

- Objectivos relacionados com a elaboração das listas
- Objectivos relacionados com o processo de recrutamento intrapartidário
- Objectivos relacionados com a composição do grupo parlamentar
- Objectivos relacionados como comportamento do grupo parlamentar
- Objectivos relacionados com a proximidade entre eleitos e eleitores

De facto, e para terminar estes ponto, não podemos deixar de notar aqui que se assiste nos partidos contemporâneos, sobretudo naqueles com uma clara vocação de poder, a uma substituição das funções representativas por funções de carácter mais procedimental; uma mudança que — como Peter Mair defende — acompanha o movimento dos partidos da sociedade civil para o Estado. E que assim é, parece prová-lo, entre outros, o facto de o recrutamento do pessoal político para cargos públicos continuar a ser uma das principais funções exercidas pelos partidos nas democracias actuais, constituindo um dos momentos altos e mais intensos da sua vida interna. Esta é, aliás, a opinião partilhada pela esmagadora maioria dos candidatos, já que mais de 70 % entende que a escolha daqueles que irão ocupar um assento no Parlamento assume uma grande importância na vida interna dos partidos políticos, uma percentagem que sobe para mais de 80 % e 90 % no caso do PSD e do PS, respectivamente.

Grau de importância atribuído ao processo de selecção dos candidatos na vida partidária

[QUADRO N.º 24]

(Valores percentuais)		CDS-PP	PSD	PS	CDU	BE	Média
Muito importante	NE	41	60	46	41	-	47
	EL	37	41	38	35	-	38
	C	40	50	44	37	42	43
Importante	NE	35	35	38	34	-	35
	EL	38	53	37	32	-	40
	C	35	44	38	34	29	36
Razoavelmente importante	NE	20	5	8	21	-	14
	EL	25	6	13	30	-	18
	C	21	6	9	26	29	18
Pouco importante	NE	2	0	8	4	-	3
	EL	0	0	12	3	-	4
	C	2	0	9	3	0	3
Nada importante	NE	2	0	0	0	-	1
	EL	0	0	0	0	-	0
	C	2	0	0	0	0	0

Fonte: *ibidem*.
Legenda: NE = Candidatos em lugar não elegível. EL = Candidatos em lugar elegível. C = Candidatos.

CAPÍTULO III

Recrutamento Parlamentar: Factores Relacionados com a Oferta

1. Os «efeitos da oferta» sobre o recrutamento parlamentar

Para compreendermos adequadamente os processos de recrutamento parlamentar em Portugal, torna-se necessário considerar não apenas os constrangimentos e as oportunidades que decorrem do enquadramento institucional — sistema de governo, sistema eleitoral e sistema de partidos —, mas também analisar os efeitos da «oferta» e da «procura» sobre a definição de tais processos. Com efeito, e de acordo com os pressupostos do paradigma do «novo institucionalismo» — que serve de base à nossa investigação teórica e empírica — importa não só determinar o modo como as normas e as instituições influenciam e condicionam o comportamento dos actores — eleitores, candidatos e partidos —, mas também analisar as estratégias que estes desenvolvem e os recursos que mobilizam no decurso da acção política.[629]

Assim, e do lado da «procura», trata-se de analisar os critérios formais e informais usados pelos partidos políticos na selecção dos seus candidatos parlamentares, os quais variam, necessariamente, de partido para partido. Já, do lado da «oferta», trata-se de conhecer as motivações e os recursos dos cidadãos elegíveis que ambicionam candidatar-se ao Parlamento, os quais podem contribuir, de forma mais ou menos decisiva, para a sua selecção.[630]

No estudo que agora se apresenta, e dada a impossibilidade de determinar quem são, de entre os cidadãos elegíveis, aqueles que visam candi-

---

[629] Guy Peters (1999, 2003), *El Nuevo Institucionalismo. Teoria Institucional en Ciencia Política*, op. cit., pp. 121-147; Patrick Dunleavy (1996, 2001), «Comportamento político: enfoque institucional y enfoque experimental», *in* Robert Goodin e Hans-Dieter Klingemann (orgs.), *Nuevo Manual de Ciencia Política*, op. cit., pp. 403-429; Warren E. Miller (996, 2001), «Comportamento político: lo viejo e lo nuevo», *in* Robert Goodin e Hans-Dieter Klingemann (orgs.), *Nuevo Manual de Ciencia Política*, op. cit., pp. 429-447.

[630] Pippa Norris (1997) (org.), *Passages to Power. Legislative Recruitment in Advanced Democracies*, Cambridge, Cambridge University Press, pp. 12-14; Pippa Norris e Joni Lovenduski (1995), *Political Recruitment. Gender, Race and Class in the British Parliament*, op. cit., pp. 1-21.

datar-se ao Parlamento — e de assim estabelecer o seu perfil social e político — optámos por analisar os «efeitos da oferta» sobre o recrutamento parlamentar através de uma estratégia metodológica que assenta sobretudo numa premissa fundamental: a candidatura ao Parlamento deve ser entendida como uma forma ou modalidade de participação política convencional que não é apenas exigente em termos de recursos, como se acha igualmente relacionada com determinadas atitudes individuais perante a vida política, em geral, e a vida partidária, em particular.

**Modelo de análise do recrutamento parlamentar:
os efeitos da oferta e da procura**

[FIGURA N.º 1]

Níveis de análise	Macro	Meso	Micro	
Factores	Institucionais	Organizacionais	Individuais	
			Oferta	Procura
Objecto de estudo	Sistema Político	Estruturas de recrutamento	Aspirantes ⇓	Candidatos em lugar elegível
	Sistema legal	Partidos políticos →	Atitudes face aos partidos [EENP 2002]	*Party selectorate*
	Sistema eleitoral →		⇑ Eleitorado	Candidatos em lugar não elegível

Fonte: Pippa Norris, 1995 (adaptado).
Legenda: EENP — Estudo Eleitoral Nacional (2002).

Pode dizer-se, assim, que as formas de participação política, em geral, e a intenção de uma candidatura ao Parlamento, em particular, são cultural, social e politicamente condicionadas, o que não pode deixar de criar oportunidades e de impor constrangimentos aos critérios e às estratégias de selecção adoptadas pelos partidos em matéria de recrutamento parlamentar.[631] Isto significa assumir que as distorções que se observam, geralmente, entre a composição social e política do pessoal parlamentar e o conjunto do eleitorado podem resultar não apenas das opções de recrutamento das diferentes estruturas partidárias, mas também, e sobretudo, do perfil dos indivíduos que estão disponíveis e pretendem ser candidatos a deputados.

Para estudar, ainda que de uma forma indirecta, os efeitos da «oferta» sobre o recrutamento parlamentar, pareceu-nos importante conhecer o modo como os eleitores percepcionam, compreendem e avaliam o papel e o funcionamento dos partidos políticos, uma vez que estes constituem, como é sabido, as principais estruturas responsáveis pela selecção da «classe política» em Portugal.

Antes de avançarmos, convém, contudo, sublinhar que seguimos aqui alguns dos pressupostos teóricos inerentes à abordagem cultural da política, tal como definidos inicialmente por Almond e Verba, no seu estudo clássico sobre a «cultura cívica»[632]; e desenvolvidos e reformulados, depois, nos inúmeros trabalhos de Inglehart sobre a «mudança cultural» nas sociedades industriais avançadas.[633] Cabe, então, perguntar: que pres-

---

[631] Pippa Norris (2002), *Democratic Phoenix: Reinventingolitical Activism*, Nova Iorque, Cambridge University Press; Sidney Verba e Kay L. Schlozman (1995), *Voice and Equality: Civic Voluntarism in American Politics*, Cambridge Harvard University Press; Sidney Verba, Kay Lehman Schlozman *et al*. (1993), «Citizen activity: who participates, what do they say», in *American Political Science Review*, vol. 87, n.° 2, pp. 303-318; Sidney Verba, Norman H. Nie e Jae-on Kim (1987), *Participation and Political Equality: A Seven Nations Comparison*, Chicago, Chicago University Press.

[632] Gabriel A. Almond e Sidney Verba (1963, 1989), *The Civic Culture: Political Attitudes and Democracy in Five Nations*. Princeton, Princeton University Press; Gabriel A. Almond e Sidney Verba (orgs.) (1980) *The Civic Culture Revisited*, Boston, Little Brown.

[633] Ronald F. Inglehart (1977), *The Silent Revolution: Changing Values and Political Styles among Western Publics*, Princeton, Princeton University Press; Ronald F. Inglehart (1995), *Value Change on Six Continents*, Ann Arbor, University of Michigan Press; Ronald F. Inglehart (1997), *Modernization and Postmodernization: Cultural, Economic and Political Change in 43 Societies*, Princeton, Princeton University Press; Ronald F. Inglehart (1998), *Human Values and Beliefs: A Cross-Cultural Sourcebook*, Ann Arbor, University of Michigan Press; Ronald F. Inglehart e Pippa Norris (2003), *Rising Tide: Gender Equality and Cultural Change Around the World*, Nova Iorque e Cambridge, Cambridge University Press; Ronald F. Inglehart e Pippa Norris (2004), *Sacred and Secular: Reexamining the Secularization Thesis*, Nova Iorque e Cambridge, Cambridge University

supostos teóricos são esses? E de que forma podem e devem orientar a nossa pesquisa empírica sobre as atitudes dos portugueses em relação aos partidos políticos?

Em primeiro lugar, e como já ficou dito atrás, trata-se de reconhecer que, para além da dimensão institucional, é preciso atender também a outras dimensões no estudo dos fenómenos políticos. Trata-se, pois, de assumir que a dimensão cultural desses fenómenos deve ser encarada como um objecto de análise fundamental, quando em causa está a determinação dos efeitos da «oferta» sobre o recrutamento parlamentar. Ou, dito de outro modo: todo o comportamento político tem, também, uma explicação cultural e, em certas ocasiões, essa explicação é fundamental.[634]

Em segundo lugar, temos de admitir que as predisposições e as orientações psicológicas que os cidadãos eleitores — activos e passivos — desenvolvem perante os diferentes «objectos políticos» e perante o seu próprio papel no sistema político[635] contribuem para explicar os seus padrões de comportamento político. Ora, tal significa aceitar que os indivíduos não respondem de forma directa e mecânica aos estímulos que recebem da esfera política — como defendia a escola behaviorista[636] — e que as suas acções políticas tendem a ser mediadas não apenas pela sua situação objectiva, mas também por um conjunto predisposições e orientações subjectivas, comummente chamadas de «atitudes políticas».

Press; Ronald F. Inglehart (2004), *Human Beliefs and Values: a Cross-cultural Sourcebook based on the 1999-2002 Values Surveys*, México, Siglo XXI; Ronald F. Inglehart e Christian Welzel (2005), *Modernization, Cultural Change and Democracy*, Cambridge, Cambridge University Press.

[634] Joseph M. Valès (2002) «La política como processo: el contexto cultural», *in* Joseph M. Valès (2002), *Ciencia Política. Una Introducción*, Barcelona, Ariel, pp. 243-278; Alan R. Ball e B. Guy Peters (2000), «Political Culture», *in* Alan R. Ball e B. Guy Peters (orgs.), *Modern Politics and Government*, Londres, Macmillan pp. 68-95.

[635] David Easton (1965), *A Systems Analysis of Political Life*, Nova Iorque, Wiley, pp. 272-274.

[636] Alan R. Ball e B. Guy Peters (2000), «The study of politics», *in* Alan R. Ball e B. Guy Peters (orgs.), *Modern Politics and Government, op. cit.*, pp. 3-22; Gabriel A. Almond (1996, 2001), «Ciencia Política: la historia de la disciplina», *in* Robert Goodin e Hans-Dieter Klingemann (orgs.), *Nuevo Manual de Ciencia Política, op. cit.*, pp. 108-150; David Sanders (1995), «Behavioural analysis», *in* David Marsh e Gerry Stocker (orgs.), *Theory and Methods in Political Science*, Londres, Macmillan, pp. 59-75.

Em terceiro lugar, importa sublinhar — em conformidade, aliás, com o trabalho pioneiro de Almond e Verba — que as atitudes políticas são «mistas», «adquiridas» e «estáveis». Mistas, porque integram, simultaneamente, três tipos de orientações ou predisposições psicológicas básicas: as «cognitivas», que dizem respeito ao que os indivíduos conhecem — ou julgam conhecer — sobre o sistema político, e as suas principais instituições e actores colectivos; as «afectivas» que, afastando-se da esfera da estrita racionalidade, envolvem os sentimentos de aceitação ou rejeição, de simpatia ou antipatia, de apreço ou menosprezo que os indivíduos desenvolvem em relação aos distintos «objectos políticos»; e, por fim, as «avaliativas», que implicam a formulação de considerações normativas e de juízos de valor sobre as estruturas, os actores e os processos políticos, e que tanto podem ser positivas como negativas, de aprovação ou de desaprovação.

Neste sentido, pode dizer-se que a cultura política de um determinando país, bem como as suas diferentes subculturas, resultam não apenas das estruturas formais e informais da política — e das suas múltiplas e variadas inter-relações — mas também daquilo que os indivíduos «sabem, sentem e avaliam» sobre o que sucede ou deveria suceder na esfera política. Como facilmente se depreende, a cultura política constitui, deste modo, um valioso instrumento conceptual através do qual é possível relacionar a «micropolítica» (orientações psicológicas individuais) com a «macropolítica» (os sistemas e processos políticos).

As atitudes políticas constituem ainda orientações e predisposições que não são inatas, sendo antes adquiridas socialmente, já que resultam dos processos de socialização política — tanto primários como secundários — através dos quais são transmitidos e adquiridos as normas, os conhecimentos, os sentimentos, os valores e as crenças que predominam num dado sistema político, e através dos quais se forma e estrutura a personalidade política dos indivíduos. A ser assim, isso explica que as atitudes se manifestem também como predisposições estáveis e persistentes, não sendo nem circunstanciais nem episódicas. Tal não significa, porém, que estas não possam mudar, porque de facto mudam, mas trata-se de um processo que é geralmente gradual e relativamente lento.

Por fim, cumpre acrescentar que as atitudes traduzem orientações e predisposições que podem mais cedo ou mais tarde traduzir-se em acções e comportamentos políticos concretos, pelo que o seu escrutínio constitui um instrumento que permite caracterizar e diferenciar as sociedades e o tipo de cultura política que nelas predomina. Isto explica que Gabriel Almond e

Sidney Verba tenham distinguido não só três tipos ideais de cultura política — a paroquial, a participativa e a de sujeição — e tenham definido também a «cultura cívica» como a cultura democrática por excelência, na medida em que traduz um equilíbrio óptimo entre a participação dos cidadãos e a autonomia das elites, o que lhes valeu inúmeras críticas, de entre as quais se destaca a que lhes aponta a legitimação da democracia liberal e a defesa da teoria elitista da democracia.[637]

Tendo por base os pressupostos teóricos que acabámos de expor, e com o objectivo de conhecer de forma sistemática as atitudes dos portugueses em relação aos partidos políticos e de saber se, e em que medida, estas influenciam a estrutura de oportunidades do recrutamento parlamentar, recorremos a algumas questões formuladas no primeiro Estudo Eleitoral Nacional, de âmbito académico, realizado em Portugal, em 2002. A análise de natureza sincrónica, que desenvolveremos nas páginas seguintes, será, contudo, e sempre que possível, completada com dados longitudinais, resultantes da consulta, quer do Eurobarómetro (EB), quer do *European Social Survey* (ESS).

1.1 A desconfiança em relação aos partidos políticos em Portugal

A maior ou menor confiança nas instituições que mais directamente se relacionam com o sistema político constitui uma dimensão do apoio que os cidadãos concedem ao sistema democrático. Dito isto, deve prontamente acrescentar-se que a actual erosão da confiança institucional é vista por muitos autores como um claro sintoma da crise de representação política, que tem vindo a afectar as democracias industriais avançadas.[638] Ora, Portugal está longe de escapar a esta tendência generalizada, na medida em que existe entre nós um manifesto e preocupante «défice de confiança»

---

[637] Para uma revisão aprofundada das reacções críticas à obra *Civic Culture,* ver Mariano Torcal (2000), «Cultura política», *in* Rafael del Águila, *Manual de Ciencia Política*, Madrid, Editorial Trotta, pp. 235-246.

[638] Pippa Norris (1999), «Introduction: the growth of critical citizens?», *in* Pippa Norris (org.) *Critical Citizens: Global Support for Democratic Government*, *op. cit.*; Susan J. Pharr e Robert D. Putnam (orgs.) (2000), *Disaffected Democracies: What's Troubling the Trilateral Countries*, Princeton, Princeton University Press.

nas instituições políticas[639], o qual se torna particularmente significativo quando em causa estão os partidos políticos. Que é assim, confirma-o a análise dos dados da figura que abaixo se reproduz, na qual se mostra a evolução da confiança institucional em Portugal, no período compreendido entre 1997 e 2003.

Evolução do grau de confiança nas instituições em Portugal, de 1997 a 2003

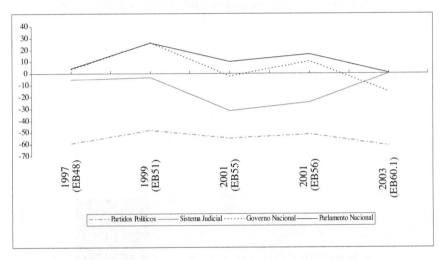

Fonte: Eurobarómetro.

Os valores apresentados dizem respeito ao «saldo» de confiança nas instituições nacionais, ou seja, à diferença entre a percentagem de indivíduos que dizem «tender a confiar» em cada uma das instituições consideradas e aqueles que dizem «tender a não confiar». Estes valores permitem-nos, desde logo, fazer três observações. A mais evidente é a de que, em Portugal, os níveis de confiança institucional tendem a ser bastante baixos, sendo que as únicas instituições que gozavam de um saldo de con-

---

[639] Manuel Villaverde Cabral (2004), «Confiança, mobilização e representação política em Portugal», in André Freire, Marina Costa Lobo e Pedro Magalhães (orgs.), *Portugal a Votos. As Eleições Legislativas de 2002*, op. cit., pp. 301-330.

fiança positivo — nomeadamente, a Assembleia da República e o Governo — viram esses saldos tornarem-se negativos a partir de 2003.

Mas, do ponto de vista da nossa análise, o que é mais relevante sublinhar é o facto de os portugueses tenderem a confiar substancialmente menos nos partidos políticos do que nas restantes instituições, tratando-se de uma tendência que se mantém inalterada ao longo do período considerado, não sofrendo, portanto, quaisquer oscilações relevantes.

Grau de confiança dos portugueses nos partidos políticos, 2002

[FIGURA N.º 3]

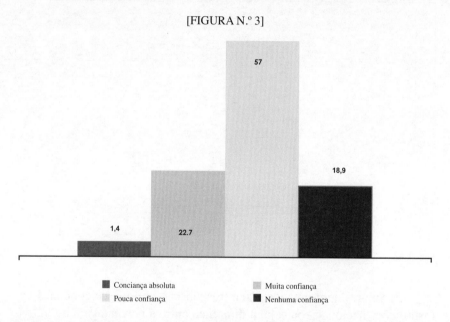

Fonte: António Barreto, André Freire e Marina Costa Lobo e Pedro Magalhães (orgs.) (2002), Comportamento Eleitoral e Atitudes Políticas dos Portugueses — Base de Dados, Lisboa, Instituto de Ciências Sociais.

O que é também interessante notar é que, a julgar pelas hipóteses teóricas baseadas na abordagem cultural, seria de esperar que se verificassem pequenas diferenças percentuais nas atitudes de confiança relativamente ao conjunto das instituições nacionais, e tal assim não acontece. E isto porque, segundo aquela mesma abordagem, é pouco provável que a situação objectiva e as experiências de socialização política predisponham os indivíduos a confiar muito numa determinada instituição e a desconfiar muito de uma outra. Por outro lado, seria de esperar que a confiança no governo, ao traduzir o apoio específico concedido pelos eleitores aos governantes e às políticas que desenvolvem, pudesse ser alargado aos partidos políticos, mas tal expectativa não se confirma. Numa perspectiva diacrónica, o que os dados do Eurobarómetro parecem sugerir é que, em Portugal, a «crise» da democracia representativa não é alheia ao défice generalizado de confiança nos partidos políticos. Bem pelo contrário. Se tivermos em conta os dados obtidos através do Estudo Eleitoral Nacional, relativos ao ano de 2002, esta ideia sai ainda mais reforçada. E porquê? Precisamente porque, como se pode observar na figura n.º 3, mais de 70 % dos portugueses declaram ter pouca ou nenhuma confiança nos partidos.

A desconfiança social generalizada em relação aos partidos e às suas respectivas elites traduz um fenómeno que não pode ser ignorado — dado que, em grande medida, a democracia representativa é um acto de delegação condicional do poder por parte dos eleitores nas instituições políticas. Como tal, merece ser estudado de forma mais detalhada e aprofundada. E também porque, de novo, e neste caso, importa saber se, e em que medida, um tão grande e persistente cepticismo face aos partidos constitui um importante constrangimento em termos de recrutamento parlamentar.

O que poderá explicar o elevado nível de desconfiança dos portugueses em relação aos partidos políticos? E quais as consequências políticas, directas e indirectas, dessa desconfiança face aos partidos? Pois bem, é a resposta a estas questões que irá orientar a nossa investigação nas páginas que se seguem, baseando-nos para tal, nos dados do Estudo Eleitoral Nacional, realizado imediatamente após as eleições legislativas de 17 de Março de 2002 (cf. Anexo)

Um primeiro conjunto de hipóteses sobre as causas da desconfiança dos cidadãos em relação às instituições públicas, em geral, e aos partidos políticos, em particular, aponta para a importância das dimensões estruturais da cultura política. É assim que alguns estudos internacionais sobre valores e atitudes políticas têm relacionado o declínio da confiança política em geral com o processo de «mudança cultural», que parece caracterizar hoje a maioria das democracias industriais avançadas, e que se traduz na transição de valores materialistas — que eram os das sociedades industriais, essencialmente preocupadas com a ordem e a subsistência económica — para valores pós-materialistas — que são os das sociedades pós-industriais, orientadas fundamentalmente para a expressão da identidade individual e para a construção de uma sociedade mais participativa e menos hierarquizada.[640]

Numa obra a vários títulos pioneira, *The Silent Revolution*, Ronald Inglhehart procura demonstrar como a modernização socioeconómica e os avanços tecnológicos — que ocorreram um pouco por toda a Europa Ocidental e também fora dela — foram acompanhados de uma mudança significativa ao nível das prioridades valorativas e das atitudes políticas dos cidadãos. De facto, a melhoria dos níveis de vida, a terciarização da economia, a crescente urbanização e mobilidade da população e a consequente passagem de uma organização social de tipo comunitário para uma de tipo societário — isto é, fragmentada, individualizada e secularizada —, o impacto dos meios de comunicação social de massas, enquanto fontes de informação e agentes de socialização política, o aumento sem precedentes dos níveis educacionais e das capacidades cognitivas individuais, são tudo factores que terão contribuído para transformar de forma muito substancial o perfil sociológico e psicológico dos eleitorados contemporâneos, os quais são agora politicamente mais instruídos, informados e sofisticados, mas também bastante mais exigentes, críticos e cépticos em relação às fontes tradicionais de autoridade — que consideram profundamente burocráticas, hierarquizadas e muito distantes dos ideais democráticos.[641]

Para explicar como se processa esta «revolução silenciosa» — a qual se traduz, como ficou dito acima, no recuo dos valores materialistas e na afirmação dos valores pós-materialistas, acompanhado pela crítica e pelo inconformismo face ao funcionamento das instituições democráticas — Ronald Inglehart propõe duas hipóteses teóricas: a hipótese da escassez (*scarcity hypothesis*) e a hipótese da socialização (*socialization hypothesis*). Deste modo, e filiando-se na teoria maslowiana da hierarquia das necessidades — segundo a qual as necessidades de ordem superior (como a realização intelectual e artística) apenas são concebíveis depois de satisfeitas as necessidades de ordem inferior (como a segurança física e material)

---

[640] Esta tese tem sido sustentada por um conjunto de autores, de diferentes nacionalidades, que integram os projectos dirigidos para o estudo sistemático e comparativo dos valores e das atitudes políticas na Europa (European Values Survey) e no resto do mundo (Word Values Survey). Consultar, a este propósito, os seguintes sítios: http://www.worldvaluessurvey.com e http://www.europeanvaluessurvey.com.

[641] Ronald F. Inglehart (1977), *The Silent Revolution: Changing Values and Political Styles among Western Publics*, op. cit.

—, a «hipótese da escassez» sustenta que as prioridades valorativas dos indivíduos se acham estreitamente dependentes da oferta de bens materiais e imateriais, de tal forma que os bens mais escassos tendem a ser os mais valorizados e os bens que abundam os menos valorizados.[642] Percebe-se, assim, que as gerações nascidas antes da Segunda Guerra Mundial, num ambiente caracterizado pela precariedade económica, pela instabilidade social e pelo conflito político e militar, valorizem mais o bem-estar material e a ordem social e política. E que, em sentido contrário, as gerações nascidas depois do conflito mundial, num ambiente de relativa prosperidade económica e de pacificação das relações internacionais, valorizem mais a qualidade de vida, a auto-expressão e a realização individuais.[643]

Mas não é tudo. A mudança de valores de sobrevivência (*survival values*) para valores de auto-expressão (*self-expression values*), no quadro das sociedades industriais avançadas, torna-se ainda mais perceptível se articulada com a «hipótese da socialização», a qual adianta que as prioridades valorativas dos indivíduos se formam principalmente durante o processo de socialização primária, que ocorre durante a infância e a juventude, e dificilmente se alteram quando os indivíduos atingem a idade adulta, o mesmo é dizer, por intervenção do processo de socialização secundária.[644] Posto isto, é expectável que se observem diferenças significativas — e estáveis no longo prazo — nas prioridades valorativas das gerações mais jovens frente às gerações mais velhas: se as primeiras tendem a atribuir maior importância às questões pós-materialistas relacionadas com a qualidade de vida, a expressão da identidade individual e a participação na esfera pública; as segundas tendem a dar prioridade às preocupações materialistas, nomeadamente ao bem-estar económico e à segurança pessoal e colectiva.

Ora, e ainda segundo Ronald Inglehart, a tese da «revolução silenciosa» pressupõe uma «substituição intergeracional», pois à medida que as gerações mais jovens e mais instruídas vão substituindo as gerações mais velhas e menos instruídas no conjunto da população adulta, pode assistir-se

---

[642] Ronald F. Inglehart (1977, 1990), «The nature of value change», *in* Peter Mair (org.), *The West European Party System,* Nova Iorque, Oxford University Press, pp. 248-249.
[643] *Idem, ibidem.*
[644] *Idem, ibidem,* pp. 249-250.

ao crescimento da importância relativa do pós-materialismo em detrimento do materialismo, o que permite rejeitar as teses sobre um efeito de ciclo de vida na mudança de valores. Vale a pena referir que as investigações mais recentes, levadas a cabo pelo próprio Inglehart e por outros estudiosos, têm dado substancial suporte empírico à tese da «mudança cultural», confirmando a crescente generalização dos novos valores pós-materialistas entre os eleitorados contemporâneos, tanto nos EUA como na Europa Ocidental.[645]

Ainda dentro da abordagem cultural, que relaciona confiança dos cidadãos em relação às instituições públicas, em geral, e aos partidos políticos, em particular, com as dimensões estruturais da cultura política, ganha particular relevância a teorização em torno do declínio do «capital social», entendido tanto no sentido proposto por Pierre Bourdieu, ou seja, como um «conjunto de recursos efectivos ou potenciais ligados à integração dos indivíduos numa rede durável de relações mais ou menos institucionalizadas de conhecimento e de reconhecimento mútuo»[646], como, e talvez sobretudo, na acepção que lhe é atribuída por Robert Putnam, isto é, como a inserção dos indivíduos em «comunidades cívicas», que facilitam a confiança interpessoal, a solidariedade, a acção e a cooperação com vista a um benefício mútuo, e que, em última análise, contribuem para o bom funcionamento das instituições políticas.[647]

Em termos muito gerais, a teoria de Putnam, tanto do ponto de vista individual como colectivo, procura demonstrar a relação que existe entre determinadas atitudes e orientações cívicas — nomeadamente a confiança interpessoal, o envolvimento associativo e o comportamento participativo — e a expressão de confiança nas autoridades políticas, e é precisamente nesse «círculo virtuoso» que se traduz o chamado «capital social».

Com efeito, Putnam não é nada modesto quanto ao alcance potencial e ao significado do «capital social», já que faz depender dele o grau de responsabilização, a eficácia e a eficiência das instituições democráticas,

---

[645] *Idem, ibidem.*

[646] Pierre Bourdieu (1985), «The forms of capital social», *in* John G. Richardson (org.), *Handbook of Theory and Research for the Sociology of Education*, Nova Iorque, Greenwood, pp. 241-248.

[647] Robert Putnam (1993), «The prosperous community: social capital and public life», *in The American Prospect*, n.º 13, pp. 35-36.

num determinado país. Em suma, a teoria do «capital social» sublinha, pois, que o envolvimento activo em associações voluntárias contribui para a «aprendizagem» de certas «virtudes cívicas» que facilitam e encorajam a participação política na comunidade, reforçando, por conseguinte, a legitimidade, a responsabilidade e a eficiência das instituições democráticas. Assim, e recuperando os ensinamentos de Alexis de Tocqueville, também Putnam tende a considerar o «associativismo» como uma pré-condição para a actividade política e para o bom funcionamento da democracia: inseridos em fortes e poderosas redes de organização social, os indivíduos aprendem a confiar nos outros, desenvolvem uma noção mais forte de comunidade, adquirem competências públicas, valores de cooperação e de virtude cívica, a que se segue uma maior integração social e, finalmente, uma participação política mais elevada.[648]

Sem esquecer que não há um único discurso sobre os efeitos do «capital social» sobre o funcionamento institucional, mas muitos subdiscursos — os quais, muitas vezes, preferem ignorar-se mutuamente —, o facto é que Robert Putnam relaciona o envolvimento cívico com a integração social, a integração social com a confiança geral, a confiança geral com participação política e, por fim, a participação política com o bom funcionamento das instituições democráticas.[649] Percebe-se, desta forma, que os processos de modernização económica, social e cultural em curso nas democracias industriais avançadas impliquem a erosão rápida — e sem retorno — dos valores e das práticas comunitárias, e que tenham como consequência inevitável o declínio do «capital social». E seguindo o «truísmo» que resulta da análise de Putnam, compreende-se que impli-

---

[648] Robert D. Putnam, Robert Leonardi e Raffaella Y. Nanetti (1993), *Making Democracy Work. Civic Traditions in Modern Italy*, Princeton, Princeton University Press; Robert D. Putnam (1995a), «Bowling alone: America's declining social capital», *in Journal of Democracy*, 6, pp. 65-78; Robert D. Putnam (1995b), «Tuning in, tuning out: the strange disappearance of social capital in American», *in Political Science and Politics*, vol. XXVIII (4), pp. 664-683; Robert D. Putnam (2001), *Bowling Alone: The Collapse and Revival of American Community*, Nova Iorque, Simon & Schuster; Robert D. Putnam, Lewis Feldstein e Donald J. Cohen (2004), *Better Together: Restoring the American Community*, Simon & Schuster; Robert D. Putnam (2004), *Democracies in Flux: The Evolution of Social Capital in Contemporary Society*, Oxford, Oxford University Press.

[649] Carles Boix e Daniel Posner (2000), «Capital social y democracia», *in Revista Española de Ciencia Política*, vol. 1, n° 2, pp. 159-185.

quem também o decréscimo da participação na vida política e o aumento da desconfiança relativamente às instituições públicas, de entre as quais cumpre destacar os partidos políticos.

Esta desconfiança geral nas instituições é ainda reforçada, segundo o mesmo autor, pelo papel e influência determinante que os *mass media* tendem a assumir actualmente — quer como meios de informação, quer como agentes de socialização —, sendo responsáveis por uma visão cínica e estratégica da vida política, na medida em que tendem a veicular uma informação negativa e altamente crítica em relação às instituições políticas e aos políticos, contribuindo, desta forma, para reforçar os sentimentos de desconfiança e de descontentamento dos cidadãos em relação aos objectos políticos, sobretudo entre aqueles que menos interesse revelam pela vida política.[650]

Um segundo conjunto de hipóteses relaciona as causas da desconfiança face aos partidos políticos com a quebra do «apoio específico» concedido pelos cidadãos às principais instituições políticas que conformam o regime democrático nas sociedades industriais avançadas. Isto significa que se, por um lado, os cidadãos apoiam maioritariamente a democracia enquanto regime político, por outro lado, mostram-se igualmente descontentes com o seu funcionamento concreto e com os seus *outputs*. No que respeita à democracia e às suas instituições, torna-se, pois, indispensável distinguir entre «apoio difuso» e «apoio específico», nos termos propostos por David Easton. O primeiro tipo de apoio refere-se à adesão normativa suscitada pela instituições políticas enquanto tal, ao valor intrínseco que lhes é atribuído pelos cidadãos e à indisponibilidade destes para aceitar ou promover alterações que possam comprometer as suas funções fundamentais. Já o segundo tipo de apoio diz respeito ao grau de satisfação com o desempenho das instituições políticas, ou seja, à forma como os cidadãos avaliam a sua actuação concreta e a daqueles que as controlam, bem como as respostas que as autoridades oferecem às solicitações e às exigências que lhes são socialmente dirigidas e ao modo como procedem à distribuição de custos e benefícios entre a população.[651]

---

[650] Susan J. Pharr e Robert D. Putnam (orgs.) (2000), *Disaffected Democracies: What's Troubling the Trilateral Countries*, Princeton, Princeton University Press, pp. 3-27.

[651] David Easton (1965), *A Systems Analysis of Political Life*, *op. cit*, pp. 273-274.

Atendendo ao caso concreto dos partidos, podemos dizer que se no primeiro tipo de apoio o que está em causa é a sua legitimidade, ou seja, a sua aceitação normativa, tendo em conta o papel e as funções que lhes são atribuídos pela teoria democrática convencional, no segundo, a questão é bem distinta e prende-se com a avaliação conjuntural do seu desempenho concreto, ou seja, com o modo como actuam enquanto canais privilegiados de participação política e estruturas de agregação e articulação de interesses, mas também como agentes responsáveis pela organização do governo nas democracias modernas.

A distinção entre os dois tipos de apoio ao sistema político e às suas respectivas instituições e agentes — estabelecida, inicialmente, por David Easton e actualizada e reformulada, depois, por autores como Pippa Norris e Russel Dalton[652] — é bastante importante, tanto do ponto de vista conceptual como empírico. E isto não apenas porque ambos os apoios têm geralmente causas diferentes, mas também porque as suas consequências tendem a ser manifestamente distintas, podendo, contudo, estar interligadas. Uma quebra no «apoio difuso» concedido às instituições políticas encontra-se necessariamente relacionada com causas profundas e estruturais, que não podem ser superadas pela mera vontade política dos eleitores e dos eleitos, e que põem em causa a sua legitimidade e, em casos extremos, a sua própria sobrevivência.

Por seu turno, uma quebra no «apoio específico» conferido às instituições, estando intimamente relacionada com a insatisfação perante o seu desempenho concreto e os seus *outputs* específicos, e tendo por base causas relacionadas com uma determinada conjuntura política, económica e social — isto é, radicando, acima de tudo, em frustrações de curto prazo —, pode ser atenuada ou até mesmo superada pela intervenção deliberada dos agentes políticos, sem chegar a pôr em causa a aceitação normativa (legitimidade) das instituições democráticas. É precisamente nesta distinção conceptual entre «apoio difuso» e «apoio específico» que se traduz o «paradoxo democrático» de que fala Robert Dahl, e que passamos a enunciar:

---

[652] Pippa Norris (1999), «Introduction: the growth of critical citizens?», *in* Pippa Norris (org.), *Critical Citizens: Global Support for Democratic Government*, *op. cit;* Russelll J. Dalton (1999), «Political support in advanced industrial democracies», *in* Pippa Norris (org.), *Critical Citizens: Global Support for Democratic Government*, *op. cit.*

Em muitas das mais antigas e consolidadas democracias, os cidadãos têm pouca confiança nas principais instituições democráticas, mas, contudo, continuam a acreditar na superioridade normativa da democracia, quando comparada com outros tipos de regime político (...). Para compreender este aparente paradoxo é preciso considerar e diferenciar duas dimensões da democracia: a democracia como um ideal, ou seja, como um conjunto instituições que garantem aos cidadãos um conjunto de direitos e oportunidades efectivas que podem ou não exercer; e a democracia como participação efectiva na vida política. Obviamente esta segunda dimensão da democracia é importante. Porém, é um erro muito comum resumir a democracia simplesmente a uma questão de participação política (...). Quase meio século de inquéritos mostra, de forma inequívoca, que o facto de a maior parte dos cidadãos estar insatisfeita com o modo como funcionam as instituições democráticas, não implica que valorizem menos os direitos e as oportunidades que o governo democrático oferece. Podem muitas vezes, não exercer os seus direitos nem aproveitar as suas oportunidades, mas não deixam por isso de apoiar a democracia enquanto forma de governo. E é por isso, que a primeira e a segunda dimensão da democracia devem ser, pelo menos em termos analíticos, diferenciadas e separadas.[653]

Porém, e como ficou dito acima, se o «apoio específico» e o «apoio difuso» são conceptualmente distintos, tal não significa que sejam empiricamente dissociáveis. Convém não subestimar aqui que a insatisfação conjuntural com a actuação das instituições políticas, a avaliação negativa do estado da economia e os níveis de desempenho económico persistentemente baixos podem influenciar os processos de socialização política, contribuindo para o desenvolvimento de atitudes mais ou menos difusas de desconfiança face às instituições e aos actores políticos, o que tende a ter consequências no apoio normativo concedido à democracia, ou seja, no grau de concordância formal dos cidadãos com os princípios e as normas inerentes ao regime democrático.[654]

---

[653] Robert A. Dahl (2000), «A democratic paradox», *in Political Science Quarterly*, vol. 115, n° 1, pp. 35-39.

[654] Adam Przeworski, Michael Alvarez *et al.* (1996), «What makes democracies endure?», *in Journal of Democracy* (7), pp. 39-55. Ian McAllister (1999), «The economic performance of governments», *in* Pippa Norris (org.), *Critical Citizens: Global Support for Democratic Government*, *op. cit.*

1.2 As determinantes individuais da desconfiança face aos partidos

O quadro n.º 1 inclui as variáveis independentes consideradas relevantes, e que resultam do quadro teórico adoptado para explicar as determinantes individuais da desconfiança em relação aos partidos enquanto instituições essenciais ao regime democrático.

Descrição e codificação das variáveis independentes utilizadas na regressão logística, 2002

[QUADRO N.º 1]

Variáveis independentes	Codificação das variáveis
Sexo .... (perg. d2)	0: Feminino 1: Masculino
Idade .... (perg. d1)	1: 18-29 5: 66-74
Grau de instrução .... (perg. d3)	1: Nenhum 11: Pós-graduação completa
Situação face ao trabalho .... (d. 10)	0: Inactivos 1: Activos
Rendimento familiar mensal .... (perg. d18)	1: Menos de 300 euros (menos de 60 contos) 5: Mais de 2 500 euros (mais de 500 contos)
Dimensão do *habitat* .... (perg. c2)	1: Menos de 100 hab. 11: Mais de 500 000 hab.
Exposição à televisão .... (perg. 41)	1: Todos os dias 5: Nunca
Discussão política .... (perg. 51)	1: Nunca 3: Frequentemente
Autoposicionamento ideológico ... (perg. 18_1)	0: Esquerda 10: Direita
Proximidade em relação ao partido do governo .... (perg. 5a_1)	0: Não 1: Sim
Avaliação do desempenho geral do Governo .... (perg. 25)	0: Desempenho negativo 1: Desempenho positivo

Fonte: António Barreto, André Freire, Marina Costa Lobo e Pedro C. Magalhães (orgs.) (2002), *Comportamento Eleitoral e Atitudes Políticas dos Portugueses — Base de Dados*, Lisboa, Instituto de Ciências Sociais.

Assim, com o objectivo de explicar as atitudes de desconfiança política a nível individual, e tendo por base os dados do Estudo Eleitoral Nacional, utilizamos como variáveis de controlo as variáveis sociais habituais, nomeadamente o sexo e o rendimento. As hipóteses teóricas sobre a relação entre «mudança cultural» e desconfiança relativamente às instituições políticas, resultantes da abordagem desenvolvida por Ronald Inglehart, justificam que o nosso modelo de análise tenha em conta a idade e a instrução.[655] Por um lado, é de esperar que os indivíduos mais jovens, quer por razões de pertença geracional quer por razões inerentes ao ciclo de vida, mostrem níveis de desconfiança mais elevados do que os grupos etários mais idosos. Por outro lado, é igualmente expectável que os indivíduos com um capital escolar mais elevado depositem uma menor confiança nos partidos, já que a educação é um factor que tende a favorecer a adopção de uma visão mais autónoma, crítica e céptica em relação às autoridades políticas.

Já a relação estabelecida por Putnam entre o declínio do «capital social», o papel dos *mass media* (especialmente da TV) e a desconfiança institucional, justifica a inclusão no nosso modelo de outras duas variáveis independentes, nomeadamente da exposição aos noticiários televisivos e do tipo de *habitat*.[656] Aqui as expectativas teóricas apontam no seguinte sentido: por um lado, é de admitir que a um maior consumo de informação através da TV corresponda a uma menor confiança nos partidos, uma vez que esta tende a veicular uma imagem negativa e cínica da vida política e dos seus principais agentes[657]; por outro, é de supor que os níveis de desconfiança em relação aos partidos sejam mais elevados nos meios urbanos do que nos rurais, e isto porque o individualismo e a erosão dos valores e dos laços comunitários tendem a ser mais pronunciados nos primeiros do que nos segundos.

---

[655] Ronald F. Inglehart (1997), «Postmaterialism values and the erosion of institutional authority», *in* Joseph S. Nye, Philip D. Zelikow e David C. King (orgs.), *Why People Don't Trust Government?*, Cambridge, Harvard University Press, pp. 238-239.

[656] André Freire (2003), «Posições sociais, atitudes políticas e percepções de justiça: impactos na participação em cinco actos eleitorais portugueses, 1995-1998», *in* Manuel Villaverde Cabral, Jorge Vala e André Freire (2003), *Desigualdades Sociais e Percepções de Justiça. Atitudes Sociais dos Portugueses* (3), *op. cit.*, p. 237.

[657] Robert Putnam (1995), «Tuning in, tuning out: the strange disappearance of social capital in America», *op. cit.*, pp. 664-683.

Por fim, a hipótese de que a desconfiança política resulta da quebra do «apoio específico» concedido pelos cidadãos aos partidos políticos pode ser testada através da análise do impacto das seguintes variáveis independentes sobre a variável dependente: o rendimento do agregado familiar, a situação face ao trabalho, a proximidade ao partido do governo e a avaliação do seu desempenho geral. A expectativa teórica quanto à primeira variável é a de que os inquiridos que se encontram fora do mercado de trabalho (desempregados) apresentem níveis de desconfiança institucional mais elevados. Já quanto aos efeitos do rendimento — entendido aqui, quer como indicador de estatuto socioeconómico, quer como indicador de bem-estar económico individual —, é de supor que este surja associado a um nível mais elevado de «apoio específico» conferido às instituições políticas. Quanto à proximidade em relação ao partido do governo e à avaliação do seu desempenho geral, é de esperar que quanto mais ténue for a proximidade e mais negativa for a avaliação da sua *performance* por parte dos inquiridos, menor será o «apoio específico» concedido aos partidos políticos e, por conseguinte, maior será a desconfiança em relação aos mesmos.[658]

No modelo de regressão logística foram utilizadas também outras variáveis adicionais, nomeadamente variáveis políticas de longo prazo, que traduzem valores e orientações políticas mais estáveis e sedimentadas, e que resultam, em grande medida, dos processos de socialização política, tanto primários como secundários. Referimo-nos, pois, ao autoposicionamento ideológico dos inquiridos na escala esquerda-direita e ao seu interesse pela vida política, aferido aqui pela frequência com que discutem e debatem assuntos políticos. Quanto ao impacto destas variáveis sobre os sentimentos de desconfiança pelos partidos, é de admitir que os inquiridos que se autoposicionam ideologicamente mais esquerda, em geral mais críticos e inconformistas, e mais propensos à reforma das instituições democráticas, revelem uma menor confiança nos partidos políticos do que aqueles que se posicionam à direita do espectro ideológico, em regra mais conformistas e conservadores em face das fontes de autoridade tradicionais. Por seu turno, a relação entre o interesse pela política e a desconfiança relativamente aos

---

[658] Gabriella Catterberg e Alejandro Moreno (2003), *The individual bases of political trust. Trends in new and established democracies*, *paper* apresentado na 58ª Conferência anual da *American Association for Public Opinion Research*, Nashville, Tenessee, pp. 10-11.

partidos é algo ambígua. E porquê? Ora, estando aquela associada a um maior nível de informação política e mobilização cognitiva, pode conduzir a um maior sentido de exigência e a um maior cepticismo em relação ao funcionamento e às prestações das instituições democráticas, mas, em contrapartida, pode contribuir também para reforçar os sentimentos de eficácia e competência individuais e, por conseguinte, a confiança política.

O quadro n.º 2 apresenta o modelo de regressão logística, em que a variável dependente (desconfiança face aos partidos) é explicada em função de todas as variáveis independentes, consideradas teoricamente relevantes para análise do fenómeno estudado.

**Determinantes da desconfiança
em relação aos partidos políticos em Portugal, 2002**
(coeficientes β de regressão logística)

[QUADRO N.º 2]

Variáveis independentes	Variável dependente Desconfiança nos partidos políticos	
	β	Wald
Sexo	-0,081	0,331
Idade	-0,125(**)	4,954
Grau de instrução	-0,001	0,001
Situação face ao trabalho	-0,174(*)	2,252
Rendimento familiar mensal	-0,008	0,015
Tipo de *habitat*	-0,019	0,704
Exposição à televisão	0,016	0,089
Discussão política	-0,379(***)	11,124
Autoposicionamento ideológico	-0,043(*)	2,177
Proximidade em relação ao partido do governo	-0,346(**)	6,127
Desempenho geral do governo	-0,662(***)	17,943
Cox & Snell R^2	0,050	
Nagelkerke R^2	0,074	
N	1 303	

Fonte: ENNP de 2002.

Notas: 1. A variável dependente tem por base a pergunta n.º 48_9 sobre o grau de confiança dos cidadãos em relação aos partidos políticos em Portugal, e, para efeitos da regressão logística, foi tratada da seguinte forma: 1 = Tende a desconfiar dos partidos políticos (Nenhuma confiança + Pouca confiança) e 0 = Tende a confiar nos partidos políticos (Confiança absoluta + Muita confiança). 2. Nível de significância de rejeição da hipótese nula: (*) $p \leq 10\%$; (**) $p \leq 5\%$; (***) $p \leq 1\%$. 3. As respostas NS/NR foram incluídas na análise e tratadas estatisticamente recorrendo, para tal, ao método *regression imputation*.

Como se pode verificar, os resultados obtidos permitem chegar a algumas conclusões interessantes. E é disso que nos ocuparemos de imediato. Temos assim que, em Portugal, as explicações da desconfiança em relação aos partidos, baseadas no declínio do «capital social» e no papel dos *mass media* na socialização política, parecem não ter qualquer fundamentação empírica, pois nem a exposição à televisão nem o tipo de *habitat* têm um impacto estatisticamente significativo. O que significa que o maior consumo de informação política através da televisão não corresponde a sentimentos de menor confiança nos partidos, o que contraria as teorias e as hipóteses do «mal-estar mediático»[659], que defendem que o tratamento sistematicamente negativo e cínico da informação política por parte dos

---

[659] As teorias sobre os efeitos nocivos dos meios de comunicação social surgiram nos EUA, durante a década de sessenta, tendo conhecido uma enorme divulgação académica nas décadas seguintes. Vejam-se, a este propósito: Kurt Lang e Gladys Lang (1966), « The mass media and voting», *in* Bernard Berelson e Morris Janowitz (orgs.), *Reader in Public Opinion and Communication*, Nova Iorque, Free Press; Michael Robinson, (1976), «Public affairs, television and the growth of political malaise: the case of the selling of the President», *in American Political Science Review*, 70 (3), pp. 409-432; Jack McLeod, Jane D. Brown, Lee B. Becker e Dean A. Ziemke, (1977) «Decline and fall at the White House: a longitudinal analysis of communication effects», *in Communication Research*, 4, pp. 3-22; Lee Becker e Charles Whitney (1980), «Effects of media dependencies: audience assessment of Government», *in Communication Research*, 7 (1), pp. 95-120; Neil Postman (1985), *Entertaining Ourselves to Death*, Nova Iorque, Viking; Roderick P. Hart (1994), *Seducing America: How Television Charms the Modern Voter*, Nova Iorque, Oxford University Press; Michael Schudson (1995), *The Power of News*, Cambridge, Harvard University Press; Joseph S. Nye, Philip D. Zelikow e David C. King (1997), *Why People Don't Trust Government*, Cambridge, Harvard University Press; Everet Carll Ladd e Karlyn H. Bowman (1998), *What's Wrong? A Survey of American Satisfaction and Complaint*, Washington, AEI Press; Robert D. Putnam (2001), *Bowling Alone: The Collapse and Revival of American Community*, *op. cit*. Por seu turno, na Europa Ocidental, as teorias da *media malaise* desenvolveram-se apenas partir da década de 1990, quando o crescimento dos canais comerciais alternativos acabou com o monopólio das cadeias de comunicação públicas e pôs termo à lógica do financiamento da televisão através de recursos estatais. Cf., a este respeito: Winfried Schulz (1997), «Changes of mass media and the public sphere», *in The Public*, 4 (2), pp. 57-90; Winfried Schulz (1998), «Media change and the political effects of television: Americanization of the political culture», *in Communications*, 23 (4), pp. 527-543; Kenneth Newton (1999), «Mass media effects: mobilization or media malaise?», *in British Journal of Political Science*, 29, pp. 577-599; Richard Gunther e Anthony Mughan (orgs.) (2000), *Democracy and Media: A Comparative Perspective?*, Nova Iorque, Cambridge University Press.

mass media, bem como a ênfase dada aos aspectos conflituais do processo político e a aposta no sensacionalismo, no populismo e no superficial — a que não é alheio o fenómeno de liberalização da televisão pública e o auge dos novos canais privados — geram e alimentam a passividade cívica e a desconfiança face às instituições. Mas se a ausência de uma relação estatisticamente significativa, e em sentido negativo, entre a exposição à televisão e a desconfiança em relação aos partidos não confirma os efeitos nocivos da comunicação política sobre o compromisso cívico e a confiança institucional, o facto é que não confirma também as teorias da «mobilização política», segundo as quais a exposição regular à informação veiculada pelos *media*, nomeadamente pela televisão, tem um impacto claramente positivo, na medida em que aumenta o conhecimento sobre os assuntos políticos, reforça a confiança institucional e promove a participação política, e isto de uma forma «circular» e «virtuosa», como sustenta Pippa Norris. Ou seja, são precisamente os indivíduos que depositam maior confiança nas instituições políticas e que revelam um maior envolvimento cívico, aqueles que procuram mais activamente informações que sejam consistentes com as suas preferências políticas preexistentes, expondo-se, por isso, bastante mais às notícias veiculadas pelos *mass media*, e vice-versa.[660]

É interessante notar também que a desconfiança relativamente aos partidos deve pouco ao tipo de comunidade (*habitat*) em que os inquiridos vivem, e à influência que este pode exercer na existência de normas de reciprocidade e de ajuda mútua e no desenvolvimento de «redes cívicas» onde predominam as «associações horizontais», que reúnem membros com estatuto e poder equivalentes, em detrimento das «associações verticais», caracterizadas por relações assimétricas de hierarquia e de dependência — factores que, segundo a teorização de Putnam, contribuem decisiva-

---

[660] Holtz-Bacha (1990), «Videomalaise revisited: media exposure and political alienation in West Germany», *in European Journal of Communication*, 5, pp. 73-85; Kenneth Newton (1999), «Mass media effects: mobilization or media malaise?», *in British Journal of Political Science*, 29, pp. 577-599; Pippa Norris (1996), «Does television erode social capital? A reply to Putnam», *in Political Science and Politics*, 29 (3), pp. 474-480; Pippa Norris (1999), «Introduction: the growth of critical citizens?», *in* Pippa Norris (org.), Critical Citizens: Global Support for Democratic Government, *op. cit.*, pp. 1-27; Pippa Norris (2000), *A Virtuous Circle. Political Communications in Postindustrial Societies*, Nova Iorque, Cambridge University Press.

mente para reforçar a confiança nas instituições e promover o seu bom funcionamento.[661]

Por outro lado, as explicações baseadas na suposta «revolução cultural», em curso nas democracias industriais avançadas, apenas são confirmadas parcialmente e de forma pouco significativa. E isto porque se a idade tem um peso explicativo importante, e no sentido esperado — ou seja, é entre os mais jovens que os níveis de desconfiança tendem a ser mais elevados; o certo é que o nível de instrução em nada contribui para explicar a desconfiança generalizada dos portugueses em relação aos partidos, contrariando, assim, as expectativas teóricas inerentes à abordagem cultural, que associam a maior escolarização dos indivíduos a uma atitude mais céptica em relação às fontes de autoridade tradicionais, na medida em que estes tendem a desenvolver maiores exigências quando em causa está o funcionamento das instituições.

Por outro lado, estando os jovens mais distantes das principais instituições políticas e mais expostos aos processos de individualização e de secularização, que atravessam a sociedade, torna-se, pois, compreensível, que a posição de certo modo extrínseca que mantêm em relação a essas instituições fomente neles uma atitude mais refractária e desconfiada. E que, em sentido contrário, os grupos etários mais idosos depositem uma maior confiança nos partidos, na medida em que não só o seu nível de integração social e política é maior, como maior é também o seu distanciamento e o seu conservadorismo relativamente às instituições políticas. Mas, se as pessoas ao longo da vida podem consolidar sentimentos de confiança nas instituições, não podemos, porém, esquecer que o nível de confiança que apresentam é sobretudo consequência da cultura nacional de cada país.

É de frisar, deste modo, que a variável que melhor explica os sentimentos de desconfiança parece ser a falta de «apoio específico» concedido pelos portugueses aos partidos, ou seja — e recuperando aqui a abordagem de Easton —, a crescente insatisfação dos cidadãos perante o funcionamento concreto dos partidos e a forma como estes respondem às suas solicitações e representam os seus interesses. Parece evidente que, em Portugal, os melhores preditores da «desconfiança partidária» são a proximidade face ao partido no governo e a avaliação subjectiva do seu desempenho

---

[661] Robert D. Putnam (1993), *Making the Democracy Work. Civic Traditions in Modern Italy*, op. cit., pp. 171-177.

geral, como se pode ver pelos valores de significância obtidos, bem como pelo sentido da relação com a variável dependente. Com efeito, os inquiridos que se mostram mais distantes do partido do governo e que avaliam de forma mais negativa a sua actuação específica revelam também uma propensão muito maior para desconfiar dos partidos políticos. Mas fica clara igualmente a associação negativa, ainda que moderada, entre o bem-estar económico pessoal, aferido aqui pela situação face ao mercado de trabalho, e a desconfiança em relação aos partidos: é entre os indivíduos que se encontram desempregados, e que por isso têm um maior capital de queixa contra o Governo, que os sentimentos de desconfiança se tornam estatisticamente significativos.

Isto sugere que a desconfiança relativamente aos partidos em geral tende a ser um reflexo das atitudes dos cidadãos em relação aos actores partidários concretos, que ocupam a sede do poder num determinado momento. Mas sugere também que a falta de confiança nos partidos tende a ser fortemente influenciada por factores de curto prazo ligados, quer à actuação e ao desempenho governativos, quer à relação conjuntural dos eleitores com o partido que controla o governo do dia — numa ideia: por factores estritamente conjunturais.

Mas se a hipótese teórica que relaciona a desconfiança com a falta de «apoio específico» concedido aos partidos políticos é aquela que se revela mais sólida e consistente do ponto de vista empírico, não podemos ignorar, contudo, a capacidade explicativa assumida por uma outra variável inserida no nosso modelo de análise. Referimo-nos, pois, ao «interesse pela política», o que confirma, aliás, o peso elevado e recorrente desta variável na explicação da maioria das atitudes e dos comportamentos políticos, seja em Portugal seja no resto da Europa Ocidental. De facto, independentemente da sua situação e trajectória social, os indivíduos que mostram menos interesse pelos assuntos políticos são também aqueles que depositam uma menor confiança nos partidos, o que significa que o desinteresse e o alheamento face à vida política tendem a ter um impacto significativo e negativo sobre a confiança nos actores partidários.

Já o autoposionamento ideológico dos inquiridos tende a ter apenas um impacto moderado, assumindo o sentido esperado, ou seja, é à esquerda do espectro político que os sentimentos de cepticismo face ao funcionamento dos partidos são maiores. Seja como for, convém sublinhar que as atitudes de desconfiança em relação aos partidos dependem bastante menos de posicionamentos ideológicos claros e duradouros do que da percepção de benefícios e ganhos económicos conjunturais. Em suma, e de acordo com os resultados obtidos, podemos dizer que os factores individuais que afectam de modo mais significativo as atitudes de desconfiança dos portugueses face aos partidos estão relacionados fundamentalmente com os indicadores de «apoio específico» e com o «interesse pela política».

1.3 As consequências políticas da desconfiança face aos partidos

Para sabermos quais as consequências dos sentimentos de desconfiança em relação aos partidos, torna-se necessário determinar a que tipos de atitudes e comportamentos políticos aqueles se acham tipicamente associados, ou seja, estabelecer quais os seus correlatos atitudinais e comportamentais. Nos quadros que se seguem, comparamos, num primeiro momento, e de forma sistemática, as percentagens de indivíduos que revelam uma série de atitudes e comportamentos face à actividade política segundo a sua tendência para confiar nos partidos ou para desconfiar deles. Já num segundo momento, e através do recurso aos coeficientes *Kendall's tau-b* — que, note-se, permitem estabelecer a força e a direcção da associação entre variáveis nominais ou categóricas —, testamos a correlação existente entre a desconfiança em relação aos partidos e as atitudes e os comportamentos políticos enunciados.

No primeiro quadro, foram seleccionados indicadores relacionados com os sentimentos de eficácia e compreensão política e com o interesse pelos assuntos políticos. No segundo quadro, foram tidos em conta indicadores ligados à mobilização cognitiva e política dos inquiridos, que revelam o seu grau de exposição aos diversos meios de comunicação social de massas e à informação política por eles veiculada (televisão, rádio e imprensa). No que diz respeito à participação política, foram considerados indicadores relacionados com o voto e com as formas de participação política convencional, tanto as vinculadas aos processos eleitorais — e como tal directamente ligadas à actividade partidária —, como as que resultam da mobilização não institucionalizada, autónoma e pontual dos cidadãos, e que podem ter um conteúdo político, social ou meramente pessoal. Consideraram-se ainda, dada a relevância que tendem a assumir no contexto das democracias ocidentais, alguns indicadores que remetem para formas de participação política não convencional, ou seja, formas de acção radicais e ilegítimas. No último quadro, os indicadores escolhidos dizem respeito ao apoio difuso e específico concedido ao sistema democrático, e também ao grau de confiança depositada nas suas principais instituições políticas.

Uma primeira leitura sistemática e atenta dos resultados obtidos para o total da amostra confirma imediatamente muito daquilo que sabemos sobre as atitudes, as práticas e os comportamentos políticos dos portugueses, a saber:

a) Verifica-se um forte sentimento de ineficácia política, ou seja, a crença de que a política é um mundo distante e complexo, dificilmente acessível e pouco susceptível de ser influenciado pelo cidadão comum. Tal é verdade para as duas facetas do conceito de «ineficácia política»[662]: uma *interna*, que se traduz num sentimento de incompetência política individual («os assuntos políticos são demasiado complicados»), e outra *externa*, que se traduz na convicção de que as instituições e os agentes políticos não só se mostram indiferentes e indisponíveis para responder às exigências e aos interesses dos cidadãos («os políticos não se interessam pelo que as pessoas como eu pensam»), como têm face a estes um comportamento ditado sobretudo por uma visão inteiramente pragmática e instrumental da política («os políticos só estão interessados nos votos das pessoas»).[663]

b) Constata-se um fraco interesse pela política em geral que, segundo alguns autores, se explica pela progressiva despolitização da vida social, resultante da normalização e consolidação do regime democrático em Portugal[664]; e que, segundo outros, tende a residir no decréscimo da mobilização política e partidária, fruto da «crise

---

[662] Este conceito foi usado, inicialmente, nos trabalhos pioneiros de Angus Campbell *et al.*, bem como de Gabriel A. Almond e Sidney Verba: Angus Campbell *et al.*, (1960, 1980), *The American Voter*, *op. cit.*, p. 104; Gabriel A. Almond e Sidney Verba (1963), *The Civic Culture: Political Attitudes and Democracy in Five Nations*, Princeton, Princeton University Press, p. 136.

[663] Manuel Villaverde Cabral (1997), *Cidadania Política e Equidade Social em Portugal*, Oeiras, Celta Editora; Manuel Villaverde Cabral (2004), «Confiança, mobilização e representação política em Portugal», *in* André Freire, Marina Costa Lobo e Pedro C. Magalhães (orgs.), *Portugal a Votos. As Eleições Legislativas de 2002*, *op. cit.*, pp. 301-330.

[664] Manuel Braga da Cruz (1995), «A participação social e política», *in* Manuel Braga da Cruz, *Instituições Políticas e Processos Sociais*, Venda-a-Nova, Bertrand Editora, pp. 299-317.

das ideologias» — cada vez mais difusas, vagas e ecléticas — que torna todos os partidos iguais, especialmente os de vocação maioritária.[665] Por fim, autores há que associam a falta de interesse pela política — comum à generalidade das democracias modernas — ao crescente pragmatismo que rodeia os processos de tomada de decisão, em que o poder é julgado sobretudo pela sua eficácia — e daí a importância crescente dos tecnocratas, não podendo ignorar-se que neles reside muitas vezes o efectivo poder de decisão[666] — e exercido dentro das fortes limitações que resultam de uma economia cada vez mais internacionalizada e globalizada, sobretudo no contexto dos países que integram a União Europeia.

c) Observa-se uma fraca exposição aos *media* informativos, em que a manifesta dependência da televisão contrasta com o papel pouco relevante assumido pelos outros meios de comunicação social na formação da opinião pública, nomeadamente a rádio e sobretudo os jornais e as revistas. Mas o que é mais: os índices substancialmente baixos de exposição aos *media* coexistem também com fracos níveis de discussão política, o que reforça a ideia

---

[665] Sobre a relação entre a natureza *catch-all* dos dois maiores partidos portugueses e a sua fraca diferenciação ideológica, veja-se, Richard Gunther (2004), «As eleições portuguesas em perspectiva comparada: partidos e comportamento eleitoral na Europa do Sul», *in* André Freire, Marina Costa Lobo e Pedro C. Magalhães (orgs.), *Portugal a Votos. As Eleições Legislativas de 2002, op. cit.*, pp. 35-82; Carlos Jalali (2004), «As mesmas clivagens de sempre? Velhas clivagens e novos valores no comportamento eleitoral português, *in* André Freire, Marina Costa Lobo e Pedro C. Magalhães (orgs.), *Portugal a Votos. As Eleições Legislativas de 2002, op. cit.*, pp. 87-119. Por outro lado, deve ser referido que a maioria dos portugueses, tal como acontece nos restantes países ocidentais, considera que os principais partidos são, de facto, iguais, como se pode observar através dos dados do *Eurobarometer Trend File,* [www.icpsr.umich.edu]

[666] De facto, há mais de trinta anos que autores como Dahl previram este fenómeno, referindo-se este autor ao desenvolvimento de um mundo político que se tornaria «demasiado remoto e burocratizado, demasiado dependente de negociações e compromissos entre elites políticas e tecnocratas» — Robert Dahl (org.) (1966), *Political Oppositions in Western Democracies*, New haven, Yale University Press, pp. 387-401. A tese de que a decisão política tende a ser principalmente entendida como uma prerrogativa de peritos e burocratas, mais do que de políticos eleitos tem sido defendida por vários autores, de entre os quais destacamos aqui Alan S. Blinder e Fritz Scharpf (1997), «Is government too political?», *in Foreign Affairs*, 76 (6), pp. 115-126; Fritz Scharpf (1999), *Governing in Europe: Effective and Democratic?*, Oxford, Oxford University Press.

do desinteresse e do alheamento dos portugueses perante a política, condicionando, assim, o exercício pleno da cidadania.[667]

d) Nota-se um claro predomínio do voto em relação às outras formas de participação política convencional. Por um lado, no que se refere à acção política relacionada com a mobilização eleitoral[668], onde o papel dos partidos políticos continua a ser preponderante e até monopolizador, muito embora estes se afastem cada vez mais das actividades directas de contacto pessoal — tais como os comícios e a campanha porta-a-porta — para adoptarem campanhas eleitorais altamente centralizadas, profissionalizadas e centradas nos meios de comunicação social; o que obviamente diminui as oportunidades de envolvimento dos cidadãos em actividades partidárias e em outras iniciativas de campanha. Por outro lado, no que respeita à acção política directa e autónoma em torno de determinadas causas e eventos de natureza política, social ou meramente pessoal, tais como participar em acções ou movimentos em defesa dos direitos humanos, assinar um abaixo-assinado ou petição. De salientar, também, a fraca receptividade dos portugueses, tanto efectiva como potencial, para recorrerem a formas de participação política ditas não convencionais, as quais se distinguem pela sua radicalidade ou pela sua natureza ilegítima.[669]

---

[667] Manuel Villaverde Cabral (1997), *Cidadania Política e Equidade Social em Portugal*, *op. cit*. Manuel Villaverde Cabral (2004), «Confiança, mobilização e representação política em Portugal», *in* André Freire, Marina Costa Lobo e Pedro Magalhães (orgs.), *Portugal a Votos. As Eleições Legislativas de 2002*, *op. cit*., pp. 301-330; Manuel Villaverde Cabral (2006), «Efeitos de classe e efeitos societais: elites e operariado ante a cidadania política numa perspectiva comparada europeia», *in* Jorge Vala e Anália Torres (orgs.) *Contextos e Atitudes Sociais na Europa*, *op. cit*., pp. 37-66.

[668] André Freire (2000), «Participação e abstenção em Portugal: análise das eleições legislativas, 1975-1995», *in* José Manuel Leite Viegas e Eduardo Costa Dias (orgs.) (2000), *Cidadania, Integração, Globalização*, Oeiras, Celta Editora; André Freire e Pedro Magalhães (2002), *A Abstenção Eleitoral em Portugal*, Lisboa, ICS; José Manuel Viegas e Sérgio Faria (2004), «A abstenção nas eleições legislativas de 2002», *in* André Freire, Marina Costa Lobo e Pedro Magalhães (orgs.), *Portugal a Votos. As Eleições Legislativas de 2002*, *op. cit*., pp. 221-256; Pedro Tavares de Almeida e André Freire (2005), «Two overwhelming victories of the left: the 2004 European Election and the 2005 legislative election in Portugal», *in* South European Society & Politics, (3), vol. 10, pp. 451-464.

[669] Manuel Villaverde Cabral (2004), «Confiança, mobilização e representação

e) Regista-se um forte apoio público à democracia enquanto regime político, que traduz a percepção de que a democracia e as suas instituições constituem a forma de governo mais apropriada quando comparada com as restantes alternativas. Ao mesmo tempo, verifica-se um forte sentimento de descontentamento e de insatisfação com o funcionamento e os resultados concretos do sistema democrático.[670] Se é verdade que esta forte internalização psicológica

---

política em Portugal», *in* André Freire, Marina Costa Lobo e Pedro Magalhães (orgs.), *Portugal a Votos. As Eleições Legislativas de 2002*, *op.cit.*, pp. 312-317; José Leite Viegas (2003), «Atitudes dos portugueses relativamente à cidadania», *in* Manuel Villaverde Cabral, Jorge Vala e André Freire (2003), *Desigualdades Sociais e Percepções de Justiça. Atitudes Sociais dos Portugueses* (3), *op. cit.*, pp. 208-209. Se é verdade que a classificação mais utilizada pela Ciência Política para analisar a participação política é a que distingue entre participação convencional e participação não convencional, o facto é que estas duas «categorias» tendem a assumir conteúdos distintos e bastante variáveis, consoante os autores. Assim sendo, e seguindo a proposta original de Samuel Barnes e Max Kaase (1979), consideramos como «convencionais», as acções políticas geralmente aceites pela comunidade, porque adequadas e ajustadas aos seus valores dominantes — por exemplo, votar, discutir sobre assuntos políticos, aderir a um partido político. Trata-se, portanto, de formas legítimas e, em certa medida — se bem que nem sempre —, promovidas e controladas pelas elites políticas. Por sua vez, as formas de participação «não convencionais» implicam o desenvolvimento de acções que — independentemente dos seus objectivos — entram em conflito com os valores dominantes na comunidade, pelo que só muito dificilmente se enquadram nas formas legalmente reconhecidas. Isso explica que estas modalidades de acção não sejam promovidas — e muito menos controladas — pelas elites políticas, mas que impliquem antes a mobilização mais ou menos directa e espontânea de certos segmentos da população no sentido de chamar a atenção das autoridades, exigindo-lhes a tomada de novas decisões ou a modificação das decisões já tomadas. Por desafiarem a «maneira normal de fazer política», através da ocupação de fábricas, bloqueio do tráfego, recusa de pagamento de serviços prestados por entidades públicas, greves não autorizadas, etc., estas formas de participação têm sido também classificadas como «acções de protesto». Cf. Samuel Barnes e Max Kaase (orgs.) (1979), *Political Action: Mass Participation in Five Western Democracies*, Londres, Sage Publications.

[670] Cf. Pedro Magalhães (2004), «Democratas, descontentes e desafectos: as atitudes dos portugueses em relação ao sistema político», *in* André Freire, Marina Costa Lobo e Pedro Magalhães (orgs.), *Portugal a Votos. As Eleições Legislativas de 2002*, *op. cit.*, pp. 333-363; André Freire (2003), «Desempenho da democracia e reformas políticas. O caso português em perspectiva comparada», *in Sociologia, Problemas e Práticas*, 43, pp. 133--160. E ainda, para o caso da Europa do Sul: Mariano Torcal (2001), «La desafección en las nuevas democracias del Sur de Europa y Latinoamérica», *in Revista Instituciones y Desarrollo*, n.º 8 e n.º 9, pp. 229-280; Richard Gunther e José Ramón Montero (2003), «Legitimi-

do valor da democracia e das suas instituições afasta o problema da legitimidade democrática do sistema político em Portugal, o facto é que a acentuada e persistente insatisfação com o seu funcionamento questiona permanentemente a sua qualidade e a sua vitalidade. Com efeito, e como sublinha Leonardo Morlino, com a terceira vaga da democracia, o debate deixa de ser sobre os méritos da democracia liberal em oposição a outros regimes, para se centrar essencialmente na questão da qualidade democracia, a qual implica «a existência de uma estrutura institucional estável que promova a liberdade e a igualdade dos cidadãos através do funcionamento legítimo e regular das suas instituições e mecanismos.»[671]

f) Não admira, por isso, que o descontentamento com a actuação e a prática da democracia se traduza também num sentimento de maior desconfiança e cepticismo perante as suas instituições nucleares — Parlamento e Governo — e daí que, em regra, os «democratas descontentes» sejam também «democratas desconfiados», como se pode ver, aliás, pelos dados do Estudo Eleitoral Nacional.[672]

Se os resultados para amostra total confirmam o que já sabemos sobre as atitudes e os comportamentos políticos dos portugueses, resta saber o que nos revelam quando consideramos os dois subgrupos amostrais, ou seja, os inquiridos que «tendem a confiar nos partidos», por um lado, e os que «tendem a desconfiar dos partidos», por outro. Conforme o esperado, a resposta a esta questão parece ser a seguinte: muitas das orientações atitudinais e dos padrões de comportamento que acabámos de enunciar tendem a ser consideravelmente mais pronunciados entre os indivíduos que depositam

---

dade política nas novas democracias», *in Opinião Pública*, vol. IX, n.º 1, pp. 1-43; Mariano Torcal (2006), «Political disaffection and democratization history in new democracies», *in* Mariano Torcal e José Ramón Montero, (orgs.), *Political Disaffection in Contemporary Democracies: Social Capital, Institutions and Politics*, Londres, Routledge, pp. 157-189.

[671] Leonardo Morlino (2004),*The Quality of Democracy: Improvement or Subversion? Introductory Remarks*, *paper* apresentado no seminário de doutoramento do Instituto de Ciências Sociais da Universidade de Lisboa, p. 4.

[672] Pedro C. Magalhães (2004), «Democratas, descontentes e desafectos: as atitudes dos portugueses em relação ao sistema político», *in* André Freire, Marina Costa Lobo e Pedro C. Magalhães (orgs.), *Portugal a Votos. As Eleições Legislativas de 2002, op. cit.*, pp. 333- 363.

menor confiança nos partidos, sendo de assinalar, contudo, algumas importantes excepções. Consequentemente, estes resultados não podem deixar de suscitar alguma preocupação quanto à «qualidade» da democracia, tendo em conta o carácter socialmente maioritário e difuso da desconfiança partidária em Portugal — recorde-se que, segundo os dados do Estudo Eleitoral Nacional, cerca de 76 % dos portugueses declaram ter nenhuma ou pouca confiança nos partidos políticos. Convém, porém, desenvolver um pouco mais a leitura e a interpretação dos dados disponíveis.

Se olharmos para o quadro n.º 3, verificamos imediatamente que o sentimento de «ineficácia política externa» — que traduz a percepção de que os políticos estão mais interessados na gestão do poder do que em promover o bem comum —, mas também o «desinteresse pela política» — que implica um certo distanciamento da esfera pública, o qual condiciona, como se sabe, o exercício pleno da cidadania — tendem a ser maiores entre os indivíduos que se mostram mais desconfiados em relação aos partidos, o que se pode confirmar pelos valores de significância estatística e pelo sentido de associação dos coeficientes *tau-b*.

Por outro lado, é interessante notar — a par da relação entre a desconfiança face aos partidos, o cinismo face à classe política e o desinteresse pela política — a inexistência de qualquer associação estatisticamente significativa — quer positiva quer negativa — entre a desconfiança nos partidos e o sentimento de eficácia política subjectiva, o qual se acha relacionado com a percepção que os indivíduos têm das suas capacidades para compreender a política e poder influenciá-la, ou seja, da possibilidade de condicionar as decisões políticas, através de uma actuação orientada para as estruturas e processos de *input*. Tratando-se de um dado interessante, já que geralmente as duas facetas do sentimento subjectivo de eficácia política aparecem associadas, seria necessário dispor de informação mais específica para perceber o seu significado. Seja como for, e à primeira vista, pode dizer-se que, se a desconfiança aparece associada a uma imagem muito negativa da «classe política» e da sua capacidade para dar resposta às expectativas dos cidadãos, ela não implica, porém, uma apreciação negativa destes no que se refere à sua capacidade de influenciar o poder, importa, porém, saber através de que meios. Mas voltaremos a esta questão, quando analisarmos os correlatos comportamentais da desconfiança dos cidadãos em relação aos partidos políticos.

Correlatos atitudinais da desconfiança
em relação aos partidos em Portugal, 2002
(valores percentuais)

[QUADRO N.º 3]

Eficácia política subjectiva	Tende a desconfiar (-1)	Tende a confiar (1)	Total
Os assuntos políticos são demasiado complicados			
Discorda totalmente + Discorda	27,0	25,2	26,1
Concorda totalmente + Concorda	73,0	74,8	73,9
(N)		(1 179)	
Tau-b		0,018	
Os políticos não se interessam pelo que as pessoas pensam			
Discorda totalmente + Discorda	21,2	28,9	25,0
Concorda totalmente + Concorda	78,8	71,1	75,0
(N)		(1 143)	
Tau-b		-0,078[**]	
Os políticos só estão interessados no voto das pessoas			
Discorda totalmente + Discorda	11,6	17,5	14,5
Concorda totalmente + Concorda	88,4	82,5	85,5
(N)		(1 157)	
Tau-b		-0,075[*]	
Interesse pela política			
Pouco + Nada	57,1	44,3	50,7
Muito + Razoavelmente	42,9	55,7	49,3
(N)		(1 249)	
Tau-b		0,110[**]	
Compreensão e avaliação das questões políticas			
Discorda totalmente + Discorda	56,8	53,8	55,3
Concorda totalmente + Concorda	43,2	46,2	44,7
(N)		(1 162)	
Tau-b		0,026	

Fonte: António Barreto, André Freire, Marina Costa Lobo e Pedro Magalhães (orgs.) (2002), *Comportamento Eleitoral e Atitudes Políticas dos Portugueses — Base de Dados*, Lisboa, Instituto de Ciências Sociais.

Notas: 1. Nível de significância de rejeição da hipótese nula: [*] $p \leq 0,1$; [**] $p \leq 0,05$; [***] $p \leq 0,01$.

Já no que à exposição aos *media* e à mobilização cognitiva diz respeito, apenas o consumo de informação política através da televisão aparece, se bem que de forma moderada, significativamente associado a uma maior confiança nos partidos. Não deixa, deste modo, de merecer um sublinhado o facto de estes dados irem, aparentemente, ao encontro da tese defendida por Pippa Norris, segundo a qual os cidadãos que revelam uma maior exposição aos *mass media* — e sobretudo à televisão — se encontram mais bem informados sobre os temas políticos, procuram e interpretam a informação disponível, mostrando, por sua vez, uma maior confiança nas instituições políticas. Dito de um outro modo: a exposição aos meios de comunicação social de massas e os sentimentos de confiança política reforçam-se mutuamente, produzindo um «círculo virtuoso», o que contraria a ideia de que um tratamento sistematicamente negativo, crítico e anti-institucional das notícias políticas tende a produzir cidadãos cínicos e desconfiados. Em suma: mais do que aceder à informação, importa estar mobilizado para a obter e depois saber interpretá-la, e é isso que permite a Pippa Norris falar de «círculo virtuoso» quando se refere aos efeitos dos meios de comunicação social na formação e informação da opinião pública.

A leitura dos resultados do quadro n.º 4 mostra ainda que é entre os indivíduos que partilham sentimentos de desconfiança em relação aos partidos que o nível de discussão política é mais baixo, de tal forma que é possível falar aqui numa tendência para a despolitização, cuja causa mais frequente, avançada por alguns autores, se prende com o comportamento dos próprios actores políticos, nomeadamente com os escândalos que protagonizam e com a distância que separa as suas promessas políticas da sua prática concreta, o que contribui para afectar negativamente a sua credibilidade e confiabilidade junto dos eleitores.

Quanto ao comportamento eleitoral, temos que o voto nas eleições legislativas aparece estatisticamente associado — de forma positiva e muito significativa — a uma maior confiança depositada nos actores partidários, o que sugere que a mobilização eleitoral tende a ser fortemente influenciada pelas atitudes de confiança dos cidadãos relativamente aos partidos: se há confiança, tende a existir também uma maior predisposição para o voto; pelo contrário, se há desconfiança, a afluência às urnas tende a ser menor. Ora, estes dados parecem infirmar as teses que, centrando o conceito de democracia mais na liberdade social e política dos indivíduos e menos na sua participação efectiva na esfera pública — que não se restringe apenas aos aspectos formais, como os que estão presentes no exercício de voto,

Correlatos atitudinais da desconfiança em relação aos partidos em Portugal, 2002
(valores percentuais)

[QUADRO N.º 4]

Exposição aos media e discussão política	Tende a desconfiar (-1)	Tende a confiar (1)	Total
Frequência com que vê e ouve notícias sobre política na TV			
Nunca	12,7	8,4	10,5
Menos de uma vez por semana	15,6	13,0	14,3
Uma vez por semana	11,2	8,7	10,0
Várias vezes por semana	24,7	31,1	27,9
Todos os dias	35,9	38,8	37,3
(N)		(1 244)	
Tau-b		0,057(*)	
Frequência com que lê notícias sobre política nos jornais			
Nunca	46,4	41,5	43,9
Menos de uma vez por semana	19,8	19,3	19,6
Uma vez por semana	10,1	9,0	9,5
Várias vezes por semana	13,9	19,9	16,9
Todos os dias	9,9	10,3	10,1
(N)		(1 252)	
Tau-b		0,046	
Frequência com que ouve programas / notícias na rádio			
Nunca	47,3	45,0	46,1
Menos de uma vez por semana	22,5	19,2	20,9
Uma vez por semana	5,7	8,3	7,0
Várias vezes por semana	14,4	14,6	14,5
Todos os dias	10,2	12,9	11,5
(N)		(1 256)	
Tau-b		0,032	
Frequência com que discute política			
Nunca	41,0	30,2	35,7
Ocasionalmente	49,1	54,7	51,9
Frequentemente	9,8	15,1	12,5
(N)		(1 236)	
Tau-b		0,102(**)	

Fonte: idem, idem.
Notas: 1. Nível de significância de rejeição da hipótese nula: $p \leq 0,05$; $p \leq 0,01$.

mas envolve uma atitude mais ampla em relação ao envolvimento cívico — desvalorizam a abstenção eleitoral enquanto um indicador da «desafeição» dos cidadãos relativamente ao sistema democrático: se os cidadãos não votam é porque confiam no normal funcionamento das instituições e se consideram satisfeitos com as decisões das elites políticas e, neste sentido, uma participação eleitoral pouco significativa é suficiente para satisfazer as necessidades sistémicas da democracia.[673] Em Portugal, como na maior parte das democracias industriais avançadas, uma tal interpretação teórica revela-se totalmente inconsistente do ponto de vista empírico, dada a associação significativa entre a abstenção eleitoral e a desconfiança relativamente aos partidos.

Ainda quanto ao comportamento eleitoral, torna-se igualmente evidente a correlação positiva e estatisticamente significativa entre o voto no partido do governo e a confiança nos partidos, o que sugere que os cidadãos dificilmente dissociam a confiança que depositam nos partidos, em geral, do seu desempenho governativo, em particular; ou, mais concretamente, das condições económicas nacionais e da situação económica pessoal que associam à actuação de um determinado governo — uma avaliação que tende a assumir uma faceta mais retrospectiva do que prospectiva, ou seja, que é determinada sobretudo pela prestação concreta do partido que ocupa a sede do poder e não tanto pelas suas promessas futuras aquando da campanha eleitoral.

E se é verdade que o voto não pode ser concebido como meramente instrumental, pois tem também uma forte componente ideológica, não é menos verdade que, para aqueles que tendem a desconfiar do funcionamento dos partidos políticos, a abstenção parece funcionar como uma via, pelo menos temporária, de «saída» do sistema, enquanto o voto nos partidos da oposição tende a configurar uma acção de «protesto», garantindo a alternância no poder. Mas, se como vários autores têm referido, a «acção de saída», através da abstenção, não é necessariamente má para os agentes políticos[674], na medida em que implica uma menor responsabilização

---

[673] José Manuel Leite Viegas e Sérgio Faria (2004), «A abstenção nas eleições legislativas de 2002», in André Freire, Marina Costa Lobo e Pedro Magalhães (orgs.), Portugal a Votos. As Eleições Legislativas de 2002, op. cit., pp. 221-222; André Freire e Pedro Magalhães (2002), A Abstenção Eleitoral em Portugal, op. cit., pp. 23-41.

[674] Martin P. Wattenberg (2000), «The decline of party mobilization», in Russelll J. Dalton e Martin P. Wattenberg (orgs.), Parties without Partisans: Political Change in Advanced Industrial Democracies, Oxford, Oxford University Press, pp. 64-76.

perante os cidadãos — e, consequentemente, uma maior autonomia e liberdade de acção — o facto é que o declínio da participação eleitoral não pode deixar de ser visto como mais um sintoma do «mal-estar democrático», que parece afectar a actualmente a sociedade portuguesa, bem como os restantes países da Europa Ocidental.[675]

Com efeito, se é verdade que um regime democrático pode subsistir com baixos níveis de participação eleitoral — e que, no caso de Portugal, tal pode ser encarado como um indicador de uma certa normalização do regime e da diminuição da conflitualidade social e política[676] — não é menos verdade, porém, que, quando prolongados no tempo, aqueles podem levantar problemas de legitimidade, dado que apenas uma pequena parte do eleitorado participa no processo que constitui a essência da democracia. Mas mais: o descontentamento dos portugueses com o funcionamento do sistema democrático só dificilmente permite — em certa medida, na linha das teorias elitistas da democracia[677] — considerar a tendência geral para o crescimento da abstenção em Portugal, a partir da década de 1980 e sobretudo durante a década de 1990, como indicativa de uma satisfação generalizada com o sistema político.[678]

Ao nível da participação política, excluindo o voto, o que é particularmente interessante notar é que os indivíduos que aderem ou se mostram mais receptivos a formas de participação nas quais a mediação partidária ou é inexistente ou é pouco relevante, são também aqueles que menor confiança depositam nos partidos políticos, o que os separa do outro subgrupo

---

[675] Russelll J. Dalton, Ian McAllister e Martin P. Wattenberg (2003), «Democracia e identificação partidária nas sociedades industriais avançadas», in *Análise Social*, vol. XXXVIII, n.º 167, pp. 312-315.

[676] Manuel Braga da Cruz (1995), «A participação social e política», in Manuel Braga da Cruz, *Instituições Políticas e Processos Sociais*, op. cit., p. 310.

[677] Para uma revisão das teorias elitistas a propósito da importância atribuída à participação política, ver Eva A. Perea (1999), *Indivíduos o Sistemas? Las Razones de la Abstentión en Europa Ocidental*, Madrid, CIS, Siglo XXI; Ángel Rivero, «Representação e participação», in Rafael del Águila (org.) (2000), *Manual de Ciencia Política*, Madrid, Editorial Trotta, pp. 225-228

[678] Apesar de partir, na década de 1970, com uma participação eleitoral bastante elevada — próxima da média dos países com voto obrigatório —, tem-se verificado em Portugal um crescimento muito acentuado dos valores da abstenção, ultrapassando mesmo a média da Europa Ocidental (sem voto obrigatório). Cf. André Freire e Pedro Magalhães (2002), *A Abstenção Eleitoral em Portugal*, op. cit., pp. 47-48.

Correlatos comportamentais da desconfiança em relação aos partidos em Portugal, 2002
(valores percentuais)

[QUADRO N.º 5]

Participação eleitoral	Tende a desconfiar (-1)	Tende a confiar (1)	Total
Voto nas eleições legislativas de 1999			
Não votou	23,6	11,7	17,7
Votou	76,4	88,3	82,3
(N)		(1 177)	
Tau-b		0,126(**)	
Voto nas eleições legislativas de 2002			
Não votou	27,2	12,5	19,9
Votou	72,8	87,5	80,1
(N)		(1 227)	
Tau-b		0,149(**)	
Voto no partido do governo (PS)			
Não votou	77,1	68,0	72,6
Votou	22,9	32,0	27,4
(N)		(1 236)	
Tau-b		0,090(**)	
Participação política relacionada com as eleições			
Tentar convencer pessoas a votar num candidato ou partido			
Não	91,0	87,4	89,2
Sim	9,0	12,6	10,8
(N)		(1 257)	
Tau-b		0,051(**)	
Demonstrar apoio a um partido ou candidato			
Não	94,0	87,7	90,9
Sim	6,0	12,3	9,1
(N)		(1 248)	
Tau-b		0,102(**)	

Fonte: Idem, ibidem.

Notas: 1. Nível de significância de rejeição da hipótese nula: (*) $p \leq 0,05$; (**) $p \leq 0,01$. 2. [1] Entende-se por «partido anti-sistema», qualquer partido político sem representação parlamentar.

amostral mas também da amostra total. Donde, se por um lado, a desconfiança relativamente aos partidos aparece associada a uma desmobilização política quando em causa estão formas de participação que têm uma dimensão partidária manifesta — nomeadamente, o envolvimento na campanha eleitoral através do apoio a um determinado partido ou candidato, ou o contacto com os agentes políticos durante e fora dos períodos eleitorais; por outro lado, a desconfiança face aos partidos aparece também significativamente associada a um maior recurso e a uma maior receptividade dos inquiridos a formas de participação que possibilitam uma intervenção mais autónoma e directa, orientada pelos seus recursos individuais, pelas suas preferências pessoais e pelos seus interesses específicos.

Se tivermos em conta os dados do quadro n.º 6, verificamos que a falta de confiança dos cidadãos relativamente aos partidos tende a ser canalizada para outras formas de participação que não requerem necessariamente a mediação partidária, contribuindo, assim, se bem que de forma muito residual, para o alargamento do espectro da acção política, em Portugal. Que é assim prova-o também o facto de serem os indivíduos que partilham sentimentos de desconfiança em relação aos partidos aqueles que maior uso fazem e que maior receptividade revelam perante as formas de participação política não convencionais — bloquear uma estrada, participar numa greve ilegal, ocupar edifícios e fábricas (cf. quadro n.º 7).

Por fim, e no que ao apoio à democracia diz respeito, os dados mostram que há uma grande proximidade na distribuição das percentagens entre os dois grupos sub-amostrais e a amostra total, por um lado, e, por outro, que existe uma correlação estatisticamente significativa, de intensidade modesta e de sinal negativo, entre a desconfiança face aos partidos e o grau de satisfação com o funcionamento da democracia. Ou seja, é entre os mais cépticos com o funcionamento dos partidos que o grau de insatisfação com o sistema democrático tende a ser mais pronunciado. Esta conclusão é válida, e substancialmente reforçada, quando em causa está o grau de satisfação dos inquiridos relativamente ao Governo e ao Parlamento. Por outras palavras, os indivíduos mais desconfiados com a actuação dos partidos são também os mais insatisfeitos com o funcionamento das instituições democráticas, distanciando-se, a este nível, do outro subgrupo amostral e da amostra total. Neste caso, os resultados mostram, e sem qualquer surpresa, que a maior ou menor confiança nas instituições que mais directamente se relacionam com o sistema político constitui também uma outra dimensão do apoio que os cidadãos concedem ao sistema democrático. Mas confirmam também, o que já ficou demonstrado atrás, e que é o seguinte: a tendência recente deste indicador tem sido a da crescente erosão, constituindo um sintoma adicional da crise de representação política que tem vindo a afectar a sociedade portuguesa, como aliás as demais sociedades ocidentais.

**Correlatos comportamentais da desconfiança
em relação aos partidos em Portugal, 2002**
(valores percentuais)

[QUADRO N.º 6]

Participação política convencional	Tende a desconfiar (-1)	Tende a confiar (1)	Total
Contactar com um político			
Não	94,8	91,6	93,2
Sim	5,2	8,4	6,8
(N)		(1 245)	
Tau-b		0,058[*]	
Participar numa manifestação, marcha ou protesto			
Não	95,5	94,4	95,0
Sim	4,5	5,6	5,0
(N)		(1 255)	
Tau-b		0,023	
Assinar uma petição ou um abaixo-assinado			
Não fez, nem admite fazer	37,0	52,2	44,7
Não fez, mas admite fazer	46,4	34,4	40,4
Sim, já fez	16,5	13,4	15,0
(N)		(1 204)	
Tau-b		-0,113[**]	
Escrever uma carta para um jornal			
Não fez, nem admite fazer	43,2	58,1	50,6
Não fez, mas admite fazer	53,0	38,5	45,8
Sim, já fez	3,8	3,4	3,6
(N)		(1 205)	
Tau-b		-0,120[**]	

Participação política convencional	Tende a desconfiar (-1)	Tende a confiar (1)	Total
Colar cartazes e distribui folhetos			
Não fez, nem admite fazer	63,5	73,6	68,6
Não fez, mas admite fazer	30,6	18,8	24,7
Sim, já fez	5,9	7,6	6,7
(N)		(1 202)	
Tau-b		-0,077[**]	
Participar em acções em defesa dos direitos humanos			
Não fez, nem admite fazer	41,9	53,4	47,7
Não fez, mas admite fazer	53,1	41,4	47,2
Sim, já fez	5,0	5,1	5,1
(N)		(1 198)	
Tau-b		-0,089[**]	

Fonte: *Idem, ibidem*.
Notas: 1. Nível de significância de rejeição da hipótese nula: [*] $p \leq 0,05$; [**] $p \leq 0,01$.

Correlatos comportamentais da desconfiança em relação aos partidos em Portugal, 2002
(valores percentuais)

[QUADRO N.º 7]

Participação política não convencional	Tende a desconfiar (-1)	Tende a confiar (1)	Total
Bloquear uma estrada			
Não fez, nem admite fazer	71,1	80,2	75,7
Não fez, mas admite fazer	27,1	18,8	22,9
Sim, já fez	1,8	1,0	1,4
(N)		(1 196)	
Tau-b		-0,087[**]	
Participar numa greve não legal			
Não fez, nem admite fazer	75,8	83,4	79,6
Não fez, mas admite fazer	20,3	15,2	17,7
Sim, já fez	3,9	1,4	2,7
(N)		(1 202)	
Tau-b		-0,080[**]	

Participação política não convencional	Tende a desconfiar (-1)	Tende a confiar (1)	Total
Ocupar edifícios e fábricas			
Não fez, nem admite fazer	80,8	86,1	83,5
Não fez, mas admite fazer	18,4	12,8	15,6
Sim, já fez	0,8	1,0	0,9
(N)		(1 199)	
Tau-b		-0,058(*)	

Fonte: Idem, ibidem.
Notas: 1. Nível de significância de rejeição da hipótese nula: (*) $p \leq 0,05$; (**) $p \leq 0,01$.

Correlatos atitudinais da desconfiança em relação aos partidos em Portugal, 2002
(valores percentuais)

[QUADRO N.º 8]

Apoio à democracia e confiança institucional	Tende a desconfiar (-1)	Tende a confiar (1)	Total
Satisfação com o funcionamento da democracia			
Nada satisfeito	17,3	10,0	13,6
Não muito satisfeito	31,4	33,6	32,5
Razoavelmente satisfeito	45,4	51,6	48,5
Muito satisfeito	5,9	4,8	5,3
(N)		(1 187)	
Tau-b		0,052(*)	
A democracia é melhor do que qualquer outro regime			
Discorda totalmente + discorda	94,1	92,7	93,4
Condorda totalmente + concorda	5,9	7,3	6,6
(N)		(1 080)	
Tau-b		0,025	
Confiança na Assembleia da República			
Nenhuma confiança	14,0	3,1	8,5
Pouca confiança	53,7	23,7	38,7
Muita confiança	28,6	66,3	47,5
Confiança absoluta	3,6	6,9	5,3
(N)		(1 196)	
Tau-b		0,323(**)	

Apoio à democracia e confiança institucional	Tende a desconfiar (-1)	Tende a confiar (1)	Total
Confiança no Governo			
Nenhuma confiança	16,1	2,4	9,2
Pouca confiança	65,2	13,0	39,1
Muita confiança	18,2	79,5	48,9
Confiança absoluta	0,5	5,1	2,8
(N)		(1 205)	
Tau-b		0,524[**]	

Fonte: *Idem, ibidem*.
Notas: 1. Nível de significância de rejeição da hipótese nula: [*] $p \leq 0,05$; [**] $p \leq 0,01$.

Valerá a pena uma brevíssima referência ao facto de se verificar uma ligeira diferença entre, por um lado, a satisfação com o funcionamento do sistema democrático, que é menos negativa, e, por outro, a confiança nas instituições que o conformam, que é significativamente mais negativa. Esta diferença pode ser explicada pelo facto de os respondentes terem diferentes e até contraditórias interpretações do conceito de democracia, o que tende a reflectir-se na avaliação que fazem do seu desempenho. Já no caso da Assembleia da República e também do Governo, uma avaliação negativa por parte dos inquiridos suscita eventualmente menos dúvidas, pelo facto de estes atenderem menos ao papel e às funções que estas instituições desempenham no contexto do sistema democrático, e mais aos conflitos e às oposições de que são protagonistas — cuja lógica e regras lhes escapam ou, pelo menos, nem sempre são facilmente apreendidas, suscitando reservas em largos segmentos da população portuguesa, sobretudo naqueles com uma cultura mais tradicional e conservadora, assente no consenso e na integração.

Para o caso presente, torna-se ainda crucial observar que não existe uma correlação estatisticamente significativa, seja em sentido positivo ou negativo, entre desconfiança face aos partidos e o apoio à democracia enquanto regime, o que sugere que os indivíduos que depositam pouca ou nenhuma confiança nos partidos nem por isso deixam de apoiar as regras do «jogo democrático», nomeadamente os valores, as normas e a estrutura do poder em que assenta o sistema político. Perante isto, confirma-se o pressuposto teórico de que o «apoio específico» e o «apoio difuso» — ou nos termos propostos por Robert Dahl as duas componentes da democracia — não são necessariamente cumulativos: assim, um cidadão que é céptico relativamente à organização e às lógicas de funcionamento interno dos partidos, pode, ao mesmo tempo, acreditar na superioridade normativa da democracia enquanto regime político, ainda que se revele igualmente descontente com o seu funcionamento concreto e com a prestação das suas principais instituições.[679]

Porém, e como a seu tempo ensinaram Almond e Verba, se o «apoio difuso» aos valores, às normas e à estrutura do poder em que assenta o sistema democrático constitui uma «reserva de confiança» que permite ultrapassar os períodos mais ou menos prolongados em que o «apoio específico» concedido às autoridades políticas é abalado, convém, contudo, não esquecer que se trata de uma «reserva» que está longe de ser inesgotável. Quer isto significar que a persistência de um forte e generalizado descontentamento com o funcionamento do sistema político, pode vir a comprometer, no futuro, a legitimidade reconhecida ao regime democrático.

A análise dos dados sobre a desconfiança dos portugueses relativamente ao funcionamento dos partidos políticos, que temos vindo a examinar ao longo destas páginas, permite-nos chegar a algumas conclusões interessantes e relevantes para os nossos propósitos investigativos. Em primeiro lugar, pudemos constatar que os portugueses confiam substancialmente menos nos partidos políticos do que nas demais instituições democráticas, tratando-se de uma tendência que se mantém inalterada no período que vai de 1997 a 2003, o que parece confirmar a ideia de que a «crise» da democracia representativa em Portugal se traduz, fundamentalmente, numa «crise de confiança» em relação aos partidos. Em segundo lugar, e com base no tratamento estatístico dos dados do primeiro Estudo Eleitoral Nacional, realizado em 2002, ficou demonstrado que as explicações teóricas avançadas para a crescente desconfiança dos cidadãos em relação aos partidos, e que sublinham quer o declínio do capital social quer

---

[679] Pedro Magalhães (2004), «Democratas, descontentes e desafectos: as atitudes dos portugueses em relação ao sistema político», in André Freire, Marina Costa Lobo e Pedro Magalhães (orgs.), *Portugal a Votos. As Eleições Legislativas de 2002, op. cit.*, pp. 333-363; André Freire (2003), «Desempenho da democracia e reformas políticas. O caso português em perspectiva comparada», *in Sociologia, Problemas e Práticas, op. cit.*, pp. 133-160.

o papel dos *media* enquanto fontes de informação e agentes de socialização política, carecem de suporte empírico.

Por sua vez, as explicações baseadas na «mudança cultural», em curso nas democracias industriais avançadas, tendem a ser confirmadas, mas apenas parcialmente e de uma forma pouco significativa. E isto porque a confiança nos partidos, mais do que um atributo da juventude, parece ser antes um produto da aprendizagem e da maturação pessoal e social. É, pois, de admitir que a confiança nos partidos esteja correlacionada com o curso de vida, ou seja, trata-se de um sentimento que se desenvolve e se consolida de forma ininterrupta ao longo do tempo. Mas o facto de os sentimentos de desconfiança se manifestarem de forma mais intensa entre os sectores mais jovens da população, permite outra explicação alternativa, que radica no condicionamento geracional. Tal facto, segundo a teoria da mudança pós-moderna, significaria que os jovens seriam não apenas mais afectados pelas tendências de individualização — tendo, por isso, uma menor propensão gregária e associativa, no domínio das relações formais — como se encontrariam mais expostos à difusão das novas prioridades valorativas e dos novos temas políticos, e daí a sua atitude mais refractária e desconfiada em relação aos velhos actores políticos.

Seja como for, para isolar e determinar os efeitos geracionais ou de curso de vida sobre a desconfiança em relação aos partidos seria necessário proceder à segmentação etária dos respondentes em três grupos a que correspondem três períodos convencionalmente consagrados do ciclo de vida — a juventude, a idade adulta e a velhice — pois só assim estaríamos em condições de saber se, a este nível, existe ou não um antagonismo entre a geração mais nova e a mais velha. Mas, não será demais sublinhar aqui que estejam as diferenças etárias associadas à componente geracional ou ao cico de vida, o facto é que a confiança institucional, em geral, e nos partidos, em particular, se explica mais pela cultura da sociedade em que se vive do que pela idade que se tem. Ou seja, as pessoas ao longo da vida podem consolidar os sentimentos de confiança política, mas esta é sobretudo consequência da cultura nacional de cada país.

De facto, parece evidente que, pelo menos em Portugal, a desconfiança dos cidadãos em relação aos partidos é explicável sobretudo por factores conjunturais que se prendem, quer com um défice de bem-estar económico individual, quer com o distanciamento político face ao partido que ocupa o governo e a avaliação negativa que se faz do seu desempenho geral. Já entre os factores estruturais, o nível de desconfiança deve muito ao profundo desinteresse pela vida política manifestado pela maior parte dos portugueses, o qual, como adiante veremos, condiciona muitas outras atitudes e práticas relevantes para o exercício da cidadania activa.[680]

No que às consequências da desconfiança diz respeito, ficou demonstrado que muitas das tendências já conhecidas e empiricamente estudadas sobre as atitudes, as práticas e os comportamentos políticos dos portugueses tendem a ser bastante mais pronunciadas entre os inquiridos que não confiam nos partidos do que entre aqueles que confiam, sendo de assinalar, contudo, algumas excepções — que permitem, de certa forma, afastar as interpretações mais pessimistas quanto aos efeitos negativos dos elevados níveis de desconfiança partidária sobre a «qualidade» da democracia em Portugal.

Se é verdade que existe uma correlação negativa e estatisticamente significativa entre a participação eleitoral e a desconfiança face aos partidos, sendo esta resolvida através ou da abstenção ou do voto nos partidos da oposição, contudo, não pode ser ignorado também o facto de serem os cidadãos que declaram uma maior desconfiança e cepticismo em relação aos partidos aqueles que mais receptivos se mostram e mais uso fazem das formas de participação política que permitem uma intervenção mais autónoma e orientada pelas suas preferências e interesses específicos, e ainda uma intervenção mais contestatária e até mesmo radical.

Tal sugere a possibilidade de, em Portugal, como aliás, em outras democracias industriais avançadas — mas aí de uma forma bastante mais visível e pronunciada —, os sentimentos de desconfiança face aos partidos políticos poderem contribuir para um eventual alargamento do «repertório da acção política», nomeadamente através da coexistência entre uma acção de «lealdade» — votando contra os partidos que estão no poder — uma acção de «saída» — optando temporariamente pela abstenção — e uma acção de «protesto» face à política convencional[681], a qual poderá ser gera-

---

[680] Manuel Villaverde Cabral (2004), «Confiança, mobilização e representação política em Portugal», *in* André Freire, Marina Costa Lobo e Pedro C. Magalhães (orgs.), *Portugal a Votos: As Eleições Legislativas de 2002*, *op. cit.*, pp. 308-312.

[681] Albert O. Hirschmann (1970), *Exit, Voice, and Loyalty: Responses to Decline in Firms, Organizations, and States*, Cambridge, Cambridge University Press; Dan Farrell (1983), «Exit, voice, loyalty and neglet as responses to job dissatisfaction: a multidimensional scaling study», *in Academy of Management Journal* (26), pp. 596-607; Pedro Magalhães (2004), «Democratas, descontentes e desafectos: as atitudes dos portugueses

dora de pressões no sentido da reforma e da melhoria das instituições democráticas. Note-se que o desenvolvimento de eventuais pressões reformistas encontra ainda fundamento empírico no facto de serem os indivíduos que tendem a desconfiar dos partidos aqueles que declaram um menor nível de satisfação com o funcionamento do sistema democrático, o qual, sublinhe-se, se situa numa posição intermédia em termos comparativos, mas com uma tendência decrescente a partir da segunda metade da década de 1990 — uma tendência que deve muito a uma conjuntura económica recessiva e aos problemas na gestão e disciplina das finanças públicas, que culminaram com a demissão do primeiro-ministro e do Governo após a derrota do Partido Socialista nas eleições autárquicas de Dezembro de 2001.

Evolução da satisfação com a democracia em Portugal, 1990-2002
(valores percentuais)

[FIGURA N.º 4]

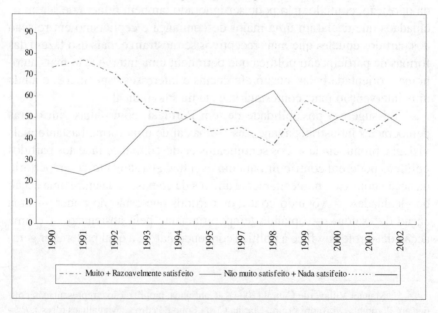

Fonte: dados elaborados a partir de *Mannheim Eurobarometer Trend File 1985-2002*, estudo do ICPSR n.º 4 357 e do Estudo Eleitoral Nacional (2002).

---

em relação ao sistema político», *in* André Freire, Marina Costa Lobo e Pedro Magalhães (orgs.), *Portugal a Votos. As Eleições Legislativas de 2002*, op. cit., pp. 356-357.

Níveis médios de satisfação com a democracia, na Europa Ocidental, 1985-1999

[QUADRO N.º 9]

Países	Percentagem de indivíduos «muito + razoavelmente» satisfeitos	Período temporal	N válido
Elevada : > 61%			
Luxemburgo	78,9	1985-1999	11 186
Noruega	76,7	1990-1999	8 798
Dinamarca	76,5	1985-1999	27 584
Holanda	70,1	1985-1999	27 545
Alemanha Ocidental	67,9	1985-1999	27 433
Irlanda	64,5	1985-1999	26 256
Áustria	63,9	1994-1999	13 902
Média: entre 50% e 60%			
Portugal	60,3	1985-1999	25 056
Suécia	59,7	1994-1999	4 881
Grã-Bretanha	57,6	1985-1999	27 337
Finlândia	56,9	1993-1999	8 913
Bélgica	54,0	1985-1999	26 957
Espanha	53,2	1985-1999	25 571
França	51,4	1985-1999	26 736
Baixa: < 50%			
Grécia	44,9	1985-1999	27 116
Irlanda do Norte	43,4	1985-1999	7 879
Alemanha Oriental	37,2	1990-1999	15 390
Itália	25,0	1985-1999	28 387

Fonte: dados elaborados a partir de *Mannheim Eurobarometer Trend File 1970-1999*, estudo ICPSR n.º 3 384.
Notas: 1. As respostas «não sabe» e «não responde» foram excluídas da análise.

De tudo isto, o mais importante é reconhecer que a desconfiança dos portugueses em relação aos partidos não pode deixar de constituir um forte constrangimento em termos de recrutamento parlamentar. E porquê? Desde logo, porque se trata de um sentimento generalizado, que abrange mais de três quartos da população e que, além do mais, aparece associado a um forte cinismo perante a «classe política», a um profundo desinteresse pela vida política e a níveis de mobilização cognitiva significativamente baixos, factores que implicam necessariamente o distanciamento dos cidadãos relativamente à vida política em geral. Por outro lado, e excluindo o voto nas forças da oposição, a desconfiança em relação aos partidos aparece igualmente associada a uma rejeição das formas de participação convencional que têm uma dimensão partidária manifesta, tais como apoiar directamente um determinado candidato ou partido.

Ora, a partir daqui é possível deduzir que, sendo a candidatura ao Parlamento uma forma de participação convencional, mediada e controlada de modo monopolístico pelos partidos, muitos daqueles que se declaram desconfiados em relação ao seu funcionamento e actuação, não equacionem a possibilidade de uma eventual candidatura. Esta circunstância é agravada pelo facto de a desconfiança relativamente aos partidos suscitar um maior envolvimento ou uma disponibilidade futura dos inquiridos para formas de participação muito mais autónomas e muito menos assentes na mobilização externa. Para utilizar aqui a dicotomia proposta por Inglehart, trata-se mais de aderir a um tipo de participação dirigida e controlada pelas massas, do que a um tipo de participação dirigida e controlada pelas elites, que visa sobretudo a sua legitimação.[682]

De facto, e à semelhança do que sucede nas democracias industriais avançadas, ainda que de forma bastante menos acentuada, também em Portugal os «cidadãos desconfiados» parecem não só participar menos nas eleições como recorrem a outras formas de participação política extra-eleitoral, inclusivamente a formas de acção radicais ou ilegítimas, para procurar influenciar o poder.[683] E se alguns autores vêem nesta tendência

---

[682] Cf. Ronald Inglehart (1990, 1991), *El Cambio Cultural en las Sociedades Industriales Avanzadas*, Madrid, CIS, Siglo XXI, pp. 374-418.

[683] Nas democracias industriais avançadas, tem-se verificado um aumento substancial da participação política não eleitoral, tanto convencional como não convencional. Pode dizer-se, assim, que o declínio das taxas de participação eleitoral tem sido, de certa maneira, compensado por um recurso cada vez maior às acções políticas convencionais (discussão política, petições e abaixo-assinados, greves e manifestações legais) e não convencionais (greves e manifestações ilegais, ocupações de edifícios e instalações, cortes de estrada, etc.) que extravasam os actos eleitorais. Todavia, é preciso ter presente que participação eleitoral continua a ser a forma de participação que abrange um maior número de cidadãos

um forte impulso para a transformação e inovação institucional dos actuais regimes democráticos e das suas instituições nucleares[684], outros há que vêem com preocupação e pessimismo este alargamento do «repertório» de acção política, e esta procura de «novos» mecanismos de expressão e de controlo político, que não se confinam aos tradicionais canais de participação. Esta é a opinião de Peter Mair:

> A indiferença ou a recusa da política convencional por parte dos cidadãos poderá converter-se também em indiferença pela própria democracia. Este fenómeno pode ser já observado na desconfiança com que muitos cidadãos parecem olhar o processo político, bem como nos juízos negativos que a classe política e os líderes políticos, em geral, lhes merecem (…). Mas, é importante notar aqui que esta indiferença perante a política convencional não é específica dos eleitores, sendo igualmente observável ao nível intelectual e no discurso de grande parte da literatura moderna sobre os problemas da democracia moderna. Com efeito, o argumento que ouvimos com crescente frequência na literatura mais normativa que se ocupa destes temas não é um argumento que defenda a renovação ou revitalização da política convencional enquanto tal, mas antes um argumento que procura cada vez mais negar a política.[685]

Seja como for, e voltando de novo aos dados do inquérito pós-eleitoral de 2002, tivemos oportunidade de ver que a desconfiança em relação aos partidos é um fenómeno relativamente difuso do ponto de vista socio-

---

nas democracias ocidentais. Já no que se refere a Portugal, mesmo sem ser possível avaliar tendências evolutivas, os níveis de participação política extra-eleitoral são comparativamente muito baixos. Cf. Ronald Inglehart (1990, 1991), *El Cambio Cultural en las Sociedades Industriales Avanzadas*, op. cit.; Manuel Villaverde Cabral (2000), «O exercício da cidadania política em Portugal», *in* Manuel Villaverde Cabral *et al.*, *Trabalho e Cidadania*, Lisboa, ICS, pp. 123-162.

[684] Pippa Norris (1999), «Introduction: the growth of critical citizens?», *in* Pippa Norris (org.), *Critical Citizens: Global Support for Democratic Government*, op. cit.; Hains-Dieter Klingemann (1999), «Mapping political support for democratic in the 1990s: a global analysis», *in* Pippa Norris (org.), *Critical Citizens: Global Support for Democratic Government*, op. cit.

[685] Peter Mair (2003), «Os partidos políticos e a democracia», *in* Análise Social, vol. XXXVIII, n.º 167, pp. 288-289.

lógico, ou seja, as diferenças verificadas na predisposição dos indivíduos para desconfiar dos partidos não parecem reflectir desigualdades sociais, económicas e educacionais, não suscitando, portanto, receios de estarmos perante um fenómeno que seja social e economicamente determinado. O facto de a desconfiança face aos partidos ter como principais factores explicativos, a nível individual, o desinteresse pela política e a insatisfação face ao desempenho geral do Governo parece justificar a necessidade de reformas políticas capazes de tornar os partidos políticos mais democráticos e atractivos aos olhos dos eleitores, criando condições para aumentar os níveis de confiança naqueles que continuam a ser os actores fundamentais em qualquer democracia representativa.

Confiança em relação aos políticos na Europa, 2002 e 2003

[FIGURA N.º 5]

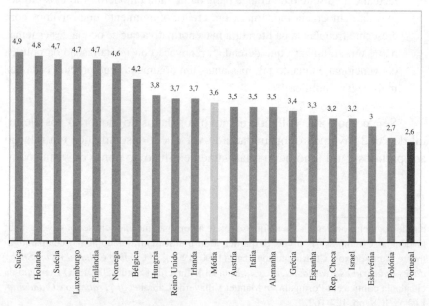

Fonte: *European Social Survey*, 2002-2003.
Notas: **1.** Elaborado a partir da pergunta B10. **2.** Confiança média numa escala de 0 a 10.

Neste sentido, a criação de mecanismos capazes de aumentar a confiança política pode revelar-se preciosa para a consolidação e para a melhoria da «qualidade» da democracia. Porém, e em boa verdade, sabendo que os sentimentos de desconfiança dos cidadãos não se referem exclusivamente aos partidos *per se*, mas também ao desempenho dos titulares que em cada momento os dirigem, há que admitir que os dados justificam também a necessidade de uma mudança nos comportamentos e na cultura política das elites dirigentes. A ética e o sentido de responsabilidade dos dirigentes políticos e partidários afiguram-se, desta forma, tão necessários e urgentes como as reformas institucionais, sob pena de a desconfiança que impende sobre os partidos e as suas elites afectar não só o apoio específico ao funcionamento do sistema, mas comprometer, no futuro, o apoio difuso aos princípios nucleares do regime democrático. E que essa ameaça não é meramente hipotética, comprava-o facto de os portugueses serem aqueles que menos confiam nos seus políticos, quando comparados com os cidadãos de outros países europeus, como se pode ver no gráfico 5.

2. Os sentimentos antipartidários em Portugal

Já tivemos oportunidade de salientar que o estudo dos efeitos da «oferta» sobre o recrutamento parlamentar se baseia essencialmente na análise dos dados do inquérito pós-eleitoral de 2002. Na secção anterior, procurámos analisar — de forma detalhada e aprofundada — as causas e as consequências da desconfiança dos cidadãos relativamente aos partidos em Portugal, interessa-nos agora saber quais as suas atitudes em relação ao papel dos partidos no sistema democrático, recorrendo para tal a outras questões incluídas no inquérito realizado e disponibilizado pela equipa de investigação do Instituto de Ciências Sociais da Universidade de Lisboa.

No gráfico que abaixo se reproduz, podemos constatar que as atitudes dos portugueses em relação ao papel dos partidos parecem ser, no essencial, ambivalentes e até contraditórias. Se, por um lado, a maioria reconhece que os partidos são indispensáveis à democracia e que constituem canais fundamentais para a participação política, por outro, e paradoxalmente, uma parte igualmente significativa dos portugueses considera que os partidos são todos iguais ou que só servem para dividir as pessoas.

O facto de cerca de 70 % dos inquiridos considerarem que os partidos são na realidade todos iguais pode interpretar-se de duas maneiras: como uma crítica aos partidos, que deveriam diferenciar-se mais uns dos outros, mas também como uma constatação de que existe de facto uma convergência ideológica e programática entre os partidos que os torna praticamente indistintos entre si. Esta convergência percebida pelos eleitores vai, aliás, ao encontro do diagnóstico feito por muitos estudiosos que têm chamado a atenção para o fenómeno da erosão das identidades partidárias nas democracias contemporâneas.[686]

As atitudes dos portugueses em relação aos partidos políticos, 2002
(valores percentuais)

[FIGURA N.º 6]

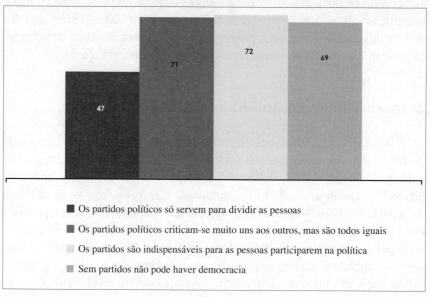

Fonte: ENNP de 2002.

Notas: 1. Percentagem de inquiridos que dizem concordar totalmente ou concordar com as afirmações relativas ao papel dos partidos em Portugal.

---

[686] Gianfranco Pasquino (2002), «Third way in Europe», in *Central European Political Science Review*, 3 (7), pp. 16-30; Peter Mair (2003), «Os partidos políticos e a democracia», in *Análise Social*, voll. XXXVIII, n.º 167, pp. 285-289; André Freire (2005), «Identidades ideológicas e partidárias na Europa. Portugal, Espanha e Grécia em perspectiva comparada», in *Sociologia, Problemas e Práticas*, n.º 47, pp. 11-33.

O que está aqui implícito é que os partidos tendem a confundir-se cada vez mais uns com os outros, seja porque deixaram de ser entendidos como representantes de interesses políticos de forças sociais opostas, para se tornarem representantes de todo e qualquer segmento da população, apelando inclusivamente aos eleitorados tradicionais dos seus adversários, o que faz com que a noção de política como conflito social e oposição ideológica se torne cada vez mais irrelevante; seja porque os partidos conhecem hoje fortes limitações à sua capacidade de manobra política, frente a uma economia cada vez mais internacionalizada e globalizada e a processos de integração que implicam uma crescente transferência de responsabilidades do Estado para outros centros de poder — nomeadamente no sistema da União Europeia —, o que obriga os partidos a partilhar cada vez mais os seus programas e as suas políticas públicas e, uma vez no Governo, a contribuírem para a sua respectiva implementação; seja ainda porque os partidos não se limitam a conquistar os mesmos eleitorados como apresentam também estruturas organizativas e desenvolvem formas de comunicação política em tudo semelhantes, ou seja, cada vez mais personalizadas, mediatizadas e profissionalizadas, onde predomina o recurso sistemático e intensivo aos *mass media* e às novas técnicas de campanha.[687] Pelo que, e como oportunamente refere Peter Mair:

> À medida que os partidos abandonam a noção de organização em profundidade e canalizam cada vez mais os seus esforços e recursos para campanhas profissionais, tornam-se inevitavelmente mais parecidos uns com os outros (...). Perante isto, pode dizer-se que prestar atenção a um partido é prestar atenção a todos, já que cada um deles terá o seu porta-voz nos diversos debates televisivos, e os seus comentários serão citados nos diversos serviços noticiários.[688]

Por fim, importa referir um outro aspecto que contribui seguramente para a actual erosão das identidades partidárias, e que se prende com o facto

---

[687] Richard Gunther (2004), «As eleições portuguesas em perspectiva comparada: partidos e comportamento eleitoral na Europa do Sul», *in* André Freire, Marina Costa Lobo e Pedro Magalhães (orgs.), *Portugal a Votos. As Eleições Legislativas de 2002; op. cit.*, pp. 52-56.

[688] Peter Mair (2003), «Os partidos políticos e a democracia», *op. cit.*, p. 287.

de nas democracias ocidentais quase todos os partidos serem hoje partidos com vocação de poder, no sentido em que alimentam uma expectativa realista de ocupar, pelo menos por um breve período, a sede do poder. Com efeito, poucos são os partidos políticos, que integram os sistemas partidários actuais, que se vêem permanentemente excluídos da participação no Governo — e isto porque, dados os crescentes níveis de fragmentação partidária, o acesso ao poder implica normalmente a formação de coligações heterogéneas[689], sendo que o mais notável em tais processos é que estes tendem a ser caracterizados por uma manifesta promiscuidade política. Citando, uma vez mais, Peter Mair:

> Os padrões de formação do governo há muito estabelecidos são hoje facilmente abandonados e vários partidos que foram no passado inimigos tradicionais fazem actualmente parte de plataformas de governo comuns. É assim que nas democracias parlamentares do início do século XXI se torna cada vez mais difícil dizer quais as alianças interpartidárias que podem ser excluídas à partida. Os partidos são promíscuos. E perante tudo isto torna-se também cada vez mais difícil aos eleitores encontrarem diferenças significativas entre os partidos, em termos de ideologias ou de metas políticas, ou entenderem essas diferenças como sendo particularmente relevantes para as suas necessidades e problemas.[690]

É verdade que uma larguíssima maioria dos portugueses não reconhece a existência de diferenças reais e significativas entre os partidos políticos — o que torna empiricamente consistentes as teses sobre a erosão das identidades partidárias enunciadas acima. E se é verdade que aproximadamente metade da população não hesita em responsabilizar os partidos pelos eventuais conflitos e clivagens existentes no seio da sociedade, penalizando-os por aquela que é uma das suas principais funções na arena política — a competição pelo voto dos eleitores —, certo é também que isso pouco ou nada parece afectar a legitimidade democrática concedida aos partidos. Observe-se, pois, que cerca de 70 % dos inquiridos considera que os partidos não só são indispensáveis à democracia como constituem

---

[689] Peter Mair (1997), *Party System Change: Approaches and Interpretations*, Oxford, Clarendon Press.

[690] Peter Mair (2003), «Os partidos políticos e a democracia», *op. cit.*, pp. 287-288.

canais privilegiados de participação política, o que vai ao encontro do papel que lhes é atribuído pela teoria convencional da democracia representativa. Como explicar, então, este aparente e, até certo ponto, intrigante «paradoxo»?

Em primeiro lugar, sublinhando, desde logo, que não se trata de um fenómeno singular da democracia portuguesa, já que a análise de dados fornecidos por inquéritos realizados em muitas outras democracias industriais avançadas[691] tem evidenciado a mesma tendência: um forte apoio normativo ao papel dos partidos e um forte criticismo à sua actuação concreta. Ou, dito de um outro modo: o manifesto reconhecimento da sua indispensabilidade para o funcionamento da democracia coexiste com a firme convicção de que as suas práticas e os seus interesses não correspondem às expectativas e às necessidades dos cidadãos, de quem se encontram cada vez mais distanciados.[692]

Em segundo lugar, há que referir que este «paradoxo» se estende também ao sistema político, pois, como demonstra Pedro Magalhães — num irónico paralelo com os compromissos do 25 de Abril de 1974 — as atitudes dos portugueses podem, a este nível, ser descritas por 3 D's. Se, por um lado, há uma forte adesão dos portugueses aos princípios básicos do regime democrático, por outro lado, há também uma forte desafeição e um considerável descontentamento em relação ao desempenho da democracia, aspectos que são, em grande medida, responsáveis pelos sentimentos de ineficácia política subjectiva, pelo cinismo e criticismo face à «classe política», pelo desinteresse pela participação política convencional e pelo distanciamento dos cidadãos face ao poder.

Portanto, a legitimidade democrática, tanto no que se refere à avaliação do sistema político, como às atitudes em relação aos partidos, goza de uma relativa autonomia face a outras dimensões atitudinais, e diz respeito às crenças dos cidadãos de que a democracia e as suas instituições representativas constituem a mais apropriada — na verdade, a única acei-

---

[691] Juan J. Linz (2002), «Parties in Contemporary Democracies: Problems and Paradoxes», in Richard Gunther, José Ramón Montero (orgs.), *Political Parties. Old Concepts and New Challenges*, op. cit., pp. 291-317.

[692] Peter Mair (2002), «The ascendency of the party in public office: party organizational change in twentieth-century democracies», in Richard Gunther, José Ramón Montero e Juan J. Linz (orgs.), *Political Parties. Old Concepts and New Challenges*, op. cit., pp. 126-129.

tável — forma de governo.[693] E como sublinha José María Maravall, esta autonomia da legitimidade parece dever muito mais à reinterpretação dos insucessos e das consequências profundamente negativas das experiências políticas que marcaram o passado das novas democracias, e que reforçaram o valor da democracia enquanto regime político, e a sua superioridade em relação aos seus concorrentes, do que à adesão aos seus próprios ideais e princípios intrínsecos.[694]

**Índices de legitimidade, descontentamento e desafeição
em relação ao sistema político, 2002**
(valores percentuais)

[QUADRO N.º 10]

	Baixo [1-2]	Médio-baixo [2-3]	Médio-alto [3-4]	Alto [4-5]	Valor médio
Legitimidade	0,8	6,8	38,4	39,0	4,0
Descontentamento	0,5	12,4	63,0	19,8	3,6
Desafeição	0,7	24,3	46,1	20,3	3,6

Fonte: Pedro C. Magalhães (2004: 344).

Notas: 1. As respostas «não responde» e «não sabe» foram excluídas da análise.

Por fim, há-de notar-se que as atitudes dos portugueses em relação aos partidos se revelam ambivalentes e paradoxais apenas quando tratadas fora de um modelo conceptual e operacional apropriado e consistente — ou seja, quando se atende exclusivamente à simples distribuição percentual dos inquiridos que declaram estar de acordo ou em desacordo com um conjunto de *itens* sobre o papel dos partidos no sistema político democrático, ao mesmo tempo que se consideram esses *itens* como indicadores suficientes e adequados para medir empiricamente o fenómeno estudado, isto é, o grau de apoio público aos partidos.

---

[693] Cf. Richard Gunther e José Ramón Montero (2003), «Legitimidade política nas novas democracias», in *Opinião Pública*, vol. IX, n.º 1, p. 6.

[694] José María Maravall (1978), *Dictadura y Disentimiento Político: Obreros y Estudiantes Bajo el Franquismo*, Madrid, Alfaguara; José María Maravall (1984), *La Política de la Transición,* Madrid, Taurus. José María Maravall (1995), «Democracia e Democratas», *working paper* n.º 65, Instituto Juan March, p. 14.

Este tipo de estratégia, para além de redutora e simplista, é também geradora de vários equívocos e não menos perplexidades. Deste modo, torna-se necessário desenvolver um modelo de análise mais sofisticado e exigente, no qual se proceda à agregação das atitudes face aos partidos em algumas dimensões básicas, que não se encontram necessariamente relacionadas entre si. Como teremos oportunidade de demonstrar nas páginas que se seguem, distinguir entre estas diferentes dimensões e determinar qual o seu peso na opinião pública portuguesa é importante não apenas por razões conceptuais ou empíricas, mas também porque elas apresentam — tanto a nível macro como micro — causas e efeitos substancialmente diferentes. Ora, é precisamente com base nestes pressupostos teóricos e metodológicos que iremos orientar a análise dos dados que pretendemos desenvolver a partir daqui.

2.1 Dimensões e tipos de sentimentos antipartidários

Tendo em conta os dados do inquérito pós-eleitoral de 2002, e seguindo de perto a abordagem desenvolvida por Torcal, Gunther e Montero, assumimos como ponto de partida a hipótese de que as atitudes dos portugueses, que revelam uma manifesta falta de apoio aos partidos políticos, são potencialmente *multidimensionais*, sendo possível identificar, tanto conceptual como empiricamente, duas dimensões básicas: uma cultural e outra reactiva.[695]

No primeiro caso, o que está em causa são as atitudes de hostilidade e de rejeição perante os partidos, que se encontram geralmente associadas a fenómenos estruturais e duradouros — e, portanto, relativamente imunes a avaliações de curto prazo — como sejam o passado político pseudo-democrático ou autoritário, a socialização primária negativa e os tipos de cultura e subculturas políticas dominantes num dado país.[696] Já no segundo

---

[695] Mariano Torcal, Richard Gunther e José Ramón Montero (2002), «Anti-party sentiments in Southern Europe», *in* Richard Gunther, José Ramon Montero e Juan J. Linz (orgs.), *Political Parties and New Challenges*, *op. cit.*, pp. 262-265.

[696] Mariano Torcal (2001), «La desafección en las nuevas democracias del Sur de Europa y Latinoamérica», *in Revista Instituciones y Desarrollo*, n.º 8 e n.º 9, pp. 230, 233, 335; Mariano Torcal, Richard Gunther e José Ramón Montero (2002), «Anti-party sentiments in Southern Europe», *in* Richard Gunther, José Ramon Montero e Juan J. Linz

caso, estamos perante atitudes críticas face ao papel dos partidos, determinadas sobretudo por factores conjunturais e variáveis, tais como a percepção negativa da situação política, económica e social do país, os níveis de desempenho económico pouco satisfatórios e, ainda, o contraste entre as crescentes expectativas e exigências dos cidadãos e a decrescente capacidade das instituições e das elites políticas para as satisfazerem.

De acordo com esta distinção, é, pois, possível afirmar que o «antipartidarismo cultural» é mais uma das manifestações ou facetas da chamada «síndrome de desafeição política», que caracteriza actualmente tanto as velhas como as novas democracias, e que se traduz na combinação entre um apoio massivo ao regime democrático e às suas principais instituições em abstracto, por um lado, e uma crescente insatisfação com o funcionamento da democracia em concreto, por outro. A isto alia-se ainda um forte criticismo e cinismo face à «classe política», ou seja, existe a convicção generalizada de que as autoridades estão pouco disponíveis para atender aos problemas e às solicitações dos cidadãos, orientando-se sobretudo por interesses próprios e corporativistas. Mas existe também a percepção de que não é possível ao cidadão comum influenciar o curso dos acontecimentos políticos, pelo que toda a acção é vista como ineficaz ou inútil, explicando, deste modo, o desinteresse e o afastamento dos cidadãos em relação à esfera política, o que não pode deixar de comprometer a «qualidade» da democracia.[697]

Já no caso do «antipartidarismo reactivo», a questão é bem distinta e prende-se fundamentalmente com o descontentamento face à inadequação entre oferta e procura em termos de representação político-partidária, ou com a insatisfação relativamente ao desempenho económico do partido ou partidos no governo, que se revelam incapazes de resolver os problemas e de satisfazer as expectativas dos cidadãos, traduzindo-se, por isso, numa

---

(orgs.), *Political Parties and New Challenges*, op. cit., pp. 268-269; Richard Gunther e José Ramón Montero (2003), «Legitimidade política nas novas democracias», in *Opinião Pública*, vol. IX, n.º 1, pp. 1-43; Mariano Torcal (2006), «Political disaffection and democratization history in new democracies», in Mariano Torcal e José Ramón Montero, (orgs.), *Political Disaffection in Contemporary Democracies: Social Capital, Institutions and Politics*, op. cit., pp. 157-189.

[697] Mariano Torcal, Richard Gunther e José Ramón Montero (2002), «Anti-party sentiments in Southern Europe», in Richard Gunther, José Ramon Montero e Juan J. Linz (orgs.), *Political Parties and New Challenges*, op. cit., pp. 262-263.

avaliação crítica em relação ao seu funcionamento e actuação concreta, o que pode ser eventualmente positivo em termos de «qualidade» da democracia — desde que isso gere pressões no sentido de melhorar e reformar os mecanismos do regime democrático.

Chegados aqui, importa proceder à operacionalização de ambos os conceitos, identificando os indicadores através dos quais é possível distinguir entre antipartidarismo cultural e antipartidarismo reactivo, para vermos depois qual o seu peso entre a opinião pública portuguesa, bem como as suas causas e potenciais consequências.

Pois bem, o antipartidarismo cultural tem por base as perguntas, formuladas no estudo nacional pós-eleitoral de 2002, em que se pede aos inquiridos que declarem o seu grau de concordância com as seguintes afirmações:

1) «Os partidos só servem para dividir as pessoas».
2) «Os partidos criticam-se muito uns aos outros, mas são todos iguais».

Já o antipartidarismo reactivo tem por base duas outras perguntas, em que se solicita aos inquiridos que declarem a sua concordância ou discordância com as seguintes afirmações:

3) «Os partidos são indispensáveis para que as pessoas participem na política».
4) «Sem partidos não pode haver democracia».

Como se pode ver na figura abaixo reproduzida, da análise combinatória das respostas dadas pelos inquiridos a estas quatro perguntas, foi possível identificar, dentro de cada dimensão do antipartidarismo, três atitudes diferentes: antipartidárias, neutras e pró-partidárias.

A partir daqui torna-se possível, como se pode ver nas figuras n.º 8 e 9, determinar qual a expressão dos sentimentos antipartidários, tanto na sua vertente cultural, como na sua vertente reactiva. E o que os dados nos dizem a este respeito, é que o antipartidarismo reactivo atinge uma percentagem muito baixa, o que certamente se deve ao efeito de «lua-de-mel» pós-eleitoral, em que a mobilização partidária assume um momento de maior intensidade e as promessas propostas pelos partidos ainda estão muito presentes para o eleitorado. Mas o facto mais relevante é que, mais de 30 anos após a instauração da democracia em Portugal — e do signi-

Operacionalização do antipartidarismo cultural e do antipartidarismo reactivo

[FIGURA N.º 7]

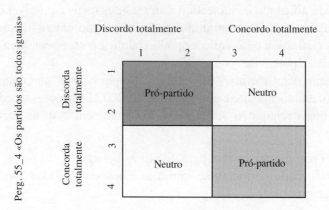

Perg. 55_2 «Os partidos políticos só servem para dividir as pessoas»

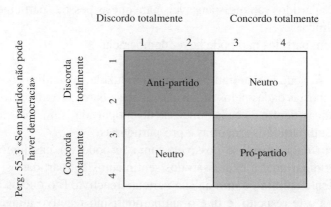

Perg. 55_1 «Os partidos são indispensáveis para que as pessoas participem na vida política»

ficativo e até crescente apoio em relação à democracia enquanto regime político —, os sentimentos antipartidários continuam a ter entre nós uma expressão que não pode ser subestimada e que — como os dados revelam — se traduz mais numa rejeição estrutural dos partidos políticos do que numa mera crítica conjuntural quanto ao seu papel e ao modo como desempenham as suas funções num determinado momento.

Atitudes dos cidadãos em relação aos partidos políticos em Portugal, 2002 (dimensão cultural)

[FIGURA N.º 8]

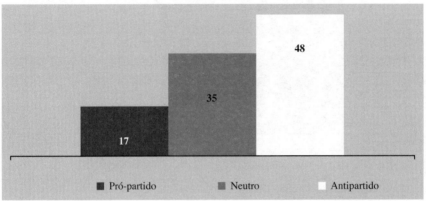

Fonte: EENP 2002.
Notas: 1. A dimensão cultural das atitudes dos cidadãos faces aos partidos é definida com base nas seguintes questões: «Os partidos políticos só servem para dividir as pessoas» + «Os partidos são todos iguais». 2. As atitudes dos cidadãos face aos partidos são consideradas como: a) «pró-partidárias», quando os inquiridos discordam totalmente ou discordam desta afirmação; b) «neutras», quando não concordam nem discordam; c) «antipartidárias», quando concordam totalmente ou concordam. 3. As respostas «não responde» e «não sabe» foram excluídas da análise.

Dito de uma forma mais peremptória, mas nem por isso menos aceitável: os cidadãos revelam uma atitude de resistência e de oposição cultural perante os partidos políticos, entendidos em certo sentido como meras «facções», que põem em perigo a unidade e coesão nacional. Seja porque, no plano da acção externa, se apresentam como portadores de ideais e projectos políticos rivais e contrapostos; seja porque, no plano da acção interna, protagonizam constantemente conflitos e oposições entre líderes, correntes e subgrupos movidos por interesses que se prendem mais com a conquista do poder e com a sua perpetuação do que com o pluralismo e a construção de alternativas políticas viáveis.[698] É neste sentido que Juan J. Linz escreve:

---

[698] Juan J. Linz (2002), «Parties in Contemporary Democracies: Problems and Paradoxes», in Richard Gunther, José Ramón Montero (orgs.), *Political Parties. Old Concepts and New Challenges*, op. cit., pp. 297-298.

Atitudes dos cidadãos em relação aos partidos políticos em Portugal, 2002
(dimensão reactiva)

[FIGURA N.º 9]

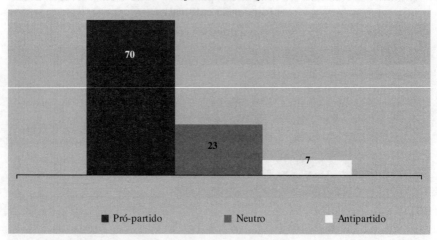

Fonte: EENP 2002.

Notas: 1. A dimensão reactiva das atitudes dos cidadãos faces aos partidos é definida com base nas seguintes questões: «Sem partidos políticos não pode haver democracia» + «Os partidos são indispensáveis para as pessoas participarem na política». **2.** As atitudes dos cidadãos face aos partidos são consideradas como: a) «pró--partidárias», quando os inquiridos concordam totalmente ou concordam com esta afirmação; b) «neutras», quando não concordam nem discordam; c) «antipartidárias», quando discordam totalmente ou discordam. **3.** As respostas «não responde» e «não sabe» foram excluídas da análise.

Embora os cidadãos percebam a necessidade da competição interpartidária para atingir metas colectivas e para defender ideais e projectos políticos alternativos, nem por isso deixam de encará-la como uma luta aguerrida e egoísta pelo poder entre diferentes competidores, o que é uma faceta menos admirável da vida política. E sendo os partidos os principais protagonistas dessa disputa, a reacção negativa por parte de muitos eleitores não é algo surpreendente. Como surpreendente não é o facto de as instituições menos conflituais e suprapartidárias, que simbolizam a comunidade política no seu todo — como é caso dos chefes de estado — suscitarem junto dos eleitores uma maior confiança e uma avaliação mais positiva.

O mesmo autor acrescenta, mais à frente:

Os partidos parecem, assim, ser vítimas das contradições inerentes à função fundamental que desempenham nos regimes democráticos: representar, de forma institucionalizada, os interesses políticos de forças sociais opostas, enquanto a maioria das pessoas valoriza a unidade, continuando vinculada à noção irrealista de que existe uma «vontade geral» da nação.[699]

Já no plano da vida interna dos partidos, é bem conhecida a tensão existente entre a defesa do pluralismo ideológico e político e a participação activa dos membros na formação da vontade partidária, por um lado, e a necessidade de preservar uma rígida disciplina e uma forte coesão, por outro. E isto não só porque as democracias parlamentares criam incentivos à disciplina partidária, mas também porque a opinião pública valoriza os partidos que se apresentam com líderes fortes, com programas definidos e sem especiais divisões ou conflitos internos, os quais tendem a ser fortemente penalizados nas urnas. Como sublinha José Navarro Méndez:

> Os dirigentes partidários sabem que, ao introduzir mecanismos para melhorar o funcionamento interno dos partidos, podem estar a fomentar também o pluralismo, o debate e o confronto entre diferentes ideias e personalidades, numa palavra, a abrir a porta ao fraccionalismo interno. E, como demonstram os factos, os custos eleitorais desta opção são muito superiores aos benefícios que ela possa ter em termos de democratização da vida partidária. Importa não esquecer que a opinião pública costuma avaliar positivamente as lideranças fortes, o centralismo e a unidade quase monolítica dos partidos, penalizando-os sempre que estes protagonizam amplas polémicas e lutas internas.[700]

Embora o principal objectivo desta secção seja o de procurar conhecer as causas ou determinantes dos sentimentos antipartidários a nível individual, bem como o de tentar identificar os seus principais correlatos atitudinais e comportamentais, merece a pena tecer aqui algumas considerações teóricas quanto à argumentação geralmente avançada para explicar, do ponto de vista macropolítico, o antipartidarismo — tanto cultural

---

[699] *Idem, ibidem*, pp. 297-298.
[700] José Ignacio Navarro Méndez (1999), *Partidos Políticos y Democracia Interna*, Madrid, Centro de Estúdios Políticos e Constitucionales, pp. 51-54. No mesmo sentido, ver também Julián Santamaría Ossorio (1995), «La reforma electoral y las formas de expresión del voto», *in Jornadas sobre Partidos y Representación Política*, Madrid, p. 22.

como reactivo — que parece ter resistido até aos dias de hoje na sociedade portuguesa.

Quanto a isto, importa começar por dizer que a acentuada e até crescente adesão popular ao regime democrático — em Portugal e em países da nossa área geocultural[701] — parece não impedir a persistência de sentimentos antipartidários de índole cultural em segmentos significativos da população portuguesa, sugerindo que a consolidação do regime não operou mudanças substanciais em certas dimensões da cultura política, nomeadamente no que respeita à aceitação e valorização dos partidos enquanto instituições-chave da democracia.

Segundo vários autores, este arreigado e persistente antipartidarismo cultural deve ser entendido à luz das experiências históricas que antecederam a instauração do regime democrático em Portugal, bem como dos processos de socialização negativa que lhes foram inerentes.[702] Como sublinha Torcal, nas novas democracias, o passado político pseudo-democrático e autoritário, caracterizado por práticas irregulares, pela manipulação e fraude eleitorais, pelos discursos a «partir de cima» contra as organizações e as instituições de representação política, constitui o principal agente socializador e reprodutor de todas as atitudes de desafeição política. Ao contrário, nas democracias mais tradicionais esta referência com conotações negativas não existe de uma forma tão marcada, pelo que o impacto socializador do passado é também muito menor, o que permite aos cidadãos avaliar as instituições representativas de acordo com a distância que separa as suas práticas e o seu modo de funcionamento presente do «ideal democrático».

---

[701] Leonardo Morlino e José Ramón Montero (1995), «Legitimacy and Democracy in Southern Europe», *in* Richard Gunther, P. Nikiforos Diamandouros e Hans-Jürgen Puhle (orgs.), *The Politics of Democratic Consolidation: Southern Europe in Comparative Perspective*, Baltimore, The Johns Hopkins University Press, pp. 245-250; José Ramón Montero, Richard Gunther e Mariano Torcal (1998), «Actitudes hacia la democracia en España: legitimidad, descontento y desafección», *in Revista Espanõla de Investigaciones Sociológicas* (3), pp. 9-40; Pedro Magalhães (2004), «Democratas, descontentes e desafectos: as atitudes dos portugueses em relação ao sistema político», *in* André Freire, Marina Costa Lobo e Pedro Magalhães (orgs.), *Portugal a Votos. As Eleições Legislativas de 2002, op. cit.*, pp. 356-357.

[702] *Idem, ibidem*, pp. 261-262. Manuel Braga da Cruz (1995), *Instituições Políticas e Processos Sociais, op. cit.*, pp. 299-300; Howard J. Wiarda e Margaret M. Mott (2001), *Catholic Roots and Democratic Flowers*, Westport, Praeger.

E isso explica também, como adiante teremos oportunidade de salientar, que as causas e as consequências do antipartidarismo cultural sejam diferente nas novas e nas velhas democracias.[703] Desta forma, e como tem sido insistentemente defendido, as raízes dos sentimentos populares de hostilidade face aos partidos remontam ao período conturbado da I República, durante o qual a limitação do direito de voto aparece associada a uma forte instabilidade política e institucional, gerada e protagonizada por partidos que se apresentam como verdadeiras redes clientelares e como fontes privilegiadas de patrocinato, manipulando eleições e comprando votos — tudo isto contribuía para que grande parte da sociedade se mantivesse afastada de uma efectiva participação na vida política do país e manifestasse pouco ou nenhum interesse em fazê-lo.[704] Para o caso presente não devemos esquecer-nos daquilo que aponta Fernando Farelo Lopes:

> Durante a I República, os bens mais compensadores em termos de apoio eleitoral eram os empregos e as promoções na função pública. E isso por diversas razões: o trabalho lucrativo oferecia oportunidades muito limitadas, e a educação familiar e escolar não incentivava o gosto pelas carreiras independentes; enfim, à falta de outros meios, os governos tendiam a compensar serviços e dedicações com os únicos recursos de que dispunham (...). Assim, as funções de intermediação politicamente relevantes passavam, em grande medida, pelas máquinas clientelares do Estado e da Administração, o que pressuponha a existência de um sistema de clientelas alargado. E este, como é fácil de perceber, não podia deixar de se repercutir na organização e na acção dos partidos de regime, o que explica o empenhamento de muitos notáveis locais na política partidária, subordinando-se às elites centrais, mas também o escasso número de candidatos que à força de recursos próprios conseguiu vencer a oposição dos partidos no poder.[705]

---

[703] Mariano Torcal (2001), «La desafección en las nuevas democracias del Sur de Europa y Latinoamérica», in Revista Instituciones y Desarrollo, n.º 8 e n.º 9, pp. 229-280.

[704] Pedro Tavares de Almeida (1987), *Eleições e Caciquismo no Portugal Oitocentista, 1868-1890*, Lisboa, Difel; Pedro Tavares de Almeida (1988), *Nos Bastidores das Eleições de 1881*, Lisboa, Livros Horizonte; Fernando Farelo Lopes (1994), *Poder Político e Caciquismo na I República Portuguesa*, Lisboa, Editorial Estampa.

[705] Fernando Farelo Lopes (1994), *Poder Político e Caciquismo na I República Portuguesa*, op. cit., pp. 29-31 e 34-37.

Ao patrocinato e às redes clientelares, há ainda que somar-se a fraude eleitoral, resultante não apenas da governamentalização das entidades recenseadoras e da falsificação dos recenseamentos, mas também dos aliciamentos, do apoio eleitoral comprado e até mesmo da pressão e da intimidação no lugar da eleição. Disso nos dá conta Fernando Farelo Lopes ao sublinhar que:

> O recenseamento era uma das chaves da vitória eleitoral dos partidos do Governo. A sua manipulação pelas autoridades administrativas estava enraizada nos costumes do liberalismo em Portugal, desde as suas origens (...). Pode dizer-se que o Governo e os seus agentes recenseavam quem quisessem, e elegiam quem lhes aprouvesse. Já quanto ao voto, se nas aldeias a sua compra se fazia em sentido estrito por meio de dinheiro, vinho e comida, nas cidades o dinheiro parecia suplantar as restantes modalidades. Por sua vez, no apoio por compensação, reencontramos a figura do favor pessoal, recurso privilegiado nos períodos eleitorais e, como tal, generosamente distribuído por amigos e clientelas. Pois se, teoricamente, os empregos e as promoções dependiam das provas prestadas e da antiguidade no serviço, na prática a protecção é que decidia. E que a protecção de novos «trampolineiros» levava os «bons servidores do Estado», disso não há quaisquer dúvidas (...). Posteriormente, a Assembleia trataria de aprovar uma lei que tornava efectivas as nomeações interinas de vários funcionários, dispensando-os assim da submissão a concurso oficial. De forma que ao «nobre desinteresse» de alguns quadros e dirigentes republicanos se sobrepôs a transigência interesseira de muitos outros, que se precipitaram sobre «os empregos retribuídos com um ardor pelo menos igual ao dos homens do rotativismo monárquico.[706]

É inútil arrastar esta descrição, que já vai longa, das práticas políticas da Primeira República, para demonstrar que esta esteve longe de configurar a vigência de uma verdadeira democracia em Portugal, e que a sua evolução explica que a intervenção política dos militares tenha adquirido crescente legitimidade, ao mesmo tempo que os seus objectivos se foram deslocando da mera «substituição» do governo para a «superação» do próprio regime. Donde, se é aparentemente incontroverso que os partidos actuantes no contexto da Primeira República — inclusive o Partido Repu-

---

[706] *Idem, ibidem*, pp. 113-115, 130-133 e 147-152.

blicano Português, considerado por alguns autores como um «partido de massas» — insistiram na apropriação dos mecanismos políticos e administrativos do Estado, subalternizando a necessária visão institucional, comprometendo a sua aproximação à sociedade civil e em nada contribuindo para superar de forma «democrática e inclusiva» a crise do Estado liberal, não é seguramente menos certo que a distância em relação ao Estado, a fraca mobilização política e o discurso antipartidário constituem também, e em grande parte, um legado do Estado Novo.

Quer pela definição, em termos restritos, da capacidade eleitoral activa e passiva, quer pela governamentalização e falsificação dos sucessivos e regulares actos eleitorais, quer ainda pela proibição prática do pluralismo partidário — operada não por via constitucional, mas pela via administrativa da regulamentação do direito de associação política —, o regime ditatorial de Oliveira Salazar não pôde deixar de contribuir para aumentar o já pronunciado distanciamento entre o Estado e a sociedade, mantida num regime de «ignorância e de submissão», induzido em grande medida pelos processos de despolitização levados a cabo durante a ditadura.[707]

O próprio Salazar reafirmou em várias ocasiões a sua profunda aversão à luta partidária e à competição eleitoral, aspirando a um corporativismo integral, em que a representação dos interesses dos cidadãos mediante formações partidárias plurais fosse substituída pela representação de interesses de classe, sectoriais e profissionais através de organizações hierarquicamente ordenadas, que serviriam de «intermediários» entre a sociedade e os organismos do Estado. Porém, e como escreve Philippe Schmitter:

> Na prática, o corporativismo de Estado era uma fraude — mas uma fraude importante. O regime era rigidamente tecnocrático e fortemente controlado por um pequeno grupo que não tinha qualquer interesse em consultar os interesses organizados, e muito menos em negociar com eles. Os sindicatos, grémios, federações e confederações eram organizações passivas e burocráticas, cuja existência dependia de contribuições obrigatórias e da lealdade incondicional ao regime (...). Nenhuma delas representava um

---

[707] António Costa Pinto (1996), *Salazar's Dictatorship and European Fascism: Problems of Interpretation*, Nova Iorque, Columbia University Press; António Costa Pinto (2000), *The Blue Shirts: Portuguese Fascism in Interwar Europe*, Nova Iorque, Columbia University Press.

perigo para a legitimidade do regime nem para os seus métodos rotineiros de fazer política. Aquilo que realmente faziam com grande eficácia era preencher um «espaço político», impedindo, desse modo, que surgissem formas alternativas de acção colectiva susceptíveis de conferirem à sociedade um maior dinamismo.[708]

E uma fraude era também a realização regular e sistemática de eleições para os órgãos do poder político, que não tinham qualquer impacto significativo na formação do governo e na sua alternância. Com efeito, seja por motivos de manipulação dos processos eleitorais, seja por limitações ao sufrágio, seja ainda por fortes restrições às liberdades públicas, nunca as eleições durante o Estado Novo foram livres, justas, competitivas e significativas. Como explica Schmitter:

> Se é verdade que quando redigiu, a «sua» constituição de 1933, e incluiu nela as eleições, o facto é que Salazar não parece ter considerado a possibilidade de a sua «forma» de escrutínio eleitoral poder vir a resultar na formação de uma oposição do tipo partidário. Mais propriamente, a União Nacional foi criada pouco antes das primeiras eleições como partido «aberto a todos» (ou melhor, «aberto a alguns») (...). A sua posição e os seus estatutos como organização cívica, e não como partido ou movimento, implicavam que toda a competição ou oposição que viesse a ser tolerada pelo Estado Novo seria canalizada para as suas fileiras e só aí seria permitida. Isto daria a Salazar, como seu dirigente, a capacidade de controlar toda e qualquer dissensão, a partir de cima. Bastava à União Nacional apresentar, de quatro em quatro anos, ao eleitorado uma lista única de candidatos com vista a uma aprovação ritualista.[709]

E se este grande desígnio de cooptação foi formalmente abandonado com o fim da Segunda Guerra Mundial, e a partir daqui Salazar teve de tolerar o processo incómodo, imprevisível e potencialmente corruptível, que lhe era tão odioso, do «mercado político», como forma de apoio ao regime e como forma de legitimação perante o exterior, a verdade é que tal

---

[708] Philippe C. Schmitter (1999), *Portugal: Do Autoritarismo à Democracia*, Lisboa, Instituto de Ciências Sociais, p. 13.
[709] *Idem, ibidem*, pp. 77-81.

processo mal tocava as massas e era conduzido de uma forma tão discreta e ritualista pelo partido do governo que é legítimo atribuir-se-lhe, segundo as palavras de Guy Hermet, uma função essencialmente «anestesiante», levando os cidadãos a acreditar na futilidade da oposição existente e na legitimidade da situação. Pois, como sublinha Schmitter:

> A partir desta altura, o regime teve de competir regularmente com uma oposição eleitoral exterior à União Nacional. Embora a lei lhes recusasse o direito de se estruturarem como partidos políticos permanentes, pouco antes das eleições surgiam «formações» que propunham candidatos e programas alternativos e que tiravam o maior partido possível do abrandamento relativo da repressão e da censura que era «garantido» durante o período prescrito de um mês de campanha eleitoral. Acontecia, porém, com extrema frequência a oposição retirar-se da competição no último momento para não ter de enfrentar uma derrota inevitável (...). O que fazia com que a oposição parecesse ainda menos importante, isolada e minoritária do que efectivamente era.[710]

Schmitter acrescenta ainda:

> O Governo reforçava essa impressão, salientando os aspectos maniqueístas da escolha: de um lado, havia uma «situação»: garante poderosa e ordeira da paz social, que assegurava paternalisticamente o bem-estar e a segurança; a expressão esclarecida da sabedoria e do interesse dos cidadãos. Do outro lado, havia a «oposição»: fonte impotente e desorganizada do caos social, com promessas vagas de uma igualdade ilusória e da violência entre as classes, representante abstracta do dogmatismo intelectual e da intervenção totalitária.[711]

Pode dizer-se, deste modo que, durante o Estado Novo, as funções mais importantes das eleições eram, para além de fomentar o apoio massivo, passivo e leal a um regime autoritário — não responsabilizável publicamente — claramente negativas: tratava-se sobretudo de isolar e desagregar potenciais oposicionistas, obrigando-os a participar numa arena política estruturalmente viciada. Em suma, em termos de competição eleitoral e

---

[710] *Idem, ibidem*, pp. 81-83.
[711] *Idem, ibidem*, p. 87.

partidária, o legado do Estado Novo pode ser sintetizado, recorrendo, uma vez mais, à descrição feita por Schmitter:

> Tal como o corporativismo estatal, o eleitoralismo estatal no regime autoritário de Portugal funcionava «antecipadamente», dentro de categorias definidas e controladas de cima para baixo, «preventivamente», ocupando um determinado espaço físico, político e ideológico e impedindo usos alternativos desse espaço, «defensivamente», levando a oposição a agir fundamentalmente em defesa dos seus direitos precários, em vez de promover agressivamente projectos, interesses ou alianças, e de uma forma «compartimentada», restringindo os conflitos a um contexto espacial e temporal limitado e orientando-os para dentro.[712]

Porém, se o antipartidarismo cultural parece ter as suas raízes mais profundas e remotas no passado político antidemocrático e nas experiências de socialização política negativas ligadas à Primeira República e ao Estado Novo, a verdade é que este traço da cultura política portuguesa não foi suprimido com o 25 de Abril de 1974. Com efeito, e como salienta Manuel Braga da Cruz, a instauração e posterior consolidação do regime democrático não operaram aqui — como, aliás, noutras importantes dimensões da cultura política — mudanças significativas e de sinal contrário, sendo defensável a ideia de que a forte mobilização eleitoral e partidária verificada durante a transição democrática terá traduzido mais um «súbita descompressão social e política do que uma profunda e consistente mudança de atitudes e comportamento».[713] E a comprová-lo parece estar o facto de, após alguns anos de grande efervescência e movimentação social e política, os portugueses terem regressado a hábitos que se inscrevem numa linha de marcante continuidade no que se refere ao seu relacionamento com a política, em geral, e com os partidos, em particular.

Assim, se é inquestionável que a democratização trouxe consigo uma inevitável mudança de estruturas na sociedade e na vida política portuguesa, já não parece sê-lo tanto o seu contributo para uma mudança subs-

---

[712] *Idem, ibidem*, p. 100.
[713] Manuel Braga da Cruz (1995), *Instituições Políticas e Processos Sociais*, *op. cit.*, p. 300.

tancial da mentalidade e das atitudes políticas dos portugueses. Ou, dito de outro modo: para a alteração profunda de quadros mentais e sociais no que se refere às atitudes dos cidadãos face aos partidos políticos. Isto pode ser explicado, e mais facilmente compreendido, se atendermos à génese do sistema partidário português e à sua posterior evolução, a que já nos reportamos anteriormente. Como tem sido observado por vários autores, aquando do 25 de Abril de 1974, os partidos portugueses desenvolveram-se mais como actores institucionais do que sociais, uma vez que a sua consolidação se processou mais cedo e de forma mais eficaz ao nível do Estado e não tanto ao nível da sociedade civil.[714]

Na verdade, importa voltar a sublinhar que os principais partidos portugueses tiveram uma origem que foi sobretudo institucional e não social: em vez de terem nascido a partir de clivagens sociais articuladas e politizadas, formaram-se antes com base em diferenças ideológicas e valorativas relativamente a uma questão institucional concreta, nomeadamente a definição do tipo de regime político. Importa, pois, lembrar que os partidos em Portugal surgiram num período revolucionário conturbado e complexo, em que o problema mais premente passava pela escolha do regime. O que ajuda a explicar que — exceptuando, em parte, o Partido Comunista Português — tenham apostado numa mobilização eleitoral baseada num discurso institucional e não no estabelecimento de organizações de massas destinadas a representar os interesses de segmentos específicos e diferenciados da sociedade — que, como é sabido, constituiu o percurso clássico do desenvolvimento dos partidos na Europa Ocidental.[715]

---

[714] Marcelo Rebelo de Sousa (1983), *Os Partidos Políticos no Direito Constitucional Português*, op. cit., pp. 242-243; Fernando Farelo Lopes e André Freire (2002), *Partidos Políticos e Sistemas Eleitorais, Uma Introdução*, op. cit., pp. 71-72; Carlos Jalali (2003), «A investigação do comportamento eleitoral em Portugal: história e perspectivas futuras», in *Análise Social*, op. cit., pp. 547-552.

[715] Richard Gunther (2004), «As eleições portuguesas em perspectiva comparada: partidos e comportamento eleitoral na Europa do Sul», in André Freire, Marina Costa Lobo e Pedro C. Magalhães (orgs.), *Portugal a Votos. As Eleições Legislativas de 2002*, op. cit., pp. 37-38 e 75-79; Carlos Jalali (2004), «As mesmas clivagens de sempre? Velhas clivagens e novos valores no comportamento eleitoral português», in André Freire, Marina Costa Lobo e Pedro C. Magalhães (orgs.), *Portugal a Votos. As Eleições Legislativas de 2002*, op. cit., pp. 89-95.

Por outro lado, o facto de os partidos portugueses terem assumido imediatamente responsabilidades governativas — e, logo depois, representação parlamentar — forçou-os a subestimar o seu desenvolvimento organizacional e a sua consequente presença e relevância na sociedade civil e a apostar sobretudo na sua participação no quadro das instituições políticas do Estado.[716] Ora, esta afirmação política a «partir do aparelho estatal» obrigou a que os principais partidos dessem uma clara prioridade ao reforço da sua vertente pública em detrimento da sua vertente organizacional e da sua presença junto da sociedade, apostando numa estratégia de mobilização eleitoral relativamente mais simples, mais rápida e também menos exigente, que consistiu em alargar tanto quanto possível a sua base social de apoio e se centrou na construção de uma relação directa entre o partido no parlamento e/ou no governo e o eleitorado em geral — uma estratégia em tudo facilitada pelo facto de os partidos portugueses terem emergido em plena era dos *mass media* e, em especial, da televisão.

Em suma, pode dizer-se que na ausência das condições que proporcionaram o desenvolvimento dos «partidos de massas» europeus — isto é, identidades partidárias fortes e estáveis e eleitorados fiéis e de pertença — aos principais partidos portugueses não terá restado outra alternativa que não a de optar por uma «estratégia eleitoral expansiva», como via mais eficaz para controlar um eleitorado politicamente recém-mobilizado e eleitoralmente muito disponível — e, desta forma, maximizar o número de votos e as possibilidades de acesso ao poder.[717]

---

[716] Peter Mair (1994), «The evolution of party organizations in Europe: The three faces of party organization», *in* William J. Crotty (org.), *Political Parties in a Changing Age*, número especial da *American Review of Politics*.

[717] Ingrid van Biezen (2003), *Political Parties in New Democracies*, Londres, Palgrave Macmillan; Ingrid van Biezen (1997), «Building party organizations and the relevance of past models: a comparaison of the communist and socialist parties in Spain and Portugal», texto apresentado nas *Joint Sessions* da ECPR; Ingrid van Biezen (1998), «Sobre o equilíbrio interno do poder: as organizações partidárias nas novas democracias», *in Análise Social, op. cit.*, pp. 685-706; Fernando Farelo Lopes e André Freire (2002), *Partidos Políticos e Sistemas Eleitorais, Uma Introdução,* op. cit., pp. 71-72; Carlos Jalali (2003), «A investigação do comportamento eleitoral em Portugal: história e perspectivas futuras», *in Análise Social, op. cit.*, pp. 52-55 e 86-87.

Para além disso, a fraca penetração social dos partidos políticos não é indissociável do carácter tardio da democratização portuguesa, que se deu quando a crise dos partidos políticos nas democracias da Europa Ocidental já estava amplamente diagnosticada — não havendo, por isso, muitas razões que justificassem que as nossas elites partidárias devessem investir no desenvolvimento de modelos de partido que implicassem uma grande ancoragem e presença na sociedade civil. Uma opção que, como facilmente se compreende, não terá contribuído só para diminuir a debilidade política do tecido social mas também para reforçar o tradicional distanciamento entre representantes e representados, entre eleitores e partidos, ajudando, assim, a explicar a persistência até aos dias de hoje de sentimentos antipartidários de índole cultural entre certos segmentos da população portuguesa.

A este respeito, torna-se também particularmente significativo o facto de, para além da sua génese institucional, os partidos desde cedo gozarem do monopólio da representação política em Portugal — tanto *de jure* como *de facto* — o que contribuiu para que, em vez de instrumentos privilegiados na formação e na mediação da vontade popular, os partidos passassem agir fundamentalmente como máquinas de ocupação do poder e como instrumentos destinados à tarefa de manter e reproduzir as suas classes dirigentes, tudo isto conduzindo a um inevitável «divórcio» entre os cidadãos e as instâncias políticas que supostamente os deveriam representar — o que, como está bom de ver, em nada contribui para diminuir os sentimentos antipartidários, bem pelo contrário.[718]

Por fim, e no que se refere à falta de apoio público aos partidos — entendidos como agentes de representação e participação política, ou seja, enquanto instituições indispensáveis ao funcionamento do sistema democrático — esta pode ser eventualmente explicada em função dos actuais

---

[718] A evolução «partidocrática» do sistema político português tem sido denunciada por vários autores, tanto do ponto de vista jurídico como de uma perspectiva mais politológica. Vejam-se, entre outros: Manuel Braga da Cruz (1988), «Sobre o Parlamento português: partidarização parlamentar e parlamentarização partidária», *in Análise Social*, vol. XXIV, pp. 102 e seguintes; António Lopes Cardoso (1993), *Os Sistemas Eleitorais, op.cit.*, pp. 13-43; José Gomes Canotilho (2000), *Direito Constitucional e Teoria da Constituição, op. cit.*, pp. 313-314; José Adelino Maltez (1998), «Sistema eleitoral, sistema partidário, sistema político», *in* Universidade Moderna (org.), *Direito dos Eleitores*, Lisboa, Universidade Moderna, Centro de Estudos Jurídicos.

padrões de desenvolvimento partidário.[719] À semelhança do que acontece na generalidade das democracias ocidentais, e num quadro de incontroversa normalização e consolidação do regime democrático, a evolução dos partidos tem-se caracterizado em Portugal pelo reforço da lógica competitiva e eleitoral em detrimento da lógica representativa e de mobilização social.[720] O que é que isto significa exactamente?

Por um lado, quer dizer que, dada a natureza eleitoralista e a sua crescente cartelização[721], os principais partidos portugueses actuam fundamentalmente como máquinas eleitorais para alcançar o poder: o poder tende a ser cada vez mais o principal motivo de existência dos partidos estabelecidos, que, para alcançá-lo, necessitam de ganhar eleições e convencer os eleitores. O que parece ir ao encontro das teses e hipóteses defendidas pela teoria «economicista» ou «mercantilista» da democracia[722], as quais reduzem os sistemas democráticos a um mercado em que os políticos — fornecedores de políticas públicas — disputam os votos dos cidadãos — seus

---

[719] Fernando Farelo Lopes e André Freire (2002), *Partidos Políticos e Sistemas Eleitorais*, op. cit.; Maria José Stock, Conceição Pequito e António Revez (2005), *Velhos e Novos Actores Políticos. Partidos e Movimentos Sociais*, Lisboa, Universidade Aberta.

[720] Peter Mair (2003), «Os partidos políticos e a democracia», in *Análise Social*, op. cit., pp. 277-294.

[721] Sobre o fenómeno da «cartelização» partidária na Europa Ocidental, vejam-se, entre outros: Richard Katz e Peter Mair (orgs.) (1994), *How Parties Organize: Change and Adaptation in Party Organizations in Western Democracies*, Londres, Sage; Ruud Koole, (1996) «Cadre, Catch-All or Cartel?: A Comment on the Notion of the Cartel Party», in *Party Politics*, 2, pp. 509-525; Richard Katz e Peter Mair (2002), «The ascendency of the party in public office: party organization change in twentieth-century democracies», in Richard Gunther, José Ramón Montero e Juan J. Linz (orgs.), *Political Parties. Old Concepts and New Challenges*, op. cit., pp. 113-135; Maximilian Spinner (2002), *The Katz & Mair — Koole Debate about Cartel Parties*, Budapeste, Central European University of Budapest; Klaus Detterbeck (2005), «Cartel Parties in Western Europe?», in *Party Politics*, (2), vol. 11, pp. 173-191. Sobre o fenómeno da «cartelização» partidária em Portugal, vejam-se, sobretudo: Fernando Farelo Lopes (2004), *Os Partidos Políticos. Modelos e Realidades na Europa Ocidental e em Portugal*, op. cit., pp. 141-155; Nuno Guedes (2006), «O partido-cartel: Portugal e as leis dos partidos e financiamento de 2003, Centro de Investigações e Estudos de Sociologia, *e-working paper* n.º 17.

[722] Joseph Schumpeter (1942, 1987), *Capitalism, Socialism and Democracy*, Londres, Unwin Paperbacks [com uma nova introdução de Tom Bottomore]; Larry Diamond e Marc F. Plattner (1993), *Capitalism, Socialism, and Democracy Revisited*, Baltimore, Md., The Johns Hopkins University Press.

potenciais clientes — seguindo as leis da oferta e da procura, e os ditames da competição livre.[723]

Desta forma, os partidos apresentam-se como os principais instrumentos desta «política de mercado»: repare-se como as políticas seguidas pelos partidos que alcançam o poder são cada vez menos condicionadas pelos programas que estes oferecem aos cidadãos no momento das eleições — os quais, como é sabido, costumam ser bastante vagos e indistintos —, traduzindo antes em «ofertas pontuais», que mudam em função das preferências individuais resultantes das sondagens de opinião, e que definem as prioridades das elites partidárias.

Ora, aquilo que está na base destas «ofertas pontuais» não parece ser a necessidade de articular e agregar os interesses e as exigências apresentados pela sociedade — uma função classicamente associada aos partidos —, mas sim, e principalmente, a conquista de votos e o acesso a cargos públicos, ainda que isso implique o abandono, mais ou menos radical, dos compromissos programáticos assumidos em campanha eleitoral ou a adopção de acordos contra-natura com formações partidárias rivais: resultantes de negociações e de entendimentos pouco transparentes e estabelecidos segundo uma lógica e de acordo com regras nem sempre apreendidos pelos cidadãos, e que parecem responder sobretudo aos interesses corporativos da «classe política», sem atender prioritariamente à defesa do interesse público. Encontrando-se numa situação difícil, entre solicitações crescentes e recursos políticos estáveis, e condicionados ainda na sua governação por uma economia cada vez mais internacionalizada e globalizada, os dirigentes partidários vêem-se obrigados a abandonar as suas promessas de campanha, e os eleitorados vêem as suas expectativas defraudadas e tornam-se voláteis, e daí o capital de queixa contra os partidos.

É de admitir, assim, que os cidadãos facilmente percebam a incoerência entre a ideologia, os programas e a prática política dos partidos; mas também que se sintam igualmente «frustrados» com a sua actuação concreta face à «espiral» de promessas de melhoria das condições sociais e económicas — geradas pelas dinâmicas eleitorais da conquista de votos — e a sua difícil concretização por parte dos partidos no governo. É isso que, eventualmente, explica o antipartidarismo reactivo em Portugal — como, aliás, em outras democracias europeias. E se a sua expressão entre

---

[723] Anthony Downs (1957), *An Economic Theory of Democracy*, Nova Iorque, Harper.

os eleitores é bastante residual — cerca de 7 % —, isso fica a dever-se seguramente ao «efeito de lua-de-mel» que se segue a cada acto eleitoral. Se o inquérito que serve de base ao nosso estudo não tivesse sido realizado imediatamente após as eleições legislativas de Março de 2002 — que tiveram lugar na sequência não só dos maus resultados que o Partido Socialista obtivera nas eleições autárquicas de 2001, mas também do período politicamente penoso, de cerca de dois anos, que se seguiu à sua vitória nas eleições de 1999 — mas se tivesse sido aplicado, por exemplo, a meio do mandato do Governo, os valores seriam porventura muito diferentes.

Mas a tudo isto há ainda que acrescentar o facto de a tradicional função representativa dos partidos ser agora partilhada com outros actores da sociedade civil, nomeadamente com os grupos de interesses e os novos movimentos sociais, bem como com os meios de comunicação social, pelo que sobram razões para perceber por que é que certos segmentos da população portuguesa tendem a questionar a indispensabilidade dos partidos para o funcionamento da democracia; já que, como acabámos de argumentar, fica a ideia de que os processos de representação e mediação de interesses não parecem requerer necessariamente a existência de partidos políticos.[724]

Por outro lado, e ainda no que às explicações do antipartidarismo reactivo diz respeito, há que reconhecer que se os partidos são uma consequência lógica da democracia representativa moderna, constituindo o instrumento fundamental para a participação dos cidadãos na esfera política, o facto é que eles se apresentam cada vez menos como associações de mobilização social e de dinamização política — uma função primordial das organizações partidárias nas democracias do início do século XX — para se assumirem fundamentalmente como corporações centralizadas, hierarquizadas e burocratizadas; ou, noutros termos, como entidades distantes e separadas dos cidadãos em geral e orientadas cada vez mais para a conquista e para a manutenção do poder.[725] Daqui parece decorrer o seguinte: se essa tarefa de mobilização social e política tende a deixar de fazer parte do «repertório» das funções essenciais desempenhadas pelos partidos, não surpreende que também a este nível, e sob o olhar mais crítico de certos sectores da opinião pública portuguesa, ainda que numericamente mino-

---

[724] Peter Mair (2003), «Os partidos políticos e a democracia», *op. cit.*, p. 291.
[725] *Idem, ibidem*, pp. 281-283.

ritários, o seu papel enquanto pilares da democracia representativa seja posto em causa.

De uma perspectiva que é ainda macropolítica, a persistência dos sentimentos partidários culturais e reactivos em Portugal não pode deixar de nos remeter para o plano mais alargado da história das ideias políticas, na justa medida em que a tais sentimentos conferem actualidade e força teórica à ideia de «facção» associada ao nascimento dos partidos modernos, a qual sempre teve conotações mais negativas do que positivas por ser considerada — pelo modelo liberal do Estado — o equivalente de interesses particulares, parciais e, sobretudo, fraccionantes, em suma: interesses incompatíveis com a defesa do interesse geral.[726] Mas a existência daqueles sentimentos invoca também a ideia de que os partidos estão longe de servirem a democracia e os seus nobres ideais participativos, constituindo-se antes como os seus principais obstáculos, dado que o irremediável «défice democrático» que caracteriza a sua organização, os seus procedimentos e as suas práticas internas é algo irremediável e que se reflecte necessariamente no sistema político como um todo — neste sentido, os partidos estão destinados a reger-se, invariavelmente, segundo a célebre «lei de ferro da oligarquia», tal como entendida por Michels nos primeiros anos do século XX.[727]

Se estas considerações teóricas sobre os «males» inerentes ao fenómeno partidário foram formuladas em contextos históricos que nada têm a ver com o actual, o certo é que elas merecem agora uma redobrada atenção. E isto porque se é verdade que os partidos não são hoje menos democrá-

---

[726] Henry Saint-John Viscount Bolingbroke (1738), «The Patriot King and Parties», in Susan E. Scarrow (2002), *Perspectives on Political Parties. Classic Readings*, Londres, Palgrave Macmillan, pp. 29-33; David Hume (1742), *«Of Parties in General»*, in Susan E. Scarrow (2002), *Perspectives on Political Parties. Classic Readings, op. cit.*, pp. 33-37; Edmund Burke (1770), «Thoughts on the Cause of the Present Discontents», in Susan E. Scarrow (2002), *Perspectives on Political Parties. Classic Readings, op. cit.*, pp. 37-45; George Washington (1976), «Farewell Adress to Congress», in Susan E. Scarrow (2002), *Perspectives on Political Parties. Classic Readings, op. cit.*, pp. 45-51.

[727] Mosei Ostrogorski (1902, 1979), *La Démocratie et les Partis Politiques, op. cit.*; Rober Michels (1911, 2001), *Para uma Sociologia dos Partidos Políticos na Democracia Moderna, op. cit.* Para uma leitura crítica da obra destes autores clássicos, ver, António Marques Bessa (1993), *Quem Governa? Uma Análise Histórico-Política do Tema da Elite, op. cit.*; Conceição Pequito Teixeira (2001), *Robert Michels, A Teoria e a Política da Democracia, op. cit.*

ticos do que foram no passado; contudo, os processos de modernização social e cultural em curso nas sociedades industriais avançadas podem contribuir para que essa realidade se torne cada vez menos suportável e tolerável aos olhos dos cidadãos, que poderão tornar-se, assim, mais receptivos perante a retórica e as formas de mobilização política manifestamente antipartidárias.

Este facto não pode deixar de trazer consigo óbvias e sérias ameaças para o funcionamento do regime democrático tal como o conhecemos, sendo de lembrar aqui a afirmação feita por Giovanni Sartori a propósito das atitudes de desconfiança, de hostilidade e até de agressividade face aos partidos e aos políticos, que tendem a impor-se na opinião pública de muitas democracias ocidentais actuais: «Enquanto o cidadão apático tornou a política muito fácil, o cidadão vingativo pode torná-la muito difícil.»[728]

2.2 *As causas dos sentimentos antipartidários: culturais, sociais e políticas*

Referimo-nos, na secção anterior, ao peso e à influência que os sentimentos antipartidários de índole cultural têm ainda em Portugal e avançamos também algumas explicações de natureza macropolítica para o fenómeno, realçando, por um lado, a importância de um passado político pseudo-democrático, caracterizado pela sistemática manipulação governamental, pelo caciquismo e pela apatia generalizada de parte da sociedade. Um contexto em que o partido do poder ganhava quase invariavelmente, em que as leis eleitorais e os procedimentos de recenseamento eram frequentemente alterados para maior vantagem partidária, e em que a violação e a intimidação eram banais. Mas apelámos também a um passado político marcado por quarenta e oito anos de um regime autoritário, marcado por um discurso oficial assumidamente antipartidário, em que a realização de eleições controladas pelo Governo — «não concorrenciais, não livres e não significativas» —, aliadas à tentativa de estigmatizar a oposição como um grupo isolado da sociedade civil, anestesiavam uma população subordinada. Ao mesmo tempo, o corporativismo de Estado antecipativo, pre-

---

[728] Giovanni Sartori (1996), *Ingeniería Constitucional Comparada. Una Investigación de Estructuras, Incentivos y Resultados*, México, FCE, pp. 163-164.

ventivo e defensivo, impedia sub-reptícia e negativamente toda e qualquer autonomia das formas de organização da sociedade civil, que se limitavam a apoiar leal e incondicionalmente um governo autoritário.

Por outro lado, e no que respeita ao antipartidarismo reactivo, que se traduz uma crítica implícita ao modo de funcionamento dos partidos enquanto instituições nucleares da democracia representativa, e canais privilegiados de participação política e de agregação de interesses, procurámos demonstrar como estas funções tradicionalmente atribuídas aos partidos tendem hoje a ser asseguradas por outras organizações concorrentes — sendo, por isso, em certo sentido, contingentes. Tivemos também a oportunidade de sublinhar que a afirmação dos novos modelos de partido — *catch-all* e cartel — e as exigências da política competitiva pela conquista de votos e pelo acesso a cargos públicos tendem a relegar aquelas funções para um plano secundário, dando primazia às funções ditas procedimentais, que se prendem fundamentalmente com a organização do Parlamento e do Governo, e daí o capital de queixa e a frustração de expectativas dos eleitores face aos partidos. Como defende Peter Mair, numa tese em que é acompanhado por Rudy Andeweg:

> Os dados sugerem que os partidos trocaram as suas funções representativas por funções de carácter mais procedimental, uma mudança que acompanha o movimento dos partidos da sociedade civil para o Estado (...). Por outras palavras, assim como os partidos mudaram da sociedade para o Estado, as funções que estes desempenham, e se espera que desempenhem, mudaram de uma acção principalmente «representativa» para uma acção principalmente «governativa» (...). Esta mudança sublinha também um aspecto importante relativo ao suposto «declínio dos partidos»: de facto, os partidos enquanto tal não declinaram, mas modificaram-se e encontram-se hoje cada vez mais implantados nas instituições. Por outro lado, parece cada vez mais evidente a existência de um acentuado «declínio» das organizações partidárias — pelo menos quando avaliadas em termos de simples presença autónoma na sociedade.[729]

---

[729] Rudy B. Andeweg (2003), «Beyond representativeness? Trends in political representation», *in European Review*, 11, pp. 147-161; Peter Mair (2003), «Os partidos políticos e a democracia», *op. cit.*, pp. 285, 290-291.

Na secção que agora se inicia, e para melhor compreender e interpretar os sentimentos antipartidários em Portugal, propomo-nos averiguar as causas individuais e as potenciais consequências da falta de apoio público aos partidos. O que interessa agora não é só responder à questão: o que sentem os portugueses em relação aos partidos políticos? Importa também, e sobretudo, procurar resposta para a pergunta: quais os factores que determinam os sentimentos de rejeição, por um lado, e por outro, as atitudes críticas dos portugueses em relação ao papel dos partidos no regime democrático? É precisamente disso que nos ocuparemos em seguida.

No quadro n.º 11, mostram-se as variáveis independentes ou explicativas que podem ser teoricamente relevantes para explicar os sentimentos antipartidários, tanto de índole cultural como reactiva, os quais constituem aqui a variável dependente ou explicada. É partir delas que iremos desenvolver o modelo de regressão linear, no sentido de determinar o perfil sociodemográfico e atitudinal dos inquiridos que revelam sentimentos antipartidários, para depois vermos quais as suas consequências atitudinais e comportamentais.

Nas variáveis sociais e económicas incluem-se o género, a idade, o grau de instrução, a situação face ao trabalho, o rendimento familiar mensal, a dimensão do *habitat* e o envolvimento associativo, sendo que as nossas expectativas teóricas vão no sentido de os dois tipos de antipartidarismo — cultural e reactivo — estarem associados a diferentes causas ou determinantes, constituindo, portanto, fenómenos conceptual e empiricamente distintos.[730] Quanto às variáveis políticas seleccionadas, torna-se necessário distinguir entre as de longo prazo, sedimentadas ao longo do ciclo de vida, nomeadamente a identificação partidária, o autoposicionamento ideológico e a adesão a valores pós-materialistas (testadas em ambos os casos) e as de curto prazo, relacionadas com a avaliação da conjuntura política e económica num determinando momento, designadamente a avaliação do desempenho geral do Governo (consideradas aqui apenas no caso do antipartidarismo reactivo).

Quanto à identificação partidária — entendida enquanto orientação afectiva que os indivíduos desenvolvem em relação a um determinado par-

---

[730] Mariano Torcal, Richard Gunther e José Ramón Montero (2002), «Anti-party sentiments in Southern Europe», *in* Richard Gunther, José Ramón Montero e Juan J. Linz (orgs.), *Political Parties and New Challenges*, *op. cit*., pp. 260-261.

Descrição e codificação das variáveis independentes utilizadas na regressão logística, 2002

[QUADRO N.º 11]

Variáveis independentes	Codificação das variáveis
Sexo .... (perg. d2)	0: Feminino 1: Masculino
Idade .... (perg. d1)	1: 18-29 5: 66-74
Grau de instrução .... (perg. d3)	1: Nenhum 11: Pós-graduação completa
Situação face ao trabalho .... (d. 10)	0: Inactivos 1: Activos
Rendimento familiar mensal .... (perg. d18)	1: Menos de 300 euros (menos de 60 contos) 5: Mais de 2 500 euros (mais de 500 contos)
Dimensão do *habitat* .... (perg. c2)	1: Menos de 100 hab. 11: Mais de 500 000 hab.
Pertença a associações ....(pergs. d5, d7, d8 e d9)	0: Não pertence a nenhuma associação 1: Pertence a várias associações
Proximidade a um partido político .... (perg. 5)	0: Não 1: Sim
Autoposicionamento ideológico .... (perg. 18_1)	0: Esquerda 10: Direita
Pós-materialismo ....(pergs. 59_1 e 59_2)	0: Adesão a valores materialistas 1: Adesão a valores pós-materialistas
Avaliação do desempenho geral do Governo .... (perg. 25)	0: Desempenho negativo 1: Desempenho positivo
Avaliação do desempenho do partido em que votou... (perg. 29)	0: Desempenho negativo 1: Desempenho positivo

Fonte: António Barreto, André Freire, Marina Costa Lobo e Pedro C. Magalhães (orgs.) (2002), *Comportamento Eleitoral e Atitudes Políticas dos Portugueses — Base de Dados*, Lisboa, Instituto de Ciências Sociais.

Notas: 1. [*] A variável pós-materialismo é construída com base nas respostas dadas à questão n.º 9 onde se pergunta aos inquiridos quais julgam ser os dois principais objectivos que Portugal deve alcançar nos próximos dez anos, escolhidos de entre duas prioridades «pós-materialistas» («dar aos cidadãos maior capacidade de participação nas decisões importantes do governo» e «defender a liberdade de expressão») e duas «materialistas» («manter a ordem no país» e «combater o aumento dos preços»). Na base das respostas construiu-se uma escala de 1 a 4, em que os indivíduos que escolhem duas prioridades materialistas são codificados com 1, uma primeira prioridade materialista e uma segunda pós-materialista com 2, uma primeira prioridade pós-materialista e uma segunda materialista com 3 e duas prioridades pós-materialistas com 4. Posteriormente, esta escala foi convertida numa variável dicotómica, em que 1 = adesão a valores pós-materialistas e 0 = adesão a valores materialistas.

tido, a qual pode ser positiva ou negativa, e assumir graus de intensidade variáveis[731] — ao funcionar como um instrumento de orientação ou como

---

[731] Angus Campbell *et al.* (1960, 1980), *The American Voter*, Chicago, Chicago University Press, pp. 121-122 e 146-149.

um atalho cognitivo para os eleitores na interpretação dos fenómenos políticos e na tomada de decisões, é expectável que contribua para reduzir as predisposições antipartidárias dos cidadãos. Já o autoposicionamento na escala esquerda-direita, relacionado com as orientações ideológicas que reflectem principalmente lealdades partidárias e não tanto o posicionamento na estrutura social e as opções valorativas dos eleitores[732], procura testar se, e em que medida, três décadas após o 25 de Abril de 1974 e após a introdução da democracia representativa em Portugal, a rejeição e a hostilidade face aos partidos políticos continua a ser mais intensa entre os eleitores de direita do que os de esquerda. Por fim, e no que respeita à adesão aos valores pós-materialistas, trata-se de saber se estes contribuem para que os cidadãos optem por uma atitude de «desafio» face às autoridades tradicionais, resultante de novas prioridades valorativas e do aparecimento de novos movimentos sociais, dotados de uma organização não permanente, aberta e mais flexível e portadores de agendas políticas alternativas; e, como tal, estão na base da rejeição das formas mais convencionais de fazer política, protagonizadas fundamentalmente pelos partidos políticos.[733]

Depois de apresentada e justificada a escolha das variáveis explicativas do antipartidarismo cultural e reactivo em Portugal, e enunciadas as respectivas expectativas teóricas, passemos à análise dos resultados do

---

[732] Desde o artigo publicado por Ronald Inglehart e Hans-Dieter Kinglemann (1976), existe um consenso mais ou menos generalizado de que o autoposicionamento dos indivíduos no eixo da esquerda-direita tem três componentes principais: 1) uma componente social, relacionada com o posicionamento dos cidadãos na estrutura social; 2) uma componente valorativa, que resulta das atitudes dos eleitores face aos principais conflitos de valores da política de massas das democracias ocidentais, tanto os resultantes da «velha» como da «nova» política; 3) uma dimensão partidária, que remete para a identificação dos indivíduos com os partidos políticos. Cf. Ronald Inglehart e Hans-Dieter Kinglemann (1976), «Party identification, ideological preference and the left-right dimension among Western mass publics», *in* Ian Budge *et al.*, (orgs.), *Party Identification and Beyond: Representations of Voting and Party Competition*, Londres, John Wiley & Sons, pp. 243-276; André Freire (2007), «Trazendo as identidades sociais de volta ao debate: as determinantes sociais das orientações de esquerda-direita na Europa Ocidental», *in* André Freire, Marina Costa Lobo e Pedro Magalhães (orgs.) *Eleições e Cultura Política: Portugal no Contexto Europeu*, Lisboa, ICS, p. 31.

[733] Ronald Inglehart (1997), *Modernization and Post Modernization: Value Change in 43 Societies*, *op. cit.*, p. 44.

modelo de regressão linear. Os dados constantes dos quadro n.º 13, no qual se reproduzem os coeficientes de regressão β que permitem determinar a capacidade preditora das variáveis independentes, sugerem algumas conclusões interessantes — que, desde já se adverte, devem ser lidas com toda a cautela e cuidado, pois a variância explicada do modelo não é muito expressiva. Tal está longe, sublinhe-se, de ser algo atípico no tratamento estatístico de dados em Ciências Sociais, mas ainda assim aconselha a que falemos mais em tendências num ou noutro sentido do em evidências empíricas irrefutáveis, e também a que formulemos juízos interpretativos mais especulativos do que conclusões definitivas sobre a matéria. Dito isto, que não é de somenos importância, vejamos então que tipo de inferências e ilações os dados disponíveis nos permitem fazer sobre as causas individuais do antipartidarismo em Portugal.

Primeiro, os dados mostram que, ao contrário da desconfiança institucional, o antipartidarismo não constitui um fenómeno socialmente difuso e transversal, na medida em que as variáveis sociodemográficas incluídas no modelo de regressão — e que têm usualmente um peso explicativo mais discriminante — produzem efeitos estatisticamente significativos, constituindo os melhores preditores dos sentimentos antipartidários em Portugal. Segundo, e confirmando a nossa hipótese de partida, os dados demonstram que o antipartidarismo cultural e o antipartidarismo reactivo constituem, de facto, dimensões autónomas das atitudes dos cidadãos face aos partidos, na medida em que têm causas ou determinantes individuais distintas. Terceiro, revelam que, em termos de atitudes políticas, o antipartidarismo cultural se acha estatística e significativamente associado a variáveis de longo prazo e que, por isso, é razoável defini-lo como uma característica da cultura política prevalecente no nosso país, enquanto o antipartidarismo reactivo aparece associado a factores eminentemente conjunturais, que passam pela avaliação negativa do desempenho do Governo.

A análise do quadro n.º 12 permite ver que o sexo, a idade, o grau de instrução, o rendimento e o tipo de *habitat* têm efeitos estatisticamente significativos sobre o antipartidarismo cultural, sugerindo que as mulheres, os indivíduos menos instruídos, as pessoas com um estatuto socioeconómico menos favorecido e os residentes em zonas preponderantemente rurais, são também aqueles que maior hostilidade revelam em relação aos partidos. Por outro lado, e embora, os coeficientes β de regressão linear sejam aqui menos expressivos, o antipartidarismo reactivo encontra-se apenas significativamente associado, e em sentido contrário, à idade, ao grau de instrução e à dimensão do *habitat*. Ou seja, o descontentamento com o funcionamento e com a actuação dos partidos tende a ser mais preponderante entre os mais jovens, os indivíduos com um maior capital escolar e os residentes em meios preponderantemente urbanos.

Determinantes do antipartidarismo cultural e reactivo em Portugal, 2002
(coeficientes β de regressão linear)

[QUADRO N.º 12]

Variáveis independentes	Variáveis dependentes	
	Antipartidarismo cultural	Antipartidarismo reactivo
Sexo	0,136(***)	0,017
Idade	0,129(**)	-0,151(***)
Grau de escolaridade	-0,140(***)	0,121(***)
Situação face ao trabalho	-0,059	-0,034
Rendimento mensal	-0,035(**)	-0,144(***)
Habitat	-0,081(**)	0,110(***)
Proximidade a um partido	-0,089(**)	-0,062
Autoposicionamento ideológico	-0,093(**)	-0,030
Pós-materialismo	0,059	0,088(**)
Avaliação do desempenho do governo	-	-0,080(**)
R^2	0,087	0,038
R^2 ajustado	0,073	0,021
N	703	703

Fonte: EENP de 2002.

Notas: **1.** Variáveis dependentes: Índice de antipartidarismo cultural e índice de antipartidarismo reactivo (ambos os índices variam entre o valor + 1 que corresponde aos inquiridos classificados como pró-partidários e o valor - 1 que corresponde os inquiridos classificados como antipartidários). **2.** Nível de significância de rejeição da hipótese nula: (*) $p \leq 10\%$; (**) $p \leq 5\%$; (***) $p \leq 1\%$. **3.** As respostas «não sabe» e «não responde» foram incluídas na análise e tratadas estatisticamente recorrendo-se para tal ao método *regression imputation*.

Da leitura dos resultados da regressão linear, e no que se refere às variáveis sociodemográficas, a observação que se impõe — para além do já mencionado impacto sobre ambos os tipos de antipartidarismo em Portugal — não é nova e prende-se com o contraste existente entre o perfil dos «cidadãos desafectos» e o dos «cidadãos descontentes» com os partidos políticos. Torna-se, assim, particularmente evidente que o antipartidarismo cultural assenta numa clara privação de recursos económicos e educacionais, na distância em relação à vida urbana, assim como, e principalmente, na presumível desigualdade dos padrões de socialização entre homens e mulheres no que diz respeito às suas orientações em relação à vida política — o que pode ser explicado pelas condições objectivas da maior parte das mulheres, mas também por obstáculos institucionais específicos, que se prendem com o próprio funcionamento do universo político.[734]

Por seu turno, e em claro contraste, o perfil dos indivíduos que se sentem descontentes ou insatisfeitos com os partidos políticos — o que não implica considerá-los como organizações inúteis ou dispensáveis para o funcionamento da democracia — distingue-se por um maior nível de recursos sociais, educacionais e económicos, uma vez que o antipartidarismo reactivo tende a ser mais preponderante entre os indivíduos mais jovens, mais instruídos, com uma condição económica mais elevada, e que residem em meios preponderantemente urbanos.

No que respeita ao antipartidarismo cultural, e quanto às atitudes de longo prazo, falta ainda dizer que o sentido negativo e significativo do coeficiente β de correlação linear parece mostrar que o eleitorado de esquerda — talvez porque mais radical, contestatário e inconformista face ao *status quo* — se revela menos satisfeito com a actuação concreta dos partidos tradicionais, considerando, eventualmente, as suas práticas muito distantes dos ideais democráticos e os seus procedimentos dificilmente compatíveis com a afirmação de uma cidadania política plena; há, em contrapartida, e ao contrário do avançado inicialmente, sinais de maior aceitação e tolerância com a política convencional — de que os partidos são os principais protagonistas — entre o eleitorado de direita. Ainda quanto ao antipartidarismo cultural, verifica-se, conforme o esperado, que a identificação par-

---

[734] José Manuel Leite Viegas e Sérgio Faria (2000), *As Mulheres na Política*, Oeiras, Celta Editora; Manuel Meirinho Martins e Conceição Pequito Teixeira (2005), *O Funcionamento dos Partidos e a Participação das Mulheres na Vida Política e Partidária em Portugal*, Lisboa, Comissão para a Igualdade e para os Direitos das Mulheres, Presidência do Conselho de Ministros; Anália Torres e Rui Brites (2006), «Atitudes e valores dos europeus: a perspectiva do género numa análise transversal», *in* Jorge Vala e Anália Torres (orgs.), *Contextos e Atitudes Sociais na Europa*, Lisboa, Instituto de Ciências Sociais.

tidária contribuir para atenuar as atitudes de hostilidade face aos partidos políticos em geral.

Face ao que foi dito anteriormente sobre o «peso socializante do passado», torna-se indispensável olhar para o impacto da idade sobre os sentimentos antipartidários, já que os resultados assumem aqui um sentido teoricamente interessante. Em primeiro lugar, porque parecem confirmar a tese de que os processos de socialização política influenciam continuamente as atitudes cognitivas, afectivas e valorativas que os indivíduos desenvolvem em relação aos objectos políticos. E, sendo assim, é de admitir que os indivíduos mais velhos, que nem sempre viveram em democracia nem conheceram o pluralismo político e partidário que lhe é consubstancial, tenham uma atitude de maior hostilidade perante os partidos, dado que os valores e as regras do «jogo democrático» não fizeram parte da sua socialização primária e, muito provavelmente, foram difícil ou insuficientemente interiorizados no período em que decorreu a sua socialização secundária — neste sentido, a passagem do tempo parece não ter operado uma mudança nos fundamentos culturais de um passado político ainda não suficientemente distante, ressocializando importantes segmentos da população.

Em segundo lugar, se é de admitir a tese do «efeito geracional» em termos de antipartidarismo cultural, já no que se refere ao antipartidarismo reactivo, a hipótese do «efeito do ciclo de vida» sobre as atitudes dos cidadãos parece fazer bastante mais sentido. E porquê? Precisamente porque é nas idades mais jovens que se dá a entrada no mercado de trabalho, com muito mais exigências e vulnerabilidades em termos de segurança económica e profissional, o que induz a um maior descontentamento e ao desenvolvimento de atitudes críticas e de desafio relativamente à actuação concreta dos agentes políticos, em geral, e dos partidos, em particular.

Esta leitura parece ser corroborada pelo facto de a adesão aos valores pós-materialistas constituir também um preditor importante do antipartidarismo reactivo, o que significa, aparentemente, que o descontentamento com a actuação dos partidos enquanto agentes de representação social e canais de participação política tende a ser mais preponderante entre os indivíduos jovens e instruídos, que partilham orientações valorativas «pós-materialistas», e que em Portugal são ainda uma escassa minoria — e isso não obstante a reduzida intensidade das clivagens sociais tradicionais poder constituir um terreno propício para o seu desenvolvimento. Mas, como sublinha Carlos Jalali:

Os dados mais recentes não conseguem esconder a reduzida implantação dos novos valores pós-materialistas entre o eleitorado português. E a facilidade com que os dados se inverteram em condições económicas adversas sugere que os portugueses têm uma relação muito frágil e conjuntural com os valores pós-materialistas. A explicação normalmente apresentada para esta reduzida implantação prende-se essencialmente com a modernização tardia de Portugal e com o persistente subdesenvolvimento da sua economia, que apresenta os níveis de vida e os níveis salariais mais baixos da União Europeia.[735]

De novo, aqui, não podemos deixar de constatar que os dados obtidos parecem confirmar algumas das expectativas teóricas inerentes à tese da «mudança cultural» avançadas por Ronald Inglehart, nomeadamente o facto de que as novas gerações, detentoras de um capital escolar mais elevado, que habitam em contextos sociais diversificados, fragmentados e individualizados, e que tendem a dirigir as suas preocupações para novos temas relacionados com a liberdade, a participação cívica e a qualidade de vida, são também aquelas que se revelam mais exigentes e profundamente críticas na avaliação que fazem das instituições políticas tradicionais.

Seja como for, uma tal leitura dos dados ganha ainda um apoio empírico adicional, se atendermos ao facto de o antipartidarismo reactivo surgir associado à avaliação do desempenho geral do governo, o que deixa supor que o descontentamento face aos partidos não é alheio ao grau de satisfação dos cidadãos com o modo como o Governo em funções responde às exigências sociais e à forma como distribui benefícios e custos entre a população num determinado momento. Pelo que, como foi sustentado inicialmente, o antipartidarismo reactivo, ao contrário do cultural, se acha também fortemente associado a factores de curto prazo.

Porém, e como sugerem Pippa Norris e Russell Dalton, a crescente sofisticação individual, aliada ao forte criticismo perante as fontes de autoridade política, que caracterizam hoje os eleitorados das democracias ocidentais, podem não constituir fenómenos negativos. Bem pelo contrário,

---

[735] Carlos Jalali (2004), «As mesmas clivagens de sempre? Velhas clivagens e novos valores no comportamento eleitoral português», in André Freire, Marina Costa Lobo e Pedro C. Magalhães (orgs.) *Portugal a Votos. As Eleições Legislativas de 2002*, op. cit., p. 106.

podem estar na base de desenvolvimentos positivos, na medida em que permitem a afirmação de uma cidadania mais atenta, exigente, crítica e participativa, contribuindo, desta forma, para fortalecer o governo democrático e as suas principais instituições.[736]

Se no caso de Portugal, atendendo apenas às causas ou determinantes do antipartidarismo reactivo, é possível verificar que níveis mais elevados de recursos individuais e orientações valorativas pós-materialistas tendem a estar na base de sentimentos de descontentamento, resta porém saber até que ponto isso permite dizer que tais sentimentos têm um impacto positivo sobre o sistema político globalmente considerado, traduzindo-se, por exemplo, num maior interesse e envolvimento político por parte dos indivíduos que se sentem insatisfeitos com a prestação dos partidos e com a actuação das suas respectivas elites. Para tal, torna-se necessário conhecer quais as consequências políticas dos dois tipos de antipartidarismo em Portugal, e é disso que trata a seguinte secção seguinte do presente estudo.

2.3 As consequências políticas dos sentimentos antipartidários: correlatos atitudinais e comportamentais

Sabemos então que, ao nível das suas determinantes individuais, a distinção conceptual entres as diferentes dimensões do antipartidarismo encontra apoio empírico nos dados obtidos através do Estudo Eleitoral Nacional de 2002. Vejamos, agora, em que medida essa distinção se mantém quando em causa estão as consequências políticas de cada um destes tipos de antipartidarismo, o cultural e o reactivo.

Nos quadros que apresentamos em seguida, e adoptando a mesma estratégia de análise desenvolvida em relação ao estudo das implicações da desconfiança dos portugueses em relação aos partidos, comparamos, primeiramente, e de forma sistemática, as percentagens de inquiridos que manifestam um conjunto de atitudes e comportamentos face à política segundo os seus níveis de antipartidarismo cultural e reactivo, procurando

---

[736] Russelll J. Dalton (1999), «Political support in advanced industrial democracies», *in* Pippa Norris (org.), *Critical Citizens: Global Support for Democratic Government*, *op. cit.*; Pippa Norris (1999), «Introduction: the growth of critical citizens?», *in* Pippa Norris (org.), *Critical Citizens: Global Support for democratic Government*, *op. cit.*

testar, depois, as correlações existentes entre uns e outros através dos coeficientes de correlação *Kendall's tau-b*. Para tal, seleccionamos uma vez mais, e de acordo com as possibilidades oferecidas pelo Estudo Eleitoral Nacional, uma série de indicadores relacionados com: os sentimentos de eficácia, compreensão e interesse pela política; a mobilização cognitiva e política dos cidadãos; o recurso a diferentes formas de participação política, convencionais e não convencionais; e, por fim, o apoio público concedido à democracia, tanto na sua vertente difusa como na sua vertente específica, como se pode constatar nos quadros que se seguem.

Comecemos, pois, esta secção com a análise dos dados de 2002 relativos aos correlatos atitudinais e comportamentais dos sentimentos antipartidários em Portugal, fazendo notar, desde logo, que também aqui são claramente observáveis diferenças entre os dois subgrupos amostrais (anti e pró-partido) e a amostra total. Com efeito, os resultados obtidos para o total da amostra confirmam o que já foi dito atrás sobre as atitudes e práticas políticas dos portugueses: baixos níveis de interesse e de discussão política; um pronunciado sentimento de ineficácia e de distância em relação ao poder; fraca exposição aos *media* e uma manifesta dependência da televisão como fonte privilegiada de informação política; predomínio da participação eleitoral em relação a outras formas de participação política, mediadas ou não pelos partidos; e, por fim, um apoio generalizado à democracia enquanto regime e um forte descontentamento quanto ao seu funcionamento concreto.

Contudo, muitas destas tendências são consideravelmente mais pronunciadas entre os cidadãos que rejeitam e hostilizam os partidos enquanto instituições essenciais ao regime democrático do que entre aqueles que se mostram apenas descontentes e insatisfeitos com a sua actuação concreta. Tal permite concluir que o antipartidarismo cultural é, tanto do ponto de vista das suas causas como das suas consequências, um fenómeno bem mais preocupante para o sistema político português do que é o antipartidarismo reactivo. Isto porque, se do lado das causas, o antipartidarismo cultural aparece associado a uma clara privação de recursos socioeconómicos e educacionais, bem como a um sentimento de não identificação partidária — factores estruturais e de longo prazo dificilmente alteráveis —, já do lado das consequências, ele aparece ligado a um conjunto de atitudes e comportamentos políticos que se traduzem mais numa «negligência» perante o sistema político do que numa mera acção de «saída» temporária ou de «lealdade» relativamente passiva e optimista.

Como se pode ver, nos quadros que se seguem, os indivíduos que partilham sentimentos de hostilidade em relação aos partidos — não reconhecendo o seu valor intrínseco enquanto instituições democráticas — são também os que denotam não só um maior nível de ineficácia individual, tanto interna como externa, como um maior desinteresse e uma maior falta de compreensão pelos assuntos políticos, ficando a ideia de que, para eles, a política parece constituir um «mundo à parte», fechado, complexo, inacessível e até impermeável aos seus problemas e necessidades, o que contém em si mesmo o reconhecimento implícito da improbabilidade da eficácia da acção política ou da receptividade e da resposta dos representantes aos interesses dos representados.

É precisamente esta combinação entre a convicção de que a mudança social e política não é possível — como impossível é também a participação individual nessa mudança — por um lado, e a percepção de que os políticos estão distantes e se mostram muito pouco receptivos e disponíveis para atender às solicitações e reivindicações dos cidadãos — estando apenas interessados na conquista do voto e no acesso ao poder —, por outro, que determina que o antipartidarismo cultural constitua uma das facetas visíveis dos sentimentos de «desafeição política» que caracterizam hoje as novas e as velhas democracias. Este distanciamento dos cidadãos relativamente às instituições — de que desconfiam e com cuja actuação se revelam insatisfeitos — e à classe política — de que se sentem afastados e que olham com profundo cinismo e cepticismo —, remete obrigatoriamente para os argumentos tantas vezes ouvidos que falam de uma crise na relação entre o poder político e a sociedade civil, e que sublinham o afastamento entre o país real e o país legal, que faz com que a vida política pareça epifenomenal ou artificial para grande parte da população.

Decorre daqui que o distanciamento, o desinteresse e a fraca mobilização cognitiva face à política, enquanto correlatos do antipartidarismo cultural, levam também e necessariamente a uma maior passividade e inacção em termos de participação política: os indivíduos que culturalmente rejeitam os partidos políticos são também aqueles que menos votam, mostrando-se, dessa forma, indiferentes e indisponíveis perante as actividades partidárias de mobilização eleitoral.

Porém, é curioso notar que essa indiferença ou indisponibilidade por parte dos cidadãos «desafectos» não é canalizada comportamentalmente para outras formas de participação política convencional, modera-

Correlatos atitudinais do antipartidarismo cultural e reactivo em Portugal, 2002
(valores percentuais)

[QUADRO N.º 13]

Eficácia e interesse pela política	Dimensão cultural				Dimensão reactiva			
	Pró-partido	Neutral	Antipartido	Total	Pró-partido	Neutral	Antipartido	Total
Os assuntos políticos são demasiado complicados								
Discorda totalmente + Discorda	38	31	17	26	24	31	27	26
Concorda totalmente + Concorda	62	69	83	74	76	69	73	74
(N)	(217)	(459)	(627)	(1 303)	(915)	(293)	(95)	(1 303)
Tau-b		0,178(**)				-0,061		
Os políticos não se interessam pelo que as pessoas pensam								
Discorda totalmente + Discorda	42	26	15	23	22	27	22	23
Concorda totalmente + Concorda	58	74	85	77	78	73	78	77
(N)	(217)	(459)	(627)	(1 303)	(915)	(293)	(95)	(1 303)
Tau-b		0,214(**)				0,032		
Os políticos só estão interessados no voto das pessoas								
Discorda totalmente + Discorda	26	14	9	13	14	16	4	13
Concorda totalmente + Concorda	74	86	91	87	86	84	96	87
(N)	(217)	(459)	(627)	(1 303)	(915)	(293)	(95)	(1 303)
Tau-b		0,151(**)				0,022		
Interesse pela política								
Pouco + Nada	31	48	67	54	52	59	66	54
Muito + Razoavelmente	69	52	33	46	48	41	34	46
(N)	(217)	(459)	(627)	(1 303)	(915)	(293)	(95)	(1 303)
Tau-b		-0,251 (**)				-0,085 (**)		
Compreensão e avaliação das questões políticas								
Discorda totalmente + discorda	59	45	38	44	45	43	37	44
Concorda totalmente + Concorda	41	55	62	56	55	57	63	56
(N)	(217)	(459)	(627)	(1 303)	(915)	(293)	(95)	(1 303)
Tau-b		0,134(*)				0,034		

Fonte: António Barreto, André Freire, Marina Costa Lobo e Pedro Magalhães (orgs.) (2002), *Comportamento Eleitoral e Atitudes Políticas dos Portugueses — Base de Dados* 1, Lisboa, Instituto de Ciências Sociais.

Notas: 1. Nível de significância de rejeição da hipótese nula: (*) $p \leq 0,05$; (**) $p \leq 0,01$.

Correlatos atitudinais do antipartidarismo cultural e reactivo em Portugal, 2002
(valores percentuais)

[QUADRO N.º 14]

Exposição à informação política	Dimensão cultural				Dimensão reactiva			
	Pró-partido	Neutral	Antipartido	Total	Pró-partido	Neutral	Antipartido	Total
Frequência com que se assiste a/ notícias sobre política na TV								
Nunca	6	10	16	12	10	15	15	12
Menos de uma vez por semana	11	17	15	15	12	21	20	15
Uma vez por semana	6	13	10	10	10	14	10	10
Várias vezes por semana	25	24	29	27	28	23	28	27
Todos os dias	52	36	30	36	40	27	27	36
(N)	(217)	(459)	(627)	(1 303)	(915)	(293)	(95)	(1 303)
Tau-b		-0,129 (**)				-0,134 (**)		
Frequência com que lê notícias sobre política nos jornais								
Nunca	33	37	56	45	44	45	58	45
Menos de uma vez por semana	20	24	16	20	18	23	21	20
Uma vez por semana	7	13	9	10	10	11	7	10
Várias vezes por semana	22	17	12	15	17	13	10	15
Todos os dias	18	9	7	10	11	8	4	10
(N)	(217)	(459)	(627)	(1 303)	(915)	(293)	(95)	(1 303)
Tau-b		-0,183 (**)				-0,071 (**)		
Frequência com que ouve programas / notícias na rádio								
Nunca	42	42	53	48	47	47	47	47
Menos de uma vez por semana	21	25	19	21	21	22	28	21
Uma vez por semana	6	6	7	6	5	8	6	6
Várias vezes por semana	14	16	13	14	15	12	17	15
Todos os dias	17	11	8	11	12	11	2	11
(N)	(217)	(459)	(627)	(1 303)	(915)	(293)	(95)	(1 303)
Tau-b		-0,102(**)				-0,021		

Exposição à informação política	Dimensão cultural				Dimensão reactiva			
	Pró-partido	Neutral	Antipartido	Total	Pró-partido	Neutral	Antipartido	Total
Frequência com que discute política								
Nunca	17	32	52	39	37	37	50	40
Ocasionalmente	60	58	41	50	52	52	43	50
Frequentemente	23	10	7	11	11	11	7	10
(N)	(217)	(459)	(627)	(1 303)	(915)	(293)	(95)	(1 303)
Tau-b		-0,260 (**)				-0,072 (**)		

Fonte: *Idem, ibidem*.

Notas: 1. Nível de significância de rejeição da hipótese nula: (*) $p \leq 0,05$; $p \leq 0,01$.

Evolução da frequência com que se discute política em Portugal, 1990-2002
(valores percentuais)

[FIGURA N.º 10]

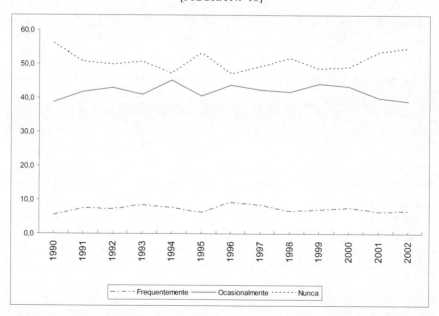

Fonte: dados elaborados a partir de *Mannheim Eurobarometer Trend File* 1970-2002, estudo ICPSR n.º 4 357.

das e legítimas, em que o papel da mediação partidária ou é inexistente ou é pouco expressivo. Bem pelo contrário. Repare-se, pois, que existe uma correlação estatisticamente significativa, e em sentido negativo, entre o antipartidarismo cultural e o recurso às seguintes formas de participação: participar numa manifestação, marcha ou protesto, assinar uma petição ou um abaixo-assinado, escrever uma carta para um jornal, colar cartazes e distribuir folhetos, participar em acções em defesa dos direitos humanos.

Correlatos comportamentais do antipartidarismo cultural e reactivo em Portugal, 2002
(valores percentuais)

[QUADRO N.º 15]

Comportamento eleitoral	Dimensão cultural					Dimensão reactiva			
	Pró-partido	Neutral	Antipartido	Total	Pró-partido	Neutral	Antipartido	Total
Voto nas eleições legislativas de 1999								
Votou	90	82	75	80	83	73	71	80
Não votou	10	18	25	20	17	27	29	20
(N)	(203)	(431)	(588)	(1 222)	(863)	(272)	(87)	(1 222)
Tau-b		0,133(**)				0,112(**)		
Voto nas eleições legislativas de 2002								
Votou	85	78	72	76	81	65	71	76
Não votou	15	22	28	24	19	35	29	24
(N)	(214)	(446)	(613)	(1 273)	(898)	(282)	(93)	(1 273)
Tau-b		0,104(**)				0,143(**)		
Voto no partido do governo (PS)								
Não votou	77	74	76	75	73	78	82	75
Votou	23	26	24	25	2	22	18	25
(N)	(217)	(459)	(627)	(1 303)	(915)	(293)	(95)	(1 303)
Tau-b		0,008				-0,073(*)		

Comportamento eleitoral	Dimensão cultural				Dimensão reactiva			
	Pró-partido	Neutral	Antipartido	Total	Pró-partido	Neutral	Antipartido	Total
Voto num partido anti-sistema [1]								
Não votou	97	98	99	98	98	98	96	98
Votou	3	2	1	2	2	2	4	2
(N)	(217)	(459)	(627)	(1 303)	(915)	(293)	(95)	(1 303)
Tau-b		0,049				-0,046		
Participação eleitoral, excluindo o voto								
Tentar convencer pessoas a votar num candidato								
Não	86	90	93	90	90	91	92	90
Sim	14	10	7	10	10	9	8	10
(N)	(217)	(459)	(627)	(1 303)	(915)	(293)	(95)	(1 303)
Tau-b		-0,080 (**)				-0,013		
Demonstrar apoio a um partido ou candidato								
Não	87	93	95	93	92	93	97	93
Sim	13	7	5	7	8	7	3	7
(N)	(217)	(459)	(627)	(1 303)	(915)	(293)	(95)	(1 393)
Tau-b		-0,089 (**)				-0,030		

Fonte: Idem, ibidem.

Notas: 1. Nível de significância de rejeição da hipótese nula: (*) $p \leq 0,05$; (**) $p \leq 0,01$. **2.** [1] Partido anti-sistema = partidos sem representação parlamentar.

Neste sentido, não deixa de ser importante notar também a inexistência de qualquer correlação estatisticamente significativa — ao contrário do que acontece com o antipartidarismo reactivo — entre a desafeição face aos partidos e o voto no partido do governo, o que significa que os cidadãos desafectos não só se abstêm mais como não equacionam a possibilidade de penalizar a actuação dos partidos no poder, com um voto na oposição. Mas o que é mais: os indivíduos que consideram que os partidos são todos iguais e que só servem para dividir o eleitorado não só usam menos os canais disponíveis de participação política alternativa ao voto, como se revelam pouco receptivos face às formas de participação não convencionais, como sejam bloquear uma estrada, ocupar edifícios e instalações ou

Correlatos comportamentais do antipartidarismo cultural e reactivo em Portugal, 2002

(valores percentuais)

[QUADRO N.º 16]

Participação política convencional	Dimensão cultural				Dimensão reactiva			
	Pró-partido	Neutral	Antipartido	Total	Pró-partido	Neutral	Antipartido	Total
Contactar com um político								
Não	89	94	96	94	94	94	98	94
Sim	11	6	4	6	6	6	2	6
(N)	(217)	(459)	(627)	(1 303)	(911)	(285)	(959	(1 291)
Tau-b		-0,087 (**)				-0,031		
Participar numa manifestação, marcha ou protesto								
Não	89	96	97	95	95	96	96	95
Sim	11	4	3	5	5	4	4	5
(N)	(217)	(458)	(626)	(1 301)	(915)	(291)	(95)	(1 301)
Tau-b		-0,114 (**)				-0,009		
Assinar uma petição ou um abaixo-assinado								
Sim, já fez	27	14	12	15	15	16	13	15
Não fez, mas admire fazer	38	47	43	44	43	43	48	44
Não fez, nem admite fazer	35	39	45	41	42	41	39	41
(N)	(217)	(459)	(627)	(1 303)	(915)	(293)	(95)	(1 303)
Tau-b		-114(**)				0,008		
Escrever uma carta para um jornal								
Sim, já fez	7	4	2	4	3	6	2	4
Não fez, mas admire fazer	51	51	45	48	48	46	55	48
Não fez, nem admite fazer	42	45	53	48	49	48	43	48
(N)	(217)	(459)	(627)	(1 393)	(915)	(293)	(95)	(1 303)
Tau-b		-0,097 (**)				0,025		

Participação política convencional	Dimensão cultural				Dimensão reactiva			
	Pró-partido	Neutral	Antipartido	Total	Pró-partido	Neutral	Antipartido	Total
Colar cartazes e distribui folhetos								
Sim, já fez	12	6	3	6	5	9	6	6
Não fez, mas admire fazer	29	30	27	28	29	26	28	28
Não fez, nem admite fazer	59	64	70	66	66	65	66	66
(N)	(217)	(459)	(627)	(1 303)	(915)	(293)	(95)	(1 303)
Tau-b		-0,089 (**)				0,008		
Participar em acções em defesa dos direitos humanos								
Sim, já fez	12	5	2	5	5	5	3	5
Não fez, mas admire fazer	50	48	51	50	50	45	61	50
Não fez, nem admite fazer	38	47	47	45	45	50	36	45
(N)	(217)	(459)	(627)	(1 303)	(915)	(293)	(95)	(1 303)
Tau-b		-0,071 (**)				-0,012		

Fonte: *Idem, ibidem.*

Notas: 1. Nível de significância de rejeição da hipótese nula: (*) $p \leq 0,05$; (**) $p \leq 0,01$.

participar numa greve não legal, as quais traduzem usualmente uma acção de protesto (*voice*) face à forma de fazer política controlada e dirigida a «partir das elites». Este facto, aliado à ausência de uma associação significativa entre a desafeição partidária e o voto num «partido anti-sistema» parece sugerir que, do ponto de vista comportamental, os sentimentos antipartidários traduzem mais uma postura de «apatia» e de «negligência» face ao sistema político do que uma acção de «saída».

Deste modo, pode dizer-se que os correlatos atitudinais e comportamentais do antipartidarismo cultural são não só muito mais importantes — e preocupantes — como parecem ter implicações bem distintas das verificadas nas democracias avançadas, onde os sentimentos de «desafeição» face aos partidos, em particular, e à política, em geral, se traduzem numa retirada de apoio às formas tradicionais de autoridade — incluindo o governo representativo — que é contrabalançada por uma crescente adesão a novas formas de participação e a modos alternativos de expressar as preferências individuais, constituindo, segundo alguns autores, uma tendência que pode ter um papel positivo na reforma das instituições.[737]

Ora, em Portugal, os sentimentos de «desafeição» face aos partidos — estando fortemente relacionados com a falta de envolvimento face aos assuntos políticos — parecem ser não só um traço distintivo da nossa cultura, como devem ser considerados como um obstáculo a qualquer tipo de mudança positiva na relação entre a sociedade e o poder, sendo inegável o seu efeito desmobilizador. Constituem, desta forma, um importante constrangimento a ter em conta em termos de oferta em termos de recrutamento parlamentar. Por outro lado, e ao contrário do que poderia fazer supor o seu perfil sociodemográfico e atitudinal, definir aqueles que se mostram «descontentes» com a actuação dos partidos como correspondendo a um conjunto de cidadãos mais críticos, informados ou mobilizados contra a política convencional parece também, em Portugal, uma conclusão algo precipitada.

Basta ver o quão pouco significativos são os correlatos comportamentais do antipartidarismo reactivo, resumindo-se, no essencial, à opção de voto pelos partidos da oposição. Neste sentido, e ao contrário do que acontece nas democracias industriais avançadas, o descontentamento face aos partidos não pode ser visto como gerador de pressões para a mobilização dos cidadãos interessados na reforma e na melhoria das instituições democráticas, manifestando-se, eventualmente, num menor recurso à participação eleitoral e política convencional mas, ao mesmo tempo, num maior investimento em formas alternativas de participação.

Também, aqui, é preciso chamar a atenção do leitor para o seguinte: se o facto de o «descontentamento» dos cidadãos perante a actuação dos partidos políticos ser mais expressivo entre os segmentos da população que pertencem a grupos etários mais jovens, que possuem um maior nível de

---

[737] Russelll J. Dalton (1996), *Citizen Politics. Public Opinion and Political Parties in Industrialized Democracies*, Nova Jérsia, Chatham House Publishers; Russell J. Dalton (1999), «Political support in advanced industrial democracies», *in* Pippa Norris (org.), *Critical Citizens: Global Support for Democratic Government*, op. cit.; Hains-Dieter Kinglemann (1999), «Mapping political support in the 1990s: a global analysis», *in* Pippa Norris (org.), *Critical Citizens: Global Support for Democratic Government*, op. cit.

instrução formal, que detêm um estatuto socioeconómico mais elevado e que residem em meios urbanos, poderia fazer supor tratar-se de um eleitorado politicamente mais sofisticado e interessado, com um maior sentido de eficácia política e com níveis de mobilização social e de envolvimento político consideravelmente superiores, tal não acontece. O que permite

Correlatos comportamentais do antipartidarismo cultural e reactivo em Portugal, 2002
(valores percentuais)

[QUADRO N.º 17]

Participação política não convencional	Dimensão cultural				Dimensão reactiva			
	Pró-partido	Neutral	Antipartido	Total	Pró-partido	Neutral	Antipartido	Total
Bloquear uma estrada								
Sim, já fez	3	2	1	2	2	2	1	2
Não fez, mas admire fazer	26	26	24	25	24	30	24	25
Não fez, nem admite fazer	71	72	75	73	74	68	75	73
(N)	(217)	(459)	(627)	(1 303)	(915)	(293)	(95)	(1 303)
Tau-b		-0,042				0,039		
Participar numa greve não legal								
Sim, já fez	4	3	3	3	2	4	9	4
Não fez, mas admire fazer	18	20	19	19	18	22	33	19
Não fez, nem admite fazer	78	77	78	78	80	74	58	77
(N)	(217)	(459)	(627)	(1 303)	(915)	(293)	(95)	(1 303)
Tau-b		-0,005				0,088		
Ocupar edifícios e fábricas								
Sim, já fez	1	1	1	1	1	1	0	1
Não fez, mas admire fazer	15	19	17	17	16	20	19	17
Não fez, nem admite fazer	84	80	83	81	83	79	81	82
(N)	(217)	(459)	(627)	(1 303)	(915)	(293)	(95)	(1 303)
Tau-b		-0,006				0,034		

Fonte: *Idem, ibidem.*
Notas: 1. Nível de significância de rejeição da hipótese nula: $^{(*)} p \leq 0,05$; $^{(**)} p \leq 0,01$.

afirmar, se bem que com toda as cautelas necessárias, que o descontentamento conjuntural e reactivo em relação aos partidos, pelo menos em Portugal, está longe de reflectir a «cidadania crítica» a que se referem Pippa Norris e Russell Dalton, sendo, por isso, mais um motivo de preocupação em termos da «qualidade» da democracia no nosso país do que um sintoma ou manifestação de vitalidade democrática e cívica.[738]

O que temos vindo a dizer sobre os correlatos atitudinais e comportamentais do antipartidarismo cultural em Portugal é ainda reforçado pelo facto de este aparecer igualmente associado, de forma positiva e estatisticamente significativa, a uma forte desconfiança em relação às principais instituições políticas, nomeadamente ao Governo e ao Parlamento. Sem que isso se reflicta, porém, no apoio específico concedido ao sistema político democrático, acompanhando aqui a tendência verificada para o total da amostra.

**Correlatos atitudinais do antipartidarismo cultural
e reactivo em Portugal, 2002**

(valores percentuais)

[QUADRO N.º 18]

Confiança no sistema político	Dimensão cultural				Dimensão reactiva			
	Pró-partido	Neutral	Antipartido	Total	Pró-partido	Neutral	Antipartido	Total
Satisfação com o funcionamento da democracia								
Muito satisfeito	4	6	6	6	7	3	2	6
Razoavelmente satisfeito	46	50	45	46	48	42	41	46
Não muito satisfeito	34	30	33	33	31	35	41	33
Nada satisfeito	16	14	16	15	14	20	16	15
(N)	(217)	(459)	(627)	(1 303)	(915)	(293)	(95)	(1 303)
Tau-b		0,014				0,104		

---

[738] Russell J. Dalton (1996), *Citizen Politics. Public Opinion and Political Parties in Industrialized Democracies*, op. cit.; Russell J. Dalton (1999), «Political support in advanced industrial democracies», *in* Pippa Norris (org.), *Critical Citizens: Global Support for Democratic Government*, op. cit.

Confiança no sistema político	Dimensão cultural				Dimensão reactiva			
	Pró-partido	Neutral	Antipartido	Total	Pró-partido	Neutral	Antipartido	Total
Confiança na Assembleia da República								
Confiança absoluta	6	5	3	5	4	6	3	5
Muita confiança	44	39	35	38	41	29	33	38
Pouca confiança	42	46	48	46	45	50	49	46
Nenhuma confiança	8	10	14	11	10	15	15	11
(N)	(204)	(432)	(579)	(1 215)	(849)	(278)	(88)	(1 215)
Tau-b	0,094 (**)				0,088 (**)			
Confiança no Governo								
Confiança absoluta	2	2	1	2	2	2	1	2
Muita confiança	36	38	29	33	36	23	36	33
Pouca confiança	52	50	54	52	50	60	49	52
Nenhuma confiança	10	10	16	13	12	15	14	13
(N)	(200)	(433)	(582)	(1 215)	(842)	(283)	(90)	(1 215)
Tau-b	0,095 (**)				0,084 (**)			

Fonte: *Idem, ibidem.*

Notas: 1. Nível de significância de rejeição da hipótese nula: (*) $p \leq 0,05$; (**) $p \leq 0,01$.

Mas mais uma vez, e para finalizar a nossa análise, somos tentados a afirmar que a desconfiança em relação às instituições dificilmente pode ser alheia à avaliação que os cidadãos fazem do comportamento dos seus titulares em cada momento. Mais, só assim se explica que a imagem que os portugueses têm da sua «classe política» e dos seus políticos seja tão negativa e tão profundamente cínica, e isso independentemente do que pensem sobre os partidos políticos, como fica claro se atendermos aos dados do *European Social Survey* de 2002-2003.

Eficácia política externa em Portugal e no resto da Europa, 2002-2003

[QUADRO N.º 19]

Países	Receptividade dos políticos face aos problemas dos cidadãos	Número de casos	Interesse dos políticos pelos votos dos cidadãos	Número de casos
Dinamarca	2,9	1 467	2,9	1 472
Noruega	2,9	2 029	2,9	2 028
Suécia	2,9	1 980	2,7	1 970
Finlândia	2,7	1 990	2,5	1 987
Holanda	2,7	2 341	2,5	2 339
Suíça	2,7	2 009	2,5	2 004
Luxemburgo	2,5	1 453	2,3	1 461
Reino Unido	2,5	2 043	2,2	2 041
Irlanda	2,4	2 014	2,5	2 020
Bélgica	2,4	1 870	2,2	1 877
Hungria	2,2	1 609	2,5	1 625
Média	*2,2*	*39 984*	*2,1*	*40 104*
Áustria	2,2	2 212	2,0	2 214
Itália	2,2	1 185	1,9	1 186
Alemanha	2,1	2 901	2,1	2 898
Rep. Checa	2,1	1 335	2,0	1 334
Israel	2,1	2 408	1,9	2 451
Espanha	2,0	1 638	1,8	1 657
Eslovénia	1,9	1 488	1,8	1 484
Polónia	1,9	2 042	1,7	2 054
Grécia	1,8	2 508	1,6	2 530
Portugal	*1,7*	*1 462*	*1,6*	*1 472*

Fonte: *European Social Survey 2002-2003.*
Notas: 1. Valores médios numa escala de 1 a 5.

3. A identificação partidária em Portugal

Um outro indicador que deve ser tido em conta para avaliar a relação entre os eleitores e os partidos num determinado sistema político — e que é, por isso, igualmente relevante para analisar os efeitos da «oferta» sobre o recrutamento parlamentar — prende-se com o grau de proximidade a um determinado partido. A este propósito, importa começar por dizer que a formulação clássica do conceito de identificação partidária — de que nos ocuparemos em seguida — remonta ao chamado «modelo sociopsicológico do voto», e teve em Angus Campbell, Philip Converse, Warren Miller e Donald Stokes os seus principais teorizadores e divulgadores, em *The American Voter* (1960), a sua obra mais emblemática.[739]

Deste modo, se no «modelo sociológico do voto», a forma como os cidadãos se relacionam com os partidos é explicada a partir das características sociológicas dos indivíduos e dos contextos sociais em que se desenvolve a sua acção política — na sua versão americana.[740] Ou a partir do posicionamento dos indivíduos no sistema de clivagens, resultantes dos processos de integração nacional e de industrialização ocorridos entre o final do século XIX e o início do século XX, e das acções de socialização e mobilização empreendidas pelas organizações sociais e políticas, responsáveis pela transformação (não necessária) das clivagens estruturais em clivagens políticas — na sua versão europeia.[741]

Já no «modelo sociopsicológico do voto» entende-se que o contexto e as influências sociais se fazem sentir no comportamento eleitoral através da mediação das atitudes face aos diferentes objectos políticos, ou seja, da forma como estes últimos são percepcionados pelos eleitores. De entre essas atitudes políticas, tem sido dado um especial destaque à identificação partidária, entendida como a orientação afectiva dos indivíduos perante os partidos políticos, a qual pode ser positiva ou negativa e assumir um grau de intensidade variável[742], sendo, porém, e em qualquer dos casos, formada através dos processos de socialização primária, especialmente por via da família. Mas, o que é mais: trata-se de uma atitude que tende a tornar-se mais forte ao longo do ciclo de vida, desde que na idade adulta os indivíduos não tenham de se adaptar a um meio social e político radicalmente distinto daquele em que foram socializados e que o seu sentido de

---

[739] Angus Campbell *et al*. (1960, 1980), *The American Voter*, *op. cit*.

[740] Paul F. Lazarsfeld *et al*., (1944, 1988), *The People's Choice*, Columbia, Columbia University Press.

[741] Martin Seymour Lipset e Stein Rokkan (orgs.) (1967), *Party Systems and Voter Alignments: Cross-National Perspectives*, Nova Iorque, Free Press.

[742] Angus Campbell *et al*. (1960, 1980), *The American Voter*, *op. cit*., pp. 121-122.

voto seja sistematicamente consistente com a sua respectiva proximidade a um certo partido político.[743]

Neste sentido, a identificação partidária funciona, ao nível individual, como um instrumento para reduzir a complexidade do universo político e como um quadro de referência na interpretação dos fenómenos políticos e na tomada de decisões, e, ao nível sistémico, como uma forma de ligação estável e duradoura dos indivíduos ao sistema político e partidário, contribuindo para a sua estabilidade e reforçando a sua legitimidade.[744]

É de sublinhar que, nas últimas décadas, a tese do declínio da identificação partidária entre os eleitorados contemporâneos se tornou num tema recorrente na Ciência Política. E se, num primeiro momento, este declínio parecia não configurar um padrão geral extensível a todas as democracias ocidentais, devendo, por isso, ser explicado em função das circunstâncias específicas de cada país[745], o facto é que o alargamento espacial e temporal das pesquisas mais recentes permite sustentar que estamos a assistir a um amplo e contínuo declínio da identificação dos indivíduos com os partidos (cf. quadro n.º 20), o qual resulta de mudanças estruturais e transversais às democracias industriais avançadas, e tem como principais indícios o aumento da volatilidade eleitoral, o aparecimento de novos actores partidários com agendas políticas muito específicas, a diminuição da participação eleitoral e o recurso a formas de participação política extra-eleitoral.[746]

Com efeito, a nível sistémico, os processos de modernização social e económica, que se traduziram na crescente urbanização, no aumento dos

---

[743] *Idem, ibidem*, pp. 146-149.

[744] *Idem, ibidem*, pp. 125-126, 149-150 e 552-554. A este propósito, ver também Russell J. Dalton, Ian McAllister e Martin P. Wattenberg (2003), «Democracia e identificação partidária nas sociedades industriais avançadas», *in Análise Social*, vol. XXXVIII, n.º 167, pp. 295-296.

[745] No estudo realizado por Schmitt e Holmberg, que incluiu os Estados Unidos e catorze democracias europeias, os autores não identificaram um padrão geral e uniforme de declínio da identificação partidária, sugerindo, assim, que as «explicações sociológicas» teriam de ser necessariamente complementadas por «explicações políticas» específicas para cada um dos países considerados. Cf. Hermann Schmitt e Sören Holmberg (1995), «Political parties in decline?», *in* Hans-Dieter Klingemann e Dieter Fuchs (orgs.), *Citizens and State*, Oxford, Oxford University Press.

[746] Russell J. Dalton, Ian McAllister e Martin P. Wattenberg (2003), «Democracia e identificação partidária nas sociedades industriais avançadas», *in Análise Social, op. cit.*, pp. 304-316.

níveis de instrução, no desenvolvimento dos meios de comunicação social, mas também na forte mobilidade geográfica e social, e no consequente esbatimento das linhas de demarcação entre as classes sociais e na emergência das classes médias — tornando menos claras as escolhas dos eleitores —, terão contribuído para reduzir o impacto eleitoral das clivagens estruturais e para a continua erosão das lealdades partidárias.

Tendências da identificação partidária (IP) ao longo do tempo
(em percentagem)

[QUADRO N.º 20]

Países	IP	Eleitores com Identificação β	sig.	Eleitores com forte Identificação partidária β	sig.	Período	(N) sondagens
Áustria	67	-1,120	0,00	-0,686	0,00	1969-1999	(10)
Bélgica	50	0,039	0,85	-0,286	0,05	1975-1996	(21)
Grã-Bretanha	93	-0,189	0,01	-0,929	0,00	1964-1997	(9)
Dinamarca	52	0,001	0,95	-0,207	0,36	1971-1998	(9)
Finlândia	57	-0,293	0,49	-0,147	0,61	1975-1991	(4)
França	59	-0,670	0,00	-0,316	0,04	1975-1991	(21)
Alemanha	78	-0,572	0,00	-0,573	0,00	1972-1998	(8)
Islândia	80	-0,750	0,08	-0,350	0,06	1983-1995	(4)
Irlanda	61	-1,700	0,00	-0,807	0,00	1978-1996	(18)
Itália	78	-1,300	0,00	-0,968	0,00	1978-1996	(18)
Luxemburgo	61	-0,580	0,02	-0,386	0,00	1975-1996	(21)
Holanda	38	-0,329	0,13	-0,129	0,36	1971-1998	(9)
Noruega	66	-0,220	0,34	-0,280	0,18	1965-1993	(8)
Suécia	64	-0,733	0,00	-0,543	0,00	1968-1998	(11)
Estados Unidos	77	-0,370	0,00	-0,154	0,06	1952-2000	(12)

Fonte: Russell J. Dalton, Ian MacAllister e Martin P. Wattenberg (2003: 301).

Notas: 1. A primeira coluna (IP) apresenta a percentagem média de eleitores que expressam uma identificação partidária.

Por outro lado, estas mudanças sistémicas foram acompanhadas de mudanças a nível individual, na medida em que contribuíram para alterar o perfil social e psicológico dos eleitorados contemporâneos: os crescentes níveis educacionais, o aumento dos recursos cognitivos, o maior nível de informação fazem com que os eleitores se tornem politicamente mais auto-suficientes e sofisticados e, como tal, estejam cada vez menos sujeitos às influências das organizações partidárias — tornando-se a identificação com os partidos menos funcional enquanto instrumento de redução de custos para a tomada de decisões políticas e eleitorais —, ao mesmo tempo que se sentem cada vez mais atraídos pela participação em grupos menos organizados ou espontâneos formados em torno de problemas particulares, locais ou ocasionais, que optam por formas não delegadas e directas de articulação de interesses.

Por outro lado, e a nível institucional, o declínio da identificação partidária não é indiferente, muito pelo contrário, ao enfraquecimento do papel dos partidos no processo democrático, o qual é visível a vários títulos. Em primeiro lugar, os partidos políticos têm perdido a capacidade de articular os interesses sociais, sendo esta função — classicamente associada aos partidos — cada vez mais partilhada com os grupos de interesses e com os novos movimentos sociais, que agem agora já não sob a égide dos partidos mas de uma forma autónoma. Na verdade, e como bem sublinha Peter Mair, nos nossos dias, a expressão dos interesses populares ocorre frequentemente fora do mundo partidário, limitando-se os partidos a captar os sinais que emanam de outros contextos.[747]

Em segundo lugar, a agregação de interesses de acordo com alternativas claras e diferenciadas tem também perdido relevo, em virtude dos processos de convergência ideológica e programática, resultantes, em grande medida, da conversão dos partidos de massas em partidos *catch-all*, mas também dos constrangimentos impostos por uma economia cada vez mais internacionalizada e globalizada e pela tecnocratização das decisões políticas. Em terceiro lugar, os meios de comunicação social tendem a substituir os partidos enquanto fontes de informação política e, possivelmente, a reduzir o conteúdo partidário dessa informação, concentrando-se, acima de tudo, nos aspectos mais personalizados e espectaculares da vida política.[748]

Finalmente, os próprios partidos também estão a mudar, aproximando-se cada vez mais do Estado em detrimento da sociedade civil, e conferindo uma crescente prioridade ao seu papel enquanto detentores de

---

[747] Peter Mair (2003), «Os partidos políticos e a democracia», *op. cit.*, p. 283.

[748] Scott C. Flanagan e Russell J. Dalton (1985, 1990), «Models of change», *in* Peter Mair (org.), *The West European Party System*, Nova Iorque, Oxford University Press.

cargos públicos, os quais tendem a tornar-se num fim em si mesmo. Perante tudo isso, não há como não concluir que assistimos hoje a uma diminuição substancial do papel de intermediação dos partidos entre a sociedade civil e o Estado, por um lado, e, por outro, à crescente erosão da identificação dos indivíduos com os partidos políticos. Com efeito, a combinação das mudanças sistémicas, institucionais e individuais a que nos reportámos acima parece estar a minar as bases afectivas e cognitivas da identificação partidária nas democracias ditas pós-industriais. Cabe, então, perguntar, se a tese do desalinhamento partidário que temos vindo a desenvolver atinge também, e de igual forma, as novas democracias?

Antes de tentarmos dar uma resposta a esta questão há que lembrar dois aspectos. Primeiro: a formação das identidades partidárias está fortemente dependente de um ambiente de efectiva diferenciação partidária, associado à existência de livre competição política: Segundo: a formação de identidades partidárias constitui um processo que se vai desenvolvendo ao longo dos percursos de socialização primária e secundária dos indivíduos. Ora, em Portugal, os partidos políticos foram uma realidade proscrita e a diferenciação ideológica foi reprimida até ao 25 de Abril de 1974, pelo que as condições para a formação de identidades partidárias são bastante mais recentes e também mais frágeis, quando comparamos o nosso país com as democracias mais antigas da Europa Ocidental.[749]

Além disso, é preciso notar que, não tendo herdado instituições partidárias de épocas anteriores, as elites portuguesas puderam saltar alguns estádios do desenvolvimento político das democracias ocidentais, estabelecendo de imediato partidos eleitoralistas modernos, com posições ideológicas relativamente indefinidas e adaptáveis às exigências das novas técnicas de campanha eleitoral.[750] Por outro lado, os condicionalismos do período revolucionário de 1974 a 1975, ao imporem como principal dimensão do conflito político a escolha do regime, acabaram por impedir o desenvolvimento de estratégias de enraizamento em clivagens sociais,

---

[749] André Freire (2005), «Identidades ideológicas e partidárias na Europa. Portugal, Espanha e Grécia numa perspectiva comparada», in *Sociologia, Problemas e Práticas*, op. cit., p. 15-16.

[750] Richard Gunther (2004), «As eleições portuguesas em perspectiva comparada: partidos e comportamento eleitoral na Europa do Sul», in André Freire, Marina Costa Lobo e Pedro Magalhães (orgs.), *Portugal a Votos. As Eleições Legislativas de 2002*, op. cit., pp. 75-79.

o que contribuiu para a formação de um eleitorado centrista, cujo voto é influenciado sobretudo por factores políticos de curto prazo, e daí a elevada volatilidade que caracteriza as eleições em Portugal[751]

Identificação com os partidos na Europa, 1976-2002

[FIGURA N.º 11]

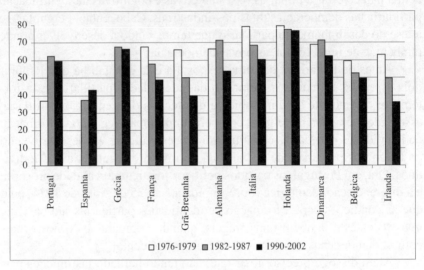

Fonte: elaborado a partir dos dados do Eurobarómetro e do *European Values Survey*.

Notas: 1. Percentagens médias por década.

Não surpreende, assim, que, nos anos 70, Portugal apresente os níveis mais baixos de identificação com os partidos políticos, quando comparado com os restantes países analisados na figura n.º 11. E se, como seria de esperar, nos anos 80 e 90, os níveis de identificação partidária se tornam comparativamente mais elevados, isso fica a dever-se mais ao processo de

---

[751] *Idem, ibidem*, p. 39. Carlos Jalali (2004), «As mesmas clivagens de sempre? Velhas clivagens e novos valores no comportamento eleitoral português», *in* André Freire, Marina Costa Lobo e Pedro Magalhães (orgs.), *Portugal a Votos. As Eleições Legislativas de 2002, op. cit.*, pp. 95-96; Richard Gunther (2003), «A democracia portuguesa en perspectiva comparada», *in* António Barreto, Braulio Gómez Fortes e Pedro Magalhães (orgs.), *Portugal y Sistema Político*, Madrid, Siglo XXI Editores, pp. 11-47.

forte «desalinhamento partidário» em curso nas democracias industriais avançadas — ao qual nos referirmos anteriormente — do que a um reforço ou a uma consolidação substancial das identidades partidárias em Portugal, como o demonstram, aliás, os dados constantes da figura n.º 12. Como se pode ver, é no que respeita à intensidade da identificação partidária que Portugal se demarca claramente das democracias mais antigas, caracterizando-se por um número baixo de indivíduos que se identificam fortemente ou razoavelmente com os partidos políticos.

Identificação forte e razoável com os partidos na Europa, 1990-2002

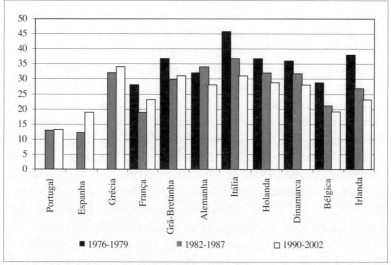

Fonte: elaborado a partir dos dados do Eurobarómetro e do *European Values Survey*.
Notas: 1. Percentagens médias por década.

3.1 Quais os preditores da identificação partidária?

Na secção anterior referimos que se regista hoje um declínio significativo da identificação partidária, tanto nas velhas como nas novas democracias, uma tendência que se deve à combinação de mudanças sistémicas, institucionais e individuais, que se mostram transversais às sociedades industriais avançadas.[752] Mas referimos também que, no caso específico de Portugal, a «tese do desalinhamento partidário» deve ser equacionada e problematizada à luz das oportunidades e dos constrangimentos associados aos processos de transição e de consolidação democráticas.[753]

Na presente secção, e tendo por base os dados do Estudo Eleitoral Nacional de 2002, constantes na figura n.º 13, iremos procurar determinar quais os preditores da identificação partidária em Portugal, já que é entre os cidadãos «identificados» ou «fortemente identificados» com um determinado partido político que se encontram aqueles que mostram uma maior disponibilidade ou interesse para uma eventual candidatura ao Parlamento, e é também sobre eles que certamente recaem as escolhas do *party selectorate*.

Par tal, desenvolvemos um modelo de regressão linear, utilizando como variáveis de controlo as variáveis sociais habituais, como sejam o sexo, a idade, a instrução, a situação face ao trabalho, o rendimento e o tipo de *habitat*. Já entre as variáveis políticas, foram seleccionadas, pelos efeitos esperados, variáveis de longo prazo, ou seja, aquelas que se referem a atitudes políticas que vão sendo sedimentadas e reforçadas ao longo do ciclo de vida, por via dos processos de socialização primária e secundária, nomeadamente o interesse pela política, o autoposicionamento ideológico, mas também a adesão a valores materialistas e pós-materialistas, a qual permite testar os efeitos da mudança cultural sobre a orientação afectiva em relação aos partidos. Tendo por base as teses do capital social — para lá das muitas diferenças teóricas e normativas existentes — relativamente às virtudes cívicas e democráticas do associativismo e aos seus efeitos na integração política e social dos indivíduos, o modelo testa também o impacto da pertença a associações sobre o nível de identificação partidária.

Consideramos, aqui, como associação todo o grupo de indivíduos que decidem, voluntariamente, compartir os seus conhecimentos e desenvolver actividades conjuntas de forma continuada, segundo regras por eles definidas, tendo em vista partilhar os benefícios da cooperação e/ou defender

---

[752] Russell J. Dalton, Ian McAllister e Martin P. Wattenberg (2003), «Democracia e identificação partidária nas sociedades industriais avançadas», *in Análise Social, op. cit.*, p. 297.

[753] Richard Gunther (2004), «As eleições portuguesas em perspectiva compara: partidos e comportamento eleitoral na Europa do Sul», *in* André Freire, Marina Costa Lobo e Pedro Magalhães (orgs.), *Portugal a Votos. As Eleições Legislativas de 2002, op. cit.*, pp. 75-79.

causas e interesses comuns. Se o carácter voluntário distingue as associações dos grupos primários e das organizações estatais de natureza coerciva, já a cooperação demarca-as das sociedades comerciais, com fins lucrativos e que se movimentam numa pura lógica de mercado.[754]

Identificação partidária em Portugal, 2002
(valores percentuais)

[FIGURA N.º 13]

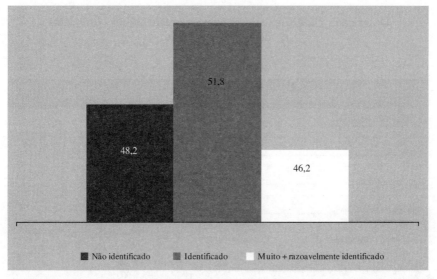

Fonte: António Barreto, André Freire, Marina Costa Lobo e Pedro Magalhães (orgs) (2002), *Comportamento Eleitoral e Atitudes Políticas dos Portugueses — Base de Dados 1*, Lisboa, Instituto de Ciências Sociais.

Notas: 1. As categorias acima mencionadas resultam das respostas dadas às perguntas n.º 5 («Considera-se próximo/a de um partido político em particular?») e n.º 5e («Sente-se muito próximo/a desse partido, razoavelmente próximo/a, ou diria que é meramente simpatizante desse partido?»).

No quadro abaixo reproduzido, mostram-se as variáveis independentes integradas no modelo de regressão linear e a sua respectiva codificação, e é partir dele que iremos proceder à análise estatística dos dados relativos à identificação partidária.

---

[754] José Manuel Leite Viegas (2004), «As implicações democráticas das associações voluntárias. O caso português numa perspectiva comparativa europeia», *in Sociologia, Problemas e Práticas*, n.º 46, p. 34.

Os resultados da regressão linear, apresentados no quadro n.º 22, mostram que sociologicamente os melhores preditores da identificação partidária são, por ordem crescente de significância, o rendimento, a idade e o grau de instrução. Tal facto significa que a probabilidade de uma identificação mais intensa com os partidos está dependente de um maior nível de recursos, sobretudo económicos e educacionais, os quais permitem aos indivíduos lidar, com maior facilidade, com o universo político, reforçando a proximidade face ao mesmo.

Descrição e codificação das variáveis independentes utilizadas na regressão linear

[QUADRO N.º 21]

Variáveis independentes	Codificação das variáveis
Sexo .... (perg. d2)	0: Feminino 1: Masculino
Idade .... (perg. d1)	1: 18-29 5: 66-74
Grau de instrução ....(perg. d3)	1: Nenhum 11: Pós-graduação completa
Situação face ao trabalho .... (perg. d.10)	0: Inactivos 1: Activos
Rendimento familiar mensal ....perg. d18)	1: Menos de 300 euros (menos de 60 contos) 5: Mais de 2 500 euros (mais de 500 contos)
Dimensão do *habitat* ....(perg. c2)	1: Menos de 100 hab. 11: Mais de 500 000 hab.
Pertença a associações .... (pergs. d5, d7, d8 e d9)	0: Não pertence a nenhuma associação 1: Pertence a várias associações
Interesse pela política.. (perg. 50)	1: Nenhum interesse 4: Muito interesse
Autoposicionamento ideológico ....(perg. 18_1)	0: Esquerda 10: Direita
Pós-materialismo............................. (pergs. 59_1 e 59_2)	1: Adesão a valores materialistas 4: Adesão a valores pós-materialistas

Fonte: António Barreto, André Freire, Marina Costa Lobo e Pedro Magalhães (orgs) (2002), *Comportamento Eleitoral e Atitudes Políticas dos Portugueses – Base de Dados 1*, Lisboa, Instituto de Ciências Sociais.

Mas aqueles permitem, igualmente, uma maior integração social e política, o que explica que sejam também os indivíduos que apresentam um maior grau de associativismo, aqueles que mais identificados se sentem com um certo partido, funcionando aqui o «capital social» como um elemento catalizador da identificação partidária. Até porque, e recorrendo uma vez mais às teses do capital social, as associações funcionam não apenas como agências de socialização política, como exercem um impacto positivo na auto-percepção que os indivíduos têm das suas capacidades de compreensão e de participação na vida pública, ao mesmo tempo que reforçam a confiança interpessoal, em particular, e a confiança institucional, em geral.[755]

**Preditores da identificação partidária em Portugal, 2002
(coeficientes β de regressão linear)**

[QUADRO N.º 22]

Variáveis independentes	Variável dependente
	Identificação partidária
Sexo	0,007
Idade	0,121(**)
Grau de instrução	0,110(**)
Situação face ao trabalho	0,024
Rendimento familiar mensal	0,138(***)
Dimensão do *habitat*	-0,039
Pertença a associações	0,094(**)
Interesse pela política	0,272(***)
Autoposicionamento ideológico	-0,090(**)
Pós-materialismo	-0,014
R^2	0,105
R^2 ajustado	0,091
N	703

Fonte: ENNP de 2002.

Notas: **1.** Variável dependente: Identificação partidária (variável contínua com valor 1 quando os inquiridos não se consideram próximos de um partido em particular, 2 quando os inquiridos se consideram próximos de um partido em particular, 3 quando os inquiridos se consideram muito próximos de um partido em particular). **2.** Nível de significância de rejeição da hipótese nula: (*) $p \le 10\%$; (**) $p \le 5\%$; (***) $p \le 1\%$. **3.** As respostas «não sabe» e «não responde» foram incluídas na análise e tratadas estatisticamente recorrendo-se, para tal, ao método *regression imputation*.

---

[755] Para uma revisão da teoria do capital social, ver Alejandro Portes (2000), «Capital social: origens e aplicações na sociologia contemporânea», *in Sociologia, Problemas e*

A relação positiva e estatisticamente significativa entre o associativismo e a o grau de identificação partidária não pode deixar de ser aqui devidamente destacada se atendermos ao facto de que a sociedade portuguesa está longe de corresponder à «sociedade civil e vibrante» de que nos fala Robert Putnam.[756] Basta ver que, entre nós, os indicadores usualmente utilizados para medir o *stock* de capital social numa dada sociedade — mais especificamente a confiança interpessoal e a participação e o envolvimento efectivos em associações voluntárias —, atingem valores extremamente baixos, como demonstram os dados do *European Social Survey* de 2002-2003.

Confiança interpessoal em Portugal e no resto da Europa, 2002-2003

[FIGURA N.º 14]

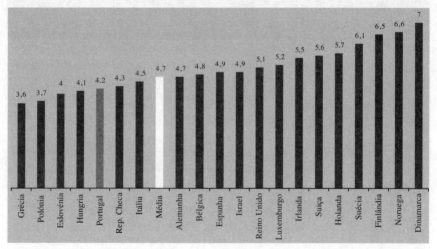

Fonte: *European Social Survey 2002-2003*.

Notas: 1. Valores médios (escala de 0 a 10). **2.** A pergunta usada para medir a confiança interpessoal é formulada nos seguintes termos: «De uma maneira geral, acha que se pode confiar na maior parte das pessoas ou, pelo contrário, acha que todo o cuidado é pouco?»

Práticas, n.º 33, pp. 133-158. A investigação publicada sobre o capital social acentua fortemente as suas consequências positivas. Contudo, importa sublinhar que estudos recentes têm chamado a atenção para os alguns efeitos negativos do capital social, nomeadamente: a exclusão dos não-membros, as exigências excessivas aos membros do grupo, as restrições à liberdade individual e as normas de nivelação descendente.

[756] Robert D. Putnam (1993), *Making Democracy Work. Civic Traditions in Modern Italy*, op. cit.

Associativismo em Portugal e no resto da Europa, 2002-2003
(valores percentuais)

[QUADRO N.º 23]

Países	É membro	Participa nas actividades	Contribui com dinheiro	Realiza trabalho voluntário	Número de casos
Dinamarca	92	48	34	28	1 506
Suécia	90	48	44	35	1 999
Noruega	84	47	44	38	2 036
Holanda	84	41	44	29	2 364
Luxemburgo	78	28	19	15	1 553
Finlândia	76	36	19	12	2 000
Áustria	75	35	37	14	2 257
Bélgica	71	49	26	23	1 899
Alemanha	71	44	34	26	2 919
Reino Unido	70	49	40	23	2 052
Irlanda	68	36	32	16	2 046
Israel	55	27	13	8	2 499
Média	*54*	*33*	*25*	*16*	*37 456*
Eslovénia	52	26	32	19	1 519
Espanha	36	25	15	7	1 729
Itália	35	22	12	5	1 207
Hungria	27	20	6	9	1 685
Grécia	25	13	9	6	2 566
Portugal	*24*	*23*	*19*	*5*	*1 511*
Polónia	21	11	12	5	2 110

Fonte: *European Social Survey 2002-2003.*

Sociologicamente, verifica-se ainda a existência de uma associação positiva e estatisticamente significativa entre a idade e a proximidade a um determinando partido, o que significa que é entre os mais velhos que a identificação partidária tende a ser mais forte, podendo ser entendida tanto como um indicador do nível de recursos mobilizáveis para a actuação política — consoante avançam no ciclo de vida, os indivíduos vão adquirindo mais conhecimentos sobre o universo político, o que lhes permite despender menores custos na obtenção e no processamento da informação política — como um indicador de uma maior integração social e política — a inserção na vida activa e as responsabilidades sociais, profissionais e familiares tendem a impulsionar o desenvolvimento de uma atitude mais cívica e mais atenta face à vida política.

Neste sentido, é de admitir que a aprendizagem política — e logo, as identidades partidárias — se reforçam ao longo do ciclo de vida, como é de admitir também que estando os jovens mais expostos aos processos de individualização e modernização cultural que atravessam a sociedade revelem também uma atitude mais extrínseca e refractária em relação aos partidos políticos, facto que é, aliás, confirmado, pela fraca mobilização partidária e eleitoral deste grupo etário, demonstrada em vários estudos empíricos.[757] Isto aponta, igualmente, para um «efeito geracional» ou seja, socializadas em ambientes de relativa segurança económica e de normalização política e institucional, as gerações nascidas depois do 25 de Abril de 1974 revelam-se menos preocupadas com os assuntos públicos, para se centrarem, sobretudo, na esfera privada, e quando decidem intervir politicamente optam por formas de participação não mediadas pelos partidos e que constituem um desafio às elites.[758]

Em termos políticos, os resultados do modelo de regressão mostram que o melhor preditor da identificação partidária é o interesse pela política, ou seja, é entre aqueles que revelam um forte interesse pelos assuntos políticos que o sentimento de proximidade e de simpatia face a um determinado partido tende a ser maior, o que parece confirmar a existência de um forte vínculo entre o entendimento do que é a política e a existência e a actuação dos partidos. E se é verdade que em muitos países manifestar interesse pela política não implica, necessariamente, sentir-se próximo de um partido, não é menos verdade que em Portugal o interesse pela política tem uma manifesta componente partidária, como se pode ver pelos dados apresentados na figura abaixo reproduzida, os quais relacionam o interesse pela política com a identificação partidária nos países da Europa.

---

[757] André Freire e Pedro Magalhães (2002), *A Abstenção Eleitoral em Portugal*, op. cit., pp. 139-140

[758] Ronald Inglehart (1990, 1991), *El Cambio Cultural en las Sociedades Industriales Avanzadas*, op. cit.; Ronald Inglehart (1997), *Modernization and Post Modernization: Value Change in 43 Societies*, op. cit.

Interesse pela política e identificação partidária em Portugal e no resto da Europa, 2002-2003
(valores percentuais)

[FIGURA N.º 15]

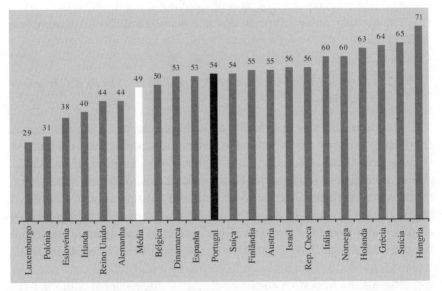

Fonte: *European Social Survey 2002-2003*.

Notas: 1. Percentagem de cidadãos muito ou bastante identificados com um determinado partido de entre os muito ou bastante interessados pela política.

Por fim, e atendendo ainda aos factores que explicam por que é que os indivíduos se identificam com um determinado partido, há que salientar o peso explicativo do autoposicionamento ideológico dos inquiridos. Os resultados apresentados no quadro n.º 22 indicam que a proximidade a um partido político tende a ser maior entre os eleitores de esquerda do que entre os de direita, o que se explica, eventualmente, pelo facto de a competição eleitoral ser ideológica e programaticamente menos difusa e o enraizamento social ser mais pronunciado entre os partidos políticos de esquerda, nomeadamente no caso do Partido Comunista.[759]

---

[759] Scott Mainwaring e Mariano Torcal (2005), «Teoria e institucionalização dos sistemas partidários após a terceira vaga de democratização», in *Opinião Pública*, vol. XI,

A conclusão geral a tirar-se relativamente aos factores que explicam a identificação partidária em Portugal é, pois, a de que a orientação afectiva dos cidadãos perante os partidos está muito dependente das suas características sociais e do seu nível de integração social e política, bem como do interesse que revelam face aos assuntos políticos, o que deixa, desde já, e em certa medida, antever o perfil dos potenciais candidatos à Assembleia da República.

3.2 As consequências da identificação partidária: relação politicamente mobilizadora?

É, porém, de salientar que a antecipação do perfil dos potenciais candidatos a ocupar um lugar no Parlamento tornar-se-á mais evidente se tivermos em conta as consequências políticas da identificação partidária. Assim, e nos quadros que se seguem, comparamos, de forma sistemática, as diferenças percentuais entre as atitudes e os comportamentos políticos dos seguintes grupos: 1) cidadãos que não se consideram identificados com nenhum partido; 2) cidadãos que se consideram identificados com um determinado partido; 3) cidadãos que se consideram forte ou razoavelmente identificados com um partido político em particular.

No que diz respeito à eficácia política — que engloba, como já tivemos oportunidade de referir anteriormente, a percepção da capacidade de os indivíduos poderem compreender e influenciar o processo político e as decisões colectivas, mas também a percepção da receptividade por parte dos políticos e das instituições face aos seus problemas e solicitações —, podemos ver que apenas no primeiro caso existe uma relação positiva e estatisticamente significativa com a identificação partidária. Ou seja, se aparentemente a intensidade da identificação partidária reforça o sentimento de competência política individual e o interesse pela política, o facto é que em nada contribui para tornar a imagem da «classe política» menos negativa aos olhos dos cidadãos, sendo as diferenças entre os três grupos sub-amostrais e a amostra total muito pouco significativas.

---

n.º 2, pp. 249-286; Richard Gunther (2004), «As eleições portuguesas em perspectiva comparada: partidos e comportamento eleitoral na Europa do Sul», in André Freire, Marina Costa Lobo e Pedro Magalhães (orgs.), *Portugal a Votos. As Eleições Legislativas de 2002*, *op. cit.*, pp. 48-52 e 75-78.

Correlatos atitudinais da identificação partidária em Portugal, 2002
(valores percentuais)

[QUADRO N.º 24]

Eficácia e interesse pela política	Não identificado	Identificado	Muito ou razoavelmente identificado	Total
Os políticos não se interessam pelo que as pessoas pensam				
Concorda totalmente + Concorda	77	75	82	77
Discorda totalmente + Discorda	23	25	18	23
(N)	(628)	(553)	(122)	(1 303)
Tau-b		-0,001		
Os políticos só estão interessados no voto das pessoas				
Concorda totalmente + Concorda	88	85	84	87
Discorda totalmente + Discorda	12	15	16	13
(N)	(628)	(553)	(122)	(1 303)
Tau-b		0,049		
Interesse pela política				
Pouco + Nada	65	48	25	54
Muito + Razoavelmente	35	52	75	46
(N)	(628)	(553)	(122)	(1 303)
Tau-b		0,233[**]		
Compreensão e avaliação das questões políticas				
Discorda totalmente + Discorda	59	55	49	56
Concorda totalmente + Concorda	41	45	51	44
(N)	(628)	(553)	(122)	(1 303)
Tau-b		0,049[**]		

Fonte: António Barreto, André Freire, Marina Costa Lobo e Pedro Magalhães (orgs.) (2002), *Comportamento Eleitoral e Atitudes Políticas dos Portugueses — Base de Dados 1*, Lisboa, Instituto de Ciências Sociais.

Notas: 1. Nível de significância de rejeição da hipótese nula: [*] $p \leq 0,05$; [**] $p \leq 0,01$.

Se atrás afirmámos que o interesse pela política em Portugal tem uma forte componente partidária, tal tese ganha um suporte empírico adicional se atendermos ao facto de que é ao nível da exposição aos *mass media* e da discussão política que as diferenças entre os subgrupos amostrais se tornam

Correlatos atitudinais da identificação partidária em Portugal, 2002
(valores percentuais)

[QUADRO N.º 25]

Exposição à informação política	Não identificado	Identificado	Muito ou razoavelmente identificado	Total
Frequência com que vê programas / notícias sobre política na TV				
Nunca	16	9	3	12
Menos de uma vez por semana	17	15	3	15
Uma vez por semana	11	10	10	10
Várias vezes por semana	25	28	30	27
Todos os dias	31	38	54	36
(N)	(628)	(553)	(122)	(1 303)
Tau-b		0,155(**)		
Frequência com que lê notícias sobre política nos jornais				
Nunca	51	42	34	45
Menos de uma vez por semana	20	19	20	20
Uma vez por semana	9	10	10	10
Várias vezes por semana	12	19	18	15
Todos os dias	8	10	18	10
(N)	(628)	(553)	(122)	(1 303)
Tau-b		0,115(*)		
Frequência com que ouve programas / notícias sobre política na rádio				
Nunca	52	44	38	47
Menos de uma vez por semana	21	22	18	22
Uma vez por semana	5	7	5	6
Várias vezes por semana	14	15	18	14
Todos os dias	8	12	21	11
(N)	(628)	(553)	(122)	(1 303)
Tau-b		0,103(**)		

Exposição à informação política	Não identificado	Identificado	Muito ou razoavelmente identificado	Total
Frequência com que discute política				
Nunca				
Ocasionalmente	43	57	59	50
Frequentemente	7	12	22	11
(N)	(628)	(553)	(122)	(1 303)
Tau-b		0,223[**]		

Fonte: Idem, ibidem.

Notas: 1. Nível de significância de rejeição da hipótese nula: [*] $p \leq 0,05$; [**] $p \leq 0,01$.

mais relevantes e significativas. E isso em que sentido — perguntar-se-á? Justamente no sentido de que, quanto maior é identificação com um partido em particular, maior e mais diversificado é o consumo de informação política através dos *media* — sobretudo da televisão e da rádio — como maior é também a frequência com que se costuma discutir política e notícias da actualidade com familiares, amigos ou colegas de trabalho.

Mas os efeitos mobilizadores da identificação partidária não se fazem sentir apenas ao nível cognitivo, reflectindo-se também, e de forma muito expressiva, na mobilização eleitoral e partidária, já que os inquiridos que se declaram muito ou razoavelmente identificados com um partido em particular são também aqueles que menos se abstêm e mais se envolvem em actividades de campanha eleitoral, demonstrando apoio a um determinado partido ou candidato, o que os afasta muito claramente dos restantes subgrupos e da amostra total. Estes resultados confirmam, assim, o que a teoria clássica ensina acerca do impacto da identificação partidária sobre a participação eleitoral, ao sustentar que esta é cada vez menos determinada pelo contexto social ou pelo posicionamento dos indivíduos em clivagens sociais tradicionais, mas sim pelas atitudes que estes desenvolvem face aos diferentes objectos políticos, nomeadamente face aos partidos. Deste modo, e em termos de participação eleitoral, a identificação tem um efeito mobilizador, pois quanto mais forte é essa identificação maior é o «envolvimento político» e maior é a sua propensão para votar.

Já no que toca a formas de mobilização social e política que não as estritamente eleitorais e partidárias, os correlatos comportamentais da identificação com um partido em particular são bastante menos pronunciados e oferecem uma leitura linear. Com efeito, para além do contacto com os políticos, apenas aquelas actividades que requerem um enquadramento organizacional mínimo e mais ou menos convencional — e que, por isso, são menos autónomas e espontâneas — parecem ser influenciadas positivamente pelo nível de identificação partidária dos inquiridos.

Correlatos comportamentais da identificação partidária em Portugal, 2002
(valores percentuais)

[QUADRO N.º 26]

Comportamento eleitoral	Não identificado	Identificado	Muito ou razoavelmente identificado	Total
Voto nas eleições legislativas de 1999				
Não votou	31	12	7	20
Votou	69	88	93	80
(N)	(570)	(532)	(120)	(1 222)
Tau-b		0,243(**)		
Voto nas eleições legislativas de 2002				
Não votou	37	12	9	24
Votou	63	88	91	76
(N)	(604)	(547)	(122)	(1 273)
Tau-b		0,282(**)		
Participação eleitoral, excluindo o voto:				
Tentar convencer pessoas a votar num candidato				
Não	94	90	75	90
Sim	6	10	25	10
(N)	(628)	(553)	(122)	(1 303)
Tau-b		0,139(**)		
Demonstrar apoio a um partido ou candidato				
Não	97	92	76	93
Sim	3	8	24	7
(N)	(628)	(553)	(122)	(1 303)
Tau-b		0,189(**)		

Fonte: *Idem, ibidem*.

Notas: 1. Nível de significância de rejeição da hipótese nula: (*) $p \le 0,05$; (**) $p \le 0,01$.

Correlatos comportamentais da identificação partidária em Portugal, 2002
(valores percentuais)

[QUADRO N.º 27]

Participação política convencional	Não identificado	Identificado	Muito ou razoavelmente identificado	Total
Contactar com um político				
Não	96	94	86	94
Sim	4	6	14	6
(N)	(626)	(543)	(122)	(1 291)
Tau-b		0,098(**)		
Participar numa manifestação ou marcha				
Não	96	94	84	95
Sim	4	6	16	5
(N)	(627)	(552)	(122)	(1 301)
Tau-b		0,064(*)		
Assinar uma petição ou um abaixo-assinado				
Sim, já fez	15	15	17	15
Não fez, mas admite fazer	43	45	40	44
Não fez, nem admite fazer	42	40	43	41
(N)	(628)	(553)	(122)	(1 303)
Tau-b		0,009		
Escrever uma carta para um jornal				
Sim, já fez	3	3	8	4
Não fez, mas admite fazer	48	50	44	48
Não fez, nem admite fazer	49	47	48	48
(N)	(628)	(553)	(122)	(1 303)
Tau-b		0,031		
Colar cartazes e distribuir folhetos				
Sim, já fez	4	7	5	6
Não fez, mas admite fazer	27	30	34	28
Não fez, nem admite fazer	69	63	61	66
(N)	(628)	(553)	(122)	(1 303)
Tau-b		0,053		

Participação política convencional	Não identificado	Identificado	Muito ou razoavelmente identificado	Total
Participar em acções em defesa dos direitos humanos				
Sim, já fez	3	5	14	5
Não fez, mas admite fazer	48	53	50	50
Não fez, nem admite fazer	49	42	40	45
(N)	(628)	(553)	(122)	(1 303)
Tau-b		0,081(**)		

Fonte: *Idem, ibidem*.

Notas: 1. Nível de significância de rejeição da hipótese nula: (*) $p \leq 0,05$; (**) $p \leq 0,01$.

E que existe uma associação entre a identificação partidária e as formas de participação política mais convencionais confirma-o ainda o facto de os inquiridos que se identificam muito ou razoavelmente com um determinado partido não revelarem uma maior disponibilidade para se envolverem, efectiva ou potencialmente, em «acções de protesto» próprias da chamada «nova política», acompanhando, aqui, as percentagens dos restantes subgrupos e da amostra total. Ou seja: a percentagem daqueles que empreenderam tais acções ou que admitem vir a fazê-lo no futuro é muitíssimo reduzida, e essa tendência é transversal a todos os grupos considerados e à população total, como se pode ver no quadro n.º 28.

Finalmente, a satisfação com o desempenho da democracia, que tanto pode ser considerada como um indicador do apoio aos princípios básicos do regime democrático, como da avaliação que os cidadãos fazem do funcionamento específico do sistema político em determinada conjuntura concreta, aparece associada de forma moderada, mas em sentido positivo, à intensidade da identificação partidária. O que significa, na prática, que as avaliações que os cidadãos fazem do desempenho concreto da democracia de base partidária não são particularmente influenciadas pelo seu sentimento de proximidade ou de simpatia em relação a um certo partido, o qual não contribui para diminuir o elevado descontentamento democrático em Portugal — já que, como se pode ver no quadro n.º 29, abrange quase metade da população portuguesa. Mais significativo e positivo parece ser o papel da identificação partidária quando em causa está a confiança nas principais instituições representativas, pois aqui o subgrupo amostral dos inquiridos que declaram uma forte ou razoável identificação com um partido em particular é também aquele que maior confiança deposita no Parlamento e no Governo, sobretudo quando comparado com a amostra relativa aos inquiridos que não revelam qualquer tipo de identificação partidária — no caso da confiança no Parlamento, a diferença atinge 24 pontos percentuais.

Correlatos comportamentais da identificação partidária em Portugal, 2002
(valores percentuais)

[QUADRO N.º 28]

Participação política não convencional	Não identificado	Identificado	Muito ou razoavelmente identificado	Total
Bloquear uma estrada ou uma linha-férrea				
Sim, já fez	1	1	5	2
Não fez, mas admite fazer	25	28	18	25
Não fez, nem admite fazer	74	71	77	73
(N)	(628)	(553)	(122)	(1 303)
Tau-b		0,012		
Participar numa greve não legal				
Sim, já fez	2	3	7	3
Não fez, mas admite fazer	19	20	15	19
Não fez, nem admite fazer	79	77	78	78
(N)	(628)	(553)	(122)	(1 303)
Tau-b		0,023		
Ocupar edifícios e fábricas				
Sim, já fez	1	1	3	1
Não fez, mas admite fazer	16	19	16	17
Não fez, nem admite fazer	83	80	81	82
(N)	(628)	(553)	(122)	(1 303)
Tau-b		0,035		

Fonte: Idem, ibidem.
Notas: 1. Nível de significância de rejeição da hipótese nula: (*) $p \leq 0,05$; (**) $p \leq 0,01$.

Correlatos atitudinais da identificação partidária em Portugal, 2002
(valores percentuais)

[QUADRO N.º 29]

Democracia e instituições políticas	Não Identificado	Identificado	Muito ou razoavelmente identificado	Total
Satisfação com o funcionamento da democracia				
Nada satisfeito	16	14	14	15
Não muito satisfeito	34	32	31	33
Razoavelmente satisfeito	46	47	46	46
Muito satisfeito	4	7	9	6
(N)	(628)	(553)	(122)	(1 303)
Tau-b		0,059(*)		
Confiança na Assembleia da República				
Nenhuma confiança	13	10	6	11
Pouca confiança	50	46	33	46
Muita confiança	33	40	55	38
Confiança absoluta	4	4	6	5
(N)	(588)	(513)	(114)	(1 215)
Tau-b		0,114(**)		
Confiança no Governo				
Nenhuma confiança	14	11	12	13
Pouca confiança	57	48	50	52
Muita confiança	27	40	36	33
Confiança absoluta	2	1	2	2
(N)	(585)	(519)	(111)	(1 215)
Tau-b		0,095(**)		

Fonte: *Idem, ibidem.*

Notas: 1. Nível de significância de rejeição da hipótese nula: (*) $p \leq 0,05$; (**) $p \leq 0,01$.

Os dados que temos vindo a analisar mostram que a probabilidade de os indivíduos se identificarem com um partido em particular, e de o fazerem de uma forma muito ou razoavelmente intensa, tende a ser maior em função do seu interesse pela vida política e do seu posicionamento ideológico, mas evidenciam também que a identificação partidária está muito dependente do nível de recursos educacionais e económicos, bem como do nível de integração social e política, o que permite vislumbrar aqui um «traço elitista» que é recorrente no funcionamento dos actuais sistemas políticos europeus, o qual obriga a uma revisão crítica das expectativas associadas ao sistema de representação político-partidária no plano da relação entre os cidadãos e a política, mas permite antever também as diferenças quanto ao perfil sociológico e atitudinal dos representantes eleitos e do eleitorado em geral.

E tanto é assim que, no que toca às consequências da identificação partidária, há que reconhecer que esta atitude política tem não só um efeito politicamente mobilizador — na medida em que contribui para o desenvolvimento de atitudes e de comportamentos políticos mais fortes e proactivos em relação ao interesse pela política, à exposição aos *media* informativos, à participação eleitoral e ao envolvimento em acções mediadas pelos partidos — como gera também um maior nível de confiança institucional, o qual, atendendo às teorias do capital social, constitui uma mais-valia para o funcionamento da democracia. Sobretudo, quando entre nós, os sentimentos de desconfiança e de cinismo face à «classe política» são muito fortes, e isso independentemente do grau de proximidade que os cidadãos revelem face aos partidos políticos, como resulta claro do quadro n.º 24.

Neste sentido, a identificação, ao contrário do que é sustentado por alguns autores[760], mais do que uma mera atitude representativa de uma relação ténue com os partidos, deve ser antes encarada como uma orientação que conduz na prática a comportamentos políticos específicos; neste caso, a um maior envolvimento activo na vida política. E, neste ponto, como ficou demonstrado acima, os cidadãos que se identificam com um partido em particular diferem da generalidade dos eleitores.

Se a identificação partidária predispõe à acção colectiva e ao exercício da cidadania em geral, é de supor que a filiação e o activismo partidário tenham um efeito mobilizador ainda mais pronunciado, se bem que aqui se imponha, desde logo, o seguinte paradoxo: qual a importância real que podem assumir os efeitos cívicos e participativos da filiação e do acti-

---

[760] Jean Blondel (1990), *Comparative Government: An Introduction*, Hertfordshire, Philip Allen, pp. 131-132.

vismo partidário, quando apenas uma pequena minoria de cidadãos decide aderir formalmente a um partido, sendo ainda menor o número daqueles que estão dispostos a desenvolver uma participação activa no seu interior, mostrando-se relutantes em cederem uma parte do seu tempo e afectar os seus recursos pessoais em prol de uma actividade militante regular e sistemática, e quando o fazem são movidos mais por benefícios particulares ou selectivos — como sejam cargos de prestígio ou facilidades de carreira —, os quais, como é sabido, constituem um bem escasso, que se encontra, sobretudo, acessível aos quadros políticos mais destacados.

4. Filiação e activismo partidário em Portugal

Na análise que desenvolvem Richard Katz e Peter Mair, estes defendem que os partidos políticos, ao afastarem-se do modelo clássico do partido de massas e ao converterem-se em partidos-cartel, tendem a tornar-se fortemente dependentes do Estado — de que dependem para sobreviver, tanto em termos materiais como em termos de legitimidade —, ao mesmo tempo que perdem a sua vocação eminentemente societária, distanciando-se cada vez mais das suas bases de apoio tradicionais e renunciando progressivamente à sua função representativa, que consiste na articulação e na representação dos diversos interesses sociais junto das instituições políticas. Ou seja, mais do que procurar contrariar o apartidarismo crescente dos cidadãos e de tentar manter e aumentar os níveis de filiação, os «partidos-cartel» mostram-se particularmente interessados em criar um ambiente institucional e normativo que seja favorável à sua sobrevivência corporativa — através do acesso aos *spoils of the state* — e que lhes permita reforçar a sua capacidade de resistência face aos desafios colocados pelos novos actores políticos, mas também face aos sentimentos de manifesta hostilidade e de forte criticismo manifestados por um eleitorado cada vez mais distante da política partidária.

Como escreve Fernando Lopes:

> Os partidos competem entre si sabendo que partilham com os seus adversários um interesse essencial que diz respeito ao conjunto, o que significa que a salvaguarda da sobrevivência colectiva os preocupa mais do que os ganhos e as perdas próprias. Em certos casos, o limitado incentivo

para competir chega mesmo a ser substituído por um «incentivo positivo» para não competir, como o revelam as consensuais partilhas do patrocinato político. E esta nova dinâmica partidária compreende tanto o sistema de partidos no seu conjunto como cada partido em particular, pelo menos os mais importantes.[761]

Assim, colocando-se preferencialmente ao lado da burocracia do Estado e impondo-se eleitoralmente pelas provas ou promessas de talento gestionário e de eficiência governativa — e não pela articulação e agregação de interesses políticos de forças sociais opostas — os partidos-cartel abandonam a sua função de intermediação entre a esfera social e a esfera institucional, para se transformarem em agentes «semi-estatais».

Percebe-se assim que, em termos de «procura», os novos modelos de partido releguem para um plano secundário o recrutamento e a integração de novos membros, que se tornam cada vez menos funcionais em termos organizacionais. E isto porque, muitas das funções desempenhadas anteriormente pelos filiados e militantes partidários são hoje assumidas por outros actores colectivos. Se, no passado, os militantes asseguravam a ligação entre o partido e o seus eleitores fiéis — explicando as opções e as decisões tomadas pelos dirigentes partidários, e levando até estes a informação necessária sobre as necessidades e as expectativas dos eleitores —, hoje essa função de ligação permanente e de auscultação contínua é assegurada sobretudo, e de forma bastante mais eficaz, pelo desenvolvimento das sondagens políticas e pelo recurso a pessoal especializado no seu manuseamento, os quais permitem a todo o momento consultar a eleitorado para decidir directamente as medidas a tomar ou as políticas a seguir.

Como refere Patrick Champagne, generalizou-se, deste modo, e um pouco por toda a parte, a «crença ilusória» de que as sondagens políticas vieram de alguma forma prolongar e aperfeiçoar o sufrágio universal:

> As sondagens políticas assemelham-se ao referendo e ao voto e inspiram-se na própria filosofia do sufrágio universal, segundo a qual todos os cidadãos devem ser considerados como iguais perante a lei e devem, portanto, poder exprimir as suas opiniões no que concerne a assuntos sobre

---

[761] Fernando Farelo Lopes (2004), *Os Partidos Políticos. Modelos e Realidades na Europa Ocidental e em Portugal*, op. cit., p. 145.

cidadania. Uma ideia largamente partilhada nos meios políticos e mediáticos actualmente é a de que esta tecnologia, resultante de métodos das ciências sociais, permite levar mais longe a lógica democrática, ao instaurar relações mais estreitas e mais permanentes entre os cidadãos e os políticos.[762]

Não é aqui o lugar para desmistificar a ideia acima enunciada — o que implicaria abordar os perigos que ela encerra — importa antes salientar que também as funções de informação e de comunicação política cabem actualmente não aos militantes partidários, mas antes aos meios de comunicação social modernos, na medida em que estes podem fornecer uma informação menos enviesada dos temas e dos problemas em causa e de acesso mais fácil, em resultado do desenvolvimento das novas tecnologias, ao mesmo tempo que permitem aos líderes e dirigentes partidários um contacto directo e quase diário com os eleitores — o que contribui, como se sabe, para a forte personalização da vida política.

Por outro lado, se os partidos de massas para assegurar os seus objectivos de mobilização social e de integração política — organizar as massas, fornecer-lhes educação política e representá-las junto do Estado —, mas também para garantir através do sistema de quotização as fontes de financiamento necessárias ao seu funcionamento e para desenvolver campanhas eleitorais — baseadas essencialmente em formas directas de comunicação interpessoal entre os candidatos e os eleitores e no trabalho intensivo e voluntário dos seus membros[763] — não podiam reproduzir em termos organizativos as redes mais ou menos informais dos partidos de quadros que os antecederam, sendo, por isso, obrigados a dotar-se de poderosas

---

[762] Patrick Champagne (1999), «Os média, as sondagens e a democracia», in *Os Cidadãos e a Sociedade de Informação*, Lisboa, Imprensa Nacional-Casa da Moeda, p. 20.

[763] Gianfranco Pasquino (2001), «The new campaign politics in Southern Europe», in Nikiforos Diamandouros e Richard Gunther (orgs.), *Parties, Politics and Democracy in the New Southern Europe*, op. cit., pp. 183-224; Pippa Norris (2000), *A Virtuous Circle. Political Communications in Postindustrial Societies*, op cit., pp. 137-152; David M. Farrell e Paul Webb (2000), «Political parties as campaign organizations», in Russell J. Dalton e Martin P. Wattenberg (orgs.), *Parties without Partisans. Political Change in Advanced Industrial Democracies*, Oxford, Oxford University Press, pp. 102-129; Edurne Uriarte (2002), *Introducción a la Ciencia Política. La Politica en las Sociedades Democráticas*, Madrid, Tecnos, pp. 348-349.

organizações de massas. Mas tal já não acontece com os novos modelos de partido. E porquê?

Orientando-se mais para os eleitores do que para os filiados e preocupando-se mais com o acesso aos recursos do Estado e com a ocupação de cargos públicos, os novos modelos de partido não só desviaram as suas funções da sociedade para o Estado, como prescindiram também de desenvolver e de manter bases organizativas numerosas, pelo que recrutamento massivo de filiados e militantes partidários se tornou cada vez menos importante, podendo mesmo constituir um entrave às lideranças partidárias, tanto no que toca às limitações que aqueles — pela sua intransigência ideológica — podem colocar na definição da linha política e programática dos partidos[764], como no que se refere à distribuição de incentivos particulares ou selectivos, de que depende cada vez mais, como bem ensina Angelo Panebianco, a estabilidade e a continuidade das «coligações dominantes».[765]

Consequentemente, e como sublinha Manuel Sospedra, à medida que o número de filiados se torna mais reduzido, os membros efectivos — os militantes — procuram fechar o partido sobre si mesmo, tornando o acesso mais difícil e episódico. E isto porque, à medida que os incentivos colectivos ou de identidade se tornam menos relevantes enquanto estímulo à filiação e à participação dos membros[766], a abertura à sociedade civil significa, para os que já integram o partido, o aumento da competição por benefícios particulares ou incentivos selectivos — o que torna tal abertura senão indesejável, pelo menos problemática.[767] Se a isto juntarmos o facto de os novos tipos de partido precisarem de recursos financeiros crescentes para fazer face aos custos da competição política, mas também o facto de recorrerem cada vez mais a «especialistas» que dominam uma série de conhecimentos especializados, em resultado das necessidades impos-

---

[764] Julián Santamaría Ossorio e Mónica Méndez (2001), «La ley de la disparidad ideológica curvilínea de los partidos políticos: el caso del PSOE», in Revista Española de Ciencia Política, n.º 4, pp. 35-69.

[765] Angelo Panebianco (1995), Modelos de Partido, op cit., pp. 83-107.

[766] Idem, ibidem, pp. 61-83 e 488-497; Alan Ware (2004), Partidos Políticos y Sistemas de Partidos, Madrid, Istmo, pp. 123-132.

[767] Manuel Martínez Sospedra (1996), Introducción a los Partidos Políticos, Barcelona, Ariel Derecho, p. 100; Alan Ware (2004), Partidos Políticos y Sistemas de Partidos, Madrid, op. cit., pp. 112-123.

tas pela progressiva profissionalização das organizações partidárias e das campanhas eleitorais, parece lícito concluir que o espaço destinado aos «políticos amadores» e aos cidadãos com um certo nível de consciência política se torna cada vez mais exíguo.[768]

De salientar ainda que a marginalização dos filiados, nos novos modelos de partido, não é indiferente ao facto de os novos movimentos sociais e de os grupos de interesses constituírem um meio alternativo de articulação de interesses sociais e um mecanismo muito mais eficaz de *feedback* entre a sociedade e o Estado, o que permite aos partidos desinvestir ainda mais na manutenção das suas já debilitadas organizações de membros, prescindindo mesmo da sua presença no terreno. É neste sentido que, referindo-se ao futuro dos partidos, Peter Mair escreve:

> Se bem que estejamos ainda muito longe de conseguir prever como é que os partidos podem adaptar-se ao seu papel futuro é, não obstante, evidente que os novos partidos distinguir-se-ão dos seus antecessores pela ausência de qualquer organização externa significativa e, desse modo, pela ausência de uma presença autónoma no terreno. Em vez disso, e provavelmente, os partidos dependerão do apoio contingente de organizações não partidárias e independentes integradas na sociedade civil. Por outras palavras, os partidos do futuro não levantaram objecções a que o mundo emergente dos movimentos sociais e dos grupos de interesses substitua as suas próprias organizações partidárias, cada vez mais enfraquecidas. E, ao contrário do que se possa pensar, este desenvolvimento poderá ir ao encontro das necessidades dos partidos, que deixarão de necessitar de preservar os próprios membros, ficando, pelo contrário, livres para investirem os seus recursos na organização das campanhas eleitorais, por um lado, e no desenvolvimento das capacidades necessárias à sua manutenção no poder, por outro. Portanto, num certo sentido, aquilo que podemos vir a observar é uma nova divisão do trabalho político, na qual as organizações de interesses canalizam a representação, enquanto os partidos se ocupam da governação.[769]

Independentemente desta perspectiva sobre o papel futuro dos partidos e da importância funcional dos seus membros e militantes, e do facto

---

[768] AA.VV. (2003), *Curso de Partidos Políticos*, Madrid, Akal Ediciones, p. 61.
[769] Peter Mair (2003), «Os partidos políticos e a democracia», *op. cit.*, p. 291.

de nas democracias industriais avançadas se observar hoje um declínio geral e muito significativo dos níveis de filiação partidária — tanto em termos absolutos como em termos relativos — talvez seja precipitado fazer já e de forma categórica o «obituário» dos partidos enquanto organizações de membros.

E isto porque, se é verdade que os membros são pouco relevantes enquanto fontes de recursos humanos e financeiros — dada a profissionalização das campanhas e a subida galopante dos custos relacionados com a actividade política — e aparentemente pouco eficazes para promover o acesso mais fácil ao poder — sendo aqui claramente ultrapassados pelos meios de comunicação social modernos — o facto é que os partidos continuam a esforçar-se por manter e até mesmo aumentar os seus níveis de filiação. Será isto um contra-senso, dificilmente explicável? Não, bem pelo contrário.

Pois, como diria Susan Scarrow: os membros contam![770] E contam porque continuam a constituir um recurso organizativo importante para muitos partidos políticos. Desde logo, em termos de legitimidade popular, dado que a presença dos partidos no terreno, através de organizações de base numerosas e relativamente dinâmicas, é vista como um sinal de ligação à sociedade civil. E é-o sobretudo para os partidos *catch-all* e cartel, fortemente criticados por se assumirem como puras «máquinas eleitorais» e como «agentes semi-estatais», mas também por estarem cada vez mais dependentes do próprio desempenho político e mediático dos líderes que a cada momento os dirigem, e que acabam por se confundir com eles, sendo cada vez mais difícil saber onde começa a popularidade do líder e acaba a do partido.[771]

Por outro lado, importa não esquecer que os membros jogam um papel decisivo nos conflitos internos pela liderança, o que explica o facto de os partidos procurarem manter inalterada a estrutura de competição vigente,

---

[770] Susan E. Scarrow (2000), «Parties without members»? Party organization in a changing electoral environment», *in* Russell J. Dalton e Martin P. Wattenberg (orgs.), *Parties without Partisans. Political Change in Advanced Industrial Democracies*, Oxford, Oxford University Press, pp. 79-102.

[771] Marina Costa Lobo (2007), «Partidos e líderes: organização partidária e voto no contexto europeu», *in* André Freire, Marina Costa Lobo e Pedro Magalhães (orgs.), *Eleições e Cultura Política: Portugal no Contexto Europeu*, Lisboa, Instituto de Ciências Sociais, pp. 253-275.

impedindo, assim, a possibilidade de os filiados e, especialmente, de os militantes escolherem entre diferentes alternativas.[772] Um elevado número de filiados constitui ainda uma condição indispensável para que os partidos possam preencher os cargos internos, elaborar as listas de candidatos aos órgãos do governo local e nacional e ocupar as posições de confiança nos aparelhos político e burocrático do Estado e nas empresas públicas e semipúblicas. E se dúvidas houvesse quanto ao papel que os membros e militantes dos partidos desempenham a este nível, bastaria lembrar que na generalidade das democracias industriais avançadas, as «classes políticas» são constituídas por indivíduos recrutados e socializados no interior dos partidos, e que fazem da política partidária a sua actividade principal.[773]

Finalmente, há que salientar que os membros não são totalmente irrelevantes como canais de informação e comunicação política e como agentes de mobilização do eleitorado, pela via da persuasão de apoiantes e potenciais votantes, sobretudo ao nível das eleições locais — para o efeito, sublinhe-se, que o poder dos partidos não se faz sentir apenas ao nível nacional, sendo também efectivo ao nível local, e, aqui, se a implantação territorial é fundamental, já o impacto da televisão é bastante menos pronunciado. Como está bom de ver, todos estes factores explicam os esforços levados a cabo por vários partidos na Europa Ocidental no sentido de consolidar as suas organizações e de recrutar novos membros[774], a que se junta ainda o facto de, em alguns países, a legislação estatal fazer depender o financiamento público dos níveis de filiação partidária, mas também o facto de as quotas, os donativos e o trabalho voluntário dos membros constituírem ainda uma importante fonte de recursos para alguns partidos, nomeadamente para aqueles que se mantêm fiéis ao modelo clássico do «partido

---

[772] Angelo Panebianco (1995), *Modelos de Partido, op., cit.*, p. 124.

[773] Pippa Norris (1997), *Passages to Power: Legislative Recruitment in Advanced Democracies*, Cambridge, Cambridge University Press; Jean Blondel e Maurizio Cotta (1996), *Party and Government*, Londres, Macmillan; Michael Gallagher e Michael Marsh (1988), *Candidate Selection in Comparative Perspective. The Secret Garden of Politics*, Londres, Sage Publications.

[774] Ossete Massari (2004), *I Partiti Politici nelle Democrazie Contemporanee*, Roma-Bari, Editori Laterza, pp. 96-99.

de massas», ou para modernos «partidos-movimento»[775], que privilegiam claramente a participação de tipo civil perante a de tipo profissional.[776]

E que os membros contam, e a presença no terreno é ainda fundamental, prova-o igualmente a tendência verificada, em alguns partidos da Europa Ocidental, no sentido de conceder novos poderes aos membros e militantes de base e de abrir o partido à participação de todos os apoiantes e simpatizantes, sejam ou não filiados. Segundo Susan Scarrow trata-se, pois, do recurso a um incentivo selectivo que visa «segurar» os filiados que reivindicam um papel mais activo nos processos de decisão internos, intervindo directamente na eleição do líder do partido e participando sem intermediários na escolha dos candidatos aos cargos públicos ou ainda na aprovação dos programas partidários.[777]

Mas, e segundo Scarrow, este processo de democratização interna, através da consulta directa e permanente dos membros de base em questões vitais da vida partidária, visa também atrair novos membros que vejam nos partidos canais efectivos de mobilização cívica e de participação na esfera pública, e não organizações rígidas, hierarquizadas e profundamente oligárquicas, nas quais os membros se limitam a ratificar as decisões tomadas unilateralmente pelas estruturas dirigentes. Neste sentido, e como sublinham Russell Dalton e Ronald Inglehart, trata-se de responder às pressões e às reivindicações de um eleitorado mais instruído, mais sofisticado e cognitivamente mais mobilizado e, como tal, politicamente mais crítico e exigente face ao funcionamento das instituições políticas tradicionais.[778]

Bem diferente, e bastante mais pessimista, é a leitura de Peter Mair que vê nesta imagem de aparente democratização interna uma estratégia de autonomização e reforço dos poderes das lideranças nacionais face aos membros de base dos partidos. E porquê? Precisamente porque há que ter

---

[775] Richard Gunther e Larry Diamond (2001), «Types and functions of parties», *in* Larry Diamond e Richard Gunther (orgs.), *Political Parties and Democracy*, Baltimore, The Johns Hopkins University Press, pp. 3-40.

[776] Donatella della Porta (2001), «Partiti, gruppi e movimenti: tra identità e interessi», *in* Donatella della Porta, *I Partiti Politici*, Bolonha, Il Mulino, pp. 175-195.

[777] Susan E. Scarrow (2000), «Parties without members»? Party organization in a changing electoral environment», *in* Russell J. Dalton e Martin P. Wattenberg (orgs.), *Parties without Partisans. Political Change in Advanced Industrial Democracies, op. cit.*, pp. 79-102.

[778] Ronald Inglehart (1997), *Modernization and Postmodernization: Cultural, Economic and Political Change in 43 Societies, op. cit*

em conta que, nos casos mencionados, as bases exercem os seus direitos não pela via tradicional dos delegados aos congressos, mas sim na qualidade de membros individuais não integrados em estruturas de base mais ou menos articuladas, o que resulta numa participação de «tipo atomístico», em que os líderes apelam directamente aos membros de base — geralmente mais dóceis, influenciáveis e «seguidistas» — sem atender às exigências e aos constrangimentos impostos à sua actuação pelos militantes e pelas elites intermédias, os quais podem constituir um sério obstáculo à prossecução de estratégias eleitoralistas expansivas por parte dos líderes, já que estes implicam, em regra, o sacrifício de objectivos políticos considerados inegociáveis pelos sectores mais radicais e intransigentes do partido.[779]

Até aqui vimos que a afirmação dos novos tipos de partido — do *catch-all party* ao *cartel party* — foi acompanhada por um declínio significativo dos níveis de filiação e de activismo partidário, o que é explicável, em grande medida, pelo recurso ao financiamento público, pela possibilidade de comunicar directamente com o eleitorado através dos *mass media* e pela personalização, profissionalização e centralização das campanhas eleitorais, aspectos que não podem deixar de diminuir as oportunidades de envolvimento dos membros e não membros em actividades partidárias e outras iniciativas de campanha. Importa agora referir que esta tendência de declínio deve ser explicada por factores relacionados não só com a «procura» mas também com a «oferta».

Com efeito, e como sugerem vários autores, os processos de modernização social e económica em curso nas democracias industriais avançadas — ao contribuírem para aumentar o nível educacional da população e ao promoverem o acesso massivo ao conhecimento, através da cultura de massas e dos meios de comunicação modernos — criaram um clima cultural propício ao desenvolvimento de uma cidadania politicamente mais autónoma e consciente, mas também abertamente crítica face às velhas ideologias, aos valores dominantes e às organizações tradicionais e hierárquicas, e daí a sua receptividade a formas de acção colectiva alternativas aos partidos, como são os novos movimentos sociais.[780]

---

[779] Richard Katz e Peter Mair (orgs.) (1994), *How Parties Organize: Change and Adaptation in Party Organizations in Western Democracies*, op. cit., p. 14

[780] Maria José Stock (org.) (2005), *Velhos e Novos Actores Políticos: Partidos e Movimentos Sociais*, op. cit.

Com uma orientação ideológica geral que recusa o modelo cultural e económico existente e a democracia representativa de base partidária, a favor de formas autenticamente democráticas de participação política, os novos movimentos sociais tendem a constituir-se cada vez mais como actores colectivos alternativos aos partidos, indo ao encontro das prioridades valorativas e das aspirações de segmentos significativos e transversais da sociedade, superando, assim, as divisões políticas baseadas em grupos com interesses particulares. Neste sentido, e como escreve Federico Javaloy: «Os novos movimentos sociais mobilizam-se em torno de valores e não de interesses, os seus interesses são mais de tipo ideológico e universalista (obtenção de bens colectivos) do que instrumental e particularista (apropriação de bens para um grupo concreto).[781]

Como sublinham diversos autores, se os novos movimentos sociais constituem actualmente um canal alternativo aos partidos, isso deve-se muito ao facto de apresentarem um tipo de organização que contrasta claramente com a rigidez dos partidos políticos tradicionais, sendo coerente com os seus valores fundamentais — desenvolvimento da identidade e da autonomia, tanto a nível individual como grupal — que se caracteriza pela sua natureza aberta e reticular e pelos seus procedimentos informais, horizontais e descentralizados, permitindo, assim, uma participação mais alargada, directa e igualitária.[782] Por outro lado, fazendo uso de um repertório de acção colectiva em que o protesto e acção directa são entendidos como uma continuação da política «por outros meios», os novos movimentos sociais atraem — muitas vezes mais pela «espectacularidade» das suas acções do que pelo «mérito» dos objectivos perseguidos ou das causas defendidas — a atenção dos meios de comunicação social, despertando a consciência da população para problemas sociais que são objecto de controvérsia, expressando alternativas e propostas de solução para os conflitos que existem na sociedade, e exercendo pressão sobre os governantes.

---

[781] Federico Javaloy *et al.* (2001), *Comportamiento Colectivo e Movimientos Sociales*, Madrid, Prentice-Hall, pp. 128-129.

[782] Pedro Ibarra e Francisco Letamendía (2001), «Los Movimentos Sociales», in Miquel Caminal Badia (org.), *Manual de Ciencia Política*, Barcelona, Tecnos, pp. 372-403; Ángel Valência (2000), «Retos contemporâneos de la política: los movimientos sociales», in Rafael del Águila (org.), *Manual de Ciencia Politica*, Madrid, Editorial Trotta, pp. 451-477; Edurne Uriarte (2002), «Movimientos sociales», in *Introducción a la Ciencia Política. La Politica en las Sociedades Democráticas*, Madrid, Tecnos, pp. 336-342.

Deve referir-se, quanto a este aspecto, que o espaço público conquistado pelos novos movimentos sociais, na maior parte das democracias ocidentais, resulta não apenas da modernização social e da mudança cultural, e do seu impacto sobre o perfil sociológico e atitudinal dos respectivos eleitorados, mas também — e inevitavelmente — do distanciamento dos partidos em relação à sociedade e da sua incapacidade para representar novas linhas de conflito e para desenvolver «marcos colectivos» que estimulem a participação política, os quais se demarcam das «velhas» ideologias por serem menos amplos e omnicompreensivos, assumindo um significado mais restrito, concreto e orientado para mobilização e integração sociais. É, pois, neste contexto que a defesa da legitimidade de um modelo de democracia alternativo à democracia representativa de base partidária, que tem nos novos movimentos sociais os seus principais proponentes, deve ser equacionado, como o faz Donatella della Porta:

> Contra uma democracia liberal, realista e elitista, baseada na delegação do poder político em representantes eleitos periodicamente e plenamente legitimados para decidir entre uma eleição e outra, os novos movimentos sociais defendem uma maior proximidade face aos interesses dos eleitores, através de um sistema de democracia directa ou de base, comunitária ou forte. Como portadores de uma tal concepção de democracia, os novos movimentos criticam o modelo de democracia organizada, baseada na mediação dos partidos e dos grupos de interesses, procurando deslocar o *policy making* para lugares mais visíveis e controláveis. Assim, e em seu entender, devem ser os cidadãos, naturalmente interessados na vida política, a intervir directamente nas decisões políticas.[783]

E acrescenta, mais à frente:

> É inegável que a ideia de democracia que os movimentos desenvolveram, desde os anos sessenta até hoje, assenta em fundamentos muito distintos daqueles que servem de base à democracia representativa. De acordo com o modelo da democracia representativa, os cidadãos elegem periodicamente os seus representantes e exercem um controlo sobre eles através da ameaça da

---

[783] Donatella della Porta (2001), «I movimenti sociali e I loro potenziali alleati», *in* Donatella della Porta, *I Partiti Politici*, Bolonha, Il Mulino, p. 177.

não-reeleição na consulta popular posterior. A democracia directa, defendida pelos novos movimentos sociais, opõe-se ao princípio da delegação, que é entendido como um instrumento de poder oligárquico, pelo que os representantes eleitos devem ser sempre revogáveis. Para além disso, na democracia representativa o acto de delegação é generalizado: os representantes eleitos decidem pelos eleitores sobre um conjunto alargado de temas e de assuntos. Ao contrário, na democracia directa a delegação tem um carácter *ad hoc*, o que significa que incide sobre temas concretos: os cidadãos, reunidos em assembleia, definem, de quando em quando, os objectivos a prosseguir e os métodos de acção a desenvolver.

Mas as diferenças entre os dois modelos de democracia, tal como percepcionados pelos novos actores colectivos, não ficam por aqui, pois, como refere Donatella della Porta:

> Onde a democracia representativa prevê a constituição de um corpo de representantes especializados, a democracia directa opta antes por uma contínua rotatividade. Se a democracia representativa se baseia numa igualdade formal — «uma pessoa, um voto» — a democracia directa é participativa, na medida em que reconhece o direito de decidir apenas a quem demonstra uma efectiva dedicação à causa pública. Por outro lado, se a democracia representativa é frequentemente burocratizada e distante, sendo as decisões tomadas de uma forma centralizada, hierarquizada e não participada, já a democracia directa é informal e descentralizada, sublinhando a necessidade de aproximar o processo de decisão das comunidades e das pessoas, promovendo a sua intervenção na escolha de soluções alternativas para problemas sociais e políticos concretos.[784]

Se desenvolvemos tão longamente os aspectos relacionados com a «oferta» para explicar o actual decréscimo da filiação e do activismo partidário, sublinhando os desafios colocados pelas mudanças sociais e culturais recentes e pela emergência de novos actores políticos, é porque acreditamos que uma das questões mais interessantes da teoria e da prática democráticas contemporâneas tem a ver com o modo como os partidos políticos e a democracia representativa irão responder a estes desafios. Seja

---

[784] *Idem, ibidem*, p. 178.

como for, e para já, o que sobressai é que, mais do que resistir, os partidos parecem estar a adaptar-se a estes novos desenvolvimentos. Como? — perguntar-se-á. Aparentemente, de forma simples: cartelizando-se.

4.1 *Quem está incluído e excluído da filiação e do activismo partidário?*

Quando caracterizámos o perfil organizacional dos principais partidos portugueses, tivemos oportunidade de demonstrar que os níveis de filiação eram em todos eles, e nas diferentes etapas do processo de consolidação da democracia muito baixos, sobretudo se comparados com os de outras democracias europeias mais antigas. Mas, mais do que olhar para este fenómeno de um ponto de vista meramente quantitativo, importa considerá-lo também numa perspectiva qualitativa. Quer isto dizer que é importante — e para os nossos objectivos de investigação determinante — saber o que caracteriza e o que diferencia os indivíduos que optam por filiar-se num partido e desenvolver nele uma participação activa e regular. Para tal, e numa primeira tentativa de aproximação ao fenómeno estudado, recorremos uma vez mais aos dados do Estudo Eleitoral Nacional de 2002.

Deste modo, iremos procurar estabelecer — através de um modelo de regressão linear — quais os factores individuais que explicam a filiação e o activismo partidário potencial dos portugueses, para, num momento posterior, analisarmos as suas consequências ao nível das atitudes e dos comportamentos políticos. Será que a filiação e o activismo partidário — ainda que potenciais — contribuem para reforçar a confiança dos cidadãos em relação às suas capacidades políticas individuais e em relação ao desempenho geral da «classe política»? Traduzir-se-ão num maior ao apoio funcionamento do sistema democrático e numa maior confiança face às suas instituições nucleares? E será que terão ainda um efeito mobilizador, em termos cognitivos, e no que se refere à participação política, nas suas diferentes manifestações?

Antes de responder a estas questões, importa constatar que, segundo os dados do Estudo Nacional Eleitoral de 2002, apenas uma pequena minoria dos inquiridos (cerca de 23 %) coloca a possibilidade de se filiar e de desenvolver uma participação activa num partido político. Trata-se, pois, de um dado empírico que ajuda a explicar por que é que os níveis de filiação partidária são relativamente baixos em Portugal, e que contribui também para justificar por que é que esse facto constitui um importante constrangimento em termos de recrutamento parlamentar. Seja como for, o que mais nos interessa agora não é tanto determinar qual o peso relativo da filiação e do activismo partidário entre a opinião pública portuguesa — aspecto a que nos reportámos já em momento anterior — mas antes ver o que pode ser dito sobre os factores que, a nível individual, permitem explicar a propensão dos indivíduos para uma eventual filiação num partido e participação activa no seu interior.

Atitudes dos cidadãos em relação a uma eventual filiação e participação activa num grupo político
(valores percentuais)

[FIGURA N.º 16]

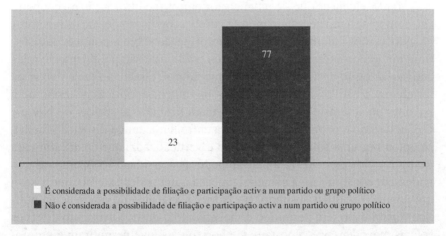

☐ É considerada a possibilidade de filiação e participação activa num partido ou grupo político
■ Não é considerada a possibilidade de filiação e participação activa num partido ou grupo político

Fonte: António Barreto, André Freire, Marina Costa Lobo e Pedro Magalhães (orgs.) (2002), *Comportamento Eleitoral e Atitudes Políticas dos Portugueses* — Base de Dados 1, Lisboa, Instituto de Ciências Sociais.

Para tal, recorremos a um modelo de regressão linear, onde incluímos as variáveis de controlo social e político usuais, mas no qual atribuímos um particular destaque a duas variáveis em concreto: a pertença a associações, por um lado, e, por outro, a confiança interpessoal. E fizemo-lo dada a importância teórica conferida pela literatura mais recente a estas variáveis enquanto aferidoras do *stock* de capital social existente numa determinada sociedade e dos seus efeitos positivos em termos de mobilização cívica e de participação política.

A este propósito, convirá notar-se que, na última década do século passado, se assistiu a um renovado interesse pelas questões relacionadas com o associativismo cívico[785], muito por força da recepção e da reacção à obra de Robert Putnam sobre o capital social, intitulada *Making Democracy Work*. Nesta obra, o autor sublinha — como aliás Pierre Bourdieu o havia feito alguns anos antes — o impacto positivo da confiança interpessoal, que permite que os indivíduos cooperem entre si mesmo quando não se conhecem pessoalmente, mas também e fundamentalmente da integração em redes e organizações sociais, as quais estão na base do desenvolvimento de relações mais ou menos institucionalizadas de conhecimento ou de reconhecimento mútuo, que permitem o acesso directo a um conjunto de recursos efectivos ou potenciais, ao mesmo tempo que constituem um campo de treino fértil para o desenvolvimento das capacidades participativas e das virtudes cívicas.[786]

Tanto a ideia de que a confiança nos outros facilita a acção e a cooperação com vista a um benefício mútuo, como a convicção de que os membros de associações voluntárias têm mais informação sobre a política, demonstram um maior interesse pelos assuntos públicos e são politicamente mais activos — ou seja, são melhores «democratas», o que não pode deixar de ter efeitos positivos na qualidade das instituições políticas — estão bem patentes no contraste histórico que Putnam faz entre as regiões do Norte e do Sul da Itália: enquanto no Sul, para enfrentar a antiga dispersão feudal, se optou por uma solução hierárquica e verticalizada, que contribuiu para destruir a vida associativa e para impedir as actividades cooperativas que pudessem constituir uma eventual ameaça a um poder externo, que visava um controlo político absoluto; no Norte, a vigência de um sistema político republicano terá permitido e incentivado o desenvolvimento de redes sociais mais densas e supostamente horizontais, que permitiram e promoveram a associação de membros de *status* e poder equivalentes, e daí o seu impacto benéfico nas pautas de cooperação social, na mobilização cívica e no envolvimento político dos indivíduos.

---

[785] Alejandro Portes (2000), «Capital social: origens e aplicações na sociologia contemporânea», in *Sociologia, Problemas e Práticas*, n.º 33, pp. 133-158; Sigrid Roßteutscher (2000), «Democracia associativa. As instituições voluntárias como campo de treino para a democracia?», in José Manuel Leite Viegas e Eduardo Costa Dias (orgs.), *Cidadania, Integração, Globalização*, Oeiras, Celta Editora, pp. 233-255.

[786] Robert D. Putnam, Robert Leonardi e Raffaella Y. Nanetti (1993), *Making Democracy Work. Civic Traditions in Modern Italy*, op. cit.

Os reflexos da história política de ambas as regiões de Itália são ainda hoje bem visíveis no que toca à formação e densidade do capital social, pois como escreve Putnam:

> Algumas regiões de Itália (...) possuem muitas organizações comunitárias activas (...). Estas «comunidades cívicas» valorizam a cooperação, a solidariedade, a participação cívica e a integração política. Aqui a democracia funciona. No extremo oposto, encontram-se as regiões «não cívicas», como a Calábria e a Sicília, que podem ser correctamente caracterizadas com o termo francês *incivisme*. O conceito de cidadania encontra-se aqui muitíssimo debilitado.[787]

Antes de avançarmos na nossa exposição, não podemos deixar de notar a clara inspiração das diferentes propostas teóricas e normativas construídas a partir do conceito do capital social — particularmente na versão seminal de Robert D. Putnam — nas concepções liberais de Alexis de Tocqueville sobre as virtudes cívicas e democráticas do envolvimento associativo relatadas e elogiadas em *Da Democracia na América*, obra publicada em 1835. Recorde-se que Alexis de Tocqueville, nas considerações que fez sobre os traços distintivos da sociedade norte-americana, a ênfase no tema da criação e da proliferação das associações voluntárias, que possibilitam a cooperação entre os indivíduos e reforçam a sua integração social e política, resulta evidente.

De facto, Tocqueville considerava que, nas condições de vida das sociedades industriais modernas, os indivíduos, absorvidos com a sua subsistência económica, tendiam a afastar-se e a desinteressar-se dos assuntos colectivos e, portanto, da vida política da comunidade. Ora, este distanciamento da esfera política aumentava os riscos da tirania, na medida em que, sem o controlo e a vigilância dos cidadãos, o poder do Estado podia ser mais facilmente conquistado por um déspota ou exercido por um pequeno grupo de homens. Tratava-se assim, para o autor francês, de criar as condições que favorecessem o envolvimento dos indivíduos no debate e na resolução dos problemas sociais e políticos da sua comunidade, o que requeria a formação de associações intermédias entre a sociedade e o Estado, mais

---

[787] Robert D. Putnam (1993), «The prosperous community: social capital and public life», in *The American Prospect*, n.º 13, p. 36.

próximas dos cidadãos e abertas à sua participação nas questões de interesse colectivo, as quais teriam o benefício inestimável de desenvolver as virtudes cívicas e de abrir caminho para o envolvimento político.

Ou seja, e nos próprios termos de Tocqueville:

> Depois da liberdade de agir individualmente, a mais natural ao homem é a de combinar os seus esforços com os seus semelhantes e de agir em comum. O direito de associação parece-me pois quase tão natural inalienável, em virtude da sua natureza, como a liberdade individual. O legislador não poderia querer destruí-lo, sem atacar a própria sociedade (…). Na América, os cidadãos que formam a minoria associam-se primeiramente para constatarem o seu número e assim enfraquecerem o império moral da maioria; o segundo objectivo dos associados é o de entrarem em competição e descobrirem, de certo modo, os argumentos mais adequados para impressionarem a maioria; porque têm sempre a esperança de a atraírem a eles e de, em seguida, disporem em seu nome do poder.[788]

Em suma, e regressando a Putnam, podemos dizer que para este autor, e para muitos daqueles que têm dado continuidade teórica e empírica às suas principais teses, o capital social resulta sobretudo de uma combinação de normas sociais subjectivas (confiança generalizada e particularizada), de características sociais objectivas (redes e organizações sociais) e de funcionalidade institucional (eficácia e efectividade). Mas, se é admissível que o *stock* de capital social existente numa sociedade possa aumentar com a criação de uma rede densa de organizações voluntárias e horizontais, e o envolvimento nas suas actividades possa também encorajar a participação social e política dos cidadãos, o facto é que tudo isso não é indiferente à cultura e subculturas políticas prevalecentes num determinado país. Com efeito, e é isso que queremos aqui sublinhar, a confiança social deve ser entendida também como uma «atitude cultural» resultante da acumulação de experiências colectivas ou individuais, transmitida por mecanismos de socialização e reactivada em situações políticas ou sociais específicas. Como sublinham, e bem, Mariano Torcal e José Ramón Montero: «As experiências relacionais individuais e grupais são importantes mecanismos

---

[788] Alexis de Tocqueville (1835, 2001), *Da Democracia na América*, Porto, Rés-Editora, p. 42.

na criação de confiança social, mas encontram-se, porém, condicionadas por pressupostos culturais prévios.»[789]

E é por isso que, no caso das novas democracias, não podemos levar demasiado longe a argumentação teórica sobre o contributo das associações voluntárias para a vitalidade da sociedade civil e para a eficácia do sistema democrático, por fomentar a cooperação entre o governo e os cidadãos e facilitar a implementação das políticas governamentais. E porquê? Precisamente porque do ponto de vista das teorias do capital social, seria expectável que nas democracias mais recentes, que passaram por longas experiências de dominação autoritária durante a qual a vida associativa foi reprimida ou desincentivada, os processos de transição e de consolidação democrática — ao restaurarem um clima de liberdade de expressão e de associação, o qual implicou necessariamente a criação e o desenvolvimento de organizações sociais e políticas de todo o tipo — contribuíssem para o aumento dos níveis de confiança social. Pelo menos em Portugal, tal assim não aconteceu: os níveis de associativismo e de activismo social e político mantêm-se ainda hoje extremamente baixos, especialmente, quando comparados com a maioria das democracias europeias, e isso independentemente das profundas mudanças políticas, económicas e institucionais das últimas três décadas.

O nível relativamente baixo da vida associativa em Portugal é, aliás, congruente com uma outra das características atitudinais que Robert Putnam associa à formação do capital social, e que é a confiança interpessoal, a qual se traduz na existência de normas de reciprocidade e de ajuda mútua, sendo usualmente medida nos inquéritos sociais internacionais através da seguinte questão: «De uma maneira geral, acha que pode confiar na maior parte das pessoas ou, pelo contrário, considera que todo o cuidado é pouco?»

Como se poder ver na figura à frente reproduzida, o nível de confiança interpessoal dos portugueses situa-se abaixo da média dos países da Europa e encontra-se próximo do da Grécia e do de alguns países da Europa de Leste, o que permite falar com alguma propriedade de uma espécie de síndroma de «individualismo não solidário» na sociedade portuguesa.

---

[789] Mariano Torcal e José Ramón Montero (2000), «La formación y consecuencias del capital social en España», in Revista Española de Ciencia Politica, vol. 1, n.º 2, p. 82.

O associativismo em Portugal e no resto da Europa, 2002-2003
(valores percentuais)

[FIGURA N.º 17]

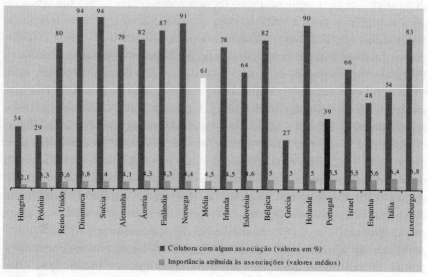

Fonte: *European Social Survey 2002-2003.*
Notas: 1. Valores médios (escala de 0 a 10).

Por tudo isto, e ao contrário do que é sustentado pelos teóricos do capital social, os novos regimes democráticos não produzem capital social *per se*, sendo pois necessário ter em conta a continuidade atitudinal que se encontra relacionada com um certo legado histórico e cultural, transmitido de geração em geração, o qual resiste às grandes mudanças políticas económicas e sociais verificadas nas últimas décadas. Como notam Mariano Torcal e José Ramón Montero:

> É possível que um certo limiar de associativismo cívico e político seja uma condição necessária para o desenvolvimento da confiança social, mas esta condição não é, porém, suficiente. Para tal, é preciso que uma parte significativa dos cidadãos decida participar em associações, o que, por sua vez, requer uma ampla difusão da confiança social mediante processos de aprendizagem e de socialização política, a qual só pode ser conseguida através da substituição intergeracional e da intervenção pedagógica das elites políticas (…). Importa não esquecer que, em países como Espanha e Portugal, uma

história caracterizada pela instabilidade política, por tensões ideológicas e por prolongados períodos de ditadura dificultaram o desenvolvimento de organizações sociais autónomas, de tradições de cooperação entre as elites sociais e políticas, de relações baseadas na confiança mútua entre cidadãos (...).[790]

Confiança interpessoal em Portugal e no resto da Europa, 2002-2003
(valores percentuais)

[FIGURA N.º 18]

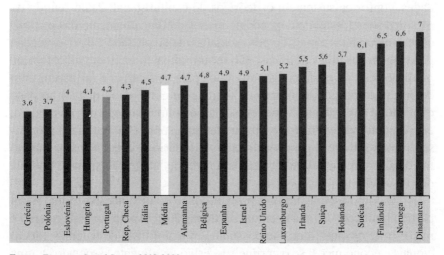

Fonte: *European Social Survey 2002-2003.*

Notas: **1.** Valores médios (escala de 0 a 10). **2.** A pergunta usada para medir a confiança interpessoal é formulada nos seguintes termos: «De uma maneira geral, acha que se pode confiar na maior parte das pessoas ou, pelo contrário, acha que todo o cuidado é pouco?»

Mas o que é mais importante:

Se, nestes países, o processo de transição política e mais de três décadas de vida democrática contribuíram para gerar e reforçar o apoio ao regime democrático, não alteraram, contudo, e de forma significativa, os padrões de confiança social, o que não pode deixar de afectar os níveis de filiação em organizações sociais e políticas e os índices de participação convencional e não convencional.[791]

---

[790] *Idem, ibidem*, pp. 100-101.
[791] *Idem, ibidem*, pp. 112-113.

Perante os argumentos teóricos que temos vindo a desenvolver, e face aos dados empíricos que apresentámos, importa então saber se, e em que medida, os indicadores do capital social — o associativismo e a confiança interpessoal — constituem bons preditores da filiação e do activismo partidários. Quanto a este ponto, as expectativas teóricas vão num duplo sentido: 1) no sentido de o capital social, ao reforçar a cooperação interpessoal e a vida cívica, gerar uma maior propensão individual para uma eventual filiação num partido e para a participação activa nas suas actividades, conforme sustentam os teóricos do capital social; 2) no sentido de o capital social, estando dependente menos do funcionamento das instituições democráticas e mais do peso socializante do passado e da intervenção pedagógica das elites políticas, não ter um impacto muito significativo na predisposição revelada pelos indivíduos para se filiarem e militarem num determinado partido, conforme a abordagem cultural. Já quanto ao peso explicativo das restantes variáveis sociais e políticas integradas no modelo, é de esperar que, conforme ensina a literatura sobre esta matéria, a propensão para a filiação e para o activismo partidário seja tanto maior quanto maiores forem o nível de recursos e o nível de integração social e política dos inquiridos.

Tal como esperávamos, a probabilidade de uma adesão formal a um partido político e de uma eventual participação activa na sua vida interna é maior entre os inquiridos que possuem um maior nível de recursos educacionais e económicos: se os primeiros, estão geralmente associados a uma maior capacidade de assimilar e de processar a informação política e a uma maior aptidão para interagir em contextos grupais e participar na esfera púbica; os segundos, ao permitirem a satisfação das necessidades básicas e imediatas, proporcionam o tempo e os recursos materiais para que os indivíduos possam prestar e dedicar mais atenção aos assuntos políticos, predispondo-os para a acção colectiva organizada e institucionalizada.

Por outro lado, é entre os indivíduos que pertencem aos grupos etários mais velhos que a probabilidade da filiação e do activismo partidário potenciais tende a ser maior, o que significa que a idade pode ser considerada aqui como um indicador do nível de recursos: consoante avançam no ciclo de vida, os indivíduos vão adquirindo mais informação sobre o universo da política, o que lhes permite ter um maior sentido de «competência social e política» e, logo, um maior interesse em aderir a uma organização partidária e nela intervir. Mas o avanço no ciclo de vida pode corresponder também a uma maior integração social e política: os indivíduos casam-se, constituem família, ganham uma maior estabilidade residencial e profissional, o que favorece a sua integração nas diferentes redes e organizações sociais, as quais podem funcionar como um elemento catalisador da participação política e partidária, até porque essas organizações têm — como já foi dito atrás — uma função socializadora.

Determinantes da filiação e activismo partidário (potenciais)
(coeficientes β de regressão logística)

[QUADRO N.º 30]

Variáveis independentes	Filiação e activismo partidário	
	β	Wald
Sexo	-0,219(**)	1,46
Idade	0,315(***)	2,77
Grau de instrução	0,157(**)	1,13
Situação face ao trabalho	0,038	0,95
Rendimento familiar mensal	0,191(**)	2,78
Dimensão do *habita*t	0,008	0,07
Discussão política	0,934(***)	4,22
Pertença a associações	0,189(**)	1,77
Confiança interpessoal	0,169(**)	1,52
Autoposicionamento ideológico	-0,718(***)	5,49
Pós-materialismo	-0059	0,35
Nagelkerke R²	0,124	
N	1 303	

Fonte: ENNP 2002.

Notas: **1.** Variável dependente: Eventual filiação e participação activa num grupo político (variável dicotómica com valor 1 quando os inquiridos aceitam a possibilidade de participar de forma activa num grupo político e 0 quando os inquiridos rejeitam a possibilidade de participar de forma activa num grupo político). **2.** Nível de significância de rejeição da hipótese nula: (*) $p \le 10\%$; (**) $p \le 5\%$; $p \le 1\%$. **3.** As respostas «não sabe» e «não responde» foram incluídas na análise e tratadas estatisticamente recorrendo-se, para tal, ao método *regression imputation*.

Ainda no que respeita aos preditores sociodemográficos da filiação e do activismo partidário, não pode passar despercebida a diferença ao nível do género: os homens mostram-se bastante mais disponíveis para aderir a um partido e desenvolver nele uma militância activa do que as mulheres, o que se explica, presumivelmente, pelo maior distanciamento das mulheres em relação à vida política, em geral, e à vida partidária, em particular. Esta menor disponibilidade para aderir a um partido por parte das mulheres deve-se tanto a factores de ordem estrutural como de ordem cultural.

Por um lado, as condições objectivas da vida quotidiana da maior parte das mulheres, divididas entre as obrigações e as responsabilidades familiares e a sua actividade profissional deixam pouco tempo disponível para qualquer forma de participação política — isso mesmo demonstram inequivocamente os inquéritos aos usos do tempo. Por outro lado, também é certo que a exclusão das mulheres das esferas de decisão política, deve muito ao funcionamento do próprio universo partidário — os horários irregulares, as regras e as normas implícitas que favorecem quem não tem outras responsabilidades, como as familiares, ajudam a explicar porque há poucas mulheres nos partidos, podendo aquelas ser vistas como reprodutoras da dominação masculina.

No que respeita, aos efeitos do capital social, os dados permitem retirar a seguinte ilação: se, como vimos atrás, os níveis de confiança interpessoal e de associativismo em Portugal são relativamente baixos, o certo é que ainda assim é entre os inquiridos que revelam uma espécie de «fé mais ou menos incondicional» nos seus concidadãos e que declaram pertencer a mais do que uma associação voluntária que a propensão para a filiação e para o activismo partidário tende a ser maior. Tal facto parece dar razão a um argumento muito popular entre os políticos e também entre os intelectuais, e que se traduz num apelo comum a uma recuperação da democracia representativa pelo associativismo. Expliquemo-nos melhor: trata-se simplesmente de reforçar o papel das associações voluntárias, porque estas irão, natural e inevitavelmente, curar a democracia moderna dos seus problemas mais urgentes, de entre os quais cumpre destacar a falta de participação e o «cansaço» face à política convencional.

Recorde-se uma vez mais que, desde Alexis de Tocqueville, este poder curativo é apresentado como uma característica inerente à vida associativa: os indivíduos aprendem a confiar sem conhecer pessoalmente os seus interlocutores, as redes e as organizações sociais criam os necessários espaços livres, nos quais se desenvolve uma noção mais forte de comunidade, se ensinam competências públicas e valores de cooperação e de virtude cívica, os interesses são mediados de forma mais credível e eficaz, e tudo isto facilita — e logo encoraja — a participação política. Porém, por explicar fica o seguinte paradoxo: como é que as associações podem ter efeitos cívicos, participativos e democráticos, quando apenas uma minoria se envolve nas associações, sendo ainda menor o número de indivíduos que nelas participam de um modo activo?

Com efeito, a diferença significativa entre envolvimento activo e passivo parece constituir um forte argumento contra o pressuposto de que através da participação activa nas organizações sociais se treinam as virtudes e as competências cívicas. A que se junta ainda um outro paradoxo: uma relação positiva entre confiança, associativismo e mobilização e actividade política pode ser uma conclusão válida para um tipo de organização e ser completamente errada para um outro. Até porque, na generalidade, a transformação das associações, nos últimos anos, vai no sentido de uma menor militância interna, compensada por um reforço da sua intervenção na esfera pública, quer na representação de interesses de grupo, quer na defesa de valores e de normas sociais — este sentido de mudança aplica-se aos próprios partidos, na medida em que o decréscimo da filiação e da militância activa é contrabalançado pela aproximação ao Estado e pela relação mediática entre os actores políticos e os cidadãos.[792]

Por outro lado, e no caso de Portugal, o tipo de associações em que as percentagens de envolvimento registam valores mais baixos são precisamente aquelas que se encontram mais próximas da esfera pública — sindicatos e partidos políticos — através das quais os indivíduos poderiam adquirir competências simbólicas, reforçar as suas capacidades cognitivas e o seu sentido crítico, e desenvolverem a sua capacidade de participação na vida pública.[793]

Mas paradoxos e perplexidades à parte, até porque não é este o lugar para abordarmos uma tal temática, não podemos, porém, deixar de notar que, empiricamente, os nossos dados se referem a um comportamento potencial e não efectivo, e aí pode residir toda a diferença em termos expli-

---

[792] Etienne Schweisguth (2004), «Convergência ideológica e declínio do interesse político», in José Manuel Leite Viegas, António Costa Pinto e Sérgio Faria (orgs.), Democracia: Novos Desafios, Novos Horizontes, Oeiras, Celta Editora; Theda Skocpol (1999), «Associations without members», in American Prospect, 45, pp. 66-73; Russell J. Dalton (1999), «Political support in advanced democracies», in Pippa Norris (org.), Critical Citzens: Global Support for Democratic Government, op, cit.

[793] José Manuel Leite Viegas (2004), «Implicações democráticas das associações voluntárias: o caso português numa perspectiva comparativa europeia», in Sociologia, Problemas e Práticas, n.º 46, pp. 33-50.

cativos. Já no que toca às atitudes políticas podemos verificar, por um lado, a existência de uma associação forte e estatisticamente significativa entre o interesse pela política e uma atitude de receptividade perante uma eventual filiação num partido político, a qual se mostra conforme com a nossas expectativas teóricas iniciais: os indivíduos que mostram um maior interesse pela vida política em geral são também aqueles que revelam um maior sentido de eficácia política, uma menor distância em relação ao poder, uma maior confiança no funcionamento das instituições democráticas, mas também uma maior e mais intensa identificação partidária e, como tal, uma maior propensão para ingressar num partido e nele ter uma intervenção activa.

Por outro lado, como se pode observar no quadro n.º 30, os dados mostram que existe igualmente uma associação forte e estatisticamente significativa entre o autoposicionamento ideológico dos inquiridos e a filiação partidária potencial, só que aqui num sentido negativo, ou seja, a probabilidade de os inquiridos que se situam à esquerda do *continuum* ideológico se filiarem num partido é maior do que a dos que se situam mais à direita desse mesmo *continuum*, o que vai ao encontro dos dados oficiais dos partidos sobre o número dos seus filiados: o Partido Comunista e o Partido Socialista apresentam um nível de filiação em termos brutos muito superior aos demais partidos com representação parlamentar, uma tendência que, no caso do PS, se reforçou entre 1990 e 2000.

E se é verdade que, a partir dos meados da década de 1980, o PCP sofreu um declínio significativo e rápido do seu eleitorado fiel, o facto é que esse declínio se tem reflectido de forma mais lenta entre os seus filiados, talvez porque constituem um agregado aparentemente mais «estável», quanto mais não seja porque estes podem afastar-se do partido sem anularem formalmente a sua filiação ou porque o processo de actualização dos ficheiros e de verificação da correspondência entre o número de membros inscritos e os reais efectivos do partido — ainda que seja, a cada Congresso, declarado como um objectivo prioritário — tem-se revelado bastante moroso e um tanto ou quanto sinuoso.[794]

---

[794] Cf. Manuel Agostinho Magalhães, «PCP às voltas com os filiados», *in Expresso*, 6 de Novembro de 2004; Manuel Agostinho Magalhães, «PCP – Quantos são?», *in Expresso*, 27 de Novembro de 2004, p. 7.

O que se pode apreender destes dados é que a filiação e o activismo partidário, ainda que em termos potenciais, tendem a ser mais preponderantes entre segmentos sociais que estão longe de ser representativos da população em geral, na medida em que abrangem aqueles que se encontram mais bem colocados educacional e economicamente e que revelam um maior interesse pela vida política. Ora, esta conclusão vai não só ao encontro dos resultados de outras pesquisas empíricas comparativas baseadas em dados individuais[795], como deixa já antever o perfil elitista dos candidatos à Assembleia da República, na medida em que estes são, como teremos oportunidade de ver, recrutados maioritariamente no interior dos partidos, ou seja, entre os seus membros e militantes activos. Resta saber se este perfil sociodemográfico diferenciado se traduz também em atitudes e comportamentos políticos que se demarcam dos da população em geral. Para o sabermos, temos de determinar quais os correlatos atitudinais e comportamentais da filiação e do activismo partidário, e é isso que faremos na secção que agora inicia.

4.2 Consequências da filiação partidária: os filiados ainda interessam?

Se vimos que os factores educacionais e socioeconómicos, bem como o interesse pela política, são os que melhor explicam a propensão para o activismo partidário, interessa agora ver qual o seu impacto sobre as atitudes políticas e os comportamentos face à política convencional e não convencional.

Os dados do quadro n.º 31 mostram que os inquiridos que colocam a possibilidade de uma eventual filiação num partido e de participação activa na sua vida interna se demarcam claramente do outro subgrupo amostral, mas também da amostra total. E em que sentido? Precisamente no sentido em que revelam um maior sentido de eficácia política interna, ou seja, avaliam mais positivamente a sua capacidade de influenciar o poder, revelando assim um sentimento de maior proximidade face ao mundo político, a que acresce ainda um maior interesse pela política. Mas revelam também, se bem que aqui as diferenças relativamente ao outro subgrupo amostral e à amostra total são muito pouco significativas, um maior sentido de efi-

---

[795] Pippa Norris (2002), *Democratic Phoenix: Reinventing Political Activism*, op. cit.

cácia externa, na medida em que avaliam menos negativamente a «classe política» e a sua capacidade de dar respostas às expectativas dos cidadãos e de não ter face a estes um comportamento que se pauta sobretudo pelo pragmatismo eleitoral e pelo desfasamento entre a oferta e a procura de bens políticos. Mas sublinhe-se, porque é um facto bastante revelador, que a eventual inserção na vida partidária está longe de ser incompatível com uma imagem negativa dos políticos, o que coloca o problema da relação entre a representação político-partidária e a mobilização dos cidadãos.

Correlatos atitudinais da filiação e activismo partidário (potenciais)
(valores percentuais)

[QUADRO N.º 31]

Eficácia e interesse pela política	A	B	Total
Os assuntos políticos são demasiado complicados			
Discorda totalmente + Discorda	20	45	26
Concorda totalmente + Concorda	80	54	74
(N)	(1 000)	(303)	(1 303)
Tau-b		-0,258(**)	
Os políticos não se interessam pelo que as pessoas pensam			
Discorda totalmente + Discorda	20	34	23
Concorda totalmente + Concorda	80	66	77
(N)	(1 000)	(303)	(1 303)
Tau-b		-0,138(*)	
Os políticos só estão interessados no voto das pessoas			
Discorda totalmente + Discorda	12	17	13
Concorda totalmente + Concorda	88	83	87
(N)	(1 000)	(303)	(1 303)
Tau-b		-0,055(*)	
Interesse pela política			
Pouco + Nada	60	32	54
Muito + Razoavelmente	40	68	46
(N)	(1 000)	(303)	(1 303)
Tau-b		0,242(**)	

Eficácia e interesse pela política	A	B	Total
Compreensão e avaliação das questões políticas			
Discorda totalmente + Discorda	64	32	56
Concorda totalmente + Concorda	36	68	44
(N)	(1 000)	(303)	(1 303)
Tau-b		0,247(**)	

Fonte: António Barreto, André Freire, Marina Costa Lobo e Pedro Magalhães (orgs.) (2002), *Comportamento Eleitoral e Atitudes Políticas dos Portugueses — Base de Dados 1*, Lisboa, Instituto de Ciências Sociais.

Notas: 1. Nível de significância de rejeição da hipótese nula: (*) $p \leq 0,05$; (**) $p \leq 0,01$. **Legenda:** A = Não considera a possibilidade de uma eventual filiação e participação activa num partido ou num grupo político. B = Considera a possibilidade de uma eventual filiação e participação activa num partido ou num grupo político.

Já no quadro n.º 32 podemos verificar que tanto a exposição à informação política veiculada pelos meios de comunicação social como a frequência com que se discutem assuntos políticos tendem a ser maiores entre os inquiridos que colocam a possibilidade de uma eventual filiação num partido, revelando, assim uma maior mobilização cognitiva e uma maior motivação para ingressar no espaço público.

Correlatos atitudinais da filiação e activismo partidário (potenciais)
(valores percentuais)

[QUADRO N.º 32]

Exposição à informação política	A	B	Total
Frequência com que vê programas / notícias sobre política na TV			
Nunca	13	8	12
Menos de uma vez por semana	14	18	15
Uma vez por semana	10	11	10
Várias vezes por semana	28	21	27
Todos os dias	35	42	36
(N)	(1 000)	(303)	(1 303)
Tau-b		0,041(*)	

Frequência com que lê notícias sobre política nos jornais			
Nunca	50	31	45
Menos de uma vez por semana	18	23	19
Uma vez por semana	9	12	10
Várias vezes por semana	15	16	16
Todos os dias	8	18	10
(N)	(1 000)	(303)	(1 303)
Tau-b		0,158[**]	
Frequência com que ouve programas/ notícias sobre política na rádio			
Nunca	51	35	47
Menos de uma vez por semana	21	23	21
Uma vez por semana	6	6	6
Várias vezes por semana	13	19	14
Todos os dias	9	17	12
(N)	(1 000)	(303)	(1 303)
Tau-b		0,143[**]	
Frequência com que discute política			
Nunca	46	17	39
Ocasionalmente	46	63	50
Frequentemente	8	20	11
(N)	(1 000)	(303)	(1 303)
Tau-b		0,264[**]	

Fonte: *Idem, ibidem*.

Notas: **1.** Nível de significância de rejeição da hipótese nula: [*] $p \leq 0,05$; [**] $p \leq 0,01$. **2.** A = Não considera a possibilidade de uma eventual filiação e participação activa num partido ou num grupo político. B = Considera a possibilidade de uma eventual filiação e participação activa num partido ou num grupo político.

Mas mais interessante é notar que, embora não exista uma correlação estatisticamente significativa entre o activismo partidário potencial e o exercício de voto, se verifica, contudo, uma associação positiva e relevante entre aquele e as formas de mobilização política em que a mediação partidária é manifesta, como seja a tentativa de persuadir outras pessoas a votarem num determinado partido ou candidato ou apoiar directamente uma determinada candidatura, mas também com as formas de mobilização genérica, tais como contactar um agente político, participar numa manifestação, distribuir folhetos ou colar cartazes, assinar um abaixo-assinado ou subscrever uma petição.

Correlatos comportamentais da filiação e activismo partidário (potenciais)
(valores percentuais)

[QUADRO N.º 33]

Participação eleitoral	A	B	Total
Voto nas eleições legislativas de 1999			
Não votou	24	22	24
Votou	76	78	76
(N)	(975)	(298)	(1 273)
Tau-b		0,025	
Voto nas eleições legislativas de 2002			
Não votou	21	17	20
Votou	79	83	80
(N)	(939)	(283)	(1 222)
Tau-b		0,051	
Tentar convencer pessoas a votar num candidato			
Não	92	86	90
Sim	8	14	10
(N)	(1 000)	(303)	(1 303)
Tau-b		0,080(**)	
Demonstrar apoio a um partido ou candidato			
Não	94	88	93
Sim	6	12	7
(N)	(1 000)	(303)	(1 303)
Tau-b		0,099(**)	

Fonte: *Idem, ibidem*.

Notas: **1.** Nível de significância de rejeição da hipótese nula: (*) $p \leq 0,05$; (**) $p \leq 0,01$. **Legenda:** A = Não considera a possibilidade de uma eventual filiação e participação activa num partido ou num grupo político. B = Considera a possibilidade de uma eventual filiação e participação activa num partido ou num grupo político.

Ora, estes dados parecem, pois, confirmar o que dissemos atrás sobre a actual funcionalidade dos filiados e dos militantes para os novos modelos de partido: se estes são aparentemente «dispensáveis» no que se refere à estrita mobilização dos cidadãos para participar nas eleições, o certo é que continuam a fazer a «diferença» quando em causa estão as actividades relacionadas com a organização e o desenvolvimento das campanhas eleitorais, sobretudo se estas mantiverem alguns dos seus aspectos mais tradicionais e ritualísticos. O que significa que se o número de votos de um partido parece não depender da extensão da sua comunidade de filiados, tal não acontece se este quiser manter um mínimo de visibilidade no «terreno», através de actividades directas de contacto pessoal — como as campanhas porta-a-porta e os comícios —, as quais, independentemente da modernização e profissionalização das campanhas eleitorais, continuam a ser cultivadas pela generalidade dos partidos políticos, que através delas procuram fundamentalmente a (re)legitimação social de que tanto carecem.

No entanto, o impacto da potencial filiação e activismo partidário parecem limitar-se à área dos padrões convencionais ou institucionalizados de participação política, pois, se considerarmos os modos «alternativos» ou não institucionais de acção política, a filiação e participação num par-

Correlatos comportamentais da filiação e activismo partidário (potenciais)
(valores percentuais)

[QUADRO N.º 34]

Participação política convencional	A	B	Total
Contactar com um político			
Não	95	89	94
Sim	5	11	6
(N)	(1 000)	(303)	(1 303)
Tau-b		0,117(**)	
Participar numa manifestação, marcha ou protesto			
Não	96	92	95
Sim	4	8	5
(N)	(1 000)	(301)	(1 303)
Tau-b		0,085(**)	

Participação política convencional	A	B	Total
Assinar uma petição ou um abaixo-assinado			
Não fez, nem admite fazer	42	39	42
Não fez, mas admite fazer	45	37	43
Sim, já fez	13	24	15
(N)	(953)	(293)	(1 246)
Tau-b		0,075(**)	
Escrever uma carta para um jornal			
Não fez, nem admite fazer	49	42	47
Não fez, mas admite fazer	48	50	49
Sim, já fez	3	8	4
(N)	(954)	(293)	(1 247)
Tau-b		0,077(**)	
Colar cartazes e distribuir folhetos			
Não fez, nem admite fazer	70	56	67
Não fez, mas admite fazer	26	32	27
Sim, já fez	4	12	6
(N)	(949)	(295)	(1 244)
Tau-b		0,135(**)	
Participar em acções em defesa dos direitos humanos			
Não fez, nem admite fazer	47	40	45
Não fez, mas admite fazer	50	49	50
Sim, já fez	3	11	5
(N)	(949)	(290)	(1 239)
Tau-b		0,080(**)	

Fonte: *Idem, ibidem*.

Notas: 1. Nível de significância de rejeição da hipótese nula: (*) $p \leq 0,05$; (**) $p \leq 0,01$. **Legenda:** A = Não considera a possibilidade de uma eventual filiação e participação activa num partido ou num grupo político. B = Considera a possibilidade de uma eventual filiação e participação activa num partido ou num grupo político.

tido mostram-se irrelevantes. Em resultado disso, e conforme o esperado, talvez se possa afirmar que a filiação partidária se encontra associada à política convencional, reforçando particularmente as actividades ligadas aos partidos e às eleições, como aliás tem sido demonstrado por outras pesquisas. Em suma: estamos, pois, perante uma atitude que é manifestamente aliada da noção da «velha política», não tendo qualquer impacto nas muitas facetas da «nova política».

Correlatos comportamentais da filiação e activismo partidário (potenciais)
(valores percentuais)

[QUADRO N.º 35]

Participação política não convencional	A	B	Total
Bloquear uma estrada ou uma linha-férrea			
Não fez, nem admite fazer	76	67	74
Não fez, mas admite fazer	23	29	25
Sim, já fez	1	4	1
(N)	(949)	(289)	(1 238)
Tau-b		0,084	
Participar numa greve não legal			
Não fez, nem admite fazer	79	75	78
Não fez, mas admite fazer	18	20	19
Sim, já fez	3	5	3
(N)	(950)	(294)	(1 244)
Tau-b		0,047	
Ocupar edifícios e fábricas			
Não fez, nem admite fazer	83	81	82
Não fez, mas admite fazer	16	17	17
Sim, já fez	1	2	1
(N)	(955)	(286)	(1 241)
Tau-b		0,020	

Fonte: *Idem, ibidem*.

Notas: 1. Nível de significância de rejeição da hipótese nula: [*] $p \leq 0,05$; [**] $p \leq 0,01$. 2. A = Não considera a possibilidade de uma eventual filiação e participação activa num partido ou num grupo político. B = Considera a possibilidade de uma eventual filiação e participação activa num partido ou num grupo político.

Já no que à confiança nas instituições políticas e à satisfação com o sistema democrático diz respeito, a filiação e o activismo partidário em nada contribuem para aumentar os níveis de confiança dos cidadãos face ao

Parlamento e ao Governo — que, como se pode ver no quadro n.º 36, são bastante baixos — ou para fazer recuar a sua crescente insatisfação com o desempenho concreto da democracia, o que nos remete, uma vez mais, para a «crise» da representação em Portugal.

Correlatos atitudinais da filiação e activismo partidário (potenciais)
(valores percentuais)

[QUADRO N.º 36]

Confiança no sistema político	A	B	Total
Satisfação com o funcionamento da democracia			
Nada satisfeito	16	15	6
Não muito satisfeito	32	35	46
Razoavelmente satisfeito	47	43	33
Muito satisfeito	5	7	15
(N)	(1 000)	(303)	(1 303)
Tau-b		0,002	
Confiança na Assembleia da República			
Nenhuma confiança	11	12	12
Pouca confiança	46	49	46
Muita confiança	38	37	38
Confiança absoluta	5	2	4
(N)	(930)	(285)	(1 215)
Tau-b		0,038	
Confiança no Governo			
Nenhuma confiança	13	11	13
Pouca confiança	52	53	52
Muita confiança	33	34	33
Confiança absoluta	2	2	2
(N)	(928)	(287)	(1 215)
Tau-b		0,025	

Fonte: *Idem, ibidem.*

Notas: 1. Nível de significância de rejeição da hipótese nula: (*) $p \leq 0,05$; (**) $p \leq 0,01$. **Legenda:** A = Não considera a possibilidade de uma eventual filiação e participação activa num partido ou num grupo político. B = Considera a possibilidade de uma eventual filiação e participação activa num partido ou num grupo político.

CAPÍTULO IV

Recrutamento Parlamentar:
Factores Relacionados com a Procura

1. Critérios e estratégias de recrutamento parlamentar: uma perspectiva diacrónica

Se a análise dos factores relacionados com a «oferta» — que acabam por se reportar ao que muitos autores chamam de «partido no eleitorado», entendido como o segmento dos eleitores que desenvolvem vínculos mais ou menos estáveis e duradouros com os partidos — permitiu identificar alguns dos constrangimentos que se colocam aos agentes partidários na selecção dos candidatos ao Parlamento, já a investigação dos factores relacionados com a «procura» pretende compreender quais são, de facto, os critérios mais importantes e, como tal, politicamente assumidos e valorizados pelas estruturas de recrutamento dos diferentes partidos no momento da elaboração das listas eleitorais.

Assim, num primeiro momento, através da análise diacrónica das listas apresentadas pelos partidos políticos com assento parlamentar, e procedendo à diferenciação dos candidatos segundo a posição ocupada nas respectivas listas, propomo-nos identificar os critérios e as estratégias de recrutamento realmente preponderantes em cada partido, e determinar, desta forma, a força explicativa dos recursos e dos constrangimentos relacionados com a «procura», a qual será ditada pelas diferenças observadas entre candidatos elegíveis e candidatos não elegíveis. Dito ainda de outro modo, a hipótese que importa aqui testar é a de que a importância dos factores relacionados com a «procura» na explicação dos padrões de recrutamento parlamentar será tanto ou mais significativa, quanto maior forem as diferenças entre as duas categorias de candidatos, já que estas, a existirem e a serem marcantes, confirmam que a intervenção dos órgãos partidários responsáveis pela elaboração e ordenação das listas é não só manifesta como decisiva no acesso de um certo tipo de candidato ao Parlamento, determinando, por conseguinte, as características pessoais e políticas dos seus membros, e condicionando também as suas atitudes e comportamentos dentro e fora da arena parlamentar.

1.1 Critérios de recrutamento dos candidatos à Assembleia da República: a sub-representação feminina

A fundação da democracia e a Constituição de 1976 criaram as condições políticas e jurídicas para que as mulheres obtivessem o pleno direito de votarem e de serem eleitas para todos os cargos políticos, quando na maioria dos restantes países da Europa Ocidental esses direitos foram conquistados no início do século XX, durante a primeira vaga de feminismo ou imediatamente após a Segunda Guerra Mundial. Por outro lado, pode dizer-se que uma das mais notáveis transformações operadas «silenciosamente» pelo 25 de Abril de 1974 foi a que se verificou nas condições das mulheres portuguesas, tanto no seu acesso ao mercado de trabalho como na sua participação no ensino superior, uma mudança que produziu, aliás, alterações profundas nos comportamentos familiares e nos padrões demográficos tradicionais, alterando de forma significativa o sistema tradicional de valores e de papéis de género.[796]

Contudo, nenhuma destas transformações mudou de modo substancial a representação das mulheres na esfera política, persistindo uma profunda desigualdade de género no acesso a cargos políticos, desfavorável aos elementos do sexo feminino. Na Assembleia da República, à semelhança do que acontece nos outros órgãos de poder político, e não obstante a tendência para uma crescente feminização dos corpos eleitos, o facto é que continua a verificar-se um fenómeno de sub-representação feminina, o que significa que a vida política permanece fechada e inacessível a uma maior participação das mulheres, ao contrário do que sucede noutras áreas da sociedade portuguesa.[797]

Se o fenómeno da sub-representação das mulheres no Parlamento é genericamente bem conhecido, interessa, porém, analisar de um modo mais detalhado a evolução desse fenómeno durante o período compreen-

---

[796] António Barreto (1998), *A Situação Social em Portugal 1960-1999*, vol. II, Lisboa, ICS, pp. 37-75.

[797] Manuel Meirinho Martins e Conceição Pequito Teixeira (2005), *O Funcionamento dos Partidos e a Participação das Mulheres na Vida Política e Partidária em Portugal*, Comissão para Igualdade e para os Direitos das Mulheres, Presidência do Conselho de Ministros, p. 258-259; José Manuel Leite Viegas e Sérgio Faria (2001), *As Mulheres na Política*, Oeiras, Celta Editora, pp. 1-3.

dido pela nossa pesquisa, ou seja, entre 1991 e 2002. É, pois, isso que aqui se irá tentar fazer.

Sexo dos candidatos à Assembleia da República, por partido político e por lugar nas listas
(valores percentuais)

[QUADRO N.º 1]

Partido	Sexo	1991 NE	1991 EL	1995 NE	1995 EL	1999 NE	1999 EL	2002 NE	2002 EL	Média NE	Média EL
CDS-PP	H	87	100	81	80	79	94	86	93	83	92
	M	13	0	19	20	21	6	14	7	17	8
PPD-PSD	H	85	93	85	90	82	87	86	83	85	88
	M	15	7	15	10	18	13	14	17	15	12
PS	H	85	90	84	88	69	81	73	76	78	84
	M	15	10	16	12	31	19	27	24	22	16
CDU	H	81	77	79	77	67	67	67	61	73	70
	M	19	23	21	23	33	33	33	39	27	30
BE	H	-	-	-	-	62	100	60	100	61	100
	M	-	-	-	-	38	0	40	0	39	0
Candidatos	H	84	90	82	88	71	84	74	78	78	85
	M	16	10	18	12	29	16	26	22	22	15
	(N)	(671)	(230)	(690)	(230)	(918)	(230)	(906)	(230)	(796)	(230)

Fonte: listas de candidatura do CDS-PP, PPD-PSD, PS, CDU e BE depositadas na Comissão Nacional de Eleições (de 1987 a 2002).

Legenda: NE = Candidatos à AR colocados em lugares não elegíveis nas listas do partido. EL = Candidatos à AR colocados em lugares elegíveis nas listas do partido.

Notas: [1] A posição dos candidatos nas listas é determinada em função dos resultados eleitorais obtidos pelos partidos nos diferentes círculos na eleição imediatamente anterior. [2] Os dados omissos foram excluídos da análise.

Neste sentido, e perante os dados que constam do quadro n.º 1, uma das primeiras conclusões que é possível retirar é a de que existe um crescimento lento, mas gradual, da taxa de feminização das candidaturas apresentadas pelos partidos com representação parlamentar no período considerado. E isto porque a percentagem de mulheres incluídas nas listas de candidatura cresce, tanto nos lugares não elegíveis como nos elegíveis, sendo que esse crescimento se torna mais evidente e mais significativo nos dois últimos actos eleitorais. Nestes, a percentagem de mulheres em lugares não elegíveis e em lugares elegíveis é superior à média para o conjunto dos candidatos, e ultrapassa a percentagem de mulheres eleitas nos países da OCDE, excluindo os países nórdicos, no ano de 2002.

Mulheres nas câmaras baixas dos parlamentos nacionais
(valores percentuais)

[FIGURA N.º 1]

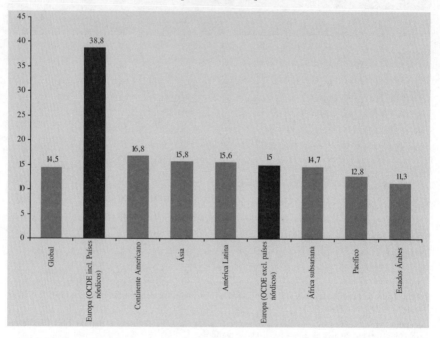

Fonte: *Inter-Parliamentarian Union*, Fevereiro de 2002.

É importante sublinhar que este crescimento da presença das mulheres nas listas de candidatura à Assembleia da República — tanto em 1999 como em 2002 — deve muito ao amplo debate público e partidário sobre a igualdade de oportunidades entre homens e mulheres no acesso a cargos políticos, suscitado pela apresentação pelo Governo socialista da Proposta de Lei n.º 194/VII — mediaticamente rotulada como «lei das quotas» —, a qual visava estabelecer uma percentagem máxima por sexo na composição das listas de candidatura para a Assembleia da República e para o Parlamento Europeu, tendo esta sido rejeitada pelo conjunto das oposições.[798]

Seja como for, a análise dos dados impõe igualmente uma outra conclusão, que é a da existência de um desfasamento entre a percentagem de mulheres em lugares elegíveis e a percentagem de mulheres que constam nas listas em lugares não elegíveis, um desfasamento que se mantém inalterado em todos os actos eleitorais aqui considerados — o qual significa que a disponibilidade dos partidos para incluir mulheres nas suas listas de candidatura não se estende ao processo de ordenação das mesmas, o que não pode deixar de limitar o acesso efectivo das mulheres ao Parlamento, e conformar uma atitude e uma prática discriminatória face ao colectivo feminino.

Esta estratégia partidária de inclusão das mulheres em lugares não elegíveis é, aliás, favorecida pelo tipo de sistema eleitoral para a Assembleia da República, já que, como tivemos oportunidade de referir atrás, os sistemas de representação proporcional com listas fechadas e bloqueadas associados a círculos eleitorais de magnitude média elevada — ainda que favoráveis à presença feminina, quando comparados com os sistemas maioritários em círculos uninominais e também com os sistemas mistos — permitem aos partidos políticos desenvolver uma estratégia de recrutamento que tem em conta o «equilíbrio das listas».[799] Tal facto, facilita não apenas um apelo eleitoral mais abrangente, que se estende a todos os segmentos socialmente relevantes — e que vai ao encontro da natureza *catch-all* das principais forças políticas portuguesas —, como tende a atenuar eventuais conflitos internos, ao integrar os diferentes grupos sociais

---

[798] Cf. *Proposta de Lei* n.º 194/VII e *Diário da Assembleia da República*, II Série-A, 25 de Junho de 1998. E ver também, a este propósito, José Manuel Leite Viegas e Sérgio Faria, (1999), «Participação política feminina. Percursos, constrangimentos e incentivos», in *Sociologia. Problemas e Práticas*, 30, pp. 55-87; José Manuel Leite Viegas e Sérgio Faria (1999), *As Mulheres na Política, op. cit.*

[799] Miki C. Kittilson (1997), *Women's Representation in Parliament. The Role of Political Parties*, paper consultado em Março de 2007: http://repositories.cdlib.org/csd/97-08, pp. 6-7; Wilma Rule (1987), «Electoral systems, contextual factors and Women's opportunity for election to Parliament in twenty-three democracies», in *Western Political Quarterly*, 50 (3), pp. 477-498; Richard E. Matland (1993), «Institutional variables affecting female representation in national legislatures», in *Journal of Politics*, 55 (3), pp. 737-755.

que compõem os partidos, muitos deles organizados de uma forma institucionalizada e permanente, através das chamadas organizações «paralelas» ou «especiais».

Se olharmos, agora, para os dados de que dispomos, segundo o desdobramento partidário, facilmente constatamos que o PCP, e a coligação eleitoral por ele integrada, constitui a força política que apresenta uma maior taxa de feminização das suas listas de candidatura, sendo a desigualdade de género de -46% para os lugares considerados não elegíveis, e de -40%, se atendermos exclusivamente aos lugares elegíveis.

Por outro lado, e como se pode ver no quadro n.º 1, a percentagem de mulheres colocadas em lugares elegíveis não só é reforçada em cada acto eleitoral, atingindo quase 40% em 2002, como é, em todos os actos eleitorais, muito superior à média para o conjunto dos candidatos. Mas mais, com a excepção das eleições de 1999, a percentagem de mulheres colocadas em lugares elegíveis é sempre superior à percentagem de mulheres que ocupam posições não elegíveis, facto que é responsável pela maior proporção de mulheres comunistas no Parlamento. Perante estes dados, percebe-se que os dirigentes do PCP reiterem o seu compromisso público relativamente à promoção da igualdade de oportunidades entre homens mulheres no acesso a cargos políticos, ao mesmo tempo que rejeitam a criação de um «sistema de quotas», imposto através de regulamentos ou normas internas, e se oponham determinantemente ao estabelecimento, através de legislação nacional, de quotas mínimas por sexo nas listas de candidatura, o que significaria — de acordo com a sua ideologia — desviar a luta política e partidária dos seus objectivos centrais: a luta de classes.[800]

Para o PCP, o debate em torno da adopção do sistema de quotas apenas serve para silenciar os reais problemas das mulheres, ao mesmo tempo que constitui uma forma considerada abusiva e, sobretudo, intrusiva de intervencionismo estatal na vida interna dos partidos. Donde, o reforço da participação política das mulheres deve, segundo o PCP, assentar no empenho voluntário dos partidos políticos, ficando estes sujeitos à «sanção» ou ao «prémio» eleitoral por parte dos cidadãos, homens e mulheres.[801]

---

[800] Cf. *Diário da Assembleia da República*, II Série-A, 25 de Junho de 1998; José Manuel Leite Viegas e Sérgio Faria (1999), *As Mulheres na Política, op. cit.* pp. 40-41.
[801] *Idem, ibidem.*

Candidatos da CDU à Assembleia da República, entre 1991 e 2002
(valores percentuais)

[FIGURA N.º 2]

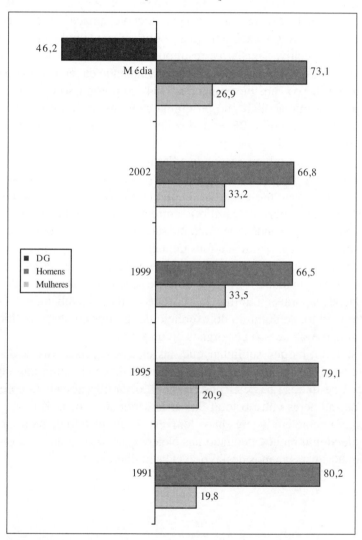

Fonte: listas de candidatura da CDU depositadas na Comissão Nacional de Eleições, de 1991 a 2002.

Legenda: DG = Desigualdade de género (percentagem de mulheres - percentagem de homens).

No que se refere ao PS, podemos verificar o crescimento lento e gradual da taxa de feminização das suas candidaturas, o qual se intensifica consideravelmente a partir das eleições de 1999, ultrapassando largamente a média para o total dos candidatos, o que se explica pelo facto de ter sido o Governo socialista a apresentar e a defender a chamada «lei das quotas», ficando com ela simbólica, ideológica e politicamente implicado. Recorde-se que esta iniciativa legislativa resultou do compromisso assumido pelo então primeiro-ministro, António Guterres, aquando da realização do «Parlamento Paritário», em Fevereiro de 1994, compromisso esse que veria ser expressamente acolhido no programa eleitoral do Partido Socialista e da Nova Maioria, em 1995, e traduzido no programa do XIII Governo Constitucional.

Sublinhe-se também o facto de o Partido Socialista entender que o art. n.º 109 da Constituição — introduzido no processo de revisão constitucional de 1997 — veio dar cobertura explícita à necessidade de intervenção do Estado na promoção do equilíbrio entre homens e mulheres no acesso a cargos políticos, devendo a democracia ser encarada não só numa perspectiva representativa e pluralista, mas também *paritária*. A partir desta data, a Constituição passou a exigir a promoção da igualdade efectiva, e não só a garantia da igualdade formal — uma exigência que abrange o domínio das relações laborais e familiares, mas que se alarga, também, e daí o seu carácter inédito, ao domínio do exercício de direitos cívicos e políticos e, especialmente, ao acesso aos órgãos do poder.[802]

Contudo, há que sublinhar que nas eleições legislativas de 1995, a percentagem de mulheres incluídas nas listas de candidatura não chegou aos 15 %, e que, se nas eleições de 1999, o Partido Socialista apresenta 25 % de mulheres entre o total das suas candidatas, o facto é as coloca maioritariamente em lugares não elegíveis — um padrão de recrutamento que é, de algum modo, atenuado nas eleições de 2002, sendo aí a ordenação das suas listas menos desfavorável às mulheres.

---

[802] Cf. *Constituição da República Portuguesa — 4ª Revisão/1997*, Lisboa, Assembleia da República, 1997.

Candidatos do PS à Assembleia da República, entre 1991 e 2002
(valores percentuais)

[FIGURA N.º 3]

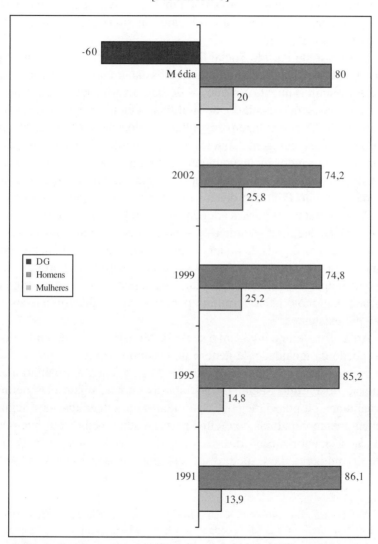

Fonte: listas de candidatura do PS depositadas na Comissão Nacional de Eleições, de 1991 a 2002.

Legenda: DG = Desigualdade de género (percentagem de mulheres – percentagem de homens)

Assim, se é inegável o aumento da presença feminina nas listas de candidatura do Partido Socialista, nos dois últimos actos eleitorais, o facto é que subsiste uma forte desigualdade de género no acesso a um mandato parlamentar, a qual se torna ainda mais efectiva e penalizante para as mulheres quando em causa estão os lugares de topo das listas apresentadas pelo partido ao eleitorado.

Já no caso do Partido Social Democrata, o crescimento das mulheres inscritas nas suas listas de candidatura é bastante mais moderado — para não dizer manifestamente contido — do que o verificado no caso do Partido Socialista, sendo, contudo, de sublinhar o facto de, nas eleições legislativas de 2002, a percentagem de mulheres colocadas em lugares elegíveis ser superior à percentagem daquelas que se encontram em lugares não elegíveis, ultrapassando, inclusivamente, a média para o total dos candidatos. Este crescimento mais moderado da taxa de feminização das listas de candidatura do PSD não deixa de ser revelador da posição oficial dos sociais-democratas contrária à adopção de medidas de tipo intervencionista — de carácter legal ou estatutário — no sentido de aumentar a presença das mulheres nos órgãos de poder, e nomeadamente no Parlamento, considerando aquelas «antidemocráticas» e «discriminatórias», porque colidem com o princípio da igualdade dos cidadãos perante a lei — tão fortemente invocado pelo movimento feminino para remover as discriminações anteriormente existentes.[803]

Ao mesmo tempo invocam o seu carácter «artificial», defendendo que a promoção da igualdade de género no domínio político só pode resultar de uma mudança «gradual» e «natural». Mas, e ainda retomando a argumentação do Partido Social Democrata, as quotas, sejam elas definidas internamente, ou por via legal, constituem sempre medidas «artificiais» e potencialmente geradoras de efeitos perversos, na medida em que podem implicar a «menorização» dos seus destinatários, ou seja, o lançamento sobre as mulheres da suspeita e do estigma da menor valia individual,

---

[803] Veja-se, a este propósito, Claus Offe ((2001), «The politics of party: can legal intervention neutralize the gender divide?», *in* Charles Maier e Jytte Klausen (orgs.), *Has Liberalism Failed Women? Assuring Equal Representation in Europe and the United States*, Nova Iorque, Palgrave. E ainda Mercedes Mateo Dias e Silvina Alvarez (2003), *Justifing Presence? The Relationship between Participation and the Impact of Women in Parliament*, paper apresentado na Conferência do ECPR, Marburgo, 18 e 21 de Setembro de 2003.

profissional e política, obrigando-as, ainda que involuntariamente, a provar que não ocupam um determinado cargo político pelo facto de serem mulheres e preencherem uma «quota» preestabelecida, mas antes porque têm mérito próprio e competência necessária para o exercer.[804]

A maior participação das mulheres na vida política, em geral, e na vida partidária, em particular, resultará, na perspectiva dos sociais-democratas, de um processo gradual e voluntário, dependente, principalmente, do interesse manifestado e da disponibilidade revelada pelas mulheres, ou seja, da sua efectiva mobilização política e da sua vontade de participação, e nunca do estabelecimento, por via legal, de quotas mínimas por sexo nas listas de candidatura — impostas, uniformemente, a todos os partidos. Daí a rejeição pelo PSD da proposta de lei apresentada pelo Governo socialista, e a defesa, como solução considerada mais razoável e alternativa, o aumento gradual e sustentado, com metas quantitativas concretas, da participação das mulheres na vida política, através da auto-regulação das forças políticas, a qual poderia ser eventualmente acordada e concertada entre estas.[805]

Porém, é de sublinhar aqui que este posicionamento oficial não intervencionista e gradualista, sustentado pelo Partido Social Democrata, parece esquecer, aparentemente, algo muito importante, que tem sido sustentado por vários outros estudiosos e, entre nós, por José Manuel Viegas e Sérgio Faria:

> Sobre este entendimento dever-se-á dizer, antes de mais, que o processo de construção da cidadania foi social e politicamente construído, e o que se nos apresenta hoje como 'natural' resultou de direitos socialmente conquistados e deveres impostos. Os direitos cívicos impuseram a igualdade entre os filhos do casal contra a 'natural' discriminação a favor do mais velho, a igualdade dos cônjuges perante a lei contra a 'natural' prevalência do elemento masculino (...). Será todo este processo de construção de cidadania 'artificial'?[806]

---

[804] Cf. *Diário da Assembleia da República*, II Série-A, 25 de Junho de 1998; José Manuel Leite Viegas e Sérgio Faria (1999), *As Mulheres na Política, op. cit.* pp. 41-42.

[805] José Manuel Leite Viegas e Sérgio Faria (1999), *As Mulheres na Política, op. cit.* p. xii.

[806] *Idem, ibidem*, p. *xiii*.

Ora, os autores respondem a esta questão de uma forma muito clara. Dadas as leituras que desenvolvemos, temos de considerar tal resposta não só bastante razoável, como aparentemente consensual, pelo que optamos por reproduzi-la aqui:

> Sem dúvida que, nas suas marcas originárias, a cidadania definiu-se abstractamente e direccionou-se a todos os indivíduos considerados iguais em direitos e deveres. No entanto, nos seus desenvolvimentos, particularmente com a inclusão dos direitos sociais de cidadania, algumas medidas de carácter social vieram incidir sobre segmentos sociais específicos, definindo uma discriminação positiva, cujos objectivos eram, também, os de apoiar o processo de acesso à plena cidadania. Num sentido análogo se deverão entender as medidas propostas [sistema de quotas], isto é, transitórias e complementares da igualdade no plano político.

Pelo que se é verdade que o Partido Social Democrata, baseando-se na interpretação que faz do exemplo dos países nórdicos, sublinha — e bem — a importância da vontade política, concretizada ao nível do comportamento das estruturas de decisão dos partidos, parece esquecer, porém — e é preciso lembrá-lo — que a auto-regulação resultou naqueles países devido a uma singular conjugação de factores, dificilmente transponível para o caso português, devendo tais medidas ser equacionadas num quadro social e cultural mais amplo.[807]

Com efeito, os resultados obtidos nos países nórdicos derivam não apenas de factores estritamente políticos, como sejam a precocidade do reconhecimento do direito de sufrágio feminino, a predominância de sistemas eleitorais proporcionais e a aplicação informal de quotas pelos partidos, mas também, e fundamentalmente, de factores sociais e culturais. Como bem anotam, uma vez mais, José Leite Viegas e Sérgio Faria:

> No modelo nórdico, as políticas sociais envolveram desde cedo, a criação de infra-estrutura de apoio à educação e guarda de crianças, bem como a

---

[807] Cf. Lauri Larvonen e Per Selle (orgs.) (1995), *Women in Nordic Politics. Closing the Gap*, Aldershot, Dartmouth; Drude Dahlerup e Lenita Freidenvall (2003), *Quotas as a 'Fast Track' to Equal Political Representation for Women. Why Scandinavia is no Longer the Model?*, *paper* apresentado no Congresso da IPSA, Durban, 29 de Junho-4 de Maio.

adopção de medidas de protecção da maternidade e de garantia dos direitos das mulheres no trabalho, que, no seu conjunto, visavam a criação de condições de igualdade de oportunidades entre homens e mulheres na esfera pública. Em conjugação com estas medidas a orientação política global foi no sentido de considerar a igual responsabilidade dos cônjuges na educação dos filhos e nas responsabilidades familiares, o que, a par com outras políticas de igualdade social, sedimentou uma cultura igualitária entre os sexos.[808]

Em sentido contrário, e como afirmam os referidos autores:

> O modelo de estado providência da Europa continental tinha subjacente objectivos de segurança familiar assentes no emprego do elemento masculino e na cobertura dos riscos de desemprego, doença e velhice que poderiam ameaçar essa segurança. O menor investimento público em infra-estruturas de apoio familiar ou de incentivo ao trabalho feminino correspondia mais a uma orientação ideológica do que a uma limitação de recursos. Pressupunha-se a divisão de tarefas na família, em que à mulher eram atribuídas as tarefas caseiras e a educação dos filhos e ao homem a responsabilidade de obter rendimentos no mercado de trabalho. O que sedimentou uma cultura de desigualdade entre homens e mulheres na esfera pública.[809]

Já o CDS-PP é a força política que apresenta a menor taxa de feminização das listas de candidatura à Assembleia da República, tendo percentagens que ficam muito aquém da média para o conjunto dos candidatos, e uma desigualdade de género na ordem dos -67 % — que sobe para os -84 % quando em causa estão os lugares elegíveis. Ora, estes dados parecem autorizar a conclusão de que o problema da reduzida participação das mulheres no exercício da actividade política não constitui um *item* na agenda de prioridades do CDS-PP, pelo menos no período considerado. Com a excepção das eleições de 1995, em que o CDS-PP inscreve nas suas listas 20 % de mulheres em lugares elegíveis, nos restantes actos eleitorais o que se pode observar é um reduzido empenho na feminização das listas

---

[808] José Manuel Leite Viegas e Sérgio Faria (1999), *As Mulheres na Política, op. cit.* p. 7.

[809] *Idem, ibidem*, pp. 7-8.

Candidatos do PSD à Assembleia da República, entre 1991 e 2002
(valores percentuais)

[FIGURA N.º 4]

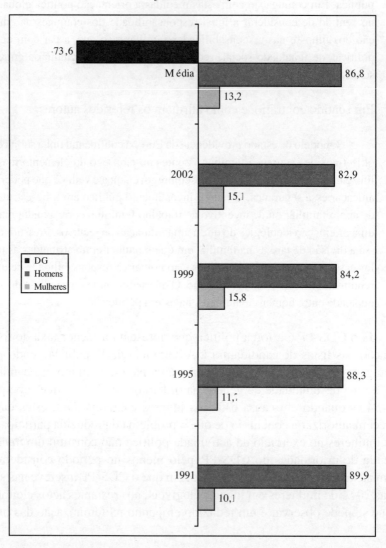

Fonte listas de candidatura do PSD depositadas na Comissão Nacional de Eleições, de 1991 a 2002.

Legenda: DG = Desigualdade de género (percentagem de mulheres – percentagem de homens)

eleitorais e um forte hiato entre as mulheres que ocupam posições cimeiras e as que figuram em posições não elegíveis, em desfavor, claro está, das primeiras.

Por outro lado, as eleições de 1995 devem ser entendidas à luz da transformação ideológica e organizativa que esteve na base da transição do velho CDS para o renovado CDS-Partido Popular, e na afirmação de uma nova liderança, que levou à substituição integral do grupo parlamentar deste partido, já que nesse mesmo ano a taxa de renovação parlamentar atingiu os 100%. Todavia, esta estratégia de recrutamento não teve continuidade, dado que nos actos eleitorais posteriores, e não obstante ter ocorrido uma nova mudança na liderança do CDS-Partido Popular, as mulheres em lugares elegíveis nas listas do partido não atingem os 10%, pelo que não se pode falar, neste caso, de um «efeito de contágio», segundo o qual os partidos de direita se sentiriam pressionados a imitar ou a reproduzir as modalidades de organização e as técnicas de campanha eleitoral dos partidos de esquerda, por força do seu «sucesso» junto do eleitorado.[810]

O Bloco de Esquerda, não obstante a sua escassa representação parlamentar, é a força política que apresenta a maior taxa de feminização das suas listas de candidatura, sendo a desigualdade de género de apenas −22%, o que é inteiramente expectável se atendermos ao seu compromisso ideológico, político e programático com a plena aplicação do princípio da paridade na esfera social, através da reorganização da sociedade de modo a garantir que ambos os sexos partilhem os mesmos direitos e responsabilidades, mas também na esfera política, através da defesa reiterada e intransigente da presença igualitária de homens e de mulheres não só nas listas para efeitos de eleição da Assembleia da República, mas também nos lugares governamentais e em todos os cargos públicos de confiança e de nomeação política. Este compromisso com a «democracia paritária» encontra-se, aliás, traduzido nos estatutos do Bloco de Esquerda, onde no art. 14 n.º 4 se estabelece que «As listas candidatas à Mesa Nacional ou

---

[810] Miki C. Kittilson (1997), *Women's Representation in Parliament. The Role of Political Parties*, paper consultado em Março de 2007: http://repositories.cdlib.org./csd/97-08, pp. 4-5; Arantxa Elizondo (1997), «Partidos políticos y mujeres», in Edurne Uriarte e Arantxa Elizondo (orgs.), *Mujeres en Política*, Barcelona, Editorial Ariel, pp. 96-100; Joni Lovenduski (1997), «Representación política: dinâmica de género y partidos», in Edurne Uriarte e Arantxa Elizondo (orgs.), *Mujeres en Política, op. cit.*, pp. 120-121.

Candidatos do CDS-PP à Assembleia da República, entre 1991 e 2002

(valores percentuais)

[FIGURA N.º 5]

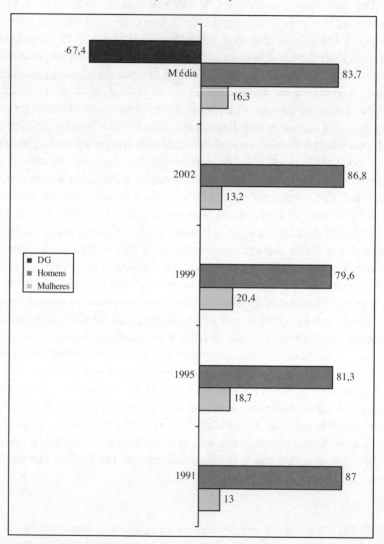

Fonte: listas de candidatura do CDS-PP depositadas na Comissão Nacional de Eleições, de 1991 a 2002.

Legenda: DG = Desigualdade de género (percentagem de mulheres – percentagem de homens)

à Comissão de Direitos podem ser constituídas por número de elementos inferior ao necessário para preencher todas as vagas existentes em cada um dos respectivos órgãos, devendo, porém, observar o critério da «paridade entre sexos», o que seguramente explica que a percentagem de mulheres nas listas do Bloco de Esquerda ultrapasse os 35%. E o que é mais: ainda que os lugares elegíveis sejam ocupados por homens, o facto é que o princípio de rotatividade aplicado pelo Bloco de Esquerda acaba por permitir a presença periódica e a intervenção política de mulheres na sua bancada parlamentar.[811]

Se é verdade que se regista um crescimento lento e gradual da taxa de feminização das candidaturas à Assembleia da República, se bem que com diferenças de partido para partido, o facto é que subsiste também um hiato considerável entre a percentagem de mulheres em lugares não elegíveis e em lugares elegíveis, a favor das primeiras, o que significa que, em geral, as mulheres tendem a ser mais afectadas pela ordenação das listas do que os homens, sendo a sua inclusão nas listas ditada, em muitos casos, mais pelo «pragmatismo» eleitoral ou pela necessidade de «equilibrar» as listas do que pelo imperativo de reforçar a sua presença efectiva no Parlamento — o que não pode deixar de confirmar, do ponto de vista empírico, a existência de práticas discriminatórias por parte do *party selectorate*.[812]

Mas, este não é o único aspecto que mostra que, em termos políticos, a condição feminina não está ao mesmo nível da condição masculina. Se atentarmos na percentagem de homens e de mulheres que, em cada acto eleitoral, voltam a ser candidatos, facilmente nos apercebemos de que os partidos renovam mais facilmente a sua confiança política nos homens do que nas mulheres. Como se pode ver no quadro n.º 2, a taxa de sobrevivência masculina é, em termos médios, e em todos os partidos, superior à taxa de sobrevivência feminina, o que é particularmente notório nos partidos com vocação de poder, ou seja, no Partido Socialista e no Partido Social Democrata. Quer isto significar que a «renovação» das listas é feita, sobretudo, às custas das mulheres, as quais se vêem assim impossibilitadas, muitas vezes não por vontade própria, mas antes por opções e decisões

---

[811] Estatutos do Bloco de Esquerda (2003).
[812] Pippa Norris (1997), «Processos de reclutamiento legislativo: una perspectiva comparada», *in* Edurne Uriarte e Arantxa Elizondo (orgs.), *Mujeres en Política, op. cit.*, pp. 163-165.

Candidatos do BE à Assembleia da República, entre 1999 e 2002
(valores percentuais)

[FIGURA N.º 6]

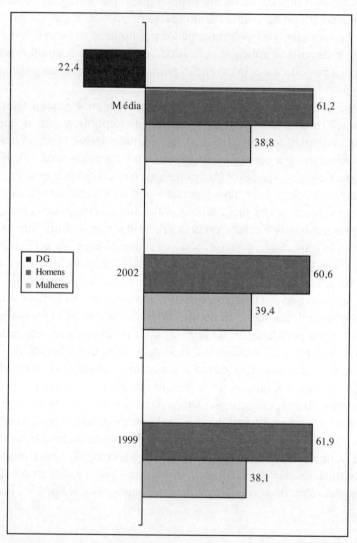

Fonte: listas de candidatura do BE depositadas na Comissão Nacional de Eleições, de 1999 a 2002.

Legenda: DG = Desigualdade de género (percentagem de mulheres – percentagem de homens)

das estruturas dirigentes que lhes são manifestamente desfavoráveis, de prosseguir uma eventual carreira parlamentar.

Taxa de sobrevivência dos candidatos à Assembleia da República, por partido
(valores percentuais)

[QUADRO N.º 2]

	1991		1995		1999		2002		Média	
	H	M	H	M	H	M	H	M	H	M
CDS-PP	13,5	20,0	10,2	11,6	13,1	4,3	22,8	20,0	14,9	14,0
PSD	49,0	26,1	38,4	18,5	28,6	25,0	35,4	22,9	37,8	23,1
PS	30,8	31,3	30,6	17,6	52,9	34,5	51,2	54,2	41,4	34,4
CDU	25,3	15,6	33,5	18,8	33,3	22,1	36,4	32,0	32,2	22,1
BE	-	-	-	-	-	-	27,7	20,2	-	-

Fonte: listas de candidatura dos partidos depositadas na Comissão Nacional de Eleições, de 1987 a 2002.
Legenda: H = Homens. M = Mulheres. Taxa de sobrevivência = Candidatos(/as) que integraram as listas do partido nas eleições legislativas imediatamente anteriores.
Notas: 1. Os dados omissos foram excluídos da análise.

No mesmo sentido, e em termos médios, a probabilidade de um homem ser reconduzido num novo mandato parlamentar é superior à probabilidade do mesmo acontecer a uma mulher, se bem que aqui as diferenças sejam, sintomaticamente, bastante menos significativas do que no caso anteriormente relatado. Tal facto, faz supor que a renovação da confiança política por parte do *party selectorate* depende, quer da passagem prévia dos candidatos pelo Parlamento, quer da avaliação positiva da sua prestação em sede legislativa, o que pode ser interpretado num duplo sentido: ou como um sinal no sentido do reforço da «profissionalização» e da «especialização» da classe política parlamentar, resultante de imperativos organizacionais e funcionais, mas também da crescente complexidade da actividade legislativa; ou então como um índicio da «cooptação» política e do «congelamento» burocrático do pessoal parlamentar, ditados pela existência de um «interesse corporativo» ou de uma «carreira política», no sentido atribuído por Gaetano Mosca, primeiro, e Joseph Schumpeter, depois.[813]

---

[813] Gaetano Mosca (1896, 2004), *A Classe Política*, Coimbra, Tenacitas; Joseph A. Shumpeter (1942, 1961), *Capitalismo, Socialismo e Democracia*, Rio de Janeiro, Editora Fondo de Cultura.

Titularidade dos candidatos à Assembleia da República, por partido
(valores percentuais)

[QUADRO N.º 3]

	1991 H	1991 M	1995 H	1995 M	1999 H	1999 M	2002 H	2002 M	Média H	Média M
CDS-PP	1,5	0,0	0,5	0,0	1,6	0,0	4,1	3,3	2,0	1,0
PSD	30,9	26,1	25,1	18,5	22,9	16,7	19,5	20,0	24,6	20,3
PS	16,8	21,9	20,9	11,8	37,8	19,0	27,6	32,2	25,8	21,2
CDU	4,4	4,4	3,3	4,2	5,2	5,2	4,0	5,3	4,2	4,7

Fonte: listas de candidatura dos partidos depositadas na Comissão Nacional de Eleições, de 1987 a 2002.
Legenda: H = Homens. M = Mulheres. Taxa de titularidade = Candidatos(/as) que foram detentores de um mandato parlamentar na legislatura imediatamente anterior.

Tempo de filiação partidária dos candidatos(/as) à Assembleia da República, 2002
(valores percentuais)

[QUADRO N.º 4]

Partidos	Tempo de filiação	Homens	Mulheres
CDS-PP	Até 5 anos	23,5	27,3
	De 6 a 15 anos	41,2	36,4
	De 16 a 25 anos	15,7	18,2
	Mais de 25 anos	19,6	18,2
PSD	Até 5 anos	11,1	7,4
	De 6 a 15 anos	22,2	44,4
	De 16 a 25 anos	22,2	25,9
	Mais de 25 anos	44,4	22,2
PS	Até 5 anos	5,4	25,0
	De 6 a 15 anos	21,6	50,0
	De 16 a 25 anos	37,8	12,5
	Mais de 25 anos	35,1	12,5
PCP	Até 5 anos	11,1	10,0
	De 6 a 15 anos	3,7	35,0
	De 16 a 25 anos	29,6	20,0
	Mais de 25 anos	55,6	35,0

Fonte: inquérito aplicado junto dos candidatos às eleições legislativas de 2002.

À circunstância, de serem mais facilmente afastadas da vida política do que os homens, deve ainda acrescentar-se o facto de ser mais difícil para as mulheres adquirir as competências políticas e partidárias que tendem a ser decisivas no acesso ao Parlamento. Não admira, assim, que os dados do inquérito aplicado junto dos candidatos às eleições legislativas de 2002 revelem que o nível de envolvimento e de participação das mulheres nas actividades internas dos partidos seja bastante mais reduzido do que o dos homens, o que seguramente dificulta o desenvolvimento de uma «carreira política» de tipo convencional, isto é, através de uma filiação precoce, de uma militância activa e continuada e de uma grande disponibilidade de tempo, aspectos essenciais para a sua afirmação na luta política — condicionada, claro está, à conformidade com as orientações emanadas das estruturas directivas dos respectivos partidos.

Participação na vida partidária dos candidatos(/as) à Assembleia da República, 2002
(valores percentuais)

[QUADRO N.º 5]

Mais de 15 horas por mês	Homens	Mulheres	DG
CDS-PP	73,1	43,6	-29,5
PSD	80,7	41,7	-39,0
PS	76,9	68,2	-8,7
CDU	52,2	40,0	-12,2
BE	35,7	33,3	-2,4
Total	64,7	46,7	-18,0

Fonte: inquérito aplicado junto dos candidatos às eleições legislativas de 2002.
Legenda: DG = Desigualdade de género (percentagem de mulheres - percentagem de homens)
Notas: 1. O envolvimento partidário resulta da resposta à seguinte pergunta: «Em média, quantas horas dedica por mês às actividades do seu partido?» As opções de resposta são: «1) até 5 horas»; «2) entre 5 e 10 horas»; «3) entre 10 e 15 horas»; «4) entre 15 horas e 20 horas»; «5) mais de 20 horas». Considera-se que o envolvimento partidário é forte quando o inquirido declara dedicar às actividades do partido mais de 15 horas por mês.

Os dados apresentados nos quadros n.º 4 e n.º 5 comprovam o que dissemos acima, pois torna-se claro que, por um lado, e com a excepção parcial do CDS-Partido Popular, a maioria dos homens que se candidataram às eleições de 2002 encontram-se filiados há bastante mais tempo do que as mulheres, e, por outro, que o tempo despendido com as actividades internas do partido é também maior entre os homens do que entre as mulheres, ainda que, aqui, exista uma clara diferença entre os partidos de direita e de centro-direita e os partidos de esquerda e de centro-esquerda, sendo as desigualdades de género, quanto a este *item*, bastante mais significativas nos primeiros do que nos segundos.

Atitudes dos portugueses em relação à escolha dos candidatos à Assembleia da República
(valores percentuais)

[QUADRO N.º 6]

Quem é mais favorecido na escolha dos deputados à AR?	Totais	Homens	Mulheres	DG
Os homens	77,8	73,7	81,4	7,7
As mulheres	4,5	3,9	5,1	1,2
Ambos os sexos	11,4	14,1	8,9	-5,2

Fonte: Manuel Meirinho e Conceição Teixeira (2005: 61).
Legenda: DG = Desigualdade de género (percentagem de mulheres - percentagem de homens).
Notas: 1. Foram excluídas da análise as respostas NS / NR.

Atitudes dos portugueses em relação à escolha dos candidatos à Assembleia da República
(valores percentuais)

[QUADRO N.º 7]

Elaboração das listas	Totais	Homens	Mulheres	DG
Os partidos só incluem as mulheres nas listas de candidatura à AR, porque precisam de conquistar o voto do eleitorado feminino				
Concorda	63,8	58,2	68,7	10,5
Discorda	32,8	37,5	28,6	-8,9

Fonte: Manuel Meirinho e Conceição Teixeira (2005: 78).
Legenda: DG = Desigualdade de género (percentagem de mulheres - percentagem de homens).
Notas: 1. Foram excluídas da análise as respostas NS / NR.

Perante tudo o que temos vindo a dizer, não admira também que, quando interrogados sobre o processo de selecção dos candidatos à Assembleia da República, a esmagadora maioria dos portugueses considere que os partidos favorecem claramente os homens em detrimento das mulheres, e que a inclusão destas nas listas de candidatura à Assembleia da República se deve pura e simplesmente ao pragmatismo político e ao oportunismo eleitoral, os quais tendem a impor-se como estratégias de recrutamento das principais forças políticas, sendo que tais atitudes se tornam mais pronunciadas entre colectivo feminino, como se pode ver nos quadros n.º 6 e n.º 7.

1.1.1 *A presença das mulheres nos partidos políticos: os números contam...*

Para melhor compreender e enquadrar o fenómeno da sub-representação das mulheres nas listas de candidatura — e, por conseguinte, no Parlamento —, torna-se indispensável olhar para dentro dos partidos políticos e procurar determinar qual a importância que neles assume o colectivo feminino.

Deste ponto de vista, importa salientar que nas análises já feitas, quer a nível internacional, quer no contexto português, tem sido sublinhado o papel que os partidos assumem na participação política das mulheres, uma vez que nas democracias actuais estes são os principais *gatekeepers* no acesso aos órgãos do poder político, nomeadamente ao Parlamento. É, pois, a eles que cabe a função de apresentação das candidaturas, e são também eles que monopolizam o processo de selecção dos candidatos, adoptando critérios e estratégias de recrutamento que tendem a reproduzir e a perpetuar a dominação masculina, uma vez que discriminam as mulheres no acesso ao fórum legislativo, não sendo, por isso, injustificadas, as acusações que lhes são dirigidas de promoverem uma democracia «excludente» ou «inacabada».[814]

---

[814] Manuel Meirinho Martins e Conceição Pequito Teixeira (2005), *O Funcionamento dos Partidos e a Participação das Mulheres na Vida Política e Partidária em Portugal*, *op. cit.*; José Manuel Leite Viegas e Sérgio Faria (2001), *As Mulheres na Política*, *op. cit.*; Miki C. Kittilson (1997), *Women's Representation in Parliament. The Role of Political Parties*, paper consultado em Março de 2007: http://repositories.cdlib.org./csd/97-08, pp. 1- 27; Pippa Norris (1997), «Processos de reclutamiento legislativo: una perspectiva comparada», *in* Edurne Uriarte e Arantxa Elizondo (orgs.), *Mujeres en Política*, *op. cit.*, pp. 163-165; Arantxa Elizondo (1997), «Partidos políticos y mujeres», *in* Edurne Uriarte e

Do que foi dito atrás, resulta evidente que a discussão na Assembleia da República da chamada «lei das quotas», ainda que tenha sido rejeitada pelo voto conjunto de todos os partidos da oposição, foi favorável ao desenvolvimento de um compromisso político mais firme face ao objectivo da feminização das listas de candidatura e dos lugares no Parlamento, constituindo um «ponto de viragem» nesta matéria. Por outro lado, observa-se que, em todos actos eleitorais, os partidos situados à esquerda do espectro ideológico apresentam mais mulheres do que os que se posicionam à direita, constituindo, assim, a *ideologia* uma variável explicativa que deve ser considerada na análise do fenómeno da sub-representação feminina, a que não é alheio também o *grau de centralização* dos processos de recrutamento intrapartidários, já que, como alguns estudos sublinham e documentam, os órgãos dirigentes nacionais tendem a ser mais sensíveis e mais favoráveis à entrada das mulheres nas listas eleitorais do que os órgãos de nível regional e local.[815] É mais fácil implementar medidas de «acção afirmativa» que resultam de orientações formais ou informais impostas a partir de cima — especialmente em sistemas eleitorais de listas fechadas e bloqueadas, onde o «equilíbrio» das listas é um critério tido em conta pelo *party selectorate*, seja por razões de representatividade interna, seja por razões de maximização do voto.

Isso ajuda a explicar, para além do factor ideológico, a elevada taxa de feminização verificada no Partido Comunista, em que o processo é inteiramente controlado pelos órgãos executivos nacionais, sendo as organizações distritais apenas auscultadas durante o processo de selecção dos candidatos. Tal argumento pode, igualmente, estender-se ao caso do Partido Socialista, na medida em que a centralização do processo de recrutamento permite à direcção nacional do partido designar 30 % dos candidatos de cada lista distrital, sendo por aí que entram, geralmente, as mulheres que

---

Arantxa Elizondo (orgs.), *Mujeres en Política*, Barcelona, Editorial Ariel, pp. 96-100; Joni Lovenduski (1997), «Representación política: dinâmica de género y partidos», *in* Edurne Uriarte e Arantxa Elizondo (orgs.), *Mujeres en Política*, *op. cit.*, pp. 114-129.

[815] Miki C. Kittilson (1997), *Women's Representation in Parliament. The Role of Political Parties*, *paper* consultado em Março de 2007: http://repositories.cdlib.org./csd/97-08, pp. 2-4; Joni Lovenduski (1997), «Representación política: dinâmica de género y partidos», *in* Edurne Uriarte e Arantxa Elizondo (orgs.), *Mujeres en Política*, *op. cit.*, pp. 126-129; Pippa Norris (1997), «Processos de recrutamento legislativo: una perspectiva comparada», *in* Edurne Uriarte e Arantxa Elizondo (orgs.), *Mujeres en Política*, *op. cit.*, pp.167-176.

acabam por integrar as listas à Assembleia da República, sobretudo em posições elegíveis. Isto porque, em regra, as federações do partido elaboram as suas listas tendo em linha de conta as preferências da direcção do partido, já que recebem orientações mais ou menos formais, mais ou menos vinculativas, relativamente ao tipo de candidato que deverá integrar as posições elegíveis (como, por exemplo, acerca do sexo).

Aparentemente, tal não se verifica no caso do Partido Social Democrata, no qual a direcção nacional, que está encarregue da ratificação final das listas, não detém qualquer «quota» formal, e onde os órgãos distritais gozam de uma maior autonomia e também de um maior poder de decisão na feitura das listas, quando comparados com os demais partidos. Porém, também, aqui, a prática tem demonstrado que o poder dos líderes pode ser maior do que aquele que os estatutos formalmente sugerem, podendo conduzir à «imposição» de alguns elementos femininos nas listas do partido, através da «quota» informal que pertence à liderança, sobretudo quando há perspectivas de uma vitória eleitoral. Já no caso do CDS-PP, o seu fraco empenho na promoção da igualdade de oportunidades entre homens e mulheres no acesso ao Parlamento é não só ditado pela orientação ideológica mais conservadora do partido, mas também pelo facto de a direcção nacional — que controla o processo de selecção dos candidatos — estar fundamentalmente preocupada com a distribuição dos poucos lugares elegíveis entre as figuras mais proeminentes do partido, que são, como é sabido, preponderantemente masculinas.

Se é certo que os partidos de esquerda e de centro-esquerda se mostram mais interventivos e actuantes do que os de direita e de centro-direita, no que respeita ao reforço da presença das mulheres no Parlamento — através de «acções afirmativas», no caso do PCP, e de medidas de «discriminação positiva», no caso do PS —, certo é também que as listas de candidatura apresentadas ao eleitorado acabam por reflectir uma estrutura interna fortemente assimétrica em termos de composição por género, e tal assim é independentemente das orientações ideológicas dos partidos em causa.

Neste sentido, os dados sobre a representação das mulheres na estrutura de filiados e sobretudo nos órgãos dirigentes constituem um indicador decisivo para avaliar o peso da participação feminina nos diferentes partidos e para determinar a relevância que estes lhe atribuem na sua vida interna. E o que é que nos revelam esses dados?

Em primeiro lugar, mostram-nos que o fenómeno da sub-representação das mulheres é transversal a todos os partidos com representação parlamentar; e revelam-nos também que, à medida que se sobe na hierarquia partidária, a percentagem de mulheres vai decrescendo significativamente, tornando-se, em alguns casos, meramente «simbólica» — seguindo, aqui, a «lei da disparidade crescente», enunciada por Robert Putnam, no seu célebre estudo *The Comparative Study of Political Elites*.[816]

Em segundo lugar, mostram que a percentagem de mulheres filiadas tem vindo a crescer gradualmente, sendo, contudo, e curiosamente, maior nos partidos de direita e de centro-direita — nos quais atinge, em média, os 30% — do que nos partidos de esquerda e de centro-esquerda, situando-se aqui apenas nos 25 %. Uma tendência que, sublinhe-se, acompanha os dados de alguns estudos internacionais sobre a participação política das mulheres nos partidos — o que entre nós parece confirmar, se bem que em termos modestos, o dogma do «conservadorismo feminino», ou seja, a ideia de que os processos de socialização primária diferenciados fazem com que as mulheres revelem, na idade adulta, uma maior adesão a valores tradicionais e reaccionários (conotados com a direita) e uma maior relutância face a valores progressistas e contestatários (conotados com a esquerda).[817]

**Evolução da representação das mulheres
na estrutura de filiados do CDS-PP**
(valores percentuais)

[QUADRO N.º 8]

Anos	Homens	Mulheres	DG
1990	75,0	25,0	-50,0
1991	79,5	20,5	-59,0
1992	70,6	29,4	-41,2
1993	72,7	27,3	-45,4
1994	73,7	26,3	-47,4

---

[816] Robert D. Putnam (1976), *The Comparative Study of Political Elites*, New Jersey. Prentice-Hall, pp. 33-34.

[817] Edurne Uriarte (1997), «Las mujeres en las elites politicas», *in* Edurne Uriarte e Arantxa Elizondo (orgs.), *Mujeres en Política, op. cit.*, pp.58-59; Peter Mair e Richard Katz (1994), *Party Organization. A Handbook*, Londres, Sage.

Anos	Homens	Mulheres	DG
1995	71,3	28,7	-42,6
1996	67,4	32,6	-34,8
1997	70,2	29,8	-40,4
1998	60,4	38,6	-21,8
1999	64,8	35,2	-29,6
2000	72,1	27,9	-44,2
2001	59,0	41,0	-18,0
Média	*69,7*	*30,1*	*-39,6*

Fonte: dados oficiais disponibilizados pelo CDS-PP em Março de 2004. Para o ano de 2002 e 2003, o CDS não discriminou a filiação por género.

Legenda: DG = Desigualdade de género (percentagem de mulheres – percentagem de homens).

Representação das mulheres na estrutura de filiados do PSD
(valores percentuais)

[QUADRO N.º 9]

Anos	Homens	Mulheres	DG
2000	70,0	30,0	-40,0
2003	63,0	37,0	-26,0
Média	*66,5*	*33,5*	*-33,0*

Fonte: dados oficiais fornecidos pelo PSD, em Março de 2004.

Legenda: DG = Desigualdade de género (percentagem de mulheres – percentagem de homens)

Evolução da representação das mulheres na estrutura de filiados do PS
(valores percentuais)

[QUADRO N.º 10]

Anos	Homens	Mulheres	DG
1990	82,0	18,0	-64,0
1991	78,0	22,0	-56,0
1992	75,0	25,0	-50,0
1993	77,0	23,0	-54,0

Anos	Homens	Mulheres	DG
1994	75,0	25,0	-50,0
1995	73,0	27,0	-46,0
1996	70,0	30,0	-40,0
1997	71,0	29,0	-42,0
1998	72,0	28,0	-44,0
1999	76,0	24,0	-52,0
2000	76,0	24,0	-52,0
2003	67,1	32,9	-34,2
Média	*74,3*	*28,7*	*-45,6*

Fonte: Fontes para a História do Partido Socialista e Departamento Nacional de Dados do Partido Socialista (ano de 2003).

Legenda: DG = Desigualdade de género (percentagem de mulheres – percentagem de homens)

Representação das mulheres na estrutura de filiados do PCP
(valores percentuais)

[QUADRO N.º 11]

Congressos	Homens	Mulheres	DG
XIV Congresso (1992)	76,5	23,5	-53,0
XV Congresso (1996)	75,6	24,4	-51,2
XVI Congresso (1999)	75,1	24,9	-50,2
Entre 2000 e 2003	71,2	28,8	-42,4
Média	*74,6*	*25,4*	*-49,2*

Fonte: o PCP só divulga os dados relativos à filiação nas teses finais de cada congresso, onde faz o balanço da organização. No que respeita ao período compreendido entre 2000 e 2003 os dados forma fornecidos pelo PCP, em Março de 2004.

Legenda: DG = Desigualdade de género (percentagem de mulheres – percentagem de homens).

Por último, os dados coligidos evidenciam que o fenómeno da sub-representação feminina se torna ainda mais significativo quando olhamos para a composição dos órgãos nacionais dos partidos, sendo que a «desigualdade de género» atinge, aqui, valores muito superiores aos observados, quer no caso da representação das mulheres na estrutura de filiados, quer no das listas de candidatura à Assembleia da República. Mas mais:

se, como vimos atrás, a percentagem de mulheres filiadas é superior nos partidos de direita e de centro-direita, o facto é que, no caso da composição dos órgãos nacionais, esta tendência inverte-se, ou seja, é nos partidos de esquerda e de centro-esquerda que o acesso das mulheres a cargos nacionais parece ser mais fácil ou mais estimulado pelos dirigentes partidários.

Porém, isto está longe de significar que as atitudes e as práticas de discriminação, por parte do *party selectorate*, não são nestes partidos igualmente significativas. No caso concreto do Partido Socialista, por exemplo, não obstante existir uma regra estatutária — em vigor desde 1988 — que estabelece uma percentagem de 25 % segundo o sexo na composição dos órgãos partidários e das listas de candidatura, a verdade é que, antes de 1999, os resultados efectivos se mostram aquém desse valor mínimo — o que significa, por certo, a existência dificuldades e de resistências no seio do partido, que contrariam a «letra» dos estatutos, as orientações formais e as medidas intervencionistas da sua «elite dirigente».

De facto, só a partir das eleições de 1999, e muito por força da proposta do Governo, norteada pelo propósito político de aumentar o número de mulheres no Parlamento, o Partido Socialista passou a cumprir o objectivo mínimo dos 25 % na elaboração das suas listas de candidatura, sem que, contudo, isso tenha sido acompanhado por um aumento substantivo da representação feminina nos seus órgãos nacionais, a qual continua a ficar longe daquela meta quantitativa, como fica demonstrado no quadro n.º 12.

Representação das mulheres nos órgãos nacionais do PS, entre 1990 e 2002
(valores médios percentuais)

[QUADRO N.º 12]

Órgãos	Homens	Mulheres	DG
Secretariado Nacional	82,5	17,5	- 65,0
Comissão Nacional	83,6	16,4	- 67,2
Comissão Política Nacional	83,7	16,3	- 67,4

Fonte: Fontes para a História do Partido Socialista (entre 1990 e 1996) e Tribunal Constitucional (entre 1999 e 2002).

Legenda: DG = Desigualdade de género (percentagem de mulheres – percentagem de homens).

Se a tudo isto acrescentarmos o facto de a taxa de reeleição feminina nos órgãos dirigentes do Partido Socialista ser, em termos médios, superior a 50 %, facilmente percebemos que as mulheres não só se encontram ausentes das cúpulas do partido, como também o seu acesso a elas é, em grande medida, condicionado pela experiência prévia no exercício de certos cargos partidários — numa espécie de «círculo restrito e fechado», imposto por uma modelo de recrutamento centralizado e pouco institucionalizado, que é, claramente, desfavorável às mulheres.

**Evolução da taxa de reeleição das mulheres
nos órgãos nacionais do PS, 1990 e 2002**
(valores percentuais)

[QUADRO N.º 13]

Congressos	Reeleição
Maio de 1990	35,2
Março de 1994	64,7
Maio de 1996	65,2
Abril de 1999	33,3
Maio de 2001	60,6
Janeiro de 2002	59,7
Média	53,1

Fonte: *Fontes para a História do Partido Socialista* (entre 1990 e 1996) e Tribunal Constitucional (entre 1999 e 2002)

Notas: 1. No cálculo da taxa de reeleição consideram-se, conjuntamente, todos os órgãos executivos.

    A ausência das mulheres dos órgãos de direcção com maior relevância política — no sentido de que intervêm de uma forma corrente ou regular no exercício do poder político — e também com maior visibilidade pública, torna-se ainda mais pronunciada no caso do Partido Comunista, sendo que o contraste entre a taxa de feminização das suas listas de candidatura e a das suas estruturas directivas nacionais não pode deixar de significar a adopção de critérios e de estratégias de recrutamento diferenciados para os cargos públicos e para os cargos internos do partido.
    No primeiro caso, a presença considerável de mulheres na listas integradas pelo Partido Comunista, e o seu posicionamento em lugares elegí-

veis, encontra-se conforme aos objectivos oficiais declarados pelos dirigentes comunistas, no sentido de promover a igualdade de oportunidades no acesso a cargos políticos, pelo que é natural que o *party selectorate* privilegie, aqui, critérios de recrutamento que tendem a ser mais favoráveis às mulheres — atendendo, por exemplo, mais às suas qualidades individuais e ao seu percurso profissional do que à sua filiação precoce, à sua militância activa e continuada, bem como à sua capacidade de afirmação na luta política, que constituem critérios que pesam mais na eleição ou designação para os órgãos de poder interno.

Isso mesmo resulta da elevada taxa de reeleição das mulheres — cerca de 70 % — nos órgãos nacionais do Partido Comunista, o que permite concluir que o acesso às estruturas decisórias do partido é indissociável de um forte envolvimento na sua vida interna e de uma experiência prévia no exercício de cargos de responsabilidade política, tornando-se, a este nível, factores considerados indispensáveis na construção do «capital político» das mulheres comunistas.

Representação das mulheres nos órgãos nacionais do PCP, entre 1990 e 2000
(valores médios percentuais)

[QUADRO N.º 14]

Órgãos	Homens	Mulheres	DG
Comité Central	83,2	16,8	-66,7
Secretariado do Comité Central	90,2	9,8	-80,4
Comissão Política do Comité Central	93,8	6,2	-87,6
Comissão Central de Controlo	84,6	15,4	-69,2

Fonte: Tribunal Constitucional.
Legenda: DG = Desigualdade de género (percentagem de mulheres – percentagem de homens)

No caso das forças partidárias mais à direita do espectro político (com uma orientação ideológica mais conservadora e com uma posição oficial contrária à adopção de medidas de «discriminação positiva» — e mais favorável ao desenvolvimento do que Pippa Norris designa por «estratégias de retórica» —) a presença de mulheres nos órgãos executivos consegue ser ainda mais exígua do que no caso das forças situadas à esquerda. E se é verdade que a presença das mulheres ganha um maior significado nos órgãos deliberativos e jurisdicionais do CDS-PP e do PSD, tal sucede, seguramente, porque tais órgãos detêm menos poderes de decisão, tanto ao nível da definição como da execução das políticas, e, por isso, as candidaturas tendem a ser aqui bem menos disputadas.

Evolução da taxa de reeleição das mulheres no PCP
(valores percentuais)

[QUADRO N.º 15]

Congressos		Reeleição
XIV	1992	80,0
XV	1996	67,0
XVI	2000	64,0
	Média	*70,3*

Fonte: Tribunal Constitucional.

Notas: 1. No cálculo da taxa de reeleição consideram-se, conjuntamente, todos os órgãos nacionais: executivos, deliberativos e jurisdicionais.

Representação das mulheres nos órgãos nacionais do CDS-PP, entre 1990 e 2002
(valores médios percentuais)

[QUADRO N.º 16]

Órgãos	Homens	Mulheres	DG
Comissão Política Nacional	94,0	6,0	-77,6
Comissão Directiva	92,5	7,5	-77,1
Conselho Nacional	90,4	9,6	-69,2
Mesa do Conselho Nacional	84,4	15,6	-71,2
Conselho Nacional de Fiscalização	83,9	16,1	-72,0
Conselho Nacional de Jurisdição	77,9	22,1	-67,6
Mesa do Congresso	71,3	28,7	-56,4

Fonte: Tribunal Constitucional.

Legenda: DG = Desigualdade de género (percentagem de mulheres – percentagem de homens)

Representação das mulheres nos órgãos nacionais do PSD, entre 1990 e 2002
(valores médios percentuais)

[QUADRO N.º 17]

Órgãos	Homens	Mulheres	DG
Conselho Nacional	94,4	5,6	-88,8
Conselho de Jurisdição Nacional	87,7	12,3	-75,4
Comissão Política Nacional	83,3	16,7	-66,6
Mesa do Congresso	83,1	16,9	-66,2

Fonte: sítio oficial do partido na Internet consultado em Março de 2003.

Legenda: DG = Desigualdadede género (percentagem de mulheres – percentagem de homens)

Por outro lado, deve prontamente acrescentar-se que o aumento do número de mulheres nestes órgãos foi, em alguns casos, acompanhado pelo aumento da sua própria dimensão, o que parece revelar que a dificuldade não está tanto em viabilizar o acesso das mulheres a cargos internos de decisão — até porque a rotatividade feminina é consideravelmente maior nestes dois partidos —, mas antes em afastar ou fazer substituir os homens que ocupam esses lugares. Seja como for, também no caso do Partido Social Democrata e do CDS-Partido Popular, parece razoável afirmar-se que não se verifica uma aposta visível e deliberada numa «estratégia pedagógica» capaz de afirmar a necessidade de uma maior participação das mulheres na vida política através do exemplo «vindo de cima», isto é, dos executivos partidários.

Uma última nota para o Bloco de Esquerda, formação partidária que apresenta uma taxa de feminização na composição dos órgãos nacionais, que vai ao encontro do «princípio de paridade» imposto pelos seus Estatutos — dado que, em termos médios, ultrapassa os 40 por cento —, o que diferencia claramente esta nova formação política dos restantes partidos no que respeita à promoção da igualdade de oportunidades entre homens e mulheres no acesso aos cargos de decisão internos. Este facto parece confirmar o que a literatura especializada nos diz sobre os efeitos do aparecimento no sistema de partidos de novas formações partidárias (sobretudo as da chamada «Nova Esquerda» — ideológica e politicamente comprometidas com o desenvolvimento de uma democracia compartilhada entre homens e mulheres —) e do possível «efeito de

**Evolução da taxa de reeleição das mulheres
nos órgãos nacionais do CDS-PP**
(valores percentuais)

[QUADRO N.º 18]

Congressos		Reeleição
IX	Março de 1990	
X	Março de 1992	0,0
XII	Fevereiro de 1994	70,0
XIV	Março de 1996	71,4
XVI	Março de 1998	12,5
XXII	Março de 2000	38,4
XXIII	Janeiro de 2002	36,3
XIX	2003	47,3
	Média	*39,4*

Fonte: Tribunal Constitucional.

Notas: 1. No cálculo da taxa de reeleição consideram-se, conjuntamente, todos os órgãos nacionais: executivos, deliberativos e jurisdicionais.

Evolução da taxa de reeleição das mulheres nos órgãos nacionais do PSD
(valores percentuais)

[QUADRO N.º 19]

Congressos		Reeleição
XV	Abril de 1990	-
XVI	Novembro de 1992	44,4
XVII	Fevereiro de 1995	60,0
XIX	Março de 1996	16,6
XX	Abril de 1998	44,4
XXI	Fevereiro de 1999	77,7
XXII	Abril/Maio de 1999	22,2
XXIII	Fevereiro de 2000	50,0
XXIV	Julho de 2002	36,3
	Média	*44,0*

Fonte: sítio oficial do partido na Internet consultado em Março de 2004.

Notas: 1. No cálculo da taxa de reeleição consideram-se, conjuntamente, todos os órgãos nacionais: executivos, deliberativos e jurisdicionais.

contágio» ou «efeito de tradução» que aquelas podem ter sobre os partidos estabelecidos e consolidados há mais tempo no sistema político — daí que os sistemas multipartidários sejam considerados mais favoráveis ao acesso das mulheres ao Parlamento do que os sistemas bipartidários, em que dois grandes partidos políticos se alternam, periodicamente, no poder, sem conhecer desafios externos que ponham em causa o seu monopólio do mercado político.[818]

Representação das mulheres nos órgãos nacionais do BE, 2000 e 2002
(valores percentuais)

[QUADRO N.º 20]

Anos	Homens	Mulheres	DG
2000	51,3	48,7	+ 2,6
2002	66,4	33,6	- 32,8
Média	*58,9*	*41,1*	*-17,7*

Fonte: Tribunal Constitucional.

Legenda: DG = Desigualdade de género (percentagem de mulheres − percentagem de homens)

Para terminar este ponto, gostaríamos de referir ainda que, quer o afastamento das mulheres dos órgãos de decisão no interior dos partidos, quer as práticas de discriminação relativamente ao colectivo feminino na formação das listas de candidatura, estão longe de configurar um fenómeno sem eco e expressão sociais, e isto porque a maioria dos portugueses é da opinião de que as estruturas partidárias são, de facto, um dos maiores obstáculos à participação igualitária de homens e de mulheres no poder polí-

---

[818] Miki C. Kittilson (1997), *Women's Representation in Parliament. The Role of Political Parties*, paper consultado em Março de 2007: http://repositories.cdlib.org./csd/97-08, pp. 4-5; Joni Lovenduski (1997), «Representación política: dinâmica de género y partidos», *in* Edurne Uriarte e Arantxa Elizondo (orgs.), *Mujeres en Política, op. cit.*, pp. 121-129; Richard E. Matland e Donley T. Studlar (1996), «The contagion of women candidates in single-meber district and proportional representation electoral systems: Canada e Norway», *in Journal of Politics*, 58 (3), pp. 707-733.

tico, como resulta claro de um inquérito realizado em 2004.[819] Com efeito, mais de 50 % dos inquiridos considera que os partidos limitam o acesso das mulheres aos lugares ou cargos de responsabilidade política, o que se deve, em grande medida, à clara hegemonia dos homens no seio dos partidos e à reprodução e perpetuação de um modelo de dominação masculina.

Atitudes dos portugueses sobre as práticas de recrutamento no interior dos partidos políticos
(valores percentuais)

[QUADRO N.º 21]

Discriminação...	Totais	Homens	Mulheres	DG
Os partidos políticos discriminam as mulheres, limitando o seu acesso a lugares de topo na hierarquia partidária.				
Concorda	60,9	56,5	64,8	8,3
Discorda	34,7	38,9	30,9	-8,0

Fonte: Manuel Meirinho e Conceição Teixeira (2005: 78).
Legenda: DG = Desigualdade de género (percentagem de mulheres – percentagem de homens].
Notas: 1. Foram excluídas da análise as respostas NS / NR.

Atitudes dos portugueses sobre as práticas de recrutamento no interior dos partidos políticos
(valores percentuais)

[QUADRO N.º 22]

Hegemonia...	Totais	Homens	Mulheres	DG
Nos órgãos de decisão dos partidos há menos mulheres porque os homens estão em maioria e não querem perder a sua posição hegemónica.				
Concorda	72,4	62,6	81,8	19,2
Discorda	25,4	35,2	16,8	-18,4

Fonte: Manuel Meirinho e Conceição Teixeira (2005: 78).
Legenda: DG = Desigualdade de género (percentagem de mulheres - percentagem de homens).
Notas: 1. Foram excluídas da análise as respostas NS / NR.

---

[819] Cf. Manuel Meirinho Martins e Conceição Pequito Teixeira (2005), *O Funcionamento dos Partidos e a Participação das Mulheres na Vida Política e Partidária em Portugal*, op. cit., pp. 53-108.

1.1.2 *O distanciamento das mulheres da vida política: uma falsa questão?*

Até aqui explicámos a sub-representação feminina nas listas de candidatura à Assembleia da República, procurando demonstrar que os partidos políticos, enquanto principais *gatekeepers* no acesso ao Parlamento, tendem a discriminar e a excluir as mulheres nos seus processos de recrutamento, os quais reflectem a sua estrutura interna profundamente assimétrica. Porém, saber de que modo, e em que medida, os partidos tendem a afastar ou a excluir as mulheres é apenas uma das explicações possíveis para a escassa presença feminina nas listas de candidatura, sendo igualmente indispensável saber se, e em que medida, os comportamentos e as atitudes das mulheres face à vida política, em geral, e à vida partidária, em particular, condicionam a sua «oferta» no mercado político. Dito de um outro modo, talvez mais simples: interessa-nos não só saber se os partidos políticos afastam as mulheres, como sublinham as explicações centradas nos «factores institucionais»[820], mas também e, acima de tudo, saber se e por que é que a política não interessa às mulheres, como sustentam as teorias centradas nos «recursos políticos».[821]

Assim sendo, e procurando explorar as explicações da sub-representação feminina no Parlamento do lado dos efeitos relacionados com a «oferta», recorremos, uma vez mais, aos dados do Estudo Nacional Eleitoral de 2002, para determinar as desigualdades de género no que se refere às formas de participação política, tanto as convencionais como as não convencionais, seguindo de perto, e procurando enriquecer, dentro do possível, o estudo desenvolvido por Michael Baum e Ana Espírito-Santo.[822]

---

[820] Pippa Norris e Jone Lovenduski (2001), «Blair's babes: critical mass theory, gender, and legislative life», *in John F. Kennedy School of Government*, Harvard University Faculty Research Working Papers Series (RWP01-039); Richard E. Matland (1998), «Women's representation in national legislatures: developed and developing countries», *in Legislative Studies Quarterly*, 23 (1), pp. 109-125; Jone Lovenduski e Pippa Norris (1983), *Gender and Party Politics*, Thousand Oaks, CA, Sage Publications.

[821] Michael Baum e Ana Espírito-Santo (2007), «As desigualdades de género na participação política em Portugal», *in* André Freire, Marina Costa Lobo e Pedro Magalhães (orgs.), *Eleições e Cultura Política*, Lisboa, ICS, pp. 114-115; Nancy Burns *et al.* (2001), *The Private Roots of Public Action: Gender Quality, and Political Participation*, Cambridge, Cambridge University Press; Margaret Conway (2001), «Women and political participation», *in Political Science and Politics*, 34 (2), pp. 231-233.

[822] Michael Baum e Ana Espírito-Santo (2004), «As desigualdades de género em

Como já foi referido, em capítulos anteriores, exceptuando a participação eleitoral — e não obstante a tendência de declínio observado nos últimos anos —, o nível de participação política dos portugueses é relativamente baixo.[823] Porém, mais do que identificar as tendências no que se refere ao comportamento político dos portugueses, o que nos interessa saber aqui é se existem ou não diferenças significativas entre homens e mulheres quanto às várias formas de participação política. Ora, os dados apresentados no quadro n.º 23 permitem-nos responder afirmativamente a esta questão: existem, de facto, diferenças entre homens e mulheres, as quais nos ajudam a explicar a escassa presença feminina no seio dos partidos políticos. E que diferenças são essas?

De acordo com os resultados do quadro n.º 23, podemos constatar que, à semelhança do que se observa na maior parte das democracias ocidentais, a desigualdade de género é quase inexistente não só na participação eleitoral (voto), mas também nas actividades directamente relacionadas com as eleições, em que o protagonismo e o papel de mediação dos partidos é importante e manifesto[824], tornando-se mais significativa nas formas de participação extra-eleitoral.

Se é certo que estas formas de participação resultam de uma mobilização mais autónoma, efémera e até pontual — e que têm uma expressão muito reduzida em Portugal —, certo é também que elas se acham, em regra, associadas a maiores recursos políticos, nomeadamente no que se refere à iniciativa, à disponibilidade de tempo e à consciência e mobilização cívicas e políticas dos actores individuais. Seja como for, as diferenças entre homens e mulheres estendem-se igualmente, e de forma significativa, às formas de participação ditas não convencionais, o que pode sig-

---

Portugal: a participação política das mulheres», *in* André Freire, Marina Costa Lobo e Pedro Magalhães (orgs.), *Portugal a Votos. As Eleições Legislativas de 2002, op. cit.*, pp. 261-299.

[823] André Freire, e Pedro Magalhães, (2002), *A Abstenção Eleitoral em Portugal*, Lisboa, ICS; José Manuel Leite Viegas e Sérgio Faria (2004), «A abstenção eleitoral nas eleições legislativas de 2002», *in* André Freire, Marina Costa Lobo e Pedro Magalhães (orgs.), *Portugal a Votos. As Eleições Legislativas de 2002, op. cit.*, pp. 221-261.

[824] Richard Topf (1995a), «Electoral participation», *in* Hans-Dieter Klingemann e Dieter Fuchs (orgs.), *Citizens and the State*, Nova Iorque, Oxford University Press; Richard Topf (1995b), «Beyond electoral participation», *in* Hans-Dieter Klingemann e Dieter Fuchs (orgs.), *Citizens and the State*, Nova Iorque, Oxford University Press.

nificar uma maior resistência por parte das mulheres em aderir a actos ou formas de contestação social e política — os quais traduzem uma atitude de «desafio» e de «protesto» face às elites dirigentes, na medida em que implicam acções radicais ou até ilegítimas, e que constituem, como tal, um alargamento do «repertório» de acção política, extravasando as formas mais usais e culturalmente aceites de intervenção na esfera pública.[825]

Por outro lado, se actualmente se reconhece a existência de um fenómeno de crescente desmobilização da sociedade civil em Portugal[826] — mas também nas demais democracias da Europa Ocidental[827] — o qual se traduz, essencialmente, nos baixos níveis de associativismo e activismo social e político, a verdade é que esse fenómeno atinge mais as mulheres do que os homens. Como se pode ver no quadro n.º 24, as mulheres possuem um nível de «capital social», entendido como pertença formal a associações voluntárias — a qual permite a aquisição de saberes e de experiências assimiláveis a competências políticas, que podem ser decisivas quando em causa está a selecção para cargos partidários e para cargos públicos —, sistematicamente inferior ao dos homens, o que, por sua vez, se traduz também numa menor predisposição para uma eventual filiação e participação activa no interior de um partido político.

Logo, há que concluir, a partir daqui, que os critérios e as estratégias de recrutamento parlamentar tendem a ser condicionadas pelo facto, aparentemente incontroverso, de a «oferta» de mulheres no mercado político ser bastante mais reduzida do que a de homens, pelo que a desigualdade de género na elaboração das listas eleitorais não pode ser interpretada como sendo apenas o resultado das opções de quem escolhe os candidatos, isto

---

[825] Nancy Burns, Kay Lehman Schlozman e Sidney Verba (2002), *The Private Roots of Public Action: Gender, Equality, and Political Participation*, Cambridge, Harvard University Press; Laura Morales (1999), «Political participation: exploring the gender gap in Spain», *in South European Society and Politics*, (4), pp. 223-247; Carol A. Cristy (1987), *Sex Differences in Political Participation: Processes of Change in Fourteen Nations*, Nova Iorque, Praeger.

[826] Manuel Leite Viegas (2004), «Implicações democráticas das associações voluntárias: o caso português numa perspectiva comparativa europeia», *in Sociologia, Problemas e Práticas*, (46), pp. 33-50.

[827] Pippa Norris (2002), *Democratic Phoenix: Reinventing Political Activism*, Nova Iorque, Cambridge University Press.

é, das *estruturas de recrutamento*, devendo ser igualmente atribuída aos constrangimentos relacionados com a «oferta».

Desigualdades de género na participação política, 2002
(valores percentuais)

[QUADRO N.º 23]

Participação política convencional	H	M	X^2 / Sig.
Comportamento eleitoral			
Votou nas eleições legislativas de 1999	78,8	76,8	n. s.
Votou nas eleições legislativas de 2002	77,2	73,1	n. s.
Participação eleitoral, excluindo o voto			
Tentou convencer alguém a votar num candidato ou num partido	10,2	9,1	n. s.
Demonstrou apoio a um candidato ou a um partido	7,1	7,4	n. s.
Outras formas de participação convencional			
Teve qualquer contacto com um político	7,3	4,9	3,2[*]
Assinou uma petição ou abaixo-assinado	16,6	14,8	n. s.
Escreveu uma carta para um jornal	5,1	2,6	9,2[**]
Colocou cartazes e distribuiu folhetos	8,3	4,4	7,8[**]
Juntou-se a um grupo de pessoas com as mesmas preocupações	11,3	7,1	6,8[***]
Participação política não convencional			
Participou em acções de protesto, marchas ou manifestações	6,4	3,4	6,3[*]
Participou numa greve não legal	4,8	2,0	9,4[**]
Bloqueou uma estrada ou uma linha-férrea	1,7	1,4	n. s.
Ocupou edifícios ou fábricas	0,9	0,7	n. s

Fonte: ENNP 2002.

Notas: 1. Nível de significância de rejeição da hipótese nula: [*] $p \le 0,05$; [**] $p \le 0,01$; [***] $p \le 0,001$; n. s. = não significativo. **2.** A tipologia das formas de participação usada resulta da aplicação prévia da «análise factorial», na qual foram introduzidos todos os *itens* considerados.

Desigualdades de género no associativismo social e político, 2002
(valores percentuais)

[QUADRO N.º 24]

Formas de associativismo	H	M	X² / Sig.
Associativismo social			
Sócio de um sindicato	14,2	9,8	5,8(**)
Sócio de uma associação empresarial	4,2	2,3	3,8(**)
Sócio de uma associação profissional	6,9	2,9	11,8(***)
Associativismo e activismo político			
Poderia ter um papel activo num grupo político (concorda + concorda totalmente)	26,3	21,0	4,6(**)

Fonte: ENNP 2002.

Notas: 1. Nível de significância de rejeição da hipótese nula: (*) $p \leq 0,05$; (**) $p \leq 0,01$; (***) $p \leq 0,001$; n. s. = não significativo.

Se as diferenças entre homens e mulheres, no que se refere à participação política, parecem ser suficientes para sustentar que os efeitos da «oferta» sobre a presença feminina nos partidos e nas listas de candidatura não devem ser ignorados, a verdade é que se passarmos para o plano das atitudes políticas tal conclusão ganha uma força redobrada.[828] E porquê?

Precisamente porque os sentimentos de «eficácia política interna», ou seja, de impotência, de afastamento e de distanciamento em relação ao poder político são significativamente maiores nas mulheres do que nos homens, sendo acompanhados por um manifesto e profundo desinteresse pela política, que se traduz numa fraca mobilização cognitiva, resultante da escassa frequência com que as mulheres discutem assuntos políticos ou se informam, através dos *mass media*, sobre eles. Mais do que os homens, as mulheres percepcionam negativamente o seu papel, enquanto sujeitos polí-

---

[828] Anália Torres e Rui Brites ((2006), «Atitudes e valores europeus: a perspectiva do género numa análise transversal», *in* Jorge Vala e Anália Torres (orgs.), *Contextos e Atitudes Sociais na Europa*, Lisboa, ICS, pp. 98-147; Michael Baum e Ana Espírito-Santo (2004), «As desigualdades de género em Portugal: a participação política das mulheres», *in* André Freire, Marina Costa Lobo e Pedro Magalhães (orgs.), *Portugal a Votos. As Eleições Legislativas de 2002*, *op. cit.*, pp. 284-291.

ticos interessados, mobilizados e activos, capazes de mudar ou de influenciar o processo de tomada de decisões colectivas.

Desigualdades de género nas atitudes face à política, 2002

[QUADRO N.º 25]

Atitudes face à política	H	M	X² / Sig.
Eficácia política interna:			
Os assuntos políticos são demasiado complicados (concorda + concorda totalmente)	68,9	77,5	11,5(***)
Compreendo e avalio as questões políticas muito bem (concorda + concorda totalmente)	52,4	36,5	30,5(***)
Eficácia política externa:			
Os políticos não se interessam pelo que as pessoas pensam (concorda + concorda totalmente)	73,9	79,1	n. s.
Os políticos só estão interessados nos votos das pessoas (concorda + concorda totalmente)	85,5	87,9	n. s.
Interesse pela política:			
Grau de interesse pela vida política (muito + razoavelmente)	53,5	39,9	23,7(***)
Frequência com que discute sobre política (frequente + ocasionalmente)	70,5	53,4	38,7(***)
Exposição à informação política:			
Frequência com que vê notícias sobre política na TV (0 – nunca; 4 – todos os dias)	2,81	2,46	21,0(***)
Frequência com que lê notícias sobre política nos jornais (0 – nunca; 4 – todos os dias)	1,65	0,94	84,1(***)
Frequência com que ouve notícias sobre política na rádio (0 – nunca; 4 – todos os dias)	1,49	0,97	42,8(***)

Fonte: ENNP 2002.

Notas: 1. Nível de significância de rejeição da hipótese nula: (*) $p \leq 0,05$; (**) $p \leq 0,01$; (***) $p \leq 0,001$; n. s. = não significativo.

E se, por um lado, tal como os homens, também a maioria das mulheres olha para a «classe política» com cepticismo e cinismo, considerando-a mais preocupada com conquista do poder, através da captura do voto, do que com a representação dos interesses colectivos, por outro lado, é sobretudo entre as mulheres que — recorde-se aqui — os sentimentos de rejeição cultural face aos partidos políticos, enquanto instituições centrais da democracia representativa, são mais preponderantes, o que é revelador da sua manifesta desafeição e alienação face à política partidária.

Há que concluir, portanto, que (devido aos constrangimentos que remetem para a organização da vida social, para as formas de socialização política, para os factores ideológicos e culturais — associados às representações de género — mas, e fundamentalmente, para os obstáculos ligados à concepção e organização da vida política e partidária) as mulheres tendem a possuir menos recursos políticos do que homens, revelando-se estes indispensáveis a uma cidadania interessada e mobilizada e partidariamente activa. O mesmo é dizer que as mulheres são vistas — e vêem-se — como incapazes de agir na esfera partidária, apresentando um maior distanciamento face ao universo político e aos seus principais actores. Para terminar, diríamos, citando Pierre Bourdieu, que todos os grupos sociais, que são excluídos da participação pela estrutura política formal, tendem a interiorizar a sua própria impotência e a actuar de acordo com ela. É o que o autor francês chama de «dominação simbólica», ou seja, uma situação em que o «dominado» tende a adoptar, sobre si mesmo, o ponto de vista dominante.[829]

1.2 Critérios de recrutamento dos candidatos à Assembleia da República: a idade conta?

Quanto à idade dos candidatos à Assembleia da República, a análise da distribuição das frequências relativas torna evidente que o grupo etário preponderante é o intermédio, ou seja, o que compreende os candidatos com idades entre os 36 anos e os 49 anos, especialmente quando em causa estão os lugares elegíveis. O predomínio dos candidatos de meia-idade significa, por parte das estruturas de recrutamento dos partidos aqui considerados, uma aposta muito clara no recrutamento de pessoas com maturidade pessoal, profissional e política.[830] [831]

---

[829] Pierre Bourdieu (1989), *O Poder Simbólico*, Rio de Janeiro, Bertrand Brasil.

[830] Cf. André Freire (2003), «Recrutamento parlamentar e reforma das instituições», in António Costa Pinto e André Freire (orgs.), *Elites, Sociedade e Mudança Política*, Oeiras, Celta, pp. 204-205; André Freire (2001), *Recrutamento Parlamentar. Os Deputados Portugueses da Constituinte à VII Legislatura*, Lisboa, Stape, Ministério da Administração Interna, pp. 61-66.

[831] É de notar que o perfil etário dos candidatos e dos deputados portugueses à Assembleia da República segue um padrão semelhante ao que se verifica na generalidade

Ao mesmo tempo, tal facto indicia também, como teremos oportunidade de comprovar mais à frente, que a entrada no Parlamento se faz depois de um longo e continuado *cursus honorum* dentro dos partidos, o que pressupõe uma «carreira» política de tipo convencional, ou seja, uma trajectória contínua e regular que (da entrada nos níveis mais baixos da hierarquia partidária — mediante uma aprendizagem mais ou menos longa e o apoio das bases e das estruturas dirigentes —) permite aceder aos cargos de topo e, nomeadamente, a uma candidatura ao Parlamento, em lugar elegível. Mas a preponderância do grupo etário entre os 36 e 49 anos revela-nos ainda que o perfil dos candidatos se distancia do da população em geral, pois se atendermos aos dados do Recenseamento de 2001, relativos à população residente, a percentagem de portugueses que se situa na faixa etária que vai dos 36 anos aos 55 anos atinge apenas os 34%.[832]

Segue-se, depois, o grupo etário com idade igual ou superior aos 50 anos, sendo que aqui a diferença entre os candidatos que se situam em lugares elegíveis e em lugares não elegíveis se torna mais pronunciada, em favor dos primeiros. Ora, tal facto aponta no sentido de um certo envelhecimento do pessoal parlamentar, traduzido no aumento da idade média dos deputados, uma tendência que é sublinhada no estudo desenvolvido por André Freire *et al.* sobre os deputados portugueses da Constituinte à VIII Legislatura — um fenómeno que, contudo, está longe de constituir uma singularidade, como o demonstram vários estudos internacionais sobre a classe política parlamentar.[833]

---

das democracias da nossa área geo-cultural. A este propósito, veja-se, Pippa Norris e Joni Lovenduski (1994), *Political Recruitment: Gender, Race and Class in the British Parliament*, Cambridge University Press, pp. 120-121; Ysmal Colette, (1995), «Les elites politiques: un monde clos?», *in Revue Politique et Parlamentaire*, 980, pp. 27-37; Percy Allum (1995), «The national political elite», *in* Percy Allum, *State and Society in Western Europe*, Cambridge, Polity Press, pp. 324-337; Pippa Norris (1996), «Legislative recruitment», *in* Lawrence LeDuc, Richard G. Niemi e Pippa Norris (orgs.) (1996), *Comparing Democracies 1. Elections and Voting in Global Perspective*, Londres, Sage Publications, pp. 184-215; Heinrich Best e Maurizio Cotta (2000), *Parliamentary Representatives in Europe, 1848-2000*, Oxford, Oxford University Press, pp. 496 e ss.

[832] Recenseamento Geral da População 2001 - Resultados Definitivos, INE.

[833] Braulio Gómez Fortes (2003), «Elites parlamentares em Espanha e Portugal: estrutura de oportunidades, formas e efeitos do recrutamento», *in* António Costa Pinto e André Freire (orgs.), *Elites, Sociedade e Mudança Política, op. cit.*, pp. 240-242; André

Idade dos candidatos à Assembleia da República, por partido político e por lugar nas listas
(valores percentuais)

[QUADRO N.º 26]

Partido	Idade	1991 NE	1991 EL	1995 NE	1995 EL	1999 NE	1999 EL	2002 NE	2002 EL	Média NE	Média EL
CDS-PP	≤ 35	36	25	40	60	33	25	33	20	36	32
	36-49	32	25	32	40	42	50	38	40	36	39
	≥ 50	32	50	28	0	25	25	29	40	28	29
PPD-PSD	≤ 35	29	24	31	18	32	10	31	14	31	17
	36-49	44	52	50	49	43	59	50	46	47	51
	≥ 50	27	24	19	33	25	31	19	40	22	32
PS	≤ 35	14	5	21	7	29	9	23	7	22	7
	36-49	65	51	61	62	48	50	53	44	57	52
	≥ 50	20	44	18	31	22	41	24	49	21	41
CDU	≤ 35	17	16	18	18	21	7	23	27	20	17
	36-49	59	52	62	41	44	40	39	17	50	37
	≥ 50	24	32	20	41	35	53	39	56	30	46
BE	≤ 35	-	-	-	-	27	0	28	33	28	17
	36-49	-	-	-	-	52	100	48	67	50	83
	≥ 50	-	-	-	-	21	0	24	0	22	0
Candidatos	≤ 35	25	19	28	16	28	10	27	12	27	14
	36-49	49	52	50	52	46	53	45	43	47	50
	≥ 50	26	29	22	32	26	37	28	45	26	36
	(N)	(614)	(222)	(688)	(229)	(915)	(230)	(906)	(230)	(781)	(228)

Fonte: Listas de candidatura do CDS-PP, PPD-PSD, PS, CDU e BE depositadas na Comissão Nacional de Eleições (de 1987 a 2002).

Legenda: NE = Candidatos à AR colocados em lugares não elegíveis nas listas do partido: EL = Candidatos à AR colocados em lugares elegíveis nas listas do partido.

Notas: [1] A posição dos candidatos nas listas é determinada em função dos resultados eleitorais obtidos pelos partidos nos diferentes círculos na eleição imediatamente anterior. [2] Os dados omissos foram excluídos da análise.

Freire (2001), *Recrutamento Parlamentar. Os Deputados Portugueses da Constituinte à VII Legislatura*, Lisboa, Stape, Ministério da Administração Interna, pp. 61-66.

Do lado da «procura», um tal envelhecimento pode justificar-se pela necessidade que os partidos sentem de constituir um grupo parlamentar com pessoas que já tenham dado provas suficientes de confiança política e de serviço ao partido, em cargos internos ou em cargos públicos, condição que se conquista naturalmente com a idade: quanto mais longo for o serviço ao partido e quanto mais elevada for a posição assumida pelos candidatos na hierarquia partidária, maior será a sua idade.

Por outro lado, é de admitir que, e no que diz respeito aos lugares que garantem o acesso ao Parlamento, as direcções dos partidos tenham muitas dificuldades em colocar jovens com menor peso político no partido acima dos dirigentes nacionais, regionais ou até locais, reservando, assim, os lugares não elegíveis para os candidatos mais jovens, o que permite satisfazer um duplo objectivo: 1) dar resposta às pretensões e às pressões das juventudes partidárias, enquanto organizações «anexas» dos partidos, que reivindicam uma representação «mínima» nas listas de candidatura, da qual fazem depender, muitas vezes, a sua mobilização nas campanhas através do desenvolvimento de um trabalho no terreno voluntário, que continua a ser bastante importante para alguns partidos, não obstante a crescente profissionalização e mediatização das actuais campanhas eleitorais; 2) passar a imagem de «renovação» das listas eleitorais — conseguida, aparentemente, através do seu «rejuvenescimento» — o que permite contrariar a ideia de que os partidos não conseguem ou têm sérias dificuldades em recrutar para as suas fileiras as camadas mais jovens da população, mostrando-se, assim, sensíveis às mudanças geracionais e, acima de tudo, ao que estas implicam em termos de actualização ideológica e programática e de inovação nas formas de fazer política.

Seja como for, e não obstante as estratégias dos partidos no sentido de promover o «equilíbrio etário» das listas, o facto é que não se pode ignorar a sub-representação dos grupos de idade mais jovens, sobretudo se compararmos a sua presença nas listas de candidatura à Assembleia da República com o peso que assumem na população em geral: de acordo com os dados do Recenseamento de 2001, a população portuguesa com idades compreendidas entre os 18 anos e os 35 anos atinge os 34%[834], uma percentagem que ultrapassa em muito a observada nas listas partidárias, quer consideremos os lugares não elegíveis — que, em termos médios, não ultrapassam

---

[834] Recenseamento Geral da População 2001 - Resultados Definitivos, INE.

os 27% — quer tenhamos em conta os lugares elegíveis, que ficam muito aquém daquele valor, já que aqui a representação dos candidatos com idade igual ou inferior aos 35 anos não excede os 14%.

Do lado da «oferta», a escassa presença de jovens nas listas de candidatura à Assembleia da República, nomeadamente em lugares elegíveis, pode encontrar explicação no facto de aqueles revelarem — como ficou demonstrado atrás — uma menor predisposição para se filiarem e para participarem de forma activa num partido, mostrando-se, eventualmente, mais receptivos face a outras formas de mobilização e intervenção política menos formais e mais flexíveis, e com um tipo de «agenda» menos convencional — que, do ponto de vista das ideias e causas defendidas, vai ao encontro das prioridades valorativas das gerações mais jovens, de que são exemplo os novos movimentos sociais, os grupos de protesto e de acção directa.

Da leitura dos dados do quadro n.º 26, constatamos que os candidatos com idade igual ou inferior a 35 anos constituem um grupo etário que está em clara desvantagem nas listas de candidatura, e que apresenta também um marcado declínio no período considerado, sobretudo quando consideramos as posições elegíveis. O que nos leva a concluir que a inclusão dos jovens visa, fundamentalmente, obter um «equilíbrio» ao nível da composição das listas, e não tanto viabilizar o seu acesso efectivo ao Parlamento — uma inclusão que obedece, muitas vezes, a negociações informais entre o *party selectorate* e as organizações de juventude que integram os partidos, e que reclamam para si alguns lugares elegíveis em troca de um maior envolvimento e empenho nas campanhas eleitorais.

Isto porque, é preciso sublinhá-lo, as juventudes partidárias constituem um elemento importante no que se refere ao «trabalho voluntário» que as actividades de campanha continuam a requerer, não obstante a sua progressiva sofisticação e modernização. Porém, importa notar que, no caso dos dois maiores partidos, muitos dos jovens situados em lugares não elegíveis nas listas de candidatura podem chegar de facto ao Parlamento, se a conjuntura eleitoral lhes for favorável, o mesmo é dizer, se o seu partido vencer as eleições — o que implica, como é sabido, a ida para o governo de muitos candidatos efectivamente eleitos e a sua necessária substituição.

Considerando ainda as posições elegíveis, note-se que o grupo etário mais envelhecido — com idade igual ou superior a 50 anos — conhece uma evolução em sentido contrário: passa, em termos médios, de 29% em 1991 para 45% em 2002. Esta tendência parece confirmar a ideia de um certo envelhecimento da classe política parlamentar, o qual pode ser interpretado num duplo sentido: 1) num sentido positivo, na medida em que aparece associado a um aumento da sobrevivência e da titularidade dos candidatos, o que se traduz numa progressiva profissionalização dos deputados; 2) num sentido negativo, porque não favorece a necessária renovação e circulação dos membros do Parlamento, contribuindo, desta forma, para o crescente isolamento e distanciamento dos partidos e dos seus quadros políticos face à sociedade civil.

Em suma, e no que à idade diz respeito, o *party selectorate* dá clara preferência aos candidatos mais velhos em detrimento dos mais novos, colocando os primeiros em lugares elegíveis, ao mesmo tempo que remete os segundos para lugares não elegíveis, sendo que, em muitos casos, a sua escolha resulta da «quota» informal que os partidos reservam para os quadros mais destacados das suas juventudes partidárias — a qual, como sabemos, e já sublinhámos, tem por base negociações de bastidores levadas a cabo durante o *making of* das listas, e visa não só promover a imagem de uma representação justa e equilibrada, mas também, e talvez fundamentalmente, assegurar o envolvimento activo dos mais jovens na organização e no desenvolvimento das campanhas eleitorais.

De um modo geral, e considerando todos os actos eleitorais, esta estratégia de recrutamento, que tende a privilegiar os candidatos mais velhos em detrimento dos mais jovens, é particularmente notória no caso do Partido Socialista, o qual, em termos médios, reserva apenas 7 % dos lugares elegíveis para os candidatos com idade igual ou inferior a 35 anos, enquanto os candidatos com idade superior a 50 anos ocupam cerca de 40 % dos lugares elegíveis. E se é verdade que o PCP, e a coligação por ele integrada, apresenta uma maior percentagem de candidatos jovens, o facto é que a maioria dos lugares elegíveis é igualmente reservada para os candidatos com idade superior a 50 anos. O que é mais: os dados mostram ainda que, no que se refere aos lugares elegíveis, o relativo envelhecimento das listas da CDU resulta não apenas do peso significativo dos mais velhos, mas também de um «défice» da presença de candidatos de meia-idade nas listas da coligação.

Curioso é notar que o CDS-Partido Popular constitui, aparentemente, uma excepção a este padrão de recrutamento, precisamente porque não só apresenta uma percentagem de jovens nas suas listas de candidatura superior à média para o total dos candidatos, como os distribui de forma mais ou menos equilibrada entre lugares não elegíveis e lugares elegíveis.

Porém, uma leitura mais atenta dos dados, depressa mostra que estes valores médios se devem, em grande medida, às eleições legislativas de 1995, nas quais o partido posiciona cerca de 60 % dos candidatos com idade igual ou inferior a 35 anos em lugares elegíveis, ao mesmo tempo que os candidatos com idade superior a 50 anos ocupam exclusivamente lugares não elegíveis. Não podemos, pois, deixar de relacionar as opções do *party selectorate*, nestas eleições em particular, com a transição do velho CDS para o novo CDS-Partido Popular.

De facto, estas eleições, que se demarcam das demais, traduzem a mudança de liderança e de estratégia global do partido, ocorrida com a eleição de Manuel Monteiro para a presidência do CDS-Partido Popular, em 20 de Março de 1992. Neste sentido, os dados confirmam, que a mudança de líder não significou apenas uma nova orientação política e estratégica do partido, mas também uma renovação na composição das suas listas de candidatura — renovação que, naquilo que interessa, se traduziu num declarado rejuvenescimento etário. O que não causa surpresa, na medida em que a nova liderança é assumida por uma geração mais jovem (que toma o controlo do partido), sendo natural que isso se reflicta na composição das listas eleitorais, integradas por companheiros de geração do novo e mais jovem líder do partido. Nas eleições de 2002 assiste-se, porém, a uma certa convergência com os valores médios observados para o conjunto dos candidatos, o que se explica pelo regresso às fileiras do partido, já sob a liderança de Paulo Portas, de algumas das figuras carismáticas do velho CDS, e daí o relativo envelhecimento das suas listas.

Já no Bloco de Esquerda, e considerando apenas as eleições de 1999 e de 2002, os candidatos à AR que ocupam lugares elegíveis situam-se no escalão intermédio. Porém, e ao contrário do que seria de esperar, esta nova formação política não apresenta, nos seus lugares não elegíveis, uma composição etária que a diferencie significativamente dos demais partidos. Como dissemos atrás, a CDU e o PS são as forças políticas que apresentam uma estrutura etária mais envelhecida na composição das suas listas, o que significa, eventualmente, que o *party selectorate* se mostra mais relutante em colocar jovens, com menos peso e experiência política, acima dos quadros nacionais e locais do partido, de acordo com as exigências de uma maior profissionalização e especialização parlamentar.

Por outro lado, a escassa presença de jovens nas listas de candidatura destes dois partidos — sobretudo em lugares elegíveis — encontra-se intimamente relacionada com o aumento da «sobrevivência» dos candidatos nas suas listas eleitorais. Basta referir, como à frente se demonstrará, que a «sobrevivência» dos candidatos é de uma eleição para outra, e em lugares que possibilitam o acesso ao Parlamento — é, no Partido Socialista de 62 % e no Partido Comunista de 72 %, ficando muito acima dos valores observados para a totalidade dos candidatos, que é de 58 %.

1.3 Critérios de recrutamento dos candidatos à Assembleia da República: o triunfo das profissões liberais?

No que respeita à profissão dos candidatos à Assembleia da República, olhando para o quadro n.º 27, podemos constatar o predomínio das profissões liberais entre os candidatos elegíveis, e de entre estas principalmente os advogados e os juristas, seguidos depois pelos engenheiros, pelos arquitectos e pelos economistas — profissões que podem ser consideradas como sendo as mais predispostas ao exercício de uma actividade política, exercida em regime de exclusividade ou em tempo parcial.[835] E porquê?

No que se refere à advocacia não oferece dúvidas a sua adequação ao exercício da actividade parlamentar, pois como já sublinhara Max Weber: «a figura do advogado e a democracia moderna fazem, simplesmente, parelha».[836] O autor explica tal facto nos seguintes termos: «A importância dos advogados na política ocidental, desde o advento dos partidos, não tem nada de fortuito. É que a política levada a cabo por intermédio de partidos equivale a um empreendimento de interessados (...). Disputar eficazmente uma causa dos interessados é o ofício do advogado de formação. Nisso (...) ele é superior a qualquer funcionário. É certamente capaz de pegar

---

[835] Trata-se, pois, de uma tendência que é comum à generalidade das democracias da nossa área geocultural. A este propósito, veja-se, Braulio Gómez Fortes (2003), «Elites parlamentares em Espanha e Portugal: estrutura de oportunidades, formas e efeitos do recrutamento», in António Costa Pinto e André Freire (orgs.), *Elites, Sociedade e Mudança Política*, op. cit., pp. 240-242; Heinrich Best e Maurizio Cotta (2000), *Parliamentary Representatives in Europe, 1848-2000*, Oxford, Oxford University Press, pp. 501-505; Mattei Moggan (1999) «Les profissions propices à la carriere politique. Osmoses, filiéres et viviers», in Michael Offerlé, *La Profission Politique. XIXe e XXe Siècles*, Paris, Belin; Miguel Jerez (1997), «La elite parlamentaria», in Manuel Ramírez (org.) *El Parlamento a Debate*, Madrid, Editorial Trotta, pp. 121-123.

[836] Max Weber (1918, 2000), *A Política como Profissão*, op. cit., p. 44.

Profissão dos candidatos à Assembleia da República, segundo o lugar ocupado nas listas
(valores percentuais)

[QUADRO N.º 27]

Profissão	1991 NE	1991 EL	1995 NE	1995 EL	1999 NE	1999 EL	2002 NE	2002 EL	Média NE	Média EL
Quadros dirigentes da função pública	4	3	4	1	3	1	1	1	3	1
Quadros técnicos da função pública	5	3	5	2	2	4	3	2	4	3
Quadros administrativos da função pública	4	4	4	5	5	6	6	3	5	4
Empresários	6	5	6	6	6	3	9	7	7	5
Economistas	3	8	3	11	3	10	4	9	3	10
Advogados e Juristas	11	20	14	21	10	25	11	26	12	24
Funcionários partidários (*)	3	6	2	4	2	3	2	2	2	4
Docentes do ensino básico e secundário	14	11	12	10	16	9	14	13	14	11
Docentes do ensino universitário	5	7	4	8	5	10	4	11	5	8
Autores e Jornalistas	1	1	1	2	2	1	1	3	1	2
Engenheiros e Arquitectos	12	13	10	12	8	11	8	8	10	11
Médicos e Veterinários	6	5	7	5	6	5	6	2	6	4
Empregados do comércio e dos serviços	12	8	10	5	9	4	8	4	9	5
Trabalhadores industriais e agrícolas	5	2	6	1	6	1	3	1	5	1
Outros**	9	4	12	8	17	8	20	8	14	7
(N)	(668)	(230)	(669)	(221)	(882)	(209)	(896)	(229)	(779)	(222)

Fonte: Listas de candidatura do CDS-PP, PPD-PSD, PS, CDU e BE depositadas na Comissão Nacional de Eleições (de 1987 a 2002).

Legenda: NE = Candidatos à AR colocados em lugares não elegíveis nas listas do partido. EL = Candidatos à AR colocados em lugares elegíveis nas listas do partido.

Notas: 1. [1] Aposição dos candidatos nas listas é determinada em função dos resultados eleitorais obtidos pelos partidos nos diferentes círculos na eleição imediatamente anterior. [2] Os dados omissos foram excluídos da análise. **2.** (*) Consideram-se funcionários partidários, os candidatos que declaram como ocupação principal o exercício de actividades partidárias remuneradas (por exemplo, dirigente ou funcionário do partido.). (**) Nesta categoria incluem-se estudantes, domésticas, desempregados, reformados e pensionistas.

numa causa assente em argumentos logicamente fracos (que, neste sentido, é 'má') e fazê-la, contudo, triunfar, por tê-la conduzido tecnicamente 'bem'. Mas também, só ele leva a triunfar (portanto, neste sentido, conduz 'bem') uma causa que tenha de ser apoiada por argumentos logicamente 'fortes' (neste sentido, uma causa 'boa'). Ainda segundo Max Weber, importa ter presente que a «política actual pratica-se, junto do público, em enorme medida, utilizando como meios a palavra falada ou escrita. E ponderar o efeito da palavra corresponde à mais autêntica competência do advogado, mas de modo nenhum à do funcionário técnico».[837]

Por outro lado, as profissões liberais, para além da advocacia, permitem aos deputados eleitos a disponibilidade e a flexibilidade de tempo que a actividade parlamentar requer, especialmente quando exercida em regime de não exclusividade, ao mesmo tempo que asseguram a facilidade de regresso à profissão de origem sem grandes custos, a que acresce ainda a mais-valia que a passagem pelo Parlamento pode trazer ao seu respectivo desempenho.

Estes dados mostram que os partidos recrutam preferencialmente candidatos com o perfil mais indicado para algumas das principais funções da actividade parlamentar, ou seja, elaborar, apresentar, discutir e votar leis em áreas muito específicas. E mostram também que a «especialização» parlamentar exige a integração nas listas, e em posição elegível, de candidatos com formação específica em determinadas áreas, que possam ter um valor acrescentado para os partidos na composição das comissões especializadas, sobretudo quando o trabalho parlamentar tende a ser cada vez mais centrado na actividade nas comissões e menos no debate em plenário — de acordo com a dualidade identificada há vários anos por Polsby entre um «Parlamento arena», que tende a privilegiar o estilo oral e, por conseguinte, a actuação em plenário, e um «Parlamento de trabalho», que privilegia o trabalho nas comissões e que, como tal, tende a apresentar uma estrutura interna mais forte e a privilegiar a actuação dos deputados.[838]

É ainda de salientar a importância dos professores universitários, que são colocados preferencialmente em lugares elegíveis, ao contrário do que

---

[837] *Idem, ibidem*, pp. 44-45.
[838] Nelson W. Polsby (1975), «Legislatures», *in* Fred I. Greenstei e Nelson W. Polsby (orgs.), *Handbook of Political Science*, vol. 5, Reading, Mass., Addison-Wesley, pp. 257-319.

acontece com os professores do ensino básico e secundário que — embora presentes nas listas de candidatura em número assinalável — tendem a ser relegados para os lugares não elegíveis, sendo que esta presença se deve também à fácil compatibilidade entre o exercício da actividade docente a nível superior e o desempenho do mandato parlamentar. Já no que se refere aos lugares não elegíveis estes são sobretudo ocupados por candidatos que se encontram fora do mercado de trabalho, e que constituem um segmento social que não pode deixar de ser tido em conta pelas estratégias eleitoralistas de partidos que visam acima de tudo a conquista do voto, através de um apelo transversal e interclassista. Neste sentido, é de destacar também a forte presença nos lugares não elegíveis de candidatos com uma actividade no sector terciário, a que não é alheio o forte crescimento do emprego no sector dos serviços em Portugal.

Ao mesmo tempo, note-se a presença quase residual dos trabalhadores industriais e agrícolas nas listas, uma tendência que vai ao encontro do declínio continuado deste sector de actividade, e também do fraco apelo eleitoral dos partidos em relação ao mesmo, o que tem contribuído para a chamada «desproletarização» do pessoal parlamentar, mesmo entre os partidos de esquerda, nomeadamente entre o Partido Comunista, o qual tem uma ideologia orientada para o operariado e visa uma representação de classe.[839]

Já o reduzido número de funcionários partidários nas listas de candidatura deve ser interpretado com cautela, e isto porque muito dos candidatos, quando interrogados sobre a sua ocupação principal, optam por mencionar a sua profissão de origem e não o exercício actual e remunerado de cargos partidários, pelo que é natural que esta categoria apareça aqui subestimada. Seja como for, os funcionários partidários são, ainda assim, mais preponderantes entre os candidatos elegíveis do que entre os não elegíveis, pelo que a sua escolha preferencial em termos de opções do *party selectorate* deve ser assinalada.

---

[839] Braulio Gómez Fortes (2003), «Elites parlamentares em Espanha e Portugal: estrutura de oportunidades, formas e efeitos do recrutamento», *in* António Costa Pinto e André Freire (orgs.), *Elites, Sociedade e Mudança Política*, *op. cit.*, pp. 242-243; André Freire (2001), *Recrutamento Parlamentar. Os Deputados Portugueses da Constituinte à VII Legislatura*, *op. cit.*, pp. 76-83.

Deste ponto de vista, é de salientar que o peso quase residual dos funcionários de partido nas listas de candidatura dos diferentes partidos vai ao encontro de uma tendência geral, que se deve, essencialmente, e como salienta Panebianco, a dois factores: por um lado, para muitos partidos, nomeadamente para os de esquerda, os custos relacionados com o pessoal afecto aos respectivos aparelhos tornaram-se insustentáveis; por outro lado, os gastos exigidos pela crescente profissionalização das campanhas eleitorais fizeram com que muitos partidos, e também os de esquerda, passassem a canalizar o essencial das suas fontes de financiamento para as actividades eleitorais e não para as suas actividades correntes, nomeadamente para a manutenção ou expansão do seu «aparelho burocrático».[840]

O que significa, para quem pretende «viver *da* política», que a sua aposta deve ser cada vez mais direccionada para os cargos públicos de relevo e não para os cargos internos do partido. Isto pressupõe, nos termos propostos por Panebianco, e no que se refere ao pessoal político, o predomínio dos «burocratas representativos» em detrimento dos «burocratas executivos»; e nos termos da análise feita por Peter Mair e Richard Katz, e no que às faces do partido diz respeito, o declínio do *party in central office* e o reforço do *party in public office*.[841]

Já os empresários, embora constem das listas numa percentagem que é significativa, ocupam, porém, os lugares sem possibilidade de eleição, o que se explica pelo facto de ser difícil conciliar a actividade parlamentar com uma profissão no sector privado, circunstância que é reforçada pelo próprio Estatuto dos Deputados, e que resulta das actividades consideradas formalmente incompatíveis como cargo de deputado. Com efeito, é preciso notar aqui que a última revisão do Estatuto dos Deputados tende a desencorajar os empresários que queiram disputar um mandato parlamentar, na medida em que é bastante mais restritiva quanto ao direito de participação dos parlamentares que desenvolvem a sua actividade em empresas privadas.[842] Mas, recuando no tempo, há que relembrar, uma vez mais, as consi-

---

[840] Angelo Panebianco (1995), *Modelos de Partido*, *op. cit.*, pp. 488-496.

[841] *Idem, ibidem*, pp. 417-428; Richard Katz e Peter Mair (2002), «The ascendency of the party in public office: party organization change in twenthieth-century democracies», *in* Richard Gunther, José Ramón Montero e Juan J. Linz (orgs.), *Political Parties. Old Concepts and New Challenges*, Oxford, Oxford University Press, pp. 113-135.

[842] A Lei n.º 3/2001, no seu art. 21 n.º 6 afirma que é incompatível o exercício do mandato parlamentar com «o exercício de actividades de comércio ou indústria, directa ou

derações de Max Weber quando sublinhava que o empresário está preso à sua empresa e que, portanto, não está disponível para a actividade política: «Para ele é muito difícil, na maior parte das vezes, fazer-se representar, mesmo que seja temporariamente».[843]

Os funcionários públicos tendem a repartir-se de uma forma equilibrada entre os lugares elegíveis e os lugares não elegíveis, sendo que os funcionários administrativos da função pública assumem uma maior preponderância, tanto nos lugares não elegíveis como nos lugares elegíveis. Porém, se considerarmos o peso dos professores, tanto ao nível do ensino básico e secundário, como em termos do ensino universitário, é manifesto que o sector público assume uma maior importância enquanto canal de recrutamento parlamentar do que o sector privado, o que constitui um padrão comum à generalidade das democracias ocidentais.[844]

Seja como for, e para evitar os riscos de superficialidade na análise empírica dos dados, é preciso ter em conta as diferenças interpartidárias no que respeita à ocupação profissional dos candidatos à Assembleia da República, as quais, podemos, desde já antecipar, evidenciam dois tipos de clivagem: partidos de direita *versus* partidos de esquerda, por um lado, e partidos com vocação de poder *versus* partidos de oposição, por outro.

No caso do CDS-Partido Popular torna-se evidente a sobrerepresentação dos advogados e juristas seguidos a certa distância pelos docentes do ensino universitário, os quais ocupam 43 % e 21 % dos lugares elegíveis, respectivamente. Trata-se, portanto, de profissões não só associadas a um estatuto socioeconómico elevado, como também de profissões favoráveis à prossecução de uma carreira parlamentar, dado que tanto aos advogados como aos professores do ensino universitário é permitido exercerem a sua profissão em simultâneo com o mandato parlamentar, sendo que o regresso à profissão de origem não só não é aparentemente prejudicado pelo a inter-

---

indirectamente, com o cônjuge não separado de pessoas e bens, por si ou entidade em que detenha participação relevante e designadamente superior a 10 % do capital social, celebrar contratos com o Estado (...)». In *Diário da República*, n.º 46, 23 de Fevereiro de 2001.

[843] Max Weber (1918, 2000), *A Política como Profissão, op. cit.*, p. 29.

[844] Maurizio Cotta e Pedro Tavares de Almeida (2004), «De serviteurs de l' État à représentants élus: les parlementaires originaieres du secteur publique en Europe», *in Pôle Sud*, 21, pp. 101-122; Heinrich Best e Maurizio Cotta (2000), *Parliamentary Representatives in Europe, 1848-2000, op. cit.*, pp. 501-503.

rupção motivada pelo o ingresso na política activa, como pode ser, aliás, rentabilizado *a posteriori*.

Profissão dos candidatos do CDS-PP à Assembleia da República, segundo o lugar nas listas
(valores percentuais)

QUADRO N.º 28]

Profissão	1991 NE	1991 EL	1995 NE	1995 EL	1999 NE	1999 EL	2002 NE	2002 EL	Média NE	Média EL
Quadros dirigentes da função pública	3	0	1	0	1	0	1	0	2	0
Quadros técnicos da função pública	4	0	2	3	3	4	2	0	3	2
Quadros administrativos da função pública	3	0	5	3	5	6	2	0	4	2
Empresários	13	0	12	0	15	8	18	2	14	3
Economistas	3	0	3	0	4	0	4	0	4	0
Advogados e Juristas	15	25	15	60	14	38	16	51	15	43
Funcionários partidários [*]	1	0	1	0	2	0	1	13	1	3
Docentes do ensino básico e secundário	9	0	8	0	11	0	9	0	9	0
Docentes do ensino universitário	4	50	3	0	2	13	3	20	3	21
Autores e Jornalistas	0	0	1	20	1	0	1	0	1	5
Engenheiros e Arquitectos	10	25	16	0	8	19	11	7	11	13
Médicos e Veterinários	7	0	5	0	8	0	6	0	6	0
Empregados do comércio e dos serviços	13	0	10	0	7	0	9	0	9	0
Trabalhadores industriais e agrícolas	2	0	2	0	3	0	0	0	2	0
Outros**	13	0	16	14	16	12	17	7	16	8
(N)	(223)	(4)	(222)	(5)	(208)	(16)	(210)	(15)	(216)	(180)

Fonte: *ibidem*.

Repare-se, ainda, como na composição das listas de candidatura do CDS-Partido Popular é reservado um lugar destacado, se bem que meramente simbólico, ao empresariado, o qual constitui a categoria socioprofissional mais preponderante entre os lugares não elegíveis, o que significa que o *party selectorate* tem o cuidado de ir ao encontro da sua base social de apoio natural e também da sua ideologia (fortemente vinculada à defesa e ao reforço do sector privado da economia) e, por conseguinte, das profissões a ele associadas.

Profissão dos candidatos do PSD à Assembleia da República, segundo o lugar nas listas
(valores percentuais)

[QUADRO N.º 29]

Profissão	1991 NE	1991 EL	1995 NE	1995 EL	1999 NE	1999 EL	2002 NE	2002 EL	Média NE	Média EL
Quadros dirigentes da função pública	3	1	1	2	2	1	2	3	2	2
Quadros técnicos da função pública	9	5	4	2	3	1	4	5	5	3
Quadros administrativos da função pública	5	4	6	4	4	5	4	4	4	4
Empresários	8	7	8	7	8	6	15	10	10	7
Economistas	1	11	3	11	6	11	8	11	4	11
Advogados e Juristas	22	24	23	23	21	29	23	28	22	26
Funcionários partidários [*]	1	3	0	4	2	6	0	0	1	3
Docentes do ensino básico e secundário	15	12	7	10	11	7	10	8	11	9
Docentes do ensino universitário	1	7	1	7	4	6	3	9	2	7
Autores e Jornalistas	1	0	0	0	0	1	1	1	1	1
Engenheiros e Arquitectos	11	12	13	14	14	11	11	10	12	12
Médicos e Veterinários	1	4	8	5	4	7	2	1	4	4
Empregados do comércio e dos serviços	13	8	14	4	7	2	7	5	10	5
Trabalhadores industriais e agrícolas	3	1	0	0	0	1	0	0	1	1
Outros**	6	1	13	7	14	6	10	5	11	5
(N)	(79)	(148)	(95)	(135)	(140)	(85)	(146)	(80)	(115)	112)

Fonte: *ibidem*.

Mas, no que toca aos lugares não elegíveis, não pode passar despercebido o peso que detêm todos aqueles que estão fora do mercado de trabalho, o que traduz um esforço do CDS-Partido Popular em integrar nas suas listas, para efeitos de mera representatividade sociológica, e não de acesso efectivo ao Parlamento, as ocupações socialmente mais desfavorecidas, o que vai ao encontro do discurso do partido, especialmente a partir da sua «refundação» em meados da década de 1990, procurando alargar a sua base social de apoio às «franjas» do sistema social, mais por razões de pragmatismo eleitoral do que por afinidades de representação política.

Quanto ao PSD, há que notar o predomínio, entre os lugares elegíveis, das profissões liberais, especialmente dos advogados e juristas, bem como, a uma certa distância, dos engenheiros e dos arquitectos, e ainda dos economistas. No caso dos engenheiros e dos arquitectos, a sua escolha por parte das *estruturas de recrutamento* sociais-democratas, enquanto partido com vocação de poder, pode ser explicada pelo desenvolvimento do papel do Estado no ordenamento do território, o que implica uma crescente intervenção dos engenheiros e dos arquitectos no domínio do urbanismo, nomeadamente ao nível da gestão municipal; já no caso dos economistas, é razoável admitir que também no sector público estes têm um vasto campo de actuação, em particular nos ministérios, com destaque para os ministérios das áreas das finanças, do planeamento, da indústria, do comércio internacional, do turismo, dos transportes e dos negócios estrangeiros (por exemplo, nos gabinetes de estudos económicos).

Por seu turno, entre os lugares não elegíveis, é de sublinhar o predomínio dos empregados do comércio e dos serviços, o que sugere uma estratégia que visa alargar o espectro do recrutamento, dando uma imagem de um partido com uma implantação profissional mais ampla e heterogénea, o que parece corresponder às características típicas de um partido *catch-all*, pois importa ter em conta que, segundo os dados do Recenseamento relativos à população residente de 2001, os reformados, as domésticas e os estudantes atingem cerca de 42,6 %.[845]

Esta estratégia de recrutamento interclassista — que reflecte, aliás, a sua base social de apoio — é ainda confirmada pelo facto de o PSD integrar nas suas listas, ainda que em lugar não elegível, um número significativo de candidatos que se encontram fora do mercado de trabalho. É fundamen-

---

[845] Recenseamento Geral da População 2001 - Resultados Definitivos, INE.

tal referir igualmente o peso que assumem nas listas de candidatura do PSD os funcionários públicos, os quais, sendo colocados em lugares não elegíveis, constituem, ainda assim, uma categoria profissional com uma expressão significativa, que, dado tratar-se de um partido com vocação de poder, tem fortes possibilidades de aceder ao Parlamento.

Profissão dos candidatos do PS à Assembleia da República, segundo o lugar nas listas
(valores percentuais)

[QUADRO N.º 30]

Profissão	1991 NE	1991 EL	1995 NE	1995 EL	1999 NE	1999 EL	2002 NE	2002 EL	Média NE	Média EL
Quadros dirigentes da função pública	4	2	4	2	4	3	5	6	4	3
Quadros técnicos da função pública	8	4	9	5	5	7	5	7	7	6
Quadros administrativos da função pública	4	2	5	6	10	4	7	4	7	4
Empresários	6	3	5	8	5	1	8	5	6	4
Economistas	5	5	6	8	6	10	6	7	6	7
Advogados e Juristas	9	22	18	14	12	19	14	20	13	19
Funcionários partidários [*]	0	5	0	3	3	2	3	2	2	3
Docentes do ensino básico e secundário	20	13	16	11	19	11	16	14	18	12
Docentes do ensino universitário	8	7	5	13	3	14	5	8	5	10
Autores e Jornalistas	1	3	1	3	2	2	2	4	2	3
Engenheiros e Arquitectos	8	14	5	7	3	9	6	8	5	10
Médicos e Veterinários	4	3	4	6	3	4	4	6	3	5
Empregados do comércio e dos serviços	14	10	10	5	12	4	7	4	11	6
Trabalhadores industriais e agrícolas	0	2	1	0	2	0	2	0	1	1
Outros[**]	9	5	11	9	11	10	10	5	10	7
(N)	(170)	(60)	(139)	(64)	(90)	(91)	(109)	(113)	(127)	(82)

Fonte: *ibidem*.

À semelhança do PSD, também no PS as ocupações profissionais mais valorizadas pelo *party selectorate* são os advogados e os juristas, que ocupam cerca de 19 % dos lugares elegíveis, bem como os professores do ensino universitário, que atingem os 10 %. No entanto, se atendermos aos lugares não elegíveis, podemos constatar que o peso dos docentes do ensino básico e secundário, assim como o dos empregados do comércio de dos serviços, é superior ao verificado no caso do PSD, o que permite afirmar que o Partido Socialista se empenha numa estratégia de recrutamento mais abrangente e interclassista, procurando integrar nas suas listas de candidatura categorias profissionais socialmente menos valorizadas mas politicamente mais atractivas em termos de captura de voto — basta ver que, segundo os dados do Recenseamento à população residente de 2001, o pessoal dos serviços e comércio atinge os 23,9 %.[846] Repare-se, porém, e tratando-se de um partido de centro-esquerda, na exígua, para não dizer quase inexistente, representação dos trabalhadores industriais e agrícolas, mesmo nos lugares não elegíveis, o que não deixa de ser significativo já que este grupo profissional representa 34,5 % da população residente em Portugal.[847]

É precisamente aqui que o Partido Comunista Português, e a coligação por ele integrada, se demarca dos demais partidos, tanto à sua direita como à sua esquerda, uma vez que integra nas suas listas de candidatura, ainda que em lugar não elegível, um número considerável de representantes dos trabalhadores industriais e agrícolas, o que mostra o respeito — mais formal do que efectivo — por uma das «regras de ouro» do partido, a qual consiste, lembremos aqui, na composição preferencialmente operária dos seus organismos de direcção — o que acaba por não se verificar na prática, já que este grupo profissional aparece em posições não elegíveis, ou seja, sem possibilidade de acesso ao Parlamento.

Um dos outros aspectos distintivos nas opções do *party selectorate* comunista reside nas vantagens atribuídas aos funcionários vinculados ao aparelho do partido, ou seja, e usando os termos propostos por Panebianco, aos chamados «burocratas executivos», que ocupam cerca de 10 % dos lugares elegíveis, o que se explica pelo perfil organizacional singular do PCP. Este partido, como já tivemos oportunidade de referir atrás, ostenta um corpo numeroso de funcionários dedicados às tarefas administrativas

---

[846] Recenseamento Geral da População 2001 - Resultados Definitivos, INE.
[847] *Idem, ibidem.*

ou de manutenção da organização, pelo que uma grande parte dos dirigentes eleitos para o Parlamento desempenha funções não só políticas mas também administrativas.

Profissão dos candidatos da CDU à Assembleia da República, segundo o lugar nas listas
(valores percentuais)

[QUADRO N.º 31]

Profissão	1991 NE	1991 EL	1995 NE	1995 EL	1999 NE	1999 EL	2002 NE	2002 EL	Média NE	Média EL
Quadros dirigentes da função pública	2	0	1	2	1	0	0	0	1	1
Quadros técnicos da função pública	1	0	2	12	3	7	10	8	4	7
Quadros administrativos da função pública	4	7	5	12	5	13	8	10	5	10
Empresários	1	0	2	0	2	0	2	0	2	0
Economistas	2	10	2	12	2	13	5	7	3	10
Advogados e Juristas	4	10	7	18	5	27	12	32	7	21
Funcionários partidários*	4	19	3	8	5	7	6	7	4	10
Docentes do ensino básico e secundário	15	7	17	6	15	13	13	10	15	9
Docentes do ensino universitário	5	0	6	0	7	0	4	2	5	1
Autores e Jornalistas	3	3	2	12	2	0	2	1	2	4
Engenheiros e Arquitectos	15	7	5	6	10	4	2	6	8	6
Médicos e Veterinários	8	10	8	0	7	3	4	2	7	4
Empregados do comércio e dos serviços	10	7	9	6	9	13	8	6	9	8
Trabalhadores industriais e agrícolas	15	7	17	6	12	0	7	4	13	4
Outros**	12	13	14	0	15	0	17	5	15	5
(N)	(196)	(31)	(213)	(17)	(215)	(15)	(208)	(18)	(208)	(20)

Fonte: *ibidem.*

Porém, as diferenças quanto às estratégias de recrutamento desenvolvidas pelo Partido Comunista, por comparação com os demais partidos políticos, não terminam aqui. Basta ver o investimento que o partido faz no recrutamento de quadros técnicos e administrativos da função pública, sendo que esta proximidade aos estratos inferiores do sector público do Estado é inteiramente congruente com a sua ideologia e também com a sua base social de apoio.

Profissão dos candidatos do BE à Assembleia da República, segundo o lugar nas listas
(valores percentuais)

[QUADRO N.º 32]

Profissão	1999 NE	1999 EL	2002 NE	2002 EL	Média NE	Média EL
Quadros dirigentes da função pública	0	0	0	0	0	0
Quadros técnicos da função pública	1	0	2	0	2	0
Quadros administrativos da função pública	4	0	5	0	4	0
Empresários	1	0	0	0	0	0
Economistas	1	0	2	0	1	0
Advogados e Juristas	4	0	2	0	3	0
Funcionários do partido*	0	0	0	0	0	0
Docentes do ensino básico e secundário	24	50	19	33	21	42
Docentes do ensino universitário	6	50	8	67	7	58
Autores e Jornalistas	3	0	2	0	3	0
Engenheiros e Arquitectos	4	0	5	0	4	0
Médicos e Veterinários	6	0	5	0	6	0
Empregados do comércio e dos serviços	8	0	8	0	8	0
Trabalhadores industriais e agrícolas	8	0	3	0	6	0
Outros**	30	0	38	0	34	0
(N)	(229)	(2)	(223)	(3)	(226)	(3)

Fonte: *ibidem*.

Para além de o PCP apresentar, em termos de estratégias de recrutamento, uma aposta deliberada nos grupos profissionais social e economicamente menos favorecidos, o que é próprio de um partido de massas que cultiva uma determinada *classe gardée* — que corresponde essencialmente ao seu eleitorado fiel — o facto é que, tal como acontece com os outros partidos, também no PCP os advogados e os juristas têm uma expressão muito significativa, sobretudo nas posições elegíveis, o que não pode deixar de indiciar um evidente «aburguesamento» desta força partidária — um fenómeno que é, aliás, comum a muitos outros partidos comunistas europeus.

Os dados relativos ao Bloco de Esquerda respeitam apenas a duas eleições legislativas, pelo que não se podem inferir ainda «tendências» nas opções de recrutamento desta nova formação partidária. Seja como for, parece evidente o peso que o professorado assume nas estratégias de recrutamento do BE, já que entre os seus candidatos elegíveis figuram maioritariamente docentes do ensino superior e do ensino secundário e básico.

Tratando-se de uma força política de esquerda não deixa de ser relevante o facto de os trabalhadores industriais e agrícolas terem entre os lugares não elegíveis uma expressão tão reduzida, o que parece ir ao encontro das teses sobre a ideologia e a base social de apoio dos partidos da chamada «Nova-Esquerda», os quais não invocam interesses específicos ou a melhoria da posição económica das classes sociais mais desfavorecidas, tendo os seus apoiantes preferenciais nas gerações mais jovens, mais educadas, oriundas das «novas classes médias», que partilham valores ditos pós-materialistas.[848]

Muitos destes partidos situam-se numa linha ideológica claramente pós-moderna, advogando causas como o direito de as mulheres puderem livremente abortar, a igualdade de direitos para os grupos homossexuais e de lésbicas, relativamente aos heterossexuais, a defesa dos direitos dos imigrantes, a defesa de uma maior participação dos cidadãos nas decisões políticas, a defesa de uma maior participação dos trabalhadores na gestão das empresas, a defesa das causas ambientais e dos temas pacifistas, etc.

Tudo isto não significa que o Bloco de Esquerda seja, no que se refere à sua base social de apoio e à sua prática política, completamente transversal e heterogéneo, sendo de destacar o papel que nele assumem os empregados do comércio e serviços e sobretudo os grupos da população à margem do mercado de trabalho ou situados na sua periferia, tais como os estudantes e também os desempregados.

---

[848] Maria José Stock, Conceição Pequito Teixeira e António Revez (2005), *Partidos e Movimentos Sociais. Novos e Velhos Actores Políticos*, Lisboa, Aberta; Federico Javaloy et al. (2001), *Comportamiento Colectivo y Movimientos Sociales*, Madrid, Prentice-Hall; Claus Offe (1996), *Partidos Políticos e Nuevos Movimientos Sociales*, Madrid, Editorial Sistema.

1.4 Critérios de recrutamento dos candidatos à Assembleia da República: o «pára-quedismo» é ou não importante?

Em Portugal, o art. n.º 1 do Estatuto dos Deputados, bem como art. n.º 152, alínea 2 da Constituição da Assembleia da República, estabelecem que os parlamentares representam a nação e não os círculos eleitorais pelos quais foram eleitos, o que afasta, pelo menos formalmente, a possibilidade de representação territorial. Tal significa não só que os deputados não representam apenas parte da nação, como devem também exercer o seu mandato livres de quaisquer indicações dadas antes ou depois das eleições pelos eleitores do seu respectivo círculo, em total conformidade com a tradição do mandato representativo.

Perante estes imperativos constitucionais e regulamentares, e atendendo ao tipo de sistema eleitoral em vigor em Portugal, não deixa de ser «intrigante» a elevada percentagem de candidatos que declaram ser naturais e/ ou residentes no círculo eleitoral pelo qual se candidataram ao Parlamento, uma prática que é transversal a todos os partidos considerados, e que só pode querer significar que a origem local dos candidatos constitui um critério de recrutamento aparentemente valorizado pelo *party selectorate*.

Ora, em nosso entender, esta prática de recrutamento pode ser explicada, quer pela estratégia eleitoralista da «captura do voto», apostando os partidos em candidatos conhecidos nos respectivos círculos em virtude da sua credibilidade e reputação pessoal, quer pelo discurso cada vez mais recorrente e «politicamente correcto» da necessidade de proximidade entre eleitos e eleitores, o que passa necessariamente por uma representação que não é — nem pode ser — indiferente à origem local dos candidatos à Assembleia da República.[849]

Porém, há que sublinhar que o critério da origem local dos candidatos é mais formal do que efectivo, e a demonstrá-lo está o facto de muitos dos candidatos, como tivemos oportunidade de verificar por via telefónica,

---

[849] André Freire (2003), «Recrutamento parlamentar e reforma das instituições», *in* António Costa Pinto e André Freire (orgs.), *Elites, Sociedade e Mudança Política, op. cit.*, pp. 210-213; André Freire, António de Araújo, Cristina Leston-Bandeira, Marina Costa Lobo e Pedro Magalhães (2002), *O Parlamento Português: Uma Reforma Necessária*, Lisboa, ICS.

declararem uma residência que não é a sua, mas sim a de familiares ou de amigos próximos. Mas também, e fundamentalmente, a circunstância de os poucos candidatos *outsiders* aparecerem nas listas colocados maioritariamente em lugares elegíveis, o que significa que as *estruturas de recrutamento* dos diferentes partidos tendem a deslocar para os «círculos seguros» alguns dos seus quadros nacionais mais destacados, no sentido de garantir o seu acesso ou recondução ao Parlamento.

Ligação ao círculo dos candidatos à Assembleia da República, por partido e por lugar nas listas
(valores percentuais)

[QUADRO N.º 33]

Partidos		1991 NE	1991 EL	1995 NE	1995 EL	1999 NE	1999 EL	2002 NE	2002 EL	Média NE	Média EL
CDS-PP	Insiders*	94	79	98	84	100	93	99	82	98	84
	Outsiders**	6	21	2	16	0	7	1	19	2	16
PPD-PSD	Insiders	97	75	96	40	99	63	98	67	97	61
	Outsiders	3	25	4	60	1	37	2	33	3	39
PS	Insiders	93	80	99	85	99	82	99	86	98	83
	Outsiders	7	20	1	15	1	18	1	14	2	17
CDU	Insiders	98	77	99	82	99	80	99	89	98	82
	Outsiders	2	23	1	18	1	20	1	11	2	18
BE	Insiders	-	-	-	-	95	100	98	100	97	100
	Outsiders	-	-	-	-	5	0	2	0	4	0
Candidatos	Insiders	96	79	97	83	98	85	98	84	97	83
	Outsiders	4	21	3	17	2	15	2	16	3	17
	(N)	(671)	(230)	(690)	(230)	(918)	(230)	(906)	(230)	(796)	(230)

Fonte: listas de candidatura do CDS-PP, PPD-PSD, PS, CDU e BE depositadas na Comissão Nacional de Eleições (de 1987 a 2002).
Legenda: NE = Candidatos à AR colocados em lugares não elegíveis nas listas do partido. EL = Candidatos à AR colocados em lugares elegíveis nas listas do partido.
Notas: 1. [1] A posição dos candidatos nas listas é determinada em função dos resultados eleitorais obtidos pelos partidos nos diferentes círculos na eleição imediatamente anterior. [2] Os dados omissos foram excluídos da análise. **2.** (*) *Insiders* = Candidatos que são naturais e/ou residentes no círculo eleitoral. (**) *Outsiders* = Candidatos que não são naturais e/ou residentes no círculo eleitoral.

Pelo que, e ao contrário do que uma leitura menos atenta dos dados poderia sugerir, a prática do «pára-quedismo» está longe de ser irrelevante em termos de recrutamento parlamentar, sendo, em certo sentido, demons-

Mobilidade de círculo dos candidatos «sobreviventes» à Assembleia da República, por partido e por lugar nas listas

[QUADRO N.º 34]

Valores percentuais		1991		1995		1999		2002		Média	
Partidos		NE	EL	NE	EL	NE	EL	NE	EL	NE	EL
CDS-PP	No mesmo círculo*	93	100	87	100	90	100	95	91	92	98
	Em círculo diferente**	7	0	13	0	10	0	5	9	8	2
PPD-PSD	No mesmo círculo	95	86	93	75	88	70	100	100	94	83
	Em círculo diferente	5	14	7	25	12	30	0	0	6	17
PS	No mesmo círculo	94	80	90	81	98	85	97	90	95	84
	Em círculo diferente	6	20	10	19	2	15	3	10	5	16
CDU	No mesmo círculo	93	77	98	67	100	93	98	100	97	84
	Em círculo diferente	8	23	2	33	0	7	2	0	3	16
BE	No mesmo círculo	-	-	-	-	-	-	98	100	98	100
	Em círculo diferente	-	-	-	-	-	-	2	0	2	0
Candidatos	No mesmo círculo	93	84	94	76	96	82	98	94	95	84
	Em círculo diferente	7	16	6	24	4	18	2	6	5	16
	(N)	(124)	(140)	(125)	(118)	(141)	(128)	(222)	(160)	(153)	(137)

Fonte: listas de candidatura do CDS-PP, PPD-PSD, PS, CDU e BE depositadas na Comissão Nacional de Eleições (de 1987 a 2002).

Legenda: NE = Candidatos à AR colocados em lugares não elegíveis nas listas do partido. EL = Candidatos à AR colocados em lugares elegíveis nas listas do partido.

Notas: 1. [1] A posição dos candidatos nas listas é determinada em função dos resultados eleitorais obtidos pelos partidos nos diferentes círculos na eleição imediatamente anterior. [2] Os dados omissos foram excluídos da análise **2.** (*) No mesmo círculo = Candidatos que se recandidataram à AR pelo mesmo círculo eleitoral. (**) Em círculo diferente = Candidatos que se recandidataram à AR por um círculo eleitoral diferente.

trativa da intervenção dos órgãos centrais na escolha dos candidatos e na sua ordenação nas listas de candidatura — intervenção que, por vezes, e de acordo com notícias publicadas na imprensa escrita, constitui uma das principais fontes de conflito entre as estruturas centrais e locais dos respectivos partidos, recusando-se estas a aceitar a imposição a «partir de cima» de candidatos alheios ou estranhos ao círculo, sendo recorrente a constituição de listas dissidentes ou mesmo a resignação como forma de protesto.

Que a prática do «pára-quedismo» está longe de ser irrelevante, no que se refere às estratégias de recrutamento parlamentar, comprova-o ainda o facto de os candidatos que mudam de círculo, de uma eleição para a outra, serem colocados preferencialmente em lugares elegíveis, o que mostra que — mais do que a valorização do «enraizamento local» dos candidatos a este ou aquele círculo em particular — aquilo que verdadeiramente importa ao *party selectorate* é — ainda, e acima de tudo — assegurar o posicionamento seguro e a eventual reeleição de um grupo restrito de candidatos, nem que para isso seja preciso deslocá-los de círculo eleitoral. Como se pode ver no quadro n.º 34, os candidatos que mudam de círculo, de uma eleição para outra — exceptuando o caso do CDS-Partido Popular e do Bloco de Esquerda — aparecem maioritariamente em posições elegíveis, o que significa, mais uma vez, a intervenção dos órgãos centrais no sentido de salvaguardar, face à mudança e à volatilidade eleitorais, o acesso de certos candidatos ao Parlamento.

O «pára-quedismo» pode servir, por conseguinte, não só para sustentar o discurso sobre a importância da proximidade entre eleitos e eleitores, mas também, e essencialmente, para assegurar a qualificação do grupo parlamentar, quer técnica — fazendo eleger pela colocação em lugares elegíveis e em círculos seguros candidatos com uma longa experiência parlamentar ou conhecimentos especializados em áreas específicas — quer política — assegurando a eleição de dirigentes políticos nacionais. Além disso, a prática do «pára-quedismo» pode ainda ser usada no sentido de «mediatizar» a disputa eleitoral em certos círculos considerados politicamente mais relevantes, contribuindo, desta forma, para «nacionalizar» as campanhas nesses círculos e para atenuar os efeitos da centralização destas na figura dos candidatos a primeiro-ministro.

1.5. Critérios de recrutamento dos candidatos à Assembleia da República: as vantagens da sobrevivência e da titularidade

É sabido que os pais fundadores da teoria das elites, Vilfredo Pareto e Gaetano Mosca, insistiram no facto de o «governo do povo», tal como sustentado pela teoria democrática, ser uma pura «ficção» — ou, nos seus próprios termos uma «fórmula» ou uma «derivação» destinadas a conquistar o consentimento das massas perante um governo que é e será sempre necessariamente minoritário, e assim camuflar a inevitável diferença e separação entre governantes e governados.[850] Porém, é frequentemente menos lembrada a preocupação que estes autores revelaram com a necessidade de uma constante renovação das elites para que fosse assegurado não o «governo do povo», mas sim o «governo para o povo».

Embora declarassem a democracia como um governo irrealizável, o facto é que os fundadores do «elitismo clássico», como já antes o haviam feito os seus precursores, não deixaram de sublinhar a importância da renovação daqueles que integram o grupo minoritário que controla o poder e a quem compete o governo da sociedade. Percebe-se, assim, que Mosca sustentasse que a composição das classes dominantes era — e deveria ser — o reflexo de duas tendências contraditórias: a «tendência aristocrática» das classes dominantes para conservarem o poder e o transmitirem aos seus filhos, e a «tendência democrática» das novas forças políticas para destruírem o *status quo* e as classes estabelecidas. A primeira rege-se pelo princípio da inércia, visa a preservação da ordem existente e favorece a estabilidade dos regimes políticos. A segunda, bem pelo contrário, combate o imobilismo do *establishment*, procura uma renovação contínua das classes dirigentes e promove a dinâmica social. Nas próprias palavras de Mosca:

---

[850] Sérgio Amato (2001), *La Teorie della Classe Politica da Rousseau a Mosca*, Florença, Centro Editoriale Toscano; Giorgio Sola (2000), *La Teoria delle Elites*, Bolonha, Il Mulino; António Marques Bessa (1993), *Quem Governa? Uma Análise Histórico Política do Tema da Elite*, Lisboa, ISCSP; John Scott (1990), *The Sociology of Elites*, Aldershot, Elgar; Geraint Perry (1969), *Le Elites Politiche*, Bolonha, Il Mulino; Thomas B. Bottomore (1964), *Elites e Societés*, Paris, Stock.

Aceitando a ideia daqueles que defendem a força exclusiva do princípio hereditário na classe política (...) a história política da humanidade deveria ser muito mais simples do que é. Se a classe política pertencesse verdadeiramente a uma raça diferente, ou se as suas qualidades dominadoras se transmitissem principalmente por meio da hereditariedade orgânica, não se perceberia por que é que, uma vez formada esta classe, esta tivesse que decair e perder o poder.[851]

E mais à frente o autor acrescenta:

Poder-se-á dizer que toda a história da humanidade civilizada se resume na luta entre a tendência que têm os elementos dominadores para monopolizar estavelmente as forças políticas e para transmitir hereditariamente a sua posse aos filhos e a tendência, que também existe, para a deslocação destas forças e a afirmação de novas forças, que produz um contínuo trabalho de endosmose e exosmose entre a classe alta e algumas fracções das classes baixas. [852]

Para concluir, então, que:

Decaem, pois, infalivelmente as classes sempre que deixam de poder exercer por mais tempo as qualidades pelas quais chegaram ao poder, ou quando não podem prestar mais o serviço que prestavam no ambiente social em que vivem (...). Pelo que as classes políticas podem ser arrancadas da sua posição de domínio por novos estratos sociais, por novas forças políticas. É natural que exista então um período de renovação ou, se assim se quer defini-lo, de revolução, durante o qual as energias individuais têm um papel importante, e alguns dos indivíduos mais apaixonados, mais activos e mais ousados abrem caminho, e das posições mais baixas da escala social se elevam até aos graus mais elevados.[853]

---

[851] Gaetano Mosca (1896, 2004), *A Classe Política*, op. cit., pp. 69-70.
[852] *Idem, ibidem*, p. 71.
[853] *Idem, ibidem*, pp. 71 e 75.

O que é verdade é que Mosca encontra defeitos e virtudes em ambas as tendências, propondo o seu equilíbrio. E porquê? Pois bem, segundo este autor, a «tendência democrática», quando contida dentro de certos limites, constitui um factor de progresso e de desenvolvimento: permite que a «classe política» se renove na continuidade e, como tal, exerce uma função conservadora do sistema. Porém, não deixa de afirmar que, sempre que esta tendência é animada pelo «dogma da igualdade», acaba por inspirar soluções irrealistas, provocando, por conseguinte, cataclismos sociais irreparáveis. Seja como for, e à semelhança da «tendência democrática», também a «tendência aristocrática» apresenta vantagens e inconvenientes: por um lado, é inegável que favorece um dos mais importantes veículos de transmissão da cultura e da educação, que é a família; mas, por outro lado, é um factor de estagnação e de anquilosamento da sociedade. Como escreve Mosca: «Se todas as aristocracias permanecessem fechadas e imóveis, o mundo nunca teria mudado e a humanidade não teria saído do estádio das monarquias homéricas ou dos antigos impérios ocidentais.»[854]

Por aqui, se pode ver que Gaetano Mosca temia a «cristalização» das elites no poder e não defendia incondicionalmente a tendência aristocrática. O seu ideal de governo, passava, antes, por um compromisso entre as duas tendências, embora o autor não tenha descrito em pormenor a forma de o concretizar na prática. Limita-se, a este propósito, a constatar que: «Nas sociedades humanas ora prevalece a tendência que produz o fechamento, a imobilidade, a cristalização, por assim dizer, da classe política, ora a que tem por consequência a sua mais ou menos rápida renovação.» [855]

Também Pareto temia a perpetuação daqueles que ocupam a sede do poder, constatando e defendendo a contínua «circulação das elites», como elemento necessário ao equilíbrio político de toda e qualquer sociedade, através do qual seria possível evitar as transformações sociais e políticas violentas e abruptas, ou seja, as revoluções. Segundo Vilfredo Pareto, e aqui também à semelhança de Mosca, o facto de se pertencer à elite não é necessariamente hereditário, pelo que se assiste constantemente à substituição das elites antigas por outras novas, que provêem das camadas

---

[854] *Idem, ibidem*, p. 72.
[855] *Idem, ibidem*, pp. 72.

inferiores da sociedade. Tal significa que a elite não é inteiramente aberta, nem inteiramente fechada, e que está exposta à pressão das massas, sendo impelida a renovar-se incessantemente por meio da contribuição vinda do exterior.[856]

Para Pareto trata-se de um constante e inelutável movimento cíclico, cujo factor desencadeante é a luta permanente entre a «astúcia» e a «força». Expliquemo-nos melhor. Para tal, enunciemos de forma mais precisa e rigorosa a perspectiva de Pareto no que respeita à sua teoria sobre a «circulação das elites», já que ela nos serve aqui de enquadramento teórico para discutir o fenómeno da continuidade e da renovação dos candidatos nas listas de candidatura à Assembleia da República.

Tanto a inevitabilidade do domínio da «elite» governante como o devir histórico são explicados por Vilfredo Pareto através da «teoria da acção social», a qual constitui o fio condutor de todo o seu sistema teórico. Para Pareto, as acções humanas podem ser de dois tipos: 1) «acções lógicas», em que existe uma adequação dos meios aos fins tanto na consciência dos actores como no domínio da realidade objectiva, correspondendo a um comportamento racional em sentido estrito; e 2) «acções não lógicas», que são aquelas em que os actores não se regem nem por princípios racionais, nem por cálculos de optimização, mas antes por sentimentos e instintos.[857]

Nas suas obras fundamentais, especialmente no *Tratado de Sociologia Geral*, o autor demonstra que estas últimas assumem um peso decisivo na vida social e política, dado que a maior parte das acções humanas têm um fundamento «não lógico». Porém, e como explica detalhadamente, os homens procuram dar às suas «acções não lógicas» uma aparência ou argumentação pretensamente lógica, associando-as, frequentemente, a princípios justificativos de natureza racional, aquilo a que chama «derivações».[858]

---

[856] Giovanni Busino (1967), *Introduction à une Histoire de la Sociologie de Pareto*, Genebra, Éditions Droz.

[857] Vilfredo Pareto (1916, 1968), *Traité de Sociologie Générale*, Droz, Genebra, nota 421, §§ 148-161 e §§ 850-851.

[858] Vilfredo Pareto (1984), *Mythes et Ideologie de la Politique*, Droz, Genebra, pp. 310-311.

E se as «derivações» elaboradas pelos indivíduos para representar os seus sentimentos e justificar as suas condutas sofrem uma constante variação no tempo e no espaço, já os comportamentos observáveis — que Pareto designa de «resíduos», e que não se confundem com os sentimentos e os instintos, uma vez que traduzem apenas aqueles que têm significado social e político — são constantes e imutáveis. Desta forma, os «resíduos», ao serem responsáveis pela imutabilidade da natureza humana, convertem-se no elemento central para explicar o «equilíbrio social».[859]

A este propósito, cumpre notar que Pareto estabelece uma tipologia complexa de seis classes fundamentais de «resíduos» e de várias subclasses — cuja apresentação exaustiva não cabe aqui — a que parecem corresponder dois princípios de ordem fundamentais: 1) o contraste entre individualismo e colectivismo; e 2) as tendências progressistas e conservadoras. Esta tipologia (especialmente em relação às duas primeiras classes residuais — o «instinto de combinações» e a «persistência dos agregados» —) é utilizada pelo autor para explicar quer o «domínio da elite», quer o «processo de circulação das elites». Interessa notar ainda que as duas primeiras classes se distribuem de forma desigual entre os dois grandes grupos sociais, ou seja, entre a «classe eleita» e a «classe não eleita».[860] Se esta última é composta pelas massas, em que predominam os resíduos da classe dois — isto é, os indivíduos apáticos, privados de imaginação, porém fiéis aos ideais políticos que satisfazem a sua necessidade de ordem e estabilidade —, já a primeira pode apresentar uma composição mais intensa ou mais graduada de um dos dois principais grupos de «resíduos», pelo que é possível distinguir, na linha de Maquiavel, dois tipos de elites: a das «raposas» e a dos «leões». No primeiro caso, dado o predomínio do «instinto das combinações», os indivíduos que compõem a «elite» são hábeis, pouco escrupulosos e manipuladores, governando segundo a «astúcia». No segundo, e dada a supremacia do «instinto da persistência dos agregados», a «elite» é constituída por políticos dominados por sentimentos de lealdade, de zelo e de solidariedade, que governam segundo a «força».[861]

---

[859] Vilfredo Pareto (1916, 1968), *Traité de Sociologie Générale*, op. cit., nota 421, § 2553; Julien Freund, (1974), *Pareto. La Théorie de l'Equilibre*, Paris, Librairie Seghers.

[860] Vilfredo Pareto (1916, 1968), *Traité de Sociologie Générale*, op. cit., § 2032 e § 2034.

[861] *Idem, ibidem*, §§ 1478-1479 §§ 2176-2179, § 2196, § 2244, § 2251 e § 2268.

É fácil perceber que a «elite ideal» deveria compreender, numa justa proporção, indivíduos dotados de ambos os tipos de «resíduos» ou, ainda, nos termos usados por Maquiavel, traduzir um «equilíbrio» mais ou menos estável entre as qualidades dos «leões» e as das «raposas», dado que a política é uma questão de força mas também de persuasão. Todavia, a história mostra que um tal «equilíbrio» é extremamente invulgar, sendo a rotatividade das elites dos «leões» e das «raposas» no poder um processo recorrente e imparável.[862] E porquê? Precisamente porque, como nos diz Pareto, nem todos aqueles que integram a «elite» possuem as qualidades necessárias para a ela pertencerem, do mesmo modo que nem todos os aqueles que pertencem à «classe não eleita» são destituídos das qualidades exigidas para poderem vir a ser parte da «elite». Daí que exista um movimento constante e cíclico que tende a elevar os indivíduos mais qualificados das massas ao estrato superior da sociedade, e a deslocar os membros menos capazes da «elite» governante para o estrato inferior. Este processo tende a adquirir formas e ritmos distintos consoante o modo de governo da «elite» e a resistência que esta opõe à entrada de novos elementos, e ainda à energia que estes imprimem à sua própria ascensão.

Deve dizer-se, por fim, que a «circulação das elites», por que é esse o ponto mais relevante da teoria de Pareto, é social e politicamente benéfica, na medida em que assegura a ascensão dos elementos mais promissores e o restabelecimento do equilíbrio social, sendo o seu bloqueio responsável pela afirmação de uma contra-elite disposta a encontrar os meios necessários para responder à não permeabilidade do poder. Como explica Pareto, o golpe militar, a rebelião e a revolução ameaçam sobretudo as elites contrárias à prática da abertura e da renovação, e por isso pouco acauteladas.[863]

Se recuperámos aqui, ainda que de uma forma muito abreviada, o pensamento dos principais representantes do elitismo clássico, no que se refere à circulação das elites e à sua relação com a democracia, é porque se trata de abordar uma questão que continua a ser muito sensível na descrição e avaliação que se faz dos sistemas democráticos actuais, e que se prende com a continuidade e com a renovação da sua «classe política», neste caso a parlamentar.

---

[862] *Idem, ibidem*, § 2251, § 2244,
[863] *Idem, ibidem*, §§ 2176-2179.

Ora, de acordo com os dados constantes do quadro n.º 35, podemos ver que os candidatos que disputaram as eleições ao Parlamento na legislatura imediatamente anterior não só continuam a constar das listas de candidatura no acto eleitoral subsequente, como ocupam preferencialmente os lugares elegíveis, o que constitui uma tendência transversal a todos os partidos, sem quaisquer excepções — se bem que tal tendência manifesta-se de forma mais significativa no Partido Socialista, onde os «candidatos sobreviventes» em lugares elegíveis ultrapassam os 60 %, e no Partido Comunista, no qual os candidatos em igualdade de circunstâncias ultrapassam os 70 %.

À taxa de «sobrevivência» dos candidatos em lugar elegível à Assembleia da República, que se aproxima, em termos médios dos 60 %, deve ser acrescentado um outro dado, nomeadamente as vantagens que os candidatos titulares têm no processo de selecção. Se observarmos o quadro n.º 36, facilmente constatamos que a titularidade é um requisito não só necessário como quase suficiente para ocupar um lugar elegível nas listas de candidatura. Aqui, o contraste entre o perfil dos candidatos em lugares que garantem o acesso ao Parlamento e o dos candidatos que figuram em lugares não elegíveis — mais por razões de representatividade sociológica do que por imperativos eleitorais — é bastante significativo.

Basta ver que, em termos médios, apenas 4 % dos candidatos titulares à Assembleia da República são colocados em posições não elegíveis, contra 42 % a quem são reservados lugares que garantem a reeleição parlamentar, sendo que as vantagens da titularidade, à semelhança do que acontece com a «sobrevivência» de uma eleição para a outra, tendem a ser ligeiramente superiores no PS e na CDU, ultrapassando a média para o total dos candidatos.

Estes dados permitem inferir a importância que os partidos atribuem à «titularidade», o mesmo é dizer à experiência parlamentar e às provas dadas no desempenho do mandato, o que parece justificar a «recompensa» de uma recandidatura segura e em posição elegível. Mas permitem sustentar também que a renovação das listas, sempre presente no discurso de todos os partidos aquando do momento da sua elaboração, se faz fundamentalmente à custa dos lugares não elegíveis.

Continuidade e renovação das candidaturas à Assembleia da República, por partido e por lugar ocupado nas listas
(valores percentuais)

[QUADRO N.º 35]

Partidos		1991 NE	1991 EL	1995 NE	1995 EL	1999 NE	1999 EL	2002 NE	2002 EL	Média NE	Média EL
CDS-PP	Sobreviventes*	14	50	10	20	10	31	19	73	13	44
	Neófitos**	86	50	90	80	90	69	81	27	87	56
PPD-PSD	Sobreviventes	27	57	15	51	17	47	20	59	19	54
	Neófitos	73	43	85	49	83	53	80	41	81	46
PS	Sobreviventes	19	65	19	49	36	62	31	73	26	62
	Neófitos	81	35	81	51	64	38	69	27	74	38
CDU	Sobreviventes	20	42	27	71	25	93	31	83	26	72
	Neófitos	80	58	73	29	75	7	69	17	74	28
BE	Sobreviventes							24	67	24	67
	Neófitos							76	33	76	33
Candidatos	Sobreviventes	19	57	18	51	20	56	24	69	20	58
	Neófitos	81	43	82	49	80	44	76	31	80	42
	(N)	(671)	(230)	(690)	(230)	(689)	(229)	(906)	(230)	(739)	(230)

Fonte: listas de candidatura do CDS-PP, PPD-PSD, PS, CDU e BE depositadas na Comissão Nacional de Eleições (de 1987 a 2002).

Legenda: NE = Candidatos à AR colocados em lugares não elegíveis nas listas do partido. EL = Candidatos à AR colocados em lugares elegíveis nas listas do partido.

Notas: 1. [1] A posição dos candidatos nas listas é determinada em função dos resultados eleitorais obtidos pelos partidos nos diferentes círculos na eleição imediatamente anterior. [2] Os dados omissos foram excluídos da análise. **2.** (*) Sobreviventes = Candidatos que integraram as listas do partido nas eleições legislativas imediatamente anteriores. (**) Neófitos = Candidatos que não integraram as listas do partido nas eleições imediatamente anteriores. **3.** Os dados omissos foram excluídos da análise.

Repare-se como é nestes lugares que se encontram maioritariamente os novos candidatos e os candidatos não titulares — em termos mais concretos 80 % e 96 % respectivamente —, não tendo por isso um impacto directo na composição dos grupos parlamentares dos diferentes partidos, a não ser em função das inúmeras substituições que têm lugar por força da transição dos candidatos eleitos do partido vencedor para o Governo e pelas incompatibilidades supervenientes — nomeadamente no que se refere aos candidatos oriundos do poder local — que são responsáveis pela entrada no Parlamento de muitos candidatos situados em lugares não elegíveis nas listas eleitorais, o que modifica *a posteriori*, e substancialmente, a fisionomia do Parlamento.

Há que notar ainda que a importância assumida pela «titularidade» nas estratégias de recrutamento dos diferentes partidos — a qual constitui uma espécie de «salvo-conduto» para o acesso aos lugares elegíveis — pode ser explicada, em grande parte, pelo facto de os titulares de mandato parlamentar, que procuram a «reeleição» na legislatura imediatamente subsequente, serem, em regra, figuras que gozam de um maior prestígio e influência política no interior do partido, bem como de uma maior visibilidade junto do eleitorado, conseguindo, dada a influência dos órgãos nacionais no processo de selecção e o peso que estes atribuem à experiência política anterior dos candidatos, assegurar a sua recandidatura e eventual reeleição, como teremos oportunidade demonstrar mais à frente.

Uma questão que interessa abordar aqui é a de saber se as vantagens da titularidade (no que respeita às estratégias de recrutamento, e não obstante a grande instabilidade na composição do Parlamento, pelos motivos atrás avançados) permitem falar de uma continuidade do pessoal político parlamentar que ponha em causa o princípio democrático de alternância no poder.[864] Ora, olhando para os dados relativos à reeleição parlamentar, entre 1975 e 2002, o que se verifica é que esta atinge valores muito semelhantes à taxa de rotatividade parlamentar, o que significa que em cada legislatura metade do Parlamento é, pelo menos «numericamente», renovado. Este facto não pode deixar de apontar no sentido de uma escassa profissionalização parlamentar dos deputados portugueses, quando comparados com os seus congéneres de outros países da Europa Ocidental.[865]

---

[864] Albert Somit, Rudolf Wildenmann *et al.* (1994), *The Victorious Incumbent. A Threat to Democracy*, Adershot, Dartmouth.

[865] André Freire *et. al* (2001), *Recrutamento Parlamentar. Os Deputados Portugueses da Constituinte à VIII Legislatura*, *op. cit.*, pp. 116-117. Heinrich Best e Marurizo Cotta (2000), *Parliamentary Representative in Europe, 1848-2000*, *op. cit.*, 504-406.

Titularidade dos candidatos à Assembleia da República, por partido e por lugar nas listas
(valores percentuais)

[QUADRO N.º 36]

Partidos		1991 NE	1991 EL	1995 NE	1995 EL	1999 NE	1999 EL	2002 NE	2002 EL	Média NE	Média EL
CDS-PP	Titulares*	0	50	0	0	1	12	1	47	1	27
	Não-titulares**	100	50	100	100	99	88	99	53	99	73
PPD-PSD	Titulares	18	37	10	34	11	40	3	49	11	40
	Não-titulares	82	63	90	66	89	60	97	51	89	60
PS	Titulares	6	50	3	55	25	41	16	42	13	47
	Não-titulares	94	50	97	45	75	59	84	58	87	53
CDU	Titulares	1	26	1	41	0	80	0	56	0	51
	Não-titulares	99	74	100	59	100	20	100	44	100	49
BE	Titulares	-	-	-	-	-	-	0	67	0	67
	Não-titulares	-	-	-	-	-	-	100	33	100	33
Candidatos	Titulares	4	39	2	40	7	41	3	46	4	42
	Não-titulares	96	61	98	60	93	59	97	54	96	58
	(N)	(670)	(230)	(690)	(230)	(689)	(229)	(905)	(230)	(739)	(230)

Fonte: listas de candidatura do CDS-PP, PPD-PSD, PS, CDU e BE depositadas na Comissão Nacional de Eleições (de 1987 a 2002).

Legenda: NE = Candidatos à AR colocados em lugares não elegíveis nas listas do partido. EL = Candidatos à AR colocados em lugares elegíveis nas listas do partido.

Notas: 1. [1] A posição dos candidatos nas listas é determinada em função dos resultados eleitorais obtidos pelos partidos nos diferentes círculos na eleição imediatamente anterior. [2] Os dados omissos foram excluídos da análise. 2. [*] Titulares = Candidatos que foram detentores de um mandato parlamentar na legislatura imediatamente anterior. [**] Não-titulares = Candidatos que não foram detentores de um mandato parlamentar na legislatura imediatamente anterior.

A elevada rotatividade parlamentar, que se traduz na entrada em cada legislatura de um número considerável de «iniciantes», supostamente pouco familiarizados com as regras, as práticas e as rotinas próprias da instituição parlamentar, indicia não só uma fraca continuidade nas carreiras legislativas dos deputados portugueses, como compromete também a sua especialização, ao mesmo tempo que não contribui para o reforço da responsabilização dos eleitos perante os eleitores, embora tenha a vantagem de evitar a criação de uma «elite» fechada ou pouco permeável, no que se refere ao poder legislativo. Mas olhemos, um pouco mais atentamente, para os dados relativos à rotatividade parlamentar, dado que existem diferenças interpartidárias que devem ser aqui assinaladas.

Evolução das taxas de reeleição e de renovação parlamentar
(1976-2002)

[QUADRO N.º 37]

Eleições	1976	1979	1980	1983	1985	1987	1991	1995	1999	2002	Média
N.º de deputados reeleitos	114	121	169	112	125	119	132	101	104	129	123
N.º de deputados	263	250	250	250	250	250	230	230	230	230	243
Taxa de reeleição (%)	43	48	68	45	50	47	57	44	45	56	51
Taxa de rotatividade (%)	57	52	32	55	50	53	43	56	55	44	49

Fonte: Diário da República, I Série, n.º 122, de 25 de Maio de 1976 — Mapa oficial com os resultados das eleições para a AR (lista dos candidatos eleitos); Diário da República, I Série, n.º 295, de 24 de Dezembro de 1979 — Mapa oficial com os resultados das eleições intercalares realizadas a 2 de Dezembro de 1979(lista de candidatos eleitos); Diário da República, I Série, n.º254, de 3 de Novembro de 1980 — Relação dos deputados eleitos na eleição para a AR nas eleições de 5 de Outubro de 1980; Diário da República, I Série, n.º 121, de 26 de Maio de 1983 — Relação dos deputados eleitos para a AR nas eleições de 25 de Abril de 1983; Diário da República, I Série, n.º 250, de 30 de Outubro de 1985 — Relação dos deputados eleitos para a AR nas eleições de 6 de Outubro de 1985; Diário da República, I Série, n.º 182, de 10 de Agosto de 1985 — Relação dos deputados eleitos para a AR nas eleições de 19 de Julho de 1987; Diário da República, I Série-A, n.º 249, de 29 de Outubro de 1991 — Relação dos deputados eleitos para a AR nas eleições de 6 de Outubro de 1991; Diário da República, I Série-A, n.º 246/95, de 24 de Outubro de 1995 — Relação dos deputados eleitos para a AR nas eleições de 1 de Outubro de 1995; Diário da República, I Série-A, n.º 247, de 22 de Outubro de 1999 — Relação dos deputados eleitos para a AR nas eleições de 10 de Outubro de 1999; Diário da República, I Série-A, n.º 77, de 2 de Abril de 2002 — Relação dos deputados eleitos para a AR nas eleições de 17 de Março de 2002.

Como mostra o quadro n.º 37, a taxa de rotatividade parlamentar para o conjunto dos deputados é, em termos médios, e para o período de 1991 a 2002, de 49,5 %. Tal facto permite afirmar que não se registaram alterações significativas entre o período de consolidação da democracia em Portugal e o período imediatamente anterior e correspondente à transição e normalização do regime, dado que a taxa de rotatividade parlamentar, entre 1976 e 1987, era de 49, 8 %. Ora, isto significa que a hipótese, segundo a qual as jovens democracias, à medida que se consolidam, conhecem também uma maior institucionalização do seu subsistema parlamentar, traduzida numa maior autonomia face aos demais subsistemas e numa maior profissionalização dos seus actores, só dificilmente pode ser sustentável no caso português. Pelo que, e de uma forma breve, há boas razões para acreditar que a maturidade do nosso sistema político não parece ter produzido uma maior estabilidade na composição do Parlamento, ao contrário do que aconteceu noutras democracias industriais avançadas.

Importa ainda notar que, reportando-se a informação que aqui coligimos aos candidatos eleitos, e não aos deputados que assumiram efectivamente o seu mandato, os valores relativos à taxa de rotatividade se encontram naturalmente subestimados. Assim, deve ser sublinhado que a circulação do pessoal parlamentar é tendencialmente bastante mais significativa do que os dados apresentados sugerem, na medida em que não podemos esquecer o elevado número de substituições no Parlamento, que resultam da suspensão do mandato dos deputados, por razões ou temporárias ou duradouras, sendo neste último caso justificadas pela incompatibilidade entre a função de deputado e a detenção de outros cargos, seja políticos, seja na função pública.

Substituição de deputados da Assembleia da República
(média por sessão legislativa)

[QUADRO N.º 38]

Legislaturas	I	II	III	IV	V	VI	VII	VIII	IX	Média
Número de substituições	64	219	576	207	118	90	61	119	259	190
Número de deputados	263	250	250	250	250	250	230	230	230	245

Fonte: Assembleia da República — Divisão de Apoio às Comissões.

No que às suspensões de longo prazo diz respeito, é de salientar duas limitações que existem na legislação portuguesa: por um lado, a incompatibilidade de se ser presidente da câmara e ao mesmo tempo deputado[866], por outro, a obrigação que os deputados têm de abandonar o seu assento parlamentar quando são chamados para integrar o Governo.[867] Ainda assim, é importante sublinhar que este último caso tende a perder peso na explicação da elevada rotatividade parlamentar, já que o recrutamento ministerial passa cada vez menos pelo Parlamento. Com efeito, as eleições legislativas

---

[866] Art. n.º 20 da Lei n.º 7/93 (Estatuto dos Deputados).
[867] Art. n.º 154 da Constituição da República Portuguesa, 1997.

são na prática eleições para eleger um primeiro-ministro, a quem compete nomear a sua equipa de governo (e não ao grupo parlamentar ou à direcção do partido vencedor).

Isto vai ao encontro do que demonstram Pedro Tavares de Almeida e António Costa Pinto, no seu estudo sobre o recrutamento da elite ministerial em Portugal. Em primeiro lugar, os autores constatam que o número de ministros com experiência parlamentar é, no caso português, muito inferior à média da Europa Ocidental, o que explicam do seguinte modo: «No período democrático, dois factores podem ter contribuído para o reduzido número de ministros com experiência parlamentar. Por um lado, os líderes partidários que foram nomeados para o cargo de primeiro-ministro beneficiaram sempre de grande autonomia na escolha dos seus ministros. Por outro lado, os grupos parlamentares tiveram sempre a tendência para ocupar uma posição subalterna dentro das estruturas de poder no interior do partido».[868] Acrescentam, por fim, que a relativa desvalorização do perfil parlamentar nas carreiras ministeriais está também relacionada com o elevado número de tecnocratas e de independentes sem experiência política prévia que integraram os governos durante o período democrático — particularmente nas pastas consideradas mais técnicas.[869]

Seja como for, o facto é que as substituições que derivam da suspensão do mandato — motivadas, quer por substituição temporária por motivo relevante, quer por assunção de cargo incompatível com o de deputado — são seguramente responsáveis, a par da elevada taxa de rotatividade em cada legislatura, pela forte instabilidade na composição do Parlamento, bem como pela escassa profissionalização do cargo de deputado.

Por outras palavras, e face ao número extremamente elevado de substituições verificado em cada sessão legislativa, não será excessivo dizer-se que os eleitores acabam por eleger um «Parlamento virtual», em que os lugares não elegíveis acabam por contar — e muito — na composição efectiva do órgão parlamentar. Recorde-se que o sistema de listas fechadas e bloqueadas implica que, em caso de substituição por motivo relevante ou por vagatura resultante da ida para o governo ou para cargos de nomeação e confiança política, seja designado o primeiro candidato não eleito na res-

---

[868] Pedro Tavares de Almeida, António Costa Pinto e Nancy Bermeo (orgs.), *Quem Governa a Europa do Sul?*, Lisboa, ICS, p. 53.
[869] *Idem, ibidem.*

pectiva ordem de precedência da lista a que pertencia o titular do mandato vago. E se o candidato chamado a substituir estiver impedido de assumir essas funções, sobe o candidato que se seguir, respeitando-se sempre a sequência da declaração de propositura das candidaturas (art. n.º 18 da Lei Eleitoral da Assembleia da República).

Devido a todos estes factores, a composição efectiva da Assembleia da República pode variar muito ao longo do tempo, nunca se sabendo, ao certo, quais os deputados que nela exerçam efectivamente funções, num determinado momento. Esta instabilidade na composição individual da Assembleia da República realça bem o desfasamento do eleitor relativamente aos eleitos, desvirtuando mesmo o princípio da representação proporcional, que por força dos votos fez eleger determinados deputados e não outros, colocados estes em posição não elegível nas listas de candidatura ou assumindo mesmo a condição de suplentes, os quais, dadas as circunstâncias supervenientes, acabam por aceder ao Parlamento. Por aqui se pode concluir que, os deputados eleitos pelos respectivos círculos eleitorais, com os quais os eleitores se familiarizam e nos quais votaram — ainda que sob a sigla de um determinado partido —, acabam, em regra, por ser substituídos por outros que não foram eleitos.

Ora, isto não pode deixar de ter consequências muito negativas na «qualidade» da representação política, pois afecta a relação de proximidade e de responsabilização que se quer efectiva entre eleitos e eleitores. Mas prejudica também a própria credibilidade dos partidos, já que estes apresentam aos cidadãos uma oferta eleitoral que acaba por ser subvertida após cada acto eleitoral, não só em termos de incumprimento dos respectivos programas eleitorais, o que muitas vezes acontece, como também no que se refere ao pessoal político que apresentam a sufrágio.

Mas, e ainda no que se refere à elevada taxa de rotatividade parlamentar, se esta pode ser interpretada como um sinal do bom funcionamento do sistema político democrático, na medida em que tende a impedir a perpetuação dos titulares de um mandato parlamentar — ou, e nos termos dos elitistas clássicos, a sua cristalização no poder —, o facto é que ela pode ser também interpretada como um obstáculo à necessária profissionalização dos deputados portugueses. Veja-se como em todos os partidos considerados — com a excepção do CDS-Partido Popular — a taxa de rotatividade se aproxima dos valores médios para o total dos deputados, isto é, dos 49% — se bem que o PCP, e a coligação por ele integrada, regista valores ligeiramente mais baixos, ficando-se apenas pelos 42%.

É de notar, porém, que se o CDS-Partido Popular apresenta, em média, uma taxa de renovação parlamentar de 71 % para o período compreendido entre 1991 e 2002, destacando-se de todos os restantes partidos aqui considerados, isso fica a dever-se ao facto de, nas eleições legislativas de 1995, este partido ter renovado na totalidade a sua bancada parlamentar, o que se explica pelas profundas transformações ocorridas nesta formação política, as quais se traduziram numa espécie de «refundação» do partido, traduzida numa mudança de liderança partidária, mas também na redefinição da sua linha política e programática, ou seja, na transição do velho CDS para o novo Partido Popular.

Evolução das taxas de reeleição e de renovação parlamentar, para o conjunto dos deputados (1976-2002)

[QUADRO N.º 39]

Eleições	1976	1979	1980	1983	1985	1987	1991	1995	1999	2002	Média
N.º de deputados reeleitos	114	121	169	112	125	119	132	101	104	129	123
N.º de deputados	263	250	250	250	250	250	230	230	230	230	243
Taxa de reeleição (%)	43	48	68	45	50	47	57	44	45	56	51
Taxa de rotatividade (%)	57	52	32	55	50	53	43	56	55	44	49

Fonte: Diário da República, I Série, n.º 122, de 25 de Maio de 1976 — Mapa oficial com os resultados das eleições para a AR (lista dos candidatos eleitos); Diário da República, I Série, n.º 295, de 24 de Dezembro de 1979 — Mapa oficial com os resultados das eleições intercalares realizadas a 2 de Dezembro de 1979(lista de candidatos eleitos); Diário da República, I Série, n.º254, de 3 de Novembro de 1980 — Relação dos deputados eleitos na eleição para a AR nas eleições de 5 de Outubro de 1980; Diário da República, I Série, n.º 121, de 26 de Maio de 1983 — Relação dos deputados eleitos para a AR nas eleições de 25 de Abril de 1983; Diário da República, I Série, n.º 250, de 30 de Outubro de 1985 — Relação dos deputados eleitos para a AR nas eleições de 6 de Outubro de 1985; Diário da República, I Série, n.º 182, de 10 de Agosto de 1985 — Relação dos deputados eleitos para a AR nas eleições de 19 de Julho de 1987; Diário da República, I Série-A, n.º 249, de 29 de Outubro de 1991 — Relação dos deputados eleitos para a AR nas eleições de 6 de Outubro de 1991; Diário da República, I Série-A, n.º 246/95, de 24 de Outubro de 1995 — Relação dos deputados eleitos para a AR nas eleições de 1 de Outubro de 1995; Diário da República, I Série-A, n.º 247, de 22 de Outubro de 1999 — Relação dos deputados eleitos para a AR nas eleições de 10 de Outubro de 1999; Diário da República, I Série-A, n.º 77, de 2 de Abril de 2002 — Relação dos deputados eleitos para a AR nas eleições de 17 de Março de 2002.

Note-se, ainda, que se utilizamos como indicador não a reeleição dos deputados face à legislatura imediatamente anterior, mas antes o grau de senioridade dos deputados em cada legislatura, isto é, o número de deputados que já exerceram consecutiva ou interpoladamente três ou mais mandatos parlamentares, os dados reforçam a já enunciada e demonstrada fraca profissionalização e especialização dos deputados portugueses. E isto porque os deputados seniores, que correspondem eventualmente aos deputados titulares que conseguem o objectivo da reeleição em cada legislatura, constituem um grupo minoritário no conjunto dos deputados eleitos — cerca de 22%. Uma tendência que é transversal a todos os partidos aqui considerados, ainda que nos partidos com menor dimensão eleitoral — nomeadamente no caso PCP e no caso do CDS-Partido Popular — os valores ultrapassem a média global, no que se refere à senioridade dos deputados eleitos em cada acto eleitoral.

Evolução da reeleição e renovação parlamentar no CDS-PP (1976-2002)

[QUADRO N.º 40]

Eleições	1976	1979	1980	1983	1985	1987	1991	1995	1999	2002	Média
N.º de deputados reeleitos	10	-	-	11	13	3	2	-	2	8	6
N.º de deputados	42	-	-	30	22	4	4	15	15	15	18
Taxa de reeleição (%)	24	-	-	37	59	75	50	-	13	53	39
Taxa de rotatividade (%)	76	-	-	63	41	25	50	100	87	47	61

Fonte: *ibidem*.
Notas: **1.** Em 1979 e 1980, o CDS concorreu com listas próprias apenas nas Regiões Autónomas dos Açores e da Madeira. Os deputados reeleitos pelo CDS encontram-se, assim, entre os deputados reeleitos pelo PSD, no âmbito da Aliança Democrática (AD).

Evolução da reeleição e renovação parlamentar no PPD-PSD (1976-2002)

[QUADRO N.º 41]

Eleições	1976	1979	1980	1983	1985	1987	1991	1995	1999	2002	Média
N.º de deputados reeleitos	32	49	90	39	43	66	83	52	30	45	53
N.º de deputados	73	128	134	75	88	148	135	88	81	105	106
Taxa de reeleição (%)	44	38	67	52	49	45	62	59	37	43	50
Taxa de rotatividade (%)	56	62	33	48	51	55	38	41	63	57	50

Fonte: *ibidem*.
Notas: **1.** Em 1979 e em 1980, incluem-se os deputados eleitos pelo PSD, em listas próprias, nas Regiões Autónomas dos Açores e da Madeira (7 e 8 deputados, respectivamente).

Evolução da reeleição e renovação parlamentar no PS (1976-2002)

[QUADRO N.º 42]

Eleições	1976	1979	1980	1983	1985	1987	1991	1995	1999	2002	Média
N.º de deputados reeleitos	55	49	49	33	39	31	38	42	62	66	46
N.º de deputados	107	74	74	101	57	60	72	112	115	96	87
Taxa de reeleição (%)	51	66	66	33	68	52	53	37	54	69	55
Taxa de rotatividade (%)	49	34	34	67	32	48	47	63	46	31	45

Fonte: *ibidem*.
Notas: 1. Em 1980, incluem-se os deputados eleitos pelo PS nas Regiões Autónomas dos Açores e da Madeira (3 deputados). Recorde-se que neste ano o PS concorreu integrado na coligação Frente Republicana e Socialista (FRS).

Evolução da reeleição e renovação parlamentar no PCP (1976-2002)

[QUADRO N.º 43]

Eleições	1976	1979	1980	1983	1985	1987	1991	1995	1999	2002	Média
N.º de deputados reeleitos	17	23	30	29	30	19	9	7	10	8	18
N.º de deputados	40	47	41	44	38	31	17	15	17	15	30
Taxa de reeleição (%)	42	49	73	66	59	61	53	47	59	73	58
Taxa de rotatividade (%)	58	51	27	34	41	39	47	53	41	27	42

Fonte: *ibidem*.
Notas: 1. PCP/APU/CDU.

Se no caso do PCP, se pode dizer que o seu grupo parlamentar se encontra cada vez mais remetido a um núcleo duro e estável de deputados, dado que o partido tende a apostar num conjunto de candidatos com larga experiência parlamentar e com provas dadas no desempenho do respectivo mandato, já no caso do CDS-Partido Popular a experiência parlamentar dos seus deputados deve-se — não obstante as sucessivas mudanças de liderança e de estratégia política — à integração nas suas listas de candidatos, e em posição elegível, dos «velhos quadros» do partido. Trata-se, pois, de uma estratégia que é perfeitamente evidente e oficialmente assumida, quer na liderança de Manuel Monteiro, quer na de Paulo Portas, visando com isso conseguir evitar o fraccionamento do partido e assegurar a sua «imagem de marca»: a de um «partido de quadros», mantendo, para tal, no grupo parlamentar alguns dos dirigentes mais proeminentes do partido, que se destacaram a nível nacional pela sua intervenção parlamentar.

Experiência parlamentar dos deputados eleitos à Assembleia da República
(valores percentuais)

[FIGURA N.º 7]

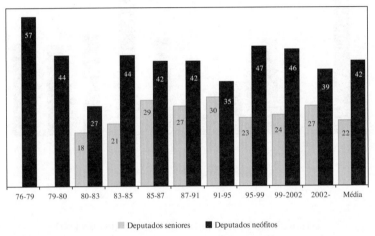

Fonte: *ibidem*.
Legenda: Deputados seniores = Deputados com três ou mais mandatos (consecutivos e/ou intercalados). Deputados neófitos = Deputados eleitos pela primeira vez em cada eleição.

Todos os dados enunciados comprovam, de facto, uma escassa profissionalização do pessoal político parlamentar, que, com a excepção parcial do PCP — cuja maior sobrevivência e titularidade dos seus candidatos, mas também a maior senioridade dos seus deputados revelam uma preferência muito clara pela experiência parlamentar dos seus quadros políticos, que faz com que o partido opte continuadamente por um grupo de candidatos com larga experiência parlamentar e que considera merecedor, dada a qualidade do trabalho parlamentar e da fidelidade revelada face às orientações da direcção nacional do partido, de uma continuada reeleição — contribui para a elevada taxa de rotatividade parlamentar. Tal facto compromete, naturalmente, não só a continuidade de um carreira parlamentar como constitui também um obstáculo ao reforço da qualificação dos membros do Parlamento, ao mesmo tempo que dificulta aproximação entre eleitos e eleitores e responsabilização dos primeiros.

Experiência parlamentar dos deputados do CDS-PP
(valores percentuais)

[FIGURA N.º 8]

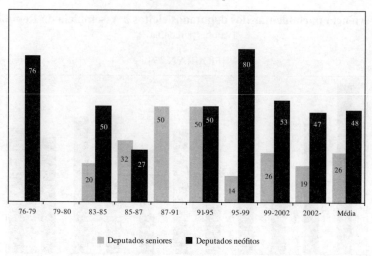

Fonte: *ibidem*.

Experiência parlamentar dos deputados do PSD
(valores percentuais)

[FIGURA N.º 9]

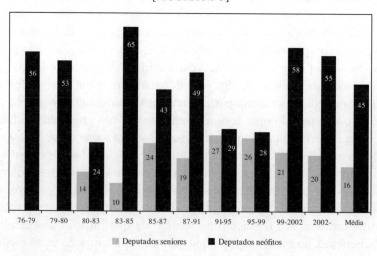

Fonte: *ibidem*.

Experiência parlamentar dos deputados do PS
(valores percentuais)

[FIGURA N.º 10]

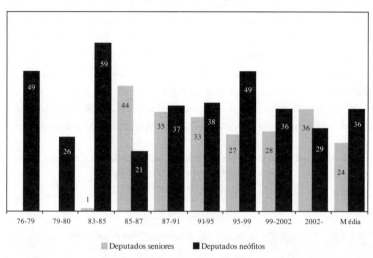

Fonte: *ibidem.*

Experiência parlamentar dos deputados da CDU
(valores percentuais)

[FIGURA N.º 11]

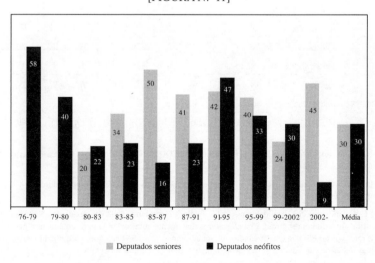

1.6 Uma «classe política» de extracção exclusivamente partidária?

A análise do quadro n.º 44 permite afirmar que os deputados à Assembleia da República são recrutados maioritariamente entre o universo dos filiados dos respectivos partidos, sendo o espaço reservado aos independentes nas listas de candidatura — ou seja, àqueles que, embora simpatizem e se identifiquem com as propostas dos partidos, não mantêm com eles nenhum tipo de compromisso formal — meramente residual. Veja-se, pois, que os candidatos independentes ocupam apenas 5% dos lugares não elegíveis, valor que decresce para 3% nos lugares elegíveis, sendo o seu peso ainda assim mais significativo nos partidos de esquerda do que nos de direita.

Vínculos partidários dos candidatos à Assembleia da República, por partido e por lugar nas listas
(valores percentuais)

[QUADRO N.º 44]

Partidos		1991 NE	1991 EL	1995 NE	1995 EL	1999 NE	1999 EL	2002 NE	2002 EL	Média NE	Média EL
CDS-PP	Filiados	100	100	100	100	99	100	100	100	100	100
	Independentes	0	0	0	0	1	0	0	0	0	0
PS	Filiados	98	95	95	93	97	96	100	97	98	95
	Independentes	2	5	5	7	3	4	0	3	2	5
CDU	Filiados	80	93	91	100	94	100	88	89	88	96
	Independentes	20	7	9	0	6	0	12	11	12	4
BE	Filiados	-	-	-	-	87	0	99	100	99	100
	Independentes	-	-	-	-	13	100	1	0	1	0
Candidatos	Filiados	94	98	96	97	95	97	97	97	95	97
	Independentes	6	2	4	3	5	3	3	3	5	3
	(N)	(594)	(95)	(595)	(97)	(775)	(145)	(759)	(151)	(680)	(122)

Fonte: listas de candidatura do CDS-PP, PPD-PSD, PS, CDU e BE depositadas na Comissão Nacional de Eleições (de 1987 a 2002).

Legenda: NE = Candidatos à AR colocados em lugares não elegíveis nas listas do partido. EL = Candidatos à AR colocados em lugares elegíveis nas listas do partido.

Notas: 1. [1] A posição dos candidatos nas listas é determinada em função dos resultados eleitorais obtidos pelos partidos nos diferentes círculos na eleição imediatamente anterior. [2] Do presente quadro não constam os dados relativos ao PSD, já que os candidatos social-democratas não declaram o seu vínculo ao partido nas respectivas fichas de candidatura. [3] Os dados omissos foram excluídos da análise.

Ora, estes dados não podem deixar de nos revelar a forte partidarização que caracteriza os processos de recrutamento parlamentar em Portugal e o papel absolutamente marginal que neles assumem os candidatos independentes. E se o discurso oficial de abertura à sociedade civil e de renovação do pessoal político é algo transversal a todos os partidos, a verdade é que tais propósitos são desmentidos pelos factos. O que estes dados nos mostram é que as vias de acesso ao Parlamento são demasiado estreitas e controladas em absoluto pelos partidos, já que é deles que sai a classe política parlamentar. Sendo que, geralmente, e como se verá mais adiante, nas listas eleitorais são incluídos aqueles filiados que realizaram um *cursus honorum* dentro do partido e adquiriram uma posição relevante na sua hierarquia interna.

O que significa, em termos estritamente realistas, que um dos direitos fundamentais da cidadania, o sufrágio passivo — se circunscreve a 4 % dos eleitores que se encontram — filiados nos partidos, segundo os dados de Ingrid Biezen e Peter Mair para as décadas de 1980 e 1990. Ou, num cenário um pouco mais optimista, mas, porém, meramente hipotético, a 23 % dos cidadãos portugueses que, no Estudo Nacional Eleitoral de 2002, declaram a possibilidade de se filiarem e participarem de forma activa num partido político. Tudo isto, como já foi suficientemente abordado, num quadro de grande desconfiança e cepticismo social face aos partidos e ao Parlamento.

Assim sendo, os dados do quadro n.º 44 parecem apontar no sentido de os candidatos independentes constituírem uma espécie de «recurso estratégico» dos partidos, através do qual estes procuram validar as suas tentativas de abertura a outros espaços sociais, que não os circunscritos à filiação e ao activismo partidário, procurando, assim, assegurar uma maior representatividade e credibilidade das suas listas de candidatura, atraindo candidatos que se destacam pela sua notoriedade pessoal e pelo seu *curriculum* socioprofissional, mais do que pela sua fidelidade e serviço partidário. Seja como for, importa notar que a análise diacrónica das listas de candidatura não permite estabelecer, com rigor e de forma detalhada, o grau de partidarização das estratégias de recrutamento; para tal será necessário recorrer a outros indicadores, os quais serão fornecidos pelo inquérito por questionário aplicado junto dos candidatos às eleições legislativas de 2002, onde incluímos vários *itens* que se prendem com este ponto concreto do nosso estudo.

1.7 Quais os preditores do posicionamento dos candidatos em lugares elegíveis?

Na análise que efectuámos das listas de candidatura à Assembleia da República, o perfil elitista da «classe política» parlamentar é confirmado pelo facto de os candidatos elegíveis apresentarem características socio-demográficas e políticas que os distanciam claramente de os candidatos colocados em lugares não elegíveis, os quais apresentam atributos que os aproximam mais da população em geral do que do conjunto dos deputados eleitos, evidenciando, desta forma, a estratégia dos partidos de apresentarem listas aparentemente representativas e equilibradas. É pois através destes lugares que os partidos procuram conseguir uma maior diversificação do perfil social e político dos candidatos, mostrando-se sensíveis à questão da representatividade das listas.

Esta estratégia de recrutamento, desenvolvida essencialmente à custa dos lugares não elegíveis, serve propósitos internos, na medida em que procura integrar representantes dos diferentes grupos e correntes dentro do partido, evitando — ou, pelo menos, atenuando — os conflitos e as tensões internas que a elaboração das listas sempre envolve, e dando assim uma imagem de unidade e de coesão interna do partido perante o eleitorado. Mas serve igualmente propósitos externos, uma vez que permite aos partidos desenvolver não só um apelo eleitoral mais abrangente e transversal — dirigido a segmentos sociais politicamente subrepresentados, mas extremamente importantes em termos de captura do voto — como promover também uma imagem de maior proximidade face à sociedade civil.

No entanto, é fundamental frisar que a análise diacrónica das listas mostra que os candidatos que têm possibilidades de aceder ao Parlamento são sobretudo do sexo masculino, com idades compreendidas entre os 36 e os 49 anos, com uma ocupação profissional não só associada a um estatuto socioeconómico privilegiado mas também facilmente compatível com o exercício de funções políticas, apresentando ainda uma experiência prévia em termos de candidatura ao Parlamento, ou porque se candidataram nas eleições imediatamente precedentes ou porque foram titulares de um mandato parlamentar na legislatura anterior. Em suma, a análise dos dados disponíveis através da consulta das listas permite-nos afirmar que os candidatos em lugares elegíveis possuem recursos sociais e políticos superiores aos dos candidatos em lugares não elegíveis, o que significa que, para além dos constrangimentos relacionados com a oferta, e aos quais já tivemos oportunidade de nos referir em momento anterior, a intervenção *do party selectorate* é seguramente responsável pelo perfil elitista da «classe política» parlamentar. Por outro lado, há que mencionar ainda a homogeneidade em termos de estratégias de recrutamento parlamentar, sendo as diferenças interpartidárias pouco significativas, o que vai ao encontro da tese da erosão das identidades partidárias, a qual afecta não só os programas e as políticas defendidas pelos partidos, mas também o seu perfil organizacional e o tipo de recrutamento dos seus quadros políticos.

De acordo com estas considerações, procurámos determinar para o conjunto dos candidatos, e no período compreendido entre 1991 e 2002, quais os principais preditores da elegibilidade, recorrendo, para tal, a uma árvore de decisão. Através deste procedimento estatístico, que consiste na aplicação sucessiva dos testes do Qui-Quadrado a um conjunto fixo de variáveis, é possível constatar que cerca de 77 % dos candidatos colocados em lugar elegível são candidatos titulares de um mandato parlamentar, uma percentagem que sobe para 81 % quando estes exercem profissões predispostas ao exercício da actividade política, e para 94 % quando a isso se junta a sua condição de *outsiders*.

Perante isto, não podemos deixar de notar que o exercício de uma profissão predisposta à actividade política e as vantagens da titularidade de um mandato parlamentar apontam no sentido da profissionalização do pessoal político parlamentar: a experiência parlamentar prévia funciona, desta forma, como uma condição quase suficiente para ocupar um lugar elegível nas listas de candidatura, e é por isso que o Parlamento constitui um dos principais canais de recrutamento, ainda que a ele se sobreponham claramente, e como veremos mais à frente, os partidos e o poder local. Importa, porém, ter em conta que a titularidade, enquanto um dos critérios de escolha mais valorizados pelo *party selectorate*, aparece — como atrás ficou demonstrado — associada uma elevada taxa de rotatividade e a uma baixa senioridade dos deputados, o que significa que, por si só, parece não comprometer a necessária renovação dos membros do Parlamento.

Tal facto permite inferir que as vantagens da titularidade abrangem apenas um pequeno núcleo de candidatos concorrentes em cada eleição, que são aqueles que acabam afinal por garantir alguma continuidade na composição extremamente volátil da instituição parlamentar, assegurando a necessária especialização da actividade legislativa. Mas será esta aparente tendência para a profissionalização de um segmento daqueles que se dedicam à actividade parlamentar um bem ou um mal, no que se refere à

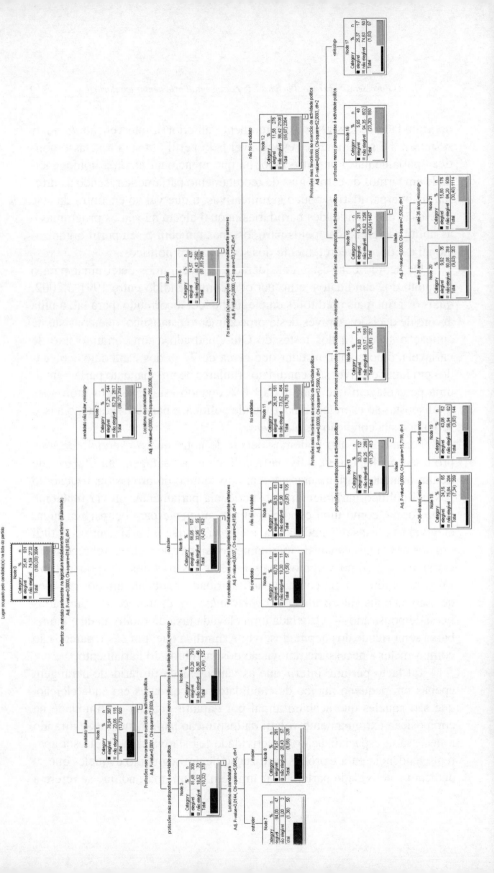

relação entre eleitos e eleitores? Uma pergunta que se torna tão ou mais relevante quando o elevado nível de desconfiança e de distanciamento dos cidadãos face aos principais actores políticos é hoje algo aparentemente irrefutável. Para responder a esta pergunta temos de recuperar aqui algum do pensamento político sobre os efeitos da profissionalização da actividade política. E, a este propósito, há que começar por dizer que este fenómeno, indissociável das democracias modernas, tem sido objecto de interpretações distintas ao longo do tempo.

Uma interpretação negativa filia-se nos trabalhos pioneiros de Weber e de Michels. Ao descrever a transição do partido de notáveis para o partido de massas, resultante da crescente complexidade e burocratização da vida política, Max Weber demonstra como essa transformação foi acompanhada pela afirmação de um novo tipo de político, que vive não *para* a política, mas sobretudo *da* política: o funcionário de partido. De facto, e segundo o sociólogo alemão, com a emergência dos partidos de massas a actividade política deixa de ser uma «profissão acessória», assegurada principalmente por notáveis, para se tornar numa «profissão principal», na qual predominam os indivíduos que vivem unicamente da política e do seu exercício, bem como das suas influências e dos seus privilégios.[870]

Eis a razão por que a actividade política se assume progressivamente como uma «empresa de interessados», e porque os «partidos de princípios», baseados em doutrinas e ideais firmes, cedem lugar aos «partidos de patrocinato», que não têm compromissos ideológicos fortes nem objectivos claramente definidos, conduzindo-se de um modo puramente pragmático e oportunista, ou seja, elaboram os seus programas segundo o que pareça mais apelativo aos caprichos do eleitorado e que lhes garanta o acesso ao poder político, a partir do qual procuram dividir os despojos por si próprios e pelos seus principais apoiantes.[871]

Também Robert Michels tem um juízo profundamente negativo da profissionalização da vida política, que, tal como Max Weber, associa ao aparecimento dos modernos partidos de massas. Se, por um lado, reconhece que é necessário encarar o princípio da organização como uma

---

[870] Max Weber (1918, 2000), *A Política como Profissão*, *op. cit.*, pp. 24-25 e pp. 27-28.
[871] *Idem, ibidem*.

condição fundamental da condução social do operariado[872], por outro, afirma que este princípio impõe necessariamente a divisão do trabalho no interior dos partidos socialistas, a qual é responsável pela inevitável — porém indesejável — diferenciação e separação entre os dirigentes profissionais e as massas. Como se pode ler na *Sociologia dos Partidos Políticos*:

> Na infância de uma organização partidária a quantidade de dirigentes profissionais é necessariamente mais limitada do que a dos dirigentes em tempo parcial. Numa fase posterior já não bastam o idealismo e o entusiasmo dos intelectuais, a boa vontade e o trabalho voluntário dos proletários ao domingo para satisfazer as necessidades internas e externas que todos os dias se multiplicam. Assim, o provisório é substituído pelo fixo e o diletantismo pelo profissionalismo (...). Todo o aparelho partidário que tenha ultrapassado uma certa dimensão precisa de ter um número de pessoas que se dedicam exclusivamente ao seu serviço. As bases delegam plenos poderes num pequeno conjunto de indivíduos que as representam de modo continuado e que tratam dos seus assuntos.[873]

O crescimento da organização impõe a necessidade de dirigentes profissionais, mas com a afirmação destes o controlo democrático das massas está inevitavelmente condenado a ter uma existência meramente fictícia. Como escreve Michels:

> Os membros da organização vêem-se obrigados a prescindir cada vez mais de participar directamente na solução dos assuntos administrativos ou mesmo de exercer a sua vigilância sobre as soluções adoptadas. Entregarão essa responsabilidade a funcionários pagos — formados pelo partido — em que depositam confiança. E estes, por via da sua familiarização com os pormenores da vida partidária, acabam por se tornar imprescindíveis, uma vez que deixam de poder ser facilmente substituídos por outros membros do partido, não pertencentes ao mecanismo burocrático e presos às suas tarefas quotidianas.[874]

---

[872] Robert Michels (1911, 2001), *Para uma Sociologia dos Partidos Políticos nas Democracias Modernas*, op. cit., pp. 53-55.
[873] *Idem, ibidem*, pp. 111-112.
[874] *Idem, ibidem*, pp. 112-113.

Por sua vez, o conhecimento especializado que eleva os dirigentes profissionalizados acima dos dirigidos e que os torna dificilmente substituíveis aos olhos das massas, é responsável não só pela monopolização do poder por poucos, mas também pela sua inamovibilidade nos cargos que ocupam. Assim, e nas palavras de Michels:

> Aqueles em quem em dado momento foi entregue uma delegação de poderes continuam ininterruptamente a exercer essas funções, desde que não haja determinações estatutárias em contrário ou que não ocorram acontecimentos extraordinários que o impeçam. Aquilo que fora o resultado da eleição do indivíduo para uma finalidade específica transforma-se num cargo vitalício. O hábito transforma-se em direito adquirido. O dirigente que durante algum tempo é regularmente eleito delegado acaba por reivindicar a delegação como se ela fosse propriedade sua.[875]

Em suma, e ainda segundo Michels, o que se observa na vida partidária é que o crescimento da organização implica necessária e inevitavelmente a profissionalização da actividade política, sendo esta responsável pela diferenciação e separação entre dirigentes e dirigidos. Assim, se os primeiros assumem relativamente aos segundos um poder autónomo e discricionário, já os segundos perdem relativamente aos primeiros toda e qualquer capacidade de intervenção e de controlo democrático. Que é assim, prova-o a passagem da *Sociologia dos Partidos Políticos*, na qual Michels enuncia a «célebre lei de ferro da oligarquia», que transcrevemos aqui:

> Quem diz organização, diz tendência para a oligarquia (...). A organização é responsável pela cisão completa do partido (...) em dois grupos: uma minoria que dirige e outra que é dirigida (...). A democracia entra em fase de declínio à medida que aumenta o nível de organização. A este respeito pode formular-se a seguinte regra: o poder dos líderes cresce na proporção directa do crescimento da organização.[876]

Em boa verdade deve dizer-se que os juízos negativos sobre o profissionalismo político são bastante mais antigos do que as formulações de

---

[875] Idem, ibidem, p. 75.
[876] Idem, ibidem, p. 54-55.

Weber ou de Michels, na medida em que remontam à Antiguidade Clássica. Como Manin bem sublinha, a adopção na democracia antiga da combinação do princípio de rotação e do sorteio era reveladora da desconfiança face ao profissionalismo político: a maioria dos magistrados, e também dos conselheiros, não eram profissionais, mas sim cidadãos comuns.[877] Se é verdade que os atenienses reconheciam, em alguns casos, a necessidade de alguns cargos exigirem capacidades especializadas, não é menos verdade que a convicção geral era a contrária: qualquer função política deveria ser realizável não por especialistas, mas por todos os cidadãos. Pelo que, salvo algumas excepções, havia o receio da apropriação do poder político por profissionais, que possuíssem uma preparação e detivessem conhecimentos que não estivessem ao acesso dos cidadãos comuns. O conflito entre a democracia e o profissionalismo político na democracia ateniense está bem patente no mito narrado por Platão, que contrapõe Sócrates a Protágoras. Ao falar da arte de gerir a cidade, Sócrates defende que a Assembleia se deveria comportar de modo diferente quando trata da construção de edifícios ou de barcos e quando em causa estão os assuntos do governo da cidade.

A este respeito, Sócrates interroga-se:

> Ora bem, vejo que quando nos reunimos na Assembleia, sempre que for preciso que a cidade realize algo na área da construção civil são convocados os arquitectos, para se pronunciarem sobre o assunto. E, quando é na área da construção naval, os armadores, e assim em todas as matérias que se crêem ser susceptíveis de ser ensinadas e aprendidas. Mais, se alguma outra pessoa, que eles não consideram como sendo especialista, pretender pronunciar-se nestas matérias, por mais belo, rico, ou nobre que seja, não lhe aceitam qualquer opinião e ainda fazem troça e barulho, até que aquele que tencionava falar tome a iniciativa de se calar, face ao barulho, ou até que os archeiros o arrastem e o prendam, por ordem de prítanes. É assim que eles procedem, tratando-se de matérias que consideram técnicas.[878]

---

[877] Bernard Manin (1998), *Los Principios del Gobierno Representativo*, Madrid, Alianza Editorial, pp. 46-48.

[878] Platão (1999), *Protágoras*, Lisboa, Relógio D'Água Editores, p. 89.

E prossegue, dizendo:

> Pelo contrário, sempre que for preciso resolver algo na área do governo da cidade, sobre essa matéria levante-se e dá a sua opinião, indiferentemente, carpinteiro, ferreiro ou curtidor, mercador ou marinheiro, rico ou pobre, nobre ou plebeu, e ninguém lhe põe as objecções dos casos anteriores: que nunca aprendeu ou nunca ninguém lhe ensinou nada sobre a matéria em que tenciona dar opinião.[879]

Perante as apreensões de Sócrates sobre a capacidade de discernimento e de julgamento político de todos os cidadãos — indiferenciadamente — e a defesa de que a «arte da política», diferentemente de uma ciência, não pode ser ensinada, Protágoras responde recorrendo a um mito segundo o qual Zeus dotou de virtude política todos os homens, já que se a tivesse reservado apenas a alguns, como é o caso das habilitações técnicas, as cidades não poderiam sobreviver. Como se pode ler nos diálogos platónicos, que têm como título «Protágoras», e nos quais é exposto um diálogo de Sócrates com o sofista:

> Hermes perguntou a Zeus de que modo deveria dar aos homens justiça e respeito: «Distribuo-os por todos» — respondeu Zeus — «e que todos partilhem desses predicados, porque não haverá cidades, se somente poucos partilharem deles, como o fazem dos outros. Estabelece, pois, em meu nome uma lei que extermine, como se se tratasse de uma peste para a cidade, todo aquele que não for capaz de partilhar de respeito e de justiça.» Deste modo e por este motivo, Sócrates, quer os outros povos quer os atenienses, quando o discurso é na área da arte da carpintaria ou de qualquer outra especialidade, consideram que só a alguns compete uma opinião. E se alguém, fora desses poucos, se pronuncia, não aceitam, tal como tu dizes — e com muita razão, respeito eu —; porém, quando procuram uma opinião a propósito da arte de gerir a cidade, em que é preciso proceder com toda a justiça e sensatez, com razão a aceitam de qualquer homem, pois a qualquer um pertence partilhar efectivamente desta arte ou não haverá cidades.[880]

---

[879] *Idem, ibidem*, p. 89.
[880] *Idem, ibidem*, p. 93.

Este mito constitui, como oportunamente sublinha Manin, a defesa da *isegoria* enquanto princípio constitutivo da democracia ateniense; ou seja, no que concerne ao governo da cidade, qualquer cidadão, não importa quais as suas capacidades ou as suas qualificações, está suficientemente habilitado para participar no governo da cidade manifestando a sua opinião política na Ágora ou Assembleia do Povo. A defesa do amadorismo político por Protágoras acha-se intimamente associada à ideia de cidadania activa tal como concebida na Grécia Antiga, bem como à rejeição de qualquer divisão entre a sociedade e o Estado. Como escreve Anthony Arblaster:

> A ideia de cidadania activa era fulcral para o funcionamento efectivo da democracia ateniense. Cidadania não significava meramente ser membro da sociedade no actual sentido diluído do termo; significava ser membro da sociedade no seu sentido original, por analogia com os membros ou partes do corpo humano. Era um relacionamento orgânico que até os antidemocratas como Aristóteles aprovavam. O Estado ou a pólis era um todo, do qual os indivíduos eram partes constitutivas, dele dependentes e não auto-suficientes (...). Assim, o cidadão só podia desenvolver-se como pessoa agindo como parte ou membro do todo, a comunidade.[881]

Péricles, o político que assumiu, conservou e exerceu longamente o poder, no seu famoso discurso fúnebre aos mortos da guerra do Peloponeso, é bastante claro quando afirma que uma retirada do cidadão da vida pública para privada não era aceitável:

> Aqui cada indivíduo interessa-se não só pelos seus próprios problemas mas também pelos assuntos do Estado (...). Não dizemos que um homem que não se interessa pela política é um homem que trata da sua vida; dizemos aqui que ele é inútil à sociedade e à República.[882]

Daqui resulta que o êxito da democracia dependia de os cidadãos aceitarem as suas responsabilidades cívicas e, por conseguinte, de estarem

---

[881] Anthony Arblaster (1987), *A Democracia*, Lisboa, Editorial Estampa, pp. 40-41.
[882] *Discurso de Péricles*, in Adriano Moreira, Alejandro Bugallo e Celso Albuquerque (orgs.) (1995), *Legado Político do Ocidente. O Homem e o Estado*, Lisboa, Instituto Português da Conjuntura Estratégica, pp. 27-31.

disponíveis para uma intervenção activa na gestão dos assuntos públicos. A antítese entre amadorismo e profissionalismo político encontra-se também presente em Eurípedes, na sua peça as *Mulheres Suplicantes*, nomeadamente no discurso entre o mensageiro de Tebas e Teseu, o rei de Atenas. Quando o mensageiro pergunta a quem deve entregar a mensagem do rei Creonte, Teseu responde:

> Neste estado não estás sujeito à vontade de um homem, é antes uma cidade livre. Aqui o rei é o povo, que governa à vez por mandatos de um ano. Não atribuímos à riqueza um poder especial. A voz do homem pobre comanda com igual autoridade.[883]

Sendo a resposta de Teseu quase incompreensível para o mensageiro de Tebas, este contrapõe dizendo que:

> A cidade de onde venho vive sob comando de um homem, não da população. Incapaz de simples argumentação como pode esta dirigir uma cidade com uma política adequada? A experiência proporciona conhecimentos mais úteis do que a impaciência. Os vossos pobres rústicos, mesmo que não sejam tolos, como poderão desviar o espírito do arado para a política?[884]

Repare-se como as afirmações de Teseu correspondem à argumentação desenvolvida por Protágoras em favor do amadorismo político, a qual consiste em defender que a «sabedoria política» não é uma questão de conhecimento especializado, mas algo que todos partilham, e que é necessário que todos partilhem. Ao mesmo tempo, tanto a história contada por Protágoras, como as afirmações proferidas pelo mensageiro de Tebas contrariam a ideia de que a política é uma actividade que requer conhecimentos específicos, tal como sustentado por Platão, através de Sócrates.

Mas se é verdade que os princípios constitutivos da democracia ateniense, nomeadamente o sorteio e a rotação nos cargos públicos, são demonstrativos da desconfiança em relação profissionalismo político, não é menos verdade que os principais críticos da democracia ateniense

---

[883] Eurípedes (1972), *The Suppliant Women*, citado *in Orestes and Other Plays*, Harmondsworth, Penguin Books, pp. 206-207.

[884] *Idem, ibidem*

defendiam o carácter distintivo da actividade política e a necessidade de especialização no seu exercício. É assim que para Platão, o conhecimento político constituía uma ciência régia, uma arte suprema. Como se pode constatar em *O Político*, nenhuma outra arte ou ciência terá um valor maior ou prioritário do que a arte ou a ciência de cuidar da sociedade humana e de governar os homens em geral. Segundo Platão, a essência da arte ou da ciência da política consiste em conhecer qual é o bem da comunidade, da pólis. [885]

Porém, como nem todos os homens têm iguais capacidades como médicos ou timoneiros, também há alguns que se revelam superiores no seu conhecimento dos assuntos políticos. Tal como o mérito de um médico ou de um timoneiro exige treino, também os homens que se dedicam ao governo da cidade devem ser cuidadosamente seleccionados e rigorosamente instruídos a fim de alcançarem a excelência na arte e na ciência da política, e conseguirem, desta forma, conquistar o consentimento daqueles que são governados, nem que para o efeito tenham de fazer uso da «nobre mentira».[886]

A contraposição entre o amadorismo e o profissionalismo político foi recuperada mais recentemente por Robert Dahl em *A Democracia e seus Críticos*, no diálogo imaginário que aí estabelece entre dois sujeitos políticos, que designa de *demos* e de *aristos*: o primeiro, defendendo a igual capacidade dos cidadãos para participar no governo da cidade, e o segundo, pugnando pela formação de uma minoria que possua conhecimentos e virtudes superiores e especializados — uma elite, uma aristocracia, no sentido original e etimológico da palavra. Ao contrário da grande maioria do povo, esta minoria qualificada possuiria tanto a idoneidade moral como instrumental indispensáveis para justificar a sua pretensão de governar, além do que satisfaria ainda as exigências resultantes da necessária divisão e especialização do trabalho político, em comunidades mais ou menos amplas e complexas.[887]

---

[885] Platão (1971), *O Político*, Lisboa, Editorial Presença,.

[886] Platão (1972), *A República*, Lisboa, Fundação Calouste Gulbenkian, 414b/c/d, pp. 155-156.

[887] Robert Dahl (1993), *La Democracia y sus Criticos*, Barcelona, Editorial Paidós, pp. 22-34.

Seja como for, e como bem salienta Dahl, embora a argumentação a favor do «sistema de tutela» preste um enorme contributo à história das ideias políticas, ao insistir em que o conhecimento e a virtude são qualidades indispensáveis para governar em qualquer tipo de sistema político, ela deve ser interpretada com toda a prudência, pois é ilusório pensar-se que o melhor dos regimes só pode ser alcançado nas condições propostas por Platão:

> Enquanto não forem, ou os filósofos reis nas cidades, ou os que agora se chamam reis e soberanos filósofos genuínos e capazes, e se dê esta união do poder político com a Filosofia, enquanto as numerosas naturezas que actualmente seguem um destes caminhos com a exclusão do outro não forem impedidas forçosamente de o fazer, não haverá tréguas dos males para as cidades nem sequer, julgo eu, para o género humano, nem antes disso será jamais possível e verá a luz do sol a cidade que há pouco descrevemos.[888]

Não podemos esquecer que a história do século XX constitui um poderoso argumento contra ideia de «tutela política» defendida por Platão, e sublinhar também que se uma democracia imperfeita é uma desgraça para o seu povo, um regime autoritário imperfeito é por sua vez uma verdadeira abominação. Mas o que mais importa referir aqui, depois deste pequeno mas estimulante périplo pelo pensamento político clássico, é que a ideia da profissionalização política, embora esteja longe de responder à defesa platónica da sofiocracia, tem também uma acepção positiva.

Com efeito, no período imediatamente subsequente à Segunda Guerra Mundial, o declínio dos partidos de massas — tanto classistas como confessionais — e a afirmação dos chamados partidos *catch-all* significaram, entre outras coisas, uma retracção dos aparelhos partidários e a progressiva profissionalização técnica do seu pessoal político, traduzida, como explica Panebianco, na substituição dos funcionários de partido por especialistas, que dominam uma série de conhecimentos especializados nas mais diversas áreas, os quais vão ao encontro das necessidades e das exigências da crescente complexidade e tecnicidade da intervenção política nas democracias actuais.

---

[888] Platão (1972), *A República*, Lisboa , *op. cit.*, 473/d, e, p. 252.

E se ao nível dos partidos, a profissionalização técnica se traduziu no recurso aos novos profissionais da política, dotados de conhecimentos especializados sobretudo na área do *marketing* e da comunicação, já ao nível do Parlamento assistiu-se à substituição de um pessoal de origem aristocrática ou proletária por um novo pessoal com elevado nível de instrução, oriundo da classe média e que tem nas profissões liberais ou nas profissões ligadas à expansão da intervenção do Estado a sua ocupação principal.

Neste sentido, pode dizer-se que a universalização do sufrágio, num primeiro momento, pela intervenção dos partidos de massas, foi responsável não só pela burocratização dos partidos mas também pela aparente abertura e democratização dos canais de recrutamento, na medida em que permitiu o acesso à «classe política» dos membros das classes sociais menos favorecidas. Como sublinha Maurizio Cotta, o alargamento do sufrágio introduziu no mercado político um novo tipo de pessoal político de origem social inferior, que não dispunha de prestígio individual, nem de bens materiais, nem de recursos clientelares, o qual, para enfrentar a concorrência dos notáveis, teve de fazer sobretudo uso de bens simbólicos, nomeadamente de uma ideologia forte e mobilizadora e de propostas de reforma social.[889] Porém, e num segundo momento, que corresponde já à afirmação dos partidos de massas como meios quase exclusivos de representação, as organizações partidárias depressa se tornaram nos principais canais de recrutamento do pessoal político, condicionando as suas oportunidades de ascensão na hierarquia interna e de acesso aos cargos públicos, e dando lugar a uma nova elite política: a «elite proletária». Que esta democratização do pessoal político, por força da profissionalização da vida partidária, muito cedo se revelou mais aparente do que real demonstrou-o claramente Robert Michels, e reafirma-o também Manin:

> Quando se formaram os partidos de massas, acreditou-se que estes iriam permitir o acesso do «homem comum» aos cargos políticos. O auge destes partidos não só parecia assinalar o «desaparecimento dos notáveis», como apontava também no sentido do fim do elitismo que havia caracterizado o parlamentarismo. Nos países em que os partidos de massas reflectiam a divi-

---

[889] Heinrich Best e Maurizio Cotta (2000), *Parliamentary Representatives in Europe, 1848-2000*, *op. cit.*, pp. 495-497.

são entre classes, esperava-se que, através da mediação dos partidos socialistas ou sociais-democratas, as classes trabalhadoras passassem a estar representadas no parlamento pelos seus próprios membros, trabalhadores comuns. A análise de Robert Michels do Partido Social Democrata alemão mostra, com toda a veemência, como tais expectativas foram defraudadas.[890]

De facto, e como já tivemos oportunidade de referir atrás, Robert Michels demonstrou na *Sociologia dos Partidos Políticos,* como a universalização do sufrágio e a profissionalização política, entendida como sinónimo de burocratização da organização partidária, podiam ser processos contraditórios. Foi com a profunda amargura e desencanto que o sociólogo alemão constatou o fosso existente entre os dirigentes e as bases daquele que era considerado na altura o protótipo do partido de massas e de classe dentro do movimento socialista internacional.

Ainda que os dirigentes partidários e os deputados tivessem as mesmas origens sociais da classe trabalhadora, o facto é que o acesso e o exercício do poder político os elevava e diferenciava social e politicamente da classe que supostamente deveriam representar. O partido, segundo Michels, oferecia uma oportunidade de ascensão na hierarquia social aos membros mais inteligentes e mais ambiciosos da classe operária, o que não podia deixar de implicar o seu aburguesamento social e o seu afastamento dos fins e ideais socialistas, passando o partido a estar dominado por «elites desproletarizadas».[891] Porém, essas elites alcançam o poder não devido à superioridade social e económica ou à notoriedade local, mas graças a qualidades e competências específicas, a saber: o militantismo e a *cursus honorum* desenvolvidos no interior do partido. E para isso muito contribuíam as chamadas «escolas de partido» a que se refere Michels:

> Por toda a parte as organizações políticas operárias estão intensamente empenhadas em tomar nas suas próprias mãos a formação dos seus funcionários. Pululam as salas de estudo ou, se se quiser, «viveiros» destinados a fornecer a breve trecho funcionários com «formação científica» (…). Não se

---

[890] Bernard Manin (1997), *Los Principios del Gobierno Representativo, op. cit.*, pp. 253-254.
[891] Robert Michels (1911, 2001), *Para uma Sociologia dos Partidos Políticos nas Democracias Modernas, op. cit.*, pp. 309-310.

pode deixar de notar que todas estas instituições de formação destinadas a funcionários dos partidos ou aos sindicalistas contribuíram de modo essencial para o surgimento artificial de uma «elite operária» e que, por via da criação de uma casta de novos dirigentes operários, aumentaram também o grau de poder dos líderes sobre as massas partidariamente organizadas (...). Assim, os líderes, que a princípio são apenas órgãos executivos da vontade das massas, tornam-se autónomos emancipando-se destas.[892]

Há que concluir, portanto, que a universalização do sufrágio e o aparecimento dos partidos de massas estiveram longe de promover uma efectiva abertura dos canais de recrutamento, bem como uma verdadeira representatividade social dos parlamentos. Porém, e ao contrário de Michels, muitos viram na entrada das camadas sociais inferiores na arena política e no seu acesso aos órgãos de poder um avanço democrático no sentido de uma maior identificação e de uma maior semelhança entre governantes e governados.

Esta aparente e momentânea convergência entre as promessas democráticas e as práticas da representação — as primeiras necessariamente inclusivas, porque baseadas na igualdade de oportunidades e de resultados, e as segundas inevitavelmente exclusivas, na medida em que assentam no princípio da distância e na autonomia parcial dos eleitos face aos eleitores — parecia ir ao encontro do ideal de uma reconciliação quase perfeita entre a divisão do trabalho político e o princípio democrático da igualdade.

Ora, é precisamente essa aparente e fictícia convergência, bem como o apelo e o fascínio exercido desde sempre pelo ideal da semelhança entre eleitos e eleitores, que suporta ainda hoje muitas das reivindicações no sentido de uma maior representatividade sociológica da «classe política», mesmo que o mecanismo electivo impeça tal propósito, e que serve igualmente de base às inúmeras críticas dirigidas à profissionalização da actividade política, vista como contrária às promessas da democracia, em especial quando essa profissionalização se faz em nome da partidocracia e da tecnocracia.

Pode afirmar-se, por conseguinte, que muitas das críticas actualmente dirigidas à «classe política», nomeadamente à parlamentar, resultam de algo já suficientemente abordado pelos autores que, no início do século XX, estu-

---

[892] *Idem, ibidem*, pp. 64-65.

daram de perto e mais ou menos aprofundadamente o funcionamento dos partidos políticos, a saber: da *lógica contraditória entre democratização e profissionalização política*. Ou, dito de outro modo: da separação entre o conceito de democracia e o de representação. Importa ter sempre presente, porque é algo muitas vezes esquecido e até mesmo ignorado — ou por efeito de uma memória excessivamente curta ou demasiado selectiva, pois parece ignorar o pensamento fundador dos sistemas democráticos modernos — que a democracia representativa não é uma actualização possível e empobrecida da democracia directa, mas é antes uma forma de governo diferenciada e autónoma. E daí a contraposição que teve lugar durante o século XIX entre o governo democrático e o governo representativo.

Este afasta-se — e muito — do sentido etimológico da democracia e das características da democracia clássica grega, da qual herdámos — e aí parece residir a fonte de todos os equívocos — não apenas a palavra como boa parte do imaginário associado a ela. Por um lado, o povo não exerce o poder, a não ser, no máximo, de uma forma bastante mediada. Por outro, as instituições centrais das democracias contemporâneas — as eleições e o Parlamento — são estranhas à experiência grega, sendo até ao século XVIII consideradas intrinsecamente aristocráticas.[893]

É, pois, nestes termos que devem ser entendidos e recuperados os argumentos dos pais fundadores da democracia moderna, já que estes defenderam a República, não porque viram nela a única alternativa possível perante a impraticabilidade da democracia directa nos estados modernos, dado o seu volume populacional e a sua extensão territorial, mas uma forma de governo essencialmente diferente e superior, na medida em que evitava a «tirania das maiorias» que tendem a actuar apressada e apaixonadamente. É neste sentido que James Madison — o grande responsável intelectual pela constituição americana de 1787 e co-autor com John Jay e Alexander Hamilton de *O Federalista* — escreve:

> É preciso defender o povo contra os seus próprios erros e ilusões temporários. Tal como o frio e deliberado sentido de comunidade deveria prevalecer em última instância, e efectivamente prevalece em todos os governos livres, sobre os pontos de vista dos seus governantes, também existem momentos particulares nos assuntos públicos em que o povo, estimulado por

---

[893] Anthony Arblaster (1987), *A Democracia*, *op. cit.*, pp. 18-19.

alguma paixão irregular, ou alguma vantagem ilícita, ou desencaminhado pelas artificiosas deturpações de homens interesseiros, pode exigir medidas que ele próprio, mais tarde, será o mais célere a lamentar e a condenar. Nesses momentos críticos, como será salutar a interferência comedida e respeitável da assembleia de cidadãos, com o intuito de suspender o curso desencaminhado e suster o golpe meditado pelo povo contra si mesmo, até que a razão, a justiça e a verdade possam recuperar a sua autoridade sobre o espírito público?[894]

Esta interrogação de Madison, que serve de mote para a defesa intransigente da necessidade de um corpo de representantes, é seguida de uma outra bastante reveladora:

> Quanta amarga angústia não teria frequentemente evitado o povo de Atenas se o seu governo tivesse contemplado uma salvaguarda tão previdente [como o Senado] contra a tirania das suas próprias paixões? A liberdade popular poderia então ter escapado à indelével censura de decretar, para os mesmos cidadãos, a cicuta num dia e a estátua no dia seguinte.[895]

É desta forma que James Madison, embora reconhecendo que o princípio da representação não era desconhecido dos antigos nem totalmente ignorado nas suas Constituições políticas — e a prová-lo estava o facto de, antes mesmo da reforma de Sólon, Atenas ter sido governada por nove arcontes eleitos pela totalidade do povo, mas também a existência dos éforos em Esparta e dos tribunos em Roma, que eram duas pequenas assembleias eleitas anualmente por todo o povo — contrapõe muito claramente a democracia pura à República, considerando que só esta forma de governo poderia evitar a tirania das maiorias e a constituição das facções e, deste modo, assegurar a defesa do interesse comum. E fá-lo nos seguintes termos:

> A democracia pura, termo com que pretendo referir-me a uma sociedade constituída por um pequeno número de cidadãos, que se reúnem e administram o governo pessoalmente, não pode admitir um remédio para as

---

[894] James Madison (1788), *O Federalista n.º 62*, in Alexander Hamilton, James Madison e John Jay (1787-1788, 2003), *O Federalista*, Lisboa, Edições Colibri, p. 391.
[895] *Idem, ibidem*.

acções prejudiciais das facções (…). Por isso é que essas democracias deram sempre um espectáculo de turbulência e de discórdia, e nunca foram consideradas compatíveis com a segurança pessoal ou com os direitos de propriedade; e tiveram em geral vidas tão curtas como violentas foram as suas mortes. Os políticos e os teóricos, que patrocinaram essa espécie de governo, supuseram erradamente que dando aos homens uma perfeita igualdade de direitos políticos este ficariam, ao mesmo tempo, perfeitamente igualizados e assimilados nos bens, nas opiniões e nas paixões.[896]

Por seu lado, prossegue Madison:

> Uma República, e refiro-me a um governo no qual existe o esquema da representação, abre uma perspectiva diferente, e promete o remédio que procuramos. Para compreendermos tanto a natureza do remédio como a eficácia que terá, examinemos então os pontos em que esta varia em relação à democracia pura. Os dois pontos de diferença entre uma democracia pura e uma República são, primeiro, a delegação do governo, segundo, a maior quantidade de cidadãos e a maior extensão de território sobre o qual a última se pode estender.[897]

Ao explicar o efeito da primeira diferença, Madison deixa bem claro que a sua principal preocupação era a de conter acção violenta e desagregadora do que chamava de «grupos facciosos», grupos minoritários ou maioritários, unidos e animados por paixões ou interesses comuns, que actuavam contrariamente aos interesses globais e permanentes da comunidade.[898] Mas deixa igualmente claro que, não podendo as «facções» ser erradicadas — uma vez que a sua origem se encontra na própria natureza do homem —[899] ao Legislador não restava senão controlar os seus efeitos, o que pressupunha uma opção em favor das instituições próprias do sistema representativo e da autonomia dos representantes face aos representados. Era aqui, e não na democracia directa, que residia a solução para combater

---

[896] James Madison (1781), *O Federalista n.º 10*, *in* Alexander Hamilton, James Madison e John Jay (1787-1788, 2003), *O Federalista, op. cit.*, pp. 82-83.
[897] *Idem, ibidem*, p. 83.
[898] *Idem, ibidem*, pp. 79-80.
[899] *Idem, ibidem*, pp. 80-81.

o mal maior das nações, ou seja, o «espírito faccioso». E daí a defesa e afirmação da superioridade do governo representativo. Só este permitiria, no entender de Madison:

> Refinar e ampliar os pontos de vista do público, filtrando-os através de uma assembleia escolhida de cidadãos, cuja sabedoria pode discernir melhor o verdadeiro interesse do seu país, e cujo patriotismo e amor da justiça terá menor probabilidade de sacrificar esse interesse a considerações temporárias ou parciais. Com tais normas, pode muito bem acontecer que a opinião pública, expressa pelos representantes do povo, seja mais consonante com o bem público do que se fosse expressa pelo próprio povo, reunido em assembleia para o efeito.[900]

É assim que a República — que os federalistas consideram preferível e superior à democracia directa — permitiria não só conter as ameaças da maioria, como seria igualmente capaz de seleccionar as elites mais capazes para governar de uma forma democrática e justa, impondo a distância entre representantes e representados e buscando deliberadamente a separação entre a esfera social e a política. Porém, não se julgue apressadamente que Madison e os co-autores de *O Federalista* e ideólogos da Convenção de 1787 tinham uma fé cega e ilimitada no corpo de representantes, dado que admitiam a possibilidade de estes se afastarem do bem público e de atraiçoarem a confiança do povo, pelo que consideravam necessária a criação de mecanismos institucionais capazes de evitar tais desvios. A este propósito, Madison escreve:

> O objectivo de todas as constituições políticas é, ou deveria ser, primeiro obter como governantes homens que possuam a maior sabedoria para discernir e maior virtude para conseguir o bem comum da sociedade. E, em seguida, tomar as precauções mais eficazes para que se conservem virtuosos enquanto continuarem no seu cargo público.[901]

---

[900] *Idem, ibidem*, p. 83.
[901] James Madison (1788), *O Federalista n.º 57*, in Alexander Hamilton, James Madison e John Jay (1787-1788, 2003), *O Federalista, op. cit.*, p. 357.

Esta passagem mostra que os federalistas não se conformavam com a selecção dos mais virtuosos e inteligentes — uma aristocracia de mérito — nem com a autonomia parcial dos representantes face aos representados, devendo aqueles ser responsáveis perante estes, o que só seria possível através do recurso a eleições frequentes, e é por isso que o método electivo constituía para Madison, Jay e Hamilton o princípio essencial em que deveria assentar o governo republicano da União. É assim que (depois de considerar alguns dos meios institucionais capazes de impedir a degenerescência do governo representativo e, desta forma, assegurar que se mantenha a responsabilidade apropriada do corpo de representantes em relação ao povo) James Madison não hesita em afirmar que:

> Todas estas garantias, no entanto, seriam muito insuficientes sem a barreira das eleições frequentes. Por este motivo, a Câmara de Representantes deve ser constituída de um modo tal que implique para os seus membros a habitual recordação da sua dependência do povo. Antes que os sentimentos impressos nos seus espíritos pela sua elevação possam ser apagados pelo exercício do poder, serão forçados a antecipar o momento em que o seu poder cessará, em que o seu exercício do poder será reexaminado e em que deverão descer do nível a que foram elevados, para aí ficarem para sempre a menos que um fiel cumprimento do seu dever tenha estabelecido o seu direito a uma renovação dessa elevação.[902]

Chegados aqui, é necessário concluir que, com a constituição do governo representativo moderno, se afirmou uma concepção *elitista* da representação política, que defende que os representantes devem ser distintos dos seus eleitores — o princípio da distinção — ficando para trás a ideia da representação política como mandato, segundo a qual os eleitos são sempre delegados vinculados pelas instruções dos seus eleitores e o seu mandato limitado e revogável *ad nutum*. Mas para trás ficou também a ideia da representação como semelhança ou proximidade, de acordo com a qual os eleitos devem ser um espelho ou um microcosmos da sociedade, reflectindo o mais fielmente possível as suas características.

Na verdade, o debate entre os defensores da Constituição de 1787 e os seus principais detractores não se resumiu ao problema dos mandatos e

---

[902] *Idem, ibidem*, pp. 358-359.

das instruções, alargando-se também à questão da semelhança social entre eleitores e eleitos, ou seja, àquilo que hoje se designa por concepção «descritiva» da representação. Esta teve nos antifederalistas uma defesa apaixonada e intransigente, sendo a insistência na necessidade de semelhança e de proximidade entre eleitos e eleitores um dos aspectos mais recorrentes nos seus panfletos e discursos. É neste sentido que Melancton Smith, principal adversário de Hamilton na Convenção de 1787, afirma que:

> A ideia que se impõe naturalmente quando falamos de representantes é a de que estes se pareçam com aqueles que representam, que sejam a verdadeira imagem do povo, que conheçam as suas circunstâncias, os seus desejos e as suas necessidades, que se comovam com as suas aflições e que estejam dispostas a ir ao encontro dos seus interesses.[903]

E para que essa a Câmara de Representantes pudesse ser o espelho fiel da população, era preciso que a sua dimensão fosse bem maior do que a proposta pelos federalistas, isso mesmo resulta das palavras de Brutus:

> O termo representante implica que a pessoa ou o órgão eleito para esse fim deva parecer-se com aqueles que o designam: para que a representação do povo da América seja verdadeira, é preciso que seja como o povo (...). Portanto, deve procurar-se que aqueles que ocupam o lugar do povo partilhem as suas paixões e os seus sentimentos e que rejam pelos seus interesses, por outras palavras: que sejam o mais possível parecidos com aqueles que substituem espacialmente. E é óbvio que uma assembleia que se pareça verdadeiramente com o povo de um qualquer país, deve ser consideravelmente numerosa.[904]

A principal preocupação dos antifederalistas era a de que a Câmara de Representantes, proposta pelos federalistas, elevasse os poucos à custa dos

---

[903] Melancton Smith (1788), «The speech at the New York ratification convention», in Ralph Ketchman (org.)(1986), *The Anti-Federalist Papers and the Constitutional Convention Debates* (1986), Londres, Penguin Books, p. 342.

[904] Brutus (1787), *To the Citizens of The State of New York* (Ensaio I), in Ralph Ketchman (org.)(1986), *The Anti-Federalist Papers and the Constitutional Convention Debates* (1986), *op. cit.*, pp. 277-279.

muitos e sobretudo excluísse da representação as classes ou grupos sociais economicamente menos favorecidos ainda que numericamente maioritários — temiam que a representação prevista pela Constituição favorecesse as classes mais prósperas e proeminentes em detrimento das classes médias, enfim, que impusesse o domínio político de uma «aristocracia natural» por via legal ou institucional. Se é certo que os antifederalistas não eram igualitaristas radicais, na medida em que aceitavam as desigualdades sociais, económicas e pessoais como sendo naturais a qualquer sociedade, o facto é que queriam impedir a todo o custo que uma «aristocracia natural» acabasse por monopolizar o poder, deixando de fora os representantes dos principais segmentos da população. As palavras de Brutus são bem ilustrativas desse entendimento comum aos antifederalistas:

> Numa assembleia verdadeiramente representativa, os agricultores, os comerciantes, os mecânicos e as diversas classes de pessoas deveriam estar representadas de acordo com o seu respectivo peso e importância na sociedade, devendo os representantes estarem intimamente identificados com os seus desejos, saber quais os seus interesses e promover a sua prosperidade.[905]

Empregando aqui as categorias de Hanna Pitkin, podemos dizer que os antifederalistas defendiam uma concepção «descritiva» da representação[906], segundo a qual o órgão legislativo deveria ser um «espelho fiel» do povo, actuando, natural e espontaneamente, como este o faria se reunido em assembleia. É pois de salientar que na mente dos antifederalistas parecia ainda estar presente o ideal das *town meetings* ou assembleias populares, praticadas com singular sucesso na luta independentista. Tais reuniões populares — inicialmente celebradas apenas entre os grandes proprietários e depois estendidas à participação da grande maioria dos habitantes das diversas comunidades — ocupavam-se de tratar os principais temas de interesse público e de resolver colectivamente os problemas mais urgentes. Seja como for, o que mais importa sublinhar é que os objectivos da visão «descritiva» da representação e da «teoria do mandato» são rigorosamente

---

[905] *Idem, ibidem.*
[906] Hanna Pitkin (1985), *El Concepto de Representación*, Madrid, Centro de Estudios Constitucionales, pp. 65-122.

os mesmos. Se no primeiro caso a identidade entre a vontade dos representantes e a do povo é garantida pela semelhança e proximidade social entre ambos, no segundo caso ela é assegurada através de disposições legais, como sejam as instruções ou os mandatos imperativos.

Não admira, por isso, que os antifederalistas defendessem um sistema de governo mais descentralizado e afim à democracia directa, não fechando as portas a soluções institucionais que promovessem o mais possível uma relação estreita e vinculante entre representantes e representados. Importa ter presente que para os antifederalistas, de forma oposta à ideia defendida pelos federalistas, o sistema de governo representativo não era uma opção válida em si mesma, e por isso superior e preferível a qualquer método de consulta directa à cidadania: tratava-se, fundamentalmente, de um «mal necessário». Esta concepção política levou os antifederalistas a privilegiarem sempre — nas suas críticas ao modelo institucional federalista — a acusação de que se tratava de um sistema de governo de pendor eminentemente «aristocrático».[907]

E levou também a que os detractores da Constituição de 1787 não se limitassem a defender um Congresso que fosse um «espelho fiel» da população, mas que com o objectivo de evitar que os representantes se afastassem do «contrato moral» que os unia aos seus eleitores, defendessem também alternativas institucionais que contrariavam em tudo o modelo que acabou por vencer, nomeadamente a necessidade de uma maior frequência nas eleições, a possibilidade de dar instruções obrigatórias aos representantes, a revogabilidade dos mandatos para aqueles que não cumprissem as suas promessas eleitorais e ainda a rotação obrigatória para impedir a formação de uma «classe política» isolada da sociedade e para favorecer ao mesmo tempo a participação dos cidadãos na vida política, insistindo-se na ideia de que se não houvesse rotação os representantes tenderiam a continuar pelo resto da vida nos seus cargos.[908]

Em suma, se os antifederalistas não questionavam a necessidade de eleições frequentes, também defendida pelos federalistas, consideravam, contudo, que estas não garantiam a necessária proximidade e responsabilidade dos eleitos perante os eleitores, sendo para tal imperativo pro-

---

[907] Ralph Ketchman (org.)(1986), *The Anti-Federalist Papers and the Constitutional Convention Debates* (1986), op. cit.
[908] Idem, ibidem.

mover a semelhança e a proximidade social entre uns e outros: só esta poderia garantir, como ficou exposto acima, uma representação genuína. Já para os federalistas, a distinção entre representantes e representados não só era algo inerente ao mecanismo electivo, como era também uma condição necessária para o bom e regular funcionamento do governo da União, constituindo o recurso frequente às eleições uma garantia suficiente para que os eleitos não se desviassem do bem público nem atraiçoassem a confiança do povo.[909]

Estamos, assim, perante duas concepções opostas de representação, que permanecem ainda hoje perfeitamente actuais, se bem que sendo objecto de aceso e contínuo debate. Por um lado, a mais difundida é aquela que faz equivaler formalmente a representação política quer à autorização quer à responsabilidade, e que tem nas eleições o seu principal elemento constitutivo — já que através destas se processa não só a delegação ou a concessão de autoridade dos representados nos representantes eleitos, mas se exige também que estes prestem contas da sua actuação perante os eleitores.[910] Por outro lado, encontramos a concepção descritiva da representação, que considera que a semelhança ou proximidade social entre eleitos e eleitores garante que os primeiros são sensíveis e actuam de acordo com os interesses dos segundos, e que coloca a ênfase não no mecanismo electivo, mas sim na composição do Parlamento segundo critérios que garantem a proporcionalidade e a representatividade sociológica, preocupando-se mais com a representação como «amostra» do que com a representação como «mandato».[911]

Se a primeira tem em Schumpeter um dos seus principais teóricos, já a segunda tem nos defensores dos sistemas eleitorais proporcionais, para os quais a representação deve ser entendida fundamentalmente como sinónimo de representatividade, os seus principais proponentes, encontrando

---

[909] Roberto Gargella (2006), «Em nome da constituição. O legado federalista dois séculos depois, in Atilio Boron, *Filosofia Politica Moderna. De Hobbes a Marx*. Consultado em Abril de 2007: http://bibliotecavirtual.clacso.org.ar/libros/secret/filopolmpt/08_gargarella.pdf; Andrés Hernandéz Quiñones (2006), «Modelos de democracia liberal representativa: limitaciones y promessas incumplidas», in *Co-Herencia*, 4 (3), pp. 37-45.

[910] Bernard Manin, Adam Przeworski e Susan C. Stokes (1999), *Democracy, Accountability and Representation*, Cambridge, Cambridge University Press; Hanna Pitkin (1985), *El Concepto de Representación, op. cit.*, pp. 123-183;

[911] Hanna Pitkin (1985), *El Concepto de Representación*, Madrid, *op. cit.*, pp. 65-122.

hoje novos seguidores entre os autores que sublinham a necessidade da presença física dos grupos excluídos nos órgãos de decisão política, contrapondo uma «política de ideias» a uma «política de presença».[912]

Importa mencionar que Schumpeter não se limitou a redefinir a democracia em termos mais realistas e minimalistas do que os propostos pelos autores clássicos, que a filiavam nos ideais utópicos da vontade geral e do bem comum, mas também que (ao considerar a democracia como um método institucional através do qual era possível chegar a decisões políticas por meio da luta concorrencial entre elites políticas — organizadas em partidos — que lutam pelo voto popular) dava por certa a consolidação de um círculo de políticos profissionais e o desenvolvimento de uma verdadeira carreira política.[913]

É por isso que, para Schumpeter, a democracia representativa não podia significar outra coisa que não o facto de as deliberações colectivas serem tomadas não directamente por todos que fazem parte da colectividade, mas apenas por certas pessoas eleitas para esse fim. E ponto final! Isso explica que Schumpeter chame a atenção para a circunstância de na democracia representativa ser necessário dar mais atenção ao adjectivo do que ao substantivo, pois só assim se poderia compreender que nesta os representantes acabassem por constituir uma categoria em si próprios — a dos políticos de profissão, ou seja, aqueles que, para nos expressarmos de acordo com a extremamente eficaz definição de Max Weber, não só vivem *para* a política como *da* política. Daí que Schumpeter refira que, sendo a democracia o governo dos políticos e não do povo, é necessário compreender claramente o que isso significa. A este propósito escreve:

> Numerosos expoentes da doutrina democrática fizeram o possível para despir a actividade política de qualquer conotação profissional. Sustentaram veementemente, algumas vezes apaixonadamente, que a política não deve ser uma profissão e que a democracia degenera logo que se torna num modo

---

[912] Anne Phillips (1999), «Descriptive representation revisited», *in* Stephen Luckes e Sergio Garcia (orgs.), *The Quality of Citizenship: Social Inclusion versus Multiculturalism*, Madrid, Editorial Siglio XXI; Anne Phillips (1995), *The Politics of Presence*, Clarendon Press, Oxford, Clarendon Press; Anne Phillips (1999), «Strategies de la difference: politique des idees ou politique de la presence?», *in Mouvenments*, (3), pp. 92-100.

[913] Jospeh A. Shumpeter (1942, 1961), *Capitalismo, Socialismo e Democracia*, Rio de Janeiro, Fundo de Cultura.

de vida. Mas isto é puro idealismo. É verdade que os homens de negócios e os advogados podem ser eleitos para o Parlamento e até exercer cargos públicos uma vez por outra, e continuarem basicamente homens de negócios e advogados. É igualmente verdade que muitos que se tornam políticos continuam a depender economicamente de outras profissões. Mas, habitualmente, o êxito pessoal na política, e não a simples subida ocasional para ocupar uma posição no governo, implicará uma atitude de tipo profissional e o afastamento de outras actividades para uma posição secundária, embora necessária.[914]

E prossegue, dizendo que:

> Se quisermos enfrentar os factos honestamente, devemos reconhecer que, nas democracias modernas de todos os tipos, a política será inevitavelmente uma carreira. E isto significa, por um lado, o reconhecimento de um interesse profissional distinto no político e a existência de interesses específicos na actividade política, como profissão. É pois essencial incluir este aspecto na nossa teorização, pois só assim muitos enigmas encontram a devida explicação. Entre outras coisas, deixamos imediatamente de nos perguntar por que é que os políticos com tanta frequência deixam de servir os interesses da sua classe ou dos grupos com os quais estão pessoalmente ligados.[915]

Mas Schumpeter vai mais longe, e nisso reitera por inteiro o pensamento dos pais fundadores do governo representativo. Defende que o funcionamento satisfatório do método democrático depende, entre outras condições, do concurso de políticos qualificados — de quadros políticos profissionalizados, ou, transpondo a lei da economia, conhecida como «Lei de Gresham», para a vida política, que a boa moeda expulse a má moeda. Nas suas próprias palavras:

> Entre as condições que consideramos necessárias para o êxito do método democrático, está que o material humano da política seja de qualidade suficientemente alta. Isto significa mais do que a existência de um número

---

[914] Idem, ibidem, p. 346.
[915] Idem, ibidem, pp. 346-347.

suficiente de indivíduos com as necessárias qualidades e padrões morais. É pois necessário que o método democrático seleccione entre os membros da população aqueles que estão dispostos a desenvolver uma carreira política (...). Há muitas maneiras pelas quais se pode obter o concurso de políticos qualificados. Até ao momento, a experiência parece indicar que a garantia mais eficaz nesse sentido passa pela existência de uma camada social que aceita a política como algo perfeitamente natural. E se essa camada não for nem demasiado exclusivista nem demasiado acessível, ela dará à carreira política elementos suficientemente qualificados, a qual os tornará ainda mais aptos ao dotá-los de experiência e de um código profissional específico.[916]

À defesa do profissionalismo político como condição necessária para o bom funcionamento do método democrático, Schumpeter acrescenta ainda — indo também aqui ao encontro da ideias dos pais fundadores do governo representativo — a necessidade do princípio de distinção entre representantes e representados. Defende, assim, que:

> [Nas democracias modernas] os eleitores comuns devem respeitar a divisão de trabalho entre si e os políticos que elegem (...). Devem compreender que, uma vez tendo eleito determinado cidadão, a actividade política passa a ser dele e não sua. Significa isso que os eleitores devem abster-se de instruir os eleitos sobre o que devem ou não fazer, um princípio, aliás, reconhecido por todas as constituições políticas, desde do tempo de Edmund Burke.[917]

Tanto mais que, como afirma Schumpeter:

> O reduzido sentido de responsabilidade e a ausência de uma efectiva vontade comprovam a ignorância do cidadão comum e a falta de bom senso quando em causa estão assuntos de política interna e externa que ultrapassem o âmbito local e familiar (...). Com efeito, o cidadão comum desce para um nível inferior de discernimento racional logo que entra no campo político. Argumenta e raciocina de uma maneira que ele próprio consideraria como infantil se em causa estivessem os seus interesses reais. Torna-se primitivo,

---

[916] Idem, ibidem, pp. 352-353.
[917] Idem, ibidem, pp. 357-358.

novamente. O seu pensamento assume um carácter puramente associativo e afectivo. E isto acarreta duas consequências de significado sombrio. Em primeiro lugar, se não houvesse grupos políticos tentando influenciá-lo, o cidadão comum tenderia na esfera política a ceder a preconceitos ou impulsos irracionais ou não racionais (...). Por outro lado, quanto mais débil for a racionalidade nos processos de decisão colectiva e a responsabilidade pessoal, maiores serão as oportunidades dos grupos que queiram explorá-las (...). Tais grupos podem modelar e até mesmo criar a vontade do povo. É por isso que na análise dos processos políticos descobrimos não uma vontade genuína, mas antes uma vontade artificialmente fabricada. Pelo que a vontade do povo — a vontade geral na doutrina clássica — é o resultado e não a causa primeira do processo político.[918]

O princípio da distinção entre representantes e representados e a necessidade de especialização da actividade política encontram-se igualmente expressos no pensamento político daquele que foi um dos principais mentores da arquitectura constitucional que sucedeu à revolução francesa de 1789. Referimo-nos, pois, ao abade Sieyès, que, do lado de cá do Atlântico, e em total sintonia com os pais fundadores da Constituição dos EUA, defendia que o governo representativo era exigido por desafios novos, aos quais a democracia directa seria incapaz de dar resposta. De facto, para Sieyès, o governo deveria ser representativo, precisamente porque as sociedades modernas — que qualificava de comerciais — eram elas mesmas representativas, uma vez que se encontravam fundadas no princípio da divisão do trabalho. Daí que escreva que:

> Tudo é representação no estado social. Ela acha-se por toda a parte, tanto na ordem privada como na ordem pública, ela é a mãe tanto da indústria produtiva e comercial, como dos progressos liberais e políticos. Digo mais, ela confunde-se com a própria essência da vida social.» [919] Eis a razão pela qual, «o povo não deve manifestar a sua vontade nem agir senão através de representantes», já que o facto de querer agir por si próprio constitui um

---

[918] *Idem, ibidem*, pp. 318-320.
[919] *Opinion de Sieyès sur Plusiers des Titres IV et V du Project de Constituition*, Paris, 2 thermidor, ano III, p. 5, citado *in* Pierre Rosavallon (1992), *Le Sacre du Citoyen — Histoire du Suffrage Universel en France*, Gallimard, Paris, pp. 66-67.

retrocesso sob o ponto de vista da «arte social», isto é, da «arte de assegurar e aumentar o bem-estar das nações.» [920]

Como se pode ver, tanto o argumento sociológico de Sieyès como o argumento institucional de Madison convergem no facto de a existência de uma «classe política» não ser um «mal» a combater, mas, muito pelo contrário, um fenómeno desejável e uma condição necessária para o bom funcionamento do governo representativo. Na sua formação reside, portanto, a diferença entre a democracia directa e aquela forma superior de República em que os cidadãos confiam a representantes eleitos o exercício livre e especializado do poder. Tanto Madison como Sieyès chegam, assim, às mesmas conclusões quanto à independência dos deputados e à profissionalização da actividade política, ainda que por vias e em contextos bem diferentes.

Depois deste breve périplo pelas ideias dos pais fundadores da democracia representativa, não podemos deixar de nos interrogar sobre o que aconteceu de então para cá que justifique a inegável impopularidade e as crescentes críticas dirigidas contra a chamada «classe política», bem como o tom pejorativo e negativo com que os cidadãos, analistas e até os próprios dirigentes políticos se referem actualmente à profissionalização das funções políticas. Estamos, pois, em crer que tal fenómeno se fica a dever fundamentalmente ao facto de assistirmos hoje a uma nova «crise» da representação política, que se traduz num claro e sintomático enfraquecimento dos mecanismos de mediação entre os cidadãos e o poder político, o qual tem contribuído para o progressivo afastamento entre eleitos e eleitores e para o acentuar dos traços originais do governo representativo, aparentemente atenuados pela democratização dos sistemas políticos no período entre guerras.[921]

Ou seja, aquilo que actualmente é contestado pelos cidadãos e pelos analistas políticos mais não é do que o reforço da «face aristocrática» inerente a qualquer governo representativo, a qual tem sido enormemente

---

[920] *Opinion de Sieyès sur Plusiers des Titres IV et V du Project de Constituition*, Paris, 2 thermidor, an III, citado *in* Marcel Prélot, *As Doutrinas Políticas*, Presença, Lisboa, vol. III, pp. 122-123.

[921] Heinrich Best e Maurizio Cotta (2000), *Parliamentary y Representative in Europe, 1848-2000, op, cit.*, pp. 495-497 e pp. 516-517.

potenciada pelos padrões de desenvolvimento partidário: no início do século XX, a universalização do sufrágio e o aparecimento dos partidos de massas foram responsáveis pela integração e mobilização dos cidadãos até então excluídos da esfera política, expressando e agregando os seus interesses e promovendo uma aparente proximidade entre eleitos e eleitores; no final do século XX, a generalização dos partidos *catch-all* e também a afirmação dos partidos cartel, preocupados sobretudo com a conquista do voto e com o exercício de cargos públicos — e não já com o seu papel representativo de outrora — parecem ir num sentido contrário, na medida em que contribuem para o crescente distanciamento entre a sociedade civil e os principais agentes políticos: os partidos. Estes centram-se cada vez menos no desempenho das funções representativas, que tendem a ser desempenhadas por novos actores políticos, para se ocuparem cada vez mais das funções de carácter procedimental, uma mudança que acompanha o seu movimento da sociedade civil para o Estado.

Neste contexto, uma das funções políticas que os partidos continuam a monopolizar é a do recrutamento do pessoal político, definindo assim não só os termos da oferta eleitoral mas controlando também o comportamento dos eleitos — tudo isto num circuito essencialmente fechado e auto-referencial, o qual parece estar na base da transformação das actuais democracias representativas em verdadeiros regimes «partidocráticos» — um desenvolvimento a que não é alheia a crescente falta de identificação entre eleitores e eleitos, bem como a separação entre o chamado «país legal» e o «país real».[922] E é precisamente essa transformação que faz com que as principais instituições da democracia representativa — nomeadamente as eleições — só dificilmente possam ser encaradas como instituições «mistas», no sentido dado pelos autores clássicos e oportunamente recuperado por Manin, pois os seus resultados aproximam-se bastante mais dos princípios elitistas do que dos ideais democráticos. Quer pela participação que promovem, que é limitada e pontual, quer pelos actores que envolvem, que se demarcam claramente dos cidadãos comuns, tanto pelas suas características sociais como pelos seus atributos políticos.[923]

---

[922] Gianfranco Pasquino, (2000), *La Classe Política*, Madrid, Acento Editorial; Klaus von Beyme, *La Classe Politica en el Estado de Partidos*, Madrid, Alianza Editorial.
[923] Bernard Manin (1997), *Los Principios del Gobierno Representativo*, *op. cit.*, pp. 192-193.

E nisto os partidos têm um papel decisivo, pois importa não esquecer que são eles os principais responsáveis pela escolha dos candidatos a cargos públicos, pelo que o *princípio da distinção* mais do que um elemento constitutivo da democracia representativa é hoje uma realidade imposta e potenciada pela intervenção daqueles a quem cabe definir a oferta eleitoral, ofuscando em grande medida a face democrática que também caracteriza os processos electivos. Tendo por base a reflexão desenvolvida por Bernard Manin sobre a natureza «mista» das eleições, torna-se necessário dar mais um passo e sublinhar que, hoje em dia, o monopólio partidário da oferta eleitoral compromete séria e irreparavelmente o equilíbrio necessário e desejável entre os elementos igualitários e não igualitários inerentes ao método eleitoral.

E neste sentido é cada vez mais questionável a afirmação de Manin quando escreve que «as eleições são talvez uma dessas instituições nas quais a mistura entre elementos aristocráticos e elementos democráticos é tão completa que tanto as elites como os cidadãos comuns podem descrevê-las e avaliá-las como entenderem.»[924] Veja-se como o autor recupera aqui, de forma quase literal, o conceito aristotélico de «governo misto», formulado na *Política* nos seguintes termos:

> A norma de uma boa mistura de democracia e de oligarquia seria a que possibilitasse chamar a um mesmo regime democracia e oligarquia (...). Um regime constitucional misto deve assemelhar-se a todos os regimes e, ao mesmo tempo, a nenhum. Deve por isso mesmo poder conservar-se a si próprio, e não em virtude de factores externos, deve conservar-se por si mesmo, e não devido à vontade de uma maioria mas porque nenhuma das partes da cidade deseja, em absoluto, um outro.[925]

Mas, no que diz respeito às democracias representativas modernas, se é verdade que as eleições são «democráticas» porque conferem a todos os cidadãos a mesma voz na escolha dos seus representantes, não é menos verdade que elas são também «aristocráticas» não só porque promovem a necessária e inevitável diferenciação entre eleitos e eleitores, mas ainda, e especialmente, porque é aos partidos que cabe definir e

---

[924] *Idem, ibidem*, p. 198.
[925] Aristóteles (1998), *Política*, Lisboa, Vega Universidade, p. 307-309.

controlar previamente quem são os representantes que disputam o voto popular, e fazem-no impondo critérios de escolha que contribuem para separar e afastar ainda mais o corpo de representantes dos representados, através de procedimentos fechados, pouco inclusivos e de natureza claramente elitista.

É por isso legítimo afirmar que, nas «partidocracias» actuais — e Portugal não é uma excepção —, os traços distintivos dos eleitos não resultam da escolha livre e autónoma dos eleitores, limitando-se estes a ratificar as escolhas feitas pelos partidos políticos, o que tende a ser cada vez mais contestado do ponto de vista das promessas igualitárias da democracia, ao mesmo tempo que reforça os fundamentos elitistas que estiveram na base do desenho das instituições representativas, opondo uma vez mais duas formas de governo originariamente distintas: a democrática e a representativa. É assim que num sistema electivo, em que os partidos são os principais *gatekeepers* no acesso ao poder, o tipo de superioridade dos eleitos é definido não pelos eleitores, mas antes pelas estruturas que no interior das organizações partidárias decidem quem disputa o voto popular.

Posto isto, é fácil perceber o sentido equívoco da seguinte afirmação de Manin, quando se refere ao carácter dual das eleições: «Se perguntarmos quem são os *aristoi* que devem governar, o democrata dirige-se ao povo e este que decida.»[926] Ora, a prática das democracias actuais só dificilmente pode ser revista nesta afirmação. Dado o monopólio partidário da oferta eleitoral, aquela pergunta tem de ser necessariamente reformulada nos seguintes termos: «Se perguntarmos quem são os *aristoi* que devem governar, o democrata dirige-se aos partidos e estes que decidam!»

Na verdade, e ainda de acordo com a análise de Manin, se é certo que as diferentes metamorfoses da democracia representativa não significaram uma transformação ou reinvenção dos seus principais elementos constitutivos — os quais permaneceram substancialmente inalterados —, não é menos verdade que os desenvolvimentos actuais desmentem a ideia de que a representação estava destinada a avançar no sentido de uma maior democratização e de uma maior proximidade entre eleitos e eleitores, traduzindo-se agora, como antes, na imposição de uma elite separada e distanciada da sociedade, só que, desta feita, seleccionada e controlada de forma

---

[926] Bernard Manin (1997), *Los Principios del Gobierno Representativo*, op. cit., p. 198.

monopolística pelos partidos. E é isso que merece a crítica daqueles que receiam a apropriação do poder por políticos profissionais, e que parece justificar igualmente o crescente distanciamento e a inegável indiferença dos cidadãos face à vida política em geral.

Com efeito, se não existe uma coincidência efectiva entre eleitores e votantes, já que nem todos os que têm direito de voto decidem exercê-lo, o facto é que essa falta de coincidência se torna bastante mais acentuada quando relacionamos a capacidade eleitoral passiva — ou elegibilidade — e o seu exercício real. Aqui, e ao contrário do que estabelece o princípio democrático, o perfil dos candidatos e dos eleitos difere significativamente do perfil geral dos cidadãos elegíveis, o que nos permite falar de uma tendência no sentido da composição elitista da «classe política» parlamentar.

Como teremos oportunidade de constatar mais à frente, através dos dados fornecidos pelo inquérito por questionário aplicado aos candidatos à Assembleia da República em 2002, o que distingue os candidatos em posições elegíveis não é apenas o facto de estes se demarcarem sociologicamente daqueles que devem representar, mas também — e fundamentalmente — a circunstância de serem, na sua esmagadora maioria, militantes e dirigentes partidários, o que faz com que a «classe política» parlamentar seja, em última análise, uma *classe de extracção exclusivamente partidária*.

Estamos, pois, como se demonstrará mais à frente, perante padrões de recrutamento parlamentar que se caracterizam pela sua natureza «fechada», «auto-referencial» e preponderantemente «partidocrática», o que não pode deixar de contribuir para o crescente isolamento e distanciamento da «classe política» em relação à sociedade civil, como se de dois mundos à parte se tratasse. Pois bem, o tom pejorativo e negativo atribuído ao profissionalismo político resulta precisamente do facto de este ter assumido nas democracias contemporâneas — e também em Portugal — um perfil bem definido.

Ou seja: o facto de se encontrar associado ao desenvolvimento de uma «classe política» que é cada vez mais composta por pessoas que vivem somente da política e do seu exercício — no sentido económico, salientado por Max Weber — bem como de pessoas que são seleccionadas, premiadas e promovidas pela actividade que desempenham dentro dos partidos e para os partidos, o que contribui não só para reforçar a dependência económica e política dos eleitos perante os directórios partidários — dos quais depende, afinal, a sua reeleição e a sua manutenção no cargo —, mas também para aumentar os fenómenos de oportunismo e de clientelismo políticos.[927] Fenómenos, estes, que se tornam ainda mais evidentes quando assistimos, em Portugal, a uma extensão das nomeações «partidocráticas», que levam a opinião pública a identificar com os partidos um vastíssimo conjunto de instituições, entidades, empresas e aparelhos burocráticos, recaindo assim, e inevitavelmente, sobre as organizações partidárias as responsabilidades de todas as disfunções que ocorrem naquelas sedes.

Isto significa que a profissionalização da actividade política, sobretudo para aqueles que não têm uma alternativa profissional ou cujo regresso à sua ocupação de origem se torna difícil, tende a implicar um longo e destacado *cursus honorum*, que começa nas juventudes partidárias — e, por vezes, em outras organizações paralelas — passa pela ocupação de cargos partidários a nível local e nacional, para terminar finalmente com a candidatura a um cargo público. Em suma: a trajectória daqueles que integram a «classe política» parlamentar é fundamentalmente uma *carreira de partido, no partido e para o partido*. Isso ajuda a explicar que os chamados «independentes», que acedem à «classe política» e nela permanecem durante um período mais ou menos longo, sejam um fenómeno bastante raro, não só em Portugal como também nas democracias da nossa área geocultural. O que é mais: estes independentes estão longe de dispensar um claro e firme apoio partidário, e nada nem ninguém pode garantir, como sustenta Panebianco, que não acabem também eles por se converter em políticos profissionais.[928]

Em jeito de conclusão, e para terminar este ponto que já vai demasiado longo, importa sublinhar que a profissionalização da actividade política (por intervenção das organizações partidárias, as quais monopolizam a função de recrutamento do pessoal político) tende a ser vista menos como uma realidade inelutável e desejável, resultante da divisão e especialização do trabalho político e da necessária autonomia dos eleitos face aos eleitores — como sustentavam os pais fundadores da democracia representativa —, para ser encarada como um «mal» a combater, na medida em que tende a consolidar relações objectivas de dependência entre os representantes

---

[927] Giovanni Sartori (1992), «Parlamento», *in* Giovanni Sartori, *Elementos de Teoria Politica*, Madrid, Alianza Universidad, pp. 180-183.
[928] Angelo Panebianco (1995), *Modelos de Partido, op. cit.*, pp. 438-443.

eleitos e os seus partidos, a aumentar o oportunismo político, contribuindo, desta forma, para a crescente desconfiança e para o acentuado cepticismo dos eleitores face à actuação dos eleitos.

Por sua vez, tratando-se de organizações que deixaram para trás — e de forma aparentemente irreversível — as suas funções representativas de outrora, para se centrarem fundamentalmente na conquista do voto e na obtenção de cargos públicos, é de esperar que os principais partidos políticos promovam nos seus representantes uma atitude de tipo profissional e que transformem a política numa «carreira» a tempo inteiro. Por outras palavras: em vez de serem «políticos profissionais», os membros da «classe» parlamentar tornam-se cada vez mais «profissionais da política», fazendo da sua actividade mais uma «carreira» do que uma «vocação», encarando-a mais como uma «colocação» num determinado cargo do que como um «serviço à causa pública», sendo o seu principal objectivo manterem-se na política a todo o custo, procurando renovar sucessivamente o seu mandato. É assim que, para um número significativo de políticos, a ausência de uma profissão alternativa ou a impossibilidade de retorno à ocupação profissional de origem leva a que a «reeleição» se torne numa questão essencial, contando, aqueles, para tal, com os «bons ofícios» dos dirigentes dos partidos em que militam e em que ocupam posições mais ou menos destacadas.

Esta situação cria uma condição objectiva de dependência dos políticos (deputados) face aos partidos, ao mesmo tempo que abre totalmente o caminho à evolução «partidocrática» do sistema político — principalmente em países, como é o caso de Portugal, onde a ajuda e o apoio estatais aos partidos são consideráveis e as oportunidades de patrocinato e clientelismo partidário constituem práticas usuais. E se não devemos ignorar a existência de restrições normativas e regulamentares que procuram prevenir o uso privatístico dos recursos públicos, a verdade é que nem por isso podemos deixar de reconhecer que o enorme crescimento da intervenção do Estado na vida económica e social alargou substancialmente as oportunidades do patrocinato. As práticas de patrocinato são para os partidos — sobretudo para os que chegam ao Governo — um recurso que lhes permite recompensar os seus membros e seguidores, assim como aumentar e preservar a coesão interna do «partido-organização», mas também, importa dizê-lo, do «partido parlamentar» e do «partido no eleitorado». E é por tudo isso que, como observa Maurizio Cotta, o patrocinato tende, actualmente, a tornar-se «um importante complemento ou sucedâneo da crença ideológica e dos êxitos ao nível das políticas públicas».[929]

Enfim, a formação de uma «classe política» cada vez mais fechada, auto-referencial e não representativa — cuja aparente renovação se verifica apenas na sequência de derrotas eleitorais — não pode deixar de contribuir para reforçar a imagem negativa que os cidadãos têm dos políticos, em particular, e dos partidos, em geral. E assim sendo, não nos parece errado sugerir que a questão é também hoje, como o foi nos primórdios do governo representativo, saber qual a distância adequada entre eleitos e eleitores, qual a função da «classe política» face à sociedade civil. Por um lado, tal como os federalistas, há que reconhecer que o princípio da distinção é algo inerente aos mecanismos representativos, e como tal inultrapassável. Por outro lado, e como defendiam os antifederalistas, há que procurar instrumentos institucionais alternativos que promovam uma relação mais estreita entre eleitores e eleitos. Pois, se o modelo federalista representa o modelo vencedor, tal modelo mostra-se também, pelo menos parcialmente, responsável por muitos dos défices que continuam a caracterizar as democracias representativas actuais, nomeadamente o distanciamento entre eleitos e eleitores, o enfraquecimento da «virtude cívica» e o crescimento da «apatia política».

2. Critérios e estratégias de recrutamento parlamentar: uma perspectiva sincrónica

Depois de termos examinado o peso explicativo dos factores relacionados com a «procura», adoptando para tal um arco temporal alargado, ainda que compreendendo apenas um número reduzido de variáveis, é chegado o momento de aprofundar essa análise, privilegiando a partir daqui uma perspectiva de curto prazo, mas alargando-a, em contrapartida, a um número mais extenso de variáveis e de indicadores, os quais nos permitirão conhecer melhor as características individuais, os interesses e as opiniões dos candidatos ao Parlamento, bem como os recursos de que dispõem e as motivações que orientam as suas acções. Só assim estaremos em condições

---

[929] Maurizo Cotta (2007), *Democracia, Partidos e Elites Politicas*, Lisboa, Livros Horizonte, p. 85.

Recrutamento parlamentar: factores relacionados com a «procura»

[FIGURA N.º 12]

			Deputados eleitos à AR			
			ELEIÇÃO			
	Candidatos em lugares elegíveis			Candidatos em lugares não elegíveis		
			LISTAS DE CANDIDATURA			
colegial	executivo	colegial	Executivo	colegial	executivo
	Órgão locais		Órgãos regionais		Órgãos nacionais	
			PARTY SELECTORATE			
		Outras				
		Objectivos políticos futuros				
		Objectivos políticos imediatos				
		Interesse pela política				
		Serviço público		Outras		
		Defesa de determinados ideais		Privilégios inerentes ao «estatuto de deputado»		
		Motivações políticas e cívicas		Motivações instrumentais		
			MOTIVAÇÕES			
	Apoios partidários		Governo			
	Serviço partidário		Parlamento			
	Activismo partidário		Poder Local			
	Duração da filiação		▲		Participação activa em organizações sociais	
	Continuidade da filiação		Experiência política anterior			
	Filiação partidária				Filiação em organizações sociais	
	Partidários		Políticos		Sociais	
			RECURSOS			
				Experiência política da família		
				Interesse da família pela política		
	Classe social			Exposição da família aos media informativos		
	Profissão			Classe social dos pais		
	Instrução			Nível de instrução dos pais		
	Origem sociodemográfica			Origem familiar		
			***Background* dos candidatos**			
			Modelo da oferta e da procura de Pippa Norris adaptado ao caso português (variáveis incluídas no inquérito aos candidatos)			

de caracterizar, de forma detalhada e suficientemente exaustiva, os critérios e as estratégias de recrutamento parlamentar preponderantes em cada uma das formações partidárias consideradas neste estudo. Para tal, usaremos como principal instrumento de trabalho o inquérito por questionário aplicado junto dos candidatos às eleições legislativas de 2002, o qual segue de perto a estrutura reproduzida na figura n.º 12.

Não será demais salientar que, também aqui a hipótese a testar é a de que a importância dos factores relacionados com a «procura» na explicação dos padrões de recrutamento parlamentar será tanto ou mais significativa, quanto maior forem as diferenças observadas entre candidatos elegíveis e candidatos não elegíveis. E isto porque tais diferenças — a existirem e a serem marcantes — confirmam que a intervenção dos órgãos partidários responsáveis pela elaboração e ordenação das listas eleitorais é não só manifesta como decisiva no acesso de um «certo» tipo de candidato ao Parlamento, determinando, por conseguinte, as características pessoais e políticas dos seus membros.

2.1 Origens sociais e familiares dos candidatos às eleições legislativas de 2002

Os dados relativos ao nível de escolaridade dos candidatos à Assembleia da República confirmam uma característica transversal a todos os parlamentos da nossa área geoacultural, ou seja, a presença maioritária de indivíduos com formação universitária.[930] Como se pode ver no quadro n.º 45, cerca de 60 % dos candidatos tem um curso superior completo, subindo esta percentagem para quase 70 % quando se consideram as posições elegíveis. E mesmo entre os partidos de esquerda a posse de um grau académico parece constituir hoje um pré-requisito indispensável para aceder aos lugares que garantem o acesso ao Parlamento.[931]

---

[930] Heinrich Best e Maurizio Cotta (2000), *Parliamentary y Representative in Europe, 1848-2000, op, cit.*, pp. 497 e ss.; Pippa Norris (org.) (1997), «Comparing passages to power», *in* Pippa Norris (org.) *Passages to Power. Legislative Recruitment in Advanced Democracies, op. cit.*, pp. 209-232; Michael Gallagher (1988), «Conclusion», *in* Michael Gallagher e Michael Marsh (1988), *Candidate Selection in Comparative Perspective. The Secret Garden of Politics, op. cit.*, pp. 236-277.

[931] André Freire *et al.* (2001), *Recrutamento Parlamentar. Os Deputados Portugueses da Constituinte à VIII Legislatura, op. cit.*, pp. 66-71.

Nível de escolaridade dos candidatos à AR, por partido e lugar nas listas

[QUADRO N.º 45]

(Valores percentuais)		CDS-PP	PSD	PS	CDU	BE	Média
Sem curso superior	NE	22	0	4	28	-	14
	EL	0	6	6	12	-	6
	C	19	9	5	28	20	16
Com curso superior incompleto	NE	16	11	4	4	-	9
	EL	12	16	0	12	-	10
	C	16	7	2	5	10	8
Com curso superior completo	NE	53	84	64	62	-	65
	EL	63	69	70	63	-	66
	C	54	77	67	60	40	60
Mestrado	NE	7	0	21	6	-	8
	EL	12	6	15	13	-	12
	C	8	3	18	7	16	10
Doutoramento	NE	2	5	7	0	-	4
	EL	13	3	9	0	-	6
	C	3	4	8	0	14	6

Fonte: dados do inquérito por questionário aplicado junto dos candidatos à AR nas eleições de 2002.
Legenda: NE = Candidatos em lugar não elegível. EL = Candidatos em lugar elegível. C = Candidatos.

É assim, sem grande surpresa, que constatamos que os órgãos responsáveis pelo recrutamento parlamentar nos diferentes partidos optam por colocar em lugares não elegíveis os candidatos sem qualificação universitária, mostrando-se uma vez mais sensíveis à representatividade sociológica das listas, mas não à entrada no Parlamento de indivíduos com níveis mais baixos de instrução. Parece, pois, indiscutível que a formação superior dos candidatos traduz não só o aumento do número de diplomados entre a população nacional, como deve ser vista ainda como o resultado da crescente especialização técnica requerida pelo trabalho parlamentar. Aliás, tal fenómeno estará porventura ligado à valorização do trabalho desenvolvido nas comissões parlamentares em detrimento das discussões em plenário.[932]

---

[932] André Freire, António de Araújo, Cristina Leston Bandeira, Marina Costa Lobo e Pedro Magalhães (2002), «A actividade parlamentar», *in* André Freire, António de Araújo

Por outro lado, e no que se refere ao tipo de formação académica dos candidatos à Assembleia da República, uma primeira leitura dos dados permite concluir que as licenciaturas em Ciências Sociais predominam na composição das listas de candidatura, sendo seguidas pelo Direito, pela Economia e Gestão e também pelas Engenharias. Porém, se atendermos à posição ocupada pelos candidatos nas respectivas listas, depressa constatamos que o tipo de formação académica mais valorizado pelo *party selectorate* é, fora de dúvida, o Direito, já que cerca de 37 % dos lugares elegíveis são ocupados por diplomados em Direito e apenas 19 % cabem a diplomados na área das Ciências Sociais e Humanas.

Número de diplomados no ensino superior, segundo a natureza institucional do estabelecimento de ensino

[FIGURA N.º 13]

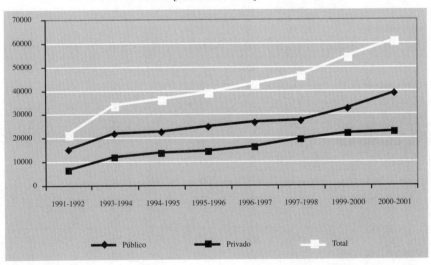

Fonte: INE (2001)

Estes números denunciam a importância política da formação em Direito que, como Max Weber assinalou, providencia recursos técnicos e oratórios decisivos para actividade parlamentar nos Estados modernos.

---

et al., O Parlamento Português: Uma Reforma Necessária, Lisboa, Instituto de Ciências Sociais, pp. 53-78.

Formação académica dos candidatos à AR, por partido e lugar nas listas

[QUADRO N.º 46]

(Valores percentuais)		CDS-PP	PSD	PS	CDU	BE	Média
Direito	NE	16	33	23	5	-	19
	EL	50	40	35	25	-	37
	C	21	35	28	9	2	19
Letras e Artes	NE	12	3	12	5	-	8
	EL	0	0	21	0	-	5
	C	11	2	16	4	17	10
Economia e Gestão	NE	22	22	15	8	-	17
	EL	0	20	14	13	-	12
	C	19	21	15	9	5	14
Engenharias	NE	6	11	8	5	-	7
	EL	14	20	10	13	-	14
	C	7	15	9	7	10	10
Arquitectura	NE	4	3	0	5	-	3
	EL	23	0	3	0	-	6
	C	7	2	2	4	2	4
Ciências Médicas	NE	8	0	7	18	-	8
	EL	0	0	3	12	-	4
	C	7	0	6	17	10	8
Ciências Naturais	NE	3	0	4	4	-	3
	EL	0	3	4	0	-	2
	C	2	2	4	2	5	3
Ciências Sociais	NE	29	28	31	50	-	34
	EL	13	17	10	37	-	19
	C	26	23	20	35	49	31

Fonte: dados do inquérito por questionário aplicado junto dos candidatos à AR nas eleições de 2002.

Legenda: NE = Candidatos em lugar não elegível. EL = Candidatos em lugar elegível. C = Candidatos.

E se o Direito constitui inegavelmente, e sem diferenças interpartidárias significativas, a principal fonte do recrutamento parlamentar, isso não se deve apenas ao facto de as profissões ligadas ao Direito serem não só as mais adequadas ao exercício da actividade legislativa, mas também à circunstância — não menos importante — de a função de deputado não impedir nem limitar o progresso profissional nesta área. E isto porque, como é sabido, e é prática corrente em quase todas as democracias ocidentais, o regime de incompatibilidades não inclui o exercício da advocacia, permitindo assim que muitos dos candidatos — uma vez eleitos — continuem nos seus gabinetes de advocacia, mesmo quando é evidente o perigo de esses gabinetes se tornarem em lugares de tráfico de influências.

A falta de representatividade dos eleitos face à população em geral não deve ser aferida apenas pelo seu grau de instrução; ela torna-se igualmente evidente quando atendemos ao estatuto social dos deputados eleitos. E que assim é, provam-nos os dados relativos à classe social dos candidatos à Assembleia da República, os quais mostram que a entrada na vida política implica — ou constitui — um mecanismo de mobilidade social ascendente.

Para tal basta comparar, num primeiro momento, a classe social de origem e a classe actual de todos os candidatos parlamentares, independentemente do lugar que ocupam nas listas: se apenas 16 % dos candidatos declaram que provêm de famílias de estatuto social alto e médio-alto, o certo é que esta percentagem aumenta para 38 % quando em causa está a sua condição socioeconómica actual. Esta discrepância é igualmente visível, só que agora em sentido contrário, se consideramos as camadas sociais economicamente mais desfavorecidas: se cerca de 34 % dos candidatos afirma que o seu núcleo familiar de origem pertence às classes média-baixa e baixa, o facto é que esta percentagem atinge apenas os 10 % quando se trata de averiguar qual a classe social a que pertencem actualmente os candidatos à Assembleia da República.

Estes dados evidenciam bem o quão afastada está a proveniência social dos candidatos e a sua condição socioeconómica actual da estratificação social da sociedade portuguesa.[933] Uma realidade que se torna ainda mais visível e sintomática se atendermos ao facto de os candidatos que se autoposicionam na classe média-alta ocuparem 47% dos lugares elegíveis nas listas de candidatura ao Parlamento, enquanto aqueles que dizem pertencer à classe média-baixa não ultrapassarem os 3%. E se é verdade que a maioria dos candidatos provêm da classe média e pertencem a ela, não é

---

[933] António Barreto (org.) (2000), *A Situação Social em Portugal 1960-1999, op. cit.*, pp. 77-249.

menos verdade que, no que se refere ao estatuto socioeconómico dos candidatos, se torna notória a clivagem entre esquerda e direita, na medida em que tanto a CDU como o BE apresentam nas suas listas um maior número de candidatos que se autoposicionam nas classes média-baixa e baixa, por comparação com os outros partidos situados à sua direita, inclusivamente o PS.

Classe social actual dos candidatos à AR, por partido e lugar nas listas

[QUADRO N.º 47]

(Valores percentuais)		CDS-PP	PSD	PS	CDU	BE	Média
Alta	NE	2	0	0	0	-	0
	EL	13	0	6	0	-	5
	C	3	0	3	0	0	1
Média-alta	NE	44	56	46	22	-	42
	EL	74	50	52	13	-	47
	C	48	54	49	21	13	37
Média	NE	50	41	50	52	-	48
	EL	13	50	42	74	-	45
	C	46	45	46	55	70	52
Média-baixa	NE	4	3	0	22	-	7
	EL	0	0	0	13	-	3
	C	3	1	0	21	13	8
Baixa	NE	0	0	4	4	-	2
	EL	0	0	0	0	-	0
	C	0	0	2	3	4	2

Fonte: *ibidem*.
Legenda: NE = Candidatos em lugar não elegível. EL = Candidatos em lugar elegível. C = Candidatos.

Para além da classe social do núcleo familiar de origem, um outro aspecto a ter em conta na caracterização dos candidatos à Assembleia da República prende-se com o nível de politização da família, pois este é um dos factores ligados à socialização primária, período em que são interiorizados modelos e valores, são adquiridas experiências e qualidades associadas à participação pública, as quais podem ser depois desenvolvidas e transformadas na idade adulta através da influência exercida por outros agentes de socialização, para além da família.

Classe social do núcleo familiar dos candidatos à AR, por partido e lugar nas listas

[QUADRO N.º 48]

(Valores percentuais)		CDS-PP	PSD	PS	CDU	BE	Média
Alta	NE	2	3	0	0	-	1
	EL	38	0	0	0	-	9
	C	6	2	0	0	0	2
Média-alta	NE	24	2	15	8	-	12
	EL	25	19	12	0	-	14
	C	24	20	13	7	6	14
Média	NE	55	53	48	44	-	50
	EL	37	62	58	62	-	55
	C	53	51	54	47	46	50
Média-baixa	NE	17	39	22	22	-	25
	EL	0	19	18	38	-	19
	C	15	25	20	24	33	23
Baixa	NE	2	3	15	26	-	12
	EL	0	0	12	0	-	3
	C	2	2	13	22	15	11

Fonte: *ibidem*.
Legenda: NE = Candidatos em lugar não elegível. EL = Candidatos em lugar elegível. C = Candidatos.

A este respeito não pode deixar de ser significativo o facto de mais de um terço dos candidatos terem familiares próximos que estão filiados num partido e que têm experiência no exercício de cargos políticos, o que pode ser revelador da tendência para uma certa «endogamia» na composição da «classe política» parlamentar. E se ao nível da filiação partidária dos familiares não se observam diferenças significativas entre os partidos, já o mesmo não acontece quando em causa está o exercício de cargos políticos propriamente ditos: se no CDS-PP e no PSD é maior o número de candidatos que têm familiares com experiência política, é porém no PS e na CDU que os lugares elegíveis são preferencialmente ocupados por candidatos que provêm de uma família com um elevado nível de politização, aferido aqui pelo exercício de cargos políticos electivos.

Nível de politização do núcleo familiar dos candidatos e deputados à AR, por partido e lugar nas listas

[QUADRO N.º 49]

(Valores percentuais)		CDS-PP	PSD	PS	CDU	BE	Média
Familiares filiados num partido	NE	38	41	25	34	-	34
	EL	25	34	49	25	-	33
	C	36	38	38	33	31	35
Familiares que exerceram cargos políticos	NE	46	35	25	26	-	33
	EL	37	31	30	50	-	37
	C	43	33	28	29	35	34

Fonte: *ibidem*.

Legenda: NE = Candidatos em lugar não elegível. EL = Candidatos em lugar elegível. C = Candidatos.

Notas: 1. Consideram-se apenas os indivíduos que responderam afirmativamente às questões formuladas no questionário (cf. Anexo).

Em claro contraste com o observado para a população em geral, que como tivemos oportunidade de demonstrar no capítulo dedicado aos factores relacionados com a «oferta», revela um escasso interesse pelos assuntos políticos e um nível de mobilização cognitiva significativamente baixo, os candidatos à Assembleia da República provêm de um ambiente familiar onde a discussão sobre temas políticos e o consumo de informação política através dos *mass media* é bastante elevado.

Os dados constantes dos quadros n.º 50 e n.º 51 mostram claramente que os candidatos adquiriram hábitos de discussão política e de exposição aos *media* informativos no contexto familiar, o qual se releva assim como um importante agente de socialização política. Se as diferenças interpartidárias não são aqui muito significativas, o mesmo não se pode dizer quando em causa está o posicionamento dos candidatos nas listas dos respectivos partidos. E isto porque tanto o nível de discussão política como a exposição aos *mass media* é substancialmente maior entre os candidatos colocados em lugares elegíveis, o que significa que estes são consideravelmente mais politizados dos que os candidatos remetidos para os lugares não elegíveis.

O que é inteiramente compreensível, pois se a integração dos primeiros nas listas de candidatura visa o acesso ao Parlamento e o ingresso de facto na vida política, já no caso dos segundos a sua presença tende a ser muitas vezes mais nominal do que efectiva, servindo sobretudo a estratégia das *estruturas de recrutamento* de assegurar o equilíbrio e a representatividade das listas a apresentar junto do eleitorado. Se isto é certo em termos genéricos, não devemos, porém, esquecer que os lugares não elegíveis, em função do elevado número de substituições que sempre ocorrem em cada legislatura, podem constituir também uma via de acesso ao Parlamento, uma vez que os eleitores não se limitam a ratificar as escolhas dos partidos, mas viabilizam ainda as suas «últimas escolhas» e, sendo assim, o menor grau de politização dos candidatos em lugar não elegível não pode deixar de afectar negativamente a «qualidade» da representação parlamentar.

Interesse pela política no meio familiar dos candidatos à AR, por partido e lugar nas listas

[QUADRO N.º 50]

Discussão política (%)		CDS-PP	PSD	PS	CDU	BE	Média
Sempre	NE	9	5	7	14	-	8
	EL	13	6	6	0	-	6
	C	10	6	7	12	17	10
Muitas vezes	NE	38	35	36	34	-	36
	EL	74	31	46	62	-	53
	C	42	33	41	37	23	35
Às vezes	NE	29	30	25	24	-	27
	EL	13	38	30	38	-	30
	C	27	33	28	26	27	28
Raramente	NE	18	30	25	18	-	23
	EL	0	22	18	0	-	10
	C	16	26	21	16	25	21
Nunca	NE	6	0	7	10	-	6
	EL	0	3	0	0	-	1
	C	5	2	3	9	8	6

Fonte: *ibidem*.
Legenda: NE = Candidatos em lugar não elegível. EL = Candidatos em lugar elegível. C = Candidatos.
Notas: **1.** O interesse pela política é aferido aqui através da seguinte pergunta: «Durante a sua infância e juventude, com que frequência se costumava falar de política em sua casa?»

Mobilização cognitiva no meio familiar dos candidatos à AR, por partido e lugar nas listas

[QUADRO N.º 51]

Mobilização cognitiva (%)		CDS-PP	PSD	PS	CDU	BE	Média
Sempre	NE	58	41	51	42	-	48
	EL	38	41	41	38	-	40
	C	55	41	46	42	52	47
Muitas vezes	NE	29	32	21	26	-	27
	EL	49	28	39	49	-	41
	C	32	30	31	29	21	29
Às vezes	NE	7	16	7	18	-	12
	EL	13	25	12	13	-	16
	C	8	20	10	17	17	14
Raramente	NE	6	11	21	8	-	11
	EL	0	6	6	0	-	3
	C	5	9	13	7	6	8
Nunca	NE	0	0	0	6	-	2
	EL	0	0	0	0	-	0
	C	0	0	0	5	4	2

Fonte: *ibidem*.

Legenda: NE = Candidatos em lugar não elegível. EL = Candidatos em lugar elegível. C = Candidatos.

Notas: 1. O interesse pela política é aferido aqui através da seguinte pergunta: «Com que frequência os seus familiares costumavam ver telejornais e/ou ler semanários e jornais diários?»

2.2 *Perfil partidário dos candidatos às eleições legislativas de 2002*

O facto de os candidatos à Assembleia da República serem educados num ambiente familiar fortemente politizado reflecte-se naturalmente no interesse que manifestam na idade adulta pela vida política. Como se pode ver no quadro n.º 54, cerca de 93 % dos candidatos às eleições legislativas de 2002 declaram falar com muita frequência de assuntos políticos com os seus familiares, amigos e colegas, aumentando esta percentagem para 98 % se considerarmos os candidatos colocados em lugar elegível.

Estes números, comuns a todos os partidos, contrastam claramente com o nível de interesse pela política manifestado pelos cidadãos em geral, que como ficou demonstrado em momento anterior, é bastante ténue, encontrando explicação, quer na progressiva despolitização da vida social — resultante da normalização e da consolidação do regime democrático em Portugal —, quer no decréscimo da mobilização política — fruto da crise da ideologias e da erosão das identidades partidárias —, quer ainda no crescente pragmatismo que caracteriza os processos de tomada de decisão, em que o poder é cada vez mais julgado pela sua eficácia, aferida sobretudo por critérios técnicos e economicistas.

Interesse pela política dos candidatos à AR, por partido e lugar nas listas

[QUADRO N.º 52]

Interesse pela política (%)		CDS-PP	PSD	PS	CDU	BE	Média
	NE	35	32	29	20	-	29
Sempre	EL	25	25	33	25	-	27
	C	33	29	31	21	31	29
	NE	56	62	60	72	-	62
Muitas vezes	EL	75	69	64	75	-	71
	C	59	65	62	72	65	64
	NE	9	3	11	8	-	8
Às vezes	EL	0	3	3	0	-	1
	C	8	3	7	7	4	6
	NE	0	3	0	0	-	1
Raramente	EL	0	3	0	0	-	1
	C	0	3	0	0	0	1
	NE	0	0	0	0	-	0
Nunca	EL	0	0	0	0	-	0
	C	0	0	0	0	0	0

Fonte: *ibidem*.
Legenda: NE = Candidatos em lugar não elegível. EL = Candidatos em lugar elegível. C = Candidatos.
Notas: 1. O interesse actual pela política é aferido através da seguinte pergunta: «Com que frequência fala de política com os seus familiares, amigos e colegas?»

Mas para se ser candidato à Assembleia da República não basta ter um forte interesse pela vida política em geral, é preciso também estar filiado num partido político, o que limita as escolhas das *estruturas de recruta-*

mento a cerca de 4 % do eleitorado. Repare-se como 86 % dos candidatos são filiados num partido, subindo este número para 90 % quando em causa estão os lugares elegíveis. Mas repare-se também — como já tínhamos demonstrado na análise diacrónica das listas de candidatura à Assembleia da República — que os candidatos ditos «independentes», embora sejam manifestamente residuais, encontram-se em maior número entre os partidos de esquerda do que entre os partidos de direita, sendo, porém, distribuídos de forma quase equitativa entre lugares elegíveis e não elegíveis no conjunto dos candidatos.

Contudo, não podemos deixar de destacar o esforço do PSD, pelo menos nas eleições de 2002, de integrar nas suas listas de candidatura, e em posição elegível, um número considerável de independentes, o que parece ser demonstrativo do que Duverger designou em tempos de «contágio de esquerda», e que aqui mais não significa do que uma abertura à sociedade civil, seguindo as iniciativas do PS nesta matéria — nomeadamente a dos Estados Gerais, que se traduziram na abertura do partido a cidadãos independentes com reconhecidos méritos intelectuais e científicos, apelando assim a uma mobilização política que ultrapassasse as fronteiras do partido e do seu universo de militantes, orientando o partido para o exterior, o mesmo é dizer, para a sociedade civil.

Vínculos partidários dos candidatos à AR, por partido e lugar nas listas

[QUADRO N.º 53]

(Valores percentuais)		CDS-PP	PSD	PS	CDU	BE	Média
Filiados	NE	98	97	86	82	-	91
	EL	100	87	88	85	-	90
	C	98	93	87	81	69	86
Independentes	NE	2	3	14	18	-	9
	EL	0	13	12	15	-	10
	C	2	7	13	19	31	14

Fonte: *ibidem*.
Legenda: NE = Candidatos em lugar não elegível. EL = Candidatos em lugar elegível. C = Candidatos.

Embora muitos tenham visto nesta viragem para o exterior do PS não mais do que uma iniciativa de mobilização de apoiantes em tempo de eleições, destinada a morrer depois de contados os votos, o facto é que o PSD não ficou alheio a este movimento de abertura à sociedade civil e à criação de novos fóruns de diálogo e de debate entre o partido e todos aqueles que se reconhecem no espaço político que o PSD lidera, mesmo que fossem independentes e não pretendessem ter qualquer filiação partidária. Só isso explica que, sob a liderança de Durão Barroso, e de acordo com os dados de que dispomos, que os poucos candidatos independentes tenham sido colocados preferencialmente em lugares elegíveis, em contraste com as estratégias de recrutamento adoptadas, quer pelo PS quer sobretudo pela CDU.

Os dados do inquérito aplicado aos candidatos à AR em 2002 mostram-nos também que não basta ser filiado num partido para ver garantido o acesso ao Parlamento. Se a filiação conta, conta ainda mais o tempo dessa filiação, bem como o tempo dedicado às actividades do partido, ou seja, o militantismo activo. Com efeito, e como se pode ver no quadro n.º 54, a média de anos de filiação dos candidatos à Assembleia da República ronda os 15 anos, subindo para os 18 anos no caso dos lugares elegíveis e, portanto, com reais possibilidade de acesso ao Parlamento.

As diferenças interpartidárias devem ser aqui assinaladas, pois aparentemente os partidos de esquerda — com a excepção do BE, em virtude da sua fundação recente —, mais do que os de direita, tendem a valorizar o tempo de filiação quando se trata de escolher os candidatos parlamentares, talvez porque associem à antiguidade uma maior lealdade dos candidatos face aos valores e ao projecto político dos respectivos partidos.

Média de anos de filiação partidária dos candidatos à AR, por partido e lugar nas listas

[QUADRO N.º 54]

Anos		CDS-PP	PSD	PS	CDU	BE	Média
	NE	13	16	16	20	-	16
Lugar nas listas	EL	14	17	19	21	-	18
	C	14	17	18	21	3	15

Fonte: *ibidem*.
Legenda: NE = Candidatos em lugar não elegível. EL = Candidatos em lugar elegível. C = Candidatos.

Por outro lado, os candidatos à Assembleia da República não só se caracterizam por uma filiação partidária longa, como revelam também uma forte dedicação às actividades internas do partido, ou seja, revelam para além de um compromisso formal com o seu partido, um empenhamento activo na sua vida interna. Torna-se assim à primeira vista particularmente significativo que quase metade dos candidatos — cerca de 40 % — dedique mais de 20 horas por mês à actividade partidária, sendo que esta percentagem sobe para 63 % se atendermos aos candidatos que ocupam lugares elegíveis, o que significa que o *militantismo* constitui — fora de dúvida — um critério que é valorizado pelo *party selectorate* no momento de escolher quem deve aceder ao Parlamento. E isso independentemente das forças partidárias em causa, já que em todas elas os candidatos que ocupam os lugares elegíveis são também aqueles que declaram dedicar um maior número de horas ao serviço partidário.

Curioso é notar que as exigências de um forte militantismo, geralmente associadas aos partidos da esquerda, não são confirmadas pelos dados de que dispomos. E isto porque tanto os candidatos da CDU como do BE, que dedicam mais de 10 horas por mês às actividades partidárias, ficam consideravelmente aquém dos candidatos do PS, do PSD e do CDS. O que significa que a crise do militantismo afecta hoje, em especial, os partidos que no passado se distinguiam pela sua função de integração e de mobilização dos seus membros, o que é particularmente significativo no caso do PCP, que representa no contexto partidário português o modelo de partido que mais se aproxima do clássico «partido de massas». Seja como for, estes dados parecem confirmar que os partidos apostam em candidatos que sejam não só filiados no partido há muitos anos, mas que mostrem igualmente um forte empenho nas suas principais actividades organizativas.

E que tal é assim provam-no, também os dados relativos ao exercício de cargos no interior dos partidos por parte dos candidatos, o que confirma não só o papel dominante assumido pelas organizações partidárias como vias privilegiadas no acesso ao Parlamento, mas ainda a sua importância como agentes de socialização política e como instrumentos responsáveis pela profissionalização das carreiras políticas, residindo aqui a inegável evolução «partidocrática» da democracia representativa, em Portugal. E isto porque o exercício de cargos partidários, especialmente quando associado ao desempenho de cargos de nomeação governamental nos casos em que os partidos estão no poder, mas também à ausência ou ao abandono de qualquer actividade profissional própria, acaba por se traduzir na perda de independência económica dos agentes políticos em relação aos partidos.

Com efeito, para essas novas clientelas, o ingresso e o militantismo no interior dos partidos políticos, nomeadamente os com vocação de poder, tornam-se, de um modo ou de outro, num emprego e numa carreira, enfim, numa forma de ascender profissional e socialmente. E é por isso que a sua principal motivação — como bem sublinha Panebianco ao tratar desta matéria — tende a ser essencialmente interna: a do poder interno de que precisam para manter os lugares que ocupam e que querem continuar a ocupar.[934] E é também por isso que, quando tal acontece, os partidos enquanto realidades políticas e cívicas significam muito pouco, tanto para aqueles que neles militam e ocupam cargos de poder, como ainda, e por contágio ou por descrédito, para o eleitorado em geral.

Número de horas por mês dedicadas à actividade partidária, por partido e lugar nas listas

[QUADRO N.º 55]

(Valores percentuais)		CDS-PP	PSD	PS	CDU	BE	Média
Até 5 horas	NE	17	11	18	19	-	16
	EL	13	10	0	0	-	6
	C	16	11	9	17	31	17
Entre 5 a 10 horas	NE	13	14	15	26	-	17
	EL	0	10	7	33	-	12
	C	12	12	11	27	18	16
Entre 10 a 15 horas	NE	17	11	4	12	-	11
	EL	0	10	17	17	-	11
	C	15	11	11	13	24	15
Entre 15 a 20 horas	NE	15	11	11	14	-	13
	EL	13	10	7	0	-	8
	C	15	11	9	13	12	12
Mais de 20 horas	NE	38	53	52	29	-	43
	EL	74	60	69	50	-	63
	C	42	55	60	30	15	40

Fonte: *ibidem*.
Legenda: NE = Candidatos em lugar não elegível. EL = Candidatos em lugar elegível. C = Candidatos.

---

[934] Angelo Panebianco (1995), *Modelos de Partido, op. cit.*, pp. 61-83.

Conforme se pode verificar no quadro n.º 58, cerca de 85 % dos candidatos à Assembleia da República exerceram cargos no interior do partido antes da sua candidatura, uma percentagem que sobe para 91 % no caso dos lugares elegíveis. E se é verdade que a maioria dos candidatos, antes de disputar as eleições de 2002, ocupou fundamentalmente cargos de responsabilidade a nível regional e local, não é menos verdade que aqueles que em momento precedente fizeram parte da hierarquia partidária a nível nacional viram assegurada de forma bastante mais notória a sua elegibilidade nas listas dos partidos.

As diferenças interpartidárias são aqui pouco significativas, sendo que a experiência partidária a nível nacional aparece associada, em todos os partidos considerados, a uma maior elegibilidade dos seus candidatos, o que já não acontece — excluindo o CDS-PP — com a experiência partidária adquirida nos cargos de responsabilidade de nível inferior; e tão pouco com a experiência adquirida nas organizações paralelas aos partidos, pois apenas 20 % dos candidatos declara ter exercido cargos no interior de tais organizações, ainda que a sua maioria apareça colocada em lugares elegíveis. Tal parece comprovar o papel muitas vezes marginal ou secundário que os partidos atribuem a estas organizações, reservando apenas alguns lugares elegíveis nas listas para os seus representantes máximos, com o que procuram sobretudo prevenir eventuais tensões internas, bem como assegurar uma maior representatividade das listas, fazendo entrar em lugares elegíveis alguns dos seus membros mais destacados; e daí que em alguns partidos — nomeadamente no PS e no PSD — se fale usualmente em «quotas informais», negociadas entre as *estruturas de recrutamento* e os dirigentes de tais organizações.

Mas se, no que respeita aos critérios de recrutamento parlamentar, a importância conferida à experiência adquirida nas organizações paralelas fica muito aquém da experiência obtida no desempenho de cargos de responsabilidade tanto nacional como regional e local, o que dizer então do papel dos funcionários dos partidos? Como se pode ver no quadro n.º 56, estes representam apenas 5 % dos candidatos à Assembleia da República, subindo apenas um ponto percentual se considerarmos os lugares elegíveis. E se nos casos anteriores as diferenças interpartidárias não se mostravam muito significativas, o mesmo não acontece aqui, pois se observarmos com alguma atenção os dados de que dispomos depressa constatamos a existência de uma clivagem entre os partidos de direita e os de esquerda.

Com efeito, a ausência de funcionários entre os partidos de direita, em posição elegível, contrasta com a sua presença residual no PS e mais significativa no PCP. Repare-se, como neste último caso, os candidatos, que declaram ter sido funcionários do partido antes da sua candidatura à Assembleia da República, são colocados em lugares elegíveis, muito acima da percentagem para o conjunto dos candidatos, a qual não ultrapassa os 6 %. Ora, estes dados mais não fazem do que confirmar o que já tivemos oportunidade de afirmar sobre o perfil organizacional do PCP, nomeadamente a sua clara superioridade face aos demais partidos no que se respeita à dimensão e à natureza do seu aparelho burocrático.

Por um lado, e como dissemos, muitos dos seus dirigentes eleitos interna e externamente desempenham não apenas funções de direcção política, ocupando-se também de tarefas organizativas e administrativas, uma vez que no PCP existe a prática de manter como funcionários quase todos os dirigentes com um certo grau de responsabilidade política. Por outro lado, há que reconhecer que, tal como sucede com o «partido burocrático de massas», a liderança do PCP tem uma vocação eminentemente político-administrativa, que a torna singular em relação aos demais partidos, que se identificam em termos organizacionais com o «partido profissional eleitoral».

Mas é também de referir que o lugar concedido àqueles que declaram ter sido funcionários nas listas de candidatura do PCP não é de todo indiferente ao facto de estes revelarem mais facilmente — pelas funções que exercem — um elevado nível de conformismo e de subordinação perante os órgãos centrais do partido, garantido assim o controlo destes sobre o grupo parlamentar, o que é também uma das características típicas dos «partidos de massas clássicos», de que o PCP continua a ser, entre nós, um exemplo fiel. Cite-se aqui Maurizio Cotta, quando afirma:

> A burocracia do partido é não apenas um recurso para o partido no seu conjunto, e mais concretamente para a componente que a controla, mas também pode ser, como qualquer burocracia, um factor de inércia e de conservadorismo: os funcionários do partido acabarão por desenvolver os seus próprios interesses, que normalmente privilegiam a continuidade em detrimento da mudança e da inovação.[935]

---

[935] Maurizio Cotta (2007), *Democracia, Partidos e Elites Políticas, op. cit.*, p. 33.

Mas, para que melhor se entenda o queremos aqui sublinhar, talvez valha a pena recuperar uma outra passagem, esta de Panebianco, em que o autor se refere ao comportamento típico dos funcionários em partidos políticos que são fortemente burocratizados. A este propósito, diz:

> Num partido fortemente burocratizado (...) os funcionários encontram-se numa posição de enorme desvantagem nas suas relações de troca com os líderes nacionais. Na maioria das vezes, a decisão de converter-se num funcionário de partido é uma opção irreversível, definitiva. O funcionário do partido não tem no mercado de trabalho ocupações equivalentes. Na medida em que os incentivos selectivos que recebe são escassamente substituíveis, o funcionário transforma-se numa pessoa facilmente chantageável: a 'segurança no emprego' desempenha um papel decisivo. O facto de a sua única saída profissional ser uma carreira dentro da organização explica o elevado nível de conformismo dos funcionários e a sua enorme subordinação perante as decisões dos líderes (...). Mas o facto de os incentivos selectivos serem dificilmente substituíveis não é único factor que justifica o conformismo da burocracia do partido perante os líderes. Importa não esquecer que o funcionário é frequentemente um 'crente', beneficiando também de incentivos de identidade (...). A influência combinada dos incentivos selectivos e dos incentivos de identidade, juntamente com as escassas oportunidades que o mercado fora da organização oferece ao funcionário, explicam o 'conformismo' dos aparelhos, a sua ductilidade como instrumentos ao serviço da coligação dominante do partido.[936]

Que neste aspecto o PCP se demarca claramente dos demais partidos, comprova-o de forma ainda mais premente, o facto de os comunistas serem o único partido a integrar nas suas listas candidatos que declaram ser funcionários no momento das eleições, colocando-os preferencialmente em lugares elegíveis. Demonstra-o também o facto de ser o partido que aparentemente maior importância concede aos candidatos que provêm de organizações autónomas ou de organizações e movimentos de massas, as quais, tratando-se de um partido que se aproxima claramente do modelo do «partido de massas», são chamadas a exercer uma função de integração e de mobilização dos membros e a promover os hábitos de uma militância

---

[936] Angelo Panebianco (1995), *Modelos de Partido*, *op. cit.*, pp. 429-430.

empenhada e activa, de acordo com as orientações do partido, reforçando a sua ligação com organizações afins, nomeadamente sindicatos, cooperativas, organizações profissionais, etc.

Exercício de cargos partidários antes da candidatura à AR, por partido e lugar nas listas

[QUADRO N.° 56]

(Valores percentuais)		CDS-PP	PSD	PS	CDU	BE	Média
Exercício de cargos partidários	NE	89	86	92	83	-	88
	EL	75	96	93	100	-	91
	C	87	91	93	85	67	85
Cargos a nível nacional	NE	46	48	46	26	-	42
	EL	83	56	82	30	-	63
	C	50	52	65	24	48	a
Cargos a nível regional e/ou local	NE	94	87	77	100	-	90
	EL	100	82	82	83	-	87
	C	94	85	80	98	65	84
Cargos em org. sectoriais	NE	9	10	5	26	-	13
	EL	33	19	33	33	-	30
	C	12	14	20	27	26	20
Funcionário do partido	NE	2	3	5	9	-	5
	EL	0	0	7	17	-	6
	C	2	2	6	10	4	5

Fonte: *ibidem*.

Legenda: NE = Candidatos em lugar não elegível. EL = Candidatos em lugar elegível. C = Candidatos.

Notas: 1. Os inquiridos responderam cumulativamente às múltiplas opções apresentadas para esta questão, pelo que o total é sempre superior a 100 %.

Já no que se refere ao exercício de cargos partidários no momento da candidatura, e ao tipo de cargos em questão, existem alguma diferenças em relação aos dados do quadro n.° 56 que importa aqui assinalar.

Assim, se é verdade que a esmagadora maioria dos candidatos à Assembleia da República exercia cargos partidários no momento das eleições, aparecendo preferencialmente em lugares elegíveis, não é menos verdade que embora os candidatos com responsabilidade políticas a nível regional e local sejam em maior número do que os candidatos que fazem parte da estrutura nacional dos partidos, o facto é que estes mais do que aqueles vêem assegurado o seu acesso ao Parlamento, uma tendência que é transversal a todos os partidos.

Exercício de cargos partidários no momento da candidatura à AR, por partido e lugar nas listas

[QUADRO N.º 57]

(Valores percentuais)		CDS-PP	PSD	PS	CDU	BE	Média
Exercício de cargos partidários	NE	77	69	83	77	-	77
	EL	88	82	90	67	-	82
	C	79	75	87	76	57	75
Cargos a nível nacional	NE	34	32	50	21	-	34
	EL	71	48	77	50	-	62
	C	40	40	65	24	43	42
Cargos a nível regional e/ou local	NE	95	92	70	94	-	88
	EL	43	78	62	25	-	52
	C	88	85	65	87	57	76
Cargos em org. sectoriais	NE	2	8	10	23	-	11
	EL	0	17	15	25	-	14
	C	2	13	13	24	14	13
Funcionário do partido	NE	0	0	0	9	-	2
	EL	0	0	0	25	-	6
	C	0	0	0	11	5	3

Fonte: *ibidem*.

Legenda: NE = Candidatos em lugar não elegível. EL = Candidatos em lugar elegível. C = Candidatos.

Notas: 1. Os inquiridos responderam cumulativamente às múltiplas opções apresentadas para esta questão, pelo que o total é sempre superior a 100 %.

Repare-se, pois, que os candidatos que desempenham funções directivas nas estruturas locais e regionais dos partidos aparecem maioritariamente em lugares não elegíveis, tendo, contudo, um peso ainda assim muito significativo nos dois maiores partidos, na medida em que tanto no

PSD como no PS ultrapassam largamente a percentagem para o conjunto de candidatos.

O peso dos dirigentes sub-nacionais nas listas destes dois partidos, em lugar elegível, não pode deixar de pôr em evidência uma estratégia de recrutamento que privilegia a escolha dos dirigentes locais mais destacados nos respectivos círculos eleitorais, onde seguramente é mais fácil — dada a sua notoriedade e a sua proximidade às populações — impor candidatos locais do que figuras nacionais do partido, e isso independentemente da inevitável lógica de nacionalização das campanhas eleitorais e da sua concentração nas figuras dos candidatos a primeiro-ministro.

Por outro lado, a presença de figuras locais nos lugares não elegíveis resulta menos de uma descentralização efectiva dos processos de recrutamento parlamentar — que, como já vimos, são em todos os partidos fortemente centralizados — do que da necessidade sentida pelos órgãos centrais de contemporizar com as exigências e as pressões vindas das estruturas sub-nacionais, num processo que é muito mais dirigido de cima para baixo, do que o inverso, e que visa sobretudo dar uma imagem ao eleitorado de unidade e de coesão naquele que é um dos momentos mais decisivos da vida interna dos partidos, como o declara a maioria dos candidatos inquiridos no nosso estudo.

Chegados aqui, parece-nos crucial notar que os dados que temos vindo a analisar mostram claramente a importância da experiência e do serviço partidários, tanto do ponto vista teórico como empírico, mas também o peso e a centralidade assumidos pelos processos de socialização política no interior dos partidos, não sendo por isso abusivo falar-se — como, aliás, já o fizemos anteriormente — de uma classe política parlamentar formada essencialmente *nos* e *pelos* partidos, o que explica que a profissionalização política se faça entre nós, em certa medida, contra os imperativos democráticos de uma maior inclusividade na esfera pública.

E se, como bem sublinha André Freire, a forte presença de dirigentes partidários no Parlamento deve ser vista como um indicador de modernização e desenvolvimento do sistema político português, na medida em que representa uma diferenciação entre a esfera social e a esfera política[937], o facto é que tal presença deve ser também interpretada como um sinal da

---

[937] André Freire *et al.* (2001), *Recrutamento Parlamentar. Os Deputados Portugueses da Constituinte à VIII Legislatura, op. cit.*, pp. 105-125.

deriva «partidocrática» da democracia representativa em Portugal, tanto em termos eleitorais como parlamentares. E isto porque se a forte partidarização dos processos de recrutamento parlamentar resulta do monopólio *de jure* e *de facto* dos partidos, no que se refere à definição da oferta eleitoral, ela é também e de uma forma quase inevitável responsável pela primazia dos partidos fora do Parlamento e pelo seu total controlo dos grupos parlamentares, tendência a que não é alheia a crise do mandato representativo individual.

As palavras de Garcia Pelayo, na caracterização que faz do Estado de Partidos, não podiam ser disso mais ilustrativas. Entre as teses que enuncia a este propósito, destacamos, pela sua oportunidade e relevância, as seguintes:

> *i)* O Estado de partidos é necessariamente a forma do Estado democrático do nosso tempo: sem a mediação organizativa dos partidos entre os indivíduos e o Estado seria impossível a formação de uma opinião e vontade colectivas; *ii)* Como consequência da legislação eleitoral, inspirada no sistema de representação proporcional, os eleitores não seleccionam entre os candidatos individualmente considerados, mas sim entre os partidos que os propõem à eleição; *iii)* Uma vez que o deputado foi eleito em virtude da sua condição de membro de um partido, cria-se uma naturalis obligatio daquele perante este: os seus critérios pessoais devem ceder perante os critérios do partido, sob pena de ter de abandoná-lo e destruir a sua carreira política[938]

Mas a caracterização de Garcia Pelayo não termina aqui, pois o autor acrescenta ainda, e de uma forma que é sociológica e politicamente irrefutável:

> *iv)* O deputado só é representante do povo se actua em correspondência com a posição do seu partido, já que esta mais não é do que a demonstração irrefutável de que representa a vontade do eleitorado; e, por fim *v)* Os grupos parlamentares — que reúnem os membros de um mesmo partido — deixaram de ser órgãos do Parlamento para se tornarem o prolongamento da organização do partido no interior do Parlamento.

---

[938] Manuel Garcia Pelayo (1996), *El Estado de Partidos*, Madrid, Alianza Editorial, pp. 35-36.

Escolhidos pelos partidos e não pelos eleitores, através de um processo fortemente centralizado e de acordo com critérios preponderantemente endógenos, os deputados tendem a revelar uma forte lealdade perante os directórios partidários a que devem a sua eleição — e a sua eventual reeleição —, assegurando o cumprimento disciplinado dos programas políticos dos partidos a que pertencem. Isso ajuda explicar o grau de concordância dos candidatos à Assembleia da República face às medidas disciplinares postas em prática pelos partidos para assegurar a disciplina de voto no Parlamento, já que cerca de 43 % declara concordar com tais práticas. Tal percentagem sobe para 59 %, no caso dos lugares elegíveis, e atinge os 87 % entre os candidatos da CDU colocados em posição elegível, que se distancia nesta matéria dos restantes partidos.

Grau de concordância com as práticas destinadas a assegurar a disciplina de voto no Parlamento

[QUADRO N.º 58]

Valores percentuais		CDS-PP	PSD	PS	CDU	BE	Média
Concorda totalmente	NE	9	16	7	16	-	12
	EL	0	9	0	25	-	8
	C	8	13	3	17	2	9
Concorda	NE	32	33	29	46	-	35
	EL	75	48	18	62	-	51
	C	38	39	23	49	19	34
Não concorda nem discorda	NE	33	22	18	24	-	24
	EL	25	3	27	13	-	17
	C	33	13	23	22	25	23
Discorda	NE	19	24	21	14	-	20
	EL	0	31	40	0	-	18
	C	17	28	31	12	29	23
Discorda totalmente	NE	7	5	25	0	-	9
	EL	0	9	15	0	-	6
	C	7	7	20	0	25	11

Fonte: *ibidem*.

Legenda: NE = Candidatos em lugar não elegível. EL = Candidatos em lugar elegível. C = Candidatos.

Perante estes dados, torna-se mais uma vez pertinente o recurso aos argumentos de Garcia Pelayo que, referindo-se à relação entre partidos, grupos parlamentares e deputados, escreve:

> (...) Os grupos parlamentares apresentam-se e actuam como esferas de acção política homogénea e unitária, pois, de outro modo, nem o Governo, nem a oposição, poderiam cumprir as suas funções. [Ora] isso pode conseguir-se mediante uma forte organização e disciplina, assegurada pelas respectivas sanções, o que significa que se o deputado pode influir nas decisões do seu grupo parlamentar, não pode, porém, e de um modo geral, fazê-lo directamente nem nas comissões nem no plenário, nos quais a sua vontade está sujeita acordos tomados no seio do seu grupo: não vota, salvo casos excepcionais, de acordo com o seu entendimento e julgamento, mas sim em total conformidade com as instruções do grupo.[939]

E sendo assim, Garcia Pelayo é levado a afirmar, e bem, o que nós próprios já tivemos oportunidade de mencionar em momento anterior, e que é precisamente o seguinte:

> *i)* Se os deputados são representantes da Nação, são-no em virtude da mediação e mediatização dos grupos parlamentares, entendidos enquanto o prolongamento dos partidos no Parlamento, sendo neles que reside, na realidade, a representação da soberania nacional; *ii)* Ainda que as votações sejam nominais, o seu sentido é contudo — salvo casos excepcionais — decidido previamente em cada grupo parlamentar e, por conseguinte, trata-se de um voto colectivo, isto é, do partido, se bem que seja formalmente expresso por cada um dos seus membros; *iii)* Logo, do ponto de vista estrutural e funcional, o Parlamento transformou-se fundamentalmente numa Câmara de partidos e, somente por mediação e mediatização deste, numa Câmara de deputados; *iv)* Por outro lado, o Plenário não constitui o *locus* da decisão, não é o lugar onde ocorre a discussão, sendo antes o *locus* de legitimação das decisões tomadas pelos grupos parlamentares.[940]

De sublinhar que este entendimento não ignora — nem podia — o facto de que do ponto de vista jurídico, o deputado não está sujeito a um

---

[939] *Idem, ibidem*, pp. 94-95.
[940] *Idem, ibidem*, pp. 95-96.

mandato imperativo. Com efeito, e do ponto estritamente formal, não só os eleitores não elegem partidos mas sim deputados individualmente considerados; como também as decisões dos grupos parlamentares não são juridicamente vinculativas para os seus membros, não podendo o partido ou grupo despojar o deputado do seu mandato, restando-lhe, no entanto, a possibilidade de não voltar a integrá-lo nas suas futuras listas eleitorais. Estes são, pois, e é preciso referi-lo, os limites jurídicos e formais que contrariam a actual tendência politológica, que se traduz na transformação do Parlamento numa verdadeira Câmara de Partidos — limites que garantem juridicamente a liberdade de juízo e de voto ao representante e a sua vinculação imediata com o representado.[941]

Depois deste breve excurso em torno do tema da relação entre partidos, grupos parlamentares e deputados, centremo-nos novamente no estatuto de filiado da maioria dos candidatos à Assembleia da República, enquanto critério de recrutamento claramente privilegiado pelo *party selectorate*. Mas agora para referir que a maioria dos estudos sobre filiação partidária incide essencialmente sobre o nível de filiação e de militantismo no interior dos partidos políticos ou no conjunto do eleitorado, não explorando, pelo menos do ponto de vista empírico, as motivações daqueles que decidem aderir formalmente a um determinado partido, ou seja, os aspectos qualitativos da filiação.

Ora, para superar esta lacuna, decidimos introduzir no inquérito aos candidatos à Assembleia da República uma questão relacionada com o tema, cujos resultados apresentamos no quadro n.º 61. Neste pode verificar-se, por um lado, que a motivações ideais relacionadas com a promoção do bem comum são preponderantes entre os candidatos de todos os partidos, sendo, contudo, mais vincadas entre os partidos de esquerda, nomeadamente entre a CDU e o Bloco de Esquerda.

Já as motivações relacionadas com o aprofundamento da democracia, embora citadas pelos candidatos de todos os partidos, destacam-se especialmente entre os candidatos do Bloco de Esquerda, o que vai ao encontro dos objectivos políticos desta nova formação partidária, bastante crítica relativamente aos limites da actual democracia representativa e defensora da sua transformação e aprofundamento num sentido mais participativo. Mas se as motivações ideais são importantes na decisão de aderir a um par-

---

[941] *Idem, ibidem*, p. 96.

tido, não menos relevantes são as motivações partidárias relacionadas, quer com a defesa da ideologia e programa político de um partido, quer com o desenvolvimento de uma militância activa, quer ainda com a assumpção de responsabilidades políticas no interior do partido.

A este nível, é curioso notar que se entre os candidatos do PCP, e da coligação por ele integrada, a decisão de filiação parece ser indissociável do objectivo de desenvolver dentro do partido uma militância activa e participada, já entre os candidatos dos partidos com vocação de poder — PSD e PS — entre as motivações para a filiação, encontram-se fundamentalmente a vontade de exercer dentro do partido funções que impliquem algum tipo de responsabilidade política, o que deixa supor não só a importância dos chamados «benefícios selectivos», traduzidos aqui na distribuição e no acesso a cargos políticos, mas também a possibilidade de desenvolvimento no interior destes dois partidos de um certo carreirismo político.

Por sua vez, e em conformidade com o que a teoria ensina sobre os modelos de partido e o tipo de incentivos à filiação, é ainda sem surpresa que constatamos que os candidatos do PCP são aqueles que maior importância conferem à ideologia e ao programa político do partido ao decidirem filiar-se, seguidos a alguma distância pelos candidatos dos demais partidos. As diferenças apontadas entre as motivações ideais e partidárias dos candidatos da CDU e as dos candidatos dos outros partidos — com a excepção do BE — remetem para a contraposição dos dois modelos de partido descritos por Panebianco.

Por um lado, temos o «partido burocrático de massas», onde a ideologia e os militantes contam, comportando-se estes como «crentes», na medida em que participam por adesão a incentivos colectivos ou de identidade, os quais contribuem para assegurar a legitimidade do partido junto dos seus membros e dos eleitores fiéis. Por outro lado, encontramos o «partido profissional eleitoral», que se caracteriza pela perda de clareza e coerência ideológicas, que tendem a ser substituídas pelo pragmatismo político e eleitoral, e no qual os benefícios ou incentivos particulares — como exemplo os cargos dentro e fora do partido — se tornam relevantes enquanto estímulo à adesão e participação dos membros, os quais se comportam já não como «crentes» mas antes como «arrivistas».[942]

---

[942] Angelo Panebianco (1995), *Modelos de Partido, op. cit.*, pp. 488-497.

E se é verdade que perante os dados de que dispomos não podemos deixar de reconhecer a expressão quase residual das motivações puramente instrumentais relacionadas com as facilidades profissionais e com a notoriedade pública que a filiação num partido pode oferecer aos seus membros, não é menos verdade que as razões que se prendem com a racionalização das respostas tendem a assumir aqui um papel importante, que não deve ser ignorado, no sentido de estas irem ao encontro daquilo que se pensa ser politicamente correcto e socialmente mais valorizado — daí que sejam muito poucos os candidatos a admitir que na base da sua filiação estão razões de natureza puramente instrumental, e aqueles que o fazem pertencem, sem surpresa, aos partidos que situam no «arco da governação».

Motivações para a filiação partidária, por partido político

[QUADRO N.º 59]

(Valores percentuais)	CDS	PSD	PS	CDU	BE	Média
Participar na a promoção do bem comum	30	27	31	36	32	31
Contribuir para o aperfeiçoamento da democracia	17	12	15	15	26	17
Gosto pelo exercício de uma actividade política	8	12	6	8	11	9
Forma de participar na vida política do país	12	14	14	14	13	13
Defender a ideologia e o projecto político do partido	15	13	15	25	18	17
Desenvolver uma militância activa no partido	9	12	10	35	12	16
Assumir responsabilidades políticas no interior do partido	12	25	22	10	9	16
Construir uma possível alternativa profissional	3	5	4	-	-	2
Ganhar reconhecimento social e notoriedade pública	2	1	1	-	-	1

Fonte: *ibidem*.

Notas: 1. Os inquiridos responderam cumulativamente às múltiplas opções apresentadas para esta questão, pelo que o total é sempre superior a 100 %. (cf. Anexo)

Ainda quanto às motivações para a filiação num partido importa dizer que o gosto pelo exercício da actividade política e a possibilidade de participar na vida pública do país, que remetem para o entendimento de Max Weber da política mais como uma «vocação» do que como uma «profissão», não assumem aqui um papel relevante se comparado com as motivações estritamente ideais e, mais do que tudo, partidárias, tendência que é comum e transversal a todos os partidos.

Nestas circunstâncias, torna-se evidente que, tanto do ponto de vista da experiência partidária, como do das motivações para a filiação, os candidatos à Assembleia da República são sobretudo homens e mulheres para quem a vida política é sinónimo de vida partidária, e esta um espaço obrigatório de socialização política e um trampolim não só promissor como indispensável no acesso a um cargo público, neste caso o de deputado da nação.

Principais motivações para a filiação partidária

[FIGURA N.º 14]

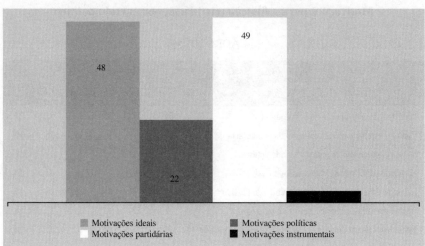

Fonte: *ibidem*.

2.3 Perfil político dos candidatos às eleições legislativas de 2002

Não se pense, porém, e por mais importante que seja o peso das motivações e da experiência partidárias, que o *cursus honorum* dos candidatos à Assembleia da República implica apenas o exercício mais ou menos continuado de cargos de direcção no interior dos partidos e nos seus diferentes níveis de actuação, pois ele implica também a passagem por cargos políticos fora dos partidos.

No quadro n.º 60 apresentam-se as percentagens de candidatos que já tiveram experiência em pelo menos um dos cargos políticos electivos considerados. E o que podemos verificar é que quase 60% dos candidatos teve uma experiência política prévia à sua candidatura à Assembleia da República, uma percentagem que aumenta — e muito — se forem considerados apenas os lugares elegíveis, atingindo aí quase 80%. Se as diferenças interpartidárias são pouco significativas, importa, contudo, notar que são os candidatos dos dois maiores partidos — ou seja, dos partidos com vocação de poder — aqueles que revelam uma maior experiência no exercício de cargos políticos antes de se candidatarem à Assembleia da República nas eleições de 2002.

Mas se estes números tornam evidente que a experiência política constitui um dos critérios de recrutamento mais valorizados pelo *party selectorate*, eles mostram também que a principal fonte de recrutamento é, fora de dúvida, o poder local, dado que cerca de 68% dos candidatos diz já ter ocupado cargos electivos a nível local, uma percentagem que sobre para mais de 90% nos dois maiores partidos. Porém, é de notar que tanto no caso do PSD como no do PS — bem como nas listas dos restantes partidos — os «candidatos-autarcas» se encontram maioritariamente em lugares não elegíveis, o que pode responder a dois objectivos em termos de estratégias de recrutamento parlamentar: primeiro, o de assegurar a representatividade política mas também territorial das listas, evitando qualquer tipo de conflito entre as estruturas nacionais e locais dos partidos; segundo, o de escolher candidatos que pelas funções que já exerceram e exercem ao nível do poder local estejam mais próximos da população e constituam por isso uma mais-valia no que se refere à condução da campanha eleitoral e especialmente à captura do voto.

Todavia, o facto é que não podemos esquecer que esta aparente «autarquização» das listas de candidatura pode ter efeitos bastante visíveis na composição efectiva do Parlamento, dado que, em face do elevado número de substituições que se sucedem logo após a eleição, são chamados ao exercício da função de deputado muitos quadros envolvidos no poder local. Quer isto significar que aquilo que tende a ser uma estratégia de recrutamento mais simbólica do que efectiva — já que muitas das candidaturas protagonizadas por autarcas mais não são do que candidaturas fantasmas ou virtuais — pode acabar por se traduzir numa abertura não fictícia mas real da elite dominante aos dirigentes locais do partido. E isso mesmo quando a legislação eleitoral prevê a incompatibilidade de se ser presidente de uma câmara e ao mesmo tempo deputado, ao contrário do que acontece, por exemplo, na vizinha Espanha e, de forma ainda mais paradigmática, na França.

Exercício de cargos políticos antes da candidatura à AR, por partido e por lugar nas listas

[QUADRO N.º 60]

(Valores percentuais)		CDS-PP	PSD	PS	CDU	BE	Média
Exercício de cargos políticos	NE	57	68	77	67	-	67
	EL	71	78	79	75	-	76
	C	59	73	79	68	13	58
Membro do governo	NE	25	31	18	0	-	19
	EL	32	28	42	0	-	26
	C	24	32	31	0	0	17
Membro do parlamento	NE	49	43	21	25	-	35
	EL	87	47	66	40	-	60
	C	54	45	46	38	40	45
Membro do poder local	NE	60	95	98	85	-	85
	EL	50	84	75	90	-	75
	C	42	94	95	76	32	68

Fonte: *ibidem*.

Legenda: NE = Candidatos em lugar não elegível. EL = Candidatos em lugar elegível. C = Candidatos.

Notas: 1. Os inquiridos responderam cumulativamente às múltiplas opções apresentadas para esta questão, pelo que o total é sempre superior a 100 %.

Outro trampolim promissor para aqueles que aspiram chegar até ao Parlamento passa pelo exercício prévio da função parlamentar, dado que cerca de 45 % dos candidatos já foram deputados noutras legislaturas, uma percentagem que sobe para 60 % no caso dos lugares elegíveis. Ora, estes números mostram bem a importância que o *party selectorate* atribui às competências e capacidades legislativas dos candidatos, mas revelam também que a profissionalização política se desenvolve não só ao nível dos partidos, mas também ao nível da esfera parlamentar — se bem que, como foi observado atrás, a taxa de reeleição dos deputados portugueses seja relativamente baixa em termos comparativos. No que se refere às diferenças interpartidárias, elas parecem ser aqui mais conjunturais do que estruturais, com o CDS-PP e o PS a colocarem em lugar elegível uma maior percentagem de candidatos com experiência parlamentar do que o PSD e a CDU.

Experiência partidária e política dos candidatos à AR
(valores percentuais)

[FIGURA N.º 15]

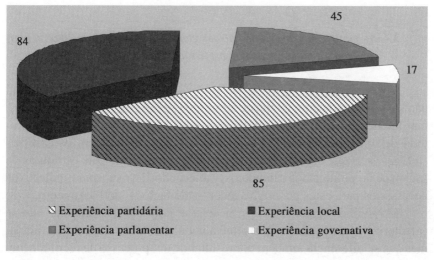

Fonte: *ibidem*.

A leitura dos dados do quadro seguinte mostra que se a experiência governativa é globalmente pouco significativa, pois apenas 17 % dos candidatos foram membros do governo em legislaturas anteriores, ela constitui, contudo, um critério de recrutamento que é tido em conta pelas *estruturas de recrutamento* dos partidos que integram o «arco da governação». E isto porque tanto no PSD como no PS, mas também no CDS-PP, os candidatos que exerceram no passado funções governativas são colocados preferencialmente em lugares elegíveis, o que garante assim o seu mais fácil acesso ao Parlamento — em particular quando, em função dos maus resultados eleitorais do partido que está no poder, não resta aos seus antigos ministros, secretários e subsecretários de Estado senão conquistar um assento parlamentar, se quiserem dar, de alguma forma, continuidade à sua carreira política.

É também por isso que, como referimos anteriormente, e estes dados parecem confirmá-lo, o Parlamento está longe de constituir uma via de acesso privilegiada para se chegar ao Governo, sendo reduzido o número de ministros com experiência parlamentar, ou porque nunca chegaram a exercer o seu mandato, devido ao facto de terem sido nomeados para o Governo pouco tempo depois da sua eleição, ou porque são figuras independentes desprovidas de experiência política e partidária e escolhidas em função do seu *curriculum* profissional e das suas competências técnicas.

2.4 As motivações dos candidatos às eleições legislativas de 2002: a política como vocação ou como profissão?

Vimos atrás que a formação de uma «classe política» parlamentar está não só relacionada com a falta de similitude social entre eleitos e eleitores, mas também — e fundamentalmente — com o facto de esta resultar sobretudo de um processo de recrutamento em que predominam os *critérios endógenos*, o que significa que os partidos são as principais estruturas de socialização política dos candidatos, fornecendo-lhe os recursos colectivos necessários para estes poderem aceder — de facto — ao Parlamento.

Mas vimos igualmente que a «classe política» parlamentar não se caracteriza apenas pela sua proveniência quase exclusivamente partidária, mas que se diferencia também por resultar de um processo de recrutamento centrípeto em que os órgãos nacionais dos partidos são os principais responsáveis pela selecção dos candidatos e pela ordenação das listas, incluindo nestas muitos dos seus membros em efectividade de funções — num circuito fechado, corporativo e pouco inclusivo, e que, como tal, acaba por impor a fusão ou sobreposição entre a hierarquia partidária e os membros que compõem o Parlamento.

Dever-se-á ainda acrescentar que os padrões de recrutamento parlamentar evidenciam igualmente a existência de um *cursus honorum* mais ou menos longo, que confirma não só lealdades demonstradas após anos de dedicação ao partido, mas também a passagem por cargos electivos, a nível local e nacional, a qual permite a aquisição de competências especializadas que se diferenciam daquelas que regem outras esferas sociais.

Dito isto, e sumariado o percurso feito até aqui, a questão que agora nos interessa tratar diz respeito fundamentalmente às motivações que levam uma pequena minoria de cidadãos a interessar-se pela vida política, em geral, e pela vida partidária, em particular, a ponto de se demonstrarem disponíveis para se candidatarem à Assembleia da República. A resposta a esta questão não só se torna relevante em função do nosso desenho de investigação, o qual foi definido aprioristicamente, como acaba por se tornar crucial em função da observação empírica desenvolvida em capítulos anteriores. Expliquemo-nos melhor. Os dados que tivemos oportunidade de tratar, em sede própria, sobre as atitudes e os comportamentos dos portugueses face à vida política, deixaram bem claro que a política é, com toda a certeza, uma das actividades mais negativamente valorizadas pelos cidadãos em Portugal, como aliás acontece em outros países europeus, uma tendência que se tem vindo, em ambos os casos, a acentuar nas últimas décadas.[943]

É um facto bem conhecido que a consolidação da democracia não tem sido acompanhada pelo reforço do apreço dos cidadãos pelos responsáveis pela gestão dos assuntos públicos. Muito pelo contrário. Estes não só mostram pouco interesse pela política, como desconfiam e manifestam o seu mais profundo cepticismo e até cinismo quanto às competências e aos interesses que verdadeiramente movem os seus principais protagonistas, considerando que estes se dedicam a esta actividade motivados por razões muito pouco nobres, como o gosto do poder pelo poder, as vantagens materiais, a notoriedade e a influência que esta proporciona, de que já falava Max Weber ao afirmar que entre as satisfações íntimas que a carreira política pode oferecer se encontram, em primeiro lugar, o sentimento e a ambição de poder e, em segundo, a trivial e demasiada humana vaidade e auto--exaltação pessoal. Atentemos, pois no que Weber diz a este propósito.

Em *A Política como Profissão*, um dos seus textos mais célebres, quer pela pertinência dos temas tratados quer pela sua inegável intemporalidade, o sociólogo alemão, ao interrogar-se sobre quais são as satisfações íntimas que a carreira política é capaz de oferecer, a par das graves tentações e das contínuas desilusões, escreve:

> Em primeiro lugar, a carreira política proporciona um sentimento de poder. A consciência de influenciar as pessoas, de participar no poder exercido sobre elas, mas, sobretudo, o sentimento de ser um dos que têm nas

---

[943] Susan J. Pharr e Robert D. Putnam (orgs.) (2000), *Disaffected Democracies: What's Troubling the Trilateral Countries*, Princeton, Princeton University Press.

mãos o controlo de importantes acontecimentos históricos, tudo isso consegue erguer acima do quotidiano o político profissional, mesmo aquele que ocupa lugares formalmente modestos (...). Em segundo lugar, o político tem de vencer a cada dia e cada hora (...) a vulgaríssima vaidade, inimiga mortal de toda a dedicação e entrega apaixonada a uma causa. [Com efeito] Se a vaidade é uma característica é uma característica amplamente espalhada, e talvez ninguém esteja inteiramente isento dela. E se, nos meios académicos e eruditos, ela é uma espécie de doença profissional (...) ainda que aqui se trate de algo aparentemente inócuo, na medida em que não perturba, de modo geral, actividade científica.[944]

Mas, chegado aqui, Weber acrescenta:

> O facto é que no político, que tem como inevitável instrumento de trabalho a ambição do poder, o caso é completamente diferente (...). O pecado contra o espírito santo da sua profissão começa precisamente quando essa vaidade ou ambição de poder deixa de ser objectiva para se tornar motivo de mera auto-exaltação pessoal, em vez de estar exclusivamente ao serviço da «causa» (...). A sua falta de objectividade leva-o a ambicionar a aparência brilhante e ofuscante do poder, em vez do poder efectivo, ao mesmo tempo que a sua irresponsabilidade o leva a gozar o poder unicamente pelo poder, sem uma finalidade intrínseca.[945]

E, a este respeito, conclui, consequentemente, que:

> Embora o poder seja o inevitável instrumento da política, ou melhor, precisamente porque o é, e a vontade de dominar seja, por isso, um dos principais móbeis da política, não há deformação mais perniciosa da política que a fanfarronice relativamente ao poder à laia dos arrivistas ou que o vaidoso narcisismo de quem se compraz do sentimento de poder.[946]

Se as palavras de Weber, escritas no início do século XX, traduzem o sentimento actual do cidadão comum face às motivações daqueles que se dedicam de forma mais ou menos permanente à gestão dos assuntos públicos, também os dados empíricos que tivemos oportunidade de tratar

---

[944] Max Weber (1918, 2000), *A Política como Profissão, op. cit.*, pp. 79-81.
[945] *Idem, ibidem*, p. 81.
[946] *Idem, ibidem*, p. 82.

através do inquérito nacional pós-eleitoral de 2002 parecem ir exactamente no mesmo sentido. Recuperemos e recordemos aqui alguns desses dados.

Quanto à avaliação negativa dos políticos, não pode deixar de ser profundamente revelador o facto de aproximadamente 80 % dos portugueses considerarem que os políticos não se interessam pelo que as pessoas pensam, uma percentagem que sobe para quase 90 % quando em causa estão os objectivos puramente pragmáticos e eleitoralistas que os políticos desenvolvem face à cidadania, preocupando-se acima de tudo com a captura do voto e com acesso ao poder.

Mas os dados disponíveis não são muito mais animadores quando se trata da confiança depositada pelos cidadãos naquelas que são teoricamente as instituições estruturantes da democracia representativa; referimo-nos aqui concretamente aos partidos e ao Parlamento. É, pois, de lembrar que, ainda segundo os dados do inquérito nacional pós-eleitoral — que serviu de base à investigação empírica que procurámos desenvolver no presente estudo — 76 % dos cidadãos não hesita em manifestar a sua desconfiança face à actuação dos partidos políticos, uma percentagem que desce para 58 % quando em causa está a desconfiança na instituição parlamentar.

Seja como for, face a este dados, a conclusão que se impõe é a de que existe um forte e generalizado sentimento de descrédito relativamente à política e aos políticos em Portugal. E sendo, assim, torna-se imperativa a seguinte pergunta: o que é que leva uma pequena minoria a dedicar-se a tempo inteiro ou parcial, de uma forma mais amadora ou profissionalizada, ao exercício da actividade política? Uma pergunta que além de imperativa implica ainda um necessário esclarecimento, se atendermos ao facto de os próprios agentes políticos se mostrarem aparentemente conscientes da imagem e da valoração negativa que os cidadãos fazem da actividade política e dos seus protagonistas.

Para isso, olhemos para os quadros que se seguem, os quais mostram o que os candidatos ao Parlamento — e futuros deputados da nação — pensam da imagem que os principais agentes políticos têm junto da opinião pública. Como se pode verificar, cerca de 66 % dos candidatos considera que a imagem dos partidos junto da sociedade civil é francamente negativa, uma opinião que é mais vincada entre os candidatos do PSD e do PS, e também do Bloco de Esquerda. O que significa que, neste ponto em concreto, e no que às diferenças interpartidárias diz respeito, a principal clivagem não é tanto a ideológica, mas sim a da proximidade ao poder, sendo o capital de queixa em relação aos partidos maior nos grandes partidos e também, como seria de esperar, nas novas formações partidárias, de que é exemplo o Bloco de Esquerda, formado num clima de confrontação aberta perante a política institucional e os seus actores tradicionais.

**Percepção dos candidatos sobre a imagem
que a opinião pública tem dos partidos**

[QUADRO N.º 61]

(Valores percentuais)		CDS-PP	PSD	PS	CDU	BE	Média
Muito positiva	NE	0	0	0	0	-	0
	EL	0	0	0	0	-	0
	C	0	0	0	0	0	0
Positiva	NE	25	11	14	18	-	17
	EL	0	6	9	0	-	4
	C	22	9	12	16	17	15
Nem positiva nem negativa	NE	13	14	14	26	-	17
	EL	51	28	21	38	-	35
	C	18	20	18	28	13	19
Negativa	NE	56	70	65	54	-	61
	EL	36	63	61	62	-	55
	C	54	67	62	54	57	59
Muito negativa	NE	6	5	7	2	-	5
	EL	13	3	9	0	-	6
	C	6	4	8	2	13	7

Fonte: *ibidem*.

Legenda: NE = Candidatos em lugar não elegível. EL = Candidatos em lugar elegível. C = Candidatos.

E se é verdade que os candidatos acreditam que opinião pública avalia de forma menos negativa a instituição parlamentar do que os partidos políticos, o facto é que tal não se estende aos deputados, dado que quanto a estes os candidatos — especialmente aqueles que se encontram em lugares não elegíveis e que pertencem aos dois maiores partidos — são profundamente pessimistas. Repare-se que cerca de 69 % dos inquiridos considera que a opinião pública tem uma imagem negativa ou muito negativa dos deputados eleitos à Assembleia da República, uma percentagem que sobe para 75 % e para 84 % no caso dos candidatos do PSD e do PS, respectivamente, o que torna ainda mais pertinente e instante o escrutínio das suas motivações para se candidatarem a um cargo político que consideram ser, do ponto de vista social, tão pouco e tão negativamente valorizado.

Percepção dos candidatos sobre a imagem que a opinião pública tem do Parlamento

[QUADRO N.º 62]

(Valores percentuais)		CDS-PP	PSD	PS	CDU	BE	Média
Muito positiva	NE	2	0	0	0	-	1
	EL	0	0	0	0	-	0
	C	2	0	0	0	0	1
Positiva	NE	31	16	7	28	-	21
	EL	13	6	12	25	-	14
	C	29	12	10	28	21	20
Nem positiva nem negativa	NE	15	32	18	30	-	24
	EL	25	19	24	38	-	27
	C	16	26	21	31	31	25
Negativa	NE	46	49	71	40	-	51
	EL	49	69	52	37	-	52
	C	47	58	61	39	40	49
Muito negativa	NE	6	3	4	2	-	4
	EL	13	6	12	0	-	8
	C	6	4	8	2	8	6

Fonte: *ibidem*.

Legenda: NE = Candidatos em lugar não elegível. EL = Candidatos em lugar elegível. C = Candidatos.

Para além desta valorização manifestamente negativa dos partidos, da instituição parlamentar e sobretudo do cargo de deputado — que é, no momento o que mais nos interessa — há ainda que considerar as dificuldades inerentes ao desenvolvimento de uma actividade política continuada e profissionalizada, e que afastam naturalmente muitos da arena parlamentar e explicam a conhecida e preocupante escassez de «vocações». E que dificuldades são essas?

Percepção dos candidatos sobre a imagem que a opinião pública tem dos deputados

[QUADRO N.º 63]

(Valores percentuais)		CDS-PP	PSD	PS	CDU	BE	Média
Muito positiva	NE	2	0	0	0	-	1
	EL	0	0	0	0	-	0
	C	2	0	0	0	0	1
Positiva	NE	15	11	0	16	-	11
	EL	0	9	6	0	-	4
	C	13	10	3	14	10	10
Nem positiva nem negativa	NE	22	14	18	18	-	18
	EL	38	16	9	50	-	28
	C	24	15	13	22	27	20
Negativa	NE	57	62	75	64	-	64
	EL	49	66	70	50	-	59
	C	56	63	72	62	57	62
Muito negativa	NE	4	13	7	2	-	6
	EL	13	9	15	0	-	9
	C	5	12	12	2	6	7

Fonte: *ibidem*.

Legenda: NE = Candidatos em lugar não elegível. EL = Candidatos em lugar elegível. C = Candidatos.

Desde logo, e como bem salientam Payne *et al.*, a actividade política, e em concreto a parlamentar, traduz-se numa dedicação que implica uma grande disponibilidade de tempo, já que esta carece, como é sabido, e ao contrário do que acontece com outras profissões, de horários estabelecidos e predeterminados. A esta circunstância acresce uma outra, que está seguramente longe de ser menos importante, constituindo antes um verdadeiro obstáculo em termos de recrutamento de potenciais candidatos, e que se traduz no sacrifício financeiro.[947] E isto porque abraçar a actividade política significa, para muitos, renunciar à possibilidade de desenvolver uma

---

[947] James Payne *et al.* (1990), *Las Motivaciones de los Políticos*, México, Limusa.

actividade mais lucrativa no sector privado, em especial quando, e como se pode ver no quadro n.º 64, o salário base de um deputado à Assembleia da República é comparativa e significativamente mais baixo do que o auferido por qualquer outro titular de cargo político.

Além deste facto, não podemos ignorar que a remuneração dos deputados é objecto de uma diferenciação posterior, dependendo dos cargos assumidos dentro da própria Assembleia da República, e, fundamentalmente, que a remuneração dos deputados em Portugal, tal como em quase todos parlamentos das democracias industriais avançadas, constitui um «pacote», em que o vencimento de base é apenas uma componente — e, por vezes, não é sequer a componente maior, sendo de destacar aqui as ajudas de custo, diferenciadas consoante o local de residência, por cada dia de presença em reuniões plenárias, em reuniões de comissões e em outras reuniões convocadas pelo Presidente da Assembleia da República. O valor destas ajudas, e este é o ponto importante, tem vindo a ser aumentado: na década de 1990, de equivalentes às ajudas de custo para a categoria A do funcionalismo público passaram a corresponder às ajudas de custo fixadas para os membros do Governo. Para além disso, existem ainda uma série de regalias que se prendem não só com abonos mensais para despesas de representação, como com a existência de um regime de previdência social mais favorável do que o aplicável ao funcionalismo público.[948]

O estatuto remuneratório dos deputados à Assembleia da República

[QUADRO N.º 64]

Tipo de cargo	Vencimento base em 2002	Despesas de representação
Presidente da República	6 897,94 euros	40 %
Primeiro-Ministro	5 173,46 euros	40 %
Ministros	4 483,66 euros	40 %
Secretários de Estado	4 138,76 euros	35 %
Deputado à Assembleia da República	3 448,97 euros	Entre 10 % e 25 %

Fonte: Secretaria-Geral da Assembleia da República

---

[948] André Freire, António de Araújo, Cristina Leston Bandeira, Marina Costa Lobo e Pedro Magalhães (2002), «A representação parlamentar e o estatuto dos deputados», in André Freire, António de Araújo et al., *O Parlamento Português: Uma Reforma Necessária*, op. cit., pp.123-126.

Deve ser aqui salientado que o debate em torno da remuneração dos deputados se acha intimamente relacionado, em primeiro lugar, com a titularidade de cargos políticos e públicos e, em segundo, com os impedimentos no que se refere à actividade desenvolvida no sector privado pelos deputados, de modo a salvaguardar a sua independência.

No que se refere às incompatibilidades estipuladas entre o mandato parlamentar e o exercício de outros cargos políticos, e recuperando aqui algumas das considerações já feitas anteriormente, é de sublinhar uma vez mais que tais incompatibilidades não são uma regra generalizada nas democracias ocidentais, onde é possível aos deputados acumularem vários cargos políticos em simultâneo com o cargo parlamentar, tanto a nível autárquico, como governamental e até supranacional. Recorde-se que se em França está prevista a possibilidade de compatibilizar o mandato parlamentar com o governamental e com o autárquico, já em Espanha tal possibilidade só existe a nível autárquico. Note-se, contudo, que o sistema de acumulação de mandatos tem vindo recentemente a ser posto em causa em ambos os países. Por exemplo em Espanha, e como escreve Braulio Gómez Fortes:

> Se é verdade que o facto de os presidentes de câmara municipal (alcaides) poderem ser eleitos deputados em Espanha e conservar o seu cargo municipal foi uma das características mais apreciadas pelos partidos no momento de elaborar as suas listas de deputados — embora sem chegar aos níveis da Assembleia Nacional Francesa —, o facto é que o efeito dessa acumulação não tem sido necessariamente o esperado, já que em vez de aproximar os representantes e os seus representados, o que faz é distanciá-los do seu trabalho diário no Parlamento e das suas obrigações quotidianas como presidentes de câmara. Esta é, pois, uma das razões pelas quais o PSOE, seguindo o exemplo da IU, retirou aos seus presidentes de câmara a possibilidade de acumularem o seu cargo autárquico com o de deputado nacional desde a legislatura de 2000, o que contribuiu para reduzir drasticamente a chegada de alcaides ao Parlamento.[949]

---

[949] Braulio Gómez Fortes (2003), «Elites parlamentares de Espanha e Portugal: estrutura de oportunidades, formas e efeitos do recrutamento», *in* António Costa Pinto e André Freire (orgs.), *Elites, Sociedade e Mudança Política, op. cit.*, pp. 224-225.

Em Portugal, assumindo e seguindo como exemplo o caso do Reino Unido — onde não existe qualquer incompatibilidade entre o mandato parlamentar e o de membro do Governo, e onde, pelo contrário, um membro do Governo que perca o seu mandato de deputado nas eleições legislativas não pode assumir qualquer cargo governativo — vários autores têm proposto em sede de reforma do Parlamento, a possibilidade de acumulação do cargo de deputado com o de membro do Governo, um medida que permitiria, segundo os mesmos, não só uma maior integração entre os dois órgãos de soberania, como criaria incentivos para melhorar a «qualidade» da representação, já que os membros do Governo seriam recrutados no interior do Parlamento.[950]

Mas ajudaria também a ultrapassar o problema das vagaturas, colocado pela ida para o Governo de muitos dos deputados que integram as listas do partido que vence as eleições, o qual implica a entrada no Parlamento de muitos candidatos que mais não são do que as segundas ou até últimas escolhas do partido ganhador, com as consequências negativas que esse fenómeno tem necessariamente sobre a «qualidade» política e técnica do seu grupo parlamentar e sobre a autenticidade do próprio acto eleitoral, dado que os eleitores acabam por ver entrar no Parlamento candidatos que pura e simplesmente não elegeram e que mais não do que ilustres desconhecidos.

Já no que toca aos impedimentos entre o cargo parlamentar e a actividade desenvolvida no sector privado, assistiu-se, nos últimos anos, e com as sucessivas alterações introduzidas no Estatuto dos Deputados, ao seu progressivo endurecimento. Trata-se, pois, de uma matéria que tem sido alvo de controvérsia entre os vários partidos, com os partidos do «arco da governação» — CDS-PP, PSD e PS — a considerarem que tais impedimentos são demasiado rígidos, contribuindo para afastar da vida parlamentar os quadros intelectuais, profissionais e técnicos mais qualificados, que optam, assim, por desenvolver uma actividade no sector privado; e os partidos de esquerda — CDU e BE — a defenderem tais medidas, pois consideram

---

[950] André Freire, António de Araújo, Cristina Leston Bandeira, Marina Costa Lobo e Pedro Magalhães (2002), «A representação parlamentar e o estatuto dos deputados», in André Freire, António de Araújo et al., *O Parlamento Português: Uma Reforma Necessária, op. cit.*, p. 120.

que só desta forma é possível assegurar a desejável transparência e independência de todos aqueles que integram a Assembleia da República.[951]

Foi precisamente com este objectivo de transparência que, pela Lei n.º 24/95, foi aditado ao Estatuto de Deputados um novo capítulo que cria o registo de interesses, uma medida que acompanhou, aliás, desenvolvimentos semelhantes observados em outras democracias da Europa Ocidental. Tal como no Reino Unido, que constitui o modelo no qual Portugal se inspirou, a declaração de interesses tem não apenas um aspecto formal, que obriga os deputados a declararem por escrito as actividades susceptíveis de gerarem incompatibilidades ou impedimentos, bem como quaisquer actividades que possam proporcionar proveitos financeiros ou conflitos de interesses[952]; mas tem também um aspecto informal, que determina que os deputados declarem a existência de interesse particular, quando ao apresentar um projecto de lei ou ao intervir em quaisquer trabalhos parlamentares, tanto em plenário como em comissão, seja discutida qualquer matéria que possa criar um eventual conflito de interesses.[953]

Contudo, embora o registo de interesses seja público e possa, como tal, ser consultado por quem o solicitar, não estão previstas quaisquer sanções para os deputados que não declararem os eventuais conflitos de inte-

---

[951] Cf. *Transparência nas Instituições e nos Cargos Políticos* (1996), vols. I e II, Comissão de Assuntos Constitucionais, Direitos, Liberdades e Garantias, Lisboa, Assembleia da República.

[952] No n.º 3 do artigo 26.º do Estatuto dos Deputados (Lei n. 24/95) constam as actividades que têm de ser inscritas no Registo de Interesses, nomeadamente: actividades públicas ou privadas, nelas se incluindo actividades comerciais ou empresariais, e o exercício de profissão liberal; o desempenho de cargos sociais ainda que a título gratuito; apoios ou benefícios financeiros ou materiais recebidos para o exercício das respectivas actividades, designadamente de entidades estrangeiras; entidades a que sejam prestados serviços remunerados de qualquer natureza; sociedades em cujo capital o titular, por si, pelo cônjuge ou pelos filhos disponha de capital.

[953] As causas de um eventual conflito de interesses são as seguintes: serem os deputados, cônjuges ou seus parentes afins em linha directa ou até segundo grau da linha colateral, ou pessoas com quem vivam em economia comum, titulares de direitos em negócios jurídicos cuja existência, validade ou efeitos se alterem em consequência directa da lei ou resolução da Assembleia da República. Ou ainda serem membros de órgãos sociais, mandatários, empregados ou colaboradores permanentes de sociedades ou pessoas colectivas de fim desinteressado, cuja situação jurídica possa ser modificada por forma directa pela lei ou resolução a ser tomada pela Assembleia da República.

resse, tanto formal como informalmente, o que não pode deixar de limitar — e muito — o seu alcance prático, que deveria supor, como foi dito, a transparência da vida política e a dignificação da própria Assembleia da República.

Seja como for, e por mais que se concorde com a transposição da lei da economia, conhecida como a «Lei de Gresham», para a esfera política — a qual permite explicar que o crescente afastamento dos quadros intelectuais e profissionais e dos técnicos qualificados da vida política, em geral, e da vida partidária, em particular, se deve acima de tudo ao facto de os partidos funcionarem de forma não concorrencial e transparente — criando entraves à entrada de novos actores e promovendo no seu interior a ascensão política não dos «melhores», mas daqueles que de forma oportunista e interessada não olham a meios para garantir a sua sobrevivência nas esferas do poder. Ou, em termos mais uma vez económicos, criando condições para que a «má moeda» expulse do mercado a «boa moeda»[954], a verdade é que devemos reconhecer que, quer as incompatibilidades previstas entre o exercício de cargos políticos e públicos, a par do mandato parlamentar, quer sobretudo os impedimentos no que se refere à actividade desenvolvida pelos deputados no sector privado, ao envolverem significativos custos materiais, não podem deixar de limitar e de estreitar o alcance do recrutamento parlamentar.

E, sendo assim, acaba por ser de alguma forma redutor atribuir a tendência para a degradação da qualidade dos agentes políticos apenas e tão-só à lógica de funcionamento dos aparelhos partidários, por mais que estes contribuam com as suas práticas oligárquicas, pouco democráticas e auto-referenciais para afastar os melhores valores da vida política do país, e por mais instante que seja a necessidade de desenvolver acções visando o reforço da abertura, da transparência e da democraticidade na actividade partidária.

Deste ponto de vista, e como salientámos atrás, à falta de credibilidade dos principais agentes políticos e à crise da ética de serviço público, que parecem caracterizar hoje a vida política em Portugal, há também que acrescentar as dificuldades inerentes à própria actividade política, que afastam da gestão dos assuntos públicos sectores importantes da popula-

---

[954] Aníbal Cavaco Silva, *Os Políticos e a Lei de Gresham*, in Expresso de 27 de Novembro de 2004.

ção, restringindo drástica e preocupantemente o espectro do recrutamento político, nomeadamente o parlamentar.

E se a disponibilidade quase ilimitada e a flexibilidade de tempo exigidas, bem como os custos e sacrifícios materiais, não podem, como temos vindo a sustentar, ser ignorados — até porque a actividade política é uma actividade pouco segura, para não dizer mesmo de risco, na medida em que depende dos ciclos eleitorais, que podem ditar o fim antecipado de uma carreira política, não sendo, em alguns casos, fácil o regresso à profissão de origem. E tão-pouco podem ser ignorados os custos relacionados com a constante exposição pública, mesmo que esta vise principalmente as figuras mais proeminentes dos diferentes partidos, e não tanto a generalidade dos deputados, dado o seu papel secundário e até apagamento em virtude do sistema eleitoral em vigor.

Porém, é sabido que aquela, em virtude da crescente e imparável mediatização e personalização dos processos políticos, aliada à chamada «política espectáculo», acaba por sujeitar muitos daqueles que ocupam cargos de responsabilidade a críticas incisivas, a ataques permanentes, a manifestações de clara hostilidade e repúdio, e, em casos mais extremos, até à devassa da vida privada — tudo aspectos que tornam a participação activa na vida política menos atractiva e aliciante para muitos potenciais candidatos, que preferem o recato e a tranquilidade das suas profissões privadas, bem como as vantagens materiais que estas proporcionam. Como a este respeito escrevem John Higley e Michael Burton:

> As vidas públicas e privadas das elites políticas encontram-se sujeitas a um intenso escrutínio público. Incitados pela proliferação do jornalismo sencionalista — levado a níveis grotescos por canais de televisão por cabo que se dedicam a difundir notícias 24 horas por dia, estações de rádio que convidam os ouvintes a participar e publicações *on-line* —, mesmo os jornalistas clássicos e «reputados são obrigados a vasculhar todos os cantos e buracos. Na procura descontrolada do lucro comercial, os *media* sobreviventes e os especialistas em escândalos que trabalham na *Internet* procuram a todo o custo informação que conquiste audiência e atraia publicidade. Indiscrições sexuais, divórcios conflituosos, membros da família às voltas com a justiça, negócios sujos, mentiras e ocultação de factos, lapsos de linguagem — tudo e mais alguma coisa que pareça ter «valor noticiável» é aproveitado, ampliado e difundido. Segundo esta perspectiva, a política democrática nunca foi tão

arriscada, um facto que afasta líderes potencialmente capacitados e exclui aqueles que são menos agressivos no jogo da política destrutiva.[955]

Se, no que se refere à valorização socialmente negativa dos agentes políticos, já tivemos oportunidade de verificar que os candidatos às eleições legislativas são tão ou mais pessimistas do que o eleitorado, resta-nos agora conhecer a sua opinião sobre as dificuldades inerentes ou decorrentes do exercício da actividade política, nomeadamente no que se refere aos seus custos materiais, dado que aquela pode implicar a renúncia à possibilidade de desenvolver actividades mais lucrativas no sector privado. Ora, e a este respeito, os dados do quadro n.º 65 mostram que apenas 35% dos candidatos às eleições legislativas de 2002 considera que os deputados são muito bem ou bem pagos, sendo que esta percentagem não atinge sequer os 30% quando em causa estão os lugares elegíveis — que, pelo menos em teoria, serão aqueles que facultam o acesso ao Parlamento.

E se é verdade que mais de 40% dos candidatos entende que os deputados são razoavelmente bem pagos, não é menos verdade que existem, no que se refere à avaliação do seu estatuto remuneratório, diferenças bastante significativas entre os candidatos dos partidos considerados neste estudo, as quais apontam claramente no sentido de uma clivagem entre os partidos com vocação de poder e os partidos de oposição, sobrepondo-se esta, inclusivamente, à clivagem ideológica. Senão vejamos.

Se no caso da CDU, e de forma menos expressiva no BE, 71% e 50% dos candidatos reconhece que os deputados são muito bem pagos ou bem pagos, já no caso do PSD e do PS essa percentagem não ultrapassa os meros 10%. Este contraste de posições mantém-se, ainda que de forma mais atenuada, quando se procura saber se os inquiridos concordam com a afirmação segundo a qual os deputados à Assembleia da República são muito mal pagos ou mal pagos. Aqui, se mais de 50% dos candidatos do PSD entende que o estatuto remuneratório dos deputados está muito longe de poder ser considerado satisfatório, o certo é que apenas 28% dos candidatos do PS parece partilhar tal entendimento, e que aquele não recolhe o

---

[955] John Higley e Michael Burton (2003), «Elites, classes políticas e democracia no século XXI», in António Costa Pinto e André Freire (orgs.), Elites, Sociedade e Mudança Politica, op. cit., p. 284

apoio de mais de 5 % dos candidatos do PCP, e da coligação por ele integrada, e de cerca de 8 % dos candidatos do Bloco de Esquerda.

Em suma, pode dizer-se que são essencialmente os candidatos dos partidos da oposição e os candidatos em lugares não elegíveis que consideram que a remuneração de base dos deputados é mais do que aceitável, conformando mesmo uma situação de privilégio económico, na medida em que se afasta claramente da média dos vencimentos dos cidadãos, o que pode contribuir para pôr em causa a confiança no serviço público prestado pelos deputados, que nada deve ter de comum com uma «carreira privada».

Opinião dos candidatos sobre o estatuto remuneratório dos deputados, por partido e lugar nas listas

[QUADRO N.º 65]

(Valores percentuais)		CDS-PP	PSD	PS	CDU	BE	Média
Muito bem pagos	NE	6	5	0	18	-	7
	EL	0	0	0	13	-	3
	C	5	3	0	17	15	8
Bem pagos	NE	29	11	14	50	-	26
	EL	25	0	6	74	-	26
	C	29	6	10	54	35	27
Razoavelmente pagos	NE	43	41	65	26	-	44
	EL	62	38	61	13	-	44
	C	45	38	62	24	42	42
Mal pagos	NE	22	32	21	6	-	20
	EL	13	43	33	0	-	22
	C	21	38	28	5	8	20
Muito mal pagos	NE	0	11	0	0	-	3
	EL	0	19	0	0	-	5
	C	0	15	0	0	0	3

Fonte: *ibidem*.
Legenda: NE = Candidatos em lugar não elegível. EL = Candidatos em lugar elegível. C = Candidatos.

Porém, por mais relevante e delicada que seja a avaliação do estatuto remuneratório dos deputados, não podemos deixar de notar o facto de o debate sobre esta matéria está teoricamente vinculado a concepções diferentes do mandato parlamentar. O mesmo é dizer, seria de esperar que para aqueles que defendem a profissionalização total dos deputados, a qual implicaria o consequente «endurecimento» das incompatibilidades e dos impedimentos, a remuneração da função parlamentar tivesse de ser comparável às de outros titulares de cargos públicos, aproximando-se inclusivamente das remunerações praticadas no sector privado.

Porém, e como os críticos da exclusividade no exercício do mandato parlamentar sustentam, se é verdade que esta pode contribuir para promover a «independência externa» dos deputados (isto é, a sua independência face a pressões e a interesses económicos que podem interferir com a sua actividade política, com o desempenho isento e dedicado do mandato que lhes foi conferido pelos eleitores, o facto é que o reverso da medalha não pode ser também ignorado, e este traduz-se quer no reforço da «dependência interna» dos deputados, isto é, na sua dependência perante os partidos e sobretudo perante os seus directórios — porque agarrados a lugares materialmente apetecíveis), quer no aumento do seu distanciamento face aos problemas e às necessidades da sociedade.

Já para aqueles que são favoráveis à compatibilização do exercício da função parlamentar com a titularidade de certos cargos públicos, bem como com o desenvolvimento de certas actividades no sector privado, o regime de incompatibilidades e de impedimentos deve ser mais flexível e a remuneração dos deputados poderá a ser vista tendo em conta que estes se dedicam apenas parcialmente ao trabalho parlamentar, o que, ao contrário da posição anteriormente sustentada, tem o risco de não garantir de forma tão eficaz a independência dos deputados face aos interesses económicos privados, podendo estes ser «funcionalizados» pelo poder económico. Este risco é, porém, contrabalançado pela maior independência dos deputados face às hierarquias partidárias e pela sua maior proximidade face à sociedade. E isto porque uma tal solução, ao implicar um menor fechamento e isolamento da «classe política» parlamentar sobre si mesma, tende a promover um maior conhecimento do «país real», aproximando-se aquela mais do «país legal».

Se olharmos agora para os dados relativos à opinião que os candidatos têm sobre a profissionalização do mandato parlamentar, depressa constatamos que são os candidatos da CDU e do BE aqueles que se mostram mais favoráveis a um regime de exclusividade para os deputados, uma opinião que deve ser complementada com uma outra, nomeadamente a de que os deputados são muito bem ou bem pagos. Ora, estes dados sugerem que, para os candidatos dos partidos de esquerda, a profissionalização total parece ser não só desejável, porque permite que os deputados exerçam o seu mandato com inteira dedicação ao interesse público, sem estarem submetidos às pressões e aos interesses externos, como é ainda estimulada e viabilizada pelo actual estatuto remuneratório da função parlamentar.

Em sentido contrário, os candidatos dos restantes partidos, nomeadamente do CDS-PP, do PSD e do PS, consideram preferível que os deputados mantenham a sua actividade profissional de origem, o que pode ser explicado, entre outras causas, pelo facto de considerarem também que a remuneração dos deputados está longe de poder ser considerada satisfatória, e de temerem que por isso — mas não só — a exclusividade e a proibição de acumulação de funções se torne num factor de desqualificação do trabalho parlamentar.

**Opinião dos candidatos sobre a profissionalização
da actividade parlamentar, por partido e lugar nas listas**

[QUADRO N.º 66]

(Valores percentuais)		CDS-PP	PSD	PS	CDU	BE	Média
Os deputados não deviam exercer qualquer tipo de actividade profissional em simultâneo com a actividade parlamentar	NE	54	54	57	74	-	60
	EL	50	45	36	75	-	51
	C	54	50	46	74	67	58
Os deputados não deviam abandonar a sua ocupação profissional para se dedicarem exclusivamente à actividade parlamentar	NE	46	46	43	26	-	40
	EL	50	55	64	25	-	49
	C	46	50	54	26	33	42

Fonte: *ibidem*.

Legenda: NE = Candidatos em lugar não elegível. EL = Candidatos em lugar elegível. C = Candidatos.

Até aqui analisámos, do ponto de vista das atitudes dos candidatos, não só a imagem que os agentes políticos têm junto da opinião pública, como abordámos igualmente algumas das dificuldades inerentes ou decorrentes da actividade política, que podem contribuir, de alguma forma, para limitar as possibilidades de recrutamento por parte do *party selectorate*. Porém, e chegados a este ponto, não respondemos ainda à questão com que abrimos esta secção, e que é — se o leitor bem se lembra — a de saber quais as motivações que levam uma pequena minoria de cidadãos a interessar-se pela vida política, em geral, e pela vida partidária, em particular, a ponto de se demonstrarem disponíveis para se candidatarem à Assembleia da República.

Pois bem, os dados apresentados no quadro n.º 67 ajudam-nos a responder a esta questão — a qual, saliente-se, desde já, é bastante sensível ao problema da racionalização das respostas por parte dos inquiridos, o que não pode deixar de ser tido em conta na análise dos resultados. Quando interrogados sobre as motivações da sua candidatura ou recandidatura ao Parlamento, mais de 55 % dos candidatos indicam razões de natureza ideal, tais como a possibilidade de contribuir para o bem colectivo ou a possibilidade de lutar por ideais e objectivos políticos em que acreditam, sendo que este tipo de motivações se torna mais saliente entre os candidatos da CDU e do BE, ultrapassando em mais de 10 % a média para o conjunto dos candidatos.

Tal explica-se, naturalmente, pela pertença a diferentes modelos de partido, pois não podemos esquecer que, no actual sistema partidário português, é à esquerda que encontramos, por um lado, o Partido Comunista, um «partido de massas» de tipo clássico, onde o peso e a influência da ideologia, bem como da ortodoxia política, continuam a ser elementos preponderantes, e isso tanto ao nível do discurso como da prática desta formação partidária; e, por outro, o Bloco de Esquerda, um «partido-movimento» que, sem descartar totalmente a função clássica da ideologia, no sentido de fazer uma crítica à situação actual e de justificar a sua actuação em nome de certas valores e causas ditos «fracturantes», se apresenta como uma formação política «pós-ideológica» por contraposição com o PCP, pois o que oferece aos seus apoiantes é muito menos uma visão global e omnicompreensiva da vida e do mundo, mas antes aquilo que alguns autores têm chamado de «marcos colectivos», ou seja, um conjunto de crenças ou valores compartilhados, através dos quais os membros do partido ou movimento social justificam a sua acção, a qual é, em regra, limitada a certas causas concretas.[956]

---

[956] Maria José Stock, Conceição Pequito Teixeira e António Revez (2005), *Partidos e Movimentos Sociais. Velhos e Novos Actores Políticos, op. cit.*; Federico Javaloy *et al.* (2001), *Comportamiento Colectivo. Movimientos Sociales*, Madrid Prentice-Hall.

Tal como se verificara anteriormente, quando em causa estavam as motivações dos candidatos para a filiação partidária, também aqui as motivações estritamente partidárias assumem um papel destacado, pois para cerca de 22 % dos inquiridos a sua candidatura ou recandidatura ao Parlamento parece ser justificada pela possibilidade de defenderem o projecto político do partido a que pertencem ou com o qual se identificam, a que acresce ainda a disponibilidade para servir o partido na arena parlamentar.

Deste ponto de vista, é de salientar que a intenção de ser efectivamente eleito e de desenvolver uma carreira parlamentar se encontram entre as razões que justificam a candidatura de cerca 18 % dos candidatos, o que significa que apenas para uma pequena minoria não é de excluir — muito pelo contrário — a profissionalização da função parlamentar.

Também a representação de interesses específicos, sejam eles de natureza territorial ou funcional, enquanto motivação para a candidatura ao Parlamento, não compreende mais do que um quarto dos candidatos, sendo de descartar, assim, uma visão preponderantemente localista ou funcionalista da representação parlamentar o que não constitui em si um facto surpreendente, se atendemos ao tipo de sistema eleitoral em vigor, segundo o qual os deputados representam a nação e não os círculos eleitorais pelos quais foram eleitos.

Com efeito, na tradição do mandato representativo, os deputados não são apenas considerados como representantes de toda a nação, como devem também exercer o seu mandato livres de quaisquer indicações dadas antes ou depois das eleições pelos eleitores. Recorde-se que da independência da acção do deputado face ao eleitorado decorrem as seguintes consequências: primeira, os eleitores não podem retirar o mandato ao deputado por acções decorrentes do exercício da sua função parlamentar; segunda, embora os partidos possam expulsar um deputado dos seus respectivos grupos parlamentares, o deputado limita-se a perder a confiança partidária, sem que, contudo, perca o seu mandato; por fim, qualquer deputado é livre de renunciar ao seu mandato, tendo apenas de apresentar pessoalmente uma declaração escrita ao Presidente da Assembleia da República, ou enviá-la com assinatura reconhecida notarialmente.

Por sua vez, o facto de apenas 8 % dos candidatos declarar que se candidata à Assembleia da República com o intuito de defender os interesses de certos grupos de interesses, não pode deixar de remeter para um dos aspectos relativos ao perfil organizacional dos principais partidos portugueses (com a excepção da CDU), e a que já tivemos oportunidade de nos referir anteriormente: a débil e descontínua — e, por vezes, não assumida — ligação com as organizações afins, nomeadamente com os grupos de interesses que resultam da sociedade civil, o que constitui um traço característico das estratégias expansionistas próprias dos partidos eleitoralistas. De facto, e como referimos atrás, os laços explícitos e estreitos com organizações afins podem afastar segmentos importantes do eleitorado, criando pressões indesejáveis para que os partidos desenvolvam políticas que possam favorecer as organizações aliadas, o que não é, aparentemente, compatível com os objectivos dos partidos de tipo *catch-all*.

O que surpreende — ou talvez não — nos dados apresentados no quadro n.º 67, é o peso quase residual das motivações puramente instrumentais relacionadas, quer com o poder e a influência obtidos através do exercício do cargo de deputado, quer com as possibilidades de promoção profissional que tal lugar pode oferecer — já que, como é sabido e muitas vezes referido, a passagem pelo Parlamento tende a constituir, para não poucos deputados, uma mais-valia no regresso à sua ocupação de origem, em função das competências e conhecimentos adquiridos, mas também, e sobretudo, pela rede de contactos que aqueles conseguem estabelecer durante o seu mandato, a qual pode acaba por ser, muitas vezes, determinante no seu reingresso profissional.

E isto verifica-se quando a teoria aponta no sentido da crescente importância dos benefícios materiais na adesão e militância partidárias em detrimento dos benefícios ideológicos e de identidade, e quando a opinião pública contesta abertamente as supostas benesses e privilégios da «classe política», os quais constituem— num país onde o clientelismo e o patrocinato tendem a ser encarados como uma dimensão estruturante da vida política — uma das razões que ajudam a explicar o claro cepticismo e o forte cinismo dos cidadãos face aos agentes políticos.

Ainda quanto às motivações individuais que se encontram na base da candidatura ao Parlamento, não podemos ignorar algumas diferenças interpartidárias. A este propósito, verifica-se que se é nos partidos da velha e da nova esquerda — Partido Comunista e Bloco de Esquerda — que as motivações ideais se revelam mais determinantes na decisão de disputar um lugar parlamentar, é, contudo, nos partidos com vocação de poder, nomeadamente no PSD e no PS, que as motivações de natureza estritamente política e partidária se revelam mais preponderantes, ultrapassando, inclusivamente, a média para o conjunto dos candidatos.

Motivações para a (re)candidatura à Assembleia da República, por partido político

[QUADRO N.º 67]

(Valores percentuais)	CDS	PSD	PS	CDU	BE	Média
Possibilidade de contribuir para o bem colectivo e servir o meu país	23	27	30	36	35	30
Possibilidade de lutar por ideais e objectivos políticos que defendo	27	22	23	33	30	27
Possibilidade de defender o projecto político do meu partido	20	19	18	30	25	22
Por solicitação ou decisão do meu partido	14	14	15	16	16	15
Possibilidade de ser eleito ou reeleito	8	15	14	5	-	8
Possibilidade de desenvolver uma carreira parlamentar	10	14	16	3	-	10
Possibilidade de defender os interesses da minha região	14	13	16	10	11	13
Possibilidade de promover os interesses de certos grupos de interesses	6	5	7	12	11	8
Poder e influência que se obtêm através do cargo de deputado	4	3	2	-	-	2
Possibilidade de melhorar o meu *curriculum* profissional	3	6	5	-	-	3

Fonte: *ibidem*.

Notas: 1. Os inquiridos responderam cumulativamente às múltiplas opções apresentadas para esta questão, pelo que o total é sempre superior a 100 %. (cf. Anexo)

E se as motivações instrumentais detêm, como atrás ficou dito, uma influência muitíssimo marginal, a verdade é que estas são apenas referidas pelos candidatos que pertencem às formações partidárias que, sozinhas ou em coligação, têm exercido o poder em Portugal, no já longo período que vai da transição até à consolidação do regime democrático.

Por outro lado, e para terminar este ponto, há que salientar que se o lugar destacado assumido pelas motivações políticas e partidárias na decisão de disputar um lugar no Parlamento indicia, ainda que de forma indirecta, quais os objectivos políticos eventualmente prosseguidos pelos candidatos, a verdade é que estes se tornam bastante mais evidentes — e também confessáveis — quando se pede aos inquiridos que respondam às seguintes questões. Primeira: «Nas próximas eleições legislativas, pretende candidatar-se novamente ao Parlamento?» Segunda: «Pretende desenvolver uma vida política activa nos próximos dez anos que implique o exercício de cargos públicos, tanto a nível nacional como local?»

Principais motivações para a (re)candidatura à Assembleia da República (valores percentuais)

[FIGURA N.º 16]

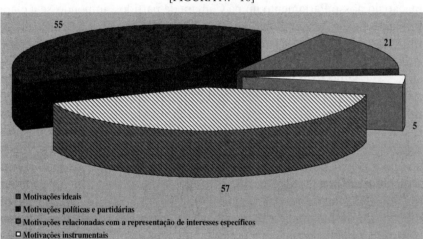

Fonte: *ibidem*.

Ora, como se pode ver no quadro n.º 68, aproximadamente metade dos candidatos nas eleições legislativas de 2002 declaram a sua intenção de voltar a concorrer nas eleições imediatamente seguintes, o que significa que a sua candidatura parece não conformar um acto meramente simbólico ou pontual, o que é verdade tanto para aqueles que se encontram em lugares elegíveis como para aqueles que ocupam lugares que à partida não garantem o acesso ao Parlamento — e que devem ser, assim, encarados como uma espécie de «trampolim» ou como uma «fase prévia» a uma candidatura futura, essa sim ganhadora.

Perante estes dados, é fundamental notar-se que o facto de o objectivo de «reeleição» ser partilhado por uma percentagem tão elevada de candidatos — com a excepção dos candidatos da CDU — não pode deixar de ter consequências no seu comportamento político, sobretudo se efectivamente eleitos. Com efeito, é de esperar que a procura da «reeleição» contribua para que os candidatos eleitos se tornem mais dependentes e reféns na sua conduta parlamentar das orientações e das instruções dos aparelhos partidários — que são, afinal, os responsáveis últimos pela decisão da sua futura recandidatura e eventual reeleição.

Tal facto acaba por tornar não só a disciplina de voto numa prática amplamente aceite e acatada pelos deputados em geral, como contribui também — e de uma forma aparentemente inevitável — para a transformação do nosso Parlamento numa Câmara de partidos, impondo-se a clara primazia da sua face extraparlamentar sobre a sua face parlamentar.

Objectivos políticos dos candidatos à AR, por partido e por lugar nas listas

[QUADRO N.º 68]

(Valores percentuais)		CDS-PP	PSD	PS	CDU	BE	Média
Objectivos políticos a curto prazo	NE	66	60	45	26	-	49
	EL	50	50	46	20	-	42
	C	64	55	46	26	50	48
Objectivos políticos a longo prazo	NE	43	52	61	25	-	45
	EL	48	69	74	32	-	56
	C	50	59	67	40	32	50

Fonte: *ibidem*.

Legenda: NE = Candidatos em lugar não elegível. EL = Candidatos em lugar elegível. C =Candidatos.

Notas: **1.** [*] Visa a recandidatura nas próximas eleições legislativas. [**] «Nos próximos dez anos, pretende prosseguir a vida política activa, através do exercício de cargos públicos tanto a nível nacional como local?» Consideram-se apenas os inquiridos que responderam afirmativamente à questão.

A concluir este ponto da exposição, convém acrescentar que a «ambição política» de mais de metade dos candidatos não se resume a uma simples recandidatura ao Parlamento nas eleições imediatamente subsequentes, tendo antes um horizonte temporal bastante mais longínquo, e que se traduz no objectivo de prosseguir uma actividade política, que passa necessariamente pelo exercício de cargos institucionais, tanto a nível nacional como local.

E se, em termos partidários, tal objectivo é mais saliente entre os candidatos que pertencem aos partidos com vocação de poder, nomeadamente ao PS e ao PSD, já no que se refere ao lugar ocupado nas listas são, essencialmente, os candidatos em posição elegível que declaram um maior interesse em permanecer na vida política activa, interesse que não dissociam, bem pelo contrário, do exercício de cargos públicos.

O que significa muito claramente que, para além das motivações individuais expressas, tanto no que se refere à decisão de filiação num partido como no que respeita à disponibilidade para uma candidatura parlamentar — que, como atrás se viu, são de carácter predominantemente ideal —, a verdade é que para um grande número de candidatos os «benefícios particulares ou selectivos», relacionados sobretudo com a ocupação de cargos de confiança partidária, constituem um móbil que está longe de ser irrelevante. Tal parece confirmar as teses de que os partidos políticos, principalmente os que têm uma maior dimensão eleitoral e uma maior proximidade ao poder, se assumem cada vez mais como estruturas que promovem a adesão e a mobilização dos seus membros e simpatizantes mais em função dos lugares que têm e podem oferecer do que pelas ideologias e políticas que defendem, aproximando-se, desta forma, do que Weber chamava, à época, de «partidos de patrocinato».

Ou seja, partidos sem compromissos ideológicos fortes nem objectivos claramente definidos, orientados fundamentalmente para a aquisição e ocupação de cargos públicos e, como tal, dispostos a adaptar constantemente os seus programas aos caprichos do eleitorado. Neste sentido, vale a pena recuperar aqui as palavras de Weber:

> Todas as lutas partidárias são não só lutas por objectivos concretos, mas também e acima de tudo pelo patrocínio dos cargos (…). Com o número crescente de cargos, em consequência da burocratização geral, e com a crescente apetência para eles, enquanto forma de aprovisionamento especialmente assegurado, acentua-se em todos os partidos essa tendência, e estes tornam-se cada vez mais para os respectivos adeptos um meio de alcançar tal fim: garantir dessa maneira o próprio futuro. [957]

---

[957] Max Weber (1918, 2000), *A Política como Profissão*, op. cit., pp. 31 e 33.

Considerações finais

A democracia representativa de partidos é uma adaptação do princípio democrático, o que significa que, nas democracias contemporâneas, a mediação organizativa dos partidos entre o eleitorado e o Estado é indispensável à formação de uma opinião e vontade colectivas. Assim, no campo político, os partidos apresentam-se como organizações sem cuja intervenção não seria possível actualizar os princípios democráticos nas sociedades do nosso tempo. Com efeito, cabe a estes o desempenho de funções — que independentemente dos seus «efeitos perversos» — são indispensáveis ao funcionamento dos sistemas democráticos. Entre essas funções, cumpre destacar, desde logo, a mobilização das massas, no sentido de promover a sua participação no processo democrático, reduzindo a abstenção nos actos eleitorais a limites toleráveis, no sentido de não comprometerem a legitimidade do sistema político, pois se o abstencionismo atingir percentagens que ultrapassem um certo limiar, isso demonstra não só o desinteresse do eleitorado pela participação política, como pode também implicar a transformação do princípio da maioria no princípio da minoria, o que não pode deixar de constituir um «golpe fatal» para os princípios fundadores da democracia representativa enquanto regime político. E tal assim é mesmo que, como é sabido, abstenção eleitoral possa ser objecto de interpretações positivas, na medida em que, para muitos autores, aquela não é mais do que a manifestação do bom e regular funcionamento do sistema político, seja porque diminui a pressão das exigências direccionadas ao poder político, seja porque é sinónimo de estabilidade do sistema, na medida em que não se colocam perante este opções verdadeiramente importantes ou contraditórias, seja ainda porque os partidos procuram induzir ou despertar exigências junto de segmentos importantes do eleitorado que prometem satisfazer.

Donde, pode dizer-se que os partidos se comportam, mais hoje do que no passado, como autênticas «empresas políticas», que, à semelhança de qualquer empresa, procuram maximizar os seus benefícios, satisfazendo, por um lado, as exigências já existentes em certos sectores da sociedade, e, por outro, criando artificialmente solicitações e reivindicações, a que procuram dar resposta, a fim de aumentar os seus benefícios no mercado eleitoral numa determinada conjuntura.

É verdade que, em termos genéricos, os partidos têm um programa fundamental ou, pelo menos, um conjunto de posições ideológicas e programáticas que constituem, por assim dizer, a sua *razão abstracta* de ser. Porém, e como tivemos oportunidade de demonstrar, os partidos são também — e fundamentalmente — «empresas politicas», isto é, organizações que reúnem um conjunto de recursos simbólicos, materiais e humanos, com vista a obter o maior número de votos: e esta é, em suma, a sua *razão concreta* de existir, adaptando-se, para tal, às diferentes conjunturas sociais, económicas, políticas e eleitorais. Como já demonstrara Robert Michels, os partidos políticos, enquanto organizações, ao atingirem uma certa dimensão e um certo grau de complexidade, acabam, inevitavelmente, por se mostrarem mais interessados na sua própria sobrevivência e no seu crescimento do que na realização dos seus ideais, dos seus valores e dos seus fins originais, procedendo, sempre que necessário, à sua constante adaptação e actualização.

Por tudo isto, há que reconhecer que, actualmente, a ambiguidade ideológica e o pragmatismo eleitoral parecem ser não só uma condição necessária para maximizar benefícios políticos, no sentido de fazer face à crescente volatilidade dos «eleitorados de opinião» e garantir assim o acesso ao Governo, mas também uma condição ditada pela própria funcionalidade dos partidos que actuam nos sistemas democráticos. O que é evidente numa época em que, a função classicamente associada aos partidos, nomeadamente a integração e a mobilização dos cidadãos no processo político — crucial nas democracias do início do século XX — tende agora a ser considerada irrelevante e até redundante, já que não é necessária, ou mesmo possível, nas circunstâncias das actuais democracias industriais avançadas.

Ao que acaba de ser dito, deve ser prontamente acrescentado que os partidos continuam a ser indispensáveis para articulação e agregação dos interesses sociais e políticos apresentados pela sociedade, pois só através das suas organizações e do seu pessoal político é possível integrar e sistematizar tais interesses em programas coerentes de acção, destinados a competir entre si pela captura do voto junto do eleitorado e inspirar as decisões e acções do Estado, seja a partir do Governo, seja através das possibilidades oferecidas pela oposição.

Por outro lado, não se pode esquecer que para o eleitor comum exercer, com a mínima racionalidade, o seu inalienável direito de sufrágio activo, é necessário que ele disponha de uma informação mínima sobre os interesses nacionais ou sobre os problemas que afectam directamente determinados sectores ou segmentos sociais. Pois bem, uns e outros são, em regra, demasiado abstractos e complexos, pelo que uma das funções essenciais dos partidos passa ainda por formulá-los e expô-los em termos relativamente simples, de tal modo que sejam compreensíveis e acessíveis para a maioria das pessoas, muito em especial para aquelas que fazem parte da sua base social de apoio.

Porém, se tudo isto é aparentemente irrefutável, o certo é que também a função de formação e informação da opinião pública, classicamente atribuída aos partidos, conhece hoje sérias limitações, sendo, cada vez mais, uma função partilhada com outras organizações não partidárias, em particular, com os meios de comunicação social, que ganharam um crescente protagonismo neste domínio em detrimento dos partidos e dos seus líderes. Mas há mais. Pois, mesmo no que se refere à função programática dos partidos, a qual envolve a formulação de políticas públicas alternativas, aqueles tendem a revelar-se cada vez menos necessários, na medida, em que também aqui parece haver uma crescente tendência para confiar no julgamento e nas decisões preparadas previamente por peritos e especialistas nas mais diversas áreas da governação (numa tecnocracia fortemente especializada, e cujo o papel ao nível da decisão final está ainda por conhecer), tornando-se assim a função de formulação e implementação das políticas públicas um domínio cada vez mais despolitizado, em que as escolhas finais obedecem sobretudo a critérios preponderantemente técnicos, quando não estritamente económicos, e não já a diferenças políticas ou ideológicas conflituais e alternativas, como acontecia num passado que parece cada vez mais remoto.

Acresce ainda o facto, não menos relevante, de com a afirmação de uma economia cada vez mais internacionalizada e globalizada — sobretudo no sistema da União Europeia — os partidos conhecerem, *de facto*, grandes limitações à sua capacidade de manobra política interna, o que explica que os contrastes e as diferenças na sua prática concreta se tornem difíceis de identificar, pelo menos com a clareza de outros tempos — com todas dificuldades que tal circunstância coloca aos eleitores no momento de optar por esta ou por aquela formação partidária em particular, o que faz com que o sentido de voto seja determinado muito mais em função de temas específicos (*issues*) ou de acordo com a identificação momentânea com os líderes dos partidos, que se assumem geralmente como candidatos a Primeiro-Ministro, do que por questões ideológicas e políticas de fundo e, o que é mais, de médio e longo prazo.

Ora, perante este aparente e até ver irreversível enfraquecimento das **funções** *representativas* dos partidos — associadas a um modelo de partido que se tornou, em termos gerais, historicamente contingente: o clássico «partido massas» — há que reconhecer porém que as suas *funções processuais* não só foram preservadas como adquiriram, no contexto das democracias actuais, uma crescente relevância. E entre essas, cumpre-nos destacar aqui, fundamentalmente, a função de recrutamento político, na medida em que os canais partidários continuam a ser os principais, senão mesmo os únicos, responsáveis pela selecção do pessoal político parlamentar.

Com efeito, a filiação, o activismo e o apoio partidários tendem a constituir atributos necessários e quase suficientes na designação e na eleição de candidatos para cargos públicos, constituindo, fora de dúvida, uma *via privilegiada* no acesso aos parlamentos nacionais. E assim sendo, não será abusivo falar-se, tal como o faz Gianfranco Pasquino, em «classes políticas» que são hoje de extracção e de composição fundamentalmente partidárias. É por isso que, e ainda segundo aquele autor, qualquer estudo da «classe política» na sua componente parlamentar deve remeter, necessária e obrigatoriamente, para a análise da organização e funcionamento dos partidos. Do mesmo modo que qualquer análise longitudinal das transformações dos padrões de recrutamento parlamentar impõe igualmente o estudo das mudanças ocorridas nas diferentes modalidades de actuação dos partidos.

Foi com base em tais pressupostos que decidimos empreender uma investigação em torno dos processos de recrutamento parlamentar em Portugal, assumindo, desde o primeiro momento, o papel decisivo e singular dos partidos e o seu controlo quase monopolístico no que se refere à «procura» de candidatos adequados para o cargo de deputado da nação, nomeadamente quando tal função é potenciada por um sistema eleitoral de representação proporcional com listas fechadas e bloqueadas em círculos plurinominais, no qual os eleitores elegem entre partidos e não entre candidatos. Em suma, em listas eleitorais, que como tivemos oportunidade de demonstrar, são constituídas maioritariamente por indivíduos que realizaram um longo e destacado *cursus honorum* dentro dos partidos e adquiriram uma posição relevante na sua hierarquia interna, o que não pode deixar de significar que, pelo menos entre nós, as elites parlamentares são escolhidas pelo povo entre as elites dos partidos, de tal forma que estes constituem um canal prévio e decisivo da sua socialização política e, por conseguinte, uma via quase exclusiva no acesso a cargos públicos, nomeadamente ao cargo de deputado.

Não será demais recordar aqui que, quer análise diacrónica quer a análise sincrónica dos processos intrapartidários de recrutamento parlamentar, efectuada de forma exaustiva e detalhada no contexto deste estudo, apontam num mesmo sentido. E que é o seguinte: a entrada no Parlamento faz-se depois de uma longa e continuada trajectória no interior dos partidos, o que pressupõe uma «carreira» política de tipo convencional, ou seja, uma participação na vida interna dos partidos prolongada e regular que, da entrada nos níveis mais baixos da hierarquia partidária — mediante uma aprendizagem mais ou menos longa e o apoio das bases e das estruturas dirigentes — permite aceder aos cargos de topo e, nomeadamente, a uma candidatura a deputado, em lugar elegível.

Tal circunstância explica que as estruturas de recrutamento no interior dos partidos sejam, em grande medida, responsáveis pelo perfil fortemente elitista da classe política parlamentar, o qual é confirmado pelo facto de os candidatos em posições elegíveis apresentarem características sociodemográficas, recursos partidários e políticos, mas também motivações e interesses, que os distanciam e separam claramente dos candidatos em lugares não elegíveis, os quais revelam atributos que bastante mais próximos da população em geral, do que do conjunto dos deputados eleitos.

Donde, é fundamental sublinhar que os candidatos que têm reais possibilidades de aceder ao Parlamento são, do ponto vista sociodemográfico, maioritariamente homens, com idades compreendidas entre os 40 e os 50 anos, com qualificações superiores — preferencialmente na área do Direito — com uma ocupação profissional principal não só associada a um estatuto socioeconómico privilegiado, mas também facilmente compatível com o exercício de funções políticas. Mas são também indivíduos oriundos de famílias com um forte índice de politização e de mobilidade cognitiva, que contrasta manifestamente com o que acontece ao nível da população em geral.

Já do ponto vista partidário e político, a informação empírica, que tivemos oportunidade de tratar no decurso desta investigação, revela muito claramente que para se ser candidato à Assembleia da República não basta ser filiado num partido, e por um tempo que é em regra bastante longo, sendo igualmente indispensável uma dedicação intensa e empenhada no que se refere às suas actividades organizativas. A acresce ainda um outro critério de recrutamento, que é seguramente o mais importante, e que se traduz no exercício de cargos internos ao nível da sua direcção nacional e, em menor medida, ao nível regional e/ou local — um critério de escolha que, para as estruturas de recrutamento, se sobrepõe inclusivamente a uma experiência política prévia em órgãos do poder político nacional.

Trata-se, pois, de uma realidade que não pode deixar de conferir aos padrões e às estratégias de recrutamento parlamentar uma natureza profundamente *fechada*, *autoreferencial* e preponderantemente *partidocrática*, por certo responsável pelo crescente isolamento e distanciamento da classe política em relação à sociedade civil, como se de dois mundos ou realidades à parte se tratasse. Esta será uma das razões que, seguramente, ajuda explicar o tom pejorativo e negativo com que actualmente se fala do profissionalismo político, o qual tende a assumir em Portugal um perfil bem definido. Ou seja: encontra-se associado ao desenvolvimento de uma «classe política» que é cada vez mais composta por pessoas que vivem somente *da* política e *do* seu exercício — no sentido económico, há muitos anos salientado por Max Weber — bem como de pessoas que são seleccionadas, premiadas e promovidas pela actividade que desempenham *dentro* dos partidos e *para* os partidos, o que contribui não só para reforçar a dependência económica e política dos eleitos perante os directórios partidários — dos quais depende, afinal, a sua reeleição e a sua manutenção no cargo —, mas também para aumentar os fenómenos de oportunismo e clientelismo político-partidário.

É pois assim que, muito pela intervenção das organizações partidárias, que monopolizam *de jure* e *de facto* a função de recrutamento do pessoal parlamentar, o exercício profissional da política tende a ser visto menos como uma realidade ineluctável e desejável, resultante da divisão e especialização do trabalho político e da necessária autonomia dos eleitos face aos eleitores — como sustentavam os pais fundadores da democracia representativa —, para ser encarado como um mal ou uma disfunção que é preciso combater, na medida em que tende a consolidar relações objectivas de dependência entre os representantes eleitos e os partidos, a aumentar o oportunismo e o carreirismo político, contribuindo, desta forma, para a crescente desconfiança e para o acentuado cepticismo e cinismo dos eleitores face à actuação dos eleitos.

Dito ainda de um outro modo: em vez de serem «políticos profissionais», os membros da classe parlamentar tendem a tornar-se cada vez mais «profissionais da política», fazendo da sua actividade mais uma «carreira» do que uma «vocação», encarando-a mais como uma «colocação» num determinado cargo do que como um serviço à «causa pública», sendo o seu principal objectivo manterem-se na política a todo o custo, procurando, como tal, renovar sucessivamente o seu mandato. Em síntese: a trajectória daqueles que integram a classe política parlamentar é fundamentalmente uma **carreira de *partido*, no *partido* e para *o partido***.

Esta realidade é tanto ou mais evidente quando os padrões de recrutamento *endógenos*, claramente privilegiados por aqueles que detêm responsabilidades na elaboração e ordenação das listas eleitorais no interior dos partidos, são acompanhados por modalidades e procedimentos de selecção preponderantemente *fechados*, *centrípetos* e pouco ou nada *transparentes*. Quer isto dizer que a escolha cabe, em todos os partidos — sem excepções significativas — aos seus órgãos nacionais, sendo a intervenção dos órgãos sub-nacionais, quando consultados ou auscultados, sobretudo indicativa e, frequentemente, condicionada de «cima para baixo» através de negociações de bastidores que escapam ao observador comum, por mais atento ou curioso que este se mostre.

Por outro lado, a escassa descentralização, que caracteriza os processos de selecção dos candidatos a deputados, no interior dos diferentes partidos aqui estudados, é também acompanhada por uma intervenção praticamente inexistente dos seus membros de base, o que não pode deixar de questionar e até de comprometer — a já muitíssimo debilitada — *democraticidade* da vida interna dos partidos. Ora, tal facto impõe uma constatação sobre a qual todos estaremos certamente de acordo: o reconhecimento, tão frequente nos anos que correm, de que mais democracia interna implica necessariamente uma reforma profunda dos partidos, a qual deve ter em conta uma distribuição mais equitativa do poder entre os seus diferentes níveis hierárquicos, por um lado, e o reforço da participação dos membros de base e dos simpatizantes nos principais processos de decisão colectiva, nomeadamente na escolha dos candidatos ao Parlamento, por outro.

Estamos, pois, em crer que se o controlo dos partidos sobre os processos de selecção dos candidatos a deputados, bem como a forte presença de dirigentes partidários de topo no Parlamento, podem ser interpretados como um indicador de modernização e de institucionalização do sistema político — no sentido em que representam uma separação entre a esfera social e a esfera política —, o certo é somos obrigados a concluir também que tal fenómeno constitui um sinal inequívoco da acentuada **deriva partidocrática da democracia representativa** em Portugal, tanto em termos eleitorais como parlamentares. E isto porque, como tivemos oportunidade de referir atrás, se a forte partidarização dos processos de recrutamento parlamentar resulta do monopólio *de jure* mas também *de facto* dos partidos no que se refere à definição da sua oferta eleitoral, aquela é também, e de uma forma quase inevitável, responsável pela absoluta primazia dos partidos fora do parlamento e pelo seu total controlo dos grupos parlamentares e dos deputados — tendência a que não é seguramente alheia a actual «crise» do mandato representativo individual.

Com efeito, escolhidos pelos partidos e não pelos eleitores, através de um processo fortemente *fechado*, *centralizado* e pouco ou nada *transparente*, de acordo com critérios preponderantemente *endógenos*, os deputados tendem a revelar uma forte lealdade, para não dizer uma estrita obediência, perante os directórios partidários a quem devem a sua eleição — e a sua eventual reeleição —, o que assegura o cumprimento disciplinado e acrítico das orientações e instruções dos partidos a que pertencem, privando porém o Parlamento de ser uma câmara de representantes eleitos pelo povo, para se transformar num prolongamento e num instrumento à mercê das organizações partidárias.

Para concluir, importa referir ainda que o estudo dos aspectos relacionados com a «procura» em termos de recrutamento parlamentar apontam, sem qualquer dúvida, para a formação de uma classe política relativamente homogénea, já que as diferenças entre os critérios e as estratégias de recrutamento adoptados pelos principais partidos portugueses estão muito longe de ser significativas; ao mesmo tempo que apontam para a formação de uma classe política claramente unificada, ou seja, com um verdadeiro sentido de «espírito de corpo», bem patente nos recursos, interesses e motivações comuns — precisamente na acepção que lhe foi dada, tempos atrás, por Gaetano Mosca, a saber: «(...) os que fazem parte da classe política vão adquirindo um *espírito de corpo* e de *exclusividade*, e aprendem a arte de monopolizar em vantagem própria as qualidades e as aptidões necessárias para chegar ao poder e mantê-lo».[958]

Na realidade, à medida que a política se converte numa carreira e se atenuam as diferenças substantivas e ideológicas entre os partidos em competição (através de um consenso voluntário ou forçado), os seus líderes parecem assumir propósitos comuns, dando a impressão de que forças

---

[958] Gaetano Mosca (1896, 2004), *A Classe Política, op. cit.*, p. 76.

políticas rivais procuram sobretudo encontrar plataformas de acordo com os seus inimigos mais do que promover a representação dos seus apoiantes de base. O que torna inteiramente oportuna o dito de Robert Michels, quando, nos alvores do século XX, afirmava existirem mais semelhanças entre membros de partidos distintos, mas que desempenham cargos públicos, do que entre os dirigentes de um mesmo partido.

A este propósito, é ainda interessante notar que se, segundo os candidatos ao Parlamento, as motivações ideais e ideológicas são importantes na decisão individual de aderir formalmente a um determinado partido, não menos importantes são as expectativas relacionadas com a assumpção de responsabilidades políticas no interior do partido. O que deixa supor não só o papel crescente assumido pelos chamados «benefícios selectivos», traduzidos aqui na distribuição e no acesso a cargos políticos, mas também a possibilidade de desenvolvimento no interior dos partidos de um certo *modus vivendi*.

O que é mais: se tivermos igualmente em conta o facto de aproximadamente metade dos candidatos declarar a sua intenção de voltar a disputar um lugar nas eleições imediatamente subsequentes, tal só pode significar que a sua candidatura está longe de constituir um acto ocasional ou episódico, visando antes uma continuidade que se prolonga no tempo, o que é verdade tanto para aqueles que se encontram em lugares elegíveis como para aqueles que ocupam lugares que à partida não garantem o acesso ao Parlamento — os quais devem ser, assim, encarados como uma espécie de trampolim, ou, então, como uma fase prévia a uma candidatura futura, essa sim ganhadora!

Perante estes dados empíricos, é também fundamental notar-se que o facto de o objectivo da reeleição ser partilhado por uma percentagem tão elevada de candidatos à Assembleia da República não pode deixar de ter consequências no seu comportamento político em sede parlamentar, sobretudo se efectivamente eleitos. Com efeito, é de esperar que a procura da reeleição contribua para que os candidatos eleitos se tornem mais dependentes e até reféns, na sua conduta parlamentar, das orientações e das instruções dos aparelhos partidários — que são, afinal, os responsáveis últimos pela decisão da sua futura recandidatura e eventual reeleição.

Chegados aqui, há que olhar para o outro lado do problema, o qual se prende com a estrutura de oportunidades e de constrangimentos que a «oferta» coloca às estruturas partidárias de recrutamento. De facto, torna--se necessário compreender melhor em que medida uma opinião pública (e publicada) crescentemente crítica e hostil em relação aos partidos e aos políticos afecta o processo de selecção das elites parlamentares. E isto porque não podemos deixar de constatar que se o papel dos partidos é, neste domínio, monopolizador, já a participação dos cidadãos se afigura, em contrapartida, bastante escassa, desinteressada e distanciada, o que deve ser considerado, de forma realística e desencantada, como um dos principais limites da democracia representativa nas sociedades industriais avançadas — ainda que muitos, é preciso sublinhá-lo, considerem ser este um dos seus requisitos fundamentais. E tal é assim, mesmo quando, como salientam alguns autores e observadores, e por mais paradoxal que isso possa parecer, não se verificar hoje qualquer evidência de uma crise de legitimidade da democracia enquanto regime político no mundo ocidental.

Percebe-se, por isso, que Paul Hirst, referindo-se à democracia representativa e aos seus limites, escreva:

> As democracias ocidentais são uma curiosa mistura de sucesso e de fracasso. São bem sucedidas ao nível da sua legitimidade, mas pagam por isso o preço de um baixo nível de participação dos cidadãos (...). O seu sucesso deve-se em parte ao facto de que pedem ao eleitor comum — um mínimo esforço e conhecimento —, ao mesmo tempo que colocam nas suas mãos um poder de veto muito real e valioso.[959]

Ora, Portugal não constitui uma excepção, pois, se como vimos atrás, os cidadãos não põem em causa o regime político, o facto é que a nossa democracia é hoje negativamente afectada pelo declínio da confiança pública no desempenho e na eficácia das suas principais instituições políticas, sendo de destacar, muito em particular, os partidos — o que contribui para o actual distanciamento das massas da vida política, em geral, e da vida partidária, em particular.

A interpretação da informação empírica, que suportou este estudo, não deixa qualquer dúvida quanto à desconfiança generalizada dos eleitores em relação aos partidos políticos, a qual é acompanhada ainda — como se de um legado do passado se tratasse — pela persistência de sentimentos

---

[959] Paul Hirst (1993), *A Democracia Representativa e os seus Limites*, Rio de Janeiro, Zahar Editor, pp. 12-13.

antipartidários, os quais se traduzem na rejeição e na hostilidade quando em causa estão os principais actores da vida política democrática. E se os indicadores relativos à identificação partidária dos cidadãos são menos negativos, eles estão, contudo, longe de significar uma eventual predisposição para se escolher a filiação e o activismo partidário como formas privilegiadas de participação política em Portugal, o que cria necessariamente constrangimentos às tentativas — mais ou menos evidentes, mais ou menos retóricas — de abertura dos partidos à sociedade civil.

Quanto à avaliação profundamente negativa que os portugueses fazem dos actores políticos, é bastante sintomático o facto de aproximadamente 70% declarar que não confia em absoluto nos partidos e cerca de 80% considerar que os políticos não se interessam pelo que as pessoas comuns pensam — uma percentagem que dispara para quase 90% quando em causa estão os objectivos puramente pragmáticos e eleitoralistas que os políticos desenvolvem face à cidadania, preocupando-se acima de tudo com a captura do voto e com acesso ao poder.

Se recuperamos aqui estes dados, é para concluir que este profundo pessimismo e cepticismo em relação à actuação dos partidos e das suas elites dirigentes constituem, em Portugal, não apenas um constrangimento em termos de alargamento e diversificação do espectro do recrutamento parlamentar, mas também, e sobretudo, para deixar aqui a seguinte questão, a qual esteve sempre presente ao longo deste trabalho, tanto na sua vertente mais teórica como na sua vertente mais empírica. E que é pois a seguinte: Se não podemos deixar de reconhecer — com a mesma clareza com que em tempos e de forma paradigmática o afirmaram autores como Bryce, Ostrogorki, Michels, e alguns anos mais tarde, Schattschneider — que os partidos políticos são instituições essenciais ao funcionamento da democracia representativa, sendo esta absolutamente impensável na ausência daqueles, resta-nos porém saber o que fazer para ultrapassar as suas tendências *fechadas*, *oligárquicas*, e *autoreferenciais* através de novos métodos e estratégias de democratização? As respostas a esta questão podem ser múltiplas — umas certamente mais optimistas, outras eventualmente mais pessimistas — mas com uma coisa todos concordaremos: tais processos de democratização interna, que se mostram cada vez mais necessários e urgentes, devem passar por assumir que o povo não pode ser visto ou tratado como um *agente semi-soberano* em todas aquelas que são, por definição, decisões colectivas fundamentais: a começar pela escolha daqueles que nos dirigem — fundamentalmente quando a democracia deixa de ser uma forma de poder delegado *pelo* povo, para se converter numa forma de poder exercido *pelos partidos* e *pelos políticos* profissionais *sobre* o povo.

Pois se é importante constatar que, em contraste com a primeira metade do século XX, as atitudes negativas em relação aos partidos parecem não implicar, hoje em dia, a defesa de ideologias alternativas à democracia representativa e liberal, já que nas democracias consolidadas e estáveis não existem defensores politicamente significativos de um sistema político de tipo não democrático, não será menos importante perguntarmo-nos: Até que ponto podem continuar a manifestar-se na população em geral, e com uma intensidade crescente e aparentemente imparável, a desconfiança, o descontentamento e a desafeição relativamente aos partidos e aos políticos, sem que isso implique que se (re)questione seriamente o papel e as funções dos partidos no sistema político? Ou dito ainda de uma outra forma: Sem que isso não acabe por conduzir inevitavelmente a um despertar da rejeição da própria democracia representativa e à consequente procura de formas alternativas de legitimação do poder político.

Bibliografia

FONTES PRIMÁRIAS

Documentação diversa

Biografia dos Deputados — VI Legislatura, Lisboa, Assembleia da República/ Divisão de Edições, 1993.
Biografia dos Deputados — VII Legislatura, Lisboa, Assembleia da República/ Divisão de Edições, 1997.
Biografia dos Deputados — VIII Legislatura, Lisboa, Assembleia da República/ Divisão de Edições, 2000.
Biografia dos Deputados — IX Legislatura, Lisboa, Assembleia da República/ Divisão de Edições, 2002.
Constituição da República Portuguesa, Lisboa, Imprensa Nacional, Casa da Moeda, 1976.
Constituição da República Portuguesa — 1ª Revisão/1982, Lisboa, Assembleia da República, 1984.
Constituição da República Portuguesa — 2ª Revisão/1989, Lisboa, Assembleia da República, 1991.
Constituição da República Portuguesa — 4ª Revisão/1997, Lisboa, Assembleia da República, 1997.
Decreto-Lei n.º 595/74, de 7 de Novembro (Lei dos Partidos, revogada)
Diário da República, I Série, n.º 122, de 25 de Maio de 1976 — Mapa oficial com os resultados das eleições para a AR (lista de deputados eleitos).
Diário da República, I Série, n.º 295, de 24 de Dezembro de 1979 — Mapa oficial com os resultados das eleições intercalares realizadas a 2 de Dezembro de 1979 (lista de deputados eleitos).
Diário da República, I Série, n.º 254, de 3 de Novembro de 1980 — Relação dos deputados eleitos na eleição para a AR nas eleições de 5 de Outubro de 1980.
Diário da República, I Série, n.º 121, de 26 de Maio de 1983 — Relação dos deputados eleitos para a AR nas eleições de 25 de Abril de 1983.
Diário da República, I Série, n.º 250, de 30 de Outubro de 1985 — Relação dos deputados eleitos para a AR nas eleições de 6 de Outubro de 1985.

Diário da República, I Série, n.º 182, de 10 de Agosto de 1985 — Relação dos deputados eleitos para a AR nas eleições de 19 de Julho de 1987.
Diário da República, I Série-A, n.º 249, de 29 de Outubro de 1991 — Relação dos deputados eleitos para a AR nas eleições de 6 de Outubro de 1991.
Diário da República, I Série-A, n.º 246/95, de 24 de Outubro de 1995 — Relação dos deputados eleitos para a AR nas eleições de 1 de Outubro de 1995.
Diário da República, I Série-A, n.º 247, de 22 de Outubro de 1999 — Relação dos deputados eleitos para a AR nas eleições de 10 de Outubro de 1999.
Diário da República, I Série-A, n.º 77, de 2 de Abril de 2002 — Relação dos deputados eleitos para a AR nas eleições de 17 de Março de 2002.
Diário da Assembleia da República, II Série-A, 25 de Junho de 1998.
Estatuto dos Deputados: Lei n.º 7/93 de 1 de Março com alterações introduzidas pelas Leis n.º 24/95 de 18 de Agosto, n.º 55/98 de 18 de Agosto, n.º 8/99 de 10 de Fevereiro, n.º 45/99 de 16 de Junho, n.º 3/2001 de 23 de Fevereiro, n.º 24/2003 de 4 de Julho e n.º 52-A/2005 de 10 de Outubro.
Lei n.º 14/79, de 16 de Maio (Lei Eleitoral da Assembleia da República)
Lei n.º 24/95, de 18 de Agosto (Estatuto dos Deputados)
Lei n.º 3/2001, de 23 de Fevereiro (Estatuto dos Deputados)
Lei n.º 2/2003 de 22 de Agosto (Lei dos Partidos Políticos, em vigor)
Lei n.º 19/2003 de 20 de Junho (Financiamento dos partidos políticos e das campanhas eleitorais)
Listas de Candidatos à Assembleia da República do BE (de 1999 a 2002), Serviços de Documentação e Arquivo da Comissão Nacional de Eleições.
Listas de Candidatos à Assembleia da República do CDS-PP (de 1987 a 2002), Serviços de Documentação e Arquivo da Comissão Nacional de Eleições.
Listas de Candidatos à Assembleia da República do PCP e coligações por ele integradas (de 1987 a 2002), Serviços de Documentação e Arquivo da Comissão Nacional de Eleições.
Listas de Candidatos à Assembleia da República do PSD (de 1987 a 2002), Serviços de Documentação e Arquivo da Comissão Nacional de Eleições.
Listas de Candidatos à Assembleia da República do PS (de 1987 a 2002), Serviços de Documentação e Arquivo da Comissão Nacional de Eleições.
Projecto de Lei n.º 509/VII do Partido Social Democrata, Lisboa, Grupo Parlamentar do PSD, 1998.
Proposta de Lei n.º 169/VII, Lisboa, Presidência do Conselho de Ministros, 1998.
Proposta de Lei n.º 194/VII, Lisboa, Presidência do Conselho de Ministros, 1999.

Projecto de Lei n.º 509/VII do Partido Social Democrata, Lisboa, Grupo Parlamentar do PSD, 1998.

Regimento da Assembleia da República: Resolução da Assembleia da República n.º 4/93, de 2 de Março, com as alterações introduzidas pelas Resoluções da AR n.º 15/96 de 2 de Março, n.º 3/99 de 20 de Janeiro, n.º 75/99 de 25 de Novembro e n.º 2/2003 de 17 de Janeiro.

Relatórios das reuniões da Comissão eventual para a IV Revisão Constitucional. Site consultado em Fevereiro de 2007: http://www.parlamento.pt/revisao/cerc.html.

Revisão da Lei Eleitoral para a Assembleia da República — Anteprojecto de Articulado e Relatório, Lisboa, Presidência do Conselho de Ministros, Setembro de 1997.

Recenseamento Geral da População 2001 - Resultados Definitivos, INE.

Transparência nas Instituições e nos Cargos Políticos (1996), vols. I e II, Comissão de Assuntos Constitucionais, Direitos, Liberdades e Garantias, Lisboa, Assembleia da República.

Documentação partidária

Bloco de Esquerda

Estatutos do Bloco de Esquerda aprovados na I Convenção (2000).
Estatutos do Bloco de Esquerda aprovados na III Convenção (2003).
Manifesto fundador do BE — Começar de Novo.
Manifesto 2002 — Com Razões Fortes.
Teses Políticas aprovadas na III Convenção (2003).

Centro Democrático Social – Partido Popular

Estatutos do Centro Democrático Social – Partido Popular, 2000.
Estatutos do Centro Democrático Social – Partido Popular, 2003.
Moções de estratégia sectoriais e globais apresentadas em Congresso:

    IX Congresso – Lisboa, 16 Março 1990.
    X Congresso – Lisboa, 20 Março 1992.
    XI Congresso – Povoa de Varzim, 23 Janeiro 1993.
    XII Congresso – Setúbal, 18 Fevereiro 1994.
    XIII Congresso – Lisboa, 11 Fevereiro 1995.
    XIV Congresso – Coimbra, 2 Março 1996.

XV Congresso – Lisboa, 14 Dezembro 1996.
XVI Congresso – Braga, 21 Março 1998.
XVII Congresso – Aveiro, 25 Março 2000.
XVIII Congresso – Lisboa, 19 Janeiro 2002.
XIX Congresso – Matosinhos, 27 Setembro 2003.

Partido Comunista Português

Estatutos do Partido Comunista Português, Dezembro de 1992.
Programa do PCP aprovado pelo VI Congresso em 1965 — Para a Revolução Democrática e Nacional, Lisboa, Edições Avante!, 1974.
XII Congresso do PCP. Porto, de 1 a 4 de Dezembro de 1988. Programa do PCP — Portugal uma Democracia Avançada no Limiar do Século XXI, Lisboa, Edições Avante!
XIII Congresso Extraordinário do PCP. Loures, 18, 19 e 20 de Maio de 1990, Lisboa, Edições Avante!
XIV Congresso do PCP. Almada, 4, 5 e 6 de Dezembro de 1992. Democracia e Socialismo. O Futuro de Portugal, Lisboa, Edições Avante!
XV Congresso do PCP. Porto, 6, 7 e 8 de Dezembro de 1996. Um Partido mais forte para Portugal, Edições Avante!
XVI Congresso do PCP. Lisboa, 8, 9 e 10 de Dezembro de 2000. Democracia e Socialismo. Um Projecto para o Século XXI, Lisboa, Edições Avante!

Partido Social Democrata

Estatutos do Partido Social Democrata aprovados no XVI Congresso Nacional, em Novembro de 1992.
Estatutos do Partido Social Democrata aprovados no XIX Congresso Nacional, em Outubro de 1996.
Estatutos do Partido Social Democrata aprovados no XXIII Congresso, em Fevereiro de 2000.
Moções de estratégia sectoriais e globais apresentadas em Congresso:

XV Congresso – Lisboa, Pavilhão Carlos Lopes, 6, 7 e 8 de Abril de 1990.
XVI Congresso – Porto, Pavilhão Rosa Mota, 13, 14 e 15 de Novembro 1992.
XVII Congresso – Lisboa, Coliseu dos Recreios, 17, 18 e 19 de Fevereiro 1995.
XVIII Congresso – Santa Maria da Feira, Europarque – 29, 30 e 31 de Março de 1996.
XIX Congresso – Lisboa, Coliseu dos Recreios – 4, 5 e 6 de Outubro de 1996.

XX Congresso – Tavira, Pavilhão Gimnodesportivo – 17, 18 e 19 de Abril de 1998.
XXI Congresso – Porto, Coliseu - 18 e 19 de Fevereiro de 1999.
XXII Congresso – Coimbra, 30 de Abril a 2 de Maio de 1999.
XXIII Congresso – Viseu, 25 a 27 de Fevereiro de 2000.
XXIV Congresso – Lisboa, 12, 13 e 14 Julho de 2002.

Partido Socialista

Estatutos do Partido Socialista aprovados pela Comissão Nacional, em 1992.
Estatutos do Partido Socialista aprovados pela Comissão Nacional, em 1998.
Estatutos aprovados na Comissão Nacional, em Janeiro de 2003.
Moções políticas de orientação nacional:

IX Congresso Nacional, 25 a 27 de Maio 1990.
X Congresso Nacional, 21 a 23 de Fevereiro 1992.
XI Congresso Nacional, 5 a 7 de Fevereiro 1999.
XII Congresso Nacional, 4 a 6 Maio de 2001.
XIII Congresso Nacional, 15 a 17 de Novembro 2002.

FONTES SECUNDÁRIAS

Livros e artigos

AA. VV. (1994), *La Reforma del Regimen Electoral*, CESCO, Madrid.
AA.VV. (1998), *Pareceres sobre o Anteprojecto de Reforma da Lei Eleitoral para a Assembleia da República*, Presidência do Conselho de Ministros, Ministério da Ciência e Tecnologia e Faculdade de Direito da Universidade de Coimbra.
AA.VV. (2000), *Parlamento 2000, Assembleia da República a Caminho do Século XXI*, Oeiras, Celta.
AA.VV. (2003), *Curso de Partidos Políticos*, Madrid, Akal Ediciones.
AGUIAR, Joaquim (1983), *A Ilusão do Poder: Análise do Sistema Português, 1976-1982*, Lisboa, Publicações Dom Quixote.
— (1985), «Partidos, estruturas patrimonialistas e poder funcional: a crise de legitimidade», *in Análise Social*, vol. XXI, (87-88-89), Lisboa, ICS.
— (1986), «A sociedade política: o exercício do poder como acção condicionada», *in Análise Social*, vol. XXII, (94), Lisboa, ICS.

— (1988), «Democracia pluralista, partidos políticos e relação de representação», in *Análise Social*, vol. XXIV, (100), Lisboa, ICS.
— (1990), «As funções dos partidos nas sociedades modernas», in *Análise Social*, vol. XXV, (108-109), Lisboa, ICS.
ÁGUILA, Rafael del (org.) (2000), *Manual de Ciencia Politica*, Madrid, Editorial Trotta.
ALLUM, Percy (1995), *State and Society in Western Europe*, Cambridge, Polity Press.
ALMEIDA, Pedro Tavares de (1987), *Eleições e Caciquismo no Portugal Oitocentista, 1868-1890*, Lisboa, Difel.
ALMEIDA, Pedro Tavares de, e FREIRE, André (2005), «Two overwhelming victories of the left: the 2004 European Election and the 2005 legislative election in Portugal», in *South European Society & Politics*, (3), vol. 10, pp. 451-464.
ALMEIDA, Pedro Tavares de, PINTO, António Costa e BERMEO, Nancy (2006), *Quem Governa a Europa do Sul*, Lisboa, ICS.
ALMOND, Gabriel A. (1956), «Comparative Political Systems», in *Journal of Politics*, 18, pp. 391-409.
— (1960), «A functional approach to comparative politics», in Gabriel A. Almond e James S. Coleman (orgs.), *The Politics of Developing Areas*, Princeton, Princeton University Press.
— (2001), «Ciencia Política: La historia de la disciplina», in Robert Goodin e Hans-Dieter Klingemann (orgs.), *Nuevo Manual de Ciencia Política*, Madrid, Istmo, pp. 108-150.
ALMOND, Gabriel e POWELL, Bingham (1966), *Comparative Politics: A Developmental Approach*, Boston, Little, Brown.
ALMOND, Gabriel e VERBA, Sidney (1963, 1989), *The Civic Culture: Political Attitudes and Democracy in Five Nations*. Princeton, Princeton University Press.
— (1980) *The Civic Culture Revisited*, Boston, Little Brown.
AMARAL, Diogo Freitas do (2000), «A Transição Portuguesa para a Democracia», in João Carlos Espada (org.), *A Invenção Democrática*, Lisboa, Imprensa de Ciências Sociais.
AMARAL, Fernando (org.) (1993), *A Reforma do Parlamento — Reflexões Documentos, Reflexos*, Lisboa, Assembleia da República.
AMARAL, João, (2002), *Rumo à Mudança*, Lisboa, Campo da Comunicação.
AMATO, Sérgio (org.) (2001), *La Teoria della Classe Política Da Rousseau A Mosca*, Florença, Centro Editoriale Toscano.

ANDEWEG, Rudy B. (2003), «Beyond representativeness? Trends in political representation», in *European Review*, (11), pp. 147-161.

ANTUNES, Miguel Lobo (1988), «A Assembleia da República e a consolidação da democracia em Portugal», in *Análise Social*, vol. XXIV, (100), Lisboa, ICS.

ARAÚJO, António de (1995), *O Poder e as Elites. A Caminho de Um Elitismo Democrático*, Lisboa, policop.

ARBLASTER, Anthony (1987, 2004), *A Democracia*, Lisboa, Publicações Europa-América.

ARISTÓTELES (1998), *Política*, Lisboa, Vega Universidade.

BACALHAU, Mário (1994), *Atitudes, Opiniões e Comportamentos Políticos dos Portugueses: 1973-1993*, Lisboa, FLAD.

BACHA, Holtz (1990), «Videomalaise revisited: media exposure and political alienation in West Germany», in *European Journal of Communication*, (5), pp. 73-85.

BADÍA, Ferrando Juan (1992), *Estudios de Ciencia Política*, Madrid, Tecnos.

BADÍA, Miquel Caminal (org.) (2001), *Manual de Ciencia Política*, Barcelona, Tecnos.

BAGEHOT, Walter (1867, 2007), *The English Constitution*, Londres, Cosimo Classics.

— (1869, 1998), «Círculos obrigatórios e círculos voluntários», in Manuel Braga da Cruz (org.), *Sistemas Eleitorais: O Debate Científico*, Lisboa, Instituto de Ciências Sociais e Políticas, pp. 55-62.

BALÃO, Sandra Rodrigues (2001), *A Fórmula do Poder. Elite, Partidos, Democracia e Corrupção Política no Pensamento de Moisei Ostrogorski*, Lisboa, ISCSP.

BALL, Alan R. e PETERS, Guy (2000a), «Political Culture», in Alan R. Ball e Guy Peters (orgs.), *Modern Politics and Government*, Londres, Macmillan, pp. 68-95.

— (2000b), «The study of politics», in Alan R. Ball e Guy Peters (orgs.), *Modern Politics and Government*, Londres, Macmillan, pp. 3-22.

BANDUCCI, Susan (2003), «A natureza mutável da representação na Nova Zelândia», in *Análise Social*, vol. XXXVIII, (168), Lisboa, ICS, pp. 417-443.

BARATA, Óscar Soares (1989), *Introdução às Ciências Sociais*, 2 vols., Lisboa, Bertrand Editora.

BARNES, Samuel e KAASE, Max (orgs.) (1979), *Political Action: Mass Participation in Five Western Democracies*, Londres, Sage Publications.

BARRETO, António (1994), «Portugal, a europa e a democracia», in *Análise Social*, vol. XXIX,(129), Lisboa, ICS.
— (1998), «Sou já um veterano desta luta», in Manuel Braga da Cruz (org.), *Sistema Eleitoral Português. Debate Político e Parlamentar*, Imprensa Nacional - Casa da Moeda, pp. 207-208.
— (org.) (1998), *A Situação Social em Portugal 1960-1999*, vol. II, Lisboa, ICS.
BARRETO, António, FORTES, Braulio Gómez e MAGALHÃES, Pedro (orgs.), *Portugal: Democracia y Sistema Político*, Madrid, Siglo XXI.
BARROSO, José Manuel Durão (1987), «O processo de democratização em Portugal. Uma Tentativa de interpretação a partir de uma perspectiva sistémica», in *Análise Social*, vol. XXIII, (95), Lisboa, ICS.
BARROSO, Mário, SAMPAIO, Eleutério e RAMOS, Madalena (2003), *Exercícios de Estatística Descritiva para as Ciências Sociais*, Lisboa, Edições Sílabo.
BARTOLINI, Stefano (1986a), «La volatilità elettorale», in *Rivista Italiana di Scienza Politica*, 16, pp. 363-400.
— (1986b), «Partiti e sistemi di partito», in Gianfranco Pasquino (org.), *Manuale di Scienza della Politica*, Bolonha, Il Mulino.
— (2003), «As consequências políticas do sistema eleitoral italiano misto», in *Análise Social*, vol. XXXVIII,(168), Lisboa, ICS, pp. 387-417.
BARTOLINI, Stefano e MAIR, Peter (orgs.) (1984), *Party Politics in Contemporary Western Europe*, Londres, Frank Cass.
— (1990), *Identity, Competition and Electoral Availability: The Stabilisation of European Electorates, 1885-1985*, Cambridge University Press, Cambridge.
— (2001), "The challenge to political parties in contemporary democracies», in Larry Diamond and Richard Gunther (orgs.), *Political Parties and Democracy*, Baltimore, Johns Hopkins University Press.
BEALEY, Frank (1999), *The Blackwell Dictionary of Political Science*, Londres, Blackwell Publishers.
BECKER, Lee e WHITNEY, Charles (1980), «Effects of media dependencies: audience assessment of Government», in *Communication Research*, 7 (1), pp. 95-120.
BECKWITH, Karen (1990), «Candidatura femminili e sistemi elletorali», in *Rivista Italiana di Scienza Politica*, vol. XX (1), pp. 73-105.
BELL, Daniel (1973), *The Coming of Post-Industrial Society*, Nova Iorque, Basic Books.

BERMEO, Nancy (2000), *A Teoria da Democracia e as Realidades da Europa do Sul*, Ensaios, Lisboa, Difel.
BESSA, António Marques (1993), *Quem Governa? Uma Análise Histórico Política do Tema da Elite*, Lisboa, ISCSP.
— (1996), *A Arte de Governar. Ensaios sobre Classe Dirigente e Fórmula Política*, Lisboa, ISCSP.
— (1997), *Elites e Poder*, Lisboa, ISCSP.
BESSA, António Marques e PINTO, Jaime Nogueira (1999), *Introdução à Política, 3 vols.*, Lisboa, Editorial Verbo.
BEST, Heinrich e COTTA, Maurizio (orgs.) (2000), *Parliamentary Representatives in Europe, 1848-2000*, Oxford, Oxford University Press.
— (2000), «Elite transformation and modes of representation since the mid-nineteenth century: some theoretical considerations», *in* Heinrich Best e Maurizio Cotta (orgs.), *Parliamentary Representatives in Europe, 1848--2000*, Oxford, Oxford University Press.
— (2000) «Between professionalisation and democratisation: A synoptic view on the making of the European representative», *in* Heinrich Best e Maurizio Cotta (orgs.), *Parliamentary Representatives in Europe, 1848-2000*, Oxford, Oxford University Press.
BIEYME, K. von (1983), «Government, parliaments, and the structure of power in political parties», *in* Hans Daalder e Peter Mair (orgs.), *Western European Party Systems: Continuity and Change*, Londres, Sage.
— (1985), *Political Parties in Western Democracies*, Nova Iorque, St Martin's Press.
— (1993), *La Clase Política en el Estado de Partidos*, Madrid, Alianza Editorial.
BIEZEN, Ingrid van (1998a), «Building party organisations and the relevance of past models: the communist and socialist parties in Spain and Portugal», *in West European Politics*, (21), pp. 32-62.
— (1998b), «Sobre o equilíbrio interno do poder: as organizações partidárias nas novas democracias», *in Análise Social*, vol. XXXIII, (148), Lisboa, ICS, pp. 685-709.
— (2000), «Party financing in new democracies: Spain and Portugal», *in Party Politics*, (3), pp. 329-342.
— (2003), *Political Parties in New Democracies*, Londres, Palgrave Macmillan.
BILLE, Lars (2001), «Democratizing a democratic procedure: myth or reality?: candidate selection in Western European parties, 1960-1990», *in Party Politics*, 7 (3), pp. 363-380.

BIRNBAUM, Pierre *et al.* (1977), *Réinventer le Parlement*, Paris, Flamarion.
BIROL, Yesilada (1999), *Comparative Political Parties and Party Elites. Essays in Honor of Samuel J. Eldersveld*, Ann Arbor, The University of Michigan Press.
BLAIS, André (1988), «The classification of electoral systems», *in European Journal of Political Research*, 16, pp. 99-110.
BLAIS, André e MASSICOTTE, Louis (1996), «Electoral systems», *in* Lawrence LeDuc, Richard G. Niemi e Pippa Norris (orgs.), *Comparing Democracies 1. Elections and Voting in Global Perspective*, Londres, Sage Publications, pp. 149-83.
BLALOCK, Hubert M. (1985), *Social Statistics*, Singapura, McGraw-Hill.
BLINDER, Alan S. e SCHARPF, Fritz (1997), «Is government too political?», *in Foreign Affairs*, 76 (6), pp. 115-126.
BLONDEL, Jean (1978), *Political parties: a genuine case for discontent?*, Londres, Wildwood.
— (1995), *Comparative Government: An Introduction*, Hertfordshire, Philip Allen.
— (2000), *The Nature of Party Government: A Comparative European Perspective*, Londres, Palgrave.
BLONDEL, Jean e COTTA, Maurizio (orgs.) (1996), *Party Government: An Inquiry into the Relationship between Government and Supporting Parties in Liberal Democracies*, Londres, Macmillan.
BLUMENTHAL, Sidney (1982), *The Permanent Campaign*, Nova Iorque, Simon & Schuster.
BLUNTSCHLI, Johan Caspar (1869, 2002), «What is a political party», *in* Susan E. Scarrow, *Perspectives on Political Parties. Classic Readings*, Londres, Palgrave MacMillan, pp. 75-83.
BOBBIO, Noberto (1988), *O Futuro da Democracia*, Lisboa, Publicações Dom Quixote.
BOGDANOR, Vernon (1985), *Representatives of the People*, Londres, Gower.
BOIX, Carles (1998), «Las elecciones primarias en el PSOE: ventajas, ambiguedades y riesgos», *in Claves de Razón Práctica*, 83, pp. 34-8.
BOIX, Carles e POSNER, Daniel (2000), «Capital social y democracia», *in Revista Española de Ciencia Política*, (2), pp. 159-185.
BOLINGBROKE, Henry Saint-John Viscount (1738), «The patriot king and parties», *in* Susan E. Scarrow (2002), *Perspectives on Political Parties. Classic Readings*, Londres, Palgrave Macmillan, pp. 29-33.

BORCHERT, Jens e JÜRGEN, Zeiss (2003), *The Political Class in Advanced Democracies*, Oxford, Oxford Univeristy Press.

BORCHERT, José M. (2003), «Portugal: the patrimonial heritage and the emergence of a democratic political class», *in* Jens Borchert e Zeiss Jürgen, *The Political Class in Advanced Democracies*, Oxford, Oxford Univeristy Press.

BOSCO, A. (2000), *Comunisti. Trasformazioni di Partito in Italia, Spagna e Portogallo*, Bolonha, Il Mulino.

BOSCO, Anna e GASPAR, Carlos (2001), «Four actors in search of a role. The southern european communist parties», *in* Nikiforos P. Diamandouros e Richard Gunther (orgs.), *Parties, Politics, and Democracy in the New Southern Europe*, Baltimore, The Johns Hopkins University Press, pp. 329-388.

BOTELLA, Jean (1997), «Parlamento y carreras políticas», *in* Manuel Ramírez (org.), *El Parlamento a Debate*, Madrid, Trotta.

BOTTOMORE, Tom B. (1964), *Elites and Society*, Londres, Allen & Unwin.

BOURDIEU, Pierre — (1985), «The forms of capital social», *in* John G. Richardson (org.), *Handbook of Theory and Research for the Sociology of Education*, Nova Iorque, Greenwood, pp. 241-248.

— (1989), *O Poder Simbólico*, Rio de Janeiro, Bertrand Brasil.

BOVERO, Michelangelo (1975), *La Teoria dell' Élite*, Turim, Loescher.

BOWLER, Shaun (2000), «Parties in legislatures: two competing explanations», *in* Dalton Russell e Martin P. Wattenberg (orgs.), *Parties without Partisans. Political Change in Advanced Industrial Democracies*, Oxford, Oxford University Press, pp. 157-180.

BOWLER, Shaun, FARRELL, David M., e KATZ, Richard S. (1999), *Party Discipline and Parliamentary Government*, Ohio, Ohio State University Press.

BROUGHTON, David e DONOVAN, Mark (orgs.) (1999), *Changing Party Systems in Western Europe*, Londres, Pinter.

BRYMAN, Alan e CRAMER, Duncan (2001), *Análise de Dados em Ciências Sociais*, Oeiras, Celta.

BRUNEAU, Thomas (org.) (1997), *Politics in Contemporary Portugal: Parties and the Consolidation of Democracy*, Boulder, Colo., Westview Press.

BRUNEAU, Thomas, DIAMANDOUROS, P. Nikiforos, GUNTHER, Richard *et al*. (2001), «Democracy: Southern European Style?», *in* Nikiforos P. Diamandouros e Richard Gunther (orgs.), *Parties, Politics and Democracy in the New Southern Europe*, Baltimore, Johns Hopkins University Press, pp. 16-83.

BRUNEAU, Thomas e MACLEOD, Alex (1986), *Politics in Contemporary Portugal: Parties and the Consolidation of Democracy*, Boulder, Colo., Lynne Rienner.
BRUTUS (1787), «To the citizens of the state of New York» (Ensaio I), *in* Ralph Ketchman (org.)(1986), *The Anti-Federalist Papers and the Constitutional Convention Debates*, Londres, Penguin Books.
BRYCE, James (1921), *Modern Democracies*, Nova Iorque, Macmillan.
— (1913, 1995), *The American Commonwealth*, 2 vols., Indianapolis, Liberty Fund.
BRYMAN, Alan e CRAMER, Duncan (1996), *Análise de Dados em Ciências Sociais: Introdução às Técnicas Utilizando o SPSS*, Lisboa, Celta Editora.
BUDGE, Ian *et al.*, (orgs.) (1976), *Party Identification and Beyond: Representations of Voting and Party Competition*, Londres, John Wiley & Sons.
BUDGE Ian, ROBERTSON, David e HEARL, Derek (orgs.) (1987), *Ideology, Strategy, and Party Change*, Cambridge, Cambridge University Press.
BUDGE, Ian e KEMAN, Hans (orgs.) (1990), *Parties and Democracy*, Oxford, Oxford University Press, Oxford.
BURNS, Nancy *et al.* (2001), *The Private Roots of Public Action: Gender Quality, and Political Participation*, Cambridge, Cambridge University Press.
BURKE, Edmund (1770, 2002), «Thoughts on the cause of the present discontents», *in* Susan E. Scarrow (2002), *Perspectives on Political Parties. Classic Readings*, Londres, Palgrave Macmillan, pp. 37-45.
BURKETT, Tony (1999), «The West German Deputy», *in* Vernon Bogdanor (org.), *Representatives of the People? Parliaments and Constituents in Western Democracies*, Aldershot, Ashgate, pp. 117-134.
BUSINO, Giovanni (1967), *Introduction à une Histoire de la Sociologie de Pareto*, Genebra, Éditions Droz.
BUTLER, David E. e RANNEY, Austin (orgs.) (1992), *Electioneering: A Comparative Study of Continuity and Change*, Oxford, Clarendon Press.
CABRAL, Manuel Villaverde (1995), «Grupos de simpatia partidária em Portugal: perfil sociográfico e atitudes sociais», *in Análise Social*, vol. XXX, (130), Lisboa, ICS.
— (1997a), *Cidadania Política e Equidade Social em Portugal*, Oeiras, Celta.
— (1997b), *Crónicas Realistas. Sociedade e Política em Portugal nos Anos 90*, Oeiras, Celta.
— (2000), «O exercício da cidadania política em Portugal», *in* Manuel Villaverde Cabral *et al.*, *Trabalho e Cidadania*, Lisboa, ICS, pp. 123-162.

— (2004), «Confiança, mobilização e representação política em Portugal», in André Freire, Marina Costa Lobo e Pedro Magalhães (orgs.), *Portugal a Votos. As Eleições Legislativas de 2002*, Lisboa, ICS, pp. 301-330.

— (2006), «Efeitos de classe e efeitos societais: elites e operariado ante a cidadania política numa perspectiva comparada europeia», in Jorge Vala e Anália Torres (orgs.) *Contextos e Atitudes Sociais na Europa*, Lisboa, ICS, pp. 37-66.

CAIN, Bruce, FEREJOHN, John e MORRIS, Fiorina (1987), *The Personal Vote: Constituency Service and Electoral Independence*, Cambridge, Harvard University Press.

CALISE, Mauro (1992), «Il governo di partito in prospettiva costituzionale», in Maurizio Cotta (org.), *Como Cambiano i Partiti*, Bolonha, Il Mulino.

CÂMARA, João Bettencourt da

— (1997a), *A Democracia, os Cidadãos e o Velho Lavrador*, Colecção Ciências Sociais e Políticas/Intervenções, Lisboa, Vega.

— (1997b), *Noites de San Casciano. Sobre a Melhor Forma de Governo*, Lisboa, Vega.

— (2006), «A primeira edição portuguesa d'*O Princípe* de Maquiavel. O livro, a ideologia e o combate», in *Actas do II Congresso da Associação Portuguesa de Ciência Política*, Lisboa, Bizâncio, pp. 676-701.

CÂMARA, João Bettencourt da e MARTINS, Manuel Meirinho (1998), «Política e Reforma do Sistema Eleitoral», in *Pareceres sobre o Anteprojecto de Reforma de Lei Eleitoral para a Assembleia da República*, Presidência do Conselho de Ministros, Ministério da Ciência e da Tecnologia, Faculdade de Direito da Universidade de Coimbra.

CAMPBELL, Angus *et al.* (1960, 1980), *The American Voter*, Chicago, Chicago University Press.

CANAS, Vitalino (2002), «A reforma dos partidos numa sociedade moderna», in Carlos Zorrinho *et al.*, *10 Milhões de Razões*, Lisboa, Editorial Notícias, pp. 151-170.

— (2005), «O PS: que partido é?», in Vitalino Canas (org.), *O Partido Socialista e a Democracia*, Oeiras, Celta, pp. 3-29.

CANAS, Vitalino, BARROS, Joana de, MIRANDA, Jorge, *et al.* (1998), *Democracia com mais Cidadania*, Presidência do Conselho de Ministros, Imprensa Nacional Casa da Moeda.

CANOTILHO, J. J. Gomes (2000), *Direito Constitucional e Teoria da Constituição*, Coimbra, Livraria Almedina.

CARAMANI, Daniel e HUG, Simon (1998), «The literature on European parties and party systems since 1945: a quantitative analysis», in *European Journal of Political Research*, 33, pp. 497-524.
CARDENAS, Garcia (1992), *Crisis de Legitimidad y Democracia Interna de los Partidos Políticos*, México, Fundo de Cultura Económica.
CARDOSO, António Lopes (1993), *Os SistemasEleitorais*, Lisboa, Salamandra.
CARMO, Hermano (1990*)*, *Os Dirigentes da Administração Pública em Portugal: Contribuição para o seu Estudo*, Lisboa, ISCSP.
CASTLES, Francis G. (org.) (1982), *The Impact of Parties: Politics and Policies in Democratic Capitalist States*, Londres, Sage.
CASTLES, Francis G. e WILDENMANN, Rudolf (orgs.) (1986), *Visions and Realities of Party Government*, Berlim e Nova Iorque, Gruyter.
CATTERBERG, Gabriella e MORENO, Alejandro (2003), *The individual bases of political trust. Trends in new and established democracies*, *paper* apresentado na 58.ª Conferência anual da *American Association for Public Opinion Research*, Nashville, Tenessee.
CEDRONI, Lorella (2004), *La Rappresentanza Politica. Teorie e Modelli*, Milão, Franco Angeli.
CHAMPAGNE, Patrick (1999), «Os média, as sondagens e a democracia», in *Os Cidadãos e a Sociedade de Informação*, Lisboa, Imprensa Nacional-Casa da Moeda.
CHARLOT, Jean (1982), *Os Partidos Políticos*, Brasília, Editora Universidade de Brasília.
CLARKE, Harold D. e STEWART, Marianne C. (1998), «The decline of parties in the mind of citizens», in *Annual Review of Political Science*, 1, pp. 357-378.
CLARK, Peter e WILSON, James Q. (1961), «Incentive systems: a theory for organisations», in *Administrative Science Quarterly*, 6, pp. 129-166.
COELHO, Baptista (org.) (1989), *Portugal: O Sistema Político e Constitucional (1974-1987)*, Lisboa, ICS.
COLETTE, Ysmal (1995), «Les elites politiques: un monde clos?», in *Revue Politique et Parlamentaire*, 980, pp. 27-37.
COLOMER, Josep (1995), «España y Portugal: regímenes de liderazgo de partido», in Josep Colomer (org.), *La Política en Europa*, Barcelona, Ariel.
COMISSÃO NACIONAL DE ELEIÇÕES (1992), *Fórum Eleitoral I: Que Reforma Eleitoral? Intervenções e Debate*, Lisboa, CNE.
CONWAY, Margaret (2001), «Women and political participation», in *Political Science and Politics*, 34 (2), pp. 231-233.

CORKILL, David (1992), *Transición Política y Consolidación Democrática*, Madrid, Centro de Investigaciones Sociológicas.
— (1996), «Portugal Votes for Change and Stability: The Election of 1995», *in West European Politics*, 19, (2), pp. 403-409.
COTTA, Maurizio (2000), «Conclusion: from the simple world of party government to a complex view of party-government relationships», *in* Jean Blondel e Maurizio Cotta (orgs.), *The Nature of Party Government: A Comparative European Perspective*, Londres, Palgrave.
— (2007), *Democracia, Partidos e Elites Políticas*, Lisboa, Livros Horizonte.
COTTERET, Jean Marie e EMERI, Claude (1973), *Los Sistemas Electorales*, Barcelona, Ediciones Oikos-tau.
COTTA, Maurizio e ALMEIDA, Pedro Tavares de (2004), «De serviteurs de l'État à représentants élus les parlementaires originaires du secteur public en Europe, *in Pôle Sud*, (21), pp. 101-122.
COX, Gary W., (1997), *Making Voting Counts: Strategic Coordination in the Worlds Electoral Systems*, Cambridge, Cambridge University Press.
COX, Gary e MCCUBBINS, Mathew (1993), *Legislative Leviathan. Party Government in the House*, Berkeley, University of California Press.
CREWE, Ivor (org.), *BritishPolitical Sociology Yearbook,* vol. 1, Londres, Croom Helm., pp. 9-55.
CREWE, Ivor e DENVER, David (orgs.) (1985), *Electoral Change in Western Democracies: A Framework for Analysis*, Nova Iorque, St Martin's Press.
CRUZ, Manuel Braga da (1988), «Sobre o parlamento português partidarização parlamentar e parlamentarização partidária», *in Análise Social*, vol. XXIV, (100), Lisboa, ICS.
— (1995), *Instituições Políticas e Processos Sociais*, Venda-Nova, Bertrand Editora.
— (1998a), *Sistema Eleitoral Português. Debate Político e Parlamentar*, Lisboa, Imprensa Casa Nacional da Moeda.
— (1998b), *Sistemas Eleitorais: O Debate Científico*, Lisboa, ICS.
— (1999), *Transições Históricas e Reformas Políticas em Portugal*, Lisboa, Bizâncio.
— (2000), «A Revisão Falhada do Sistema Eleitoral», *in Análise Social*, vol. XXXV, (154-155), Lisboa, ICS.
— (2005), «O Partido Socialista Português. Vinte anos de evolução (1973-1993)», *in* Vitalino Canas (org.), *O Partido Socialista e a Democracia*, Oeiras, Celta, pp. 169-179.

CRUZ, Manuel Braga da e ANTUNES, Miguel Lobo (1989), «Parlamento, partidos e governo: acerca da institucionalização política», *in* Mário Baptista Coelho (org.), *Portugal: O Sistema Político e Constitucional, 1974-1987*, Lisboa, ICS.

CUNHA, Carlos (1996), «Quanto mais as coisas mudam... Os 75 anos do Partido Comunista Português», *in Análise Social*, vol. XXXI, (138), Lisboa, ICS.

— (1997), «The Portuguese Communist Party», *in* Thomas C. Bruneau (org.), *Political Parties and Democracy in Portugal. Organizations, Elections, and Public Opinion*, Colorado, Westview Press,

CUNHAL, Álvaro (1977), *As Tarefas do PCP para a Construção da Democracia Rumo ao Socialismo*, Lisboa, PCP.

— (1985), *O Partido com Paredes de Vidro*, Lisboa, Edições Avante!

CURTICE, John e SHIVELEY, Phillips (2003), «Quem nos representa melhor? Um deputado ou vários», *in Análise Social*, vol. XXXVIII, (167), pp. 361-387.

DAALDER, Hans (1992), «A crisis of party?», *in Scandinavian Political Studies*, (15), pp. 269-288.

— (2001), «The rise of parties in Western democracies», *in* Larry Diamond e Richard Gunther (orgs.), *Political Parties and Democracy*, Baltimore, Johns Hopkins University Press, pp. 40-52.

— (2002), «Parties: denied, dismissed, or redundant? A critique», *in* Richard Gunther, José Ramón Montero e Juan J. Linz (orgs.), *Political Parties. Old Concepts and New Challenges,* Oxford, Oxford University Press, pp. 39-58.

DAALDER, Hans e MAIR, Peter (orgs.) (1983), *Western European Party Systems: Continuity and Change*, Londres, Sage.

DAHL, Robert A. (org.) (1966), *Political Oppositions in Western Democracies*, New Haven, Conn., Yale University Press.

— (1971), *Polyarchy: Participation and Opposition*, New Haven, Conn., Yale University Press.

— (1989), *Democracy and Its Critics*, New Haven, Yale University Press.

— (1993), *La Democracia y sus Criticos*, Barcelona, Editorial Paidós.

— (2000a), *Democracia,* Lisboa, Temas e Debates.

— (2000b), «A democratic paradox?», *in Political Science Quarterly*, 115, (1), pp. 35-40.

DALEHRUP, Drude (1989), «From a small to a large minority. Women in Scandinavian politics», *in Scandinavian Political Studies*, 11, (2), pp. 275-298.

— (2003), «Comparative studies of electoral gender quotas», *in* International IDEA (org.), *The Implementation of Quotas*, Estocolmo, International Institute for Democracy and Electoral Assistance.
DAHLERUP, Drude e FREIDENVALL, Lenita (2003), *Quotas as a 'Fast Track' to Equal Political Representation for Women. Why Scandinavia is no Longer the Model?*, paper apresentado no Congresso da IPSA, Durban, 29 de Junho-4 de Maio.
DALTON, Russell J. (1996), *Citizen Politics: Public Opinion and Political Parties in Advanced Western Democracies*, Chatham, NJ, Chatham House.
— (1999), «Political Support in Advanced Industrial Democracies», *in* Pippa Norris (org.), *Critical Citizens: Global Support for Democratic Governance*, Oxford, Oxford University Press, pp. 57-77.
— (2000), «The decline of party identifications», *in* Russell J. Dalton e Martin P. Wattenberg (orgs.), *Parties without Partisans. Political Change in Advanced Industrial Democracies*, Oxford, Oxford University Press, pp. 19-37.
DALTON, Russell J., FLANAGAN, Scott C. e BECK, Paul Allen (orgs.) (1984), *Electoral Change in Advanced Industrial Democracies: Realignment or Dealignment?*, Princeton, Princeton University Press.
DALTON, Russell J., MCALLISTER, Ian e WATTENBERG, Martin P. (2000), «The consequences of partisan dealignment», *in* Russell J. Dalton e Martin P. Wattenberg (orgs.), *Parties without Partisans. Political Change in Advanced Industrial Democracies*, Oxford, Oxford University Press, pp. 37-64.
DALTON, Russell, SCARROW E. Susan e CAIN, Bruce (2004), «Democracy transformed? Expanding political opportunities in advanced industrial democracies», *in Journal of Democracy*, (15), pp. 124-138.
DALTON, Russell J. e WATTENBERG, Martin P. (2000), «Partisan change and the democratic process», *in* Russell J. Dalton e Martin. P. Wattenberg (orgs.), *Parties without Partisans. Political Change in Advanced Industrial Democracies*, Oxford, Oxford University Press, pp. 261-286.
DARCY, R. Susan Welch e CLARK, Janet (1994), *Women, Elections, and Representation*, Nebraska, Nebraska University Press.
DE MICHELI, Chiari e VERZICHELLI, Luca (2004), *Il Parlamento*, Bolonha, Il Mulino.
DE ROSA, Roberto (2007), *Capitale Sociale e Organizzazione dei Partiti*, Roma, Aracne.
DEBBASCH, Charles e PONTIER, Jean-Marie (1995), *Introduction à la Politique*, Paris, Dalloz.

DEL AGUILA, Rafael (1995), *Crises of Parties as Legitimacy Crises: a View from Political Theory*, Working Paper número 75, Madrid, Instituto Juan March.
— (2000), *Manual de Ciencia Política*, Madrid, Editorial Trotta.
DEL CASTILLO, Pilar (1985), *La Financiación de Partidos y Candidatos en las Democracias Occidentales*, Madrid, Centro de Investigaciones Sociológicas.
DELLA PORTA, Donatella (1992), *Lo Scambio Occulto: Casi di Corruzione Politica in Italia*, Bolonia, Il Mulino.
— (2001), *Partiti Politici*, Bolonha, Il Mulino.
DELLA PORTA, Donatella e MARIO, Diani (1997), *I Movimenti Sociali*, Roma, Carocci.
— (2004), *Movimenti senza Protesta?*, Bolonha, Il Mulino.
DELLA PORTA, Donatella e MÉNY, Ives (orgs.) (1997), *Democracy and Corruption in Europe*, Londres, Pinter.
DETTERBECK, Klaus (2005), «Cartel Parties in Western Europe?», *in Party Politics*, (2), vol. 11, pp. 173-191.
DIAMANDOUROS, P. Nikiforos e GUNTHER, Richard (orgs.) (2001), *Parties, Politics and Democracy in the New Southern Europe*, Baltimore, Johns Hopkins University Press.
Diamandouros, P. Nikiforos e Puhle, Hans-Jürgen (orgs.) (1995), *The Politics of Democratic Consolidation: Southern Europe in Comparative Perspective*, Baltimore, Johns -Hopkins University Press.
DIAMOND, Larry e PLATTNER, Marc F. (1993), *Capitalism, Socialism, and Democracy Revisited*, Baltimore, Md., The Johns Hopkins University Press.
Dittrich, Karl (1983), «Testing the catch-all thesis: some difficulties and possibilities», *in* Hans Daalder e Peter Mair (orgs.), *Western European Party Systems: Continuity and Change*, Londres, Sage.
DIAS, Mercedes Mateo e ALVAREZ, Silvina (2003), *Justifing Presence? The Relationship between Participation and the Impact of Women in Parliament*, paper apresentado na Conferência do ECPR, Marburgo, 18 e 21 de Setembro de 2003.
DOGGAN, Mattei (org.) (1988), *Comparing Pluralist Democracies: Strains on Legitimacy*, Colo., Westview, Boulder.
— (1997), «Erosion of confidence in advanced democracies», *in Studies in Comparative International Development,* 32, (3), pp. 3-29

— (1999) «Les profissions propices à la carriere politique. Osmoses, filiéres et viviers», *in* Michael Offerlé, *La Profission Politique. XIXe e XXe Siècles*, Paris, Belin.

DOWNS, Anthony (1957), *An Economic Theory of Democracy*, Nova Iorque, Harper.

DRAPER, Norman R. e SMITH, Harry (1966), *Applied Regression Analysis*, Indianopolis, Wiley & Sons Inc.

DUNLEAVY, Patrick (2001), «Comportamento político: enfoque institucional y enfoque experimental», *in* Robert Goodin e Hans-Dieter Klingemann (orgs.), *Nuevo Manual de Ciencia Política*, Madrid, Istmo, pp. 403-429.

DUNN, John (1995), *Democracia. El Viaje Inacabado*, Barcelona, Tusquets Editores.

DUVERGER, Maurice (1951, 1987), *Os Partidos Políticos*, Rio de Janeiro, Editora Guanabara.

EASTON, David (1965), *A Systems Analysis of Political Life*, Nova Iorque, Wiley.

ELDERSVELD, Samuel J. (1964), *Political Parties: A Behavioral Analysis*, Chicago, Rand MacNally.

ELIASSEN, Kjell e PEDERSEN, Morgens (1978), «Professionalization of legislatures: long-term change in political recruitment in Denmark and Norway», *in Comparative Studies in Society and History*, 20, (2), pp. 286-318.

ELIFSON, Kirk, RUNYON, Richard e HABER, Audrey (1998), *Fundamentals of Social Statistics*, Singapura, McGraw-Hill.

ELIZONDO, Arantxa (1997), «Partidos políticos y mujeres», *in* Edurne Uriarte e Arantxa Elizondo (orgs.), *Mujeres en Política*, Barcelona, Editorial Ariel, pp. 96-100.

ENCINAR, González *et al.* (1992), *Derecho de Partidos*, Madrid, Espasa Universidad.

ESCRIBANO, J. José García e BALIBREA, Lola Frutos (1999), «Mujeres, hombres y participación política: buscando las diferencias», *in Revista Española de Investigaciones Sociológicas*, (86), pp. 307-329.

ESPÍRITO-SANTO, Ana e BAUM, Michael (2004), «Desigualdades de género em Portugal: a participação política das mulheres», *in Portugal a Votos. As Eleições Legislativas de 2002*, Lisboa, ICS, pp. 261-280.

— (2007), «As desigualdades de género na participação política em Portugal», *in* André Freire, Marina Costa Lobo e Pedro Magalhães (orgs.), *Eleições e Cultura Política*, Lisboa, ICS, pp. 111-157.

EPSTEIN, Leon D. (1967), *Political Parties in Western Democracies*, Nova Iorque, Praeger.

EURÍPEDES (1972), *The Suppliant Women*, citado in *Orestes and Other Plays*, Harmondsworth, Penguin Books.

FARIA, Sérgio (2000), «Sobre o (difícil) trânsito feminino para o espaço do poder político», in José Manuel Leite Viegas e Eduardo Costa Dias (orgs.), *Cidadania, Integração, Globalização*, Oeiras, Celta, pp. 107-141.

FARINHO, Domingos Soares (2002-2003), «As regras de recrutamento parlamentar partidário em Portugal», relatório de seminário do Curso de Mestrado de Ciência Política. Consultado em 6 de Janeiro de 2007: http://www.fd.ul.pt/biblioteca/revista_fdl/XLVI.

FARRELL, Dan (1983), «Exit, voice, loyalty and neglect as responses to job dissatisfaction: a multidimensional scaling study», in *Academy of Management Journal* (26), pp. 596-607.

FARRELL, David (1997), *Comparing Electoral Systems*, Londres, Prentice Hall.

FARRELL, David, HOLLIDAY, Ian e WEBB, Paul (2000), «Political parties as campaign organizations», in Russell J. Dalton e Martin P. Wattenberg (orgs.), *Parties without Partisans. Political Change in Advanced Industrial Democracies*, Oxford, Oxford University Press, pp. 102-129.

— (2002), *Political Parties in Democratic States*, Oxford, Oxford University Press.

FERNANDES, António Teixeira (1988), *Os Fenómenos Políticos. Sociologia do Poder*, Porto, Edições Afrontamento.

— (1997), *A Sociedade e o Estado. Sociologia das Formações Políticas*, Porto, Edições Afrontamento.

FERNÁNDEZ, Luis Ramiro, FERNÁNDEZ, Cleia Valiente e MORALES, Laura, Diez de Ulzurrun (2003), «Mujeres en el Parlamento: un análisis de las desigualdades de género en el Congreso de los Diputados», in *Revista de Estudios Políticos*, 121, 2003, pp. 179-208.

FERREIRA, Pedro Moura (2006), «A idade conta? Clivagens etárias nos valores e nas atitudes políticas e sociais dos europeus», in Jorge Vala e Anália Torres (orgs.) *Contextos e Atitudes Sociais na Europa*, Lisboa, ICS, pp. 273-321.

FERRY, Sánchez (2000), «Las mujeres en las Cortes Generales y en los Parlamentos de las Comunidades Autónomas», in AA.VV., *Mujer y Constitución en España*, Madrid, Centro de Estudios Políticos y Constitucionales.

FINLEY, Moses (1988), *Democracia Antiga e Moderna*, Rio de Janeiro, Edições Graal.

FODDY, William (1996), *Como Perguntar. Teoria e Prática da Construção de Perguntas em Entrevistas e Questionários*, Lisboa, Celta.
FORTES, Braulio Gómez (2003), «Elites parlamentares de Espanha e Portugal. Estrutura de oportunidades, formas e efeitos de recrutamento», *in* António Costa Pinto e André Freire (orgs.), *Elites, Sociedade e Mudança Política*, Oeiras, Celta Editora, pp. 217-249.
— (2007), «Os eleitores de esquerda perante o Partido Socialista: duros e pragmáticos», *in* André Freire, Marina Costa Lobo e Pedro Magalhães (orgs.), *Eleições e Cultura Política*, Lisboa, ICS, pp. 59-91.
FOWLER, Linda L. (1993), *Candidates, Congress, and American Democracy*, Ann Arbor, The University of Michigan Press
FOWLER, Linda L., ROBERT, D., e MCCLURE (1989), *Political Ambition. Who Decides to Run for Congress*, New Haven, Yale University Press.
FRAIN, Maritheresa (1995), «Portugal's legislative and presidential elections: a new socialist majority», *in South European Society and Politics*, (1), pp. 115-120.
— (1996), «O PSD como partido dominante em Portugal», *in Análise Social*, vol. XXXI, (138), Lisboa, ICS.
— (1997), «The right in Portugal: The PSD and CDS-PP», *in* Thomas C. Bruneau (org.), *Political Parties and Democracy in Portugal. Organizations, Elections, and Public Opinion*, Colorado, Westview Press, pp. 77-80.
— (1998), *PPD/PSD e a Consolidação do Regime Democrático*, Lisboa, Editorial Notícias.
FRANKLIN, N. Mark (2002), «The dynamics of electoral participation», *in* Lawrence Le Duc, Richard G. Niemi e Pippa Norris (orgs.) *Comparing Democracies 2. New Challenges in the Study of Elections and Voting*, Londres, Sage, pp. 148-68.
— (2003), «Os enigmas da participação eleitoral», *in Análise Social*, vol. XXXVIII (168), Lisboa, ICS, pp. 265-339.
FRANKLIN, M., MACKIE, T., VALEN, H., *et al*. (1992), *Electoral Change: Responses to Evolving Social and Attitudinal Structures in Western Countries*, Cambridge, Cambridge University Press.
FREDERICO, Rui António (2001), «Evolução político-ideológica do CDS-PP: do centro-social, federalista e regionalizante à direita popular, intergovernamental e unitarista (1974-1998)», *in* Primeiro Encontro Nacional de Ciência Política, *A Reforma do Estado em Portugal: Problemas e Perspectivas*, Lisboa, Bizâncio, pp. 384-414.

FREIRE, André (2000), «Participação e abstenção em Portugal: análise das eleições legislativas, 1975-1995», in José Manuel Leite Viegas e Eduardo Costa Dias (orgs.), *Cidadania, Integração, Globalização*, Oeiras, Celta Editora, pp. 63-107.
— (2001a), *Recrutamento Parlamentar: os Deputados Portugueses da Constituinte à VIII Legislatura*, Lisboa, STAPE/MAI.
— (2001b), *Mudança Eleitoral em Portugal: Clivagens, Economia e Voto em Eleições Legislativas, 1983-1999*, Oeiras, Celta.
— (2001c), *Modelos do Comportamento Eleitoral: Uma Breve Introdução*, Oeiras, Celta.
— (2003a), «Desempenho da democracia e reformas políticas. O caso português em perspectiva comparada», *in Sociologia, Problemas e Práticas*, 43, pp. 133-160.
— (2003b), «Recrutamento e reforma das instituições», in António Costa Pinto e André Freire (orgs.), *Elites, Sociedade e Mudança Política*, Oeiras, Celta, pp. 181-217.
— (2003c), «Posições sociais, atitudes políticas e percepções de justiça: impactos na participação em cinco actos eleitorais portugueses, 1995-1998», in Manuel Villaverde Cabral, Jorge Vala e André Freire (orgs.), *Desigualdades Sociais e Percepções de Justiça. Atitudes Sociais dos Portugueses* (3), Lisboa, ICS, pp. 221-265.
— (2004), «Voto por temas: políticas públicas, desempenho do governo e decisão eleitoral», in André Freire, Marina Costa Lobo e Pedro Magalhães (orgs.), *Portugal a Votos. As Eleições Legislativas de 2002*, Lisboa, ICS, pp. 193-206.
— (2005a), «Geografia e sociologia do voto no Partido Socialista», in Vitalino Canas (org.), *O Partido Socialista e a Democracia*, Oeiras, Celta, pp. 327-353.
— (2005b), «Identidades ideológicas e partidárias na Europa. Portugal, Espanha e Grécia numa perspectiva comparada», *in Sociologia, Problemas e Práticas*, (47), pp. 11-33.
— (2007), «Trazendo as identidades sociais de volta ao debate: as determinantes sociais das orientações de esquerda-direita na Europa Ocidental», in André Freire, Marina Costa Lobo e Pedro Magalhães (orgs.) *Eleições e Cultura Política: Portugal no Contexto Europeu*, Lisboa, ICS, pp. 29-59.
FREIRE, André, Araújo, António, LESTON Bandeira, Cristina, *et. al* (2002), *O Parlamento Português: Uma Reforma Necessária*, Lisboa, Instituto de Ciências Sociais.

FREIRE, André e BAUM, Michael (2001), «Partidos políticos, movimentos de cidadãos e referendos em Portugal: os casos do aborto e da regionalização», in Análise Social, vol. XXXVI, (158-159), Lisboa, ICS.

FREIRE, André, COSTA, Marina Lobo e MAGALHÃES, Pedro (orgs.) (2007), Eleições e Cultura Política: Portugal no Contexto Europeu, Lisboa, ICS.

FREIRE, André e MAGALHÃES, Pedro (2002), A Abstenção Eleitoral em Portugal, Lisboa, ICS.

GALLAGHER, Michael (1991), «Proportionality, disproportionality and electoral systems», in Electoral Studies, (1), pp. 33-51.

GALLAGHER, Michael e MARSH, Michael (orgs.) (1988), Candidate Selection in Comparative Perspective. The Secret Garden of Politics, Londres, Sage.

GALLAGHER, Michael, LAVER, Michael e MAIR, Peter (1995), Representative Government in Modern Europe, Nova Iorque, McGraw Hill.

GAMBINO, Silvio (org.) (1995), Elezioni Primarie e Rappresentanza Politica. Il Dibatito in Italia e L' Esperienza degli Stati Uniti, Messina, Rubbetttino.

GANGAS, Pilar (1995), El Desarrollo Organizativo de los Partidos Políticos Españoles de Implantación Nacional, Madrid, Instituto Juan March de Estudios e Investigaciones.

— (2000), «Los diputados españoles, 1977-1996», in Antonia Martínez (org.), El Congresso de los Diputados en Espana: Funciones e Rendimiento, Madrid, Tecnos.

GARGELLA, Roberto (2006), «Em nome da Constituição. O legado federalista dois séculos depois, in Atilio Boron, Filosofia Politica Moderna. De Hobbes a Marx. Consultado em Abril de 2007: http://bibliotecavirtual.clacso.org.ar/libros/secret/filopolmpt/08_gargarella.pdf.

GAXIE, Daniel (2000), La Démocracie Représentative, Paris, Montchrestien.

GIMENÉZ, Fernando Flores (1998), La Democracia Interna de los Partidos Políticos, Madrid, Congresso de los Diputados.

GREEN, John (2002), «Functional after all these years: parties in the United States, 1960-2000», in Paul Webb, David Farrell e Ian Holiday (orgs.), Political Parties in Advanced Industrial Democracies, Oxford, Oxford University Press, pp. 310-345.

GROFMAN, Bernard e LIJPHART, Arend (orgs.), Electoral Laws and their Political Consequences, Nova Iorque, Agathon Press.

GUNTHER, Richard (2002), «A democracia portuguesa em perspectiva comparada», in Análise Social, vol. XXXVII, (162), Lisboa, ICS.

— (2004), «As eleições portuguesas em perspectiva comparada: partidos e comportamento eleitoral na Europa do Sul», in André Freire, Marina Costa Lobo e Pedro Magalhães (orgs.), *Portugal a Votos. As Eleições Legislativas de 2002*, Lisboa, ICS, pp. 35-87.

GUNTHER, Richard e DIAMOND, Larry (2001), «Types and functions of parties», *in* Larry Diamond e Richard Gunther (orgs.), *Political Parties and Democracy*, Baltimore, Johns Hopkins University Press, pp. 3-40.

GUNTHER, Richard e MONTERO, José Ramón (2001), «The anchors of partisanship: a comparative analysis of voting behaviour in four southern European democracies», *in* Nikiforos P. Diamandouros e Richard Gunther (orgs.), *Parties, Politics, and Democracy in the New Southern Europe*, Baltimore, John Hopkins University Press, pp. 83-153.

— (2003), «Legitimidade política nas novas democracias», *in Opinião Pública*, vol. IX, (1), pp. 1-43.

GUNTHER, Richard, MONTERO, José Ramón e LINZ, Juan J. (orgs.) (2002), *Political Parties. Old Concepts and New Challenges*, Oxford, Oxford University Press.

GUNTHER, Richard e MUGHAN, Anthony (orgs.) (2000), *Democracy and the Media: A Comparative Perspective*, Cambridge, Cambridge University Press.

HALTZEL, Michael (org.) (1990), *Portugal: Ancient Country, Young Democracy*, Washington, D. C., Wilson Center Press.

HARO, Ricardo (1992), «Elecciones primarias abiertas. Aportes para uma maior democratización del sistema político», *in Revista de Estudios Políticos*, (78), pp. 281-282.

HART, Roderick P. (1994), *Seducing America: How Television Charms the Modern Voter*, Nova Iorque, Oxford University Press.

HAYWARD, J. (org.) (1995), *The Crisis of Representation in Europe*, Londres, Frank Cass.

— (1996), *Elitism, Populism and European Politics*, Oxford, Clarendon Press Oxford, Oxford.

HAZAN, Reuven (2002), «Candidate selection», *in* Lawrence LeDuc, Richard G. Niemi e Pippa Norris (orgs.), *Comparing Democracies 2. New Challenges in the Study of Elections and Voting*, Londres, Sage.

HEALEY, Joseph F., BOLI, John, *et al.* (1999), *Exploring Social Issues Using SPSS for Windows*, Thousand Oaks, California, Pine Forge Press.

HEIDAR, Knut e KOOLE, Ruud (orgs.) (2000), *Parliamentary Party Groups in European Democracies. Political Parties Behind Closed Doors*, Londres, Routledge.

HELD, David (1987), *Models of Democracy*, Stanford, Calif., Stanford University Press.
HERBERT, Döring (1997), *Parliaments and Majority Rule in Western Europe*ring (org.), *Parliaments and Majority Rule in Western Europe*, Francoforte, Campus Verlag.
HERMET, Guy, HOTTINGER, Julian Thomas e SEILER, Daniel Louis (orgs.) (1998), *Les Parties Politiques en Europe de L'Ouest*, Paris, Economica.
HERNÁNDEZ, Juan C. González (1999), *Desarrollo Político y Consolidación Democrática en Portugal (1974-1998)*, Madrid, Centro de Investigaciones Sociológicas.
HEYWOOD, Paul (org.) (1997), *Political Corruption*, Oxford, Blackwell.
HIGLEY, John e BURTON, Michael (2003), «Elites, classes políticas e democracia no século XXI», in António Costa Pinto e André Freire (orgs.), *Elites, Sociedade e Mudança Politica*, Oeiras, Celta, pp. 277-295.
HIGLEY, John e GUNTHER, Richard (orgs.) (1992), *Elites and Democratic Consolidation in Latin America and Southern Europe*, Cambridge, Cambridge University Press.
HILL, Manuela Magalhães e HILL, Andrew (2000), *Investigação por Questionário*, Lisboa, Edições Sílabo.
HIRSCHMANN, Albert O. (1970), *Exit, Voice, and Loyalty: Responses to Decline in Firms, Organizations, and States*, Cambridge, Cambridge University Press.
— (1970) *Saída, Voz e Lealdade*, São Paulo, Editora Perspectiva.
HIRST, Derek (1975), *The Representative of the People*, Cambridge, Cambridge University Press.
HIRST, Paul (1990), *A Democracia Representativa e os seus Limites*, Rio de Janeiro, Zahar Editor.
HOFFERBERT, Richard (org.) (1989), *Parties and Democracy: Party Structure and Party Performance in Old and New Democracies*, Oxford, Blackwell.
HOLLIDAY, Ian (2002), «Spain: building a parties state in a new democracy», in Paul Webb, David Farrell e Ian Holiday (orgs.), *Political Parties in Advanced Industrial Democracies*, Oxford, Oxford University Press, pp. 248-280.
HOPKIN, Jonathan (2001), «Bringing the members back in democratizing candidate selection in Britain and Spain», in *Party Politics*, 7 (3), pp. 343-361.
HOSMER, David W. e LEMESHOW, Stanley (2000) *Applied Logistic Regression*, Indianapolis, Wiley & Sons Inc.
HULST, Marc van der (2000), *The Parliamentary Mandate*, Genebra, IPU.

HUME, David (1742, 2002), «Of parties in general», *in* Susan E. Scarrow, *Perspectives on Political Parties. Classic Readings*, Londres, Palgrave MacMillan, pp. 33-37.
HUNTINGTON, Samuel P. (1968), *The Third Wave: Democratization in the Late Twentieth Century*, Norman, Okla., University of Oklahoma Press.
— (1996), *Political Order in Changing Societies*, New Haven, Yale Universty Press.
IGNAZI, Piero e YSMAL, Colette (orgs.) (1998), *The Organization of Political Parties in Southern Europe*, Westpoint, Conn., Praeger.
INGLEHART, Ronald F. (1977), *The Silent Revolution: Changing Values and Political Styles among Western Publics*, Princeton, Princeton University Press.
— (1979), «Political action: the impact of values, cognitive level and social background», *in* Samuel H. Barnes, Max Kaase *et al.*, *Political Action: Mass Participation in Five Western Democracies*, Beverly Hills, Calif., Sage.
— (1990), *Culture Shift in Advanced Industrial Societies*, Princeton, Princeton University Press.
— (1991), *El Cambio Cultural en las Sociedades Industriales Avanzadas*, Madrid, CIS, Siglo XXI.
— (1995), *Value Change on Six Continents*, Ann Arbor, University of Michigan Press.
— (1997a), «Postmaterialism values and the erosion of institutional authority», *in* Joseph S. Nye, Philip D. Zelikow e David C. King (orgs.), *Why People Don't Trust Government?*, Cambridge, Harvard University Press.
— (1997b), *Modernization and Postmodernization: Cultural, Economic and Political Change in 43 Societies*, Princeton, Princeton University Press.
— (1998), *Human Values and Beliefs: A Cross-Cultural Sourcebook*, Ann Arbor, University of Michigan Press.
— (2004), *Human Beliefs and Values: a Cross-cultural Sourcebook based on the 1999-2002 Values Surveys*, México, Siglo XXI.
INGLEHART, Ronald e KINGLEMANN, Hans-Dieter (1976), «Party identification, ideological preference and the left-right dimension among Western mass publics», *in* Ian Budge *et al.*, (orgs.), *Party Identification and Beyond: Representations of Voting and Party Competition*, Londres, John Wiley & Sons, pp. 243-276.

INGLEHART, Ronald F. e NORRIS, Pippa (2003), *Rising Tide: Gender Equality and Cultural Change Around the World*, Nova Iorque e Cambridge, Cambridge University Press.
— (2004), *Sacred and Secular: Reexamining the Secularization Thesis*, Nova Iorque e Cambridge, Cambridge University Press.
INGLEHART, Ronald F. e WELZEL, Christian (2005), *Modernization, Cultural Change and Democracy*, Cambridge, Cambridge University Press.
INTERNATIONAL INSTITUTE FOR DEMOCRACY AND ELECTORAL ASSISTANCE (1997), *Voter Tournout from 1945 to 1997: A Global Report*, Estocolmo, IDEA.
INTER-PARLIAMENTARY UNION (org.)(1986), *Parliaments of the World*, Genebra, IPU.
— (1995), *Women in Parliaments 1945-1995: A World Statistical Survey*, Genebra, IPU.
— (2000), *Women in Politics, 1945-2000*, Genebra, IPU.
JALALI, Carlos (2001), «A evolução do sistema de partidos em Portugal — Do pluralismo polarizado ao pluralismo moderado e bipolarização?», *in* Primeiro Encontro Nacional de Ciência Política, *A Reforma do Estado em Portugal. Problemas e Perspectivas*, Lisboa, Bizâncio, pp. 363-383.
— (2003), «A investigação do comportamento eleitoral em Portugal: história e perspectivas futuras», *in Análise Social*, vol. XXXVIII, (167), Lisboa, ICS, pp. 545-573.
— (2004), «As mesmas clivagens de sempre? Velhas clivagens e novos valores no comportamento eleitoral português, *in* André Freire, Marina Costa Lobo e Pedro C. Magalhães (orgs.), *Portugal a Votos. As Eleições Legislativas de 2002*, Lisboa, ICS., pp. 87-119.
JAVALOY, Federico *et al.* (2001), *Comportamiento Colectivo e Movimentos Sociales*, Madrid, Prentice-Hall.
JEREZ, Miguel (1997), «La elite parlamentaria», *in* Manuel Ramírez (org.), *El Parlamento a Debate*, Madrid, Trotta.
JESSE, Eckhard (1988), «The split-voting in the Federeal Republic of Germany: an analysis of the federal elections from 1953 to 1987», *in Electoral Studies*, 7, pp. 109-124.
KAASE, Max (1984), «Personalized proportional representation. The model of the West German electoral system», *in* Arend Lijphard e Bernard Grofman (orgs.), *Choosing an Electoral System*, Nova Iorque, Praeger.
KARVONEN, Lauri e KUHNLE, Stein (orgs.) (2001), *Party Systems and Voter Alignments Revisited*, Londres, Routledge

KATZ, Richard S. (1980), *A Theory of Parties and Electoral Systems*, Baltimore, Johns Hopkins University Press.
— «Intraparty preference voting», *in* Bernard Grofman e Arend LIjphart (orgs.), *Electoral Laws and their Political Consequences*, Nova Iorque, Agathon Press, pp. 85-103.
— (1990), «Party as linkage: A vestigial function?», *in European Journal of Political Research*, 18, pp. 143-161.
— (1994), «The cross-national study of party organizations», *in* Richard S. Katz e Peter Mair (orgs.), *Party Organizations: A Data Handbook*, Londres, Sage.
— (2001), «The problem of candidate selection and models of party democracy», *in Party Politics*, 7 (3), pp. 277-297.
KATZ, Richard S. e MAIR, Peter (1992a), «The membership of political parties in Western democracies», *in European Journal of Political Research*, (22), pp. 329-345.
— (1992b), *Party Organizations: A Data Handbook on Party Organizations in Western Democracies, 1960-90*, Londres, Sage.
— (1993), «The evolution of party organizations in Europe: The three faces of party organization», *in* William Crotty (org.), *Political Parties in a Changing Age*, a *special issue* of *American Review of Politics*, (14), pp. 593-617.
— (1994), *How Parties Organize: Change and Adaptation in Party Organization in Western Democracies*, Londres, Sage.
— (1995), «Changing models of party organisation and party democracy: the emergence of the cartel party», *in Party Politics*, (1), pp. 5-28.
— (1996), «Cadre, catch-all or cartel? A rejoinder», *in Party Politics*, (2), pp. 525-534.
— (2002), «The ascendency of the party in public office: party organization change in twenthieth-century democracies», *in* Richard Gunther, José Ramón Montero e Juan J. Linz (orgs.), *Political Parties. Old Concepts and New Challenges*, Oxford, Oxford University Press, pp. 113-135.
KATZ, Richard S. e CROTTY, Willam (2006), *Handbook on Political Parties*, Sage Publishers.
KENNETH, Carty R. (2002), «Canada's nineteenth-century cadre parties at the millennium?», *in* Paul Webb, David Farrell e Ian Holiday (orgs.), *Political Parties in Advanced Industrial Democracies*, Oxford, Oxford University Press, pp. 310-345.
KETCHAM, Ralph (org.) (1986), *The Anti-Federalist and the Constitutional Convention Debates*, Londres, Penguin Books.

KING, Gary (1986), «How not to lie with Statistics: avoiding common mistakes in quantitative political science», in *American Journal of Political Science*, (30), pp. 666-687.
— (1991), «On political methodology», in *Political Analysis*, (2), pp. 1-30. Consultado em Janeiro de 2007: http://gking.harvard.edu/files/polmeth.pdf.
— (1991), «Truth is stronger than prediction, more questionable than causal inference», in *American Journal of Political Science*, (35), pp. 1047-1053.
KIRCHHEIMER, Otto (1966), «The transformation of the Western European party systems», in Joseph LaPalombara e Myron Weiner (orgs.), *Political Parties and Political Development*, Princeton, Princeton University Press.
KITSCHELT, Herbert (1989a), «The internal politics of parties: the law of curvilinear disparity revisited», in *Political Studies*, (37), pp. 400-421.
— (1989b) *The Logics of Party Formation: Ecological Politics in Belgium and West Germany*, Ithaca, Nova Iorque, Cornell University Press.
— (2000), «Citizens, politicians, and party cartellization: political representation and state failure in post-industrial democracies», in *European Journal of Political Research*, (37), pp. 149-79.
KITTILSON, Miki C. (1997), *Women's Representation in Parliament. The Role of Political Parties*, paper consultado em Março de 2007: http://repositories.cdlib.org./csd/97-08.
— (1999), «Women's representation in Parliament: the role of political parties», in *Party Politics*, 5, (1), pp. 79-119.
— (2001), «Political parties and candidate gender policies: a cross-national study», in *Journal of Politics*, 63, (4), pp. 1214-1229.
KITTILSON, Miki e SCARROW, Susan (2003) «Political parties and the rhetoric and realities of democratization», in Bruce E. Cain, Russell Dalton e Susan E. Scarrow (orgs.) *Democracy Transformed? Explaining Political Opportunities in Advanced Industrial Democracies*, Oxford University Press, pp. 59-80.
KITTILSON, Miki e TATE, Katherine (2005), «Political parties, minorities, and elected office», in Rodney Hero e Christina Wolbrecht, *The Politics of Democratic Inclusion*, Filadélfia, Temple University Press.
KLINGEMANN, Hans-Dieter e FUCHS, Dieter (orgs.) (1995), *Citizens and the State*, Oxford, Oxford University Press.
KLINGEMANN, Hans-Dieter e WESSELS, Bernhard (2000), «The political consequences of Germany's mixed member system: personalization at the grass roots?», in Shugart, Mathew S. e MartinP. Wattenberg (ed.) (2000), *Mixed-*

Member Electoral Systems: The Best of Both Worlds, Oxford, Oxford University Press, pp. 279-296.
KOOLE, Ruud (1992), «The vulnerability of the modern cadre party in the Netherlands», *in* Richard Katz e Peter Mair (orgs.), *How Parties Organize: Change and Adaptation in Party Organization in Western Democracies*, Londres, Sage.
— (1996), «Cadre, catch-all or cartel? A comment on the notion of the cartel party», *in Party Politics*, (2), pp. 507-534.
LAPALOMBARA, Joseph e WEINER, Myron (orgs.) (1966), *Political Parties and Political Development*, Princeton, Princeton University Press.
LANE, Jan-Erik e SVANTE, Ersson O. (1997), «Parties and voters: what creates the ties?», *in Scandinavean Political Studies*, 20 (2), pp. 179-196.
LANG, Kurt e LANG, Gladys (1966), «The mass media and voting», *in* Bernard Berelson e Morris Janowitz (orgs.), *Reader in Public Opinion and Communication*, Nova Iorque, Free Press.
LARA António de Sousa (1998), *Ciências Políticas. Metodologia, Doutrina e Ideologia*, Lisboa, ISCSP.
— (2004), *Ciência Política: Estudo da Ordem e da Subversão*, Lisboa, ISCSP.
LARVONEN, Lauri e SELLE, Per (orgs.) (1995), *Women in Nordic Politics. Closing the Gap*, Aldershot, Dartmouth.
LAWSON, Kay (1976),*The Comparative Study of Political Parties*, Nova Iorque, St. Martin's Press.
— (org.) (1980), *Political Parties and Linkage: A Comparative Perspective*, New Haven, Conn., Yale University Press.
LAWSON, Kay e MERKL, Peter (orgs.) (1988), *When Parties Fail: Emerging Alternative Organizations*, Princeton, Princeton University Press.
LAZARSFELD, Paul F. *et al.* (1944, 1988), *The People's Choice*, Columbia, Columbia University Press.
LEDUC, Lawrence (2001), «Democratizing party leadership selection», *in Party Politics*, 7 (3), pp. 323-343.
LEDUC, Lawrence, NIEMI, Richard G. e NORRIS, Pippa (orgs.)(1996), *Comparing Democracies: Elections and Voting in Global Perspective*, Londres, Sage.
LENINE, Vladímir Ilitch (1917, 1997), *El Estado y la Revolución*, Madrid, Fundación F. Engels.
LENK, Kurt e NEUMANN, Franz (1980), *Teoría y Socíologia Crítica de los Partidos Políticos*, Barcelona, Anagrama.

LESSARD, Michelle, GOYETTE Gabriel *et al.* (1994), *A Investigação Qualitativa. Fundamentos e Práticas*, Lisboa, Instituto Piaget.
LESTON-Bandeira, Cristina (1996), «O impacto das maiorias absolutas na actividade e na imagem do Parlamento português», *in Análise Social*, vol. XXXV, (135), Lisboa, ICS.
— (1998), «Relationship between parliament and government in Portugal: an expression of the maturation of the political system», *in* Philip Norton (org.), *Parliaments and Governments in Western Europe*, vol. 1, Londres, Frank Cass.
— (2002), *Da Legislação à Legitimação: Papel do Parlamento Português*, Lisboa, ICS.
LEVY, Paul e LEMESHOW, Stanley (1991), *Sampling of Populations*, Nova Iorque, Wiley.
LIEBERT, Ulrike e COTTA, Maurizio (orgs.), *Parliament and Democratic Consolidation in Southern Europe: Greece, Italy, Portugal, Spain, and Turkey*, Londres, Pinter.
LIJPHART, Arend (1984, 1989), *As Democracias Contemporâneas*, Lisboa, Gradiva.
— (1994) *Electoral Systems and Party Systems. Study of Twenty-Seven Democracies*, 1945-1990, Oxford University Press, Oxford.
— (1994), «Electoral engineering: limits and possibilities», *in* Arend Lijphart, *Electoral Systems and Party Systems. Study of Twenty-Seven Democracies*, 1945-1990, Oxford University Press, Oxford, pp. 146-147.
— (1995), *Sistemas Electorales y Sistemas de Partidos*, Madrid, Centro de Estudios Constitucionales.
— (1999), *Patterns of Democracy: Government Forms and Performance in Thirty-Six Countries*, New Haven, Yale University Press.
LINZ, Juan J. (1966), «Michels e il suo contributo alla sociologia politica», *in* Robert Michels, *La Sociologia del Partito Politico nella Democracia Moderna: Studi sulle Tendenze Oligarchiche degli Aggregati Politici*, Bolonha, Il Mulino.
— (1967), «The party system of Spain: past and future», *in* Seymour M. Lipset e Stein Rokkan (orgs.), *Party Systems and Voter Alignments*, Nova Iorque, Free Press.
— (1992), «Change and continuity in the nature of contemporary democracies», *in* Garry Marks e Larry Diamond (orgs.), *Reexamining Democracy: Essays in Honor of Seymour Martin Lipset*, Londres, Sage.

— (1994), «Presidential or parliamentary democracy: does it make a difference?», *in* Juan J. Linz e Arturo Valenzuela (orgs.), *The Failure of Presidential Democracies*, Baltimore, Johns Hopkins University Press.
— (1998), *Michels y su Contribución a la Sociología Política*, México, Fondo de Cultura Económica.
— (2000), «Democratic political parties: recognizing contradictory principles and perceptions», *in Scandinavian Political Studies*, (23), pp. 252-265.
— (2002), «Parties in contemporary democracies: problems and paradoxes», *in* Richard Gunther, José Ramón Montero e Juan J. Linz (orgs.), *Political Parties. Old Concepts and New Challenges*, Oxford, Oxford University Press, pp. 291-317.
LINZ, Juan J., GANGAS, Pilar e JEREZ, Miguel (2000), «Spanish diputados: from the 1876 restoration to consolidated democracy», *in* Heinrich Best e Maurizio Cotta (orgs.), *Parliamentary Representatives in Europe, 1848-2000*, Oxford, Oxford University Press.
LINZ, Juan J. e MONTERO, José Ramón (2001), «The party systems of Spain: old cleavages and new challanges», *in* Lauri Karvonen e Stein Kuhnle (orgs.), *Party Systems and Voter Alignments Revisited*, Londres, Routledge.
LINZ, Juan J. e STEPAN, Alfred (orgs.) (1978), *The Breakdown of Democratic Regimes*, Baltimore, The Johns Hopkins University Press.
— (1996), *Problems of Democratic Transition and Consolidation: Southern Europe, South America and Post-Communist Europe*, Baltimore, Johns Hopkins University Press.
LIPSET, S. Martin (1960), *Political Man: The Social Bases of Politics*, Nova Iorque, Doubleday.
— (1964), «Ostrogorski and the analytic approach to the comparative study of political parties», *in Introduction* to Mosei Ostrogorski, *Democracy and the Organization of Political Parties*, Nova Iorque, Quadrangle Books.
— (1994), «The social requisites of democracy revisited», *in American Sociological Review*, (59), pp. 1-22.
LIPSET, S. Martin e ROKKAN, Stein (orgs.) (1967), *Party Systems and Voter Alignments: Cross-National Perspectives*, Nova Iorque, Free Press.
LOBO, Marina Costa (1996), «O sistema partidário português à luz de mudanças políticas e económicas, 1976-1995», *in Análise Social*, vol. XXXI, (139), Lisboa, ICS.
— (2000), «Governos partidários numa democracia recente: Portugal, 1976-1995», *in Análise Social*, vol. XXXV, (154-155), Lisboa, ICS.

— (2003), «A elite partidária em Portugal, 1976-2002. Dirigentes, deputados e membros do governo», *in* António Costa Pinto e André Freire (orgs.), *Elites, Sociedade e Mudança Política*, Oeiras, Celta, pp. 249-277.

— (2004), «O impacto dos líderes partidários: uma escolha entre candidatos pouco populares», *in* André Freire, Marina Costa Lobo e Pedro Magalhães (orgs.), *Portugal a Votos. As Eleições Legislativas de 2002*, Lisboa, ICS, pp. 193-206.

— (2005), *Governar em Democracia*, Lisboa, ICS.

— (2007), «Partidos e líderes: organização partidária e voto o contexto europeu», *in* André Freire, Marina Costa Lobo e Pedro Magalhães (orgs.), *Eleições e Cultura Política*, Lisboa, ICS, pp. 253-275.

LOEWENBERG, Gerhard (1973), «The institucionalization of parliament and public orientations to the political system», *in* Allan Kornberg (org.), *Legislatures in Comparative Perspective*, Nova Iorque, McKay.

LONGLEY, Lawrence D. e HAZAN, Reuven Y. (2000), *The Uneasy Relationships between Parliamentary Members and Leaders*, Londres, Frank Cass.

LOPES, Fernando Farelo (1994), *Poder Político e Caciquismo na I República Portuguesa*, Lisboa, Editorial Estampa.

— (2000), «Clientelismo político e consolidação da democracia: Portugal, 1983-1990», *in* José Manuel Leite Viegas e Eduardo Costa Dias (orgs.), *Cidadania, Integração, Globalização*, Oeiras, Celta, pp. 75-106.

— (2004), *Os Partidos Políticos. Modelos e Realidades na Europa Ocidental e em Portugal*, Oeiras, Celta.

— (2005), «O perfil organizativo do Partido Socialista», *in* Viltalino Canas (org.), *O Partido Socialista e a Democracia*, Celta, Oeiras, pp. 353-369.

LOPES, Fernando Farelo e FREIRE, André (2002), *Partidos Políticos e Sistemas Eleitorais: Uma Introdução*, Oeiras, Celta.

LOPEZ-RODO, Joaquin Molins (1989), «El proceso de nominación de los candidatos en las elecciones presidenciales norteamericanas», *in Revista de Estudios Políticos*, (65), pp. 87-123.

LOVENDUSKI, Joni (1997), «Representación política: dinámica de género y partidos», *in* Edurne Uriarte e Arantxa Elizondo (orgs.), *Mujeres en Política*, Barcelona, Editorial Ariel, pp. 120-121.

LOVENDUSKI, Joni e NORRIS, Pippa (1983), *Gender and Party Politics*, Thousand Oaks, CA, Sage Publications.

LUNDELL, Krister (2004), «Determinants of candidate selection: the degree of centralization in comparative perspective», *in Party Politics*, 10 (1), pp. 25-47.

MACHUCA, Ramon Vargas (1998), «A vueltas com las primarias del PSOE. Por qué cambian los partidos?, *in Claves de Razón Práctica*, (86), pp. 11-21.

MAGALHÃES, Pedro Coutinho (2000), «Desigualdade, desinteresse e desconfiança: a abstenção nas eleições legislativas de 1999», *in Análise Social*, vol. XXXV,(157), Lisboa, ICS.

— (2003), «A confiança nos parlamentos nacionais: regras institucionais, representação e responsabilização política», *in Análise Social*, vol. XXXVIII (168), Lisboa, ICS, pp. 443-467.

— (2004), «Democratas, descontentes e desafectos: as atitudes dos portugueses em relação ao sistema político», *in* André Freire, Marina Costa Lobo e Pedro Magalhães (orgs.), *Portugal a Votos. As Eleições Legislativas de 2002*, Lisboa, ICS, pp. 333-363.

MADISON, James (1781), *O Federalista n.º 10*, *in* Alexander Hamilton, James Madison e John Jay (1787-1788, 2003), *O Federalista*, Lisboa, Edições Colibri.

— (1788), *O Federalista n.º 62*, *in* Alexander Hamilton, James Madison e John Jay (1787-1788, 2003), *O Federalista*, Lisboa, Edições Colibri.

— (1788), *O Federalista n.º 57*, *in* Alexander Hamilton, James Madison e John Jay (1787-1788, 2003), *O Federalista*, Lisboa, Edições Colibri.

MAGONE, José M. (1996), «The Portuguese Assembleia da República: discovering Europe», *in* Philip Norton (org.), *National Parliaments and the UE*, Londres, Frank Cass.

— (2000), «Political recruitment and elite transformation in modern Portugal, 1870-1999: The late arrival of mass representation», *in* Heinrich Best e Maurizio Cotta (orgs.) (2000), *Parliamentary Representatives in Europe, 1848-2000*, Oxford, Oxford University Press.

MAINWARING, Scott e TORCAL, Mariano (2005), «Teoria e institucionalização dos sistemas partidários após a terceira vaga de democratização», *in Opinião Pública*, (2), pp. 249-286.

MANHEIM, Jarol B. e RICH, Richard C. (1999), *Análisis Político Empírico. Métodos de Investigación en Ciência Politica*, Madrid, Alianza.

MARTÍNEZ, Antonia (org.) (2000), *El Congresso de los Diputados en Espana: Funciones e Rendimiento*, Madrid, Tecnos.

MAIR, Peter, (1995), «Political parties, popular legitimacy and public privilege. Party organizations in civil society and the state», *in West European Politics*, (18), pp. 40-57.

(1996), «Party systems and structures of competition?, *in* Lawrence LeDuc, Richard G. Niemi e Pippa Norris (orgs.), *Comparing Democracies. Elections and Voting in Global Perspective*, Sage Publications.
— (1997), *Party System Change: Approaches and Interpretations*, Oxford, Oxford University Press.
— (2001), «The freezing hypothesis: an evaluation», *in* Lauri Karvonen e Stein Kuhnle (orgs.), *Party Systems and Voter Alignments Revisited*, Londres, Routledge.
— (2002), «The ascendency of the party in public office: party organizational change in twentieth-century democracies», *in* Richard Gunther, José Ramón Montero e Juan J. Linz (orgs.), *Political Parties. Old Concepts and New Challenges*, Oxford, Oxford University Press, pp. 136-166.
— (2003), «Os partidos políticos e a democracia», *in Análise Social*, vol. XXXVIII, (168), Lisboa, ICS, pp. 277-295.
MAIR, Peter e BIEZEN, Ingrid van (2001), «Party membership in twenty European democracies, 1980-2000», *in Party Politics*, (7), pp. 5-21.
— (2005), «Democracy Beyond Parties», *in Center for the Study of Democracy, Working Paper 05-06*, consultado em Maio de 2006: http://repositories.cdlib.org/csd/05-06.
MAIR, Peter e SMITH, Gordon (orgs.) (1990a), *Understanding Party System Change in Western Europe*, Londres, Frank Cass.
— (1990b), «Continuity, change, and the vulnerability of party», *in* Peter Mair e Gordon Smith (orgs.), *Understanding Party System Change in Western Europe*, Londres, Frank Cass.
MALTEZ, José Adelino (1994), *Sobre a Ciência Política*, Lisboa, ISCSP.
— (1996), *Princípios de Ciência Política. Introdução à Teoria Política*, Lisboa, ISCSP.
— (1998), «Sistema eleitoral, sistema partidário, sistema político», *in* Universidade Moderna (org.), *Direito dos Eleitores*, Lisboa, Universidade Moderna, Centro de Estudos Jurídicos.
— (2007), *O Estado à procura do Político. Metodologias da Ciência Política*, Lisboa, ISCSP.
MANIN, Bernard (1998), *Los Princípios del Gobierno Representativo*, Madrid, Alianza Editorial.
MANZELLA, Andrea (1997), *Il Parlamento*, Bolonha, II Mulino.
MAOR, Moshe (1999), *Political Parties and Party Systems*, Londres, Routledge.
MAQUIAVEL (1982), *O Príncipe*, Brasília, Editora Universidade de Brasília.

MARAVALL, José María (1978), *Dictadura y Disentimiento Político: Obreros y Estudiantes Bajo el Franquismo*, Madrid, Alfaguara.
— (1984), *La Politica de la Transición*, Madrid, Taurus.
— (1995), «Democracia e democratas», *working paper* número 65, Instituto Juan March.
MARCH, James G., OLSEN Johan P. (1984),«The new institutionalism: organizational factors in political life», *in The American Political Science Review*, 78, (3), pp. 734-749.
MARTINS, Guilherme D' Oliveira (1993), «Os Partidos Políticos», *in* António Reis (org.), *Portugal-20 Anos de Democracia*, Lisboa, Círculo de Leitores.
MARTINS, Manuel Meirinho (1997), *As Eleições Autárquicas e o Poder dos Cidadãos*, Lisboa, Vega.
— (2005), *Participação Política e Democracia. O Caso Português (1976-2000)*, Lisboa, Instituto Superior de Ciências Sociais e Políticas.
MARTINS, Manuel Meirinho e TEIXEIRA, Conceição Pequito (2005), *O Funcionamento dos Partidos e a Participação das Mulheres na Vida Política e Partidária em Portugal*, Lisboa, Comissão para a Igualdade e para os Direitos das Mulheres, Presidência do Conselho de Ministros.
MARTINS, Susana (2005), «A fundação do Partido Socialista em 1973», *in* Vitalino Canas (org.), *O Partido Socialista e a Democracia*, Oeiras, Celta, pp. 29-51.
MARSH, David e STOKER, Gerry (1995), *Theory and Methods in Political Science*, Londres, MacMillan Press.
MARSH, David e STOCKER, Gerry (orgs.) (1995), *Teoría e Métodos na Ciencia Política*, Madrid, Alianza Editorial.
MASSARI, Oreste (2004), *I Partiti Politici nelle Democrazie Contemporanee*, Bari, Laterza.
— (2004) «Selezione dei candidati e primarie», *in* Oreste Massari, *I Partiti Politici nelle Democrazie Contemporanee*, Bari, Laterza, pp. 121-149.
MASSARI, Ossari e PASQUINO, Gianfranco (orgs.) (1994), *Rappresentare e Governare*, Bolonha, Il Mulino.
MASTROPAOLO, Alfio (1990), «Parlamenti e Parlamentari negli Anni Ottanta», *in Rivista Italiana di Scienza Politica*, vol. XX (1), pp. 29-73.
MASTROPAOLO, Alfio e VERZICHELLI, Luca (2006), *Il Parlamento. Le Assemblee Legislative nelle Democrazie Contemporanee*, Bari, Laterza.
MATLAND, Richard E. (1998), «Women's representation in national legislatures: developed and developing countries», *in Legislative Studies Quarterly*, 23 (9), pp. 109-125.

MATLAND, Richard E. e STUDLAR, Donley T. (1996), «The contagion of women candidates in single member and multi-member districts», *in Journal of Politics*, 58 (3), pp. 707-733.
MATLAND, Richard E. e STUDLAR, Donley T. (2004), «Determinants of legislative turnover: a cross-national analysis», *in British Journal of Political Science* 34 (1), pp. 87-108.
MATUSCHECK, Peter (2003), «A textbook case of partitocracy», *in* Jens Borchert e Jürgen Zeiss (orgs.), *The Political Class in Advanced Democracies*, Oxford, Oxford University Press.
MAXWELL, Kenneth (1995), *The Making of Portuguese Democracy*, Cambridge, Cambridge University Press.
MCALLISTER, Ian (1999), «The economic performance of governments», *in* Pippa Norris (org.), *Critical Citizens: Global Support for Democratic Government*, Oxford, Oxford University Press.
— (2002), «Political parties in Australia: party stability in an utilitarian society», *in* Paul Webb, David Farrell e Ian Holiday (orgs.), *Political Parties in Advanced Industrial Democracies*, Oxford, Oxford University Press, pp. 379-409.
MCALLISTAR, Ian e Studlar, DONLEY (1992), «Gender and representation among legislative candidates in Australia», *in Comparative Political Studies*, (25), pp. 388-411.
MCKENZIE, Robert T. (1955), *British Political Parties*, Londres, Heinemann.
MEIRIM, José Manuel (1994), *O Financiamento dos Partidos Políticos*, Lisboa, Diário de Notícias.
MENDES, Fátima Abrantes e MIGUÉIS, Jorge (1999), *Lei Eleitoral da Assembleia da República Actualizada, Anotada e com os Resultados Eleitorais de 1976 a 1995*, Lisboa, Edição Autores.
MÉNDEZ, José Navarro (1999), *Partidos Políticos y 'Democracia Interna'*, Madrid, Centro de Estudios Políticos y Constitucionales.
MÉNY, Yves (1996), «Politics, corruption, and democracy», *in European Journal of Political Research*, (30), pp. 111-123.
MÉNY, Yves, e KNAPP, Andrew (1998), *Government and Politics in Western Europe*, Oxford, Oxford University Press.
MERKL, Peter H. (org.) (1980), *Western European Party Systems: Trends and Prospects*, Nova Iorque, Free Press.
MICHELS, Robert (1911, 1962), *Political Parties: A Sociological Study of the Organizational Tendencies in Modern Democracies*, Nova Iorque, Free Press.

— (1911, 2001), *Para uma Sociologia dos Partidos Políticos na Democracia Moderna*, Lisboa, Edições Antígona.
MILL, John Stuart (1861, 1998) «Da democracia verdadeira e falsa: representação de todos ou somente da maioria», *in* Manuel Braga da Cruz (org.), *Sistemas Eleitorais: O Debate Científico*, Lisboa, Instituto de Ciências Sociais e Políticas, pp. 37-54.
MILLER, Warren E. (,2001), «Comportamento político: lo viejo e lo nuevo», *in* Robert Goodin e Hans-Dieter Klingemann (orgs.), *Nuevo Manual de Ciencia Política*, Madrid, Istmo, pp. 429-447.
MINISTÉRIO DA ADMINISTRAÇÃO INTERNA (1998), *Revisão da Lei Eleitoral para a Assembleia da República - Projecto de Articulado das Disposições Técnicas*, Lisboa, Stape.
MIRANDA, Jorge (1979), *Eleições e Democracia*, Lisboa, Edições Critério.
— (1998), «Por um direito eleitoral dos partidos», *in* Manuel Braga da Cruz (org.), *Sistema Eleitoral Português. Debate Político e Parlamentar*, Presidência do Conselho de Ministros, Imprensa Nacional-Casa da Moeda, pp. 281-285.
— (1999), «Estudo com vista a uma nova Lei dos Partidos Políticos», *in Revista da Faculdade de Direito de Lisboa*, (1-2), pp. 541-571.
MITCHELL, Paul (2000), «Voter and representatives: electoral institutions and delegation in parliamentary democracies», *in European Journal of Political Research*, (37), pp. 335-351.
MONTERO, José Ramón (1981), «Partidos y participación política: algunas notas sobre la afiliación política en la etapa inicial de la transición española», *in Revista de Estudios Políticos*, 23, pp. 33-72.
— (1986), «La vuelta a las urnas: participación, movilización y abstención», *in* Juan J. Linz e José Ramón Montero (orgs.), *Crisis y Cambio: Electores y Partidos en la España los Años Ochenta*, Madrid, Centro de Estudios Constitucionales.
— (1992), *Sobre la Democracia en España: Legitimidad, Apoyos Institucionales y Significados*, working paper, 39, Madrid, Instituto Juan March.
— (1994), «Sobre las preferencias electorales en España: fragmentación y polaración (1971-1993)», *in* Pilar del Castillo (org.), *Comportamiento Político y Electoral*, Madrid, Centro de Investigaciones Sociológicas.
— (1998a), «El debate sobre el sistema electoral: rendimientos, critérios y propuestas de reforma», *in Revista de Estudios Políticos*, (95), pp. 9-46.
— (1998b), «Sobre el sistema electoral español: rendimientos políticos y propuestas de reforma», *in* Montables Pereira (org.), *El Sistema Electoral a*

Debate. Veinte Años de Rendimientos del Sistema Electoral Español, 1977-1997, Madrid, Centro de Investigaciones Sociológicas y Parlamento de Andalucía, pp. 37-70.

MONTERO, José Ramón e GUNTHER, Richard (1994) «Sistemas 'cerrados' y listas 'abietas': sobre algumas propuestas de reforma del sistema electoral en España», *in* AA.VV., *La Reforma del Régimen Electoral*, Madrid, Centro de Estudios Constitucionales, pp. 13-88.

— (1998), «Actitudes hacia la democracia en España: legitimidad, descontento y desafección», *in Revista Española de Investigaciones Sociológicas*, (83), pp. 9-40.

— (2002), «Los estudios sobre los partidos políticos: una revisión crítica», *in Revista de Estúdios Políticos*, (118), pp. 9-38.

MONTERO, José Ramón, GUNTHER, Richard e TORCAL, Mariano (1997), «Democracy in Spain: legitimacy, discontent, and desafection», *in Studies in Comparative International Development*, (32), pp. 124-60.

— (1998), «Actitudes hacia la democracia en España: legitimidad, descontento y desafección», *in Revista Espanõla de Investigaciones Sociológicas* (3), pp. 9-40.

MORÁN, María Luz (1989), «Un intento de análisis de la 'clase parlamentaria' española: elementos de renovación y permanencia», *in Revista Española de Investigaciones Sociológicas*, (4), pp. 61-84.

MOREIRA, Adriano (1979), *Ciência Política*, Coimbra, Almedina.

— (1989), «O regime: presidencialismo de Primeiro-Minsistro», *in* Mário Baptista Coelho (org.), *Portugal: O Sistema Político e Constitucional, 1975-1987*, Lisboa, ICS.

— (1993), «Ideologia e imagem», *in Fórum Eleitoral, Sociologia Eleitoral*, Lisboa, Comissão Nacional de Eleições.

MORLINO, Leonardo (1980), *Como Cambiano i Regimi Politici*, Milão, Franco Angeli.

— (1992), «Partiti e Consolidamento Democratico nel Sud Europa», *in* Calise, Mauro (org.), *Come Cambiano i Partiti*, Bolonha, II Mulino.

— (1995), «Political parties and democratic consolidation in Southern Europe», *in* Richard Gunther, Nikiforos P. Diamandouros e Puhle, Hans-Jürgen (orgs.), *The Politics of Democratic Consolidation: Southern Europe in Comparative Perspective*, Baltimore, Johns Hopkins University Press.

— (1996), «Crisis of parties and change of party system in Italy», *in Party Politics*, (2), pp. 5-30.

— (1998), *Democracy between Consolidation and Crisis: Parties, Groups, and Citizens in Southern Europe*, Oxford, Oxford University Press.
— (2004), *The Quality of Democracy: Improvement or Subversion? Introductory Remarks*, *paper* apresentado no seminário de doutoramento do Instituto de Ciências Sociais da Universidade de Lisboa.
MORLINO, Leonardo e MONTERO, José Ramón (1995), «Legitimacy and democracy in Southern Europe», *in* Richard Günther, Nikiforos P. Diamandouros e Puhle, Hans-Jürgen (orgs.), *The Politics of Democratic Consolidation: Southern Europe in Comparative Perspective*, Baltimore, Johns Hopkins University Press.
MOSCA, Gaetano (1896, 1980), *The Ruling Class*, Londres, Greenwood Press.
— (1896, 2002), *La Classe Politica*, México, Fondo de Cultura Económica.
— (1896, 2004), *A Classe Política*, Coimbra, Tenacitas.
MUGHAN, Anthony, BOX, Steffensmeier e SCULLY, Roger (1997), «Mapping legislative socialisation», *in European Journal of Political Research*, (32), pp. 93-106.
MÜLLER-ROMMEL, Ferdinand e POGUNTKE, Thomas (org.) (1995), *New Politics*, Aldershot, Dartmouth.
MÜLLER, Wolfang C. (2000), «Political parties in parliamentary democracies: making delegation and accountability work», *in European Journal of Political Research*, (37), pp. 309-333.
MÜLLER, Wolfang C. e SAALFELD, Thomas (1997), *Members of Parliament in Western Europe. Roles and Behaviour*, Londres, Frank Cass.
MÜLLER, Wolfang C. e STRÖM, Kaare (orgs.) (1999), *Policy, Office, or Votes? How Political Parties in Western Europe Make Hard Decisions*, Cambridge, Cambridge University Press.
NEUMANN, Samuel (1956), «Toward a comparative study of political parties», *in* Samuel Neumann (org.), *Modern Political Parties: Approaches to Comparative Politics*, Chicago, University of Chicago Press.
NEWTON, Kenneth (1999), «Mass media effects: mobilization or media malaise?», *in British Journal of Political Science*, (29), pp. 577-599.
NOHLEN, Dieter (1984, 1998), «Os Sistemas eleitorais entre a ciência e a ficção. Requisitos históricos e teóricos para uma discussão racional», *in* Manuel Braga da Cruz (org.), *Sistemas Eleitorais: O Debate Científico*, Lisboa, Instituto de Ciências Sociais e Políticas, pp. 249-269.
— (1994), *Sistemas Electorales y Partidos Políticos*, México, Fondo de Cultura Económica.

— (2005), *Os Sistemas Eleitorais: O Contexto faz a Diferença*, Lisboa, Livros Horizonte.
NORRIS, Pippa (1985), «Women's legislative participation in Western democracies», *in Western European Politics*, (8), pp. 90-101.
— (1996), «Legislative recruitment», *in* Lawrence LeDuc, Richard G. Niemi e Pippa Norris (orgs.), *Comparing Democracies. Elections and Voting in a Global Perspective*, Londres, Sage Publications.
— (1996), «Does television erode social capital? A reply to Putnam», *in Political Science and Politics*, 29 (3), pp. 474-480.
— (1997), *Passages to Power: Legislative Recruitment in Advanced Democracies*, Cambridge, Cambridge University Press.
— (1997), «Processos de reclutamiento legislativo: una perspectiva comparada», *in* Edurne Uriarte e Arantxa Elizondo (orgs.), *Mujeres en Política*, Editorial Ariel, pp. 163-165.
— (1999), *Critical Citizens: Global Support for Democratic Government*, Oxford, Oxford University Press.
— (2000), *A Virtuous Circle. Political Communications in Post-industrial Societies*, Nova Iorque, Cambridge University Press.
— (2001), «The twilight of Westminster? Electoral reform and its consequences», *in Political Studies*, 49 (4), pp. 877-900.
— (2002), *Democratic Phoenix: Reinventing Political Activism*, Nova Iorque, Cambridge University Press.
NORRIS, Pippa e LOVENDUSKI, Joni (1995), *Political Recruitment: Gender, Race and Class in the British Parliament*, Cambridge, Cambridge University Press.
NORTON, Philip (org.) (1990), *Parliaments in Western Europe*, Londres, Frank Cass. .
— (1998), *Parliaments and Governments in Western Europe*, Londres, Frank Cass.
NYE, Joseph S., ZELIKOW, Philip D. e KING, David C. (1997), *Why People Don't Trust Government*, Cambridge, Harvard University Press.
OFFE, Klaus (1996), *Partidos Políticos y Nuevos Movimientos Sociales*, Madrid, Editorial Sistema.
— (2001), «The politics of party: can legal intervention neutralize the gender divide?», *in* Charles Maier e Jytte Klausen (orgs.), *Has Liberalism Failed Women? Assuring Equal Representation in Europe and the United States*, Nova Iorque, Palgrave.

OFFERLÉ, Michael (1999), *La Profission Politique. XIXe e XXe Siècles*, Paris, Belin.
OLSON, David M. (1998) «Party formation and party system consolidation in the new democracies of central Europe», *in Political Studies*, vol. 46, (3), pp.
OLSON, Mancur (1965), *The Logic of Collective Action*, Cambridge, Mass., Harvard University Press.
— (1965, 1998), *A Lógica da Acção Colectiva*, Oeiras, Celta.
OPELLO, Walter C. (1985), *Portugal's Political Development*, Londres, Westview.
— (1991a), «O parlamento português: análise organizacional da actividade legislativa», *in Análise Social*, vol. XXIV, (100), Lisboa, ICS.
— (1991b), *Portugal: From Monarchy to Pluralist Democracy*, Boulder, Colo.: Westview Press.
ORTEGA, Carmen (2004), *Los Sistemas de Voto Preferencial: Un Estudio de 16 Democracias*, Madrid, Centro de Investigaciones Sociológicas.
OSSORIO, Julián Santamaría (1984), «Elecciones generales de 1982 y consolidación de la democracia: modo de introducción», *in Revista Española de Investigaciones Sociológicas*, 28, pp. 7-18
— (1994a), «Broadening the concept of democracy», *in* Michael Walzer (org.), *Toward a Global Civil Society*, Oxford, Broghan Books.
— (1994b) «El papel dos parlamentos durante la consolidación de la democracia y después», *in Revista de Estudios Políticos*, 84, Maio-Junho.
— (1994c) «Listas cerradas, abiertas y entreabiertas», *in* AA.VV, *La Reforma del Régimen Electoral*, Madrid, Cesco.
— (1995a) «Los debates sobre el procedimiento electoral uniforme y las características diferenciales de las elecciones europeas», *in Revista de Estudios Políticos*, 90, Outubro-Dezembro.
— (1995b), «La reforma electoral y las formas de expresión del voto», *in Jornadas sobre Partidos y Representación Política*, Madrid.
— (1996), «El debate de las listas electorales», *in* Porras Nadales, *El Debate sobre la Crisis de la Representación Política*, Madrid, Tecnos.
— (1997), «Democracia parlamentaria y sistema de partidos», *in* Manuel Ramiréz, *El Parlamento a Debate*, Madrid, Trotta.
OSSORIO, Julián Santamaría e MÉNDEZ, Mónica (2001), «La ley de la disparidad ideológica curvilínea de los partidos políticos: el caso del PSOE», *in Revista Española de Ciencia Política*, (4), pp. 35-69.

OSTROGORSKI, Mosei (1903, 1964), *Democracy and the Organization of Political Parties*, Londres, Macmillan.
— (1903, 1979), *La Démocratie et les Partis Politiques*, Paris, Éditions du Seuil.
OTERO, Paulo (1998), «Sistema eleitoral e modelo político-constitucional», *in* Manuel Braga da Cruz (org.), *Sistema Eleitoral Português. Debate Político e Parlamentar*, Lisboa, Imprensa Casa Nacional da Moeda, pp. 293-298.
PALLANT, Julie (2001), *SPSS Survival Manual – A Step by Step Guide to Data Analysis Using SPSS for Windows (Version 11)*, Buckingham, Open University Press.
PANEBIANCO, Angelo (1988, 1995), *Modelos de Partido. Organización y Poder en los Partidos Políticos*, Madrid, Alianza Universidad.
PAPPAS, Takis, S. (2001), «In search of the center: conservative parties, electoral competition, and political legitimacy in southern Europe's new democracies», *in* Nikiforos P. Diamandouros e Richard Gunther (orgs.), *Parties, Politics and Democracy in the New Southern Europe*, Baltimore, Johns Hopkins University Press, pp. 224-268.
PARETO, Vilfredo (1916, 1968), *Traité de Sociologie Générale*, Droz, Genebra.
PARKIN, Frank (1996), *Max Weber*, Oeiras, Celta.
PARRY, Geraint (1972), *Le Élites Politiche*, Bolonha, Il Mulino.
PAYNE, James *et al.* (1990), *Las Motivaciones de los Políticos*, México, Limusa.
PASQUINO, Gianfranco (1980), *Crisi dei Partiti e Governabilità*, Il Mulino, Bolonha.
— (1990), «Political leadership in Southern Europe», *in West European Politics,* (2), pp.118-30.
— (1998), «New government, old party politics», *in South European Society and Politics*, (3), pp. 124-133.
— (2000a), *Curso de Ciência Política*, Lisboa, Principia.
— (2000b), *La Classe Política*, Madrid, Acento Editorial.
— (2001), «The New Campaign Politics in Southern Europe», *in* Nikiforos P. Diamandouros e Richard Gunther (orgs.), *Parties, Politics and Democracy in the New Southern Europe*, Baltimore, Johns Hopkins University Press, pp. 183-224.
— (2003), *Sistemas Políticos Comparados*, Cascais, Princípia.
PASQUINO, Gianfranco, BARTOLINI, Stefano, MORLINO, Leonardo, *et al.* (1993), *Manual de Ciencia Política*, Madrid, Alianza Universidad.
PASTOR, Manuel (org.) (1994), *Fundamentos de Ciencia Política*, Madrid, McGraw-Hill.

PELAYO, Manuel Garcia (1991), *Las Transformaciones del Estado Contemporáneo*, Madrid, Alianza Editorial.
— (1996), *El Estado de Partidos*, Madrid, Alianza Editorial.
PENNINGS, Paul e HAZAN, Reuven Y. (2001), «Democratizing candidate selection: causes and consequences», *in Party Politics*, 7 (3), pp. 267-275.
PEREA, Eva A. (1999), *Indivíduos o Sistemas? Las Razones de la Abstentión en Europa Ocidental*, Madrid, CIS, Siglo XXI.
PEREIRA, José Pacheco (1989), «O Partido Comunista Português e a esquerda revolucionária», *in* Mário Baptista Coelho (org.), *Portugal: O Sistema Político e Constitucional, 1974-1987*, Lisboa, ICS.
— (1998), «Aumentar o poder do eleitor em relação ao eleito», *in* Manuel Braga da Cruz (org.), *Sistema Eleitoral Português. Debate Político e Parlamentar*, Imprensa Nacional - Casa da Moeda, pp. 209-210
PEREIRA, Montables (org.), *El Sistema Electoral a Debate. Veinte Años de Rendimientos del Sistema Electoral Español, 1977-1997*, Madrid, Centro de Investigaciones Sociológicas y Parlamento de Andalucía.
PESTANA, Maria Helena e GAGEIRO, João Nunes (2000), *Análise de Dados para Ciências Sociais – A Complementaridade do SPSS*, Lisboa, Edições Sílabo.
PETERS, Guy (1999, 2003), *El Nuevo Institucionalismo. Teoria Institucional en Ciência Política*, Barcelona, Guedisa Editorial.
PETTAY, Vello (2002), «Assessing institutional determinants of MP Behaviour. Survey Data from the Baltic States», *Paper presented at the join sessions of the ECPR*, 22-27 de Março de 2002, pp. 1-23.
PHARR, Susan J. e PUTNAM, Robert D. (orgs.) (2000), *Disaffected Democracies: What's Troubling the Trilateral Countries*, Princeton, Princeton University Press.
PHILLIPS, Anne, (1995), *The Politics of Presence*, Clarendon Press, Oxford, Clarendon Press.
— (1999a), «Descriptive representation revisited», *in* Stephen Luckes e Sergio Garcia (orgs.), *The Quality of Citizenship: Social Inclusion versus Multiculturalism*, Madrid, Editorial Siglio XXI.
— (1999b), «Strategies de la difference: politique des idees ou politique de la presence?», *in Mouvenments*, (3), pp. 92-100.
— (2000a), «Representing difference: why should it matter if women get elected», *in* Anna Coote (org.), *New Gender Agenda*, Londres, Institute for Public Policy Research, pp. 58-65.

— (2000b) «Feminism and the politics of difference. Or, where have all the women gone?», *in* Susan James e Stephanie Palmer (orgs.), *Visible Women: Essays on Feminist Legal Theory and Political Philosophy*, Oxford, Hart Publishing, pp. 11-28.
— (2001), «Representation renewed», *in* Marian Sawer e Gianna Zappala (orgs.), *Speaking for the People: Representation in Australian Politics*, Melbourne, Melbourne University Press.
— (2002) «Second class citizenship», *in* Nick Pearce e Joe Hallgarten (orgs.), *Tomorrow's Citizens*, Institute of Public Policy Research.
PINTO, António Costa (1996), *Salazar's Dictatorship and European Fascism: Problems of Interpretation*, Nova Iorque, Columbia University Press.
— (2000), *The Blue Shirts: Portuguese Fascism in Interwar Europe*, Nova Iorque, Columbia University Press.
PINTO, Jaime Nogueira (1996), *A Direita e as Direitas*, Lisboa, Difel.
PITKIN, Hanna (1967, 1985), *El Concepto de Representación*, Madrid, Centro de Estudios Constitucionales.
PLATÃO (1971), *O Político*, Lisboa, Editorial Presença.
— (1972), *A República*, Lisboa, Fundação Calouste Gulbenkian.
— (1999), *Protágoras*, Lisboa, Relógio D' Água Editores.
POGUNTKE, Thomas (1987), «New politics and party systems», *in West European Politics*, (10), pp. 76-88.
— (1996), «Anti-party sentiments: conceptual thoughts and empirical evidence: explorations into a Minefield», *in European Journal of Political Research*, (29), pp. 319-344.
POGUNTKE, Thomas e SCARROW, Susan E. (orgs.) (1996), «The politics of anti-party sentiment», *Special Issue of the European Journal of Political Research*, vol. 29, (3), 257-262.
POGUNTKE, Thomas e WEBB, Paul (orgs.) (2005), *The Presidentialization of Politics. A Comparative Study of Modern Democracies*, Oxford, Oxford University Press.
POLSBY, Nelson (1968), «The institutionalization of the U. S. House of the Representatives», *in American Political Science Review*, (52), pp. 144-168.
— (1975), «Legislatures», *in* Fred I. Greenstei e Nelson W. Polsby (orgs.), *Handbook of Political Science*, vol. 5, Reading, Mass., Addison-Wesley, pp. 257-319.
POPPER, Karl «A lógica das ciências sociais», *in* Karl Popper, *Em Busca de Um Mundo Melhor*, Lisboa, Fragmentos Editora, pp 71-87.
— (1993), *A Sociedade Aberta e os seus Inimigos*, vol. 1, Lisboa, Fragmentos.

PORTA, Donatella della (2001), *I Partiti Politici*, Bolonha, Il Mulino.
PORTA, Donatella della e DIANI, Mario (1997), *I Movimenti Sociali*, Roma, Carocci.
PORTES, Alejandro (2000), «Capital social: origens e aplicações na sociologia contemporânea», *in Sociologia, Problemas e Práticas*, (33), pp. 133-158.
POWELL, Bingham (2000), *Elections as Instruments of Democracy*, New Haven, Yale University Press.
PRÉLOT, Marcel (1973), *As Doutrinas Políticas*, 4 vols., Presença, Lisboa.
PRIDHAM, Geoffrey (1990), *Securing Democracy: Political Parties and Democratic Consolidation Southern Europe*, Londres, Routledge.
PRIDHAM, Geoffrey e LEWIS, Paul G. (orgs.) (1996), *Stabilising Fragile Democracies: Comparing New Party Systems in Southern and Eastern Europe*, Londres, Routledge.
PRZEWORSKI, Adam, STOKES, Susan C. e MANIN, Bernard (orgs.) (1999), *Democracy, Accountability, and Representation*, Cambridge, Cambridge University Press.
PRZEWORSKI, Adam e ALVAREZ, Michael *et al.* (1996), «What makes democracies endure?», *in Journal of Democracy* (7), pp. 39-55.
PUHLE, Hans-Jürgen (2001), «Mobilizers and late modernizers: socialist parties in the new Southern Europe», *in* Nikiforos P. Diamandouros e Richard Gunther (orgs.), *Parties, Politics and Democracy in the New Southern Europe*, Baltimore, Johns Hopkins University Pess, pp. 268-329.
— (2002), «Still the age of catch-allism?», *in* Richard Gunther, José Ramón Montero e Juan J. Linz (orgs.), *Political Parties. Old Concepts and New Challenges*, Oxford, Oxford University Press, pp. 58-84.
PUTNAM, Robert D.(1976), *The Comparative Political Elites*, New Jersey, Prentice-Hall.
— (1993), «The prosperous community: social capital and public life», *in The American Prospect*, (13). Consultado em Março de 2007: http://epn.org/prospect/13/13putn.html
— (1995a), «Bowling alone: America's declining social capital», *in Journal of Democracy*, (6), pp. 65-78.
— (1995b), «Tuning in, tuning out: the strange disappearance of social capital in American», *in Political Science and Politics*, (4), pp. 664-683.
— (2001), *Bowling Alone: The Collapse and Revival of American Community*, Nova Iorque, Simon & Schuster.
— (2004), *Democracies in Flux: The Evolution of Social Capital in Contemporary Society*, Oxford, Oxford University Press.

PUTNAM, Robert D., FELDSTEIN, Lewis e COHEN, Donald J. (2004), *Better Together: Restoring the American Community*, Simon & Schuster.
PUTNAM, Robert D., LEONARDI, Robert e NANETTI, Raffaella Y. (1993), *Making Democracy Work. Civic Traditions in Modern Italy*, Princeton, Princeton University Press.
QUAGLIARIELLO, Gaetano (1993), *La Politica Senza Partiti. Ostrogorski e L'Organizzazione della Politica tra 800 e 900*, Roma-Bari, Laterza.
QUIÑONES, Andrés Hernandéz (2006), «Modelos de democracia liberal representativa: limitaciones y promessas incumplidas», *in Co-Herencia*, 4 (3), pp. 37-45.
RAE, Douglas W. (1971), *The Political Consequences of Electoral Laws*, New Haven, Conn., Yale University Press.
RAHAT, Gideon e HAZAN, Reuven Y. (2001), «Candidate selection methods. An analytical framework», *in Party Politics*, (3), pp. 297-322.
— (2006), «Candidate selection: methods and consequences», *in* Ricahrd S. Katz e William Crotty (orgs.), *Handbook of Party Politics*, Londres, Sage, pp. 109-121.
— (2007) «Political participation in party primaries: increase in quality, decrease in quality?», *in* Zittel, Thomas e Fuchs, Dieter (orgs.), *Participatory Democracy and Political Participation: Can Democratic Reform Bring Citizens Back In?*, Londres, Routledge.
RAMIRÉZ, Manuel (org.) (1997), *El Parlamento a Debate*, Madrid, Trotta.
RAMIRO, Valiente e MORALES, Laura (2004), «Women in the Spanish Parliament», *in* Yvonne Galligan e Manon Tremblay (orgs.), *Sharing Power: Women, Parliament and Democracy*, Aldershot, Ashgate.
RANNEY, Austin (1954), *The Decline of Responsible Party Government*, Urbana, IL, University of Illinois Press.
REEVE, Andrew e WARE, Alan (1992), *Electoral Systems. A Comparative and Theoretical Introduction*, Londres, Routledge.
REIS, António (1984), *Portugal - 20 Anos de Democracia*, Lisboa, Círculo de Leitores.
— (2005), «O Partido Socialista na revolução: da via portuguesa para o socialismo em liberdade à defesa da democracia pluralista», *in* Vitalino Canas (org.), *O Partido Socialista e a Democracia*, Oeiras, Celta, pp. 51-95.
REVEZ, António (2001), «Formas alternativas de fazer política: o caso do Bloco de Esquerda» *in Primeiro Encontro Nacional de Ciência Política* (2001), *A Reforma do Estado em Portugal. Problemas e Perspectivas,* Lisboa, Bizâncio, pp. 428-436.

REYNOLDS, Andrew e REILLEY, Ben (1997), *The International IDEA Handbook for Electoral System Design*, Estocolmo, International IDEA, 1994.
RIDDEL, Peter (1996), *Honest Opportunism*, Londres, Indigo.
ROBERT, Goodin e HANS-DIETER, Klingemann (orgs.) (2001), *Nuevo Manual de Ciencia Política,* Madrid, Istmo.
ROBERTS, Geoffrey (1988), «The German Federal Republic: the two-lane route to Bonn», *in* Michael Gallagher e Michael Marsh (orgs.), *Candidate Selection in Comparative Perspective. The Secret Garden of Politics*, Londres, Sage, pp. 94-117.
ROBINSON, Richard A. (1996), «Do CDS ao CDS-PP: o partido do centro democrático social e o seu papel na política portuguesa», *in Análise Social*,vol. XXXI, (138), Lisboa, ICS.
ROBINSON, Michael (1976), «Public affairs, television and the growth of political malaise: the case of the selling of the President», *in American Political Science Review*, 70 (3), pp. 409-432.
RODOLPHE, Ghliglione e MATALON, Benjamin (1992), *O Inquérito: Teoria e Prática*, Oeiras, Celta.
ROKKAN, Stein (1968), «Electoral Systems», *in International Encyclopedia of Social Sciences*, Nova Iorque, Macmillan and Free Press.
— (1970), *Citizens, Elections, Parties: Approaches to the Comparative Study of the Processes of Development*, Oslo, Universitetsforlaget.
ROSANVALLON, Pierre (1979), «Lire Ostrogorski», prefácio a Mosei Ostrogorski, *La Démocratie et les Partis Politiques*, Paris, Éditions du Seuil, pp. 7-21.
— Rosavallon, Pierre (1992), *Le Sacre du Citoyen — Histoire du Suffrage Universel en France*, Gallimard, Paris.
ROSE, Richard (org.) (1984), *Do Parties Make a Difference?*, Londres, Macmillan.
ROSSTEUTSCHER, Sigrid (2000), «Democracia associativa. As instituições voluntárias como campo de treino para a democracia?», *in* José Manuel Leite Viegas e Eduardo Costa Dias (orgs.), *Cidadania, Integração, Globalização*, Oeiras, Celta Editora, pp. 233-255.
ROUSSEAU, Jean-Jacques (1762, 1989), *O Contrato Social*, Lisboa, Europa-América.
RULE, Wilma (1981), «Why women don't run? The critical factors in women's legislative recruitment», *in Western Political Quarterly*, 34, pp. 60-77.

— (1987), «Electoral systems, contextual factors and Women's opportunity for election to Parliament in twenty-three democracies», in *Western Political Quarterly*, 50 (3), pp. 477-498.
RULE, Wilma e ZIMMERMAN, Joseph F. (1994), *Electoral Systems in Comparative Perspective. Their Impact on Women and Minorities*, Londres, Greewood Press.
SÁ, Luís (1992), *Eleições e Igualdade de Oportunidades*, Lisboa, Editorial Caminho.
— (1996), *O Lugar da Assembleia da República no Sistema Político*, Lisboa, Caminho.
— (1998), «Reformar ou degradar o sistema político», in Manuel Braga da Cruz (org.), *Sistema Eleitoral Português. Debate Político e Parlamentar*, Imprensa Nacional - Casa da Moeda, pp. 210-213.
SABLOSKY, Juliet Antunes (1997), «The Portuguese Socialist Party», in Thomas C. Bruneau (org.), *Political Parties and Democracy in Portugal. Organizations, Elections, and Public Opinion*, Westview Press.
SAGLIE, Jo e HEIDAR, Knut (2004), «Democracy within Norwegian political parties. Complacency or pressure for change?, in *Party Politics*, 10 (4), pp. 385-405.
SANDERS, David (1995), «Behavioural analysis», in David Marsh e Gerry Stocker (orgs.), *Theory and Methods in Political Science*, Londres, Macmillan, pp. 59-75.
SANTAOLALLA, Fernando (1986) «Problemas jurídico-políticos del voto bloqueado», in *Revista de Estudios Políticos*, (53), pp. 29-43.
— (1989), *El Parlamento en la Encrucijada*, Madrid, Eudema.
SANTO, Paula Espírito (2006), *Sociologia Política e Eleitoral. Modelos e Explicações de Voto*, Lisboa, ISCSP.
SARTORI, Giovanni (1976), *Parties and Party Systems: A Framework for Analysis*, Cambridge, Cambridge University Press.
— (1968), *Democrazia e Definizioni*, Bolonha, Il Mulino.
— (1977), «Democrazia competitiva ed élites politiche», in *Rivista Italiana di Scienza Politica*, (7), pp. 327-355.
— (1988), *Teoría de la Democracia 1. El Debate Contemporáneo*, Madrid, Alianza Universidad.
— (1992), *Elementos de Teoría Política*, Madrid, Alianza Editorial.
— (1996), *Ingeniería Constitucional Comparada. Una Investigación de Estructuras, Incentivos y Resultados*, México, FCE.

— (2001), «The party effects of electoral systems», *in* Larry Diamond e Richard Gunther (orgs.), *Political Parties and Democracy*, Baltimore, Johns Hopkins University Press, pp. 90-109.

SCARROW, Susan E. (1994), «The paradox of enrolment: assessing the costs and benefits of party membership», *in European Journal of Political Research*, (25), pp. 41-60.

— (1996) «Politicians against parties: anti-party arguments as weapons for change in Germany», *in European Journal of Political Research*, (29), pp. 297-317.

— (1999a), «Parties and the expansion of direct participation opportunities: who benefits?», *in Party Politics*, (5), pp. 341-362.

— (1999b), «Democracy within - and without - parties: introduction», *in Party Politics*, (5), pp. 275-282.

— (2000), «Parties without members? Party organization in a changing electoral environment», *in* Russell J. Dalton e Martin P. Wattenberg (orgs.), *Parties without Partisans. Political Change in Advanced Industrial Democracies*, Oxford, Oxford University Press, pp. 79-102.

— (2002), «Party decline in the parties state? The changing environment of German Politics», *in* Paul Webb, David Farrell e Ian Holiday (orgs.), *Political Parties in Advanced Industrial Democracies*, Oxford, Oxford University Press, pp. 77-107.

— (2004), «Explaining political finance reforms: competition and context», *in Party Politics*, (10), pp. 653-675.

— (2006) «Party subsidies and the freezing of party competition: do cartels work?», *in West European Politics,* (29), pp. 619-639.

SCARROW, E. Susan, WEBB, Paul e FARRELL, M. David (2000), «From social integration to electoral contestation: the changing distribution of power within political parties», *in* Russell J. Dalton e Martin P. Wattenberg (orgs.), *Parties without Partisans: Political Change in Advanced Industrial Democracies*, Oxford, Oxford University Press, pp. 129-157.

— (2002) *Perspectives on Political Parties. Classic Readings*, Palgrave MacMillan.

— (2003), «Germany: the mixed-member system as a political compromise», *in* Matthew S. Shugart e Martin P. Wattenberg (orgs.), *Mixed-Member Electoral Systems. The Best of Both Worlds?*, Oxford, Oxford University Press, pp. 55-70.

— (2005), *Political Parties and Democracy in Theoretical and Practical Perspectives. Implementing Intra-Party Democracy*, National Democratic Institute for International Affairs.
SHAFFER, William R. (1998), *Politics Party and Parliaments*, Ohio, State University Press.
SCHARPF, Fritz (1999), *Governing in Europe: Effective and Democratic?*, Oxford, Oxford University Press.
SCHATTSCHNEIDER, Elmer Eric (1942), *Party Government*, Nova Iorque, Holt, Rinehart e Winston.
SCHLESINGER, Joseph A. (1984), «On the theory of party organization», *in Journal of Politics*, (46), pp. 369-400.
— (1991), *Political Parties and the Winning of Office*, Chicago, University of Chicago Press.
SCHMITT, Hermann (1989), «On party attachment in Western Europe and the utility of Eurobarometer data», *in West European Politics*, (12), pp. 122-37.
SCHMITT, Hermann e HOLMBERG, Sören (1995), «Political parties in decline?», *in* Hans-Dieter Klingemann e Dieter Fuchs (orgs.), *Citizens and the State*, Oxford, Oxford University Press.
SCHMITTER, Philippe C. (1999), *Portugal: Do Autoritarismo à Democracia*, Lisboa, Instituto de Ciências Sociais.
— (2001), «Parties are not what they once were», *in* Larry Diamond e Richard Gunther (orgs.), *Political Parties and Democracy*, Baltimore, Johns Hopkins University Press, pp. 67-90.
SCHULZ, Winfried (1997), «Changes of mass media and the public sphere», *in The Public*, 4 (2), pp. 57-90.
— (1998), «Media change and the political effects of television: Americanization of the political culture», *in Communications*, 23 (4), pp. 527-543.
SHUMPETER, Joseph A. (1942, 1961), *Capitalismo, Socialismo e Democracia*, Rio de Janeiro, Editora Fondo de Cultura.
SCHUMPETER, Joseph A. (1942, 1987), *Capitalism, Socialism and Democracy*, Londres, Unwin Paperbacks.
SCHWEISGUTH, Etienne (2004), «Convergência ideológica e declínio do interesse político», *in* José Manuel Leite Viegas, António Costa Pinto e Sérgio Faria (orgs.), *Democracia: Novos Desafios, Novos Horizontes*, Oeiras, Celta.
SCOPPOLA, Pietro (1991), *La Repubblica dei Partiti*, Bolonha, II Mulino.
SCOTT, John (1990), *The Sociology of Elites*, Aldershot, Elgar.

SCOTT, Richard W. (1995), *Institutions and Organizations*, California, Sage Foundations.
SEARING, Donald D. (1994), *Westminster's World. Understanding Political Roles*, Cambridge, Massachusetts, Harvard University Press.
SELLE, Per e SVÂSAND, Lars (1991), «Membership in the party organizations and the problem of decline of parties», *in Comparative Political Studies*, 23 (4), pp. 459-477.
SERGER, Susane (1979), «Politics and anti-politics in Western Europe in the seventies», *in Daedalus,* 108 (1), pp. 27-50.
SHUGART, Matthew S. e WATTENBERG, Martin P. (orgs.) (2003), *Mixed-Member Electoral Systems. The Best of Both Worlds?*, Oxford, Oxford University Press.
SIAROFF, Alan (2000), *Comparative European Party Systems*, Londres, Garland Publishing.
SILVA, Aníbal Cavaco (2002), *Autobiografia Política. 1. O Percurso até à Maioria Absoluta e a Primeira Fase da Coabitação*, Lisboa, Temas e Debates.
SILVA, Augusto Santos (2005), «Os Socialistas portugueses à entrada do século XXI», *in* Vitalino Canas (org.), *O Partido Socialista e a Democracia*, Oeiras, Celta, pp. 327-353.
SILVA, Mário Ramos Pereira (2006), *Grupos Parlamentares e Partidos Políticos: Da Autonomia à Integração*, Coimbra, Almedina.
SMITH, Melancton (1788), «The speech at the New York ratification convention», *in* Ralph Ketchman (org.)(1986), *The Anti-Federalist Papers and the Constitutional Convention Debates*, Londres, Penguin Books.
SKOCPOL, Theda (1999), «Associations without members», *in American Prospect*, (45), pp. 66-73.
SQUIRE, Peverill (1992), «Legislative professionalization and membership diversity in state legislatures», *in Legislative Studies Quarterly*, 17 (1), pp. 69-79.
SMITH, Gordon (1987), «The changing West Germany party system: consequences of the 1987 election», *in Government and Opposition*, (22), pp. 131-144.
SOARES, Mário (1989), «Entrevista com o Presidente da República», *in Risco*, (11), pp. 7-54.
SOLA, Giorgio (1996), *Storia della Scienza Politica. Teorie, Richerche e Pardadigmi Contemporanei*, Roma, La Nuova Italia Scientifica.
— (2000), *La Teoria delle Elites*, Bolonha, Il Mulino.

SOMIT, Albert, WILDENMANN, Rudolf *et al*. (1994), *The Victorious Incumbent. A Threat to Democracy*, Aldershot, Dartmouth.
SOSPEDRA, Manuel Martínez (1996), *Introducción a los Partidos Políticos*, Barcelona, Ariel.
SOUSA, Marcelo Rebelo de (1983), *Os Partidos Políticos no Direito Constitucional Português*, Braga, Livraria Cruz.
— (1996), «Portugal», *in* Roger Morgan e Clare Tame (orgs.), *Parliaments and Parties. The European Parliament in the Political Life of Europe*, Londres, Macmillan Press.
SOUSA, Vinício Alves Costa (1984), *Caracterização da Classe Política Portuguesa (1976-1984)*, Lisboa, IDG.
SPINNER, Maximilian (2002), *The Katz & Mair — Koole Debate about Cartel Parties*, Budapeste, Central European University of Budapest.
STOCK, Maria José (1985a), «Delegados, activistas e quadros médios: - importância de uma abordagem empírica», *in Economia e Sociologia*, n.ºs 38-39, Évora, Gabinete de Investigação e Acção Social do Instituto Superior Económico e Social.
— (1985b), «O centrismo político em Portugal: evolução do sistema de partidos, génese do Bloco Central e análise dos dois partidos da coligação», *in Análise Social*, vol. XXI, (85), Lisboa, ICS.
— (1985c), «Os partidos em congresso 1981: Quem são e o que pensam os seus delegados. Uma abordagem sociológica», *in Economia e Sociologia*, n.ºs 38-39, Évora, Gabinete de Investigação e Acção Social do Instituto Superior Económico e Social.
— (1986), *Os Partidos do Poder. Dez Anos Depois do 25 de Abril*, Évora, Universidade de Évora.
— (1988a), «A imagem dos partidos e a consolidação democrática em Portugal: resultados de um inquérito», *in Análise Social*, vol. XXIV, (100), Lisboa, ICS.
— (1988b), «El centralismo político y los partidos del poder en Portugal», *in Rivista de Estudíos Políticos*, n.ºs 60-61, pp. 139-172.
— (2005), «O Partido Socialista de 1973 a 1983. Trajectória de uma década», *in* Vitalino Canas (org.), *O Partido Socialista e a Democracia*, Oeiras, Celta, pp. 129-169.
STOCK, Maria José, TEIXEIRA, Conceição Pequito, e REVEZ, António (2005), *Velhos e Novos Actores Políticos. Partidos e Movimentos Sociais*, Lisboa, Universidade Aberta.

STOKES, Susan C. (1999), «Political parties and democracy», in *Annual Review of Political Science*, (2), pp. 243-267.
STRÖM, Kaare (1984), «Minority governments in parliamentary democracies», in *Comparative Political Studies*, (17), pp. 199-227.
— (1990), «A Behavioral theory of competitive political parties», in *American Journal of Political Science*, (34), pp. 565-598.
— (1997), «Political parties in Norway: facing the challenges of a new society», in Kaare Ström e Lares Svâsand (orgs.), *Challenges to Political Parties: The Case of Norway*, Ann Arbor, The University of Michigan Press.
— (2000), «Parties at the core of government», in Russell J. Dalton e Martin P. Wattenberg (orgs.), *Parties without Partisans. Political Change in Advanced Industrial Democracies*, Oxford, Oxford University Press, pp. 180-208.
STRÖM, Kaare e MÜLLER, Wolfang C. (1999), «Political parties and hard choices», in Wolfang C. Müller e Kaare Ström (orgs.), *Policy, Office, or Voters? How Political Parties in Western Europe Make Hard Decisions*, Cambridge, Cambridge University Press.
STROMBERG, Roland (1996), *Democracy. A Short Analytical History*, Londres, Sharpe.
TAAGEPERA, Rein e SUGHART, Matthew (orgs.) (1989), *Seats and Votes: The Effects and Determinants of Electoral Systems*, New Haven, Yale University Press.
— (1989), «Designing electoral systems», in Rein Taagepera e Mathew S. Sughart (orgs.) *Seats and Votes: The Effects and Determinants of Electoral Systems*, New Haven, Yale University Press, pp. 218-237.
SULEIMAN, Ezra e MÉDRAS, Henri (1995), *Le Recrutement des Élites en Europe*, Paris, La Découverte.
TAAGEPERA, Rein e SHUGART, Matthew S. (1998), «A concepção dos sistemas eleitorais», in Manuel Braga da Cruz (org.), *Sistemas Eleitorais: O Debate Científico*, Lisboa, Instituto de Ciências Sociais e Políticas, pp. 269-289.
TEIXEIRA, Conceição Pequito (2001), *Robert Michels, A Teoria e a Política da Democracia*, Lisboa, ISCSP.
— (2006) «A democracia de partidos em Portugal: as atitudes dos candidatos face à representação parlamentar», in *Actas do II Congresso da Associação Portuguesa de Ciência Política*, Lisboa, Bizâncio, pp. 16-49.
TESTI, Arnaldo (1992), «Ascesa e declínio del partito di massa: il caso storico degli Stati Uniti», in Mauro Calise (org.), *Como Cambiano I Partiti*, Bolonha, Il Mulino.

THIES, Michael F. (2000), «On the primacy of party in government: Why legislative parties survive party decline in the electorate», *in* Russell J. Dalton e Martin P. Wattenberg (orgs.), *Parties without Partisans. Political Change in Advanced Industrial Democracies*, Oxford, Oxford University Press, pp. 238-261.

THOMAS, C. Bruneau (org.) (1997), *Political Parties and Democracy in Portugal. Organizations, Elections, and Public Opinion*, Boulder, Colorado, Westview Press.

THOMAS, D. Lancaster (2002), «Parliamentary representation e constituency service. The case of Austria», *Paper prepared for ECPR joint sessions*, 22--27 de Março de 2002.

THOMASSEN, Jacques e ANDEWEG, Rudy (2003), «Beyond collective representation. A residual role for individual members of parliament?», *Paper prepared for ECPR joint sessions*, 28 de Março-2 de Abril de 2003, pp. 1-25.

TIERSKY, Ronald (1985), *Ordinary Stalinism. Democratic Centralism and the Question of Communist Political Development*, Boston, Alen & Unwin.

TOCQUEVILLE, Alexis de (1835, 2001), *Da Democracia na América*, Porto, Rés-Editora.

TOPF, Richard (1995a), «Electoral participation», *in* Hans-Dieter Klingemann e Dieter Fuchs (orgs.), *Citizens and the State*, Nova Iorque, Oxford University Press.

— (1995b), «Beyond electoral participation», *in* Hans-Dieter Klingemann e Dieter Fuchs (orgs.), *Citizens and the State*, Nova Iorque, Oxford University Press.

TORCAL, Mariano (2000), «Cultura política», *in* Rafael del Águila, *Manual de Ciencia Política*, Madrid, Editorial Trotta, pp. 235-246.

— (2001), «La desafección en las nuevas democracias del Sur de Europa y Latinoamérica», *in Revista Instituciones y Desarrollo*, (8), pp. 229-280.

— (2006), «Political disaffection and democratization history in new democracies», *in* Mariano Torcal e José Ramón Montero, (orgs.), *Political Disaffection in Contemporary Democracies: Social Capital, Institutions and Politics*, Londres, Routledge, pp. 157-189.

TORCAL, Mariano e MONTERO, José Ramón (2000), «La formación y consecuencias del capital social en España», *in Revista Española de Ciencia Politica*, (2), pp. 79-122.

TORCAL, Mariano, GUNTHER, Richard e MONTERO, José Ramón (2002), «Anti-party sentiments in Southern Europe», *in* Richard Gunther, José

Ramon Montero e Juan J. Linz (orgs.), *Political Parties and New Challenges*, Oxford, Oxford University Press, pp. 257-291.

TORRES, Anália e BRITES, Rui (2006), «Atitudes e valores dos europeus: a perspectiva do género numa análise transversal», *in* Jorge Vala e Anália Torres (orgs.), *Contextos e Atitudes Sociais na Europa*, Lisboa, Instituto de Ciências Sociais.

URIARTE, Edurne (1997), «La análisis de las elites políticas en las democracias», *in Revista de Estudios Políticos*, (9), pp. 249-275.

— (1997), «Las mujeres en las elites politicas», *in* Edurne Uriarte e Arantxa Elizondo (orgs.), *Mujeres en Política*, Barcelona, Editorial Ariel, pp. 58-59.

— (2000), «La política como vocación y como profesión: análisis de las motivaciones y de la carrera política de los diputados españoles», *in Revista Española de Ciencia Política*, (3), pp. 97-124.

— (2002a), *Introducción a la Ciencia Política. La Politica en las Sociedades Democráticas*, Madrid, Tecnos.

— (2002b), «Movimientos sociales», *in* Edurne Uriarte, *Introducción a la Ciencia Política. La Politica en las Sociedades Democráticas*, Madrid, Tecnos, pp. 336-342.

URIARTE, Edurne e ELIZONDO, Arantxa (orgs.)(1997), *Mujeres en Política*, Barcelona, Ariel Editorial.

VALA, Jorge e MARINHO, Cristina (2003), «Percepções de justiça social, confiança e avaliação do sistema políticos», *in* Manuel Villaverde Cabral, Jorge Vala e André Freire (orgs.), *Desigualdades Sociais e Percepções de Justiça. Atitudes Sociais dos Portugueses* (3), Lisboa, ICS, pp. 151-180.

VALDÉS, Roberto Blanco (1992), «Democracia de partidos y democracia en los partidos: la conveniência de las elecciones primarias», *in* González Encinar *et al.*, *Derecho de Partidos*, Madrid, Espasa Universidad.

— (1996), «La democracia y el poder de los partidos», *in Claves de Razón Práctica*, (63), p. 34-43.

VERBA, Sidney e SCHLOZMAN, Kay L. (1995), *Voice and Equality: Civic Voluntarism in American Politics*, Cambridge, Harvard University Press.

— (2001), *Las Conexiones Políticas*, Madrid, Alianza Editorial.

VALÊNCIA, Ángel (2000), «Retos contemporâneos de la política: los movimientos sociales», *in* Rafael del Águila (org.), *Manual de Ciencia Politica*, Madrid, Editorial Trotta, pp. 451-477.

VALES, Joseph M. (2002), *Ciencia Política. Una Introducción*, Barcelona, Ariel.

VALLÉS, Josep M. e BOSCH, Agustí (1997), *Sistemas Electorales y Gobierno Representativo*, Barcelona, Ariel.

VARGAS, Matchuca Ramón (1998), «A vueltas con las primarias del PSOE: por qué cambian los partidos», in Claves de Razón Práctica, 86, pp. 11-21.
VÁSQUEZ, Francisco Herreros (2005), «Las elecciones y la tradición republicana», in Revista Española de Ciencia Política, (12), pp. 53-73.
VERBA, Sidney, NIE, Norman H. e KIM, Jae-on (1987), *Participation and Political Equality: A Seven Nations Comparison*, Chicago, Chicago University Press.
VERBA, Sidney, SCHLOZMAN, Kay Lehman et al. (1993), «Citizen activity: who participates, what do they say», in American Political Science Review, vol. 87, (2), pp. 303-318.
VERZICHELLI, Luca (1998), «The parliamentary elite in transition», in European Journal of Political Research, 34, (5), pp. 121-150.
VIEGAS, José Manuel Leite (2000), «Participação política: processos de mudança e razões de bloqueamento», in José Manuel Leite Viegas e Eduardo Costa Dias (orgs.), *Cidadania, Integração, Globalização*, Oeiras, Celta, pp. 141-161.
— (2003), «Atitudes dos portugueses relativamente à cidadania», in Manuel Villaverde Cabral, Jorge Vala e André Freire (orgs.), *Desigualdades Sociais e Percepções de Justiça. Atitudes Sociais dos Portugueses* (3), Lisboa, ICS, pp. 183-218.
— (2004), «Implicações democráticas das associações voluntárias: o caso português numa perspectiva comparativa europeia», in Sociologia, Problemas e Práticas, (46), pp. 33-50.
VIEGAS, José Manuel Leite e DIAS, Eduardo Costa (orgs.) (2000), *Cidadania, Integração, Globalização*, Oeiras, Celta Editora.
VIEGAS, José Manuel Leite e FARIA, Sérgio (2001), *As Mulheres na Política*, Celta, Oeiras.
— (2004), «A abstenção nas eleições legislativas de 2002», in André Freire, Marina Costa Lobo e Pedro Magalhães (orgs.), *Portugal a Votos. As Eleições Legislativas de 2002*, Lisboa, ICS, pp. 221-256.
VITORINO, António e FERNANDES, Mário João de Brito (2000), «A representação da crise da política em Portugal», in Análise Social, vol. XXXV, (154-155), Lisboa, ICS.
WAHLKE, John e EULAU, Heinz, et al. (1962), *The Legislative System. Explorations in Legislative Behavior*, Nova Iorque, Wiley and Sons.
WARE, Alan (1987), *Citizens, Parties and the State*, Cambridge, Polity Press.
— (1996), *Political Parties and Party Systems*, Oxford, Oxford University Press.
— (2004), *Partidos Políticos y Sistemas de Partidos*, Madrid, Istmo.

WASHINGTON, George (1976, 2002), «Farewell adress to Congress», *in* Susan E. Scarrow (2002), *Perspectives on Political Parties. Classic Readings*, Londres, Palgrave Macmillan, pp. 45-51.
WATTENBERG, Martin P. (1998), *The Decline of American Political Parties*, Harvard, Harvard University Press.
— (2000), «The decline of party mobilization», *in* Russell J. Dalton e Martin P. Wattenberg (orgs.), *Parties without Partisans. Political Change in Advanced Industrial Democracies*, Oxford, Oxford University Press, pp. 64-76.
— (2002), *Where Have All The Voters Gone*, Harvard, Harvard University Press.
WEALE, Albert (1999), *Democracy. Issues in Political Theory*, Nova Iorque, St. Martin's Press.
WEBB, Paul (2002), «Political parties in Britain: secular decline or adaptive resilience?», *in* Paul Webb, David Farrell e Ian Holiday (orgs.), *Political Parties in Advanced Industrial Democracies*, Oxford, Oxford University Press, pp. 16-46.
— (2002), «Political parties and democratic control in advanced industrial democracies», *in* Paul Webb, David Farrell e Ian Holiday (orgs.), *Political Parties in Advanced Industrial Democracies*, Oxford, Oxford University Press, pp. 438-461.
WEBER, Max (1918, 2000), *A Política como Profissão*, Lisboa, Edições Universitárias Lusófonas.
— (1917, 1991), *O Parlamento e o Governo numa Alemanha Reorganizada*, Madrid, Alianza Editorial.
— (1922, 1993), *Economia y Sociedad. Esbozo de Sociologia Comprensiva*, México, Fondo de Cultura Económica.
WIARDA, Howard (1989), *The Transition to Democracy in Spain and Portugal*, Washington, American Enterprise Institute for Public Policy Research.
WIARDA, Howard J. e MOTT, Margaret M. (2001), *Catholic Roots and Democratic Flowers*, Westport, Praeger.
WOLINETZ, Steven B. (1988), *Parties and Party Systems in Liberal Democracies*, Londres, Routledge.
— (1991), «Party system change: the catch-all thesis revisited», *in West European Politics*, (14), pp. 113-128.
— (2002), «Beyond the catch-all party: approaches to the study of parties and party organization in contemporary democracies», *in* Richard Gunther, José Ramón Montero e Juan J. Linz (orgs.), *Political Parties. Old Concepts and New Challenges,* Oxford, Oxford University Press, pp. 166-191.

WOOARD, Alison (2002), *Going for Gender Balance*, Estrasburgo, Conselho da Europa.
YOUNG, Marion (2000), *Inclusion and Democracy*, Oxford, Oxford University Press.

Artigos de imprensa

Candidatos sem contestação, in Diário de Notícias, de 1 de Agosto de 1999.
Contestação alastra no PSD, in Público, de 5 de Agosto de 1999.
Renovação à moda de Durão, in Público, de 1 de Agosto de 1999.
Senha de entrada, in Visão, de 14 a 19 de Setembro de 2001.
A caminho das eleições, in Diário de Notícias, de 12 de Fevereiro de 2002.
As listas mais discutidas, in Público, de 4 de Fevereiro de 2002.
Cabeças-de-lista agradam a 'notáveis' do PSD, in Diário de Notícias, de 27 de Janeiro de 2002.
Federações tentam impor escolhas do aparelho a Ferro, in Público, de 30 de Janeiro de 2002.
Ferro defende mudança de critérios na elaboração das listas, in Público, de 1 de Fevereiro de 2002
Ferro defende mudança de critérios na elaboração das listas, in Público, de 1 de Fevereiro de 2002
Ferro desafia aparelho do PS, in Público, de 18 de Setembro de 2002.
Nobre Guedes coordena campanha eleitoral do CDS-PP, in Público, de 25 de Janeiro de 2002.
Partidos menos democráticos na escolha dos candidatos, in Diário de Notícias, de 27 de Janeiro de 2002.
Portas baralha e dá de novo, in Público, de 4 de Fevereiro de 2002.
Portas quer organizar CDS, in Público, de 20 de Março de 2002.
Processo gerido em segredo, in Público, de 4 de Fevereiro de 2002
Renovação na CDU afasta renovadores, in Público, de 4 de Fevereiro de 2002.
Uma reforma ridícula, in Expresso, de 10 de Maio de 2003.
PCP chuta para canto e para... Belém, in Expresso, de 3 de Maio de 2003.
Zangam-se as comadres, escondem-se as verdades, in A Capital, de 30 de Abril de 2003.
Os Políticos e a Lei de Gresham, in Expresso, de 27 de Novembro de 2004.
PCP às voltas com os filiados, in Expresso, de 6 de Novembro de 2004.
PCP — Quantos são?, in Expresso, de 27 de Novembro de 2004.

As 'jotas' como laboratórios de ideias, in Diário de Notícias, de 27 de Fevereiro de 2006.
Onde é preciso mostrar vontade de mudar, in Público, de 24 de Fevereiro de 2006.

Internet – sítios de referência a nível nacional

www.apcp.pt
    (Associação Portuguesa de Ciência Política)
www.beparlamento.esquerda.net
    (Grupo parlamentar do BE)
www.bloco.esquerda.net
    (Bloco de Esquerda)
www.parlamento.pt
    (Assembleia da República)
www.pcp.pt
    (Partido Comunista Português)
www.pcp.parlamento.pt
    (Grupo Parlamentar do PCP)
www.partidopopular.pt
    (CDS-Partido Popular)
www.pp.parlamento.pt
    (Grupo parlamentar do CDS-PP)
www.ps.pt
    (Partido Socialista)
www.ps.parlamento.pt
    (Grupo parlamentar do PS)
www.psd.pt
    (Partido Social Democrata)
www.psd.parlamento.pt
    (Grupo Parlamentar do PSD)
http://maltez.info/biografia/index.htm
    (Biografia do Pensamento Político)
http://maltez.info/biografia/index.htm
    (História do Presente)

Internet – sítios de referência a nível internacional

http://hul.harvard.edu/
    (Biblioteca Universitária de Harvard)
http://www.britannica.com/
    (Britannica Online)
http://www.cdlib.org/
    (Biblioteca Digital da Califórnia)
http://www.elsevier.com/wps/find/bookdescription.cws
    (International Encyclopaedia of the Social & Behavioural Sciences)
http://www.essex.ac.uk/ecpr/
    (European Consortium of Political Research)
http://www.hwwilson.com/databases/socsci.htm
    (Wilson Social Sciences Abstracts)
http://www.ipu.org/english/home.htm
    (União Inter-Parlamentar)
http://www.jstor.org/
    (JSTOR)
http://www.library.yale.edu/
    (Biblioteca Universitária de Yale)
http://www.loc.gov/index.html
    (Biblioteca do Congresso)
http://www.lse.ac.uk/library/
    (Biblioteca Britânica de Política e Ciência Económica)
http://www.ouls.ox.ac.uk/eresources
    (Bibliotecas Online da Universidade de Oxford)
http://www.stanford.edu.group/jonsson/igostats.html
    (Fontes para Estatísticas Comparativas Internacionais)
http://ec.europa.eu/public_opinion/index_en.htm
    (Eurobarometer Surveys)
http://www.europeansocialsurvey.org/
    (European Social Survey)
http://www.europeanvalues.nl/
    (European Values Study)
http://www.worldvaluessurvey.org/
    (World Values Survey)
http://www.issp.org/
    (International Social Survey Programme)

Apêndices

APÊNDICE A

Questionário sobre as atitudes e os comportamentos eleitorais dos portugueses (ICS – 2002)

QUESTIONÁRIO N.º '___,___,___,___'

> O Instituto de Ciências Sociais da Universidade de Lisboa está a realizar um estudo sobre os comportamentos e atitudes eleitorais dos portugueses, à semelhança do que aconteceu noutros países, visto tratar-se de um projecto internacional. É para este estudo que pedimos a sua colaboração, que agradecemos desde já. As suas respostas são confidenciais e serão utilizadas apenas para fins estatísticos.

P.1 – Para começar, diga-me por favor, qual é a sua freguesia de residência? E qual é o seu concelho de residência?

P1_1 – FREGUESIA: _____

P1_2 – CONCELHO: _____

P.2 – Actualmente está inscrito no recenseamento eleitoral? Se sim, qual é o distrito em que está inscrito/a? (**UMA RESPOSTA**)

NÃO 01
SIM:
AVEIRO 02
BEJA 03
BRAGA 04
BRAGANÇA 05
CASTELO BRANCO 06
COIMBRA 07

ÉVORA 08
FARO 09
GUARDA 10
LEIRIA 11
LISBOA 12
PORTALEGRE 13
PORTO 14
SANTARÉM 15
SETÚBAL 16
VIANA DO CASTELO 17
VILA REAL 18
VISEU 19
AÇORES 20
MADEIRA 21
EUROPA E FORA DA EUROPA 30
NÃO SABE 96

CAIXA 1 – Vamos agora falar de democracia

P.3 – De um modo geral, está muito satisfeito/a, razoavelmente satisfeito/a, não muito satisfeito/a, ou nada satisfeito/a com o modo como funciona a democracia em Portugal? (**UMA RESPOSTA**)

MUITO SATISFEITO 1
RAZOAVELMENTE SATISFEITO 2
NÃO MUITO SATISFEITO 3
NADA SATISFEITO 4
NÃO SABE 6

P.4 – Nalguns países, as pessoas pensam que as eleições são livres e justas. Noutros países, pensam que elas não são livres nem justas. Como classificaria as últimas eleições legislativas em Portugal, as de Março de 2002, utilizando uma escala de um a cinco, em que UM significa que as eleições foram livres e justas e CINCO que não foram livres nem justas? (**MOSTRAR LISTA 1. UMA RESPOSTA**)

1 – AS ÚLTIMAS ELEIÇÕES FORAM LIVRES E JUSTAS 1
2 2
3 3

4..4
5 – AS ÚLTIMAS ELEIÇÕES NÃO FORAM LIVRES NEM JUSTAS.........................5
NÃO SABE 6

P.5 – Considera-se próximo/a de um partido político em particular?

```
         ┌── SIM ..........................................................................................1
         │ P.5C ← NÃO ................................................................................2
         └ P.5C ← NÃO SABE.......................................................................6
```

P.5A – Importa-se de me dizer qual é esse partido? (**NÃO SUGERIR NADA. UMA RESPOSTA POR COLUNA**)

	P.5A(1) 1.º Partido mencionado	P.5A(2) 2.º Partido mencionado (se espontaneamente)	P.5A(3) 3.º Partido mencionado (se espontaneamente)
BLOCO DE ESQUERDA	01	01	01
CDS/PP	02	02	02
CDU	03	03	03
PARTIDO ECOLOGISTA – OS VERDES	04	04	04
PARTIDO HUMANISTA	05	05	05
PCP	06	06	06
PCTP/MRPP	07	07	07
POLÍTICA XXI	08	08	08
PPD/PSD	09	09	09
PPM	10	10	10
PS	11	11	11
PSR	12	12	12
UDP	13	13	13
MAIS NENHUM		14	14
OUTRO. QUAL?			
NÃO SABE	96	96	96
NÃO RESPONDE	97	97	97

> **INSTRUÇÃO 1 – ENTREVISTADOR:**
> SE O INQUIRIDO MENCIONAR **UM PARTIDO**, PASSE PARA **P.5E**;
> SE O INQUIRIDO MENCIONAR **UM OU DOIS BLOCOS PARTIDÁRIOS/ ALIANÇA ELEITORAL, CONTINUE**;
> SE O INQUIRIDO MENCIONAR **MAIS DE UM PARTIDO**, PASSE PARA **P.5B**;
> SE *NÃO SABE* OU **NÃO RESPONDE**, PASSE PARA **P.5C**.

P.5AA – Qual o partido do _____ (**REFERIR O NOME DO BLOCO PARTIDÁRIO/ALIANÇA ELEITORAL MENCIONADO EM P.5A**) de que se considera mais próximo/a? (**NÃO SUGERIR NADA. uma resposta POR COLUNA**)

	P.5AA(1) 1.º Partido mencionado	P.5AA(2) 2.º Partido mencionado (se espontaneamente)	P.5AA(3) 3.º Partido mencionado (se espontaneamente)
PARTIDO ECOLOGISTA – OS VERDES	01	01	01
PCP	02	02	02
PSR	03	03	03
UDP	04	04	04
POLÍTICA XXI	05	05	05
NENHUM	06	06	06
OUTRO. QUAL?	_____	_____	_____
NÃO SABE	96	96	96
NÃO RESPONDE	97	97	97

> **INSTRUÇÃO 2 – ENTREVISTADOR:**
> SE O INQUIRIDO MENCIONAR APENAS **UM PARTIDO**, PASSE PARA **P.5E**;
> SE O INQUIRIDO MENCIONAR **MAIS DE UM PARTIDO, CONTINUE**;
> SE NENHUM, *NÃO SABE* OU **NÃO RESPONDE**, PASSE PARA **P.5C**.

P.5B – E entre esses, qual o partido de que se considera mais próximo/a? (**NÃO SUGERIR NADA. UMA RESPOSTA**)

CDS/PP	01
PARTIDO ECOLOGISTA – OS VERDES	02
PARTIDO HUMANISTA	03
PCP	04
PCTP/MRPP	05
POLÍTICA XXI	06
PPD/PSD	07
PPM	08
PS	09
PSR	10
UDP	11
OUTRO. QUAL? _____	
NENHUM PARTIDO IDENTIFICADO	98

**INSTRUÇÃO 3 – ENTREVISTADOR:
PASSE PARA P.5E**

P.5C – Mas, considera-se um pouco mais próximo/a de um dos partidos políticos do que dos outros?

SIM	1
P.6 ← NÃO	2
P.6 ← *NÃO SABE*	6

P.5D – Importa-se de me dizer qual é esse partido? (**NÃO SUGERIR NADA. UMA RESPOSTA**)

CDS/PP	01
PARTIDO ECOLOGISTA – OS VERDES	02
PARTIDO HUMANISTA	03
PCP	04
PCTP/MRPP	05
POLÍTICA XXI	06
PPD/PSD	07
PPM	08
PS	09
PSR	10

UDP 11
OUTRO. QUAL? _____
NENHUM PARTIDO IDENTIFICADO 98

P.5E – Sente-se muito próximo/a desse partido, razoavelmente próximo/a, ou diria que é meramente simpatizante desse partido? (**UMA RESPOSTA**)

MUITO PRÓXIMO 1
RAZOAVELMENTE PRÓXIMO 2
MERAMENTE SIMPATIZANTE 3
NÃO SABE 6

P.6 – Há quem diga que os partidos políticos em Portugal interessam-se muito pelo que o cidadão comum pensa. Outras pessoas dizem que os partidos em Portugal não se interessam nada pelo que o cidadão comum pensa. Utilizando a escala deste cartão (onde UM significa que os partidos políticos se interessam muito pelo que o cidadão comum pensa e CINCO significa que eles não se interessam nada), onde é que se posicionaria? (**MOSTRAR LISTA 2. UMA RESPOSTA**)

1 – OS PARTIDOS POLÍTICOS EM PORTUGAL INTERESSAM-SE MUITO PELO QUE O CIDADÃO COMUM PENSA 1
2 2
3 3
4 4
5 – OS PARTIDOS POLÍTICOS EM PORTUGAL NÃO SE INTERESSAM NADA PELO QUE O CIDADÃO COMUM PENSA 5
NÃO SABE 6

P.7 – Há quem diga que os partidos políticos em Portugal são muito necessários para o bom funcionamento do nosso sistema político. Outras pessoas pensam que os partidos políticos em Portugal não são nada necessários para o bom funcionamento do nosso sistema político. Utilizando a escala neste cartão, em que UM significa que os partidos políticos são muito necessários para o bom funcionamento do nosso sistema político, e CINCO significa que eles não são nada necessários, onde se posicionaria? (**MOSTRAR LISTA 3. UMA RESPOSTA**)

1 – OS PARTIDOS POLÍTICOS EM PORTUGAL SÃO MUITO NECESSÁRIOS PARA O BOM FUNCIONAMENTO DO NOSSO SISTEMA POLÍTICO 1
2 2

3..3
4..4
5 – OS PARTIDOS POLÍTICOS EM PORTUGAL NÃO SÃO NADA NECESSÁRIOS PARA O BOM FUNCIONAMENTO DO
NOSSO SISTEMA POLÍTICO 5
NÃO SABE 6

ENTREVISTADOR: VERIFICAR RESPOSTA À **P.2**
SE «**NÃO**», PASSE PARA **P.9**. CASO CONTRÁRIO, **CONTINUE**.

P.8 – Lembra-se do nome de qualquer um dos candidatos que tenha concorrido pelo círculo eleitoral de _____ (**REFERIR O DISTRITO ELEITORAL DO INQUIRIDO, REFERIDO EM P.2**) nas últimas eleições legislativas (para a Assembleia da República)?

    SIM 1
P.9 ← NÃO..2
P.9 ← *NÃO SABE*...6

P.8A
P.8A – (Se o nome do candidato não foi mencionado espontaneamente) Quais eram os seus nomes?

P.8A_1	Candidato	1
P.8A_2	Candidato	2
P.8A_3	Candidato	3

P.9 – Gostaria de saber o que pensa de cada um dos nossos partidos políticos. Depois de eu ler o nome de um partido político, por favor coloque-o numa escala de 0 a 10, em que ZERO significa que sente uma grande antipatia pelo partido, DEZ significa que sente uma grande simpatia pelo partido e CINCO que sente indiferença pelo partido. Se eu mencionar um partido de que nunca ouviu falar, ou sobre o qual pensa não ter informação suficiente, diga-o. O primeiro partido é o [Bloco de Esquerda]. (**MOSTRAR LISTA 4. LER E REGISTAR UMA RESPOSTA POR LINHA**)

P.9_1 BLOCO DE ESQUERDA (POLÍTICA XXI, PSR E UDP) ....|___|___|

P.9_2 CDS/PP..|___|___|

P.9_3 CDU (PCP/PEV) ....|___|___|

P.9_4 PCTP/MRPP...|___|___|

P.9_5 PPD/PSD ....|___|___|

P.9_6 PS ....|___|___|

P.10 – (**MANTER LISTA 4**) E agora, utilizando a mesma escala, gostaria de o/a inquirir sobre as suas simpatias e antipatias por certos lideres políticos. Mais uma vez, se eu mencionar um líder que desconhece, ou sobre o qual pensa não saber o suficiente, basta dizê-lo. O primeiro líder político é o [Carlos Carvalhas]. (**LER E REGISTAR UMA RESPOSTA POR LINHA**)

P.10_1 CARLOS CARVALHAS ....|___|___|

P.10_2 DURÃO BARROSO...|___|___|

P.10_3 FERRO RODRIGUES ....|___|___|

P.10_4 FRANCISCO LOUÇÃ...|___|___|

P.10_5 GARCIA PEREIRA ....|___|___|

P.10_6 PAULO PORTAS ....|___|___|

CAIXA 2 – VAMOS MUDAR DE ASSUNTO E FALAR DE ECONOMIA

P.11 – O que pensa do estado da economia hoje em dia em Portugal? Diria que o estado da economia em Portugal é muito bom, bom, nem bom nem mau, mau, ou muito mau? (**UMA RESPOSTA**)

MUITO BOM 1
BOM 2
NEM BOM NEM MAU 3
MAU 4
MUITO MAU 5
NÃO SABE 6

P.12 – Na sua opinião, no último ano, o estado da economia em Portugal melhorou, ficou sensivelmente na mesma, ou piorou? **(UMA RESPOSTA)**

```
┌────────── MELHORAU .................................................................. 1
│   P.13 ← FICOU NA MESMA ............................................... 2
│   P.12b ← PIOROU ............................................................ 3
↓   P.13 ← NÃO SABE ........................................................... 6
```

P.12A – Diria que o estado da economia melhorou muito ou melhorou pouco? **(UMA RESPOSTA)**

MELHOROU MUITO 1
MELHOROU POUCO 2
NÃO SABE 6

INSTRUÇÃO 4 – ENTREVISTADOR:
PASSE PARA **CAIXA 3**.

P.12B – Diria que o estado da economia piorou muito ou piorou pouco? **(UMA RESPOSTA)**

PIOROU MUITO 1
PIOROU POUCO 2
NÃO SABE 6

CAIXA 3 – REGRESSANDO NOVAMENTE À POLÍTICA

P.13 – Há quem diga que os deputados da Assembleia da República sabem bem o que o cidadão comum pensa. Outras pessoas dizem que eles não sabem nada do que o cidadão comum pensa. Utilizando a escala deste cartão, em que UM significa que os deputados sabem bem o que o cidadão comum pensa e CINCO que os deputados não sabem nada, onde é que se posicionaria? **(MOSTRAR LISTA 5. UMA RESPOSTA)**

1 – OS DEPUTADOS DA ASSEMBLEIA DA REPÚBLICA SABEM BEM O QUE PENSA O CIDADÃO COMUM 1
2 2

3..3
4..4
5 – OS DEPUTADOS DA ASSEMBLEIA NÃO SABEM NADA DO QUE O CIDADÃO COMUM PENSA...5
NÃO SABE...6

P.14 – Nos últimos doze meses, teve qualquer tipo de contacto com um deputado?

SIM 1
NÃO, NENHUM CONTACTO 2
NÃO SABE...6

P.15 – Há quem diga que faz uma grande diferença quem governa o país. Outras pessoas, pelo contrário, dizem que não faz qualquer diferença. Utilizando a escala neste cartão, em que UM significa que faz uma grande diferença quem está no poder e CINCO significa que não faz qualquer diferença, onde é que se posicionaria a si próprio/a? (**MOSTRAR LISTA 6. UMA RESPOSTA**)

1 – FAZ UMA GRANDE DIFERENÇA QUEM ESTÁ NO PODER...................1
2..2
3..3
4..4
5 – NÃO FAZ QUALQUER DIFERENÇA QUEM ESTÁ NO PODER.............5
NÃO SABE...6

P.16 – Há quem diga que em quem as pessoas votam não faz qualquer diferença no curso dos acontecimentos. Mas há também quem diga que em quem as pessoas votam pode fazer uma grande diferença no curso dos acontecimentos. Utilizando a escala nesta lista, (onde UM significa que em quem as pessoas votam não faz qualquer diferença, e CINCO significa que quem em as pessoas votam pode fazer uma grande diferença), onde é que se posicionaria a si próprio/a? (**MOSTRAR LISTA 7. UMA RESPOSTA**)

1 – EM QUEM AS PESSOAS VOTAM NÃO FAZ QUALQUER DIFERENÇA 1
2..2
3..3
4..4
5 – EM QUEM AS PESSOAS VOTAM PODE FAZER UMA GRANDE DIFERENÇA...5
NÃO SABE...6

P.17 – Quando se pede às pessoas em Portugal que exprimam uma opinião, pensa que a maior parte delas costuma dizer o que pensa sobre a política ou acha que a maior parte delas esconde o que pensa realmente sobre a política? Utilizando a escala neste cartão, em que UM significa que a maioria dos portugueses costuma dizer o que pensa em relação à política, e CINCO que a maioria costuma esconder o que pensa realmente, onde é que se colocaria a si próprio/a? (**MOSTRAR LISTA 8. UMA RESPOSTA**)

1 – A MAIORIA DAS PESSOAS EM PORTUGAL COSTUMA DIZER O QUE PENSA SOBRE A POLÍTICA 1
2 2
3 3
4 4
5 – A MAIORIA DAS PESSOAS EM PORTUGAL COSTUMA ESCONDER O QUE PENSA SOBRE A POLÍTICA 5
NÃO SABE 6

P.18 – Em política, as pessoas por vezes falam de esquerda e direita. Onde é que se posicionaria numa escala de 0 a 10, onde 0 significa esquerda e 10 significa direita? Em relação aos partidos também se fala de esquerda e de direita. Utilizando a mesma escala, onde é que posicionaria cada um dos seguintes partidos? Também se costuma falar de líderes políticos de esquerda e líderes políticos de direita. Utilizando a mesma escala, onde posicionaria cada um dos seguintes líderes? (**MOSTRAR LISTA 9. LER E REGISTAR UMA RESPOSTA POR LINHA**)

P.18_1 A SI PRÓPRIO ....|___|___|

P.18_2 BLOCO DE ESQUERDA (POLÍTICA XXI, PSR E UDP) ....|___|___|

P.18_3 CDS/PP ....|___|___|

P.18_4 CDU (PCP/PEV) ....|___|___|

P.18_5 PCTP/MRPP ....|___|___|

P.18_6 PPD/PSD ....|___|___|

P.18_7 PS ....|___|___|

P.18_8 FRANCISCO LOUÇÃ ....|___|___|

P.18_9 PAULO PORTAS ....|___|___|

P.18_10 CARLOS CARVALHAS ....|__·__|

P.18_11 GARCIA PEREIRA ....|__·__|

P.18_12 DURÃO BARROSO ....|__·__|

P.18_13 FERRO RODRIGUES ....|__·__|

➔ **Vou agora fazer-lhe algumas perguntas sobre coisas que algumas pessoas fazem durante as eleições.**

P.19 – No seu caso, nas últimas eleições do dia 17 de Março, falou com outras pessoas de forma a convencê-las a votar num candidato em particular?

```
         ┌── SIM ..................................................................................1
         │ P.19b ← NÃO ........................................................................2
```

P.19A – Com que frequência? Diria que o fez frequentemente, ocasionalmente ou raramente? (**UMA RESPOSTA**)

FREQUENTEMENTE 1

OCASIONALMENTE 2

RARAMENTE 3

NÃO SABE 6

P.19B – Demonstrou o seu apoio a um partido ou candidato particular, por exemplo, indo a uma reunião, afixando um cartaz, ou de outra forma?

```
         ┌── SIM ..................................................................................1
         │ P.20 ← NÃO .........................................................................2
         │ P.20 ← NÃO SABE ................................................................6
```

P.19C – Com que frequência? Diria que o fez frequentemente, ocasionalmente ou raramente? (**UMA RESPOSTA**)

FREQUENTEMENTE 1

OCASIONALMENTE 2

RARAMENTE 3

NÃO SABE 6

P.20 – Durante a última campanha eleitoral, foi contactado (pessoalmente, por telefone, por carta ou de outra forma) por algum candidato ou membro de um partido político, para convencê-lo/a a votar nesse partido?

SIM 1
NÃO 2
NÃO SABE 6

CAIXA 4 – SEGUIDAMENTE VOU FAZER-LHE ALGUMAS PERGUNTAS SOBRE O SEU VOTO NAS RECENTES ELEIÇÕES PARA A ASSEMBLEIA DA REPÚBLICA, REALIZADAS EM MARÇO DE 2002. ANTES QUERIA LEMBRAR-LHE QUE, COMO SABE, VOTAR É UM DIREITO QUE TODOS TEMOS, MAS NINGUÉM É OBRIGADO A VOTAR SE NÃO QUISER OU NÃO PUDER FAZÊ-LO

P.21 – Em relação a essas eleições, qual das seguintes situações é adequada ao seu caso? (**MOSTRAR LISTA 10. UMA RESPOSTA**)

⎡────── Votou 1
⎜ **P.23** ← NÃO VOTOU 2
⎜ **P.23** ← NÃO VOTOU PORQUE NÃO ESTAVA RECENSEADO 3
⎜ **P.23** ← *NÃO SABE* 6
⎣ **P.23** ← *RECUSA RESPONDER* 7

P.22 – Importa-se de me dizer em que partido/coligação votou? (**MOSTRAR LISTA 11. UMA RESPOSTA**)

BLOCO DE ESQUERDA (POLÍTICA XXI, PSR E UDP) 01
CDS/PP 02
CDU (PCP/PEV) 03
PCTP/MRPP 04
PPD/PSD 05
PS 06
OUTRO 07
VOTOU EM BRANCO OU VOTOU NULO 08
NÃO SABE 96
RECUSA RESPONDER 97

P.23 – Na sua opinião, qual foi o problema mais importante com que Portugal se deparou nos últimos três anos? (**INSISTA PARA QUE O INQUIRIDO REFIRA O MAIS IMPORTANTE; ANOTE SÓ UMA RESPOSTA**)

> **INSTRUÇÃO 5 – ENTREVISTADOR**:
> SE *NÃO SABE* OU **RECUSA RESPONDER**, PASSE PARA **P.25**

P.24 – Pensando no problema que apontou, como avaliaria o trabalho feito pelo governo nos três últimos anos? Diria que o governo fez um trabalho muito bom, bom, mau ou muito mau? (**UMA RESPOSTA**)

MUITO BOM 1
BOM 2
MAU 3
MUITO MAU 4
NÃO SABE 6

P.25 – Agora pensando no desempenho do governo EM GERAL, na sua opinião, como avaliaria o trabalho do governo ao longo dos três últimos anos? Diria que o governo fez um trabalho muito bom, bom, mau ou muito mau? (**UMA RESPOSTA**)

MUITO BOM 1
BOM 2
MAU 3
MUITO MAU 4
NÃO SABE 6

P.26 – Indique por favor até que ponto concorda ou discorda da seguinte afirmação: «A democracia pode ter problemas, mas é melhor do que qualquer outro regime político». Concorda totalmente, concorda, discorda ou discorda totalmente desta afirmação? (**UMA RESPOSTA**)

CONCORDA TOTALMENTE 1
CONCORDA 2
DISCORDA 3

DISCORDA TOTALMENTE 4
NÃO SABE 6

> **CAIXA 5** – SEGUIDAMENTE VOU FAZER-LHE ALGUMAS PERGUNTAS SOBRE O SEU VOTO NAS ELEIÇÕES PARA A ASSEMBLEIA DA REPÚBLICA REALIZADAS EM **1999**

P.27 – Em relação a essas eleições, qual das seguintes situações é adequada ao seu caso? (**MOSTRAR LISTA 12. UMA RESPOSTA**)

        VOTOU 1
P.30 ← NÃO VOTOU 2
P.30 ← NÃO VOTOU PORQUE NÃO TINHA IDADE 3
P.30 ← .... TINHA IDADE MAS NÃO VOTOU PORQUE NÃO ESTAVA RECENSEADO 4
P.30 ← *NÃO SABE* 6
P.30 ← *RECUSA RESPONDER* 7

P.28

P.28 – Importa-se de dizer em que partido/coligação votou nessas eleições? (**MOSTRAR LISTA 13. UMA RESPOSTA**)

        BLOCO DE ESQUERDA (POLÍTICA XXI, PSR E UDP) 01
        CDS/PP 02
        CDU (PCP/PEV) 03
        PCTP/MRPP 04
        PPD/PSD 05
        PS 06
        OUTRO 07
P.30 ← VOTOU EM BRANCO OU VOTOU NULO 08
P.30 ← *NÃO SABE* 96
P.30 ← *RECUSA RESPONDER* 97

P.29 – Como avalia o desempenho do partido em que votou nessas legislativas de 1999? O partido fez um trabalho muito bom, bom, mau ou muito mau? (**UMA RESPOSTA**)

Muito bom..1
Bom..2
Mau..3
Muito Mau 4
NÃO SABE 6

P.30 – Diria que algum dos partidos políticos em Portugal representa as opiniões do/a senhor(a) razoavelmente bem?

```
        ┌──── SIM ........................................................................................1
        │ P.31 ← NÃO............................................................................2
        └ P.31 ← NÃO SABE ...............................................................6
```

P.30A – Qual é o partido que melhor representa as suas opiniões? (**NÃO SUGERIR NADA. UMA RESPOSTA**)

BLOCO DE ESQUERDA 01

CDS/PP 02

CDU 03

PARTIDO ECOLOGISTA – OS VERDES..04

PARTIDO HUMANISTA 05

PCP..06

PCTP/MRPP...07

POLÍTICA XXI 08

PPD/PSD..09

PPM...10

PS 11

PSR..12

UDP...13

OUTRO. QUAL? _____

NÃO SABE 96

NÃO RESPONDE 97

CAIXA 6 – VOLTANDO ÀS ÚLTIMAS ELEIÇÕES DE MARÇO DE 2002

P.31 – Independentemente do que pensa sobre os partidos, diria que algum dos líderes políticos que concorreram nestas últimas eleições representa as opiniões do/a senhor(a) razoavelmente bem?

```
     ┌──── Sim............................................................................................1
     │ P.32 ← Não .....................................................................................2
     └ P.32 ← NÃO SABE............................................................................6
```

P.31A – Importa-se de dizer qual é esse líder político? (**NÃO SUGERIR NADA. UMA RESPOSTA**)

CARLOS CARVALHAS 01

DURÃO BARROSO 02

FERRO RODRIGUES 03

FRANCISCO LOUÇÃ 04

GARCIA PEREIRA 05

PAULO PORTAS 06

OUTRO 07

NÃO SABE 96

NÃO RESPONDE 97

P.32 – Tendo em conta o funcionamento das eleições em Portugal, em que medida acha que as opiniões dos deputados reflectem as opiniões dos votantes? Acha que reflectem muito bem, bem, mal, ou muito mal? (**UMA RESPOSTA**)

MUITO BEM 1

BEM 2

MAL 3

MUITO MAL 4

NÃO SABE 6

CAIXA 7 – Vou agora fazer-lhe algumas perguntas sobre coisas que as pessoas fazem para exprimir as suas opiniões sobre algo que o governo deveria ou não fazer. No seu caso, nos últimos cinco anos sensivelmente...

P.33A – Contactou um político ou funcionário do governo, quer pessoalmente ou por escrito, ou de outra forma?

SIM 1
NÃO 2
NÃO SABE 6

P.33B – Participou num protesto, numa marcha ou manifestação?

SIM 1
NÃO 2
NÃO SABE 6

P.33C – Juntou-se a um grupo de pessoas que partilhavam uma mesma preocupação que o/a senhor(a)?

SIM 1
NÃO 2
NÃO SABE 6

P.34 – Na sua opinião, até que ponto pensa que a liberdade individual e os direitos humanos são respeitados hoje em dia em Portugal? Considera que há muito respeito, algum, pouco ou nenhum respeito pela liberdade individual e pelos direitos humanos? (**UMA RESPOSTA**)

MUITO RESPEITO 1
ALGUM RESPEITO 2
POUCO RESPEITO 3
NENHUM RESPEITO 4
NÃO SABE 6

P.35 – Na sua opinião, até que ponto pensa que certas práticas de corrupção, tal como aceitar subornos, se encontram difundidas entre os políticos portugueses?

Acha que elas se encontram muito difundidas, razoavelmente difundidas, pouco ou nada difundidas? (**UMA RESPOSTA**)

MUITO DIFUNDIDAS 1
RAZOAVELMENTE DIFUNDIDAS 2
POUCO DIFUNDIDAS 3
NADA DIFUNDIDAS 4
NÃO SABE 6

CAIXA 8 – AINDA SOBRE AS ÚLTIMAS ELEIÇÕES LEGISLATIVAS DE MARÇO DE 2002

P.36 – Diga-me por favor, teve muito interesse, algum interesse, pouco interesse ou nenhum interesse em seguir a campanha eleitoral para estas últimas eleições de Março de 2002? (**UMA RESPOSTA**)

MUITO INTERESSE 1
ALGUM INTERESSE 2
POUCO INTERESSE 3
NENHUM INTERESSE 4
NÃO SABE 6

INSTRUÇÃO 6 – ENTREVISTADOR: VERIFICAR RESPOSTA À **P.21**:
SE O INQUIRIDO RESPONDEU **VOTOU** (CÓDIGO 1) **– CONTINUE**;
SE O INQUIRIDO RESPONDEU **NÃO VOTOU**
(CÓDIGOS 2 OU 3) **– PASSE PARA P.38**;
SE O INQUIRIDO RESPONDEU *NÃO SABE* OU *NÃO RESPONDE*
(CÓDIGOS 6 OU 7) **– PASSE PARA CAIXA 9**.

P.37 – Quando foi votar pela última vez nas eleições de Março, quando é que decidiu em que partido ia votar? (**MOSTRAR LISTA 14. UMA RESPOSTA**)

NO DIA DAS ELEIÇÕES 1
NA VÉSPERA 2
NA SEMANA ANTES DAS ELEIÇÕES 3
NO MÊS ANTES DAS ELEIÇÕES 4
MAIS DE UM MÊS ANTES DAS ELEIÇÕES 5
NÃO SABE 6

> **INSTRUÇÃO 7** – ENTREVISTADOR: PASSE PARA **CAIXA 9**.

P.38 – Há pouco disse-me que não votou nas eleições para as últimas eleições da Assembleia da República realizadas em 2002. A partir da seguinte lista, gostaria que me dissesse o principal motivo porque não votou. O principal motivo pelo qual não votei nas últimas eleições para a Assembleia da República foi: (**MOSTRAR LISTA 15. INSISTA PARA QUE O INQUIRIDO REFIRA APENAS UMA RESPOSTA**)

NENHUMA DAS OPÇÕES POLÍTICAS ME SATISFAZIA 01
ESTOU FARTO DE POLÍTICA E DE ELEIÇÕES 02
NUNCA TIVE INTERESSE PELA POLÍTICA 03
VOTAR OU NÃO VOTAR DÁ NO MESMO 04
ESTAVA MAL ESCLARECIDO(/A) E POR ISSO NÃO SABIA EM QUEM VOTAR ... 05
NENHUM PARTIDO POLÍTICO ME INSPIRA CONFIANÇA 06
PARA MOSTRAR O MEU DESCONTENTAMENTO 07
O VENCEDOR ERA CONHECIDO À PARTIDA E O MEU VOTO NÃO IRIA ALTERAR NADA NO RESULTADO 08
NÃO HÁ DIFERENÇAS SIGNIFICATIVAS ENTRE OS PARTIDOS COM MAIORES HIPÓTESES DE CONTROLAR O GOVERNO 09
POR MOTIVOS DE SAÚDE, DE TRABALHO OU FAMILIARES 10
NÃO ESTAVA RECENSEADO 11
OUTROS MOTIVOS 12
NÃO SABE *96*
RECUSA RESPONDER *97*

CAIXA 9 – VOU AGORA FAZER-LHE ALGUMAS PERGUNTAS SOBRE O SEU VOTO NAS ÚLTIMAS ELEIÇÕES AUTÁRQUICAS, REALIZADAS EM DEZEMBRO DE 2001

P.39 – Votou nestas eleições? (**mostrar lista 16. Uma resposta**)

⎡────── Sim 1
| **CAIXA 10** ← NÃO 2
| **CAIXA 10** ← NÃO VOTOU PORQUE NÃO TINHA IDADE 3
| **CAIXA 10** ← ..... TINHA IDADE MAS NÃO VOTOU PORQUE NÃO ESTAVA
| RECENSEADO 4
| **CAIXA 10** ← *NÃO SABE* 6
⎣ **CAIXA 10** ← *RECUSA RESPONDER* 7

P.40 – Importa-se de me dizer em que partido, coligação ou grupo de cidadãos eleitores votou? (**MOSTRAR LISTA 17. UMA RESPOSTA**)

BLOCO DE ESQUERDA (POLÍTICA XXI, PSR E UDP) 01

CDS/PP 02

CDU-PCP/PEV 03

GRUPO DE CIDADÃOS 04

MPT 05

PCTP/MRPP 06

PPD/PSD 07

PPD/PSD-CDS/PP-PPM 08

PPD/PSD-PPM 09

PPM 10

PS 11

PS-CDU 12

OUTRO 13

VOTOU EM BRANCO OU VOTOU NULO 14

RECUSA RESPONDER *97*

CAIXA 10 – FALANDO AGORA SOBRE OUTRO TEMA, DIGA-ME POR FAVOR ...

P.41 – Com que frequência vê notícias ou programas sobre política na televisão? (**MOSTRAR LISTA 18. UMA RESPOSTA**)

TODOS OS DIAS 1
VÁRIAS VEZES POR SEMANA 2
UMA VEZ POR SEMANA 3
MENOS DE UMA VEZ POR SEMANA 4
NUNCA 5
NÃO SABE 6

P.42 – (**MANTER LISTA 18**) Com que frequência lê notícias sobre política nos jornais? (**UMA RESPOSTA**)

TODOS OS DIAS 1
VÁRIAS VEZES POR SEMANA 2
UMA VEZ POR SEMANA 3
MENOS DE UMA VEZ POR SEMANA 4
NUNCA 5
NÃO SABE 6

P.43 – (**MANTER LISTA 18**) Com que frequência ouve notícias ou programas sobre política na rádio? (**UMA RESPOSTA**)

TODOS OS DIAS 1
VÁRIAS VEZES POR SEMANA 2
UMA VEZ POR SEMANA 3
MENOS DE UMA VEZ POR SEMANA 4
NUNCA 5
NÃO SABE 6

P.44 – Durante a última campanha eleitoral leu, ouviu ou viu alguns resultados de sondagens nos jornais, rádio ou televisão?

Sim 1
CAIXA 11 ← NÃO 2
CAIXA 11 ← *NÃO SABE* 6

P.45 – Com que frequência? Diria que o fez frequentemente, ocasionalmente ou raramente? (**UMA RESPOSTA**)

FREQUENTEMENTE 1
OCASIONALMENTE 2
RARAMENTE 3
NÃO SABE 6

CAIXA 11 – Vamos agora falar de confiança em pessoas e em algumas instituições

---

P.46 – De uma maneira geral, acha que se pode confiar na maior parte das pessoas ou, pelo contrário, acha que todo o cuidado é pouco? (**UMA RESPOSTA**)

PODE CONFIAR-SE NA MAIOR PARTE DAS PESSOAS 1
TODO O CUIDADO É POUCO 2
NÃO SABE 6

P.47 – Pensando agora na sua vizinhança, no geral, diria que são pessoas em quem se pode confiar sempre, quase sempre, algumas vezes, quase nunca ou nunca? (**UMA RESPOSTA**)

SEMPRE 1
QUASE SEMPRE 2
ALGUMAS VEZES 3
QUASE NUNCA 4
NUNCA 5
NÃO SABE 6
RECUSA RESPONDER 7

P.48 – Queria agora fazer-lhe uma pergunta sobre a confiança que tem em certas instituições. Utilizando essa escala (**MOSTRAR LISTA 19**), pode por favor dizer-me qual o grau de confiança que lhe inspira cada uma das seguintes instituições? (**LER E REGISTAR UMA RESPOSTA POR LINHA**)

	Nenhuma Confiança	Pouca Confiança	Muita Confiança	Confiança Absoluta	Não Sabe
P.48_1 OS TRIBUNAIS	1	2	3	4	5
P.48_2 A POLÍCIA	1	2	3	4	5
P.48_3 A ASSEMBLEIA DA REPÚBLICA	1	2	3	4	5
P.48_4 A IGREJA	1	2	3	4	5
P.48_5 AS FORÇAS ARMADAS	1	2	3	4	5
P.48_6 OS MEIOS DE COMUNICAÇÃO SOCIAL	1	2	3	4	5
P.48_7 OS INSTITUTOS DE SONDAGENS	1	2	3	4	5
P.48_8 O PRESIDENTE DA REPÚBLICA	1	2	3	4	5
P.48_9 OS PARTIDOS POLÍTICOS	1	2	3	4	5
P.48_10 O GOVERNO	1	2	3	4	5
P.48_11 A UNIÃO EUROPEIA	1	2	3	4	5

CAIXA 12 – GOSTARIA DE LHE FAZER UMAS PERGUNTAS SOBRE O SEU INTERESSE PELA POLÍTICA

P.49 – Há pessoas que não se interessam nada por aquilo que os políticos pensam sobre os vários assuntos, mas há outras que se interessam muito. Utilizando a escala deste cartão, em que UM significa que o/a senhor(a) não se interessa nada por aquilo que os políticos pensam e CINCO significa que se interessa muito, onde é que se posicionaria? (**MOSTRAR LISTA 20. UMA RESPOSTA**)

1 – NÃO ME INTERESSO NADA POR AQUILO QUE OS POLÍTICOS PENSAM SOBRE OS VÁRIOS ASSUNTOS 1
2..2
3..3
4..4
5 – INTERESSO-ME MUITO POR AQUILO QUE OS POLÍTICOS PENSAM SOBRE OS VÁRIOS ASSUNTOS. 5
NÃO SABE 6

P.50 – De um modo geral, qual o seu grau de interesse pela política? Considera-se uma pessoa muito interessada, razoavelmente, pouco ou nada interessada pela política? **(UMA RESPOSTA)**

MUITO INTERESSADO 1
RAZOAVELMENTE INTERESSADO 2
POUCO INTERESSADO 3
NADA INTERESSADO 4
NÃO SABE 6

P.51 – Qual a frequência com que costuma discutir política e as notícias da actualidade, com familiares, amigos ou colegas de trabalho: Frequentemente, ocasionalmente ou nunca? **(UMA RESPOSTA)**

FREQUENTEMENTE 1
OCASIONALMENTE 2
NUNCA 3
NÃO SABE 6

P.52 – Vou agora ler-lhe algumas afirmações que por vezes se fazem acerca da política. Diga-me por favor, se discorda totalmente, discorda, concorda, ou concorda totalmente com cada uma das seguintes afirmações. **(MOSTRAR LISTA 21. LER E REGISTAR UMA RESPOSTA POR LINHA)**

	Discorda totalmente	Discorda	Concorda	Concorda totalmente
P.52_1 «Por vezes os assuntos políticos e de governação parecem tão complicados que tenho dificuldade em percebê-los»	1.........2.........3.........4.........5.........6			
P.52_2 «Eu poderia ter um papel activo num grupo que se ocupasse de assuntos políticos»	1.........2.........3.........4.........5.........6			
P.52_3 «Compreendo e avalio questões políticas muito bem»	1.........2.........3.........4.........5.........6			
P.52_4 «Os políticos não se interessam pelo que as pessoas como eu pensam»	1.........2.........3.........4.........5.........6			
P.52_5 «Os políticos só estão interessados nos votos das pessoas e não nas suas opiniões»	1.........2.........3.........4.........5.........6			

CAIXA 13 – Mudando de assunto, gostaria de fazer-lhe algumas perguntas sobre o funcionamento do sistema político Português e Europeu

P.53 – Há quem diga que, hoje em dia, as decisões que têm mais impacto na nossa vida já não são tomadas pelo governo, mas sim pela União Europeia, mas há também quem diga que as decisões do Governo têm mais impacto na nossa vida do que as da União Europeia. Utilizando a escala deste cartão, em que UM significa que as decisões da União Europeia têm mais impacto na nossa vida que as decisões do governo e CINCO o contrário, onde é que se posicionaria? (**MOSTRAR LISTA 22. UMA RESPOSTA**)

1 – AS DECISÕES TOMADAS NA UNIÃO EUROPEIA TÊM MAIS IMPACTO NA NOSSA VIDA DO QUE AS TOMADAS PELO GOVERNO 1
2 2
3 3
4 4
5 – AS DECISÕES TOMADAS PELO GOVERNO TÊM MAIS IMPACTO NA NOSSA VIDA DO QUE AS TOMADAS NA UNIÃO EUROPEIA. 5
NÃO SABE 6

P.54 – Há quem diga que o nosso parlamento, a Assembleia da República, é desnecessário para o nosso sistema político. Mas há também quem diga que a Assembleia da República é essencial para o nosso sistema político. Utilizando a escala neste cartão (onde UM significa que a Assembleia da República é perfeitamente essencial para o nosso sistema político, e CINCO significa que a Assembleia da República é completamente desnecessária para o nosso sistema político), onde é que se posicionaria? (**MOSTRAR LISTA 23. UMA RESPOSTA**)

1 – A ASSEMBLEIA DA REPÚBLICA É PERFEITAMENTE ESSENCIAL PARA O NOSSO SISTEMA POLÍTICO 1
2 2
3 3
4 4
5 – A ASSEMBLEIA DA REPÚBLICA É COMPLETAMENTE DESNECESSÁRIA PARA O NOSSO SISTEMA POLÍTICO 5
NÃO SABE 6

P.55 – Queria agora saber a sua opinião sobre os partidos políticos. Diga-me, por favor, se discorda totalmente, discorda, concorda ou concorda totalmente com cada uma das seguintes afirmações. (**MOSTRAR LISTA 24. LER E REGISTAR UMA RESPOSTA POR LINHA**)

	Discorda totalmente	Discorda	Concorda	Concorda totalmente
P.55_1 «Os Partidos são indispensáveis para que as pessoas participem na política»	1............2............3............4............5............6			
P.55_2 «Os Partidos só servem para dividir as pessoas»	1............2............3............4............5............6			
P.55_3 «Sem partidos não pode haver democracia»	1............2............3............4............5............6			
P.52_4 «Os políticos não se interessam pelo que as pessoas como eu pensam»	1............2............3............4............5............6			
P.55_4 «Os Partidos criticam-se muito uns aos outros, mas na realidade são todos iguais»	1............2............3............4............5............6			

P.56 – Lembra-se quem foi o Primeiro-Ministro antes de António Guterres? (**NÃO SUGERIR NADA. UMA RESPOSTA**)

CORRECTO («CAVACO SILVA»)..1
INCORRECTO – REFERE OUTROS NOMES 2
NÃO SABE 6

P.57 – E lembra-se quantos países fazem parte da União Europeia? (**NÃO SUGERIR NADA. UMA RESPOSTA**)

CORRECTO («15 PAÍSES»)..1
INCORRECTO – REFERE OUTRAS RESPOSTAS 2
NÃO SABE 6

P.58 – Gostaria agora de saber a sua opinião sobre diferentes questões. Utilizando as seguintes escalas, como é que se posicionaria face a cada uma delas?

P.58A – MOSTRAR LISTA 25. **UMA RESPOSTA**

01 – O ESTADO DEVIA DAR MAIS LIBERDADE DE ACÇÃO ÀS EMPRESAS 01
02..02
03..03
04..04
05..05
06..06
07..07
08..08
09..09
10 – O ESTADO DEVIA CONTROLAR MAIS AS EMPRESAS 10

P.58B – MOSTRAR LISTA 26. **UMA RESPOSTA**

01 – A PROPRIEDADE PRIVADA NA INDÚSTRIA E NOS NEGÓCIOS DEVIA AUMENTAR 01
02..02
03..03
04..04
05..05
06..06
07..07
08..08
09..09
10 – A PROPRIEDADE DO ESTADO NA INDÚSTRIA E NOS NEGÓCIOS DEVIA AUMENTAR 10

P.58C – MOSTRAR LISTA 27. **UMA RESPOSTA**

01 – CADA PESSOA DEVIA SER RESPONSÁVEL POR ARRANJAR A SUA PENSÃO/REFORMA 01
02..02
03..03
04..04
05..05
06..06
07..07
08..08
09..09

10 – O ESTADO DEVIA SER RESPONSÁVEL PELAS PENSÕES/REFORMAS DE TODOS 10

P.58D – MOSTRAR LISTA 28. **UMA RESPOSTA**

01 – O SISTEMA DE SAÚDE NACIONAL DEVIA SER CONTROLADO PELA INICIATIVA PRIVADA...............01
02...............02
03...............03
04...............04
05...............05
06...............06
07...............07
08...............08
09...............09
10 – O SISTEMA DE SAÚDE NACIONAL DEVIA SER CONTROLADO PELO ESTADO ....
10...............

P.58E – MOSTRAR LISTA 29. **UMA RESPOSTA**

01 – O CASAL/MULHER NUNCA DEVIA TER DIREITO A RECORRER AO ABORTO 01
02...............02
03...............03
04...............04
05...............05
06...............06
07...............07
08...............08
09...............09
10 – O CASAL/MULHER DEVIA TER DIREITO A RECORRER AO ABORTO SE NÃO QUISESSE TER FILHOS 10

P.58F – MOSTRAR LISTA 30. **UMA RESPOSTA**

01 – FACE À SITUAÇÃO PORTUGUESA ACTUAL DEVIA IMPEDIR-SE A ENTRADA DE IMIGRANTES...............01
02...............02

03..03
04..04
05..05
06..06
07..07
08..08
09..09
10 – FACE À SITUAÇÃO PORTUGUESA ACTUAL NÃO DEVIA HAVER LIMITAÇÕES À ENTRADA DE IMIGRANTES..10

P.58G – MOSTRAR LISTA 31. **UMA RESPOSTA**

01 – O GOVERNO TEM QUE REDUZIR A POLUIÇÃO DO AMBIENTE, MAS NÃO À CUSTA DO MEU DINHEIRO..01
02..02
03..03
04..04
05..05
06..06
07..07
08..08
09..09
10 – ACEITARIA UM AUMENTO DE IMPOSTOS SE TIVESSE A CERTEZA DE QUE ESSE AUMENTO ERA EFECTIVAMENTE USADO PELO GOVERNO PARA A PROTECÇÃO DO AMBIENTE..10

P.59 – Fala-se muito nos objectivos que Portugal deverá alcançar nos próximos 10 anos. Se tivesse que escolher, qual dos seguintes objectivos consideraria o mais importante? E qual seria o segundo mais importante? (**MOSTRAR LISTA 32. UMA RESPOSTA POR COLUNA**)

EM PORTUGAL DEVIA-SE...
MANTER A ORDEM NO PAÍS..1
DAR AOS CIDADÃOS MAIOR CAPACIDADE DE PARTICIPAÇÃO NAS DECISÕES IMPORTANTES DO GOVERNO..2
COMBATER O AUMENTO DOS PREÇOS..3
DEFENDER A LIBERDADE DE EXPRESSÃO..4
NÃO SABE..6
NÃO RESPONDE..7

CAIXA 14 – Seguidamente vou pedir-lhe a sua opinião sobre a situação económica do seu agregado familiar e do país

P.60 – Tendo em conta o seu nível de vida e do seu agregado familiar, considera que a sua situação melhorou, ficou na mesma ou piorou face há um ano atrás? **(UMA RESPOSTA)**

MELHOROU 1
FICOU NA MESMA 2
PIOROU 3
NÃO SABE 6
NÃO RESPONDE 7

P.61 – Tendo em conta o seu nível de vida e do seu agregado familiar, pensa que no próximo ano a sua situação melhorará, ficará na mesma ou piorará? **(UMA RESPOSTA)**

MELHORARÁ 1
FICARÁ NA MESMA 2
PIORARÁ 3
NÃO SABE 6
NÃO RESPONDE 7

P.62 – Qual a sua opinião sobre o estado da economia de Portugal no próximo ano? Melhorará, ficará na mesma ou piorará? **(UMA RESPOSTA)**

MELHORARÁ 1
FICARÁ NA MESMA 2
PIORARÁ 3
NÃO SABE 6
NÃO RESPONDE 7

> **CAIXA 15 –** Para terminar esta fase do inquérito, uma última pergunta sobre formas de participação na política

P.63 – As pessoas têm várias maneiras de fazer valer os seus direitos. Diga-me por favor se já alguma vez fez, se não fez mas admite fazer, ou se não fez nem admite fazer cada uma das seguintes coisas? (**MOSTRAR LISTA 33. REGISTAR UMA RESPOSTA POR LINHA**)

	Sim, já fez	Não fez mas admite fazer	Não fez nem admite fazer	*Não* sabe Não responde
P.63_1 ASSINAR UMA PETIÇÃO OU UM ABAIXO-ASSINADO	1	2	3	6
P.63_2 ESCREVER UMA CARTA PARA UM JORNAL	1	2	3	6
P.63_3 COLAR CARTAZES E DISTRIBUIR FOLHETOS	1	2	3	6
P.63_4 BLOQUEAR UMA ESTRADA OU UMA LINHA FÉRREA	1	2	3	6
P.63_5 PARTICIPAR NUMA GREVE NÃO LEGAL	1	2	3	6
P.63_6 OCUPAR EDIFÍCIOS E FÁBRICAS	1	2	3	6
P.63_7 Participar em acções ou movimentos de opinião em defesa dos direitos humanos	1	2	3	6

P.64 – Durante esta campanha eleitoral para as legislativas de Março de 2002 acha que os órgãos de comunicação social, tal como os jornais, as televisões, ou as rádios, estiveram mais do lado do Partido Socialista – PS, estiveram mais do lado do Partido Social Democrata – PSD, ou acha que foram isentos e imparciais? (**UMA RESPOSTA**)

MAIS DO LADO DO PARTIDO SOCIALISTA 1
MAIS DO LADO DO PARTIDO SOCIAL DEMOCRATA 2
ISENTOS E IMPARCIAIS 3
NÃO SABE 6
NÃO RESPONDE 7

P.65 – E durante esta campanha eleitoral para as legislativas de Março de 2002 acha que os institutos de sondagens estiveram mais do lado do Partido Socialista – PS, estiveram mais do lado do Partido Social Democrata – PSD, ou acha que foram isentos e imparciais? (**UMA RESPOSTA**)

MAIS DO LADO DO PARTIDO SOCIALISTA 1
MAIS DO LADO DO PARTIDO SOCIAL DEMOCRATA 2
ISENTOS E IMPARCIAIS 3
NÃO SABE 6
NÃO RESPONDE 7

CAIXA 16 – VOU AGORA PEDIR-LHE ALGUNS DADOS PESSOAIS

D.1 – Importa-se de me dizer a sua idade, por favor?

'___'___' ANOS

D.2 – Registe o sexo do inquirido.

MASCULINO 1
FEMININO 2

D.3 – Qual foi o grau de escolaridade mais elevado que atingiu? (**NÃO SUGERIR NADA. UMA RESPOSTA**)

NENHUM 01
PRIMÁRIO INCOMPLETO 02
PRIMÁRIO COMPLETO 03
ENSINO BÁSICO INCOMPLETO 04
ENSINO BÁSICO COMPLETO 05
SECUNDÁRIO INCOMPLETO 06
SECUNDÁRIO COMPLETO 07
SUPERIOR INCOMPLETO 08
SUPERIOR COMPLETO 09
PÓS-GRADUAÇÃO INCOMPLETA 10
PÓS-GRADUAÇÃO COMPLETA 11
NÃO RESPONDE 97

D.4 – Qual é o seu estado civil actual? (**MOSTRAR LISTA D1. UMA RESPOSTA**)

CASADO/VIVE EM UNIÃO DE FACTO 1
VIÚVO(/A) 2
DIVORCIADO(/A) OU SEPARADO(/A) (CASADO(/A) MAS SEPARADO(/A)) 3
SOLTEIRO(/A) 4
NÃO SABE 6
NÃO RESPONDE 7

D.5 – É sócio/a de um sindicato?

SIM 1
NÃO 2
NÃO SABE 6
NÃO RESPONDE 7

D.6 – Sem contar consigo, há alguém no seu agregado familiar que seja sócio de um sindicato? (**UMA RESPOSTA**)

PARA ALÉM DE MIM, HÁ UMA PESSOA NO MEU AGREGADO FAMILIAR QUE É SÓCIA DE UM SINDICATO. 1
PARA ALÉM DE MIM, NÃO HÁ OUTRA PESSOA NO MEU AGREGADO FAMILIAR QUE SEJA SÓCIA DE UM SINDICATO. 2
NÃO SABE 6
NÃO RESPONDE 7

D.7 – É sócio/a de uma associação empresarial?

SIM 1
NÃO 2
NÃO SABE 6
NÃO RESPONDE 7

D.8 – É sócio/a de uma associação agrícola?

SIM 1
NÃO 2
NÃO SABE 6
NÃO RESPONDE 7

D.9 – É sócio/a de uma associação profissional?

SIM 1
NÃO 2
NÃO SABE 6
NÃO RESPONDE 7

D.10 – Vamos agora falar da sua situação face ao trabalho. Qual é a sua situação profissional actual? (**MOSTRAR LISTA D2. UMA RESPOSTA**)

       EMPREGADO A TEMPO INTEIRO (35 OU MAIS HORAS SEMANAIS) 01
       EMPREGADO A TEMPO PARCIAL (ENTRE 15 E 34 HORAS SEMANAIS) 02
       EMPREGADO MENOS QUE O TEMPO PARCIAL (14 OU MENOS HORAS SEMANAIS) 03
       TRABALHADOR FAMILIAR NÃO REMUNERADO 04
       DESEMPREGADO 05
       ESTUDANTE/NA ESCOLA/EM FORMAÇÃO PROFISSIONAL . 06
       REFORMADO E PRÉ-REFORMADO (EXCEPTO OS REFORMADOS POR INVALIDEZ) 07
       INVALIDEZ PERMANENTE (RECEBENDO PENSÃO OU NÃO) 08
INST. 8 ← DOMÉSTICA/OCUPA-SE DAS TAREFAS DO LAR 09
INST. 8 ← OUTRA SITUAÇÃO 10
INST. 8 ← *NÃO RESPONDE* 97

D.11 – (**NO CASO DE O INQUIRIDO SER ESTUDANTE, FAZER ESTA PERGUNTA EM RELAÇÃO AO PRINCIPAL CONTRIBUINTE DO AGREGADO FAMILIAR DO INQUIRIDO**) Da maneira mais detalhada possível, diga-me por favor, qual é a sua ocupação/actividade profissional principal? Caso esteja actualmente reformado, desempregado ou inválido para o trabalho, indique a última profissão principal que desempenhava anteriormente. (**REGISTAR TUDO O QUE O INQUIRIDO DISSER**)

_____

_____

_____

CNP – Classificação Nacional das Profissões – 2 dígitos (ISC088)

D.12 – (NO CASO DE O INQUIRIDO SER ESTUDANTE, FAZER ESTA PERGUNTA EM RELAÇÃO AO PRINCIPAL CONTRIBUINTE DO AGREGADO FAMILIAR DO INQUIRIDO) Qual o sector em que trabalha? (**MOSTRAR LISTA D3. UMA RESPOSTA**)

TRABALHA NO ESTADO
INST. 8 ← (ADMINISTRAÇÃO PÚBLICA CENTRAL E LOCAL/ENTIDADES PÚBLICAS AUTÓNOMAS/EMPRESA PÚBLICA) 1
INST. 8 ←TRABALHA NO SECTOR PRIVADO (POR CONTA DE OUTRÉM)2
INST. 8 ←TRABALHA NUMA EMPRESA MISTA (PÚBLICA E PRIVADA)...3
INST. 8 ←TRABALHA NUMA ORGANIZAÇÃO SEM FINS LUCRATIVOS..4
TRABALHA POR CONTA PRÓPRIA 5
INST. 8 ←*NÃO SABE* 6
INST. 8 ←NÃO RESPONDE 7

D.13 – (NO CASO DE O INQUIRIDO SER ESTUDANTE, FAZER ESTA PERGUNTA EM RELAÇÃO AO PRINCIPAL CONTRIBUINTE DO AGREGADO FAMILIAR DO INQUIRIDO) Disse-me que é trabalhador por conta própria. Qual é (ou era) a sua situação na profissão principal? (**MOSTRAR LISTA D4. UMA RESPOSTA**)

TRABALHADOR POR CONTA PRÓPRIA SEM QUAISQUER EMPREGADOS AO SEU SERVIÇO 01
PATRÃO, COM MENOS DE 10 EMPREGADOS 02
PATRÃO, COM 10 OU MAIS EMPREGADOS 03
OUTRA. QUAL?_____
NÃO SABE 96
NÃO RESPONDE 97

INSTRUÇÃO 8 – ENTREVISTADOR: VERIFICAR RESPOSTA A **D.4**:
SE «**CASADO/VIVE EM UNIÃO DE FACTO**» (**CÓDIGO 1**), **CONTINUE**.
CASO CONTRÁRIO, PASSE PARA **D.18**.

D.14 – Qual é a situação profissional actual do seu cônjuge? (**MOSTRAR LISTA D5. UMA RESPOSTA**)

EMPREGADO A TEMPO INTEIRO (35 OU MAIS HORAS SEMA-
NAIS) 01
EMPREGADO A TEMPO PARCIAL (ENTRE 15 E 34 HORAS SEMA-
NAIS) 02
EMPREGADO MENOS QUE O TEMPO PARCIAL (14 OU MENOS
HORAS SEMANAIS) 03
TRABALHADOR FAMILIAR NÃO REMUNERADO 04
DESEMPREGADO 05
REFORMADO E PRÉ-REFORMADO (EXCEPTO OS REFORMADOS
POR INVALIDEZ) 06
INVALIDEZ PERMANENTE (RECEBENDO PENSÃO OU NÃO) 07
D.18 ← ESTUDANTE/NA ESCOLA/EM FORMAÇÃO PROFISSIONAL 0D8
D.18 ← DOMÉSTICA/OCUPA-SE DAS TAREFAS DO LAR 09
D.18 ← OUTRA SITUAÇÃO 10
D.18 ← *NÃO RESPONDE* 97

D.15 – Da maneira mais detalhada possível, diga-me por favor, qual é a ocupação/actividade profissional principal do seu cônjuge/companheiro(/a)? Caso este esteja actualmente reformado, desempregado ou inválido para o trabalho, indique a última profissão este que desempenhava anteriormente. (**REGISTAR TUDO O QUE O INQUIRIDO DISSER**)

_____

_____

_____

CNP – Classificação Nacional das Profissões – 2 dígitos (ISC088)

D.16 – Qual o sector em que trabalha o seu cônjuge? (**MOSTRAR LISTA D6. UMA RESPOSTA**)

TRABALHA NO ESTADO
D.18 ← (ADMINISTRAÇÃO PÚBLICA CENTRAL E LOCAL/ENTIDADES PÚBLICAS AUTÓNOMAS/EMPRESA PÚBLICA) 1
D.18 ← TRABALHA NO SECTOR PRIVADO (POR CONTA DE OUTRÉM) ...2
D.18 ← TRABALHA NUMA EMPRESA MISTA (PÚBLICA E PRIVADA) 3
D.18 ← TRABALHA NUMA ORGANIZAÇÃO SEM FINS LUCRATIVOS 4

```
┌──── TRABALHA POR CONTA PRÓPRIA .................................................... 5
│  D.18 ← NÃO SABE ................................................................. 6
└─ D.18 ← NÃO RESPONDE ............................................................ 7
```

D.17 – Disse-me que o seu cônjuge é trabalhador por conta própria. Qual é (ou era) a sua situação na profissão principal? (**MOSTRAR LISTA D7. UMA RESPOSTA**)

TRABALHADOR POR CONTA PRÓPRIA SEM QUAISQUER EMPREGADOS AO SEU SERVIÇO 01
PATRÃO, COM MENOS DE 10 EMPREGADOS 02
PATRÃO, COM 10 OU MAIS EMPREGADOS 03
OUTRA. QUAL? _____
NÃO SABE 96
NÃO RESPONDE 97

D.18 – Qual dos seguintes escalões corresponde ao rendimento do seu agregado familiar (médio, mensal, líquido, em contos)? (**MOSTRAR LISTA D8. UMA RESPOSTA**)

MENOS DE 60 CONTOS (APROX. 0 A 300 EUROS) 1
60 A 150 CONTOS (APROX. 301 A 750 EUROS) 2
151 A 300 CONTOS (APROX. 751 A 1 500 EUROS) 3
301 CONTOS A 500 CONTOS (APROX. 1 501 A 2 500 EUROS) 4
MAIS DE 500 CONTOS (APROX. 2 500 EUROS) 5
NÃO SABE 6
NÃO RESPONDE 7

D.19 – Contando consigo, quantas pessoas vivem em sua casa (excluindo empregadas(/os) domésticas(os) pagos e inquilinos)?

'___'___' N.º EXACTO DE PESSOAS NO AGREGADO FAMILIAR

D.20 – Quantos menores vivem em sua casa?

'___'___' N.º EXACTO DE MENORES NO AGREGADO FAMILIAR

> **CAIXA 17** – PARA TERMINAR, GOSTARIA DE O/A INQUIRIR
> SOBRE A SUA PRÁTICA RELIGIOSA

D.21 – Considera-se uma pessoa muito, razoavelmente, pouco ou nada religiosa? (**UMA RESPOSTA**)

    D.24 ←NADA RELIGIOSA 1
           POUCO RELIGIOSA 2
           RAZOAVELMENTE RELIGIOSA 3
           MUITO RELIGIOSA 4
           NÃO SABE 6
           NÃO RESPONDE 7

D.22 – Qual é a sua religião actualmente? (**UMA RESPOSTA**)

           CATÓLICO(/A) 1
           OUTRA 2
    D.24 ← NENHUMA 3
    D.24 ← *NÃO SABE* 6
    D.24 ← *NÃO RESPONDE* 7

D.23 – Diga-me, por favor, com que frequência vai à igreja/local de culto? (**MOSTRAR LISTA D9. UMA RESPOSTA**)

NUNCA 01
UMA VEZ POR ANO 02
DUAS A ONZE VEZES POR ANO 03
UMA VEZ POR MÊS 04
DUAS OU MAIS VEZES POR MÊS 05
UMA VEZ POR SEMANA OU MAIS 06
NÃO SABE 96
NÃO RESPONDE 97

D.24 – Em sua casa fala-se predominantemente português?

SIM 1
NÃO 2
NÃO SABE 6

AGRADEÇA E TERMINE

ENTREVISTADOR REGISTE:

D.25 – Raça do inquirido.

NÃO DETERMINADO 0
EUROPEIA 1
ASIÁTICA 2
AFRICANA 3
INDIANA 4
OUTRA 5

ENTREVISTA CONSEGUIDA 1
ENTREVISTA INCOMPLETA 2

DATA: ___ / ___ / 2002

HORA DE INICIO: '___'___' HORA '___'___' MINUTOS

HORA DO FIM: '___'___' HORA '___'___' MINUTOS

APÊNDICE B
Questionário sobre as atitudes e os comportamentos dos candidatos parlamentares (2003)

QUESTIONÁRIO N.º '___,___,___,

O presente questionário faz parte de um estudo sobre o **Recrutamento Parlamentar em Portugal (1990-2003)**, desenvolvido no âmbito de uma tese de doutoramento em Ciência Política, do qual se constitui como fonte fundamental.

Com este inquérito pretende-se, à semelhança do que acontece em muitos outros países — sendo de destacar aqui o exemplo de *The British Candidate Study* — iniciar um tipo de investigação politológica até ao momento pouco desenvolvida no nosso país, a qual tem como principal objectivo conhecer o perfil social e político dos candidatos à Assembleia da República, bem como as suas atitudes face aos processos de recrutamento intrapartidários.

Por estes motivos, solicitamos e agradecemos, desde já, a sua inestimável colaboração. Esta representará não apenas um contributo importante para a realização e sucesso da investigação científica aqui em causa, mas também um elemento valioso para o conhecimento da democracia representativa portuguesa.

Garantimos o absoluto anonimato e sigilo das suas respostas, no mais estrito cumprimento das leis sobre o segredo estatístico e a protecção de dados pessoais. Uma vez gravada a informação de forma anónima, os questionários serão destruídos imediatamente.

Pedimos-lhe, então, que disponha de algum do seu tempo para responder aos *itens* apresentados. Agradecemos que, uma vez preenchido, o inquérito seja devolvido no prazo de <u>duas semanas</u>, utilizando para o efeito o envelope de resposta que juntamos.

SECÇÃO 1 — DADOS PESSOAIS

1. Género (assinale a resposta com um «x»)

Masculino	A
Feminino	B

2. Idade? (assinale a resposta com um «x»)

Até 30 anos	A
Entre 30 anos e 39 anos	B
Entre 40 anos e 49 anos	C
Entre 50 e 59 anos	D
Com 60 ou mais anos	E

3. Estado civil? (assinale a resposta com um «x»)

Solteiro	A
Casado	B
Divorciado	C
Outro	D

4. Qual é a sua naturalidade? (escreva a sua resposta)

_____

5. Onde reside? (escreva a sua resposta)

_____

SECÇÃO 2 — HABILITAÇÕES LITERÁRIAS

6. Pode dizer-me, por favor, qual é o nível de escolaridade mais elevado que concluiu? (assinale a resposta com um «x»).

Nunca frequentou o ensino	A
Ensino básico	B
Ensino preparatório	C
Ensino unificado complementar (9.º/ ant. 5.º)	D
Ensino secundário complementar (10.º/11.º/ant. 7.º)	E

12.º ano	F
Curso médio	G
Curso superior incompleto	H
Curso superior completo	I
Mestrado	J
Doutoramento	L

7. Caso tenha indicado ter um curso médio ou mais, qual o tipo de curso que frequentou? (assinale a resposta com um «x»).

Direito	A
Letras	B
Economia, Gestão e Finanças	C
Engenharia	D
Arquitectura	E
Medicina e Farmácia	F
Ciências naturais	G
Ciências Sociais e Humanas	H
Outro. Qual?	I

8. Frequentou estabelecimentos de ensino nacional e/ou estrangeiro? (assinale a resposta com um «x»)

Nacional	A
Estrangeiro	B
Nacional e Estrangeiro	C

SECÇÃO 3 — ACTIVIDADE PROFISSIONAL

9. Antes de ser candidato/a, qual era a sua profissão e/ou ocupação principal? (escreva a resposta)

_____

_____

10. Antes de ser candidato, em que distrito (ou distritos) do país exercia a sua actividade profissional? (escreva a resposta)

_____

_____

SECÇÃO 4 — ORIGEM FAMILIAR

11. Qual o nível de escolaridade do seu pai? (assinale a resposta com um «x»)

Nunca frequentou o ensino	A
Ensino básico	B
Ensino preparatório	C
Ensino unificado complementar (9.º/ant. 5.º)	D
Ensino secundário complementar (10.º/11.º/ant. 7.º)	E
12.º ano	F
Curso médio	G
Curso superior incompleto	H
Curso superior completo	I
Mestrado	J
Doutoramento	L

12. Durante a sua infância e juventude, com que frequência se costumava falar de política em sua casa? (assinale a resposta com um «x»)

Sempre	A
Muitas vezes	B
Às vezes	C
Raramente	D
Nunca	E

13. E com que frequência os seus familiares costumavam ver telejornais e/ou ler semanários e jornais diários? (assinale a resposta com um «x»)

Sempre	A
Muitas vezes	B
Às vezes	C
Raramente	D
Nunca	E

14. Actualmente com que frequência fala de política com os seus familiares, amigos e colegas? (assinale a resposta com um «x»)

Sempre	A
Muitas vezes	B
Às vezes	C
Raramente	D
Nunca	E

15. Os seus pais estão ou estiveram filiados num partido político? (assinale com um «x»)

| Sim | A |
| Não | B |

16. Se a resposta for sim, indique qual o partido político.
_____ (escreva a sigla do partido)

17. Na geração ou gerações anteriores à sua, algum dos seus familiares exerceu cargos políticos? (assinale a resposta com um «x»)

| Sim | A |
| Não | B |

18. Se respondeu sim à pergunta anterior, indique qual o grau de parentesco e o tipo de cargo em causa (se forem vários os casos, **escreva apenas dois**).

Grau de parentesco		Tipo de cargo
18.1.	→	18.1.1.
18.2.	→	18.2.1.

19. E actualmente algum dos seus familiares exerce cargos políticos? (assinale a resposta com um x)

| Sim | A |
| Não | B |

20. Se respondeu sim à pergunta anterior, indique qual o grau de parentesco e o tipo de cargo em causa (se forem vários os casos, **escreva apenas dois**).

Grau de parentesco		Tipo de cargo
20.1.	→	20.1.1.
20.2.	→	20.2.1.

21. Abaixo estão indicados vários estratos sociais. A alínea a) representa a classe social alta; a b) a classe média-alta; a c) a classe média; d) a classe média-baixa; e a alínea e) a classe baixa. Desenhe um «x» no quadrado que, em sua opinião, melhor corresponde à classe social dos seus pais.

Alta	A
Média-alta	B
Média	C
Média-baixa	D
Baixa	E

22. Tendo por base o mesmo tipo de estratos sociais, assinale com um «x» o quadrado que melhor corresponde à sua classe social actual?

Alta	A
Média-alta	B
Média	C
Média-baixa	D
Baixa	E

5 — PERCURSO PARTIDÁRIO

23. Nas últimas eleições, integrou as listas de candidatura de que partido?

_____ (escreva a sigla do partido)

24. E integrou as listas desse partido na qualidade de filiado ou de independente? (assinale a resposta com um «x»)

Filiado	A
Independente	B

25. Quando se fala de política utilizam-se normalmente os termos esquerda e direita. Tendo em conta as suas posições face à política, em que ponto da recta se posicionaria?

Esquerda :......:......:......:......:......: Direita

SÓ PARA OS FILIADOS

26. Desde quando está filiado no partido pelo qual se candidatou à Assembleia da República nas eleições legislativas de 2002?

_____/___/___/ (escreva a data, por favor)

27. Manteve ou interrompeu a sua filiação nesse partido? (assinale a resposta com um «x»)

Manteve	A
Interrompi	B

28. Já foi filiado noutro partido político português? (assinale a resposta com um «x»)

Sim	A
Não	B

29. Se sim, qual?
_____(escreva a sigla do partido)

30. De entre as razões a seguir assinaladas, indique quais foram as mais importantes na sua decisão de aderir formalmente a um partido político (pode indicar *várias respostas*).

		Filiação
A	Participar na promoção do bem comum	
B	Contribuir para o aperfeiçoamento da democracia	
C	Gosto pelo exercício de uma actividade política	
D	Forma de participar na vida política do país	
E	Defender a ideologia e o projecto político do partido	

F	Servir através de uma militância activa o meu partido
G	Assumir algum tipo de responsabilidade política no interior do partido
H	Construir uma possível alternativa profissional
I	Ganhar reconhecimento social e notoriedade pública
Q	Outra. Qual?

31. Em termos aproximados, diga-nos, por favor, quantas horas por mês dedica às actividades partidárias? (assinale a resposta com um «x»)

Até 5 horas	A
Entre 5 a 10 horas	B
Entre 10 a 15 horas	C
Entre 15 a 20 horas	D
Mais de 20 horas	E

32. Antes de ser candidato/a à Assembleia da República nas eleições legislativas de 2002, desempenhou cargos partidários ao nível nacional, regional ou local? (assinale a resposta com um «x»)

Sim	A
Não	B

33. Se respondeu sim à pergunta anterior, especifique, por favor, os cargos e o número de vezes que os exerceu (assinale todas as respostas que considere oportunas).

	Tipo de cargo	N.º de vezes
Executivo nacional		
Representativo nacional		
Jurisdicional nacional		
Executivo regional		
Representativo regional		
Executivo local		
Representativo local		
Funcionário do partido		
Organizações sectoriais		

34. Aquando da sua candidatura à Assembleia da República nas últimas eleições legislativas, desempenhava algum cargo partidário ao nível nacional, regional ou local? (assinale a sua resposta com um «x»)

Sim	A
Não	B

35. Se respondeu sim à pergunta anterior, especifique, por favor, o(s) cargo(s) em causa. (assinale a resposta com um «x»)

Executivo nacional	A
Representativo nacional	B
Jurisdicional nacional	C
Executivo regional	D
Representativo regional	E
Executivo local	F
Representativo local	G
Funcionário do partido	H
Organizações sectoriais	I

TODOS OS CANDIDATOS

SECÇÃO 6 — EXPERIÊNCIA EM TERMOS DE RECRUTAMENTO PARLAMENTAR

36. Antes de ser candidato/a à Assembleia da República nas eleições legislativas de 2002, já tinha sido candidato/a parlamentar outras vezes? (assinale a resposta com um «x»)

Sim	A
Não	b

Eleição	Foi Candidato?		CÍRCULOS ELEITORAIS	Lugar na lista	Foi eleito?	
	S	N			S	N
37.1. a,b,c,d,e 1976						
37.2. a,b,c,d,e 1979						
37.3. a,b,c,d,e 1980						
37.4. a,b,c,d,e 1983						
37.5. a,b,c,d,e 1985						
37.6. a,b,c,d,e 1987						
37.7. a,b,c,d,e 1991						
37.8. a,b,c,d,e 1995						
37.9. a,b,c,d,e 1999						

37. Se respondeu sim à pergunta anterior, especifique, por favor, o ano de eleição, o círculo de candidatura, a posição ocupada na lista apresentada pelo partido (*elegível* ou *não elegível*) e, diga-nos, por fim, se foi ou não eleito.

38. E nas eleições legislativas de 2002, foi candidato por que círculo, que posição ocupou na lista de candidatura do partido (*elegível* ou *não elegível*), foi eleito? E, se foi, suspendeu ou renunciou ao mandato?

a. Nome do círculo:_____

b. Lugar na lista:_____

c. Foi eleito?

Sim	A
Não	B

39. De entre as razões a seguir assinaladas, indique quais terão justificado a sua candidatura à Assembleia da República nas últimas eleições legislativas? (é possível indicar *várias respostas*).

A	Possibilidade de contribuir para o bem colectivo e servir o meu país	
B	Possibilidade de lutar por ideais e medidas que defendo	
C	Possibilidade de defender o projecto político do meu partido	
D	Por solicitação ou decisão do meu partido	
E	Possibilidade de ser eleito ou reeleito	
F	Possibilidade de desenvolver uma carreira parlamentar	
G	Possibilidade de defender os interesses da minha região	
H	Possibilidade de promover os interesses de certos grupos	
I	Poder e influência que se obtêm através do cargo de deputado	
J	Possibilidade de melhorar o meu *curriculum* profissional	
L	Outras?	

40. Enquanto algumas pessoas são encorajadas a dedicar-se à vida política, outras há que experimentam a indiferença ou até a desaprovação quando fazem tal opção. De entre os tipos de apoios a seguir assinalados, quais considera terem sido os mais importantes à sua candidatura ou recandidatura? (É possível indicar *várias respostas*)

A	O apoio da mulher / do marido	
B	O apoio de outros membros da família	
C	O apoio de amigos, colegas e conhecidos	
D	O apoio de certos grupos de interesses	
E	O apoio de organizações juvenis	
F	O apoio de organizações de mulheres	
G	O apoio de militantes do meu partido	
H	O apoio dos dirigentes nacionais do partido	
I	O apoio dos dirigentes regionais e/ou locais do partido	
J	O apoio da comunicação social de difusão nacional	
L	O apoio da rádio e imprensa regionais	
M	O apoio dos cidadãos do meu círculo	
N	Outros?	

41. Coloca a hipótese de vir a ser candidato/a ao Parlamento nas próximas eleições legislativas? (assinale a resposta com um «x»)

Sim	A
Não	B
Não sabe	C

SECÇÃO 7 — PERCURSO POLÍTICO

42. Antes de ser candidato a exerceu cargos políticos electivos? (assinale a resposta com um «x»)

Sim	A
Não	B

43. Se respondeu sim à pergunta anterior, especifique, por favor, os cargos e o número de vezes que os exerceu (assinale todas as respostas que considere oportunas)

	Tipo de Cargo	N.º de vezes
A	Governo nacional	
B	Parlamento	
C	Poder Autárquico	
D	Governo Regional	
E	Parlamento Regional	

44. Nos próximos dez anos, pretende prosseguir uma vida política activa, que implique o exercício de cargos públicos tanto a nível nacional como local? (assinale a resposta com um «x»)

Sim	A
Não	B

SECÇÃO 8 – FILIAÇÃO E PARTICIPAÇÃO EM ORGANIZAÇÕES

45. Das organizações abaixo mencionadas, diga-nos, por favor, de quais já fez ou faz parte e, neste caso, se participa ou não nas suas actividades? (assinale com um «x» nos espaços correspondentes)

		Faço parte	Participo
A	Organizações recreativas e culturais		
B	Organizações religiosas		
C	Organizações de solidariedade social		
D	Organizações académicas		
E	Organizações de desenvolvimento e ambientais		
F	Organizações sindicais		
G	Organizações patronais		
H	Ordens profissionais		
I	Organizações em torno de direitos cívicos, sociais e culturais		
J	Organizações técnico-científicas		
L	Organizações juvenis		
M	Organizações de mulheres		
N	Organizações desportivas		
O	Outras. Quais?		

SECÇÃO 9. SELECÇÃO DOS CANDIDATOS PARLAMENTARES

46. Os *itens* seguintes respeitam a alguns dos factores ou objectivos a ter em conta pelos agentes partidários no processo de selecção dos candidatos e de elaboração das listas eleitorais. Assinale com uma cruz aqueles que considera os mais importantes ? (É possível indicar *várias respostas*)

A	Promover o equillíbrio das listas, assegurando a sua representatividade	
B	Promover a autenticidade das candidaturas, evitando os candidatos «virtuais»	
C	Evitar as «guerras das listas», preservando a unidade do partido	

D	Reduzir as lógicas «clientelares» na selecção dos candidatos	
E	Assegurar a qualidade técnica dos grupos parlamentares	
F	Promover a continuidade do pessoal político parlamentar	
G	Assegurar uma estreita relação entre o grupo parlamentar e o partido fora do Parlamento	
H	Garantir a disciplina partidária no Parlamento	
I	Evitar a lógica do «pára-quedismo», promovendo a ligação dos candidatos ao seu círculo	
J	Assegurar a relação de proximidade dos eleitos face aos eleitores	
L	Outros?	

47. Na sua opinião, o processo de recrutamento parlamentar no partido pelo qual se candidatou é (assinale com um «X» nos espaços correspondentes)

		Muito	Bastante	Razoavelm.	Pouco	Muito pouco
A	Democrático					
B	Inclusivo					
D	Competitivo					
G	Conflitual					
H	Formal / Burocrático					
I	Centralizado					

48. Considera aceitável a percentagem de mulheres que se candidatam ao Parlamento? (assinale a resposta com um «x»)

Sim	A
Não	B

SECÇÃO 10 – REPRESENTAÇÃO PARLAMENTAR

49. Passemos agora a um outro assunto. Na sua opinião, quem é que o deputado deveria representar durante a sua actividade parlamentar? (Por favor, assinale apenas uma opção)

Todos os portugueses	A
Todos os eleitores do seu círculo	B
O partido ao qual pertence	C
Um determinado grupo social	D
Qual?	E

50. Em que medida concorda ou discorda com as práticas destinadas a assegurar as relações entre o deputado e o partido, tais como a demissão em branco, o contrato inominado e disposição antecipada do mandato, demissão em caso de abandono do partido como norma consuetudinária ou de «cortesia»? (assinale a resposta com um «x»)

Concorda fortemente	A
Concorda	B
Não concorda nem discorda	C
Discorda	D
Discorda fortemente	E

51. O tema da disciplina de voto dos deputados suscita usualmente pontos de vista diversos. Pode dizer-nos, por favor, qual das seguintes afirmações corresponde melhor à sua opinião? (assinale a resposta com um «x»)

Dever-se-ia exigir sempre a disciplina de voto no Grupo Parlamentar	A
Dever-se-ia permitir que cada deputado votasse segundo os seus próprios critérios, mesmo que estes não fossem coincidentes com os do seu Grupo Parlamentar	B
Alguns temas deveriam estar sujeitos à disciplina de voto e outros não	C

52. Em seu entender, caso exista uma divergência entre as opiniões do deputado e as opiniões do partido relativamente a um dado tema ou matéria política, este último deveria votar... (assinale a resposta com um «x»)

De acordo com as suas próprias opiniões	A
De acordo com as opiniões do seu partido	B
Depende	C
Não sabe	D

53. Já nos casos em que exista uma divergência entre as opiniões do deputado e as opiniões dos eleitores do seu círculo, o deputado deveria votar... (assinale a resposta com um «x»)

De acordo com as suas próprias opiniões	A
De acordo com as opiniões dos eleitores do seu círculo	B
Depende	C
Não sabe	D

54. E como deveria votar o deputado nos casos em que as opiniões do seu partido não coincidem com as opiniões dos eleitores do seu círculo? (assinale a resposta com um «x»)

De acordo com as opiniões do seu partido	A
De acordo com as opiniões dos eleitores do seu círculo	B
Depende	C
Não sabe	D

55. Poderia indicar qual das seguintes opiniões está mais próxima da sua forma de pensar? (assinale a resposta com um «x»)

| Os deputados não deveriam exercer qualquer tipo de actividade profissional durante o seu mandato. Desta forma, sentir-se-iam mais independentes e menos pressionados no momento de tomar decisões | A |
| Os deputados não deveriam abandonar as suas actividades profissionais para se dedicarem exclusivamente à actividade parlamentar. Só assim os deputados podem conhecer e compreender os problemas dos cidadãos | B |

56. Considera que os deputados são muito bem pagos, bem pagos, mal pagos ou muito mal pagos? (assinale a resposta com um «x»)

Muito bem pagos	A
Bem pagos	B
Razoavelmente pagos	C
Mal pagos	D
Muito mal pagos	E

SECÇÃO 11 — AVALIAÇÃO DAS INSTITUIÇÕES E ACTORES POLÍTICOS

57. Pessoalmente, qual é a imagem que acha que a opinião pública tem dos deputados? (assinale a resposta com um «x»)

Muito positiva	A
Positiva	B
Nem positiva nem negativa	C
Negativa	D
Muito negativa	E

58. E do Parlamento? (assinale a resposta com um «x»)

Muito positiva	A
Positiva	B
Nem positiva nem negativa	C
Negativa	D
Muito negativa	E

59. E dos Partidos Políticos? (assinale a resposta com um «x»)

Muito positiva	A
Positiva	B
Nem positiva nem negativa	C
Negativa	D
Muito negativa	E

60. Considera que o sistema eleitoral vigente desenvolve ou permite o nível suficiente de personalização para garantir a relação de proximidade e de confiança entre os eleitos e os eleitores? (assinale a resposta com um «x»)

Sim	A
Não	B

61. Se respondeu negativamente à pergunta anterior, diga-nos, por favor, quais das medidas a seguir enunciadas seriam as mais adequadas à personalização do mandato parlamentar? (É possível indicar *várias respostas*)

A	Criar círculos uninominais de candidatura	
B	Introduzir o voto preferencial	
C	Abrir o sistema a candidaturas independentes	
D	Reduzir o número de deputados	
E	Limitar o número de mandatos dos deputados	
F	Reconfigurar os círculos eleitorais	
G	Criar um círculo nacional de apuramento	
H	Reforçar o trabalho dos deputados nos círculos	
I	Reduzir as condições de substituição dos deputados	
J	Mudar as regras e práticas internas dos partidos	
L	Alterar as regras e o processo que leva à escolha dos candidatos a deputados (p. ex.: a introdução de eleições primárias)	

62. Finalmente, diga-nos qual a importância que atribui ao processo de selecção dos candidatos à AR no funcionamento do nosso sistema político democrático? (assinale a resposta com um «x»)

Muito importante	A
Importante	B
Razoavelmente importante	C
Pouco importante	D
Nada importante	E

APÊNDICE C
Aspectos metodológicos relativos aos inquéritos que serviram de base à investigação empírica

1. As eleições legislativas de 2002. Inquérito pós-eleitoral (ICS-UL)

Universo e amostra

O universo do estudo é constituído pelos indivíduos residentes no continente com idades compreendidas entre os 18 e os 74 anos. A selecção da amostra e a recolha de dados estiveram a cargo da empresa de estudos de mercado Metris-GfK, sob a coordenação do ICS-UL. De uma amostra inicial de 1 600 indivíduos, obtiveram-se 1 303 entrevistas, o que corresponde a uma taxa de resposta de 81,4 %. Trata-se de uma amostra probabilística, delineada a partir dos dados do Censos de 1991 e 2001.

Processo de amostragem

A amostra foi extraída através dos seguintes passos:

- Foi realizada uma primeira estratificação por NUTE (Região Norte, Centro, Lisboa e Vale do Tejo, Alentejo e Algarve) e *habitat* (localidades com menos de 100 habitantes; de 100 a 200 habitantes; de 201 a 500 habitantes; de 501 a 1 000 habitantes; de 1 001 a 2 000 habitantes; de 2 001 a 5 000 habitantes; de 5 001 a 10 000 habitantes; de 10 001 a 20 000 habitantes; de 20 001 a 100 000 habitantes; de 100 001 a 500 000 habitantes; de 500 001 e mais habitantes).

- De acordo com a proporção de residentes em cada estrato, definiu-se o número de entrevistas a realizar em cada área, com o objectivo de completar a amostra prevista de 1 600 indivíduos (cf. quadro n.º 1).

- O número de localidades a seleccionar dentro de cada estrato foi calculado de forma proporcional ao número de residentes: mais ou menos por 10 residentes em cada estrato seleccionou-se uma localidade, procurando, assim, garantir que não fossem realizadas mais do que 10 entrevistas na mesma localidade. Dentro de cada localidade foi aplicado o método *random route*, de forma a assegurar uma boa distribuição dos lares seleccionados a toda a extensão da localidade.

- Em cada lar foi seleccionado o último aniversariante. Foram, ainda, admitidas substituições do lar seleccionado, sempre que, num primeiro contacto, o entrevistador não conseguiu encontrar ninguém num determinado lar, sendo este imediatamente substituído por outro. Porém, não foram permitidas substituições das pessoas seleccionadas, pelo que ao fim de três contactos infrutíferos — realizados em horas diferenciadas — ou recusa do entrevistado, o contacto foi considerado falhado.

- De uma matriz inicial de 1 600 entrevistas obteve-se uma amostra final de 1 303 indivíduos, o que corresponde a uma taxa de resposta de 81,4 %. A diferença entre a amostra previstas e a amostra obtida resulta de novos contactos perdidos, recusas em responder ao inquérito e entrevistas anuladas depois da supervisão da Metris-GfK (cf. quadro n.º 2).

Formação dos entrevistadores

Os entrevistadores receberam formação por parte da empresa no que toca à técnica de entrevista e aos procedimentos de amostragem. Os entrevistadores foram, também, sujeitos a uma formação específica por parte da equipa de investigação do Instituto de Ciências Sociais.

Trabalho de campo

O trabalho de campo decorreu entre o dia 23 de Março e o dia 8 de Abril de 2002, tendo contado com a participação de 52 entrevistadores. Foi utilizada a técnica de entrevista pessoal, em casa do entrevistado, mediante questionário estruturado, com uma duração de cerca de 45 minutos.

Supervisão

A empresa Metris-GfK realizou a supervisão de cerca de 20 % do trabalho de cada entrevistador através de um novo contacto directo e telefónico com o entrevistado.

Ponderação da amostra

Uma vez que não foram identificados desvios acima do aceitável na amostra relativamente à distribuição da população segundo o sexo, a idade e a escolaridade, tendo em conta os Censos de 1991 e de 2001, não foi necessário ponderar a amostra.

Distribuição prevista das entrevistas por NUTE e por *habitat*

NUTE	-100	101-200	201-500	501-1 000	1 001-2 000	2 001-5 000	5 001-10 000	10 001-20 000	20 001-100 000	100 001-500 000	+500 001	Total
Norte...............	76	86	115	54	37	34	32	64	37	54	0	584
Centro..............	30	36	64	46	30	23	3	34	23	0	0	289
Lisboa e Vale do Tejo......	14	17	39	35	39	61	49	123	56	24	120	577
Alentejo...........	3	3	8	12	14	15	14	9	7	0	0	85
Algarve............	4	5	10	7	5	7	8	10	5	0	0	61
Total...............	127	147	236	154	125	140	106	240	128	78	120	1 601

Distribuição real das entrevistas por NUTE e por *habitat*

NUTE	-100	101-200	201-500	501-1 000	1 001-2 000	2 001-5 000	5 001-10 000	10 001-20 000	20 001-100 000	100 001-500 000	+500 001	Total
Norte...............	59	84	107	45	37	34	26	49	30	48	0	519
Centro..............	13	17	57	37	24	17	3	28	25	0	0	221
Lisboa e Vale do Tejo......	14	16	30	29	28	45	43	64	65	8	96	438
Alentejo...........	3	3	8	12	14	15	14	8	6	0	0	83
Algarve............	1	1	8	3	3	6	7	10	3	0	0	42
Total...............	90	121	210	126	106	117	93	159	129	56	96	1 303

Fonte: António Barreto, André Freire, Marina Costa Lobo e Pedro Magalhães (orgs.) (2004), *Comportamento Eleitoral e Atitudes Políticas dos Portugueses — Base de Dados*, Lisboa, Instituto de Ciências Sociais, p. 24.

2. Inquérito aplicado aos candidatos à Assembleia da República nas eleições de 2002

Universo e amostra

O universo do estudo é constituído pelos candidatos efectivos às eleições legislativas de 2002, que integram as listas dos cinco partidos políticos com representação parlamentar na eleição legislativa imediatamente anterior. A dimensão do universo é, por conseguinte, de 1150 indivíduos.

O inquérito foi realizado a uma amostra — probabilística estratificada —, na qual foram considerados três variáveis: o partido político, a magnitude de círculo e o lugar ocupado na lista (candidato colocado em lugar elegível ou não elegível), consideradas fundamentais para o teste das hipóteses teóricas apresentadas neste estudo. Desta forma, foi definida uma amostra teórica de 465 questionários, sendo que, desta amostra inicial, foi obtida uma amostra efectiva de 300 questionários, correspondendo a uma taxa global de resposta de 64,5 %.

Processo de amostragem

A amostra foi obtida através dos seguintes passos:

- O primeiro estrato foi definido a partir do cruzamento de duas variáveis: partido político e magnitude de círculo. Esta última variável foi dividida em três escalões: círculos de pequena, média e grande magnitude. A distribuição dos círculos por escalão, bem como o número de deputados em cada círculo, é apresentada na tabela seguinte.

Note-se que o cruzamento destas duas variáveis define os 15 estratos considerados na primeira etapa da amostragem (5 partidos × 3 tipos de círculo). A dimensão do universo deveria ser, desta forma, para o total dos círculos de grande magnitude de 121 candidatos; para círculos de média magnitude de 78 candidatos, e para círculos de pequena magnitude, de 31 candidatos.

- Tendo sido as listas de candidatos apresentadas pelos cinco partidos solicitadas junto da Comissão Nacional de Eleições, deparámo-nos, contudo, com a omissão de algumas fichas de candidatura. Dado que não foi possível colmatar tais omissões no processo de preparação da amostragem, tal facto condicionou algumas das opções tomadas. Na prática, e de acordo com a informação disponível, a distribuição real dos candidatos por partido político e por magnitude de círculo é aquela que resulta da tabela apresentada em seguida.

Círculos eleitorais	Magnitude do círculo eleitoral			Total
	Grande	Média	Pequena	
Aveiro		15		15
Beja			3	3
Braga	18			18
Bragança			4	4
Castelo Branco		5		5
Coimbra		10		10
Évora			3	3
Faro		8		8
Guarda			4	4
Leiria		10		10
Lisboa	48			48
Portalegre			3	3
Porto	38			38
Santarém		10		10
Setúbal	17			17
Viana do Castelo		6		6
Vila Real		5		5
Viseu		9		9
Açores			5	5
Madeira		5		5
Europa			2	2
Fora da Europa			2	2
Total	121	78	31	230

Partidos / Círculos	Magnitude do círculo eleitoral			Total
	Grande	Média	Pequena	
PPD-PSD	121	78	31	230
CDS-PP	121	78	31	230
PS	121	78	30	229
CDU	117	81	28	226
BE	121	77	28	226
Total	601	392	148	1 141

- A partir da dimensão do universo para cada um dos 15 estratos, foi definida uma amostra teórica. Assim, considerando o diferente número de candidatos segundo a magnitude de círculo, e os diferentes problemas que aqui se colocam — à luz da teoria da amostragem e dos resultados esperados de acordo com as contingências associadas à recolha de informação — estabeleceu-se que a amostra teórica corresponderia, para cada partido, no caso de círculos de grande magnitude, a cerca de um terço dos candidatos, e no caso dos círculos de média e de pequena magnitude a cerca de metade. A partir de tal procedimento, chegou-se à seguinte distribuição da amostra teórica:

Universo e amostra teórica

Partidos / Círculos	Pequena		Média		Grande		Total	
	N	n	N	n	N	n	N	n
PPD-PSD	31	15	78	40	121	40	230	95
CDS-PP	31	13	78	41	121	41	230	95
PS	30	16	78	39	121	40	229	95
CDU	28	10	81	40	117	40	226	90
BE	28	10	77	39	121	41	226	90
Total	148	64	392	199	601	202	1 141	465

- Foi ainda utilizada uma outra variável na estratificação da amostra: o lugar ocupado na lista (candidato colocado em lugar elegível ou não elegível). De notar que o critério adoptado para a definição do estatuto de elegibilidade dos candidatos à Assembleia da República foi os resultados das eleições legislativas imediatamente anteriores. Desta forma, se um partido político elegeu, nas eleições legislativas de 1999, quatro deputados num determinado círculo, o quarto candidato da lista de 2002 é considerado como ocupando um lugar elegível, e o quinto como ocupando um lugar não elegível. De sublinhar que esta variável foi usada na estratificação da amostra para todos os partidos políticos, com a excepção do Bloco de Esquerda, devido ao reduzido número de deputados eleitos na legislatura anterior. Donde, a distribuição dos candidatos por partido político e por lugar ocupado na lista é apresentada na tabela seguinte.

Candidatos Partidos	Lugar ocupado na lista do partido		Total
	Elegível	Não elegível	
PPD-PSD	81	149	230
CDS-PP	15	212	227
PS	115	114	229
CDU	18	208	226

- A partir desta distribuição do universo, segundo o lugar ocupado na lista, foi definida uma amostra teórica. Uma vez que o número de deputados eleitos por partido está sujeito a grandes diferenças, o número de candidatos colocados em lugar elegível é, naturalmente, também objecto de grandes variações, sendo muito superior nos dois maiores partidos. Tal facto faz com que a evolução da margem de erro não seja linear. Assim, nas pequenas subpopulações, como é o caso dos candidatos elegíveis, tornou-se necessário garantir uma maior penetração amostral, de forma a obter o mesmo nível de precisão em cada um dos estratos.

- Uma vez que o número de candidatos elegíveis é mais reduzido — e, em alguns casos, muito mais reduzido — do que o número de candidatos não elegíveis, procedeu-se a uma «sobre-representação», na amostra teórica, do número de questionários a realizar junto deste tipo de candidato. Pelo que a amostra não é, deste modo, e também de acordo com a distribuição desta mesma variável, uma amostra proporcional. É fácil perceber que a desproporcionalidade introduzida tem por objectivo maximizar a representatividade dos resultados ao nível dos candidatos elegíveis, procurando um maior equilíbrio em relação à representatividade obtida ao nível dos candidatos não elegíveis. A distribuição do universo e da amostra teórica é apresentada na tabela seguinte.

Candidatos Partidos	Elegível		Não Elegível		Total	
	N	n	N	n	N	n
PPD-PSD	81	38	149	57	230	95
CDS-PP	15	7	212	88	227	95
PS	115	48	114	47	229	95
CDU	18	8	208	82	226	90

Trabalho de campo

Os dados foram recolhidos através da aplicação de um questionário estruturado, administrado por via postal, em Maio de 2003, depois de devidamente testado, tendo sido efectuados mais dois reenvios para toda a amostra teórica, nos meses de Junho e Julho do mesmo ano. Do trabalho de recolha de informação resultou uma amostra efectiva de 300 questionários, com a distribuição por partido, magnitude de círculo e lugar na lista, que apresentamos nas tabelas seguintes.

Amostra efectiva e taxa de resposta (partido político)

	PPD-PSD	CDS-PP	PS	CDU	BE	Total
Amostra teórica						
Número de casos	95	95	95	90	90	465
Valores percentuais	20,4	20,4	20,4	19,4	19,4	100,0
Amostra efectiva						
Número de casos	69	63	61	58	49	300
Valores percentuais	23,0	21,0	20,3	19,3	16,3	100,0
Taxa de resposta						
	72,6	66,3	64,2	64,4	54,4	64,5

Amostra efectiva e taxa de resposta (partido político × magnitude de círculo)

Magnitude de círculo	PPD-PSD Amostra efectiva	PPD-PSD Taxa de resposta	CDS-PP Amostra efectiva	CDS-PP Taxa de resposta	PS Amostra efectiva	PS Taxa de resposta	CDU Amostra efectiva	CDU Taxa de resposta	BE Amostra efectiva	BE Taxa de resposta	Total Amostra efectiva	Total Taxa de resposta
Grande	31	77,5	32	78,0	29	72,5	32	80,0	18	43,9	142	70,3
Média	27	67,5	22	53,7	21	53,8	16	40,0	21	53,8	107	53,8
Pequena	11	73,3	9	69,2	11	68,8	10	100,0	10	100,0	51	79,7
Total	69	72,6	63	66,3	61	64,2	58	64,4	49	54,4	300	64,5

Amostra efectiva e taxa de resposta (partido político × lugar de lista)

Lugar ocupado na lista	PPD-PSD Amostra efectiva	PPD-PSD Taxa de resposta	CDS-PP Amostra efectiva	CDS-PP Taxa de resposta	PS Amostra efectiva	PS Taxa de resposta	CDU Amostra efectiva	CDU Taxa de resposta
Elegível	32	84,2	8	114,3	33	68,8	8	100,0
Não elegível	37	64,9	55	62,5	28	59,6	50	61,0
Total	69	72,6	63	66,3	61	64,2	58	64,4

Erro amostral

As margens de erro associadas aos resultados do estudo, a um nível de confiança de 95 %, são apresentadas, com intervalos de 10 %, na tabela seguinte.

	Margem de erro				
	10 % ou 90 %	20 % ou 80 %	30 % ou 70 %	40 % ou 60 %	50 %
Global	2,5 p. p.	3,3 p. p.	3,8 p. p.	4,1 p. p.	4,2 p. p.
PPD-PSD	3,6 p. p.	4,8 p. p.	5,4 p. p.	5,8 p. p.	5,9 p. p.
CDS-PP	3,6 p. p.	4,8 p. p.	5,4 p. p.	5,8 p. p.	5,9 p. p.
PS	3,6 p. p.	4,7 p. p.	5,4 p. p.	5,8 p. p.	5,9 p. p.
CDU	3,8 p. p.	5,0 p. p.	5,7 p. p.	6,1 p. p.	6,3 p. p.
BE	3,8 p. p.	5,0 p. p.	5,7 p. p.	6,1 p. p.	6,3 p. p.

Legenda: p. p. – pontos percentuais

A margem de erro para uma percentagem de 10 % — tal como para uma percentagem de 90 % — para o total de resultados obtidos, é de ±2,5 pontos percentuais. Ou seja, o valor deve ser interpretado como estando compreendido, com uma probabilidade de 95 %, entre 7,5 % e 12,5 %, caso fosse inquirida a totalidade de elementos do universo. [960]

---

[960] As margens de erro apresentadas foram calculadas de acordo com fórmula proposta de Paul Levy e Stanley Lemeshow (1991), *Sampling of Populations*, Nova Iorque, Wiley, p. 53.

APÊNDICE D

Técnicas de análise de dados mais usadas na investigação empírica

Depois de analisar a distribuição de valores das variáveis, através da utilização de tabelas de frequências e de medidas de tendência central (estatística descritiva), segue-se o estudo das ligações existentes entre as variáveis (estatística indutiva), o qual procura saber uma de duas coisas: 1) se existem diferenças entre as distribuições de duas variáveis em relação a um determinado aspecto e qual a sua significância estatística; 2) se existem relações entre as distribuições de duas variáveis e qual a sua força ou intensidade (Manuela M. Hill e Andrew Hill, 2000: 192-193; Alan Bryman e Duncan Cramer, 2003: 131 e 183)

Se a estatística descritiva permite descrever, de forma sumária, as características não uniformes das unidades observadas, através de medidas apropriadas ao resumo dos dados, como é o caso da média, da moda e do desvio-padrão. Já a estatística indutiva permite-nos, com base nos elementos observados, avaliar os factores ligados com o acaso e tirar conclusões para um domínio mais vasto, tendo por base uma ou mais amostras aleatórias. Nota-se que a análise inferencial requer o conhecimento das probabilidades, as quais são desenvolvidas através de intervalos de confiança e de testes estatísticos paramétricos ou não paramétricos (Maria H. Pestana e João N. Gageiro, 2000: 19; Manuela M. Hill e Andrew Hill, 2000: 192-193).

3.1 Análise bivariada: explorar relações entre pares de variáveis

Nível de significância

Um dos procedimentos de inferência, ou seja, afirmar que os efeitos obtidos numa amostra representam os efeitos que ocorrem no universo, consiste em testar hipóteses e, para o efeito, é necessário fixar uma probabilidade de erro — nível de significância. A partir desta é tomada a decisão de rejeitar ou não a hipótese nula, o mesmo é dizer, a hipótese de inexistência de relação entre variáveis. A questão que se coloca aqui é a de saber qual o valor de significância a adoptar para tomar uma decisão sobre a hipótese nula. Uma regra comummente aceite nas Ciências Sociais considera o nível de significância de 5 %. Neste sentido, compara-se a probabilidade de prova p com o nível de significância α preestabelecido, e adopta-se a seguinte regra de decisão: rejeitar a hipótese nula quando o valor de p for menor ou igual a 0,05.

Testes do Qui-Quadrado

A investigação de relações entre variáveis constitui um passo importante na observação e explicação dos fenómenos estudados. Ao testar a relação entre duas variáveis, estamos a admitir a hipótese de que a distribuição de uma variável X está associada à distribuição de uma variável Y. Ou, dito de outro modo: estamos a assumir que o padrão de distribuição de uma variável é tal que a sua variação não é aleatória relativamente a outra variável (Alan Bryman e Duncan Cramer, 2003: 183-184).

A forma mais simples e usual de mostrar a existência de uma relação entre duas variáveis é através de *tabelas de contingência* (cruzamentos), ou seja, tabelas de dupla entrada do tipo *2 × 2* que cruzam variáveis pertencentes ao mesmo conceito ou a pertencentes a conceitos diferentes, de forma a verificar relações de dependência que podem ou não ser relações de causalidade. Nas tabelas de contingência, os resíduos ajustados na forma estandardizada informam-nos sobre as células que mais se afastam da hipótese de independência entre as variáveis, sendo que o numerador destes resíduos é dado pela diferença entre os valores observados e os valores esperados, enquanto que o denominador é uma estimativa do seu erro amostral.

O *teste do Qui-Quadrado (X^2) ou de Pearson*, em combinação com as tabelas de contingência, permite-nos conhecer a probabilidade de existir uma relação entre duas variáveis no universo de onde foi extraída a amostra. Por outras palavras, permite-nos testar a probabilidade da relação observada entre duas variáveis resultar do acaso, por exemplo, como resultado de um erro amostral. Quando aplicado aos dados de um cruzamento entre duas variáveis nominais, a estatística do Qui-Quadrado (X^2) testa a hipótese nula (H0), que supõe a independência entre as duas variáveis. Por conseguinte, para se poder afirmar que existe uma relação de dependência entre as duas variáveis no universo de onde foi extraída a amostra aleatória, torna-se necessário rejeitar a hipótese nula (Maria H. Pestana e João N. Gageiro, 2000: 101-103; Alan Bryman e Duncan Cramer, 2003: 191-192).

O teste do Qui-Quadrado (X^2) calcula-se comparando as frequências observadas em cada célula de uma tabela de contingência (ou cruzamento) com as que seriam previsíveis se não existisse qualquer associação entre as duas variáveis. Quanto maior for a diferença entre as frequências reais e as esperadas, maior será o valor do X^2; se as frequências observadas forem muito próximas das esperadas, o teste assume um valor baixo. Sublinhe-se que o valor do Qui-Quadrado (X^2) deve ser relacionado com um nível de significância estatística, que, como acima ficou dito, indica o risco considerado aceitável para que a hipótese nula seja incorrectamente rejeitada. Por exemplo, se escolhermos um nível de significância estatística de 0.05, assumimos que as probabilidades de ter uma amostra desviante (isto é, uma amostra que sugira uma associação entre duas variáveis quando, de facto, essa associação não existe na população estudada) são de vinte em cada cem amostras aleatórias. Se o valor do X^2 for estatisticamente significativo a um nível de 0,01 ou de 0,001, as probabilidades de rejeitarmos erradamente a hipótese nula são de uma em cada cem ou de uma em cada mil amostras aleatórias (Alan Bryman e Duncan Cramer, 2003: 191-192).

De notar, por fim, que a utilização do teste do Qui-Quadrado (X^2) conhece algumas restrições. Com efeito, para que se possa aplicar o teste com apenas duas categorias (ou um grau de liberdade), o número de casos que se espera que surjam nessas categorias deve ser, no mínimo, igual a cinco. Com três ou mais categorias (ou mais do que um grau de liberdade) não se deve utilizar o teste do Qui-Quadrado (X^2) quando algumas das frequências esperadas for menor que um ou quando mais de 20 % das frequências esperadas forem inferiores a cinco (Alan Bryman e Duncan Cramer, 2003: 141).

Com os valores do teste Qui-Quadrado (X^2), o SPSS apresenta simultaneamente os valores de outros testes estatísticos nele baseados, nomeadamente a Correcção de Continuidade de Yates, o Teste de Fisher, o Rácio de Verosimilhança e o Linear by Linear Association, assumindo estes últimos a hipótese nula e alternativa do teste de Pearson.

Medidas de associação baseadas no teste do Qui-Quadrado e no PRE

O teste do Qui-Quadrado ou de Pearson apenas informa sobre a presença ou ausência de uma associação entre duas variáveis, mas nada diz sobre a força ou intensidade dessa associação. Para conhecermos o grau da associação existente entre duas variáveis é preciso recorrer a medidas de associação ou de correlação, que indicam a força e o sentido da relação entre um par de variáveis. Podem distinguir-se dois tipos de medidas: 1) as medidas de associação baseadas nas estatísticas do Qui-Quadrado; 2) as medidas de associação baseadas na redução proporcional do erro de previsão (PRE). As primeiras incluem o coeficiente Phi, o coeficiente de contingência (ou C de Pearson) e o coeficiente V de Cramer. Já as segundas incluem o Lambda, o Goodman & Kruskal's tau e o coeficiente de incerteza (Manuela M. Hill e Andrew Hill, 2000: 204-205; Maria H. Pestana e João N. Gageiro, 2000:106-108).

Os coeficientes de associação baseados no teste do Qui-Quadrado variam normalmente entre 0 e 1, isto é, desde a ausência de relação até à relação perfeita entre as variáveis. Os valores baixos indicam uma associação fraca entre variáveis, enquanto os valores elevados indicam uma relação forte entre as variáveis. As medidas de associação baseadas no PRE, que indicam a redução do erro de previsão que é obtida quando se utiliza uma variável para prever a outra, variam também entre 0 e 1, em que 0 significa que o conhecimento de uma variável em nada ajuda a prever a outra variável, e 1 significa que o conhecimento de uma variável identifica perfeitamente as categorias da outra. As medidas de associação baseadas no PRE, designadas usualmente por medidas direccionais, podem ser simétricas ou assimétricas, consoante se defina ou não qual das duas variáveis é a dependente e a independente (Maria H. Pestana e João N. Gageiro, 2000: 108).

Medidas de associação simétricas — Kendall's tau b

Se os coeficientes de associação baseados no Qui-Quadrado e no PRE medem a força da relação entre duas variáveis nominais, os coeficientes de correlação testam a intensidade e a direcção das relações entre duas variáveis ordinais. Assim sendo, quando as duas variáveis são ordinais ou quando uma é ordinal e a outra nominal podem utilizar-se dois importantes métodos não paramétricos, nomeadamente *o ró* de Spearman e o *tau* de Kendall. Em ambos os métodos o coeficiente calculado varia entre − 1 e + 1. Uma relação de − 1 ou de + 1 indica, respectivamente, uma associação perfeita, negativa ou positiva, entre duas variáveis. Quanto mais perto o coeficiente de correlação estiver de 1 (seja negativo seja positivo) mais forte será a associação entre as duas variáveis. Quanto mais perto o coeficiente estiver de 0 (afastando-se de − 1 e de + 1), mais fraca será a associação.

A intensidade da relação entre variáveis ordinais é analisada através de medidas de associação simétricas, nomeadamente através dos coeficientes *Kendall's tau b*. Esta medida de associação não classifica as variáveis como dependente e independentes, na medida em que implica uma situação de simetria entre as variáveis — e calcula-se através da análise dos valores de ordem das duas variáveis para cada par de casos. Se os valores de ordem de um caso forem ambos maiores ou menores do que os de outro, os pares dizem-se concordantes (P). Se os valores de ordem forem inversos, os pares dizem-se discordantes (Q). Quando os casos têm os mesmos valores de ordem para uma ou para ambas as variáveis, os pares dizem-se empatados (T). Se os valores de uma variável aumentarem com os valores da outra variável, isso significa que a maioria dos pares são concordantes e a associação é positiva. Já se os valores de uma variável aumentarem à medida que os valores da outra variável diminuem, a associação é negativa e a maioria dos pares são discordantes. Por fim, se o número de pares concordantes e discordantes for igual ou aproximadamente igual, não existe uma associação entre as duas variáveis. (Maria H. Pestana e João N. Gageiro, 2000: 135-136).

3.2 Análise multivariada: explorar relações entre três ou mais variáveis

Regressão linear

A finalidade da regressão linear consiste em identificar a relação entre uma variável dependente e uma ou mais variáveis independentes quantitativas ou tratadas como tal. A regressão linear permite saber em que medida é possível atribuir um determinado *score* a uma variável dependente a partir do conhecimento dos *scores* obtidos nas variáveis independentes. Na análise de regressão linear parte-se sempre do princípio de que a relação entre a variável dependente e cada uma das variáveis independentes assume a forma de uma linha recta, o que significa que um acréscimo de um ponto numa variável independente terá o mesmo impacto no valor da variável dependente. É de notar que esta técnica assume que ambas as variáveis, dependente e independente, são medidas numa escala de intervalos (*scale*), pelo que os dados categoriais ou nominais apenas podem ser tomados como variáveis independentes se forem convertidos em variáveis binárias (*dummy*), ou seja, variáveis que só assumem os valores 0 e 1, em que 1 significa a presença de determinada categoria e 0 a sua ausência.

Os resultados estatísticos de uma análise de regressão linear mais frequentemente referidos são: *a*) a *variância explicada* ou *coeficiente de determinação* (R^2), que permite saber em que medida a combinação de todas as variáveis independentes contribui para a variação dos *scores* da variável dependente; *b*) o *coeficiente de regressão*, que estima a mudança que ocorre na variável dependente quando se verifica uma mudança numa variável independente, mantendo as restantes constantes. Para proceder à comparação do peso relativo das variáveis independentes é necessário uniformizar as respectivas unidades de medida dessas variáveis, falando-se, então, de *coeficientes de regressão estandardizados* ou *coeficientes beta*.

Regressão logística

O modelo de regressão logística é uma técnica estatística, descritiva e inferencial, que permite prever o comportamento de uma variável dependente ou Y a partir de uma ou mais variáveis independentes ou X's, informando sobre a margem de erro dessas previsões. Quando temos mais do que uma variável explicativa, o modelo de regressão logística mede o efeito independente de cada uma delas sobre a variável a explicar, mantendo constante o impacto de todas as outras variáveis explicativas. Numa análise de regressão logística parte-se sempre do princípio de que a relação entre a variável dependente e cada uma das variáveis independentes não é linear, ao contrário do que acontece no modelo de regressão linear múltipla (MRLM), sendo, por isso, necessário fazer uma transformação logarítmica da função de forma a linearizar a relação — essa transformação logarítmica é o *logit*. A utilização desta técnica estatística pressupõe que a variável dependente seja discreta e dicotómica[961], podendo as variáveis independentes ser medidas por meio de escalas nominais, ordinais ou de intervalo.

Na regressão logística, os coeficientes de regressão são calculados através do método da máxima verosimilhança (*maximum-likelihood method*), e não através do método dos mínimos quadrados (*least squares method*), como acontece no caso da regressão linear. Dado que na regressão logística, os coeficientes de regressão não estão estandardizados — como os *betas* da regressão linear —, é preciso utilizar algumas medidas adicionais para a avaliar a importância relativa de cada uma das variáveis independentes. A estatística *Wald* permite-nos, ao testar a hipótese de o coeficiente ser igual a zero (hipótese nula), avaliar quais as variáveis independentes que têm maior importância para explicar as variações observadas na variável dependente. Assim, quanto maior for o valor do *Wald*, maior será a importância explicativa da variável independente. Em cada caso, esta medida

---

[961] Note-se que também é possível utilizar esta técnica para situações em que a variável dependente tem mais do que duas categorias mas, nesse caso, o método é normalmente designado por «regressão logística multinomial».

tem também associado um determinado nível de significância. Os *coeficientes de correlação parcial* (r) informam-nos, igualmente, sobre a importância de cada uma das variáveis independentes ou explicativas. Estas medidas variam entre – 1 e + 1 e devem ser interpretadas como os usuais coeficientes de correlação (*r* de Pearson): quanto maior for o valor absoluto do *r* associado a determinada variável, maior será a importância explicativa que essa variável tem no modelo. O sinal do coeficiente exprime o sentido da relação com a variável dependente, que pode ser positivo ou negativo.

Existem, ainda, outras três medidas para avaliar os *outputs* da análise de regressão logística em termos de ajustamento das previsões aos resultados reais. Em primeiro lugar, a medida de verosimilhança (*likelihood*), que mede a probabilidade dos resultados observados tendo em conta os parâmetros estimados. Esta medida é idêntica ao *teste F* da regressão linear e testa a hipótese nula de todos os coeficientes de regressão serem iguais a zero. Uma outra medida, equivalente ao *F-change* da regressão linear, que mede o incremento no *likelihood* resultante da introdução adicional de determinada variável independente no modelo (*improvement*). Estas são, pois, as medidas mais robustas e consistentes para avaliar o ajustamento do modelo de regressão logística aos dados. Em segundo lugar, o pseudo R^2 (e os seus equivalentes optimizados: Cox & Snell - R^2; Nagelkerke - R^2), uma medida equivalente ao coeficiente de determinação da regressão linear (R^2), mede a variância na variável dependente que é explicada pelo modelo de regressão logística. Por outras palavras, informa-nos em que medida a combinação de todas as variáveis independentes determina a variação dos *scores* da variável dependente ou explicada. Em terceiro lugar, temos uma medida de comparação entre o número de casos para cada categoria da variável dependente previstos pelo modelo de regressão logística e o número de casos para cada categoria da variável dependente efectivamente observados na amostra aleatória, tomando como variáveis independentes aquelas que foram incluídas no modelo de regressão logística.

Análise factorial exploratória e confirmatória

A análise factorial é uma técnica estatística que permite organizar a maneira como os sujeitos ou respondentes interpretam determinado tema ou assunto, indicando os que estão relacionados entre si. Esta análise permite ver até que ponto diferentes variáveis têm subjacente o mesmo conceito (*factor*). A análise factorial permite avaliar a validade das variáveis constitutivas dos factores, indicando em que medida se referem aos mesmos conceitos, através da correlação existente entre elas. Podem distinguir-se duas utilizações da análise factorial, a saber: 1) a *análise factorial exploratória*, quando trata a relação entre variáveis sem determinar em que medida os resultados se ajustam a um determinado modelo; 2) a *análise factorial confirmatória*, quando compara os resultados obtidos com os que constituem a hipótese (Maria H. Pestana e João N. Gageiro, 2000: 389; Manuela M. Hill e Andrew Hill, 2000: 208-209; Alan Bryman e Duncan Cramer, 2003: 297-298).

Análise em componentes principais

A análise em componentes principais é um método estatístico multivariado que permite transformar um conjunto de variáveis iniciais correlacionadas entre si (p) noutro conjunto com um menor número de variáveis não correlacionadas entre si e designadas por componentes principais (K). As componentes principais resultam de combinações lineares das variáveis iniciais, reduzindo a complexidade de interpretação dos dados. Donde, o número de componentes (K) não pode ser maior que o número de variáveis (p). Os pesos definem cada uma das novas variáveis, sendo escolhidos de modo a que as variáveis derivadas (componentes principais) expliquem a máxima variação observada nos dados originais. As componentes principais são calculadas por ordem decrescente de importância, isto é, a primeira componente explica a máxima variância dos dados, a segunda a máxima variância ainda não explicada pela primeira, e assim sucessivamente. A última componente será a que menos contribui para a explicação da variância total dos dados. De sublinhar que, se tal como a análise factorial, a análise em componentes principais visa simplificar os dados através da redução do número de variáveis necessárias para os descrever, trata-se, contudo, de uma técnica estatística menos ambiciosa na medida em que não postula um modelo capaz de explicar a correlação entre as variáveis observáveis.

Em suma, o objectivo principal da análise de componentes principais consiste na redução de um conjunto original de variáveis num conjunto menor de componentes (dimensões) não correlacionadas e que representem o máximo possível da informação das variáveis originais. Uma das vantagens desta técnica decorre, justamente, da possibilidade de articular variáveis com diferentes níveis de medida — nominal, ordinal ou de rácio. (Maria H. Pestana e João N. Gageiro, 2000: 390).